L'Herne

Les Cahiers de l'Herne
paraissent sous la direction de
Laurence Tâcu

Pablo Picasso

Ce Cahier a été dirigé par
Laurent Wolf
avec la collaboration d'Androula Michael

L'Édition de tête de ce Cahier a été illustrée par
une œuvre originale de
Jeff Koons
numérotée et signée par l'Artiste

The limited edition of this Cahier has been illustrated by
an original work of art of
Jeff Koons
signed and numbered by the Artist.

Nous tenons à remercier chaleureusement
Claude Picasso,
Picasso Administration et Christine Pinault,

Anne Baldassari et le Musée national Picasso,

David Douglas Duncan,

Fabienne Douls Eicher, organisatrice du Colloque :
« Par le mot, par l'image : l'œuvre littéraire de Picasso »,
et
Pascale Le Thorel, directrice des éditions de l'École nationale des beaux-arts de Paris,
La Succession Michel Leiris, M. Gilbert Boudar, le Comité Jean Cocteau, Violette Andrès

22, rue Mazarine 75006 Paris
lherne@lherne.com
www.lherne.com

Sommaire

9 **Laurent Wolf**
Présentation

12 **Claude Picasso**
« Si j'avais peint comme Delacroix, on en serait où maintenant ? » disait mon père (Entretien)

I – Résonances

25 **Nathalie Heinich**
Le génie, le héros, la star

30 **Brigitte Leal**
La construction du mythe Picasso par sa bibliographie

36 **Michael FitzGerald**
Picasso aux États-Unis

41 **Jacques Leenhardt**
Picasso et les artistes du continent latino-américain

48 **Hans-Ulrich Jost**
Picasso vu par Carl Gustav Jung

55 **Carl Gustav Jung**
Picasso

59 **Laurence Bertrand Dorléac**
La résistance ?

64 **Annette Wievorka**
Picasso et Staline

71 **Pablo Picasso**
Portrait de Staline (dans Les Lettres françaises*)*

72 **Philippe Dagen**
Picasso, seconde moitié du XXe siècle

79 **Eva Meyer-Hermann**
Oui, moi aussi je suis une femme. Tragédies du corps

II – Moments esthétiques

91 **Gertrude Stein**
Portrait de Picasso

93 **Eduard Vallès**
La chaîne vers la modernité : Picasso avant Les Demoiselles d'Avignon

100 **Ileana Parvu**
Picasso et la dimension 2,5

104 **Jean-Claude Marcadé**
Picasso et la vie artistique russe des deux premières décennies du XXe siècle

115 **Michel Draguet**
Un peintre abstrait aux antipodes de l'abstraction

123 **Fabrice Flahutez**
Picasso et cinquante ans de surréalisme

130 **André Breton**
Lettre

131 **Anne Baldassari**
Picasso et la presse

141 **Androula Michael**
Picasso rencontre Duchamp, ou pas

III – Lettres

157 **Laurence Madeline**
Picasso épistolier

164 **Laure Collignon**
Picasso gardait tout

Lettres de
165 *Max Jacob*
167 *Guillaume Apollinaire à Picasso*
168 *Picasso à Guillaume Apollinaire*
170 *André Salmon*
171 *Jean Cocteau*
172 *Louis Aragon*
173 *Raymond Radiguet*
173 *Paul Morand*
174 *Michel Leiris*
174 *André Breton*
175 *René Char*
177 *Paul Éluard*
179 *Raymond Queneau*
180 *Antonin Artaud*
181 *Rafael Alberti*
184 *Jacques Prévert*
184 *Pablo Neruda*

IV – Les écrits

187 **Androula Michael**
« Au fond je suis un poète qui a mal tourné »

202 *Chronologie des œuvres picturales et plastiques de Picasso (1935-1954)*

Reproduction des Écrits de Picasso
207 **Picasso**
Les écrits

234 **Androula Michael**
La poésie de Picasso : une suite de coq-à-l'âne mais qui se suivent

242 **Marie-Laure Bernadac**
Picasso et les écrits

246 **Christine Piot**
Voir, lire Picasso hier, aujourd'hui

251 **Maurice Rheims**
Picasso : les écrits de l'irraison

253 **Albert Bensoussan**
Picasso poète et écrivain

V – Picasso inventeur de l'écriture « lierre »

257 **Gerhard Wild**
L'écriture des peintres

264 **Henri Béhar**
Du surréalisme et du baroque dans l'écriture de Picasso

Picasso
271 *Portrait de Radiguet*
271 *Portrait de Reverdy*

272 **Picasso**
Dessin d' Ubu enchaîné

273 **André Breton**
Picasso poète

280 **Tristan Tzara**
Picasso et la poésie

285 **Peter Read**
Picasso et Robert Desnos, 1923 à 1945 : « une exigence de liberté »

294 **Robert et Youki Desnos**
Lettres

300 **Nanette Rissler-Pipka**
Picasso et la poétique de la métamorphose

307 **Volker Roloff**
Notes sur le théâtre surréaliste de Picasso

312 **Simone de Beauvoir**
La lecture du Désir attrapé par la queue *chez Leiris*

314 **Picasso**
Le Désir attrapé par la queue – *Portrait de l'auteur*

315 **Fabienne Douls Eicher**
Dimension méta-théâtrale du rideau dans les écrits de Picasso

326 **Javier Gutiérrez-Rexach**
Picasso et la visualité réinventée

332 **Alejo Carpentier**
Toutes portes ouvertes

VI – Finale

337 **Laurent Wolf**
Le scandale du dernier Picasso

Reproduction de gravures et d'estampes de Picasso

339 **Laurent Wolf**
Biographie

349 **Jeanne-Yvette Sudour**
Bibliographie sélective

356 *Biographie des contributeurs*

Présentation

Laurent Wolf

Quarante ans après sa disparition, Pablo Picasso (1881-1973) est l'un des artistes les plus populaires du monde, peut-être le plus populaire. Son rôle dans l'histoire de l'art du XXe siècle, son influence sur l'évolution des formes et des styles, l'étendue fabuleuse de son œuvre, sa conception profonde du rôle de l'art et de l'artiste, restent en même temps méconnus du grand public et l'objet de nombreux préjugés entretenus par la littérature, le cinéma, la télévision, les anecdotes biographiques et une réputation de Barbe Bleue.

Le nom de Picasso est désormais un terme qui qualifie, sur tous les continents, une façon de faire de l'art, un style ou plusieurs pour le meilleur ou pour le pire. Et un cliché qui désigne soit le plus grand génie du XXe siècle, soit une idée stéréotypée du talent, soit une manière de peindre entre virtuosité stupéfiante et stupéfiante simplicité, soit le nom d'une automobile, soit tout cela à la fois. Chacun estime pouvoir donner son opinion personnelle sur les œuvres d'art et dire qu'il aime ou qu'il n'aime pas. Le plus souvent, ces appréciations sont nuancées par un « mais » qui signifie qu'elles prennent en considération l'opinion des autres (tous les goûts sont dans la nature) et la notoriété établie par l'histoire de l'art ou par les prix atteints sur le marché.

Picasso ne bénéficie pas de tels égards. On peut saisir au vol des propos peu élogieux sur la qualité technique de sa peinture dans les vernissages de certaines de ses expositions, surtout quand ses œuvres sont confrontées à celles de ses contemporains, comme Matisse, ou plus encore de certains maîtres anciens. Il est courant d'entendre des parents dire devant ses tableaux que « leur fils en ferait autant ». Ce genre de jugements est bien sûr l'objet de railleries, y compris par ceux qui les émettent.

En 1969, Robert Filliou (1926-1987) présente pour la première fois à Düsseldorf une œuvre sur le principe d'équivalence en art, *Bien fait – mal fait – pas fait* ; il en existe plusieurs versions. Il s'agit généralement de trois grandes planches sur lesquelles sont accrochées de petites boîtes en carton décorées avec des chaussettes rouges. Sur la première elles sont « bien faites », c'est-à-dire bien terminées comme par un bricoleur consciencieux, sur la seconde elles sont « mal faites », toutes de guingois ; sur la troisième il n'y a rien. Filliou déclarait que sa « spécialité est le mal fait ». Serait-ce aussi une spécialité picassienne ?

Il y a longtemps que le critère du « bien fait » ne fait plus partie des canons tant les artistes se sont appliqués à prouver qu'il est insignifiant. La virtuosité du jeune Picasso fait partie des mythologies qui encombrent sa réception. Enfant, il montrait, paraît-il, autant de talent que Raphaël ; et son père, un professeur de dessin portraitiste de pigeons ébloui par son talent, aurait abandonné la peinture en lui laissant palette et pinceaux. Ce n'est donc pas faute de pouvoir bien faire que Picasso est Picasso.

Les expositions Picasso monographiques ou thématiques – consacrées à une période, à un genre artistique et à un mode d'expression particulier (peinture, sculpture, estampe, céramique, etc.) – battent partout les records de fréquentation. Les œuvres de l'artiste espagnol sont présentes en permanence dans un nombre considérable de collections et d'accrochages consacrés à l'art moderne dans le monde entier ; ceux qui n'en ont pas font l'impossible pour en acquérir.

Qui était donc Picasso ? Qu'a-t-il fait pendant quatre-vingts années de travail acharné ? Quel est l'état des connaissances et des recherches ? Y a-t-il des pans entiers de son œuvre qui soient inexplorés et des trésors surprenants à exhumer ? Quel peintre était-il ?

Quel sculpteur ? Quelle sorte d'artiste ? A-t-il des descendants dans les nouvelles générations de créateurs ?

Ce recueil est le résultat d'une rencontre. Pour leur Cahier consacré à Michel Foucault, les Éditions de L'Herne souhaitaient inclure plusieurs images des 58 variations peintes en 1957 par Picasso sur *Les Ménines* de Vélasquez et prirent contact avec la Picasso Administration que dirige Claude Picasso, le fils de l'artiste. Ces images seront publiées. Mais la conversation continue. Pourquoi pas un Cahier Picasso ? Oui, pourquoi pas.

Picasso a pratiqué toutes les techniques, la peinture, la sculpture, le dessin, la gravure, le collage, et les assemblages dont certains historiens considèrent qu'ils sont les ancêtres des installations. Il a illustré d'innombrables ouvrages de poètes et d'écrivains avec lesquels il cultivait une amitié durable. Il a publié deux pièces de théâtre et un monologue aux éditions Gallimard. Entre 1935 et 1959 il écrit régulièrement non seulement ses pièces théâtrales publiées, mais d'innombrables feuilles calligraphiées ou non, rehaussées çà et là de dessins, parfois reprises à la machine à écrire, développées, retravaillées, un formidable labyrinthe de mots, d'expressions et d'images qui forment une part presque totalement inconnue de son œuvre.

Ces écrits de Picasso – réunis dans un très bel ouvrage publié en 1989 aux éditions Gallimard – allaient devenir le fil rouge qui relie l'œuvre de Picasso à la tradition des Cahiers de L'Herne. Ce volume contient de nombreuses communications prononcées lors d'un colloque à Zurich en 2011, « Par le mot, par l'image, l'œuvre littéraire de Picasso ». Mais aussi des contributions originales, le récit de la découverte des écrits non publiés lors de l'inventaire de son héritage, une présentation des pages d'écriture en fac-similé, et des extraits de l'abondante correspondance qu'entretenaient avec lui poètes et écrivains.

La révélation de ce Picasso a quelque chose d'étourdissant. Elle est de nature à relancer les débats sur son actualité, sur sa place dans l'histoire de l'art, sur ses relations avec l'art contemporain. Même si l'essentiel de son œuvre connu s'inscrit dans l'usage des techniques historiques ; même s'il a consacré une partie de son énergie à visiter ses peintres préférés, à dialoguer avec eux, à les réinterpréter et à se servir de leurs tableaux comme le peintre se sert d'un paysage familier ou d'un visage pour concevoir les siens ; même si sa place dans les musées et dans les expositions fait de lui un maître ancien comme Vélasquez, Rembrandt ou Manet ; même s'il n'a pas l'influence d'un Mondrian, d'un Cage ou d'un Duchamp auprès des jeunes générations d'artistes, son histoire n'est pas terminée.

Le changement perpétuel, l'horreur de la répétition, les emprunts plus ou moins avouables aux autres peintres, la surenchère, une sorte de penchant pour la destruction créatrice, pour l'ostentation et pour la performance, tout cela fait partie des idées reçues considérées comme définitives. Quant à lui, Picasso s'est employé à brouiller les pistes, notamment en proférant des apophtegmes, tels « je ne cherche pas je trouve », dont on ne sait pas s'il les a vraiment prononcés. Mais peu importe ce que Picasso a dit. Voyons plutôt ce qu'il a fait.

Quand il explore les propriétés visuelles des objets et l'efficacité des signes durant la période cubiste, quand il développe simultanément le langage classique et la composition fractionnée à partir des années 1920, quand il se lance avec détermination dans la sculpture puis dans l'écriture au cours des années 1930, ou quand il réexamine les fondements de l'histoire de la peinture au milieu des années 1950, Picasso en dit plus que ses discours. Il pense et déploie sa pensée sous nos yeux. Le Cahier de L'Herne Picasso explore cette pensée en action. Il s'interroge sur sa réception et sa résonance, sur ses rapports avec la politique, sur son impact dans l'art de la fin du XXe siècle, sur quelques-unes des questions qui balisent désormais l'interprétation de l'histoire de l'art au XXe siècle, l'abstraction, le surréalisme, les avant-gardes… Avant de s'engager dans le champ des écrits et d'y creuser de nouveaux sillons.

Depuis un demi-siècle environ, l'histoire de l'art et la critique savantes ainsi que les outils pédagogiques qui complètent les expositions donnent une place croissante aux propos des artistes sur leurs œuvres et aux interprétations des écrivains qui les accompagnaient. Les entretiens brefs ou longs avec les artistes semblent devenus la condition nécessaire et presque suffisante à la compréhension de l'art. Les idées comme les catégories qui ont servi à soutenir telle ou telle pratique en son temps, surtout celles qui ont triomphé, sont le plus souvent reprises sans changement dans le récit qui se construit peu à peu. L'impressionnisme, le néo-impressionnisme, l'expressionnisme, le fauvisme, le cubisme, le futurisme, le constructivisme, le surréalisme, etc., dont l'origine remonte aux pratiques contradictoires d'une époque, sont-ils des concepts opératoires pour comprendre l'histoire des œuvres ? Et qu'en est-il de la taxinomie développée depuis les années 1960 pour l'art dit contemporain ?

Beaucoup de livres et de textes publiés du vivant de Picasso et dans les années qui ont suivi sa disparition sont inséparables des situations dans lesquelles ils ont été produits, que ce soient des essais critiques ou théoriques, des biographies plus ou moins bien intentionnées. Quelles que soient leurs qualités, ce sont souvent des textes de circonstance ou inspirés par les circonstances. Depuis lors, la plupart des ouvrages parus sont des monographies bien illustrées mais pauvres en informations nouvelles, ou des récits anecdotiques. L'essentiel du travail de recherche sur Picasso est dispersé dans les innombrables catalogues de ses innombrables expositions et disparaît de la circulation, du moins pour le public non spécialisé, peu après leur fermeture (ce Cahier de L'Herne en ressuscite quelques-uns).

Dans les musées patrimoniaux, dans les manifestations temporaires, dans les foires d'art, dans les galeries et dans les ventes aux enchères, Picasso est systématiquement classé parmi les artistes de la première partie du XXe siècle. Il semble irrémédiablement rejeté dans le passé. Il serait un moderne-classique et n'appartiendrait pas à l'art contemporain bien que cette période débute dans toutes les classifications en 1960. Il a pourtant produit entre 1960 et 1973 quantité de peintures, de dessins et d'estampes dont le nombre et la qualité suffiraient à la vie entière de n'importe qui d'autre que lui. À l'époque, l'œuvre du « dernier Picasso » a si profondément contrarié son image et sa réputation qu'il a fallu plus de vingt ans pour qu'elle soit enfin appréciée.

À plus de 80 ans, Picasso s'est rebiffé contre le destin qui lui était tracé et qu'il avait contribué à tracer, comme il avait défié ce destin par des écrits à l'égard desquels il a fait mine de prendre une distance amusée notamment au moment de la publication de son théâtre chez Gallimard. Les expositions de ses derniers tableaux au Palais des Papes d'Avignon en 1970 et 1973, ainsi que celles de ses dernières estampes dans une galerie parisienne, ont provoqué un scandale, y compris parmi ses plus fervents admirateurs. Puis le scandale s'est éteint. Sa production finale a été intégrée à la précédente ; elle est devenue l'ultime étape dans la vie d'un peintre de la modernité, non les prémices d'une autre contemporanéité possible.

La plupart des auteurs qui ont contribué à ce Cahier de L'Herne n'ont pas visité les expositions d'Avignon ni vu ses estampes au début des années 1970 ; ils étaient trop jeunes ou ils n'étaient pas nés. Ils n'ont pas été mêlés aux combats intellectuels qui ont accompagné la vie de Picasso. Ils apportent un nouveau regard et de nouvelles informations. Ils savent que beaucoup reste à faire. Ils donnent la preuve enthousiaste qu'il est possible de redécouvrir Picasso au XXIe siècle.

« Si j'avais peint comme Delacroix, on en serait où maintenant ? », disait mon père

Entretien avec Claude Picasso

Écriture et jeux de langage

Androula Michael : *Nous pourrions commencer par évoquer vos jeux d'enfants, vos jeux de langage évoqués par Claude Roy et dont Picasso se serait inspiré pour ses textes après 1947*[1] : la pissaladière devient la pisse-à-la-bière, le football le fou-de-boules.... :

Claude Picasso : Je pense que sans doute Picasso était toujours très amusé de voir les enfants jouer, chanter, danser... Il y a quelque chose qui m'est revenu à l'esprit : à propos des *Quatre Petites Filles,* le texte est daté de cette époque-là, 1947, mais il a peut-être retravaillé plusieurs fois dessus. Il me semble me souvenir qu'au début cela commence par une espèce de comptine. Cette chanson, c'est presque une chanson qu'il a dû nous entendre chanter. En tout cas, il y avait des petites filles qui vivaient dans la maison d'à côté et qu'on entendait tout le temps. L'une des filles était en classe avec moi dans la petite école, elle s'appelait Maryse et on chantait tout le temps les mêmes chansons que l'on devait apprendre à l'école, qu'on chantait à tue-tête et qu'on savait par cœur. C'est peut-être cela qui a pu donner une espèce de rythme au début du livre.

A. M. : *Dans* Les Quatre Petites Filles *on entend les chansons : « Nous n'irons plus au bois/Les lauriers sont coupés », etc. Puis : « Il pleut, il mouille, c'est la fête à la grenouille ».*

C. P. : Nous les gosses, nous n'arrêtions pas de chanter cela. *[Il chante] « Si tu veux faire mon bonheur, Marguerite donne-moi ton cœur ».*

A. M. : *Donc c'est vraiment lié à un environnement...*

C. P. : Il était sensible à tous les jeux de mots que je faisais quand j'étais petit, cela a commencé très tôt et j'en faisais tout le temps. Je faisais beaucoup de blagues, je parlais tout le temps. Paloma parlait beaucoup moins. Mais quand nous étions ensemble, nous parlions sans arrêt. Une fois, je ne voulais pas dîner, alors j'ai dit à ma mère : « salope salope salope salope » ; elle m'a dit « qu'est-ce que tu dis mon chéri ? » Et j'ai répondu : « escalope escalope escalope ». Ou bien : « crotte crotte crotte » « qu'est-ce que tu dis mon chéri ? » « carotte carotte carotte ». Des bêtises comme cela...

Quand j'étais petit, que j'apprenais à parler correctement, etc., à un moment surgit le « mon, ton, son », « nos, vos, leurs »... J'avais cru comprendre comment cela marchait. Quand on était à Paris, mon père allait souvent à Montmartre chez Lacourière faire de la gravure. Et quand quelqu'un me demandait : « Où est ton père ? », je disais : « Il est allé à son Martre. » Et quand il revenait : « Alors ça s'est bien passé à ton Martre ? », j'interprétais le monde comme cela tout le temps.

Je me souviens qu'on faisait des blagues dans le lit, on se cachait sous la couverture, mais cela venait comme cela, jamais comme on le voit sur les photos. D'ailleurs aucun de mes deux parents ne nous a jamais rien expliqué sur la peinture, le dessin. Ils n'ont pas voulu nous imposer quoi que ce soit parce que justement, il fallait qu'on garde notre fraîcheur... Eux avaient souffert d'une éducation formelle, bourgeoise ; ils avaient décidé qu'il ne fallait rien nous imposer à nous les enfants, qu'il fallait que l'on soit libres et tout le tralala. C'était une époque aussi, des idées qui étaient dans l'air, avec Piaget, tout cela... Ce n'étaient pas des gens normaux mais des gens très libres. Les gens ont du mal à comprendre Picasso en règle générale. Même parmi ceux qui se targuent d'en parler il y a très peu de gens qui vont au fond des choses. Ils ont des *a priori* de leur époque et sur cette époque-là. Et encore aujourd'hui il y a très peu de gens qui sont sortis d'un fondement intellectuel dix-neuviémiste, bourgeois, coincé... Les gens n'ont aucune imagination. L'écriture de Picasso leur fait peur.

Comme lui-même faisait des collages de mots, assemblait des images totalement inattendues, un peu comme des touches de couleur, des touches de lumière, des jeux mentaux, de l'esprit... Il a d'ailleurs toujours fait ainsi : des assemblages qui paraissaient hétéroclites mais qui ne l'étaient pas puisqu'il y avait toujours un sens. C'est un peu comme pour les sculptures (il a d'ailleurs fait beaucoup de sculptures à ce moment-là). Il ramassait toutes sortes de trucs et finalement cela ressemblait à quelque chose, qui était lié par le plâtre, ça se fondait comme ça. Comme les mots-valises, les sculptures sont des sculptures-valises.

A. M. : *Comment réagissiez-vous quand Picasso utilisait vos jouets dans ses sculptures ?*

C. P. : Je n'étais pas ravi ni enchanté... Car je faisais ce que j'avais à faire avec mes jouets : lui avait des projets avec ces jouets, mais moi aussi ! Ça le faisait rigoler, et puis c'est tout. Je crois que j'avais un discours assez drôle, vous savez les enfants parlent parfois comme des petits adultes... Mais souvent c'était trop tard ! Après il a continué de me prendre des jouets, soi-disant parce que je les avais cassés. Moi cela m'amusait de tout démonter et de regarder ce qu'il y avait à l'intérieur.

A. M. : *Est-ce vrai que pendant vos promenades avec votre mère vous ramassiez de vieilles choses, des petits bouts de fer en disant : « Tiens ! Je vais les prendre ça peut servir à papa » ?*

C. P. : C'est tout à fait possible, mais je ne m'en souviens pas. Cela devait être un raisonnement d'enfant, je me suis dit : « Si moi je lui donne mes morceaux, il va arrêter de me prendre mes affaires. »

Rapprocher des choses et les prendre *stricto sensu,* puis les transformer parce qu'elles se trouvent à côté d'autres choses, des mots à côté d'autres mots, cela crée un objet nouveau et différent. Cela révèle un sens qui n'est pas visible normalement. Ce qui est très curieux avec cette poésie, cette écriture, c'est que c'est visuel... mais à l'intérieur du cerveau, on ne peut le toucher du doigt. Et en même temps, c'est très présent et très vrai. Il y a une structure, une substance, c'est dur, c'est du solide. Le son provoque l'idée, l'idée provoque l'objet. Le rapprochement des sons avec les mots, avec une espèce de musique... et dit avec un accent espagnol en plus, cela devient complètement autre chose et c'est très drôle.

A. M. : *C'est ce que disait Stein d'ailleurs, « entendre le langage avec les yeux ».*

C. P. : Ce qu'elle a exprimé, à mon avis, est tout à fait juste. À propos de son écriture, Gertrude Stein disait qu'elle faisait de la peinture, qu'elle écrivait comme Picasso peignait, c'est absolument vrai. Je crois qu'ils se sont entendus là-dessus. Ils ont construit philosophiquement cette chose ensemble. Cela a été très déterminant pour les deux.

A. M. : *Tout comme je suis certaine qu'il y a des écrits qui datent d'avant 1935, Stein raconte justement cette fameuse séance de lecture de poèmes de Picasso, or son livre est paru aux États-Unis en 1933. Donc c'est sûr que ces textes sont antérieurs.*

C. P. : Certains pensent qu'il se serait soi-disant arrêté de peindre et puis que d'un seul coup il se serait mis à écrire. En fait, ayant discuté avec Gertrude Stein avant, il est tout à fait pertinent de penser qu'il se soit essayé à faire des choses avant, mais rien n'a été retrouvé de cette période. C'est d'ailleurs en 1933, quand elle fait toutes ces conférences, qu'elle explique cette histoire. Mais peut-être que si on ne trouve pas ces textes, c'est qu'on n'a pas cherché. Il est possible qu'elle en ait fait des copies.

A. M. : *Picasso a écrit* Les Quatre Petites Filles *avec le même crayon rouge du début à la fin alors que l'écriture s'étale sur plus de huit mois... Je me suis demandé s'il n'y avait pas un premier état encore à découvrir, d'autres essais...*

C. P. : Il doit y avoir quelque chose parce que tout ce qu'écrivait Picasso était toujours retravaillé, si vous regardez les autres textes c'est visible : c'est toujours réécrit, relu, etc., et sur une certaine longueur.

A. M. : *Et ce roman introuvable dont parle Claude Roy,* La Plume au vin chaud *? Quand il a dû dire à Claude Roy qu'il avait écrit un roman, c'était par opposition à la pièce* Le Désir attrapé par la queue *qui était une soi-disant pièce de théâtre.*

C. P. : C'est très bizarre. J'ai lu et relu dans tous les sens pour essayer de comprendre ce qu'il pouvait dire... C'est vrai que Claude Roy était très présent à cette époque-là, on le voyait très souvent, je m'en souviens très bien. Comme il était allé en Chine, etc., moi je pensais que c'était lui Tintin. Cela m'avait impressionné quand j'étais petit. En plus de cela, c'est lui qui m'avait donné *Le Lotus bleu.* Il était blond, avec les cheveux frisés, c'était tout à fait ça.

A. M. : *Quand il dit que Picasso lui avait prêté des manuscrits... je me demande s'il n'y a pas encore des trésors à découvrir. De cette période il n'y a effectivement pas beaucoup de textes qui nous sont parvenus et pourtant je pense qu'ils existent quelque part...*

C. P. : C'est bien possible. Cela se passait à la villa « La Galloise » à Vallauris. C'était une petite maison, c'est à cet endroit-là que venait Claude Roy, et tout le monde. À l'atelier c'était vraiment l'atelier : la peinture, la sculpture... il n'y avait rien d'autre là-bas, ce n'était pas confortable. Il écrivait au lit, beaucoup, je l'ai rarement vu écrire à une table ou à son bureau... il n'y avait pas ce genre de meubles dans la maison.

A. M. : *Ses écrits sont toujours à redécouvrir, et là on rejoint encore Stein. Les sujets sont complètement accessoires, on tombe parfois dans le piège de les énumérer mais au fond le sujet c'est l'écriture synchrone avec le temps de sa création.*

C. P. : C'est vrai puisqu'à chaque fois qu'il réécrit, qu'il corrige, il note la date aussi. C'est très important pour lui.

A. M. : *C'est pour cela que l'argument selon lequel il s'agit d'écriture automatique est erroné.*

C. P. : Lui, cela l'énervait en effet que l'on pense ainsi. Et s'il a acheté le manuscrit de Breton c'est pour s'en moquer. Le manuscrit est entièrement raturé, réécrit cinquante fois...

A. M. : *Son écriture se joue dans la syntaxe, pas du tout dans la création de mots... Stein disait que quand on invente, on est presque obligé de faire laid parce que c'est une lutte avec le moment de la création.*

C. P. : Tout à fait, le but n'est pas de faire joli. À partir du moment où c'est joli, ce n'est pas intéressant...

Photographie

A. M. : *Abordons la question de la photographie : tel que cela a été transcrit et dit, on a l'impression que les photos de Picasso avec vous enfant étaient des mises en scène.*

C. P. : Certaines photos, j'ai toujours eu l'impression que c'étaient des moments de mise en scène. Je me souviens que c'était une contrainte que de faire ces photos, mais ensuite il en ressortait des choses. Ce qui est très curieux, c'est que mon père a souvent fait des peintures qui ressemblent à ces photos, qui ont pour point de départ ces photos. C'était comme un moment dramatique qu'ensuite il recréait. Avec mon père, les choses n'ont jamais été formelles ni organisées. C'était sur l'instant...

A. M. : *Évidemment Picasso jouait avec le dispositif, mais les photos avec les enfants, celles de David Douglas Duncan, par exemple, ne sont pas à mon sens des photos posées.*

C. P. : Justement, Duncan est le seul qui prenait les choses telles quelles. Il était comme un reporter, un journaliste, en « photo-vérité ». Tous les autres faisaient poser. Ces photos étaient des constructions. Et ces photos construites se retrouvent ensuite, bizarrement, être des peintures, comme si Picasso avait réfléchi à la composition de ce que voyait le photographe. Et cela sans avoir vu les photos, parce que les photographes ne venaient jamais nous les montrer après. C'est seulement des années plus tard, avec la publication de ces photos dans des livres, qu'on a pu s'apercevoir qu'il y avait un lien entre les deux. Quelquefois les photos apparaissaient dans *Paris-Match* ou ce genre de magazines, alors évidemment c'était plus rapide comme temps de réaction. Disons qu'il y avait des choses que l'on voyait dans les photos, qui ne devenaient pas des tableaux de Picasso, mais cette situation qui était formalisée devenait un point de départ pour des tableaux qui n'auraient peut-être pas existé sinon.

A. M. : *Picasso aimait beaucoup voir les œuvres photographiées dans leur environnement...*

C. P. : Mais il y a eu assez peu de photographes qui ont fait cela. Le plus frappant, c'est Duncan, qui photographiait tout, tout le temps. Même s'il ne comprenait pas tout, s'il ne parlait pas français.

Générosité

A. M. : *La question de Picasso homme et de sa générosité : j'aimerais avoir votre témoignage sur la simplicité de cet homme au quotidien...*

C. P. : Il n'a jamais été question de décorum chez nous. Le seul moment où il a vécu d'une façon formelle un peu élaborée, c'était rue de la Boétie avec Olga, et puis ça n'a pas marché du tout. Il est revenu à l'appartement qu'il avait en dessous, qui était identique, et où il travaillait et vivait avec sa simplicité habituelle. Une autre chose intéressante repérable dans les écrits c'est la nourriture, qui est très présente mais seul quelqu'un de Malaga peut comprendre de quoi il s'agit, les mots font référence à des choses très spécifiques de Malaga. Dans tous les textes, il y a de la nourriture toujours très simple : des œufs frits, des boudins, des petites brochettes de poisson… pas de la nourriture trois étoiles, des choses très basiques, de la vie de tous les jours. Ce que Picasso mangeait était très simple aussi, par exemple il prenait souvent une petite soupe dans laquelle il y avait trois fois rien. Mais quand du monde venait le voir, on allait au restaurant, il emmenait toujours tout le monde dans des restaurants formidables, mais lui prenait quelque chose de très simple. Même quand on descendait en voiture, de Paris à Cannes, on s'arrêtait à Vienne chez Pic, c'était un restaurant trois étoiles, ou à Saulieu, et il prenait des mets très ordinaires. Quant à la générosité, il a toujours aidé les gens, parfois dans des situations compliquées : les réfugiés espagnols… et plus tard sous Franco il a payé des rançons pour faire libérer des gens. Mais cela ne se savait pas, il faisait cela très discrètement.

A. M. : *C'est assez extraordinaire. J'aime beaucoup les histoires avec son ami Manolo, qu'il aidait en lui achetant toutes les œuvres exposées dans la galerie mais sans le lui dire directement, je trouve cette générosité incroyable. Picasso disait qu'il n'aimait pas humilier l'autre, lui montrer qu'il était dans le besoin et que lui pouvait l'aider. Mais il aidait indirectement.*

C. P. : Dalí m'a raconté une histoire. À Paris, il venait constamment voir Picasso, ils parlaient… Il disait toujours : « Moi, ce que je dois faire c'est aller à New York, là-bas j'aurais un grand succès, les gens vont me comprendre. » Alors, un jour, Picasso lui demanda : « Mais combien ça coûte d'aller à New York ? Pourquoi tu m'embêtes avec ça ? » « 3 500 dollars. Je veux y aller, je veux faire ma vie là-bas. » Aussi sec, il est allé chercher l'argent et l'a donné à Dalí en lui disant : « Vas-y ! » C'est comme ça que Dalí est parti à New York. Et Dalí m'a dit trente-cinq ans après : « Je suis vraiment honteux, c'est horrible, tu sais que je ne l'ai jamais remboursé ! »

A. M. : *Lors du rapprochement de Dalí avec Franco, après 1937, sa relation avec Picasso s'est terminée.*

C. P. : Oui, il n'y a plus eu de contacts. Moi j'ai rencontré Dalí à New York, puis à Paris de temps en temps. Il me racontait des choses. Il était toujours très ému en me parlant de Picasso, il se rendait bien compte qu'à force de faire le fou il n'était peut-être pas accepté, pas acceptable. Cela l'avait affecté quand même.

Un jour il m'a dit : « Tu sais, je fais tellement de blagues, que quand je raconte aux gens que j'ai fait deux gravures *mano a mano* avec Picasso, tout le monde pense que ce sont des histoires inventées. Personne ne veut me croire. » Or j'ai retrouvé ces gravures dans l'inventaire de la succession de Picasso, alors j'ai pris une photo et je la lui ai amenée. Il était tellement content, il pleurait de joie : « Tu vois, tu vois, c'est la preuve que je ne suis pas complètement fou. » Il a fait sa vie comme il l'a voulu, et il s'est trouvé dans un autre monde que celui de Picasso.

La Réception

A. M. : *Passons à la question de la réception de Picasso et de son rapport à Duchamp.*

C. P. : Je pense que c'est factice que d'opposer Duchamp à Picasso. D'un côté, il est certain que Picasso ne pensait pas beaucoup à Duchamp. D'un autre côté je ne suis pas sûr que Duchamp n'ait pas pensé un peu plus à Picasso. Les gens sont allés chercher Duchamp parce qu'il leur fallait un nouveau père. C'est curieux d'en avoir fait un père de la nouvelle génération sachant que Duchamp n'a d'ailleurs jamais eu d'enfant, ni d'école, ni de suivants ou d'assistants.

A. M. : *Picasso était devenu une figure trop encombrante…*

C. P. : Picasso étant trop encombrant, il a fallu trouver un autre responsable, un autre père, une autre figure tutélaire. Mais Duchamp n'a jamais rien demandé à personne, je pense que cette idée est largement dépassée… L'art de la fin du XXe siècle et du début du XXIe siècle a complètement décroché d'une linéarité historique. Picasso a tout révolutionné, il a cassé l'académisme, cela a fait un choc dans l'Histoire. À partir de là, il y a eu un grand renversement, on est arrivé à la fin du XXe, et bien entendu on n'a pas pu continuer puisqu'on n'avait pas pu commencer. Tous les gens de cette génération, Picasso, Duchamp, ont dit eux-mêmes qu'ils n'avaient pas vocation à être dans l'Histoire.

A. M. : *On l'a récupéré d'un côté, on l'a rejeté de l'autre… par exemple, le refus de la nationalité française, et ensuite le refus d'un visa pour aller aux États-Unis (Picasso voulait à un moment donné y aller mais le Congrès lui a refusé le visa parce qu'il était sympathisant communiste)…*

C. P. : Cela n'a pas de sens, parce qu'à ce moment-là il ne voulait pas y aller, pour la bonne et simple raison qu'il aurait fallu y aller en bateau, et prendre un bateau, était hors de question pour mon père. Il me l'a raconté quand j'étais assez jeune, il me disait : « Est-ce que tu sais pourquoi je ne suis pas allé vivre à Londres au lieu de vivre à Paris ? Quand j'étais jeune, à Barcelone, tout le monde pensait qu'il fallait aller à Londres. Mais moi je suis allé à Paris quand je me suis aperçu qu'il fallait prendre le bateau pour aller en Angleterre… J'ai dit : “Ah ! non jamais, pour rien au monde !” On avait tellement souffert d'aller en bateau à la Corogne de Malaga que jamais je ne serais monté sur un bateau. » Alors forcément, les États-Unis… Et pourtant il n'avait pas eu peur de prendre l'avion pour aller à Londres et en Pologne. Il était allé à Londres entre-temps mais l'idée d'aller en bateau aux États-Unis ne lui plaisait pas du tout. En revanche, il avait été invité à venir aux États-Unis, avant la guerre, et pendant la guerre d'ailleurs, pour se protéger. Évidemment, avec le maccarthysme et toute cette époque imbécile, il était évident qu'il n'allait pas y aller, ou même le demander. Truman est venu le voir dans les années 1950, Duncan a fait demander par Nixon (quand il était vice-Président sous Eisenhower) de le faire inviter, donc à peu près à la même époque, juste après McCarthy, mais il n'y est pas allé. D'ailleurs on a le rapport du FBI sur Picasso ; quand on lit cela, on est mort de rire. Les préoccupations du FBI étaient incroyables.

A. M. : *C'est très intéressant de mettre cela en rapport avec la réception générale parce que cela reflète les malentendus et les idées reçues autour de Picasso.*

C. P. : D'ailleurs Verane Tasseau a fait une étude sur Kootz, le marchand américain venu juste après la guerre pour essayer de faire du business, de vendre des Picasso… et il en a vendu beaucoup. Lui, comme marchand, il vendait surtout des abstraits américains ou français, comme Soulages. Ce que l'on a dit sur Picasso est souvent galvaudé. Par exemple, cette phrase que l'on voit partout : « Je ne cherche pas, je trouve. » Un jour, de guerre lasse, j'ai farfouillé partout et j'ai trouvé tout le texte, qui n'a pas été écrit par Picasso d'ailleurs. Il a été écrit par quelqu'un, qui a rapporté les propos de Picasso. Mais c'était beaucoup plus long et beaucoup plus complexe. Les propos sont souvent cités hors contexte, rapportés comme des boutades…

A. M. : *Picasso a souffert de ses biographes ?*

C. P. : Ils furent tous beaucoup trop hagiographiques, sans réflexion profonde.

A. M. : *Tous les récits des femmes, y compris ceux de votre mère, ont contribué à fabriquer l'image d'un homme qu'il n'était pas.*

C. P. : La popularité a été un immense voile noir qui a empêché les gens de voir quoi que ce soit. Ils n'ont vu que les choses les plus simplistes et les plus basses, l'aspect populaire.

A. M. : *Comment était Picasso quand tous ces gens venaient le voir ?*

C. P. : Des milliers de gens voulaient venir le voir. Et, sur le nombre, certains n'étaient pas tellement intéressants. Picasso les envoyait tous promener, mais au bout du compte, certains y parvenaient. Si on ne le connaissait pas, on pouvait penser qu'il était très content et que tout allait très bien. Mais en réalité, dès que les gens étaient partis, il se mettait dans des rages noires parce qu'on lui avait fait perdre son temps, que c'étaient des idiots complets, en particulier les politiques et tous ces gens-là. Il avait une patience invraisemblable, mais dès que les gens n'étaient plus là, nous, nous en entendions de toutes les couleurs et il devenait furieux. Ces gens ne venaient pas pour être gentils, dire bonjour… tout le monde voulait quelque chose de lui.

A. M. : *C'est vraiment dommage et en même temps, je pense que Picasso était un peu responsable. Il a cédé à la pression de ses amis, il voulait faire plaisir… à la limite il était aussi au-dessus de tout cela.*

C. P. : Il laissait faire. Il laissait filer, et malheureusement il n'y avait personne autour de lui de suffisamment fort pour lui dire de cesser. Et quand on venait l'embêter avec insistance pour lui demander quelque chose, au bout d'un moment il acceptait.

À l'inverse quand Jean Cocteau venait, ou Prévert, ou même des gens moins connus, son vieux copain de Barcelone Pallarès… là il était heureux, c'étaient des bons moments.

En même temps, il y avait une autre personne qui avait aussi de l'influence sur nous, qui était cette amie de toujours, Marie Cuttoli[2]. Elle trouvait horrible le fait que j'aie eu l'accent du Midi. Je parlais avec de l'accent, je savais aussi parler patois. Alors elle disait : « Mais tout de même, vos enfants ne peuvent pas parler comme cela, il faut qu'ils aillent à l'école à Paris, etc. Vous ne vous rendez pas compte, ils seront la risée de tout le monde ! » Elle a aussi beaucoup poussé pour que nous ne soyons plus dans ce petit village et pour que nous ayons une éducation formelle.

A. M. : *Son compagnon, Henri Laugier, était quelqu'un de très intéressant…*

C. P. : Il était brillantissime. Il était secrétaire général de la Société des Nations. Il a voulu faire construire le siège des Nations Unies à New York avec Le Corbusier… tout cela, c'est lui. Lui et sa femme étaient très concernés, ils s'occupaient beaucoup de nous, comme d'un ensemble : Picasso, Françoise, nous les enfants… On allait beaucoup chez eux, à Paris et à « Shady Rock », à Antibes. C'est elle qui avait beaucoup aidé pour que toutes les œuvres restent au musée d'Antibes : ils ont payé, trouvé l'argent… À l'époque, un étranger sans papiers comme Picasso ne pouvait pas être résident dans les Alpes-Maritimes parce que c'était un département frontalier. Et pourtant c'était après la guerre ! Alors quand on a acheté « La Galloise » et « Le Fournas », c'était au nom de Françoise. Des gens comme les Cuttoli (parce que M. Cuttoli était toujours là, il était gouverneur d'une province en Algérie et sénateur d'Oran, me semble-t-il ; il avait fait construire une villa magnifique pour Marie Cuttoli, une espèce de palais incroyable), c'étaient des gens importants. C'étaient des « rad'soc' », des radicaux-socialistes. Sans doute, à travers ces gens-là, et avec eux, Picasso voyait des gens un peu plus intéressants. Enfant, moi j'étais toujours là dans les parages, mais évidemment il y avait beaucoup de choses qui me passaient au-dessus de la tête. Mais j'adorais aller chez eux, rue de Babylone, dans ce qui est devenu l'appartement d'Yves Saint-Laurent. Il y avait de grandes sculptures de Calder dans l'appartement.

A. M. : *Je remarque que la circulation mondiale de la colombe, au moment où Duchamp devient LA figure de l'art contemporain fait un choc et cache l'œuvre importante de Picasso.*

C. P. : C'est toute une histoire, l'influence des gens du Parti communiste, pas seulement français, mais les partis communistes du monde entier qui ont eu de l'importance à l'époque. C'était inévitable. C'étaient des gens de gauche mais qui n'étaient pas tellement de gauche finalement.

A. M. : *Pensez-vous qu'à part Kahnweiler il y ait eu d'autres personnes avec qui il ait pu avoir de vraies conversations sur l'histoire de l'art, ou intellectuelles de manière générale ?*

C. P. : Avec Kahnweiler sans doute à certaines époques. Cela peut paraître bizarre mais Kahnweiler ne pouvait pas comprendre la prise de risque. C'est un fils de banquier et pourtant il a pris des risques en faisant ce métier, en ouvrant sa galerie. Mais on voit bien par la suite qu'il y avait quelque chose au fond de lui qui l'empêchait d'aller au bout d'une aventure totale.

Je pense qu'il a dû avoir de grandes discussions avec Braque, même si Braque n'était pas quelqu'un de très loquace. Les grandes conversations, qu'il a pu avoir, n'étaient pas avec les gens qu'on imagine. Bizarrement, je pense qu'avec Douglas Cooper ils ont pu s'envoyer des piques de temps en temps, parce que Douglas Cooper était quelqu'un d'extrêmement intelligent… En fin de compte, il n'y avait pas grand-monde de très intéressant autour de Picasso. Très souvent, j'ai l'impression que les gens venaient à la rencontre de Picasso et racontaient leurs propres histoires. En fait, ils n'écoutaient jamais Picasso et ne posaient pas de questions. Et je crois que c'est plus au début de sa vie qu'il a dû avoir de grandes discussions. Je pense qu'il a été assez seul à partir des années 1930. Peut-être qu'avec Rosenberg le marchand il a échangé, c'est possible… mais il n'en est rien resté. Je ne pense pas que Dora Maar ait été très intéressante. Elle était politiquement engagée, mais sinon…

A. M. : *Et Prévert ?*

C. P. : Prévert était un type bien. Il était très intelligent, et c'était un bon camarade. Il avait de grandes qualités morales mais pas la même culture.

A. M. : *Et pour revenir aux auteurs, aux poètes, Picasso disait qu'il préférait la compagnie des poètes plutôt que celle des peintres. Il a dû beaucoup discuter avec Apollinaire à l'époque du cubisme.*

C. P. : Et pourtant, bizarrement, il disait qu'Apollinaire n'avait rien compris.

Le quotidien

A. M. : *Vous souvenez-vous de lui en train de lire ? Il paraît qu'il aimait beaucoup les journaux.*

C. P. : Il lisait les journaux tous les jours. Il y avait toutes sortes de journaux de tous les pays qui arrivaient, les journaux espagnols de toutes tendances (même si à l'époque il n'y avait pas cinquante tendances dans les journaux espagnols !), les français…

A. M. : *Au-delà de l'actualité, parce qu'il voulait sûrement être au courant de ce qui se passait, ne pensez-vous pas qu'il puisait là, dans le journal comme un fait du quotidien ? Est-ce que c'était quelque chose qui le stimulait, les faits divers par exemple… ?*

C. P. : Totalement. Il lisait les journaux locaux entre autres. Ma mère raconte qu'il adorait que le commissaire de police lui raconte ce qui s'était passé ci et là.

A. M. : *C'est vraiment cette idée d'être ancré dans ce qui se passe dans le quotidien et autour de soi.*

C. P. : Oui, tout à fait, dans le village. C'était un peu la même chose avec le coiffeur.

A. M. : *On vous voit souvent sur les photos à la corrida avec votre père, vous avait-il initié ?*

C. P. : Il ne m'a jamais expliqué grand-chose ; mais, comme j'étais là et que tout autour, il y avait mon frère, ses copains, mes cousins (les enfants de la sœur de Picasso), tout le monde parlait de la corrida et commentait à n'en plus finir ce qui se passait, ce qui risquait de se passer et ce qui était arrivé. On discutait des taureaux, on allait les voir le matin. J'y allais avec mon frère quelquefois, avant la course. Donc j'entendais parler de tous les aspects de la corrida, on passait des heures à en parler au café, avant, après… Très vite j'ai été au courant, j'étais capable de savoir ce qui se passait.

Il y avait Leiris et puis toutes sortes de gens. Les gens discutaient, ils ne faisaient pas attention aux enfants, moi j'écoutais. Vers l'âge de seize ans je discutais directement avec mon père. Je me souviens d'une petite escarmouche parce que j'ai dit : « El Cordobes c'est un type extraordinaire, mais il n'est pas capable de tuer un taureau convenablement. (À chaque fois il ratait, c'était un pataquès terrible et cela lui faisait perdre les oreilles et la queue.) Et puis, quand même, sa façon de toréer, quelquefois n'est pas très jolie… » Mon père m'a dit : « Mais enfin, je ne comprends pas pourquoi tu dis cela. Lui, c'est un Beatle et puis moi, si j'avais peint comme Delacroix, on en serait où maintenant ? » Il m'avait cloué le bec. Cela m'a donné une leçon : le fait qu'il faut prendre des risques, faire autrement, ne pas toujours reproduire l'académisme, tauromachique dans ce cas. Parce que la tauromachie est assez codifiée finalement. Tous les détails sont très discutés, examinés, décortiqués : la position des pieds, est-ce que le matador a peur ou bien est-ce qu'il est trop téméraire… On discute et on se dispute, c'est cela qui fait la passion de l'*aficionado* de la course de taureau.

Mars 2014

NOTES

1. Claude Roy, *La Guerre et la Paix,* Paris, Cercle d'art, 1954 : « Le plus savoureux des textes récents de Picasso me semble être une pièce intitulée *Les Quatre Petites Filles,* et dont nous avons organisé avant-hier une lecture. Il s'y est visiblement inspiré des propos et des jeux de Claude et de Paloma, de la violence acide de l'enfance, du saugrenu de ses jeux, du décousu cohérent de ses associations d'idées, des chansons que s'invente Paloma au lit, des "mots-valises" que crée Claude (la pissaladière devient la pisse-à-la-bière, le football le fou-de-boules, etc). À la lecture à haute voix, un rythme de comptine se dégage de la prose apparente : "Allons à la guerre de chez soi"… »
2. Marie Cuttoli est une figure de la vie intellectuelle et artistique de l'époque, on lui doit notamment en partie le renouveau de la tapisserie d'Aubusson. Son mari Paul Cuttoli est maire de Philippeville en Algérie, c'est là qu'elle découvre l'art du tissage. Elle ouvre sa boutique de mode et tapisseries, Myrbor, dans les années 1920 et ses créations seront même exposées dans des musées américains. La deuxième rencontre importante de sa vie sera celle du physiologiste Henri Laugier avec qui elle réunira une grande collection d'œuvres d'artistes de l'époque.

I

Résonances

Le génie, le héros, la star

Nathalie Heinich

Il suffit de taper son nom sur Google pour voir s'afficher le nombre de résultats : 99 700 000 à l'heure où j'écris ces lignes (juillet 2011). Gageons qu'à l'heure où le lecteur me lira, il aura dépassé les 100 000 000.

Un milliard, donc – mais un milliard de quoi, exactement ? On ne le sait pas vraiment, faute de connaître les modalités de calcul adoptées par les ingénieurs de Google. Disons que ces chiffres sont des indicateurs de sa présence sur la Toile ; et qu'ils deviennent intéressants lorsqu'on les soumet à la comparaison.

Car celle-ci permet de constater que dans ce palmarès, Picasso vient un peu après Vinci (114 000 000), après Dalí (104 000 000), mais avant Van Gogh (51 300 000), Warhol (36 300 000) ; et qu'il devance très largement Duchamp (6 830 000), Braque (5 860 000), Koons (4 750 000) et Beuys (2 680 000). Certes, il fait piètre figure à côté de Madonna (227 000 000), mais n'a guère à rougir face à Mozart (128 000 000). Et quant aux écrivains, ils sont loin derrière : 31 300 000 pour Faulkner, 16 900 000 pour Proust, 10 000 000 pour Dostoïevski. Il n'y a guère que les grands savants pour jouer dans la même catégorie que lui : 120 000 000 pour Einstein, 89 000 000 pour Marx.

Il faut dire qu'il possède certains avantages dans la course à l'universalité : son nom s'orthographie de la même façon dans toutes les langues (pas comme Michel-Ange ou Raphaël) ; et la peinture, comme la musique, ne connaît pas les barrières linguistiques. Mais ce ne sont pas, bien sûr, les seules raisons.

Une figure de légende

Il paraît que lorsqu'on voulut lui présenter Marcel Duchamp, de passage à Nice dans les années 1960, Ben déclara, face au vieux monsieur assis dans la voiture : « C'est un faux ! » On ne pouvait mieux évoquer le mouvement historique qu'incarna, mieux que tout autre, Duchamp, en indexant la valeur artistique non plus seulement à l'œuvre mais à la personne même de l'artiste. Toutefois ce ne fut pas Duchamp qui inaugura cette personnalisation de la valeur, par laquelle l'attention se dirige vers le créateur en personne et non plus seulement vers sa création : Van Gogh en fut la première incarnation de masse, que suivront les grandes figures de l'art moderne et contemporain – dont, bien sûr, Picasso.

Parmi les types de figures de la singularité exemplaire tels que les décrivit Max Scheler – le saint, le génie, le héros[1] –, Van Gogh fut le premier à incarner massivement l'artiste comme saint, dont on se raconte les souffrances ; tandis que Duchamp (et, plus tard, Beuys) représentera l'artiste comme héros, dont on se raconte les hauts faits, les exploits, les actes d'excentricité. Picasso incarne, lui, l'anti-Van Gogh : sa réussite est immédiate, évidente, massive, sans la contrepartie de la souffrance ni même de l'attente. Et à l'inverse de Duchamp, qui abandonna très vite la peinture pour inventer des gestes légendaires, il s'est tout entier réalisé dans la production de ses tableaux, de ses images, de ses objets. En cela il représente l'idéal-type du génie, que ne grandissent ni ses renoncements ni ses actes mais, avant tout, ses œuvres.

Les anecdotes qui se racontent à son propos témoignent qu'il est devenu un peu plus qu'une simple personne, un peu plus même qu'un artiste : un personnage de la culture occidentale, une figure de légende. La dame se plaignant que sa peinture soit pour elle « du chinois » et à qui il aurait répondu : « Mais madame, le chinois, ça s'apprend ! » ; le restaurateur proposant de lui offrir son repas en échange de la nappe en papier sur laquelle il avait griffonné un dessin, et à qui il aurait rétorqué : « Mais monsieur, je veux seulement payer mon repas, pas acheter votre restaurant ! »... Il faudrait pouvoir établir un florilège de ces anecdotes, car au-delà de leur valeur divertissante ou édifiante elles témoignent de ce qu'il est devenu un peu plus qu'un artiste, et un peu plus qu'une simple personne : un personnage de la culture occidentale, une figure de légende, un véritable mythe occidental.

Pour comprendre quel type de mythologie artistique il incarne, il faut nous intéresser non plus à sa peinture, ni même à sa personne réelle telle que nous la connaissons par ses biographies, mais à son personnage, en tant qu'invention collective d'une figure d'artiste, qui impressionne, qui frappe, qui fait fantasmer et parler.

Une puissance multiple

Voilà donc un homme petit de taille, qui plus est immigré espagnol, débarquant dans la Ville lumière et devenant une légende quasi universelle : il fait partie de ces êtres dont l'ascension est d'autant plus remarquable qu'ils sont partis de bas (tel, à la même époque, Chaplin). Et le handicap s'aggrave dans son cas de ce que sa peinture a longtemps fait figure de symbole de la laideur : « On dirait du Picasso » – c'est ainsi que, depuis au moins trois générations, l'on se gausse d'une image, d'une silhouette ou d'un visage qui bouscule trop ostensiblement les règles élémentaires de l'harmonie. Artiste du laid, petit homme fauché à l'accent de travailleur immigré : peut-on rêver départ plus handicapant dans la course à la réussite ?

Celle-ci s'est accomplie, tout d'abord, grâce à une puissance de production phénoménale, dans sa prolixité, sa longévité et sa diversité : peinture, dessin, collage, gravure, sculpture, céramique, il a touché à toutes les techniques, depuis son plus jeune âge, et avec une stupéfiante facilité. Le nombre de ses œuvres en témoigne : il se monterait, selon ses héritiers, à 50 000 œuvres, dont environ 8 000 tableaux. Cette force d'innovation se double d'une exceptionnelle et paradoxale capacité à construire de la cohérence dans la dispersion, combinant, de « période » en « période », la diversification des styles avec la continuité de la démarche – une démarche que suffit à résumer sa signature. Ce pouvoir de rester le même à travers les changements de « manière » constitue l'un des principaux défis pour les artistes de la modernité, condamnés à l'innovation – « régime de singularité » oblige – tout en étant sommés de rester eux-mêmes, c'est-à-dire suffisamment constants pour demeurer identifiables.

En outre (et ceci est, bien sûr, la conséquence immédiate de cela) il est devenu riche – très riche. On dit que lorsqu'il mourut, il était potentiellement l'un des hommes les plus riches du monde : il aurait suffi pour cela qu'il vende ses œuvres[2]. Son *Nu au plateau de sculpteur* est devenu la plus chère de toutes les œuvres d'art vendues aux enchères (104,5 millions de dollars chez Christie's en 2010), *Le Garçon à la pipe* étant le premier tableau à avoir dépassé la barre des 100 millions de dollars (104,168 millions de dollars en 2004 chez Sotheby's).

À cette conjonction de puissance créatrice et de puissance financière s'ajoute enfin une puissance vitale impressionnante, dont témoignent non seulement sa longévité mais, surtout, la multiplicité de ses amours : Picasso est aussi celui qui, jusqu'à la fin de sa vie, aura eu les plus belles femmes, toujours jeunes, toujours éblouissantes, toujours amoureuses (huit épouses ou compagnes, dont il eut quatre enfants reconnus).

Cette puissance est en outre en partie transmissible à ceux qui entretiennent un lien avec lui : non seulement ses héritiers, qui bénéficient d'un patrimoine et d'un nom universellement célèbres ;

mais aussi les propriétaires ou gestionnaires de ses œuvres, collectionneurs ou conservateurs de musée (rappelons qu'il existe pas moins de cinq musées à son nom) qui, pouvant prêter « leurs » Picasso, jouissent d'une rente de situation dans le monde de l'art, tant est forte la demande pour des expositions elles-mêmes d'autant plus nombreuses que l'œuvre est diversifiée.

Le génie, le héros, la star

Surabondance, succès, vitalité : en ce seul nom de « Picasso » semble se concentrer aujourd'hui la conjonction au plus haut degré de l'énergie créatrice, de la fortune matérielle et de la puissance sexuelle, toutes trois équivalentes et toutes trois hors du commun. En cela le personnage combine génialité et, sous une forme moderne, héroïsme, érigeant le statut d'artiste au plus haut niveau : celui sur lequel peuvent se projeter les fantasmes de gloire, d'accomplissement et d'ascension sociale qui furent longtemps réservés aux grands chefs militaires, aux grands entrepreneurs, aux grands explorateurs, aux grands poètes, ou encore aux prophètes.

Écoutons celui qui fut non pas le plus grand peintre, mais le plus grand anthropologue français au XXe siècle : « Il me semble que si l'on demandait à n'importe quel créateur de bonne foi qui il aurait aimé être, il ne manquerait pas de répondre : Picasso, parce que c'est l'exemple, exceptionnel dans notre siècle, d'un homme qui a fait tout ce qu'il a voulu, qui a suivi son caprice, n'a agi qu'à sa tête, et qui a obtenu la plus grande gloire, une immense fortune, un fabuleux prestige. Et cela déjà impose l'admiration[3]. » Le plus frappant dans ces propos de Claude Lévi-Strauss n'est pas son insistance sur la génialité du grand peintre : insistance somme toute banale, même si elle pouvait paraître encore provocante dans certains milieux il y a une génération. Le plus frappant, c'est qu'il assoit ce constat non sur la qualité de l'œuvre mais sur l'exceptionnalité de la vie de Picasso, extraordinaire tant par sa singularité (suivre son caprice, n'agir qu'à sa tête) que par sa réussite (gloire, fortune, prestige, admiration). On voit pointer là la figure non plus du génie, mais du héros – celui qui est grand par ses actes.

Dans cette dimension héroïque, l'engagement politique joue un rôle de premier plan. Car malgré son exceptionnelle réussite, Picasso n'incarne en rien (contrairement à Salvador Dalí, « Avida Dollars ») un « parvenu » au sens classique, un traître à ses origines, un vulgaire nanti : membre éminent du Parti communiste français, il est devenu aussi un modèle d'artiste engagé – mais pas inféodé. Et le seul *Guernica* témoigne de sa capacité à cumuler les trois formes de l'avant-garde en art : l'avant-garde politique, par sa défense d'un idéal porté par un parti ; l'avant-garde sociale, par sa dénonciation des souffrances infligées au peuple ; et l'avant-garde esthétique, par la radicalité sans concession de son expression plastique. Quoi d'étonnant alors si ce tableau est devenu l'une des grandes icônes du XXe siècle ?

Génie par ses œuvres, quasi-héros par ses actes, Picasso est, enfin, l'un des rares artistes plasticiens à avoir fait figure de star – cet être dont les foules sont capables d'identifier le visage en l'associant à son nom. Il a été le héros d'un célèbre documentaire (*Le Mystère Picasso* d'Henri-Georges Clouzot en 1955), d'un long-métrage de fiction dans le plus pur style hollywoodien (*Surviving Picasso* de James Ivory en 1996), d'un téléfilm (*La femme qui pleure au chapeau rouge* de Jean-Daniel Verhaeghe en 2011), ainsi que d'une comédie musicale (*La Vie en bleu*, 1997) : voilà bien qui confirme – tout en contribuant à le produire – son statut de star internationale.

Et pour achever de nous en convaincre, écoutons le témoignage du peintre André Salmon : « On est au plein de la saison. Des plus brillants estivants aux sympathiques "congés payés", la présence de l'homme célèbre, universel, a été remarquée, surtout par la jeunesse. Bientôt garçons et filles, les filles en nombre, s'approchent de notre guéridon. Les voici tout près. Sans un mot, une première fille présente un petit album à celui dont elle a découpé le portrait dans *Match*. Un garçon suit qui a demandé une feuille de papier quadrillé au patron du bar. Une autre fille, une de ces ouvrières en vacances si fières de leur premier short, peut-être une fidèle du TNP.

D'autres. Picasso ne regardera aucun de ses solliciteurs avides. Il ne voit que le papier blanc que l'on met sous ses yeux. Sans se faire prier, sans savoir à qui va son présent, il signe, il signe... Picasso... Picasso... Picasso... Il signe en nous parlant, impatient des choses gaies. Six caméras se sont braquées sur notre table. Demain l'image et la graphie de Picasso circuleront de main en main, du seizième arrondissement à Aubervilliers, du Champ-de-Mars à Puteaux[4]. » Picasso donc, sous les regards de tous, offre au tout-venant et à tout-va son autographe, gagé sur le prix de sa signature.

Quand le peintre devient modèle

À l'instar d'un Van Gogh, d'un Duchamp, d'un Dalí, mais avec ses ressources propres, Picasso fait donc partie du petit cénacle des artistes qui ont réussi à construire un « modèle singulier » : réussissant à échapper aux modèles (ce qui est le propre de la singularité) tout en en devenant un. Et son exceptionnelle réussite consiste précisément à avoir ouvert des voies qui, tout en étant incontournables, restent impraticables à d'autres du fait qu'un tel modèle est, littéralement, inimitable : même si son œuvre ou sa personne ont pu faire des copieurs ou des imitateurs, ceux-ci ne peuvent être que des pasticheurs dès lors qu'ils manquent l'essentiel, à savoir d'être le premier à faire ce qu'il a fait, à être celui qu'il a été.

C'est en cela aussi que Picasso a réussi : non seulement en entrant dans la légende par sa prolixité, sa fortune et ses bonnes fortunes, par sa présence dans les musées, les librairies, sur les écrans et dans les albums des collectionneurs d'autographes ; mais aussi en tant qu'il est devenu, non seulement un modèle – premier d'une lignée – mais un prototype, seul dans une série qu'il inaugure en même temps qu'il la clôt, seul à porter un nom qui déjà n'est plus, à la limite, un nom propre, mais un nom de catégorie (et même un nom de marque depuis que ses héritiers l'ont vendu à un fabricant d'automobiles). Un nom devant lequel tout un chacun pourra mettre l'article, de sorte qu'on en vient à dire « un » Picasso pour désigner non pas l'une de ses œuvres mais sa personne même : par où celle-ci, devenue intemporelle dans la légende et universelle par sa singularité, constitue en elle-même un chef-d'œuvre[5].

Petite mise au point sociologique

Cet article aura-t-il contribué à mieux faire comprendre l'œuvre de Picasso ? C'est le but qu'on assigne souvent à ces sections particulières de la sociologie de l'art et de la littérature qu'on nomme « sociologie de la réception » et – plus marginalement – « sociologie du statut d'artiste ».

Mais ce n'est pas, à mes yeux, une visée adéquate à la réalité de cette discipline. Car l'expérience vécue par les spectateurs ou les destinataires des œuvres, de même que le statut occupé par les créateurs, de même encore que le rôle des intermédiaires et des institutions de l'art, sont des réalités tout aussi intéressantes, et même passionnantes, que les « œuvres mêmes ». Et celles-ci ne sont pas, loin de là, le tout de l'art, lequel réside tout autant dans l'expérience de la consommation et de la création artistique, dans la place accordée aux artistes, dans l'ensemble des processus qui permettent à un acte artistique de donner corps à une œuvre, et à celle-ci de s'inscrire dans des murs, des institutions, des discours, engendrant des émotions et des conduites particulières que la sociologie, l'anthropologie, l'histoire et la psychologie s'ingénient à étudier.

Quant aux œuvres, les historiens et critiques d'art ne sont-ils pas beaucoup mieux placés que les sociologues pour en rendre compte ? Et si l'on attend de ces derniers qu'ils nous expliquent en quoi elles sont des « miroirs » ou des « reflets » de la « société » dans laquelle elles sont nées, nul besoin d'enquête sociologique pour cela : l'histoire culturelle suffira largement à la tâche – si tant est que celle-ci excède les compétences d'un consommateur cultivé, ce dont je doute.

J'espère donc qu'à la question « Cet article aura-t-il contribué à éclairer l'œuvre de Picasso ? » la réponse des lecteurs aura été « Non ». Mais j'espère aussi qu'ils seront ressortis de cette courte lecture avec une vision plus claire de la place qu'occupe le personnage de Picasso dans notre imaginaire commun. Et qu'ils auront trouvé cela intéressant. Je ne crois pas qu'il faille en demander plus à la sociologie – mais c'est déjà beaucoup.

NOTES

1. *Cf.* M. Scheler, *Le Saint, le génie, le héros*, 1933, Fribourg, Egloff, 1944.
2. Bernard Smith, *The Death of the Artist as Hero. Essays* in *History and Culture*, Melbourne, Oxford University Press, 1988, p. 27.
3. Claude Lévi-Strauss, interview à *Arts*, n° 60, 16-22 novembre 1966.
4. André Salmon, *Souvenirs sans fin* (III, 1920-1940), Gallimard, 1961, p. 176.
5. Pour aller plus loin : N. Heinich, *La Gloire de Van Gogh. Essai d'anthropologie de l'admiration*, Minuit, 1991 ; « Picasso, eine Legendenfigur », *Du*, n° 9, septembre 1998 ; *L'Élite artiste. Excellence et singularité en régime démocratique*, Gallimard, 2005 ; *De la visibilité. Excellence et singularité en régime médiatique*, Gallimard, 2012.

La construction du mythe Picasso par sa bibliographie

Brigitte Leal

La dernière image de Picasso que le grand public a eue sous les yeux montre une sorte de clone de l'artiste, au visage caoutchouteux violemment colorisé, reconnaissable à sa calvitie et à son maillot de marin rayé, qui sert de faire-valoir à une marque de voiture. Aussi choquante soit-elle, cette dégradation de l'un des plus grands créateurs du XXe siècle en vieux clown grotesque et vénal descend directement de celle fabriquée par Picasso lui-même avec la complicité des meilleurs photographes de la grande presse de l'après-guerre. Très tôt conscient de l'impact du rôle du mythe de l'artiste dans la promotion de l'œuvre d'art et soucieux du contrôle de son image, Picasso s'est toujours livré avec un grand professionnalisme à l'objectif photographique des Brassaï, Man Ray et autres Dora Maar. Dans les années 1950, il ouvre grand les portes de ses demeures seigneuriales du midi de la France et accepte de « faire le clown » ou le Charlot, avec déguisements à l'appui, pour les photographes américains Edward Quinn et David Douglas Duncan qui officient pour le magazine *Paris-Match*. Par ce geste, il entérine l'image d'amuseur, de charlatan que le public populaire a de l'artiste d'avant-garde.

L'exposition *Picasso et le portrait* menée par William Rubin et, dans le catalogue de l'exposition, l'analyse par Kirk Varnedoe des autoportraits de Picasso[1], les travaux de Marie-Laure Bernadac et d'Anne Baldassari sur ses auto-représentations photographiques et cinématographiques (cycle dans lequel le film de Clouzot, *Le Mystère Picasso*, occupe un rôle central) et les thèses développées par Serge Guilbaut nous ont tous convaincus que Picasso s'était taillé en personne un mythe à sa mesure, celui de géant de l'art moderne. Dans l'édification de sa légende dorée, le rôle de sa bibliographie est capital.

Cette bibliographie est immense, plus importante encore que celles qui ont fabriqué les mythes tragiques de Van Gogh et de Modigliani. Elle se partage en deux corpus qui ne sont pas forcément antagonistes, mais qui se complètent et se superposent parfois. L'œuvre de Picasso a fait l'objet d'un travail scientifique de qualité recouvrant tous les aspects de sa création qui est dominé par l'*opus magnum* des 33 volumes de l'œuvre peint, dessiné et sculpté, établi par Christian Zervos entre 1932 et 1978. Dans cet ensemble de travaux de référence, utiles aux chercheurs comme au grand public, les monographies occupent la part belle. Dans le cas spécifique de Picasso, elles tombent facilement dans le travers d'identifier totalement l'œuvre à sa biographie en étouffant, en quelque sorte, la première sous le poids de la personnalité charismatique du créateur. Les titres des meilleures d'entre elles mettent toujours significativement en avant l'homme avant l'œuvre. Citons, par exemple, *La Vie et l'Œuvre de Picasso* par Roland Penrose en 1961, *Picasso, l'homme et son œuvre* par Pierre Daix en 1964 puis en 1977, *La Vie de peintre de Pablo Picasso*. Un Jacques Perry ira même jusqu'à intituler sa monographie de 1982, *Yo Picasso !* en référence, il est vrai, au titre d'un autoportrait de 1901 déjà représentatif de l'image narcissique projetée par Picasso à l'aube de sa carrière.

À côté de cette bibliographie savante, on trouve la masse considérable des témoignages dont la parution à un rythme régulier, loin de s'éteindre depuis la disparition de l'artiste en 1973, n'a cessé au contraire de s'étoffer au point de paraître s'étendre au moindre anonyme dont le chemin a croisé un jour celui du grand homme. Ces témoignages relèvent du type même de la biographie d'artiste inaugurée par les célèbres *Vite* de Vasari essentiellement fondées sur la compilation d'anecdotes censées donner un sens à l'œuvre. Le genre peut paraître négligeable, voire méprisable mais il se révèle parfois riche d'informations, de renseignements qui, même mineurs, font le miel de certains spécialistes encore partisans d'une histoire de l'art descriptive, fondée sur l'individualité, aux dépens des méthodes interprétative ou sémiotique.

Dans leur ouvrage fondamental sur le thème du mythe de l'artiste, *L'Image de l'artiste, légende, mythe et magie*, Ernst Kris et Otto Kurz[2] défendent le prototype « vasarien » de la biographie d'artiste ainsi que la conception de l'anecdote comme cellule mère, cellule primitive du « roman des peintres » qui renvoie également au royaume des mythes. Hélas, aujourd'hui, dans le cas de Picasso et dans le contexte d'une production éditoriale commerciale, ces témoignages écrits ou recueillis par des « auteurs » improvisés – femmes, ex-femmes, domestiques, enfants, petits-enfants –, qui constituent le cheptel habituel de la littérature de gare, se révèlent souvent de piètre qualité.

Dans le passé, en revanche, Picasso a trouvé ses meilleurs biographes avec d'autres artistes, des photographes comme Brassaï (*Conversations avec Picasso* en 1964), des écrivains, de Gertrude Stein à John Berger, et surtout des poètes comme Reverdy, Prévert, Ponge, Tzara, Éluard, Cocteau, voire des marchands comme Wilhelm Uhde ou Daniel-Henry Kahnweiler. Le titre même du livre de Brassaï met le doigt sur une des spécificités de la bibliographie picassienne : l'abondance d'ouvrages, hésitant entre la monographie pure et le témoignage, qui sont fondés essentiellement sur les propos rapportés du maître et forment ainsi une sorte de collage, de pot-pourri de ses bons mots pris au vol, et autres formules à l'emporte-pièce dont il était friand. On ne compte plus les titres sanctifiant son verbe : « Picasso dit », « Picasso parle », « Picasso explique », « Picasso déclare[3] », etc., significatifs de la complicité active de Picasso dans la fabrication de son mythe, organisée avec l'aide de faire-valoir complaisants.

Le genre peut donner le meilleur quand il est signé par André Malraux qui propose en 1974 avec *La Tête d'obsidienne*, une sorte de « roman vrai » sur son Picasso, présenté comme une doublure d'André Malraux ! (l'Espagnol de *Guernica* et de Goya, le fou d'art primitif, le créateur boulimique, le génie solitaire face à la mort) : cette monographie au ton vif de reportage en direct truffée de souvenirs, de commentaires renvoyant à l'esthétique du *Musée imaginaire*, de dialogues impromptus entre deux mythes du XXe siècle qui ont soigneusement tissé leurs propres légendes a peut-être puisé son modèle dans la célèbre monographie de Matisse, *Henri Matisse – roman,* écrite par Aragon en pleine guerre et qui est également hantée par le spectre de la mort. Mais le genre peut aussi donner le pire, quand il est un produit alimentaire, et même quand le texte – qui peut être parfois brillant – est signé par un de ceux que Roland Barthes désignait sous le terme des « écrivains courtisans », où l'on trouvera pêle-mêle Hélène Parmelin comme le grand Michel Leiris, englués dans la pire des mythologies à cause de leur fascination pour le génial séducteur.

Dans un texte récent d'analyse des *Vies d'artistes*, « L'Avant-veille américaine : Barnett Newman, le Mexique et l'art moderne »[4], Serge Guilbaut, avec sa verve habituelle, s'en prenait à ce « genre obsolète » de ce type de biographies qui lui apparaissaient comme « aussi mortes que l'auteur peut l'être pour Roland Barthes ». Il analysait leur caducité en fonction de la critique post-structuraliste qui fait fi de l'individu pour inscrire l'œuvre dans un cadre plus complexe et « polyfacétique ». Cette critique pertinente du phénomène de vulgarisation de la biographie d'artiste ne saurait nous empêcher de considérer deux titres significatifs au sein de la bibliographie picassienne. Tous deux écrits par d'anciennes compagnes du peintre, Fernande Olivier et Françoise Gilot, ils ont, sous des dehors anecdotiques, mis en place tous les concepts du mythe picassien. *A priori*, rien ne devrait distinguer ces deux livres fondés sur des souvenirs intimes d'anciennes maîtresses, écrits 10 ou 15 ans après la fin de leurs liaisons. Cependant tout les oppose à commencer par la qualité des auteurs : Fernande Olivier qui signe *Picasso et ses amis*[5] en 1933, n'a jamais occupé d'autre rôle que celui de modèle dans la vie de peintre de Picasso, elle s'efface totalement derrière son sujet et trace un portrait sympathique, affectueux, complaisant et drôle de l'homme et de l'artiste dominant ses confrères. Françoise Gilot, qui donne son *Vivre avec Picasso*[6] en 1965, se place au contraire, ainsi que le suggère le titre de son pamphlet, au centre de l'ouvrage, et se présente comme une artiste et une intellectuelle afin de se mettre sur un pied d'égalité avec Picasso dont elle trace un portrait-charge, au vitriol. Malgré ces différences et le caractère de reportage-vérité de leurs témoignages respectifs, leurs narrations pleines de lieux communs relèvent de la longue tradition littéraire du mythe de l'artiste, du roman des maîtres modernisé.

Le récit de Fernande Olivier, qui évoque le jeune Picasso des périodes bleue et rose, se rattache à la tradition romantique de la vie de bohème vulgarisée par le roman de Murger, c'est-à-dire au mythe de la jeunesse, au désordre, au libertinage, à la liberté. Il est monté comme une galerie de portraits d'artistes alors inconnus devenus célèbres, est farci de stéréotypes et ne parle jamais de création. De la poésie ou du travail de critique d'Apollinaire, par exemple, nous ne saurons rien, mais nous le voyons à longueur de page, boire, manger et faire la fête avec Picasso. Les marchands – Sagot, Vollard, Kahnweiler – sont tous malhonnêtes, avares, sordides (surtout s'ils sont juifs). Malgré ses défauts, le livre de Fernande Olivier offre une évocation vivante et émouvante de cette bohème à jamais disparue et un portrait juste et perspicace de son héros, Picasso, le peintre ouvrier :

> On le rencontrait sur la Butte, en espadrilles, les cheveux au vent ou sous une vieille casquette et dans le vêtement de travail de l'ouvrier zingueur.

Une image pittoresque que l'on retrouve sur ses autoportraits photographiés de 1916 publiés par Kirk Varnedoe. Il pose devant l'objectif en orchestrant son image en constante métamorphose pour, à l'amorce du « rappel à l'ordre » dont il va être un des promoteurs, renflouer son mythe d'éternel bohème, antibourgeois (le bourgeois c'est Matisse). Une image qu'il cultivera jusque dans les années 1950 en reprenant pour le compte du PCF son image fabriquée de travailleur-artisan-potier.

Fernande Olivier fut aussi la première à opposer les deux mythes, Matisse et Picasso, à fixer, en des termes qui feront florès, le cadre de leur rivalité :

> Matisse, le type du grand maître [...] clair, précis, concis, intelligent, très maître de lui, à l'encontre de Picasso, timide, toujours un peu maussade et gêné dans ces sortes de réunion. Matisse brillait, s'imposait.

Elle emprunte à Matisse une formule qui deviendra légendaire :

> Pôle Nord et pôle Sud, disait Matisse en parlant d'eux deux.

De son côté, dans son *Vivre avec Picasso* puis dans *Matisse et Picasso, une amitié racontée par Françoise Gilot,* la jeune peintre exploite également à fond les mythes des deux artistes et les poncifs de la rivalité entre artistes à travers un autre stéréotype : la visite d'atelier, l'arène du dialogue mordant entre les deux pôles, avec la complicité active de leurs muses respectives. Matisse y tient le beau rôle : celui du noble peintre, du bon vieillard, de l'ami parfait qui a noué avec son modèle, la discrète Lydia, une relation fondée sur la dignité, l'effacement. Elle donne constamment de Matisse une image édifiante et vertueuse du peintre savant et gentilhomme alors que Picasso tient le rôle du méchant, de Barbe-Bleue et du vieux barbon amateur de chair fraîche. Une image qui descend directement de l'épisode légendaire des *Vite* de Vasari évoquant les amours de frère Filippo Lippi avec une jeune religieuse qu'il avait prise pour modèle. Ce portrait de l'artiste coureur de jupons qui plaît au grand public rejoint également le mythe de Pygmalion reliant activité artistique et érotique, possession intellectuelle et charnelle.

Mordants, injustes, partisans, les livres de Françoise Gilot n'en apportent pas moins un regard intéressant sur l'homme mais aussi sur sa création, ou plutôt les conditions de sa création, le fonctionnement de ses ateliers, de sa cour, de sa production. On assiste également à la naissance du mythe du Picasso militant forgé par le PCF et ses rimailleurs officiels toujours prompts à débiter leurs « Ode à Picasso » et autres hommages coulés dans le moule de l'hagiographie stalinienne. Y triomphe encore le mythe de Picasso Midas, transformant tout ce qu'il touche en or. Un mythe largement popularisé par la grande presse comme en témoigne le célèbre reportage de *Paris-Match* relatant le tournage du *Mystère Picasso*, avec ce commentaire choquant d'un technicien de Clouzot : « Aujourd'hui, il en a encore fait pour des millions ! »

Pour le compte de la revue *Arts* en 1951, André Breton et Benjamin Péret[7] feront voler en éclats tous les mythes attachés à la figure de Picasso à travers une petite bande dessinée féroce et drôle qui confirme un verdict déjà ancien : Picasso avait bien trahi ! Mais il faut remonter aux sources de sa biographie pour prendre l'aune de la déception d'anciens fidèles. Dès ses débuts, la définition de son œuvre, du style Picasso, apparaît indissociable de sa personnalité qui est immédiatement perçue comme celle d'un génie protéiforme. Dès avril 1905, Apollinaire dans son article, « Picasso, peintre et dessinateur », définit en une seule phrase lumineuse l'essence de son art et la fascination qu'il exerce :

> Tout l'enchante et son talent incontestable me paraît au service d'une fantaisie qui mêle justement le délicieux et l'horrible, l'abject et le délicat[8].

Son diagnostic perce à jour le caractère diabolique d'une œuvre qui attire et repousse à la fois, qui est d'autant plus troublante et hermétique que son auteur joue de tous les registres formels et visuels possibles. En 1916, alors que Picasso avance entre invention et tradition, Apollinaire lui offre une aquarelle de sa main le représentant en habit d'Arlequin en train de jongler, qu'il intitule *Les oiseaux chantent avec les doigts*. Ce titre symbolique renvoie au Picasso créé par lui, l'Arlequin trismégiste, et évoque le paradis perdu de leur jeunesse et de leur amitié partagée avec Max Jacob, quand ils formaient un trio d'Arlequins métaphysiques. Dans *The Invisible Masterpiece*, Hans Belting[9] analyse *La Famille de saltimbanques* de 1905 en reprenant cette création apollinarienne du Picasso magicien, jongleur faisant des tours et de l'artiste qui crée aussi naturellement que l'oiseau qui chante qui, selon lui, « convenait comme un gant à la nature théâtrale de Picasso », jouant le rôle de l'artiste *absolu*. Ce mythe renvoie à celui du *divino artista*, de l'artiste démiurge qui relève de la conception naïve et répandue du *don* de l'artiste, doué d'un pouvoir d'enchantement.

Ce don exceptionnel, qui fait de Picasso un génie, est encore renforcé par sa légende d'enfant prodige, diffusée par lui-même à partir de sentences comme : « Je n'ai jamais appris à dessiner » ou « Je n'ai jamais fait de dessins d'enfant[10] », « À douze ans je dessinais comme Raphaël. » On trouve tracés les contours de cette légende dorée dès 1924 dans le livre de Pierre Reverdy, *Pablo Picasso et son œuvre*, où le poète cubiste affirme :

> Picasso semblait bien destiné à devenir peintre avant que d'être né. À l'âge où les futurs artistes ne sont encore que des élèves exécutant avec plus ou moins de bonheur des devoirs prescrits, ses travaux à lui aboutissaient déjà à des œuvres remarquables.

Cette enfance mythique a été gonflée par son secrétaire et biographe officiel, Jaime Sabartés, d'un épisode freudien, celui de la transmission des pinceaux à l'enfant par son petit peintre de père, José Ruiz Blasco. Cette variante du meurtre œdipien du père visant dans la biographie picassienne à renforcer la nature divine de l'artiste sera le point de départ d'une habile analyse de Michel Leiris assimilant la peinture de Picasso à la tauromachie[11].

Picasso qui, en 1916 encore, déguisa pour le peindre Jean Cocteau en Arlequin a reconnu dans le poète son *alter ego* se cachant également sous toutes sortes de masques au point que Peter Read les a décrits comme deux clowns de parade circassienne. Cocteau est précisément l'auteur de la première monographie consacrée à Picasso en 1923[12]. Dans la lignée d'Apollinaire, il trace l'image d'un magicien, d'un enchanteur qui charme les objets, accomplit des miracles, transforme en un clin d'œil un bout de papier en chef-d'œuvre, en étant ainsi le premier à définir son style comme un art de métamorphoses et un jeu fondé sur la vitesse, le hasard, le don. *Paradoxalement*, puisque son livre est un manifeste en faveur du « rappel à l'ordre » défendant la doctrine classique et dénonçant le clan cubiste, « mallarméen », comme il l'appelle, il reprend tous les clichés liés au mythe de l'artiste démiurge : le don, le *fa presto* (en référence au *fa presto* du Giordano de Vasari). Toute la création de Picasso est décrite comme un tour de magie :

> Je l'ai vu triturer, en causant, un poussin d'ouate jaune qu'on achète au bazar. Lorsqu'il le remit sur la table, ce poussin était un poussin d'Hokusaï.

Cocteau renvoie ainsi à l'image que le profane a de l'artiste : un être riche de dons que n'a pas le commun des mortels, celui de reproduire, comme par magie, la réalité. L'artiste est un génie, un héros, un dieu.

Ce mythe de Picasso démiurge est amplifié par Gertrude Stein dans sa monographie de 1938[13]. L'écrivain américain, pourtant réputée pour sa férocité, reprend à son compte en les martelant les clichés éculés de l'enfant prodige et de l'artiste inspiré, à coups de formules lapidaires :

> Il n'apprit pas, [...] il naquit sachant dessiner non des dessins expressifs mais des dessins de peintre [...], la peinture, il était né sachant tout d'elle [...].

qui reprennent le mythe cézannien de l'artiste « puissant et solitaire ». Elle est enivrée par son sujet au point même de comparer Picasso à Napoléon et de tomber dans le panneau de la création comme un jeu d'enfant dont même le cubisme serait issu[14] !

La supériorité du divin artiste tient également à son œil, car l'œil du peintre est l'organe central, le principe même de la métamorphose. Brassaï, en photographe, sera fasciné par les fameux yeux de braise de Picasso dont il tirera un gros plan légendaire et un commentaire insistant sur son regard fixe, halluciné, de voyant. Ce faisant, il perpétue le mythe de l'artiste humaniste qui a inspiré tant d'autoportraits d'artistes centrés sur le regard, fixe et pénétrant, exprimant la concentration intellectuelle, la *cosa mentale* de la création (Rembrandt, Poussin). Dans ses nombreux autoportraits, Picasso n'aura de cesse d'entretenir son mythe d'artiste visionnaire en insistant sur son propre regard halluciné, correspondant à l'archétype du démiurge inspiré.

Cependant le concert unanime de louanges qui a jalonné sa carrière a parfois rencontré quelques romances louables. Dans son fameux numéro spécial consacré à Picasso en 1930, la revue *Documents*, acquise à l'artiste, ouvre ses pages savantes mais hagiographiques à l'adversaire, sans doute pour mieux le ridiculiser. En effet, les détracteurs sont triés sur le volet avec le critique ultraréactionnaire Camille Mauclair en tête, suivi de tout l'establishment conservateur des musées allemands (bien connu de Carl Einstein), pour qui Picasso est un destructeur, un plagiaire, un imposteur. Mauclair retourne habilement le mythe du magicien pour démontrer la nullité d'un art fondé, selon lui, sur l'imitation, la versatilité, le néant.

L'attaque lancée par Max Raphael en 1933 sous la forme d'un livre consacré à *Proudhon, Marx, Picasso*[15] est plus intéressante. Elle ne provient pas cette fois de la droite conservatrice mais de la gauche marxiste. S'appuyant sur la théorie marxiste, Raphael s'en prend violemment au mythe Picasso, dénoncé comme l'exemple même de l'individualisme bourgeois et de la fausse monnaie du génie, notion bourgeoise par excellence. Son œuvre est étudié à l'aune de son environnement économique et social originel : une Espagne qualifiée de féodale, soumise à l'Église puis à la bourgeoisie capitaliste. Ce pamphlet politique dans la lignée du marxisme orthodoxe et stalinien de l'époque fit l'objet d'une réplique immédiate et cinglante de Michel Leiris, le plus brillant et fidèle porte-parole du clan Picasso, dans un numéro de *La Critique sociale* de septembre 1933.

La virulence de la contre-attaque n'effaroucha pas un autre brillant détracteur en la personne de John Berger qui, trente ans plus tard, dédia son ouvrage *La Réussite et l'Échec de Pablo Picasso*, à Max Raphael. Également fondé sur une analyse marxiste, plus nuancée et avisée que celle de son prédécesseur, l'ouvrage démonte les rouages de la légende et du mythe de l'artiste fabriqués, selon Berger, par ses piteux biographes. Mais Berger s'en prend aussi directement à l'homme, à son embourgeoisement, à sa fortune en ironisant sur l'écart entre ses convictions politiques et sa vie de château. Il démontre, preuves à l'appui, que sa légende est responsable de l'abaissement du niveau de sa création et de l'avilissement du personnage, décrit comme un homme pris à son propre piège et en conclut :

> Il a été un bon sauvage et un révolutionnaire bourgeois. Et, au fond de lui même, le deuxième a idéalisé le premier.

Mais, cette image du bon sauvage, de l'enfant peintre, coiffé du chapeau de paille de Vincent ou de Matisse, qui sourit en un défi à l'éternité, n'est-ce pas celle-là même choisie par Picasso dans ses derniers autoportraits ?

Article publié dans Picasso, l'objet du mythe, *École nationale supérieure des Beaux-Arts de Paris, 2005.*

NOTES

1. Kirk Varnedoe, « Les autoportraits de Picasso », catalogue de l'exposition *Picasso et le portrait*, RMN-Flammarion,1996, p. 110-179.
2. Ernst Kriz et Otto Kurz, *L'Image de l'artiste, légende, mythe et magie*, Rivages, 1979.
3. *Les Propos sur l'art* ont fait l'objet d'une recension par Marie-Laure Bernadac et Androula Michael, *Picasso, Propos sur l'art*, Gallimard, 1998.
4. Serge Guilbaut, « L'avant-veille américaine : Barnett Newman, le Mexique et l'art moderne », dans les actes du colloque, « Les Vies d'artistes », École nationale supérieure des Beaux-Arts de Paris, 1996.
5. Fernande Olivier, *Picasso et ses amis*, Stock, 1933.
6. Françoise Gilot, *Vivre avec Picasso*, Calmann-Lévy, 1965.
7. André Breton et Benjamin Péret, « La vie imagée de Pablo Picasso », *Arts*, 28 décembre 1951, *in* André Breton, *Œuvres complètes*, III, Gallimard, NRF, 1999, p. 1057-1066.
8. Guillaume Apollinaire, « Picasso peintre et dessinateur », *La Revue immoraliste*, avril 1905, *Œuvres en prose complètes*, II, Gallimard, coll. « Bibliothèque de la Pléiade », Gallimard, NRF, 1991, p. 78.
9. Hans Belting, *The Invisible Masterpiece*, trad. française, *Le Chef-d'œuvre invisible*, Nîmes, Jacqueline Chambon, 2003, p. 341 et 444.
10. Repris par Hélène Parmelin, *Picasso dit*, Gonthier, 1966.
11. « Fils de peintre, Picasso aime à raconter que quand il était encore très jeune, son père José Ruiz Blasco lui remit un jour, cérémonieusement, sa palette et ses pinceaux, tel un matador plus ancien remettant épée et muleta au novice qu'il consacre, selon le protocole de l'alternative. » *in* Michel Leiris, *Le Peintre et son modèle*, 1980 repris *in* Marie-Laure Bernadac, *Un génie sans piédestal*, Fourbis, 1992.
12. Jean Cocteau, *Picasso*, Stock, 1923, p. 14.
13. Gertrude Stein, *Picasso*, Librairie Floury, 1938.
14. Qu'on en juge : « Picasso faisait pour se divertir des tableaux avec du zinc, du fer blanc, du papier collé », *ibid.*
15. Max Raphael, *Proudhon, Marx, Picasso. Trois études sur la sociologie de l'art*, Éditions Excelsior, 1933. Voir la réponse de Michel Leiris in *La Critique sociale*, n° 9, septembre 1933, repris in *Un génie sans piédestal*, p. 147.

Picasso aux États-Unis

Michael FitzGerald

L'intérêt des artistes new-yorkais pour Picasso est aussi ancien que celui des Américains pour l'art moderne. L'année 2011 a d'ailleurs marqué le centenaire de l'introduction de Picasso aux États-Unis. On sait l'influence que le maître du cubisme a exercée sur Jackson Pollock, Willem De Kooning et les peintres associés à l'expressionnisme abstrait, mouvement qui propulsera les artistes américains dans l'avant-garde au milieu du XXe siècle. On pourrait donc supposer que cette influence, aussi forte ait-elle été dans les premières années, s'est estompée depuis bien longtemps[1].

C'est loin d'être le cas. Non seulement Picasso reste une référence pour les artistes américains, mais il est encore plus présent en ce début de XXIe siècle qu'il ne l'a été depuis son apogée dans les années 1940-1950. La longévité de sa présence dans l'art contemporain ne tient pas seulement au contexte de l'après-guerre, mais au style même qui avait interpellé le cénacle new-yorkais. L'actualité de Picasso aux États-Unis et dans le monde entier est telle que le Musée Picasso de Barcelone prévoit une grande exposition sur la diversité et la richesse des réponses suscitées par son œuvre chez des artistes contemporains[2].

C'est Alfred Stieglitz qui, en exposant plusieurs de ses dessins dans la galerie 291 au printemps 1911, fait connaître Picasso aux États-Unis et l'impose dans les milieux artistiques new-yorkais. L'Amérique avait cependant déjà eu l'occasion de voir un échantillon de son œuvre grâce à Max Weber : quatre ans auparavant, lors d'un séjour à Paris, ce peintre américain avait rencontré Picasso par l'intermédiaire de Gertrude et Leo Stein, il avait visité son atelier et lui avait acheté une petite nature morte qu'il ramènerait à New York en janvier 1909.

Il n'est pas anodin que le premier tableau de Picasso à avoir été importé aux États-Unis l'ait été par un artiste, plutôt qu'un marchand d'art, un collectionneur ou un curateur. Si Weber tient à se procurer coûte que coûte ce tableau, c'est qu'il y trouve une source d'inspiration. De fait, les premiers amateurs de Picasso aux États-Unis seront principalement des artistes, capables d'apprécier l'originalité de sa contribution à l'art contemporain. Initié à Picasso par Max Weber, Stieglitz ne se contente pas de lui consacrer une exposition ; ses photographies du milieu des années 1910 témoignent qu'il s'inspire lui aussi de ses dessins cubistes, analytiques et presque abstraits.

Stieglitz, bien qu'organisateur de l'exposition, reste à New York et charge Marius de Zayas d'en négocier le détail avec Picasso. Ce jeune artiste mexicain éduqué à New York vient de s'installer à Paris. Les liens d'amitié qu'il noue avec Picasso lui vaudront de devenir son premier commentateur aux États-Unis, bien avant la fondation du Museum of Modern Art en 1929. Leur amitié ne repose pas seulement sur leurs affinités hispaniques : lors du vernissage en mars 1911, De Zayas est suffisamment fin connaisseur de l'art de Picasso pour rédiger le catalogue de l'exposition.

Zayas, qui a manifestement tiré profit de ses conversations avec Picasso, signe là une des plus subtiles analyses du cubisme jamais formulée par un critique d'art dans les années 1920. Sa préface est hélas incompréhensible pour un public américain qui ignore tout de Picasso et des peintres d'avant-garde. Il souligne néanmoins un élément qui s'avérera capital pour les artistes américains dans les décennies à venir. Particulièrement sensible aux origines espagnoles de Picasso (il précise qu'il est né à Malaga), Zayas signale à ses lecteurs que cet étranger en France jouit déjà d'une certaine renommée, malgré la discrimination dont sont souvent victimes les artistes espagnols. Aux yeux de Zayas et de plusieurs artistes américains ultérieurs, Picasso n'est pas simplement l'un des plus illustres représentants de l'avant-garde internationale, c'est un artiste qui commence sa carrière en marge du courant dominant et connaît une ascension fulgurante. Picasso est ainsi introduit à New York comme une figure exemplaire et, pendant des décennies, il continuera de rappeler aux artistes du monde entier – l'Indien M. F. Husain, le Soudanais Ibrahim el-Sahahi ou le Brésilien Vik Muniz, pour n'en citer que quelques-uns – qu'ils peuvent eux aussi accéder à une reconnaissance internationale.

Les musées vont largement contribuer au rayonnement de Picasso aux États-Unis. Une fois encore, Stieglitz fait office de catalyseur. Il propose au curateur du Metropolitan Museum, alors le seul grand musée d'art à New York, d'acquérir les 38 dessins exposés dans sa galerie et de faire ainsi du Metropolitan la plus grande collection publique de Picasso (les musées français n'en achèteront un ensemble significatif qu'après la Seconde Guerre mondiale). À une époque où le Met commence tout juste à collectionner les post-impressionnistes, cette suggestion ne manque pas d'audace. Stieglitz se souvient de la réaction affligeante du curateur : « Ces gribouillages n'intéresseront jamais personne en Amérique[3]. »

Le projet visionnaire de Stieglitz se réalise pourtant bien plus tôt qu'il ne l'espérait : l'engouement des New-Yorkais pour Picasso précipite la fondation du Museum of Modern Art. Au tournant des années 1910-1920, quelques collectionneurs avisés investissent dans l'art moderne en achetant notamment des toiles de Picasso, qu'ils considèrent comme le plus grand génie du siècle. Quand l'immense collection de John Quinn est vendue aux enchères après sa mort, les milieux artistiques new-yorkais s'indignent que les musées ne s'empressent pas d'acquérir de tels chefs-d'œuvre (Quinn lègue seulement un tableau, *Le Cirque* de Seurat, au Louvre). Ils sont dépités d'apprendre que tous les Picasso (« cinquante-trois tableaux », d'après un article du *New York Times*) ont été achetés par le galeriste Paul Rosenberg et expédiés à Paris. Plusieurs de ces tableaux seront par la suite légués à des musées américains, dont le MoMA, et traverseront à nouveau l'Atlantique.

Le Museum of Modern Art, qui doit sa fondation en partie à cette occasion manquée, a fait plus que n'importe quel autre musée au monde pour le rayonnement de Picasso. Convaincu que Picasso est le plus grand artiste du XXe siècle, Alfred H. Barr Jr., directeur du MoMA, constitue la première collection de son œuvre dans les années 1930, alors que d'importantes collections particulières européennes, concentrées en Allemagne et en Suisse, sont mises en vente suite à la crise économique ou confisquées par les nazis. En novembre 1939, Barr inaugure une exposition qui met à l'honneur la récente acquisition des *Demoiselles d'Avignon* et accueille temporairement *Guernica* (ce tableau restera au MoMA jusqu'à son rapatriement en Espagne en 1981).

Cette rétrospective va donner le coup d'envoi à l'expressionnisme abstrait. Époustouflés par cette exposition quasi exhaustive de l'œuvre de Picasso, les artistes new-yorkais sont incités à relever le défi artistique. Dans sa correspondance, Louise Bourgeois traduit bien le sentiment de ses contemporains : « Vous avez dû apprendre qu'il y avait eu, ici, une exposition de 400 œuvres de Picasso (quarante années de travail). Cela était si beau et représentait un tel génie et une telle somme de trouvailles que, pendant un mois, je n'ai pas touché un pinceau[4]. »

Si la rétrospective de Barr est déterminante pour la génération de 1940, celle qu'organise William Rubin au MoMA en 1980 ne le sera pas moins pour les artistes de la fin du siècle. Inaugurée sept ans après la mort de l'artiste, et avant la fondation du Musée Picasso à Paris, cette rétrospective profite d'une occasion unique de puiser librement dans la succession Picasso pour présenter ce qui restera sans doute dans les annales comme l'exposition la plus complète de son œuvre. Quatre ans plus tard, le Musée Guggenheim choisit d'exposer une période jusqu'alors moins connue, celle des années 1963-1973. Ces deux grandes expositions ont enclenché les principaux débats qui dominent l'essentiel des discussions sur la carrière de Picasso depuis 1980, à savoir sa notoriété après guerre et le style de son œuvre tardive.

Bien que Picasso ait influencé l'émergence du pop art dans les années 1960-1970, Roy Lichtenstein et ses camarades voient en lui un représentant de l'art noble, par opposition à leur ancrage dans la culture populaire. Lichtenstein reconnaît que « Picasso est sans aucun doute le plus grand artiste du XXe siècle[5] ». En 1964, cependant, il propose une réinterprétation radicale de l'une de ses plus belles natures mortes des années 1920 : réduite à des traits noirs et à des aplats de couleurs saturées, recouverte d'une plaque en plexiglas, la composition est aplatie, uniformisée, dénaturée. À un critique qui lui demande s'il ne craint pas que le public y voie un produit industriel, comparable à un panneau publicitaire, Lichtenstein rétorque : « Peu m'importe... Ça s'applique particulièrement bien à des choses comme les Picasso[6]. »

Dans les années 1980, plusieurs artistes américains (dont Jasper Johns et de jeunes artistes alors moins connus) vont revisiter l'œuvre de Picasso.

L'intérêt de Jasper Johns pour Picasso marque un tournant dans l'art du XXe siècle. Cet artiste qui s'est fait connaître dans les années 1950 en rompant avec la tradition picturale incarnée par Picasso revient sur l'œuvre tardive du maître pour s'interroger sur une renommée internationale qui est désormais la sienne. Entre les années 1980 et le début du XXIe siècle, une dizaine de ses œuvres s'inspirent de Picasso. La série *Seasons* (1985-1986), réflexion de l'artiste sur sa finitude, fait notamment référence à deux tableaux de Picasso : Johns y emprunte la silhouette de *L'Ombre* (1953) (en substituant la sienne à celle de Picasso) et reproduit l'amoncellement d'objets hétéroclites et d'œuvres d'art (ici aussi remplacées par les siennes propres) qui lestait *Le Minotaure déménage* (1936). Il en fait des symboles de l'éphémère, qui s'entrechoquent et se délitent d'un panneau à l'autre.

Dans les premières années du XXIe siècle, Johns décline à nouveau ce thème dans un diptyque intitulé *Pyre* (2003). Il associe sa réflexion sur la représentation et le langage à l'un des motifs récurrents de Picasso, *Arlequin* (1915), symbole des privations de la Première Guerre mondiale. Gisant en bas de la toile, l'arlequin géométrique est à la fois enterré et ressuscité par le dialogue que Johns entretient avec l'œuvre de Picasso.

Si Johns dialogue avec Picasso d'égal à égal, il est plus étonnant de constater que l'œuvre tardive de Picasso suscite depuis les années 1980 un regain d'intérêt de la part de jeunes artistes. Dans la lignée du pop art, l'approche la plus courante parmi la jeune génération reste l'appropriation, par le biais de la copie fidèle ou du pastiche, de plusieurs éléments. Autant de stratégies que les jeunes artistes utilisent à la fois pour dénigrer la notoriété du Picasso d'après guerre et pour promouvoir leur carrière en se réclamant de lui. Cette irrévérence recouvre un respect que ces artistes sont parfois réticents à lui accorder mais que Mike Bidlo manifeste pleinement dans sa version des *Demoiselles d'Avignon* et de plusieurs autres tableaux de Picasso. Bidlo renverse les idées reçues sur l'appropriation et l'originalité en ménageant un subtil équilibre entre copie servile et touche personnelle. À y regarder de plus près, ce qui paraissait anonyme s'avère d'une étonnante singularité.

L'exploration de la période tardive de Picasso est aussi un motif récurrent dans l'œuvre de George Condo et de Jean-Michel Basquiat, deux artistes dont la carrière a démarré à l'époque où l'œuvre tardive de Picasso commençait à être réévaluée aux États-Unis. George Condo témoigne d'une maîtrise exceptionnelle de toute la diversité stylistique de Picasso et d'une profonde compréhension de ses fondements esthétiques. La figure centrale de *Spanish Head Composition* (1988) synthétise l'œuvre tout entière de Picasso, depuis les saltimbanques de sa première période jusqu'aux picadors de la maturité ; les vignettes à l'arrière-plan illustrent le talent de Condo pour transformer presque toutes les périodes de Picasso. L'année suivante, avec *Memories of Picasso*, il assimile brillamment le style encore peu apprécié de l'œuvre tardive de Picasso. Imitant les lignes fluides et les distorsions physionomiques dont celui-ci est coutumier, Condo les intègre dans une composition bien plus audacieuse que celle du maître. Plus récemment, *Compression VI* (2011) se réapproprie la plus grande invention de Picasso, le cubisme, pour tracer un entrelacs d'images fragmentaires qui vont de personnages clownesques à des beautés classiques.

Basquiat lui aussi reproduit le geste virtuose de Picasso mais, plus fondamentalement, il problématise sa notoriété. Son *Portrait de Picasso* (1984) représente un jeune homme vêtu d'un pull rayé, comme celui qu'arborait Picasso sur les célèbres photographies de Robert Doisneau dans les années 1950. Basquiat dramatise la tension entre jeunesse et maturité, obscurité et célébrité, en répétant par sept fois le nom de Pablo Picasso et en ajoutant cette légende : « Picasso a quinze ans » (Basquiat, lui, n'en a alors que 24). La réflexion sur la célébrité et la finitude, thèmes obsédants dans l'œuvre tardive de Picasso, hante la brève carrière de Basquiat. C'est aussi ce que suggèrent ses têtes de mort inspirées des derniers autoportraits de Picasso.

Au moment même où l'œuvre tardive de Picasso fait son retour à New York, son œuvre de jeunesse prête elle aussi à réinterprétation. Alors que le peintre espagnol avait été présenté au public américain comme un *outsider* culturel, une nouvelle exposition au MoMA, *« Primitivism » in Twentieth Century Art* (1984), déclenche une controverse sur l'hégémonisme culturel dans l'art moderne. Picasso, principal artiste exposé, est au centre d'un débat sur le rapport des artistes occidentaux aux cultures non occidentales et, notamment, africaines.

En réaction à cette exposition polémique, plusieurs artistes afro-américains produisent des œuvres qui mettent l'accent sur l'appropriation par Picasso de modèles africains, dénonçant à la fois son ignorance des traditions culturelles africaines et la marginalisation des artistes afro-américains dans la société contemporaine. Fred Wilson aborde frontalement cette problématique dans *Picasso/Whose Rules* [Picasso/Qui fait la loi], reproduction photographique grandeur nature des *Demoiselles d'Avignon* sur laquelle est collé un masque Kifwebe. Les spectateurs sont invités à visionner, à travers les yeux du masque, une vidéo dans laquelle figurent Wilson et d'autres personnes d'ascendance africaine. Cette stratégie de détournement préserve la grandeur du tableau tout en redirigeant l'attention sur les objets dont Picasso s'est inspiré, mais aussi sur les artisans qui les ont fabriqués. La critique des préjugés culturels formulée par Wilson correspond à une transformation de l'*establishment* artistique aussi radicale que celle qu'avait opérée Picasso à ses débuts. Cet artiste afro-américain engagé, très critique envers la culture dominante, s'est vu décerner le prix McArthur en 1999 et il a été sélectionné pour représenter les États-Unis à la Biennale de Venise en 2003.

Le dialogue engagé par Faith Ringgold avec *Les Demoiselles d'Avignon* soulève des questions plus complexes encore sur le modernisme et la mondialisation culturelle. *Picasso's Studio* (1991), qui mêle peinture et patchwork, relève autant de la confrontation que de l'inspiration. Une belle femme noire pose nue devant les *Demoiselles* tandis que Picasso se tient devant un chevalet dans son atelier rempli de masques africains et de ses propres toiles. Cet assemblage de tissu de près de deux mètres sur deux s'accompagne d'un texte qui opère un retournement de situation. Il s'agit d'une lettre fictive adressée à sa tante par le modèle, Willia Marie Simone, pour lui annoncer la transformation de l'image qu'elle a d'elle-même : affranchie du regard de Picasso, cette Afro-Américaine le prend à son tour pour modèle et investit la culture africaine.

À l'instar des *Demoiselles* de Fred Wilson, le patchwork de Ringgold se présente au premier abord comme une critique des inégalités (entre hommes et femmes, et non seulement entre races). Mais, au fond, il ne s'agit pas de jeter l'anathème. Le Picasso qui nous est présenté ici n'est pas le monstre sacré de l'art moderne, mais le jeune artiste fougueux qui regarde au-delà des paradigmes occidentaux pour révolutionner l'art et ouvrir la voie aux futurs artistes. Cette dualité inhérente à la réputation de Picasso a inspiré plusieurs artistes au tournant des XXe et XXIe siècles, des artistes non seulement américains, mais aussi et surtout originaires de continents longtemps exclus du canon moderniste, comme Chéri Samba, qui invoque la figure de Picasso pour s'interroger sur l'avenir de l'art africain, ou M. F. Husain, en qui l'on a pu voir un « Picasso indien ».

Le processus de mondialisation dans lequel Picasso se trouve embarqué ne connaît de limites ni géographiques ni temporelles. Il a pris toute son ampleur au XXIe siècle, attestant non seulement de l'influence de Picasso dans l'art le plus contemporain, mais d'une volonté d'abattre les frontières mentales qui isolaient les États-Unis, la France ou l'Afrique du Sud.

En conclusion, nous ne pourrions citer d'exemple plus éloquent que celui de Vik Muniz. Cet artiste originaire de São Paulo, qui s'est fait connaître à New York, a vécu plusieurs années entre le Brésil et les États-Unis. Depuis 2000, il a proposé de multiples relectures de Picasso et de son héritage. Sa série intitulée *Verso* (2008) prend à rebours la question de la notoriété de Picasso. Muniz s'y livre à une fidèle reproduction de deux chefs-d'œuvre conservés dans des musées new-yorkais, *Les Demoiselles d'Avignon* et *La Repasseuse*[7]. Mais, au lieu des images mondialement connues, il choisit de reproduire leur envers : un objet de mêmes dimensions que l'original, posé sur des cales et appuyé contre un mur, comme en attente d'accrochage. Les spectateurs ne voient que le revers de la toile, c'est-à-dire le châssis et les traverses ou panneau de protection. Cette installation désacralise la position du tableau, habitué aux honneurs de la cimaise, et nous interdit d'en voir la surface. Cette perspective est cependant très révélatrice : elle fait apparaître les éraflures, les trous de vis, les griffonnages, ainsi que diverses étiquettes qui attestent des tribulations de l'œuvre au gré des expositions ou des collections particulières. En nous frustrant de leur image iconique, Muniz fait la démonstration que ces tableaux sont des objets à part entière, et non des images reproductibles à l'infini. Il nous invite ainsi à nous interroger sur la consommation de cette œuvre dans le temps.

La Repasseuse a longtemps fasciné Muniz par la puissance de son sujet et la renommée qu'elle a value à son auteur. Picasso s'est inspiré de sa propre expérience de la misère pour produire l'une des représentations les plus saisissantes de la classe laborieuse, une réalité qui marque très nettement la différence entre les débuts de sa carrière et le statut dont il jouit désormais dans les musées et dans l'histoire de l'art.

Dans *Isis (La Repasseuse)* (2008), Muniz se réapproprie cette image. Les traits de la femme et sa posture sont quasiment identiques à celle du tableau bien connu. Au premier plan, on retrouve aussi la bassine et le linge. Même les tons gris et bruns de sa palette sont similaires. Mais Muniz choisit de faire abstraction de la célébrité de cette toile pour la ramener à ses origines. La femme que nous voyons ici, c'est Isis, une trieuse d'ordures de Jardim Gramacho, immense décharge publique de la banlieue de Rio. À l'initiative de Muniz, ses collègues l'ont aidée à reconstituer une photographie d'elle-même en « repasseuse » en étalant sur le sol d'un entrepôt une formidable quantité de déchets (bouteilles en plastique, câbles, bidons, etc.). Cet assemblage tridimensionnel, photographié aux dimensions d'un tableau, reprend la technique du collage chère à Picasso pour transposer dans un contexte actuel et bien réel cette icône de la misère et de l'oppression.

Par une étrange ironie du sort, ce tableau a non seulement valu à Muniz d'être salué comme l'un des plus grands artistes contemporains, mais il a aussi rendu Isis célèbre. L'histoire de cette œuvre (qui s'inscrit dans une série) et la vie des trieurs d'ordures qui y ont contribué a d'ailleurs donné lieu à un documentaire, *Wasteland* (2010). Muniz sait quels sont les efforts déployés par un artiste qui commence sa carrière en marge de la culture *mainstream.* Comme nombre de ses contemporains, il a bien compris que la fortune et la notoriété obtenues par Picasso dans la seconde moitié de sa vie ne sont pas le produit d'une mode superficielle, mais des outils susceptibles de réinventer l'expérience contemporaine.

Traduit de l'anglais par Myriam Dennehy.

NOTES

1. Voir l'étude que j'ai consacrée à l'influence de Picasso sur l'expressionnisme abstrait et d'autres artistes américains du XXe siècle in *Picasso and American Art*, Whitney Museum of American Art and Yale University Press, 2006.
2. Cette exposition, dont je suis le commissaire, s'ouvrira au printemps 2014 au Musée Picasso. Elle illustrera l'influence posthume de Picasso sur des artistes du monde entier.
3. Cité *in* Dorothy Norman, *Alfred Stieglitz : An American Seer*, New York, 1973, p. 97-98.
4. Louise Bourgeois, *Destruction du père, reconstruction du père : écrits et entretiens 1923-2000*, galerie Lelong, 2001, p. 39.
5. Cité *in* Barbaralee Diamonstein, « Caro, De Kooning, Indiana, Lichtenstein, Mothewell, and Nevelson on Picasso's Influence », *Artnews*, avril 1974, p. 46.
6. Cité *in* Richard Brown Baker, « Interview with Roy Lichtenstein », transcription inédite, 1963 et 1964, Archives of American Art, Smithsonian Institution, p. 47.
7. *La Repasseuse* (1904) est conservée au Musée Guggenheim de New York.

Picasso et les artistes du continent latino-américain

Jacques Leenhardt

Préambule

Aujourd'hui, les historiens latino-américains ont entrepris une réécriture de leur propre histoire de l'art, que ce soit à travers une réévaluation de la manière dont a été vécue et en partie surmontée la dépendance culturelle du continent à l'égard de l'Europe et des États-Unis, ou que ce soit par la réévaluation des héritages liés aux cultures autochtones et africaines.

L'histoire de l'art s'est en effet trop longtemps coulée dans une pensée de type diffusionniste, qui donne principalement à l'Europe le rôle de centre de production des biens symboliques et ne concède au reste du monde, perçu comme simple périphérie, qu'un rôle subalterne de copieur servile. Or, si le flux d'échanges a été constant, et parfois dans les deux sens[1], la notion d'influence ne suffit pas à caractériser ces échanges. Il faut savoir interpréter ce qui fut souvent de la part des artistes latino-américains de véritables appropriations, une mastication anthropophagique comme disait Oswald de Andrade[2]. La culture des centres hégémoniques s'est trouvée digérée et par là même transformée et *resymbolisée* en fonction des cultures locales qu'elle venait enrichir et aux transformations desquelles elle participait.

Les Amériques latines et Picasso

« Todos, incluido yo, nacimos de un dedo de Picasso. »

« Tous, moi compris, sommes nés d'un doigt de Picasso », a déclaré le peintre vénézuélien Oswaldo Vigas, avant de poursuivre que, dans son cas, cette influence était particulièrement réduite. Dans ce balancement entre influence et autonomie une situation complexe se fait jour. Tous les ouvrages critiques sont là-dessus d'accord : l'œuvre de Picasso a marqué d'une manière ou d'une autre une grande partie des peintres de son siècle. Cela tient à la boulimie expérimentale de Picasso lui-même, qui n'a cessé de se confronter à la peinture et à son histoire. Comme dit Marie-Laure Bernadac, il est « un Phénix qui renaît éternellement de ses cendres, puisant son énergie créatrice dans un processus de déconstruction-reconstruction du Père, de mort et de résurrection[3] ». À vrai dire, Picasso ne laissa hors de son champ d'activité que cette autre gifle infligée à la tradition picturale que fut le questionnement « conceptuel » développé par Marcel Duchamp. Quant à l'abstraction proprement dite, qui aura une très grande importance en Amérique latine sous le nom d'*art concret*, d'*abstraction géométrique* ou d'*op'art*, elle lui est, elle aussi, restée étrangère.

De ces très nombreux et divers échanges, je retiendrai trois situations pour lesquelles Picasso constitue à mes yeux une référence pertinente.

La période cubiste, comme imagination d'une nouvelle structure de la représentation

Depuis la fin du XIXe siècle, un grand nombre de pays du continent sont secoués par de profonds bouleversements politiques mais aussi économiques et sociaux, qui nourrissent un climat de revendications culturelles très puissant : abolition de l'esclavage et déclaration tardive de la République au Brésil en 1888 et 1889, immigration massive de 55 millions d'Européens entre 1820 et 1920, invasion par le capital étranger, développement des communications, expansion urbaine, mouvements sociaux et revendication des révoltes des époques passées.

Ces brefs rappels historiques dessinent le cadre de l'expérience intime des artistes latino-américains à la recherche d'une expression qui, dans sa forme, fut moderne, à la hauteur des transformations en cours. Pour eux, ce que le cubisme élaborait à Paris, ce n'était en effet pas tant un style pictural, une recette pour produire des tableaux « modernes » pour lesquels de toute façon il n'y avait pas de marché dans leur pays. Il s'agissait plutôt de mettre en œuvre une rupture radicale dans le continuum académique ambiant et d'élaborer, en s'appuyant sur les révolutions esthétiques européennes, un langage susceptible de rendre compte du cours nouveau de la réalité latino-américaine. Ces artistes inquiets, appartenant presque tous aux classes supérieures de leur société, cherchaient à travers ces expérimentations diverses à faire passer dans leur art les bouleversements dont ils étaient les témoins dans leur propre pays. C'est cela qui les fascinait dans l'expérimentalisme dont Picasso était la figure emblématique. Sans doute ces solutions étaient-elles largement en décalage par rapport à leur milieu, étant le fruit d'un processus déjà ancien de modernisation dans l'Europe industrielle. Le continent latino-américain n'en était alors qu'au frémissement de ces temps nouveaux, mais il allait bientôt « digérer » et « transformer » sur son propre sol et en sa propre chair ces innovations artistiques que ses artistes découvraient et empruntaient à Paris.

Pour de longues décennies, cette génération allait se trouver prise dans un va-et-vient constant entre ses propres traditions locales et la modernité formelle venue d'Europe. À l'évidence, l'attachement atavique à une terre qui continuait de dicter ses lois ne pouvait qu'entrer en contradiction avec le désir cosmopolite de s'émanciper d'une réalité toujours plus violemment marginalisée par l'évolution du monde moderne[4].

Il est à cet égard intéressant de constater que l'influence d'un artiste comme Pedro Figari (1861-1938), bien éloigné des soucis formels de la composition-décomposition cubiste, ne cessera de se faire sentir même chez des peintres par ailleurs imbus de modernité. Ainsi, son compatriote l'Uruguayen Rafael Pérez Barradas (1890-1929) se relie-t-il moins au cubisme par la médiation de Braque ou de Picasso qu'à travers sa version futuriste développée par l'Italien de Paris Gino Severini. Ses vues animées du métro ou de la rue parisienne séduisaient sans doute davantage un peintre habitué aux scènes de genre traditionnelles dans la peinture du Rio de la Plata, et chez Figari en particulier.

De même l'Argentin Emilio Pettorutti (1892-1970) est sans doute resté fidèle au cubisme tout au long de sa carrière, mais c'est en Italie, tout comme le Brésilien Ismaël Nery (1900-1934), qu'il rencontre les formes cubo-futuristes qui vont l'intéresser d'abord avant de céder à l'influence de Juan Gris et Albert Gleize. Enfin, si la référence à Picasso est évidente dans *El Quinteto* (1927), Pettorutti fera lui-même évoluer son style vers une abstraction fortement géométrique qui l'éloignera définitivement de cette influence première : *Quietud mas allà* (1956-1957).

On retrouve les mêmes éléments de diversité dans les pérégrinations chez l'Uruguayen Joachín Torrès-García (1874-1949). Après Barcelone où il travaille avec Gaudí, Torrès-García se tourne vers l'art mural, séjourne ensuite en Italie puis à New York avant de s'installer à Paris où il retrouvera Picasso. Son *Album de New York* (1920) porte la trace de cette conversation. Mais c'est avant tout avec les promoteurs du néo-plasticisme : Theo van Dœsburg, Michel Seuphor,

Piet Mondrian et Jean Hélion dans la complicité desquels il concevra ce qui sera finalement son propre langage, qui fera école dans les années 1940 en particulier à Montevideo.

Cette biographie hachée est assez typique du parcours des artistes et intellectuels latino-américains où Paris fonctionne comme épicentre de la modernité, Munich comme foyer de l'expressionnisme et l'Italie comme lien ombilical avec la tradition.

Dans cette histoire, Picasso est le nom emblématique d'un mouvement qui révolutionne la représentation picturale du monde, mais qui repose sur plusieurs artistes et une diversité de tendances à l'intérieur de ce courant : Léger, Gleize, Gris, Metzinger ou encore Marcoussis.

L'émigration plus tardive d'artistes comme Lasar Segal (1891-1957) au Brésil atteste de mélanges d'influences comparables, où l'expressionnisme joue un rôle important. D'autres, comme le Chilien Manuel Ortiz Zarate (1887-1946) restent davantage liés aux cafés de Montparnasse (Apollinaire parle de lui comme de « l'unique Patagon de Paris »), et développent une œuvre fortement inscrite dans le style cubiste, au point de se retrouver sous contrat avec le grand marchand de Picasso et du groupe : Léonce Rosenberg. C'est le cas également du Mexicain Diego Rivera qui proclame sans fard : « Je n'ai jamais cru en Dieu mais je crois en Picasso » et qui, dans son autobiographie, souligne : « Je ne crois pas qu'il soit possible pour un artiste après Picasso de n'avoir pas été, dans une certaine mesure, influencé par lui. J'ai toujours été fier que Picasso ait été non seulement mon professeur mais mon très cher et très proche ami[5]. » Or ce qui distingue Diego Rivera, dans son attachement même à la personne de Picasso, c'est qu'il peut servir de figure de transition entre la période cubiste et les années 1920 où dominera le deuxième thème que je voudrais aborder : l'art mural et politique.

L'art et le politique

Dès la chute du dictateur Porfirio Diaz, au pouvoir presque sans discontinuité depuis 1876, et le commencement de la « révolution » et de la guerre civile mexicaine qui allait se terminer en 1920 par la prise de pouvoir du général Obregón, un changement profond se produit dans le paysage artistique mexicain. Sous la houlette du Syndicat des peintres, sculpteurs et graveurs révolutionnaires s'exprime la nécessité de faire de l'art le porte-voix de la réalité sociale et politique. Diego Rivera (1886-1957) est incontestablement le principal moteur de ce mouvement dans lequel se mêlent des éléments proprement esthétiques et des mots d'ordre politiques visant à donner à un peuple largement illettré des images susceptibles de le mobiliser et par là même de favoriser la construction d'une conscience sociale et politique nationale. En décidant de sortir du cadre limité du tableau de chevalet, Rivera redécouvre tout un pan de l'histoire de la peinture dont les références vont de l'œuvre de Giotto et de la Renaissance italienne à celui qui en a été le dernier re-découvreur en date : Puvis de Chavannes (1824-1898). Ces préoccupations, auxquelles la révolution soviétique vient de donner une nouvelle actualité, visent à mettre en évidence la fonction sociale de l'art dans une société en plein bouleversement. Diego Rivera a clairement formulé ces exigences nouvelles. Dès la guerre, il avait pris certaines distances à l'égard du cubisme et de Picasso dans l'idée que les raffinements du cubisme analytique n'étaient plus à la mesure d'un temps où les masses étaient appelées à devenir l'acteur social et donc culturel dominant.

« Une nouvelle forme d'art était devenue nécessaire, qui ne fasse pas directement appel à la sensibilité du spectateur en termes de forme et de couleur mais qui repose sur des thèmes exaltants. Donc le nouvel art ne serait pas un art de musée ou de galerie mais un art auquel le peuple aurait accès dans les lieux qu'il fréquente au quotidien – à la poste, dans les écoles, les théâtres, les gares, les bâtiments publics. C'est ainsi que, logiquement, mais aussi théoriquement, j'en suis venu à l'art mural[6]. »

Les exigences d'actualité qui mobilisent les artistes mexicains se retrouvent dans d'autres pays du continent sous des formes souvent très proches. En Argentine, après une période où sa peinture se rapproche du mouvement surréaliste, Antonio Berni (1905-1981) proclame qu'aucun artiste latino-américain ne peut désormais s'exonérer de prendre en compte la souffrance du peuple. La dictature sévit et Berni s'oriente vers une figuration à caractère social mettant en scène les luttes sociales et le chômage (*La Manifestación*, 1934).

Contrairement à Rivera, Berni ne doit rien directement à Picasso, pas davantage que cette autre artiste d'Argentine : Raquel Forner (1902-1988) qui s'était nourrie à Paris de l'enseignement de Othon Friez à la fin des années 1920. Mais ces artistes et des dizaines d'autres avec eux, à Buenos Aires autour du Groupe Florida, au Brésil, au Mexique et ailleurs en Amérique latine, ont constitué le milieu riche et divers qui considère son travail comme un engagement politique ou plus largement humaniste. Or après *Guernica* (1937) et son adhésion au Parti communiste, Picasso deviendra la référence obligée de ce mouvement d'art engagé, qu'il n'a pas influencé à l'origine mais qui va l'utiliser comme le grand témoin d'un monde de souffrance.

À cet égard, le cas le plus intéressant est peut-être celui de Candido Portinari (1903-1962).

Contrairement à beaucoup d'artistes de cette époque, Portinari vient d'un milieu pauvre et campagnard. L'expérience des douleurs de la vie rurale, un peu comme elle avait agi sur Jean-François Millet au XIXe siècle, lui donne un regard attentif aux peines d'une population soumise aux aléas de la pluie et de la sécheresse dans le *sertão* d'où il provient. Portinari produit en peinture un art socialement et politiquement engagé qui refuse de dissimuler la souffrance sous le masque de la beauté. Son tableau *Os Retirantes* (1944), qui sera exposé à Paris en 1946, pousse à l'extrême cette vision crue de la misère, au point que le pathos de certaines de ses toiles sera souvent critiqué comme une forme de misérabilisme, voire de « dolorisme ». Il développera également un art mural plus apaisé, illustrant l'épopée du café dans un style renouant avec l'esprit de Diego Rivera.

Toutefois dès cette époque et jusqu'aux années 1950, la question de l'engagement social de l'art restait très largement posée dans l'ensemble du continent avec cette conséquence que souligne Francisco Alambert : « L'art moderne devait créer, recréer et éduquer le public pour le pays nouveau, le nouveau monde et le "futur" qui lui était réservé. Pour cela, au Brésil plus que partout ailleurs, l'art devait *communiquer*[7]. » Le terrain avait été préparé pour une réorientation de la pratique artistique vers le social et le politique et en même temps pour une réception particulièrement attentive de *Guernica*. Les situations sont toutefois diverses. Dans les fresques du Palais municipal de Mexico, Diego Rivera avait chanté l'épopée révolutionnaire du progrès. L'histoire avec un grand H se déroulait à fresque devant les yeux émerveillés d'un peuple appelé à y participer. Par la suite, dans une veine à l'expressionnisme violent, David Alfaro Siqueiros (1896-1974) et Clemente Orozco (1883-1949) avaient ajouté à cette épopée optimiste son côté sombre et tragique.

Picasso va apporter, avec *Guernica*, un changement de plan fondamental, tout en restant dans l'ordre d'une peinture qui témoigne. Il parvient avec cette toile à arracher à la figuration bien plus qu'un message, bien davantage qu'une simple représentation des actes de violence. En s'appuyant sur la décomposition de l'espace qu'il avait accomplie à l'époque cubiste, il dépasse tout message clairement identifiable pour produire une image absolue de la douleur.

Dans le creuset du choc extrême que produit sur lui la destruction de tant de vies et de l'espoir républicain en Espagne et devant la manifestation hyperbolique de la brutalité sanguinaire, Picasso situe l'image au plus près de la douleur la plus concrète. Le bombardement de Guernica, avant même les horreurs de la Seconde Guerre mondiale, devient la manifestation de la capacité humaine à s'autodétruire. Cette révélation est comme l'envers de l'optimisme de Rivera. Dans *Guernica*, la peinture s'éloigne de toute anecdote pour ne montrer, dans un caléidoscope d'images fragmentaires, que l'expression du désarroi absolu du peintre devant la manifestation de la violence. Picasso découvre à nos yeux, au moment même où il peint la toile, l'abîme de douleur qui s'ouvre en lui.

On a débattu jusqu'à l'absurde pour savoir si c'était le cheval blessé qui représentait le peuple espagnol, ou si c'était le taureau. Alfred Barr, directeur du MoMA de New York où l'œuvre avait fini par être exposée, organisa un colloque tout exprès[8]. Il s'agissait de régler la question de la symbolique iconographique du tableau. Or Picasso avait radicalement dépassé le niveau de lecture requis par un art « engagé » ou partisan. *Guernica* était d'emblée situé sur un plan où la figuration était dépassée et ne permettait donc plus d'identifier les bons, les victimes et les bourreaux. *Guernica* reste le moment incandescent où l'art et la vie, dans leur différence absolue que tout le siècle du modernisme a tenté de surmonter, se trouvent *de facto* réunis et leur contradiction abolie.

Vingt ans plus tard, devant un enjeu politique comparable, Picasso ne saura aborder *Les Massacres de Corée* (1951) que sur un plan descriptif. Il ne retrouvera pas les moyens esthétiques et moraux qui lui avaient permis de fondre l'art et l'émotion vitale dans une œuvre unique. Avec *Les Massacres de Corée,* Picasso en revient, à propos de la violence politique, à la confrontation avec l'histoire de la peinture, avec Goya et Manet, deux de ses interlocuteurs privilégiés, avec Vélasquez.

La puissance de l'exemple *Guernica* n'était pour autant pas éteinte. Wifredo Lam (1902-1982) était venu de Cuba en Europe, et avait été présent sur le terrain de la guerre d'Espagne en 1937. Très lié à Picasso depuis son arrivée à Paris en 1938, Lam peignait alors des figures humaines dans un style très influencé par le cubisme mais proche également de Matisse. Puis subitement à l'hiver 1940, alors qu'il attend un bateau à Marseille pour un nouvel exil, Lam dessine pour le poème *Fata Morgana* de Breton des figures qui viennent de nulle part. Ce ne sont ni hommes, ni femmes, ni monstres. Des figures de dieux alors ? Le cubisme n'avait-il pas trouvé dans les masques des cultes animistes africains des solutions plastiques inédites ? L'expérience du vaudou a-t-elle nourri cette manière de peindre la terreur sur la toile ? Toujours est-il que c'est Wifredo Lam qui va tenter la folle gageure, emblématisée par *Guernica,* de figurer l'humanité tragique sans passer par la figuration « réaliste ». Il ne sera ni vraiment surréaliste, ni évidemment abstrait, mais explorera cette zone crépusculaire, entre chien et loup, où tout peut se dire des drames humains sans que rien n'en soit reconnaissable. Dans cette œuvre secrète, qui va se développer tout au long des années 1940 et 1950, ressurgit quelque chose de la réussite mystérieuse de *Guernica,* et c'est sans doute pourquoi Picasso tiendra Lam en si grande estime et amitié.

Il ne fait pas de doute que l'exposition de *Guernica* en 1953 dans le cadre de la deuxième Biennale de São Paulo a une fois encore marqué les esprits. La violence que Rufino Tamayo (1899-1991) avait cherché à exprimer dans ses toiles « engagées » des années 1940, qu'on retrouve chez le Colombien Alejandro Obregon (1920-1992), l'Équatorien Oswaldo Guyasamín (1919-1999) tentera de lui donner à son tour une expression qui renvoie à l'iconographie de *Guernica.*

Toutefois la présentation unique en Amérique latine de cette toile emblématique, qui colle si bien avec les débats esthétiques de la guerre froide, intervient largement à contretemps dans un Brésil où la question politique s'est éloignée sous la présidence de Juscelino Kubitschek. En art, l'abstraction domine désormais une génération mobilisée par la dynamique d'une modernisation industrielle accélérée.

Ironie, grotesque et carnaval

La troisième rencontre entre Picasso et les artistes latino-américains s'inscrit bien entendu au sein de la figuration. Elle s'appuie sur l'espace diffracté et multidimensionnel ouvert par le cubisme et, sur un plan plus anthropologique, développe une dramaturgie où la déformation prend toute sa place en tant que torture infligée à la figure humaine. Il y a toujours eu chez Picasso, par-delà l'allégresse vitale qui baigne une grande partie de son œuvre, une dimension tragique qui trouve dans la distorsion une sorte de dimension ironique et carnavalesque venant de Goya et conduisant à Bacon. Cette ironie possède au moins deux sources intimes chez Picasso :

celle de la tragédie humaine dont il a été déjà question et celle de la reprise et confrontation avec les œuvres canoniques de l'histoire de l'art.

Dans l'approche qu'il fait de ses maîtres, Picasso produit à la fois un hommage et une désacralisation. L'ironie des multiples « reprises » des *Ménines* de Vélasquez comme les déformations infligées aux figures d'Ingres ou Delacroix témoignent avant tout d'une liberté irrévérencieuse. La galerie d'art que la tradition offre comme un modèle devient subitement un carnaval grotesque, et les « inspirés de » ne sont le plus souvent qu'une palinodie sauvage. Picasso, de ce point de vue, est le plus grand *anthropophage* de l'histoire de l'art.

Or cette liberté sacrilège à l'égard des maîtres, cette galerie de portraits ridicules, ce carnaval des vanités peintes va constituer un puissant acte de libération, un exemple libérateur pour la peinture figurative latino-américaine. Et cela d'autant plus que les circonstances politiques du continent, dans les années 1960-1970, faites de dictatures et de pouvoirs illégitimes, nourrissent la rage des artistes contre leurs propres gouvernants. De les prendre au sérieux de la représentation il ne saurait être question tandis que se répand la violence abjecte de leurs pouvoirs. Un artiste comme Jacobo Borgès a senti cette puissance de l'ironie en peinture.

Nourri aux horreurs du franquisme (*Songe et mensonge de Franco 1937*) cet aspect carnavalesque de la peinture de Picasso rencontre ainsi, en Amérique latine, l'expérience de peuples soumis largement à l'impérialisme américain et à ses fantoches.

Mais il y a l'aspect formel aussi de cette mortification infligée à la figuration. Celle-ci devient dé-formation, distance prise à l'égard de la forme, principalement humaine. Dérision, figuration carnavalesque sont alors les modalités expressives d'une défiance à l'égard des images sereines, offertes comme autant de démystification à la crédulité des peuples. Reprise décalée, ironie mordante, blasphème, tels sont les registres dans lesquels la veine picassienne a eu une large postérité inattendue où elle s'est fondue avec cet esprit méfiant à l'égard de toute réalité qu'on nomme « réel merveilleux ».

Picasso n'est à ce moment plus seulement le maître des formes qu'il avait été à la période cubiste puis dans les années 1920 et même avec *Guernica*. Le vieux peintre est devenu pour cette nouvelle génération un grand brasseur sans gêne qui copie, triture et transforme les images. Un peu partout, et particulièrement au Brésil où avait dominé l'abstraction néoconcrétiste, un retour à la figuration se fait jour avec le retour de la dictature : « Une sorte de pop engagé émerge avec les nouveaux artistes dont la critique vise aussi bien la massification sociale, locale et mondiale, que l'autoritarisme local[9]. » Le plus intéressant en effet est que ce sont les nouveaux moyens artistiques, pop, happening, carnavalisation des images qui irriguent désormais la production contestataire d'un Rubens Guerchman (1942-2008) au Brésil. Il s'agit de faire éclater au grand jour l'écart abyssal et tragique entre les valeurs que proclament ces sociétés autoritaires et les réalités qu'elles offrent à leurs citoyens. Dans cette affaire, la carnavalisation des images que multiplie la société de consommation et celle des images de l'art légitime accroché aux cimaises des musées se mélangent. Une vindicte dada, un irrespect libertaire sur lequel veille la figure gouailleuse de Picasso envahit un large pan de l'art produit dans ces années en Amérique latine. Ce que le père tutélaire de la peinture du XXe siècle laissait à cette génération des années 1980, c'était la liberté et l'éclectisme, la réalité revisitée par les songes, bref une nouvelle manière d'aborder la peinture. Il ne faut pas oublier en effet qu'il aura été le premier à assumer, lui qui avait tant de métier, l'éphémère et l'à-peu-près du mal peint, ce pied de nez à la tradition qu'il apprendra, une fois encore, à ceux qui le regardent, à respecter et à oublier.

NOTES

1. Pierre Kalfon et Jacques Leenhardt, *Les Amériques latines en France*, Gallimard, 1992.
2. Différentes notions ont été avancées pour caractériser la singularité de la réception des produits culturels venus des centres : « l'anthropophagie » de Oswald de Andrade (*Manifesto anthropóphago*, Brésil, 1928), la « transculturation » de Fernando Ortiz (*Contrapunteo cubano del tabaco y el azúcar*, Cuba, 1940) le « métissage » dans ses différents mécanismes (Gilberto Freyre, Édouard Glissant).
3. Marie-Laure Bernadac, « Picasso cannibale, destruction-reconstruction des maîtres », in *Picasso et les maîtres*, catalogue de l'exposition éponyme, Réunion des Musées nationaux, 2008, p. 49.
4. Voir Beatriz Sarlo, *Una modernidad periférica : Buenos Aires, 1920 y 1930*, Buenos Aires, Ediciones Nueva Visión, 1988.
5. « *I do not believe it possible for any painter after Picasso not to have been influenced by him in some degree. I have always been proud that Picasso was not only my teacher but my very dear and close friend.* »
6. Diego Rivera, *My art, my life : an autobiography* (with Gladys March), notre traduction original du texte disponible sur : http://www.american-buddha.com/cia.diegomylife.beginning.htm, non paginé.
7. Francisco Alambert, « El Goya vengador en el Tercer Mundo : Picasso y Guernica en Brasil », in *El Guernica de Picasso : el poder de la representación, Europa, Estados Unidos y América latina*, Buenos Aires, Editorial Biblos, 2009, p. 69-70 (notre traduction).
8. Voir à ce sujet l'article très détaillé de Andrea Giunta, « El poder de la interpretación (o cómo Alfred Barr explicó el *Guernica* al público del MoMA) », in *El Guernica de Picasso : el poder de la representación, Europa, Estados Unidos y América latina, op. cit.*
9. Francisco Alambert, « El Goya vengador en el Tercer Mundo : Picasso y Guernica en Brasil », *art. cit.*, p. 75 (notre traduction).

Picasso vu par Carl Gustav Jung.
Une balise sur le chemin de la culture politique suisse de l'entre-deux-guerres

Hans-Ulrich Jost

Le 13 novembre 1932, dans la prestigieuse *Neue Zürcher Zeitung* (*NZZ*), Carl Gustav Jung signait un long commentaire sur la grande exposition consacrée à Pablo Picasso[1], inaugurée deux mois plus tôt au Kunsthaus de Zurich. « Le problème psychique de Picasso, tel qu'exprimé dans l'œuvre du peintre, déclare-t-il d'emblée, s'avère parfaitement analogue à celui de mes patients. » Sa personnalité « ne se tourne pas vers l'idéal reconnu du beau et du bon, mais se fie à l'attraction démoniaque de la laideur et du mal qui, chez l'homme moderne, surgit comme un antéchrist et un diable pour produire un sentiment de déluge [...], qui infecte le monde diurne par le brouillard d'Hadès, le contamine de façon mortelle [*mit tötlicher Zersetzung ansteckt*] et qui, finalement, à l'instar d'un tremblement de terre, le décompose en morceaux, décombres, lambeaux et éléments inorganiques[2] ». Prenant finalement à témoin les figures d'Arlequins brossées par l'artiste, l'éminent analyste se réfère aux paroles du *Zarathoustra* de Nietzsche pour prédire à Picasso une fin de vie dans la démence.

Deux objets servent de support à cette approche pour le moins spectaculaire. Tout d'abord, la toile intitulée *Évocation* (1901) où Picasso exprime son ressenti à l'annonce du suicide de son ami Carlos Casagemas, et que Jung interprète comme l'expression de l'état psychique du peintre dont l'inconscient vagabonderait sur les chemins de l'enfer. Puis vient la *Jeune Fille devant un miroir* (1932), un portrait tout juste achevé de Marie-Thérèse Walter, modèle et jeune amante de Picasso, dans lequel l'analyste pense déceler l'empreinte de la face obscure de l'âme de son auteur. Après quoi, vraisemblablement peu intéressé par l'exposition elle-même, Jung développe surtout ses propres conceptions des rapports entre art moderne, maladie mentale et dégénérescence.

À confronter la fragilité de ses points d'appui à la violence de ses propos à l'encontre de Picasso, on reste pour le moins déconcerté par l'attitude du psychiatre zurichois. Sauf, peut-être, à y déceler les traces d'un intérêt certain pour les idéologies de l'époque, dont en particulier la question des symboles et du caractère du national-socialisme. Et aussi, plus clairement sans doute, une contribution aux disputes politiques, culturelles et intellectuelles qui agitent, et domineront durant tout l'entre-deux-guerres la vie publique de Zurich et de la Confédération. C'est du moins l'hypothèse qu'il s'agira de développer, en esquissant tout d'abord le contexte historique dans lequel s'amorcent puis se déroulent ces débats conflictuels, pour approcher ensuite l'arrière-fond de cette intervention de Jung dans le domaine des beaux-arts.

Culture officielle et courants artistiques au début du xxe siècle

À l'orée du xxe siècle, les beaux-arts occupent une place non négligeable dans les débats politiques de la plupart des pays européens. L'expression artistique, en effet, joue le rôle d'une grille d'orientation substantielle, que les États et les politiciens cherchent à accaparer pour illustrer leurs valeurs et leur conception de la nation. Or en Suisse, où coexistent des langues et des aires culturelles distinctes, la construction d'une image et d'une symbolique nationales recouvrait des enjeux particulièrement délicats. En 1887 pourtant, la Confédération décidait de se lancer dans cette aventure. Voit ainsi le jour une Commission fédérale des Beaux-Arts, destinée officiellement à promouvoir les arts en Suisse[3], mais sous-tendue par le projet de rassembler un éventail d'œuvres qui incarneraient, de manière pleine et cohérente, « l'âme de la nation ». De cette démarche découleront des controverses souvent houleuses, non seulement dans l'espace public, mais également dans les Parlements cantonaux et fédéraux. Vers 1900, par exemple, les fresques conçues par Ferdinand Hodler pour habiller les murs de la salle emblématique du nouveau Musée national, considérées comme provocantes par certains, susciteront une violente polémique où le gouvernement se voit contraint d'intervenir directement[4]. De prime abord, il s'agissait surtout d'une querelle entre défenseurs d'un art traditionnel et partisans d'une esthétique moderne. Sauf que, de 1910 à 1912, la querelle se transforme en une véritable guerre des beaux-arts au sein même du Parlement fédéral, où deux camps s'affrontent avant tout par rapport à leur sensibilité idéologique. Ainsi, sous couvert de jugement esthétique se jouaient des postures politiques, les conservateurs défendant les valeurs de la Suisse traditionaliste, alors que les radicaux progressistes se situaient plutôt du côté des tenants des arts modernes et avant-gardistes[5].

À partir de la Révolution russe d'octobre 1917 et, en Suisse, de la grande grève générale de novembre 1918 – un conflit d'une envergure inédite dans le pays –, les luttes politiques se déplacent encore davantage dans le domaine culturel. Et les polémiques autour des beaux-arts s'ordonnent plus clairement le long des frontières idéologiques, mettant face à face la droite au pouvoir et la gauche, toutes tendances confondues. Apparaît dès lors la notion « d'art bolchevique », une formule-choc destinée à dénigrer non sans succès « l'art moderne ». Une situation qui se corse dès 1930, lorsque se développent des mouvements fascistes, souvent regardés avec bienveillance par les partis bourgeois dont les rangs se sont entre-temps renforcés. Si bien qu'au moment de l'exposition *Picasso* à Zurich, ces mouvements ont proliféré au point de déclencher l'année suivante une vague politique appelée « Printemps des Fronts ».

De son côté, la politique culturelle officielle ne reste pas inactive, mais reprend, sous couvert de patriotisme, une partie non négligeable des valeurs défendues par la droite extrême. Pour préconiser finalement, en 1938, une sorte de charte sur « les moyens de maintenir et de faire connaître le patrimoine spirituel de la Confédération[6] », transformée l'année suivante en arrêté fédéral. Plus connu sous le nom de « Défense nationale spirituelle », ce programme est censé faire barrage à la propagande agressive des pays totalitaires. Sa formulation toutefois, émaillée de composantes propres au national-socialisme tel le mythe du « sang et du sol » (*Blut und Boden*) et la notion de « *völkisch* » – un nationalisme racial – recèle pour le moins de nombreuses ambiguïtés. Sur le plan de l'expression artistique, cette politique gouvernementale se traduira par le rejet de toute œuvre privée du supposé « sceau helvétique » ou heurtant, par son étrangeté, la sensibilité de la communauté nationale[7]. Une manière de voir et de faire largement soutenue par la population, et dont l'impact sur la « mentalité helvétique » se prolongera jusqu'aux années 1960.

Au lendemain de la Première Guerre mondiale pourtant, soutenue par quelques galeristes et directeurs de musées, la peinture contemporaine et « moderne » réanimait la vie culturelle du pays. Souvent organisés en petits cercles ou groupes, les artistes s'adressaient directement au grand public moyennant des fascicules, des revues et des expositions (*Der Grosse Bär*, *Rot-Blau I et II*, *Der Schritt weiter*, *Gruppe 33*[8]). Tout d'abord très partagés, les commentaires dans la presse se font plus critiques, voire hostiles au cours des années 1930. Certes, auprès des spécialistes et amateurs éclairés des beaux-arts, les « modernes » sont de mieux en mieux accueillis. Mais de leur côté, les tenants des arts traditionnels et nationalistes, auxquels les politiques accordent volontiers leur appui, gagnent du terrain. Pour se jeter ensuite dans l'invective, en accusant leurs adversaires de violer les prétendus sentiments sains du peuple (*das gesunde Volksempfinden*) et de se faire les suppôts du bolchevisme. Le cubisme en particulier, considéré étranger à l'esprit suisse et interprété comme une incarnation du communisme, se retrouve à l'envi dans leur collimateur.

Quatre ans après l'exposition *Picasso*, s'ouvrait à Berne la XIXe Exposition nationale des beaux-arts qui incarne à souhait, par le déploiement d'un imaginaire rural et idéalement bucolique, les visées de la politique culturelle officielle[9]. Une expérience qui va servir de ligne directrice aux préludes de la « Défense nationale spirituelle », et dont le paroxysme sera atteint en 1944 à Berne, avec une magistrale exposition intitulée *Peinture et art plastique depuis Hodler*. Grands absents de cette manifestation toutefois, l'art abstrait et les œuvres « modernistes » que la direction de l'exposition, aux mains de la Société suisse des Beaux-Arts, avait délibérément exclus[10]. Certes, au cours des années 1930, les avant-gardes avaient encore organisé quelques expositions de grande qualité, mais en dépit d'un accueil souvent favorable, elles restent marginalisées, écrasées par l'art officiel.

Réception de Picasso et place de C. G. Jung dans la Suisse des années 1930

Avant les années 1920, Picasso était peu connu en Suisse[11]. L'un des premiers à s'y intéresser fut le commerçant bernois Hermann Rupf (1880-1962) qui, par l'intermédiaire du marchand d'art Daniel-Henry Kahnweiler, le rencontre à Paris en 1907[12]. Au fil des ans, le négociant acquiert plusieurs de ses œuvres et s'engage activement à les faire connaître. Timidement, quelques galeristes suisses emboîtent le pas, et deux toiles du peintre espagnol sont retenues pour une exposition sur l'impressionnisme français, organisée à Zurich en automne 1908. Quatre ans plus tard, ce sera au tour de la Moderne Galerie à Zurich de consacrer à Picasso une exposition exclusive, reprise ultérieurement par la Société des beaux-arts de Bâle. Retenons encore la présence de huit de ses toiles au Kunsthaus de Zurich lors d'une exposition intitulée *Abstrakte und Surrealisische Malerei und Plastik*, tenue en octobre 1929.

Dès lors en effet, le directeur du Kunsthaus de Zurich, Wilhelm Wartmann, incité par le collectionneur et banquier Emil Friedrich Jetzler, envisage de mettre sur pied une manifestation qui combinerait un corpus des œuvres de Pablo Picasso, Georges Braque et Fernand Léger[13]. Dans cette optique, il contacte tout d'abord la galerie Petit à Paris, en train d'organiser une vaste exposition dédiée au maître espagnol. Pour des raisons circonstancielles et à l'instigation de Picasso lui-même, Wartmann décide toutefois de renoncer à son projet initial. Si bien que le 11 septembre 1932, le Kunsthaus inaugure une grande rétrospective des seules toiles de Picasso – une première dans un musée – dont 181 pièces sur 224 proviennent de l'exposition de la galerie Petit. Encore à Zurich trois jours plus tôt, Picasso est alors en route pour l'Engadine et quittera la Suisse le 13 septembre 1932.

Avec pas moins de 34 000 billets d'entrée vendus dans l'espace des neuf semaines que dure la rétrospective, le succès auprès du public se révèle aussi impressionnant qu'inattendu. Le bilan financier est quant à lui moins réjouissant puisqu'il affiche un déficit d'environ 20 000 francs suisses (100 000 francs français de l'époque), dû en grande partie au manque de soutien des mécènes des beaux-arts. Quoi qu'il en soit, les visiteurs semblent conquis, alors qu'un segment non négligeable de la presse ne conteste plus la force créatrice du maître espagnol, ni son importance dans le monde des arts et de la culture[14]. C'est donc sans grandes tergiversations que cette même presse va désapprouver les propos de Jung à l'encontre de Picasso, la réplique la plus approfondie venant du fameux philosophe et sociologue des arts Max Raphael (1889-1952) qui en critique sans équivoque le « noyau réactionnaire » et « petit-bourgeois[15] ».

De son côté en revanche, une partie de la bourgeoisie conservatrice maintient, comme on le verra plus loin, une attitude sceptique, voire hostile. Publié dans la *NZZ* un mois avant la diatribe de C. G. Jung, un article signale déjà, en mode mineur et plus ambivalent, la nature des feux à venir : « Dans sa personne [Picasso] se reflètent, comme dans un prisme, toute la nervosité et l'agitation de notre époque[16]… »

Or Zurich, la plus grande ville de Suisse et poumon de l'économie et de la finance helvétiques, connaît depuis le début du XXe siècle une vie culturelle florissante, à laquelle participe une avant-garde qui, souvent, effraie la bonne société zurichoise. Comme ce fut le cas du mouvement Dada, très actif à la fin de la Première Guerre mondiale. Sur le plan politique d'autre part, le parti socialiste, très dynamique et pragmatique, talonne de plus en plus les forces bourgeoises. Tant et si bien qu'en 1928, la municipalité passe aux mains de la gauche sociale-démocrate qui, faisant abstraction des programmes révolutionnaires ou radicaux, développe une politique sociale efficace avec l'espoir d'en faire un modèle pour tout le pays[17]. Simultanément, de violents conflits perturbent la vie de la cité. Le 15 juin 1932, par exemple, lors d'une manifestation organisée par les communistes, des affrontements avec la police municipale se soldent par un décès. C'est donc dans un contexte très tendu et agité qu'il faut comprendre la mobilisation, à tous les niveaux, y compris la culture, de la droite et des partis bourgeois. Comme il convient d'appréhender, dans toutes ses implications, l'attaque du psychiatre zurichois à l'encontre de Picasso.

Quant à Carl Gustav Jung (1875-1961), assistant d'Eugen Bleuler (1857-1939) à la fameuse clinique psychiatrique du Burghölzli et *privat-docent* à l'Université de Zurich jusqu'en 1909, il a su capter autour de son cabinet privé une vaste communauté internationale de patients et d'admirateurs. Dès les années 1920, et surtout à la fin de la décennie, il intervient de plus en plus souvent, à titre personnel, dans des débats publics relatifs à des questions philosophiques, sociales ou politiques. À ce titre, il s'immisce, par exemple, dans une controverse sur le caractère ancestral du peuple suisse, déclenchée par un ouvrage d'Hermann von Keyserling, auteur de grande notoriété que Jung fréquentait régulièrement durant cette période. Pour le psychanalyste des profondeurs, ce sera l'occasion de développer, moyennant des analogies des plus farfelues, une version mythique du caractère helvétique, à ses yeux chtonien par nature. Une interprétation qui, par son ancrage dans le sol, séduira tout particulièrement la droite politique du pays[18].

Parmi les honneurs dont bénéficie C. G. Jung dans son pays au cours des années 1930, certains ne sont pas sans liens avec cette consécration terrienne du peuple suisse et sa mise au pilori des arts d'avant-garde. Toujours est-il qu'à peine deux semaines après la publication de son article à l'encontre de Picasso, le médecin des arts et des âmes se voit décerner, le 25 novembre 1932, le prix littéraire de la Ville de Zurich. À l'origine de ce choix, une commission *ad hoc* chargée de sélectionner le lauréat parmi d'autres candidats en lice. La municipalité de gauche approuve, sans doute en raison d'un manque de suivi du dossier[19]. Un des membres de ladite commission, en revanche, laissera entendre par la suite que l'article du psychiatre zurichois ne fut pas sans influence sur la décision du jury. La deuxième distinction de la décennie intervient quant à elle en 1934, sous la houlette des autorités officielles cette fois, lorsque Jung est nommé professeur titulaire à la réputée École polytechnique fédérale à Zurich. Or à ce moment, indice troublant, le ministre responsable de l'administration de cette Haute École n'est autre que le conseiller fédéral Philipp Etter, celui-là même qui rédigera les contenus de la fameuse « Défense nationale spirituelle » où, entre autres références au *Blut und Boden*, l'image d'une Suisse chtonienne occupe une place importante.

Plus intéressant encore est le faisceau de convergences entre le point de vue de Jung sur Picasso et l'attitude de la droite extrême qui, axée comme les conservateurs sur la lutte contre ledit « bolchevisme culturel », dénonce l'art moderne comme « dégénéré », incompréhensible et portant atteinte à la saine mentalité du peuple suisse. Dès 1933 en outre, Zurich devient le lieu privilégié des assauts de l'extrême droite et des « Fronts », y compris sur le terrain culturel. Avec tapage et bagarres, ces mouvements organisent en 1934 des attaques contre le cabaret Pfeffermühle d'Erika Mann et prennent de même dans leur collimateur le Schauspielhaus, théâtre le plus important de la ville et alors refuge d'artistes allemands antinazis. Bref, non seulement au niveau politique, mais dans le domaine des arts ou des lettres, les « modernistes » comme les intellectuels et les artistes de gauche subissent les foudres de la droite extrême et de la bourgeoisie traditionaliste.

L'analyse jungienne de Picasso place dans ce sens le curseur à hauteur des attentes de cette part de la société qui prétend, par la force ou l'anathème, briser les éléments qui perturbent ses objectifs. Car qui mieux que l'homme de la science des profondeurs pouvait se saisir des œuvres d'un maître de l'avant-garde afin de mettre en lumière la prétendue face obscure de l'homme moderne, son attraction pour la laideur et le mal, et finalement le danger incarné par sa prédisposition à contaminer de son esprit malfaisant l'humanité tout entière. Et si la manière dont le psychiatre zurichois file volontiers la métaphore qui agrège sans distinction les vocables de l'épidémiologie, de la psychologie, voire de l'anthropologie, de la Bible et des mythologies est familière à une époque traversée par la pensée sociobiologique, ce dispositif agit sous sa plume telle une tentative de détruire tout avenir à la créativité de Picasso et de ses pairs. Sans oublier le jugement porté sur la personnalité de l'artiste, chez qui le docteur Jung diagnostique les signes précurseurs d'une maladie mentale qui le condamnerait, tôt ou tard, aux tourments de la démence.

Quant au lien entre déliquescence de la civilisation et troubles de l'esprit, il est fréquemment utilisé par la droite et les nostalgiques de l'Ancien Régime. C'est le cas par exemple de l'écrivain suisse Alexandre Cingria (1879-1945), adepte de la pensée maurrassienne, qui associe la « décadence de la société » à « l'attrait vers le vide, le froid, le pauvre, le moins beau », conséquence peut-être, dit-il, de « certaines tares psychiques[20] ». Ou encore d'une chronique de la *NZZ* qui, en 1940, qualifie de « petit jardin schizophrénique » (*schizophrenelis Gärtli*) une exposition des œuvres de Paul Klee[21]. Certes en Suisse, la bataille pour une culture rattachée au folklore et aux beaux-arts populaires (*volksverbundene Kunst*) est engagée depuis la fin du XIXe siècle. Mais, dès les années 1930, lorsque s'amorce l'idée d'une « Défense nationale spirituelle », les clivages entre ses adeptes et les partisans d'une plus grande ouverture au monde s'accentuent et prennent volontiers une tournure haineuse. Lors de l'Exposition nationale des beaux-arts de 1935, par exemple, moment où débute en Allemagne l'épuration des musées, les traditionalistes et la droite helvétiques se réjouissent de voir l'art moderne chassé de la place publique, alors que *L'Observateur de Genève*, un journal de la droite catholique, constate avec satisfaction que « l'orientation artistique décadente [...] a enfin été repoussée à l'arrière-plan[22] ».

Quant à la motivation de Jung à l'origine de son papier dans la *NZZ* du 13 novembre 1932, il n'est pas inutile de rappeler ses incursions dans le domaine politique ou idéologique au cours de la même décennie. Le 26 juin 1933 notamment, cinq semaines après l'autodafé des ouvrages des écrivains dits indésirables, il s'adresse aux auditeurs d'une radio allemande en déclarant l'avènement du national-socialisme comme un « événement naturel nécessaire » (*naturnotwendiges Geschehen*), qui leur permettra de se libérer d'un « faux intellectualisme », tout en précisant que

Hitler est « le porte-parole et l'incarnation de l'âme nationale[23] ». Un sujet qu'il reprendra en 1939 encore, en attribuant au Führer le rôle de « haut-parleur qui amplifie le murmure inaudible de l'âme allemande[24] ». Entre-temps, le psychiatre zurichois aura livré maints exemples de sa bienveillance, voire de sa fascination pour le national-socialisme, dont il n'y a pas lieu de faire état ici, sauf à relever que cette orientation fonde, d'une manière ou d'une autre, ses interventions politico-culturelles dans l'espace public des années 1930.

Un bilan culturel et politique chargé de zones d'ombre

Que la bienveillance ou la fascination de C. G. Jung pour le national-socialisme ait partie liée avec son commentaire sur l'exposition *Picasso*, voire que ce dernier lui sert de prétexte pour d'autres visées, ne laisse désormais guère place au doute. Et sûrement pas sur son intention d'inciter les lecteurs de la *NZZ* à en conclure que cette figure de la modernité, symbole des avant-gardes, incarne la part de l'humanité dont il faut combattre les idées et les comportements délétères. Ce qui signale, du même coup, un clair soutien aux forces qui voient dans les fascismes une alternative à la crise « mentale » des années 1930.

Autour de la rétrospective Picasso, se jouaient donc deux visions de la Suisse dont l'une, incarnée par le psychiatre zurichois, apportait son lot d'arguments au camp des traditionalistes, des antimodernistes et de la droite extrême, ainsi encouragés à passer à l'offensive. Une croisade bientôt relayée par la politique culturelle officielle qui repoussera dans les marges, et durant plusieurs décennies, toute personne sensible à la nouveauté, ouverte au monde ou portant un quelconque regard critique sur ledit « esprit suisse ». Éclipsé dans les années 1950 par la reconnaissance fulgurante du génie de Picasso, l'article de Jung va tomber dans l'oubli. Mais sans pour autant effacer les traces de sa construction mythique d'une Suisse chtonienne, encore bien vivaces de nos jours.

Post-scriptum : en septembre 1937, à Berlin, Carl Gustav Jung assiste sereinement à une manifestation où paradent Hitler et Mussolini. Quant à Pablo Picasso, révolté, il accomplit la même année son bouleversant *Guernica*, emblème des souffrances de la population d'une petite cité basque au nom éponyme, mise à feu et à sang par les bombardements terroristes de l'aviation nazie.

NOTES

1. En 2010, le Kunsthaus a reconstitué l'exposition de 1932, *cf.* Zürcher Kunstgesellschaft, Kunsthaus Zürich (éd.), *Picasso – die erste Museumsausstellung 1932*, Zurich, Kunsthaus Zurich, 2010.
2. « Picasso », reproduit *in* C. G. Jung, *Wirklichkeit der Seele. Anwendungen und Fortschritte der neueren Psychologie*, mit Beiträgen von Hugo Rosenthal, Emma Jung, W. M. Kranefeldt, 2. Aufl., Zurich/Leipzig, Rascher, 1939, p. 170-179, cit. p. 175-176.
3. Hans Ulrich Jost, « Das "Nötige" und das "Schöne". Voraussetzungen und Anfänge der Kunstförderung des Bundes », in *Der Bund fördert, der Bund sammelt. 100 Jahre Kunstförderung des Bundes*, Bundesamt für Kulturpflege, Berne, 1988, p. 13-24.
4. Jura Brüschweiler, « La retraite de Marignan (1515) ou une défaite transformée en victoire (1896-1898) », in *Hodler*, [exposition] Fondation Pierre Gianadda, Martigny, 1991, p. 196-235.
5. Hans-Jörg Heusser, « Heimatsehnsucht und Katastrophenangst – sozio-psychologische Aspekte der schweizerischen Malerei der Dreissiger Jahre », in *Dreissiger Jahre Schweiz. Ein Jahrzehnt im Widerspruch*, Kunsthaus Zurich, 1981, p. 278-286.
6. « Message du Conseil fédéral à l'Assemblée fédérale concernant les moyens de maintenir et de faire connaître le patrimoine spirituel de la Confédération. (Du 9 déc. 1938) », in *Feuille fédérale*, 1938/II, p. 1001-1041.
7. *Cf. Nouvelle histoire de la Suisse et des Suisses*, 2e éd., Lausanne, Payot, 1986, p. 709-710.
8. *Künstlergruppen in der Schweiz, 1910-1936*, Aarau, Aargauer Kunsthaus, 1981.

9. Beat Stutzer, « 1914-1945 », *in* Schweiz. Institut für Kunstwissenschaft (éd.), *Das Kunstschaffen in der Schweiz 1848-2006*, Berne/Zurich, Benteli, 2006, p. 68.
10. Lisbeth Marfurt-Elmiger, « Kunstförderungspraxis im Ausstellungswesen zur Zeit der Nationalen », in *Der Bund fördert, der Bund sammelt*, *op. cit.*, p. 37, note 66.
11. Marc Fehlmann et Nicole Schweizer, « "Alles frägt hier nach Picasso...". Zur Rezeption von Pablo Picasso in der Schweiz », *in* Marc Fehlmann et Toni Stooss (éds), *Picasso und die Schweiz*, Berne, Stämpfli, 2001, p. 21-63.
12. Therese Bhattacharya-Stettler, « "... C'est comme un Corot !" Picasso und Bern », *in* Fehlmann/Stooss, *op. cit.*, p. 75-89.
13. Johannes Nathan, « "... für Picasso mindestens 240 Meter...". Zur Zürcher Picasso-Ausstellung von 1932 », *in* Fehlmann/Stooss, *op. cit.*, p. 65-73.
14. Piet Meyer (éd.), *Sigfried Giedion, Gotthard Jedlicka et al., Pablo Picasso in Zürich – 1932*, Berne, Piet Meyer Verlag, 2010.
15. Max Raphael, « C.G. Jung vergreift sich an Picasso », in *Information*, Zurich, Nr.6, 1932, 4-7 (reproduit *in* Max Raphael, *Aufbruch in die Gegenwart. Begegnungen mit der Kunst und den Künstlern des 20. Jahrhunderts*, Francfort-sur-le-Main, Campus Verlag, 1985, p. 21-27).
16. Cité *in* Monika Bucheli, « Kunst und Krise. Die Auseinandersetzung um avantgardistische Kunst in der Schweiz 1929-1932 », *in* Schweizerisches Sozialarchiv (éd.), *Bilder und Leitbilder im sozialen Wandel*, Zurich, Chronos, 1991, p. 297.
17. *Geschichte des Kantons Zürich*, vol. 3, Zurich, Stiftung « Neue Zürcher Kantonsgeschichte », 1994, p. 263-266.
18. Hermann von Keyserling, *Das Spektrum Europas*, Stuttgart/Berlin, Deutsche Verlagsanstalt, 1928 ; C. G. Jung, « Die Bedeutung der schweizerischen Linie im Spektrum Europas », *in* Gesammelte Werke, vol. 10, Olten, Walter-Verlag, 1974, p. 519-530 ; H.U. Jost, « Jungfrau, Alpen und Volksgemeinschaft – Phantasmagorien als Sozialwissenschaften in der Schweiz der Zwischenkriegszeit », *in* Caroline Arni *et al.* (éds), *Der Eigensinn des Materials. Erkundungen sozialer Wirklichkeit.* Festschrift für Claudia Honegger zum 60. Geburtstag, Francfort-sur-le-Main et Bâle, Stroemfeld, 2007, p. 225-242.
19. Reinhold Hohl, « Picasso, Zürich und die C. G. Jung-Konservativen », *Tages-Anzeiger*, 6 février 1982 ; le même, « C.G. Jung on Picasso (and Joyce) », *Source, Notes in the History of Art*, III/1, Ars Brevis Foundation, 1983, 10-18.
20. Cité *in* Daniel Girardin, « La crise dans les arts plastique », *in* Collectif de recherches de l'Université et musées lausannois (éds), *19-39, La Suisse romande entre les deux guerres*, Lausanne, Payot, 1986, p. 84.
21. Willy Rotzler, « Aspekte der Avantgarde », in *Dreissiger Jahre Schweiz*, *op. cit.*, p. 328.
22. Cité *in* Girardin, « La crise dans les arts plastiques », *op. cit.*, p. 90.
23. *Cf.* Urs Aeschbacher, « C.G. Jung, das "Dritte Reich" und die Gewalt der Seele », *in* Aram Mattioli (éd.), *Intellektuelle von rechts. Ideologien und Politik in der Schweiz 1918-1939*, Zurich, Orell Fussli, 1995, p. 73-89 ; Élisabeth Roudinesco, « Carl Gustav Jung : De l'archétype au nazisme. Dérives d'une psychologie de la différence », in *L'Infini*, automne 1998, p. 80.
24. Cité *in* Heinz Gess, « C.G. Jung und die faschistische "Weltanschauung" », in *Widerspruch*, 32, décembre 1996, p. 78.

Picasso

Carl Gustav Jung

J'aimerais presque demander au lecteur de bien vouloir m'excuser si je m'immisce, en tant que psychanalyste, dans l'émoi qui entoure Picasso. Si une instance déterminante ne me l'avait pas suggéré, je n'aurais sans doute pas pris la plume. Non pas que cet artiste, avec son art étrange, ait été pour moi un trop faible prétexte – je me suis tout de même sincèrement occupé de son frère littéraire, Joyce[1] –, au contraire : son problème suscite tout mon intérêt, seulement il est trop loin de moi, trop difficile, trop emberlificoté pour que je puisse espérer épuiser le sujet, fût-ce approximativement, dans un bref article de journal. Si j'ose m'exprimer à propos de Picasso, c'est avec cette réserve explicite que je n'ai rien à dire sur son art proprement dit, mais uniquement sur la psychologie de son art. Je laisse donc le problème esthétique aux érudits dans ce domaine et me cantonne à la psychologie qui fonde ce type de création artistique.

Je travaille depuis près de vingt ans sur la psychologie de la représentation imagée des processus psychiques, et suis donc en mesure de porter sur les tableaux de Picasso un regard de professionnel. Sur la base de mon expérience, je peux garantir le lecteur que la problématique psychique de Picasso, pour autant qu'elle s'exprime dans son art, est tout à fait analogue à celle de mes patients. Je ne peux malheureusement pas en apporter la preuve, car seuls de rares spécialistes connaissent le matériau de référence. Les propos que je vais tenir n'ont donc pas de support matériel et requièrent l'imagination bienveillante de mon lecteur.

L'art non objectif tient pour l'essentiel ses contenus de « l'intérieur ». Cet « intérieur » ne peut pas correspondre à la conscience, celle-ci contenant des reproductions des objets généralement vus, lesquels doivent nécessairement avoir un aspect correspondant à l'attente générale. Or l'objet de Picasso ne ressemble pas à ce que voudrait l'attente générale, il est même tellement différent que l'on n'a plus l'impression qu'il s'agisse d'objets issus de l'expérience extérieure. La série chronologique fait apparaître un éloignement croissant de l'objet empirique et une augmentation des éléments qui ne correspondent plus à une expérience interne mais sont issus d'un « intérieur » situé derrière la conscience ; en tout cas, derrière la conscience tournée vers le monde extérieur comme un organe de perception auquel les cinq sens sont subordonnés. Derrière la conscience, on ne trouve pas le néant absolu, mais la psyché absolue, qui affecte la conscience par l'arrière et de l'intérieur autant que le monde extérieur par-devant et de l'extérieur. Bref, ces éléments de l'image qui ne correspondent à aucun extérieur proviennent forcément d'un « intérieur ».

Comme cet « intérieur » n'est ni visible ni représentable, et qu'il peut malgré tout exercer sur la conscience l'influence la plus durable qui soit, j'incite ceux de mes patients qui souffrent principalement de ce genre d'effets à les représenter aussi bien que possible sous forme d'image. Le but de la « méthode d'expression » est de rendre tangibles les contenus inconscients et donc de les rapprocher de la compréhension. Sur le plan thérapeutique, on y parvient en empêchant la dangereuse scission entre les processus inconscients et la conscience. Tous les processus ou effets d'arrière-plan représentés par l'image sont, au contraire de la représentation objective ou « consciente », *symboliques*, c'est-à-dire qu'ils font allusion, approximativement et de la meilleure manière possible, à un sens qui, dans un premier temps, est inconnu. Dès lors il est aussi totalement impossible d'affirmer quoi que ce soit, et avec quelque certitude que ce soit, dans un cas spécifique et particulier. On a seulement le sentiment de l'étrangeté et d'un mélange qui apporte la confusion et ne permet pas le discernement. On ne sait pas ce qui est au juste montré ou désigné. Seule permet une compréhension la comparaison d'un grand nombre de séries d'images. Les images des patients sont en général, compte tenu de leur manque d'imagination artistique, plus claires, plus simples et par conséquent plus compréhensibles que les tableaux[2] des artistes modernes.

On peut distinguer deux groupes de patients : les *névrosés* et les *schizophrènes*. Le premier groupe fournit des images ayant un caractère synthétique, une ambiance liée au sentiment, constante et homogène. Si elles sont totalement abstraites et ne laissent donc pas de place à l'élément du sentiment, elles sont au moins franchement symétriques ou chargées d'un sens indiscutable. Le deuxième groupe, en revanche, produit des images qui révèlent immédiatement leur étrangeté au sentiment. En tout cas elles ne transmettent pas un sentiment homogène et harmonieux, mais des contradictions entre les sentiments, voire leur absence totale. Du point de vue purement formel prédomine le caractère du *déchirement*, qui s'exprime dans ce que l'on appelle les lignes de rupture, c'est-à-dire dans des espèces de crevasses psychiques qui expriment le rejet et parcourent l'image. Celle-ci laisse froid ou bien effraie l'observateur par son sans-gêne paradoxal, troublant, épouvantable ou grotesque. Picasso fait partie de ce groupe-ci[3].

En dépit de cette nette différence, les deux groupes ont un point commun : leur *teneur symbolique*. Tous deux représentent un sens auquel il est fait allusion, mais le type névrotique cherche le sens et son sentiment, et s'efforce de le transmettre à l'observateur. Le schizophrène, lui, ne présente pas de tendance de ce type, il semble plutôt qu'il soit la victime de ce sens. Tout se passe comme s'il était submergé et englouti par celui-ci, comme s'il se décomposait lui-même dans tous ces éléments que le névrosé tente au moins de maîtriser. De l'expression schizophrénique, il faut dire ce que je relevais à propos de Joyce : rien ne va à la rencontre de l'observateur, tout se détourne de lui, même une beauté occasionnelle apparaît uniquement comme un inexcusable ajournement du repli. Ce que l'on recherche, c'est le laid, le maladif, le grotesque, l'incompréhensible, le banal, non pas pour exprimer, mais pour voiler – une dissimulation qui, toutefois, n'est pas destinée à un traqueur potentiel : ce voile est comme une brume froide qui se dépose en les masquant sur des marécages vides de toute vie humaine, sans intention, comme une comédie qui peut se passer de spectateur.

Dans le premier cas, on peut deviner *ce qu'il aimerait exprimer*, dans l'autre *ce qu'il ne peut pas exprimer*. Dans l'un comme dans l'autre apparaît le contenu mystérieux. Une telle série d'images, qu'il s'agisse d'une image dessinée ou d'un mot écrit, commence en règle générale avec le symbole de la *nekyia*, la descente aux enfers, la plongée dans l'inconscient et l'adieu au monde supérieur. Ce qui se produit ensuite s'exprime certes encore dans les formes et les figures du monde diurne, mais indique un sens caché et a par conséquent le caractère d'un symbole. C'est ainsi que Picasso commence par des tableaux encore objectifs en bleu, le bleu de la nuit, du clair de lune et de l'eau, le bleu lapis-lazuli des abysses égyptiens. Il meurt et son âme rejoint l'au-delà à cheval. La vie diurne s'agrippe à lui et une femme à l'enfant marche vers lui comme pour le mettre en garde. De la même manière que le jour, pour lui, est une femme, la nuit est ce qui est désigné, sous l'angle psychologique, comme l'âme claire et l'âme sombre (*anima*). L'obscurité attend, assise, et le regarde obstinément dans le crépuscule bleu, éveillant une intuition pathologique. Avec la transformation des couleurs, nous pénétrons dans le monde souterrain. L'objectivité est vouée à la mort, elle s'exprime dans l'effroyable chef-d'œuvre représentant ces prostituées adolescentes, tuberculeuses et syphilitiques. Le motif des prostituées commence avec l'entrée dans l'au-delà, où, en tant qu'âme ayant quitté la vie, il rencontre un certain nombre de ses semblables. Lorsque je dis « il », je pense à cette personnalité qui, en Picasso, est vouée au destin des abysses, cette personne qui n'évolue pas dans le monde diurne mais, de manière fatidique, dans l'obscurité, suivant non pas l'idéal du beau et du bon reconnus, mais l'attrait démoniaque du laid et du bon qui monte en l'homme moderne sous l'action de forces antéchristiques et lucifériennes ; cet attrait produit une ambiance de fin du monde, qui laisse précisément les nuages de l'Hadès envelopper ce monde diurne lumineux, le contamine avec les germes d'une désagrégation mortelle et, pour finir, comme une zone de tremblement de terre, se dissout en fragments, en lignes brisées, et reliquats, en gravats, en bribes et en unités anorganiques. Picasso et l'exposition *Picasso* sont des phénomènes de l'époque, tout comme les 28 000 personnes qui sont venues regarder ces tableaux.

En règle générale, l'inconscient apparaît à l'homme sous la forme de la « Sombre », une Kundry à la laideur effroyable et grotesque, primitive, ou d'une beauté infernale, lorsque celui qui a été frappé par un tel destin fait partie du groupe des névrosés. Pendant des quatre figures féminines des abysses gnostiques, Ève, Hélène, Marie et Sophie, nous trouvons, lors de la métamorphose de Faust, Marguerite (Gretchen), Helena, Maria et l'« éternel féminin » abstrait. Picasso se métamorphose lui aussi et apparaît sous la forme abyssale de l'Arlequin tragique, dont le motif parcourt de nombreux tableaux, qui est comme Faust impliqué dans une action meurtrière et réapparaît sous une nouvelle forme dans la deuxième partie. Arlequin, soit dit en passant, est un ancien dieu chtonien[4].

La descente dans les temps primitifs fait partie, depuis le témoignage d'Homère, de la *nekyia*. Faust se retourne vers le monde primitif et délirant du Blocksberg[5] et vers la chimère de l'Antiquité. Picasso invoque les formes terrestres et grossières d'une primitivité grotesque et ressuscite sous une lumière froide et rayonnante l'absence d'âme de l'Antiquité pompéienne, d'une telle manière qu'un Giulio Romano n'aurait pu faire pire. J'ai rarement vu, sinon jamais, parmi mes patients un cas qui n'ait pas eu recours à des formes d'art néolithiques, et qui ne se soit pas adonné aux évocations de dionysismes antiques. Arlequin, comme Faust, passe par toutes ces formes, même s'il arrive que rien ne révèle sa présence, sinon son vin, son luth ou à la rigueur les losanges colorés de son costume de bouffon. Et qu'apprend-il lors de son voyage fulgurant à travers les millénaires de l'humanité ? Quelle quintessence va-t-il tirer de l'accumulation de tas de gravats, de désagrégations, de possibilités mort-nées ou décédées prématurément, de forme et de couleur ? Quel symbole apparaîtra en guise de cause dernière, comme sens de toute dissolution ?

Face à l'étourdissante diversité de Picasso, on ose à peine y faire allusion ; je préfère donc commencer par dire ce que j'ai trouvé dans mon matériau. La *nekyia* n'est pas une chute inutile, purement destructrice, titanesque, mais une *katábasis eis antron* chargée de sens, une descente dans la caverne de l'initiation et de la connaissance secrète. Le voyage à travers l'histoire spirituelle de l'humanité vise à rétablir l'homme comme tout, en éveillant le souvenir du sang. La descente auprès des mères permet à Faust à faire remonter l'être humain dans sa globalité pécheresse, Pâris et Hélène – cette personne qui, parce qu'elle erre dans l'unilatéralité de son propre présent, sombre dans l'oubli. C'est cet humain-là qui, dans toutes les périodes de secousses, a provoqué et provoquera toujours de nouveau le tremblement du monde supérieur. Cet homme est en opposition avec l'homme contemporain parce qu'il est celui qui a toujours été ainsi, tandis que le premier n'est ainsi que de manière actuelle. Dès lors, chez mes patients, succède au temps de la catabase et de la catalyse la reconnaissance du caractère contradictoire de la nature humaine et de la nécessité des couples d'opposés conflictuels. Raison pour laquelle succèdent, aux symboles du délire vécu dans la désagrégation, des images qui représentent la rencontre des couples d'opposés : clair/obscur, haut/bas, blanc/noir, masculin/féminin, etc. Dans les derniers tableaux de Picasso, on trouve très distinctement le thème de l'unification des opposés dans leur face à face immédiat. Un tableau (strié, toutefois, par de nombreuses lignes de rupture) contient même un assemblage des *anima* claires et obscures. Les couleurs criardes, sans ambiguïté et même brutales de la dernière période correspondent à la tendance qu'a l'inconscient à maîtriser par la force le conflit des sentiments. (Couleur = sentiment.)

Dans l'évolution psychique d'un patient, cet état n'est ni une fin ni un objectif. Il signifie simplement l'élargissement du regard, qui regroupe désormais la totalité de l'humanité morale, bestiale, intellectuelle, sans lui donner cependant la forme d'une unité vivante. Le « *drame intérieur*[6] » de

Picasso a prospéré jusqu'à cette dernière hauteur précédant la péripétie. Pour ce qui concerne le Picasso futur, je préfère ne pas me livrer à des tentatives de prophéties, car cette aventure de l'intérieur est une chose dangereuse qui peut, à chaque palier, mener à l'immobilisation ou à l'explosion catastrophique des opposés attelés les uns aux autres. Le personnage d'Arlequin est d'une ambiguïté tragique, bien que son habit porte déjà, visibles du spécialiste, les symboles des étapes suivantes de l'évolution. Il est après tout le héros qui doit franchir les dangers de l'Hadès ; mais y parviendra-t-il ? Je ne puis répondre à cette question. Arlequin a pour moi l'aspect inquiétant du familier. Il me rappelle trop ce « gars bariolé, pareil à un bouffon » qui sauta au-dessus du funambule qui ne se doutait de rien (le parallèle avec Paillasse) et, ce faisant, le tua. Zarathoustra prononce ces mots qui, dans le cas de Nietzsche, se sont avérés d'une atroce manière : « Ton âme sera morte, plus vite encore que ton corps : ne crains donc plus rien ! » L'identité du « bouffon », ce sont les mots qu'il lance au funambule, son *alter ego* plus faible, qui nous la révèlent : « Tu barres la voie à un meilleur que toi[7] ! » Il est plus grand, celui qui fait éclater la coupe, et cette coupe, c'est parfois... le cerveau.

1932

Traduit de l'allemand par Olivier Mannoni.

C. G. Jung, « Picasso », Neue Zürcher Zeitung, *3 novembre 1932, n° 2107. Repris dans* Wirklichkeit der Seele, *Zurich, Rascher, 1934, p. 170-179.*

NOTES

1. *Cf.* C.J. Jung « Ulysse, un monologue » [1932], in *Problème de l'âme moderne*, Buchet Chastel 1960, p. 407-439.
2. En allemand, le terme *Bild*, utilisé ici dans les deux cas, peut désigner l'image aussi bien que le tableau (*NdT*).
3. « En faisant cette constatation, nous ne voulons pas seulement dire que toute personne faisant partie de l'un de ces deux groupes est ou bien névrosée, ou bien schizophrène. Une division de ce type signifie seulement que dans le premier cas, on peut prévoir qu'un trouble psychique va d'ordinaire mener à des symptômes névrotiques habituels et, dans le deuxième, à des symptômes schizoïdes. Le terme « schizophrène », dans ce cas, n'implique donc nullement la présence de cette maladie mentale qu'est la schizophrénie, mais uniquement une disposition ou un habitus sur la base duquel une lourde complication psychique pourrait produire une schizophrénie. Pas plus qu'à Joyce, je n'émets pour Picasso un diagnostic de psychose, je les compte simplement dans ce groupe nombreux humain dont l'habitus est de ne pas réagir par une psychonévrose ordinaire, mais par un syndrome schizoïde, à une perturbation psychique profonde. Comme l'affirmation que j'ai faite ci-dessus a causé quelque malentendu, j'ai jugé nécessaire d'apporter cette analyse psychiatrique. » L'article publié par Jung dans la *Neue Zürcher Zeitung* provoqua de nombreuses répliques dans la presse, inspirées notamment par sa remarque sur la schizophrénie. Il prit position à ce sujet, avec la note ci-dessus, dans la première édition de *La Réalité de l'âme,* en 1934. [*Le commentaire de la citation ci-dessus de C.G. Jung fut publié par son éditeur allemand*].
4. Des indications précises m'ont été fournies grâce à l'aimable attention de M. le Dr W. Kaegi.
5. Le *Brocken*, le rocher où se rassemblent les sorcières de la *Nuit de Walpurgis (NdT).*
6. En français dans le texte (*NdT*).
7. F. Nietzsche, *Ainsi parlait Zarathoustra*, traduction d'Henri Albert révisée par Jean Lacoste, in *Œuvres*, Robert Laffont, 1993, p. 296-297 (Prologue, 6).

La résistance ?

Laurence Bertrand Dorléac

L'incarnation

Sur Picasso dans la guerre, Alfred Barr, le conservateur du MoMA de New York, écrivait en janvier 1945 que : « bien que son art rencontre quelques préjugés hostiles dans la France libérée, sa position dans le mouvement de la Résistance est d'une importance unique[1] ». En cela, il reprenait à la Libération l'idée déjà répandue que Picasso appartenait *de facto* à la résistance. Or, si le sujet occupe une place de choix dans l'histoire officielle, il n'a donné lieu à aucune véritable interrogation sur ce que le terme même recouvre dans son cas.

La question pour nous n'est pas de démontrer que Picasso n'était pas un résistant pendant la Seconde Guerre mondiale, au sens où le terme suppose qu'il aurait appartenu à la Résistance, à ses réseaux et à ses maquis, en accomplissant un certain nombre d'actions contre les forces d'occupation, orchestrées et validées par différentes directions. À cet égard, il n'est pas difficile de montrer qu'au sens historique du terme sa résistance n'est pas de cet ordre.

La vraie question serait plutôt de savoir comment a bien pu s'opérer le glissement sémantique sans qu'il paraisse historiquement faux. Comment Picasso a fini par incarner à ce point la Résistance qu'il se retrouve à la Libération en position héroïque, sans même avoir à fournir la preuve de ses actions, tant il incarne et presque à lui seul, la lutte contre le joug, l'occupant et le régime de Vichy. Pour établir ces raisons, il n'est pas suffisant d'en rester à la période de l'Occupation qui occulte la genèse de son « héroïsme ».

Dans un texte fameux, Claude Roy évoque ses très fortes impressions de jeune homme alors encore à droite, à la vue de *Guernica*, sa « fascinante noire » comme il l'appelait. On se souvient généralement moins d'un autre passage de lui aussi instructif, sur la Première Guerre mondiale. Il y imagine un scénario futur où, pour reconstruire le passé, l'historien n'aurait plus comme source que les œuvres de Picasso et dans ce cas, au lieu d'une guerre incroyablement violente et à bien des égards fondatrice de la guerre moderne, l'historien déciderait que la France serait « un pays bien gai et content », plein de drapeaux tricolores, certes, mais plus généralement de farce et de jeux de pinceau. Picasso, dit Claude Roy « qui en 1905 ou 1907, avait l'air si mélancolique et pessimiste, se promène dans l'Europe de 1914-1918 comme un chat content[2] ». Le trait semble d'autant plus forcé à nos yeux aujourd'hui, à la lecture des rapports de police récemment publiés, qui faisaient au même moment du peintre en France un dangereux anarchiste[3].

Il n'empêche, si, comme le dit Claude Roy, il y a bien plusieurs façons de pratiquer l'insoumission : par la contre-attaque agressive ou par la désinvolture délibérée, par la condamnation ou par le mépris, Picasso aurait alors répondu à la Grande Guerre par le mépris. En fait, l'écrivain alimente à sa façon le mythe d'un Picasso archi-intelligent et « intentionnaliste » en lui prêtant une conscience et une marge de manœuvre qu'il n'a pas forcément encore à cette époque. En réalité, il faut attendre quelques années pour que Picasso semble trouver une solution adéquate à la question de la relation de l'art avec l'histoire, présentable et acceptable par un public suffisamment large.

À cet égard, la première étape est *Guernica*, en 1937, du nom de ce village basque espagnol dont le général allemand de la légion Condor reconnaîtra qu'il n'était pas un objectif militaire mais « simplement une regrettable erreur ». Quant à l'œuvre, elle demeure généralement comme une grande protestation contre toute la violence du monde. En fait, même si l'on avait une idée de la brutalité de la guerre par les actualités au cinéma, les photos de *L'Illustration*, de *Paris-Soir* ou de *L'Excelsior*, une idée des cadavres de fusillés dans les cours de caserne ou sur la Plaza Cataluña, des miliciens à l'assaut, des chevaux agonisant sur les bords de la route, Picasso, comme au-delà de l'actualité couverte par les médias, transmet un message d'une formidable anxiété, qui restera dans les esprits comme la quintessence de la violence présente et annoncée.

Guernica a-t-il fonctionné comme le dernier objet artistique archaïque dont l'aura pouvait condamner les autres images d'actualité à s'oublier très vite, tandis que resterait « le faisceau de sentiments violents organisés en image sur l'énorme surface[4] » peinte de Picasso ? Est-ce que, comme l'avait décidé Claude Roy, la photographie de Robert Capa, c'était ce qui arrivait aux Espagnols, quand Guernica était « ce qui arrivait aux Espagnols – qui arrivait à Picasso – qui arrivait au spectateur[5] » ? Toujours est-il que si l'on faisait une enquête sur le symbole mis en image de la barbarie guerrière qui vient du XXe siècle, le tableau de Picasso serait sans aucun doute encore en tête tandis que, dans un autre registre, si le public devait décider quel tableau désigne le mieux la modernité héroïque en art, *Les Demoiselles d'Avignon* de Picasso seraient élues davantage. Trente ans séparent les deux tableaux, soit le temps qu'il aura fallu pour imposer un héroïsme artistique qui deviendrait finalement adéquat à la situation historique devenue d'une extrême violence.

Anthony Blunt a démontré que, dans *Guernica*, Picasso s'inspirait largement de références traditionnelles en histoire de l'art[6], tout en déployant une audace ambitieuse quitte à prendre le risque de voir son œuvre incomprise par les militants. Ce qui reste de la réception de sa peinture est bien une référence à l'histoire efficace, par son sujet même mais aussi par sa façon de mettre en scène la violence, la peur et la mort – une façon déjà expérimentée dans *Les Demoiselles d'Avignon*, trente ans avant.

Dans le champ de l'expérience

Picasso arrive dans l'histoire quand il s'y sent prêt. Si la guerre de 1914-1918 ne lui « arrive » pas, si elle ne forme pas une expérience à part entière, la montée du totalitarisme qu'il voit en marche en Espagne entre brutalement et entièrement dans le champ de son existence. *Guernica* en est la preuve, sans suffire à expliquer son impact sur les gens.

La possibilité de saisir ce manifeste comme un repère de l'engagement de Picasso, tout comme la possibilité de saisir son *Aubade* de 1942 comme une façon de résister à l'occupant nazi viennent de plus loin et se préparent depuis la fin du XIXe siècle. Quand Picasso peint *Guernica*, il répond à une commande des républicains espagnols et en cela, s'inscrit dans la tradition de la commande politique multiséculaire. Sa singularité vient avant tout de la façon dont il peint. Quand il déclare en 1945, à l'organe américain d'extrême gauche *New Masses*, que « le temps est venu, dans cette période de changement et de révolution, de peindre d'une manière révolutionnaire ; on ne peut plus peindre comme avant[7] », il entérine l'idée que les artistes engagés ont mis plus d'un demi-siècle à défendre sans grand succès.

Si les artistes ont toujours eu l'occasion de prendre position face à l'histoire, en se mettant au service des puissants ou non, des révolutions ou non, c'est bien aussi dans la manière de le faire que le problème s'est posé, et de façon de plus en plus nette, au cours du temps, au fur et à mesure que le statut d'artiste comme figure sociale de mieux en mieux identifiée et de plus en plus rationalisée a pris place dans une société fondée sur l'idée que, désormais, chacun devrait jouer un rôle, dans un processus qui réclame une forme d'ordre nouveau. À cet égard, on ne peut séparer la question de l'engagement de l'artiste de celle de la demande sociale qui lui est faite d'appartenir pleinement au corps social et, ce faisant, à ses mouvements de réforme, voire de révolution.

Ce sont les saint-simoniens qui, au XIXe siècle, formalisent cette attente en conférant à l'artiste en figure d'avant-gardiste un rôle majeur dans la transformation de la société[8]. C'est surtout à partir de la fin du XIXe siècle que les artistes vont devoir répondre en affrontant la difficulté d'inventer une adéquation entre leurs modes d'expression de plus en plus libres, de plus en plus débarrassés des contraintes académiques, de plus en plus individualisés, et leur nouvelle fonction sociale de réformateurs, voire de révolutionnaires. L'engagement des artistes, au sens moderne du terme, commence ainsi autant par l'affaire Dreyfus qui en fait des citoyens obligés de choisir leur camp (comme n'importe quel intellectuel), qu'avec l'engagement des peintres anarchistes – ils essaient de mettre l'art au service de la révolution, s'échinant à trouver une forme adéquate et pestant contre la représentation populaire de « l'éternel miséreux ». Une façon de ne pas rallier complètement leur théoricien Kropotkine, qui défend un art engagé et lisible, où le contenu serait plus important que le contenant, le message plus édifiant que la forme.

L'idée ne va pas de soi selon laquelle la société s'oriente à la demande même des artistes vers une équivalence entre révolution formelle et révolution politique, entre réforme formelle et réforme sociale, entre engagement formel et engagement politique. Elle opère pourtant de plus en plus, au fur et à mesure que l'on avance dans le siècle, en attribuant une forme de toute-puissance à l'image. Là où les anarchistes à la fin du XIXe siècle, étaient encore pétris d'hésitations sur la forme concrète à donner à leur engagement dans et par les œuvres, les révolutionnaires de la première partie du XXe tranchent en inventant une équivalence entre révolution politique et révolution formelle. Qu'il s'agisse de l'URSS, où le terme même de futurisme en art est utilisé indifféremment pour le terme de communiste (en particulier dans : *L'Art et la Commune*, 1923), ou de l'Italie fasciste, où le futurisme sera pris comme une matrice et un laboratoire du fascisme, ce qui a pu faire dire à Benedetto Croce que :

> Quiconque a le sens de l'analogie historique peut trouver les origines idéologiques du fascisme dans le futurisme, dans cette détermination à descendre dans la rue, à imposer sa propre opinion, à faire taire les opposants, à nier le danger des émeutes ou des rixes ; dans cet empressement à rompre avec toutes les traditions ; dans cette exaltation de la jeunesse qui caractérisait le futurisme[9].

Qu'il s'agisse enfin, pour l'Allemagne et les débuts du nazisme, d'un Goebbels, chaud partisan de l'expressionnisme et du futurisme, s'identifiant à ces courants esthétiques comme à un mode général de comportement et d'aspiration sociale révolutionnaire –, il faut absolument relire à cet égard *Michaël*, son roman, publié en 1929.

C'est bien ce modèle d'équivalence entre révolution formelle et révolution politique qui présidera aux engagements sincères de changer le monde (éventuellement au service d'un parti ou d'un régime), autant que le modèle d'art engagé lisible et adéquat au discours des partisans de telle ou telle cause – position défendue par l'orthodoxie communiste à partir des années 1930-1940 et dont se méfierait toujours Picasso, même après son adhésion en 1944. Être attaqué par Jdanov lui permettra d'incarner la liberté au-dessus de tout, y compris au-dessus des règles contingentes du Parti communiste français aligné sur Moscou. Cette position d'adéquation entre changement social et politique et changement des formes est défendue par ailleurs en France par d'autres artistes d'avant-garde depuis le début du siècle, de Matisse à Fernand Léger en passant par Robert Delaunay qui déclare en 1935 : « Moi, artiste, moi, manuel, je fais la révolution dans les murs[10]. » Deux ans plus tard, ce n'est pourtant pas Robert Delaunay mais Picasso qui va montrer aux yeux du monde qu'il est le mieux placé pour inventer une forme d'engagement par la peinture, bouleversant l'idée que l'on se faisait du genre.

Porté en cela par la démonstration que les pays totalitaires ne peuvent admettre la discussion et les tensions de l'art moderne, Picasso rouvre le débat imaginé par les anarchistes à la fin du XIXe siècle, de la façon la plus spectaculaire possible et sans conscience bien claire de ce qu'il génère. Il repose avec une certaine innocence la question de la lisibilité, de l'efficacité, de la possibilité même pour un artiste de mêler son art au champ politique de l'engagement et c'est à partir de là qu'il n'aura plus à justifier son action comme il n'aura plus guère besoin d'éclairer sa peinture. Si les protagonistes de *Guernica* ne sont pas vraiment identifiables, Picasso n'a jamais cherché à renseigner ses contemporains : quand on lui dit par exemple que le taureau représente le fascisme, il répond que non, « le taureau n'est pas le fascisme, mais la brutalité et l'obscurité[11] », affirmant qu'« il n'y a pas d'intention voulue de propagande dans [sa] peinture[12]».

La forme est la bombe

De même, s'agissant de la période de l'Occupation, il veut bien admettre que toutes ou beaucoup d'œuvres parlent de la guerre mais sans préciser pourquoi ni comment, laissant prudemment aux historiens du futur le soin de trancher. Pendant la guerre, si Picasso forge sa réputation de résistant à l'occupant, à Vichy et à l'état des choses, ce n'est pas seulement parce qu'il est interdit d'accrochage – même si ses œuvres continuent à se vendre dans les arrière-salles de galeries et dans les salles de vente, officiellement. Ce n'est pas non plus parce qu'il signe des tableaux qui aideront ses amis dans le besoin, ce n'est pas parce qu'il reste à Paris alors qu'il aurait pu fuir la France occupée pour les États-Unis où l'Amérique Latine. Ce n'est pas parce qu'il va à l'enterrement de Max Jacob, mort à Drancy – on sait qu'il n'a rien pu faire jusqu'au bout pour le sauver. Ce n'est pas parce qu'il a été inquiété par la Gestapo et sauvé par l'entremise d'André-Louis Dubois, fonctionnaire révoqué par le régime de Vichy, mais qui avait conservé des amitiés à la préfecture de police[13]. Il est aussi défendu par Arno Breker, par l'intermédiaire de Jean Cocteau, proche du sculpteur nazi qui savait le scandale que susciterait l'arrestation de Picasso. Ce n'est pas parce qu'il fréquentait des résistants patentés comme Paul Éluard ou Robert Desnos, qui lui ont servi de « parrains » de résistance. Ce n'est pas parce qu'il fait transporter camouflés ses plâtres la nuit vers des fonderies alors que la réquisition de métaux est d'actualité. De façon générale, ce n'est pas en raison de tous les bruits qui circulent, selon lesquelles Otto Abetz, le professeur de dessin devenu ambassadeur d'Allemagne en France serait venu visiter Picasso en lui proposant du charbon –, l'artiste aurait refusé avant de lui déclarer qu'un Espagnol n'a jamais froid. Ce n'est pas non plus parce que, comme le veut la légende, lorsqu'un officier allemand, devant une photo représentant *Guernica*, lui aurait demandé si c'était lui qui avait fait cela, Picasso aurait répondu : « Non, c'est vous. » De même aurait-il pris plaisir à raconter qu'il aimait distribuer des cartes postales de *Guernica* aux occupants qui venaient le voir en leur disant « Emportez, souvenirs! Souvenirs ! » Ce n'est pas enfin parce qu'il a demandé sa naturalisation française en avril 1940 et qu'elle lui a été refusée, en raison de son engagement politique – personne n'était au courant de cet épisode dont Picasso n'a rien dit, même à ses proches, mais qui prouve, s'il en était besoin, la fragilité du peintre, plus grande que l'on n'avait pu l'imaginer.

Si, malgré tout cela, Picasso est pris à la Libération comme un héros, c'est bien par sa peinture qui finit par incarner l'histoire de la liberté à elle toute seule. Ses ennemis qui attaquent son audace sous l'Occupation, alors même qu'il ne peut rétorquer officiellement, ne s'y trompent pas : Vlaminck, Mauclair ou Vanderpyl renforcent du même coup le statut de résistant de Picasso. De même un peu plus tard, la réaction de jeunes gens comme son accrochage au Salon d'automne est-elle reprise comme la preuve qu'il incarne l'esprit de la résistance à l'occupant, à la barbarie, à l'oppression et finalement à toute forme de coercition. La rumeur surtout forgea l'idée d'un Picasso continuant héroïquement à peindre et à sculpter des œuvres insolentes, car même si beaucoup de gens défilent dans son atelier, son œuvre ne sera vraiment pleinement révélée qu'au Salon d'automne de la Libération, en 1944.

Lorsque les historiens de l'art s'échinent à voir dans chaque pointe d'artichaut, dans chaque arête de visage de femme souffrante, dans chaque tête de mort, la représentation du cauchemar sinistre et glacé, l'exercice vaut la peine, mais à cette réserve près : le processus de légitimation de Picasso comme résistant échappe aux preuves et il n'a besoin que de la façon dont presque tout le monde a voulu opposer à sa liberté son carcan. Au cadre contraignant, aux questions pièges, Picasso n'a cessé de répondre sous l'Occupation. Il est attaqué par Vlaminck qui l'accuse d'avoir entraîné la peinture vers l'impasse ? Il commence juste après *L'Homme au mouton*, forme d'éloge à l'humanisme pastoral méditerranéen. Même ses soi-disant amis laissent entendre qu'il serait Espagnol, excessif, baroque, violent ? Il exige lui aussi des preuves et dialogue avec Matisse, calme le jeu, continue à jouer la marginalité, oblige les Français à reconsidérer leur propre identité nationale blessée, avant de rentrer en 1944 au Parti communiste français tout en ne voulant plus, jusqu'à sa mort, de cette naturalisation française qui lui avait été refusée en 1940.

En tout cela, c'est lui qui mène la danse et souvent malgré lui tant sa liberté invente et réinvente en déstabilisant tous les conformismes et les identités et les définitions prétendument stables. Certes, la doxa d'un Picasso résistant s'impose à la faveur d'un déficit d'histoire de la résistance, et encore récemment. Elle s'impose aussi parce que, révolutionnaire en 1907, Picasso a fini par l'être complètement en 1940, à la faveur d'un long processus de légitimation historique de la modernité, vécue de plus en plus sur un mode héroïque et historiquement héroïque.

Tristan Tzara, dans le *Manifeste sur l'amour faible et l'amour amer*, dit que l'« on envisage l'anéantissement (toujours prochain) de l'art. Ici l'on désire un art plus art[14] ». À l'anéantissement probable de la représentation de l'histoire par les artistes, Picasso a répondu lui aussi par davantage d'art, qui a fini par entrer dans les mœurs comme une autre possibilité de prendre le maquis sans chef et sans armée secrète. La démonstration en est largement faite à la Libération quand, dans une France soumise au bilan, il occupe le devant de la scène en incarnant presque à lui seul la Résistance qui se confondra bientôt avec le mythe.

Article publié dans Picasso, l'objet du mythe, *École nationale supérieure des Beaux-Arts de Paris, 2005.*

NOTES

1. Alfred Barr, *Bulletin du MoMA*, janvier 1945.
2. Claude Roy, « Le peintre et l'histoire », *Picasso*, Hachette, 1967, p. 208.
3. Voir Pierre Daix, Armand Israël, *Pablo Picasso. Dossiers de la Préfecture de Police 1901-1940*, Éditions des catalogues raisonnés, Éditions Acatos, 2003.
4. Claude Roy, *op. cit.*, p. 213.
5. *Ibid.*, p. 214.
6. Voir Anthony Blunt, *Picasso's Guernica*, Londres, Oxford University Press, 1969.
7. Picasso, *Propos sur l'art*, Marie-Laure Bernadac et Androula Michael (éds), Gallimard, 1998, p. 49.
8. Voir Neil McWilliams, *Dreams of Happiness. Social Art and the French Left, 1830-1850*, Princeton University Press, 1993.
9. C.J. Taylor, *Futurism, Politics, Painting and Performance*, Ann Arbor, 1979, p. 12.
10. Robert Delaunay, *La Querelle du réalisme*, présentation de Serge Fauchereau, Cercle d'art, 1987, p. 388, citations de l'enquête « Où va la peinture », *Commune*, n° 22, juin 1935.
11. Cité dans *Propos sur l'art, op. cit.*, p. 49.
12. *Ibid.*, p. 51.
13. Voir André-Louis Dubois qui fréquentait très régulièrement Picasso, *À travers trois Républiques. Sous le signe de l'amitié*, Plon, 1972.
14. Tristan Tzara, « Dada manifeste sur l'amour faible et l'amour amer », *Sept Manifestes Dada. Lampisteries*, Société nouvelle des éditions Pauvert, 1979, p. 58.

Picasso et Staline

Annette Wievorka

L'affaire du portrait de Staline par Picasso est restée dans les mémoires et continue à faire couler de l'encre. Son cinquantième anniversaire a été célébré par un colloque. C'est qu'elle croise plusieurs intrigues, certaines désormais obsolètes, d'autres toujours soumises à questionnements, et qui le resteront, comme le poids – pour certain l'opprobre – de l'engagement communiste d'Aragon dans l'évaluation de son œuvre.

Staline meurt le 5 mars 1953. Le deuxième numéro des *Lettres françaises* dans sa nouvelle formule qui mentionne depuis le 19 février 1953 : « Directeur Aragon » ne peut que rendre un hommage à la hauteur du « père des peuples ». « Il faut quelque chose de Picasso. On ne sait jamais, s'il voulait écrire », confie Aragon à son rédacteur en chef, Pierre Daix. Picasso est alors le communiste le plus célèbre au monde.

L'idée est pourtant curieuse. Picasso, qui travaille alors à Vallauris, a fait le portrait d'un certain nombre de communistes : Paul Langevin, Marcel Cachin, ou encore Maurice Thorez, en 1945. C'est peu au regard de la longue liste de ceux et celles qu'il a représentés. Il n'a, d'autre part, jamais montré d'attirance à l'égard de l'Union soviétique où il ne s'est jamais rendu. Même s'il est de beaucoup l'aîné de la plupart des dirigeants du Parti communiste français, il n'appartient pas politiquement à leur génération, celle d'Octobre, devenue communiste par la révolution bolchevique. Pour célébrer les 70 ans de « l'homme que nous aimons le plus », il a fait, en décembre 1949, un dessin qui n'a pas dû lui coûter beaucoup de temps et de sueur. Sous un « Staline à ta santé », écrit en capitales, entouré de petits traits qui figurent les rayons du soleil, une main levant un verre de vin. Picasso a célébré l'anniversaire de Staline comme il le ferait de celui d'un copain. Ce dessin est au mieux désinvolte, au pire impertinent.

Daix rédige lui-même un télégramme : « Nous faisons un numéro des *Lettres françaises* en hommage à Staline – stop – il n'est pas possible que ça se fasse sans toi – stop – envoie texte ou dessin avant mardi, Affectueusement, Aragon. »

Le numéro des *Lettres françaises* est sur le point de partir à l'imprimerie et Picasso n'a rien envoyé. Avant de boucler la une, Pierre Daix descend au rez-de-chaussée de l'immeuble du 37, rue du Louvre, où se trouvait alors une grande partie de la presse communiste, pour guetter l'arrivée du dernier courrier de la matinée. Il repère tout de suite le rouleau de carton, l'adresse rédigée de la main de Picasso, déballe le dessin sur la table même du courrier. « J'eus la révélation d'un portrait de Staline jeune, très ressemblant à une photo de 1903 ou 1904 que venait de publier *Regards* que je lui avais fait envoyer. C'était une facture à la fois naïve et étonnamment décidée. Avec ce soin tout particulier mis par Picasso à contraster les traits impérieux de fusain et les parties ombrées, de façon que la reproduction tramée de la photogravure – à cause des demi-teintes – conserve les rapports et valeurs de son dessin. » Car Picasso a réalisé, depuis plus d'un demi-siècle, de nombreux dessins de presse et en connaît les contraintes.

« Les responsables du courrier, du service d'ordre – tous militants chevronnés du parti – avaient fait groupe autour de moi. Je les entendais commenter et approuver. Ils étaient contents de Picasso. Ils comprenaient son intention et, le premier moment de surprise passée, se félicitaient de ce jeune Staline. Cela me frappa : moi, j'avais aussitôt fait passer la qualité graphique, la force du dessin avant la commande politique. Eux, non. Je courus porter le portrait au marbre, à l'étage au-dessus. Je le déroulais à bras tendus devant Aragon. J'eus brièvement l'impression que son visage marquait un certain soulagement. » Aragon craignait probablement un dessin plus difficile. Non sans raison : Picasso avait imaginé de représenter Staline en héros, et comme tous les héros, nu sur un nuage.

Reste la question du titre. Aragon suggère quelque chose comme « éternelle jeunesse de Staline ». Daix oppose le fait que Picasso donne rarement de titre à ses œuvres. Ce sera donc simplement : « Staline, par Pablo Picasso (8 mars 1953) ».

Les choses se gâtent dès que les exemplaires de l'hebdomadaire arrivent. Brutalement, Daix est interpellé par un groupe de rédacteurs de *France nouvelle*, l'hebdomadaire du comité central. Ils brandissent le dessin de Picasso, criant à l'agression contre Staline. Puis les ascenseurs déversent les rédacteurs de *L'Humanité* venus prendre leur travail qui renchérissent. « Nous essayâmes de faire front, soutenus par le barman, un métallo de chez Renault chassé pour son activité de parti, mais très vite, nous fûmes submergés. Certains de nos amis proches, qui passaient chercher le journal, se mirent à l'unisson, nous blâmant d'avoir publié, en un moment où le Parti communiait dans le deuil, un dessin qui semait un tel trouble. »

Daix tombe des nues. Il prend son téléphone pour avertir Aragon. Elsa décroche. « Elle avait déjà reçu des coups de téléphone d'injures et me dit que Louis et moi avions été fous de publier une chose pareille. "Mais enfin, Elsa, Staline n'est pas Dieu le Père !" Elle m'interrompit : "Justement, si, Pierre. Personne ne va lire ce numéro. Personne ne va même réfléchir à ce que signifie ce dessin de Picasso. Il n'a pas déformé le visage de Staline. Il l'a même respecté. Mais il a osé y toucher. Il a osé, Pierre, est-ce que vous comprenez ?" »

Aragon prend alors l'appareil et « d'une voix brisée », dit qu'il assume toute la responsabilité : « Toi et moi avons pensé à Picasso, à Staline. Nous n'avons pas pensé aux communistes. »

Les protestations sont donc immédiates, spontanées, avant même d'être orchestrées. Picasso, Aragon, Daix ont commis un crime de lèse-Staline en le représentant autrement qu'en « vieillard chenu et rassurant », en père éternel des peuples, comme le peint Boris Taslitsky, dès le 6 mars, dans son tableau *Staline rend visite à Maurice Thorez malade* offert par les *Lettres françaises* à Thorez et que l'artiste, accompagné par Pierre Daix et Raymond Prunière, porte au secrétaire général le 16 juin 1954. On y voit au premier plan Staline, vieillard vêtu d'un simple uniforme sans médailles et sans galons, la pipe à la main, souriant avec bienveillance, la tête légèrement penchée vers Maurice, en robe de chambre, une couverture enveloppant le bas du corps, tenant le livre qu'il est en train de lire et dont on distingue le titre : *Les Communistes* d'Aragon.

Quand le journal arrive dans les kiosques, le flot des protestations gonfle. « L'affaire » prend un tour politique. Maurice Thorez est toujours à Moscou où il est soigné depuis trois ans. Jacques Duclos est absent de Paris quand, le lundi après-midi, le secrétariat, composé des seuls Lecœur, Billoux et Fajon, rédige un communiqué :

« Le Secrétariat du Parti communiste français désapprouve catégoriquement la publication dans les *Lettres françaises* du 12 mars du portrait du grand Staline par le camarade Picasso.

Sans mettre en doute les sentiments du grand artiste Picasso dont chacun connaît l'attachement à la classe ouvrière, le Secrétariat du Parti communiste français regrette que le camarade Aragon, membre du Comité central et directeur des *Lettres françaises*, qui, par ailleurs, lutte courageusement pour le développement de l'art réaliste, ait permis cette publication.

Le Secrétariat du Parti communiste français remercie et félicite les nombreux camarades qui ont immédiatement fait connaître au Comité central leur désapprobation. Une copie des lettres reçues sera immédiatement adressée aux camarades Aragon et Picasso.

Le Secrétariat du Parti communiste français demande au camarade Aragon d'assurer la publication des passages essentiels de ces lettres qui apporteront une contribution à une critique positive. »

Daix analyse : « On mettait Picasso à demi hors du coup, afin de mieux prendre Aragon au piège du réalisme et d'indiquer aux bons entendeurs, du même coup, que Picasso n'avait jamais été réaliste. » Ce qui, dans ces années de jdanovisme, est, pour un peintre, la faute suprême.

Il faudra donc que les *Lettres françaises* publient des lettres. Ce qui est fait dans le numéro du 26 mars. Une pleine page. Au centre de la page, une longue lettre datée du 13 mars envoyée par André Fougeron. Elle a été expurgée des passages où Fougeron attaquait frontalement Aragon. « Je suis indigné, écrivait le peintre, par le fait qu'un ou des camarades responsables de ce journal aient cru pouvoir publier une telle profanation. » Ce terme de « profanation » appartient au vocabulaire religieux. De la même façon, le petit texte très violent de Léger, écrit sur papier orangé qu'a retrouvé Lucie Fougeron, n'a pas été publié : « Vendredi 13, Allô Aragon – je pense que tu as vu le dessin reproduit en première page des *Lettres françaises.* C'est intitulé : *Portrait de Staline* je crois ; tu te rends compte si par exemple Paix et Liberté colle ce portrait sur les murs : Staline vu par un peintre communiste. Et l'accueil à Moscou ? cordialement. Fernand Léger. »

Ce qui est rendu public de la lettre de Fougeron est déjà terrible, dans le contenu et dans le ton. Il a « appris incidemment, écrit-il, que ce dessin pourrait représenter l'apport et la contribution de notre camarade Picasso » à l'exposition qui doit célébrer le 70e anniversaire de la mort de Karl Marx. « J'ai le regret d'informer la direction de mon Parti, que je me refuse à accepter par avance ce soi-disant portrait. Ma tristesse tient encore au fait que si un grand artiste, en 1953, est incapable de faire un bon mais simple dessin du visage de l'homme le plus aimé des prolétaires du monde entier, cela donne la mesure de nos faiblesses dans ce domaine dans notre pays qui compte pourtant dans son passé artistique les plus grands portraitistes que la Peinture ait connus. Alors, il fallait simplement reproduire une photo, ou mieux, l'œuvre *probe* d'un artiste soviétique. »

Fougeron n'est pas seul à participer à la curée, et, il faut bien le dire, à la délation. Parmi eux, Georges Bauquier, élève de Léger, qui épousera sa femme, Nadia après la mort du peintre en 1955. Les mêmes termes reviennent dans ces courriers : « ignoble », « ridicule », « manque de respect », « charge » contre Staline, « hideuse figure » « caricature » « outrage » « horrible dessin » « caricature indécente ».

La publication des correspondances, davantage que le communiqué, et surtout de celle du peintre identifié à l'art du Parti, André Fougeron, suscite l'indignation. La plus violente protestation est celle d'Édouard Pignon. On est loin de la langue de bois. Pignon s'en prend directement à Fougeron : « Je vous avoue que la publication d'une telle lettre a soulevé mon indignation et ma colère pour son impudeur. » Édouard Pignon se place d'emblée sur le terrain de la peinture : « Que le camarade Fougeron ose mettre en doute la probité (souligné deux fois) de Picasso, qu'il ose parler de Picasso et d'Aragon sur un tel ton et avec une telle insolence, cela m'a retourné. » Car ce peintre « a réduit à une grimace le cher visage de notre camarade Cachin » ; « n'a pas hésité à exposer au Salon d'automne de l'année dernière cet hommage à Victor Hugo (manifestation d'orgueil et d'ignorance qui est une honte pour la peinture française. » Bref, Fougeron est un artiste « méprisé en tant que tel par la majorité des artistes de notre pays ». Et Maurice Thorez, qui a lu l'ensemble de ces lettres à son retour de Moscou, de souligner en rouge cette évaluation faite par Pignon, comme s'il cherchait à peser la valeur des uns et des autres dans le champ artistique. Enfin, Pignon passe aux représailles.

« J'en arrive maintenant au passage concernant l'exposition *Karl Marx.* »Pignon colle directement le passage de la lettre de Fougeron publiée dans les *Lettres françaises* affirmant qu'il refuserait ce soi-disant portrait. « Jusqu'à aujourd'hui j'ignorais que cette exposition dépendait *entièrement* du *seul* camarade Fougeron. » Ce Fougeron qui « chasse de notre route tous les artistes ». Maurice souligne ces passages. Pignon envoie donc sa démission du secrétariat de l'exposition *Karl Marx.*

Pignon communique aussi au secrétariat diverses lettres reçues en solidarité avec Picasso, du poète André Verdet, du sculpteur Jean Auriscote qui parle de la « goujaterie » et de la « suffisance » de Fougeron, et porte une appréciation peu amène sur sa peinture qui rejoint celle de Pignon, se reprochant de ne pas avoir protesté « lorsque le camarade Fougeron a osé représenter notre camarade Marcel Cachin sous les traits d'un vieillard gâteux et imbécile, lorsqu'il a représenté un vieil ouvrier porte-drapeau sous les traits d'un ivrogne, lorsqu'il nous a tous ridiculisés avec son lamentable enterrement du fils de Victor Hugo ». Et de conclure : « En tous les cas, ses inaptitudes de peintre (Maurice souligne en rouge) sont universellement reconnues. »

Le malaise dépasse le petit monde des seuls plasticiens. Annie Besse [Kriegel] adresse à son supérieur, Raymond Guyot, responsable de la Fédération de la Seine du Parti communiste, un courrier long de neuf pages dans la dactylographie serrée qui caractérisera sa manière d'écrire sa vie durant. La responsable aux intellectuels de cette même Fédération dit « la stupéfaction » et « le désespoir » dans lequel l'a plongée le communiqué du Secrétariat, mais surtout la page des *Lettres françaises* puisque son courrier est daté du 27 mars. « Dois-je t'avouer que j'ai pleuré devant Victor Joannès à qui j'avais été demander l'argumentation à développer devant les camarades ? » Non qu'elle souhaite justifier le dessin de Picasso. Elle le trouve « exécrable », l'avait dit ouvertement avant que la décision du secrétariat soit rendue publique. Elle se dit « peinée que Picasso ait commis une telle "croûte" et qu'Aragon l'ait fait imprimer dans son journal ». Mais elle s'indigne devant les insinuations contenues dans la lettre de Fougeron particulièrement dans l'usage qu'il fait de l'adjectif « probe », suggérant l'idée que « Picasso est improbe, autrement dit un faiseur. Or, à mon avis, il est un ignorant ou un misérable celui qui peut jeter le doute sur l'immense amour et la grande fidélité que porte à Staline ce cœur d'homme, ce brave homme extraordinairement bon, simple, *appliqué* qu'est Picasso. » Elle se met ensuite dans la peau de Picasso : « "Les peuples soviétiques, le peuple de France sont dans les larmes parce que l'homme le plus aimé est mort. Moi, Picasso, je vais tenter d'adoucir un peu leur douleur immense, je ne vais pas leur montrer Staline âgé, je vais leur rendre Staline jeune, Staline dans l'éclat de sa jeunesse". » C'était une bonne idée. Mais « le génie de Staline a été dompté par le génie de Picasso ». Annie Besse s'indigne aussi de la méthode qu'elle juge choquante et dangereuse : Picasso a appris le blâme par la presse. Elle prône la « modestie » à l'égard des artistes, des génies que sont Picasso et Aragon. Mais au-delà de cette défense de Picasso, elle perçoit très bien qu'Aragon est visé. Elle exprime un désaccord profond avec « la ligne » choisie. En effet, écrit-elle, « l'affaire Picasso n'est pas isolée. Elle est seulement l'expression la plus aiguë d'une ligne générale dans laquelle je ne retrouve plus les enseignements de Maurice Thorez. Ce qui est en cause, ce n'est pas seulement Picasso, pas seulement le travail parmi les intellectuels, c'est un principe fondamental de la politique du Parti : la nécessité d'allier l'intransigeante fermeté de principe à une politique de front uni. »

Le 9 avril, Aragon explique, toujours dans l'hebdomadaire dont il est en principe le directeur indépendant, le pourquoi et le comment de son erreur. « J'ai vu un Staline jeune, avec le caractère géorgien très marqué, dessiné par Picasso. Je n'ai pas douté des sentiments de Picasso. J'ai été touché par le fait que Picasso, précisément parce que la mort de Staline devait l'avoir véritablement affecté, avait voulu faire un portrait de Staline, ce dont, Staline vivant, les aboyeurs de la presse bourgeoise le mettaient au défi depuis plusieurs années. Il n'y avait dans cette image aucune des distorsions dont souvent Picasso use vis-à-vis de la figure humaine. »

Aragon et Annie Besse ne semblent pas douter un instant du chagrin de Picasso. Ils lui prêtent un raisonnement et des sentiments alors que l'intéressé ne s'est jamais exprimé sur cette question. Pour ma part – sans plus d'éléments, mais après avoir regardé le singulier hommage du peintre pour les 70 ans de Staline –, je doute de la profondeur des sentiments de Picasso à l'égard de Staline. J'aimerais suggérer qu'Annie Besse a l'intuition d'une vérité inaudible quand elle écrit que le génie de Picasso a dompté celui de Staline. Le génie de Staline est pour l'heure indomptable. Pour le peintre, on peut imaginer que Staline ne ressortit d'aucune sacralité, mais appartient à l'humanité moyenne à laquelle seuls échappent quelques très rares créateurs. On peut donc tout simplement boire un verre à sa santé, et le dessiner comme son œil le perçoit.

De Moscou, alors qu'il s'apprête à regagner la France, Thorez envoie un télégramme daté du 29 mars 1953 :

« Il paraît souhaitable d'arrêter la discussion [inopportune, *mot rayé*] ouverte avec P.[icasso] et A.[ragon] mal à propos et avec une précipitation regrettable. Une telle discussion ne peut que nuire à nos rapports avec les intellectuels et faire le jeu de l'ennemi en un moment où il faut lui ~~faire face~~ [*mot rayé*] opposer le plus large front possible. »

Le 23 avril, Picasso est l'un des tout premiers à visiter Thorez dans la propriété que ce dernier occupe à Bazainville. La photo de leur rencontre est à la une de *L'Humanité*. Elle figure aussi dans la dernière édition de *Fils du peuple*. Elle vaut, même si elle est sans commentaires sur l'affaire qui est alors dans tous les esprits, réconciliation avec le peintre et désaveu de la condamnation de son œuvre.

À la Libération, deux peintres de stature internationale, jusqu'alors simples compagnons de route, avaient adhéré au Parti communiste : Fernand Léger et Pablo Picasso. L'adhésion du second fait un peu d'ombre à celle du premier. Le 5 octobre 1944, son annonce occupe quatre colonnes à la une de *L'Humanité*, illustrée d'une photo où le peintre se trouve en compagnie de Cachin, Jacques Duclos et Francis Jourdain, légendée de la formule fameuse, si souvent reprise : « Je vais au Parti comme on va à la fontaine. » Cette annonce spectaculaire de son adhésion accompagne l'ouverture du Salon d'automne de 1944, dit « Salon de la Libération », consacré aux œuvres de peintre « dégénérés » : Soutine (mort en 1943) ; Léger, qui avait vécu la guerre en exil aux États-Unis et Picasso surtout qui expose 79 œuvres créées durant la guerre : 74 peintures et 5 sculptures. « C'était la première fois que le public du Salon d'automne voyait des Picasso et ce fut un beau scandale. » Picasso explique son adhésion dans le magazine américain *New Masses* : « Je suis allé au communisme sans la moindre hésitation, car au fond, j'étais avec lui depuis toujours [...]. Ces années d'oppression terrible m'ont montré que je devais combattre non seulement par mon art, mais par ma personne. J'avais tellement hâte de retrouver ma patrie ! j'ai toujours été un exilé. Maintenant, je ne le suis plus ; en attendant que l'Espagne puisse enfin m'accueillir, le Parti communiste français m'a ouvert les bras et j'y ai trouvé tous ceux que j'estime [...]. Et tous ces visages d'insurgés parisiens que j'ai vus pendant les journées d'août sur les barricades. Je suis de nouveau parmi mes frères. » Le Parti comme patrie ; la patrie comme famille. Nulle part l'idée d'une révolution, ou celle d'un soutien à l'Union soviétique. Picasso est aussi en phase avec son époque, son milieu – Christian Zervos, historien d'art entré dans la vie de Picasso en fondant en 1926 *Les Cahiers d'art*, première revue d'après la Grande Guerre consacrée à l'art moderne et infatigable auteur des 33 volumes du catalogue raisonné de l'œuvre de son ami, ou le marchand Kahnweiler, partagent ces opinions. C'est aussi le cas de Michel et Louise Leiris. À partir de 1942, Les Leiris et Picasso sont voisins, Quai des Grands-Augustins, et se fréquentent quotidiennement. Début 1943, les Leiris hébergent clandestinement Laurent Casanova qui fait alors la connaissance de Picasso. L'homme qui, au congrès de Strasbourg, deviendra le responsable aux intellectuels est probablement à l'origine de l'adhésion de l'artiste qui restera membre du Parti jusqu'à sa mort.

Picasso reste sa vie durant extérieur aux débats sur la peinture qui agitent le Parti communiste. Il en est davantage un enjeu qu'un acteur. Son immense notoriété le met à l'écart des attaques frontales. À la différence des Fougeron ou des Amblard, il n'a nul besoin des commandes ou des achats du Parti pour vivre. C'est plutôt le mouvement communiste international qui a besoin de lui, symboliquement ou matériellement. Ce qu'il accepte de très bon gré. Ainsi, Picasso, qui n'aime pas trop s'éloigner de son atelier et voyage peu, accepte-t-il de faire partie, aux côtés notamment de Vercors, Julien Benda, Yves Farge, Louis Daquin, Paul Éluard, Frédéric Joliot-Curie, Fernand Léger, Roger Vaillant, de la délégation prestigieuse qui se rend à Wroclaw au Congrès des intellectuels pour la paix où est fondé le Mouvement de la Paix. « Il fut accueilli comme un prince », raconte Pierre Daix, dans une atmosphère rendue amicale par la présence de Paul Éluard et d'Ehrenbourg. « Le grand jour du Congrès était arrivé. Picasso devait pour la première fois de sa vie monter à une tribune afin d'y demander qu'on cesse de persécuter son ami Pablo Neruda au Chili. [...] Le discours bref et pathétique dans son absolue simplicité de Picasso fit une impression énorme. »

L'année suivante, Aragon rend visite à Picasso pour lui demander une affiche pour le Congrès de la Paix qui doit s'ouvrir à Paris. Il repère une lithographie figurant une colombe. Elle devient ainsi la colombe de la Paix, symbole du mouvement. En juillet 1950, Picasso dessine, cette fois délibérément pour le Mouvement de la Paix *La Colombe en vol*.

La rencontre entre Picasso et Thorez du 22 avril 1953 marque la naissance d'une amitié, dont on suit la trace dans le journal de Thorez. Certes, les deux hommes se connaissaient, et Jeannette comme Paul Thorez racontent la même anecdote qui témoigne d'une certaine familiarité, avant même l'affaire du portrait, si Paul, qui la date de 1949, ne se trompe pas. Il fait ses délices d'un petit film pris par son demi-frère, Maurice jr. « On y voyait Picasso au travail dans son atelier de poterie – il s'y adonnait beaucoup à l'époque – puis mes parents et lui sur la plage de la Garoupe, à Antibes, et pour finir leur déjeuner sous les canisses d'un petit restaurant. Ce déjeuner donna lieu à un événement qui fit date dans la saga familiale des Thorez et que la caméra enregistra. Dans la bonne humeur générale, Picasso s'empara d'un coup d'une des jambes de ma mère et lui dessina en deux secondes un visage sur le genou. Elle portait une robe légère, dont le liseré formait comme un foulard sur la tête que Picasso avait improvisée. Quand ma mère bougeait, le visage changeait d'expression. »

Dès l'automne 1953, Thorez prend ses quartiers d'hiver dans le midi de la France. Les Thorez et les Picasso se visitent fréquemment en voisins, passent parfois la journée ensemble, déjeunent les uns chez les autres. Les Thorez retrouvent Picasso sur la plage de la Garoupe. Ils rencontrent les amis de Picasso – les Leiris, Salacrou –, qui les introduit ainsi dans un univers intellectuel et mental distinct de celui du parti. Picasso est associé aux événements familiaux, repas de Noël, de Nouvel An, anniversaires.

Thorez s'intéresse vivement à son travail, manifestement, pour lui matière à réflexion, comme l'indiquent les bribes de citation de leurs conversations notées dans son journal. Le 21 décembre 1962, Maurice et Jeannette sont chez Picasso. « Jeannette dit combien elle aime se promener dans l'arrière-pays qui lui fait éprouver des sentiments de paix et de travail : "On entend les voix des paysans, les bruits se rapportant à leur activité, quelle différence avec la ville." Picasso, très intéressé, l'écoute et observe : "Oui, dans la ville, on n'entend plus, on ne sent plus les hommes ; C'est peut-être parce que l'artiste s'y renferme en lui-même, que naît l'art abstrait." Ou encore le 31 janvier 1963 : « On parle de lignes pures, mais si on pousse trop en ce sens, pour dessiner un visage, par exemple, on obtiendra la représentation d'un œuf ! C'est ce qu'il y a de mieux comme "lignes pures". »

Les Thorez sont de tous les événements liés à l'œuvre et à la carrière de Picasso. Ils sont de tous les vernissages, à Paris comme dans le Midi. Avec Cachin, Maurice assiste le 23 février 1957 au vieux château Grimaldi, devenu un musée depuis que le peintre l'a décoré, à la cérémonie au cours de laquelle Picasso est fait citoyen d'honneur d'Antibes. À Vallauris, où le célèbre *Homme au mouton*, seule sculpture avec le *Monument à Apollinaire* (square Saint-Germain-des-Prés) à être visible dans un lieu public, a été inauguré lors d'une cérémonie organisée par le Parti au cours de laquelle Laurent Casanova prononça un discours, Maurice assiste le 9 janvier 1958, dans une école, « à la présentation par Picasso de la fresque impressionnante qu'il a peinte pour l'Unesco : c'est le triomphe de la paix sur les forces de guerre ». Le Parti est le grand ordonnateur des cérémonies grandioses organisées pour le 80e anniversaire du peintre.

Thorez fait état de l'intérêt porté par Picasso à ses activités politiques sur lesquelles il l'interroge à chaque visite. L'implication de Picasso dans la vie du Parti, faute d'écrits de l'intéressé, est bien difficile à évaluer. Picasso est intimement lié au couple formé par Édouard Pignon, et sa femme, longtemps journaliste à *L'Humanité*, l'écrivain Hélène Parmelin, que politique et peinture passionnèrent sa vie durant, et qui publia plusieurs ouvrages sur lui. Après l'intervention des troupes du Pacte de Varsovie à Budapest, Hélène rédige une lettre destinée au seul Comité central réclamant la réunion d'un congrès extraordinaire. Elle est signée par dix intellectuels, Picasso étant de très loin le plus prestigieux des signataires. Alors qu'elle devait être à usage strictement interne au Parti, *Le Monde* la publie le 21 novembre 1956. Selon Hélène Parmelin l'intervention des tanks soviétiques à Budapest avait rendu l'artiste « malade de fureur et de tristesse ». Il oscille entre « un communiqué de départ tonitruant » et « disparaître et ne plus s'occuper de rien ». Pourtant, quand Maurice et Jeannette lui rendent visite l'après-midi du 11 décembre 1956, Picasso, note Maurice dans son journal, est « heureux de nous voir, et tout contrit d'avoir donné sa signature à un document fractionnel qu'il n'avait même pas lu ». L'incident est donc clos. Avec Picasso, l'indulgence est de mise. Cet hiver-là, ils se voient très souvent.

Maurice se rend chez Picasso avec certains responsables du Parti comme Plissionnier, avec l'ambassadeur de l'Union soviétique en France, Vinogradov. Ainsi, Maurice Thorez constitue l'interface entre Picasso et le mouvement communiste. Car Picasso ne suit pas de très près les affaires du Parti communiste. Ainsi, la veille de Noël 1962, la famille Thorez au grand complet va embrasser Picasso et Jacqueline, « visiblement heureux de nous voir, note Thorez. Nous parlons un peu de tout ; la conversation tombe sur l'évolution rapide de l'Afrique noire, les Antilles, Cuba. Picasso demande des nouvelles de Césaire ; comme les Leiris sont là, j'explique à Pablo qui l'ignorait, le départ avec fracas et lettre ouverte à *France-Observateur* de cet opportuniste, quelques jours après une visite qu'il m'avait faite à Bazainville sans me dire un mot de ses désaccords. Louise Leiris le défend : "Ce n'est pas un opportuniste", dit-elle. Je réponds : "Il a voté pour De Gaulle en 1958, et s'est fait élire avec l'appui de Malraux." » Cette lettre de Césaire date d'octobre 1956, une période où Picasso, selon Hélène Parmelin, est particulièrement troublé ; pourtant, il l'ignore. La politique, dans ses méandres, ne l'intéresse pas. Au cœur de son engagement, sa haine précoce de la guerre, qui date de la défaite espagnole dans le conflit de 1898 avec les États-Unis. Il accepte donc le prix Lénine de la paix, en mai 1962, et l'année suivante, à la demande de Thorez, de le recevoir, sans se déplacer en Union soviétique. La « longue conversation très intéressante » du 6 février 1963, notée par Thorez, synthétise probablement son point de vue. En Union soviétique, après un bref dégel, se déroule une « discussion » sur les problèmes de l'art « et où il est plutôt malmené, comme à l'habitude, Picasso me dit : "Tu te rappelles ce que je t'ai dit il y sept ans après les révélations sur les erreurs de Staline : 'Ce qui compte, c'est la révolution : elle est là, bien vivante et toujours plus forte'." » C'est donc une vision politique où Picasso, qui jouit de toutes les libertés, ne s'intéresse guère au statut de l'artiste ailleurs, ni aux débats sur l'art, ni à la réalité des évolutions. Guerre/paix ; révolution/réaction : sa pensée politique semble binaire.

Parmi ceux que Thorez emmène chez Picasso, Jean Jérôme, le grand argentier du Parti et Georges Gosnat, son trésorier. Ce dernier restera, après la mort de Thorez, le seul contact avec la direction du Parti. Car Picasso, avec une générosité que tous s'accordent à considérer immense, alimente les caisses du Parti. Le 21 janvier 1957, Thorez examine l'état des finances du Parti. Il ne doit pas être satisfaisant puisque l'après-midi même, il rend visite à Picasso qui « va nous faire un livre de dessins pour enfants ». C'est probablement ce livre qui rapporte 5 millions au profit du CNE. Jeannette raconte qu'un jour Picasso, les accueillit avec une valise qu'il donna à Maurice. Elle contenait « 60 millions de francs de l'époque, en vrac et en billets ».

De même, Picasso aida avec constance le quotidien communiste de la Côte d'Azur, *Le Patriote de Nice et du Sud-Est*, en lui donnant en 1952, puis après 1958 chaque année une page en couleur célébrant le carnaval de Nice, en lui offrant, entre 1957 et 1967, de nombreuses gravures originales dont il signa quelque 2 500 exemplaires. C'est ainsi que, selon Georges Tabaraud, rédacteur en chef, puis directeur du journal, que Picasso versa l'équivalent de 3 millions à 3,5 millions de francs, en francs constants, en une décennie. « Si *Le Patriote* put survivre quelques années supplémentaires à la disparition d'autres quotidiens de province du Parti communiste, ce fut grâce à la générosité exceptionnelle de son ami Picasso. »

Portrait de Staline

Pablo Picasso

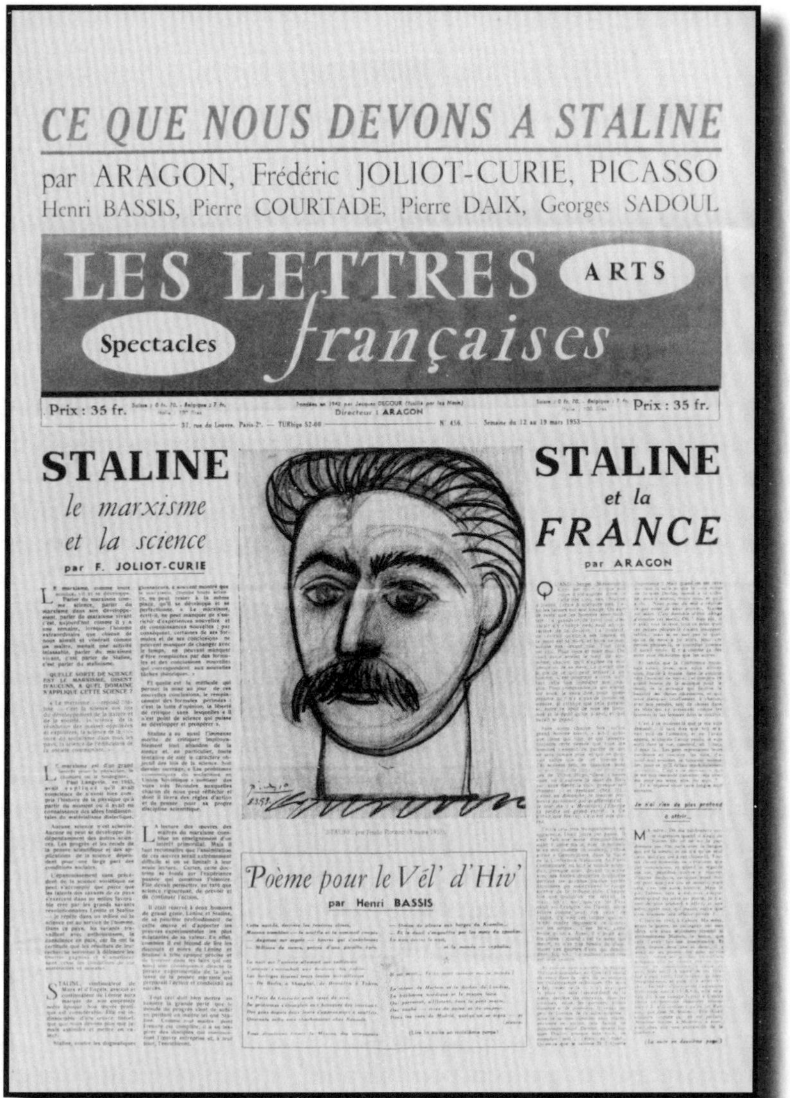

CE QUE NOUS DEVONS A STALINE

par ARAGON, Frédéric JOLIOT-CURIE, PICASSO
Henri BASSIS, Pierre COURTADE, Pierre DAIX, Georges SADOUL

LES LETTRES françaises

ARTS

Spectacles

Prix : 35 fr.

Directeur : ARAGON

Prix : 35 fr.

STALINE

le marxisme et la science

par F. JOLIOT-CURIE

STALINE

et la FRANCE

par ARAGON

Poème pour le Vél' d'Hiv'

par Henri BASSIS

De Paris, le 6 mars 1953, Louis Aragon avait envoyé à Picasso en séjour à Vallauris le TÉLÉGRAMME *ci-dessous :*

« Nous faisons un numéro des lettres françaises en hommage à Staline stop il n'est pas possible que cela se fasse sans toi stop envoie ce que tu voudras texte ou dessin avant mardi. Affectueusement. Aragon. »

Manuscrits et imprimés APPR27 92-004569-01 Paris, musée Picasso © RMN-Grand Palais - © Philipp Bernard ; Staline et la France (extrait des Lettres françaises, *12-19 mars 1953). Pour le télégramme : Inv. 515AP/C/classeur 6/Apcs 104. Archives Picasso, Musée national Picasso-Paris. © RMN-Grand Palais/Philip Bernard.*

Picasso, seconde moitié du XXe siècle

Philippe Dagen

I –

En 1960, Pablo Picasso a 79 ans et peint d'après *Le Déjeuner sur l'herbe* de Manet, après avoir peint d'après *Les Ménines* de Vélasquez, avant de faire de même avec *Le Massacre des innocents* de Poussin. Delacroix, Cranach, Rembrandt, Ingres : il les reçoit dans ses ateliers et il les traite à sa manière, cavalière et amicale. Ateliers prestigieux et légendaires, jusque dans leurs noms, La Californie, Notre-Dame-de-Vie, château de Vauvenargues – ce dernier le plus aristocratique et le moins commode. Il est l'artiste par excellence, le plus célèbre de tous par la durée, l'étendue et la nouveauté constante de ses œuvres, mais aussi grâce au soin qu'il prend depuis quelques années de se laisser photographier en compagnie de Jacqueline, sa compagne, de ses enfants ou de l'acteur hollywoodien Gary Cooper, chapeau de cow-boy et pistolet façon western. Les toreros lui rendent hommage dans les arènes où sa venue les éclipse presque, d'autant qu'il vient accompagné de ses familiers, Cocteau étant l'un des plus constants. Luis Miguel Dominguin, que l'on voit dans les magazines aux côtés d'Ava Gardner lui rend visite : photographies pour les magazines là aussi. Après Brassaï, Capa et Doisneau, David Douglas Duncan met en images la vie et les maisons du grand homme. *Le Mystère Picasso*, film d'Henri-Georges Clouzot, a reçu le Grand Prix du jury du Festival de Cannes en 1956. Cocteau l'a précédé de dix ans : *La Belle et la bête* est sorti en 1946. Pourquoi tant d'allusions au cinéma et à la photographie ? Parce que Picasso est le premier artiste qui, ayant pris la mesure de leur influence, décide de tirer parti de ces moyens de communication – de publicité.

II –

C'est un point considérable, qui a été peu examiné, et que l'on tient pour central dans l'étude de la trajectoire picassienne des dernières années de sa vie jusqu'au début du siècle suivant : on ne peut comprendre le destin posthume de son œuvre sans commencer par là, les images, les légendes, leur orchestration, la fascination et l'exaspération qu'elles ont suscitées – à part au mieux égales. Avant lui, quel peintre met à son service ce qui est déjà le système médiatique ? Les moins réservés autorisent un photographe – Capa, Cartier-Bresson – à passer un moment dans l'atelier et à faire quelques clichés : ainsi se conduisent Matisse, Bonnard, Giacometti après 1945. D'autres acceptent de répondre à des questions, pour des entretiens radiodiffusés ou imprimés : Breton, Masson, Duchamp un peu plus tard avec Charbonnier comme questionneur. Pour beaucoup d'autres, images et propos sont très rares et ne dépassent pas le stade de l'album de souvenirs et de quelques « mots » ou aphorismes à l'authenticité incertaine. Ni les surréalistes, ni les abstraits ne transgressent cette règle. Leur abstention est délibérée, faite de méfiance à l'égard de la presse, de mépris pour des journalistes nécessairement suspectés de trivialité ou de malignité.

Seule bruyante, trop bruyante exception : Salvador Dalí, comédien et homme-sandwich de son « génie ». Sur ce point du moins, il entre en compétition avec Picasso dans l'art de construire une image de lui-même, surprenante, parfois grotesque, toujours remarquable.

Du moins en est-il ainsi en France. Aux États-Unis – où Dalí a séjourné à maintes reprises –, la situation est différente. Accoutumance aux habitudes du cinéma ? Développement plus rapide et plus ample de la communication ? Volonté de rivaliser avec stars et réalisateurs d'Hollywood ? Pollock, si ombrageux, accepte que Namuth le photographie et le filme au travail en 1950, accepte ce que la prise de vues suppose de contraintes, accepte de jouer son propre rôle, accepte de peindre sur verre et accepte encore que les séquences soient mises en musique par un solo de contrebasse, Morton Feldman. Au même moment De Kooning adopte la même attitude et prend assez complaisamment des poses dans son atelier, en compagnie d'Elaine, dans le rôle de la muse captivante et sexy – une fonction que Jacqueline tient à son tour pour le compte de Picasso. La comparaison avec les peintres européens qui, dans cette période, apparaissent comme les homologues des New Yorkais est claire : ni Soulages, ni Hartung, ni même De Staël ne semblent avoir saisi combien la médiatisation de leur image pouvait les servir. Ou, s'ils l'ont compris – ce qui paraît plus vraisemblable – ils s'y sont refusés. À quoi bon, au demeurant, auraient-ils essayé ? Ce que l'on nomme aujourd'hui l'espace médiatique était alors, côté artistes, entièrement occupé par Picasso – Picasso et ses fréquentations hollywoodiennes et photogéniques – et par Dalí.

Aucun élément probant ne permet de savoir comment Picasso s'est convaincu qu'il devait jouer ce jeu – et le jouer au niveau le plus élevé, au Festival de Cannes. A-t-il simplement, si l'on peut dire, adapté aux circonstances sociales nouvelles sa façon de gérer sa gloire publique, gloire qui était bien assez ancienne pour qu'il ait pu en analyser la mécanique ? Faut-il y voir l'effet de conversations avec ses marchands américains, tel Sam Kootz, bien plus « modernes » sur ce point qu'un Kahnweiler, très attaché aux bonnes manières désuètes et scandalisé par la brutalité et les pratiques publicitaires de ses confrères nord-américains ? Doit-on supposer que Cocteau, homme de presse et de cinéma, n'aura pas compté pour rien en la manière ? Quoi qu'il en soit, Picasso est, à partir des années 1950, le premier des artistes médiatiques qui organise la diffusion d'une imagerie destinée à séduire un public bien plus nombreux que celui des collectionneurs et amateurs. Son appartenance au Parti communiste français, qui aurait pu lui nuire, ne le prive que des suffrages d'une bourgeoisie qui, en tout état de cause, est étrangère à l'art de son temps.

III –

Depuis lors, l'image publique du Picasso « années 1950 » n'a rien perdu de son magnétisme et a peu changé – si peu que l'on doit croire que Picasso a réussi à la fixer : un septuagénaire étonnamment vigoureux, créateur infatigable et séducteur irrésistible. Au physique, un homme de petite taille, musclé, bronzé, vêtu simplement d'un short et d'une chemise, quelquefois torse nu, quelquefois à peine décent en maillot de bain. À la chemise, il préfère parfois le « marin » rayé bleu et blanc, qui le rajeunit et confirme son côté athlétique. Pour chaussures, des sandales ; ou les pieds nus dans le sable de Juan-les-Pins. Telle est son apparence la plus souvent diffusée, alors que les photographies – qui existent cependant – de lui dans l'entre-deux-guerres, habillé de façon plus conventionnelle ou, dans les années 1960, emmitouflé contre les courants d'air de Vauvenargues et des lunettes sur les yeux sont loin d'être aussi reproduites. À l'inverse, on doit à André Gomez des clichés de Picasso au lit, se rasant ou prenant son petit-déjeuner, à moitié nu, légèrement faunesque, un peu pitre de temps en temps : clichés que l'artiste a laissé prendre, à tout le moins. Quarante ans plus tard, quand James Ivory se propose de faire un film dont il serait le héros, son *Surviving Picasso* (1996) reprend avec une surprenante absence de sens critique ces stéréotypes de la représentation : l'affiche reconstitue l'image de Picasso sur la plage en short, abritant Françoise Gilot sous un parasol brandi comme une ombrelle, prise par Robert Capa en 1948. Le sujet du film est en effet l'histoire d'amour entre eux bien plus que celle de la création. « En 1943, Françoise, jeune étudiante en art, rencontre Pablo Picasso, l'homme de toutes les femmes. » Ainsi commence le synopsis. Le cinéaste aurait pu s'attacher à une autre période, au temps du cubisme ou à celui de la guerre d'Espagne : au lieu de quoi, il se laisse captiver par la légende dans ce qu'elle a de plus conventionnel. À son insu ? Ou parce que les producteurs de son film – Warner Bros – ne pouvaient que trouver rassurant qu'il réactive l'imagerie la plus connue, donc la mieux susceptible d'attirer le plus grand nombre de spectateurs ? Dans un cas comme dans l'autre, *Surviving Picasso* démontre tout à la fois que Picasso demeure, à la fin du XXe siècle, l'artiste dont l'industrie cinématographique peut se saisir sans risque et qu'il a établi une image de lui-même à laquelle il est difficile d'échapper.

Dans plusieurs scènes, Anthony Hopkins porte le « marin » rayé bleu et blanc légendaire. Deux ans après la sortie du film, Maurizio Cattelan fait circuler un acteur portant un masque de Picasso âgé et vêtu du même tricot parmi les visiteurs du MoMA de New York, le musée qui conserve *Les Demoiselles d'Avignon* et qui a longtemps accueilli *Guernica*. Les visiteurs se font photographier en souriant, adoptant à l'égard du mannequin l'attitude qui est celle des « fans » se faisant photographier aux côtés d'une actrice ou d'un footballeur – cette dernière profession ayant fait l'objet d'un traitement attentif de la part de Cattelan. Aucune hésitation : ils reconnaissent à l'instant le personnage et, vingt-cinq ans après sa mort, celui-ci demeure à l'évidence l'artiste par excellence, toujours sous la forme immuable du septuagénaire électrique au maillot rayé et aux grands yeux noirs.

Plus généralement, l'universalité de sa gloire ne souffre pas contestation. Il n'y a pas lieu de développer davantage ce point, tant le constat tient de l'évidence. Il suffit de rappeler qu'il est le seul artiste dont le nom soit devenu celui d'une ligne d'automobiles et que l'on dit « une Picasso » comme « une Renault » ou « une Mercedes ». Dans une société où l'automobile est une préoccupation constante, ce succès vaut tous les sacres.

IV –

Une dernière remarque à propos du contrôle de son image par Picasso et de l'efficacité avec laquelle il a créé sa figure populaire en tirant parti de la presse illustrée et du cinéma : s'il est – avec Dalí – le seul, parmi les artistes qui ont été ses contemporains, à avoir compris l'importance d'une telle « politique médiatique », son exemple a été compris par de plus jeunes. Ainsi de la « politique médiatique » de Warhol, que ce stratège de la société du spectacle a mise en œuvre dès les années 1960. Il a, à son tour, laissé les photographes pénétrer dans la Factory et, au besoin, a fait ou fait faire les clichés efficaces. Il a mis en scène sa familiarité avec des célébrités d'autres mondes que celui des arts plastiques, particulièrement ceux du cinéma et de la musique. Il a multiplié les autoportraits et imposé une représentation exemplaire, telle que Cattelan aurait pu recommencer sa performance de 1998 avec un masque de Warhol en place du masque de Picasso. Il est ainsi devenu une star lui-même après avoir, à propos de Marilyn Monroe et de James Dean, montré comment on devenait une star, par la prolifération de quelques signes physiques immédiatement reconnaissables ; les lèvres de Marilyn, comme la chevelure de Warhol et comme les yeux noirs de Picasso.

V –

Ce regard est le motif de *Pablo*, œuvre de petites dimensions de Martial Raysse : un bandeau découpé dans le visage de Picasso, à hauteur d'yeux, vivement colorisé, et son prénom en lettres majuscules, colorées elles aussi, fixées sur le bord supérieur du cadre. Et cela suffit : en 1965, il ne peut y avoir de doutes sur l'identité du modèle. Interrogé plus tard, Raysse a répondu qu'il n'y avait là rien de satirique, mais une allusion familiale, son père ayant plusieurs fois rencontré Picasso à Golfe-Juan ou Vallauris. Sans doute l'explication est-elle exacte, mais elle ne change rien au fait qu'à cette date, Picasso, c'est Pablo, Don Pablo écrit-on emphatiquement – et ses deux yeux perçants de peintre – comme les deux lèvres de pin-up de Marilyn.

Sa célébrité le désigne ainsi comme un motif pour le pop art, puisqu'il appartient à la culture « grand public » de l'époque dont le pop fait l'inventaire comme il fait celui du confort moderne. Deux peintres, qui sont alors assez proches l'un de l'autre, l'incluent dans leurs répertoires d'images, Roy Lichtenstein à New York, Alain Jacquet à New York et à Paris. Le premier se saisit de ses tableaux dès 1962, en même temps donc que des planches de comics aux héroïnes blondes. Se succèdent sa version de la *Femme au chapeau*, d'après une toile des années d'Occupation, puis, en 1963, celles de la *Femme au chapeau fleuri* et des *Femmes d'Alger* – Lichtenstein d'après Picasso d'après Delacroix – et une nature morte d'après Picasso en 1964. Ultérieurement, les références picassiennes réapparaissent de façon épisodique, de façon discrète ou appuyée. On observe ainsi par exemple une recrudescence de citations en 1977, année de ses différentes versions de la *Jeune Fille pleurant* et de la *Fille au ballon*. Dans tous les cas, Lichtenstein procède à l'identique : la peinture est traitée par des systèmes de lignes noires, de trames de points colorés et d'aplats posés de façon neutre. Picasso glisse ainsi dans le monde contemporain de la reproduction photomécanique – l'ère de la reproductibilité technique. Les grandes dimensions des toiles mettent en évidence ces opérations, qui suppriment tout effet de gestualité ou de matière et réduisent la toile originelle à un ensemble de signes, principalement graphiques, et de distorsions qui seraient l'essence de Picasso – ce qui le rend immédiatement reconnaissable, reproduction et simplification allant de pair. Picasso est alors, déjà, une « marque ». Jacquet en apporte une autre preuve en 1963 en superposant un portrait de femme dans le genre picassien à une publicité pour les pneumatiques Michelin. Il inscrit en majuscules Micheline, prénom qui rime avec Jacqueline, celui de la femme de Picasso, qui est alors très présente dans les reportages de David Douglas Duncan publiés dans la presse ou en livres. Picasso est le seul artiste vivant dont Jacquet détourne une œuvre dans sa série des Camouflages, où figurent le Parthénon, Botticelli, Michel-Ange et Mondrian – le seul à l'exception de Johns et de Lichtenstein, qui y sont inclus au nom de l'amitié. La même remarque vaut pour Raysse : *Pablo* est une exception dans un ensemble où Ingres tient le premier rôle et où apparaissent Cranach, Gérard ou Tintoret. On peut en déduire que Picasso appartient sans discussion à la classe des grands maîtres ; mais aussi qu'en tant que tel, il relève de l'imagerie de consommation courante.

Il est donc logique d'associer ses images à d'autres, tout aussi banales. Dans *Tears for two*, en 1962, Erro juxtapose la *Femme en pleurs* de 1937 à un cartoon et, la même année, dans *The small fox*, place un renard – ou un loup – et d'autres personnages de dessin animé dans l'intérieur des *Femmes d'Alger* tel que Picasso l'a métamorphosé. Assemblages visuels explicites, mais moins que *Les Héritiers de Picasso*, exécuté dès 1961 : la partie supérieure cite sept toiles de Picasso, placée sous son œil noir – quatre ans avant le *Pablo* de Raysse – et au-dessus d'un amas de circuits imprimés, de machines contemporaines et de monstres mi-femmes mi-robots qui n'ont d'humain que la bouche – lèvres de Marilyn comme on pouvait s'y attendre. La cohérence entre ces travaux, entre Erro, Jacquet, Lichtenstein et Raysse est d'autant plus remarquable que, même si Jacquet et Lichtenstein sont proches, la convergence de ces quatre artistes n'en demeure pas moins involontaire – et inconnue d'eux dans ces années.

Ultérieurement, mais sur fond « pop » encore, David Hockney introduit fréquemment des citations de Picasso, que ce soit pour imaginer un dessin mural dans le genre d'Antibes dans une villa californienne, pour peindre ou graver des autoportraits parsemés d'allusions aux différentes périodes de Picasso ou pour transposer le cubisme dans des montages de Polaroïds qui construisent l'espace et les choses par juxtapositions d'images. Ces reprises sont des hommages à moitié ironiques. Elles actualisent des questions essentiellement techniques – graphisme néo-classicisant ou surréalisant, décomposition et recomposition de la forme. Assez curieusement, elles se succèdent comme si Hockney visitait l'œuvre de Picasso sans chercher – ou sans parvenir – à aller au-delà d'un inventaire des moyens plastiques.

VI –

Héros de l'art moderne, prince des musées et du marché, star populaire et donc sujet pour artistes pop : la situation de Picasso paraît claire et établie. Hors ce point : la réversibilité est l'une des caractéristiques de la starisation. Marilyn est idolâtrée et détestée, désirée et méprisée. De même Jackie Kennedy, autre icône warholienne. De même Picasso : il est vénéré et il est insulté. La célébrité universelle a pour revers la fureur sacrilège ou le dédain froid d'une partie non négligeable du monde de l'art. Ses ultimes grandes expositions qui se tiennent au Palais des Papes à Avignon, en 1970 et 1973 – celle-ci posthume – sont accueillies de façon très critique. Elles sont toutes deux consacrées à ses dernières années de peinture, nus féminins, « mousquetaires », couples, têtes. Le style en est délibérément rapide, les projections et les coulures laissées visibles, les tracés en apparence schématiques, les couleurs aigres et intenses. Dans ces toiles de grand format, les représentations sexuelles sont aussi scabreuses et explicites que dans les estampes contemporaines, dont celles qui mettent en scène Raphaël et la Fornarina ou dans la *Suite 347*. Jugées obscènes et d'une exécution trop rudimentaire, ces œuvres sont très mal reçues, la critique conservatrice leur reprochant leur crudité, la critique moderniste de ne plus s'inscrire dans le schéma avant-gardiste et de se perdre « sur un chemin détourné qui est aussi une impasse, loin des grandes et hautes voies de l'art », selon Clement Greenberg – voies qui doivent selon le théoricien américain conduire à la suppression de tout sujet et de toute subjectivité. Elles ne sauraient trouver place dans une histoire qui suivrait une ligne droite allant de l'abstraction à ses formes les plus minimales et, de celles-ci, par un nouveau degré dans la dématérialisation, jusqu'à l'art conceptuel. Cette logique n'a nul besoin de ce dernier Picasso, le seul qu'elle puisse considérer avec reconnaissance étant le cubiste qui aurait préparé la voie de l'abstraction. Une « impasse », donc : il s'y serait perdu. Énoncée avec tant de force, la répulsion de Greenberg a pu alors apparaître comme un décret incontestable, celui qui le lançait le lançant du haut d'une scène new-yorkaise au plus fort de son autorité, après un quart de siècle de « triomphe de l'art américain », selon le titre de l'un de ses chroniqueurs, Irving Sandler, dont l'ouvrage paraît en 1970.

L'inadéquation de l'œuvre ultime de Picasso à son époque ne s'explique pas seulement néanmoins par la domination de l'avant-gardisme minimalisme et conceptuel – dont certains artistes auraient été du reste plus nuancés que Greenberg, à commencer par Dan Flavin. Les années 1960 sont la décennie d'un autre triomphe, celui, *in extremis* puisqu'il meurt en 1968, de Marcel Duchamp. Ce serait aller au-delà des limites de ces considérations que d'entreprendre ici une étude de la résurrection de Duchamp, de la croissance régulière de sa notoriété et de son influence à partir des années 1950, aux États-Unis d'abord, en Europe ensuite. Qu'il suffise de rappeler de façon elliptique que la parution en 1959 du premier livre consacré à Duchamp, celui de Robert Lebel, va de pair avec les premières rétrospectives – Pasadena et Londres bien avant Paris – et que ces phénomènes sont indissociables de l'intérêt que Rauschenberg, Johns, Hamilton, Tinguely, la plupart des Nouveaux Réalistes et des artistes pop nord-américains et britanniques manifestent pour l'inventeur du readymade et pour l'auteur du *Grand Verre* dont tous ignorent qu'il travaille à la réalisation de son œuvre finale, *Étant donnés : 1° la chute d'eau ; 2° le gaz d'éclairage*. Au Chelsea Hotel, à Cadaquès, à Paris, Duchamp entretient son mythe et son apparence avec autant d'attention que Picasso, quoique dans un genre différent, dandy, cravaté, mutique – tout le contraire de son rival. Or le développement des mouvements néodadaïstes, Fluxus, les *happenings*, le détournement de l'objet quotidien selon Oldenburg, Warhol,

Spoerri : tout contribue à le placer au centre de la création contemporaine, d'une façon bien plus nette que Picasso. Nul hasard, si dans la partie supérieure de ses *Héritiers de Picasso*, Erro introduit un nuancier de couleurs sous forme de cercle chromatique : Duchamp en avait fait peindre un, en losanges, dans *Tu m'*, en 1918, dans la toile qui est réputée être la dernière à laquelle il ait prêté la main. Jusqu'à Beuys qui, faisant de Duchamp l'un de ses adversaires symboliques, démontre par là même l'importance qu'il lui accorde.

Non seulement Picasso n'est plus en phase avec les jeunes artistes de 1960, mais ces derniers ont donc une référence bien mieux adaptée, plus utile et, de surcroît, moins attendue, Duchamp. L'artiste le plus célèbre du monde, finit donc sa vie sur des éreintements. Aussi remarquable que la brutalité de cette rupture est sa durée. Quand, en 1981, le MoMA réunit la rétrospective dédiée au centième anniversaire de la naissance de Picasso, ses vingt dernières années y tiennent une place très réduite. Alors que les expositions et les études sur les débuts ou le cubisme de Picasso ne manquent pas, la première exposition exclusivement dédiée à sa période finale, *Picasso the last years, 1963-1973*, n'a lieu qu'en 1984 au Guggenheim Museum de New York, onze ans après sa disparition, et, au Centre Pompidou, il faut attendre 1988 pour qu'y soit accroché *Le Dernier Picasso, 1953-1973.* Depuis lors, le jugement s'est très largement inversé : à preuve le succès de *Picasso et les Maîtres* au Grand Palais en 2008 qui faisait une large place à sa période finale ou la présence de ses gravures les plus érotiques dans l'exposition *Picasso Ingres* au Musée Picasso en 2004. Nulle protestation cette fois en dépit de la forte charge sexuelle. Déjà, en 1995, au Centre Pompidou, ses toiles et gravures amoureuses tenaient une place majeure dans l'exposition *Féminin Masculin, le sexe de l'art* : la peinture, sous sa forme la plus intime, est, à cette date, à nouveau motif d'intérêt. Ce retournement est caractéristique de la période et des décennies suivantes, jusqu'à aujourd'hui.

VII –

Au Centre Pompidou encore, un an avant *Le Dernier Picasso,* a lieu une exposition qui réunit les œuvres de trois jeunes peintres français, Vincent Corpet, Marc Desgrandchamps et Pierre Moignard. Nus, scènes de lutte, scènes religieuses, corps et visages : leurs œuvres ne peuvent être vues sans songer à Picasso, ainsi qu'à Beckmann et à ce que l'on appelle en France l'expressionnisme allemand. Elle est mal accueillie, le vernissage nerveux et la critique hostile, n'ayant pas compris que cette exposition inattendue annonce une époque nouvelle, celle qu'annonce à New York dès le début des années 1980 l'apparition de Jean-Michel Basquiat. Celui-ci n'hésite pas à se réclamer de Picasso au point d'écrire son nom sur ses toiles et de reprendre la manière « lâchée » et fluide des *Mousquetaires.* Il n'hésite pas plus à prendre à bras-le-corps des sujets politiques – le racisme, la ségrégation, la mémoire de l'esclavage – et sexuels. Et, par le biais de la photographie et du cinéma, Basquiat se crée une figure publique, « artiste-héros » et « artiste maudit » en une seule personne. On peut penser que Picasso a occupé une partie de ses conversations avec Warhol. Et on peut être certain qu'il occupe souvent la mémoire de Robert Combas et, plus largement, de la figuration libre qui, au même moment, prend pied sur la scène française. Là encore, il s'agit d'un art de chroniqueur contemporain qui prend ses motifs dans la rue, dans les journaux, dans les chambres et parfois dans les musées, à l'instar de Picasso quand il travaille d'après *Le Déjeuner sur l'herbe.* En Allemagne, Markus Lüpertz fait de fréquentes allusions à Picasso, dans sa peinture et sa sculpture et, en 1996, Martin Kippenberger, après une série dédiée au *Radeau de la Méduse* de Géricault, en signe une autre en mémoire du dernier Picasso, *Jacqueline : les tableaux que Pablo ne put peindre* (1996). On trouve au même moment des traces de picassisme dans la transavantgarde italienne, chez George Condo ou chez Miguel Barcelo.

L'énumération ne saurait être exhaustive tant il est clair que, depuis les années 1980, l'intégralité de Picasso appartient au patrimoine commun des artistes, quelles que soient leurs origines et leurs formations. Ce que l'on nomme de façon assez vague « postmodernisme » l'inclut dans le stock de réminiscences et références dont tout artiste est susceptible de se servir, que ce soit sur un mode admiratif ou ironique, pour un hommage ou une parodie dans le ton de la performance de Cattelan en 1998. Les allusions peuvent être directes – Condo – ou si discrètes que l'on ne sait s'il faut les attribuer à Picasso ou, plus généralement, à un corpus où il est rejoint aussi bien par De Chirico que Beckmann, par Matisse comme par Miró. De surcroît, ce n'est pas nécessairement quand elles sont les plus visibles que sa présence est la plus intense. Ainsi de Stéphane Pencréac'h : sa relation avec le vieux maître se joue bien plus dans ses pratiques alternées et complémentaires de la peinture et de l'assemblage d'objets que dans des effets formels qui pourraient être rapprochés d'un moment ou d'un autre de Picasso ; et, de façon aussi proche et distante à la fois, dans ses sujets mythologiques, parmi lesquels le Minotaure, *La Bête dans ma tête* pour reprendre le titre d'une de ses œuvres : le Minotaure enragé mais enfermé dans une cage, et, dans un coin, un autoportrait de l'artiste. Œuvre picassienne donc : mais symboliquement et non visuellement.

Ce serait en effet manquer l'essentiel que confondre la présence de Picasso avec des emprunts stylistiques. Si le dernier quart de siècle se distingue par la réapparition « en force » de la peinture dans les ateliers d'artistes jeunes, cette réapparition est inséparable d'une redéfinition de la peinture par ceux-ci. Il ne s'agit pas, pour la plupart de ceux que l'on a cités, de peindre pour peindre, animés par un souci de continuité historique ou pour répondre à une demande du marché – particulièrement en France ; mais d'affirmer que la peinture est, autant que tout autre technique – performance, installation ou vidéo – un mode légitime d'expression et d'énonciation d'idées et d'affects. C'est ce point qui importe – et pour lequel importe la figure de Picasso autant que son œuvre. Il s'agit moins de repérer des références ou des citations qui suggéreraient qu'il existe une tendance picassienne dans l'art que de constater que l'expression picturale peut avoir une portée générale dans l'époque contemporaine et qu'elle n'est pas une spécialité désuète, bonne pour les musées et un commerce d'articles décoratifs contrairement à ce qu'a professé un modernisme devenu à la longue académique. À ce titre, et bien qu'il n'y ait rien de stylistiquement picassien – ou fort peu – dans les œuvres de Baselitz, Kiefer ou d'Immendorff, leur rayonnement dans les années 1980 relève de la même évolution dans la mesure où ils défendent l'existence d'une peinture que l'on pourrait dire « d'histoire » dont le dernier représentant avant eux a été Picasso, celui de *Guernica*, mais aussi celui du *Charnier* et de *Massacres en Corée.* Aucun de ces artistes ne se réclame de l'une ou l'autre de ses manières, mais leur conception des rapports de la peinture et de l'histoire collective repose sur une certitude : il est du devoir et du pouvoir du peintre de se saisir du passé et du présent, de prendre position, d'intervenir par et dans les œuvres. L'auraient-ils pu avec tant d'autorité si Picasso n'incarnait pas le principe du peintre – et parfois du sculpteur – politique ? On peut en douter. Et quand Immendorff se peint en compagnie de Marcel Duchamp et de Joseph Beuys n'est-ce pas une façon à peine détournée d'affirmer que, malgré l'un et l'autre, la peinture est toujours vivante, toujours susceptible d'être socialement et intellectuellement active ? On serait tenté de qualifier ceci de conception picassienne de la peinture et des fonctions dont elle est susceptible de se saisir, avec autant d'intensité qu'une installation, une photographie ou une vidéo. Autrement dit : si cet art a repris aujourd'hui une place de premier plan dans la création contemporaine, le vieux maître n'y est pas pour rien.

Oui, moi aussi je suis une femme. Tragédies du corps

Eva Meyer-Hermann

Il est courant de trouver des dessins multicolores d'enfants dans chaque cuisine familiale. Mais, chez les Kippenberger, dans la ville d'Essen dans la Ruhr, les quatre sœurs avaient affiché une devise très éloquente au-dessus du banc où l'on s'asseyait dans un coin de la cuisine : « Martin, notre artiste ». Dans la maison de ses parents, de condition indiscutablement bourgeoise (le père était ingénieur des mines et la mère, médecin), l'art était quelque chose de quotidien. Le talent de Martin s'était manifesté très tôt : lui-même a soutenu plus tard qu'il prolongeait en réalité une tradition remontant à sa bisaïeule qui avait étudié à l'académie des arts, et se poursuivait à travers son père, « qui lui aussi aurait aimé être artiste ». Les week-ends, le père, Gerd Kippenberger, emmenait ses enfants dans les musées de la région ; la décoration de sa maison était composée de reproductions dont certaines de Pablo Picasso[1]. Mais Picasso n'était pas synonyme d'art moderne uniquement pour la famille Kippenberger : un véritable « mythe Picasso » vit le jour pendant l'après-guerre. C'est sans doute parce que nombre de gens trouvaient l'art du peintre espagnol trop abstrait ou même incompréhensible qu'ils préférèrent s'en tenir à sa personnalité. Tout le monde connaissait le nom Picasso sans pour autant avoir vu un de ses tableaux. Grâce au développement vertigineux des techniques de reproduction après la Seconde Guerre mondiale, d'innombrables livres d'art illustrés sur l'artiste de génie étaient enfin disponibles, ce qui n'échappa pas au jeune Martin.

Martin Kippenberger (1953-1997) ne fréquenta jamais personnellement Pablo Picasso (1881-1973). Cependant, quelque chose dans l'œuvre de l'artiste allemand prématurément disparu laisse apparaître qu'il s'est inspiré du maître espagnol : lors d'un entretien accordé à la fin de sa vie, Kippenberger parle de son désir de « compléter Picasso ». L'exposition *Kippenberger meets Picasso* est une rencontre entre les œuvres des deux artistes : Picasso, chez lui, à travers la présentation de la collection du Musée Picasso de Malaga et Kippenberger, lui rendant visite dans les salles d'expositions temporaires. Kippenberger ne fut proche de Picasso qu'à une seule occasion, lorsqu'il exposa en 1996 ses neuf séries de portraits – qu'il intitula opportunément *Jacqueline : Les tableaux que Picasso n'a plus eu la possibilité de peindre* – dans une galerie parisienne, située tout près du Musée Picasso de Paris[2]. Cependant, la relation entre les œuvres des deux artistes ne dérive pas tant d'influences stylistiques directes ou de l'adoption du style de l'autre, mais plutôt d'une attitude artistique partagée. « L'important n'est pas ce que fait l'artiste, mais ce qu'il est[3] », affirme Picasso. Sa biographie présente de surprenants parallèles avec celle de Kippenberger : le père amateur de peinture, le fils cherchant dès son plus jeune âge à se libérer du foyer paternel, le mépris pour la formation académique (bien que Picasso n'ait pas abandonné les études, comme Kippenberger), leur attitude fondamentalement romantique, un intérêt marqué pour les modèles des maîtres classiques et, par-dessus tout, un comportement charismatique au sein d'un groupe[4]. Ils eurent également en commun leurs nombreuses conquêtes féminines. Mais s'il est vrai que les femmes de Picasso jouèrent un rôle décisif en tant que motif pictural aussi bien que dans le développement des différentes étapes stylistiques de son œuvre, elles furent, dans le cas de Kippenberger, sujettes à une thématique plus approfondie, voire énigmatique. La virilité des deux artistes, manifestée et exploitée jusqu'à l'exagération par l'un et par l'autre, y compris à titre posthume, leur valut la qualification de « machiste », terme aux connotations résolument négatives. Mais ceci révèle peu sur leur art. Cette « virilité » ostensible semble être l'expression d'une libido très développée, qu'il serait possible de caractériser, d'un point de vue psychanalytique, comme étant un « désir ardent de quelque chose » au sens large. Les deux artistes sont marqués par un formidable élan créateur, qui se traduit par un volume de production véritablement impossible à saisir dans sa totalité. Picasso peignit d'innombrables portraits de femmes et se consacra infatigablement au thème du peintre et de son modèle (féminin), à la différence de Kippenberger, plus centré sur l'autoportrait aux connotations beaucoup moins masculines qu'attendues.

Alors que Picasso possède une solide culture littéraire[5], Kippenberger ne s'attarda jamais sur la lecture d'ouvrages entiers. Il acquit les connaissances du monde littéraire et philosophique à travers les récits de ses amis. Tel un sismographe à la sensibilité aiguë, Kippenberger absorbe tout ce qui l'entoure, simultanément, sans modération ni filtre, pour le transférer de manière plus ou moins élaborée, recyclée, développée ou « complétée » dans sa production. Ainsi emploie-t-il parfois des lettres privées ou des comptes rendus extraits de journaux comme apports à ses publications. Son moi est le point crucial autour duquel tournent ses idées artistiques. C'est toujours sa personne qui se confronte au contexte du quotidien. Il se décrivit comme « un des vôtres » et proclama, détournant ainsi la phrase de Joseph Beuys, que « Tout artiste est également un être humain. » C'est dans sa propre individualité, avec sa vulnérabilité et ses circonstances de vie spécifiques, (souvent volontairement et arbitrairement transformées) que Kippenberger puisa son inspiration pour ses œuvres. Les choses ne se contentaient pas d'« arriver » à cet artiste qui chercha à façonner le monde qui l'entourait en adoptant une attitude offensive.

À l'école, Kippenberger était déjà considéré comme un *enfant terrible*, rôle qui ne devrait jamais le quitter. Son anticonformisme, teinté d'humour au point de tendre vers l'anarchie, coïncide avec l'esprit punk des années 1970. Son acharnement à représenter son propre personnage est inséparable de sa production artistique ; de même, il ignore les frontières entre les genres. Dans les premières années de sa carrière, il semble qu'il ait voulu être acteur de cinéma à Florence et poète à Paris, jusqu'à ce qu'il décide, en 1977, de peindre le nombre nécessaire de tableaux pour qu'ils correspondent à sa taille personnelle une fois empilés. Ainsi, il réalise le cycle figuratif en noir et blanc *Un des vôtres, un Allemand à Florence* (*Uno di voi, un tedesco in Firenze*), qui inclut les aspects quotidiens d'une ville touristique, des motifs de carte postale et des portraits tirés de journaux. Par là, Kippenberger se distancie des figures paternelles de sa génération, des peintres comme Gerhard Richter, Sigmar Polke ou Jörg Immendorff, animés par une réflexion sérieuse et ironique sur l'histoire allemande, sa culture, sa société. Cependant, tout au long de son œuvre et à plusieurs reprises, il fait référence à de grandes personnalités artistiques comme, par exemple, Henri Matisse, Joseph Beuys ou Andy Warhol. Mais aucun d'eux n'occupa une place aussi prépondérante et surtout aussi constante que Picasso.

L'entretien filmé qu'il consacra en 1977 à Claudia Skoda, une amie styliste, à l'occasion de son *Fashion Show Picasso*[6] à Berlin, montre son intérêt extraordinairement précoce pour Picasso. À la question de savoir si sa mode est influencée par Picasso, Skoda explique à Kippenberger ce qu'il soupçonnait probablement depuis longtemps : ce n'est pas tant le style dans lequel sont peints les tableaux, mais plutôt la conception du travail qu'avait le peintre espagnol qui importe. Ainsi, la styliste explique qu'elle aimerait parvenir à atteindre cet esprit dans son propre travail. Skoda voit dans les changements stylistiques un principe qui s'apparente à la mode et qui impressionne visiblement son ami artiste lorsqu'elle fait référence à la liberté totale avec laquelle travaille Picasso, qui, à son avis, est intuitivement perceptible et représente quelque chose qu'elle aimerait imiter. Peu de temps après, pour son vingt-cinquième anniversaire, Kippenberger finance son premier livre autobiographique grâce à une partie de l'héritage de sa mère récemment décédée : *Vom Eindruck zum Ausdruck. 1/4 Jarhundert Kippenberger* (*De l'impression à l'expression. Un quart de siècle de Kippenberger*). Il le publie à compte d'auteur sous le nom explicite de « *VerlagPikasso's Erben, Berlin/Paris, 1979* » (« Éditions Héritiers de Pikasso, Berlin/Paris, 1979 »). Ne manquant pas d'audace, il substitue le « K » de son propre nom au « C » de Picasso. Le volume, dépourvu de texte, contient des photographies prises par lui-même qui le montrent à Berlin, ainsi que des photos de son album de famille.

Dans la première moitié des années 1980, Kippenberger aborde dans sa peinture tous les sujets et les pratiques possibles et impossibles. Il s'intéresse à des sujets polémiques empruntés aux médias télévisés et radiophoniques et au cinéma, comme dans le cas du peintre informaliste Wols (1913-1951), très influent dans l'art allemand de l'après-guerre. Il réalise le portrait de la *Mère de Joseph Beuys* (*Mutter von Joseph Beuys*) et un autre portrait de sa propre *Mère morte avec de nouveaux problèmes* (*tote Mutter mit neuen Problemen*). Il s'attaque au traumatisme de l'histoire allemande avec la croix gammée voilée et le salut fasciste codifié, une allusion aux « modèles » dans l'art des années 1980. Il crée d'absurdes *Esquisses pour des bâtiments administratifs pour des institutions de guérison des mères* (*Entwürfe für Verwaltungsgebäude für Müttergenesungswerke*) avec d'anodines palettes de bois, et peint des *vedute* en décomposition cubiste d'une *École primaire juive* (*Jüdische Grundschule*), de la prison de Stammheim ou d'une célèbre clinique américaine de désintoxication. Il proclame la mort des grandes utopies de l'avant-garde qu'il considère comme de l'« architecture organique » conventionnelle des années 1950, ou des *Montagnes de profits* (*Ertragsgebirge*) avec des courbes décoratives à la manière des *Valeurs de l'économie* (*Wirtschaftswerte*) de Beuys. Kippenberger n'élude aucune provocation : par sa peinture, il prend ses distances par rapport aux groupes dans lesquels les autres étaient enclins à le caser. Kippenberger n'était en aucun cas un « nouveau sauvage » (*neuer Wilder*) et sa peinture n'est pas de la « mauvaise peinture » (*Bad Painting*). Il peint vite ; peut-être est-il trop prolifique, mais jamais « sauvage », se maîtrisant toujours et très conscient de ce qu'il produit et de ce qu'il autorise à faire sortir de son atelier. Sa pléthorique production de cette époque constitua pour Kippenberger une recherche de ce que l'art peut être et peut signifier, et fut peut-être aussi un questionnement sur ce qu'il est possible de considérer comme légitime en art. Les rimes picturales de l'artiste allemand, présentées de façon obsessionnelle, résonnent comme un écho aux thèses de Theodor Adorno, dans lesquelles il se réfère à l'impossibilité d'« écrire de la poésie après Auschwitz[7] ». Il se peut que les tableaux de Kippenberger soient des tentatives successives de transgresser ce verdict : souvent fougueux et démesurés dans leur phase précoce, mais devenant, avec l'âge, plus mûrs, plus existentiels et plus dramatiques.

Que signifie « Rien ne va plus » ?, datant de 1984, est une peinture particulièrement illustrative du dilemme entre morale et poésie. Le pantin articulé demande si on peut continuer ainsi, quand en réalité rien n'est plus possible, et se répond à lui-même : « Continue ainsi. Tout va bien. » Le peintre, accoutré d'un banal déguisement d'artiste, est assis – ivre ? – sur un tas de cartes à jouer, levant son verre tandis qu'un autre verre en arrière-plan semble annoncer un funeste présage. L'artiste se doit d'être un joueur de cartes en état hallucinatoire pour supporter une situation aussi lugubre et pour pouvoir continuer à penser : peut-être de façon tout aussi identique à celle que figure Picasso dans son tableau *Arlequin*, en 1915 ? Ici le créateur est un clown en carton qui nous présente une toile dont le fond est à moitié peint, presque comme s'il voulait se demander : est-ce donc réellement la fin de tout ? Kippenberger est moins intéressé par le style du peintre de Malaga que par son sujet. Dans ses jeunes années, déjà, il contredisait son père quand celui-ci l'encourageait à développer un style propre : « C'est cela qui ne fonctionnait pas chez moi, jusqu'à ce que je me rende compte que ne pas avoir de style est également un style, et c'est dans cette direction que je suis donc allé. Alors je me suis senti libéré. Ne te préoccupe pas du style, mais de ce que tu veux dire[8]. » Aussitôt dit, aussitôt fait. Entre autres œuvres, dans deux autres travaux consécutifs datant de 1984, les *Deux Inventrices prolétariennes en route pour un congrès d'inventeurs*, bien qu'ils adoptent le coloris et la configuration structurée en blocs de la *Paysanne* que peignit Picasso en 1908, constituent en même temps, grâce à leur titre descriptif, un instantané appartenant à un récit plus long à la conclusion incertaine. *La Famille Faim* rappelle, au niveau formel, d'autres précédents dans l'histoire de l'art, comme les sculpturaux *Baigneurs* de Picasso, datant de 1956, et la *Famille de l'homme* de Barbara Hepworth de 1970. Malgré son ton humoristique manifeste, illustré par l'image d'« un trou dans l'estomac », c'est en même temps un commentaire caustique sur l'endogamie de l'art moderne : l'art n'est pas comestible.

Mais comment continuer alors que toutes les références prises dans l'histoire de l'art ont été utilisées ? Comment continuer lorsque chaque production, née du fruit du hasard, par accident ou par négligence, est élevée au rang d'« œuvre d'art », pratique habituelle de Kippenberger et de ses assistants dès 1984 pour la série de sculptures *Peter ?* Pour une exposition aux Îles Canaries en 1985, Kippenberger dessina lui-même l'affiche et le carton d'invitation. Rien d'exceptionnel jusque-là, car toute sa carrière artistique fut parallèlement marquée par une infatigable activité de production de cartons d'invitation, d'affiches, de livres d'art et de catalogues, qu'il qualifiait parfois comme son « œuvre graphique ». Il se représente fréquemment sur ces gravures, mais, pour la galerie de Santa Cruz de Tenerife, il utilisa un cliché célèbre de David Douglas Duncan réalisé en 1962 représentant Pablo Picasso – et retravaillé pour les besoins de l'affiche – où le peintre se trouve face au château de Vauvenargues, qui était à l'époque sa résidence permanente. L'artiste, debout, prend une pose altière, vêtu uniquement d'un slip, portant un peignoir sur le bras et tenant auprès de lui son chien Kaboul. En s'appropriant cette photo, Kippenberger se transforme en Picasso, et sa phase d'incubation en tant qu'« acteur de son propre personnage[9] » atteint un premier acmé. Avec l'aphorisme que Kippenberger ajoute en guise de titre, s'annonce, en même temps, un tournant dans son art : « Je pourrais te prêter quelque chose, mais cela ne te rendrait aucun service. »

Dès le moment où Kippenberger élabora cette analogie directe avec Picasso, il était déjà évident que, pour lui, la question ne renvoyait ni aux références ni aux influences de la peinture du *Malagueño*, mais qu'il s'agissait de la construction d'une posture artistique allant au-delà d'une adoption critique voire cynique de son style et de son sujet. Kippenberger n'a probablement rien « emprunté » à Picasso, car il savait qu'une telle démarche ne l'aiderait en rien dans son œuvre. Mais, par contre, en tant que modèle, l'Espagnol tombait à pic pour promouvoir sa propre « marque Kippenberger » pour citer Diedrich Diedrichsen. Kippenberger avait parfaitement compris le concept de la « marque Picasso ». Il approuvait ses stratégies de communication publique, qu'en réalité on ne mettra pleinement à profit, en art, qu'avec le pop art[10]. Ainsi, non seulement Kippenberger se sentit conforté dans ses propres convictions, mais il se sentit aussi, peu de temps après, capable de franchir un grand pas qui l'amena à réaliser sa vaste série d'autoportraits (1988, 1992 et 1996), thème prédominant dans son œuvre jusqu'à sa mort. Le parallèle avec Picasso met en évidence que les autoportraits de Kippenberger doivent être lus, surtout, à la lumière de la *performance* qu'est la « représentation de son propre personnage », comme les fluctuations de l'interrogation à propos de l'identité de l'artiste et de son œuvre, et moins comme un moment psychologisant d'autoréflexion exprimé par une peinture excessive, prétendument « sauvage ».

L'adaptation de la saisissante pose de Picasso de 1962 trouve sa place dans une série de photographies[11] que Kippenberger réalisa pour l'édition d'un calendrier en 1988. Les 24 photos furent prises à l'Hôtel Elite, une modeste pension située dans un appartement de Vienne.

Environ la moitié est constituée d'autoportraits où l'artiste se présente tantôt devant un miroir, tantôt parmi d'autres objets du mobilier sommaire de la chambre. Les autres photographies, à la composition et au sujet plutôt négligés, représentent l'intérieur, la vue depuis la fenêtre ou des cadrages de façades. Le modèle héroïque, altier et débordant de confiance en soi s'estompe dans cette sobre représentation au milieu de la banalité de la chambre chichement meublée d'une armoire, d'un minibar et d'un tabouret. Kippenberger ne se voit pas en observateur qui contemple le tableau, mais se regarde dans le miroir, à la recherche d'auto-affirmation. Il voit là un homme commençant à vieillir et affichant un soupçon d'embonpoint que ne parvient pas vraiment à cacher le caleçon bariolé et trop remonté sur le ventre. Un caleçon qui lui va si mal en comparaison du sous-vêtement de son modèle. Le corps nu apparaît vulnérable et les gestes vaguement ébauchés contrastant avec les traits précis du mobilier ressemblent aux mouvements perturbés d'une personne en situation de désarroi. C'est précisément à ces photos que Kippenberger fait appel en 1988, pendant son séjour à Carmona, pour peindre sa première série complète d'autoportraits sur des toiles de grand format. Sur les onze tableaux et plusieurs aquarelles qui en dérivent, au moins huit des postures corporelles sont congruentes avec les représentations des images de la série *Elite'88.* Alors qu'il effectue un nouveau séjour en Espagne, Kippenberger a eu de nouveau recours à celui qui lui fut le plus proche, en l'occurrence au peintre espagnol Picasso. Il se reconnaît dans sa productivité artistique et dans la force de sa capacité de représentation, mais en même temps il aspire à le dépasser en tant que paradigme de l'art moderne.

Malgré l'homogénéité que leur confère le motif principal, les peintures se différencient dans leur style : quatre d'entre elles obéissent à une sorte de réalisme photographique, qui rappelle *Cher peintre, peins pour moi* (*Lieber Maler, male mir*), une série que Kippenberger exécuta en tant que commande en 1979[12]. La personne est méticuleusement représentée, elle se dédouble dans le miroir et présente, comme un refrain dénaturé, le dilemme du corps qui pèse de plus en plus. Mué en symbole de l'éphémère, le caleçon exige la plus grande attention et, à travers l'analogie construite sur le motif de la baudruche, qui, dans l'œuvre de Kippenberger est une référence à l'art d'« avant-garde », il s'avère remonté à l'excès. Il y a ensuite une série d'images où de grands objets – généralement des citations faisant allusion à la série de sculptures *Peter* – acculent l'artiste ou le relèguent même au bord du tableau. Son obsession des objets réalisés par lui-même subsiste également pendant son séjour en Espagne et c'est ainsi que naissent, entre autres, *Réverbère pour ivrognes, Rampe* et *Discothèque de poules.* La plaisanterie sur la perception modifiée d'un ivrogne se traduit littéralement et se fond dans un autoportrait construit, tandis que les deux sculptures au ras du sol constituent un commentaire sur l'histoire de l'art et de l'architecture récente. Kippenberger questionne l'œuvre d'art autonome qui, à ses yeux, avec la déroute de l'utopie, a également vu sa fonction s'amoindrir. Le présent (ou plutôt sa manifestation physique représentée par les objets) ne devient visible et perceptible que dans l'action. Ce qui rappelle ce que disait Franz Erhard Walther, qui fut pendant un temps le professeur de Kippenberger. À la fin des années 1960, Walther définit un concept d'action selon lequel la forme d'une œuvre ne culmine que grâce à l'action réelle ou imaginée d'une personne en rapport avec les objets.

Psychobuildings, une publication en petit format prouvant son intérêt pour la sculpture, recueille des exemples dénués de commentaire de situations urbaines étonnantes, involontairement absurdes ou curieuses, auxquelles l'artiste a assisté, particulièrement au Brésil et en Espagne, et qu'il a en partie réélaborées dans ses œuvres. Le beau titre laisse en suspens la question de savoir si ces objets et ces bâtiments étranges et inhospitaliers viennent de l'âme ou vont à l'âme. La brochure se rapporte directement, sur le plan formel et en ce qui concerne le contenu, à *Femmes* (*Frauen*), livre de Kippenberger publié à ses débuts artistiques. Tous deux offrent un dessin de couverture « contradictoirement semblable » : le petit volume de 1980 est un recueil d'illustrations comportant uniquement 114 photos de femmes, qui s'avère provocateur en raison de son absence de texte, alors qu'il est publié dans une maison d'édition (Merve) spécialisée dans la publication d'ouvrages de philosophie et de théorie de l'art. La page de titre du livre de Kippenberger arbore le logotype bien connu de la maison d'édition, une forme de parallélogramme, pointant en diagonale vers l'extrémité supérieure droite. Son retour spéculaire à ce thème de 1988 est publié sous le titre *Psychobuildings*, également sans texte par la maison d'édition de la librairie Walther König, et correspond d'une certaine façon à l'équivalent masculin et complément nécessaire à *Femmes*. La période de l'œuvre précoce de Kippenberger s'achève définitivement avec ses œuvres produites en 1988 ; la stricte séparation entre l'identité masculine et féminine est aussi sujette à caution que les héros de l'histoire de l'art. Ce n'est donc certainement pas un hasard si Picasso va jouer un rôle prépondérant pour l'artiste à cette époque.

L'énigmatique autoportrait bleu offre une vision nocturne introvertie sur les questions qui se posent. En référence à une sculpture de la série *Peter*, une orange de plastique flotte comme un corps céleste près de la tête, tandis que la tige faisant office de lance rappelle le motif d'un autoportrait de Robert Mapplethorpe[13]. Le côté droit de la silhouette tronquée est un squelette, tandis que le côté gauche est engoncé dans un blazer. Un œil est caché par le verre noir d'une paire de lunettes, et, comme pour équilibrer le visage de cette tête à demi morte, l'artiste tient devant lui une moitié de masque vénitien. C'est justement à cause de cet œil aveugle que cette peinture de 1988 rappelle la célèbre *Célestine* de Picasso, datant de 1903, qui semble réapparaître également dans un dessin tardif de Kippenberger. Cette œuvre renvoie, de même que la série de peintures consacrées à Jacqueline Picasso de l'année 1996, à une photographie de Duncan. Les motifs d'aveuglement et d'éblouissement de la série de 1988 se situent directement aux antipodes de l'iconographie du miroir et du reflet. Qu'est l'artiste drapé dans les atours de la peinture : un mendiant clairvoyant, un bouffon du roi ou tout simplement un idiot aveugle ? Où peut nous mener vraiment la peinture ? Ce trio de toiles aux coloris vifs inclut, en plus de la bleue, une rouge et une marron, qui s'avèrent particulièrement expressives et spontanées dans leur tracé, comme si l'artiste avait délibérément accordé une liberté totale à sa main. Incarné ici par un vieillard bouffi et chauve qui essaie de dessiner quelque chose (l'Esprit saint ?) depuis une source (d'inspiration), dans l'autre il s'agit d'un torse totalement déformé, comme dans le cas de ce tableau au chromatisme inhabituel, un Quasimodo de la peinture, dont le moignon de corps est encore capable de se mesurer, y compris au milieu de l'enfer rouge et brûlant, à des choses étrangement construites.

La libération picturale qui commence avec le cycle de 1988 se poursuit avec les *Tableaux peints à la main* de 1992. Mais, dans le cas présent, il ne s'agit pas simplement d'une évolution dramatico-grotesque des autoportraits précoces, mais d'une manière d'intégrer dans sa production artistique la représentation de son propre personnage et d'autres facteurs, dans le but de « provoquer » la peinture sans la détruire au cours du processus. Déjà à la fin des années 1980, Kippenberger avait proposé une représentation foisonnante du thème de l'iconoclasie avec *Pantin lourdingue (Heavy Burschi)*. Les tableaux, achevés par son assistant, finirent sous forme de lambeaux, devenant un objet tridimensionnel entouré de reproductions photographiques de 51 « peintures primitives ». Le défi existentiel que Kippenberger prétend exiger des tableaux peints en 1992 dans l'île grecque de Syros et à Francfort réside dans la mise en relation d'« instantanés » de son propre moi artistique avec des motifs du pays d'origine des Jeux olympiques. Les disciplines classiques comme la course, les lancers de poids et de disque obéissent ici au diktat des fonds abstraits des peintures. Si le fond est divisé en carrés, le corps devra à son tour adopter cette fragmentation. Les phrases allemandes écrites en lettres grecques, présentes dans certains de ces tableaux, revendiquent faussement l'authenticité de leur origine artistique. Dans une autre peinture, monochrome dans le style moderne, la composition impose à la corporéité des qualités diaphanes, tandis que l'incarnation anémique du corps de l'artiste se préparant à se lancer dans un sprint constitue l'équivalent parfait du vide existentiel du fond du tableau. La tête de ce tableau conceptuel, physionomiquement exacte dans ses détails et obscurcie par une ombre, pourrait-elle être un symbole du lieu de la connaissance ? Toutes les poses se fondent, comme désormais l'habitude en a été prise, sur des photos de l'artiste et rappellent le talent de comédien de Picasso, si souvent photographié – par exemple dansant dans son atelier. Dans ses tableaux, l'influence de Picasso est cependant reléguée au profit de celle d'Oskar Kokoschka, que rappelle en particulier la position des mains délicatement articulées et nerveuses de ces pseudo-athlètes. On la devinait déjà dans les peintures de 1988, où Kippenberger représentait le corps humain castré jusqu'à l'asexualité. Mais le masculin est ici davantage marginalisé, plus lointain. Certains des protagonistes portent des pantalons de cyclisme, bien que leur sexe – clairement reconnaissable sur certains des « tableaux en caleçon » – soit représenté, tout au plus, sous la forme d'un œuf au plat entre les jambes, telle une vulgaire plaisanterie ; dans d'autres cas, cette zone de virilité est complètement supprimée et n'est pas du tout représentée. Les autoportraits, dans leurs raccourcis et leurs amputations, constituent une réflexion sur l'identité personnelle, présentée de façon non tant grotesque que, plutôt, tragique.

Pour terminer, avec les portraits de la série intitulée *Jacqueline*, de 1996, l'élément féminin devient clairement visible et s'exprime pleinement en ce qui concerne la question de l'identité, jusqu'alors latente. Il s'agit de représentations de la veuve de Picasso, et, bien que les initiales « J.-P. » renvoient sans équivoque à la femme portraiturée – et non pas au peintre –, beaucoup d'entre elles contiennent des traits évidents de Kippenberger. Ainsi, ces tableaux sont aussi des autoportraits[14] mais, comme ils ne comportent pas le paraphe « M.K. », ils renvoient, à travers la signature, à un créateur étrange, pseudo-féminin. En s'identifiant au prénom « Pablo[15] », à travers le sobriquet « J.-P. », Kippenberger s'introduit non seulement dans la figure tragique d'une Jacqueline éplorée, mais il est aussi Picasso (décédé en 1973). Il est à la fois modèle et portrait dans sa reprise du thème de Picasso du peintre et de son modèle, par l'entremise de ce recours artistique, il fusionne l'art moderne et l'artiste admiré, et il les sublime tous les deux dans son œuvre. À une occasion, depuis les profondeurs des formes semi-transparentes et psychédélico-organiques qui constituent le fond du tableau, surgit le fragment d'un mot en écriture gothique : « ter ». Pourrait-il s'agir d'un règlement de compte avec l'hyper-père (en allemand, *Vater*), Picasso ? Mais la représentation que propose Kippenberger de Jacqueline au désespoir après la mort de son époux chéri, ne saurait logiquement se réduire à la copie stylistique de quelque tableau de Picasso, bien que le chromatisme et la composition du tableau soient très proches de certains portraits du maître. Tous les modèles ayant servi pour les portraits de la série *Jacqueline* sont des photographies publiées en 1988 dans *Picasso et Jacqueline*[16]. Kippenberger prend connaissance de ce livre de Duncan, édité en plusieurs langues, pendant une visite à son ami Michel Würthle dans sa maison de Syros. *In situ*, il peint spontanément une petite toile à la peinture acrylique, sur laquelle apparaît le prénom de « Jacqueline » rédigé à la verticale. Ni chiche ni paresseux[17], Kippenberger emporte le livre dans son atelier du Burgenland autrichien, où il réalise dix portraits à l'huile : « Picasso est mort et elle était rongée par le chagrin. C'est pourquoi je prends en charge son travail. En me basant sur les dernières photos existantes de Jacqueline Picasso en noir et blanc, je tente de les transposer en couleurs et d'en faire des Picasso. Il s'agit, d'une certaine façon, de compléter son œuvre. Elle a été un de ses principaux thèmes après tout[18]. »

Duncan qui fut le voisin de la famille Picasso dans le sud de la France, où il les a connus et où, dès 1957, il photographia constamment le peintre, rencontra en 1975 une Jacqueline éplorée dans le dernier atelier de l'artiste, à Mougins. Dans la publication de 1988 sont reproduites sept photos successives d'une Jacqueline abattue[19] tournant la tête pour fuir l'appareil photo ; assise sur le bord du sofa, effondrée et la tête appuyée sur la main ; absorbée, la tête inclinée sur le côté, ou simplement regardant dans le vide ; levant la main en signe de défense pour écarter d'elle quelque chose ; donnant affectueusement à manger à Jules, le teckel de son amie Marie Bell, ou alors tenant le petit animal devant elle, tandis qu'elle ressasse ses tristes pensées. Kippenberger utilise en outre quelques clichés d'époques plus heureuses, mais il leur confère également un caractère élégiaque. Pour ce faire, il privilégie – peut-être en reprenant aussi des motifs personnels antérieurs[20] – le thème du déguisement qui met l'identité entre parenthèses (déguisement de Peau-Rouge ou avec un chapeau texan). Postérieurement, suivant une méthode non inhabituelle, il copie presque exactement les tableaux à l'huile dans une série de dessins sur du papier à en-tête d'hôtel. Les interprétations des compositions de Duncan – qui souvent sont plus étendues – sont entièrement centrées sur Jacqueline et sur son langage corporel. Certaines photos se différencient à peine les unes des autres, de telle sorte qu'elles donnent l'impression d'une séquence presque cinématographique d'instantanés frappés d'un haut degré de réalité. Dans la peinture, les bandes de couleur de la configuration du fond renforcent la sensation de mouvement, elles pénètrent l'objet représenté et rappellent les portraits translucides de femmes que Francis Picabia réalisa vers 1930. Mais, chez Kippenberger, les constructions de bandes verticales sont aussi le reflet du paradigme de la peinture moderne des champs de couleur ; un « espace moderne » par excellence de la peinture. Dans ces tableaux, la représentation de la Psyché affligée surpasse l'espace urbain hostile des *Psychobuildings*. Les tableaux sont trop sérieux pour être catalogués comme des « routines de clown » (« *clown routines* »)[21] ; la recherche de l'identité s'y ajoute à l'art. Ils mettent en évidence un côté féminin et plus languissant de Kippenberger[22], qui, au fond, a toujours existé chez lui. C'est pourquoi il a pu affirmer avec une certaine ironie dans une interview de 1991 où il se référait aussi à l'art produit par les femmes : « Oui, moi aussi je suis une femme. » De façon très similaire, en se reportant aux nombreux portraits de femmes réalisés par Picasso, John Berger a constaté que le peintre s'y reconnaissait : « C'est comme si Picasso – et sur ce point il ressemble à beaucoup d'entre nous – ne pouvait se voir pleinement que quand il se reflète dans une femme. Et aussi – bien que ce soit plus rare chez lui – il s'oppose presque à ce qu'on le reconnaisse, si ce n'est à travers la subjectivité merveilleusement partagée du sexe[23]. »

Les « tragédies du corps », telles que Berger les lit dans l'« intense subjectivité corporelle » de Picasso[24], sont également présentes dans les tableaux de la série *Méduse* datant de 1996. L'ensemble fait référence au *Radeau de la Méduse* (1818-1819) de Théodore Géricault, une des peintures les plus célèbres de l'histoire de l'art français, qui représente une vision dramatique et surdimensionnée d'un radeau sur lequel s'entassent les derniers survivants du naufrage de la frégate *La Méduse*, survenu en 1816. La peinture suscita beaucoup d'intérêt, non seulement en raison de son audacieuse construction pyramidale, où certains se dressent avec désespoir tandis que d'autres s'effondrent d'épuisement, mais aussi parce que les circonstances du sauvetage avaient provoqué à l'époque un grand scandale en France[25]. Pourtant, ce tableau est considéré comme le symbole de l'espoir, car au loin, à l'horizon, on aperçoit le bateau des sauveteurs. Cette peinture romantique de Géricault a marqué le XIXe siècle, comme le *Guernica* de Picasso a marqué le XXe. Tous deux représentent sans détours la destinée des masses en période de conflit. Ces scénarios que sont le surgissement d'événements incroyables comme les interventions divines ou la guerre remettent en question la communauté humaine et sa capacité d'intégration. Mais ces deux chefs-d'œuvre vont bien au-delà des commentaires sociopolitiques. Ils atteignent aussi et surtout des sommets qualitatifs de création pour ces deux peintres, car largement préparés par de nombreuses études préliminaires.

Les paraphrases de la *Méduse* de Kippenberger ont traditionnellement été interprétées comme une variation de rédemption biblique. Avec les portraits de la série *Jacqueline en toile de fond*, il serait aisé de considérer son dernier cycle, aux évidentes connotations masculines, comme l'anticipation de sa propre mort. Mais Kippenberger ne met pas en scène une iconographie clairement déchiffrable d'un tableau historique « pré-posthume ». Son histoire commence avec « Martin, notre artiste » : l'histoire d'un artiste au lendemain de l'art moderne, qui observe longuement ses prédécesseurs, apprend d'eux, se sent des affinités avec eux, mais ne les copie pas[26], ne reproduit et ne développe aucun style sans commentaires, et dont le sujet est l'être avec son individualité et son identité. « *Mach Dich doch selber nach* » [« Eh bien, imite-toi toi-même »], lance-t-il en guise d'exhortation dans certains de ses tableaux. Ainsi, il s'imite. Mais pas vraiment pour exprimer quelque chose à propos de lui-même. Kippenberger est le modèle de tous les modèles, il est tous les naufragés réunis et en même temps chacun d'eux. Pour le travail de préparation, il demande à la photographe Elfie Semotan, sa femme, de le photographier dans toutes les postures des naufragés. Ensuite, il réalise son dernier grand cycle d'autoportraits, qui devait être également le plus vaste : 17 portraits aux formats différents, plus une version de la composition globale, déconstruite au point de la rendre inidentifiable, huit petits tableaux abstraits accompagnés d'esquisses partielles et une grande tapisserie avec la représentation de la construction contemporaine du radeau, et enfin une série de 19 dessins et une *suite* de lithographies. La version de Kippenberger du *Radeau de la Méduse* est une collection de fragments « à la poursuite de la forme perdue », dont la configuration originelle est impossible à reconstruire, à l'instar de ce qui se produit dans la technique de la fonderie. On y perçoit encore, semble-t-il, l'aphorisme de Picasso qui décrit le tableau comme une « addition de destructions[27] ». La série de tableaux de la Méduse est moins un document biographique sur une mort proche qu'une représentation symbolique de ce que la peinture et l'art doivent être capables de faire. Le portrait hachuré du *Penseur* appuyant la tête – inspiré par l'*Ugolin* de Géricault – réussit à donner corps au paradoxe de peindre l'iconoclasie même, d'affirmer la pensée et en même temps de la raturer. Géricault fait appel à l'Ugolin de Dante comme référence au cannibalisme sur le radeau ; dans le cas de Kippenberger la peinture se « dévore » elle-même. Il ne s'agit plus du jeu de mots qui apparaît sur un tableau des années 1980, « *Heute denken, morgen fertig* » [« Pensé aujourd'hui, terminé demain »], mais une pensée existentialiste sur le danger de l'échec, constamment présente chez lui. L'indéfinissable et l'insécurité du XXe siècle tardif sont exposés, à la vue de tous, dans son propre corps.

Traduit de l'espagnol par Claude Fell.

Article tiré du catalogue de l'exposition Kippenberger – Picasso, Malaga. Kippenberger meets Picasso, *Eva Meyer-Hermann (éd.), Malaga, Museo Picasso Málaga, 2011.*

NOTES

1. Daniel Baumann, *Kippenberger sans peine : Kippenberger leicht gemacht*, Musée d'art moderne et contemporain (Mamco), Genève, 1997-2006. *Cf.* les références détaillées des publications sur Martin Kippenberger et la bibliographie recommandée in *Kippenberger meets Picasso*, Musée Picasso de Malaga, 2011, p. XX-XXIII.
2. *Ibid.*, p. 64.
3. Cité d'après John Berger, *The Success and Failure of Picasso*, New York, Pantheon Book, 1990, p. 130.
4. *Cf.* Wielfried Wiegang, *Picasso*, Reibeck bei Hamburg, 2008, p. 24 et Suzanne Kippenberger, *Der Künstler und seine Familien*, Berlin Verlag, Berlin, 2007, *passim*.
5. *Cf.* John Berger, *op. cit.*, p. 24.
6. *Cf.* la vidéo *on line* (1977) sur Youtube.com : http://www.youtube.com/watch ?v=Ze6GcAfErbY.
7. Theodor Adorno, *Kultukritik und Gesellschaft*, Suhrkamp, Francfort, 1977, p. 30.
8. Daniel Baumann, *op. cit.*, p. 59.
9. *Cf.* Diedrich Diederichsen, *Nach Kippenberger*, Eva Meyer-Hermann and Susanne Neuburger (éds), Vienne, Schlebrügge Editor, 2003, p. 41-62. L'auteur ouvre son essai en se référant à la confusion concernant le terme allemand « *Selbstdarsteller* » [« publiciste, proteur »], que Kippenberger utilise souvent ; le terme est traduit dans le présent texte par « acteur » pour souligner ses connotations positives, qui se perdent dans sa transposition dans d'autres langues.
10. *Cf.* John Berger, *op. cit.*, p. 3-4.
11. Probablement réalisée en 1987, étant donné que l'exposition de Graz a eu lieu au début de 1988, avec l'édition terminée du calendrier.

12. Un tableau de cette série, *Sans titre* (*Cher peintre, peins pour moi*), sous-titré *Programme choisi de figurants plutôt que groupe d'Asma*, semble anticiper pour ce qui est du motif le thème de Picasso de 1988, puisqu'il montre, entre autres choses, l'artiste en caleçon.
13. Robert Mapplethorpe, *Autoportrait,* 1988. Robert Mapplethorpe Foundation (http://www.mapplethorpe.org/portfolios/self-portraits/), et *cf.* Anke Kempkes, *Nach Kippenberger,* Eva Meyer-Hermann and Susanne Neuburger, Schlebrügge Editor, Vienne, 2003, p. 172 et Stephen Prina, *Martin Kippenberger,* Kunsthalle de Bâle, 1998, p. 91.
14. Jan Avgikos considère comme des autoportraits ceux qui sont reproduits aux pages 85, 87 et 91 du catalogue de 2011. Il identifie certains des modèles dans *El taller silencioso de Picasso,* de David Douglas Duncan (Barcelone, Noguer, 1976) et il suppose que les autres ont été peints « de mémoire ». *Cf.* Jan Avgikos, *Metro Pictures,* New York, 2000, p. 12. Cette théorie n'est plus soutenue, car il existe des modèles pour chacun des onze tableaux dans *Picasso and Jacqueline,* de Duncan (New York, 1988).
15. Le fait qu'il joue avec son prénom n'est pas exceptionnel. *Cf.*, par exemple, « Werner » Kippenberger pour la série *Lieber Maler, male mir,* réalisée par un peintre d'affiches.
16. David Douglas Duncan, *Picasso and Jacqueline,* New York, 1988. Illustrations aux pages 78, 168, 196, 198, 210/211, 212/213, 214, 216/217, 218 /219, 220/221.
17. Mes remerciements à Johannes Wohnseifer pour cette information.
18. Daniel Baumann, *op. cit.*, 1997-2006, p. 64.
19. David Douglas Duncan, *op. cit.*, p. 210-221.
20. *Knechte des Tourismus* [*Serfs du tourisme*]. *Cf.* Jan Avgikos, *op. cit.*, 2000, p. 13. *Cf.* également le carton d'invitation avec le motif du Peau-Rouge.
21. *Cf.* Jan Avgikos, *op. cit.*, p. 9 et p. 14.
22. Jutta Koether, « Martin Kippenberger : An Artist doesn't have to be old, he doesn't have to be new. An Artist has to be good », *Flash Art,* Milan, 1991, p. 90.
23. *Cf.* John Berger, *op . cit.,* p. 196-197.
24. *Ibid.*
25. Pour plus d'information sur l'histoire et la réalisation du tableau, *cf.* Copenhague, 1996 et Temkin, 2009, p. 256-283.
26. Kippenberger *in* Daniel Baumann, *op. cit.*, 1997-2006, p. 59 : « J'ai imité tous les styles, je ne les ai jamais copiés. »
27. John Berger, *op. cit.*, p. 24.

II
Moments esthétiques

Portrait de Picasso

Gertrude Stein

Un que quelques-uns suivaient certainement était quelqu'un de complètement charmant. Un que quelques-uns suivaient certainement était quelqu'un de charmant. Un que quelques-uns suivaient était quelqu'un de complètement charmant. Un que quelques-uns suivaient était certainement quelqu'un de complètement charmant.

Quelques-uns suivaient certainement avec la certitude que celui qu'ils suivaient était quelqu'un qui travaillait et qui produisait alors quelque chose. Quelques-uns suivaient certainement avec la certitude que celui qu'ils suivaient alors était quelqu'un qui produisait alors quelque chose qui était en fait une chose énorme, une chose solide et une chose complète.

Un que quelques-uns suivaient certainement était quelqu'un qui travaillait et certainement quelqu'un qui produisait quelque chose alors et quelqu'un qui avait été toute son existence quelqu'un qui faisait sortir quelque chose de lui.

Quelque chose était sorti de lui, c'était certainement venu de lui, c'était certainement quelque chose, c'était certainement venu de lui et cela avait un sens, un sens charmant, un sens solide, un sens tenace, un sens évident.

Un que quelques-uns suivaient certainement, et quelques-uns le suivaient certainement, un que quelques-uns suivaient certainement était quelqu'un qui travaillait certainement.

Un que quelques-uns suivaient certainement était quelqu'un qui faisait sortir quelque chose de lui, quelque chose qui avait du sens, et celui-là travaillait certainement alors.

Celui-là travaillait et quelque chose en sortait alors, quelque chose sortait alors de celui-là. Celui-là était quelqu'un et il y avait toujours quelque chose qui venait de celui-là et il y avait toujours eu quelque chose qui venait de celui-là. Celui-là n'avait jamais été quelqu'un qui ne faisait pas sortir quelque chose de celui-là. Celui-là était quelqu'un qui faisait sortir quelque chose de celui-là. Celui-là avait été quelqu'un que quelques-uns suivaient. Celui-là était quelqu'un que quelques-uns suivaient. Celui-là était alors quelqu'un que quelques-uns suivaient. Celui-là était quelqu'un qui travaillait.

Celui-là était quelqu'un qui travaillait. Celui-là était quelqu'un qui était alors quelqu'un qui faisait sortir quelque chose de lui. Celui-là était quelqu'un qui continuait à faire sortir quelque chose de lui. Celui-là était quelqu'un qui continuait à travailler. Celui-là était quelqu'un que quelques-uns suivaient. Celui-là était quelqu'un qui travaillait.

Celui-là avait toujours fait sortir quelque chose de celui-là. Celui-là travaillait. Celui-là avait toujours travaillé. Celui-là faisait toujours sortir quelque chose de celui-là, qui était une chose solide, une chose charmante, une chose ravissante, une chose troublante, une chose déconcertante, une chose simple, une chose évidente, une chose compliquée, une chose intéressante, une chose dérangeante, une chose repoussante, une très jolie chose. Celui-là était quelqu'un qui faisait certainement sortir quelque chose de lui. Celui-là était quelqu'un que quelques-uns suivaient. Celui-là était quelqu'un qui travaillait.

Celui-là était quelqu'un qui travaillait et celui-là avait certainement besoin de travailler pour être quelqu'un qui travaillait. Celui-là était quelqu'un qui faisait sortir quelque chose de lui. Celui-là serait quelqu'un qui toute son existence ferait sortir quelque chose de lui. Celui-là travaillait et alors celui-là travaillait et celui-là avait besoin de travailler, pas d'être quelqu'un qui faisait sortir quelque chose de lui, quelque chose qui avait un sens, mais il avait besoin de travailler pour être au travail.

Celui-là travaillait certainement et le travail était quelque chose que celui-là était certain de faire et celui-là le faisait, celui-là travaillait. Celui-là n'était pas quelqu'un qui travaillait complètement. Celui-là ne travaillait jamais complètement. Celui-là ne travaillait certainement pas complètement.

Celui-là était quelqu'un qui faisait toujours sortir quelque chose de lui, quelque chose qui avait complètement un vrai sens. Celui-là était quelqu'un que quelques-uns suivaient. Celui-là était quelqu'un qui travaillait. Celui-là était quelqu'un qui travaillait et c'était quelqu'un qui en avait besoin, qui avait besoin de travailler pour être quelqu'un qui avait un moyen d'être quelqu'un qui avait un moyen de travailler. Celui-là était quelqu'un qui travaillait. Celui-là était quelqu'un qui faisait sortir quelque chose de lui, quelque chose qui avait du sens. Celui-là était quelqu'un qui faisait toujours sortir quelque chose de lui et cette chose, la chose qui venait de lui avait toujours un vrai sens. Celui-là était quelqu'un qui travaillait. Celui-là était quelqu'un qui ne travaillait jamais complètement. Celui-là n'était pas quelqu'un qui travaillait pour faire sortir quelque chose de lui. Celui-là avait quelque chose qui avait du sens qui venait de lui. Il faisait toujours sortir quelque chose de lui. Il travaillait, il ne travaillait jamais complètement. Il avait quelques suiveurs. Ils le suivaient toujours. Quelques-uns le suivaient certainement. C'était quelqu'un qui travaillait. C'était quelqu'un qui faisait sortir quelque chose de lui, quelque chose qui avait du sens. Il ne travaillait jamais complètement.

Traduit de l'anglais (États-Unis) par Jeanne Bouniort.

La chaîne vers la modernité : Picasso avant *Les Demoiselles d'Avignon*

Eduard Vallès

Domicile de Matisse, début 1948. Conversation intime entre deux hommes d'âge mûr, Matisse et Picasso. L'avant-garde artistique s'était engagée dans d'autres voies et tous deux se voyaient eux-mêmes comme des classiques vivants. Devant Françoise Gilot, alors compagne de Picasso, ils s'entretenaient de ce qu'ils finiraient tous deux par léguer à la postérité. Ils en arrivèrent à la conclusion que « l'artiste se doit également de rester en vie dans l'esprit d'un autre artiste et, dans une certaine mesure, dans l'œuvre même de cet artiste[1] ». Ils baptisèrent ce phénomène « la chaîne[2] ». De fait, quand Matisse mourut, Picasso dit à Roland Penrose qu'« il lui avait légué ses odalisques ». Il nous a semblé opportun de situer cette réflexion au début de notre article, pour autant que les deux artistes se considéraient comme un chaînon dans cette longue suite qu'est la tradition, mais aussi parce que cette façon de poser le problème altère la conception conventionnelle du temps, telle que l'utilise l'historiographie classique. Pour Picasso, le temps historique n'avait aucune importance, il ne s'agissait que d'une convention. À ses yeux, Toulouse-Lautrec était autant son contemporain que Manet ou Vélasquez. Il pratiqua même une sorte d'hommage *post mortem* à l'égard de certains artistes qu'il admirait, comme s'il en assurait la relève. Quand en septembre 1901 mourut Toulouse-Lautrec, Picasso abandonna le recueillement d'une période bleue naissante pour revenir ponctuellement aux femmes solitaires et bariolées du peintre d'Albi. Et avec Gauguin il alla plus loin encore : en apprenant sa mort en 1903, il copia de mémoire une Tahitienne et la signa « Paul » Picasso, par allusion au prénom du peintre disparu. Il allait développer pendant toute sa vie ce processus de fusion quasi chamanique, dont l'emblème pourrait être le portrait d'un mousquetaire, qu'il signa au dos, non pas Picasso, mais « Domenico Theotocopoulos van Rijn da Silva », en référence au Greco, à Rembrandt et à Velázquez. Nous parlons de 1967, alors qu'il avait 86 ans.

Hommage et Phagocytose

En 1946, Alexandre Cirici écrit *Picasso avant Picasso*[3]. Aujourd'hui ce titre est dépourvu de sens, mais à son époque il était clair : il s'agissait de mettre en valeur la production « picassienne » de l'adolescence et de la jeunesse qui avait été littéralement scalpée par une historiographie débutante qui méprisait l'œuvre pré-cubiste, sans parler de celle de la fin du XIXe siècle. Ce premier Picasso serait, approximativement, celui qui précède *Les Demoiselles d'Avignon.* Nous autres qui étudions depuis des années ce premier Picasso, nous avons le privilège de nous trouver devant un artiste en ébullition constante, totalement dépourvu de la moindre fixation, ce qui le conduisait à explorer une multitude de chemins qui souvent restaient simplement ébauchés et qui a donné lieu à une production pleine à la fois d'expérimentations et de projets inachevés.

Bien qu'encore adolescent, Picasso était déjà là, en marge de l'histoire de l'art et en même temps en plein milieu, plus que tout autre. Dans cette perspective, on peut distinguer une double ligne de réception : la plus évidente résulte de l'étude de son œuvre naissante à partir de comparaisons iconographiques avec la tradition et les artistes contemporains ou qui l'ont précédé. Mais il en existe une autre qui consiste à analyser en quelque sorte la réception de Picasso par Picasso lui-même. Nous allons nous en expliquer. Plusieurs thématiques de la première époque que nous examinerons ont leur répondant à quelque moment de son œuvre de la maturité, dans des circonstances étonnamment semblables, résultat indubitable d'un solide capital eidétique. Autrement dit, Picasso finira par devenir son propre référent, comme nous le ferons remarquer dans un certain nombre de cas.

Chez Picasso, l'idée d'hommage et de phagocytose à l'égard de certains artistes est presque une constante. Nous en possédons quelques manifestations graphiques des plus éloquentes avec des dessins du Musée Picasso de Barcelone où il copie de façon obsessive la signature d'artistes consacrés. On pourrait citer cette feuille, parmi d'autres, où il imite la signature de Steinlen ou celle de Santiago Rusiñol. Existe-t-il une façon plus explicite que celle-ci de manifester son intérêt pour un artiste ? Mais chez Picasso ce processus avait souvent son alpha et son oméga. Dans le cas de Rusiñol, un des artistes-clés du modernisme espagnol, toute la séquence « cannibale » est totalement reproduite. Picasso réalisa plus de 20 portraits de lui dans une période de seulement quatre ou cinq ans. Les premiers, qui datent du moment où il imite la signature, montrent du respect, comme presque autant d'hommages. Mais peu à peu ils deviennent parodiques, jusqu'à être, pour les derniers d'entre eux, franchement offensants. On se surprend à passer, à travers la lecture iconologique de cette série de portraits, de l'admiration à la désaffection. Au milieu s'est produit un processus de phagocytose où il a fait siens tous les aspects de l'artiste qui l'ont intéressé : copies d'œuvres, assimilation de techniques[4]. Tout au long de sa vie, il a manifesté un intérêt qui ne s'est jamais démenti pour un petit nombre d'artistes, parmi lesquels on pourrait citer Vélasquez, Matisse ou Rembrandt. Il est impossible de concentrer en un seul article toutes les influences reçues par Picasso au cours de ces premières années et nous nous contenterons simplement d'en souligner quelques unes.

Le père, l'Académie et le Prado

Ce premier Picasso s'est formé dans les académies espagnoles de La Corogne, de Barcelone et de Madrid. À partir de 1900, avec son premier voyage à Paris, il s'imprégnera de culture française, dont il avait d'ailleurs déjà reçu l'influence antérieurement. Bien qu'on ne dispose d'aucune statistique en la matière, il n'existe peut-être aucun autre artiste – du moins, du niveau de Picasso – qui nous ait laissé une œuvre de formation aussi importante, dont une partie significative est conservée dans les fonds du Musée Picasso de Barcelone par la volonté de l'artiste lui-même. En toute logique, pendant la période académique, l'approche des grands thèmes lui a été imposée par les professeurs ou par son père, à l'époque professeur de beaux-arts. Une première immersion classique s'est faite à travers des copies de plâtres, de sculptures, mais aussi de copies d'œuvres exposées en salle ou conservées dans les réserves de différents musées. Le Musée de Barcelone détient, entre autres, diverses ébauches de la Vénus de Milo, comme un des premiers exercices où il prend comme référence une œuvre classique.

Trop souvent on a présenté la figure du père, Don José Ruiz Blasco, comme un obstacle que Picasso a dû surmonter. C'est là un argument qui séduit par son composant freudien d'annihilation, mais qui est atrocement injuste. Si à seulement 13 ans Picasso a passé sans problème l'épreuve d'admission à l'École des beaux-arts de Barcelone, c'est parce qu'il avait déjà acquis un *background* extraordinaire. Ce Picasso qui suscite déjà l'admiration chez ses condisciples n'est pas un phénomène né par génération spontanée qui se dévoile au premier cours académique. Loin de là, car derrière on trouve le travail sérieux et discipliné d'un père qui avait pressenti chez son fils un potentiel important dont on ignore s'il aurait fructifié sans sa persévérance.

Le père a non seulement joué un rôle dans sa première formation, mais il l'a aussi incité à s'abreuver aux meilleures sources, une étape décisive chez n'importe quel maître. La première visite de Picasso au Musée du Prado est un moment-clé. C'est son père qui, profitant d'un moment de repos pendant un voyage à Barcelone, décide d'emmener son fils visiter ce musée. Si l'on tient compte du manque de temps – ils ne disposaient que de quelques heures – et de l'immensité de la pinacothèque, il est certain que c'est le père qui a opté pour aller voir les tableaux de Vélasquez de préférence à ceux d'autres peintres. Sur un calepin, un Picasso seulement âgé de 13 ans ébaucha plusieurs huiles de Vélasquez. En 1897-1898, Picasso revint à Madrid pour suivre un cours à l'Académie royale des beaux-arts de San Fernando et il retrouva le Prado et Vélasquez, mais il s'intéressa également à des artistes comme le Greco ou Goya, entre autres. Sa rencontre avec le Greco eut lieu non seulement à Madrid mais aussi à Tolède, concrètement avec *L'Enterrement du comte d'Orgaz*, dont il devait faire une version parodique aujourd'hui disparue. De Goya il réalisa plusieurs copies de ses gravures, mais plus qu'à son œuvre c'est au trône occupé par Goya en France presque un siècle auparavant qu'il s'est surtout intéressé. L'influence du Prado sur Picasso fut transversale dans son œuvre, avec une éclosion manifeste dans la dernière phase de sa vie.

Entre Barcelone et Paris. Entre l'ancien et le moderne

À l'époque, Barcelone était sans conteste la ville la plus cosmopolite d'Espagne et lui offrait le bouillon de culture artistique dont il avait besoin. Une fois abandonnée la tutelle du père et terminé le périple académique, il partit en quête de nouveaux référents qu'il découvrit dans la modernité la plus immédiate. Il débuta sa traversée du monde alternatif, représenté par des espaces comme la taverne Els 4Gats, un local d'inspiration parisienne. Les années barcelonaises de Picasso coïncidèrent avec l'éclosion du mouvement moderniste qui l'enrichit considérablement, mais aussi elles furent décisives dans la mesure où Barcelone maintenait des contacts étroits avec Paris à travers des artistes qui allaient et venaient d'une ville à l'autre. Les influences furent multidirectionnelles et provenaient aussi bien de peintres que de sculpteurs ou d'écrivains. Le premier niveau d'influence est à attribuer à la génération des artistes pionniers qui avaient joué un rôle actif dans le Paris moderne de la fin du XIXe siècle, et parmi les plus éminents il faut citer Santiago Rusiñol et Ramón Casas. Il fut intéressé chez Rusiñol par son personnage d'artiste total et référent, de même que par sa production naturaliste et symboliste. Chez Casas, il fut fasciné par son statut de portraitiste et d'illustrateur artistique de référence à Barcelone. De fait, la première exposition personnelle de Picasso, qui eut lieu en février 1900 au Els4Gats, était la réponse à une exposition préalable de Casas où il avait présenté plus d'une centaine de portraits de personnalités. Picasso imita la thématique – portraits en pied –, la technique – fusain combiné à l'aquarelle – et partiellement son style particulier de dessinateur moderniste. Mais, pour des raisons d'âge, il entretint des liens très forts avec la génération suivante, moins enthousiasmée par l'esthétisme moderniste-symboliste et plus attirée par des propositions plus proches de leurs centres d'intérêt artistiques. Certains artistes optèrent pour des choix plutôt post-impressionnistes, comme Joaquín Mir ou Anglada-Camarasa, et d'autres suivirent une ligne plus expressionniste tendant au misérabilisme, comme Carles Casagemas ou Isidre Nonell. Picasso noua des liens – parfois intimes – avec la presque totalité d'entre eux et reçut leur influence, d'une intensité plus ou moins grande selon les cas[5].

Mais une autre ligne d'analyse moins courante consiste à observer comment Picasso s'est nourri ponctuellement de l'histoire de l'art catalan, par exemple roman, mais aussi de la culture populaire, à partir d'expressions aussi singulières que les ex-voto ou les images pieuses. Cet intérêt pour les manifestations artistiques populaires ne devait pas être une velléité de maturité propre aux artistes consacrés, elle apparaît déjà au début de sa carrière. On en a un exemple avec cette huile *a priori* si peu « picassienne » qu'est *Parodie d'ex-voto* où apparaît son ami Miguel Utrillo priant devant une Vierge après un accident de voiture. Il s'agit d'une rareté seulement explicable par la connaissance que Picasso avait de la tradition ancienne des images votives qui proliféraient dans les édifices religieux. Dans ce type d'ex-voto, à la composition plane et à la tonalité naïve, on reproduisait un événement grave dont une personne s'était sortie (maladie, accident). Dans cette représentation de l'événement, parfois accompagnée d'un texte explicatif, on rendait grâce à la divinité. À l'occasion de son dernier voyage à Paris, avant de s'y installer en 1904, il réalisa une série de dessins autobiographiques où il relatait le trajet en question aux côtés de son ami Junyer-Vidal. Ces cinq dessins séquentiels – le sixième a disparu – retracent les différents moments du voyage et sont accompagnés dans leur partie inférieure d'un vers à rime plate, dont certains sont écrits en catalans. Bien que les images pieuses (*auca* en catalan) fussent des vignettes qui en réalité occupaient une même feuille, il est évident que Picasso est parti de cette tradition, déjà ancienne mais fréquemment sollicitée dans les publications de l'époque[6].

Entre 1900 et 1904, Picasso devait alternativement séjourner à Barcelone et à Paris, mais c'est son contact avec cette dernière ville qui le plaça sur la piste de décollage de la modernité. Les premières influences qui s'exercent sur lui à Paris proviennent à n'en pas douter, essentiellement de l'art graphique, plus précisément d'artistes comme Steinlen, Forain ou Toulouse-Lautrec, que Picasso connaissait déjà depuis Barcelone, à travers des illustrations dans la presse et des affiches. Le cas de Toulouse-Lautrec est paradigmatique de la façon dont Picasso absorbait au maximum, allant jusqu'à imiter des aspects subsidiaires comme l'encadrement du dessin ou la morphologie de la signature. Symboliquement, l'adhésion de Picasso à « la chaîne » prit corps avec *Le Moulin de la Galette*, œuvre majeure de cette époque, avec laquelle il voulait se comparer aux Renoir, Van Gogh et Toulouse-Lautrec lui-même. Il va également de soi que le Louvre, comme lieu de visite et d'apprentissage permanent, serait une des plus fortes influences jamais reçues par Picasso.

Son intérêt, déjà ancien chez lui, pour l'œuvre du Greco connaîtra son point culminant en 1901 avec *L'Enterrement de Casagemas*. Mais nous trouverons également d'innombrables émergences de cette obsession au cours des dernières années de vie de l'artiste, quand dans de nombreuses œuvres – y compris des gravures et des céramiques – apparaîtront des visages inspirés par Le Greco. La trace d'artistes comme Carrière, Puvis de Chavannes ou Daumier est là encore évidente. Du premier, on peut repérer dans l'œuvre de Picasso des recours techniques, comme les estompages, particulièrement au niveau des visages. Et à Puvis de Chavannes il a emprunté une atmosphère arcadienne qui dans certains cas rejaillit sur la composition comme dans *Les Adieux du pêcheur*. Dans les deux cas, et cela vaut aussi pour Daumier, nous avons des témoignages selon lesquels Picasso est allé jusqu'à copier leurs œuvres.

Plusieurs tableaux qui relèvent de la monochromie bleue présentent une particularité inédite par rapport à ce qui précède : ce sont de grands formats, sur bois, qui traitent de thématiques parareligieuses, au point de ressembler à des retables. Des œuvres comme *Le Vieux Guitariste aveugle* nous rappellent non seulement le maniérisme du Greco mais aussi l'iconographie des personnages hiératiques et souffrants des fresques romanes. Les visites au Louvre sont à l'origine d'autres influences parmi lesquelles on peut identifier des références iconographiques empruntées à l'art égyptien, dans les œuvres comme *L'Aveugle*. On a également démontré récemment son intérêt pour l'art japonais, que l'on commence à découvrir à l'époque et qui aura une répercussion essentiellement sur son œuvre érotique[7].

Autoreprésentation dans l'histoire

Les clins d'œil en direction de l'histoire de l'art seront continus. Il était déjà conscient, à l'époque, sans peut-être l'avoir encore conceptualisé mais en l'ayant pleinement intériorisé, de son rôle à l'intérieur de « la chaîne » dont il s'entretiendra quelques années plus tard avec Matisse. Nous en avons quelques exemples explicites dans l'œuvre érotique, concrètement dans une paire d'autoportraits. Dans ces deux tableaux, l'artiste se représente lui-même dans des mises en scène qui rappellent l'œuvre de Manet et celle de Gauguin, deux référents-clés dans ce périple vers la modernité que nous évoquons ici. Dans une version parodique de l'*Olympia* de Manet, il se représente lui-même en assistant d'une femme noire en compagnie de son ami Junyer-Vidal. Dans l'autre, il apparaît assis sur le lit en train de caresser une femme nue, dans ce qui semble être une allusion à l'œuvre de Gauguin, concrètement à *L'Esprit des morts veille* (*Manao Tupapau*). On voit que déjà dans sa jeunesse, il fait appel à des paraphrases où il évoque, plus ou moins sommairement, des œuvres de référence. Bien qu'il s'agisse de pièces mineures et sur papier, il faut souligner l'essentiel derrière l'anecdote : Picasso est déjà en syntonie avec quelques artistes qu'il revisitera par la suite dans toute leur dimension. C'est ce qu'il fera avec Manet quelques décennies plus tard à travers *Le Déjeuner sur l'herbe* et ses innombrables versions, et avec Gauguin, seulement quelques années plus tard, comme nous le verrons. Un de ses derniers hommages à la tradition espagnole fut *La Célestine*, le portrait d'une entremetteuse barcelonaise[8]. Comme il en avait l'habitude, Picasso aimait mélanger réalité et fiction, et le cas de *La Célestine* est paradigmatique. Ce personnage réel qu'il a connu répondait à son tour à un stéréotype d'origine littéraire qui avait accédé à la fortune artistique à travers des peintres comme Goya.

Picasso fit trois voyages à Paris, avant de s'y installer au terme du quatrième. L'adieu à Barcelone fut abrupt et métaphorisé dans les portraits de Rusiñol que nous avons commentés plus haut. Les derniers distillaient une âpreté et un dégoût qui par osmose se projetait sur l'environnement artistique barcelonais qui ne pouvait plus lui offrir grand-chose. À partir de 1904 il allait rompre ses liens artistiques avec Barcelone, mais il préservera les liens humains tout au long de sa vie.

De la *comedia dell'arte* au *sorpasso*

Une fois installé définitivement à Paris au printemps 1904, il entre dans une période de traque de l'avant-garde qui présente les va-et-vient propres à un repositionnement. Peu à peu la production plus sentimentale et post-symboliste laissera la place à des expérimentations de plus d'envergure. Pour ce faire, Picasso combinera à nouveau les influences d'artistes – surtout des classiques français – avec des propositions artistiques venues du passé. La fin du monopole bleu coïncidera avec une édulcoration des thématiques et de la palette au fur et à mesure qu'on avancera dans l'année 1904. C'est alors que fera irruption l'iconographie du cirque et plus particulièrement la figure de l'arlequin, dont on trouve déjà des manifestations préalables dans l'œuvre de Picasso. Cette tradition lui parviendra à travers le filtre d'intellectuels de son entourage, comme Apollinaire.

Mais l'assaut final commencera plus tard et empruntera d'autres voies, comme celle de Gauguin et, surtout, celle de Cézanne. Dans une moindre mesure, et pour d'autres motifs, elle viendra aussi d'Ingres ou de Manet. Picasso se verra obligé de modifier la position de ses canons, et diverses circonstances l'y aideront, par exemple la fréquentation d'artistes ou de poètes, ou l'apparition de puissants marchands, surtout les Stein. En 1905, se produiront trois événements notoires : la rétrospective Manet au Salon d'automne, le scandale des Fauves et la découverte par Picasso du *Bain turc* d'Ingres. L'œuvre majeure de cette période, *Famille de saltimbanques*, s'abreuvait encore à la tradition de la *comedia dell'arte*, mais dans sa composition elle nous évoque déjà des œuvres plus modernes comme *Le Vieux musicien* de Manet, qu'il avait pu voir cette même année. Picasso se trouve à une croisée des chemins dans la mesure où il observe comment les Fauves, Matisse et Derain ont opté pour une voie différente et novatrice. C'est alors qu'il comprendra que, tandis que son discours artistique s'enracinait dans le XIXe siècle, certains de ses collègues, comme les Fauves, lançaient des propositions pour le XXe.

L'année suivante pourrait être considérée comme le résultat de la remise à niveau artistique et intellectuelle de 1905. Au début de l'année, il découvre la sculpture ibérique grâce à une exposition de pièces trouvées récemment en Espagne et, à travers les Stein, il fera la connaissance du collectionneur Gustave Fayet, qui possédait un grand nombre d'œuvres de Gauguin que Picasso put analyser longuement. Ces deux contacts – avec la sculpture ibérique et avec Gauguin – allaient exercer une ascendance considérable sur son œuvre postérieure, avec l'apparition de nouveaux thèmes et même de techniques artistiques comme la sculpture sur bois. Au niveau thématique, pour prendre un exemple, il est facile de reconnaître les *Cavaliers sur la plage* de Gauguin dans la gouache *L'Abreuvoir* de Picasso.

Au printemps-été de cette année, toutes ces inquiétudes confluent lors du séjour de Picasso à Gósol[9]. Le retour au primitif comme un pas en arrière précédant deux pas en avant était sans aucun doute dans la tête de Picasso, comme il l'avait été dans celle de Gauguin. À Gósol il perfectionne l'idée de masque à travers divers portraits du vieux Josep Fondevila, un recours qu'il a appris de l'art ibérique et surtout africain, ce dernier ayant laissé une empreinte profonde dans l'œuvre contemporaine de Picasso. Par ailleurs, certaines gravures sur bois de 1906 gardent des similitudes avec des xylographies de Gauguin. Cette recréation « gauguinienne », qui devait se traduire par un crescendo archaïsant dans l'œuvre de l'époque, allait devenir évidente avec les premières sculptures sur buis. Les propositions néoprimitivistes s'accentueront dans la seconde partie de l'année et coïncideront avec d'autres ouvertement classiques, à partir d'œuvres qui reproduisaient des modèles iconographiques classiques, comme le *Spinario* ou les *kuroi*. De son côté, la grande composition de 1906, *Le Harem*, nous évoque *Le Bain turc* d'Ingres dans une version moins sophistiquée qui, à son tour, anticipe sur le plan de la thématique et de la composition, *Les Demoiselles* de l'année suivante, dont le décor sera un bordel. Le bordel était déjà un thème récurrent chez le premier Picasso et il le réexploitera avec force dans ses années de vieillesse, par exemple dans quelques gravures de la *Suite 156*. On ne peut oublier que, malgré l'effort de conceptualisation, son œuvre s'est toujours nourrie de l'expérience vécue.

En 1906 se produit un autre fait marquant : la mort de Cézanne. Cette même année, Picasso réalise le célèbre *Autoportrait avec palette*, qui nous rappelle le portrait homonyme du maître d'Aix. Ce n'est pas un hasard qu'il s'agisse du premier grand autoportrait à l'huile où il apparaît avec sa palette, attribut qui exalte sa condition d'artiste. Cette autoreprésentation était la projection d'un état d'esprit que le faisait se sentir comme partie prenante dans *la chaîne*. Peu à peu devait émerger avec force la figure de Cézanne, dont la relecture et la réinterpretation joueront un rôle-clé dans l'avènement du cubisme et ce n'est pas pour rien que les premiers pas répondent au nom de « cubisme cézannien ». En 1907, il peint *Les Demoiselles d'Avignon*, fruit de différentes influences, entre autres celle de Cézanne : non seulement le tableau nous rappelle certaines de ses œuvres comme *Les Baigneuses* ou la *Moderne Olympia*, mais il recueille même des motifs iconographiques de cet artiste, comme la nature morte ou le rideau.

Les années suivantes placeront Picasso au cœur de l'avant-garde internationale du XXe siècle. Il n'y avait que sept ans qu'il était arrivé à Paris pour la première fois et trois qu'il vivait encore plongé dans un post-symbolisme bleu propre au XIXe siècle. Le *sorpasso* était avéré, mais il était le résultat d'un processus qui avait réuni plusieurs facteurs : non seulement les multiples influences sur son œuvre – que nous avons répertoriées sommairement – mais aussi un flair hyperdéveloppé appliqué au monde de l'art dans toute sa dimension, aussi bien socioéconomique (marchands, acheteurs) qu'intellectuelle (poètes, écrivains, critiques). Picasso a eu le mérite et l'intelligence de sentir l'évolution du temps, d'avoir cette conscience historique en temps réel et d'être capable d'assimiler les influences les plus diverses sans tomber dans le préjugé ni l'*a priori*. C'est ce qui l'a fait basculer de l'académisme le plus orthodoxe, en passant même par la culture populaire, à la modernité la plus rutilante du XXe siècle.

Traduit de l'espagnol par Claude Fell.

NOTES

1. Françoise Gilot, *Matisse et Picasso. Une amitié racontée par Françoise Gilot*, Robert Laffont, 1991, p. 99-100.
2. *Ibid.*, p. 100.
3. Alexandre Cirici Pellicer, *Picasso avant Picasso*, Éditions Pierre Cailler, 1950.
4. Ce processus est explicité dans Eduard Vallés, *Picasso i Rusiñol. La cruïlla de modernitat.* Consorci del Patrimoni de Sitges, Sitges, 2008. La thèse de ce livre a donné lieu à l'exposition *Picasso versus Rusiñol*, Musée Picasso de Barcelone, 2010.
5. Voir Eduard Vallès, *Picasso : Amics catalans de joventut*, Centre Picasso d'Horta, Horta de Sant Joan, 2009, où l'on analyse de façon synthétique la relation de Picasso avec ces divers artistes et intellectuels modernistes catalans à partir de leurs confluences et de leurs influences.
6. L'origine des « *aleluyas* » [« images pieuses »] était également religieuse, et à l'occasion elles servaient de commentaires pour des épisodes de la vie de personnages célèbres sur chacune de leurs vignettes.
7. Voir Malen Gual et Ricard Bru, *Imágenes secretas. Picasso y la estampa erótica japonesa*, Musée Picasso de Barcelone, Barcelone, 2009.
8. Le nom réel de l'entremetteuse était Carlota Valdivia et elle dirigeait une maison close contiguë à l'atelier de Picasso, rue Conde del Asalto (aujourd'hui Nou de la Rambla) à Barcelone.
9. Gósol est un petit village situé au nord de la Catalogne où Picasso a passé deux mois avec sa compagne de l'époque, Fernande Olivier.

Picasso et la dimension 2,5

Ileana Parvu

L'examen des papiers collés de Picasso a donné lieu à une cristallisation de deux approches distinctes. Une façon d'aborder ces œuvres a consisté à privilégier leur ouverture sur une réalité extra-artistique. Les morceaux de journaux introduits par Picasso dans certains papiers collés furent ainsi compris comme des indices capables de révéler la position politique de l'artiste[1]. L'autre approche adoptée par des historiens de l'art souvent qualifiés de formalistes[2] a consisté à considérer l'œuvre comme un monde en soi dont le rapport à des réalités extérieures est complexe et toujours soumis à un processus de médiation. Les différences entre ces deux approches rejoindraient une opposition entre d'un côté un mode d'explication de l'œuvre recourant à des arguments extrinsèques et de l'autre des études qui s'en tiennent aux éléments intrinsèques de l'œuvre. Sans nécessairement entrer dans cette opposition, nous examinerons ici la façon dont Picasso juxtapose des données physiques de l'œuvre et des éléments issus d'un mode de représentation proprement pictural. Il s'agira d'aller au-delà de l'idée communément admise d'une coexistence, dans les papiers collés de Picasso, d'éléments « réels » et représentés. Dans cet affrontement entre réel et représentation, nous verrons plutôt une façon de mettre à l'épreuve l'espace de la peinture.

Si nous posons le problème du cubisme de Picasso à la lumière du constructivisme russe, ce qui nous frappe, c'est l'insistance d'artistes comme Vladimir Tatline ou de critiques gravitant autour de celui-ci comme Nicolas Pounine, sur le caractère vrai ou réel des matériaux employés et de l'espace produit par l'œuvre. Qu'est-ce que l'espace « réel » au regard des œuvres de Picasso et de Tatline ? Le célèbre voyage de Tatline à Paris qui aurait permis au jeune artiste russe de découvrir les papiers collés et les constructions tridimensionnelles de Picasso fut daté de 1913. Depuis le début des années 1990, on suppose sur la base de sources nouvellement accessibles que ce voyage eut lieu de fait en 1914. S'il est difficile de savoir quelles œuvres de Picasso Tatline a pu voir lors de son séjour à Paris, il est très probable qu'il connaissait ses constructions datant de 1913 grâce par exemple aux reproductions publiées en novembre 1913 dans *Les Soirées de Paris*[3]. Le lien étroit, qui unit les constructions exécutées par Picasso en 1913 et les premiers contre-reliefs de Tatline datant de 1914, est fait de la volonté, présente de part et d'autre, de transformer l'espace de l'œuvre en un espace qui ne diffère en rien de celui du spectateur.

Dans ses premiers travaux tridimensionnels, Tatline est très proche du Picasso de 1913 et en particulier d'une construction comme *Guitare et bouteille de Bass* (1913) dont la reproduction fut publiée dans *Les Soirées de Paris*. Le jeune artiste russe semble avoir été sensible surtout à la façon dont Picasso déconstruit la forme relief[4]. Dans *Guitare et bouteille de Bass*, les différents éléments qui renvoient aux objets représentés sont manifestement cloués sur une planche en bois. Divers exemples de reliefs renaissants montrent que cette forme artistique repose essentiellement sur la donnée du fond et de la capacité de celui-ci d'ouvrir sur un espace représenté et construit au moyen de la perspective. Or, dans sa construction *Guitare et bouteille de Bass*, Picasso supprime le fond au profit du support. La planche sur laquelle les éléments de la guitare et de la bouteille sont fixés ne se creuse ou ne donne lieu à des effets virtuels en aucun endroit. Cette absence de profondeur rend mesurables les distances entre les divers éléments de la construction. L'espace de l'œuvre est ainsi tout aussi « réel » que celui où se tient son spectateur. Pour Tatline et d'autres constructivistes russes, la réalité de l'espace tient sans doute à son caractère factuel ou mesurable que ne trouble l'irruption d'aucun effet virtuel. Dans cette notion de réalité ne réside pourtant qu'une part du travail de Picasso. Le rapport que les éléments en bois entretiennent entre eux et avec leur support est certes réel, mais la distance qui les sépare de leur référent (la guitare et la bouteille) n'est assurément pas mesurable. En s'engageant de plus en plus résolument dans la voie de l'abstraction, Tatline ne retiendra pas cette leçon de Picasso.

Dès 1914, il apparaît encore plus clairement que ce qui intéresse Picasso, ce n'est pas simplement la matérialité physique des matériaux et de l'espace produit par l'œuvre, mais bien plutôt le fait de lier celle-ci aux effets virtuels mis à disposition par la peinture. Prenons l'exemple de deux papiers collés datant de 1914 dans lesquels Picasso a introduit une carte de visite. Cet élément – la carte de visite du critique André Level dans *Bouteille de Bass, verre, paquet de tabac et carte de visite* (1914) et celle de Gertrude Stein et Alice Toklas dans *Dé, paquet de cigarettes et carte de visite* (1914) – ne vient pas seulement renforcer la présence d'objets réels tels l'emballage d'un paquet de tabac qui figure dans les deux papiers collés. On n'a pas affaire ici uniquement à un mouvement qui assigne au réel une place à l'intérieur de l'espace fictif de l'œuvre. Picasso met de plus la spatialité de la peinture à l'épreuve en la faisant sortir dans l'espace du spectateur. En recourant à des moyens picturaux, il nous fait croire que l'un des coins de la carte de visite est relevé, alors qu'il a de fait retranché ce coin pour ensuite tracer au crayon sur ce support deux traits visant à simuler l'ombre qu'il projetterait s'il était véritablement replié. Ce coin faussement relevé semble s'avancer dans l'espace du spectateur. Picasso accentue cette sortie hors du territoire pictural en plaçant la carte de visite sur les moulures du bord de la table qui peuvent également être vues comme appartenant à un cadre. La carte de visite se situe ainsi en dehors de la clôture posée par le cadre et l'espace fictif produit par son coin replié rencontre celui du spectateur.

Les constructions de Picasso ont une pertinence particulière au regard du problème de la sortie de l'espace pictural dans l'espace réel. Si le caractère tridimensionnel des papiers collés réside dans l'épaisseur réelle qu'engendre la superposition de divers éléments, les constructions accèdent également à la troisième dimension par la prise en compte de l'extension latérale, même minime, du plan. Le recours de Picasso à des boîtes de cigares pour y installer ses constructions permet de poser de façon très intéressante le problème de la circulation de l'espace réel à l'intérieur de l'œuvre. Ces boîtes, dont l'emploi résulte d'une réflexion sur la peinture, fournissent aux constructions à la fois un fond/support et un cadre. Mais elles présentent surtout l'intérêt de remplacer la profondeur virtuelle du tableau par un espace réel. Or Picasso tire parti de cet espace réel pour tester des moyens picturaux. Dans *Verre, journal et dé* (1914), il pose plusieurs éléments tridimensionnels en bois sur le rebord qu'offre la boîte de cigares. Le plan horizontal que l'on doit en peinture nécessairement représenter est ici réel. Mais Picasso casse le caractère réel de la relation entre les éléments en bois et leur support en étirant les arêtes du dé et en lui attribuant une ombre portée peinte. L'élément du dé tient ainsi dans deux espaces différents : il repose réellement sur un support horizontal et en même temps son volume est représenté avec des moyens picturaux.

Le dé comme la carte de visite portent le code de la peinture à l'extérieur du tableau et l'exposent aux conditions réelles de l'espace du spectateur. La mise à l'épreuve de l'espace et des modes de représentation picturaux réside dans ce déplacement : c'est comme si Picasso s'interrogeait sur la capacité de la peinture à tenir dans un espace autre, différent de celui qu'elle produit elle-même. Cette mise à l'épreuve de la peinture au moyen de la troisième dimension se retrouve dans le travail de l'artiste russe Ivan Pougny. En 1910, Pougny quitta Saint-Pétersbourg pour Paris où il commença à travailler à l'Académie Julian. S'il fut sans doute sensible au fauvisme et au cubisme, son travail tridimensionnel porte surtout la marque des constructions de Picasso datant de 1914. C'est précisément durant cette année que Pougny séjourne à nouveau à Paris, après un voyage en Italie et un retour à Saint-Pétersbourg, et il est très probable que ce soit alors qu'il visite l'atelier de Picasso. Il n'aurait d'ailleurs pas pu voir les travaux tridimensionnels de

Picasso en un autre lieu puisque ce dernier décida, après le scandale déclenché par la publication des photographies de constructions dans *Les Soirées de Paris*, de ne plus les montrer en dehors de son atelier et du cercle étroit de ses amis.

Les *Sculptures picturales* exécutées par Pougny à partir de 1915 se présentent comme des tableaux en relief. Sur un plan disposé parallèlement au mur sont fixés divers éléments ayant généralement une forme géométrique. Comme dans les constructions de Picasso, les éléments en relief sont traités picturalement : Pougny les dote d'ombres portées peintes ou accentue leur volume bien réel au moyen de modelés. La différence entre Pougny et son compatriote Tatline ne réside ainsi pas seulement dans leur attitude respective face à la figuration, le premier réinventant l'objet, tandis que le second s'intéresserait exclusivement au matériau en tant que tel[5]. Ce qui sépare le travail des deux artistes, c'est surtout l'usage qu'ils font de la notion de réalité. Là où les matériaux et l'espace de l'œuvre se doivent pour Tatline d'être réels, Pougny choisit, à la suite de Picasso, d'amener des modalités picturales de représentation à rencontrer, dans ses reliefs, l'espace réel du spectateur. Certaines œuvres de Pougny se rapprochent de plus de manière troublante des travaux tridimensionnels de Picasso. Ainsi en est-il du *Relief au marteau* (1914/1920-1921) dont le dernier des trois plans superposés possède un coin relevé qui s'avance dans l'espace du spectateur ou du *Relief à la boule blanche* (1915) où le tiroir peint par Pougny évoque les boîtes à cigares des constructions de Picasso.

Dans les années 1960, de jeunes artistes s'interrogent à nouveau et avec d'autres moyens sur la possibilité de faire sortir du tableau l'espace pictural. Cette interrogation ne résulte assurément pas d'une relation étroite et directe avec les constructions de Picasso. Elle peut pourtant être comprise comme la persistance du cubisme à l'horizon de la génération d'artistes, plus particulièrement américains, des années 1960. Un autre trait, qui relierait la pratique de ces artistes et les œuvres cubistes de Picasso, réside dans le fait que le caractère tridimensionnel de leur travail résulte d'une réflexion théorique sur la peinture. La sculpture de Donald Judd, pour citer un exemple, trouve ainsi son point de départ dans la forme tableau. Ce qui, dans la peinture, intéresse l'artiste, c'est le tableau en tant qu'objet matériel – et non la représentation. Or s'il n'admet aucune dimension figurative, son œuvre n'est pas exempte, ainsi que l'historienne de l'art américaine Rosalind Krauss l'a maintes fois affirmé[6], de tout effet virtuel. Par un jeu de reflets et d'ombres portées, ses sculptures contredisent leur matérialité réelle en nous faisant croire qu'elles se creusent, par exemple, alors qu'elles sont tout à fait planes. Dans ses papiers collés et ses constructions de 1914, Picasso avait exploré la possibilité de recourir à des effets virtuels dont le but n'était pas de soutenir et de renforcer la représentation. Judd sépare de même l'illusion de l'illusionnisme et parvient, comme Picasso, à allier effet virtuel et matérialité du réel.

Un autre artiste américain, Ellsworth Kelly accorde dans son travail une place importante à l'espace pictural et à la forme tableau. Son œuvre intitulée *Red Blue Green Yellow* (1965), par exemple, se compose de deux toiles peintes à l'huile : l'une est un monochrome jaune, l'autre un rectangle rouge, bordé de deux bandes bleue et verte. Ces deux tableaux ne sont pas accrochés au mur, mais fixés l'un à l'autre à angle droit. Un panneau est vertical et s'étend parallèlement au mur, tandis que l'autre se déploie horizontalement. Cette disposition est très intéressante dans la mesure où elle permet à la spatialité picturale produite par la couleur de se répandre dans l'espace du spectateur. Celui-ci aura ainsi le sentiment de pouvoir pénétrer dans l'espace de l'œuvre et de se mouvoir, comme le fait remarquer l'historien de l'art allemand Gottfried Boehm, dans une spatialité fictive[7]. L'échelle des travaux de Judd et de Kelly n'est assurément pas la même que celle des œuvres cubistes de Picasso. Pensées aux dimensions de l'objet, les constructions de 1914 s'adressent à la main, là où les travaux des années 1960 prennent en compte sur un mode phénoménologique le corps du spectateur. Mais au-delà de cette différence d'échelle, les travaux de Judd et de Kelly semblent rejoindre la réflexion de Picasso sur la transformation de l'espace du spectateur par les moyens de la peinture.

NOTES

1. Voir Patricia Leighten, *Re-ordering the Universe. Picasso and Anarchism, 1897-1914*, Princeton, Princeton University Press, 1989.
2. Voir principalement Yve-Alain Bois, « The Semiology of Cubism » et Rosalind Krauss, « The Motivation of the Sign » in *Picasso and Braque. A Symposium*, New York, The Museum of Modern Art, 1992.
3. *Cf.* Magdalena Dabrowski, « Tatlin und der Kubismus », *in* J. Harten (éd.), *Vladimir Tatlin. Leben, Werk, Wirkung*, Köln, Dumont, 1993, p. 119.
4. *Cf.* à ce sujet Ileana Parvu, *La Peinture en visite. Les constructions cubistes de Picasso*, Berne, Peter Lang, 2007, p. 174-177.
5. *Cf.* Jean-Claude Marcadé, « Pougny et l'avant-garde de Saint-Pétersbourg (1913-1919) », in *Jean Pougny*, Musée d'art moderne de la Ville de Paris, 1993, p. 14.
6. *Cf.* David Raskin, « The Shiny Illusionism of Krauss and Judd », *Art Journal*, printemps 2006, p. 6-21.
7. Gottfried Boehm, « Ellsworth Kelly », in *Transform. BildObjektSkulptur im 20. Jahrhundert*, Bâle, Kunstmuseum und Kunsthalle, 1992, p. 138.

Picasso et la vie artistique russe des deux premières décennies du XXe siècle

Jean-Claude Marcadé

Picasso a été connu très tôt en Russie. Dès 1909, le médiocre peintre impressionniste, mais important historien de l'art, Igor'Grabar', pouvait définir le cubisme de Braque et de Picasso comme « le désir d'une stabilité rigoureuse, d'une qualité constructrice perdue, la croyance en une certaine norme, le caractère purement mathématique des expériences rythmiques », ajoutant que Picasso exprime ces principes « avec plus de fermeté, de façon plus inflexible [que Braque][1] ». La dimension « mathématique » de la poétique cubiste sera reprise en 1912 par Kandinsky (qui n'est pas passé par cette discipline) dans son essai « Über die Formfrage » dans l'almanach *Der Blaue Reiter [Le Cavalier bleu]* :

« L'essai d'exprimer l'élément compositionnel en une formule est la base de la naissance de ce que l'on appelle cubisme. Cette construction "mathématique" est une forme qui parfois doit mener et mène, si l'on en fait une utilisation conséquente, au dernier degré de la suppression du rapport matériel des parties de l'objet (voir, par exemple, Picasso)[2]. »

L'œuvre de Picasso reproduite dans l'almanach du *Cavalier bleu* est *Femme à la guitare* (1911, aujourd'hui à la Narodni Galerie de Prague), un chef-d'œuvre du cubisme analytique non figuratif, à la limite de l'abstraction. David Burljuk parlera aussi de « conception mathématique » à propos de la surface plane, dans son article « Le cubisme », paru dans l'almanach des futuraslaves (*budetljane*) *Gifle au goût public* en 1912.

Natalja Gončarova, lors de son exposition d'une journée de 18 de ses tableaux, organisée par la Société de Libre Esthétique à Moscou, le 24 mars 1910, avait affirmé contre certains critiques, qui avaient taxé ses œuvres d'*ultra-impressionnistes* :

« Il n'est pas possible d'appeler ma manière de peindre d'impressionniste [...] car l'impressionnisme est une façon de rendre une impression première, souvent vague, imprécise, alors que moi, comme les Français d'aujourd'hui (Le Fauconnier, Braque, Picasso), je m'efforce d'obtenir une forme ferme, une netteté sculpturale et la simplification du dessin, de la profondeur, et non la vivacité des couleurs[3]. »

Et Natalja Gončarova fut parmi les premiers peintres russes qui associèrent au primitivisme de l'image populaire (*lubok*), de l'icône, des arts archaïques nés sur le sol de l'Empire russe, la géométrisation du protocubisme parisien (ce que, personnellement, j'appelle « cézannisme géométrique ») entre 1907 et 1909.

La majorité des œuvres de Natalja Gončarova, à partir de 1909, est marquée au sceau du cézannisme géométrique et garde toujours, avec une netteté sculpturale, parfois architecturale, le contour des objets. Il est certain que, lorsqu'elle peint des toiles comme *Colonne de sel* (Galerie Tretjakov, vers 1910), *Moisson. La Vierge sur la Bête* (Musée de Kostroma, 1911) ou *Paysans cueillant des pommes* (Galerie Tretjakov, 1911), elle a vu dans la Collection Ščukin, visitée par tous les artistes russes contemporains, des toiles de Picasso, comme *La Fermière* ou l'*Étude pour les Trois Femmes* (de la collection Stein), qui s'y trouvaient alors.

Le nom de Picasso revient, de façon fugitive, mais comme une valeur pleinement installée, dans la revue moderniste pétersbourgeoise *Apollon*, qui défendait une esthétique de l'harmonie, de l'équilibre, de la clarté et de la lumière solaire. Son directeur Sergej Makovskij, faisant « le bilan artistique » de l'année 1910, parle, à propos des arts novateurs français d'*anarchisme* et de *déformisme*. Il stigmatise tout particulièrement les déformations des futuristes italiens, des « insensés » qui déclarent la guerre à tout héritage, à tous les fondements esthétiques des siècles passés : ces déformations font paraître « arriérées » les œuvres de Matisse et de Picasso[4] ! On ne prononce pas encore, en cette année 1910, le mot de cubisme. Le célèbre critique Jakov Tugendhold, rendant compte du Salon des Indépendants de 1910, parle des « archaïstes naïfs » (Friesz, Le Fauconnier, Metzinger), « retournant, à travers Cézanne, à l'âge de pierre, allant, dans leur quête de monumentalité, jusqu'à pétrifier la nature et les gens[5] ». On le sait, Louis Vauxcelles a le premier parlé de réduction des formes « à des schémas géométriques, à des cubes », dans sa préface au catalogue de l'exposition de Georges Braque à la Galerie Kahnweiler en 1908.

Lors du fameux Congrès des artistes de toute la Russie à Pétrograd, fin décembre 1911 selon le calendrier julien – début janvier 1912 selon le calendrier grégorien – Bobrov, proche de Larionov et de Natalja Gončarova, lut une communication intitulée « Fondements de la nouvelle peinture russe » où il introduit l'appellation de « *purisme* » pour désigner les novateurs qui, depuis Bobrov cite Cézanne, d'après lequel les *puristes* « décomposent toutes les formes dans les formes les plus simples : cubes, prismes, sphères, etc. En France, on appelle de tels artistes des *cubistes*, leur chef est Picasso[6] ».

Dans ces années 1911-1912, ce sera l'infatigable peintre et poète polémiste, théoricien de l'art et provocateur David Burljuk qui mettra en avant en Russie le cubisme et, bien entendu, Picasso. Il faut citer dans les mémoires du poète Benedikt Livchits la façon dont fut peint par Vladimir Burljuk à cette époque son célèbre *Portrait* (coll. part., New York) :

« Une photographie, dont les marges sont pleines de doigts, passe de main en main. On peut commencer…

— Vas-y, empicasse-le comme il faut ! dit David à son frère en lui donnant les derniers conseils.

Vladimir peint mon portrait en buste. C'est ce que nous avons décidé la veille. Maintenant, il me répartit sur des surfaces planes, il me déchiquette en petites parcelles, et, ayant ainsi écarté le danger mortel de la ressemblance physique, il met à nu, à fond, le "caractère" de mon visage[7]. »

La deuxième exposition des cézannistes-fauves-primitivistes du Valet de carreau, à Moscou en janvier-février 1912, devait montrer trois œuvres de Picasso, selon le catalogue qui ne donne aucune indication de titre. En réalité, il n'y eut que deux œuvres qui n'arrivèrent que près d'un mois après le vernissage au début février. Un critique, rendant compte de cette deuxième exposition, pouvait écrire :

« Il y a dans cette exposition, malgré tout, des modèles curieux de travaux de ce style géométrique ("cubique") dont beaucoup sont engoués ces derniers temps à Paris, à leur tête – Picasso[8]. »

Deux autres chroniqueurs trouvent cette composition peu caractéristique de « cet artiste puissant et profond[9] », car il s'agit d'une « ébauche insignifiante[10] ». Il pourrait s'agir d'une œuvre comme l'aquarelle *Composition* (Z VI 1136). À notre connaissance, ce sont les seules présences de l'Espagnol dans des expositions russes avant 1917. Mais sa présence est largement compensée dans la Collection Ščukin qui, à l'été 1914, comprenait 51 de ses œuvres.

Il faut également noter que la majorité des cézannistes fauves et des cubofuturistes russes (exception notable – Malewicz et sa disciple préférée Ol'ga Rozanova) ont séjourné à Paris avant la guerre de 1914-1918.

Pendant toute l'année 1912, le mot « cubisme » fait désormais partie du vocabulaire de la critique russe. Ainsi, David Burljuk put faire une conférence, intitulée « Du cubisme et autres courants en peinture », lors du débat organisé, le 12 février, à l'occasion de l'exposition moscovite du Valet de carreau ; il s'agit d'une variante plus développée de son article de *Der Blaue Reiter*. Voici comment un journaliste décrit un passage de l'intervention :

« Le public reçut la démonstration des tableaux français avec un franc rire, mais écouta patiemment les explications du conférencier. Et pendant ce temps, Burljuk s'embrouillait dans des éclaircissements géométriques des principes du cubisme, du tubisme, etc. Opérant avec la ligne et la surface plane, il ne put d'aucune manière caractériser avec justesse les visées de ces artistes. Il dit comment le cube est coupé par la ligne sur la surface plane, comment le cube présente un décalage [*sdvig*] plan, etc. La démonstration des tableaux cubiques et autres, qui paraissaient invraisemblables dans des reproductions en noir et blanc, mit le public dans une humeur gaie au moment où commencèrent les discussions[11]. »

David Burljuk remit cela dans le second débat du 25 février 1912 avec un exposé sur « l'évolution de la notion de beauté en peinture (le cubisme) » qui provoqua aussi des rires, des protestations et des sifflets. L'orateur se défendit en disant :

« Quand Colomb venait de découvrir l'Amérique, on ne pouvait pas en rire, car personne ne savait ce que donnerait l'Amérique. Nous avons découvert un art nouveau. Il est trop tôt pour en rire[12]. »

David Burljuk répéta son exposé à Saint-Pétersbourg lors d'un débat organisé à l'occasion de l'avant-dernière exposition du groupe avant-gardiste Sojuz molodëži [L'Union de la jeunesse], le 10 décembre 1912. Il montra à nouveau des reproductions d'œuvres cubistes parisiennes (en particulier de Le Fauconnier et de Picasso) et de cubistes russes (dont les noms ne sont pas mentionnés par la critique). Malgré le ton provocateur des déclarations bourlioukiennes, la réaction pétersbourgeoise fut plutôt favorable à l'agitateur. Une autre conférence de David Burljuk en novembre 1912 provoqua un article incendiaire du « passéiste invétéré » Alexandre Benois sous le titre « Cubisme ou niquisme ?[13] » Il n'y est pas question du cubisme et de ce qu'il apporte de nouveau du point de vue formel ; Benois reproche violemment à Burljuk de ne parler que de « surfaces », de « volumes » et de « couleurs » à propos du maître à penser des cubistes, Cézanne, alors que tout l'art du passé, y compris l'art de ce dernier, « est construit sur le sujet, autrement dit sur la *Weltanschauung* de l'artiste – aussi bien extérieure qu'obligatoirement intérieure –, sur ce qui est la foi en général ou bien sur ne serait-ce que la foi personnelle de chaque homme [...]. [Cézanne] était un homme profondément religieux qui a vécu un lourd drame intérieur qui s'est manifesté dans une forme très précise et qui a créé le fondement principal de son art[14]. » Déjà point ici le débat purement russe d'une approche métaphysico-religieuse de l'art, que nous verrons appliquer dès 1914-1915 à Picasso. La nique que fait Burljuk à l'art du passé est, selon Benois, la nique du « grand prince de ce monde »... Est ainsi lancée l'imputation de démonisme faite à l'égard de l'art d'avant-garde russe et, en particulier, du cubisme, tandis que « le plus grand savant du passé, Léonard, était à sa manière un croyant, peut-être hérétique et diaboliste, mais croyant[15] ».

Ce que jusqu'en 1913 on appelait dans le milieu artistique russe, chez les artistes, les théoriciens et les critiques, « cubisme », concernait plutôt la peinture postcézanniste, de façon générale la libération de la fonction représentatrice mimétique, au profit d'une géométrisation des éléments figuratifs, avec l'accent mis sur le *sdvig*, le « décalage », le déplacement des lignes et des plans sur la surface, désormais autonome.

L'année 1913 voit s'installer en Russie de façon solide le cubisme d'après 1909 et Picasso. Il y eut deux traductions en russe du livre de Gleizes et de Metzinger *Du « cubisme »*, dont le cahier illustratif comportait deux œuvres cubistes analytiques non figuratives de Picasso (*Le Mandoliniste*, 1911) et de Braque (*Nature morte*, 1911), provenant de la galerie Louise Leiris. C'est en 1913 que le peintre Aleksandr Ševčenko – adepte à cette époque d'une synthèse du cézannisme géométrique, du futurisme, du rayonnisme de Larionov, le tout sur une base primitiviste – publie un opuscule intitulé *Principes du cubisme et autres courants contemporains dans la peinture de tous les temps et de tous les peuples*, dans lequel il développe l'idée courante dans le milieu russe, nous venons de le voir, sur la représentation des objets de différents points de vue, sur le décalage des formes (*sdvig*). Il n'y a rien de très original dans ces considérations. Sa présentation de Picasso est cependant intéressante :

« En conclusion [...], notre attention se porte sur celui que l'on appelle le fondateur du cubisme, le "violent" Espagnol Pablo Picasso. La figure de Picasso se dresse tout à fait seule et pourtant iI a derrière lui une foule de disciples, mais ces derniers, ou bien le comprennent mal, ou bien sont en général d'un naturel peu doué, ne jouissant pas d'un tempérament aussi fort que Picasso. Le cheminement de Picasso est bien connu : à partir du Greco, ensuite à travers Cézanne, puis, par l'art nègre, jusqu'au cubisme, où il a trouvé sa plus grande expression, originale à tel point que maintenant tous, d'une seule voix, ne parlent que de sa démence. En effet, lui-même ne pensait pas devenir fou. Il a simplement trouvé une nouvelle possibilité artistique, le mélange des matériaux. Ainsi, par exemple, dans certains de ses derniers tableaux, il recourt à des possibilités comme le modelage sur le tableau des parties les plus en relief et ensuite leur mise en couleur, puis, par exemple, s'il lui faut peindre du papier peint, il en prélève simplement un morceau et le colle sur le tableau et ainsi de suite[16]... »

C'est pendant l'année 1913 que Malewicz créera un cycle d'œuvres dont l'esthétique est analogue à celle de Picasso dans, par exemple, *L'Homme à la clarinette* (1911-1912), ou de Braque, *Harpe et violon* (1912). Les deux peintres parisiens emploient largement en 1912-1913 des quadrilatères pour structurer la surface du tableau (entre de nombreux exemples, *Violon et clarinette* de Prague (Narodni Galerie) ou *Homme à la guitare* (coll. André Meyer, New York), *Violon, Instruments musicaux, Clarinette et violon* de Picasso (tous venus de la galerie Kahnweiler et acquis par Ščukin). Le cubisme analytique malévitchien vient après son cubofuturisme (*Le Bûcheron, La Récolte du seigle* – Stedelijk Museum, Amsterdam) et son *réalisme transmental* (*Portrait perfectionné d'Ivan Vasil'evič Kljunkov* – Musée national russe, Saint-Pétersbourg). De façon évidente, l'œuvre de Picasso sera pour Malewicz une leçon plastique capitale et l'on verra en 1913-1914 les cylindres, les cônes et les sphères du cubofuturisme précédent, ainsi que la métallisation des couleurs, céder la place à des carrés, des rectangles, des trapèzes, des parallélogrammes. *Dame à un arrêt de tramway*, par exemple, répond bien au programme malévitchien de « ne pas rendre les objets, mais de faire un tableau[17] », principe cubiste par excellence, selon le peintre polono-ukraino-russe. Dans ce fouillis de formes quadrilatères, on aurait bien de la peine à identifier une « dame » et un « tramway ». L'intitulé n'est plus qu'un moyen mnémotechnique de nommer telle ou telle composition picturale sans vraiment révéler le sens pictural du tableau. Le seul élément qui nous parle de tramway ou de la réalité, c'est le panneau avec le numéro des voitures de transport. Le trait en forme de faucille est pour Malewicz le trait distinctif minimal de la picturologie cubiste, ce qui se rapporte parfaitement à Picasso. Nous le voyons ici mis en œuvre et s'inscrire sur les textures qui alternent l'empâtement et la touche lisse. La couleur est dans les tons du cubisme français, mais le créateur slave ne peut se retenir de mettre des surfaces vertes, brun-rouge et ocre-jaune pour illuminer un ensemble tirant sur le gris-noir et le marron[18].

On est frappé par un élément arrondi de tête avec les cheveux réduits à des stries, élément figuratif que l'on retrouve dans *Le Poète* (1912, Kunstmuseum, Bâle) ou *Le Joueur de cartes* (1913-1914, MoMA) de Picasso. Une iconographie similaire se trouve également dans *Réserviste de 1re catégorie* de Malewicz (1913, MoMA) avec également la moustache conquérante du *Poète* de Picasso.

Nous avons affaire dans le cubisme malévitchien de 1913-1914 à la création d'un nouvel espace, à une perte du centre (l'objet figuratif), à une centrifugation qui permet de faire exploser les formes, de les rendre à la liberté d'être :

« Saturant la forme, [le cubiste] enserre la forme jusqu'à une extraordinaire pression de la force, de sorte que la forme elle-même est farcie d'explosivité[19]. »

La disciple préférée de Malewicz, Ol'ga Rozanova, qui n'a jamais voyagé à l'étranger, a reçu des impulsions cubistes à travers les tableaux de la Collection Ščukin et elle interprète le cubisme dans une série de tableaux de 1913-1914, en utilisant un coloris restreint et des teintes sourdes. Le sujet n'est suggéré que par quelques contours se référant au monde visible. Les quelques éléments reconnaissables sont dispersés sur la toile et sont conçus, non comme des représentations de l'objet, mais comme des rapports, des contrastes purement et autonomement picturaux. *L'Homme dans la rue. Analyse de volumes* (1913, Collection Thyssen-Bornemisza, Madrid) reste dans les tons ocre et gris du cubisme parisien. S'y ajoute la multiplication futuriste des mêmes séquences linéaires ou planes qui créent la dynamique d'une ville.

Les autres femmes-peintres du cubofuturisme russe, Ljubov' Popova, Nadežda Udal'cova, Vera Pestel', sont passées par les ateliers parisiens de Le Fauconnier, de Metzinger et de Dunoyer de Segonzac à La Palette. Dans leurs œuvres de 1914-1915 on sent l'influence dominante de ces derniers peintres, mais celle aussi de Braque et de Picasso, voire de Léger. Dans *Au piano* de Nadežda Udal'cova (1915, The Société Anonyme and the Dreier Request at Yale University, New Haven) sont mis sur le même plan le corps du personnage assis et tous les objets de l'environnement, pour ne faire vivre sur la surface que des mouvements d'angles, de quadrilatères et de courbes. La référence au *Poète* (1911, Collection Peggy Guggenheim, Venise) ou au *Modèle* (1912, Collection Walker, New York) de Picasso paraît évidente, de façon générale à l'œuvre de Picasso en 1911-1912.

Quant au cubisme synthétique parisien, il apparaît dans l'art novateur russe à la fin de 1913 et sera très présent jusqu'à la naissance à la fin 1915 du « suprématisme de la peinture », la première abstraction radicale (le *sans-objet*) du XXe siècle. En 1914, toute une série d'œuvres de Malewicz utilise le papier collé et le collage d'objets, comme dans *Femme à la colonne d'affiches* où sont appliquées sur la surface de la toile des coupures de journaux et de papier de tapisserie. On assiste ici à l'*aplatissement* maximal de cette surface. La chiquenaude a dû être donnée par le collage et fusain de Picasso, *Tête d'Arlequin* (1913, Musée Picasso, Paris), ce même Picasso qui avait utilisé magistralement un assemblage de papiers collés dans *Feuille de musique et guitare* (MNAM), en avait même fixé un avec une vraie épingle et avait obtenu un tableau totalement plan, d'une économie de moyens totale[20]. De telles expériences, épisodiques chez Picasso, ont certainement fait partie des pulsions qui ont conduit Malewicz à la minimalité suprême.

Face à Malewicz, Vladimir Tatlin sera celui qui créera une nouvelle forme d'art, le « relief pictural », le « contre-relief » à partir de 1914. L'impulsion décisive lui fut donnée par sa visite à l'atelier de Picasso en mars de cette année[21]. Tatlin avait œuvré jusque-là dans le cézannisme géométrique et ignoré les cubismes analytique et synthétique ; sa géométrisation des éléments figuratifs avait comme trait distinctif la ligne arrondie que l'on trouve jusqu'à la spirale de son célèbre *Monument à la IIIe Internationale* de 1919-1920. Mais si les objets construits par Picasso à l'aide de carton ou de tôle se voulaient des représentations, certes non mimétiques, certes purement plastiques, de tel ou tel objet, chez Tatlin, dès son exposition en mai 1914, c'est-à-dire à peine un peu plus de deux mois après sa visite à l'atelier du maître espagnol, il s'agit d'un assemblage tout à fait abstrait de divers matériaux. C'est à cette époque que paraît le petit traité du peintre et théoricien russo-letton Vladimir Markov [Waldemars Matvejs] *Principes de la création dans les arts plastiques. La facture* où il affirme :

« La vie organique sur la terre, c'est le chaos des factures [*i.e.* textures] qui changent constamment[22]. »

Les créateurs primitifs utilisaient plusieurs matériaux à la fois (bois, paille, coquillages, ambre, verre, mica, anneaux, boîtes de conserves, ficelles etc.) ; tout matériau est bon pour créer un objet d'art ; il n'y a pas de matériaux nobles et de matériaux vils. Vladimir Markov termine le chapitre de son essai consacré à « la combinaison [l'assortiment, l'assemblage] des matériaux » par une description du travail de Picasso dans ce domaine :

« Prenons par exemple Picasso. Ce peintre colle sur la toile des coupures de vieux journaux jaunis, et il dessine sur ces découpages, il colle des morceaux d'affiches en couleurs ou de toile de tableau, en mettant en évidence son côté non travaillé, etc., etc. Il est intéressant de noter ici le procédé qu'il emploie dans son travail pour obtenir la *surface*, la beauté d'une toile. Il répand par endroits sur la surface lisse de la toile de petits pâtés de peinture mélangés avec du sable ; il parsème aussi la surface lisse de grains de sable recouverts de peinture ; en revanche, il polit littéralement certaines parties du tableau avec de la laque[23]. »

Le choc, ressenti par le cubisme non figuratif parisien et, en tout premier lieu, par l'œuvre de Picasso, s'est traduit par leur intégration dans la majorité des œuvres cubofuturistes russes entre 1912-1913 et 1915-1916. Mais ce qui est remarquable, c'est le débat philosophique et théorique qui s'est focalisé en Russie en 1914-1915 sur Picasso, sur sa poétique et sa personnalité. La Russie fut dans les années 1910 un des lieux essentiels de la réception du peintre espagnol dans l'art du XXe siècle et dans l'art universel. La revue moderniste *Apollon*, peu favorable, de façon générale, aux expérimentations picturales non figuratives, mais dont les articles présentent les problèmes de l'art novateur, bouleverse les codes renaissants de près de cinq siècles et engage des débats à leur sujet[24]. La revue pétersbourgeoise publie dans son double numéro 1-2 de 1914 le catalogue de la Collection Ščukin[25] qui comportait, répétons-le, 51 œuvres de Picasso.

Jakov Tugendhold déclare que, dans la maison-musée de l'industriel Ščukin, « il y a une cellule monastique, celle de Picasso[26] » ; Picasso est l'accord final de la collection qui commence par Monet et les impressionnistes. On le sait, la Collection Ščukin a été appelée en son temps un « musée de Matisse et de Picasso » et l'on ne s'étonne pas de voir Tugendhold consacrer tout d'abord un long développement enthousiaste à Matisse avant de terminer par Picasso : « Dans la dernière salle – la cellule monastique voûtée, dans le musée de l'âge de pierre, dans le royaume de l'Espagnol Picasso, cet *enfant terrible* [en français dans le texte] de l'époque contemporaine[27]. » L'image de la « pierre », de la « pétrification » pour caractériser la poétique picassienne est récurrente tout au long de l'essai. Par exemple :

« [Picasso] est possédé par la manie du tassement, la passion de la dureté, le fétichisme de la pierre [...]. Si chez Claude Monet tout coule, tout est dilué, sous la main de Picasso, tout se durcit : Monet transmue la cathédrale de Rouen en poussière pierreuse, Picasso tasse les nuages en tas de pierres. Là où chez Matisse, il n'y a qu'une silhouette, chez lui, il n'y a que le volume. Même la gamme coloriste acquiert je ne sais quelle austère empreinte minérale et géologique[28]. »

La blouse verte de *La Reine Isabeau* est couverte « d'arabesques presque *plates* d'un jaune siliceux[29] » ; les « nudités féminines semblent des assemblages de pierres, soudés par le ciment des contours : tels sont les *Trois Femmes* à la couleur de brique rouge[30] ».

Si, selon le critique russe, l'œuvre de Matisse était une déduction extrême des principes de Gauguin, la peinture de Picasso, elle, « apparaît comme un achèvement paradoxal de Cézanne[31] ». Tugendhold a été fortement impressionné par ses visites à l'atelier de Picasso qu'il décrit ainsi :

« Je l'avoue, j'ai vu là-bas un mobilier assez inattendu pour un peintre : dans un coin – des idoles noires du Congo et des masques dahoméens, sur la table – des bouteilles, des morceaux de papiers peints et de journaux, en qualité de *nature morte* [en français dans le texte], sur les murs – d'étranges modèles d'instruments musicaux, découpés dans du carton par Picasso lui-même ; dans tout cela, il y a l'empreinte de l'austérité et nulle part on ne trouve une seule tache réjouissante de peinture. Et pourtant, dans ce cabinet de magie noire, on sent un laboratoire de la création, une atmosphère de travail – d'un travail qui peut-être fait fausse route, mais est sérieux, ne connaît ni mesure ni repos dans sa tension avide de savoir[32]. »

N'oublions pas que Tugendhold écrit dans la revue *Apollon*, qui, dès ses débuts à l'automne 1909, se voulait un contrepoison aux « insolences informes de la création qui ont oublié les lois de la tradition culturelle », et était en quête d'un « art libre, harmonieux, clair et vivant, au-delà de la décadence maladive de l'esprit et de la pseudo-novation[33] ». Il est donc significatif qu'il cite les représentants de L'Union de la jeunesse, groupe et revue des novateurs avant-gardistes russes, pour avoir parlé « de la création [par Picasso], à la place d'un "Apollon" blanc, d'un "Apollon noiraud et tordu" ». À cela le critique rétorque :

« Picasso lui-même ne pense pas créer quelque Apollon que ce soit, il n'y a chez lui aucune norme, aucune idole, aucun idéal, même dans la sphère de la forme pure. *Car Apollon – c'est l'achèvement suprême et le monde de Picasso séjourne dans l'inachèvement permanent*[34]. »

Aussi comprend-on que l'article de Tugendhold est dominé par deux pulsions contradictoires ; d'un côté, la certitude de l'importance de premier plan de Picasso, son génie indiscutable ; de l'autre, une critique, plus d'ordre philosophique-idéologique qu'esthétique, de son cubisme.

Selon le critique russe, Picasso a commencé dans sa période barcelonaise comme « un authentique Espagnol, combinant mysticisme religieux et fanatisme de la vérité » – cela est dit à propos des tableaux *Vieux Juif* et *Le Rendez-vous* :

« Ce Vieillard émacié qui mendie et ces deux sinistres Femmes dans leurs cilices monacaux, ce sont des engeances des temps de l'Inquisition et ils auraient pu être peints à l'époque lugubre de Philippe II[35]. »

Ainsi, les traits distinctifs de Picasso, dans ses débuts, sont « sa profonde spiritualité, ses compositions, statiques », son amour pour des rythmes centripètes – tout cela s'est par la suite transformé dans son antithèse. Au demeurant, il est resté pour toujours un fanatique et un Espagnol enclin au transcendant[36]. Cette obsession de « mysticisme » et de « religiosité », en alternance avec le « démonisme » est récurrente dans la réception russe dominante autour de 1914. Ainsi, dans la période bleue, comme dans la période rose, par exemple dans *Le Garçon au chien*, Picasso « cherche dans des corps délicats l'aisance des lignes et l'étirement mystique [...] et dans les couleurs, l'impression d'une fresque morte[37] ». Mais l'influence de Cézanne va, à partir de 1907, lui faire « examiner *l'extériorité* plastique de la sculpture primitive et oublier sa mystique *intérieure*[38] ». Et c'est à partir de ce premier cubisme que « l'on voudrait appeler [la peinture de Picasso] un art philosophique, voire, plus exactement, *gnoséologique* [...]. Il renonce à la perception picturale du monde au nom d'une perception purement "plastique" [...]. Il veut représenter les objets non pas tels qu'ils paraissent à l'œil, mais tels qu'ils sont dans notre *représentation*[39] ».

Dans la pièce consacrée à Picasso dans l'hôtel particulier moscovite de Ščukin, étaient présentées des sculptures du Congo et de Madagascar. Aussi, de façon inattendue, chez Tugendhold, comme chez les critiques de l'époque, est soulignée la « sculpturalité » des représentations picassiennes entre 1907 et 1910. Comme le passéiste Aleksandr Benois avait parlé d'une analogie effrayante entre les monstres de Picasso et l'art religieux des sauvages africains, Tugendhold dit avoir demandé à l'artiste espagnol « si l'intéressait le côté mystique de ces sculptures. — Pas le moins du monde, me répondit-il, ce qui m'occupe, c'est leur simplicité géométrique[40]. » Pour Tugendhold, Picasso n'a pris que les formes extérieures de l'art nègre et non « leur sens nettement hiératique, leur nette signification religieuse-métaphysique[41] ». Dans les femmes de Picasso, « il n'y a pas de préférence métaphysique d'une partie du corps sur l'autre, en elles il y a l'équilibre de tous les volumes [...]. Picasso ne prend en fait que la forme extérieure, mais il ne veut pas et ne peut pas la remplir d'un nouveau contenu[42]. »

La période cubiste non figurative de Picasso est considérée, à l'encontre du cycle espagnol, comme étant « centrifuge » :

« Ici, il n'y a déjà plus de point de convergence, il n'y a pas d'horizon, il n'y a pas d'optique de l'œil humain, il n'y a ni commencement ni fin, ici, c'est le froid et la folie d'un espace absolu [...], les lignes des objets se dispersent dans un lointain démesuré, les formes des objets se morcellent en éléments constituants innombrables[43]. »

L'article de Tugendhold est assez étonnant, car il est fondateur de la réception russe de Picasso et nombre de ses formules-chocs seront reprises par la suite, même interprétées différemment, par des personnalités aussi diverses que les philosophes religieux Berdjaev et Bulgakov, le peintre et théoricien Griščenko, le poète et critique d'art Aksënov, entre 1914 et 1918. Curieusement, Tugendhold fait à la fin de son essai une comparaison entre Mallarmé et Picasso, « cet intrépide Don Quichotte espagnol, ce chevalier de l'absolu[44] » :

« Il y a quelque chose de similaire entre le drame créateur de ce symboliste [Mallarmé] qui rêvait “d'amener le monde entier dans un seul magnifique livre”, mais qui s'est égaré dans le labyrinthe des analogies étroitement subjectives, et la création de l'Espagnol Picasso qui rêve d'amener le monde dans un seul monolithe, mais qui a perdu le sens de l'unité derrière le fétichisme de la pluralité quantitative[45]. »

D'une tout autre tonalité est l'article du poète Georgij Čulkov dans le même numéro d'*Apollon*. Déjà son titre « Les démons et l'époque contemporaine » est tout un programme. Pêle-mêle sont appelés à la rescousse l'Âme du Monde, les démons mesquins et les grands démons, les anges, Schelling, Proudhon, Plotin, saint Paul, pour arriver à la conclusion que le positivisme, comme compréhension du monde, est devenu le rapport de l'artiste au monde. L'artiste a cessé de sentir son génie, et le génie s'est détourné de lui. En revanche, les artistes ont été entourés par la foule des petits démons [...]. C'étaient les démons ingénieux de la mécanique[46]. »

Picasso est un génie, le plus grand peintre depuis Van Gogh, mais ses tableaux sont « des hiéroglyphes de Satan[47] » ! Visiblement, Čulkov, qui vient d'écrire un roman sous le titre de *Satan*, est obsédé par ce sujet :

« C'est Satan lui-même qui a soufflé à Picasso l'idée que la femme n'est pas du tout un mécanisme comme le pensait Degas, et pas du tout non plus une *poupée*, mais que la femme est une *idole* [...]. Picasso ne pouvait pas deviner que ce n'est pas la femme, mais le diable qui lui est apparu en songe[48]. »

À la suite des deux articles de Tugendhold et de Čulkov, la relève sera aussitôt assurée en 1914-1915 par deux philosophes religieux importants, Nikolaj Berdjaev et Sergej Bulgakov. L'article de Berdjaev, « Picasso[49] », parut dans le numéro 3 de la revue *Sofija*, qui venait d'être fondée pour étudier les arts plastiques (en particulier la peinture d'icônes) et la littérature ; celui de Bulgakov, « Le cadavre de la beauté » parut dans la livraison VIII de *Russkaja mysl'* [*La Pensée russe*] en 1915.

Pour Berdjaev :

« Picasso est le génial porte-parole de la décomposition, de la mise en tranches, de la pulvérisation du monde physique, corporel, incarné [...]. Picasso est un artiste remarquable, qui émeut profondément, mais il n'y a pas en lui de réalisation de la beauté[50]. »

C'est Berdjaev qui a lancé l'idée qui sera développée dans la Russie soviétique par le porte-parole de Tatlin, Nikolaj Punin[51] : Picasso est la fin de l'art ancien, mais ne présente pas de création nouvelle.

Bulgakov insiste, comme Čulkov, sur le démonisme de l'œuvre picassienne et parle à son sujet « d'athéisme mystique[52] ».

Il y eut deux réactions importantes à l'article de Berdjaev. Tout d'abord, celle du peintre de tendance cézanniste et théoricien russo-ukrainien Aleksej Griščenko qui rétorque à Berdjaev, qui avait parlé, en particulier à propos de Picasso, de « crise de l'art », qu'il ne s'agissait pas d'une crise de l'art, mais d'une « crise de l'approche de l'art » chez tous les commentateurs de la révolution novatrice des arts au début du XIXe siècle[53].

Mais sur le sujet de Picasso, la réponse la plus forte à Berdjaev fut apportée dans un livre pionnier, majeur pour la connaissance du Picasso d'avant 1914, l'essai du poète, critique littéraire et théoricien de l'art, Ivan Aksënov (1884-1935), *Picasso et environs*, paru en 1917, mais portant la date de juin 1914. Cette étude a été suscitée par l'impression enthousiaste des visites de l'écrivain russe à l'atelier de Picasso qui l'avaient marqué profondément et, sans doute aussi, à la suite des articles dans la presse russe en 1913-1914 que nous avons évoqués plus haut et dont la tonalité dominante philosophico-théologico-mystico-religieuse devait le hérisser, lui qui avait été un des acteurs de l'avant-garde russe dans la poésie (il considérait Xlebnikov comme le poète le plus important du XXe siècle) ou dans les arts plastiques (il fut un proche d'Aleksandra Exter et par elle de tout le cercle des suprématistes et des futurs constructivistes ; d'ailleurs, c'est elle qui illustre la couverture de *Picasso et environs*). Le livre est constitué de 113 paragraphes, allant d'une phrase à des développements de plus d'une page, le tout suivi d'une annexe polémique essentielle, intitulée sobrement « Le peintre Picasso[54] ». De toute évidence, Aksënov suit le modèle à tendance aphoristique et fragmentaire de Nietzsche.

Le livre est un étrange (baroque) mélange de réflexions générales, de citations, de dialogues, d'allusions érudites. Et dans cette gangue, par elle-même passionnante et reflétant la pensée esthétique d'Aksënov, se trouvent des pépites consacrées à Picasso, le héros de l'essai. Contre toutes les approches précédentes de Picasso, Aksënov affirme fortement :

« La base de l'art, ce n'est pas la beauté (qui n'existe pas dans la nature), mais le rythme, concept tout à fait déterminé physiologiquement, qui se réduit finalement à l'activité des muscles cardiaques et des centres nerveux qui dirigent cette activité. » (§ 10)

Et :

« L'art est l'édification d'une similitude tenace de ce qui est ressenti, au moyen de la disposition rythmique du matériau choisi pour cet objet. » (§ 9)

On se doute qu'après ces déclarations Aksënov récuse le mysticisme des critiques et philosophes à propos de Picasso (sont visés Čulkov et Berdjaev). Pour lui, Picasso n'a rien d'un métaphysicien, il est « un réaliste de strict style » (§ 85). Relevons succinctement quelques aphorismes concernant le maître espagnol :

Dans toute une série de tableaux, on constate « une inclinaison vers les styles féminins du gothique et du baroque » (§ 22) ;

« Picasso est le génie de la découverte [...]. Le génie est la synthèse de l'appropriation des temps qui l'ont précédé. » (§ 37);

« Il faut garder en mémoire une fois pour toutes que l'inventeur, c'est Braque et non Picasso [...]. Comme peintre, Picasso est plus fort que son ami. » (§ 38) ;

« Picasso ne fut jamais un imitateur ; il était le médium tantôt du Greco, tantôt de Matisse, tantôt de Derain. » (§ 60) ;

« Tout d'abord, l'objet de la peinture de Picasso était la nature, ensuite ce fut la peinture de cette nature. » (§ 91) ;

Il faut prendre au sérieux « la peinture de la peinture » de Picasso (§ 92) ;

« Picasso sculptait la matière de ses tableaux – rien d'étonnant qu'il [soit] arrivé à la sculpture [*en fançais dans le texte*]. » (§ 107).

L'article de Berdjaev est réfuté car on n'y parle pratiquement pas de peinture :

« Le contenu principal de cette monographie est constitué par l'exposé des pressentiments eschatologiques de l'auteur », écrit Aksënov dans « L'annexe polémique. Le peintre Picasso ». C'est dans cette partie de l'ouvrage, un grand texte d'un seul tenant, que se trouve une analyse très pénétrante de l'œuvre de Picasso entre 1901 et 1913. On peut dire qu'il s'agit avec *Picasso et environs* de la première étude en profondeur consacrée à l'art du maître espagnol.

Je voudrais terminer ce panorama, par une citation de Tugendhold qui situe bien le rapport de l'avant-garde russe à Picasso, à son acmé. Il s'agit d'un extrait d'une recension de l'exposition du Valet de carreau en 1914 à laquelle participaient les artistes principaux de l'avant-garde russe :

« Les recherches artistico-scientifiques de Picasso, qui ont eu comme résultat de l'amener au total parcellement et "distribution" du monde, sont profondément individuelles. C'est une impasse de sa propre voie, c'est pourquoi S.I Ščukin, qui possède beaucoup de travaux de Picasso, a tout à fait raison de ne plus acquérir d'autres "cubistes".

Entre-temps, à l'exposition du Valet de carreau, ont déjà fait leur apparition les *picassistes* qui ont pris chez lui un schéma tout prêt. Ce schéma de la distribution "dynamique" des objets, empruntée aux "Violons" de Picasso, Monsieur Morgunov l'utilise, avec le même "indifférentisme" (en le diluant seulement d'une gamme rose douçeâtre), pour une "tête de vieillard", pour un "élégant", pour des "fleurs", pour un "encrier". De tels "édifices" morcelés se retrouvent et chez Monsieur Malewicz et chez Madame Ekster [...].

Le Français est toujours sûr de lui et harmonieux ; le Russe, toujours unilatéral, et l'engouement pour la nouvelle manière est chez nous toujours un fait, avant tout, psychologique [...].

Nous, les Russes, qui avons vécu la révolution [il s'agit de la révolution de 1905], arrachés à notre point de vue "subjectif", nous nous sommes cramponnés à cette déréification du monde, à cette multitude de points de vue de Picasso, parce que, derrière elles, sous le masque de la "science" il y a le nirvana, le "nonisme", le chaos. Ce n'est pas par hasard que Verhaeren, après avoir visité la Collection de Monsieur Ščukin, a appelé la pièce consacrée à Picasso, par opposition à la salle des impressionnistes, ce "printemps" fleuri, – "un hiver glacial". Dans la peinture de Morgunov, de Malewicz et d'Ekster il y a précisément cet hiver, une vieillesse prématurée de chien...[55] »

Tous les artistes de l'avant-garde russe durent faire face à cette critique : ils ne sont que de mauvais imitateurs de l'Occident. La postérité n'a pas donné raison à ces contempteurs de toute novation et si l'influence des révolutions esthétiques venues des bords de la Seine et, tout particulièrement, celles de Picasso, sont évidentes, elles furent combinées aussitôt sur le sol russe aux structures de base de l'art populaire russien, que ce soit les images populaires, les enseignes de boutique, les icônes et autres objets qui fleurisssaient dans les marchés de l'immense Empire russe. Un tableau russe du premier quart du XXe siècle est la combinaison de plusieurs cultures picturales. Alors que Picasso et les novateurs contemporains occidentaux ont intégré les données des arts africains ou ibériques à une structure de base de type cézannien, les Russes ont intégré les données empruntées à la peinture venue de France ou d'Italie à des structures de base primitivistes. D'où leur totale originalité. Ils ont fait ce que Picasso, d'après Tugendhold (voir *supra*), a fait à partir du Greco, de Cézanne ou de Derain, transmuer leurs emprunts, voire leurs « vols », en des picturologies totalement originales. De tous les artistes du XXe siècle, c'est, sans aucun doute, Picasso qui domine, en Russie comme ailleurs, les débats contradictoires du monde des arts. Nous avons parlé ici des rapports des arts russes et de Picasso avant la Révolution de 1917. Il faudrait consacrer une étude particulière à la réception de Picasso dans la Russie soviétique.

NOTES

1. Igor' Grabar', « Moskovskie vystavki [Les expositions moscovites] », *Vesy* [La balance], 2 février 1909, p. 106-107, cité ici d'après Charlotte Douglas, « Cubisme français-cubofuturisme russe », *Cahiers du MNAM*, 1979, n° 2, p. 186.
2. Kandinsky, « Über die Formfrage », in *Der Blaue Reiter* [1912, Munich, Piper, p. 96 ; 2000, Munich -Zurich, Piper, p. 173].
3. Anonyme, « Beseda s N.S. Gončarovoj » [Entretien avec Natalja Gončarova], *Stoličnaja molva* [Les rumeurs de la capitale], 5 avril 1910, p. 3, cité ici d'après Andrej Krusanov, *Russkij avangard* [L'avant-garde russe], t. I (I), Moscou, Novoe Literaturnoe Obozrenie, 2010, p. 190.
4. Sergej Makovskij, « Xudožestvennye itogi » [Bilan artistique], *Apollon*, 1910, n° 10, p. 28.
5. Ja. Tugendhol'd, « Pis'mo iz Pariža » [Lettre de Paris], *Apollon*, 1910, n° 8, *Xronika*, p. 17.
6. *Ibid.*
7. *Ibid.*, p. 49-50.
8. Filograf, « Bubnovyj valet » [Le Valet de carreau], *Golos Moskvy* [La voix de Moscou], 26 janvier 1912, cité ici d'après Andrej Krusanov, *Russkij avangard* [L'avant-garde russe], t. I (I), *op. cit.*, p. 344.
9. V. Denisov, « Bubnovyj valet » [Le Valet de carreau], *Den'* [Le jour], 12 avril 1913, p. 5, cité ici d'après d'après Andrej Krusanov, *Russkij avangard* [L'avant-garde russe], t. I (I), *op. cit.*, p. 597.
10. N.P. [N.N. Punin], « Vystavka "Bubnovogo valeta" » [L'exposition du Valet de carreau], *Russkaja molva* [La Rumeur russe], 5 avril 1913, p. 5, cité ici d'après Andrej Krusanov, *Russkij avangard* [L'avant-garde russe], t. I (I), *op. cit.*, p. 598.
11. B.Š. [B. Šujskij], « Xudožestvennyj disput » [Un débat artistique], *Protiv tečenija* [À contre-courant], 18 février 1912, cité ici d'après Andrej Krusanov, *Russkij avangard* [L'avant-garde russe], t. (I), *op. cit.*, p. 354.
12. B.Š. [B. Šujskij], « "Kolumby" v oblasti iskusstva » [Les « Colombes » dans le domaine de l'art], *Utro Rossii* [Le Matin de la Russie], cité ici d'après Andrej Krusanov, *Russkij avangard* [L'avant-garde russe], t. I (I), *op. cit.*, p. 360.
13. A. Benua, « Kubizm ili kukišizm ? », *Reč'* [La Parole], 22 novembre 1912. Le critique se permet un jeu de mot-calembour entre « kub » [le cube] et « kukiš » [la figue, la nique].
14. A. Benua, « Kubizm ili kukišizm? » [Cubisme ou niquisme ?] [1912], in *Russkij futurizm* [Le Futurisme russe], Moscou, Nasledie, 1999, p. 279.
15. *Ibid.*
16. Aleksandr Ševčenko, « Les principes du cubisme », *Cahiers du MNAM*, 1979, n° 2, p. 298. (trad. Dominique Moyen).
17. *Ibid.*
18. Un critique décrit ainsi le tableau de Malewicz : « [Voici] le travail de K. Malevič, "Dame dans un tramway". Il aurait été plus juste de l'appeler : "Écroulement effroyable d'un tramway et mort d'une dame inconnue". D'un tramway il est resté

un gros tas de débris, noyés dans le sang. Sous eux est ensevelie la dame. Le dessin de ce même Monsieur Malevič, "Le Garde" représente un petit soldat de plomb que quelqu'un a démonté en morceaux, V.B., "Bubnovyj valet" [Le Valet de carreau] », *Russkoe slovo* [La parole russe], 6 février 1914, p. 6, cité ici d'après Andrej Krusanov, *Russkij avangard* [L'avant-garde russe], Moscou, Novoe literaturnoe obozrenie, 2010, I (2), p. 201.

19. K. Malévitch, « Des nouveaux systèmes en art » [1919], in *Écrits I. De Cézanne au Suprématisme, op. cit.*, p. 92.
20. Voir le commentaire pertinent de ce tableau par Emmanuel Martineau, « Malévitch et l'"énigme cubiste". 36 propositions en marge de *Des nouveaux systèmes en art* », in *Malévitch. Actes du Colloque international tenu au Centre Pompidou*, Lausanne, L'Âge d'Homme, 1979, p. 75.
21. Pour les nombreux récits apocryphes concernant la visite par Tatlin de l'atelier de Picasso, voir en français : Anatoli Strigalev, « Paris-Berlin-Moscou. Le voyage à l'étranger de Vladimir Tatline (1914) », *Les Cahiers du Musée national d'Art moderne*, printemps 1994, n° 47, p. 7-23.
22. V. Markov, *Principy tvorčestva v plastičeskix iskusstvax. Faktura* [Principes de la création dans les arts plastiques. La facture], Saint-Pétersbourg, Sojuz Molodëži, 1914, p. 25 (Le livre a été traduit dans : Gérard Conio, *Le Constructivisme russe*, Lausanne, L'Âge d'Homme, t. I, 1987).
23. V. Markov, *Principes de la création dans les arts plastiques. La facture* [1914] *in* Gérard Conio, *Le Constructivisme russe*, *op. cit.*, p. 161.
24. Je me permets de renvoyer à mes articles : Jean-Claude Marcadé « La revue *Apollon* en 1909-1910 », *Europa Orientalis* , Salerno, avril 2012 (par les soins de Caterina Graziadei et Duccio Colombo), p. 191-221 ; « La revue *Apollon* en 1913 », in *L'Année 1913. Les formes esthétiques de l'oeuvre d'art à la veille de la Première Guerre mondiale*, Paris (par les soins de Liliane Brion-Guéry), t. II, 1971, p. 1141-1150.
25. Voir sa traduction en français dans : Valentine Marcadé, *Le Renouveau de l'art pictural russe (1863-1914)*, Lausanne, l'Âge d'Homme, 1972, p. 274-277.
26. Ja. Tugendxol'd, « Francuzskoe sobranie S.I. Ščukin » [« La collection française de S.I. Ščukin »], *Apollon*, 1914, n° 1-2, p. 6.
27. *Ibid.*, p. 30.
28. *Ibid.*, p. 32-33.
29. *Ibid.*, p. 33.
30. *Ibid.*
31. *Ibid.*, p. 28.
32. *Ibid.*, p. 30.
33. *Apollon*, 1909, n° 1, p. 4.
34. Ja. Tugendxol'd, « Francuzskoe sobranie S.I. Ščukin » [« La collection française de S.I. Ščukin »], *op. cit.*, p. 35.
35. *Ibid.*, p. 30.
36. *Ibid.*, p. 31.
37. *Ibid.*
38. *Ibid.*, p. 32.
39. *Ibid.*
40. *Ibid.*, p. 33.
41. *Ibid.*, p. 34.
42. *Ibid.*
43. *Ibid.*, p. 35.
44. *Ibid.*, p. 37.
45. *Ibid.*
46. Georgij Čulkov, « Demony i sovremennost' (Mysli o francuzskoj živopisi) » [Les démons et l'époque contemporaine (Pensées sur la peinture française)], *Apollon*, 1914, n° 1-2, p. 64, 67.
47. *Ibid.*, p. 71.
48. *IIbid.*, p. 74.
49. « Picasso » de Berdjaev a été traduit en français par Georges Philippenko dans la revue *Le Messager orthodoxe*, n° 130 (1), 1998, p. 3-9.
50. N. Berdjaev, « Picasso », cité ici d'après Jean-Claude Marcadé, « Nikolaj Berdjaev et Sergej Bulgakov face à Picasso », *Revue des Études slaves*, Paris, LXXIX/4, 2008, p. 565.
51. Voir la traduction en français de l'opuscule de Punin *Tatlin. Contre le cubisme* [1921] in *Cahiers du MNAM*, 1979, n° 2, p. 304-312 (trad. Lucia Popova et Dominique Moyen).
52. *Cf.* Jean-Claude Marcadé, « Nikolaj Berdjaev et Sergej Bulgakov face à Picasso », *op. cit.*, p. 563-565.
53. A. Griščenko, « *Krizis iskusstva » i sovremennaja živopis' : voprosy živopisi* [La « crise de l'art » et la peinture contemporaine], Moscou, 1917, fascicule 4.
54. Voir : Ivan Axionov, *Picasso et alentours*, Zurich, ProLitteris, 2012 (préface et annotations de Natalja Adaskina, traduction et postface de Gérard Conio).
55. Ja. Tugendxol'd, « Pis'mo iz Moskvy. Vystavka "Bubnovogo valeta" » [Lettre de Moscou. L'exposition du Valet de carreau], *Reč'* [La parole], 13 février 1914, p. 4, Andrej Krusanov, *Russkij avangard* [L'avant-garde russe], I (2), *op. cit.*, p. 205.

Un peintre abstrait aux antipodes de l'abstraction

Michel Draguet

Picasso a témoigné d'une prodigieuse capacité à présenter sa vie et son œuvre sous le jour d'un mythe en perpétuelle composition[1]. Que ce soit par la diversité des sujets qu'il recouvre aussi bien que par la multiplicité des moyens mis à ceux-ci, il a fait preuve d'une volonté de maîtrise qui dépasse l'image en l'intégrant dans une sociologie complexe. Pourtant, il est des mythes que le peintre a rechigné à endosser. Ainsi en va-t-il de l'abstraction. Terme ambigu qui traduit au début des années 1910 une transformation radicale de la représentation picturale, celui-ci convoque généralement une trilogie – Kandinsky, Malevitch, Mondrian – à laquelle on adjoindra Delaunay, Kupka, Léger, Larionov ou encore Tatline. L'histoire laisse dans l'ombre les recherches cubistes de Picasso (comme, dans une moindre mesure, celles de Braque) pourtant à l'origine du « passage de la ligne » de l'ensemble des « pionniers de l'art abstrait » à l'exception, notoire, de Kandinsky dont la démarche s'est nourrie à des sources davantage marquées par la culture de la fin de siècle[2].

Dès le texte manifeste de l'exposition organisée en 1936 par Alfred Bahr au Museum of Modern Art de New York, cubisme et abstraction se font face comme deux réalités distinctes dont l'articulation reste pour le moins problématique[3]. Picasso sera rarement convoqué dans la position, pourtant convoitée, de fondateur de l'abstraction. Celle-ci étant entendue, non pas comme capacité d'abstraire des éléments plastiques ou signifiants de la réalité, mais bien comme affirmation d'une peinture dégagée de tout impératif mimétique. Dans un ouvrage de vulgarisation consacré au cubisme, récent et fort bien mené, Alyne Gauthier a fait involontairement l'expérience de cette difficulté de penser le cubisme dans la perspective de ce que Malevitch – nous y reviendrons – qualifiera de « monde sans-objet ». Composé en abécédaire, l'ouvrage débute par un article consacré au cubisme et à l'abstraction. Et non au cubisme comme forme de création liée à l'abstraction. On peut y lire que si durant la période analytique (1910-1912), « les œuvres sombrent dans l'abstraction, les objets représentés devenant in-identifiables, on ne peut pour autant parler d'art abstrait (*Nature morte à la bouteille* de Braque, 1911). Le cubisme étant avant tout un réalisme, les artistes n'ont jamais voulu rompre avec le réel[4]. » Et d'évoquer l'intrusion des trompe-l'œil, lettres et autres fragments de réalité... pour affirmer une nouvelle perception de l'espace pictural qui déterminera l'autonomisation du tableau en l'épargnant du naufrage auquel l'auteur assimile l'abandon de la figuration[5].

À côté de l'art objectif qu'incarnerait le cubisme et de l'art in-objectif que représenterait la non-figuration, le même texte définit l'art abstrait comme un « art d'objets irréels ». La formulation se mange la queue tout en opposant, d'autorité, abstraction et réalité selon des ordres entendus, mais jamais définis. À l'argument d'un ancrage volontaire dans le réel, Pierre Daix en a ajouté un autre dans la notice intitulée « Art abstrait » de son *Dictionnaire Picasso.* Pour le compagnon de route du peintre, le nouveau système pictural que Braque et Picasso ont développé à partir de 1908, en se dégageant de « la forme et de l'apparence des objets[6] », a constitué le socle de ce qui deviendra l'art abstrait. Mais Picasso et Braque s'en sont toujours tenus à distance par crainte de verser dans le décoratif... Autre horizon, mais même naufrage dans le registre, cette fois, de l'ornement[7].

Notre propos ne vise pas à faire endosser par Picasso un habit qu'il s'est toujours refusé à porter : celui d'un peintre qu'on qualifierait d'« abstrait ». Il s'agit plutôt d'interroger une historiographie en ce qu'elle a contribué à la construction du « mythe Picasso » à partir de ce « détail bouleversant » que constituerait, dans son cas, l'abstraction. Cette abstraction, généralement écartée du revers de la main par les spécialistes, permettra peut-être, non pas de dire autre chose, mais de le formuler autrement. Notre dessein n'est pas non plus d'étudier, pas à pas, les relations que l'œuvre de Picasso a entretenues avec l'abstraction depuis *L'Arbre* de 1907 qui constitue, en Europe, une des premières formulations d'une non-figuration qui soit à la fois voulue et méthodique jusqu'aux recherches plastiques de *L'Arlequin* de 1915 en passant par les épures hermétiques exécutées à Cadaquès durant l'été 1910 ou les collages quasi conceptuels de 1913. Encore que lesdits exemples n'abordent pas les années qui suivent la fin de la Première Guerre mondiale. Années qui voient Picasso se confronter à la diffusion et à l'instrumentation de plus en plus large d'un vocabulaire non figuratif réinterprété, en France, par un surréalisme auquel il apporte une contribution facétieuse et originale. Et ce, alors même que dans le sillage d'André Breton, la « chapelle » surréaliste fait des mouvements abstraits comme « Cercle et Carré » ou « Abstraction-Création » – plus que de l'abstraction comme principe – un de ses adversaires privilégiés de l'entre-deux-guerre[8].

Développé au début des années 1920, le « cubisme curvilinéaire » répond à l'exaltation d'un « modèle intérieur » que le surréalisme a érigé au niveau de la seule réalité immarcescible[9]. L'éloignement, plutôt que le rejet – de la figuration rime chez Picasso avec un déchaînement de violence étranger aux horizons philosophiques de l'abstraction construite[10]. Loin du « sans-objet », le peintre magnifie une forme de sensibilité qui, au-delà de l'objet, renvoie à une aspiration expressive – sinon expressionniste – permanente. Ceci explique sans doute que la période où Picasso a le plus ouvertement dialogué avec l'abstraction – à travers les deux versions de *La Cuisine* de 1948 notamment – se soit située au moment où l'abstraction s'imposait au sein de la culture française comme la forme d'expression moderne de son temps. Ce qui n'avait pas été le cas ni dans la période qui, de 1912 à 1914, avait conduit le cubisme au seuil de la non-figuration ; ni durant l'entre-deux-guerres où le surréalisme pratiqua l'esprit de l'abstraction tout en en récusant les fondements formalistes.

Libre sinon libertaire, l'abstraction lyrique ou apollinienne – pour reprendre le vocabulaire de l'après-guerre – constitue un pôle de la recherche de Picasso. Mais celui-ci en récuse toute portée dogmatique. Au contraire, son attachement au monde visible reste permanent même si la non-figuration apparaît comme un moyen de « lui faire la guerre[11] » selon la formule revendiquée par le peintre même.

L'abstraction dans le texte

Si l'abstraction est partie prenante de la recherche, sinon de l'œuvre, de Picasso, elle occupe une situation singulière dans les propos et dans les textes laissés par l'artiste. L'historiographie n'en a que prolongé l'écho. La liste des références est longue et mériterait à elle seule une analyse systématique. On remarquera toutefois que sur l'abstraction, comme sur le reste, Picasso s'exprime peu, voire pas, avant l'entre-deux-guerres. Nous verrons plus loin que le constat n'est pas sans conséquence quant à la question qui nous occupe. C'est à Christian Zervos que le peintre livre une de ses premières réflexions sur la notion d'abstraction. À ses yeux, il ne peut y avoir d'abstraction au sens absolu du terme puisque tout travail commence nécessairement par un « quelque chose » qui maintient, même sous une forme minimale, la trace d'une expérience. Et d'en conclure : « On peut ensuite enlever toute apparence de la réalité, il n'y a plus de danger, car l'idée d'objet a laissé une empreinte ineffaçable[12]. » Exprimée en 1935, la formule recoupe la démarche contemporaine d'un Miró ou d'un Kandinsky lorsque ce dernier assimile l'abstraction à une forme de représentation concrète de l'expérience vécue à travers la peinture[13]. « Art concret », la peinture ne peut être qu'abstraction si, comme l'affirme Picasso, le peintre ne suit pas la nature telle qu'elle apparaît visuellement, mais l'anticipe en faisant corps avec elle. Ainsi, Picasso participe-t-il de ce sentiment d'*Einfühlung* que le philosophe Wilhelm Worringer avait défini dans sa thèse de 1908[14]. À l'abstraction conçue comme un processus d'éloignement de la réalité matérielle par le dépassement de l'objet – ce vers quoi Malevitch tend avec son « sans-objet » – s'oppose un sentiment romantique d'empathie à l'égard de l'univers : organicisme vital que le théoricien oppose au formalisme inhérent à toute démarche idéaliste. Picasso rend compte de cette capacité d'intérioriser l'univers pour en livrer une forme unique dégagée de l'opposition classique sujet-objet. L'artiste ne peut se résoudre à être abstrait puisqu'il entend, par son œuvre même, incarner la nature : « Je n'essaie pas d'exprimer la nature, mais de travailler comme elle[15]. » Aux yeux de Picasso le sujet de la peinture n'est autre que cet « élan intérieur » – il parle aussi de « dynamisme créateur » – que Bergson avait défini[16]. Mais il ne s'exprime pas en soi comme un impératif, irréel et inorganique, incarné dans des formes géométriques. Au contraire, il n'apparaît pleinement opérant que s'il violente les conventions propres, non seulement à la peinture traditionnelle, mais à tout style – au sens le plus individuel du terme – reconnu. De là cette réticence à « se perdre dans le geste » qui succède au refus de récuser le réel au bénéfice d'un langage systématique. Pour Picasso, la limite même de la rhétorique non figurative est à situer dans la perspective tauromachique que le peintre élaborera au contact du surréalisme : combat livré à l'inconscient, refus de s'abandonner sans résistance à ses forces incontrôlables, désir de violenter le monde visible pour mieux signifier la singularité sensible du créateur... Si Picasso s'est défié de l'abstraction comme esthétique, il n'a cessé d'y recourir comme à une polarité de sa recherche personnelle. À ses yeux, mieux qu'un dogme, l'abstraction constitue une position permanente qui, par bien des points, recoupe celle défendue par Miró ou par Kandinsky[17]. Celle qui régit, selon ses propres mots, le « combat entre [sa] vie intérieure et le monde extérieur tel qu'il existe pour la plupart des gens[18] ». Par essence, l'abstraction – au sens où l'entend Picasso – ne peut être systématique puisqu'elle traduit une tension intérieure. Elle reste l'expression d'une expérience individuelle réfractaire à toute généralisation ou système.

Fidèle à lui-même et au personnage qu'il s'est construit, Picasso a développé un discours personnel qui refuse de se confiner aux débats de l'époque. Qu'il s'agisse de la condamnation d'une abstraction jugée bourgeoise par les instances communistes ou de la querelle des réalismes. Pour Picasso, l'abstraction reste le fruit d'une expérience solitaire. Celle-ci souligne la violence d'une somme de négations qui affirme la primauté de l'individu sur les conventions : négation du sens commun, de l'ordre de la raison, de la suprématie du visible, de la tradition mimétique... Aux yeux de Picasso l'abstraction sera nécessairement hermétique puisqu'elle obéit à une mise à nu de soi contre les codifications de représentation sociales, culturelles voire politiques. Revenant à « l'empreinte ineffaçable » que tout objet laisserait, Picasso atteint ce point extrême qui se confondra avec cette autre forme essentielle que constituent pour Breton « ces mots qui tombaient de la "bouche d'ombre"[19] ». Sur le mode de l'empreinte – et donc du négatif –, il souligne le caractère vital de ce moment où, à l'automne 1911, à partir d'une pratique poussée du portrait, il avait trouvé dans l'affirmation du signe une réponse à l'hermétisme éprouvé durant l'été 1910. Latente dans des œuvres comme *Le Guitariste*, exécuté à Cadaquès dans des conditions de crise aiguë, l'atomisation de l'objet en un ordre pictural qui ne renvoie qu'à lui-même trouve dans *Le Portrait d'Ambroise Vollard* sa résolution centripète à travers la recomposition d'une logique de représentation ancrée dans le signe comme forme et contenu indissociables.

Cet effacement de l'objet n'a été qu'apparent pour Picasso comme il le sera pour Tatline, pour Malevitch et même pour Mondrian. Il a en fait contribué à redéfinir la représentation sur un mode conceptuel. « Ineffaçable », l'empreinte se mue en signe invariant par lequel Picasso affirme la dimension « réaliste » de l'image sans pour autant restaurer l'illusion mimétique ni même son fondement visuel. Ainsi pourra-t-on présenter la phase hermétique comme une « erreur » liée à une crise personnelle – la destruction d'une grande partie de ces œuvres alimentant la démonstration – et réorienter l'histoire du cubisme dans le sens d'un réalisme par nature opposé à l'abstraction[20]. Il n'est pourtant pas certain que ce moment initial se résume à cette perspective unique. Et ce d'autant que la voix de Picasso à laquelle on fera abondamment référence – et à laquelle nous nous sommes arrêté jusqu'ici – reste largement postérieure aux faits. De là, sans doute, l'écart entre ce que les œuvres donnent à voir et ce que les discours affirment comme positions présupposées. C'est à cet écart qu'il nous faut revenir.

Lire Picasso avec Malevitch

À l'exception de Kandinsky[21], les pionniers de l'abstraction se sont tous situés par rapport aux recherches de Picasso. Entre 1907 et 1914, à chacune de ses étapes, l'œuvre a constitué un « détonateur » conduisant Mondrian, de l'hermétisme analytique au néoplasticisme[22], Tatline du collage à la « culture des matériaux[23] » et Malevitch – ainsi que l'indique le titre de son manifeste de décembre 1915 – du « cubisme au suprématisme[24] ».

Malevitch est sans doute celui qui a le plus écrit sur Picasso en revenant régulièrement à lui comme à un des moments décisifs de l'affirmation du « sans-objet ». Dans la revue ukrainienne *Nova Guénéretsia*, il publiera en 1929-1930 une série d'articles – à l'origine des notes de cours – qui forment une des premières histoires de l'art moderne[25]. À partir de la figure tutélaire de Cézanne, cette histoire retrace la prise de conscience de la spécificité d'une représentation méthodiquement émancipée de l'objet.

Malevitch y retrace l'avènement d'un langage plastique nouveau largement tributaire des innovations de Picasso. À ses yeux, celles-ci participent d'une recherche unique de « l'élément de contraste ». Dans cette perspective, les références de la réalité ne sont que des prétextes à construire l'image selon un principe de contraste qui justifiera aussi le recours à l'écriture dans la peinture[26]. Sans sortir d'une lecture strictement formaliste, Malevitch restaure l'œuvre dans cette tension dialectique qui, entre « motif intérieur » et réalité extérieure affirme ce qu'il nomme la « telquellité[27] » de la peinture. Celle-ci s'affirme à partir du mouvement antagoniste des plans, des textures et des structures linéaires. Pour Malevitch, l'abstraction apparaît à sa plénitude alors que le peintre procède désormais par assemblage et non plus par mélange :

> Ici, nous pouvons nous poser la question de savoir si cette œuvre est purement formelle ou bien si elle contient d'autres sensations encore. Est-ce que la construction formelle de ce tableau a un contenu quelconque ? Bien entendu, nous sommes obligés de répondre que dans ce tableau il n'y a rien d'autre que la structure colorée de l'esprit du peintre exprimée par son tempérament, l'acuité de son esprit exprimée à son tour par la comparaison contrastée des éléments…[28]

Pour Malevitch le sens du tableau réside dans sa logique interne davantage que dans son prétexte figuré. Celle-ci ouvre deux perspectives majeures qui renvoient alors à l'évolution récente de l'art moderne : la construction qui, pas à pas, se déploie à partir du champ pictural pour investir l'espace réel – c'est, notamment, la voie suivie par Tatline et, à sa suite, par le constructivisme – et le mouvement que Malevitch, reprenant l'évolution du futurisme au suprématisme, décrit comme « la navigation à l'intérieur même de la peinture à travers l'économie subtile de la couleur[29] » : une voie qui mêle philosophie et mystique en une même ascèse conceptuelle.

L'intérêt de ce texte réside moins dans la lecture non figurative donnée du cubisme de Picasso – d'un point de vue historique, celle-ci était déjà au centre de *De Cézanne au Suprématisme* de décembre 1915 – que de la dialectique qui va de la plastique pure à son inscription dans une forme toujours liée à l'expérience visuelle. Publié en 1929, l'essai de Malevitch se situe à un moment où lui-même entend ramener les principes suprématistes vers la représentation[30]. Non pour prolonger une tradition inféodée à l'illusion mimétique, mais pour parvenir à l'énonciation plastique d'un objet qui n'existe réellement que d'un point de vue pictural. Et d'affirmer : « Pour comprendre le tableau, il faut d'abord sentir et comprendre son aspect plastique car aucun autre aspect ne peut y exister[31]. » Comme Kandinsky bientôt, Malevitch souligne le caractère « concret[32] » de cette peinture qu'on serait encore tenté de qualifier d'abstraite ou de non figurative. Il en fera la démonstration à partir d'une œuvre maîtresse de Picasso, *Les Musiciens*, à travers laquelle il évoquera son propre retour à la figuration :

> Nous sourirons pour la seule raison que tous ces éléments, pris aux objets comme contrastes, sont revenus à leurs objets sans avoir perdu la signification réelle qui avait été montrée dans telle ou telle œuvre du cubisme.

> La barbe de l'un des musiciens est peinte par une série de lignes. Dans les premiers stades du cubisme, une telle barbe aurait servi de contraste et se serait trouvée à l'endroit où il aurait fallu souligner de façon plus tranchée ce contraste, mais elle n'aurait pas dépendu de la logique académique.
> Dans le présent cas, sa place est justifiée par la logique académique car cette barbe occupe une place conforme, c'est-à-dire qu'elle est rattachée au visage. Mais son rôle n'en a pas été changé pour autant, elle a gardé, ici aussi, sa signification invariable[33].

Pour Malevitch, l'expérience essentielle que constitue l'abstraction reste intégralement tributaire du cubisme qu'il distingue de la figuration sans pour autant le détacher de la représentation. À ses yeux, le cubisme, en premier, s'est émancipé d'une pensée visuelle fondée sur l'illusion pour affirmer la qualité concrète de la peinture en soi. Derrière son phrasé rocailleux fait d'ellipses et de ruptures, Malévitch anticipe l'interprétation que Picasso livrera, en 1945, en une formule aussi brillante qu'elliptique : « Ce qui est le plus abstrait est peut-être le comble de la réalité[34]. » Jamais écart ne fut plus ténu.

De l'impossibilité d'une lecture

La vision de Malevitch tend à déplacer la ligne d'opposition traditionnellement maintenue en France entre abstraction et figuration. Elle se déploie en une forme d'expérience extrêmement proche de celle dont Picasso lui-même se revendiquera au fil de ses interviews et entretiens. Cette lecture de l'œuvre ne recoupera pas les intérêts de la critique française. Sans doute faut-il lier ce « déficit » au contexte historique qui, dès 1914, assimila radicalisme non figuratif et barbarie germanique avant de l'associer à l'idéologie communiste qui balaiera la Russie. Dans ce cadre, le langage plastique né de la révolution cubiste devait se confondre avec une tentative de corruption des valeurs latines.

Pour Picasso, le moment est crucial. Isolé, meurtri par le décès d'Eva, en proie à la culpabilité de rester en marge du conflit, étranger et, dès lors, indigne aux yeux de certains, Picasso est aussi, pour une part, privé de son passé. Entaché de germanisme, le cubisme fait l'objet d'un rejet systématique entraînant à sa suite une abstraction que nombre de pionniers français, à l'instar de Léger, récusent pour revenir dans le giron d'une identité latine. Dans son *Commandement d'amour dans l'art après la guerre*, publié en 1917, Madame Aurel jette l'anathème sur un cubisme – le terme recouvre désormais l'ensemble de la culture non figurative d'avant-guerre – assimilé à un cosmopolitisme « métèque et rasta par son côté sur-combiné ». Et de lui opposer un « art véritable » qui serait « toujours terrien, même nationaliste, portant la trace de chaque lettre, même les tics de chaque nation[35] ». L'argument patriotique disqualifie donc le cubisme pour laisser la voie libre à un retour à la tradition. Comme l'a montré Kenneth Silver, celui-ci consacre le triomphe de la culture de « droite » sur celle d'avant-garde[36]. La critique conservatrice pourra sonner l'hallali contre les outrances d'avant la guerre.

Repris par Henri Focillon, l'argument trouvera un développement plus subtil. Tout en demandant aux artistes de « revenir à nous-mêmes, à notre passé, à nos origines les plus lointaines, à tous les monuments de nos efforts, à tous ce que nous avons donné d'intelligence et de vertu[37] », l'historien s'essaiera à distinguer cultures française et germanique :

> À travers ces images mêmes, une Allemagne obsédante apparaît. La pensée gréco-romaine, la pensée française classique s'adressent à la raison universelle, à l'homme de partout et de toujours. L'art de l'Allemagne moderne repose sur l'homme allemand, sur la raison allemande, sur la nature allemande [...]. Jamais l'on n'a été plus éloigné de l'esprit de la Renaissance des formes classiques de la pensée, de la méthode gréco-latine inventée non par la tribu mais par l'humanité entière[38].

Opposant à la rationalité française les dérives égotiques d'un romantisme germanique, la critique impose à la fois une condamnation et une réorientation de l'art moderne. À travers la rhétorique cubiste, la non-figuration constituerait une atteinte aux fondements de l'humanisme. Une forme de trahison envers la race latine en même temps qu'un abandon de l'ambition universaliste de cette culture. Cubisme et non-figuration sont désormais synonymes d'individualisme et de cosmopolitisme. L'argument marquera en profondeur entraînant à sa suite une révision de l'héritage moderniste jusqu'à l'impressionnisme. Lié à l'emphase du « je » sensible, celui-ci s'apparente au romantisme et, donc, aux « nébulosités de la métaphysique allemande[39] ». À Paris, l'heure n'est plus à la modernité, mais à un repli derrière l'héritage de la Renaissance. Si les plus conservateurs veulent sa condamnation, d'autres entendent la « corriger » en en renforçant les éléments de maîtrise puisés dans l'héritage méditerranéen. De Braque à Léger en passant par Delaunay, l'avant-garde parisienne suit le mouvement initié par Picasso avec son *Peintre et son modèle* de 1915, puis avec la série de dessins d'inspiration ingresque. Elle s'inscrit désormais dans un processus d'autolimitation qui, sous couvert « d'union sacrée », participe d'un mouvement général de « retour à l'ordre ».

De Cocteau à Breton : Picasso annexé

On connaît le rôle majeur que Cocteau joua dans l'accompagnement thématique de ce glissement en initiant le ballet *Parade*. Celui-ci devait consacrer la rencontre de l'avant-garde et de la « bohème » mondaine de la rive droite[40]. Avec la revue *Le Mot*, le poète développera un argumentaire singulier invitant l'avant-garde à mesurer « jusqu'où on peut aller trop loin ». Il installera surtout Picasso au centre d'une mondanité dont le peintre tirera – pleinement et durablement – parti. L'opération passera par la liquidation des thèmes cubistes que, dans *Le Coq et l'arlequin*, Cocteau jugera « hermétiques, anarchiques et insipides[41] ». Sous couvert de la guerre, l'écrivain s'arroge un droit d'inventaire pour sauver de la confusion, selon son expression, les chefs-d'œuvre de « pure tradition française » de « la pacotille de Munich ». Le cubisme fait ainsi l'objet d'un travail de réécriture placé sous le signe du « juste milieu » et de l'éclectisme mondain. L'essai qu'il consacre à Picasso en 1923 en témoigne[42]. L'heure est à la recomposition de l'idéal classique sous le jour de *L'Esprit nouveau*. À travers lui, le vocabulaire cubiste fait l'objet d'une révision ébauchée par Apollinaire lui-même dans sa « Lettre au Mercure de France[43] ». S'attachant à la raison – contre le subjectivisme – et à la maîtrise de soi – contre l'épanchement hermétique – le poète y soulignait la valeur latine du cubisme de Braque comme de Picasso. Cocteau en reprendra l'argument dans *Le Coq et l'arlequin*. À ses yeux, le cubisme ne constitue plus l'avant-garde culturelle d'une invasion armée. Après la victoire, il redevient une invention française pillée par l'Allemagne qui l'a détournée de ses valeurs fondamentales. L'abstraction fait figure de « monstre fleur sans odeur » étranger au génie latin du cubisme. Ainsi s'affirme l'exigence, pour l'avant-garde française, de se détourner d'une perspective non figurative qui apparaît désormais comme étrangère à sa tradition culturelle.

À Cocteau succédera Breton. La lecture de l'œuvre de Picasso variera tout en poursuivant une même orientation. Dès la première livraison du *Surréalisme et la peinture* – dans le numéro 4 de *La Révolution surréaliste* –, André Breton s'attache à redéfinir le concept de représentation à partir de la notion de « modèle intérieur[44] ». Celle-ci se révèle étroitement tributaire des recherches de Picasso. Sa critique de la mimésis – prendre pour référent la réalité extérieure lui apparaît comme une « abdication inexcusable[45] » – n'ouvre pourtant pas la voie à une restauration du principe de non-figuration comme expérience libératrice. Sur le terrain théorique, Breton ne s'oppose pas à l'abstraction, il en fait un « non-problème » en déplaçant l'attention vers l'automatisme psychique pur dont le « modèle intérieur » constitue le fondement :

> L'œuvre plastique, pour répondre à la nécessité de révision absolue des valeurs réelles sur laquelle aujourd'hui tous les esprits s'accordent, se référera donc à un modèle purement intérieur, ou ne sera pas[46].

Malgré des accents qui témoignent de l'incidence du concept de « nécessité intérieure » cher à Kandinsky, le « modèle intérieur » de Breton reste tributaire d'un fondement visuel. Il s'agit bien de visualiser une réalité qui, pour différente qu'elle se revendique, reste intégralement constituée en objet. Mais le regard est devenu intérieur selon la métaphore – employée par Ernst à propos de Magritte – d'une « carte postale d'un rêve peinte à la main ». À la fois témoignage d'un voyage mené hors des conventions d'usage et fenêtre ouverte sur un lieu qui reste attaché au principe de réalité. Si Breton s'attaque à la raison par l'automatisme psychique pur, il entend néanmoins conserver, tout en l'élargissant, l'ordre de la représentation. Le processus d'abstraction se confond avec un retour à l'origine où, selon le théoricien central du surréalisme, rêve et réalité se confondent en un même mystère : celui d'une « réalité absolue[47] ».

L'œuvre de Picasso a orienté de façon significative cette redéfinition du principe de représentation en fonction du « modèle intérieur[48] ». Sous la plume de Breton, l'abstraction restera tout au long des années 1930 synonyme de gratuité et d'hermétisme derrière lesquels se retranchent des groupuscules artistiques hostiles au surréalisme et à son marché naissant. De Cocteau à Breton, Picasso apparaît définitivement ancré dans le « continent futur » de la figuration acquise au « sur-réel ». Aux explorations multiples d'avant 1914 – à ces quatre phases que Malevitch analysa pour consacrer la « telquellité » de la peinture – succède une aptitude à multiplier les styles dans un éclectisme jubilatoire que la critique accompagnera pas à pas… sans jamais réinvestir l'expérience initiale qui fit de Picasso un pionnier de l'abstraction au XXe siècle. Ne répondant pas aux conditions de l'identité culturelle française, le mythe ne prit pas corps.

Ce texte est la version revue et amplifiée de « Un mythe interdit, Picasso fondateur de l'abstraction », in *Laurence Bertand Dorléac et Androula Michael,* Picasso l'objet du mythe, *École nationale supérieure des Beaux-Arts de Paris, 2005.*

NOTES

1. Voir L. Bertrand-Dorléac et A. Michael, *Picasso. L'objet du mythe*, École nationale supérieure des Beaux-Arts de Paris, 2005.
2. À ce sujet, on se reportera à quelques références actuelles : si le texte de Mark Roskill qui accompagne l'exposition *Abstraction in the Twentieth Century ; Total Risk, Freedom, Discipline* (New York, Guggenheim Museum, 1996) fait la part belle au cubisme de Picasso, le catalogue de l'exposition *Aux origines de l'abstraction 1800-1914* (Paris, Musée d'Orsay, 2003-2004), sous couvert de sa perspective synesthésique, n'accorde aucune place au cubisme.
3. A. Bahr, *Cubism and Abstract Art* [1936], Cambridge-Londres, The Belknap Press, 1986.
4. A. Gaultier, *L'Abécédaire du cubisme*, Flammarion, 2002, p. 29.
5. *Ibid.*, p. 35.
6. P. Daix, *Dictionnaire Picasso*, Laffont, coll. « Bouquins », 1995, p. 47.
7. En ce qui concerne ce volet, voir *Abstraction et Ornement. Art des cultures, art moderne et art contemporain : une mise en regard*, Bâle, Fondation Beyeler, 2001.
8. J'ai développé cet aspect, à propos de Miró dont le positionnement recoupe par bien des points celui de Picasso *in* « Sous la voûte de la maison de ciel bleu. Miró à l'épreuve de l'abstraction » in *Miró peintre-poète*, Bruxelles, ING, 2011, p. 189-212.
9. E. Cowling, *Picasso. Style and Meaning*, Londres, Phaidon, 2002, p. 452-502.
10. La dialectique non-figuration-destruction est développée *in* N. Staller, *A Sum of Destructions. Picasso's Cultures and the Creation of Cubism*, New Haven-Londres, Yale University Press, 2001.
11. P. Picasso cité *in* F. Gilot et C. Lake, *Vivre avec Picasso*, Calmann-Lévy, 1963, p. 252.
12. P. Picasso cité *in* Ch. Zervos, « Pablo Picasso », *Cahiers d'art*, 1935, p. 177.
13. Au sens où Kandinsky l'a définie en russe en employant le terme *abstraktia* qui évoque un processus de nature symboliste de décantation de la réalité pour en condenser la portée subjective inscrite dans l'expérience unique de l'action remémorée et du geste pictural. À ce sujet, voir le texte de Kandinsky intitulé *Réflexions sur l'art abstrait* publié par les *Cahiers d'art* de Zervos en 1935 précisément (*in* V. Kandinsky, *Correspondance avec Zervos et Kojévé*, Cahiers du Musée national d'art moderne [hors-série/archives], 1992). À propos de la notion d'art concret, le lecteur se reportera au texte d'Alexandre Kojévé, *Les Peintures concrètes (objectives) de Kandinsky* in *Ibid.*, p. 177-193.
14. W. Worringer, *Abstraction et* Einfühlung, présentation D. Vallier, Klincksieck coll. « L'Esprit et les formes », 1986.
15. P. Picasso cité *in* F. Gilot et C. Lake, *op. cit.*, p. 253.
16. À propos de l'incidence de la pensée de Bergson sur le cubisme, voir M. Antliff, *Inventing Bergson. Cultural Politics and the Parisian Avant-Garde*, Princeton, Princeton University Press, 1993.
17. Cette proximité mériterait un plus ample développement. Et ceci d'autant que Kandinsky est le seul, parmi les pionniers de l'abstraction à ne pas être passé par cette expérience fondamentale que constituera le cubisme. Analytique pour Mondrian, Delaunay, Léger, Picabia, Boccioni et autres Larionov. Synthétique pour un Malevitch ou un Tatline.
18. P. Picasso cité *in* F. Gilot et C. Lake, *op. cit.*, p. 253.
19. A. Breton, *Les Pas perdus*, [1924], in *Œuvres complètes*, I, Gallimard, coll. « Bibliothèque de la Pléiade », 1988, p. 275.

20. « [...] Picasso n'a jamais participé à l'art abstrait dont il rejetait le principe et dont il est écarté par les historiens de cet art ». P. Daix, *op. cit.*, p. 2.
21. Encore faut-il souligner la place que Kandinsky réserve à la période bleue de Picasso dans son *Du Spirituel dans l'art* édité en novembre 1911.
22. À ce propos, on se reportera aux propos de Mondrian dans son essai autobiographique « Toward the True Vision of Reality » [1941] in *The New Art-The New Life. The Collected Writtings of Piet Mondrian*, édités et traduits par H. Holtzman et M.S. James, Londres, Thames & Hudson, 1986, p. 338-339. En ce qui concerne la période cubiste de Mondrian, voir C. Blotkamp, *Mondrian. The Art of Destruction*, Londres, Reaktion Books, 1994, p. 82-127.
23. Voir *Vladimir Tatlin Retrospektive*, Düsseldorf, Städtische Kunsthalle, 1993, p. 17-34.
24. C. Malevitch, « Du cubisme au suprématisme. Le nouveau réalisme pictural » [1915], in *Écrits*, I. *Tous les traités et manifestes publiés de 1915 à 1925*, traduction de V. et J.-C. Marcadé avec V. Schiltz, préface et présentation de J.-C. Marcadé, Lausanne, L'Âge d'Homme, 1974, p. 33-43. En ce qui concerne la période cubiste de Malevitch, voir J.-C. Marcadé, *Malevitch*, NEF-Casterman, 1990, p. 94-101.
25. K. Malevitch, *Écrits*, III. *Les Arts de la représentation. Izologia*, traduit de l'ukrainien et annoté par V. et J.-C. Marcadé, Lausanne, L'Âge d'Homme, 1994.
26. *Ibid.*, p. 45.
27. Malevitch (*Ibid.*, p. 52) définit la « telquellité » de la peinture en renvoyant à la notion de beauté telle que Braque l'a définie en 1908-1909 en l'opposant au caractère concret – synonyme de « telquellité » – de la femme représentée par Braque : « Je dois [...] créer une nouvelle sorte de beauté, la beauté qui m'apparaît en termes de volume, de ligne, de masse, de poids, et à travers cette beauté, j'interprète mon impression subjective. »
28. *Ibid.*, p. 46.
29. *Ibid.*, p. 48.
30. On notera que ce retour vers la figuration passe par l'exploration systématique des différents stades de l'art moderne depuis l'impressionnisme de Cézanne et, surtout, de Renoir.
31. K. Malevitch, *op. cit.*, p. 52.
32. Voir les nuances apportées, notamment par Kandinsky dans ses textes « art concret », « La valeur d'une œuvre concrète », « Abstrait ou concret ? » ainsi que L'art abstrait et concret » publiés à partir de 1938. Voir *Complete Writtings on Art*, édité par K.C. Lindsay et P. Vergo, New York, Da Capo Press, 1994. On ajoutera à ce débat le texte du neveu de Kandinsky, le mathématicien et philosophe Alexandre Kojévé « le pur réalisme est abstrait » (cité *in* « Les peintures concrètes (objectives) de Kandinsky » [1936] in *Revue de métaphysique et de morale*, XC, n° 2, avril-juin 1985, p.158. Le texte a fait l'objet d'une édition enrichie de la correspondance *in* V. Kandinsky, *Correspondance avec Zervos et Kojévé*, Cahiers du Musée national d'art moderne (hors-série/archives), 1992, p. 177-193).
33. K. Malevitch, *op. cit.*, p. 52.
34. P. Picasso cité *in* F. Gilot et C. Lake, *op. cit.*, p. 107.
35. Aurel, *Commandement d'amour dans l'art après la guerre*, Édition du Carmel,1917, p. 6.
36. K. Silver, *Vers le retour à l'ordre. L'Avant-Garde parisienne et la Première Guerre mondiale*, Flammarion, 1989.
37. H. Focillon, *Les Évocations françaises : les pierres de France*, H. Laurens, 1919, p. II.
38. Id., *Technique et sentiment. Études sur l'art moderne*, H. Laurens, 1919, p. 167 et 175.
39. On renverra ici, à titre d'exemple, aux textes d'André Lhote qui lie la subjectivité au centre de l'esthétique impressionniste à l'œuvre de Rousseau. Et de récuser, pêle-mêle, avec l'impressionnisme « la religion de l'instinct, du don pur, négation de tout principe, innovation totale, anarchie ». A. Lhote cité *in* K. Silver, *op. cit.*, p. 183.
40. K. Silver, *op. cit.*, p. 100-114.
41. J. Cocteau, *Le Coq et l'arlequin* [1918], Stock, 1948, p. 62.
42. Id., *Picasso*, Stock, 1948, p. 248-267.
43. Voir G. Apollinaire, « Lettre au *Mercure de France* » in *Chroniques d'art 1902-1918*, Gallimard, coll. « Idées », 1960, p. 534-536. On ajoutera à cette question l'excellente contribution de A. Baldassari, « Picasso sur-réaliste » in *Picasso surréaliste*, Bâle, Fondation Beyeler, 12 juin-12 septembre 2005, p. 40-53.
44. Sur cette notion voir J. Pierre, *André Breton et la peinture*, Lausanne, L'Âge d'Homme, coll. « Cahiers des Avant-Gardes », 1987, p. 97-105.
45. A. Breton, *Le Surréalisme et la peinture* [1928], Gallimard, 1965, p. 4.
46. *Loc. cit.*
47. A. Breton, *Manifeste du surréalisme* [1924], in *Œuvres complètes*, I, *op. cit.*, p. 319.
48. Voir E. Rubio, *Les Philosophies d'André Breton (1924-1941)*, Lausanne, L'Âge d'Homme, coll. « Bibliothèque Mélusine », 2009.

Picasso et cinquante ans de surréalisme
(1916 à 1966)

Fabrice Flahutez

La trajectoire de Picasso a souvent, pour ne pas dire toujours, rencontré celle du surréalisme. L'histoire de l'art s'est attachée jusqu'ici à montrer les résonances formelles de la peinture du maître avec les développements du surréalisme, l'accompagnant dans bien des ruptures que l'avant-garde avait fomentées contre les modèles dominants de l'époque. Pourtant, on dénombre moins d'études sur la façon dont le surréalisme a pu considérer à la fois l'œuvre et l'artiste. Il fut l'ami de bien des membres du groupe sans toutefois jamais participer aux déclarations collectives, qui seules permettent de mesurer l'implication des uns et des autres aux activités du mouvement. Pablo Picasso n'est donc pas surréaliste et pourtant sa présence aux expositions surréalistes et sa prégnance sur le mouvement sont continues. Pour quelles raisons, Pablo Picasso est-il si souvent cité comme référence au surréalisme à la fois par les surréalistes eux-mêmes et par les exégètes du peintre catalan ? Pour comprendre une telle proximité, il faut revenir sur l'histoire du mouvement lui-même dont la naissance est inséparable de l'œuvre de Picasso. En effet, le mot « sur-réalisme » trouve son origine dans le programme de Guillaume Apollinaire pour le ballet *Parade* en mai 1917 pour lequel Picasso dessine les costumes, le rideau et les décors. Le mot fait aussi son apparition dans *Les Mamelles de Tirésias* en juin 1917. Et pendant l'été 1917, Breton, avec la collaboration d'Aragon et de Soupault, a le projet d'un livre sur les peintres modernes dont Picasso est une des clefs d'entrée. Pour les surréalistes, il ne fait pas de doute que Picasso introduit par son œuvre une rupture dans la représentation qui va dans le sens d'une insurrection contre la société de l'époque dans son ensemble. En décembre 1921, Breton conseille au couturier, collectionneur et mécène Jacques Doucet d'acquérir *Les Demoiselles d'Avignon* en même temps qu'il achète, pour son propre compte, des dessins et tableaux du peintre espagnol. Le grand tableau de Picasso avait été vu par Breton dès 1916 à l'exposition *L'Art moderne en France* organisée par Paul Poiret : Breton y retrouvait sa fascination d'adolescent lorsqu'il avait vu pour la première fois les reproductions de faible qualité du *Joueur de clarinette*, des constructions en bois de natures mortes et de *La Femme en chemise* dite aussi *Femme aux seins dorés* dans la revue d'Apollinaire *Les Soirées de Paris*, qui paraissait en 1913-1914[1]. Il est important de revenir sur tous les souvenirs anciens et antérieurs à l'idée même de surréalisme tant ils seront déterminants dans les modalités d'appropriation des œuvres du peintre par le surréalisme. Le tableau *Les Demoiselles d'Avignon* « est un symbole pur, déclare Breton dans une lettre à Doucet, comme le tableau chaldéen, une projection intense de cet idéal moderne, que nous n'arrivons à saisir que par bribes… », ce qui corrobore la définition bretonienne de la peinture telle qu'il l'écrit également dans un article intitulé *Distances* qui paraît dans *Paris-Journal* le 23 mars 1923 et qui sera repris dans *Les Pas perdus*. La peinture est un lieu inconnu qui ne saurait être assujetti à une obligatoire captation du réel, mais au contraire serait le fruit d'une projection tout intérieure.

Le recueil de poèmes *Clair de Terre,* publié en 1923, est illustré d'un portrait d'André Breton par Picasso et la livraison du premier numéro de la revue *La Révolution surréaliste* en décembre 1924 reproduit une guitare relief et le portrait photographique de Picasso parmi les autres membres du groupe, en hommage à Germaine Berton. Il serait facile, à partir de cet exemple, d'en conclure l'appartenance de Picasso au surréalisme, mais la question est plus complexe et met en lumière à la fois les modes de fonctionnement du groupe et les actions collectives qui convoquent parfois d'autres aréopages, plus ouverts et aux géométries variables. Cependant, *La Révolution surréaliste* devient une tribune importante pour exposer les travaux et les œuvres de Picasso puisqu'à chaque livraison (à l'exception des numéros 3, 8, et 12), des tableaux illustreront des textes théoriques du surréalisme. La proximité des images et des textes laisse imaginer au lecteur que Picasso est un des leurs, si ce n'est un peintre proche du mouvement et de ses idées. De cette alliance de papier, Picasso œuvre en quelque sorte pour le surréalisme dans sa volonté de reformer l'entendement humain et de changer la vie. Le numéro 4 du mois de juillet 1925 ne reproduit pas moins de cinq illustrations *Les Demoiselles d'Avignon*, *Jeune fille dansant devant une fenêtre (Les Trois Danseuses)*, *Arlequin musicien* et *Étudiant* (*Homme à la moustache*) et *L'Écolière*, ainsi qu'un texte fondateur pour le surréalisme intitulé « Le Surréalisme et la peinture ». « L'œuvre plastique, écrit André Breton dans ce texte, pour répondre à la nécessité de révision absolue des valeurs réelles [...], se référera donc à un modèle purement intérieur, ou ne sera pas. Voici quinze ans que Picasso, explorant lui-même cette route, y a porté fort avant ses mains pleines de rayons. Nul avant lui n'avait osé y voir. [...] C'est à ces multiples égards que nous le revendiquons hautement pour un des nôtres, alors même qu'il est impossible et qu'il serait du reste impudent de faire porter sur ses moyens la critique rigoureuse que, par ailleurs, nous nous proposons d'instituer. Le surréalisme, s'il tient à s'assigner une ligne morale de conduite, n'a qu'à en passer par où Picasso en a passé et en passera encore ; j'espère en disant cela me montrer très exigeant. » On peut donc affirmer que Picasso entre « en » surréalisme malgré lui, et ce, comme beaucoup d'autres peintres, sculpteurs, poètes, indépendamment de leur volonté car le surréalisme construit son panthéon bien à lui, ayant pour velléité de remodeler la sensibilité contemporaine. Il faut dire qu'André Breton insiste sur le fait qu'il s'agit du *surréalisme et la peinture* et non de la peinture surréaliste. Le surréalisme est une avant-garde et ne saurait être une école de style. Et Picasso sert de lien évident, comme l'écrit Breton dans le numéro 4 de sa revue : « On a dit qu'il ne saurait y avoir de peinture surréaliste. Peinture, littérature, qu'est-ce là, ô Picasso, vous qui avez porté à son suprême degré l'esprit, non plus de contradiction, mais d'évasion ! Vous avez laissé pendre de chacun de vos tableaux une échelle de corde, voire une échelle faite avec les draps de votre lit, et il est probable que, vous comme nous, nous ne cherchons qu'à descendre, à monter de notre sommeil. » André Breton voit en Picasso mais aussi en Braque des artistes qui ont su quitter la simple représentation extérieure pour l'expression d'un modèle intérieur. Les surréalistes vont alors presque naturellement se rapprocher de Picasso et préempter l'œuvre pour lui servir d'assise théorique. De son côté, Picasso trouvera auprès de ces jeunes trublions une émulation sans pareille mesure. Lors de la présentation du Ballet russe *Mercure* par Léonide Massine en juin 1924, et pour lequel Picasso a fait décor et costumes, les surréalistes créent le scandale parce qu'ils jugent celui-ci bien trop connoté. La presse, notamment le *Paris-Journal* du 20 juin 1924 et le *Journal littéraire* du lendemain, publie un « hommage à Picasso » signé par le groupe[2] et dans lequel ils écrivent : « Après un si grand nombre de manifestations anodines dans le domaine de l'art et de la pensée, qui allèrent ces dernières années jusqu'à faire perdre de vue leur objet même et le sens de l'évolution qui seul importe, alors que le public et la critique s'accordent à n'encourager que la médiocrité et les concessions de toute nature, nous tenons à témoigner de notre profonde et totale admiration pour Picasso qui, au mépris des consécrations, n'a jamais cessé de créer l'inquiétude moderne et d'en fournir toujours l'expression la plus haute. Voici qu'avec *Mercure* il provoque à nouveau l'incompréhension générale, en donnant toute la mesure de son audace et de son génie. À la lueur de cet événement, qui revêt un caractère exceptionnel,

Picasso, bien au-delà de tous ceux qui l'entourent, apparaît aujourd'hui la personnification éternelle de la jeunesse et le maître incontestable de la situation. » Louis Aragon joue également la surenchère sur une autre page du même journal où il encense le travail du peintre. « Je pense de ce *ballet*, écrit Aragon, que jamais rien de plus fort n'a été porté au théâtre ; il est aussi la révélation d'une manière entièrement nouvelle de Picasso, qui ne doit rien au cubisme ni au surréalisme, et qui dépasse le cubisme comme celui-ci le réalisme. » Après ces quelques anecdotes historiques, il est plus aisé de comprendre ce qui rapprochera Picasso des surréalistes ; une même envie de rompre les liens à l'égard d'une certaine vision conventionnelle et sclérosée du monde. La parution du *Premier Manifeste du surréalisme* en 1924 préempte officiellement les artistes et poètes dont Picasso, « le plus pur », en précisant ce qu'il y a de surréaliste chez eux. Même « [s'] ils ne sont pas toujours surréalistes, écrit Breton, en ce sens que je démêle chez chacun d'eux un certain nombre d'idées préconçues auxquelles [...] ils tenaient. [C'est] parce qu'ils n'avaient pas *entendu la voix surréaliste.* » Dès la mi-novembre 1925, Pablo Picasso est alors exposé à la galerie Pierre aux côtés d'André Masson, Joan Miró, Hans Arp, Max Ernst, Giorgio De Chirico, Pierre Roy, avec pour intention de montrer combien la poésie s'affranchit des conventions dans lesquelles elle ne se reconnaît pas. L'ouverture d'une galerie surréaliste et du siège des éditions surréalistes rue Jacques-Callot en mars 1926 permet l'exposition des peintres surréalistes, mais aussi de Picasso confirmant son appartenance à un certain état d'esprit qu'incarnait le mouvement d'André Breton. De la même manière, en février-mars 1930, la galerie Goemans, rue de Seine, présentera une exposition autour du collage dont le catalogue est préfacé par Louis Aragon. Le texte d'Aragon intitulé *La Peinture au défi*, élabore une histoire du collage, dont Picasso fait partie, mais dont les conclusions l'éloignent de la pratique cubiste pour l'inscrire plus généralement dans une histoire de l'art du XXe siècle. Le subtil basculement théorique qui s'opère permet de faire du peintre espagnol un imagier du surréalisme. À nouveau, l'Exposition surréaliste organisée du 7 au 18 juin 1933 à la galerie Pierre Colle à Paris réunit Picasso parmi Duchamp, Miró, Péret, Man Ray, Tanguy, Tzara, Magritte, Hugnet, Giacometti, Ernst, Éluard, Arp, Char, Crevel, Dalí, etc., tandis que le *Bulletin international du surréalisme*, publié à partir d'avril 1935 à Prague, mentionne Picasso comme collègue de travail et a pour ambition d'établir un état des lieux du politique en Europe. En mai 1936, Breton organise l'exposition surréaliste d'objets à la galerie Charles Ratton où les objets de Picasso côtoient ceux de Duchamp ou de Max Ernst. On retrouve aussi la collaboration de Picasso aux « cartes surréalistes garanties » de 1937 parmi 20 autres artistes, confirmant ainsi son implication dans l'actualité du groupe, même si celle-ci annonce de façon prémonitoire la rupture pour cause d'incompatibilité politique avec le mouvement. La carte est illustrée d'un rébus qui se lit comme suit : « L'achat de cette carte porte malheur ». *Le Dictionnaire abrégé du surréalisme*, publié simultanément à l'exposition de 1938, témoigne quant à lui du travail collectif de Picasso dont les contributions se résument aux mots « eau », « fenêtre », « lion », « Ophélie », tandis qu'il est représenté par trois œuvres retraçant différentes périodes de sa production. Pablo Picasso sera donc montré dans de nombreuses expositions, dont les plus prestigieuses expositions internationales du surréalisme en 1936 à Londres, en 1938 à Paris, en 1942 à New York (avec l'intention, déjà, d'en dépasser poétiquement les enjeux), et en 1965 à Paris. Jusqu'à la fin des années 1930, l'artiste catalan est donc omniprésent dans les développements du groupe et dans l'orientation qu'il prend tant sur le plan esthétique que politique. Au-delà des expositions, Picasso est aussi préempté par le surréalisme pour servir, comme il est annoncé en préambule, d'assise théorique au groupe parisien. Le premier numéro de la célèbre revue *Minotaure* qui paraît en 1933 est illustré d'une couverture spécialement composée par Picasso, tandis que de nombreuses pages lui sont consacrées. André Breton rédige pour l'occasion un texte fondateur intitulé « Picasso dans son élément », où le peintre est décrit comme un esprit constamment et exclusivement inspiré et capable de tout poétiser et de tout ennoblir. Dans ce texte, le figuier et le plumeau rouge s'assemblent pour donner naissance à un bien fugace objet poétique dans le sillage de Lautréamont. Les piles de paquets de cigarettes vides forment une structure bicolore qui répond au vase coloré par un jeu de reflets avec le miroir sur la cheminée. L'atelier est une œuvre, un athanor où se forgent les plus inattendues propositions poétiques avec les matériaux les plus incongrus. C'est ce rapport au monde qui place Picasso comme le plus surréaliste d'entre eux. André Breton fait judicieusement infléchir les collages ou la sculpture vers la « rencontre » surréaliste, tandis que le collage n'est plus cubiste désormais, mais intervient comme irruption du merveilleux. La sculpture s'anime sous l'objectif de Brassaï pour inventer un univers qui fait peur et donc qui émerveille. Les moindres objets sont décrits comme faisant partie d'un processus créatif, conformément aux principes même du surréalisme qui prône sans cesse d'utiliser des techniques en devenir pour éprouver le dérèglement des sens. Paul Éluard, quant à lui, revient dans « Physique de la poésie » qui paraît dans le numéro 6 (hiver 1935) sur le fait qu'à « partir de Picasso, les murs s'écroulent. » : « La peinture ne renonce pas plus à sa réalité qu'à la réalité du monde. Il [Picasso] est devant un poème comme le poète devant un tableau. Il rêve, il imagine, il crée. » À la fin du mois de décembre 1935, André Breton s'attarde longuement sur le Picasso poète dans un texte qui paraît dans la revue les *Cahiers d'art* (n° 7-10) de Christian Zervos au début de l'année 1936. « Cette poésie, écrit Breton, je dis que par définition rien ne permet de lui assigner un terme connu et cela parce qu'elle est le fait d'un homme en proie à une soif de prospection qui s'est avérée inassouvissable, du contempteur-né de tous les poncifs, de celui qui par excellence peut parler de "prendre les ailes à son cou". [...] Dans cette poésie, qui a pour fond éternel l'immensité de ce que Picasso a vu, lui qui a vu non moins que Rimbaud "ce que l'homme a cru voir", c'est merveille que se joue ainsi en toute nouveauté tout le drame du cœur. » *L'Anthologie de l'humour noir* que Breton tente en vain de publier – à cause de la censure du gouvernement français en 1940 – appuie une nouvelle fois les poèmes de Picasso tout en prenant le soin de montrer que l'artiste puise dans son univers quotidien la « brocante » qui nourrira son œuvre. « Les tableaux, dit Picasso (et repris par Breton), on les fait toujours comme les princes font leurs enfants : avec des bergères. On ne fait jamais le portrait du Parthénon ; on ne peint jamais un fauteuil Louis XV. On fait des tableaux avec une bicoque du Midi, avec un paquet de tabac, avec une vieille chaise. » On peut cependant affirmer que la relative, mais durable idylle entre Picasso et le surréalisme, est toutefois consommée dès les prémices de 1938 et ne sera effective qu'après guerre. Le point d'achoppement est bien sûr le rapprochement qu'opère Picasso à l'égard du Parti communiste français. Puis, la guerre sépare les hommes et bien des surréalistes partent pour New York. André Breton et Marcel Duchamp organisent en octobre 1942 une exposition internationale du surréalisme à la Madison Avenue Gallery à New York dont le titre explicite est *First Papers of Surrealism.* Le catalogue qui est publié, pour rendre compte de la manifestation, s'intitule *De la survivance de certains mythes et de quelques autres mythes en croissance ou en formation.* André Breton y réalise un montage avec *La Crucifixion* (1930) en partie cachée par l'As de coupe du tarot de Marseille qui vient contester, par son emplacement occultant, les anciens mythes tel celui du christianisme. Ce choix n'est pas anodin et renseigne sur l'état d'esprit du surréalisme, aux heures les plus sombres de l'histoire, enclin à condamner une fois encore la position de l'Église, quitte à utiliser un tableau de celui qui faisait figure de « libérateur de l'esprit ». Au-delà de cette prise de position, André Breton relèvera dans ses conférences à Haïti (fin 1945-début 1946), longtemps inédites, toute la place qui revient à Picasso ne négligeant pas ses zones d'ombre. L'Occupation aura donc obligé le surréalisme à l'exil ou à la clandestinité de 1941 à 1945, mais n'aura pas réussi à museler les activités du mouvement qui se reconstitue en Amérique. Il faut alors attendre la Libération pour que le Salon d'automne de 1944 (au Palais des beaux-arts de la Ville de Paris) propose une salle surréaliste et une salle dédiée à Picasso. C'est à l'avant-veille de l'ouverture de ce Salon, le mercredi 4 octobre 1944, que Picasso adhère au Parti communiste français en présence de Louis Aragon, Paul Éluard, Joseph Billiet (directeur général des Beaux-Arts), Francis Jourdain, Jacques Duclos. Paul Éluard publie dans *L'Humanité* du 5 octobre l'article « Promesse inouïe », dans lequel il déclare avoir « vérifié la noblesse de l'intelligence et du cœur en entendant Picasso remercier le peuple de France en adhérant à son plus grand parti : celui des fusillés ». Il faut dire que les surréalistes en exil ne sont pas encore rentrés en France et que l'on ne sait pas encore s'ils rentreront. Le contexte est donc presque évidemment recentré sur les deux principaux acteurs de l'intelligentsia parisienne que sont Aragon et Éluard. On peut comprendre également que Picasso trouve dans le Parti communiste des intellectuels prêts à défendre une certaine conception de l'art et dont les actes de résistance aux forces nazies ont été particulièrement significatifs. La nouvelle de cette adhésion est si importante qu'elle fait le tour du monde de la presse d'opinion. Le journal marxiste *New Masses* demande expressément à *L'Humanité* d'interviewer Picasso afin d'en instruire les lecteurs américains. L'entretien est publié également en français dans *L'Humanité* du dimanche 29 et lundi 30 octobre 1944 sous le titre « Pourquoi j'ai adhéré au Parti communiste ». « J'aimerais beaucoup mieux vous répondre par un tableau, déclare Picasso ; je ne suis pas écrivain, mais puisqu'il n'est pas très facile d'envoyer mes couleurs par câble, je vais essayer de vous dire… C'étaient là mes armes, pénétrer toujours plus avant dans la connaissance du monde et des hommes, afin que cette connaissance nous libère tous chaque jour davantage ; j'ai essayé de dire, à ma façon, ce que je considérais comme le plus vrai, le plus juste, le meilleur, et c'était naturellement toujours le plus beau, les plus grands artistes le savent bien. […] Je suis allé vers le Parti communiste sans la moindre hésitation, car au fond j'étais avec lui depuis toujours, Aragon, Éluard, Cassou, Fougeron, tous mes amis le savent bien ; si je n'avais pas encore adhéré officiellement, c'était par "innocence" en quelque sorte, parce que je croyais que mon œuvre, mon adhésion de cœur était suffisante, mais c'était déjà mon Parti. N'est-ce pas lui qui travaille le plus à connaître et à construire le monde, à rendre les hommes d'aujourd'hui et de demain plus lucides, plus libres, plus heureux ? N'est-ce pas les communistes qui ont été les plus courageux aussi bien en France qu'en URSS ou dans mon Espagne ? Comment aurais-je pu hésiter ? La peur de m'engager ? Mais je ne me suis jamais senti plus libre au contraire, plus complet ! Et puis, j'avais tellement hâte de retrouver une patrie : j'ai toujours été un exilé, maintenant je ne le suis plus ; en attendant que l'Espagne puisse enfin m'accueillir, le Parti communiste français m'a ouvert les bras, j'y ai trouvé tous ceux que j'estime le plus, les plus grands savants, les plus grands poètes, et tous ces visages d'insurgés parisiens si beaux que j'ai vus pendant les journées d'août, je suis de nouveau parmi mes frères ! » Lorsqu'André Breton rentre à Paris en 1946, l'adhésion de Picasso au PCF crée une rupture entre les deux hommes qui sera définitive. On retrace cependant la déception d'André Breton bien avant son retour dans la correspondance qu'il adresse à son ami Benjamin Péret le 23 février 1945 : « Ceci dit, écrit Breton à Péret, certains de nos anciens amis tiennent à Paris le haut du pavé ! On me décrivait, hier encore, une photographie publiée par un journal polonais dans laquelle on peut voir, conduisant une manifestation commémorative quelconque, MM. Aragon, Éluard et Picasso, dans un cimetière. Picasso, comme tu sais sans doute, vient d'ailleurs d'être envoyé au front avec le grade de lieutenant (promu par décret spécial de De Gaulle) pour y prendre des croquis. Éluard dénonce dans une revue (qui ne s'appelle rien moins que la *Revue Éternelle*) toute poésie et tout art qui ne sont pas immédiatement applicables à l'action telle que ces messieurs l'envisagent. Quant à Aragon, inutile d'insister n'est-ce pas ? (Les fils de Strasbourg qui tombèrent / N'auront pas vraiment péri / si leur sang rouge refleurit / sur le chemin de la patrie / Et s'y dresse un nouveau Kléber.) Je lis assez attentivement les journaux de Paris, parmi lesquels seuls *Combat*, *Volontés* et *Action*, issus de la résistance sont mentionnables. Atmosphère empestée. Sartre, de passage à New York et que j'ai vu longuement, témoigne de l'étranglement de la presse et parle d'une "terreur" Aragon (selon lui il serait dangereux de formuler la moindre critique sur la qualité des "poèmes" de celui-ci, des dénonciations anonymes mais très effectives s'ensuivraient immédiatement), etc. » Le 14 août 1946, Breton alors à Houlgate en Basse-Normandie, écrit à nouveau à son ami poète pour l'informer de son sentiment à l'égard de Picasso : « Pas jugé bon de revoir Picasso, écrit Breton, de qui je n'ai pas oublié les termes d'adhésion au PC, câblés à toutes les agences étrangères et de la présence à droite de l'abbé Morel conférenciant sur son œuvre à la Sorbonne (à la gauche du ratichon Éluard). » Picasso ne sera donc pas présenté à l'exposition internationale du surréalisme en 1947, rejoignant une autre signature illustre : celle de Dalí. En février 1949, Aragon choisit *La Colombe* lithographiée pour le Congrès mondial des partisans de la paix du 20 avril suivant, annonçant l'implication de Picasso auprès du Parti communiste de façon indiscutable. Après ce soutien important, les surréalistes ne pouvaient que déplorer fermement la perte d'une des grandes figures de la modernité à leur cause. *Les Lettres françaises* publient, le 27 décembre 1951, un article de Louis Aragon sur la peinture contemporaine en URSS louant le réalisme socialiste, qui trouve une virulente réponse de Breton dans *Arts* le 11 janvier 1952 sous le titre « Pourquoi nous cache-t-on la peinture russe contemporaine ? Écraser l'art pour toujours ». André Breton clarifie ce qui pour lui et au nom du surréalisme n'est pas recevable. « On n'ignore pas, écrit André Breton, quelle politique le stalinisme adopte ici à l'égard de grands peintres, [...] tels que Matisse et Picasso. [...] Il faudrait à Picasso, à Matisse et à ceux qui leur ont emboîté le pas pour se mettre du côté du loup ou entrer avec lui en coquetterie une innocence que je suis loin de leur prêter. Ils ne peuvent aucunement se dissimuler que la parodie d'art (comme on dit parodie de justice) qui seule a l'agrément de Moscou, est la négation impérieuse et inexorable, non seulement de leur art propre, mais de tout art tel qu'ils peuvent l'entendre. Il est impossible que leurs oreilles ne bourdonnent pas des louanges effrénées que leur prodiguent ici ceux qui là-bas les clouent au pilori. [...] Ils n'en assument pas moins la plus lourde responsabilité lorsqu'ils cautionnent de leur nom une entreprise exigeant que soit porté le coup mortel à la conscience et à la liberté artistiques, qui ont été toute la justification de leur vie. » Dans un article du même journal daté du 1er mars 1952 et intitulé « Du réalisme socialiste comme moyen d'extermination morale », André Breton revient une nouvelle fois sur l'impasse qu'a prise Aragon à l'égard de la peinture, entraînant notamment dans son sillage le peintre espagnol. Avec humour et ironie, Breton et Péret écrivent le texte d'une bande dessinée illustrée par Braig pour le journal *Arts* dont le sujet est une biographie imagée de Pablo Picasso. La bande dessinée paraîtra de fin décembre 1951 au début de février 1952. Le fil chronologique adopté n'oublie pas d'évoquer les compromissions qu'à leurs yeux Picasso a accepté de faire, que ce soit à l'égard de De Gaulle ou de Staline. Le mot de la fin étant emprunté ironiquement au Dalí, admirateur de Franco, qui lui enjoint d'accepter d'être l'icône à la gloire de la peinture espagnole, sans attendre les « ordres du Politburo ». La parution du portrait de Staline par Picasso à la une des *Lettres françaises* (dirigées par Aragon) du 12 mars 1953, ne fait qu'entériner la position des surréalistes. L'anecdote voudra que *L'Humanité* du 18 mars publie expressément la désapprobation du « Parti communiste français pour la publication du portrait du "grand Staline par le camarade Picasso", unanimement rejeté par les lecteurs communistes sous prétexte qu'il manquait de réalisme pour rendre compte d'un aussi illustre personnage. » Cette volte-face accordait en tout cas à Breton le bénéfice d'avoir osé écrire que l'URSS avait une politique à l'égard des arts parmi les plus délétères. Il faut attendre ensuite presque une dizaine d'années pour qu'André Breton écrive un texte sur Pablo Picasso. Il s'agit de « 80 carats... mais une ombre » publié dans *Combat-Art* le 6 décembre 1961, puis repris dans *Le Surréalisme et la peinture*. Picasso vient en effet de fêter ses 80 ans et les hommages et célébrations viennent de toutes parts. Un numéro spécial des *Lettres françaises* du 26 octobre avait rassemblé de nombreux témoignages du monde littéraire et artistique, et la presse unanime lui rendait un vibrant hommage. Le texte d'André Breton est sans doute le seul à nuancer l'engouement général : « L'attitude du surréalisme envers Picasso, écrit Breton, a toujours été, sur le plan artistique, de grande déférence et, à maintes fois, ses nouvelles propositions et découvertes ont ravivé l'attraction qui nous portait vers lui. Ce qui l'a excepté pour nous de la catégorie de peintres dits "cubistes" qui ne nous intéressaient guère, c'est le lyrisme qui, de très bonne heure, lui a fait prendre de grandes libertés avec les données strictes que lui-même et ses camarades d'alors s'étaient imposées. [...] Par la suite [...] Picasso s'est de lui-même tourné vers le surréalisme et, autant qu'il se pouvait, porté à sa rencontre. En témoignent une partie de sa production de 1923-1924, nombre d'œuvres de 1928 à 1930, les constructions métalliques de 1933, les poèmes semi-automatiques de 1935 et jusqu'au *Désir attrapé par la queue* de 1943. [...] Or cette leçon [...] est niée par la tolérance, moyennant des accommodements très spéciaux, d'un mot d'ordre de parti comme le prétendu "réalisme socialiste" avec le misérable contenu qu'on sait et les moyens de coercition appelés à l'imposer. Cette leçon [...] s'est non moins bafouée elle-même au contact permanent des dirigeants staliniens utilisant Picasso à leurs fins, cela du vivant du dictateur comme après Budapest. [...] Il est atterrant que, sur leurs instances, il ait peuplé de tant de fallacieuses et exsangues colombes leur ciel atomique. Là est la marche qui me manque lorsque je rêve de gravir, le cœur battant comme autrefois, l'escalier de Picasso. » Ce dernier texte d'André Breton à l'adresse de son ancien ami est fort émouvant d'autant plus qu'à la dernière exposition internationale du surréalisme en 1965, Picasso sera présenté avec des œuvres anciennes témoignant d'une réelle considération pour ce qu'avait pu être l'artiste catalan dans la fabrication de la planète surréaliste[3].

NOTES

1. En ce qui concerne les premières découvertes picturales de Breton, lire son texte de mars 1952 « C'est à vous de parler, jeune voyant des choses... », *Œuvres complètes*, IV, Gallimard, 2008, p. 854-859.
2. Les signataires sont Aragon, Auric, Boiffard, Breton, Delteil, Desnos, Ernst, Gérard, Morise, Naville, Péret, Poulenc, Soupault, Vitrac.
3. Le dernier projet de publication d'André Breton pour 1966 – qui ne verra jamais le jour (Breton s'éteint en septembre) – devait s'intituler *Quelle chambre au bout du voyage ?* Parmi les nombreuses illustrations, Breton avait retenu trois œuvres de Picasso.

Lettre

André Breton

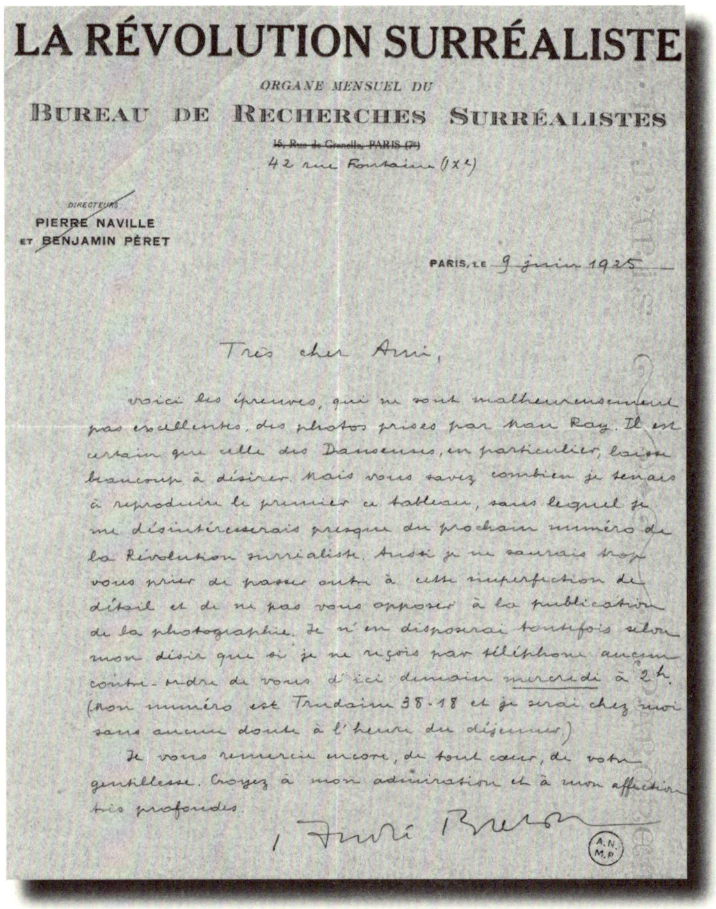

LA RÉVOLUTION SURRÉALISTE

ORGANE MENSUEL DU

BUREAU DE RECHERCHES SURRÉALISTES

~~15, Rue de Grenelle, PARIS (7e)~~
42 rue Fontaine (IXe)

DIRECTEURS
PIERRE NAVILLE
ET BENJAMIN PÉRET

PARIS, LE 9 juin 1925

Très cher Ami,

voici les épreuves, qui ne sont malheureusement pas excellentes, des photos prises par Man Ray. Il est certain que celle des Danseuses, en particulier, laisse beaucoup à désirer. Mais vous savez combien je tenais à reproduire le premier ce tableau, sans lequel je me désintéresserais presque du prochain numéro de la Révolution surréaliste. Aussi je ne saurais trop vous prier de passer outre à cette imperfection de détail et de ne pas vous opposer à la publication de la photographie. Je n'en disposerai toutefois selon mon désir que si je ne reçois par téléphone aucun contre-ordre de vous d'ici demain mercredi à 2 h. (mon numéro est Trudaine 38-18 et je serai chez moi sans aucun doute à l'heure du déjeuner)

Je vous remercie encore, de tout cœur, de votre gentillesse. Croyez à mon admiration et à mon affection très profondes,

André Breton

A.N. M.P.

Très cher Ami, 9 juin 1925

Voici les épreuves, qui ne sont malheureusement pas excellentes des photos prises par Man Ray. Il est certain que celle des Danseuses, en particulier, laisse beaucoup à désirer mais vous savez combien je tenais à reproduire le premier ce tableau, sans lequel je me désintéresserais presque du prochain numéro de la *Révolution surréaliste.* Aussi je ne saurais trop vous prier de passer outre à cette imperfection de détail et de ne pas vous opposer à la publication de la photographie. Je n'en disposerai toutefois selon mon désir que si je ne reçois par téléphone aucun contre-ordre de vous d'ici demain mercredi à 2 h (mon numéro est Trudaine 38-18 et je serai chez moi sans aucun doute à l'heure du déjeuner).

Je vous remercie encore de tout cœur de votre gentillesse. Croyez à mon admiration et à mon affection très profondes.

Inv. 515AP/C/classeur 18/Apcs1. Archives Picasso, Musée national Picasso-Paris.

Picasso et la presse

Anne Baldassari

Une traversée du siècle

« Pourquoi croyez-vous que je date tout ce que je fais ? » confiait Picasso au photographe Brassaï. « C'est qu'il ne suffit pas de connaître les œuvres d'un artiste. Il faut aussi savoir quand il les faisait, pourquoi, comment, dans quelle circonstance. Sans doute existera-t-il un jour une science que l'on appellera peut-être "la science de l'homme", qui cherchera à pénétrer plus avant l'homme à travers l'homme créateur [...]. Je pense souvent à cette science et je tiens à laisser à la postérité une documentation aussi complète que possible[1]... »

Plusieurs des poèmes de Picasso et les mentions fréquemment portées sur ses œuvres confirment aussi qu'il avait une véritable obsession de la datation. Fixer le jour, et même parfois l'heure, où chaque œuvre avait été exécutée, tout dater et tout garder, relevait chez lui de la même puissante nécessité. « La minutie de ses datations n'est ni caprice, ni manie, mais un acte prémédité, réfléchi. Il veut conférer à tous ses faits et gestes une valeur historique dans son histoire d'homme-créateur, les insérer lui-même – avant les autres – dans les grandes annales de sa prodigieuse vie[2]... » La même intention d'exhaustivité documentaire est probablement à l'origine de l'accumulation de ces archives monumentales où Picasso gardait tout. Ce tout s'assimile parfois au rien, coupures de journaux, papier buvard, prospectus médicaux, publicités, imprimés commerciaux mais aussi bouts de truc, machins, fragments, débris... Le classement bute sans cesse sur un répertoire de l'informe et son apparente insignifiance. À première vue, il n'y aurait rien à voir. Cela n'aurait rien à voir. Mais ce flux de traces infimes que le quotidien renouvelle sans cesse recèle parfois l'invisible machination par laquelle le réel contribue à l'avènement des œuvres. Picasso s'est très consciemment voulu « aussi complet que possible » dans ce qu'il a pris soin de « laisser à la postérité ».

Parmi tout ce qu'aura gardé Picasso, on trouve en effet nombre de coupures, découpures ou déchirures de presse. Leur ensemble participerait d'une génétique de l'œuvre où le papier journal serait l'index du temps : temps présent ou déjà passé, temps de la vie, de l'œuvre mais aussi temps de l'histoire. Petites histoires des faits divers, de la météo et des pages de divertissement, mais aussi histoire de tout un siècle. De la guerre de Cuba à la « Semaine tragique[3] », de la guerre des Balkans à la Première Guerre mondiale, du Front populaire à la guerre civile espagnole, de l'Occupation à la guerre d'Algérie, se tisse la vie de cet homme, peintre et citoyen. Dans ce rapport très conscient de Picasso à son siècle, le papier journal permet précisément de faire l'économie de la datation car il est l'outil même de la chronique.

À l'instar de la photographie, le papier journal est un signe, un indice qui porte la trace durable du battement rythmique du temps. Photographie ou papier journal, Picasso les emploiera pour démonter les codes de la représentation conventionnelle. L'image, le texte agissent par captation en lieu et place du réel. Ainsi les recherches menées au sein des archives de l'artiste sur ses rapports à la photographie ont mis en évidence son recours récurrent à des clichés de presse comme support matériel de son œuvre graphique. Est-ce encore une fois l'expression de la propension de Picasso à s'essayer à tout, à essayer de tout ? Mais à répertorier systématiquement les œuvres prenant pour objet, support ou prétexte l'imprimé, et plus spécifiquement l'imprimé de presse, on découvre un ensemble de dessins, de collages, de constructions ou de peintures qui, pour être limité en nombre, se caractérise par sa remarquable cohérence et son amplitude temporelle.

Initiée par Picasso dès 1893-1894 avec ses petits journaux dessinés, la confrontation avec le contenu et les règles journalistiques s'affirme dans les papiers collés de 1912-1914 comme l'une des formes prééminentes de sa recherche. Entre 1918 et 1923, alors que son œuvre manifeste un retour aux références gréco-romaines comme à la peinture classique, l'emprunt au réalisme de la photographie de presse initie les voies d'une nouvelle figuration. De tels clichés serviront peu après de prétexte à Picasso pour machiner les « cadavres exquis » et associations automatiques de sa période surréaliste. Sous l'Occupation, une série de grands portraits peints sur la une de journaux collaborationnistes affichent leur caractère provocateur dans un style bien différent de celui des papiers collés, mais avec tout autant d'insistance que durant les prémices de la Première Guerre mondiale. Après guerre et jusque dans les années 1960, le papier journal devient la matière première de palettes, de poèmes, de découpages, de pliages, de collages, de maquettes. Enfin, la collection de journaux de Picasso réserve encore quelques surprises : écritures, graffitis, gloses manuscrites... Il apparaît ainsi que ce corpus d'œuvres sur papier imprimé ou sur journal nous donne un accès privilégié aux protocoles de travail de l'artiste comme à la genèse de toute une partie de son œuvre restée jusque-là inédite.

« Faire un journal »

« Je ne sais pas tout mais je sais beaucoup de choses, oui beaucoup. Je suis curieux, très curieux », disait Picasso à son ami le poète André Verdet. « Je lis les journaux, les revues, je les lis bien, je m'applique, et j'écoute les informations au poste. Et puis, c'est très mystérieux, il y a toujours quelque part, à des endroits fort différents, des amis qui m'écrivent, qui me téléphonent pour m'apprendre des choses. Ces amis savent qu'elles m'intéressent, alors ils tiennent à m'en rendre compte. Tu vois, tout un réseau d'informations très utiles aboutit jusqu'à moi. Je pourrais faire un journal[4]. » Faire un journal... ce projet nous ramènerait aussi bien à l'enfance de l'artiste. En quatrième de couverture de son journal manuscrit *La Coruña* qui porte la date du 16 septembre 1894, le jeune Pablo Picasso dessine la Torre de Hercules, symbole de la ville de La Corogne. Selon une tradition populaire, ce phare situé sur un promontoire aurait renfermé « un miroir magique permettant de voir l'image de tout ce qui se passait dans les endroits les plus reculés du monde[5] ». La croyance pourrait s'expliquer « par la confusion entre les mots du latin vulgaire *specula* (tour de guet) et *speculum* (miroir)[6] ». Une telle légende rendrait assez bien compte du rôle que l'artiste assigne à ces petits journaux destinés à ses proches mais dans lesquels il « joue à la fois au directeur de journal, au rédacteur, au dessinateur, à l'administrateur[7] ». De manière plus générale, le miroir dont la surface plane reflète l'apparence des objets, matérialise bien la fascination de Picasso pour les images. Mais si le miroir est simple enregistrement, le guet serait la métaphore par excellence de l'observation, de l'enquête, du reportage qui constituent le ressort même du journalisme au XXe siècle. Cette posture de vigilance, où regard et esprit se tendent dans la collecte, le déchiffrement et l'interprétation des signes avant-coureurs, pourraient également qualifier la position de l'artiste moderne, la philosophie de Picasso.

La précoce expérience des petits journaux *Azul y Blanco* et *La Coruña* donne le premier témoignage de l'extrême attention à la presse écrite dont Picasso fera preuve tout au long de sa vie tant comme lecteur que par sa participation directe à l'édition ou à l'illustration de journaux et de revues. Ainsi, au début de 1901, l'artiste crée à Madrid avec l'écrivain catalan Francisco de Asis Soler la revue *Arte Joven*. Participant du radicalisme de la « génération de 98[8] », la revue fit place à des idées dans la mouvance de l'anarchisme. Comme il l'avait déjà fait pour *Azul y Blanco*, l'artiste joua un peu tous les rôles dans son lancement puisqu'il en fut à la fois l'éditeur – la publication était domiciliée à son atelier, au 28 de la rue Zurbano –, le directeur artistique et l'illustrateur. Il fit ainsi l'expérience directe du travail avec les imprimeurs – deux entreprises se succédèrent pour la publication des cinq numéros que comporta la revue – et participa sans doute de près à la mise en pages des numéros. Dans un style moderniste dénotant l'influence de Ramón Casas[9] et de Lautrec, de Bonnard ou de Steinlein, il compose le frontispice où une femme en buste déploie largement un feuillet qui porte le titre de la revue. Ce thème qui associe séduction féminine et lecteur de la presse parcourt tout l'œuvre ultérieur de Picasso : la femme lit, la femme pense. Près d'une trentaine de portraits et scènes de genre dans la manière inaugurale de la période bleue se succéderont au fil des cinq numéros d'*Arte Joven*. Entre 1899 et 1902, Picasso exécute également des illustrations pour les revues artistiques catalanes *Pèl & Ploma*, *Joventut* ou *Catalunya Artística*. À partir de son deuxième séjour à Paris en 1901, où se tient son exposition aux galeries Vollard, il publie sous la signature « Ruiz » plusieurs dessins de music-hall dans la revue *Le Frou-Frou*, contribue au *Gil Blas illustré* dont Steinlein était un collaborateur régulier ou au *Journal pour tous*, supplément récréatif hebdomadaire du quotidien *Le Journal*. C'est cependant à l'illustration d'un véritable titre de presse que Picasso participe pour la première fois, en 1902, avec la une d'*El Liberal* du 5 octobre consacrée à la fête de la Merced, fête traditionnelle de la ville de Barcelone. Son ami Carles Junyer Vidal est en effet le propriétaire de ce quotidien catalan républicain ouvert aux sympathies anarchisantes, édité à Barcelone à partir d'avril 1901.

En 1903, Picasso poursuit cette collaboration en publiant des dessins dans le numéro du 10 août d'*El Liberal*, pour un article de Junyer Vidal rendant compte tardivement de l'Exposition décennale d'art français présentée au Grand Palais à Paris en 1900. De même, il exécute des vignettes qui reproduisent ses propres œuvres en vis-à-vis de l'article que lui consacre en première page *La Tribuna* du 24 mars 1904, journal publié à Barcelone avec en sous-titre « journal indépendant ». De ces diverses expériences, l'artiste conservera une familiarité attentive aux techniques de la mise en page et de l'impression. En témoigne encore au début des années 1950 sa présence lors de l'impression d'une couverture en quadrichromie du quotidien communiste niçois *Le Patriote* : « Tout l'intéressait : le grammage du papier, l'ordre de passage des couleurs, la vitesse de tirage et même le prix de tout cela. Simple, direct, à l'aise sur un terrain qu'il connaissait. Il partit après le début du tirage, le journal tout frais d'encre à la main, avec une promesse : "Je te ferai la page[10]". »

Picasso fut très tôt un lecteur assidu de la grande presse quotidienne. Dans les premières années de son installation à Paris, il recevait de sa mère des exemplaires d'*El Noticiero*[11] qu'elle joignait fréquemment à ses lettres, pour lui permettre de suivre l'actualité locale. Mais dès cette époque, l'artiste était déjà familier des principaux titres parisiens. Ses choix nous sont principalement connus à travers deux sources : les journaux ou les revues qu'il conserve en grand nombre et les œuvres graphiques qu'il réalise sur papier journal ou au moyen de coupures de presse. Le premier ensemble concerne essentiellement la période ouverte par la Seconde Guerre mondiale. Néanmoins, l'intérêt de Picasso pour la presse illustrée du XIXe siècle est attestée par la présence dans ses archives de quelques numéros du *Monde illustré* de 1880, d'une page de *L'Illustration* du 20 décembre 1890 et de quatre exemplaires de la revue catalane *Un tros de paper* (*Un bout de papier*) de 1865. Pour les premières années du siècle, l'artiste conservait un exemplaire non daté de *Pocholo*, « la meilleure revue pour les enfants », et de deux numéros de 1909 et 1910 de *Papitu*, publication anarchisante catalane créée en 1908, qui prônait « l'ironie comme transformation du langage[12] » ; les artistes Isidro Nonell, Pablo Gragallo et Juan Gris, amis proches de Picasso, y collaborent. La réalisation par Picasso du petit journal *Azul y Blanco* témoigne par ailleurs d'une observation attentive des codes graphiques de la presse illustrée et tout particulièrement de *Blanco y Negro*, revue artistique publiée à Madrid à partir de 1890[13]. D'une manière plus générale, l'attrait de Picasso pour ces publications illustrées s'apparente à celui qui lui fit collectionner des photographies anciennes : portraits « carte de visite », clichés orientalistes, ou encore documents ethnographiques et reproductions d'œuvres des grands maîtres... Dans les deux cas, au-delà de leur fonction documentaire, ce serait le dispositif de leur mise en page où image et texte édifient des architectures fantastiques qui semble avoir principalement retenu son regard.

« L'ŒUVRE QU'ON FAIT EST UNE FAÇON DE TENIR SON JOURNAL »

La recherche et le débat théoriques sur les travaux de Picasso prenant le papier journal comme matériau sont restés centrés sur les papiers collés dans les années 1912-1914. Mais les recherches utilisant des pages de journaux ou de périodiques jalonnent tout le cours de l'œuvre, confirmant la continuité et la diversité de son intérêt pour la presse. Quelques-unes d'entre elles font usage de publications comme *Le Vieux Marcheur*, revue licencieuse illustrée, *Pan*, revue poétique, ou encore de supports divers : almanachs, calendriers, romans et recueils de poèmes, etc. Mais, fondamentalement, ce sont les titres de la grande presse qui apparaissent les plus couramment dans l'œuvre de Picasso et qui semblent avoir sollicité tant son œil d'artiste que sa curiosité de lecteur. Ainsi, le titre du quotidien *Le Journal* occupe une place prépondérante dans les toiles des années 1911 à 1914 comme dans les papiers collés de 1912 à 1914. À propos des papiers collés, le critique d'art américain Robert Rosenblum a bien analysé les métamorphoses que subit dans l'œuvre de Picasso le lettrage *LE JOURNAL* qui désigne à la fois ce titre de presse particulier et la réalité générique de tous les journaux[14]. On peut cependant recenser dès 1902 une utilisation du *Journal*, dont la une du 17 octobre sert alors de support à un ensemble de caricatures et de graffitis. Ce quotidien fait déjà partie des « quatre grands » titres français, les trois autres étant *Le Petit Journal*, *Le Petit Parisien* et *Le Matin*. Ces journaux s'associèrent précocement pour former le « Consortium » qui, à travers l'agence Havas, visait à limiter l'accès de nouveaux quotidiens au marché publicitaire. Leurs positions politiques sont en général peu marquées. Avec eux apparaît en première page la rubrique des faits divers qui supplante l'ancienne hiérarchie des rubriques centrée sur l'information politique et institutionnelle. Ainsi, *Le Journal*, imprimé sur six colonnes, ne comporte que quelques intertitres et donne la première place à sa rubrique des « Échos » qui alterne anecdotes et potins. Jean-Pierre Rioux a bien décrit l'idéologie rédactionnelle de ces « canards à un sou » : « Les recettes du succès : surtout pas d'idées, aucun effet de style, des faits crus, des "brèves" en désordre, des "découvertes" utiles qui font chanter la vie, du sensationnel, des interviews enlevées à la hussarde, des faits divers à la pelle – avec une prédilection pour les crimes sordides, les mères héroïques et les vertus flétries –, un bon feuilleton et une généreuse distribution d'aphorismes flatteurs de la sagesse des nations[15]. » Les trois gros titres à la une du *Journal* de 1902 rehaussé par Picasso – « Plagiaires de Dante », « L'heureux adultère », « L'oracle » – illustrent bien cette formule éditoriale dans laquelle l'anecdote est reine et où l'image ne tient que peu de place. Seuls le pictogramme cubisant d'un dessin de Caran d'Ache et le titre des « Échos », viennent y rompre l'ordonnancement textuel de la page. Fin septembre 1905, un exemplaire du *Matin* fait l'objet de graffitis et d'un commentaire manuscrit de l'artiste. Ce numéro est caractéristique du tournant éditorial de ce titre marqué par l'apparition de reproductions photographiques sur une ou deux colonnes. *Le Matin* fit par ailleurs preuve d'une certaine capacité d'autodérision éditoriale en accueillant entre mai et novembre 1906 les « Nouvelles en trois lignes » du critique Félix Fénéon, parodie cruelle du journalisme de faits divers. En décembre de cette même année, un exemplaire du *Journal* et un numéro du *Matin* servent de fond à un ensemble d'études autour de l'*Autoportrait à la palette*. Avec ces œuvres, le journal n'est plus conservé en entier mais traité par Picasso comme un matériau spécifique pouvant être découpé ou déchiré selon les besoins de son projet plastique. À partir de 1911, l'artiste introduit fréquemment dans ses toiles syllabes et lettrages évoquant des titres de presse : les caractères gothiques de *L'Indépendant*, journal diffusé à Céret où Picasso passe l'été, sont ainsi reproduits dans la *Nature morte à l'éventail (L'Indépendant)*. *L'Intransigeant* figure dans *Journal, porte-allumettes, pipe et verre* à l'automne suivant, comme le font, au printemps 1912, les titres de *La Publicidad* avec *Nature morte espagnole* ou du *Journal* dans de nombreuses œuvres dont *La Coquille Saint-Jacques*, « Notre avenir est dans l'air » ou *Nature morte à la chaise cannée*. Avec les papiers collés de 1912-1914, ce titre du *Journal* reparaît de manière récurrente dans l'œuvre de Picasso en particulier au cours des mois de novembre et décembre 1912 et de janvier 1913. L'analyse du contenu des coupures de presse collées dans cet ensemble d'œuvres et l'identification des journaux utilisés a d'ailleurs permis la redatation de nombre d'entre elles.

À côté de l'usage fréquent du *Journal*, quelques papiers collés utilisent des titres plus atypiques comme le journal républicain de Barcelone *El Diluvio*, en mars 1913, ou le journal futuriste italien *Lacerba* au printemps 1914. Fondé en janvier 1913, *Lacerba* est, en ce début 1914 le lieu d'un vif débat portant notamment sur la question de l'introduction de fragments d'objets réels dans la peinture. Si *Verre et violon*, exécuté en 1912, comporte un fragment de journal antérieur aux années 1910, des coupures de presse du *Figaro* du 28 mai 1883 ont pu être identifiées dans des œuvres de 1913[16]. Plus tardivement, la toile *Guitare* appartenant à une série réalisée en avril-mai 1926, comporte une colonne de papier journal que nous pouvons identifier comme issue du numéro du 19 mai 1920 du quotidien littéraire *Comœdia*. Que cet exemplaire ait été ainsi conservé peut trouver pour explication la présence dans cette même page d'un article sur les Ballets russes concernant *Le Tricorne*.

Mais l'emploi de ce fragment, portant déjà les traces du temps, en fait ici comme un équivalent du « torchon grossier[17] » qui forme le corps de la guitare et des divers objets usagés – morceau de « chemise sale[18] », clous, aiguilles de bois, cordes ou ficelles, bouton – dont sont faites ces variations du printemps 1926. Cet emploi épisodique par Picasso de journaux anciens confirmerait l'hypothèse que ces exemplaires auront possédé « une couleur sensiblement différente d'un journal contemporain, et que cette tonalité brunie pourrait en elle-même avoir attiré Picasso comme une variation par rapport à l'habituel fond de papier blanc[19] ». L'artiste aurait ici délibérément exploité la spécificité chromatique du papier journal dont l'« extrême photosensibilité » fait que « le temps lui confère une valeur plastique et colorée, inimitable par les outils artistiques traditionnels[20] ». Cet attrait pour la vulnérabilité même du matériau visuel pourrait être encore une fois rapproché de l'intérêt de Picasso pour les photographies du XIXe siècle dont on peut penser qu'elles contribuèrent directement à la genèse de la monochromie picturale des périodes bleue et rose[21]. L'atténuation chromatique que la lumière impose aux substances photographiques comme au papier journal engendre un virage au sépia volontiers lu comme le signe du temps qui a passé. Et Picasso pourrait avoir trouvé dans ces matériaux « sensibles » des outils propices à indexer ce phénomène. Cependant, la pratique la plus courante pour lui reste d'utiliser pour ses recherches les titres de presse dans la période suivant immédiatement leur publication.

Le titre *Excelsior*, dont l'emploi était jusque-là connu pour le papier collé *Bouteille et journal*, apparaît en réalité dans plusieurs œuvres majeures de la période 1912-1913. Un autoportrait photographique pris dans l'atelier du boulevard de Clichy en décembre 1910 nous révèle que Picasso commença à lire ce quotidien dès le tout début de sa parution à la mi-novembre 1910. Un examen attentif du cliché permet en effet de reconnaître dans le journal déployé au côté de l'artiste le numéro 3 de l'édition du 18 novembre 1910, où figure un reportage illustré sur Léon Tolstoï. L'année suivante, le poète André Salmon, ami de Picasso, s'essaiera au music-hall en écrivant sous le titre *Garçon !... de quoi écrire !* une « revue de la vie littéraire en deux tableaux et un intermède lyrique[22] » : l'un des couplets y personnifie allègrement l'éclectisme rédactionnel et publicitaire du nouvel *Excelsior*. Picasso s'avoue fidèlement lecteur de ce titre tout le long de sa publication. Dans une lettre adressée de Céret à Daniel-Henry Kahnweiler le 7 juin 1912, il précise : « Je lis *Le Journal* et *Excelsior* tous les jours et je suis au courant des ventes des grandes collections de tableaux. » En témoignent également la page de tête d'*Excelsior* en date du 23 juillet 1923 qui lui inspirera un étonnant dessin néo-classique se superposant à un cliché de presse ainsi qu'une photo de Brassaï prise dans l'atelier des Grands-Augustins montrant encore un numéro d'*Excelsior* largement étalé pour servir de palette.

Avec *Excelsior*, Picasso s'intéresse d'emblée au nouveau type de « journal illustré quotidien » qui révolutionne alors la presse française en y introduisant massivement la photographie. Non seulement trois des douze pages du journal – la une, la cinq et la neuf – lui sont exclusivement consacrées, mais elle y devient l'instrument d'une écriture par l'image qui fonde ce qu'on a appelé le photojournalisme. Durant la période des papiers collés, Picasso comme Braque semblent cependant éviter « les éléments "modernistes" d'illustration et de fait ne prélevèrent rien de l'imagerie photographique alors en pleine expansion[23] », et Picasso n'emprunte guère au matériau de presse que les ressources plastiques de la typographie. Les œuvres de 1913 qui utilisent *Excelsior* ne retiennent ainsi que des éléments textuels : lettrage du titre, de la manchette ou des slogans publicitaires. De même, les graffitis des premières années du siècle avaient privilégié les marges et les gros titres des quotidiens. Si, comme dans *Le Matin* de 1905, une photographie attirait l'attention de l'artiste, c'était, tout au plus, pour lui inspirer une brève légende manuscrite. Pour leur part, les découpages cubistes de 1912 se calent strictement sur la grille de composition du journal et sur l'architecture des colonnes de texte. À partir de 1923, Picasso prendra l'habitude de prélever directement les illustrations des premières pages pour intervenir sur et dans l'image par un commentaire graphique. Il aura sans doute fallu que la révolution du cubisme soit devenue chose ordinaire pour que l'artiste accepte d'intégrer, sans détour, l'imagerie journalistique à son univers plastique et laisse la graphie courir sur le cliché de presse dans un geste semi-automatique. Si texte et image suscitent et influencent son tracé, c'est alors comme le ferait une rumeur, le bruit de fond de l'expression commune.

Dans le recensement des titres employés par Picasso, il faut signaler la place de *L'Intransigeant*, fondé par Henri Rochefort en 1880. Des fac-similés fragmentaires du lettrage emblématique de ce titre figuraient dans la toile cubiste de 1911, *Journal, porte-allumettes, pipe et verre*, puis dans des œuvres de 1917-1918. En 1921, une coupure tirée de la une du 27 décembre est utilisée dans le papier collé *De la guerre au Sénat. L'Intransigeant* était un titre clé de la presse quotidienne depuis le début du siècle. En 1908, son directeur Léon Bailby, qui l'avait transformé en journal d'information du soir, avait su prendre le risque d'engager André Salmon, écrivain et ami de Picasso, comme « journaliste à tout faire » avant de lui confier la chronique « La vie artistique » qu'il tint jusqu'à 1910. À cette date, Salmon passera à *Paris-Journal* nouvellement créé par Gérault-Richard et dont Charles Morice était le directeur littéraire. Guillaume Apollinaire lui succède alors à *L'Intransigeant*. Il y prend la défense, en 1910, des panneaux décoratifs de Matisse, *La Danse* et *La Musique*, exposés au Salon d'automne. Lors du Salon d'automne de l'année suivante, il soutient la présence très controversée des cubistes. Apollinaire rompra avec *L'Intransigeant* en mars 1914 faute d'avoir été soutenu dans une polémique suscitée par un article où il qualifiait Robert Delaunay de « futuriste français[24] ». De 1928 à 1932, Maurice Raynal et le jeune Efraïstos Tériade tiendront dans *L'Intransigeant* une audacieuse rubrique artistique intitulée « Les deux aveugles » et Tériade y publiera deux articles d'entretiens avec Picasso qui feront date.

En novembre 1935, Jaime Sabartés, témoin de la vie quotidienne de l'artiste aux temps de la rue La Boétie, consigne le rituel de l'arrivée du courrier et de sa lecture : « Sur le lit se trouvent, d'un côté, les lettres et les papiers qu'il veut revoir : catalogues de ventes de l'hôtel Drouot, cartes d'invitation pour les expositions ou les théâtres, revues et livres. Il me passe les coupures de l'agence "Lit Tout" et, si elles en valent la peine, nous les commentons. *Excelsior*, *Le Figaro* et *Le Journal* occupent, dépliés, le reste du lit[25]. » *Maxima au sol*, un poème datant de cette même année et entièrement composé de citations d'articles de presse, atteste la fidélité de Picasso au *Journal*, quotidien qui avait limité sa mise au goût du jour à quelques modestes innovations typographiques. Deux ans auparavant, apparaît cependant entre les mains de Picasso lecteur un nouveau titre, *Paris-Soir*. Ce quotidien fondé en 1923 avait totalement changé sa formule en 1932 à l'initiative de Jean Prouvost et de Pierre Lazareff. Reprenant le modèle du photojournalisme expérimenté par *Excelsior*, il impose un usage encore plus massif de l'illustration. Le titre atteindra le plus gros tirage pour un quotidien en France : plus de 1 700 000 exemplaires en 1939. La une et la deuxième page où alternent les gros titres sont entièrement consacrées à la photographie. L'image y devient dominante dans une mosaïque de formats qui, à partir de 1937, rompt définitivement l'ordre vertical des colonnes. Son omniprésence dans une grille déstructurée engendre des rencontres entre images, texte et typo tout à fait inédites. Sollicité par un perpétuel coq-à-l'âne visuel, le parcours de l'œil sur la page peut y trouver matière à une lecture « automatique ». L'incongru de ces rencontres d'images est en quelque sorte renforcé par le manque de qualité des reproductions. Cadrage hasardeux, définition médiocre, impression trop chargée en encre contribuent au désordre d'une nouvelle plastique journalistique, reflet brutal d'une époque dont les chaos préludent à la guerre et où la réalité dépasse désormais toute fiction. Ainsi, en 1933, un cliché de *Paris-Soir* illustrant un reportage sur la guerre au Maroc inspire à Picasso le dessin à la plume, *Rebelle marocain.* Un article confirmant la non-intervention française dans la guerre d'Espagne suscite à son tour en 1937 le dessin d'un homme au poing levé. Les esquisses pour *Guernica* sont entreprises par Picasso au lendemain du reportage publié le 30 avril 1937 dans *Ce Soir*, le quotidien fondé cette année-là par Louis Aragon. Mais c'est à nouveau dans un numéro de *Paris-Soir*, celui au 1er mai 1937, que selon Jean-Louis Ferrier, l'artiste aurait trouvé la source visuelle de motifs clés de *Guernica.* Au cours de l'année 1937, Picasso s'adonne également à des détournements d'images dans la veine surréaliste comme en témoignent une série de graffitis prenant *Paris-Soir* pour objet, récemment retrouvés dans la succession de Dora Maar.

Durant l'occupation allemande, ce titre restera l'un de ses supports de prédilection. Entre 1941 et 1943, il lui sert notamment à réaliser une importante série de portraits à l'huile. Cet usage du papier journal s'explique sans doute par la pénurie de matériel à laquelle l'artiste était alors confronté. Néanmoins, on ne peut ignorer la brutale épreuve que l'invasion allemande avait représentée pour les titres de presse dont Picasso était de longue date familier. *Excelsior* et *L'Intransigeant* disparaissent dès la fin mai 1940 tandis que *Le Figaro* se replie à Lyon puis se saborde en novembre 1942 pour ne reparaître qu'à la Libération. *Le Journal*, également replié à Lyon, survit jusqu'à juin 1944. *Le Matin*, quant à lui, revient à Paris dès la mi-juin 1940 et développe des thèses ouvertement proallemandes. Dans cette voie, il a pour concurrent l'édition parisienne de *Paris-Soir* qui, placée sous le contrôle direct de l'occupant, devient le principal vecteur de la propagande pronazie en France. La direction et la rédaction du journal conservent néanmoins la maîtrise des éditions repliées à Toulouse, à Lyon et à Marseille. Informations tronquées, truquées, fausses légendes, images invérifiables, la réalité reflétée par le « miroir magique » éclatait en morceaux faisant apparaître comme jamais la discordance entre images et mots, entre faits et propagande. De même que la guerre des Balkans avait servi d'arrière-plan aux papiers collés, la mise en scène, en pages, en images de cette manipulation des consciences s'affirme comme la toile de fond de l'œuvre de Picasso tout au long de l'Occupation. En choisissant *Paris-Soir* pour support, l'artiste l'emploie délibérément comme marqueur et mémoire du drame politique qui se joue. De cette sombre époque date également une étude dessinée sur un fragment de la manchette de *Comœdia* du 14 août 1943. Elle appartient à la série des compositions prosaïques et inquiétantes de l'année 1943 dont la *Nature morte au crâne* constitue l'emblème. Utilisée dès 1926 par Picasso, *Comœdia* reparaît en effet durant l'Occupation. La revue tente alors de maintenir un délicat équilibre rédactionnel qui la fait dénoncer comme « gaulliste » par la presse pronazie. Cependant, elle accueille au mois de juin 1942 une attaque *ad hominem* de Vlaminck contre Picasso d'une telle violence que la rédaction tient à préciser qu'elle en laisse à son auteur « la responsabilité entière ». Plus que la prudente tribune libre d'André Lhote publiée la semaine suivante, la vraie réplique est donnée, sous le titre « Au nom des nouvelles générations », par un manifeste paru dans l'hebdomadaire le 20 juin (le texte rédigé par Gaston Diehl avait reçu la signature d'une quarantaine de jeunes artistes, dont Bazaine, Estève, Fougeron, Lapicque, Manessier, Oudot et Pignon), et par le commentaire de Jean Bazaine publié dans la *Nouvelle Revue française* en septembre.

Le motif de la colombe, qui sera repris en 1949 par le Parti communiste comme symbole des Congrès mondiaux des partisans de la paix[26], apparaît pour la première fois en 1936, griffonné sur un numéro de *Marianne* du 8 juillet. En cette période de Front populaire, Picasso revendique ainsi son camp. Créé en 1932 sous la direction d'Emmanuel Berl, l'hebdomadaire s'affirme à gauche.

Imprimé en offset sur 32 pages, il utilise la photographie, parfois sous forme de photomontages dénonçant les fascismes. « Est-ce la réalité qui créée la réalité, ou l'idée construite de la réalité qui la provoque et la fait apparaître ? » C'est avec cet aphorisme manuscrit porté sur un fragment de journal découpé qu'un premier exemplaire de *L'Humanité* est utilisé par Picasso. Les mots imprimés « [pro]fits capitalistes et cela d'autant » semblent avoir été volontairement laissés lisibles par l'artiste comme une sorte de signature idéologique. Fondé en 1904 par Jaurès et organe officiel du nouveau

Parti communiste depuis 1920, *L'Humanité* introduit très tôt la photographie. Un cliché de l'édition du 28 avril 1937 représentant des femmes victimes du bombardement de la ville basque pourrait ainsi avoir contribué à la genèse visuelle de *Guernica*. Dès le 13 décembre 1944, *L'Humanité* publie la photographie trouvée sur un soldat allemand montrant un charnier de victimes soviétiques. Ce document est l'un des premiers à montrer ce que la presse ne dévoilera qu'au printemps 1945 lors de l'ouverture des camps. Toile majeure de cette époque, *Le Charnier* semble se référer à ce cliché photographique plutôt qu'à ceux pris par les reporters accompagnant les Alliés. À partir d'octobre 1944, date de son adhésion au PCF, Picasso va lire et conserver de nombreux numéros de *L'Humanité*, des *Lettres françaises*, dirigées par Louis Aragon, ou de *La Vie ouvrière*, organe du syndicat CGT. En 1946, c'est dans un exemplaire de *Ce Soir* que Picasso découpe un crâne, motif qui, sous l'Occupation, avait fait l'objet du bronze *Tête de mort* et que plusieurs toiles mettaient alors à nouveau en scène. Par la suite, l'artiste contribue épisodiquement à certains titres de la presse communiste comme il l'avait fait pour *El Liberal* en 1902 et 1903. Il illustre *La Vie ouvrière* célébrant l'anniversaire des soixante-dix ans de Staline en 1949 puis exécute pour la couverture des *Lettres françaises* consacrée à son décès en 1953, un portrait considéré comme blasphématoire par la majorité des dirigeants et militants du Parti. Au début des années 1950, le titre communiste niçois *Le Patriote* devient pour Picasso installé depuis peu sur la Côte d'Azur, un nouveau support d'expression. Il y porte en marge l'emblématique mention manuscrite « Il faut vraiment avoir la trouille pour avoir peur d'une colombe » qui fait directement écho aux réactions engendrées par son affiche pour le congrès de la paix à Paris. Couvrant plus de quinze ans, sa participation au *Patriote* prendra principalement la forme de grandes effigies publiées à la une au moment des fêtes du carnaval de Nice.

Tout au long de ces mêmes années, Picasso dans ses ateliers successifs ou depuis sa « tour de guet » de Notre-Dame-de-Vie continue d'interroger l'actualité de son temps. L'un des principaux titres nés à la Libération, le journal *Le Monde*, lui servira en 1961 à réaliser une maquette pour la sculpture *Enfant*. C'est l'occasion pour lui de consigner les soubresauts que résume le gros titre « Les réactions politiques après le mouvement séditieux d'Alger ». Affrontement majeur entre de Gaulle et la fraction de l'état-major restée favorable à « l'Algérie française », le putsch des généraux ébranle la Ve République naissante. C'est sur cette note, moins insouciante que les têtes de fou du carnaval, que Picasso conclurait sa chronique journalistique du siècle.

À voir ou à lire ?

Dans quelle mesure le contenu des coupures de presse utilisées par Picasso dans ses œuvres peut-il être considéré comme en faisant partie intégrante ? Faut-il y voir un élément pertinent du projet de l'artiste ? Ce problème méthodologique a été âprement débattu pour la période des papiers collés. On a longtemps tenu ces fragments de journaux pour des signes visuels parmi d'autres « cachant des textes, arbitraires ou non, qui n'exigent pas qu'on les déchiffre[27] ». Robert Rosenblum, le premier, s'est au contraire appliqué à « déchiffrer » ces coupures de presse. Partant d'un souci de datation des œuvres, sa démarche l'a conduit à poser l'hypothèse d'un usage délibéré de certains éléments typo-linguistiques comme autant de calembours (*puns*) verbaux aussi bien que visuels. Selon lui, ces « permutations et combinaisons, pour être comprises, doivent souvent être *lues* mais aussi *vues*[28] ». De fait, les coupures, déplacements, agrégations de syllabes mis en œuvre dans les papiers collés semblent bien relever souvent de la technique du *Klangwitz*, « mot d'esprit fondé sur des sonorités[29] », à propos desquels Sigmund Freud observait : « Les mots sont un matériau plastique avec lesquels on peut faire toutes sortes de choses[31]. »

Les analyses de Patricia Leighten à propos des papiers collés ont par ailleurs ouvert un vif débat sur le degré d'intentionnalité politique s'attachant à la sélection par Picasso de coupures de presse témoignant de l'actualité internationale. Ces choix délibérés de l'artiste conféreraient aux œuvres de cette période une valeur de manifeste. On ne peut en effet ignorer que les pages de tête de la presse française tout au long de ces années 1912-1913, ont été consacrées aux rebondissements successifs de la première (octobre 1912-mai1913) puis de la seconde (juin-août 1913) guerre des Balkans. À nouveau alliée avec la Russie depuis la Triple Entente de 1907 et soutenant le nationalisme serbe, la France se trouve alors, comme les autres grandes puissances européennes, indirectement engagée dans un conflit où s'exacerbent les rivalités locales dans le partage des anciennes possessions turques d'Europe. Un regain nationaliste réactive le thème d'une revanche contre l'Allemagne au sein d'une opinion française qui restait pourtant majoritairement hostile à la guerre ainsi que le confirmeront les élections de mai 1914. Doit-on pour autant admettre que « les idées anarchistes jouèrent un rôle crucial dans l'utilisation par Picasso de coupures de presse dans ses collages cubistes de 1912-1913, non seulement en influençant la sélection de ces coupures et leur placement, mais aussi en inspirant l'acte sans précédant d'introduire dans son art et de la manière la plus littérale, les événements et les problèmes de la guerre des Balkans[31] » ? La thèse s'est exposée par son radicalisme à être vivement critiquée par les tenants de l'école formaliste qui privilégient pour leur part la dimensions proprement plastique et esthétique de ces choix. Rosalind Krauss jugeant « carrément grotesque une fois appliquées au collage » les entreprises « tentant de découvrir pour chaque signe pictural un référent exact (historique)[32] », et s'opposant aux risques de « lecture abusive[33] » des papiers collés, propose de privilégier une interprétation de la coupure de presse comme « un signe étrangement matériel pour la lumière, l'atmosphère et parfois la transparence[34] ». Leo Steinberg procède pour sa part à « une distinction entre les gros titres, les têtes de colonne et les pavés de caractères » et souligne qu'« ils ne sont pas au même niveau du point de vue pictural[35] », les uns pouvant être employés plutôt comme « texte » et les autres plutôt comme « texture[36] ».

Ces divergences d'approche ont notamment conduit à interpréter un même fait, le collage par Picasso d'un texte imprimé « sens dessus dessous », de deux manières diamétralement opposées, les uns y voyant l'expression d'une critique politique encore plus radicale (« une image du monde retourné sur la tête[37] »), les autres la preuve définitive que ces coupures de presse n'ont d'autre valeur que plastique et doivent pour Picasso rester illisibles. Comme pour modérer par avance les excès d'un tel débat et revendiquer pour son œuvre une position à la fois singulière et dialectique, l'artiste place au centre de *Bouteille et verre*, où le journal est collé à l'envers, une annonce commerciale pour l'ampoule OR dont le slogan proclame qu'elle est « la seule qui se place *indifféremment* dans toutes les positions[38] ».

Pierre Daix a pu précisément interroger Picasso sur l'intentionnalité politique du papier collé *Verre et bouteille de Suze* où figure un article se rapportant à la manifestation pacifiste organisée à Paris le 17 novembre 1912 à l'appel des socialistes. Il rapporte cette réponse de l'artiste : « Bien sûr que je l'ai fait exprès, parce que c'était un événement important et qui impliquait cent mille personnes [...]. Eh oui ! J'ai vu ça dans le journal et c'était ma façon de montrer que j'étais contre la guerre. » Et Picasso d'ajouter, alors que son interlocuteur souligne que les papiers collés n'avaient pas alors été rendus largement publics : « Bon, je savais que les gens trouveraient cela plus tard et comprendraient[39]. » Cependant, Picasso, qui vivait en 1912-1913 dans un dialogue artistique constant avec Georges Braque, Guillaume Apollinaire, André Salmon, Max Jacob, Daniel-Henry Kahnweiler et Henri Matisse, disposait là d'un public capable de déchiffrer sans mal chacune de ses allusions qu'elles soient poétique, plastique ou politique. Aussi, sans minimiser les qualités formelles spécifiques qui font des coupures de presse un élément clé de la « révolution papiers collés », cet objet semble bien avoir constitué pour l'artiste un indice d'actualité, une trace à la fois verbale et matérielle de l'histoire en marche. Jean Paulhan pouvait déjà voir dans cette invention la manifestation d'une attitude philosophique où « un nouveau réalisme propose de nous conduire aux choses elles-mêmes, vierges d'interprétation et refuse de considérer la perception la plus fugitive sans y inclure notre présence au monde[40] ».

NOTES

1. Brassaï, *Conversations avec Picasso* (1964), Gallimard,1997.
2. *Ibid.*, p. 151.
3. La *Setmana Tràgica* désigne la période d'affrontements insurrectionnels ouverte à Barcelone à partir du 26 juillet 1909 par le rappel des réservistes en vue de leur envoi au Maroc.
4. André Verdet, *Entretiens, notes et écrits sur la peinture*, éditions Galilée, 1978, p. 198.
5. Josep Palau i Fabre, *Picasso cubisme, 1907-1917*, (1990), Könemann, 1998, p. 38.
6. *Ibid.*
7. Sabartés, *op. cit.*
8. On désigne ainsi les courants de la jeunesse intellectuelle qui se développent dans le climat de crise politique né de la perte en 1898 des principales colonies espagnoles.
9. Le peintre Ramon Casas (1866-1932), l'une des principales figures du modernisme catalan.
10. Georges Tabaraud, « Picasso et *Le Patriote* » in *Picasso et la presse, un peintre dans l'histoire*, Gérard Gosselin (éd.), L'Humanité et le Cercle d'Art, 2000, p. 124.
11. John Richardson, *Vie de Picasso, 1881-1906*, Chêne, t. 1, 1992, p. 433.
12. Numéro du 10 août 1910, p. 502-503.
13. Cette caricature est reproduite in Richardson, *op. cit.*, p. 105.
14. Robert Rosenblum, « Picasso and the Typography of Cubism », in *Picasso in Retrospect*, Roland Penrose et John Golding (éds), New York, Harper and Row, 1973, p. 34-35.
15. Jean-Pierre Rioux, « Le canard à un sou », *Le Monde*, 25 juillet 1990.
16. Robert Rosenblum, « Picasso and the Coronation of Alexander III : A Note on the Dating of Some Papiers Collés », *Burlington Magazine*, n° 113, Londres, 1971, p. 604-606.
17. Roland Penrose, *Picasso* (1982), Flammarion, coll. « Champs », 1996, p. 299.
18. Louis Aragon, « La peinture au défi » (1930), republié in *Les Collages*, Hermann, 1980.
19. Robert Rosenblum, *op. cit.*, 1971, p. 605.
20. Claude Frontisi, *Picasso : dessins et papiers collés, Céret, 1911-1913*, cat. exp., Céret, musée d'Art moderne, 1997, p. 77.
21. Anne Baldassari, « Picasso et Cie, collages en tous genres », in *Picasso and Photography, The Dark Mirror*, cat. exp., Flammarion, Houston, The Museum of Fine Arts, 1997, p. 17-35.
22. André Salmon, *Souvenirs sans fin, Deuxième époque* (1909-1920), Gallimard, 1956, p. 191.
23. Kirk Varnedoe, « Words », in *High and Low, Modern Art, Popular Culture*, cat. exp., New York, The Museum of Modern Art, 1990, p. 32.
24. Chronique du 5 mars sur le Salon des Indépendants.
25. Jaime Sabartés, *op. cit.*
26. Pierre Daix, « L'art dans la presse » in *Picasso et la presse, un peintre dans l'histoire*, L'Humanité et les Éditions du Cercle d'Art, 2000.
27. Herta Wescher, « Les collages cubistes », *Art d'aujourd'hui*, 4, mai-juin 1953, p. 33.
28. Robert Rosenblum, *op. cit.*, 1973, p. 34.
29. Sigmund Freud, *Le Mot d'esprit et sa relation à l'inconscient*, Gallimard, coll. « Connaissance de l'inconscient »,1988, p. 105.
30. *Ibid.*, p. 87.
31. Patricia Leighten, « Picasso's Collages and the Threat of War, 1912-1913 », *The Art Bulletin*, XVII, 4, 1985, p. 653.
32. Rosalind Krauss, « Au nom de Picasso » (1985), in *L'Originalité de l'avant-garde et autres mythes modernistes*, Macula, 1993, p. 195.
33. William Rubin (dir.), « Discussion », *Picasso and Braque : A Symposium*, New York, The Museum of Fine Arts, 1992, p. 88.
34. Rosalind Krauss, « Re-Presenting Picasso », *Art in America*, n° spécial, 10, 1980, p. 94.
35. William Rubin (éd.), *op. cit.*, p. 77.
36. *Ibid.*
37. Patricia Leighten, *op. cit.*, p. 665.
38. Robert Rosenblum, *op. cit.*, 1973, p. 40.
39. William Rubin (éd.), *op. cit.*, p. 76.
40. Jean Paulhan, « L'espace cubiste », *L'Arc*, 10, 1960, p. 11.

Picasso rencontre Duchamp, ou pas

Androula Michael

L'un aurait gagné, l'autre aurait perdu ! Que les deux artistes aient marqué leur siècle ne fait aucun doute et tous les historiens d'art et les chercheurs sont unanimes sur le sujet. Cependant, leur rapprochement est souvent présenté d'une façon caricaturale, digne d'un système manichéen, faisant de l'un le « gagnant » et de l'autre le « perdant » dans la bataille pour la reconnaissance d'un chef de file de l'art contemporain[1]. Ce qui serait totalement étranger à leur esprit. Car ils n'ont jamais cherché à créer une école ni à devenir des chefs de file avec disciples et suiveurs. Ils étaient, *a contrario*, loin de tout esprit de chapelle[2].

Il revient à Breton de les avoir le premier mis sur le même plan, déjà en 1923-1924 : « Dieu merci notre époque est moins avilie qu'on veut le dire : Picabia, Duchamp, Picasso nous restent[3]. » Philippe Dagen pointe le fait qu'« il y aurait là matière à des commentaires d'autant plus développés que les biographes de Picasso », et on ajouterait également les biographes de Duchamp, « ne se sont pas intéressés à cette association, préférant affirmer qu'il ne pouvait y avoir d'entente entre eux[4] », tant il est vrai que dans la quasi-totalité des commentaires l'accent est mis sur l'opposition, même si le ton est souvent élogieux pour les deux artistes. Aussi, le commentaire d'Octavio Paz dans un texte consacré à Duchamp ne cesse-t-il d'être cité par plusieurs commentateurs : « La peinture moderne a vécu entre deux extrêmes : Marcel Duchamp et Pablo Picasso [...] sont peut-être les peintres qui ont exercé la plus grande influence sur notre siècle : Picasso par ses œuvres, Duchamp par une œuvre qui est la négation même de la notion moderne d'œuvre[5]. »

Mais qu'en est-il de leur relation véritable ? À quel moment dans l'histoire de l'art pourrait-on situer l'opposition qui prend la forme d'un clivage – et devient en quelque sorte la pierre de touche pour la définition de l'art contemporain ? Et au-delà des considérations par trop restrictives concernant leur œuvre et leur personnalité qu'en est-il également de leur possible rapprochement ? Il s'agit ici de revenir sur leur relation en évitant aussi bien de les opposer que de gommer artificiellement leurs différences.

Picasso rencontre Duchamp

Le premier point qui alimente la curiosité est de savoir si, et dans quelles circonstances, les deux artistes se sont rencontrés. D'après les archives et leurs témoignages, connus jusqu'à ce jour, les deux hommes, qui avaient à peine six ans de différence (ils naissent, Picasso, en 1881 et, Duchamp, en 1887 et meurent, respectivement, en 1973 et 1968) se sont suivis de très loin et n'ont jamais véritablement eu des relations directes. On peut noter tout au plus une brève rencontre d'après Duchamp qui disait à Pierre Cabane n'avoir rencontré Picasso qu'en 1912 ou 1913, durant la période où Picasso et Braque étaient « enfermés » dans leur quartier et dans leur art. Ils auraient cependant pu se croiser dans l'exposition organisée en 1910 à Paris par Jacques Villon et son frère Marcel Duchamp à la Galerie d'Art ancien et moderne et à laquelle Picasso a participé, alors qu'il se refusait de participer aux salons officiels[6]. Duchamp dit avoir eu de la chance à ce moment-là de fréquenter leur quartier à Montmartre avec le mathématicien Princet qui, avec Apollinaire ou Jean Metzinger serait une des personnes susceptibles de les avoir introduits[7].

Du côté de Picasso, nous n'avons pas de témoignages concernant la rencontre dont parle Duchamp. Mais il existe un document d'archives précieux, une note manuscrite de Picasso citant des noms d'artistes qu'il recommandait pour l'Armory Show à la demande de Walter Kuhn, où figure le nom de Ducham (*sic*) [8]. Bien qu'il manque le prénom et qu'il n'est pas certain qu'il se réfère précisément à Marcel Duchamp ou à l'un de ses frères ou même aux frères Duchamp indifféremment, ce document constitue un témoignage historique important, notamment du point de vue du regard que Picasso porte sur les artistes de l'époque. Alors que Picasso ne participe qu'avec des œuvres plutôt mineures et non les plus récentes[9], dispersées de surcroît dans l'espace de l'exposition, c'est Marcel Duchamp qui fait sensation et devient aux États-Unis l'artiste du désormais célèbre *Nu descendant un escalier.*

Si Duchamp reste toujours aux États-Unis, selon ses propres mots, « le monsieur qui avait fait le *Nu descendant un escalier* », il reconnaît qu'il était plus en marge encore à Paris avant la guerre : « À Paris, je ne connaissais personne ; je connaissais à peine Delaunay, même pas d'ailleurs, je ne l'ai rencontré qu'après la guerre. En 1912, j'ai été voir Braque, une fois ou deux ; Picasso, je l'ai rencontré comme ça, mais il n'y avait pas du tout d'échanges de vues entre nous. Je suis donc évidemment resté très à part, j'étais bibliothécaire à Sainte-Geneviève, et puis j'avais mon atelier rue Saint-Hippolyte, qui n'était pas un atelier d'ailleurs mais un sixième bien éclairé, et je travaillais déjà à mon *Verre* que je savais être de longue haleine[10]. »

Duchamp avoue ne pas avoir vu *Les Demoiselles d'Avignon*[11]. Mais s'il en avait au moins entendu parler comme le suggère Alice Goldfarb Marquis[12], il n'est pas sûr que Duchamp ait vu l'œuvre reproduite pour la première fois dans la revue *Architectural record* en 1910 à New York[13] sous le titre « Study by Picasso » ; et nous n'avons aucune raison de ne pas croire Duchamp quand il dit ne jamais avoir vu *Les Demoiselles d'Avignon* à ce moment-là.

Sa réponse à Pierre Cabanne, qui l'interroge à ce sujet en lui rappelant le contexte, est très claire : « Pas du tout », dit Duchamp ; « Nous n'avons jamais vu *Les Demoiselles*, il n'y a que quelques années qu'elles ont été exposées. Pour ma part, j'allais quelquefois chez Kahnweiler dans sa galerie de la rue Vignon et c'est là que le cubisme m'a pris. » Et il confirme ne pas être allé chez Picasso à ce moment-là. D'où sa réponse à la question de Pierre Cabanne : « Il ne vous apparaissait pas comme un peintre exceptionnel ? » : « Absolument pas. Au contraire. Il y avait une sorte de concurrence, si je peux dire, mentale, entre Picasso et Metzinger. Quand le cubisme a commencé à prendre une forme sociale, on parlait surtout de Metzinger. Il expliquait le cubisme tandis que Picasso n'a jamais rien expliqué. Il a fallu quelques années pour se rendre compte que ne pas parler valait mieux que dire trop de choses. [...] C'est plus tard que Picasso est devenu un drapeau[14]. »

Il est bien connu que Picasso et Braque fuyaient les salons[15] en France et qu'en dehors de quelques œuvres exposées chez leur marchand Daniel-Henri Kahnweiler, ou celles qu'on pouvait voir dans leur atelier, il était difficile d'avoir connaissance de leur travail. On pourrait donc supposer que c'est par méconnaissance de son travail véritable que Duchamp ne considérait pas Picasso comme un grand peintre au moment des *Demoiselles.* Aussi les circonstances de leur rencontre par la suite (en 1912 ou 1913) n'avaient-elles finalement rien d'exceptionnel[16].

Les deux artistes ont failli se revoir quelques années plus tard à l'initiative de Duchamp. C'était en 1926, au moment où Katherine Dreier[17] avait sollicité de façon urgente le conseil de Duchamp pour l'achat d'œuvres en Europe, destinées à figurer dans la très grande exposition d'art moderne qu'elle organisait cette même année pour le Brooklyn Museum. À Paris, où elle arrive en mars, il l'accompagne alors dans toutes sortes d'expositions, de galeries et d'ateliers d'artistes. C'est à cette occasion que Duchamp s'adresse à Picasso dans une lettre, datant du 1er avril 1926, (« Mon cher Picasso » montrait néanmoins une certaine familiarité[18]), lui demandant de les recevoir. Mais aucune preuve que cette rencontre ait eu finalement lieu. Ce qui pourrait expliquer le fait que Duchamp, peut-être même un peu vexé, dans une lettre adressée à Miss Meier datée du 3 juillet 1926, lui suggère d'éviter Picasso avec l'argument qu'elle n'avait pas vraiment besoin d'inclure dans son exposition des artistes ayant « un tel succès dans le marché[19] ».

Mais il est tout au moins curieux de constater qu'ils ne se sont plus croisés par la suite. Les circonstances n'étaient-elles pas favorables ? Si, vu qu'ils côtoyaient plusieurs personnes en commun, Apollinaire, Breton, Henri-Pierre Roché pour n'en citer que quelques-unes et ils auraient sûrement très bien pu se croiser à plusieurs reprises[20]. Mais eux-mêmes n'ont-ils pas souhaité se rencontrer, ont-ils préféré s'éviter, ou, tout simplement, se sont-ils ignorés[21] ? Ce sont là des questions pour lesquelles nous n'avons aucune réponse certaine, si ce n'est que la brève rencontre évoquée plus haut n'avait rien de mémorable : « Picasso, je l'ai rencontré comme ça, dit Duchamp, mais il n'y avait pas du tout d'échanges de vues entre nous[22]. » Aussi, leur non-rencontre constitue-t-elle encore aujourd'hui un grand mystère[23].

De loin, ils ont sûrement suivi leur itinéraire respectif. Duchamp ne choisit-il pas de rédiger lui-même la notice sur Picasso pour le catalogue[24] de la Société Anonyme[25] ? Son texte, écrit en 1943, que l'on se permet de citer dans son intégralité, est de loin le plus élogieux[26] parmi l'ensemble des notices que Duchamp avait rédigées :

> Le nom seul de Picasso incarne l'expression d'une pensée nouvelle au royaume de l'esthétique. Entre 1905 et 1910, Picasso, inspiré par les sculptures nègres primitives récemment introduites en Europe, fut à même de rejeter l'héritage des écoles impressionniste et fauve et de se libérer de toute influence immédiate. La principale contribution de Picasso à l'art aura été de partir de zéro et de maintenir cette fraîcheur à l'égard de tous les modes nouveaux d'expression qui marqueront les diverses époques de sa carrière. Le cubisme, en soi, fut un mouvement artistique dans lequel Picasso ne fut jamais qu'un « pionnier ». Il ne se sentait jamais obligé de développer une théorie du cubisme, tout en l'ayant lui-même élaborée. Picasso, dans chacune de ses manières, a souligné son intention de s'affranchir de toutes les réalisations antérieures. L'une des différences les plus importantes entre Picasso et la plupart de ses contemporains, c'est que, jusqu'à ce jour, il n'a jamais manifesté aucun signe de faiblesse ou de répétition dans son débit ininterrompu de chefs-d'œuvre. La seule orientation permanente dans son œuvre est un lyrisme aigu, qui, avec le temps, a pris des accents cruels. De temps en temps, le monde se cherche une personnalité sur qui se reposer aveuglément – une adoration de cet ordre peut se comparer à une vocation religieuse et dépasse le raisonnement. Aujourd'hui, des milliers d'amateurs d'émotions artistiques surnaturelles se tournent vers Picasso, qui ne les déçoit jamais[27].

Duchamp parle de l'inépuisable fraîcheur et de l'inventivité étonnante de Picasso, son indépendance vis-à-vis de toute influence immédiate, son détachement de tout esprit de systématisation théorique, notamment au moment du cubisme[28]. Il insiste également sur l'absence de répétition dans son œuvre. Dans un deuxième temps, Duchamp insiste très fortement sur la question de la réception de l'œuvre de la part du spectateur[29] et pointe le fait que Picasso est devenu un mythe vivant, suscitant l'admiration[30]. Ce ton élogieux qui met l'accent sur l'importance de la réception et du regardeur, thème par ailleurs central dans son travail, ne cache pas néanmoins une certaine ironie sur cette mythification quasi religieuse de la figure de Picasso – mythification dont par ailleurs il bénéficiera lui-même, tout au moins parmi les historiens de l'art et les artistes, à partir des années 1960 et jusqu'à aujourd'hui. Alice Goldfarb Marquis, avec une certaine exagération peut-être qui n'est pas complètement injustifiée, voit dans cette déclaration un peu amère, le désespoir de Duchamp face au succès d'un autre artiste[31]. À moins que, comme le suggère Robert Lebel, ce ton élogieux à l'égard de Picasso mais aussi, dans une moindre mesure, à l'égard d'autres artistes, ne consiste en une sorte de stratégie de la part de Duchamp : « Par des louanges indifféremment décernées, il tenait bien mieux ses distances[32]. »

Exposition au Moderna Museet : *They were wrong ?*

Picasso et Duchamp, certes, ils ne se sont pas côtoyés ; mais rien dans leurs propos ou dans leurs actes ne montre mépris ou attitude négative réciproques. Et pourtant, certains trouvent toujours tentant de leur prêter des intentions qu'ils n'avaient probablement pas. Car il est bien plus facile de verser dans le sensationnel en faisant de cette prétendue opposition dans le domaine artistique une petite affaire personnelle. C'est exactement ce qu'exploite la récente exposition Picasso/Duchamp[33], *He was wrong*, tenue récemment au Moderna Museet de Stockholm, dont le propos est entièrement fondé sur une opposition absolue, quasi guerrière, appuyée sur une phrase que Picasso aurait prononcée en apprenant la mort de Duchamp en 1968 : « *He was wrong* », qui fait aussi le titre de l'exposition.

Ces propos attribués à Picasso deviennent la pierre de touche d'une tendance réductrice, jouant sur l'effet d'annonce provocateur. Bien qu'il n'y ait aucune preuve d'attitude négative de Picasso envers Duchamp, c'est pourtant ce présupposé fantasmé et fabriqué qui devient la ligne directrice de l'exposition. Laissons d'ailleurs de côté la question de la véracité de ces propos[34] et admettons même que Picasso les ait véritablement tenus. Ce qui nous intéresse davantage c'est de voir de quel symptôme elle est l'épiphénomène. Elle est, tout au moins, révélatrice d'un état d'esprit simplificateur de la part de la critique et d'institutions aussi sérieuses que le Moderna Museet, qui cherchent davantage une communication réussie que l'examen en profondeur de l'œuvre des deux artistes. Il est vrai que, du point de vue de la communication, le propos et le contenu de cette exposition paraissent sensationnels. Le musée annonce que pour la toute première fois, les deux artistes sont présentés côte à côte et leurs relations sont examinées. Les images de la promotion montrant les deux artistes en maillots de combat, tels des boxeurs prêts à bondir, se tournant néanmoins un peu le dos, étaient effectivement chargés d'impact médiatique à grand potentiel. En cela, et au-delà de tout contenu de l'exposition elle-même, le pari était gagné : « Tout amateur d'art en rêvait, lit-on, le Moderna Museet l'a fait ! » Le succès médiatique pour l'institution organisatrice est indéniable. Peu importent d'ailleurs les critiques mêmes négatives, à partir du moment où l'on en parle !

Une mise en espace dans un musée n'est jamais innocente et véhicule un discours déjà élaboré. Ici, la présupposée opposition caricaturale entre les deux artistes. Du côté de Picasso, des supports traditionnels, beaucoup de dessins et de gravures, quelques tableaux cubistes, des photographies qui le montrent en train de peindre. Du côté de Duchamp, l'espace aux lignes pures, le *white cube* d'une galerie contemporaine, présente des œuvres très conceptuelles : depuis la réplique (certifiée copie conforme par Duchamp[35]) de *La Mariée mise à nu par ses célibataires, même*, dit le *Grand Verre*, jusqu'aux readymades et les *Trois Stoppages Étalon*.

L'image qui domine est celle d'un Picasso accessible, « académique » en apparence, comparé à l'image d'un Duchamp hermétique, voire incompréhensible. Pour un public plus averti, l'image qui ressort est double : d'un côté le cliché de l'artiste véritablement contemporain, voir actuel : Marcel Duchamp ; et de l'autre, le cliché de l'artiste qui séduit encore par la dextérité du dessin, connu par le grand public mais incarnant l'artiste formaliste traditionnel : Picasso.

Les œuvres ou pièces à conviction ont finalement servi un discours réducteur et simpliste qui rend compte de l'actualité d'une pensée binaire qui caractérise une certaine « défense du camp » de l'art contemporain et postmoderne contre la « tradition » de la peinture.

Mais si les enjeux de la mise en opposition absolue, dans le contexte de la mise en avant d'un art contemporain qui s'opposerait à la tradition plutôt formaliste, sont largement connus et débattus, ces dichotomies simplificatrices dépassées, on devrait pouvoir apporter des nuances à ce discours archaïque. On retiendra néanmoins de cette exposition qu'elle nous rappelle la force des clichés et ranime la question importante du rapport entre les deux artistes[36] et l'urgence de reformuler les termes du débat dans une nouvelle perspective.

Du côté de leur réception

L'exposition *Picasso Duchamp « He was wrong »*, exemplifie une tendance qui n'est pas nouvelle. On dirait même que l'histoire ne fait que se répéter : la critique faite par un chroniqueur du *Chicago Daily News* en 1937, lors de la première exposition personnelle de Duchamp aux États-Unis à l'Art Club of Chicago, est révélatrice de ce cliché qui va être renforcé à partir des années 1960, et qui perdure largement jusqu'à aujourd'hui : « Duchamp a la touche la plus lumineuse parmi tous les cubistes, contrairement aux sérieux Braque, Gleizes ou Picasso. Duchamp est chez lui à Chicago, à Broadway, à New York. Alors que vous pouvez imaginer Picasso explorer les tombes d'Égypte ou les catacombes de Rome[37]. » L'un se tourne, vers l'avenir, l'autre vers le passé.

Notons que ce genre de propos reste néanmoins assez peu répandu. Si en 1936, dans deux expositions collectives majeures[38] au MoMA, Duchamp et Picasso sont pour la première fois présentés ensemble dans une institution muséale d'importance et considérés comme précurseurs, c'est Picasso qui était considéré jusque-là comme un artiste majeur reconnu internationalement et dont la notoriété était déjà très grande aux États-Unis. N'est-ce pas en 1937 que le Museum of Modern Art à New York acquiert pour un prix record pour l'époque *Les Demoiselles d'Avignon*[39] ? En 1939, le même musée lui consacre avec 344 œuvres la plus grande rétrospective jamais réalisée sur l'artiste : *Picasso : forty years of his art*, avec un texte significatif d'Alfred Barr[40].

Duchamp était certes connu comme l'auteur du *Nu descendant un escalier*, qui a fait scandale à l'Armory show, mais il n'avait pas encore et jusqu'aux années 1960, bénéficié d'une reconnaissance muséale individuelle. Or les hommages à Picasso ne cessent de se multiplier tant en France qu'à l'étranger. Après la Libération, en tout premier lieu lors du Salon d'automne, Picasso occupe une place centrale quelques jours après son adhésion au Parti communiste[41]. Après que l'État français a rejeté sa demande d'obtention de la nationalité française – les renseignements généraux le trouvent même « suspect du point de vue national[42] » –, qu'il fut interdit d'exposer pendant l'Occupation, sa réapparition sur la scène artistique dans un salon prend valeur de manifeste et marque un point important dans la réception de Picasso.

Dès la Libération et jusqu'aux années 1960, Picasso est une référence incontournable sur la scène artistique, et ses anniversaires – le 75e (1956), 80e (1961) et 85e (1966) – marquent des hommages et des campagnes photographiques sans précédent dans l'histoire de l'art. Pour son 80e anniversaire, telle une star, Picasso fait la couverture de *Life* magazine.

L'envers du décor : consécration et critiques négatives

Parallèlement aux grandes expositions rendant hommage aux moments de gloire de Picasso, son travail plus récent est perçu négativement par certains critiques qui ne voient là qu'un travail de vieillard qui ne se renouvelle pas. Clement Greenberg, le très influent critique américain, ne considérait-il pas qu'après le cubisme[43], la production de Picasso était en déclin perpétuel ? Dans la pensée de Greenberg et son dessein pas si secret que cela de promouvoir la peinture américaine sur la scène internationale, l'expressionnisme abstrait apparaissait comme le seul art véritable de son époque.

Les avancées importantes de Picasso dans le domaine du collage, du papier collé et de l'assemblage étaient certes encore citées. Ce fut le cas dans l'importante exposition, *The Art of the Assemblage,* organisée par William Seitz au MoMA en 1961. En exposant *Nature morte à la chaise cannée* (1912) et plusieurs papiers collés, le commissaire donnait une lignée historique aux assemblages les plus récents. Mais à l'époque, les collages et les assemblages de Picasso avaient cessé d'avoir l'impact corrosif de l'acide sur les jeunes artistes. C'est ainsi que nous arrivons à une situation paradoxale : responsable, d'un côté, de la « destruction de la peinture », il est érigé, de l'autre, par la critique et une grande partie des artistes contemporains de l'époque, en son défenseur anachronique. Ceux justement parmi les jeunes qui cherchaient un nouveau mythe, un nouveau dieu à adorer, se réclamaient de la lignée de Duchamp[44] et commençaient à dominer la scène artistique. Pierre Cabanne résume justement le paradoxe de la réception de Picasso : « Une telle évolution augmentera la solitude que Picasso s'était de son propre chef donnée ; l'une de ses conséquences les moins prévisibles sera de transformer celui que l'on avait si longtemps regardé comme un destructeur, en défenseur de la peinture, du tableau de chevalet, face aux nouveaux iconoclastes, aux nouveaux provocateurs. En même temps l'homme Picasso, quittant son masque de terroriste, devenait une sorte de gardien de la tradition, de grand-père gâteau selon l'image que Penrose avait donnée à l'exposition de la Tate Gallery[45]. » Paradoxalement Picasso commence à paraître plutôt « réaliste ». On pourrait voir là avec Frederic Jameson « le résultat d'une institutionnalisation académique et d'une canonisation du mouvement moderne en général » qui serait « l'une des explications les plus plausibles de l'émergence du postmodernisme, dans la mesure où la jeune génération des années 1960 se retrouva alors face au mouvement moderne autrefois contestataire comme devant un ensemble de classiques morts « pesant comme un cauchemar sur le cerveau des vivants, comme le dit jadis Marx dans un autre contexte[46] ».

En 1964-1965, Picasso, à près de 85 ans, commence à avoir des problèmes de santé liés à son âge et, comme il le disait, ressent de plus en plus l'urgence de travailler. Le temps lui manquait et il avait de plus en plus de choses à faire. Sollicité de toutes parts, devenu un mythe vivant, il n'a pas à se soucier de sa postérité. Il a déjà vécu la gloire de son vivant et se plaint d'être considéré comme un « monument » ! Il se retire dans ses ateliers, fuit les mondanités et reçoit peu de personnes. Une vie ne lui aurait pas suffi pour lire l'énorme quantité de courrier qu'il recevait. Picasso parle d'une vie de « bagnard » qu'il est en train de mener. Dès les années 1930, il évoque volontiers « la solitude qu'il s'est créée et que personne ne soupçonne[47] ». Devenu une icône médiatique, « ses faits et gestes ne sont plus ceux d'un créateur mais d'une vedette qui alimente les chroniques de potins indiscrets des journaux et des magazines[48] ». La publication dans la même période du livre de Françoise Gilot[49] alimente l'image d'un artiste ogre et égocentrique et renforce son désir de solitude et de retrait. L'intérêt se porte davantage sur l'homme que sur son œuvre.

Toutes les grandes manifestations négligent ou ignorent une partie de son travail qu'il avait toujours gardé pour sa propre collection, comme les écrits par exemple, mais aussi un grand nombre de papiers collés. Le côté « monument » est renforcé par des hommages, comme celui qui lui est rendu au Louvre : l'accrochage de quelques-unes de ses œuvres, essentiellement des peintures, sans forcément que ce soient les plus importantes de son parcours artistique.

Picasso paraît à cette époque être en marge de tout ce qui se produit dans le domaine des arts plastiques, tel un « poids » trop encombrant pour beaucoup d'artistes et dont il fallait s'écarter. Les jeunes artistes ne le perçoivent pas comme une référence incontournable. Picasso n'en était-il pas en partie responsable ? En laissant faire ses amis communistes, il n'avait pas prévu les répercussions sur la réception de l'ensemble de son œuvre quand ses colombes de la paix, partie infime certes, mais la plus mièvre de son travail, ont été largement diffusées dans le monde entier. Au moment où Duchamp contrôlait minutieusement sa postérité, Picasso, qui pourtant, savait très bien comment se prendre avec les médias et la diffusion de son image, s'est piégé lui-même dans une image qui ne lui ressemblait pas.

Une nouvelle personnalité à adorer...

« Si Picasso perpétue dans ce siècle la figure démiurgique de l'artiste inaugurée à la Renaissance, il revient à Duchamp de constituer le parangon de l'artiste contemporain[50]. » Duchamp incarne aux yeux des artistes contemporains l'opposition au modernisme par trop cloisonné dans les formes traditionnelles du tableau. Au fur et à mesure que d'autres alternatives se confrontent à la prédominance de l'expressionnisme abstrait[51], l'importance de Duchamp aux États-Unis et en Europe grandit pour arriver à son point culminant dans les années 1960. Le centre vital de l'art contemporain, de la critique et du marché semblait être déplacé de Paris à New York ; Picasso n'est jamais allé aux États-Unis, et n'a jamais vu l'intérêt de le faire[52]. Duchamp, quant à lui, est devenu citoyen américain et a bénéficié, dès son arrivée aux États-Unis et jusqu'à la fin de sa vie, d'un réseau d'amis dans le milieu de l'art. Sa rétrospective au Pasadena muséum, en 1963, ouvrait une autre voie à l'art moderne et bien des voix s'élevaient pour dire que Duchamp rivalisait et surpassait même Picasso ou Matisse.

Dans le contexte de la « redécouverte[53] » de Dada, « de toutes parts, parviennent à Duchamp des demandes de reconnaissance en paternité. Par ses notes, il est promu ancêtre de l'art conceptuel. Son pliant de voyage, sa sculpture de voyage en font l'inventeur de l'antiforme. Sa tonsure en forme d'étoile, ses sculptures shampouineuses le désignent comme le pionnier de l'art corporel, ses rotoreliefs anticipent sur l'op art[54] ». Il faudrait évoquer à ce sujet le rôle important des marchands qui cherchaient une affiliation prestigieuse. Leo Castelli, par exemple, à la question de savoir selon quels critères il choisissait des artistes qui pouvaient être vendus sur le marché (néodadaïstes et artistes pop notamment), répondait : « Marcel Duchamp. » « Un coup d'État s'accomplit donc : Picasso a été dépossédé de sa place d'inspirateur et Duchamp s'y est installé[55]. » C'est alors que, malgré eux, le clivage entre Duchamp et Picasso s'accentue. « Selon une loi d'accumulation, le "duchampisme" ne cesse de croître à partir de la fin des années 1950 – et par voie de conséquence le "picassisme" de perdre de son actualité et de son intensité[56]. » En France envers Picasso « silence, ignorance, indifférence. Or Picasso est vivant[57] » rappelle Philippe Dagen pour rajouter que cette dichotomie fabriquée mise à part, n'est pas « si facile de faire comme si Picasso était mort à la fin des années 1950[58] ».

Il est bien sûr à préciser que dans les années 1960 les deux artistes eux-mêmes se trouvaient dans un état d'esprit différent concernant la trajectoire et la réception de leur travail. Picasso savait que sa postérité était assurée déjà de son vivant, déjà depuis plusieurs décennies. Couvert d'argent et de gloire, il ne se préoccupe plus des collectionneurs, du marché ou des critiques. Sa course avec le temps et avec la mort avait déjà commencé. Au moment même où l'un se plaint d'être transformé en « monument », l'autre commence à en devenir un à son tour et à goûter au plaisir de la notoriété. C'est à Philadelphie[59], là où sera réuni l'ensemble le plus significatif de ses œuvres provenant essentiellement de la collection Arensberg[60], que se tient le grand vernissage du 15 octobre 1954, le premier semble-t-il auquel il assistait. Il fait l'objet, enfin pourrait-on dire, d'une consécration muséale majeure qui aura des répercussions importantes sur la suite de sa carrière, laquelle sera désormais conduite de façon méthodique[61].

C'est alors que l'opposition entre les deux artistes prend un nouveau tour plus institutionnel. Duchamp prenant en charge sa postérité et son institutionnalisation, il se prêtait de plus en plus au jeu des entretiens, des émissions de télévision, des conférences ; il a même orchestré les choses parfois dans les moindres détails jusqu'après sa mort ! N'avait-il pas organisé avec la complicité de son ami Copley l'acquisition de son œuvre *Étant donnés* par l'intermédiaire de sa société philanthropique[62] afin de l'offrir au musée de Philadelphie ? N'est-il pas allé, comme le remarque justement Larry Witham, jusqu'à prévoir et ajuster les dimensions de cette œuvre aux dimensions de la salle consacrée à Kandinsky, juxtaposée à « son espace » au musée de Philadelphie, prévoyant déjà que le musée pouvait déplacer les Kandinsky pour installer son œuvre, ce qui s'est effectivement produit après sa mort. L'œuvre allait pouvoir enfin rejoindre les autres œuvres de son « musée ». En véritable joueur d'échecs, il prépare minutieusement le dernier coup, la postérité de son travail. Il autorise en 1964 la multiplication de son œuvre en autorisant des répliques (huit exemplaires chacun pour treize readymades disparus) qui allaient rejoindre les institutions publiques prestigieuses qui n'en possédaient pas auparavant.

Réactualiser les termes du débat...

Certes, Picasso n'est pas Duchamp et leurs œuvres diffèrent à bien des égards. Mais les termes du débat devraient être réactualisés. L'opposition qui a largement perduré jusqu'à aujourd'hui revêt un caractère polémique, caractéristique de l'élan parfois belliciste qui emporte artistes et critiques dans la course à la reconnaissance. Jean-Jacques Lebel le dit justement que « "le duel sanglant" Picasso/Duchamp, inventé de toutes pièces par des journalistes [...] est un mythe qui fonctionne depuis bientôt un siècle comme un rideau de fumée[63] ». La tendance générale consiste en effet à prendre en compte une partie seulement de leurs œuvres respectives, omettant volontairement, en fonction de la thèse à soutenir, ce qui pourrait introduire un doute dans la démonstration.

Cela relève d'une comparaison binaire ignorant ce qui pourrait les rapprocher et ne retenant que ce qui tend à les séparer. Si d'aucuns les enferment de façon caricaturale dans une activité, la peinture pour Picasso et le readymade pour Duchamp, eux-mêmes ne se sont rien interdits et ne sont jamais entrés dans des catégories figées. On oublie par exemple que les deux artistes faisaient chacun simultanément des choses diamétralement opposées. Picasso réalise en 1942 une sculpture aux accents humanistes, *L'Homme au mouton*, mais il conçoit au même moment l'assemblage *Tête de taureau*, assemblage qui combine des objets trouvés, une selle et un guidon de bicyclette. Il venait également d'achever une pièce de théâtre, *Le Désir attrapé par la queue*, tout en continuant à écrire des poèmes. Duchamp, de son côté, entretenait très soigneusement le mythe de son inactivité, pendant qu'il élaborait *Étant donnés* dans le plus grand des secrets. *Étant donnés*, « qui longtemps inspira à ses admirateurs les plus ardents une moue désapprobation gênée[64] », dit Didier Ottinger, reste encore la seule œuvre de Duchamp énigmatique, qui sort du cadre et bouleverse un peu la radicalité du readymade. Faudrait-il rappeler en plus que Duchamp, d'après les témoignages d'archives et sa correspondance, avait mis, pour ainsi dire, « la main dans la pâte ? » N'avait-il pas moulé certaines parties du corps de la femme sur le corps de Maria et n'avait-il pas cherché les matériaux les plus appropriés en faisant de nombreux essais[65] ? Au moment de son dévoilement au Musée de Philadelphie après la mort de Duchamp, n'y a-t-il pas eu des critiques négatives envers cette œuvre qui venait perturber le discours critique formé à partir des readymades ? Un critique ne se disait-il pas surpris et déçu d'apprendre que Duchamp n'avait en fait pas vraiment arrêté de travailler ? Voilà que Duchamp venait introduire le doute là où tout semblait cohérent.

Rosalind Krauss trouve nécessaire et utile l'opposition formulée par Octavio Paz entre Duchamp et Picasso et pense que cette « distinction devrait se faire selon d'autres critères que ceux qui ont toujours fonctionné dans la tradition iconographique. Plutôt, dit-elle, que de perpétuer l'antinomie entre dessin et couleur, entre esprit et corps ou entre idéal et sensible, il faudrait plutôt réorienter l'axe de l'opposition suivant la direction et distinguer entre le haut et le bas, le sérieux et le trivial ». Poursuivant son analyse elle sous-entend néanmoins un Picasso cubiste sérieux et un Duchamp qui « rejeta avec violence le cubisme » et « ne se contenta pas de descendre vers une pratique bouffonne, mais atteignit ce qui serait l'équivalent dans les arts visuels des formes mimétiques "basses[66]" ». Or toutes dichotomies artificielles liées aux mediums mises de côté, c'est exactement sur ce terrain qu'il faudrait rapprocher leurs démarches respectives. Faut-il encore préciser que le cubisme rejeté par Duchamp à l'époque n'était autre que celui répudié par Picasso lui-même ? N'était-il pas également dégoûté du cubisme devenu une grammaire, une expression de style, une pure affaire matérialiste ? Revenant de la galerie de la Gazette des Beaux-Arts où l'on est en train d'accrocher l'exposition « Les Créateurs du cubisme, il est, complètement dégoûté, confie Kanhnweiler : « Il n'y a pas de cubisme dans tout ça. Tout me dégoûte mes propres choses les premières. Il n'y a de bien que les papiers collés de Braque et le tableau de Raynal (un papier collé de Picasso). Tout le reste c'est de la peinture[67]. » Le rejet du cubisme par Duchamp ne pourrait pas suffire pour l'opposer à Picasso qui ne saurait d'ailleurs être réduit au cubisme analytique. Si Duchamp abandonne « l'art rétinien » devenu insupportable, il condamne au fond l'impressionnisme et plus tard l'art abstrait et toute peinture devenue un jeu de formes plaisantes à l'œil. « C'est pour cela que je n'aime pas l'art abstrait[68] », dit-il, point sur lequel il rejoint également Picasso qui avait la même aversion envers l'abstraction. Qu'est-ce qu'un chasseur qui serait abstrait ? s'interroge Picasso : « En tout cas, dit-il, il ne tue rien. » Duchamp condamne ce qu'il appelait la « peinture-peinture » et Picasso ironise de son côté sur l'« artiste-peintre ». « Ah si seulement j'étais artiste-peintre », dit-il souvent comme une boutade, reléguant la peinture à une activité artisanale naïve et innocente, et privilégiant le côté mental et conceptuel de l'art, en s'intéressant plus au mouvement de la pensée qu'au résultat. [...] Au temps du cubisme, dit-il encore, « faire des tableaux était moins important que de découvrir des choses[69] ». Picasso insiste précisément sur le fait que la peinture est une affaire de l'esprit – une cause mentale alors qu'on oublie souvent qu'il « fut, lui aussi, un praticien du regard mental de même qu'à une très grande échelle, des "morceaux" choisis[70] ». Un atelier de peintre, dit Picasso « doit être un laboratoire. On n'y fait pas un métier de singe, on invente. La peinture est un jeu d'esprit[71] » pour rajouter ailleurs que « la peinture est chose de l'intelligence[72] ».

Prolifération/raréfaction

Il devient intéressant, d'envisager également leurs œuvres sous un jour nouveau. On parle de l'extrême économie d'œuvres de Duchamp et on pense presque ironiquement à l'immense quantité de celles de Picasso. Certes les chiffres sont incomparables. Si Duchamp n'a pas été pléthorique – une cinquantaine tout au plus selon ses dires, nombre qui a augmenté au fur et à mesure pour attendre plus de 600 pièces dans le dernier catalogue raisonné de Arturo Schwarz –, on ne compte plus les œuvres de Picasso. Mais y a-t-il autant d'« œuvres » que de pièces énumérées ? Au fond, Picasso a fait très peu d'œuvres lui aussi, mais en revanche un nombre incalculable d'études, d'efforts pour s'approcher de quelque chose, pour arriver à faire quelque chose. Le mythe de l'artiste prolifique est certainement à revoir. « On ne fait pas de tableau, dit Picasso, on fait des études, on n'en finit pas de l'approcher[73]. » C'est qu'il ne fait jamais un tableau comme une œuvre d'art : « C'est toujours une recherche. Je cherche constamment, et il y a un enchaînement logique dans toute cette recherche. C'est pourquoi je les numérote. Je les numérote et je les date. Peut-être qu'un jour quelqu'un m'en sera reconnaissant[74]. » Et il dévoile son processus créatif qui consiste à faire un très grand nombre d'études : « Je fais cent études en quelques jours, tandis qu'un autre peintre peut passer cent jours sur un seul tableau[75]. » D'où son horreur pour l'idée d'achèvement : « Achever une œuvre, terminer un tableau ? Quelle bêtise ! Terminer veut dire en finir avec un objet, le tuer, lui enlever son âme, lui donner la *puntilla,* "l'achever", comme on dit ici, c'est-à-dire lui donner ce qui est le plus fâcheux pour le peintre et pour le tableau : le coup de grâce[76] ! » Duchamp de son côté, déclarait son *Grand Verre* définitivement inachevé...

Au-delà des catégories restrictives qui ont « toujours fonctionné dans la tradition iconographique » et dont il faut s'éloigner, c'est exactement sur ce point précis des choses « basses » que l'on devrait trouver non pas un point d'opposition mais les similitudes les plus profondes entre

Duchamp et Picasso. Rosalind Krauss a raison de pointer qu'« il n'est tout simplement pas vrai de dire que Duchamp évitait de faire œuvre » ; « quant au contenu manifeste de l'œuvre, loin de nier cet aspect viscéral, il l'accentue et l'encourage. Car le monde de Duchamp est plein de références à la machine humaine, au corps qui travaille sans relâche à produire des excrétions variées : sperme, urine, matières fécales, voire sueur ». Krauss continue très justement dans le même registre de nous rappeler, ce que beaucoup de commentateurs oublient en mettant l'accent sur le mythe d'un Duchamp froid et conceptuel, qu'« une part importante de l'art de Duchamp est paillarde et grivoise » et qu'il était « déterminé à pratiquer un art des plus vulgaires et à opter en la matière pour le populaire, le scabreux, le commun[77] ». Dans l'œuvre de Picasso, aussi bien plastique que poétique, le populaire, le trivial, le « bassement matériel », voire le scatologique occupent une place centrale.

Quant à l'érotisme, il tient une place de choix dans l'œuvre de deux artistes : « Éros c'est là vie » pour Duchamp ; « au fond il n'y a que l'amour » de Picasso... Aussi, *Étant donnés* œuvre érotique et autobiographique s'il en est que Duchamp dédiait secrètement à sa maîtresse d'un temps Maria Martins est à rapprocher de l'œuvre érotique de Picasso. Jean-Jacques Lebel avec la présentation de *Picasso érotique* au Musée des Beaux-Arts de Montréal il re-voit et ré-interprète l'œuvre de Picasso dans une optique duchampienne.

Au-delà du cloisonnement des disciplines

Picasso, tout comme Duchamp, ne croit pas au cloisonnement des arts, ce qu'il a souvent répété dans ses propos. Au moment où on le classe sous l'unique étiquette de peintre, n'avait-il pas expérimenté d'une façon complexe et suivi la photographie, comme le mettent en lumière les travaux d'Anne Baldassari[78] ? N'a-t-il pas élaboré en parallèle à son œuvre plastique, mais sans en faire grand cas, une œuvre poétique qui fait partie intégrante de son processus créatif ? Picasso gardait en effet soigneusement un très grand nombre de manuscrits inédits. Des *Projets,* lit-on, sur la pochette qui les protégeait. Ses textes difficiles d'approche pour des lecteurs habitués à la linéarité, proches de l'esprit dada d'Alfred Jarry[79] et de Gertrude Stein, dévoilent un artiste qui a toujours voulu dépasser les catégories restrictives du médium et se définissait au-delà de la catégorie de peintre. « Je suis beaucoup plus, mais les gens ne me prennent pas au sérieux. Ils me prennent au sérieux seulement comme peintre. Tant pis pour eux[80]. »

Les jeux de mots et d'esprit, dans ses écrits mais aussi dans ses entretiens, montrent que Picasso s'amusait de l'ambiguïté de la langue et des jeux de mots, chose qui le rapproche de Duchamp. Et l'on oublie souvent la poésie de Picasso, son expérience avec l'écriture[81], pour laquelle Picasso avait imaginé une publication[82] qui ressemble en tout point à celle adoptée par Duchamp pour *La Boîte verte* ou *La Boîte en valise.*

Le domaine est certes différent et n'évoque pas un « accrochage plastique », mais il est tentant de comparer, une page manuscrite de Picasso (le premier feuillet du manuscrit du 7 novembre 1940) aussi bien pour des raisons plastiques que conceptuelles, avec l'accrochage réalisé par Duchamp (*Mile of String)* lors de l'exposition *First papers of surrealism* à New York (1942). Des centaines de mètres de fil tendus entre les toiles, comme on peut le voir dans une célèbre photographie de John D. Schiff. D'un côté, la déconstruction de l'espace de la galerie, de l'autre, la déconstruction de la page d'écriture et de sa linéarité. Ici la perte des repères du regardeur, là du lecteur. Dans les deux cas, il s'agit d'adopter des postures différentes qui modifient profondément la place du spectateur et du lecteur traditionnels.

« Picasso pense aussi, comme Marcel Duchamp, qu'un "tableau ne vit que par celui qui le regarde" et même "qu'un tableau n'existe que par sa légende et pas par autre chose"[83] ». Aux propos de Duchamp : « Ce sont les regardeurs qui font les tableaux », on peut comparer ceux de Picasso : « Le tableau n'est pas pensé et fixé d'avance, pendant qu'on le fait il suit la mobilité de la pensée. Fini, il change davantage, selon l'état de celui qui le regarde. Un tableau vit sa vie comme un être vivant, subit les changements que la vie quotidienne nous impose. Cela est naturel puisqu'un tableau ne vit que par celui qui le regarde[84]. »

Picasso aussi se défend de l'emprise de la « beauté » et du « charme » : « Quand on commence un tableau, on trouve souvent de jolies choses. On doit s'en défendre, détruire son tableau, le refaire plusieurs fois. À chaque destruction d'une belle trouvaille, l'artiste ne la supprime pas, à vrai dire ; mais il la transforme, la condense, la rend plus substantielle. La réussite est le résultat de trouvailles refusées. Autrement on devient son propre amateur. Je ne me vends rien[85] ! »

Duchamp et Picasso échappent à toute tentative de cloisonnement, car ils sont inclassables et surgissent là où on ne les attend pas. Tous deux opèrent par décloisonnement et mélange, par déconstruction et hybridation. Et c'est précisément au-delà de ces questions de médium que Picasso et Duchamp se rejoignent car, au fond, ils pensaient qu'avant l'art il fallait penser l'homme[86], et avant la notion d'œuvre définitive, le processus et l'expérience. « Pour moi, dit Picasso, un tableau n'est jamais une fin, ni un aboutissement, mais plutôt un heureux hasard et une expérience[87]. »

L'œuvre de deux artistes demeure encore à bien des égards insaisissable et résiste à toute simplification réductrice ; car elle « vit » dans le présent et continue à bien des égards à déranger. En réalité, les deux artistes n'ont pas cessé de brouiller les pistes, et par un esprit de contradiction sciemment entretenu d'échapper aux classifications restrictives. Et il serait également absurde d'aller dans l'autre sens, tout aussi caricatural, de l'affirmation d'un rapprochement inconditionnel. Les deux artistes, ne sont ni les mêmes, ni absolument opposés et l'on devrait aujourd'hui reconsidérer leur relation plus sereinement au-delà du clivage simplificateur d'un vieux débat entre modernisme et postmodernisme.

NOTES

1. Même Larry Witham, qui nuance pourtant leur relation à l'appui de nombreuses sources,et apporte beaucoup d'éléments intéressants pour la compréhension de cette question, n'évite pas l'écueil de nommer son ouvrage récent : *Picasso and the Chess Player : Pablo Picasso, Marcel Duchamp, and the Battle for the Soul of Modern Art*, Hanovre et Londres, University Press of New England, 2013.
2. S'ils avaient voulu créer une cour, tous les deux l'auraient sans doute réussi.
3. Voir Philippe Dagen, *Picasso*, (2008), Hazan, 2011, p. 213-214.
4. *Ibid.*, p. 214.
5. Octavio Paz, *Marcel Duchamp ou le château de la pureté*, trad. de l'espagnol par Monique Fong-Wust, Genève, Éditions Claude Givaudan, 1967. Le texte est repris dans *Deux Transparences : Marcel Duchamp et Claude Lévi-Strauss*, trad. de l'espagnol par Monique Fong-Wust et Robert Marrast, Gallimard, 1970.
6. Voir Pierrre Cabanne, *L'Épopée du cubisme*, Les éditions de l'Amateur, 2000, p. 172.
7. John Golding suggère que, très probablement, c'est par l'intermédiaire de Princet que Duchamp aurait rencontré Picasso. Faute de témoignages précis on imagine aisément que c'est Guillaume Apollinaire, proche aussi bien de Picasso que de Duchamp pendant la période cubiste, qui aurait fait le lien. Voir John Golding, *Cubism, A History and an Analysis*, 1907-1944, Londres, Faber and Faber, 1959, p. 164 et Larry Witham, *Picasso and the Chess Player, op. cit.*, note 6. p. 307.
8. Note manuscrite de Picasso (26 x 21 cm), digital ID : 480, Archives of American Art, « Walt Kuhn, « Kuhn family papers », and « Armory Show records, 1859-1978 ».
9. Il est bien possible que des œuvres ne soient pas disponibles et peut-être est-ce aussi le fait que Picasso ait été plus préoccupé par ses expositions personnelles et n'avait pas prêté suffisamment attention à l'Armory Show. Picasso avait déjà été présenté au public américain à la galerie d'Alfred Stieglitz en 1911.
10. Marcel Duchamp, *Entretiens avec Pierre Cabanne (1966)*, Somogy, 1995, p. 72.
11. Il en a peut-être entendu parler mais il n'avait pas vu cette œuvre importante qui n'a été exposée qu'en 1916 au salon d'Antin, au moment où Duchamp se trouvait aux États-Unis. Et il n'avait probablement pas vu la publication *Architectural Record* parue en mai 1910 où pour la toute première fois *Les Demoiselles d'Avignon* ont été reproduites. Il en avait peut-être entendu parler mais il n'y a aucune certitude à ce sujet.
12. Elle suggère pourtant que Duchamp non seulement en avait entendu parler – car l'œuvre a été réalisée à quelques mètres de son atelier mais que cette œuvre, dont tout le monde parlait dans le voisinage « a joué un rôle dans la libération de Marcel Duchamp ». Voir Alice Goldfarb Marquis, *Marcel Duchamp, The Bachelor stripped bare*, Boston, MFA publications, 2002 p. 46-48.

13. Voir l'article de Gelett Burgess, « The Wild Men of Paris, Matisse, Picasso and Les Fauves », *Architectural Record*, New York, mai 1910, où l'on peut voir reproduites *Les Demoiselles d'Avignon*, œuvre présentée avec le titre « Study by Picasso ».
14. Marcel Duchamp, *Entretiens avec Pierre Cabanne, op. cit.*, p. 31-32.
15. Il est bien connu que Picasso et Braque fuyaient les salons et tous les deux étaient absents de la salle des cubistes au Salon des Indépendants qui fit scandale en 1911.
16. Faute de témoignages nous ne pouvons pas savoir ce qu'ils ont échangé – à part le fait qu'ils n'avaient, selon Duchamp, pas parlé de leur vision sur l'art. En tout cas cette rencontre n'a rien d'une rencontre historique de deux grands artistes. Cette rencontre a peut-être eu lieu trop tôt – et ensuite c'était probablement trop tard.
17. Duchamp la conseillait pour l'achat d'œuvres de sa collection.
18. La lettre se trouve dans les archives du Musée Picasso à Paris ; rédigée sur un papier à en-tête du café de la Régence, elle rappelle à Picasso qu'il n'avait pas pu recevoir Miss Dreier deux ans auparavant par l'intermédiaire de Mme Puni car Miss Dreier était partie avant que le rendez-vous soit fixé. Comme Picasso avait fait savoir à Mme Puni qu'il regrettait, Duchamp espérait qu'il pourrait les recevoir. Je tiens ici à remercier Mme Matisse-Monnier et Christine Pinault pour la communication de cette lettre inédite.
19. Lettre de Duchamp à Katherine Dreier du 3 juillet 1926, rapportée par Ruth Bohan. Katherine Dreier a expliqué dans le catalogue pour justifier l'absence d'un artiste moderniste aussi important que Picasso qu'« il était un monsieur d'un certain âge [Picasso n'avait que 45 ans] qui a commencé sa vie plein d'enthousiasme mais qu'il s'est retiré... », « he was a middleaged gentleman who started life full of enthusiasm » but who had « settled down to retirement as far as the world of art goes today », *in* Ruth Bohan, « The Socitete Anonyme's Brooklyn Exhibition » p. 53. Ce qui n'a pas échappé à Herbert Seligman dans son compte rendu assez critique de l'exposition où il pointe cette « absence » flagrante. Voir Ruth Bohan, « The Socitete Anonyme's Brooklyn Exhibition » p. 81. Ce qui n'a pas empêché Duchamp d'acheter en plus des siennes propres quelques œuvres de Picasso lors de la vente de l'importante collection John Quinn qui eut lieu à New York en 1926. Voir Larry Witham, *Picasso and the Chess Player, op. cit.*, p. 157.
20. Duchamp venait régulièrement en France et par l'intermédiaire d'amis communs (Apollinaire, Breton ou Henri-Pierre Roché, par exemple) ils auraient au moins pu se croiser.
21. Que Picasso, ennemi absolu de Franco, n'ait eu pas spécialement envie de rencontrer Duchamp qui fréquentait Salvador Dalí, alors fervent défenseur du régime de Franco pourrait être une explication mais cela n'a rien de certain. Après tout Picasso disait qu'il mettait l'amitié au-dessus de la politique.
22. Marcel Duchamp, *Entretiens avec Pierre Cabanne, op. cit.*, p. 72.
23. Cela semble d'ailleurs très étonnant qu'il n'existe aucun témoignage et que personne, à part Pierre Cabanne, n'ait pensé à les interroger sur ce sujet.
24. Duchamp entre 1943 et 1949 avait rédigé trente-deux notices sur les cent trente-sept de l'ensemble pour le catalogue établi en 1950 par George Heard Hamilton, conservateur de la Société Anonyme. Voir l'ensemble des notices dans Marcel Duchamp, *Duchamp du signe, Écrits*, réunis et présentés par Michel Sanouillet, Flammarion, 1975.
25. Créée aux États-Unis en 1920 par Catherine Dreier, Man Ray et Marcel Duchamp.
26. Éloge qu'il répète d'ailleurs dans d'autres circonstances. À la question de Pierre Cabanne en 1966 (leurs entretiens ont eu lieu d'avril à juin 1966 à Neuilly) : « Quels sont pour vous, les plus grands peintres contemporains ? » et après avoir cité Seurat, Matisse, Braque il dit « Picasso vient ensuite comme un phare très puissant : il remplit le rôle que le public demande, celui de vedette », Marcel Duchamp, *Entretiens avec Pierre Cabanne, op. cit.*, p. 115.
27. Marcel Duchamp, *Duchamp du signe, op. cit.*, p. 211-212.
28. Picasso qui était loin de tout esprit de théorisation était exaspéré par l'attitude des cubistes « suiveurs : « Les peintres cubistes, stupéfaits de leurs propres travaux, se mirent à échafauder des théories pour les justifier. Cependant, le cubisme n'a jamais eu de programme », Picasso, « Lettre sur l'art », *Propos sur l'art,* éd. de Marie-Laure Bernadac et Androula Michael, Gallimard, 1998, p. 23. Ce sont Gleizes et Metzinger qui ont tenté de théoriser le cubisme dans leur ouvrage *Du cubisme*, Figuière, 1912.
29. Duchamp le dit également dans ses entretiens avec Cabanne, *op. cit.*, p. 32 : « C'est plus tard que Picasso est devenu un drapeau. Le public a toujours besoin d'un drapeau, que ce soit lui, Einstein, ou tel autre. Après tout, le public représente la moitié de la question. »
30. À rappeler que le catalogue de la Société Anonyme ne paraît qu'en 1950 alors que la notice a été écrite en 1943.
31. « Duchamp's bitter description conveys his desperation in the face of another artist's success », Alice Goldfarb Marquis, *Marcel Duchamp, The Bachelor stripped bare, op. cit.*, p. 46-48.
32. Robert Lebel, *Sur Marcel Duchamp (éd Trianon 1959)*, éd. du Centre Pompidou et Mazotta, Milan, 1996, p. 55. « Une trentaine de notices sur des artistes contemporains, dont Braque, Chirico, Derain, Gleizes, Klee, Leger, Matisse et Picasso, avaient été rédigées par Duchamp d'un ton très élogieux. On y cherchait en vain les traits de son esprit caustique, pourtant si longtemps dirigé contre la plupart de ces peintres. On dut se rendre à l'évidence : le vide du rôle de censeur lui était apparu. Par des louanges indifféremment décernées, il tenait bien mieux ses distances. »
33. *« He was wrong » Picasso/Duchamp*, tenue à Stockholm au Moderna Museet du 25 août 2012 au 3 mars 2013.
34. Initialement rapporté par Robert Coates, « Art news », *The New Yorker*, 11 novembre 1968, p. 173.
35. Il s'agit de la réplique du *Grand Verre*, qui a été entreprise par Ulf Linde pour la grande exposition *Motion in Art* qui a eu lieu au Moderna Museet en 1961 – signée par Marcel Duchamp lui-même comme étant « copie conforme à l'original ».

36. Cela étant dit, en faisant abstraction des propos de la mise en opposition absolue (dans les textes sur les murs et dans le catalogue), qui instrumentalisent les œuvres et du graphisme accrocheur (sur le plan de la communication sensationnelle), nous sommes ravis en tant que visiteurs de savourer un nombre d'œuvres majeures significatives de ces deux artistes.
37. Voir C. J. Bulliet, *Chicago Daily Press*, 5 février 1937, cité par Larry Witham, *Picasso and the Chess Player, op. cit.*, p. 169.
38. Les deux expositions ont eu lieu au MoMA à New York en 1936 : *Cubism and Abstract Art* et *Fantastic art Dada, Surrealism* ; Duchamp apparaît comme une référence historique pour Dada et surréalisme.
39. Ironie du sort… l'État français a décidé la même année d'acheter une œuvre de Picasso – une petite nature morte. Picasso, leur disant que cette œuvre n'étant pas très significative de son travail, propose pour le même prix de donner une œuvre plus importante. Ce qui ne s'est soldé par aucun achat !
40. Dont la forme plus complète sera publiée quelques années plus tard sous la forme d'une monographie importante – quinze ans avant que Duchamp voit la sienne publiée ; voir Alfred Barr, *Picasso : Fifty Years of his Art*, New York, The MoMA, 1946.
41. Voir Picasso, « Pourquoi j'ai adhéré au Parti communiste », *L'Humanité*, 29-30 ocobre 1944. Beaucoup d'encre a coulé sur cette adhésion de Picasso – que l'on peut mieux comprendre depuis la mise en lumière des dossiers secrets de la police – qui attestent le refus de nationalité à Picasso par les autorités le considérant même suspect du point de vue national. Loin de l'Espagne où il ne s'était pas rendu depuis 1933 et jusqu'à sa mort – indésirable tant que Franco était au pouvoir – rejeté par la France, le Parti communiste, a-t-il dit, lui a ouvert les bras, et c'est là qu'il a retrouvé une famille. Cela dit, Picasso, à part quelques petites concessions n'a pas satisfait les dirigeants du Parti et n'a jamais soumis son art à une quelconque règle. Les réactions contre lui et sa peinture bourgeoise si elles s'exprimaient ne contraignaient pas Picasso à être expulsé du Parti – qui se servait bien, il faut le dire, de son image. Sur les rapports de Picasso au communisme voir G. R. Utley, *Picasso : The Communist Years*, Yale University Press, New Haven et Londres, 2000.
42. Rapport de la Direction des renseignements généraux et des jeux, 4e section, Brigade spéciale, du 25 mai 1940, reproduit par P. Daix et A. Israël, *Pablo Picasso, Dossiers de la Préfécture de police 1901-1940*, Acatos, 2004.
43. Les œuvres de la période cubiste ont été d'ailleurs les seules à avoir bénéficié d'une critique plus approfondie par les historiens et les chercheurs.
44. Voir Francis M. Nauman, « Minneapolis : The legacy of Marcel Duchamp », *Burlington Magazine*, février 1995, cité par Larry Witham, *Picasso and the Chess Player, op. cit.*, p. 224 et 334.
45. « N'a-t-il pas écrit dans la préface du catalogue que son œuvre était née de « sa compréhension et de son amour de l'humanité », que son but était « l'intensification du sentiment et l'éducation de l'esprit ? », Pierre Cabanne, *Le Siècle de Picasso (1975)*, Gallimard, folio essais t. 4, 1992, p. 505-506.
46. Frederic Jameson, *Le Postmodernisme ou la logique culturelle du capitalisme tardif* (1991), trad. de l'américain par Florence Nevoltry, Beaux-Arts de Paris, Les éditions (2007), 2011, p. 36.
47. Picasso disait : « Rien ne peut être fait sans la solitude. Je me suis créé une solitude que personne ne soupçonne », Efstratios Tériade, « En causant avec Picasso », *L'Intransigeant*, 15 juin 1932, repris dans Picasso, *Propos sur l'art, op. cit.*, p. 28.
48. Pierre Cabanne, *Le Siècle de Picasso, op. cit.*, p. 505-506.
49. Françoise Gilot, Carlton Lake, *Vivre avec Picasso*, (1964), Calmann-Lévy, 1965.
50. Bernard Marcadé, *Marcel Duchamp*, Flammarion, 2007, p. 9.
51. La redécouverte de Dada aux États-Unis et l'importante publication de l'anthologie *The Dada painters and poets* par Robert Motherwell en 1951, l'émergence du pop art qui « se réclame » de lui, le rapprochement de néo-dadaïstes (Jasper Johns et Robert Rauschenberg) de Duchamp, sa relation avec John Cage, avaient tout pour propulser Duchamp comme une nouvelle icône de l'art qui s'opposait à la peinture moderniste.
52. Le fait que Picasso ne soit jamais allé aux États-Unis, pourrait peut-être s'expliquer par le refus de Congrès américain de lui procurer le visa.
53. À noter que Duchamp se prête volontiers au jeu de son affiliation historique au dadaïsme comme on peut le voir dans les textes choisis pour l'importante anthologie de Robert Motherwel, *The Dada Painters and Poets : an Anthology* (1951), qui fait connaître pour la première fois aux États-Unis les textes clés du dadaïsme.
54. Voir Didier Ottinger, « Le cirque continue », *Marcel Duchamp dans les collections du MNAM*, éditions du Centre Pompidou, 2001, p. 11-13.
55. Philippe Dagen, « Pablo Picasso… », *Picasso, L'objet du mythe,* sous la dir. de Laurence Bertrand Dorléac et Androula Michael, éditions de l'ensb-a, 2005, p. 77.
56. *Ibid.*, p. 76.
57. *Ibid.*, p. 73.
58. *Ibid.*, p. 87.
59. Voir Larry Witham, *Picasso and the Chess Player, op. cit.*, p. 207. À rappeler que le choix final pour la destination de la collection Arensberg au Musée de Philadelphie (signature définitive avec le musée le 27 décembre 1950) [ayant comme partie centrale l'œuvre de Duchamp avec 53 œuvres] pour laquelle a été expressément exigée un « monument – installation permanente ») a été décidé en commun avec Marcel Duchamp – qui a supervisé toute l'installation de ses œuvres. Il avait même tout prévu pour l'œuvre *Étant donnés* qu'il réalisait secrètement et qu'il destinait au même musée. Le fait que Duchamp ait orchestré deux ans avant sa mort l'acquisition de l'œuvre par la fondation de Copley qui en a fait finalement don au musée est très intéressant.
60. Voir la collection Duchamp au musée de Philadelphie.
61. On remarque par exemple avec quelle perspicacité il se soucie du sort de ses œuvres – les premières peintures y compris, et de la « concentration » en un lieu de l'ensemble le plus significatif de son travail. Sa correspondance avec son ami

Henri-Pierre Roché est à ce sujet très instructive. Voir Scarlett et Philippe Reliquet (éd.), *Correspondance Marcel Duchamp – Herni-Pierre Roché 1918-1959*, Genève, Mamco, 2012.

62. À cette occasion Copley a changé le nom de Copley Foundation en Cassandra Foundation.
63. Jean-Jacques Lebel, « Le désir attrapé par la queue picturale (Notes sur « Picasso érotique ») », *Picasso, L'objet du mythe, op. cit.*, p. 62.
64. Didier Ottinger, *Marcel Duchamp dans les collections du MNAM, op. cit.*, p. 12.
65. Calvin Tomkins rappelle dans son livre que Duchamp n'a jamais réellement arrêté la peinture comme le voulait la légende. Calvin Tomkins, *Duchamp, A Biography, op. cit.*, p. 12.
66. Rosalind Krauss, « Marcel Duchamp ou le champ imaginaire », *Le Photographique. Pour une Théorie des écarts*, préface d'Hubert Damisch, Macula, 1990, p. 73.
67. Daniel-Henri Kahnweiler, « Entretiens avec Picasso », *Quadrum*, Bruxelles, n° 2, novembre 1956, p. 73-76.
68. Entretien de Duchamp avec Philippe Collin, 21 juin 1967 (archives Ina).
69. Marie-Laure Bernadac, « Introduction », Picasso, *Propos sur l'art, op. cit.*, p. 7.
70. Jean-Jacques Lebel, « Le désir attrapé par la queue picturale (Notes sur « Picasso érotique ») », *Picasso, L'objet du mythe, op. cit.*, 2005, p. 62.
71. André Warnod, « En peinture tout n'est que signe », nous dit Picasso, *Arts*, n° 22, 29 juin 1945.
72. Alexander Liberman, extrait de « Picasso », *Vogue*, New York, 1er novembre 1956, p. 132-134, repris dans *Picasso, Propos sur l'art, op. cit.*, p. 82.
73. André Verdet, « Picasso et ses environs », *Entretiens, notes et écrits sur la peinture, Braque, Léger, Matisse, Picasso*, Galilée, 1978, p. 138.
74. Alexander Liberman, « Picasso », in *Vogue*, New York, 1er novembre 1956, p. 133, repris dans *Propos sur l'art, op. cit.*, p. 81.
75. Roland Penrose, *Picasso*, Flammarion, 1982, repris dans *Propos sur l'art, op. cit.*, p. 158-159.
76. Jaime Sabartés, *Picasso, Portraits et souvenirs*, repris dans *Propos sur l'art, op. cit.*, p. 164.
77. Rosalind Krauss, « Marcel Duchamp ou le champ imaginaire », *Le Photographique.* Pour une Théorie des écarts, *op. cit.*, p. 72.
78. Anne Baldassari, *Picasso photographe : 1901-1916*, cat. d'exposition, RMN, 1994 ; *Le Miroir noir : Picasso, sources iconographiques, 1900-1928*, cat. d'exposition, RMN, 1997.
79. Les textes surréalistes qui osaient plusieurs jeux de mots, qui fonctionnaient par associations d'idées et des métaphores filées, demeuraient des textes en somme assez « académiques » quant à leur structure et syntaxe, des textes certes surprenants mais d'une linéarité et d'une écriture « justes ».
80. Roberto Otero, *Loin d'Espagne, rencontres et conversations avec Picasso*, repris dans *Picasso, Propos sur l'art, op. cit.*, p. 145.
81. Qu'il élaborait, non pas dans le secret absolu comme Duchamp avec *Étant donnés* mais qu'il ne dévoilait pas au grand jour, à part les quelques échantillons publiés de son vivant.
82. Jaime Sabartés, l'ami et secrétaire de Picasso nous livre le témoignage.
83. Marie-Laure Bernadac, « Introduction », Picasso, *Propos sur l'art, op. cit.*, p. 7.
84. Christian Zervos, « Conversation avec Picasso », *op. cit.*
85. *Ibid.*
86. *Ibid.* : « Ce n'est pas ce que l'artiste fait qui compte, mais ce qu'il est. Cézanne ne m'aurait jamais intéressé s'il avait vécu et pensé comme Jacques-Émile Blanche, même si sa pomme qu'il avait peinte eût été dix fois plus belle. Ce qui nous intéresse, c'est l'inquiétude de Cézanne, c'est l'enseignement de Cézanne, ce sont les tourments de Van Gogh, c'est-à-dire le drame de l'homme. Le reste est faux. »
87. Picasso, « Lettre sur l'art », 1926, repris dans *Propos sur l'art, op. cit.*, p. 22.

III
Lettres

Picasso épistolier

Laurence Madeline

Il existe des lettres de Georges Braque – « … Je suis content il me semble dans tes lettres […] que tu ne t'ennuies pas… », « Mon cher ami. J'ai reçu ta lettre… » – d'autres de Juan Gris – « Mon cher Pablo, J'ai reçu tes cartes qui m'ont fait bien plaisir… » – de Daniel-Henry Kahnweiler – « Mon cher ami, Nous avons été très heureux de lire votre lettre du 25… » – ou d'Henri-Pierre Roché – « Votre lettre m'a fait grand plaisir…[1] », prouvant toutes qu'il prenait la plume, écrivait à ses amis, rien n'y fait Picasso a la réputation d'un exécrable correspondant.

Un exécrable correspondant

Des aveux picassiens en forme de rédemption, à Max Jacob – « Mon cher Max il fait lontan que ye ne vous ecrit pas – se pas pas que ye ne me rappelle pas de toi mai ye trabaille vocoup se pour ça que ye ne te ecrit[2]. » –, ou à Guillaume Apollinaire – « Ne sois pas fachée si je ne te ecris pas mais je pense à toi toujours[3]. » ; de gentils rappels à l'ordre comme ceux de son marchand Paul Rosenberg – « Malgré que vous ne m'habituez pas à vos nouvelles, & malgré que je n'ai jamais reçu la lettre annoncée par ma femme… » – de Georges Braque, aussi – « Je ne reçois pas de tes nouvelles que deviens-tu[4] ? » ; d'amères invectives comme celle d'Antonin Artaud – « Il se peut que mes poèmes ne vous intéressent pas et que vous ne jugiez pas que je vaille la peine d'un effort, mais il aurait fallu au moins me le dire et me faire *l'honneur* d'une réponse quelle qu'elle soit[5]. » ; de solides témoignages comme ceux de Françoise Gilot – « Il a cessé de répondre aux lettres il y a des années et ne fait aucune exception à cette décision[6]. » – ou de David Douglas Duncan – « Il ne répondait pratiquement jamais à son courrier[7]. » – alimentent cette tradition.

Ce n'est pas qu'il soit allergique à l'écriture, ce n'est pas qu'il ne se préoccupe pas d'autrui comme le dénonce son ex-épouse Olga à Misia Sert, « [sa] peinture ne pourrait pas être aussi géniale [s'il prenait] la moindre part à la douleur d'autrui[8]… », Picasso est tout simplement, et très tôt, submergé par la prolixité et la multitude de ses correspondants, par les conséquences de son incommensurable popularité. Werner Spies a mentionné « la masse de courrier que le postier apporte » quotidiennement[9] ; et Sabartés a raconté les matinées de l'artiste qui « en se levant prend les lettres […] pour [leur] chercher une place dans le buffet, sur une chaise, sur une table ou ailleurs, dans la salle de bains à défaut de la salle à manger ; ce petit paquet-là augmente un autre tas déjà commencé avec le même soin il y a longtemps […] mais il reçoit toujours de nouveaux envois sans jamais trouver l'occasion de rien passer en revue[10]. »

L'inertie paralysant Picasso, qui préfère son travail d'artiste à celui de secrétaire, rend plus essentielles et plus touchantes les lettres qu'il se plaît à rédiger. D'autant qu'elles sont le plus souvent frappées de la verdeur naïve de la jeunesse – le jeune Picasso écrit bien plus que ne le fera jamais le Picasso de sa très longue maturité – et que ses amis sont miraculeusement choisis parmi les grands écrivains de son temps, Max Jacob, Apollinaire, André Salmon, Gertrude Stein…

Françoise Gilot qui raconte : « Nous avons poussé avec peine une autre porte, pour nous trouver sur le seuil d'une pièce d'environ vingt-cinq mètres carrés. À part un petit espace libre à l'entrée, la pièce était complètement remplie, du sol jusqu'au plafond. C'était le fourre-tout où Pablo avait entassé ce qu'il voulait garder. Mais comme il ne jetait jamais rien, une boîte d'allumettes vide voisinait avec une petite aquarelle de Seurat. Cet amoncellement était d'une extrême variété : de vieux journaux et revues, des carnets de dessins, des douzaines d'exemplaires d'ouvrages que Pablo avait illustrés. J'ai ramassé un paquet de lettres au hasard et déchiffré les signatures d'amis tels que Guillaume Apollinaire et Max Jacob, voisinant avec la note du blanchisseur ou un extrait de presse que Pablo avait trouvé amusant », a saisi le paradoxe de Picasso : son attachement viscéral à ses correspondances et son incapacité coïncidente à les gérer, mêlées qu'on les retrouve, à une boîte d'allumettes ou à une note de blanchisseur.

En retour, les missives rédigées par Picasso ont volontiers été conservées ou sont recherchées comme autant d'œuvres[11]. Dessinées, aquarellées, ou simplement et solidement, écrites elles confirment son goût pour les mots, les histoires, l'amitié, l'amour et, bien sûr, le « trabail ».

« YE TRABAILLE » / « TU TRAVAILLES N'ET PAS ? »

Le travail est tout à la fois l'objet des lettres et l'excuse pour l'absence de lettre. Il tient Picasso, l'habite. À Max Jacob, Picasso confie en 1901 alors qu'il séjourne à Barcelone, « Chere Max je viens de reçevoir ta carte postale. ye trabaille pour fer quelque chose pour le salon mais ye crois que ye ne aurai pas le temps... », et quelque semaines plus tard, « Mon cher Max... Si ye peux trabailler ici ye re[s]terai à ici me ci ye vois que ye ne peux rien faire ye fouterai le camp pour Paris. Ces jours la ye ai trabaille ases et si je peux trabailler autant ye ne irai à Paris jusque l'hiver[12]. »

Il convient de s'arrêter ici quelques instants sur la langue de Picasso, cet espagnol qui fleurit dans le français que l'artiste s'efforce alors de dominer. Chacune des lettres de cette période où il navigue de son pays natal à Paris, démontre la volonté du peintre de s'approprier cet idiome étranger, sa détermination opiniâtre à s'exprimer, imposer sa façon de penser, d'être, d'agir. On perçoit l'effort, l'entêtement, la facilité finalement à s'adapter au langage de la bohème parisienne. S'il s'impatiente un instant de sa difficulté à s'exprimer clairement, « Si ye sabais plus le francaise ye te ecrirai plus suvent mais ce tres dificil pour moi te ecrive en francese[13]. », il progresse pourtant, lettre après lettre.

Et s'obstine, avec ce style aussi aventureux que déterminé, dans l'exposé de ses recherches : « Ye trabaille comme ye peux pas que ne ai assez de la galette pour faire des autres choses que ye voudrais ye passe des journes sans pouvoire traballer et ce tres ambetant.

pour tant ye fait quelques choses en attendant. Ye panses faire un tableau de 3 metres [*deux mots illisibles*] matelos sur un petit bateaux me ye de sa pas encore si ye pouisse le faire parce qu'il faut de la galette avant...

Ye fait en tableaux de en homme abeugle asise à une table, il a un morceaux de pain dans la main goche et avec la triote il cherche sa crouche de vin il la en chien au cotel qui le regarde. Ye suis content il ne es encore pas fini[14]. »

La composition, *Le Repas de l'aveugle*[15], est dessinée sur cette missive à Max Jacob, avec, sur une autre page, un nu féminin. L'ensemble, description d'un tableau accompagné du croquis de celui-ci, évoque bien sûr les lettres de Vincent Van Gogh à son frère Theo dans le désir de partager une expérience et de convaincre de la conscience de cette expérience. L'œuvre se compose ainsi avec l'esprit et presque devant témoin. Témoin unique en la personne de Max Jacob qui est le premier à être mis dans la confidence presque quotidienne[16] du travail picassien. Aux Stein également, Picasso adresse de ces messages qui annoncent, avec dessin et description, une composition comme celle des *Paysans* (août 1906)[17] qu'il espère voir acquérir par les collectionneurs ; ou avec des photos et une invitation pour le vernissage, un lot de toiles révolutionnaires réalisées au cours de l'été en Espagne, dans le village de Horta de Ebro : « Mes chers amis les tableaux ne seront cloués que après-demain, vous etes invités au vernissage mercredi apres midi[18]. » Le marchand Kahnweiler est enfin mis dans la confidence des recherches, avec cependant – Picasso mûrit et s'affirme – une nouvelle énergie : « Je crois que ma peinture gagne côme robustesse et clarté enfin nous verrons et vous verrez mais tout çà ne est prêt d'être fini et pourtant j'ai plus de sûreté… » ou : « Vous me dites que Uhde ne aime pas les tableaux derniers de moi où il i a du Ripolin et des drapeaux peut être nous arriverons à dégoûter tout le monde et nous ne avons pas tout dit[19]. »

Parfois, l'expérience picturale est, non pas plus hasardeuse, mais complexe à décrire :

« Ye suis tres conten/ye ai fait un tableau/ou il ne ai pas de trous/ye ne sais pas si tu me/comprends ye veux dire/que les tons ne ont pas/un valeur perspective/sont seulement d couleurs/set une fame nu et/toutes les endroits du/tableau ses accroché/au mur. Dit ça à Apolli/naire et une chose très importan pour moi. » La lettre[20], sans doute de 1906, sans doute destinée à Max Jacob mais jamais expédiée, explore les fonds des interrogations du peintre qui entreprend une mue esthétique, de la période bleue vers la période rose. Dans la foulée, il ajoute : « Tu travailles n'et pas ? » Car la notion de labeur constitue un viatique, non seulement pour le peintre, mais également pour ses camarades. Chacun, dans cette course à l'avant-garde, doit savoir où en sont les camarades et le labeur du poète compte, dans cette course à l'invention, autant que celui du peintre.

Agent de liaison

L'émulation artistique s'interrompt – presque – durant la Première Guerre mondiale. Picasso multiplie les lettres à ses amis et devient une espèce d'agent de liaison. Aux premiers jours du conflit, sa compagne Eva[21] et lui font le point avec Gertrude Stein : « On dit que Guillaume s'est engagé. "J'apostrophe" aussi. Nous avons des nouvelles de Braque qui est au Hâvre en attendant de partir à son tour, de Derain nous ne savons rien, il nous a laissé son chien Sentinelle[22]… » À Guillaume Apollinaire, qui est, lui, un véritable « agent de liaison ! Épatant ! Tout le jour à cheval, obus, amusements guerriers[23] », ainsi qu'il le décrit au peintre, Picasso répond, « J'ai reçu ce matin ta lettre et je suis bien content de voir que tu vas bien et que tu te amuses […]. J'ai donné ton adresse à Soffici. Je l'ai donné aussi à Serge. Derain a été à Paris il a été voir Matisse il ne est pas venu me voir[24]… » Toutes ces lettres des débuts de la guerre sont vigoureusement décorées de symboles patriotiques, de guerriers, de drapeaux tricolores, de mains qui sont des drapeaux. Le choix des cartes postales traduit cette ferveur française. La photo d'un défilé militaire accompagne ces mots : « Voici le depart de Avignon de un regiment pour la frontiere. Nous sommes dans l'enthousiasme en France. 11 septembre 1914[25]. »

Recto/verso

Les revers des cartes postales envoyées par Picasso sont d'ailleurs rarement anodins. Il use, bien sûr, de leur mission informative en expédiant souvent de ces strictes représentations des lieux où il séjourne, annotés de croix ou de mots comme « ici », ou se contente d'apposer sa signature sur des cartes imprimées « Merci de votre jolie carte[26] », et s'approprie enfin ce mode de communication pour diffuser certains de ses tableaux. *Femme assise dans un fauteuil* de 1909 est ainsi imprimée sur une carte et expédiée aux Stein avec la fière mention, « Amitiés de l'auteur[27] ». Mais il sait également déléguer une partie de son discours aux images des cartes postales, détourner ce nouveau mode de communication, naïf, humoristique, instructif, moraliste, grivois et dont Paul Éluard dressera l'inventaire des charmes[28]. Ainsi, Braque, qui a une réputation de colosse, que Salmon a surnommé le « géant nègre » et qui traque les sculptures africaines, se voit destiner la photographie d'un géant africain[29], tandis que Leo Stein, qui condamne ouvertement les tentations « nègres » de Picasso, reçoit celle d'une jeune « Femme Malinke[30] » et que Gertrude, qui ne fait pas secret de son homosexualité, reçoit de son côté une « Jeune Catalane » cernée de traits de crayons ouvertement érotiques, puis un couple d'Arlésiennes se faisant de tendres confidences[31]. Jaloux de l'intérêt qu'elle a porté à Matisse, il lui envoie également un « Groupe de Joyeux Catalans » dont un, barbu, la pipe à la bouche, est souligné par l'inscription « Portrait de Matisse[32] ».

« Relis mes letres quand tu es seule… »

Toutes ces petites ironies traduisent la jeunesse et la bohème du cercle de Picasso d'avant 1914. Et l'amour y tient sa place. Un billet, très poétique, envoyé de Gósol à Apollinaire, dit cette aspiration universelle, mêlée de crainte, à l'amour : « Mon cher Guillaume, Dimanche à la place bal quand la musique fini les filles ont peur[33]. » Il est orné d'un dessin limpide avec des couples enlacés qui valsent et accentuent le trouble du message. Apollinaire y répond par la chronique versifiée de la vie amoureuse à Montmartre : « On vit ensuite […]. Alice enceinte hélas de trois semaines./Fernande prononça des paroles amènes : / "Heureuse Alice qui des œuvres de Princet/Grosse, tiens dans ta panse un tout petit Poucet/J'espère que l'Espagne aussi me rendra mère !"[34] »

L'annonce, à Gertrude Stein, de la mort d'Eva Gouel, qui supplante Fernande Olivier[35] dans la vie de Picasso, émeut par sa peine, tant les sentiments du peintre et de sa compagne, semblent, au fil des mots qu'ils envoient à leurs amis, légers et optimistes, « Ma pauvre Eva est morte dans les premiers jours de Decembre. Ca a été une grande douleur pour moi[36]. »

Ou bien est-ce la mort elle-même qui l'affecte ? Car déjà il brûle d'amour pour Gaby Lespinasse : « Gaby mon amour mon ange. Je t'aime ma chérie et je ne pense qu'à toi je ne veux pas que tu sois triste et pour te faire oublier regarde la petite salle à manger. Je serai si heureux de etre avec toi. Relis mes letres quand tu es seule et pense combien je t'aime. Si tu savais combien et tu sais comme je t'aime. A demain mon amour[37]… » ; « Gaby mon amour ce par le petit escalier que on monte dans la chambre ma vie je t'aime toi ma douceur je suis si heureux avec toi mon ange. Te avoir toujours à moi et pour toujours je ne demande que ça je te le jure. Il faut que je te ecrive encore et de toutes les couleurs JE T'AIME JE T'AIME JE T'AIME JE T'AIME JE T'AIME JE T'AIME JE T'AIME[38]. » Chacune de ces lettres est écrite sous un dessin très coloré, représentant soit la cuisine, soit la salle à manger, d'une petite maison de Saint-Tropez où il séjourne de temps à autre au cours de l'été 1916 et formant une topographie intime de l'amour et du désir de couple et de stabilité affective.

Cette passion s'éteint avant même son départ pour l'Italie où il s'enflamme pour des dizaines de femmes. De Rome, il écrit à Gertrude Stein : « J'ai soixante danseuses (60), je me couche très tard, je connais toutes les dames romaines[39]. » Et à Apollinaire : « À Naples toutes les femmes sont belles Tout est facile ici[40]. » Parmi les Romaines, les Napolitaines et les danseuses, il élit Olga[41] et célèbre ce nouvel amour par un dessin, sur papier à en-tête de l'hôtel Victoria de Naples destiné aux correspondances, où il se représente, aux côtés de sa future épouse, filant dans une calèche au bord de la mer surplombée par le Vésuve. Quelques mots encore, « Souvenirs de notre promenade à Naples », une date, les prénoms « Olga Picasso » désignant les deux joyeux promeneurs, suffisent à résumer à Apollinaire la félicité du peintre[42]. Picasso n'en dit pas plus. Une carte convoque Apollinaire au mariage le 12 juillet 1918 – les deux amis réunis à Paris se revoient beaucoup ; une simple lettre informe Gertrude Stein, « Ma chere Gertrude. D'abord il faut que vous sachiez que je suis marié avec la jeune fille du portrait que vous avez aimé dans les photos que je vous ai envoyés[43]. »

Picasso qui, de son voyage de noces, envoie une carte à Apollinaire avec le croquis d'un château ainsi légendé : « Le château d'un Russe. Chaque tour porte le nom d'une des femmes qu'il a aimé[44]... », ne se prive pas de passions amoureuses. Les lettres certainement échangées entre l'artiste et ses maîtresses existent-elles ? Ou sont-elles restées secrètes ?

« Et je signe Picasso »

Une rare lettre à Marie-Thérèse Walter, rédigée le 29 août 1936 ouvre sur un univers d'amour, de poésie et de création :

> « Je te vois devant moi mon beau paysage MT
> et ne me lasse pas de te regarder.
> étendue sur le sable sur le dos
> ma chérie MT, je t'aime
> MT mon soleil levant dévorant
> Tu es toujours sur moi MT *madre de perfumes*
> étincelante piquée des jasmins des étoiles.
> Je t'aime plus que le goût de ta bouche,
> plus que ton regard, plus que tes mains,
> plus que ton corps entier, plus et plus
> et plus et plus que tout mon amour pour toi
> sera jamais capable d'aimer et je signe Picasso[45]. »

Au-delà d'une certaine redondance avec les formules écrites à Gaby Lespinasse vingt ans plus tôt ; au-delà de l'approche très proustienne où l'expression de l'amour compte plus finalement que l'être aimé et où le plaisir de l'éprouver, plus que son dédicataire, ou celle, plus inédite, d'un amour plus grand que l'amour lui-même, si immense qu'il semble conduire au renoncement. L'artiste s'éloigne alors de Marie-Thérèse pour se lier complètement à Dora Maar et la signature semble marquer, comme l'achèvement d'une œuvre, celle d'une histoire. On trouve par ailleurs dans ce texte, des dimensions artistiques assez fascinantes. Rédigée en 1936, après une production poétique frénétique, la lettre s'inscrit dans les versifications libres et les associations – qui comprennent le surgissement de formules en espagnol – tout aussi libres de Picasso poète. Mais elle s'en distingue simultanément par son sujet, identifiable, circonscrit, Marie-Thérèse, et par sa mission, exprimer un immense amour et l'au-delà – l'affaiblissement – de celui-ci. De plus, même s'il ne porte d'autres fantaisies graphiques que le monogramme MT aux deux lettres épaisses superposées, le manuscrit établit l'équivalence entre une œuvre plastique et une lettre (ou un poème), « et je signe Picasso » ; et, entre un modèle et sa traduction visuelle et littéraire. Marie-Thérèse est un modèle et un sujet, une personne et un paysage, un paysage de plage et de fleurs odorantes. C'est ainsi que Picasso la représente dans ses œuvres, en baigneuse classique et solaire, en nymphe allongée épanouie comme les fleurs qui l'entourent. Picasso se dévoile : quand il peint Marie-Thérèse, il peint un paysage (horizontal sans doute). Et quand il lui écrit, il la nomme : paysage, soleil, parfum. Elle s'est fondue dans son imaginaire en motif pictural. Quand Picasso écrit, il écrit visuellement, il écrit des images, non pas des métaphores, mais des images qui sont elles-mêmes des métaphores. Comme Marie-Thérèse a été, dans sa vie, la métaphore de l'amour sensuel (« ta bouche », « tes mains », « ton corps »).

Cette lettre révèle le sens de l'écriture pour Picasso. Pas seulement de l'écriture pour l'écriture, celle qui le préoccupe lorsqu'il rédige des poèmes, mais celle qui crée, entretient, maintient les liens ; celle qui prolonge, dit et accompagne le processus créatif : la correspondance.

Si l'artiste passe pour un mauvais correspondant, c'est sans doute que de plaisir hautement créatif et humainement excitant, le courrier devient vite, du fait de l'intérêt qu'il suscite, très tôt, très vif, très dévorant, une corvée fastidieuse qu'il expédie en la confiant à des proches (Fernande, Eva, Olga prennent souvent le relais auprès des amis pour donner des nouvelles de Pablo puis, Jaume Sabartés, et Miguel Montañes[46] ou même à Françoise Gilot). Il scelle cependant son intérêt pour son courrier par l'apposition, avec de gros et gras crayons, rouge ou bleu, d'un pictogramme éminemment picassien qui synthétise une image (deux yeux) et un sens (*ojo*). Submergé, noyé presque, dans la masse des papiers qui lui parviennent, Picasso « voit » l'essentiel et marque comme siennes toutes les traces des réactions qu'il suscite. Le signe introduit aussi ces lettres disparates dans un tout qui est la correspondance de Picasso, qui s'intègre elle-même dans un tout plus large qui est l'héritage de Picasso, qui est enfin Picasso lui-même.

De la carte postale choisie avec esprit ou de la lettre d'amour ornée d'une jolie cuisine à la lettre d'amitié rehaussée d'un drapeau américain, d'une fleur de tabac ou d'une feuille de laurier, Picasso dans sa correspondance offre une prise directe dans les événements de sa vie qui ne sont pas passés encore dans sa machine à métaphoriser le réel. Au travers de ses lettres, il mélange, brasse, met à plat, en mots, en croquis, en images tout ce qui le préoccupe et qui fonde son œuvre : le travail, l'amitié, l'amour… avec en plus, l'air du temps, la succession des jours et des instants, des lieux et des événements.

NOTES

1. Lettre de Georges Braque à Picasso, 27 juillet 1911. Lettre de Georges Braque à Picasso, 25 mars 1916. Lettre de Juan Gris à Picasso, 12 mars 1917. Lettre de Daniel-Henry Kahnweiler à Picasso, 26 juillet 1940. Lettre d'Henri-Pierre Roché à Picasso, 30 décembre 1956, citées dans Laurence Madeline, *Les Archives de Picasso : « On est ce que l'on garde ! »*, RMN, 2003, p. 86, 89, 106, 265, 253.
2. Lettre de Picasso à Max Jacob, [juillet] 1902, citée dans Hélène Seckel, *Max Jacob et Picasso*, RMN, 1994, p. 9.
3. Lettre de Picasso à Guillaume Apollinaire, 18 octobre 1917, citée dans Pierre Caizergues et Hélène Seckel, *Correspondance. Picasso/Apollinaire*, RMN-Gallimard, 1992, p. 162.
4. Lettre de Paul Rosenberg à Picasso, 18 mars 1934. Lettre de Georges Braque à Picasso du 13 mai 1916, citées dans Laurence Madeline, *op. cit.*, p. 281 et p. 89.
5. Lettre d'Antonin Artaud à Picasso, 3 janvier 1947, citée dans Laurence Madeline, *Les Archives de Picasso : « On est ce que l'on garde ! », op. cit.*, p. 204.
6. Françoise Gilot et Carlton Lake, *Vivre avec Picasso*, p. 140.
7. David Douglas Duncan, *Goodbye Picasso*, p. 56.
8. Lettre de Misia Sert à Picasso du 11 mars 1949, citée dans Laurence Madeline, *Les Archives de Picasso : « On est ce que l'on garde ! », op. cit.*, p. 171.
9. Werner Spies, « The Ninety Year Century ».
10. Jaime Sabartés, *Picasso, Portraits et souvenirs*, première édition, Louis Carré, 1946. Réédition : L'École des lettres, 1996, p. 138-139.
11. La plupart des lettres à Apollinaire sont conservées au Musée Picasso à Paris, celles à Max Jacob sont dans des collections privées, celles à Gertrude Stein, à la Beinecke Library, Yale University.
12. Lettres de Picasso à Max Jacob de mars et du 1er mai 1903, citées dans Hélène Seckel, *Max Jacob et Picasso, op. cit.*, p. 18.
13. Lettre de Picasso à Max Jacob du 6 août 1903, citée dans *ibid.*, p. 20.
14. *Ibid.*

15. New York, The Metropolitan Museum.
16. Soulignons que tant de lettres ont disparu qu'il est difficile de dresser un tableau définitif du rôle de Max Jacob ou des correspondances du jeune Picasso dans son travail.
17. Philadelphie, Barnes Foundation. Lettre de Picasso à Léo et Gertrude Stein du 11 août 1906, Yale University, Beinecke Library, citée dans *Gertrude Stein. Pablo Picasso. Correspondance*, édition de Laurence Madeline, Gallimard, Arts et Artistes, 2005, p. 39-40.
18. Lettre de Picasso à Léo et Gertrude Stein du 13 septembre 1909, Yale University, Beinecke Library, citée dans *Gertrude Stein. Pablo Picasso. Correspondance, op. cit.*, p. 83.
19. Lettres de Picasso à D.H. Kahnweiler du 12 et du 17 juin 1912, citées dans *Daniel-Henry Kahnweiler, marchand, éditeur, écrivain*, Centre Georges Pompidou/MNAM, 1984, p. 110.
20. Lettre de Picasso, [1906] citée dans Laurence Madeline, *op. cit.*, p. 65.
21. Eva Gouel (1885-1915), compagne de Picasso de 1912 à 1915.
22. Il s'agit de Guillaume Apollinaire et de Serge Férat. Lettre de Picasso et d'Éva Gouel à Picasso du 24 août 1914, citée dans *Gertrude Stein. Pablo Picasso. Correspondance, op. cit.*, p.165-167.
23. Lettre d'Apollinaire à Picasso d'avril 1915, citée dans Pierre Caizergues et Hélène Seckel, *op. cit.*, p. 132.
24. *Ibidem*, p. 132-133.
25. Carte postale jointe à une lettre de Picasso à Gertrude Stein du 11 septembre 1914, citée dans *Gertrude Stein. Pablo Picasso. Correspondance, op. cit.*, p. 171.
26. Carte postale de Picasso à Guillaume Apollinaire du 2 février 1907, reproduite dans Pierre Caizergues et Hélène Seckel, *op. cit.*, p. 60.
27. Carte postale de Picasso à Gertrude et L.D. Stein, 23 mars 1909, Yale University, Beinecke Library, citée dans *Gertrude Stein. Pablo Picasso. Correspondance, op. cit.*, p. 66-67.
28. Paul Éluard, Les plus belles cartes postales, *Minotaure*, n° 3 et 4, 1933.
29. Carte postale de Picasso à Georges Braque, [1911], Musée Picasso, citée dans Laurence Madeline, *op. cit.*, p. 69.
30. Carte postale de Picasso à L.D. Stein du 18 août 1910, Yale University, Beinecke Library, citée dans *Gertrude Stein. Pablo Picasso. Correspondance, op. cit.*, p. 93-94.
31. Cartes postales de Picasso à Gertrude Stein du 3 août 1911 et du 20 août 1912, Yale, Beinecke Library, citée dans *ibid.*, p.105-106.
32. Carte postale de Picasso à Gertrude Stein du 12 mars 1913, Yale University, Beinecke Library, citée dans *ibid.*, p. 134-136.
33. Lettre de Picasso à Apollinaire du 29 mai 1906, citée dans Pierre Caizergues et Hélène Seckel, *op. cit.*, p. 39-40.
34. Lettre d'Apollinaire à Picasso du 29 mai 1906, citée dans *ibid.*, p. 41-42.
35. Fernande Olivier (1881-1966), compagne de Picasso de 1904 à 1912.
36. Lettre de Picasso à Gertrude Stein du 8 janvier 1916, Yale University, Beinecke Library, citée dans *Gertrude Stein. Pablo Picasso. Correspondance, op. cit.*, p. 191-192.
37. Gaby Lespinasse (1888-vers 1970), maîtresse de Picasso entre 1915 et 1916. *Lettre de Picasso à Gaby Lespinasse avec intérieur provençal : la salle à manger*, 1916, Musée Picasso.
38. *Lettre de Picasso à Gaby Lespinasse avec intérieur provençal : la cuisine*, 1916, Musée Picasso.
39. Lettre de Picasso à Gertrude Stein, avril 1917, Yale University, Beinecke Library, citée dans *Gertrude Stein. Pablo Picasso. Correspondance, op. cit.*, p. 204-206.
40. Lettre de Picasso à Apollinaire du 10 mars 1917, citée dans Pierre Caizergues et Hélène Seckel, *op. cit.*, p. 145.
41. Olga Kokhlova (1891-1955), épouse de Picasso de 1917 jusqu'à sa mort, séparée officiellement à partir de 1935.
42. Envoi de Picasso à Apollinaire, 20 avril 1917, Musée Picasso.
43. Lettre de Picasso à Gertrude Stein du 5 août 1918, Yale University, Beinecke Library, citée dans *Gertrude Stein. Pablo Picasso. Correspondance, op. cit.*, p. 240-241.
44. Carte postale à Apollinaire du 3août 1918, citée dans Pierre Caizergues et Hélène Seckel, *op. cit.*, p. 172-173.
45. Lettre de Picasso à Marie-Thérèse Walter du 29 août 1936, citée dans Diana Widmaier-Picasso, *L'art ne peut être qu'érotique*, Assouline, 2005, p. 32 et dans *Picasso and Marie-Thérèse. L'amour fou Picasso*, New York, Gagosian Gallery, 2011.
46. Voir le témoignage de Miguel Montañes, *Pablo Picasso. Les dernières années*, Assouline, 2004.

Picasso gardait tout

Laure Collignon

En 1978, les héritiers de Picasso ont décidé de confier à l'État plus de 120 000 pièces des archives personnelles, manuscrites, imprimées et photographiques de l'artiste, pour faciliter l'étude de son œuvre en garantissant l'intégrité du fonds. Ce fonds d'archives constitue une source d'étude et un témoignage inestimable sur la vie et l'œuvre de l'artiste. En 1992, au terme d'un premier travail de classement, il a fait l'objet d'un don manuel à l'État et fut définitivement affecté au musée national Picasso pour en assurer le classement définitif, l'inventaire, la gestion et la valorisation scientifique dans le cadre de la loi de 1979 sur les archives.

Ces œuvres, objets et documents conservés par Picasso tout au long de sa vie et devenus par la dation de 1979 et les donations ou dons annexes propriété de l'État français, constituent le considérable socle du « plus extraordinaire ensemble réuni dans le monde d'œuvres de Picasso » justifiant pleinement la création d'un musée monographique spécifiquement dédié à la vie et à l'œuvre de l'artiste, le Musée Picasso – Paris, ouvert en 1985 comme « service à compétence nationale » (SCN) et devenu établissement public en juin 2010.

On a souvent dit que Picasso gardait tout : les représentants des Archives nationales et du Musée Picasso qui ont reçu livraison de ses 359 cartons d'archives peuvent le confirmer. « Picasso ne jette rien. La poussière, comme le reste, vieilles enveloppes, morceaux de papier appartiennent à ses richesses[1] », et ces pratiques ne sont pas anodines quand on sait que le papier et en particulier les papiers journaux ont aussi été un matériau de travail pour le peintre dans nombre de ses œuvres.

Exception faite de quelques brouillons, Picasso n'a pas conservé ses propres courriers ; il répondait rarement aux lettres et avait visiblement une préférence pour la carte postale… Les quelques exemples de sa correspondance personnelle, active, conservés au Musée, se trouvent être souvent illustrés, et même sa syntaxe, comme le disait Cocteau était « visuelle ».

Le Musée a pu acquérir quelques-unes de ces correspondances, dont les échanges Picasso / Apollinaire. D'autres institutions nationales conservent des écrits de sa main : la Bibliothèque nationale de France qui détient des courriers de Picasso à Diaghilev à la Bibliothèque-Musée de l'Opéra [fonds Kochno 72 (1 à 9)] et la Bibliothèque Jacques-Doucet, qui, grâce aux legs de Rose Adler, Michel Leiris, André Breton et André Gide pour ne citer qu'eux, a constitué un ensemble de courriers du peintre.

Jaime Sabartés, un temps son secrétaire particulier, est son correspondant le plus prolixe, avec plus d'un millier de courriers entre 1905 et 1953.

Dans sa volonté de conserver tout ce qu'il recevait, dans son attachement au matériau « papier », dans ses échanges avec ses contemporains, Picasso reste un démiurge, mais il réussit la prouesse de préserver ses secrets, tout en rayonnant sur le monde.

NOTE

1. Geneviève Laporte, *Si tard le soir le soleil brille. Pablo Picasso*, Plon, 1973, p. 50.

Lettres

Max Jacob à Picasso

31 mars 1904

Peut-être n'as-tu pas reçu ma dernière carte ?

Dans cette crainte je t'écris celle-ci, et ça n'est pas une petite affaire car n'ayant pas deux sous, j'ai dû vendre quelques livres pour y arriver.

Je n'ai pas besoin de te dire que ma chambre est à toi et que je t'attends dans ma chambre ; nous sommes déjà deux mais ça ne fait rien on s'arrangera toujours avec un matelas par terre. J'ai hâte de te voir. Dis-moi à quelle heure et à quelle gare tu arrives.

À bientôt cher ami

Max

Inv. 515AP/C/classeur66/Apcs4. Archives Picasso, Musée national Picasso-Paris.

* * *

1er mars 1918

Mon cher ami,

Sur une boutique de mercerie du haut de la rue des Martyrs il y a une petite étiquette manuscrite ainsi conçue : « On demande jeune bonne de 17 à 18 ans pour boutique et les enfants. Petit pelotage à faire »

Si tu viens à Montmartre je te montrerai ça : ça vaut la peine.

Sur l'urinoir qui fait le coin du boulevard Rochechouart il y a écrit à la craie : « Abri ».

Le bombardement a arrêté toutes mes affaires et aussi Doucet je crois.

Je t'embrasse vieux frère. Max

J'ai vu au Cinéma un film américain admirable « Richesse maudite » ; Va voir ça.

Inv. 515AP/C/classeur66/Apcs5. Archives Picasso, Musée national Picasso-Paris.

* * *

1er juin 1921

Mon cher parrain,

Tu as été mêlé à tous les bonheurs et à tous les malheurs de ma vie ; tu as participé aux uns tu as pansé les douleurs des autres. Tu as encouragé mes premiers essais artistiques, tu les as mis dans les meilleures voies. Tu étais là dans mes premiers pas dans le monde des arts. Que dis-je ? Tu as été à toi seul le monde des arts pour moi.

C'est toi qui as fait publier mes premiers poèmes et c'est chez toi que j'ai publié mes premiers volumes. S'il se présente une autre occasion de publication, ce sera encore chez toi ou par toi, directement ou indirectement. Joyeux, j'ai trouvé un écho dans ton cœur, malade, j'ai trouvé des soins chez toi.

Quand Dieu a permis que je vinsse à lui, tu l'as su le premier, et tu as été le seul à ne pas rire du repentir de mes fautes. Quand le baptême enfin exauça mes prières, tu m'as accompagné vers cette gloire comme je t'avais accompagné dans la tienne. Tu es à mon horizon et tu es auprès de moi, en moi et autour de moi. J'ai agrandi par toi, non seulement mes opinions, ma vision, ma compréhension de l'univers, mais encore ma connaissance de la géographie et des coutumes des peuples.

Jamais en un mot parrain ne fut aussi digne de ce titre au rapport de son filleul que tu l'es au mien. Et je pense que, sans les tiers, nous n'aurions jamais cessé une heure d'être plus que parrain et filleul, amis. Hélas ! Que de tiers entre nous !

Je souhaite que Dieu me conserve digne de toi et te conserve la lumière suffisante pour savoir que je le suis. Je souhaite qu'il te conserve en sa garde et t'illumine un jour pour te mener à la foi.

Je t'embrasse

Ton filleul dévoué
Cyprien – Max

Inv. 515AP/C/classeur66/Apcs6. Archives Picasso, Musée national Picasso-Paris.

Portrait de Max Jacob paru dans *Le Cornet à dés*, 1923.

Inv. MP2003-15. Musée national Picasso-Paris.

* * *

Le 9 février 44

Saint-Benoît s/Loire. Loiret

Mon cher Pablo,

Vannier est le seul médecin qui guérit. Ce sont les malades qui le disent, mais les confrères l'avouent (?) « C'est un génie ! » a déclaré le chirurgien Coullevaire [?] ici même.

Fais-moi donner de tes nouvelles par les camarades chambellans. Est-ce que c'est le bras gauche du moins ? Ou bien seras-tu obligé de t'attacher les pinceaux au coude comme Renoir ?

Il y a un changement astrologique énorme fin mars qui t'est favorable, or les maladies (et en général les malheurs) sont des annonces bonnes. Ma vie fait dans le noir en ce moment. J'ai un vrai désespoir. TU as su ce qui est arrivé à ma sœur que tu connais. Beaucoup de gens s'occupent d'elle. J'ai confiance dans Cocteau : j'espère en son habileté et sa bonté qui est réelle. Mes amis sont bien bons et je ne suis pas ingrat. Je t'embrasse. Max

Inv. 515AP/C/classeur66/Apcs7. Archives Picasso, Musée national Picasso-Paris.

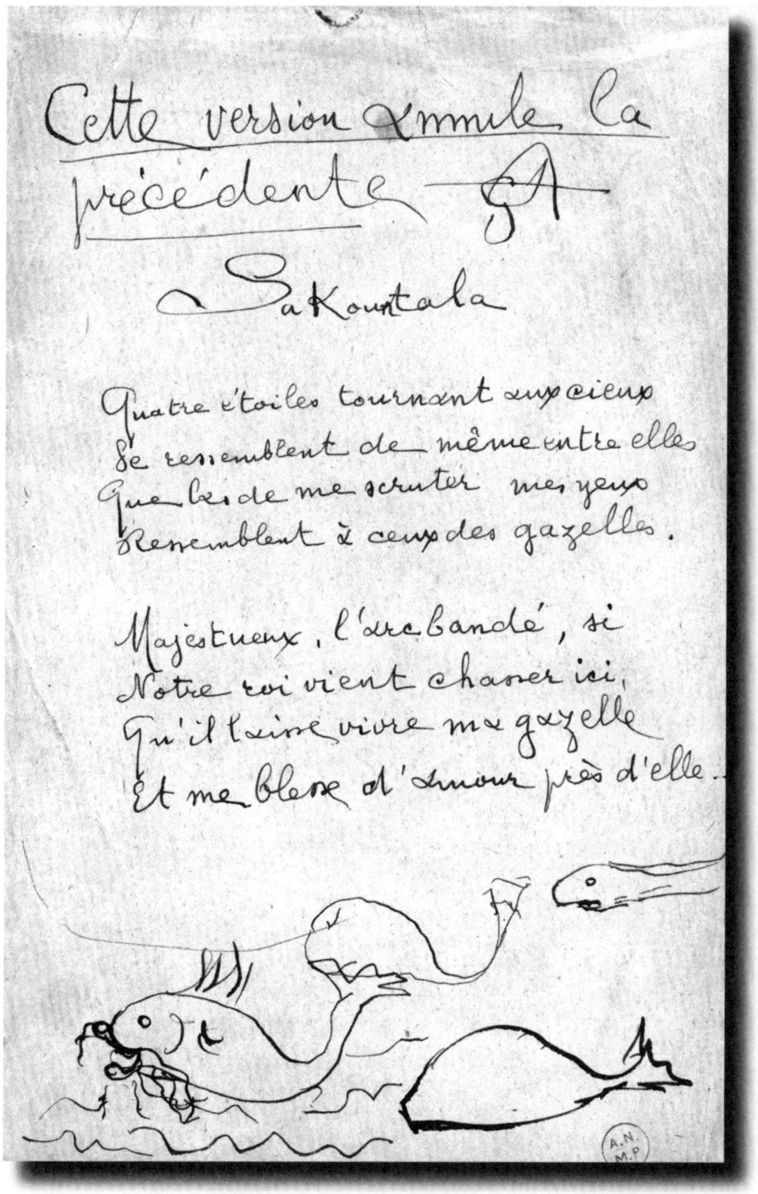

Cette version annule la précédente GA

Sakountala

Quatre étoiles tournant aux cieux
Se ressemblent de même entre elles
Que las de me scruter mes yeux
Ressemblent à ceux des gazelles.

Majestueux, l'arc bandé, si
Notre roi vient chasser ici,
Qu'il laisse vivre ma gazelle
Et me blesse d'amour près d'elle.

Cette version annule la précédente

Sakountala

Quatre étoiles tournant aux cieux
Se ressemblent de même entre elles
Que las de me scruter mes yeux
Ressemblent à ceux des gazelles

Majestueux, l'arc bandé, si
Notre roi vient chasser ici,
Qu'il laisse vivre ma gazelle
Et me blesse d'amour près d'elle

Inv. 515AP/C/classeur 6/APcs203. Archives Picasso, Musée national Picasso-Paris.

Inv. MP1993-6. Archives Picasso, Musée national Picasso-Paris. © Succession Picasso, 2013. © RMN-Grand Palais/DR. © ADAGP.

Picasso à Guillaume Apollinaire

Paris, 31 décembre 1914

Mon cher ami Guillaume,

J'ai reçu tes lettres. Je suis bien content de te savoir en bonne santé. Je te enverrai un de ces jours ce que tu me demandes.

J'ai donné ton adresse et je t'ai envoyé celle de Georges Braque et je t'ai dit ce que je pensais de Derain. On m'a dit qu'il a été à Paris pendant 16 heures, je ne l'ai pas vu.

Ce matin, Salmon est venu me voir, il part un de ces jours au régiment. Dupuis [?] a été à Paris pendant un jour, Serge l'a vu, il va bien et est à Rouen.

TU peux penser que ma vie n'est pas bien gaie. Je te souhaite toutes sortes de chances dans la nouvelle année à toi et à la France.

J'ai vu l'autre jour Monsieur Level qui t'envoie ses souvenirs. IL a reçu une lettre de toi.

Enfin, mon vieux frère, je me demande que une chose, que toute cette guerre soit passée et que tu reviennes bientôt et touts [sic] nos amis en bonne santé.

Je t'embrasse fort [?]

Picasso.

1er janvier 1915. Beaucoup d'amitiés et de souvenirs. Eva

Cher Guillaume, je compte t'écrire depuis le jour que j'ai reçu ta lettre : je t'expliquerai bientôt pourquoi je n'ai pas encore eu le temps de le faire. Ta lettre m'a touché et m'a fait grand plaisir. Je t'embrasse

Pablo Picasso, Eva Gouel, Max Jacob, Serge Férat. Inv. MP1985-72. Archives Picasso, Musée national Picasso-Paris.

* * *

[8 juillet 1918]

Mon cher Guillaume,

Tu dois avoir eu ma lettre pour que tu sois à la mairie du 7e a. à 5 heures demain mardi. Je voudrais savoir si tu peux venir. Si pour quelque chose tu serais empêché, dis-le moi pour que je tâche de trouver un autre témoin pour demain. Bien à toi mon cher ami.

Picasso

Lettre non envoyée, manuscrite. Inv. 515AP/B4/3. Archives Picasso, Musée national Picasso-Paris.

André Salmon à Picasso

Mardi 17 octobre [1916]

Cher Pablo,

Depuis le jour où nous avions pris rendez-vous pour parler chez moi de mon livre, rendez-vous auquel tu n'as pas pu venir à cause de l'arrivée de Braque, je suis allé une fois chez toi. Tu étais absent et je ne sais si ta servante, accoutumée à cet événement devenu banal, t'aura dit que je t'avais demandé. Depuis il m'a été impossible de distraire une heure pour me rendre rue Shoelcher.

Or il faut absolument que je renseigne – d'une façon définitive – mon éditeur bénévole avant deux jours.

As-tu vraiment le temps et le désir de mettre à ma disposition comme tu me l'as si amicalement promis, quelques dessins de toi pour l'édition du Manuscrit trouvé dans un chapeau ?

Je t'ai déjà expliqué – mais peut-être as-tu entendu tout cela de façon confuse – en quoi cela consistait exactement.

Je souhaiterais pouvoir faire reproduire un certain nombre de croquis dont tes cartons sont pleins pour illustrer le texte en marges, ou en cul-de-lampe.

Tu m'avais offert autrefois d'illustrer quelque chose de moi. Il ne s'agit même pas en l'espèce de me faire des illustrations spéciales, mais de consentir simplement à ce que quelques dessins : nus, natures mortes, bouquets, n'importe quoi, à choisir et se rapportant comme par allusion à mon texte, fussent reproduits, après quoi ils retourneront dans tes cartons.

Ce n'est pas une affaire, malheureusement. J'entends par là que l'éditeur en question, un charmant garçon qui fait ça par amour de l'art, court un risque réel en publiant un bouquin aussi peu fait pour le public, à un prix probablement très démocratique. Il ne peut donc me faire aucune avance encore moins m'acheter mon livre.

Pourtant il me donnera un tant % sur la vente. Des illustrations – qui, bien que choisies comme je t'en prie, seront inédites – de Pablo Picasso augmenteraient les chances de vente et, sans pouvoir préjuger des bénéfices, je serai très heureux de les partager avec toi.

Bref, si c'est là une affaire qui mérite à peine ce nom, tu peux cependant me donner une grande joie en ne t'imposant que la peine de fouiller dans tes vieux cartons. Si des motifs sérieux rendent la chose impossible, je le regretterai très fort, pour deux raisons évidentes, mais je saurai très bien te comprendre.

Je n'ai guère abusé de mes amis et ton offre si gentille, si spontanée de l'an dernier, m'avait donné espoir.

Donc, cher ami, vite un mot en réponse. Je dois voir au plus tard mon éditeur, Mouillot*, jeudi.

Le livre sera très dignement édité ; il aura belle allure.

À toi, de tout cœur

André Salmon

Si tu acceptes définitivement, pousse la complaisance jusqu'à chercher vite les dessins et surtout à me procurer d'urgence tel croquis pour la page spécimen, qui conviendrait à un poème en prose sur le 13 de la rue Ravignan (Sorieul).

As-tu un croquis de la petite fleuriste nue avec son panier ?

As-tu un croquis de Pons avec sa bécane en main, sur la Butte ?

* *Le Manuscrit trouvé dans un chapeau* a paru à la Société littéraire de France en 1919, avec la mention, « orné de dessins de Pablo Picasso » et non chez Mouillot.

Inv. 515 AP/C/classeur 156/Apcs31. Archives Picasso, Musée national Picasso-Paris.

Jean Cocteau à Picasso

1917

Quel silence !

Moi qui espère chaque matin le détail sur le caniche, les saucissons et la catastrophe de cerfs-volants Balla.

Longue lettre piquée de Max parce que n'ayant pas reçu de réponse à une lettre où je lui demandais de venir je ne me trouvais pas chez moi pour l'attendre. Il accumule mille finesses très difficiles à comprendre et termine par un P.S. De bonne humeur à cause d'un pneu qu'on lui remet et où je lui explique la raison de mon absence. Il viendra demain. Je m'occupe des bruits de Parade. J'aurai 4 machines à écrire avec amplificateur que j'invente et comme le Châtelet donne du cinéma on trouve des merveilles telles que : Tramiexpress – Sirène – mer déchaînée – mitrailleuse etc… etc… Le gardien de ces monstres se nomme Mr Colombier. J'irai le voir demain avec Cendrars. Le pauvre souffre atrocement et il est très triste.

Comme là M. de la Presse est en proie aux volcanismes je n'ai guère de temps pour voir les camarades. Ni Rotonde, ni Youyou ni Pâquerette. (J'ai pour Youyou une grande boîte de bonbons achetée à Turin). Ortiz se venge de Diag en racontant qu'il te roule ? Severini vient de me téléphoner et passe Anjou demain matin.

Eugénia te reste fidèle.

Le trèfle à quatre pattes.

Première minute libre, je cours chez Gertrude Stein que j'aime parce qu'elle t'aime. J'écris à Igor.

P.S.

Pendant qu'on imprime ces pages j'ai vu, grâce à Monsieur Philippe Berthelot qui en est possesseur le manuscrit de *Coup de Dés.*

Quelle surprise ! Un souci de discipline fane ce poème à la publication. Ce rébus sec, cette algèbre froide, c'était donc un jardin ! Et le mot Plume par exemple grammatical Un souci de discipline fane ce poème à la publication posthume.

Mes derniers scrupules s'évanouissent. J'y distingue le vrai désir du maître. Je craignais une rencontre flatteuse certes, mais redoutable.

Or je me trouve en face d'un manuscrit impressionniste par excellence.

Alors que l'Ode, par son architecture et si toutefois les termes impressionnistes et cubisme résument grosse modo un état d'esprit, se rattache étroitement à l'école cubiste.

Le *Coup de dés* s'inspire de la peinture et de la musique – tâches et motifs d'orchestre. L'Ode à Picasso délivre le noir austère.

Inv. 515AP/C/classeur28/Apcs1149. Archives Picasso, Musée national Picasso-Paris.

Jean Cocteau – l'ode à Picasso – 1919

Sur la grosse tête de Clio
elle titube et oublie
l'ordre des dates
je vous séquestre
il se promène sur l'asphalte
si douce à 7 heures ½ de septembre
au bout des grands cafés à l'ancre
où les anges écrivent leurs lettres
autour des arbres de Noël
Après il vous
délivre
et consulte le degré d'obéissance
La botte ouvre un œil d'équerre
danseur vêtu
de ripolins
le cortège se range
du haut en bas de la maison
Touche Thomas le fiacre
où la poésie est assise
Un silence d'espadrille
précède le marlou
que Mnémosyne paye neuf fois
car elle tient un compte exact
de ses filles
Clio du zinc
Calliope téléphone les faits-divers
et Uranie allume
les becs de gaz
qui fendent les marronniers par dessous
Guignol
La guillotine
adieu
Thalie
et
Melpomène
les tambours bleus vous font taire
reines bavardes
le Solitaire
mange la ville
Son distributeur vous débite
complètement différentes
il partage
le soleil l'ombre
[?] comme il a cassé une guitare

Inv. MP1997-3, fol. 8-9 et 11-12. Archives Picasso, Musée national Picasso-Paris.

Commémoration Jean Cocteau 2013

Comité Jean Cocteau

Louis Aragon poème dédié à Picasso

D'Allemagne, le onze avril [1919] :

Voici monsieur, puisqu'on n'échappe pas à votre charme, ni au désir de vous en faire part, les méchants vers que j'ai composé [sic] pour votre trop belle enfant.

Excusez-moi de vous les soumettre, je m'en veux encore davantage que vous ne m'en voudrez pas de vous importuner.

Louis Aragon

La belle italienne
à Pablo Picasso
L'azur et ses voiles les bras de santé crème estivales sa grande beauté. mais qu'elle en impose à qui veut l'armer (parler de la mer autrement qu'en prose) la plus idiote avec son œil rond luit intelligente auprès de ce front o chère adorée au soleil de plomb.

Inv. 515AP/C/classeur 6/Apcs 105. Archives Picasso, Musée national Picasso-Paris.

RAYMOND RADIGUET À PICASSO – CARTE POSTALE

9 juillet 1921

Hôtel de Paris – Besse-en-Chandesse – Puy-de-Dôme

Je suis impardonnable de ne vous avoir pas encore remercié pour votre admirable dessin.

Et comme j'ai honte de vous avoir tant ennuyé pour cette histoire de livre ! Jean est ici, malade ; c'est pourquoi il ne vous a pas déjà écrit. J'apprends qu'à Fontainebleau, vous allez avoir, si ce n'est déjà fait, pour voisine, Mme Bartholoméuss !

J'espère que vous êtes bien là-bas, que Bébé a de grosses joues. Embrassez-le pour moi. Il aura moins peur que si c'était moi en réalité. Présentez mes respectueux hommages à votre femme et croyez-moi votre dévoué Raymond Radiguet.

Monsieur Pablo Picasso/33 rue Gambetta/Fontainebleau/Seine-et-Marne

Inv. 515AP/C/classeur 133/APcs19. Archives Picasso, Musée national Picasso-Paris.

PAUL MORAND À PICASSO

le 7.3.23

[WAG 34 27] 9 rue Daubigny
XVIIe

Mon cher Picasso,

J'ai pensé à quelques épisodes d'*Ouvert la Nuit* qui se prêtent à l'illustration. Par exemple :

1/nuit catalane. Une femme du peuple catalane en châle, sur la Rambla.

2/nuit turque. Quelques tables d'un restaurant de nuit avec des Russes, soldats anglais, des femmes qui servent ; au comptoir une dame, bijoux et décolleté.

3/nuit romaine. Une femme et deux hommes, en tenue de soirée, regardent une femme nue, étendue morte.

4/nuit des 6 jours. Un jeune homme et une jeune femme accoudés à une balustrade. Au-dessus d'eux des réclames, panneaux de publicité. Au fond, des dos de coureurs cyclistes.

5/nuit hongroise. Une petite juive très nue, entre deux gentlemen, dans un bar.

6/nuit nordique. Des groupes de gros gens nus font de la culture physique ; d'autres, nus aussi, mangent et boivent.

T.S.V.P.

Gallimard propose le papier-litho pour que vous n'ayez pas à courir à l'atelier d'un lithographe.

Misia me dit qu'elle aimerait une illustration en couleurs de mon livre, mais je crains que ce soit beaucoup demander à Picasso.

Bien à vous

Paul Morand

Inv. 515AP/C/classeur102/Apcs29. Archives Picasso, Musée national Picasso-Paris.

Michel Leiris à Olga Picasso

Gallabat (Soudan Anglo-Égyptien), 20 mai 1932

Chère Madame,

Un nouveau compagnon*, qui vient de nous rejoindre à Gallabat, sur la frontière abyssine, a apporté, pour les membres de l'expédition, tout un lot de pull-overs, parmi lesquels celui que vous avez eu la gentillesse de me confectionner vous-même, et que Zette m'avait annoncé.

Il est tout à fait joli et, comme depuis quelques jours nous avons de la pluie et que les soirées tendent à être fraîches, je compte l'étrenner dès ce soir pour aller dîner chez le capitaine anglais, seul Européen – avec nous – de Gallabat et commandant du fortin près duquel nous habitons. Je suis sûr également qu'il me portera chance et que, grâce à lui, tout se passera bien en Abyssinie.

Dans chacune de ses lettres, Zette me parle de Picasso et de vous, et de l'affection que vous lui témoignez. Croyez bien que j'en suis infiniment touché et que c'est pour moi un très précieux soutien de savoir que Zette est ainsi entourée.

Elle me raconte dans sa dernière lettre que Paulo vient de faire sa première communion et aussi qu'à Boisgeloup il joue à la mission.

Ce sera une grande joie pour moi, vers cet hiver, quand nous serons rentrés, de jouer avec lui à l'Afrique, et de remplir, auprès de Picasso et de vous, le rôle de l'explorateur bavard qui débite, sans que rien puisse l'arrêter (à commencer par la fatigue des auditeurs), son stock d'histoires…

Transmettez, je vous prie, mes bonnes amitiés à Picasso et embrassez bien Paulo.

En vous remerciant encore de ce que vous faites pour Zette et de votre si gentil envoi, je vous prie d'accepter, chère Madame, mon très affectueux et respectueux souvenir.

Michel Leiris

* Abel Faivre, un naturaliste, qui rejoint en effet la Mission Dakar-Djibouti le 17 mai 1932.

Inv. 515AP/C/classeur84/APcs67. Archives Picasso, Musée national Picasso-Paris.

* * *

Nîmes, 1er septembre [1947]

Cher ami,

J'apprends à Nîmes qu'il doit se donner, le 21 septembre à Arles, une corrida qui promet d'être belle : 6 toros de Yonnet (paraît-il beaux et gros) par le Soldado, Velasquez et Toscano. Je compte bien y aller, ainsi qu'à celle du 28 à Nîmes, où il doit se produire le fameux Mexicain Arruza. Avez-vous appris la mort de Manolete ?

Le voyage en Italie a été magnifique et nous en sommes, Zette et moi, ravis.

À bientôt, je le souhaite, et très affectueusement à vous.

Michel Leiris

Inv. 515AP/C/classeur84/APcs68. Archives Picasso, Musée national Picasso-Paris.

André Breton à Picasso

16 mars 1936

Très cher Ami,

On est parti sans vous dire à quel point on avait pu jouir du spectacle de vos grandes toiles rassemblées chez Rosenberg, qui font encore une fois le printemps et toutes les saisons de la vie.

J'ai dit à Paul Éluard combien j'étais jaloux des soirées qu'il avait pu passer avec vous et dont j'ai les échos ponctuels. Je ne suis pas beaucoup du soir et je ne l'ai jamais regretté qu'à ce propos, puis j'étais très fatigué ces derniers temps, surpris de la vie assez nouvelle qui m'était faite par ces yeux d'enfant, j'ai à peine besoin de vous le dire parce que vous êtes grand expert en mystère humain.

Mais je songe à vous dans les chemins encore très froids de la forêt de Compiègne comme à un des deux ou trois êtres grâce à qui il fait bon vivre. Il va encore faire beau pour une année d'ici quelques jours et l'on promènera sur toutes les choses naturelles un regard agrandi de la compréhension des fleurs, des oiseaux et des femmes, de la compréhension que pour une grande part on vous doit.

Nous ne sommes ici que pour quatre jours, Éluard et Nusch doivent nous rejoindre demain.

J'espère, mon cher Ami, que vous êtes aussi grandement heureux que vous pouvez l'être et je vous fais ce tout petit signe pour vous assurer à nouveau de mon admiration – tête et de cœur – sans limites.

André Breton

J'étais très éblouie une fois de plus cher Picasso devant cette grande montée de couleurs, de signes éclatants et purs que vous jetez à la tête mieux que personne. J'aurais voulu vous parler d'un tableau que j'aime tout particulièrement. Le second à gauche en entrant. Le plus capricieux, le plus gracieux aussi. Il n'y a pas ici d'aussi beaux bouquets que celui que tenait cette dame si innocente. Avec beaucoup de mal – nous en avons recueilli un très petit depuis ce matin et justement les tiges des violettes n'atteignent pas la longueur de l'ongle. Pourquoi ne viendriez-vous pas nous rejoindre ?

C'est un bel endroit très désert. Il y a pour vous des bananes et du riz. À bientôt de toutes manières mais je serais très heureuse de votre venue ici.

Affectueusement et amicalement

Jacqueline

Inv. 515AP/C/classeur 18/Apcs2. Archives Picasso, Musée national Picasso-Paris.

René Char à Picasso

Dans sa lettre du 24 janvier Char demande un dessin pour « affranchir » son poème « 1939 » – poème en hommage aux enfants martyrisés de la guerre d'Espagne – qui paraît dans la revue des Cahiers d'art, *n°1-4 en 1939 et plus tard en 1945 dans le recueil* Seuls demeurent, *sous le titre « 1939 – par la bouche de l'engoulevent ».*

1939

Enfants qui cribliez d'olives le soleil enfoncé dans le bois de la mer, enfants, ô frondes de froment, de vous l'étranger se détourne, se détourne de votre sang martyrisé, se détourne de cette eau trop pure, enfants aux yeux de limon, enfants qui faisiez chanter le sel à votre oreille, comment se résoudre à ne plus s'éblouir de votre amitié ?

Le ciel dont vous disiez le duvet, la Femme dont vous trahissiez le désir, la foudre les a glacés.

Châtiments ! Châtiments !

* * *

Paris, 31 rue des artistes XIVe

Le 24 janvier 1939

Cher Picasso,

Votre œil est le poignet de la lumière. J'ai vu votre exposition. Jamais la condition plastique n'avait surplombé le convulsif avec une telle sécurité, une telle communicabilité, un tel zénith émotionnel. Soyez remercié. La répartition de la chaleur, de la lumière et du givre manuel consomment la conquête.

René Char

J'ai donné à Ch. Zervos pour le prochain *Cahier d'art* le texte ci-joint. Peut-être consentiriez-vous à lui affranchir la vie ? Je pense au poème d'Éluard que vous aviez si fortement projeté en l'entourant de vos multiplex. Dans les abominables heures que nous vivons où la France cette truie, cette Cléopatre de gouttière tourne le dos à l'Espagne, impossible de donner sa tête à autre chose qu'à cet acier enfant trempé dans la mort… J'aimerais beaucoup vous parler cher Picasso. Je vais écrire une « étude » sur vous. Voulez-vous avoir l'extrême bonté de dire à ma femme quand je puis vous venir voir. Aujourd'hui je suis un peu souffrant, mais la semaine prochaine je serai tout à l'éventualité de cette rencontre, si vous le voulez bien ?

Inv. 515AP/C/classeur 24/Apcs118. Archives Picasso, Musée national Picasso-Paris.

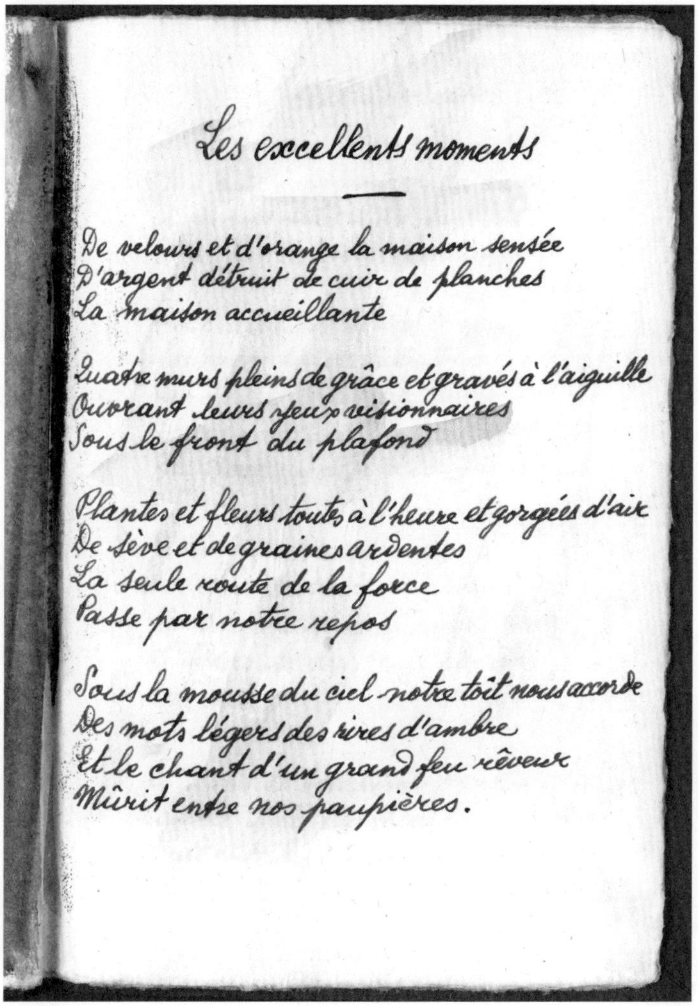

Les excellents moments

De velours et d'orange la maison sensée
D'argent détruit de cuir de planches
La maison accueillante

Quatre murs pleins de grâce et gravés à l'aiguille
Ouvrant leurs yeux visionnaires
Sous le front du plafond

Plantes et fleurs toutes à l'heure et gorgées d'air
De sève et de graines ardentes
La seule route de la force
Passe par notre repos

Sous la mousse du ciel notre toit nous accorde
Des mots légers des rires d'ambre
Et le chant d'un grand feu rêveur
Mûrit entre nos paupières.

23/04/1941
Les enluminures, particulières à chaque exemplaire,
sont de la main de Pablo Picasso.
[Signature Picasso]
Ces poèmes ont été copiés quinze fois par l'auteur
N° 7
À Dora
Enfant
Poète
Et
Femme
Paul Éluard

Manuscrit enluminé par Picasso en couleurs. Inv. MP1998-309, fol 14r et 20r. Archives Picasso, Musée national Picasso-Paris.

Paul Éluard à Picasso – Carte postale avec collage

[1er septembre 1952]

Bonjour Monsieur Picasso

Comment allez-vous ? Il ne nous manque pour aller parfaitement bien que d'être avec vous. À défaut on en parle. Amicalement. Claude Roy.

Les mots me manquent, mais non les sentiments. Ai-je un corps ? As-tu une âme ? J'ai bien peur que le ciel ne nous soit interdit.

Paul Éluard

Et nous François, qu'est-ce qu'on devient ? Dominique.

Inv. 515AP/C/classeur43/Apcs98. Archives Picasso, Musée national Picasso-Paris. © Grindel-Boaretto Cécile. Succesion Paul Éluard © RMN-Grand Palais/Thierry Le Mage.

Paul et Nusch Éluard à Picasso

Lettre au dos d'un prospectus « Aux pauvres diables », avec collage, s.d.

Les trains allaient vers l'été, celui d'hier allait vers l'hiver. Le Gay Paris a la forme d'une larme, la couleur d'une inondation. Vous étiez à Mougins, vous étiez à Paris, où êtes-vous ? Il fait froid, soyez heureux. On aime ses amis et on les embrasse.

Nush Paul

Inv. 515AP/C/classeur43/Apcs97. Archives Picasso, Musée national Picasso-Paris. © Grindel-Boaretto Cécile. Succesion Paul Éluard

Raymond Queneau à Picasso suivi de l'article pour Christian Zervos

Lundi

Mon cher Picasso

Voici le texte de mon article pour Zervos. J'espère qu'il ne vous décevra pas trop.

Et « notre » Chiendent ? Je ne bouge pas encore. Dès que j'aurai le droit d'aller patiner je me précipiterai rue des Gds Augustins.

Vous savez que la Nrf a failli flamber ? Un Marchand a été réduit en cendres et deux Lascaux caramélisés.

Heureusement que je n'ai pas vu ces horreurs.

Bien fidèlement vôtre

Queneau

Une belle surprise.

... mais j'ai ici sous mon bras une belle surprise...

Mardi 14 janvier 1941. Second hiver de guerre, premier hiver d'Occupation, un hiver de grands froids encore, comme l'année précédente. Tandis que se préparent de nouvelles batailles, en France, les collaborateurs savourent la défaite, et les autres font la connaissance des rutabagas dans des maisons sans feu, avec quels espoirs insensés.

Mardi 14 janvier 1941. Il y a quelque part dans Paris, un homme qui écrit une pièce de théâtre, et la pièce de théâtre s'appelle *Le Désir attrapé par la queue*, et le héros de la pièce s'appelle Le Gros Pied, et Le Gros Pied écrit un roman qui a déjà dépassé la page 320 000, une page sérieusement intéressante d'ailleurs. Ce Le Gros Pied est écrivain, poète, il habite un studio artistique, différents personnages (neuf) l'entourent, la plupart se situent à hauteur des orteils, L'Oignon par exemple ; et ce Le Gros Pied est amoureux, amoureux de La Tarte.

L'Oignon... La Tarte... nous ne sommes pas très loin de la cuisine, semble-t-il. Quand, à la fin de la pièce, on apprend les malheurs de L'Oignon traversé au fond par une pique, en morceaux, et qui pleure, il n'est plus possible d'en douter. Mais quand nous voyons La Tarte procéder à la savante démolition de ses doigts de pied (le découpage d'une tarte et de son crénelage pareil à des arpions a toujours passé pour une opération « savante »), c'est que l'on revient au domaine de la podologie et des engelures par exemple.

Faim... Froid... On a des soucis de chauffage. Le fonctionnement des cheminées préoccupe. Et tout le monde a des engelures. Au Sordid's Hotel, les pieds, mis à la porte des chambres, se tordent de douleur, hurlent : mes engelures, mes engelures, mes engelures. On se lave tout de même, il y a encore du savon. Le Gros Pied fait à La Tarte une déclaration d'amour... puis c'est un grand déjeuner sur l'herbe. Mais tout n'est pas si beau, ni si simple, ni de dénouement si heureux : des croque-morts arrivent avec des cercueils où ils enfournent tout le monde (mais cela ne finit pas là-dessus).

Faim... Froid... Dehors il fait un temps ignoble. La pluie commence à tomber sur le plancher et la soupe refroidit à une vitesse folle. Le Gros Pied ne voit plus la fin de cet hiver sans qu'une plus grande disette nous accueille. Quand La Tarte vient le voir, quel goûter, il lui offre : pas d'eau au robinet. Pas de thé. Pas de sucre. Pas de tasse ni soucoupe. Pas de cuiller. Pas de verre. Pas de pain et pas de confiture... Lorsque, après l'étreinte, La Tarte se relève, couverte de neige, elle grelotte, et Le Gros Pied va lui couper quelques grosses tranches de certain gros saucisson, qui n'est autre que son roman ; et que peut faire de mieux La Tarte que d'écouter très attentivement pendant ces quelques longues années de nuit noire que nous avons à dépenser allègrement ce matin jusqu'à midi.

Froid... Faim... Quelle bonne odeur de marcassin rôti ! s'écrie Bout rond en entrant chez Le Gros Pied. Et l'on fait des frites dans le trou du souffleur sur un grand feu. Et Le Gros Pied médite sur les mérites respectifs du ragoût de mouton, du miroton et du bourguignon bien fait, un jour de bonheur plein.

Inv. 515AP/C/classeur 132 / APCS 718 (1) pour le courrier ; APCS 719 (3) et (4) pour l'extrait de l'article.
Archives Picasso, Musée national Picasso-Paris.

Antonin Artaud à Picasso

3 janvier 1947

À Pablo Picasso
7, rue des Grands Augustins

Pablo Picasso

Je ne suis pas un débutant à la recherche des illustrations d'un grand peintre pour lancer ses premiers écrits.

J'ai déjà chié et sué ma vie en des écrits qui ne valent guère que les affres d'où ils sont sortis ; mais qui se sufffisent à eux-mêmes , et n'ont pas besoin du patronnage ou de l'accompagnement de qui ou de quoi que ce soit pour faire leur petit chemin.

Parmi toutes les œuvres écrites depuis ma sortie de l'asile de Rodez j'ai extrait cinq poèmes qui ont tenté un éditeur, lequel a désiré que ces poèmes fussent illustrés de six eaux-fortes de vous.

Car, de moi-même, je n'y aurais jamais pensé.

Je suis capable aussi de faire mon portrait et d'illustrer mes textes de figures qui cessent d'être des dessins pour devenir des corps animés.

Parce que je n'ai cessé à Rodez de fabriquer des corps animés, en foi de quoi l'administration de police des asiles d'aliénés français n'a cessé de me torturer.

J'ai cinquante ans.

J'habite Ivry. J'ai passé par neuf ans d'internement, de sous-alimentation et de famine, compliqués de trois ans de mise au secret, avec séquestration, molestations, cellule, camisole et cinq mois d'empoisonnements systématiques à l'acide prussique et au cyanure de potassium, auxquels vinrent s'ajouter à Rodez deux ans d'électro-choc, ponctués de cinquante comas, j'ai dans le dos les cicatrices de deux coups de couteau, et les terribles séquelles du coup de barre de fer qui, à Dublin en septembre 1937, m'a scindé en deux la colonne vertébrale, c'est vous dire que dans ces conditions j'ai du mal à traîner mon corps, et qu'il n'est pas très amical de m'avoir induit à charrier déjà cinq fois mon corps d'Ivry à la rue des Grands Augustins, cela en pure perte.

Il se peut que mes poèmes ne vous intéressent pas et que vous ne jugiez pas que je vaille la peine d'un effort mais il aurait fallu au moins me le dire et me faire l'honneur d'une réponse quelle qu'elle soit.

L'heure est grave Pablo Picasso.

Les livres, les écrits, les toiles, l'art ne sont rien ; ce qui juge un homme c'est la vie et non son œuvre, et qu'est-elle sinon le cri de sa vie.

Mon œuvre est celle d'un homme souffrant mais chaste, je vis seul,

Et je crois que, plus que tout, ce qui vous a empêché de me répondre c'est le Démon ? qui à l'âge que vous venez d'atteindre vous tient encore assujetti à je ne sais quelle préoccupation ou hantise, quel asservissement à la sexualité.

La conscience de haine qui mène tout, à plusieurs moyens de tenir les hommes qui par moment crurent vouloir faire effort pour faire sauter la bestialité : et parmi ceux là la grâce d'un érotisme qui paye plus qu'il ne promet[1].

dieu est né d'un retour du moi sur la clavicule chantournée du sexe et c'est de là qu'il s'est dit esprit et non corps
et ce n'est pas
aux quelques rares hommes qui se pensèrent les ennemis nés de la malice
à faire par leur adhésion aux astuces [momières] du sexe le jeu du fascisme éternel de dieu.

1. Fin de la lettre dactylographiée. À la suite, Antonin Artaud a ajouté de sa main les lignes qui suivent – la lecture du mot « momières » est conjecturale.

Inv. 515AP/C/classeur 7/Apcs118. Archives Picasso, Musée national Picasso-Paris.

Rafael Alberti à Picasso

Buenos Aires, 13 août 1953

Mon très cher Picasso : l'Enfant de Grenade, Manolo Angeles, me dit que tu acceptes de faire quelque chose pour mon *Ora maritima*[1], c'est-à-dire, à l'occasion de la célébration des trois mille ans que je vais fêter en même temps que Cadix. Toi aussi, Malagueño[2] tu as plus ou moins le même âge, et tu n'es pas phénicien mais grec, car à quelques kilomètres de Malaga fut fondée Mainake par les Ioniens, pour commercer avec Tartesos, à l'embouchure du Guadalquivir, où régna Géryon, qui avait trois têtes, un chien à deux têtes et était déjà maître bouvier de taureaux de combat. Le père de ce roi andalou, comme tu as dû le voir dans mon poème, avait jailli des cheveux de Méduse et était le frère du cheval Pégase, tous deux nés dans les marais sévillans, au moment où Persée coupa la tête de Méduse, qui était la sœur des Gorgones. La beauté de tout cela est que les Grecs rapportèrent ces histoires imagées à nos rivages y qu'ils réussirent même à situer les bouches de l'enfer dans les mines de Riotinto[3], palais de la Nuit, zone du cuivre, aujourd'hui aux mains des Anglais.

Quand j'ai appris que Cadix allait fêter ses trois mille ans, j'ai eu l'idée de célébrer aussi de mon côté un si formidable événement. Maintenant, les brutes du « généralissime-salaud[4] » Franco vont marquer un point en montant la première de l'Atlantide du pauvre Falla, qui est mort ici, en Argentine, sans rien vouloir connaître de cette Espagne-là, laissant cette œuvre inédite et presque terminée, qui fut pratiquement volée par le consul de Franco à Cordoba[5] et apportée en Espagne, sans avoir permis avant de faire une photocopie et avec le risque, par conséquent, de perdre la dernière œuvre de Don Manuel.

En me penchant sur l'histoire de Cadix, suivant les études et découvertes archéologiques de ces dernières années, j'en suis resté émerveillé, et je me suis souvenu tout le temps de toi, pensant à tes inépuisables racines méditerranéennes, à tes éblouissantes inventions mythologiques. Ainsi, je me suis mis à écrire ce poème, cette histoire poétique, vive et actuelle de cette baie. Dans ce coin, les exploits d'Hercule, véritable héros populaire, furent les plus extraordinaires : batailler avec les taureaux sauvages, décapiter de terribles monstres, faire le bien, infatigable Quichotte marin, n'importe où il passait. Quant à moi, je crois que nous les Espagnols qui sommes à l'étranger, nous devons enlever à ces obscures et tristes brutes qui se sont emparées de l'Espagne, une si lumineuse et harmonieuse histoire. Ici, à Buenos Aires, nous allons faire tout ce que nous pouvons. Pour cela, l'insertion de ton nom à cet événement peut être un terrible coup de poignard à ces misérables. Je ne sais pas ce que tu feras, ce que tu auras le temps de faire. Une seule ligne de toi suffit (mais tant mieux s'il y en a plusieurs). L'édition que je prépare, je la fais moi-même à compte d'auteur, même si Losada me prête sa base éditoriale. J'éditerai seulement 200 exemplaires. Les dimensions seront de 22 et demi par 28. (Et une partie de la vente ira à nos œuvres). Je voudrais que le livre soit prêt pour mi-novembre, date à laquelle je donnerai une conférence sur Cadix accompagnée de la lecture du poème. Mon intention n'est pas de te presser, mais, comme tu le vois, il ne reste pas beaucoup de temps, en plus ici les imprimeries sont très lentes. L'idéal serait, dans quelque temps, de faire en France, en accord avec un grand éditeur, une édition bilingue, qui serait très différente dans tous ses aspects de l'édition de

Buenos Aires et toi, tu pourrais – tout cela en supposant que ton implication soit plus importante – la diriger ou la contrôler.

Je ne sais pas comment tu pourras m'envoyer ton travail – les reproductions ou autre chose – Manolo saura si Tota Cuevas va rester par là-bas encore un temps. Elle serait une messagère sûre.

Je t'envoie cette Table de multiplication qui se prête aussi pour un de ces monstres blessés que tu inventes et ce serait parfait de pouvoir la faire entrer en Espagne, sans signature, clandestinement, sur des petits papiers de couleur et qu'elle puisse être récitée à l'Académie royale de la langue.

Que te dire de plus ? Que ma joie est grande et que mon étreinte, avec celle de Maria Teresa, pour toi, ta femme et tes enfants est plus grande encore.

Rafael Alberti

Inv. 515AP/C/classeur 3/APcs83. Archives Picasso, Musée national Picasso-Paris. © Succession Picasso, 2013. Traduit de l'espagnol par V. Andres © DR.

Table des insultes rédigée par Rafael Alberti, jointe à sa lettre :

Tabla de dicterios
(Para contarla a Franco en las escuelas)

I

I x I, esputo
I x 2, hijo de puto
I x 3, cabrón
I x 4, maricón
I x 5, pajero
I x 6, trasero
I x 7, abre-braguetas
I x 8, hace-puñetas
I x 9, hemorroidal
I x I0,excremental

2

2 x I, cóchino
2 x 2, tocino
2 x 3, grasa
2 x 4, pija-lasa
2 x 5, moflete
2 x 6, ojete
2 x 7, vejiga
2 x 8, barriga
2 x 9, chiquitísimo
2 x I0, Generalísimo

3

3 x I, artefacto
3 x 2, putrefacto
3 x 3, escupidera
3 x 4, pedorrere
3 x 5, cagón
3 x 6, retortijón
3 x 7, ano revuelto
3 x 8, vientre suelto
3 x 9, cachirulo
3 x I0, culo

4

4 x I, zorra
4 x 2, mazmorra
4 x 3, cura
4 x 4, tortura
4 x 5, quina
4 x 6, vagina
4 x 7, pace
4 x 8, caca
4 x 9, cerda
4 x I0,mierda

5

5 x I, ovario
5 x 2, rosario
5 x 3, tetas
5 x 4, bayonetas
5 x 5, pezones
5 x 6, oraciones
5 x 7, moño
5 x 8, coño
5 x 9, devoción
5 x I0, menstruación

6

6 x I, inhumano
6 x 2, gusano
6 x 3, azote
6 x 4, garrote
6 x 5, penas
6 x 6, condenas
6 x 7, oscuridad
6 x 8, soledad
6 x 9, esclavitud
6 x I0, ataúd

7

7 x I, carnicero
7 x 2, sepulturero
7 x 3, sudario
7 x 4, osario
7 x 5, losa
7 x 6, fosa
7 x 7, duelo
7 x 8, pañuelo
7 x 9, llanto
7 x I0,espanto

8

8 x I, chacal
8 x 2, funeral
8 x 3, blandones
8 x 4, crespones
8 x 5, sotanas
8 x 6, campanas
8 x 7, F.E.
8 x 8, R.I.P.
8 x 9, muerto
8 x I0, desierto

9

9 x I, el gallo
9 x 2, el caballo
9 x 3, el trigo
9 x 4, el amigo
9 x 5, la amada
9 x 6, el camarada
9 x 7, el arrebol
9 x 8, el sol
9 x 9, la alegría
9 x I0, el nuevo día

Cette table de multiplications est signée : *El Burro Explosivo* [L'âne explosif]
Annotation manuscrite : *Tengo muchos poemas de esta clase* [J'ai beaucoup de poèmes dans ce style]

NOTES

1. En français : *Rivage maritime.*
2. Habitant de la ville de Malaga.
3. Municipalité andalouse, province de Huelva, proche de Cadix.
4. *Generaliputísimo* dans le texte.
5. Ville d'Argentine.

Jacques Prévert à Picasso

Paris. 23 octobre 60

Cher Pablo

Cette nuit j'ai rêvé de toi, tu étais assis sur une chaise, dans une chambre d'hôtel, la tête appuyée contre le bois d'un vieux lit.

Tu avais le regard bien noir, mais tu souriais très fort, il fallait que tu fasses un numéro le soir, dans un théâtre de la ville.

Etais-tu un acrobate, je ne sais, mais il s'agissait de qqchose de très violent, de très doux et de très beau, puis en même temps ou tout de suite après, c'est pareil, j'ai rêvé d'un chat qui était sage-femme et qui avait rendez-vous à six heures, c'était tout naturel, mais ce qui me surprenait, c'est que ce chat savait l'heure.

Je dormais mal, parce que j'avais perdu mon ami et perdu sa musique. Henri Crolla.

Je t'envoie des images et t'embrasse et aussi Jacqueline.

Jacques

Inv. 515AP/C/classeur 131/Apcs106. Archives Picasso, Musée national Picasso-Paris. © Succession Jacques Prévert.

Pablo Neruda à Pablo Picasso

Chili, 1960

Cher homonyme Pablo,

Je pars en voyage en passant, peut-être ! par Picasso. J'aimerais qu'on se voie. La dernière fois c'était avec Paul, *hélas*, à Cannes.

J'ai enfin écrit quelques sonnets d'amour et nous te demandons 4 illustrations pour l'édition définitive.

Pourvu qu'elles aient quelque chose du portrait de ma bien-aimée qui s'appelle Matilde, et que tu connaîtras.

J'arrive le 14 au Havre et je te rappellerai par téléphone cette lettre.

En attendant, toutes mes amitiés

Pablo Neruda

Je te joins le portrait de Matilde. S'il ne se perd pas j'espère pouvoir le récupérer. Elle se trouve dans la jungle chilienne.

Traduit de l'espagnol par Violette Andres. Inv. 515AP/C/classeur106. Archives Picasso, Musée national Picasso-Paris. © DR.

IV
Les écrits

« Au fond je suis un poète qui a mal tourné »

Androula Michael

« On me dit que tu écris... De toi je crois tout possible ;
si un jour on me dit que tu as dit la messe, je le croirai aussi »
Propos de la mère de l'artiste[1].

Picasso poète ? Beaucoup s'étonneraient encore actuellement que Picasso se soit adonné longuement et avec passion à l'écriture, activité considérée souvent comme marginale au sein de son œuvre[2]. Or l'écriture ne lui a jamais été étrangère. Picasso, à l'exception de Braque pendant la grande épopée du cubisme, plutôt que de peintres, a toujours préféré s'entourer d'écrivains et de poètes, tels Apollinaire et Max Jacob, avec qui il discutait interminablement de littérature. Picasso a toujours entretenu avec l'écriture des rapports privilégiés. Enfant, il écrivait des petits journaux manuscrits qu'il envoyait à ses parents, *Blanco y Azul* et *La Coruña,* par exemple, sortes de bandes dessinées où domine l'élément burlesque ; plus tard, avant de s'installer à Paris, il avait assuré la direction artistique de la revue d'avant-garde *Arte Joven* à Barcelone ; il s'était même essayé à la traduction de textes littéraires. Ses auteurs de prédilection, parmi les Espagnols, étaient Góngora et Riojas, et parmi les Français, Mallarmé, Rimbaud, Verlaine, Diderot, Rousseau, mais surtout Alfred Jarry, qui lui procurait une extrême jubilation. Il possédait d'ailleurs le manuscrit d'*Ubu Cocu,* dont il s'amusait à réciter par cœur à haute voix des passages entiers à ses amis. John Golding rapporte que « ses amis disaient qu'il était bien informé sur la littérature et qu'il parlait de son œuvre en relation avec Molière et Shakespeare. Il pouvait parler de Kierkegaard, Héraclite et Valéry et pouvait tenir des conversations concernant la pensée de Lévi-Strauss et de Barthes[3] ». Mais au-delà de la question de la véracité de ces propos, Picasso, comme le disait Michel Leiris, ne s'est jamais préoccupé de se faire une culture érudite. Il lisait ce qu'il aimait, y compris des romans policiers ou des choses « biscornues, très rares[4] » et il était un lecteur avide de journaux : Marquis de Sade, Tolstoï, Nietzsche mais aussi Lovecraft. Sans compter tous les livres qu'il a illustrés, ceux de ses amis. Gertrude Stein disait que Picasso n'avait rien lu et qu'on ne l'a jamais vu un livre à la main. C'est qu'il adorait lire tard la nuit quand il avait fini de travailler et profitait du silence... Ce que confirme également Brassaï : « Personne n'a vu Picasso un livre à la main. Or, il a tout lu, tout retenu. Ses propos indiquent qu'il est au courant de la vie littéraire, qu'il sait tout ce qui se publie[5]. Il lit beaucoup, mais jamais le jour, aux heures tardives de la nuit seulement, ayant quitté ses pinceaux, jusqu'à ce qu'il tombe de sommeil[6]. »

« J'ai toujours écrit et de la même manière » (Picasso)

Picasso s'adonne à l'écriture de façon plus régulière dans les années 1930. Ses premiers poèmes connus sont de 1935, mais certains sont sûrement antérieurs à cette date, comme le remarque très justement Marc Guastavino[7]. Les premiers témoignages qui attestent de son activité littéraire remontent, en effet, au livre de Gertrude Stein, *L'Autobiographie d'Alice Toklas,* parue aux États-Unis en 1933. Ce qui invite à modifier les dates convenues jusqu'à présent[8]. Le témoignage de Gertrude Stein ne pouvait pas être plus clair :

« Nous avons un peu bavardé et je lui ai demandé où était ce qu'il avait écrit, il a dit je vais vous montrer ça dans une minute et puis petit à petit il a apporté ce qu'il avait écrit. Son écriture est très intéressante et chaque fois qu'elle se forme cela fait un tableau et j'étais un peu nerveuse et je me suis assise à côté de lui, lui était moins nerveux et il a commencé à lire. Les poèmes étaient en français et en espagnol, d'abord il en a lu un en français puis un en espagnol il l'a remis en français il a continué à lire et il m'a regardée j'ai pris une profonde inspiration et j'ai dit c'est très intéressant. [...] Pablo a continué à lire et il a levé les yeux et a dit à Thornton Wilder avez-vous suivi, Thornton a dit oui pouvait-il jeter un coup d'œil. Picasso lui a donné les poèmes. Oui, disait Thornton, il n'était pas nerveux, oui, disait-il, c'est très intéressant et nous avons parlé de la beauté des mots lorsqu'ils sont écrits et du fait qu'on ne peut avoir qu'une seule langue et que l'espagnol est l'espagnol et puis un peu plus tard nous avons dit bonsoir et nous sommes partis[9]. »

Aussi, l'argument simpliste selon lequel Picasso aurait commencé à écrire parce qu'il ne pouvait pas peindre à cause de ses problèmes familiaux, peut être définitivement écarté. Car l'année 1935 est à considérer comme celle de la mise en lumière de plusieurs manuscrits et celle de l'intensification d'un processus commencé déjà beaucoup plus tôt. Les changements relatifs à sa vie privée et ses soucis familiaux du moment sont largement évoqués par plusieurs commentateurs[10] mais ceux concernant l'orientation que prenait son travail plastique sont moins discutés. Picasso avait certes quitté en 1935 pour quelque temps le domicile familial de la rue de La Boétie, son atelier y compris ; matériellement cela l'empêchait de se consacrer pleinement à la peinture durant cette courte période. Mais si l'artiste n'entreprit pas d'œuvres picturales de grande envergure, il n'abandonna jamais totalement le travail qu'il poursuivait parallèlement à l'écriture. Si celle-ci prit une ampleur inattendue, cela ne s'explique pas négativement par une prétendue incapacité plastique qui l'eût poussé à trouver un dérivatif. Picasso s'est adonné avec passion à l'écriture, que l'on ne saurait réduire à une activité de circonstance ou à une influence de ses amis surréalistes, desquels, il est vrai, il s'était beaucoup rapproché.

Le « vieux peintre », et le « poète récemment né », comme il se définissait, se plaisait dans sa nouvelle vie de bohème, après une assez longue période d'embourgeoisement à laquelle il s'était prêté assez volontiers, même s'il s'agissait plus de l'affaire de sa femme. Il savoura alors les promenades nocturnes et les discussions dans les cafés. Et il revit avec grande joie, exposés en 1935 à la galerie Pierre, ses papiers collés du cubisme synthétique auxquels nous savons l'importance qu'il accordait : « Faut-il que nous ayons été fous – ou lâches – pour abandonner ça. Nous avions des moyens magnifiques. Voyez comme c'est beau – pas parce que c'est de moi, bien entendu – nous avions ça, et je suis revenu à l'huile et vous au marbre. C'est fou[11] », disait-il à son ami Laurens. Or en réalité, Picasso n'avait jamais abandonné les termes de ses recherches sur l'invention d'un nouveau paradigme dans l'art commencé avec ses collages, papiers collés et assemblages de la période cubiste[12]. Ses préoccupations liées à la question des signes, à l'art comme une chose issue également de l'intelligence, à l'abolition de la perspective, au rapport étroit entre l'écriture et la peinture, à l'ancrage de son travail dans la vie et son environnement[13], revenaient en force dans son esprit et trouvaient dans ces années un prolongement dans l'écriture : revoir l'ordre établi de l'écriture poétique, « défaire » la langue, sa syntaxe et ses règles, déconstruire les significations figées était une façon de réactualiser ses préoccupations plus anciennes avec d'autres mediums. Il prolonge en effet dans l'écriture son désir plus profond de libération à l'égard des carcans pour pouvoir créer, et non pas, comme il le disait, « faire un métier de singe ». C'est sans doute pour cette raison que l'activité poétique prend chez Picasso une grande ampleur, car elle se trouve au cœur du processus créatif de l'ensemble de son travail, et il y avait urgence de l'explorer sous un jour nouveau. Il l'expérimentera de façon assidue, approfondie et diversifiée pendant plus de vingt-cinq ans, démontrant que si les circonstances ont pu éventuellement le pousser à commencer, les raisons pour lesquelles il continue jusqu'en 1959 (date de son dernier écrit connu[14] mais peut-être pas la fin véritable) sont bien plus profondes.

« Par chance j'ai pu mettre la main sur un stock de splendide papier japon – ça m'a coûté les yeux de la tête... mais...[15] » (Picasso)

Picasso remplit des petits carnets et griffonne sur tout ce qui lui tombe sous la main. Enveloppes, petits bouts de papier journal, carnets de dessins, voire même du papier hygiénique : autant de supports multiples qu'il utilise au gré des circonstances. Mais c'est le papier vélin d'Arches qui constitue son support de prédilection, utilisé également pour ses dessins de la même période. Peau contre la peau de l'artiste, le support détermine un certain « geste d'agression ou de caresse[16] » et influe sur l'écriture même. Tantôt serrée, tantôt espacée, d'un trait appuyé ou qui effleure légèrement la page à l'encre de Chine ou au crayon à papier sur un petit carnet, ou encore appuyée et épaisse quand il passe à la gravure, l'écriture de Picasso est d'une extraordinaire diversité. Le caractère graphique évident qui trahit maintes fois le peintre derrière l'écrivain ne transforme pas pour autant les écrits de Picasso en dessins qui n'ont rien d'une calligraphie décorative. La plupart de ses manuscrits comportent peu de dessins et revêtent l'aspect de véritables brouillons d'écrivains. Avec des ratures et des réécritures, Picasso peintre se met souvent en retrait, quand il est pleinement dans l'écriture.

« Il y avait des milliers de poèmes qui dormaient là » (Picasso)

La quantité considérable de ses écrits n'est pas moins étonnante. On compte dans ce qui est connu jusqu'à aujourd'hui trois pièces de théâtre et plus de quatre cents textes[17]. Ces derniers sont d'une longueur très variable, allant de quelques lignes à trente pages parfois[18]. La plupart furent écrits et réécrits en plusieurs états. Ils furent ensuite pour la plupart dactylographiés par son vieil ami de Barcelone, Jaime Sabartés devenu son secrétaire. Partageant avec l'artiste la même langue maternelle, Sabartés nous livre des témoignages précieux sur cette activité de Picasso en train de se faire et longtemps demeurée secrète : « Il écrivait tard la nuit, il s'enfermait parfois dans les toilettes pour écrire sans être dérangé... il investissait la table de la cuisine, contexte que l'on retrouvait de façon imagée dans son manuscrit “à l'heure du déjeuner pour pouvoir écrire assis au milieu de tant d'hyperboles mêlées avec le fromage et la tomate”» (12 novembre 1935).

« Si je pense dans une langue... et veux le traduire dans une autre »

Sans privilégier sa langue maternelle, Picasso écrit aussi bien en espagnol qu'en français. Il fait de la langue apprise, la langue de l'expérimentation par excellence, en jouant sur les multiples sens, rythmes et sonorités. Picasso, qui a toujours gardé son accent espagnol fort à l'oral, se révèle un fin connaisseur du français dont il saisit les subtilités. Faut-il rappeler qu'il apprit le français non pas dans des manuels mais au sein de la meilleure école qui soit, celle de la poésie et de la littérature, avec ses amis poètes qui l'ont toujours entouré ? Dans ses poèmes, il passe continuellement d'une langue à l'autre et construit certains dans les deux langues, passant d'un état en version espagnole à un autre en version française et vice versa. Conscient que la traduction conduit à perdre la sensation réelle, la vie et le sens d'une langue, il était aussi persuadé qu'il fallait changer radicalement aussi bien la forme que le contenu afin de transposer la charge d'évocation des mots[19]. Il pensait réellement que la transcription d'une langue dans une autre était une véritable réécriture. Dans l'extrait suivant écrit à la suite de plusieurs poèmes en espagnol, Picasso livre sa véritable réflexion sur la traduction :

> si je pense dans une langue et j'écris « le chien court derrière le lièvre dans le bois » et veux le traduire dans une autre, je dois dire « la table en bois blanc enfonce ses pattes dans le sable et meurt presque de peur de se savoir si sotte. » (8-10-1935)

Et l'on pourrait aisément imaginer qu'il l'a appliqué quelques semaines plus tard dans le poème significatif du 30 octobre 1935, écrit dans les deux langues, mêlant mots et nombres que Picasso exprime en chiffres et en lettres, en français et en espagnol, en prenant en compte tour à tour leur construction lexicale ou syntaxique. La phrase qui ouvre le poème en français : « ce matin le soleil s'est levé couvert de neige », pourrait alors être la « traduction » de la phrase qui le clôt en espagnol : « camisa de dormir removiendo su culo/chemise de nuit remuant son cul » ! Cet exemple complexe, malgré son contenu quelque peu banal et son apparente simplicité, montre combien Picasso était conscient et sensible aux questions relatives à la construction de la langue et à sa transcription dans une autre langue[20].

Un écrivain certes mais pas comme les autres

Picasso a longuement hésité quant à la publication de ses poèmes en un volume. Il les imaginait d'abord en fac-similé où tous les détails seraient reproduits et où l'on verrait le foisonnement de l'écriture sur le manuscrit[21]. Une édition programmée en 1939 avec Ambroise Vollard s'annonçait comme une longue entreprise : « En tout cas, je puis t'assurer que nous en avons pour la vie[22]. » Picasso s'intéressait en effet davantage au travail et à l'expérimentation et moins au produit fini, sous la forme d'un livre, qui fige les choses en un état définitif. C'est ainsi que, le moment venu pour discuter précisément de mise en pages et de maquette, Picasso s'insurge : « Laissez-moi tranquille avec vos maquettes et autres bêtises, vous êtes tous les mêmes : quand on essaye de travailler, votre première idée est de vous accrocher au déjà fait, aussi n'y a-t-il pas moyen de s'en sortir. Finissez-en avec ces stupidités. Si ça se fait, ce sera comme je le veux ou non… Croit-on que je veuille faire un livre ? Je ferai à ma tête. Il sera comme il sera et on l'appellera ensuite comme on voudra[23]. » Picasso ne pensait sûrement pas à la forme d'un livre : « C'est évident, tu es comme les autres », disait-il à Sabartés. «Dès qu'il s'agit de superposer des papiers, tu penses déjà à un livre[24]… » On comprend alors aisément que son hésitation fut davantage liée à la forme que pourrait prendre une publication de ses poèmes.

La publication de son vivant de ses pièces de théâtre, plus faciles à publier en volumes séparés chez Gallimard, lui conféra un statut de « véritable » écrivain. Mais Picasso n'a jamais considéré ses diverses activités séparément et croyait au contraire que tous les arts ne font qu'un. C'est ainsi que pourrait s'expliquer ce qu'il disait à son ami Otero : « Imagine, si les gens croyaient que je suis un écrivain comme les autres », et il tenait à préciser à sa manière qu'il ne se voyait pas comme un véritable écrivain et se définissait au-delà de la simple catégorie de peintre : « Je suis beaucoup plus, disait-il, mais les gens ne me prennent au sérieux que comme peintre. » Il est certain que « Picasso était tout à fait conscient de l'ambiguïté de son statut d'écrivain ; conscient du pouvoir de son imagination délirante, de ses trouvailles stylistiques, de la charge émotionnelle de ses écrits intimes, mais conscient aussi du fait qu'il se battait là avec des armes qui n'étaient pas les siennes, et s'aventurait sur une terre étrangère, dont il connaissait cependant, par les amitiés et la lecture, toute la complexité, les trésors et les embûches[25] »

Il aura fallu plusieurs années – et cela vers la fin de sa vie – pour qu'il se persuade que ses textes pouvaient tenir tels quels sans l'appui du manuscrit et qu'il accepte une édition plus classique, programmée finalement chez Gallimard. La mort de Picasso, cette fois-ci, mit de nouveau fin à ce projet, pourtant déjà bien avancé. C'est en 1989 seulement que sera publié le volume de la quasi-totalité de ses manuscrits[26] connus jusqu'à ce jour, soigneusement gardés par Picasso dans une pochette portant l'inscription « Projets ». Enfin s'offrait la possibilité de les étudier et les appréhender dans leur extrême richesse et diversité[27].

Dans le laboratoire de l'écriture – une écriture en mouvement

Picasso se trouva être aussi inventif avec son écriture qu'avec son œuvre plastique. Il expérimentait avec une grande liberté. Sans vraiment chercher une chose précise, mais plutôt chemin faisant, il trouvait et maniait des idées sans se soucier des règles. Si certains textes correspondent à des formes plus classiques (poèmes en prose, poèmes en vers libres, pièces de théâtre) que dire de ces textes labyrinthiques, présentés en flux continu sans aucune ponctuation sur cinq, dix, voire trente pages ? Ni poèmes, ni nouvelles, ni monologues, ni journal intime… Que dire également de son dernier texte connu jusqu'à présent, *L'Enterrement du comte d'Orgaz* (1958-1959), difficile à cerner, qui commence comme une pièce de théâtre (dont les personnages sont des chiffres 0 et 1) pour finir en un long monologue ? Comme chez Gertrude Stein, ne pourrait-on pas voir également dans certains textes, comme celui du 3 janvier 1936, une pièce de théâtre courte, toute particulière, d'une page avec des personnages génériques I, II, III ? Si l'appellation « poèmes » peut convenir à certains textes, la grande majorité échappe aux catégories convenues des genres littéraires. Il en résulte une écriture souvent déconcertante et difficile d'accès, une poésie singulière et si personnelle qu'on n'aura pas besoin de la voir signée, dira Michel Leiris[28], pour reconnaître qu'elle vient de sa main et la complicité de son regard.

Une diversité étonnante caractérise les processus créatifs mis en avant dans la construction de ses textes. Parfois, certains exemples sont uniques : ils constituent des expérimentations uniques dans l'ensemble du travail, et d'autres sont réitérées avec des variantes. Autant dire que Picasso ne travaille jamais de façon systématique, en suivant un programme[29].

Poème fleuve

Écrits d'une seule traite et sans modifications, ces poèmes en prose, en général assez longs, se présentent en un flux ininterrompu, sans ponctuation et sans préoccupation de mise en espace visuel particulière. Parfois linéaires et d'une appréhension plus aisée, ils revêtent souvent un caractère autobiographique et narratif, comme dans l'exemple suivant : « le dimanche piétine tout son courage » ; « mais que ne doit-on dire à cette heure — pour cacher — mon véritable pont-levis dans la poitrine — et secouer comme un drapeau toute cette après-midi — pour que la tempête — la déchire — et pouvoir faire un jeu de cartes — où à chaque coup l'on perd la vie — sans avoir réglé la note — ni dire son secret à personne — qui ne soit pas — persona grata — je sais bien que tout ça n'est l'affaire de personne — mais que voulez-vous — moi — je m'amuse — et joue à tout franc jeu défendu — jusques avec la mort et suis tellement content d'être à toi si bien à toi — que j'aime tant — mon amie » (3 novembre 1935).

Si, dans cet exemple, les traits permettent de séparer des segments de phrases plus facilement compréhensibles, ailleurs de tels poèmes fleuve se composent en une phrase unique qui se ramifie dans des directions différentes, sans début ni fin. Sans suivre un procédé préétabli de construction, la phrase se forme « en se déplaçant, se développe comme en elle-même et selon les traits propres de l'espace engendré par le déplacement, plutôt que selon l'organisation extérieure du développement rhétorique[30]». Ce qui en découle est une accumulation de plusieurs fragments de phrases unifiés par le mouvement d'ensemble du poème, où se bousculent pour tenir ensemble, images, sensations présentes et passées :

> « serrés au cou du flacon du lac de la chaise faite des sons des heures les horloges du fauteuil qui au printemps est en fleur ce matin à 10 Hs ½ appuyé à la cheminée sur le cœur hirondelle posée sur le fil télégraphique rose du bouquet final corps pendu par la langue au feu discret de la pluie des graines de soleil de l'artificielle ardeur de la palette jetée par-dessus les moulins aux orties déroule la bobine des fils de l'arc-en-ciel et découpe le dessin du profil de la tête sur la pierre des arums et frotte à l'ail et à l'oignon son regard… » (5 mai 1936)

En vers et en strophes

Picasso joue souvent avec la présentation visuelle et formelle de ses poèmes, passant de la prose aux vers libres, présentés parfois en strophes. On trouve un exemple éloquent de ce travail d'agencement de mots et de mise en forme et en espace de la poésie dans le manuscrit du 10 janvier 1938*[31]. Picasso commence par écrire quelques mots sur le haut de la page, puis les relie par des flèches et les fait proliférer avant de les recopier et essayer diverses dispositions formelles par la suite, en même temps qu'il opère des ajouts :

> « laisse beurrer l'amour autour du froid glacial qui porte »
> « laisse au printemps arrivant à pas de loup le soin de beurrer l'amour qui suinte de ses yeux autour du froid glacial qui porte »

Souvent courts, de tels poèmes qui revêtent un caractère plus conventionnel, manifestent un certain lyrisme et pourraient trouver leur équivalent dans les dessins ingresques de l'artiste.

> rien que la couleur
> l'abeille ronge son mors
> rien que l'odeur
> l'oiseau trait sa faucille
> rien que de les voir se tordre sur l'oreiller
> l'amour fond le métal du rail de l'hirondelle (16 décembre 1935)*

Picasso joue également avec la répétition de certains morphèmes ou mots montrant la subtilité avec laquelle il manipule le langage quand il exploite les ressources sonores, visuelles et sémantiques du langage. On voit par exemple un même morphème « il » se répéter avec des voyelles différentes, œil, ail, poil en créant des sonorités différentes : « le trait de plume du vol de l'œil de l'ail poil brisé » (23 mars 1938) ; ou alors « ai » dans l'ail, l'air et l'ail de l'aile…

> « rit l'ail de sa couleur d'étoile feuille morte
> rit de son air moqueur à la rose le poignard que sa couleur enfonce
> l'ail de l'étoile en feuille morte
> rit de son air malin au poignard des roses l'odeur de l'étoile tombant en feuille morte
> l'ail de l'aile » (15 juin 1936)*

Ailleurs, après une première formulation du contenu, Picasso joue avec la construction du poème et expérimente des sonorités différentes en fonction de découpages visuels qu'il opère sur le manuscrit. Il va même parfois jusqu'à produire un effet de rimes, comme on peut le voir dans le poème du 30 décembre 1935* : « contre l'air », « aux boyaux de la couleur », « par le chant de la douleur ». Picasso a sûrement discuté avec Apollinaire la question de la présentation formelle de la poésie et la question du genre (prose/poésie/calligramme), ainsi que leurs effets sur la sonorité, le sens et l'aspect visuel. Recherchant des voisinages différents avec un même matériau, Picasso expérimente la différence au sein de la répétition du même. Aussi passe-t-il de la prose au vers après une lecture attentive où il marque le découpage à venir avec des signes distinctifs – souvent des tirets, ou des soulignages en différentes couleurs.

Il atteint parfois un très grand degré de complexité, surtout quand il combine deux états successifs d'un même poème en un seul état, en l'occurrence un poème très long produit par ajouts successifs (l'un étant engendré par l'autre) dactylographiés ensemble : l'un en prose et l'autre en strophes, l'un au recto des pages et l'autre au verso, formant un poème en boucle suscitant ainsi une lecture en droit infinie[32].

Sensible à la question de l'inachèvement et à celle du retour du même différencié, Picasso manipule les mots tels des choses en une sorte de construction combinatoire où la fin rejoint le début. Ainsi, pour le poème du 9 décembre 1935*, composé de quinze segments de phrase repris selon un ordre qui se forme visuellement sur la page de sorte que ceux du début, comme inversés dans un miroir rejoignent ceux de la fin. Il se crée ainsi un effet de répétition où chaque segment trouve en un écho lointain son reflet. La transcription linéaire du texte par la suite ne cache pas le caractère asyntaxique et fragmentaire de l'écriture : « Ne voulez pas si vous sa raison » ou « il me si le courage lui manque ».

La langue matériau malléable

Ces expériences ont indéniablement pour motivation de tirer des sensations différentes d'un même matériau. La déconstruction qui en résulte crée un effet de collage hétéroclite qui défait les hiérarchies et l'ordre conventionnel d'un texte. Utilisant les mots tel un matériau malléable, comme des choses qu'on peut déplacer à volonté, il forme des poèmes-collages. Au-delà de la pratique dadaïste ou surréaliste que Picasso a expérimentée une seule fois pour la construction du poème du 8 décembre 1935, à partir des phrases prélevées dans *Le Journal* du même jour, le collage se trouve à l'intérieur de la structure même de la plupart des écrits de Picasso. Constitués de fragments liés les uns aux autres, juxtaposés ou imbriqués les uns dans les autres, tirés les uns les autres par des compléments qui pourraient aller à l'infini, ses poèmes revêtent le caractère hétéroclite et discontinu, souvent déconcertant, d'un collage de significations partielles et multiples.

Combinant des mots et des images, Picasso forme des rébus dont l'intérêt principal réside dans la création de nouveaux sens à partir d'un même matériau. Métaphore même de l'écriture poétique, les poèmes rébus de Picasso exploitent la polysémie du langage. Le poème composé avec des mots « po(é)sie maladie guérissable » (24 mars 1936)* ou celui réalisé avec des mots transposés ensuite en images « l'achat de cette carte postale porte malheur » (19 mars 1937)* montrent non seulement l'intérêt de Picasso à passer de l'écriture à la figure, mais également à expérimenter la transformation du sens et le caractère plein d'humour de la transcription du rébus.

Reprises et variations

De la linéarité à la complexité, Picasso goûte au plaisir de l'énoncé linguistique. Il joue avec les sonorités des mots qui, tout comme la peinture, ont le pouvoir de changer le matériau ordinaire en poésie. Il clôt souvent ses poèmes en des phrases poétiques qui pourraient être l'équivalent des phrases musicales à la fin d'un morceau : « à ce moment déjà comme une image apparaît deux espèces d'ailes de colombe de la couleur des lilas qui soulèvent dans l'air la casserole et découvrent la parole qui vient boire dans la main l'eau fraîche qui coule et descend et va s'étendre pour écrire son histoire sur la crête des vagues ». Picasso peut écrire de telles phrases sans les reprendre mais il lui arrive souvent comme en peinture de varier son contenu à partir d'un thème donné.

Expérimentées dans l'écriture poétique, les variations créent des nouveaux voisinages dans l'ordre de la phrase et font glisser les mots dans un autre champ sémantique. Cela permet à Picasso de jouer encore une fois avec la sonorité des mots qui, lus à haute voix à des endroits différents du texte, peuvent suggérer des sens différents et inattendus : « à mer rire », « amer rire » ou même « amerrir » (9 avril 1936). Toujours dans le même poème, le mot « ton » peut basculer d'un adjectif possessif à un nom, ou alors au ton d'une couleur « ton » amande. Les variations exemplifient le caractère malléable de la langue. La libérant de ses carcans, lui faisant perdre son équilibre, il la fait tomber souvent, mais en apparence seulement, dans le non-sens. Créant une nouvelle « anatomie » pour la langue, Picasso manipule les mots comme des choses concrètes et continuellement susceptibles de changer de fonction.

Les variations par ajouts successifs modifient par exemple l'équilibre premier d'un texte, transformant au fur et à mesure les fonctions grammaticales et syntaxiques des mots : le verbe passe de l'indicatif présent au participe, une phrase affirmative tourne en hypothétique, la proposition principale se trouve subordonnée. Les variations par éliminations successives des éléments du début ne sont pas sans rappeler le « dépouillement » progressif du motif dans certaines séries de gravures, tel l'exemple très connu des *Onze Variations sur un taureau.* Mais si, dans le dernier état de la gravure, il arrive à une épuration extrême de son trait, le signe du taureau demeure. Dans les variations poétiques, en revanche, les éliminations successives ne laissent du langage que quelques éléments épars, des significations fragmentées et sans aucune articulation. Les mots sont alors pris en des significations multiples et changeantes, voire en dehors d'un sens, au fur et à mesure des reprises dans les variations. Picasso disait vouloir utiliser les mots en dehors de leur signification sans toujours y parvenir ; dans le cas de ses variations, il semble aussi avoir réussi à utiliser les mots comme des signes qui n'épuisent pas leur signification dans la référentialité, rejoignant par-là certains enjeux mis en avant dans ses papiers collés du cubisme synthétique. Il tente dans sa manipulation du langage de jouer avec le plus de combinaisons possibles…« rage de dents aux yeux du soleil pique – pique rage du soleil de dents aux yeux – yeux aux dents pique du soleil de rage du soleil pique yeux aux dents de rage aux dents – du soleil pique de rage yeux fleur passée par le filtre d'air clair… » (20-2-1937).

Rhizome

Picasso crée le poème rhizome ou poème lierre, pour reprendre l'heureuse expression de Rafael Alberti dans sa postface à l'édition de *L'Enterrement du comte d'Orgaz* : « Pablo plante une bouture sur le vide d'une page. Et la page commence à se peupler[33]. » Alberti saisit de façon très imagée le principe de l'écriture rhizomatique de Picasso, élaborée par un processus d'addition, ou « gonflement » intérieur d'un texte initial. Picasso construit en déconstruisant et vice versa à mesure qu'il avance[34]. Sur un même état et un unique support (poème du 7 novembre 1940) ou sur des supports différents en des états multiples successifs allant jusqu'à dix-huit reprises (poème du 24-28 novembre, 5, 6, 24 décembre 1935), le même effet de déconstruction se produit sur le langage[35]. Les ajouts qui viennent s'intercaler dans les premiers mots[36] changent continuellement le voisinage des mots et par conséquent leurs fonctions. Intercaler au fur et à mesure des ajouts plus de trois cents mots entre les deux premiers de la phrase initiale du poème du 7 novembre 1940 fait perdre au langage toute linéarité[37]. Néanmoins, avec la précision du peintre qui indiquait dans ses dessins préparatoires la place future des couleurs, Picasso trace des flèches et indique avec minutie la place des ajouts dont on peut ainsi suivre aisément l'ordre. Or si le lecteur a bien suivi l'agencement des mots, il se trouve devant un ensemble de significations tronquées, de bribes d'un discours aux sens multiples. On peut voir un exemple mais beaucoup moins complexe de ce processus d'addition, dans le poème du 3-10 octobre 1936* où les passages du premier état d'origine et ceux de la reprise-addition, sont indiqués et soulignés avec des crayons de couleurs différents. Ainsi « misérable peau de chagrin serrant le corps déchiré de l'amour qui saigne si à l'étroit dans la couronne de son nid de ronce misérable souvenir de l'odeur des jasmins » devient : « *chair en décomposition dans sa* misérable peau de chagrin *accordéon* serrant le corps déchiré de l'amour *filant à toute allure la laine* qui saigne si à l'étroit *désespérée* dans la couronne *d'épines* de son nid de ronce *au son du tambourin réveillée par le* misérable souvenir *laissé par les vomissements* de l'odeur des jasmins[38]... »

Le procédé d'addition sur des supports différents produit la même désarticulation du langage. Le texte dans un état d'inachèvement permanent » est alors constitué d'une seule phrase – si l'on peut encore parler de phrase –, d'une hyper-phrase où toute notion de grammaire et syntaxe apprises est définitivement écartée. Picasso invente la phrase-pli sans aucune ponctuation, espace d'écriture labyrinthique dont le point de fuite se dérobe sans cesse. Une telle phrase débordante se plie et se déplie continuellement en une sorte de labyrinthe du continu, pour reprendre une expression de Gilles Deleuze, qui « n'est pas une ligne qui se dissoudrait en points indépendants, comme le sable fluide en grains, mais comme une étoffe ou une feuille de papier qui se divise en plis à l'infini[39] ». Il est alors impossible de la décomposer et d'isoler des phrases conventionnelles. L'accumulation des compléments de mots, l'imbrication des phrases les unes dans les autres, comme s'il ouvrait des parenthèses dans les parenthèses à la manière des *Nouvelles Impressions d'Afrique* de Raymond Roussel – mais invisibles chez Picasso –, opèrent une déconstruction du texte qui finit par l'obscurcir[40]. La phrase ainsi déployée tout comme le rhizome, au sens deleuzien, « n'existe qu'arborisée, elle ne prend son poids que dans la simultanéité des informations qu'elle transmet ».

Écrire mal

Picasso saisit le caractère propre de la littérature, qui opère une « destruction » de la langue maternelle, mais aussi invente une nouvelle langue dans la langue par création de syntaxe[41]. Picasso ne touche pas aux mots mais à la syntaxe, aux fondements mêmes d'un ordre du discours. La langue est ainsi « prise d'un délire, qui la fait précisément sortir de ses propres sillons[42] ». Il n'invente pas de nouveaux mots, comme le faisait James Joyce à qui le compare Leiris, mais il déconstruit le langage. Les propos de Picasso prennent alors tout leur sens quand il dit : « Si on pouvait écrire mal ! Maintenant les écrivains ont simplement déplacé quelque peu les mots en respectant la syntaxe. Il faudrait avoir une parfaite connaissance de la sémantique et écrire mal[43]. » Cette capacité de transgresser les règles établies tout en refusant de corriger ce qu'on pourrait qualifier rapidement de « fautes » relève d'une préoccupation constante. « C'est aux erreurs qu'on reconnaît la personnalité mon vieux... Si je me mets à corriger les fautes dont tu parles selon des règles sans rapport avec moi, ce qui est ma note propre se perdra dans la grammaire que je n'ai pas assimilée. Plutôt en faire une moi-même à ma fantaisie que plier mes mots à des règles qui ne m'appartiennent pas[44]. » C'est ainsi qu'il répondait à Sabartés quand il lui signalait quelques fautes au moment de la transcription dactylographique de ses textes, qui possèdent effectivement leur dynamique propre et échappent à toute tentative de classification selon les normes déjà préétablies. Par ailleurs, c'est pour bien indiquer qu'il est absolument conscient de certaines « erreurs » qu'il fait sciemment et les souligne avec plusieurs traits dans le manuscrit :

« elle et moi
de notre cœur
la finesse de son oui est telle
qu'aux œil qu'ouvre son ailes » (6 janvier 1936)*

Ailleurs, il aime détourner quelques expressions afin d'orienter le lecteur vers d'autres régions de sens : c'est ainsi qu'il souligne « flûte de pain » avec plusieurs traits pour bien indiquer qu'il ne s'agit point d'une erreur.

Expériences de lecture

Picasso exploite toutes les ressources de son nouveau matériau. Il se montre fin connaisseur de la langue, des possibilités infinies des mots. Et il en joue. Ses écrits s'offrent à des expériences de lectures multiples. Les poèmes courts, plus linéaires et empreints parfois de lyrisme, invitent le lecteur dans un univers de poésie familier où Picasso se délecte avec les ressources visuelles et sonores du langage.

D'autres se révèlent plus hermétiques, voire dénués de sens, introduisent dans un univers poétique pas aisément lisible qui peut même donner une première impression de « laideur » de quelque chose de bâclé[45]. Le caractère labyrinthique de plusieurs textes impossibles à ponctuer, tellement les phrases sont imbriquées les unes dans les autres, le lecteur pris dans un tourbillon perd pied, « tiré », précipité continuellement en avant par le mouvement du poème. Il doit alors effectuer plusieurs lectures – une première qui suit le texte dans son mouvement et où le lecteur risque de perdre ses repères – et une autre plus lente qui effectue des va-et-vient en arrière afin de saisir un sens. Cette lecture est celle dont parle Barthes, une lecture qui pèse, colle au texte : « Elle lit [...] avec application et emportement, saisit en chaque point du texte l'asyndète qui coupe les langages – et non l'anecdote : ce n'est pas l'extension (logique) qui la captive, l'effeuillement des vérités, mais le feuilleté de la signifiance[46]. » De toute évidence les textes de Picasso, sont à conquérir afin qu'ils s'offrent à la délectation du lecteur. Or, une approche rapide et superficielle risque non seulement de faire perdre l'intérêt de continuer, mais prive le lecteur d'une expérience de lecture unique.

Aussi, la lecture visuelle du manuscrit n'est pas celle de la mise en linéarité, ni celle, combien jouissive effectuée à haute voix à laquelle Picasso était extrêmement sensible. Picasso aimait en effet lire ses poèmes à haute voix au rythme galopant d'une danse : « en définitive, danse du langage plutôt que danse des choses auxquelles les mots font allusion » dira Michel Leiris[47].

> « y dice mirame ya que me miras mirame que ya me miras mirame que me y a miras ya mirame que me miras si ya me ya mira que ya miras que si me miras y si la mira ya le mira si ya mira la si la la si mi si la mi si si mi si la si si » ; cela donne traduit en français[48] : « et dit regarde-moi puisque tu me regardes regarde-moi que puis tu me regardes regarde-moi puisque me tu regardes regarde-moi puisque tu me regardes si puisque me puisque regarde que tu me regardes puisque si tu me regarde et si la regarde puisque la regarde si puisque regarde la si la la si mi si la mi si si mi si la si si » (20-1-1936). *Si* et *la* tour à tour deviendront notes de musique, ou conjonction de subordination et article défini ; une suite de sons remplace le langage articulé, qui sans marqueurs logiques ou mots de liaison, joue sur la polysémie et le côté incantatoire du langage qui en perdant son équilibre se met à bégayer[49].

La lecture spatiale et visuelle étant si différente de celle opérée à haute voix qu'une lecture d'un poème mêlant lettres, notes de musique et nombres exprimés en chiffres et en lettres perturbe notre façon habituelle linéaire de la lecture et devient une véritable performance (poème du 3 mai 1936).

Ailleurs, il utilise les nombres à la fois en chiffres et en lettres simultanément. Ceux-ci étant identiques en leur fond se lisent différemment sur le plan visuel ou sonore. Ils perturbent ainsi la façon habituelle de lecture. Le poème suivant qui prend la forme d'une liste, procédé assez fréquemment utilisé chez Picasso, en est un exemple significatif :

> « et reste sur la liste l'évaluation dit table ronde dix buffet trente-neuf chaise trois desserte pleine de piques et de chiffons un une natte de crins vingt-cinq onze cuillères dix fourchettes cent cinquante-six couteaux zéro trois cent vingt-trois une louche 9 une demi-douzaine d'assiettes creuses 2 et vingt-trois autres 1 227 un vase à fleurs 6 000 une soupière 20 trois cent cinquante-neuf beurriers 1 deux tasses à café 50 une chocolatière 9 six cafetières 10 dix moulins à café 9 vingt coupes 600 deux serviettes 3 deux nappes 2 un seau plein d'eau 33 une carafe 29 soixante-treize ronds de serviettes 21 et trois mille quatre cent vingt et un cure-dents 3 un corset 24 deux jupons 50 dix litres d'acide nitrique 32 trois bas de soie 6 un sifflet en terre représentant un oiseau 2 000 000 un balai 60 un porte-monnaie 100 une lampe à huile 17 et trois œufs 4 449 douze heures de montre et soixante minutes éparses 3 479 un caniche 10 un lapin 70 une pièce dix centimes 1000 un grand manteau de laine sans ourlet 102 un fauteuil en paille 35 quelques tableaux au cadre en bois 10 et une toile sans châssis représentant l'image du soleil dormant nu au-dessus de montagnes à côté d'un panier plein de raisins et de figues » (17-8-1940).

À quoi on peut lier le plaisir de Picasso pour l'énoncé, le plaisir de la répétition même, visuelle ou sonore, ou plutôt de l'insistance qui amène à un autre plaisir que celui de la compréhension ou de transmission d'un sens : « ciel ciel ciel ciel ciel ciel ciel ciel ciel violet violet ciel ciel ciel violet violet violet ciel ciel ciel violet violet violet ciel ciel ciel ciel ciel violet violet violet violet ciel ciel ciel ciel ciel violet violet violet violet ciel ciel ciel ciel ciel violet violet violet ciel ciel ciel violet vert ciel ciel ciel ciel vert vert ciel ciel ciel ciel noir vert vert ciel marron ciel ciel ciel noir noir noir noir noir blanc blanc noir vert marron ciel ciel » (9-12-1938 II).

Affinités littéraires

L'œuvre protéiforme de Picasso consiste en un mélange tout personnel de plusieurs sources venant d'horizons et d'époques différents sans en privilégier aucune. Mais s'il fallait absolument lui trouver une filiation littéraire, ce n'est pas tant du côté de James Joyce qu'il faudrait la chercher, comme le disait Michel Leiris, même si les deux auteurs sont proches dans leur liberté extrême de manipuler le langage. Picasso n'invente pas des mots comme le faisait James Joyce mais il en joue comme des choses vivantes dont il change sans cesse les relations.

Il n'est pas plus pertinent d'assimiler son écriture au surréalisme, comme cela a été répété maintes fois et par plusieurs commentateurs, sauf à employer le terme « surréaliste » au sens vulgaire de ce dont on ne comprend pas aisément le sens. Cette tendance suit l'appréciation de Breton qui, dès le moment où il publie dans *Cahiers d'arts* un article élogieux sur Picasso, met l'accent sur le caractère multisensoriel de cette poésie et tente de tirer Picasso du côté du surréalisme[50]. Certes nous trouvons dans les écrits de Picasso des parentés sur des points particuliers que les chercheurs en littérature pourraient mieux mettre en lumière, mais cela ne suffirait pas pour confondre l'écriture de Picasso qui, au-delà du processus créatif qui est bien distinct, est très loin de celle, somme toute « correcte », d'un point de vue syntaxique, des surréalistes. S'il est surréaliste, dit Picasso, il l'est dans le sens où « tous les Andalous sont un peu surréalistes, comme dans le meilleur des cas Don Luis Góngora y Argote[51] ».

C'est plutôt du côté du non-sens dadaïste et d'Alfred Jarry qu'il faudrait chercher des parentés et Leiris ne s'est pas trompé à ce sujet. On découvre chez Picasso un côté jouissif, dans la juxtaposition de l'élément dramatique et tragique propre à une certaine littérature espagnole

(Gongora, Cervantès ou Rojas) et l'humour d'un Alfred Jarry que l'on décèle facilement dans plusieurs poèmes ainsi que dans *Le Désir attrapé par la queue* où l'on voit que « la tarte », un des personnages « elle pète – elle re-pète… »

Le sens devenu accessoire dans plusieurs écrits de Picasso, la déstructuration de la syntaxe et de la grammaire, les « indéterminations et des tensions constantes entre son et sens, entre abstraction et description[52] », l'écriture en mouvement qui se renouvelle sans cesse, les variations qui font changer le sens des mots en produisant des nouveaux voisinages conduisent tout naturellement à chercher des correspondances du côté de Gertrude Stein avec qui Picasso entretenait des relations privilégiées[53]. Les rythmes, vitesses, intonations[54], allant de pair avec la suppression de la ponctuation sont au cœur de leur écriture. Il s'appliquerait aussi bien à Picasso ce commentaire sur les phrases de Stein qui « sont faites pour que les yeux entendent le langage, pour que les oreilles voient la langue » et montrent l'importance du va-et-vient entre voir, lire et entendre, offrant au lecteur des sensations chaque fois renouvelées.

La poésie de Picasso, souvent « viscérale » et « sauvage », au plus près d'un corps qui ressemble en tout point au « corps sans organes », serait à lire également à la lumière de la poésie mais surtout du théâtre de la cruauté d'Antonin Artaud. La pression faite sur le langage qui se tord dans tous les sens – suivant un mouvement ondulatoire difficile à saisir ou à contenir dans un cadre (à l'instar de l'élément liquide, omniprésent dans les écrits), ainsi qu'une thématique qui met l'accent sur l'ordinaire et le banal, les débris et les matériaux pauvres, l'informe, ne sont pas sans rapprocher Picasso du côté de Bataille. L'*Histoire de l'œil* de ce dernier trouverait bien des échos dans les péripéties de « l'œil de l'œuf » chez Picasso poète. Le Gros Pied personnage du *Désir attrapé par la queue* n'est pas sans rappeler le Gros Orteil du dictionnaire de la revue *Documents*. De même, l'amour qui se cache dans l'endroit le plus sale de la cuisine, le côté blasphématoire « pisse dans le ciboire » ou scatologique « table où l'on mange que de la merde » ne sont pas loin du « bas matérialisme » de Bataille. Picasso serait aussi proche, si ce n'est plus, de cette conception bataillienne qu'il l'est de l'image sublimatoire que lui brosse André Breton.

Alors, sans exagérer, on pourrait affirmer que Picasso est allé aussi loin avec ses écrits qu'avec son œuvre plastique, perturbant ainsi les critiques habitués à compartimenter les choses en les classant par catégorie. Bien avant que les concepts sur la déconstruction ne deviennent familiers et largement théorisés et systématisés par Derrida et les penseurs de la déconstruction, Picasso se trouve en première ligne dans l'ouverture de nouveaux chemins pour appréhender la littérature en général. Il dépasse les règles établies pour en faire une écriture toute personnelle qui n'a rien de semblable chez ses contemporains. Et il est allé d'autant plus loin, qu'il ne s'interdisait rien, qu'il ne s'imposait aucune limite dans l'expérimentation de l'écriture. Son processus créatif demeure équivalent à celui qui était au cœur de l'ensemble de son travail : faire et découvrir en avançant, en un jeu combinatoire permanent, se laissant ainsi surprendre par le mouvement même de sa pensée. Il en résulte des textes classiques et d'autres plus convenues, mais des textes d'une déconcertante nouveauté, empreints de sa personnalité tout entière.

Or Picasso poète n'a pas encore suscité un intérêt sérieux parmi les spécialistes en littérature en général. S'il fut sûrement plus qu'un peintre, comme il le disait lui-même, alors que les gens le prenaient au sérieux comme peintre uniquement, il est temps de redécouvrir Picasso écrivain et de lui donner la place qui lui revient dans le domaine de la littérature. Le lieu commun selon lequel tout a été dit sur Picasso, doublé de celui qui consiste à voir de l'intérêt à ses écrits parce que ce sont tout simplement les siens, fait que Picasso poète, au-delà du cercle étroit des spécialistes, demeure encore un grand inconnu du public[55].

NOTES

1. Propos rapportés par Jaime Sabartés, *Portraits et souvenirs*, éd. Louis Carré et Maximilien Vox, 1946, p. 19-20.
2. Voir un développement plus important sur le sujet dans le livre d'Androula Michael, *Picasso poète,* Paris, ensb-a, 2008. Je tiens ici à remercier Pascale Le Thorel pour son travail éditorial exemplaire.
3. John Golding, « Picasso and Poetry », in *The New York Review of books*, 21 novembre 1985.
4. Michel Leiris, « Les écrits de Picasso », entretien avec Dominique Rabourdin, *Opus International*, n° 123-124, avril-mai 1991, p. 68.
5. Ses amis lui envoient des livres et attendent le moment d'en discuter avec Picasso, comme Michel Leiris par exemple qui lui adresse *La Modification* de Michel Butor.
6. Brassaï, *Conversations avec Picasso*, Gallimard, 1969, p. 179-180. Sur la bibliothèque de Picasso, voir Laurence Madeline, « Fragments d'une bibliothèque : les livres de Picasso. Annexes : inventaires des bibliothèques de Picasso », *Les bibliothèques d'artistes : XXe-XXIe siècles*, sous la dir. de Françoise Levaillant, Dario Gamboni, Jean-Roch Bouiller, Presses de l'université Paris-Sorbonne, 2010.
7. Marc Guastavino, « Picasso – Gertrude Stein : portraits et traductions », in *Contemporanéités de Gertrude Stein, Comment lire, traduire et écrire Gertrude Stein aujourd'hui*, Éditions des Archives contemporaines, 2011, p. 138.
8. Ce qui nous fait espérer que d'autres manuscrits de Picasso sont encore à découvrir. Au moment de la publication du volume *Picasso, Écrits*, il est à rappeler que certains textes n'étaient pas répertoriés et ont été publiés par la suite. D'autres manuscrits – ceux dont parle justement Gertrude Stein – vont sûrement émerger.
9. Gertrude Stein, *Autobiographie de tout le monde*, Éditions du Seuil, 1978.
10. Nous n'allons pas revenir sur sa séparation avec sa première femme Olga Kohklova, sa liaison secrète avec Marie-Thérèse Walter et l'arrivée de son enfant Maya. Picasso avait quitté le domicile familial pour quelque temps, et donc son atelier, ce qui matériellement l'empêchait de se consacrer à la peinture.
11. Propos adressés à son ami le sculpteur Laurens datant du 8 juillet 1948, rapportés par D.-H. Kahnweiler, « Entretiens avec Picasso », *Quadrum*, Bruxelles, n° 2, novembre 1956, p. 73-76, repris dans *Propos sur l'art*, éd. de Marie-Laure Bernadac et Androula Michael, Gallimard, 1998, p. 80.
12. Anne Baldassari le remarque également très justement dans *Picasso, Papiers journaux*, Musée Picasso, Tallandier, 2003, p. 142.
13. Picasso : « Nous avons gardé les yeux – et le cerveau – ouverts sur notre environnement », *Picasso parle* (1923), repris dans Picasso, *Propos sur l'art*, éd. de Marie-Laure Bernadac et Androula Michael, Gallimard, 1998, *op. cit.*, p. 20.
14. Il écrit de façon continue avec quelques interruptions à en juger par les textes connus jusqu'à ce jour.
15. « Par chance j'ai pu mettre la main sur un stock de splendide papier japon. Ça m'a coûté les yeux de la tête ! Mais sans ça, je n'aurais jamais fait ces dessins... Ce papier m'a séduit... Il est d'une telle épaisseur que, même en le grattant, on effleure à peine ses couches profondes » ; Picasso, cité par Brassaï, *Conversations avec Picasso* (1964), Gallimard, 1969, p. 95.
16. Roland Barthes, « Variations sur l'écriture », *Œuvres complètes*, t. II, Éditions du Seuil, 1994, p. 1567.
17. *Le Désir attrapé par la queue* (14-17 janvier 1941), *Les Quatre Petites Filles* (24 novembre 1947-13 août 1948), *L'Enterrement du comte d'Orgaz* (6 janvier 1957-20 août 1959). Ce dernier transgresse le genre théâtral ; il commence par un dialogue pour finir en un long monologue.
18. Voir par exemple le poème du 18 avril 1935 ou celui du 25 janvier-25 février 1937.
19. Picasso « avait déjà fait des essais de traductions : du poème de Joah Maragall recopié dans le Carnet Catalan de 1906 et en 1910 d'une nouvelle de Cervantès, « La Licencié de verre » », Christine Piot, « Picasso et la pratique de l'écriture », Picasso, *Écrits*, *op. cit.*, p. XXXII.
20. Voir *Picasso poète*, *op. cit.*, p. 175 et 185-190. Pour une étude plus détaillée de ce poème en rapport avec la question des mathématiques dans l'œuvre poétique de Picasso voir Marc Guastavino et Androula Michael, « Le nombre chez Picasso : une tentative de réappropriation du langage », *Histoire de l'art*, n° 44, juin 1999.
21. Voir le témoignage de Jaime Sabartés, *Portraits et Souvenirs*, *op. cit.*, p. 174-175.
22. *Ibid.*, p. 172.
23. *Ibid.*
24. *Ibid.*, p. 173.
25. Marie-Laure Bernadac, « La poésie de Picasso, dictionnaire abrégé... », Picasso, *Écrits*, *op. cit.*, p. XIV.
26. Il s'agit du livre Picasso, *Écrits*, édité par Marie-Laure Bernadac et Christine Piot, travail auquel j'aimerais rendre ici hommage – et grâce auquel j'ai pu commencer, deux années plus tard, ma thèse de doctorat sur les écrits de Picasso, publiée en 2008 aux éditions de l'École des beaux-arts de Paris sous le titre *Picasso poète.* Une autre thèse de doctorat a été soutenue par Kathleen Brunner et publiée aux éditions Black Dog à Londres en 2005 sous le titre *Picasso rewriting Picasso.*
27. Sur le « Livre impossible » voir *Picasso poète*, *op. cit.*, p. 29-33 et Androula Michael, « Le livre impossible – Sur les écrits de Picasso », *Les Écrits d'artistes depuis 1940*, éditions de l'IMEC, 2004.
28. Voir la préface de Michel Leiris in *Picasso Écrits*, *op. cit.*
29. Pour un développement plus détaillé voir *Picasso poète*, *op. cit.*, p. 214-301.
30. Maurice Blanchot, « A rose is a rose is... », *Entretien infini*, Gallimard, 1969, p. 504, cité par Claude Grimal, *Gertrude Stein*, éd. Belin, 1996, p. 16.
31. Toutes les illustrations évoquées dans cet article et renvoyant au cahier hors-texte des écrits de Picasso seront désormais signalées par un astérisque.

32. Il s'agit en effet du 13e et 14e états du poème du 24-28 novembre, 5, 6, 24 décembre 1935 combinés en un 15e état. Voir tous les états reproduits de ce poème dans *Picasso poète, op. cit.*, p. 244-271 et Androula Michael « Picasso écrivain ou la réactualisation des préoccupations plastiques », *Picasso – Poesie – Poetik, Picasso, his poetry and poetics*, ouvrage codirigé par Nanette Ribler-Pipka et Gerhard Wild, *Zeitschrift für Katalanistik*, Shaker Verlag, Aachen-Allemange, 2012, p. 165-182.
33. « Je ne dis plus de ce que je ne dis », postface à l'édition de *L'Enterrement du comte d'Orgaz* de Picasso publié en 1978, p. 41. Reprise dans le Cahier.
34. Voir le poème très complexe du 24-28 novembre, des 5, 6, 24 décembre 1935 reproduit dans tous ses états dans Androula Michael, « Dans le laboratoire de l'écriture de Picasso, présentation d'un dossier génétique », *Genesis* (CNRS), n° 15, 2000 et *Picasso poète, op. cit.*, p. 240-276.
35. Marie-Laure Bernadac qualifie de tels textes de « poèmes-matrice » qui sont à l'origine de reprises successives. Voir le petit journal de l'exposition Picasso poète, Le crayon qui parle, Musée Picasso, 8 novembre 1989- 29 janvier 1990.
36. Christine Piot parle d'une écriture à « tiroirs dont (Picasso) ne cesse d'ouvrir les tiroirs », in « Picasso et la pratique de l'écriture », Picasso, *Écrits, op. cit.*, p. XXX.
37. Nous nous permettons de citer un passage du texte en espagnol où l'on voit comment l'accumulation de compléments de nom fait éclater la phrase bien visibles sur le manuscrit : « **de** entrelos labios **del** pitorro **de** las almorranas **de** las hojas **del** pedernal cantando sus letanias por estas apolilladas nubes podridas los gritos desesperados **de** los pliegues **de** marmol **del** cortinaje **de** tal color **de** chocolate **de** la armadura la boca **del** rosal escucha a la oreja **del** cajon lleno **de** trapos el pasodoble **de** su mirada majada **de** perfumes y podredumbre que pegando cocer con las patas **de** silla **de** sus huesos **de** albaricoque y los pianos **de** manubrio **de** sus escamas perna **de** cordero **de** la boca rabiosa **de** las alas **de** mariposa **del** pulpo **de** oro en rama caballero muy listo a bicicleta rodando las cataplasmas **de** hielo **del** embarazo **de** venas los lloros los pitos **de** barro **del** florero **de** bocas sobre la pista resbaladiza **del** arco iris los aplausos las contorsiones tan ridiculas mecanicas capitulares duenas gechiceras y sordas y el dolor **de** tripas **del** coche muerto y enterrado en el tabique medianero **del** jardin y **del** huerto puesto a la luz negra **del** cirio verde torcido **del** ajo porro **de** harina **de** linaza **del** globo **de** pieles armino **de** las llamas **de** juego llenas **de** las manchas **de** cal y **de** chorreones **de** aceite **de** la musica que llueven las rebanadas **de** pan tostado **del** cristal roto **de** la ventana abierta **de** par en doble las plumas retorcidas **del** olor **de** pimiento y **de** jazmines **del** trapo **de** su desnudo con los dientes **del** acero que orina del humo **de** las flores cogidas al anzuelo **del** aceite **de** ricino **de** la larga procesion **de** candiles **del** tejido **de** lino **de** las llamas **de** huevo **de** lana rizada **del** torso **de** alabastro **del** floron **del** ovalo **de** estrpitosas melenas **de** las ruedas **de** carton **de** la trompeta **del** carrilo **de** la nieve **del** sol y cocidas en el farol lleno **de** leche **del** agua **de** azahar con los hilos blancos achacosos turbios bailones y pendendcieros flacos escualidos y cabezones muy tristes y piojosos redondos halaguenos y siervos **del** color justo **de** membrille **de** la media luna **del** pincel **del** lago lleno **de** ranas acardenalado por los golpes **de** martillo **del** dia que abre la boca **de** rosa **de** su orejita en el campo **de** nardos **de** sus unas la corona **de** jazmines **de** la lengua amarga **del** pelo azul **de** la madera pintada **de** aquel frio tan lustrose **del** tan chillon amarillo **de** las cadenasde sus jojas y se hunde en la cama **del** escudo negro **del** pellejo **del** sol que cuelga **de** la flauta **de** pan **del** traje verde el pito **del** sereno que barre el turron **de** avellanas **del** patio **de** mercurio y las llaves y el cerrojo **de** la campana de llamas **del** talon rojo **de** la punta **del** pie **de** la injundia **de** gallina **de** las barcas en cuchillas y **de** la flor de alcachofa **de** las raices cuadradas **del** tio vivo el canto eamorado **del** rebuzno **de** los claveles y las rosas y los mordiscos **de** las tejas sobre la colcha **de** seda **de** los ramajes **del** trozo **de** papel pintado cubierto **de** moscas el zapato **de** cobre y el titere y el adobo **del** paisage la barriga tan rellena **de** mierda que revienta **de** gordo y escupe el palacete **de** sus tripas y el aceite **de** sus convulsiones sobre la carne **del** charco **de** betun **de** la mesa **de** comedor en el mantel azul a cuardos **de** la merienda (7-11-1940)
38. Les ajouts du 2e état sont indiqués en italiques ; si ce processus d'addition se répète des multiples fois comme dans les poèmes en espagnols cités plus haut, on peut imaginer aisément la complexité du texte qui en résulte.
39. Gilles Deleuze, *Le Pli*, p. 9.
40. Ce que Michel Foucault dit à propos de ces *Nouvelles Impressions d'Afrique* pourrait s'appliquer avec la même justesse à Picasso : « Forme étrange d'une élucidation proliférante, toujours interrompue par une nouvelle lumière, laquelle est brisée à son tour par la parenthèse d'une autre clarté, qui, née à l'intérieur de la précédente, la tient suspendue et pour longtemps fragmentaire, sous le regard, l'énigme d'un texte lumineux et sombre que tant d'ouvertures ménagées hérissent en forteresse imprenable », Michel Foucault, *Raymond Roussel*, (1963), Gallimard, coll. « Folio-essais », p. 15.
41. Gilles Deleuze, « La littérature et la vie », *Critique et Clinique*, éditions de Minuit, 1993, p. 15-16.
42. *Ibid.*
43. Geneviève Laporte, *Si tard le soir le soleil brille*, Plon, 1973, p. 110-111.
44. Propos de Picasso à Jaime Sabartés, *Picasso, Portraits et souvenirs*, Louis Carré et Maximilien Vox, 1946, p. 127, repris dans Picasso, *Propos sur l'art*, p. 167. Aussi, souligne-t-il parfois les fautes avec plusieurs traits afin d'insister sur le côté intentionnel de son geste.
45. Il est intéressant de rappeler les propos de Picasso rapportés par Gertrude Stein : « Picasso a dit que celui qui crée une chose est forcé de la faire laide. Dans l'effort de la création, on lutte, il en résulte toujours une certaine laideur. Ceux qui suivent, avec le recul, peuvent faire mieux et plaire davantage, parce que ceux-là n'ont pas à lutter, ils savent ce qu'ils font, où ils vont, la chose étant déjà crée », Gertrude Stein, *Picasso*, Librairie de Floury, 1938, p. 37.
46. Roland Barthes, *Le Plaisir du texte*, Éditions du Seuil, 1973, p. 22-23.
47. Voir Marie-Laure Bernadac, « La poésie de Picasso, dictionnaire abrégé », *op. cit.*, p. XII et Michel Leiris, « Picasso écrivain ou la poésie hors de ses gonds », *op. cit.*, p. X., *in* Picasso, *Écrits, op. cit.*

48. Traduction d'Albert Bensoussan, Picasso, *Écrits, op. cit.*
49. À entendre au sens deleuzien du terme. Voir « Bégaya-t-il », *Critique et Clinique, op. cit.*, p. 140 : « Le bégaiement créateur est ce qui fait pousser la langue par le milieu, comme de l'herbe, ce qui fait de la langue un rhizome au lieu d'un arbre, ce qui met la langue en perpétuel déséquilibre. »
50. Jugement qui a d'ailleurs perduré dans la critique qualifiant sans nuancer les textes de Picasso d'« automatiques » ou de « surréalistes ».
51. Roberto Otero, *Forever Picasso, An Intimate Look at his Last Years*, partie II, Conversations, New-York, Harry N. Abrams, 1974, p. 84.
52. Richard Brigman, dans *Gertrude Stein in Pieces* cité par Christophe Marchand-Kiss, « Méditation sur le neutre », in *Contemporanéités de Gertrude Stein, Comment lire, traduire et écrire Gertrude Stein aujourd'hui, op. cit.*, p. 57.
53. Une étude approfondie mériterait d'être faite sur les préoccupations profondes concernant le processus créatif mis en avant dans la construction de la poésie et la littérature commun chez Stein et Picasso.
54. Voir le commentaire du traducteur de Stein en français Christophe Marchand-Kiss, « Méditation sur le neutre », in *Contemporanéités de Gertrude Stein, Comment lire, traduire et écrire Gertrude Stein aujourd'hui*, éditions des Archives contemporaines, 2011, p. 57.
55. Picasso est tout aussi important comme écrivain ; ses poèmes sont d'une richesse et d'une inventivité singulières et attendent encore, au-delà des historiens de l'art, les chercheurs en littérature qui trouveront là un matériau foisonnant.

Chronologie des œuvres picturales et plastiques de Picasso (1935-1954)

Cette chronologie se limite aux années durant lesquelles Picasso écrivit les textes que nous faisons apparaître dans ce Cahier.

1935
Février 1935 : *La Muse. Jeune fille dessinant dans un intérieur*
23 mars 1935 : Gravure de *La Minotauromachie*

1936
8 janvier 1936 : *Portrait de Paul Éluard* utilisé pour le frontispice du recueil *Les Yeux fertiles*
11 mars 1936 : dessin-collage *Le crayon qui parle*, donné à Paul Éluard
30 avril 1936 : *Femme à la montre*
6-28 mai 1936 : gouaches sur le thème du *Minotaure*
2 octobre 1936 : achèvement du tableau commencé le 12 août *Nu couché*

1937
Début janvier: *Portrait de Dora Maar*
6 janvier : *Portrait de Marie-Thérèse*
8-9 janvier : début de deux gravures pour *Sueño y mentira de Franco*
10-12 février : *La Baignade*
18 février : *Grande Baigneuse au livre*
6-19 mars : dessins dans le *Cahier Noir*
22 mars : dessin-rébus d'une carte postale destinée à Dora Maar
18 avril : dessins préparatoires sur le thème du *Peintre et son modèle dans l'atelier*
1er mai-4 juin : 50 dessins et études pour *Guernica*
Fin juin : *Guernica*
1er juillet : gravure de *La femme qui pleure*
Août-septembre : portraits de *Nusch* et de *Lee Miller en Arlésienne*
Septembre : *Femme jetant une pièce* (portrait de la marquise)
12 septembre : Dessin avec texte pour le « programme » d'*Ubu enchaîné*
18 octobre : *La femme qui pleure*
6 décembre : dessin de *Fin d'un monstre* (coll. Penrose, ancienne coll. Éluard)

1938
30 janvier : *Maya au bateau* et *Maya avec sa poupée*
15 février : *Femme au coq*
22 mars : *Femme au peigne* et *L'Artiste devant sa toile*
23 mars : *La Fermière*
Printemps : *Femmes à leur toilette*
2 avril : *Enfant au costume marin*
17 mai : *Nu couché*

23-27 juillet : dessins et peintures : *Homme à la sucette ou au cornet de glace*
21 août : dessin de *Crucifixion*
22, 24, 28, 31 août : *Portraits de Nusch et d'Inès*
18 octobre : gravure de *Buste de femme à la chaise*

1939
15, 29 janvier : *Natures mortes au crâne de taureau*
22 avril : dessins et peintures *Chat saisissant un oiseau*
9 mai : gravure : enluminure de la dernière page du texte du 18 avril 1935
Début août : *Pêche de nuit à Antibes*
29 novembre 1939-19 septembre 1940 : *Carnets de dessins* ; études pour *Femme nue se coiffant*

1940
10-26 janvier : carnet de dessins avec études des *Femmes d'Alger* de Delacroix, nus, chevaux et picadors, têtes de femmes, femmes assises
1-2 février : tableaux-reliefs sur carton : *Femmes assises dans un fauteuil*
17 mai : dessin : *Portrait de Guillaume Apollinaire*
25 juin : *Femme nue se coiffant*
Été : natures mortes du marché, *Café de Royan*

1941
21 juin : *Jeune Garçon à la langouste*
19-20 août : *Femme à l'artichaut*
Automne : *Tête* monumentale de Dora Maar qui deviendra le monument à Apollinaire, square de l'église Saint-Germain-des-Prés
12-31 décembre : dessins *Études pour l'Aubade*

1942
2, 5, 6 et 8 janvier : gouaches *Études pour l'Aubade*
5 avril : *Nature morte à la tête de taureau*
4 mai : achèvement de *L'Aubade*
Été : dessins *Études pour l'homme au mouton*

1943
Février-mars : *L'Homme au mouton* sculpture
21 mai : *Les Premiers Pas* ; sculpture *Tête de mort* ; *Le Faucheur*
30 mai : *Le Buffet du Catalan*
28 juin : *Grand Nu couché*
9 août : *Femme dans un rocking-chair*
24 août : *L'Enfant aux colombes*

1944
15 avril : *Portraits de Françoise*

1945
Rideau de scène de *Rendez-vous,* ballet de Roland Petit

1946
Nombreux portraits de Françoise
Octobre-novembre : *La Joie de vivre*

1947
Termine *L'Hommage aux Espagnols morts pour la France*, commencé fin 1945
Septembre-décembre : travail au décor du spectacle *Œdipe Rex* de Sophocle
Février : il travaille à l'illustration des *Vingt Poèmes* de Góngora

1948
Début de l'hiver : il illustre *Le Chant des morts* de Reverdy
Été : parution de *Verve*, n° 19-20, dont Picasso dessine la couverture

1949
Janvier : lithographie de *La Colombe* illustration pour l'affiche du congrès des intellectuels pour la Paix en avril 1949
32 illustrations de *Corps perdus* d'Aimé Césaire

1950
Février : Les Demoiselles des bords de la Seine d'après Courbet
La Petite Fille à la corde, La Chèvre, et *La Femme à la poussette*

1951
Janvier : dessins d'un album de textes intitulé *Album de Françoise*
18 janvier : *Massacres en Corée*

1952
9 mars : dessin *L'Homme à l'œillet* en faveur du patriote grec Belloyanis
25 mars : *Crâne de chèvre, bouteille et bougie*
Avril à octobre : études pour les panneaux de *La Guerre et la Paix*
Été : *Portrait d'Hélène Parmelin*
Décembre : achèvement des panneaux de *La Guerre et la Paix* dans la chapelle de Vallauris

Nombreux portraits de Claude et Paloma

1953
La Lecture
Février 1953 : *La Lecture et les jeux*
Mars 1953 : *Femme et chien jouant*
Juillet 1953 : *Femme accroupie*
Décembre 1953 : *L'Ombre*

Nombreux portraits de Françoise Gilot

1954
Jusqu'au 3 février : poursuite et publication de la série de dessins du *Peintre et son modèle* dans *Verve*, n° 29-30
Avril : dessins et peintures *Portraits de Sylvette*
17 mai : *Claude dessinant, Françoise et Paloma*
3 juin : deux portraits de Jacqueline Roque
3 novembre : commence la série de variations sur *Les Femmes d'Alger* de Delacroix
Automne : décor pour *Chant funèbre*, poème de Federico Garcia Lorca

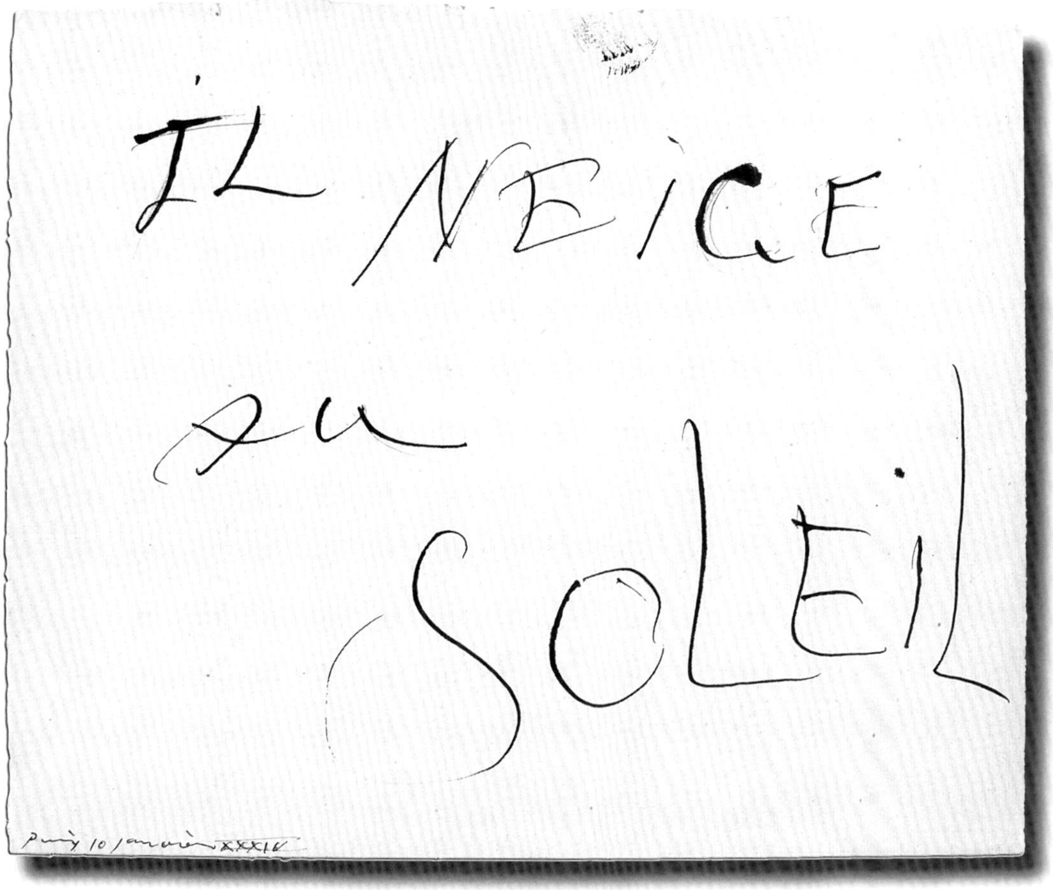
IL NEIGE
AU
SOLEIL

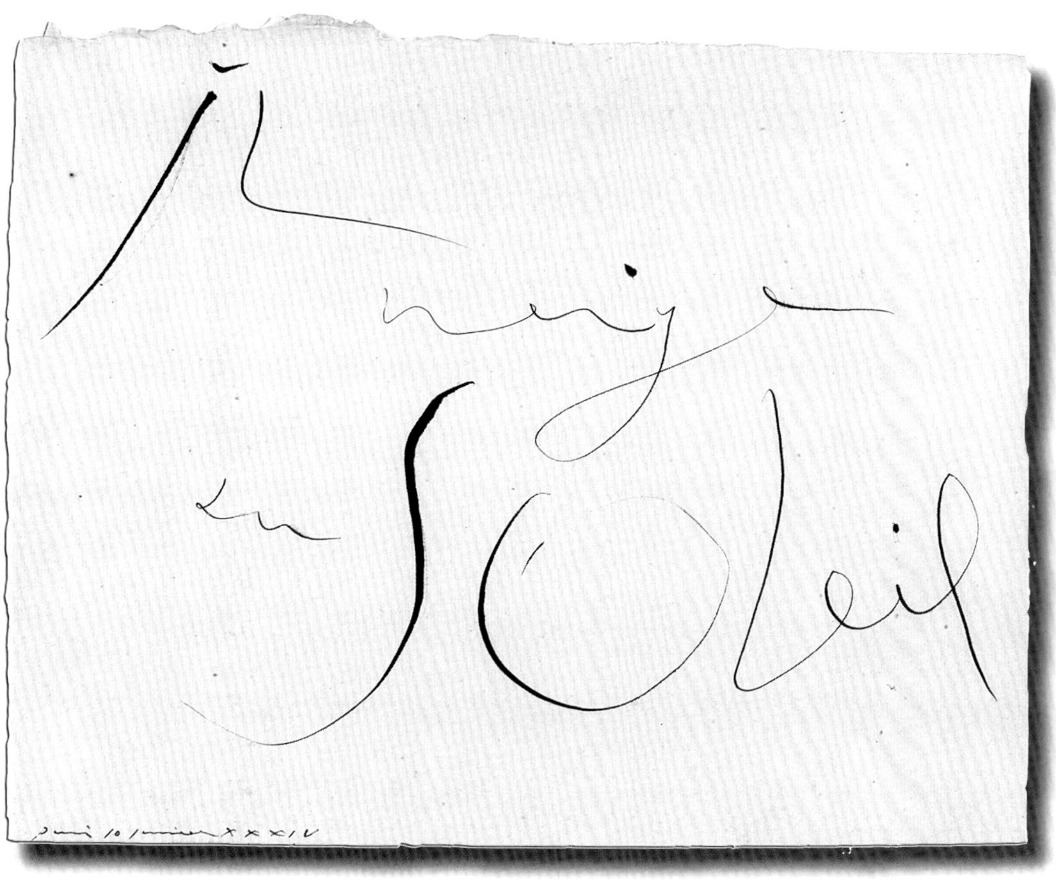
Il neige
au
Soleil

1. Il neige au soleil

En recopiant une phrase onze fois sur onze feuilles de papier vélin d'Arches, Picasso transforme l'espace scriptural en espace figural. En jouant entre le français (soleil) et l'espagnol (sol) le « o » du nom soleil finit par le figurer plastiquement.

si yo fuera
si j'allais dehors*

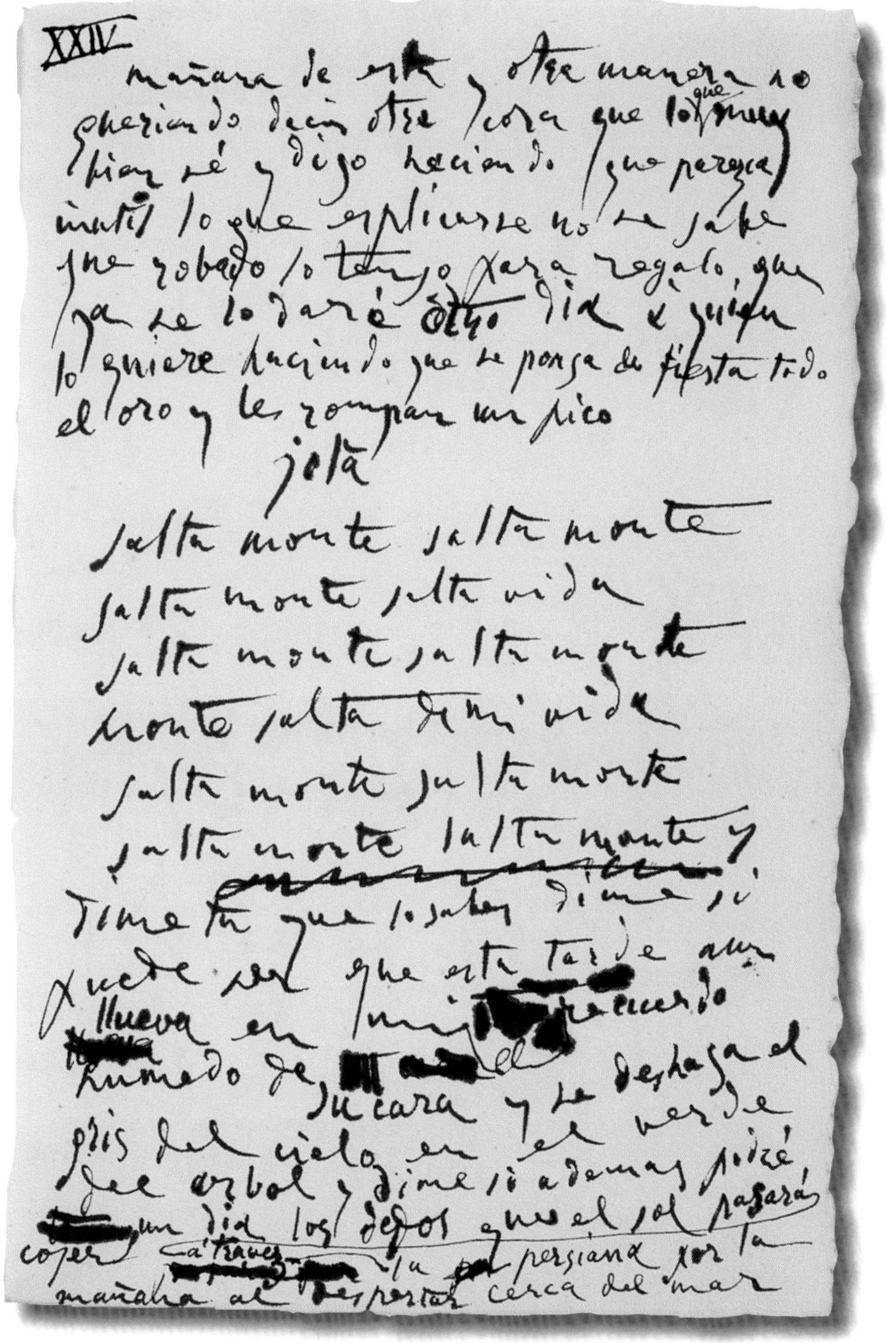
XXIV
mañana de esto y otra manera no
queriendo decir otra cosa que los que muy
bien sé y digo haciendo que parezca
inútil lo que explicarse no se sabe
que robado lo tengo para regalo, que
ya se lo daré otro día a quien
lo quiere haciendo que se ponga de fiesta todo
el oro y les rompan un pico
jota
salta monte salta monte
salta monte salta vida
salta monte salta monte
monte salta de mi vida
salta monte salta monte
salta monte salta monte y
[illegible]
Dime tú que lo sabes dime si
puede ser que esta tarde aún
llueva en [illegible] recuerdo
[illegible] húmedo de [illegible]
su cara y se deshaga el
gris del cielo en el verde
del árbol y dime si además podré
[illegible] un día los dedos que el sol pasará
coger [illegible] la persiana por la
mañana al despertar cerca del mar

2. Poème du 18 avril 1935, page 24

Répertorié comme le tout premier texte de Picasso, selon les connaissances à ce jour, il s'agit d'un poème-fleuve écrit d'une seule traite sans aucune ponctuation sur trente-quatre pages numérotées. Au milieu de cette page ressort, déjà, la propension de Picasso à la répétition suggérant un pas de danse ainsi que le jeu entre plusieurs sens : *salta monte salta monte/ salta monte salta vida/ salta.*

* *Les indications en haut de page correspondent aux* incipit *de chaque poème et ne sont pas des titres choisis par Picasso.*

que le silence

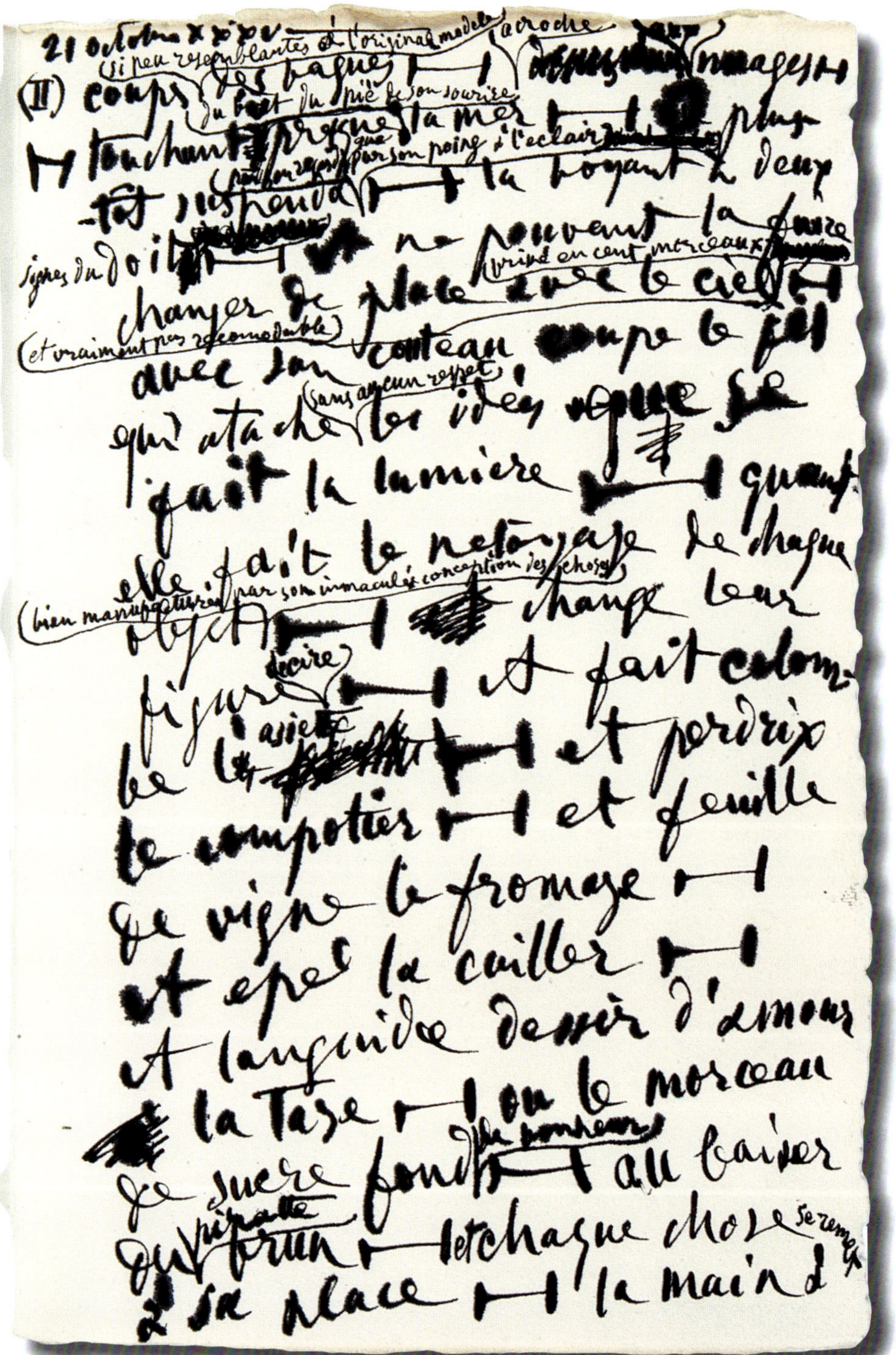

3. Poème du 21 octobre 1935

Une première version en espagnol dans le petit carnet bleu est ensuite élaborée en français sur du papier vélin d'Arches. D'une écriture plus épaisse sur la première page, le poème est ponctué du signe ⊢⊣ d'une longueur variable. Ce signe typographique marquant la suppression figure une sorte de parenthèse ou de repère spatial de retour à la ligne. Il indique des pauses, ralentit la lecture et il peut parfois s'agir d'un découpage en vue d'une présentation ultérieure en vers.
La date du 27 octobre suggère sûrement la date de la copie du texte.

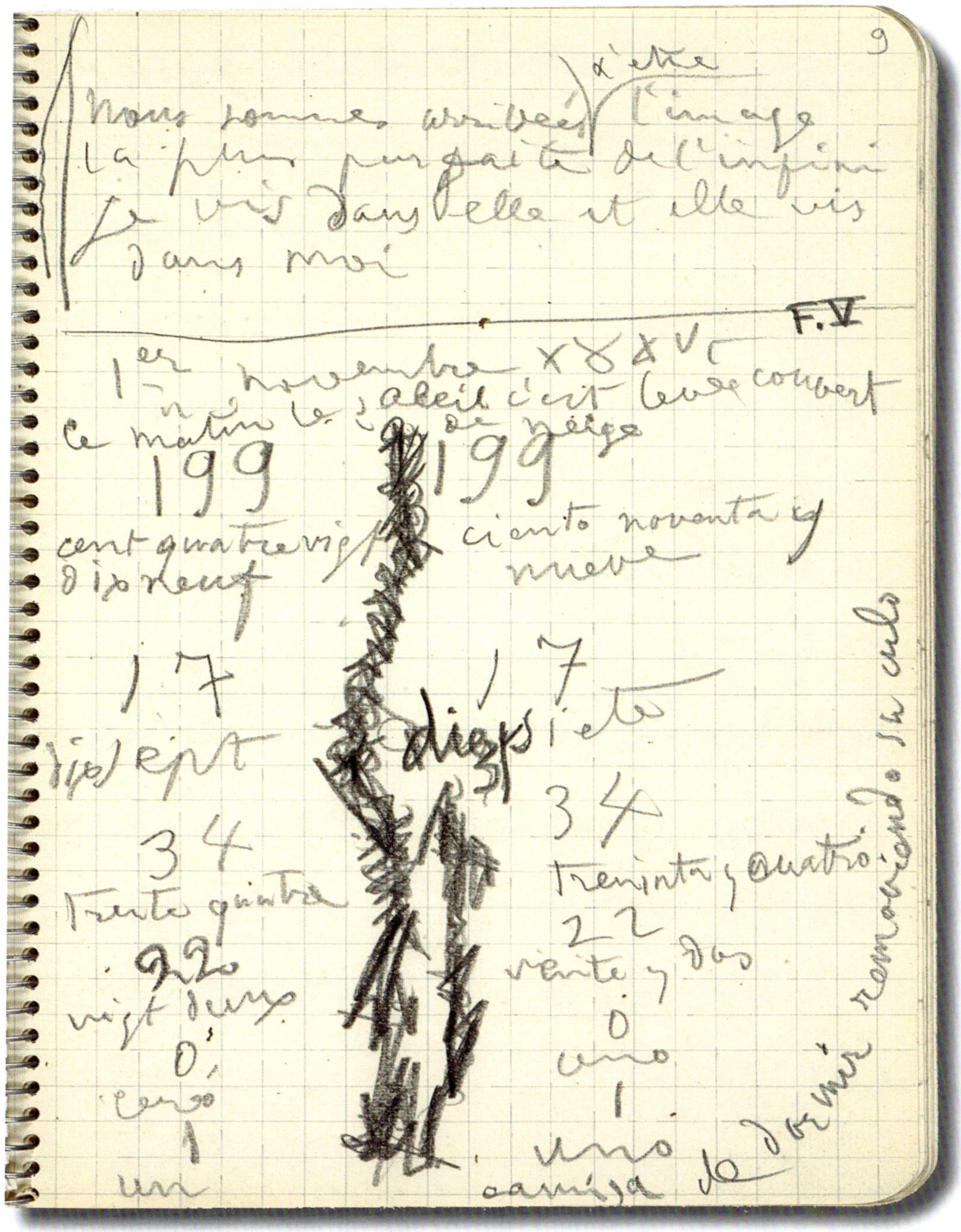

4. Poème du 1er novembre 1935

Picasso fait ici un usage très singulier de nombres exprimés en lettres et en chiffres et exploite les modalités différentes de leur construction en français et en espagnol. En soulignant leur caractère arbitraire du point de vue linguistique il aborde la question de la transposition d'un même contenu lexical d'une langue à l'autre et ses effets sur le sens et les sonorités.

tant que la chaise ne vienne pas me taper

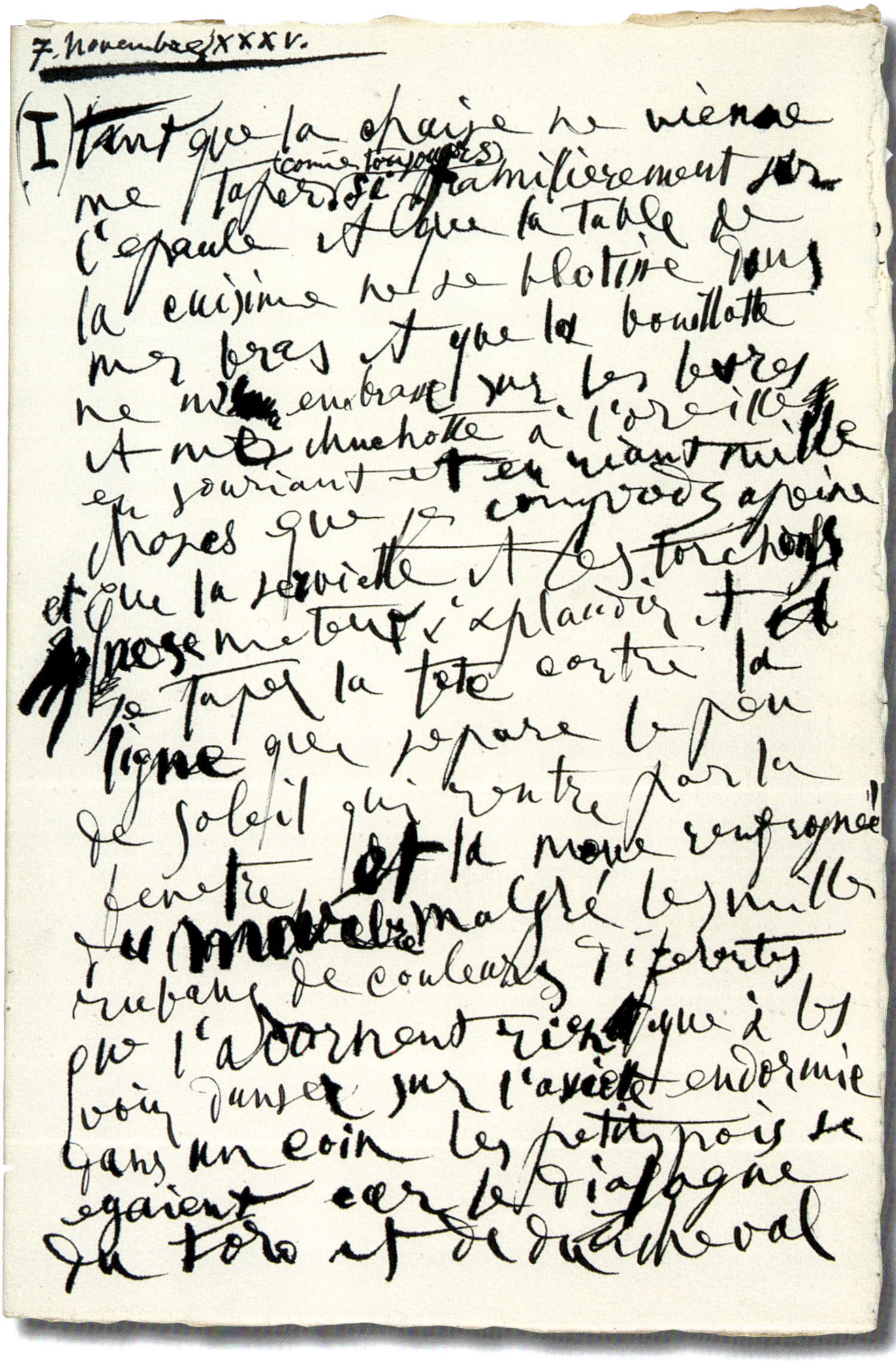

7. Novembre XXXV.

(I) tant que la chaise ne vienne me taper (comme toujours) familièrement sur l'épaule et que la table de la cuisine ne se blottisse dans mes bras et que la bouillotte ne m'embrasse sur les lèvres et me chuchote à l'oreille en souriant et en riant mille choses que je comprends à peine et que la serviette et les torchons [illegible] s'applaudir et se taper la tête contre la ligne qui sépare le [illegible] de soleil qui rentre par la fenêtre et la mouche renfrognée [illegible] malgré les mille rubans de couleurs différents qui l'adornent rien que à les voir danser sur l'assiette endormie dans un coin les petits pois se égaient car le dialogue du toro et du cheval

5. Poème du 7 novembre 1935

Dans ce véritable poème fleuve, le destin, la mort dans l'arène et la puanteur des tripes s'expriment avec une écriture rapide, qui fait parfois chevaucher les mots et les lignes, des ratures et des réécritures. L'accentuation de la barre du « t » à plusieurs endroits du manuscrit crée des effets visuels particuliers.

au torero avec l'aiguille

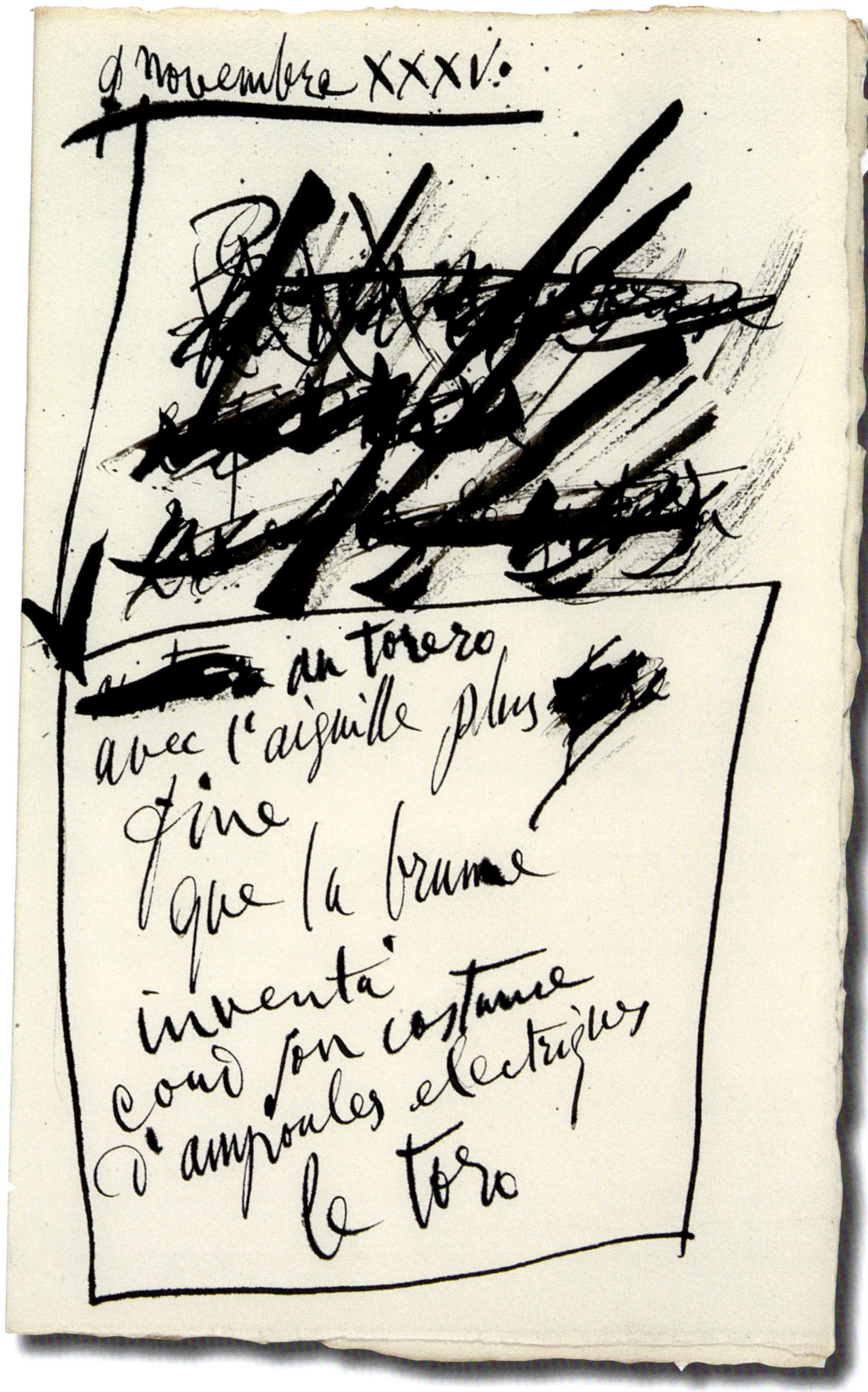
9 novembre XXXV.

au torero
avec l'aiguille plus
fine
que la brume
inventá
cousu son costume
d'ampoules electriques
le toro

6. Poème du 8-9 novembre 1935

Les deux ébauches antérieures du poème prennent forme dans ce manuscrit qui s'ouvre par une grosse rature en surcharge que Picasso exploite visuellement. Ce très court poème ouvre avec le « torero » et clôt en une boucle avec le « toro » jouant avec le passage imperceptible de l'espagnol au français.

jeune fille correctement vêtue

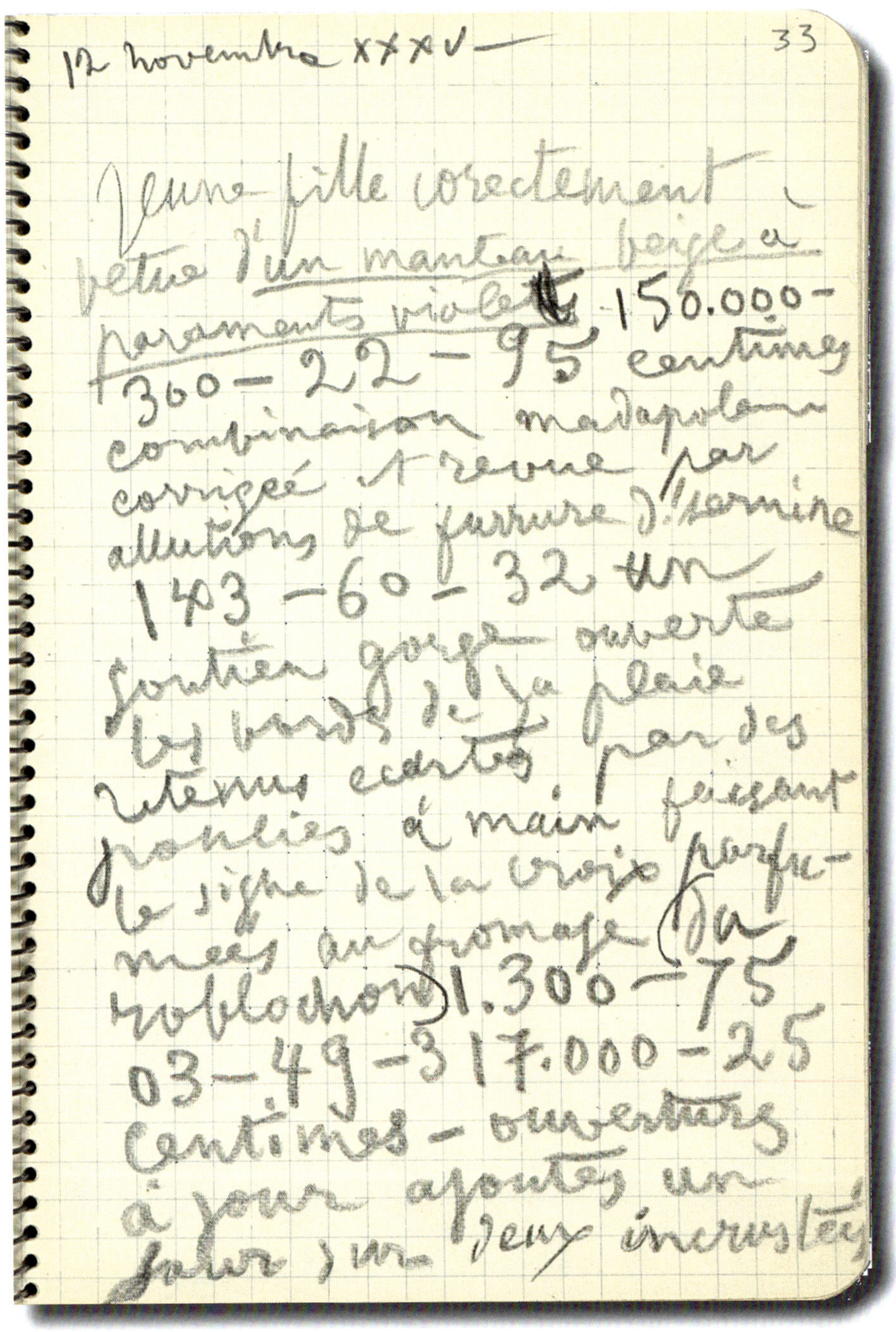
12 novembre XXXV — 33
Jeune fille correctement
vêtue d'un manteau beige à
paraments violets 150.000 —
360 — 22 — 95 centimes
combinaison madapolam
corrigée et revue par
allusions de fourrure d'hermine
143 — 60 — 32 un
soutien gorge ouverte
les bords de sa plaie
retenus écartés par des
poulies à main faisant
le signe de la croix parfu-
mées au fromage de
reblochon 1.300 — 75
03 — 49 — 317.000 — 25
centimes — ouvertures
à jour ajoutés un
satin sur deux incrustés

7. Poème du 12 novembre 1935

Le poème forme une liste de courses toute particulière où les chiffres les plus petits côtoient les plus grands, procédé familier à Picasso qui joue beaucoup avec la démesure de l'infiniment petit et de l'infiniment grand. « chatouillement du désir », « endroit propice pour transformer la sardine en requin », le poème finit sur une image qui mêle l'écriture, la nourriture et les mathématiques : « à l'heure du déjeuner pour pouvoir écrire assis au milieu de tant d'hyperboles mêlées avec le fromage et la tomate ».

quelle rage vous salue
fleur plus douce que le miel

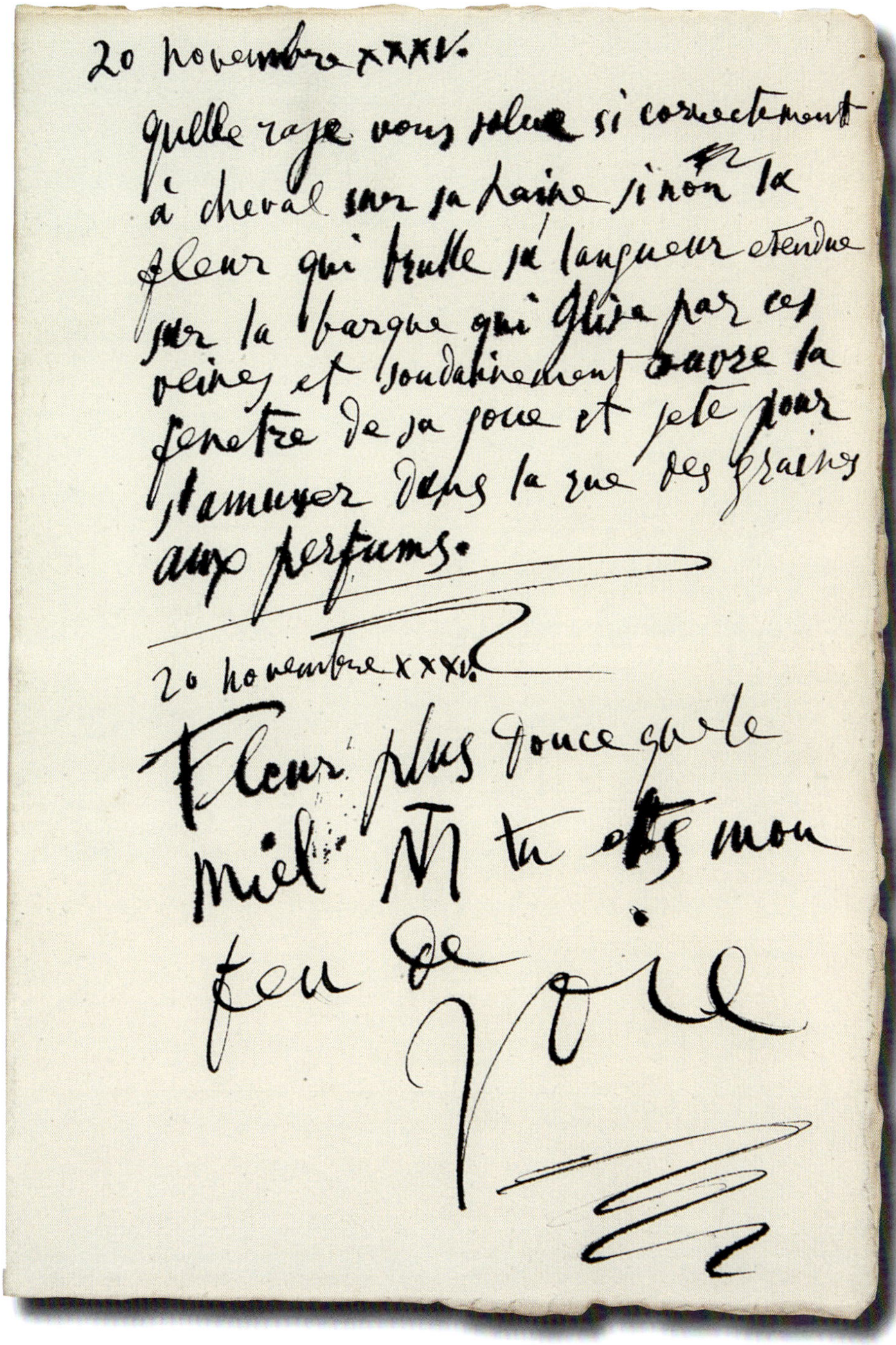

20 novembre XXXV.

quelle rage vous salue si correctement
à cheval sur sa haine si non la
fleur qui brûle sa langueur étendue
sur la barque qui glisse par ses
veines et soudainement ouvre la
fenêtre de sa joie et jete pour
s'amuser dans la rue des graines
aux parfums.

20 novembre XXXV.

Fleur plus douce que le
miel MT tu es mon
feu de
joie

8. Poème du 20 novembre 1935

« la fleur qui brûle sa langueur » du premier poème daté 20 novembre pourrait se relier au second qui constitue un véritable hymne à son amoureuse Marie-Thérèse. Picasso l'aime et l'« inscrit » dans le texte avec l'idéogramme MT comme il « écrivait » autrefois Eva dans ses tableaux cubistes. Picasso porte ici une attention particulière à la disposition spatiale de divers segments de la phrase pour aboutir au dernier état à l'alignement vertical des mots forts qui expriment cette amour : fleur, miel, feu, joie.

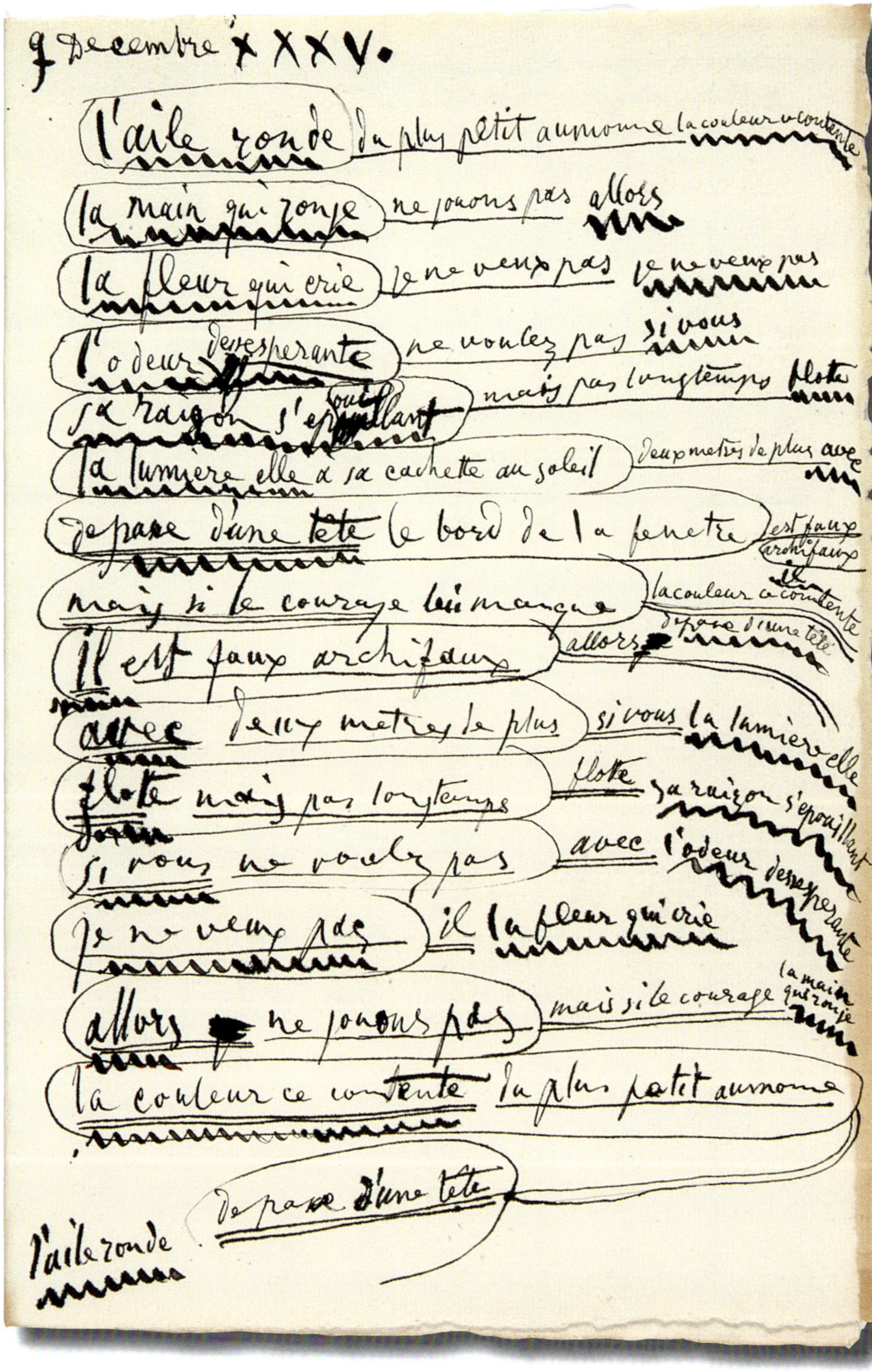

9. Poème du 9 décembre 1935

Poème combinatoire composé de plusieurs fragments de phrases repris deux ou trois fois dans un ordre inverse quasi symétrique de façon à ce que la fin coïncide en une boucle avec le début. Dans cet effet miroir, chaque partie a l'écho de son double, dans un ensemble fragmenté. La même fragmentation persiste dans le texte transcrit de façon linéaire où les repères visuels sont masqués, ce qui invite à une nouvelle expérience de lecture.

sur le dos de l'immense tranche de melon

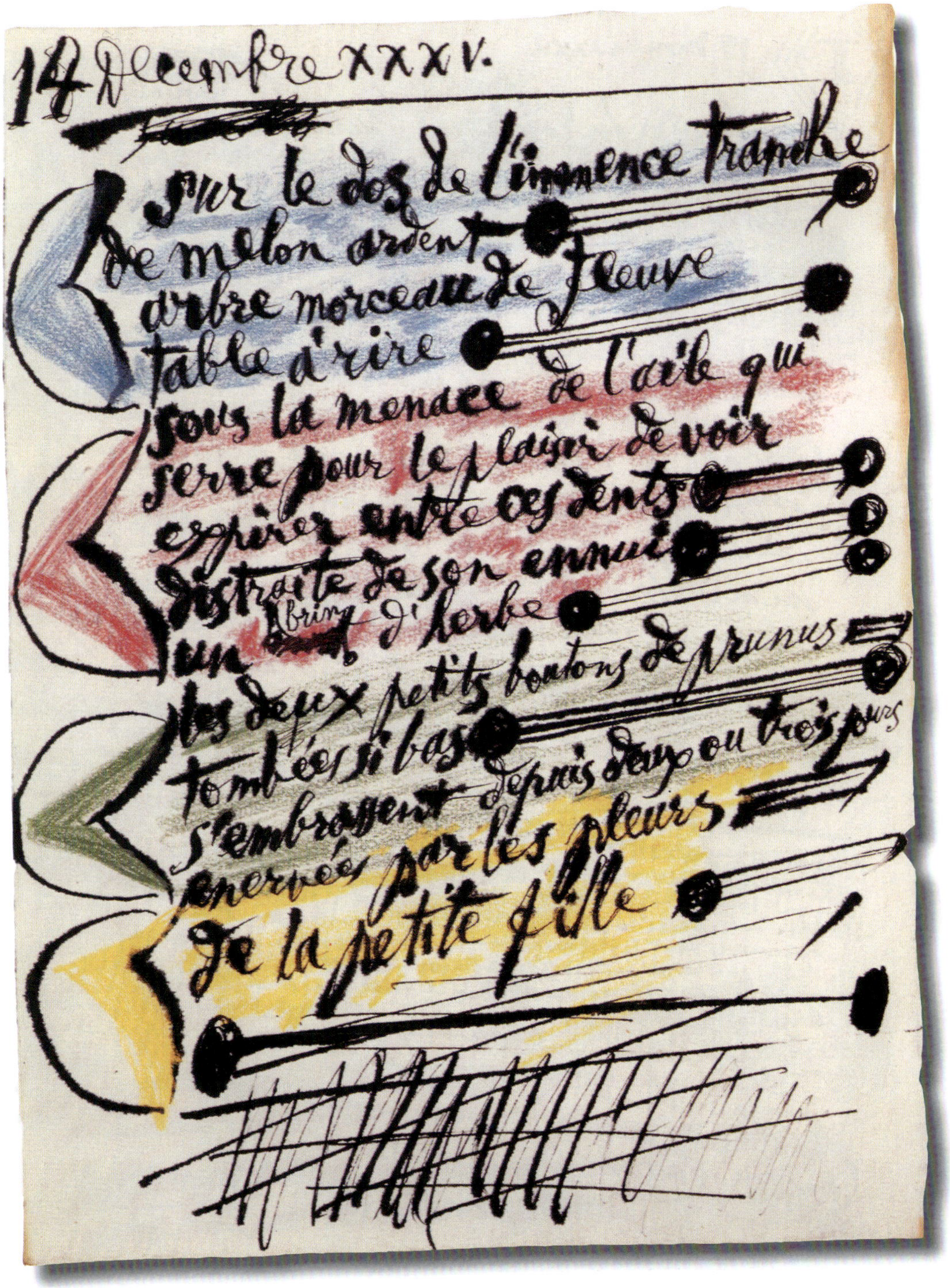
14 Decembre XXXV.

sur le dos de l'immence tranche
de melon ardent
arbre morceau de fleuve
table à rire
sous la menace de l'aile qui
serre pour le plaisir de voir
espérer entre ces dents
distraite de son ennui
un brin d'herbe
les deux petits boutons de prunus
tombés si bas
s'embrassent depuis deux ou trois jours
énervés par les pleurs
de la petite fille

10. Poème du 14 décembre 1935

Ce poème présenté en vers libres et en strophes constitue un de rares exemples d'utilisation de la couleur à des fins plus décoratives.
Le signe  du retour à la ligne devient un élément visuel fort du manuscrit.

la lame du couteau brûle la plaie

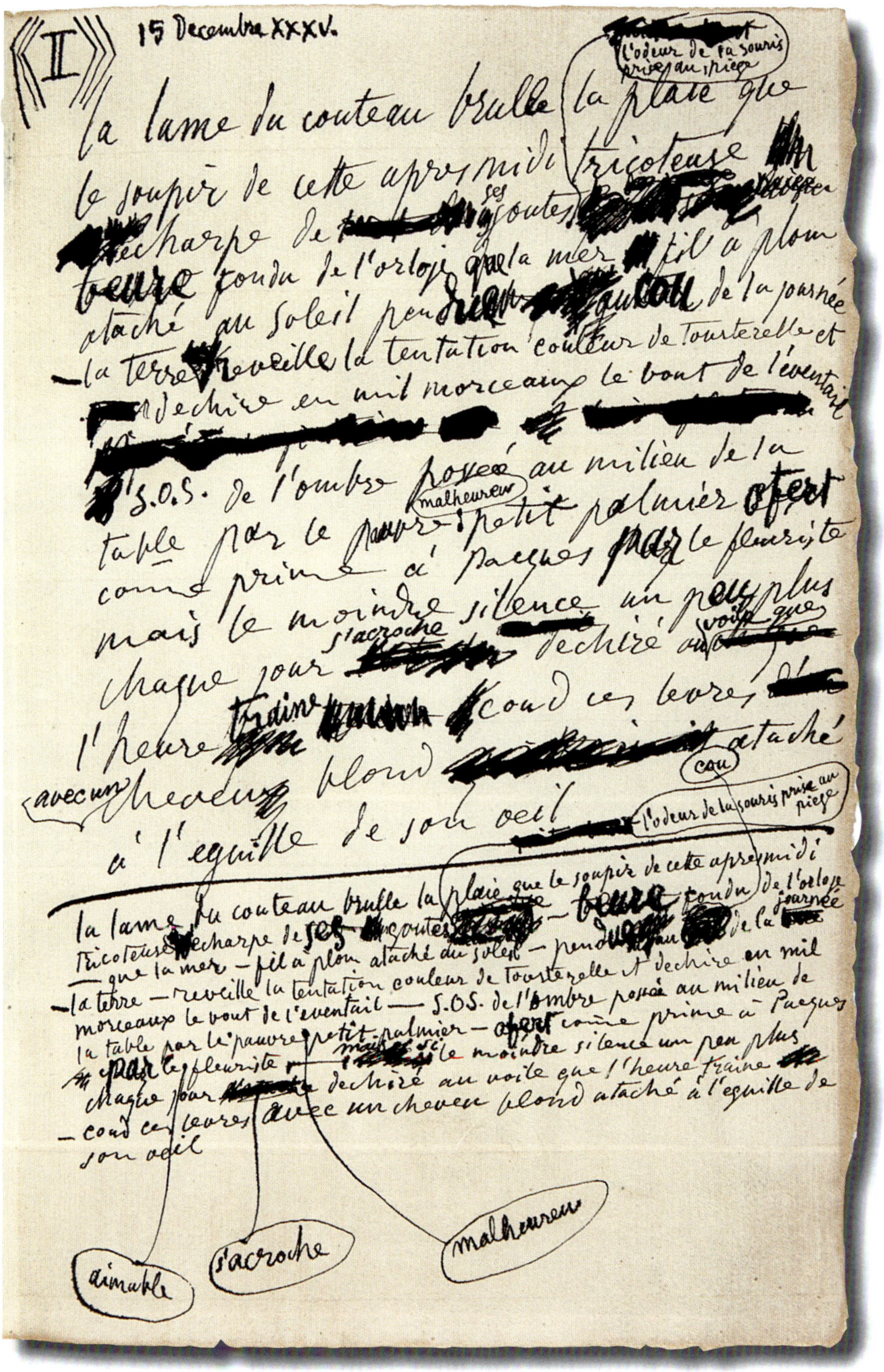

11. Poème du 15 décembre 1935

Ce poème s'élabore en deux versions sur la même feuille avec plusieurs ratures et réécritures. Picasso ajoute trois mots à la deuxième version : « aimable » « s'accroche » et « malheureux » ; mais au lieu de surcharger le corps du texte, les fait ressortir en bas de la page et les entoure, les dotant d'un poids visuel et énonciatif particulier.

si brule dans la coupe la fleur du papillon

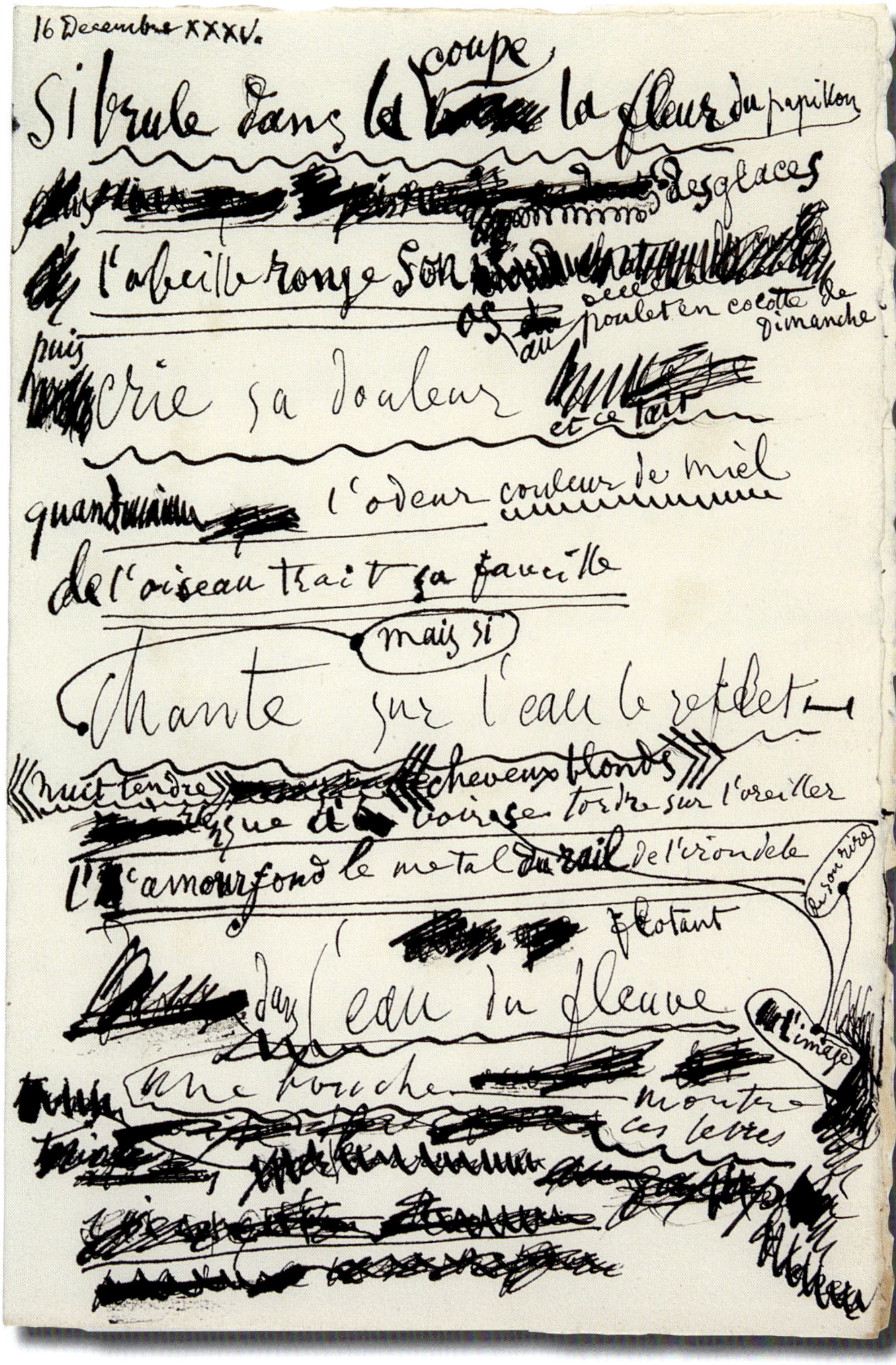

12. Poème du 16 décembre 1935

On assiste ici au laboratoire de l'écriture de Picasso qui se forme sur la page et s'élabore avec plusieurs ratures en surcharge, réécritures, soulignements et mise en avant visuelle de certaines phrases « crie sa douleur », « l'odeur couleur de miel » ...

rien que la couleur

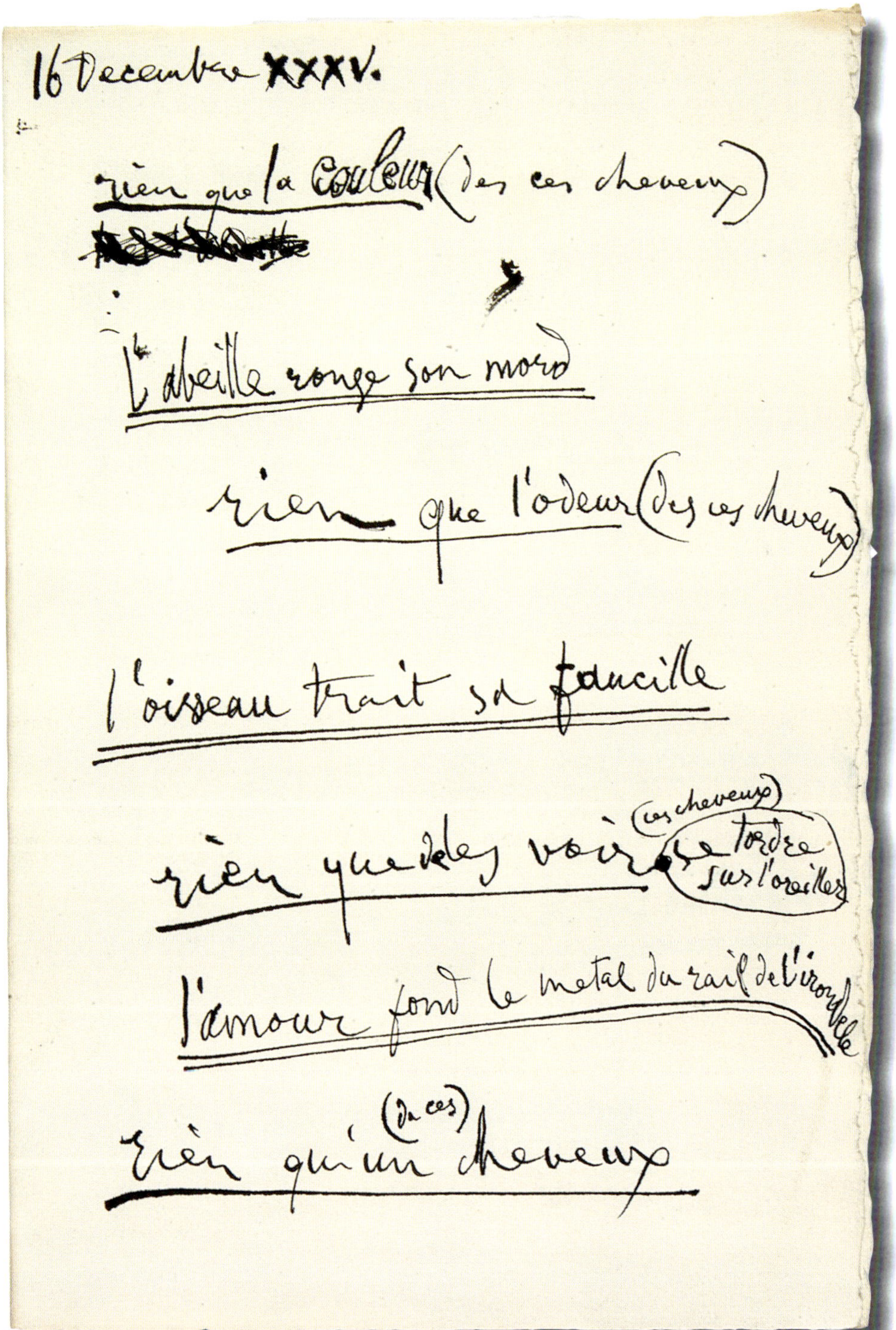
16 Decembre XXXV.

rien que la couleur (des ces cheveux)

l'abeille ronge son mord

rien que l'odeur (des ces cheveux)

l'oiseau trait sa faucille

rien que des voix (ces cheveux) se tordre sur l'oreiller

l'amour fond le metal du rail de l'hirondelle

rien qu'un (de ces) cheveux

13. Poème du 16 décembre 1935

Poème court d'une forme plus conventionnelle et d'un contenu plus lyrique, il respire sur la page que Picasso investit sans la surcharger. Il joue ainsi de façon plus visible avec l'effet de répétition des premiers mots des vers : « rien que » en alternance avec « l'abeille », « l'oiseau » et enfin ce qui constitue aussi le sujet du poème « l'amour » qui magiquement « fond le métal du rail de l'hirondelle ».

la nuit dans la fontaine

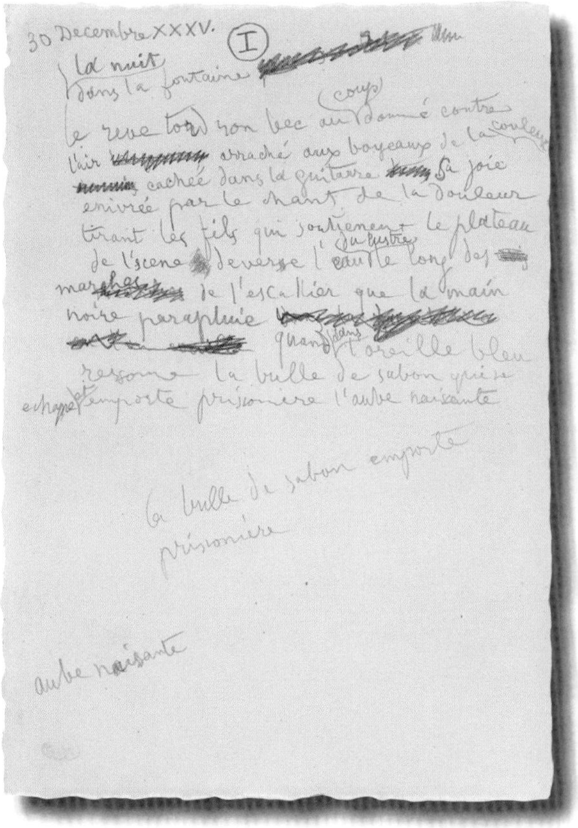

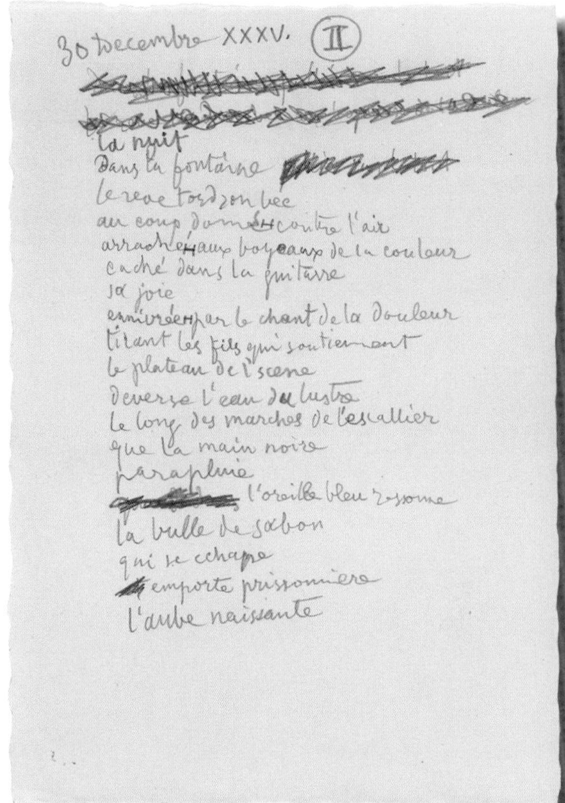

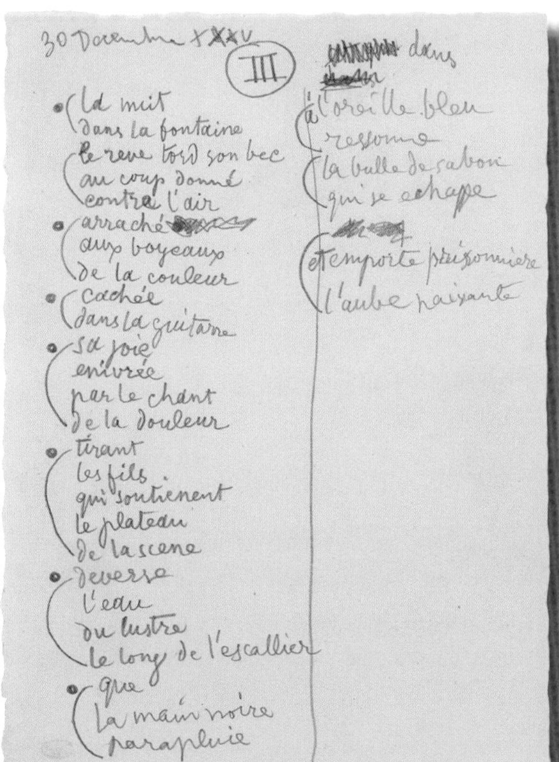

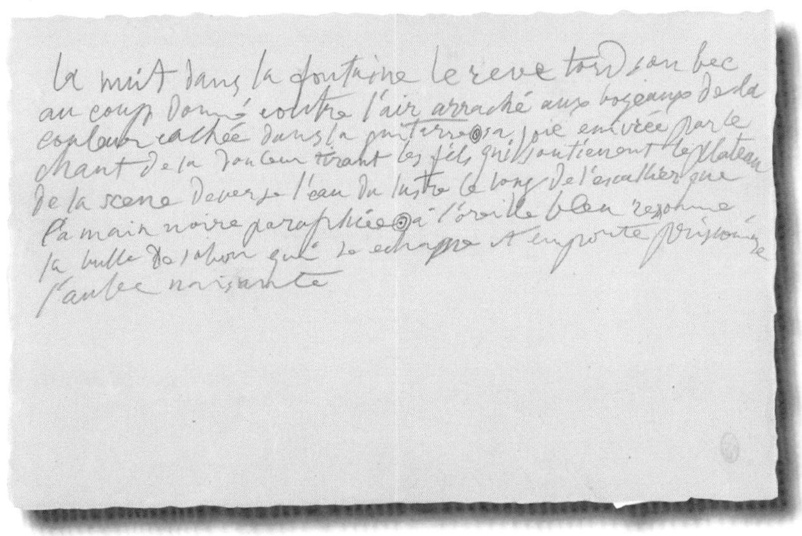

14. Poème du 30 décembre 1935, 4 états

Il s'agit d'un exemple significatif du travail de Picasso sur la forme et la disposition visuelle du poème. Un premier contenu s'élabore sur la page avec ajouts et ratures pour être repris en vers libres et ensuite en vers et en strophes dans un troisième état mettant l'accent sur l'effet produit sur la sonorité et la lecture du poème. À « la nuit dans la fontaine » au début du poème succède à la fin en une boucle temporelle « l'aube naissante ».

les violettes chantonnaient goute à goute

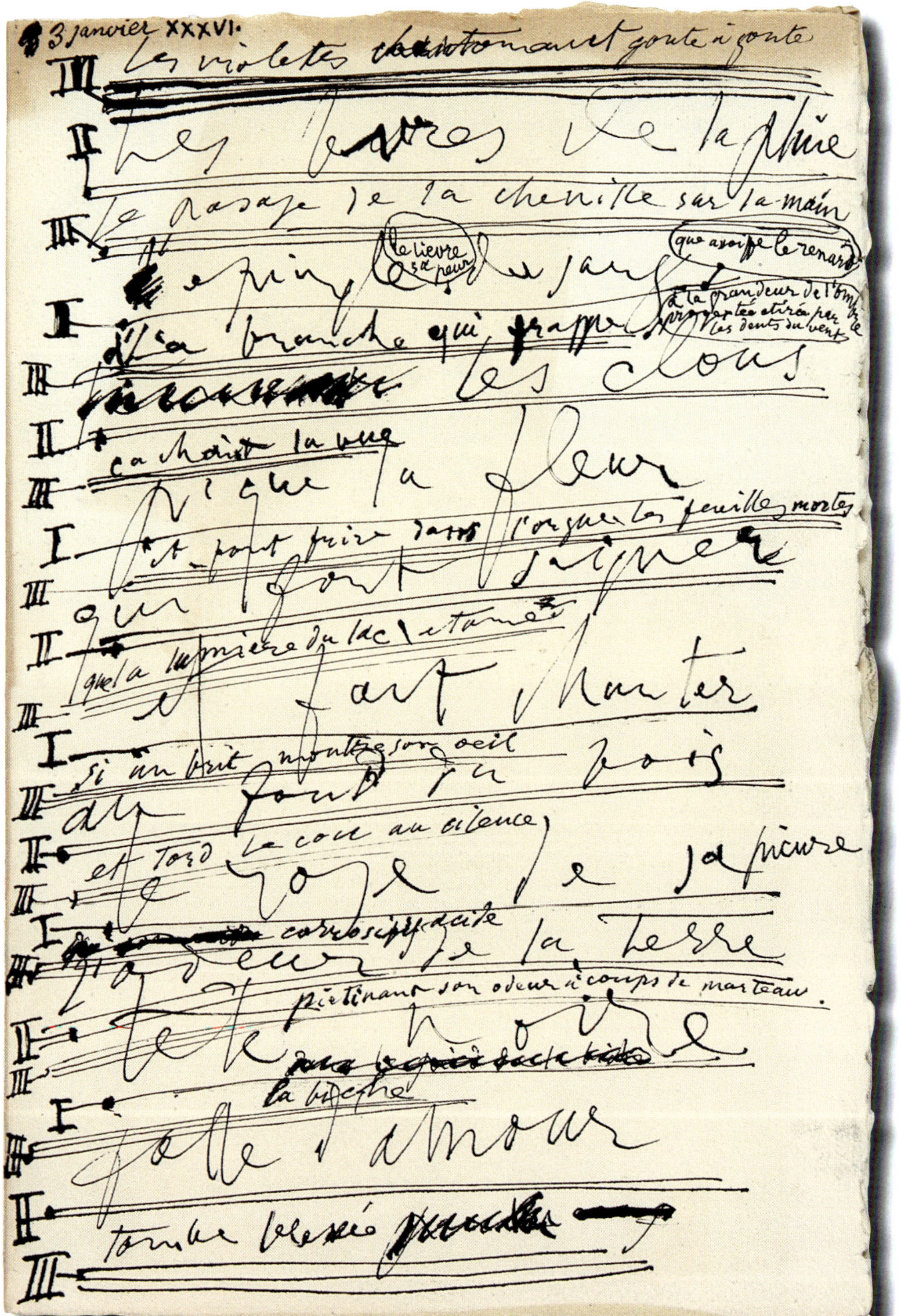

15. Poème du 3 janvier 1936

Le poème se forme sur la page avec une écriture déliée, espacée, ponctuée avec des soulignements en une, deux, ou trois lignes indiquées en chiffres romains. S'agit-il d'un repère visuel pour un découpage ultérieur ou simplement d'un effet de disposition spatiale ? Quelques mots d'un poids visuel singulier qui se distinguent plus aisément sur le manuscrit : clous, fleur, amour ...

elle et moi de notre cœur

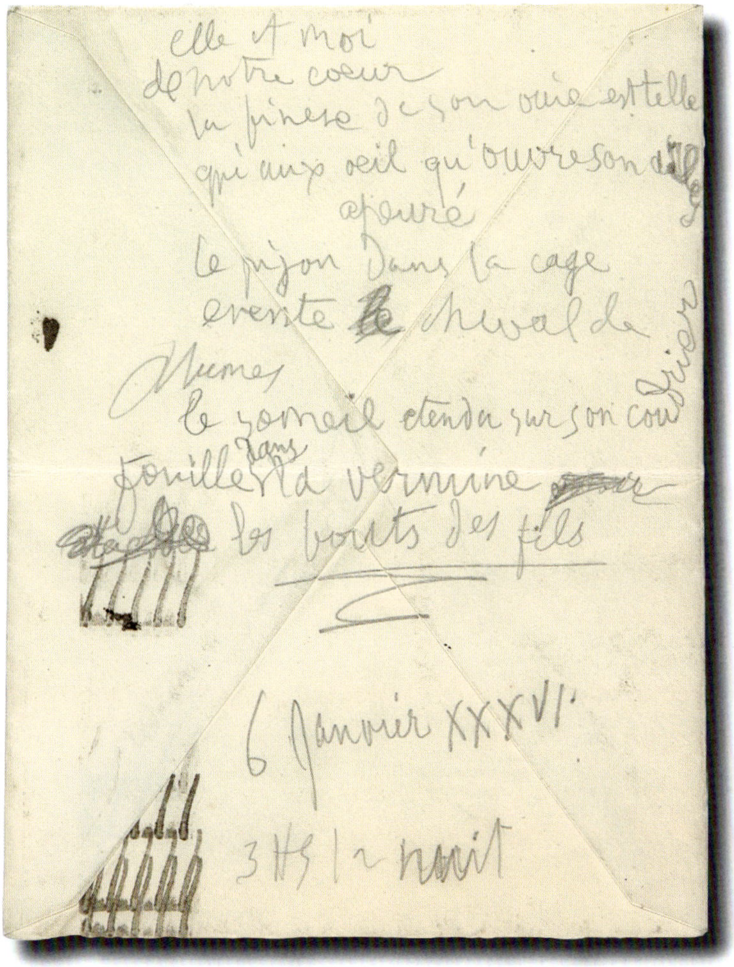

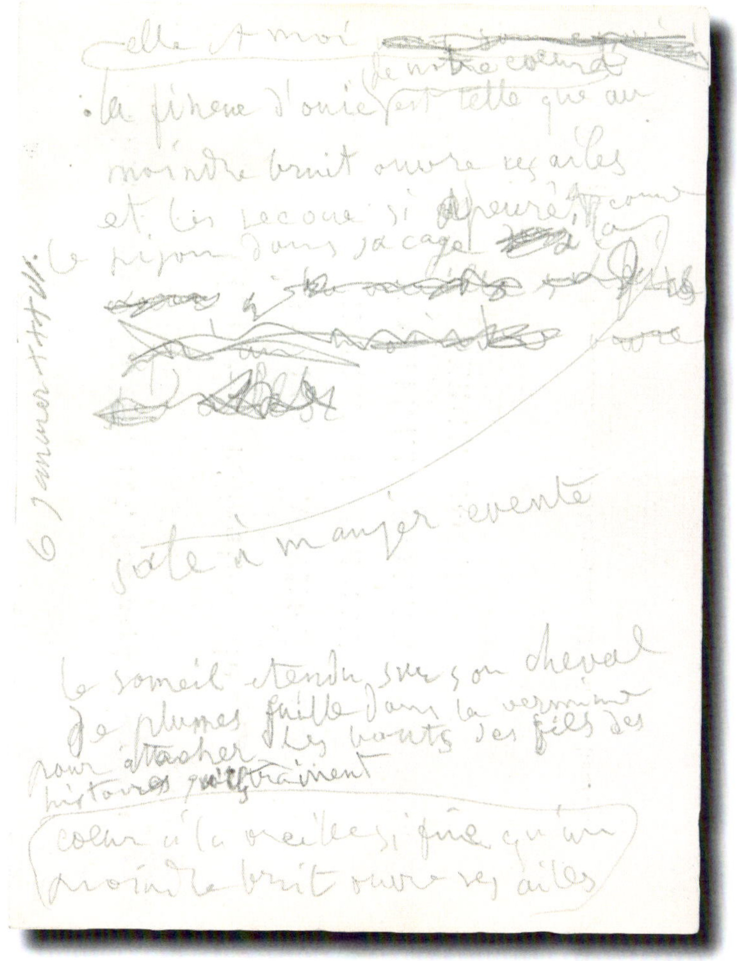

16. Poème du 5-6 janvier 1936

Picasso esquisse le poème sur une enveloppe et le recopie sur une feuille de papier vélin d'Arches (voir page suivante). D'une écriture épaisse sculpturale, il accentue tous les mots et souligne avec plusieurs traits ce qui pourrait être considéré comme une « faute » afin de souligner son caractère intentionnel. C'est aux erreurs qu'on reconnaît le génie, disait-il.

mas que de la miel
plus que du miel
elle et moi de notre cœur

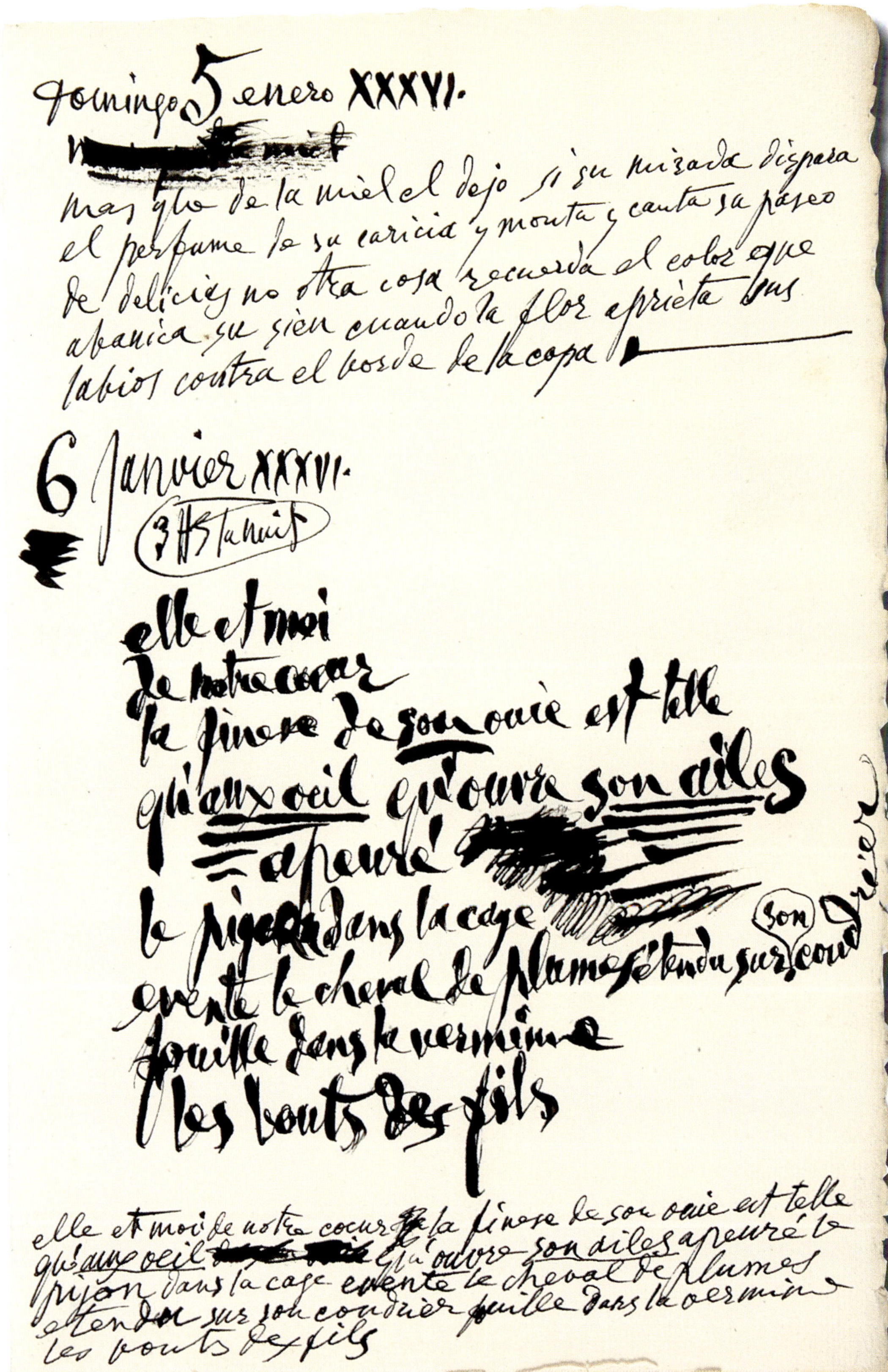

domingo 5 enero XXXVI.

mas que de la miel el dejo si su risada dispara
el perfume de su caricia y monta y canta su paseo
de delicias no otra cosa recuerda el color que
abanica su sien cuando la flor aprieta sus
labios contra el borde de la copa —

6 janvier XXXVI.
(3 H5 la nuit)

elle et moi
de notre cœur
la finesse de son ouïe est telle
qu'aux oeil qui ouvre son ailes
apeuré
le pigeon dans la cage
évente le cheval de plumes étendu sur son coudrier
fouille dans la vermine
les bouts des fils

elle et moi de notre coeur la finesse de son ouïe est telle
qu'aux oeil qui ouvre son ailes apeuré le
pigeon dans la cage évente le cheval de plumes
étendu sur son coudrier fouille dans la vermine
les bouts des fils

non plus frappe l'arome

17. Poème du 16, 18 et 20 mai 1936

Il s'agit ici de la reprise des poèmes du 16 et 18 mai 1936 dans une gravure, où l'auteur expérimente des gestes d'écriture différents qui deviennent tour à tour geste d'agression ou de caresse. Le texte qui présente ratures et réécritures est également rehaussé de dessins ce que Picasso fait rarement quand il s'investit pleinement dans l'écriture.

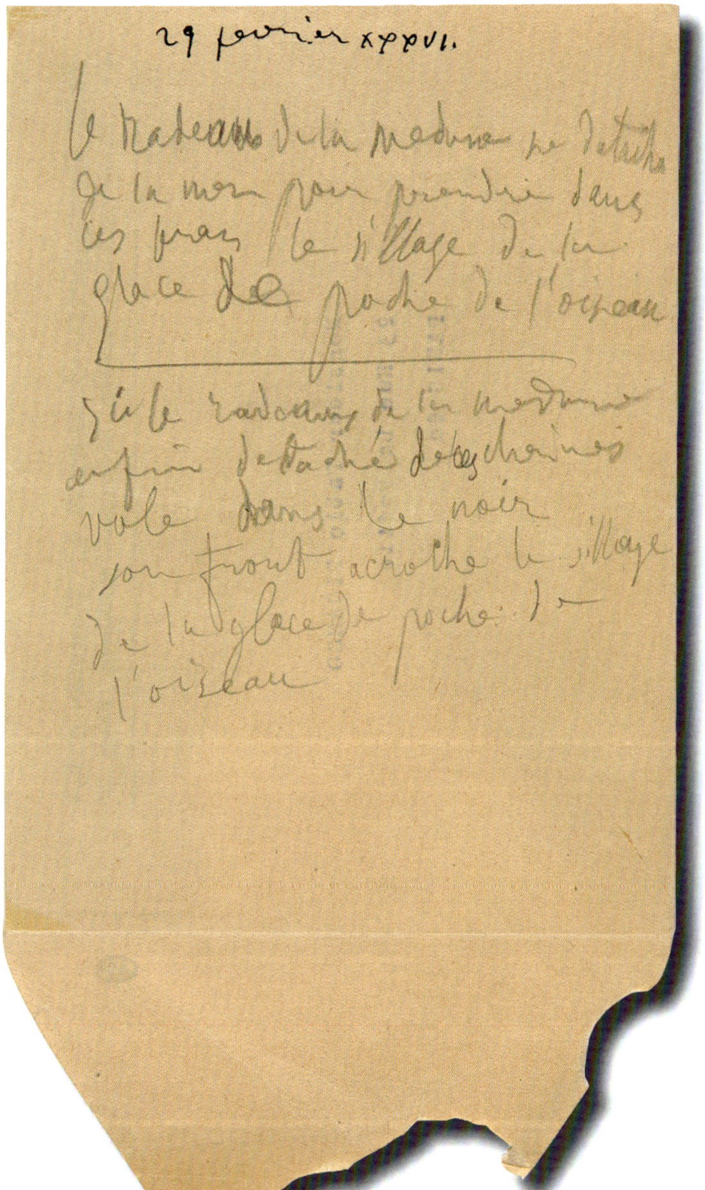

29 février XXXVI.
le radeau de la méduse se détache
de la mer pour prendre dans
ses bras le sillage de la
glace de poche de l'oiseau

si le radeau de la méduse
enfin détaché de ses chaînes
vole dans le noir
son front accroche le sillage
de la glace de poche de
l'oiseau

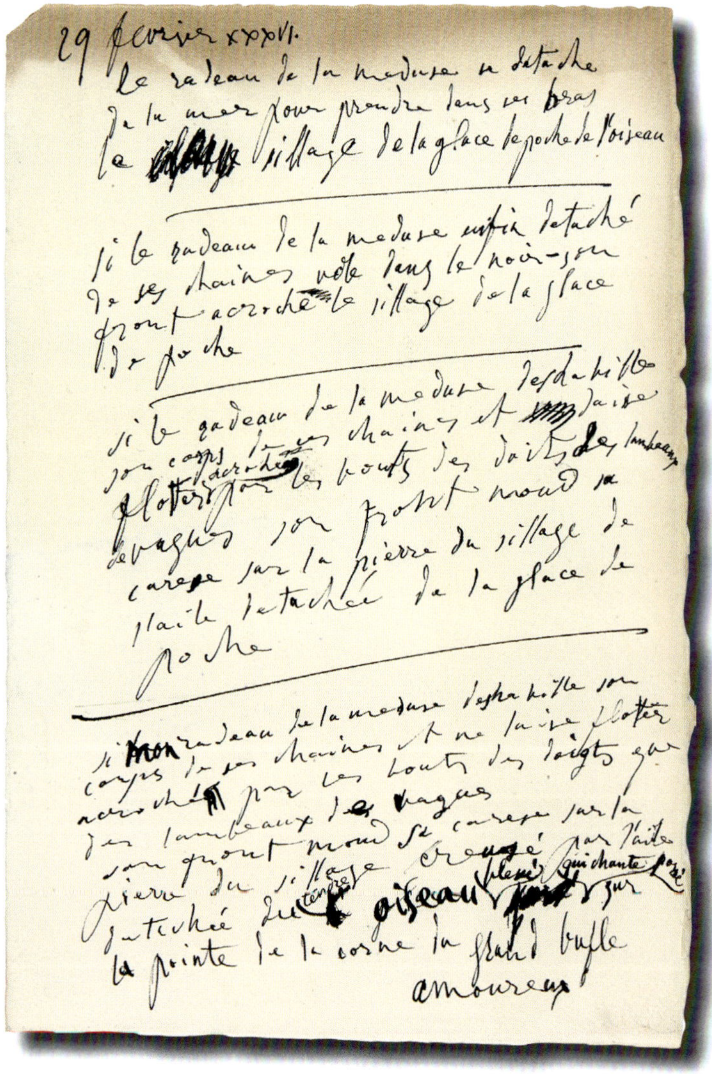

29 février XXXVI.
le radeau de la méduse se détache
de la mer pour prendre dans ses bras
le [illegible] sillage de la glace de poche de l'oiseau

si le radeau de la méduse enfin détaché
de ses chaînes vole dans le noir son
front accroche le sillage de la glace
de poche

si le radeau de la méduse déshabille
son corps de ses chaînes et laisse
flotter accroché par les bouts des doigts des lambeaux
de vagues son front mord sa
caresse sur la pierre du sillage de
l'aile détachée de la glace de
poche

si le radeau de la méduse déshabille son
corps de ses chaînes et ne laisse flotter
accroché par les bouts des doigts que
des lambeaux de vagues
son front mord se caresse sur la
pierre du sillage creusé par l'aile
détachée [illegible] oiseau [illegible] sur
la pointe de la corne du grand buffle
amoureux

18. Poème du 29 février 1936

Un premier contenu est élaboré au dos d'une enveloppe et repris sur une autre feuille en quatre variantes. Picasso expérimente la possibilité du langage de changer de sens dans les variantes et la création des nouveaux voisinages des mots. On remarquera que presque toutes les variations sont écrites en français, langue par excellence d'expérimentation pour Picasso.

miette de pain
de pot scie ma lady gai rit sable

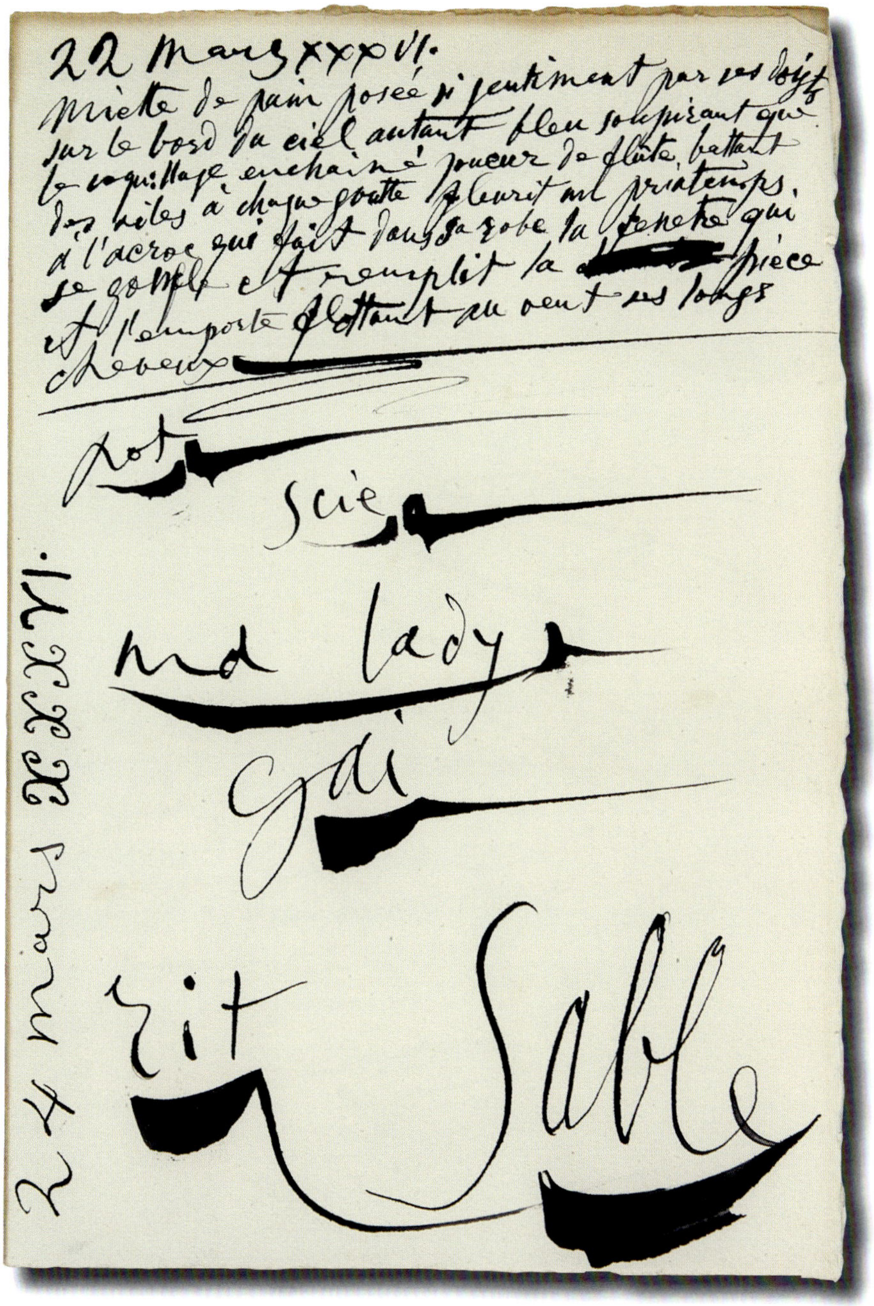
22 mars XXXVI.
miette de pain posée si gentiment par vos doigts
sur le bord du ciel autant bleu soupirant que
le coquillage enchaîné joueur de flûte battant
des ailes à chaque goutte fleurit au printemps
d'l'accroc qui fait dans sa robe la fenêtre qui
se gonfle et remplit la pièce
et l'emporte flottant au vent ses longs
cheveux

pot
scie
ma lady
gai
rit
Sable

24 mars XXXVI.

19. Poèmes du 22 et 24 mars 1936

Parfait exemple d'une écriture sculptée, d'une disposition graphique du poème proche du dessin, ce manuscrit comporte deux poèmes. Le premier, d'une écriture régulière et sans recherche plastique particulière, crée un cadre pour le poème rébus qui suit –*po(e)sie maladie guérissable*. Le gonflement, l'emplissage, le flottement au vent évoqués dans le poème du 22 mars constituent une belle métaphore du désir amoureux souvent répété dans les écrits. Elle trouve dans la deuxième partie un équivalent graphique.

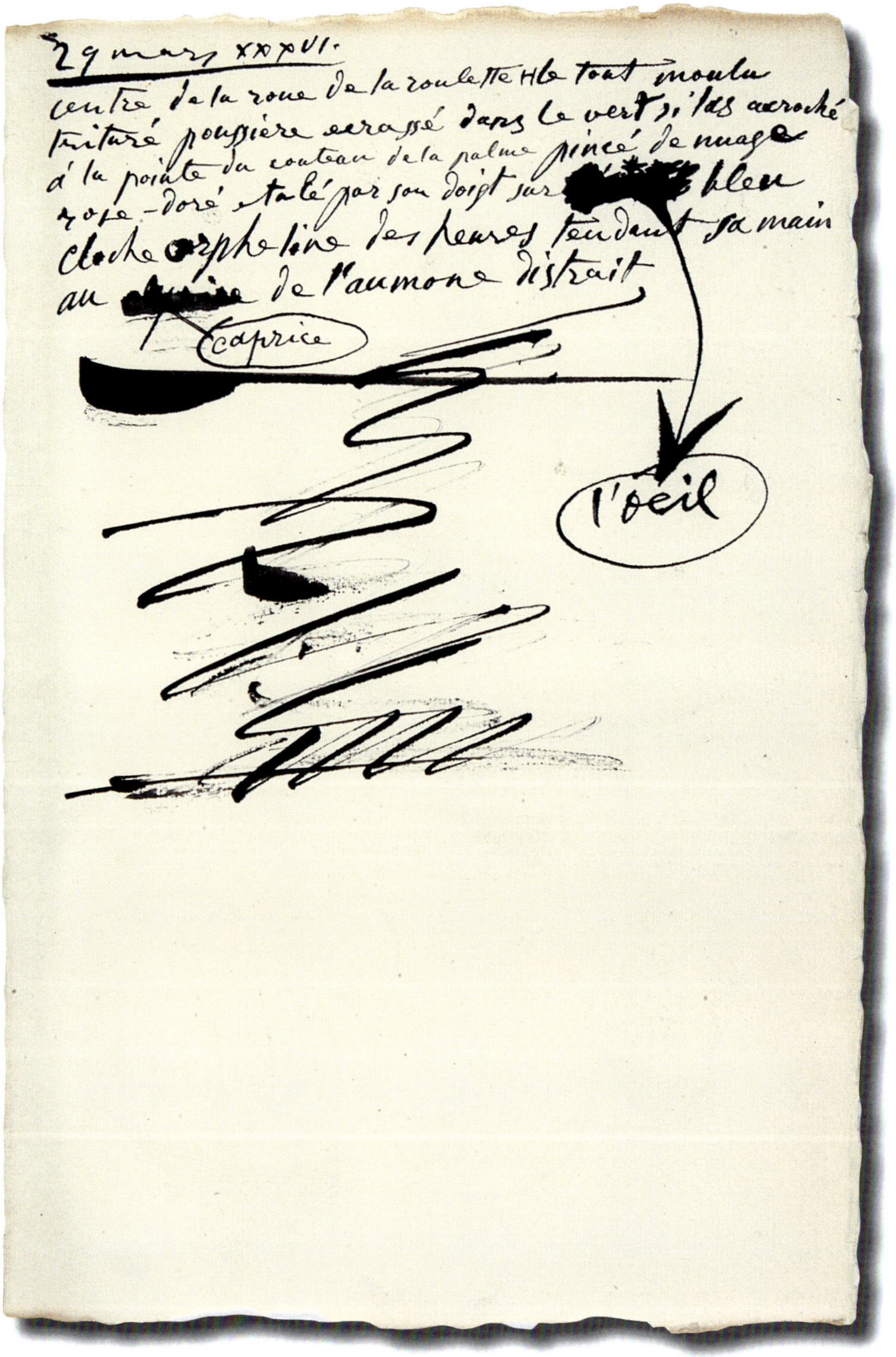
29 mars XXXVI.
centre de la roue de la roulette et le tout moulu
trituré poussière écrasé dans le vert si l'as accroché
à la pointe du couteau de la palme pincé de nuage
rose-doré étalé par son doigt sur bleu
cloche orpheline des heures tendant sa main
au de l'aumone distrait
caprice
l'oeil

20. Poème du 29 mars 1936

Le poème est formé dans la page où les ratures, les paraphes qui prolongent l'espace du poème, les mots réécrits et entourés, acquièrent un poids visuel saisissant. Une flèche épaisse entoure et met en exergue le mot « œil », récurrent dans les écrits.

portrait de jeune fille

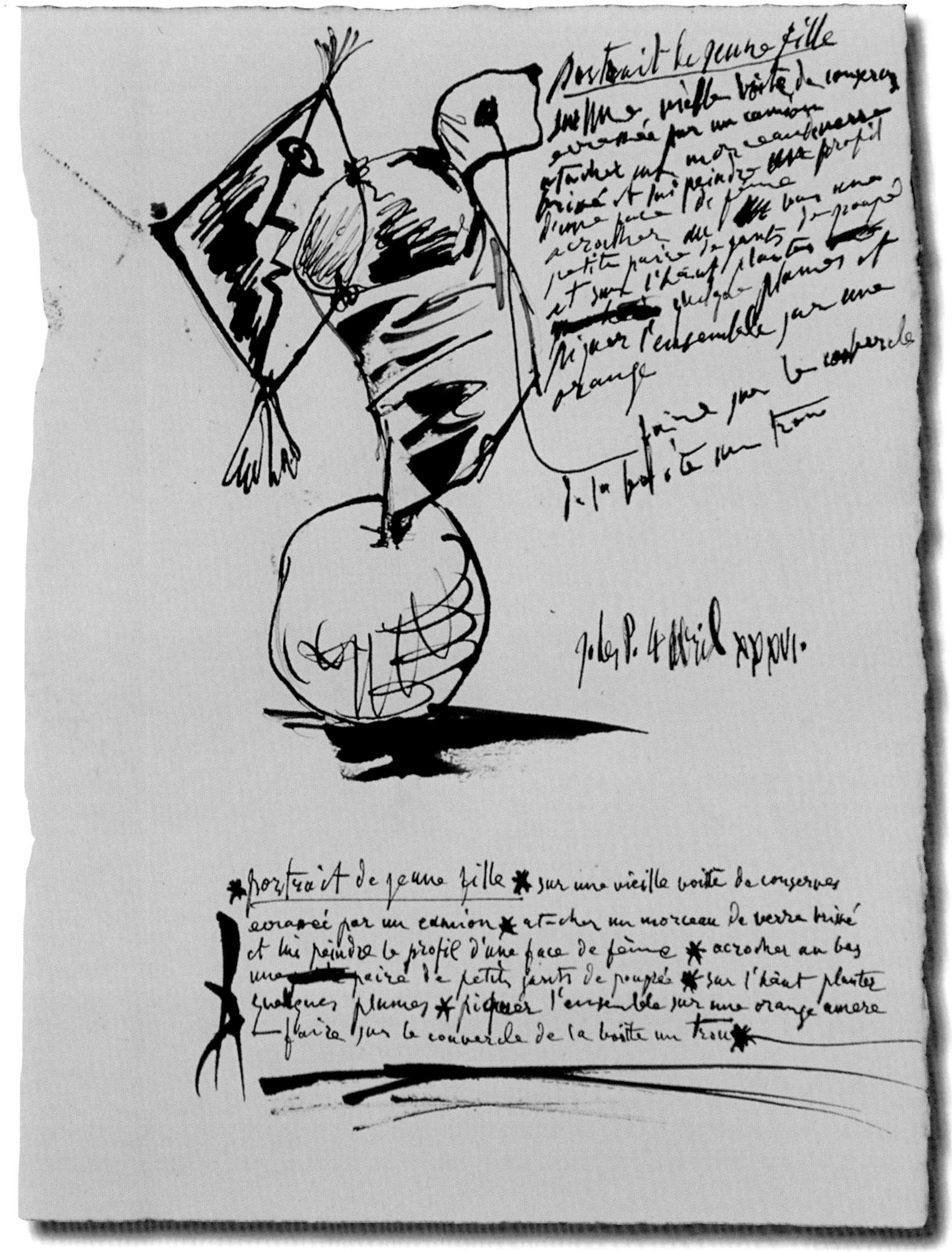

21. Poème du 4 avril 1936, 1er et 2e états (voir page suivante)

Les mots et les images sont souvent combinés chez Picasso pour former des portraits écrits ou alors dessinés, comme ici dans un jeu intéressant entre le lisible et le visible. Le texte qui accompagne le dessin propose une description imagée et poétique du dessin en devenir qui se poursuit sur la feuille suivante.

portrait de jeune fille

seul soleil rage de dents

22. Poème du 10 avril 1936

Dessin « tricoté » qui reprend le même geste graphique de l'écriture et souligne chez Picasso la continuité entre écriture et dessin.

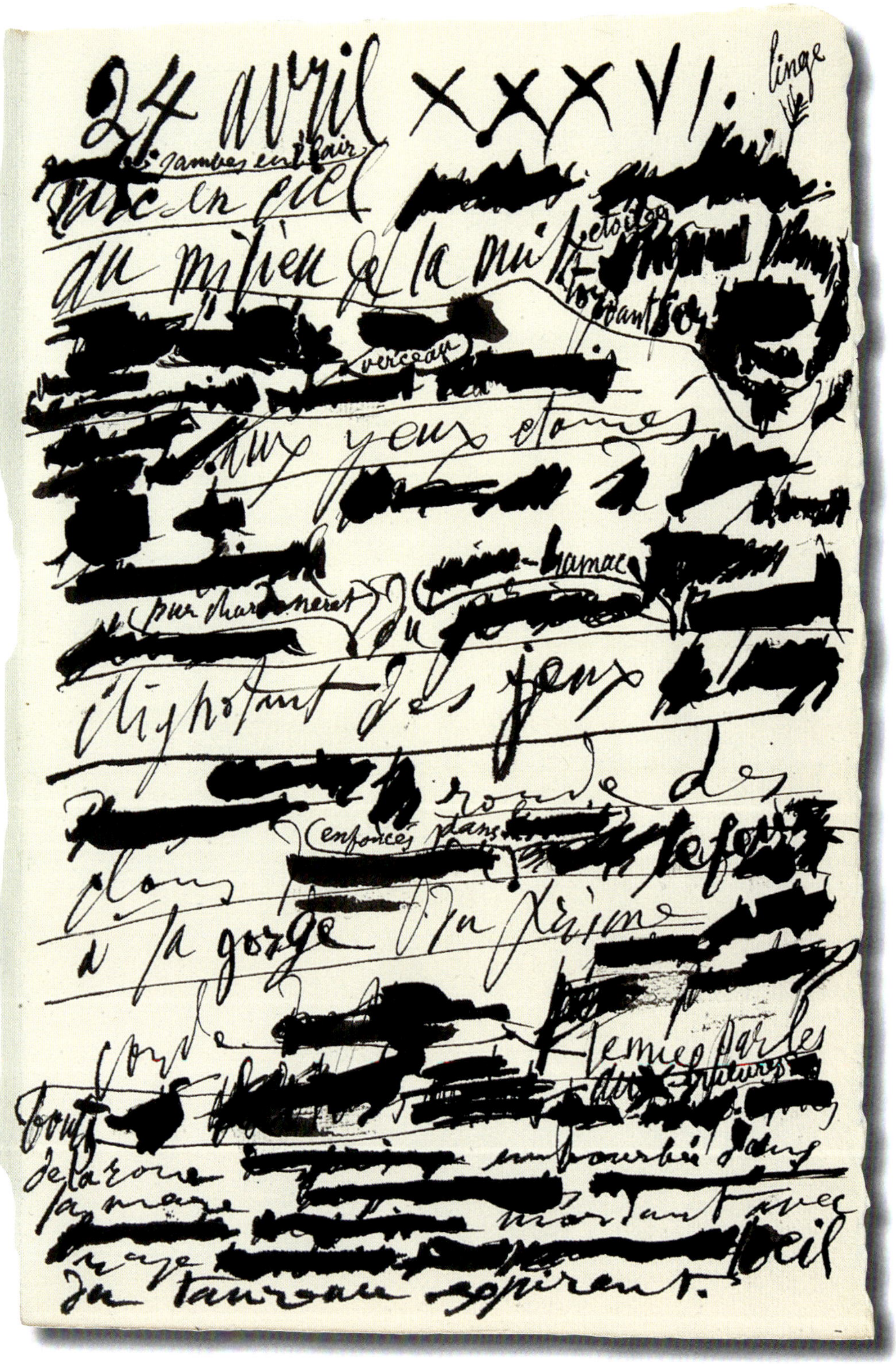

23. Poème du 24 avril 1936

Ce manuscrit exemplifie l'attitude de Picasso envers tout élément qui entre dans l'espace du poème. Certains mots comme « ciel », « yeux », « jeux »… ressortent plus fortement de l'ensemble qui se présente sous le signe de la rature. Les noirceurs qui cachent les mots ont un impact visuel tout aussi important et créent un jeu subtil entre le lisible et le visible.

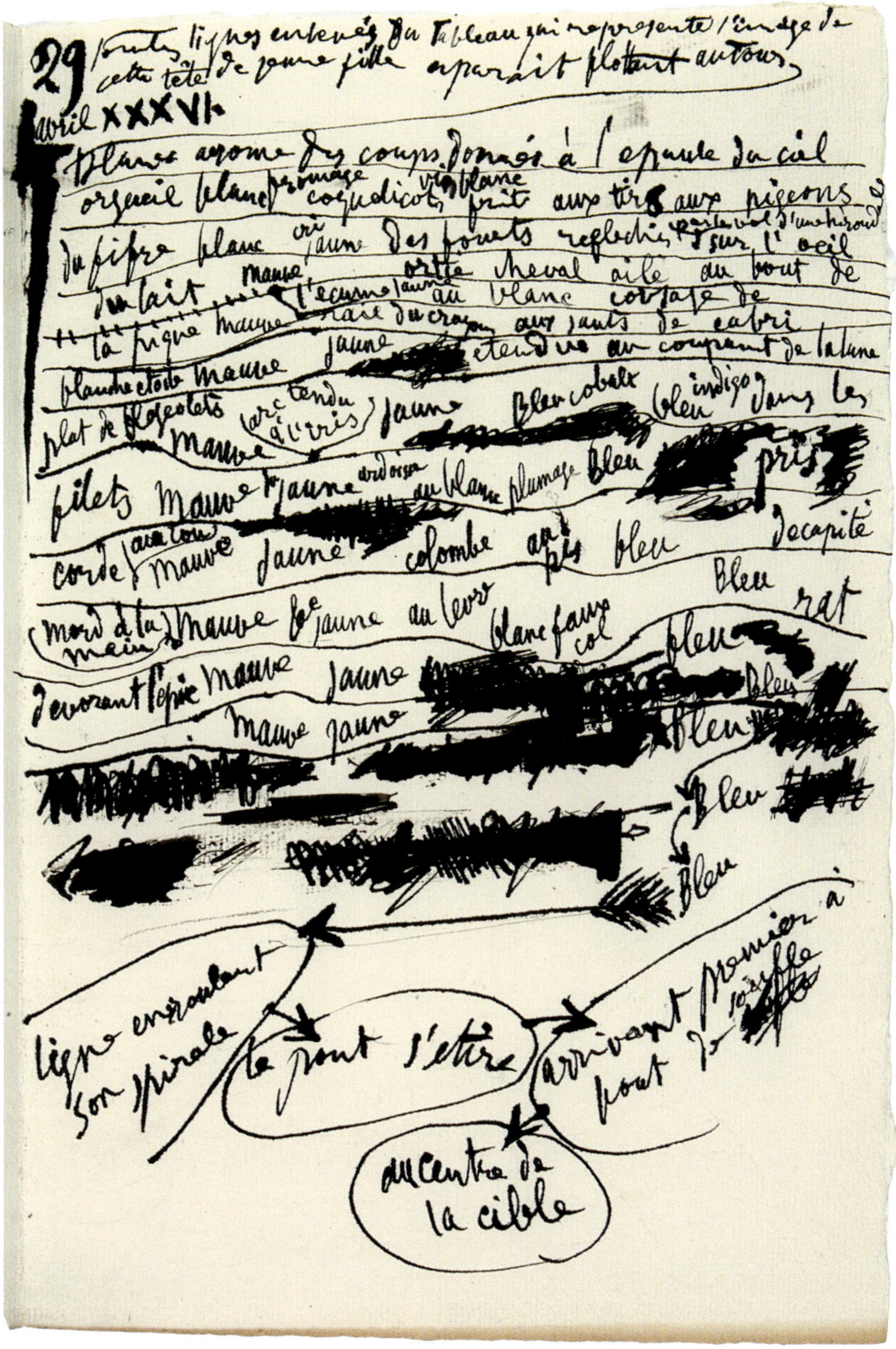

29 toutes lignes enlevées du tableau qui représente l'image de cette tête de jeune fille apparaît flottant autour

avril XXXVI

ligne enroulant son spirale

le pont d'être

arrivant premier à bout de souffle

au centre de la cible

24. Poème du 29 avril 1936

Le poème se forme ici dans la page. C'est la répétition visuelle des mots qui conduit la main et construit le poème. Ce dernier ressemble à une litanie de couleurs que Picasso répète comme pour les savourer une à une. Les mots, ainsi mis en avant, sont plus facilement repérables dans cette disposition graphique, telle une échelle de cordes. Elle se finit en phrases entourées et reliées par des flèches qui indiquent la continuité de la lecture et équilibrent en une chute visuelle la fin du poème.

do 3 re 1 mi 0 fa 2 sol 8

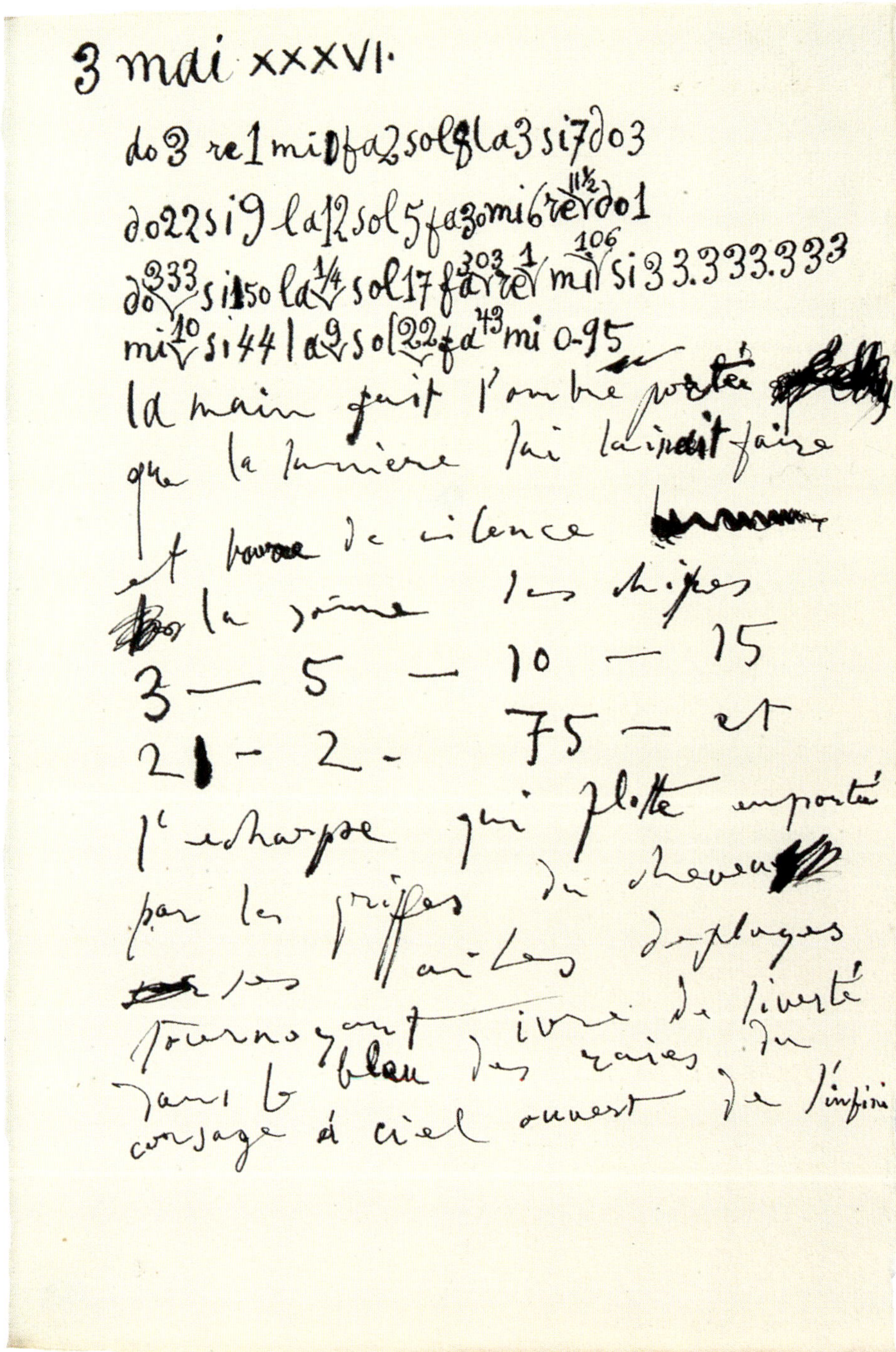
3 mai XXXVI

do 3 re 1 mi 0 fa 2 sol 8 la 3 si 7 do 3

3 — 5 — 10 — 15

25. Poème du 3 mai 1936

Notes de musique, nombres exprimés en chiffres et lettres forment ce poème d'un caractère particulier. Picasso mélange les signes qui se lisent de façon visuelle différente et perturbent la lecture habituelle lorsqu'ils se lisent à haute voix. Créant des significations partielles et un effet collage, Picasso fait bégayer le langage et conduit le lecteur à des expériences de lecture inattendues.

au rideau détaché
rit l'ail de sa couleur

7 juin XXXVI.
au rideau détaché des mains volantes par les cheveux du large
l'echelle du perfum des feuilles de la verveine
fixé par les cris des irondeles aux vols geometriques du dessin
le pot au feu du grand galop du prisme
fleur-arme enfoncée au coeur
expire son indiference
son costume poudre la coupe faite en forme de tête d'aigle
des neiges de la musique des fleches de l'arlequin
la faux moisoneuse d'étoiles
les bras sous le plumetis des manches du corsage
refait le noeud de viperes de l'arbre des veilleuses endormies
sur les feux doux coupant l'odeur du silence
pendu aux lames de la persienne
sorte de tambour battant le rappel au point matematique de son amour
dans l'oeil [illegible] du toro ailes deployés
nageant nu dans l'odeur du bleu serré au cou du soleil en poussiere
caché sous le lit grelotant
embourbé dans l'ombre du coup de fouet balbucié par le vent epongé
bloti dans la boulette de souvenirs jetée dans la cendre
à l'instant ou la rose equilibre sa chance

15 juin XXXVI.
rit l'ail de sa couleur de etoile feuille morte
rit de son air moqueur à la rose le poignard
que sa couleur enfonce l'ail de l'étoile en feuille morte
rit de son air malin au poignard des roses l'odeur
de l'etoile tombant en feuille morte
l'ail de l'aile

26. Poème du 7 et 15 juin 1936

Picasso compose un poème présenté en vers libres, chacun terminé par le signe typographique de longueur variable. Dans le court poème suivant, il joue davantage avec les mots et les sonorités en créant un effet de rimes. L'ail de l'aile – joue sur l'écriture et la sonorité du phonème « ail » qui change radicalement en lui ajoutant le « e ». Chacun de ses mots, est « pesé », pour reprendre son expression dans ce véritable travail sur la langue, les répétitions et le rythme. Il s'agit d'un de rares exemples de manuscrit rehaussé d'un dessin, qui n'a ici pas de véritable rapport avec le contenu du texte.

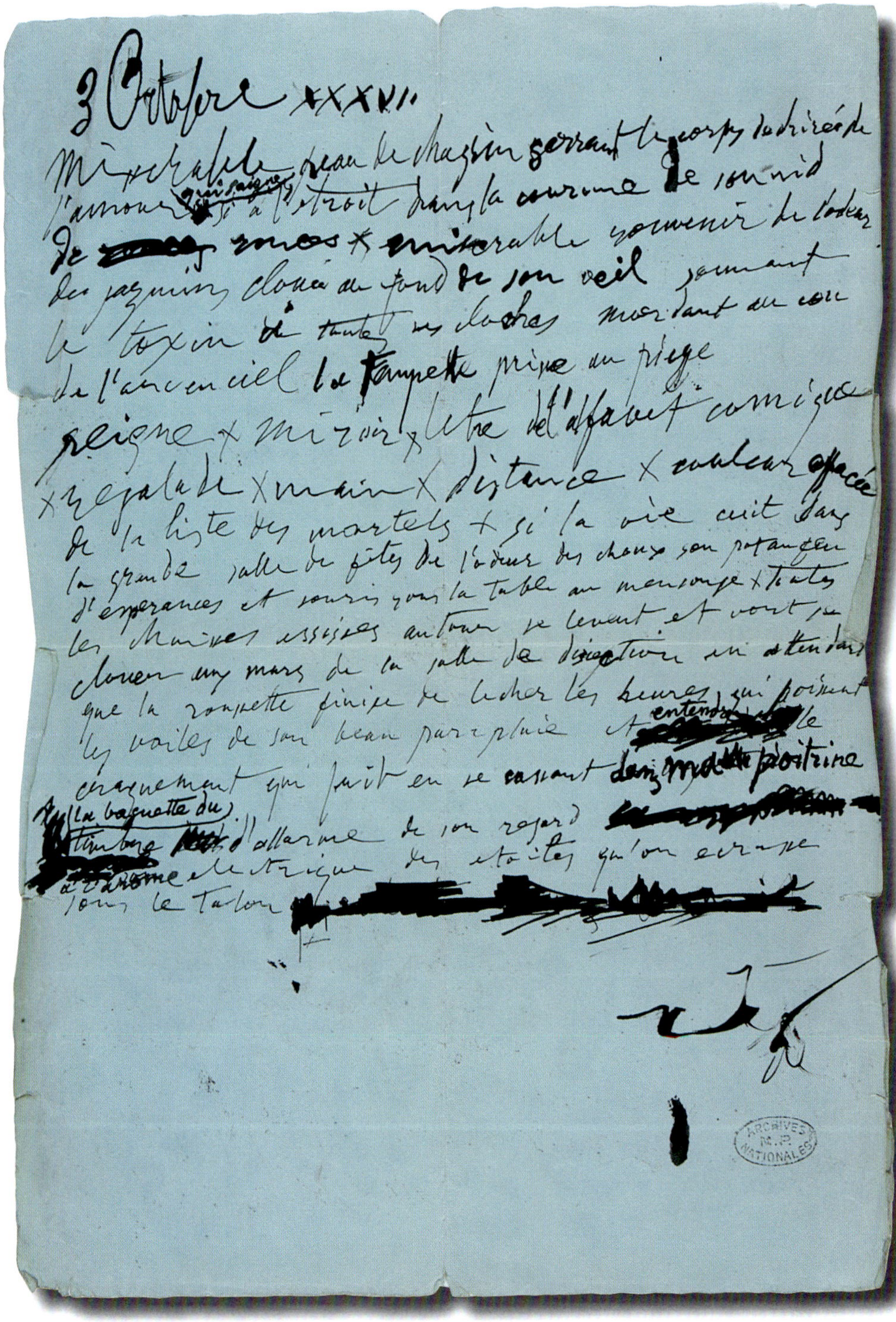

27. Poème du 3 octobre, 1er état et poème du 3 et 10 octobre 1936, 2e état (page suivante)

Picasso écrit un texte puis l'accroît par l'ajout successif de phrases qui le décomposent et en déstructurent la syntaxe. Son procédé d'écriture, très réfléchi, est manifeste. Ainsi, sur les deux manuscrits, il indique comment les couleurs bleu clair et orange sont à l'origine des segments de phrase. « Misérable peau de chagrin », « pot-au-feu d'espérances », « chaises assises qui se lèvent et vont se clouer aux murs de la salle », un répertoire de thèmes familier chez Picasso, dans ce poème rhizome.

misérable peau de chagrin

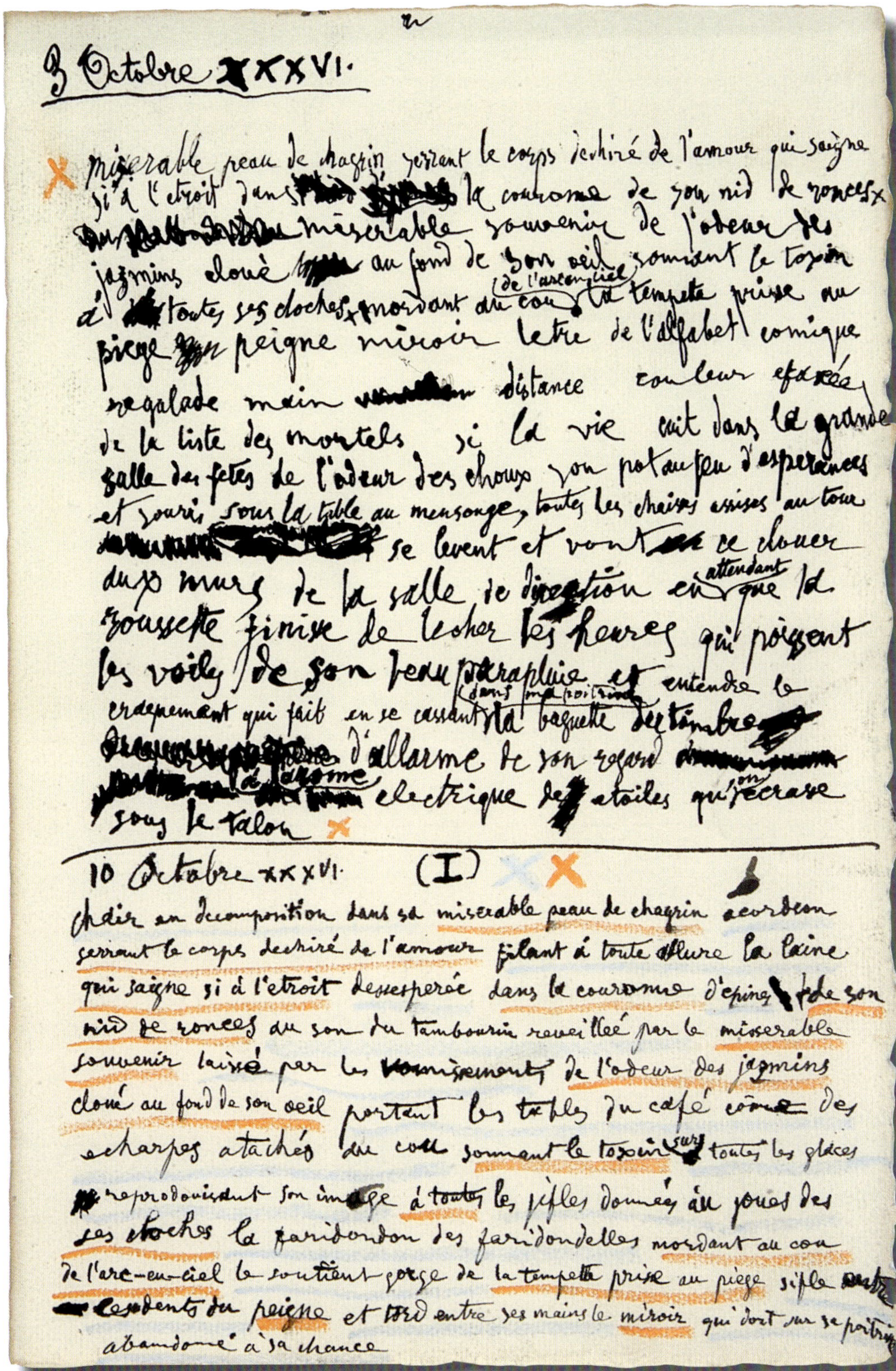

3 Octobre XXXVI.

misérable peau de chagrin serrant le corps déchiré de l'amour qui saigne si à l'étroit dans la couronne de son nid de ronces x misérable souvenir de l'odeur des jasmins cloué au fond de son oeil sonnant le tocsin à toutes ses cloches x mordant au cou (de l'arc-en-ciel) la tempête prise au piège peigne miroir lettre de l'alfabet comique regalade main distance couleur effacée de la liste des mortels si la vie cuit dans la grande salle des fêtes de l'odeur des choux son pot-au-feu d'espérances et souris sous la table au mensonge, toutes les chaises assises au tour se lèvent et vont se clouer aux murs de la salle se direction en attendant que la roussette finisse de lécher les heures qui peignent les voiles de son beau parapluie et entendre le craquement qui fait en se cassant (dans sa poitrine) la baguette du tambour d'allarme de son regard l'arome électrique des étoiles qu'on écrase sous le talon x

10 Octobre XXXVI (I) XX

choir en décomposition dans sa misérable peau de chagrin accordéon serrant le corps déchiré de l'amour filant à toute allure la laine qui saigne si à l'étroit désespérée dans la couronne d'épines de son nid de ronces au son du tambourin réveillée par le misérable souvenir laissé par les de l'odeur des jasmins cloué au fond de son oeil portant les tables du café comme des écharpes atachés au cou sonnant le tocsin sur toutes les glaces reproduisant son image à toutes les sifles données aux joues des ses cloches la faridondon des faridondelles mordant au cou de l'arc-en-ciel le soutient gorge de la tempête prise au piège sifle les dents du peigne et tord entre ses mains le miroir qui dort sur sa poitrine abandonné à sa chance

mathématiquement pure image
spleen du quart de brie
l'une anonyme à l'autre

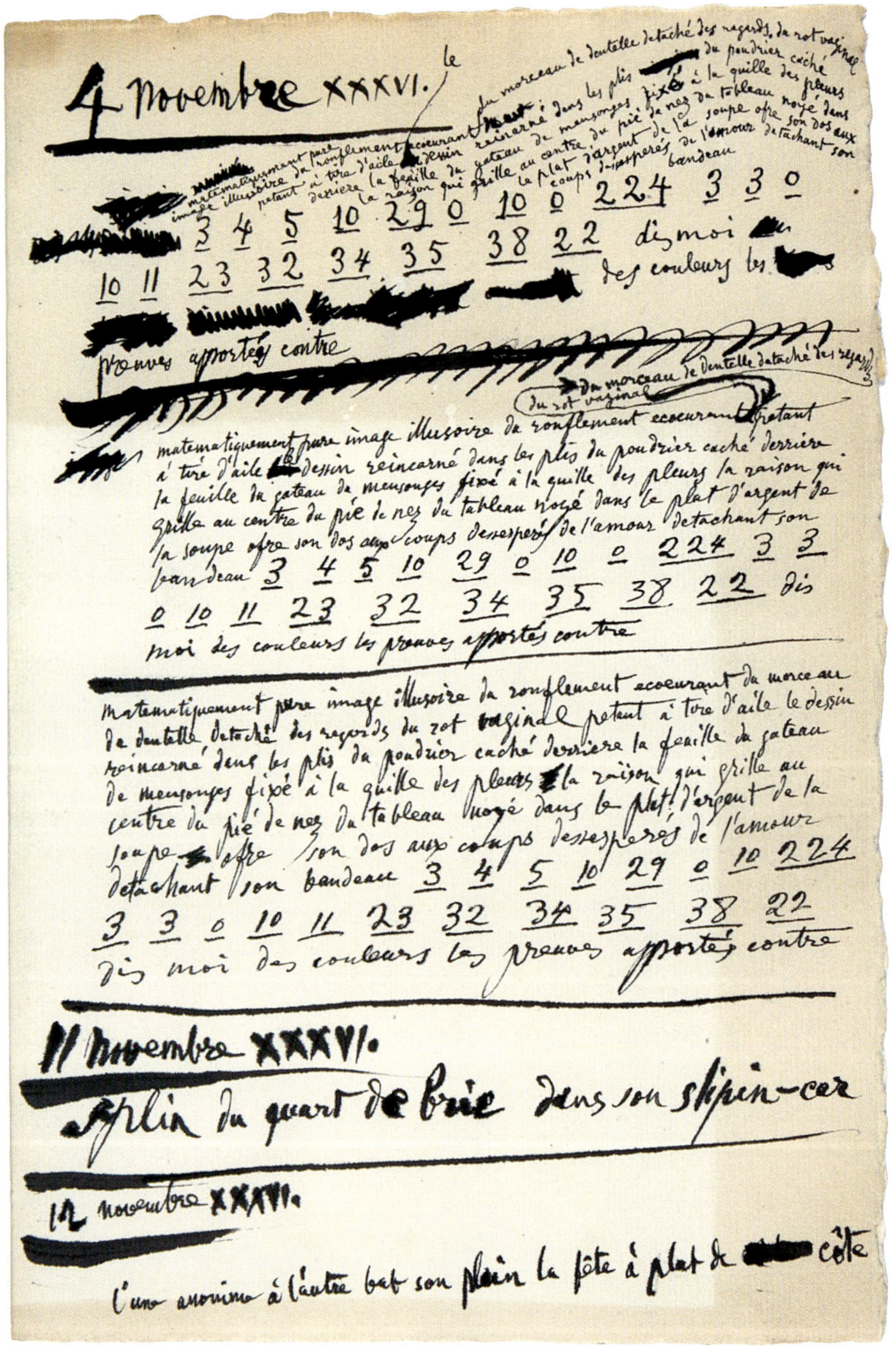

4 novembre XXXVI.

[redacted] matematiquement pure image illusoire du ronflement ecoeurant [redacted] petant à tire d'aile le dessin reincarné dans les plis du poudrier caché derriere la feuille du gateau de mensonges fixé à la quille des pleurs la raison qui grille au centre du pié de nez du tableau noyé dans le plat d'argent de la soupe ofre son dos aux coups desesperés de l'amour detachant son bandeau 3 4 5 10 29 0 10 0 224 3 3 0
[redacted] 3 4 5 10 29 0 10 0 38 22 dis moi [redacted]
10 11 23 32 34 35 38 22 des couleurs les [redacted]
[redacted]
preuves apportés contre [redacted]

[redacted] matematiquement pure image illusoire du ronflement ecoeurant du morceau de dentelle detaché des regards du rot vaginal petant à tire d'aile [redacted] dessin reincarné dans les plis du poudrier caché derriere la feuille du gateau de mensonges fixé à la quille des pleurs la raison qui grille au centre du pié de nez du tableau noyé dans le plat d'argent de la soupe ofre son dos aux coups desesperés de l'amour detachant son bandeau 3 4 5 10 29 0 10 0 224 3 3 0 10 11 23 32 34 35 38 22 dis moi des couleurs les preuves apportés contre

matematiquement pure image illusoire du ronflement ecoeurant du morceau de dentelle detaché des regards du rot vaginal petant à tire d'aile le dessin reincarné dans les plis du poudrier caché derriere la feuille du gateau de mensonges fixé à la quille des pleurs [redacted] la raison qui grille au centre du pié de nez du tableau noyé dans le plat d'argent de la soupe [redacted] ofre son dos aux coups desesperés de l'amour detachant son bandeau 3 4 5 10 29 0 10 224 3 3 0 10 11 23 32 34 35 38 22 dis moi des couleurs les preuves apportés contre

11 novembre XXXVI.

splin du quart de brie dans son skin-car

12 novembre XXXVI.

l'une anonime à l'autre bat son plein la fête à plat de [redacted] côte

28. Poème du 4, 11, 12 novembre 1936

Le poème du 4 novembre 1936, suivi de deux autres formés d'une seule phrase courte, est élaboré en trois états successifs ; il met en scène les mathématiques, l'amour, la peinture et les nombres exprimés en chiffres dans un rapport complexe. Les chiffres présentés de manière désordonnée, sont soulignés et ne forment pas de suite. Énumérer, aller piano, compter chaque chiffre un à un, grain à grain, sont des opérations liées au temps, cathartiques et rituelles chez Picasso.

bruits des pas illuminés des fleurs

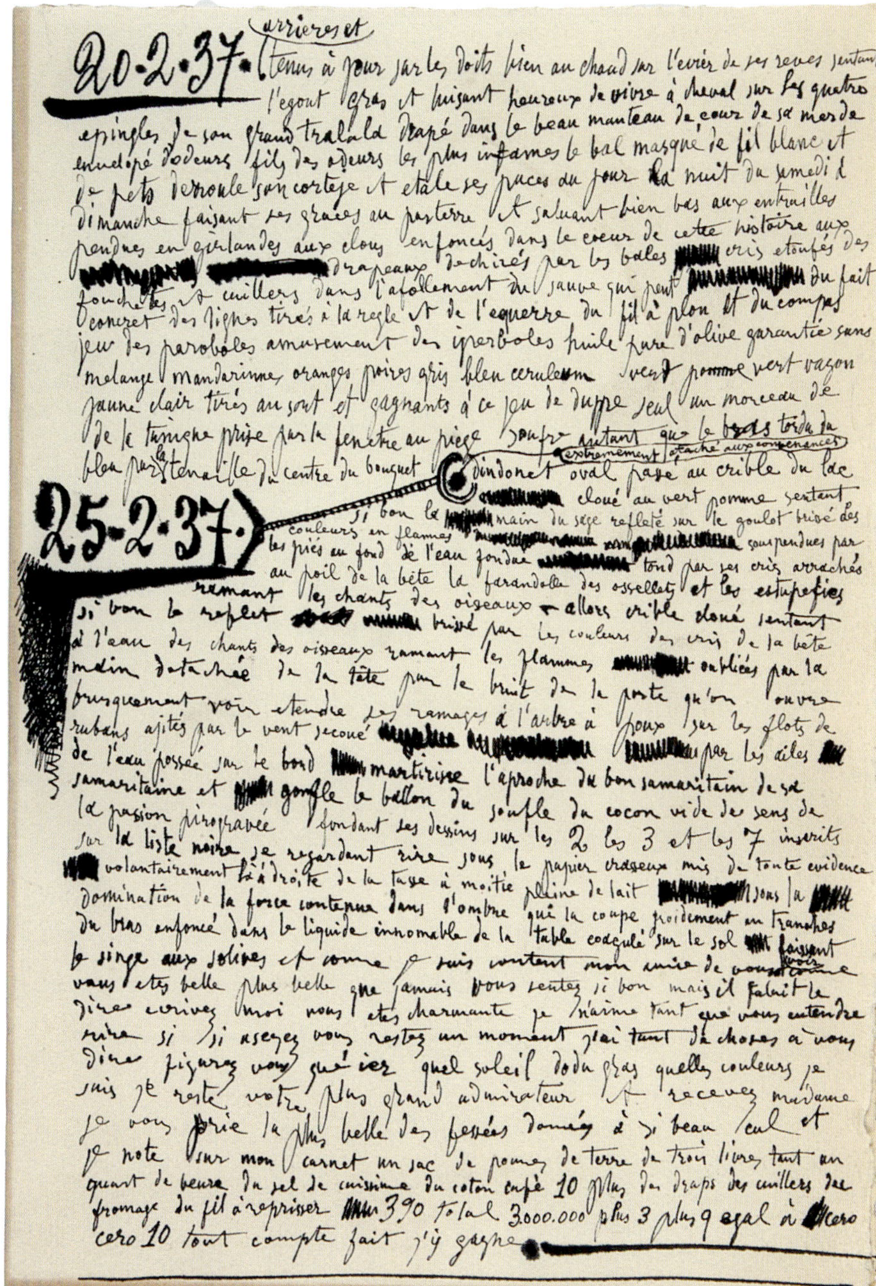

29. Poème du 20 février-25 février 1937 (sur plusieurs pages)

Ce long poème à l'écriture régulière et serrée, raturé, sans ponctuation sur plusieurs pages, a été écrit sur plusieurs jours et exemplifie le genre de poème fleuve typique de Picasso. Impossible alors de ponctuer sans couper le flux du texte. Les fragments qui, ensemble, constituent l'unique hyperphrase du texte, s'imbriquent inlassablement les uns dans les autres. Texte en mouvement qui emporte le lecteur, il contient la quasi-totalité des thèmes qu'on rencontre dans ses écrits. Le poème finit de façon burlesque : « recevez madame je vous prie la plus belle des fessées donnée à si beau cul et je note sur mon carnet un sac de pommes de terre de trois livres tant un quart de beurre de sel de cuisine ». D'autres comestibles suivent et l'opération se conclut ainsi : « tout compte fait j'y gagne ».

laisse au printemps

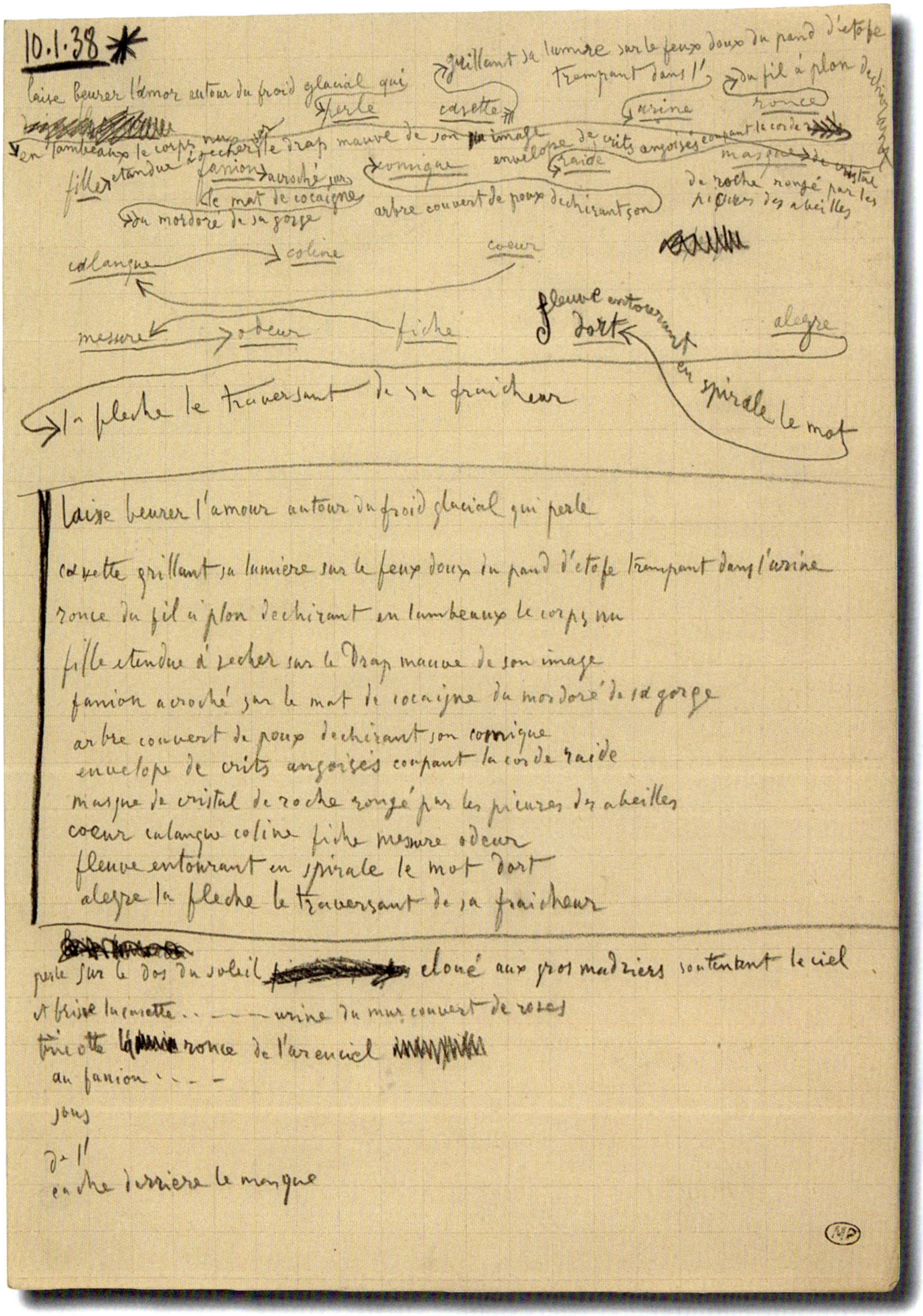

30. Poème du 10 janvier 1938

Des mots isolés reliés entre eux par des flèches forment le premier état. Picasso reprend le même contenu tout en le faisant varier par un jeu sur la forme – vers, strophes, prose – sur les sonorités et les rythmes. Un dessin paratextuel dans la marge du dernier manuscrit (voir page suivante) retranscrit par l'image ce qui est exprimé dans le texte : « le soleil tenu suspendu par ses quatre coins cloués aux gros madriers soutenant le ciel ».

~~Htenu~~ suspendu par ses quatres coins cloué,
aux

laisse au printemps arrivant à pas de loup le soin de beurrer
l'amour qui suinte de ses yeux autour du froid glacial qui
perle sur le dos du soleil [illegible] gros
madriers soutenant le ciel qui laisse tomber son
poing [illegible] la casquette que grillant sa lumière sur le feu
doux du pand d'étofe trempant dans l'urine des roses
couvrant le mur mitoyen du parfum de leurs excrements
tricotte la ronce du fil à plon de l'arc en pierre déchirant
en lambeaux le corps nu de la fille étendue à sécher sous
le drap mauve de son image acroché au fanion attaché
au bout du mat de cocagne du mordoré de [illegible]
[illegible] sa gorge desinant minusieusement
sur l'ombre l'arome de l'arbre couvert de poux déchirant son comique
enveloppe de cris angoissés coupant la corde raide du masque en cristal
de roche rongé par les piqures des camions fixant dessus la ruche coeur
calanque coline fiche mesure odeur fleuve entourant en spirale
le mot dort la flèche de la lampe [illegible] glisant sur le papier
le traversant alègre

laise au miroir [illegible] au printemps arrivant à pas de loups le soin
~~Laise au miroir du chant du~~
~~Laise au chant du miroir~~
~~Laise le chant~~
~~Laise chanter le miroir du~~
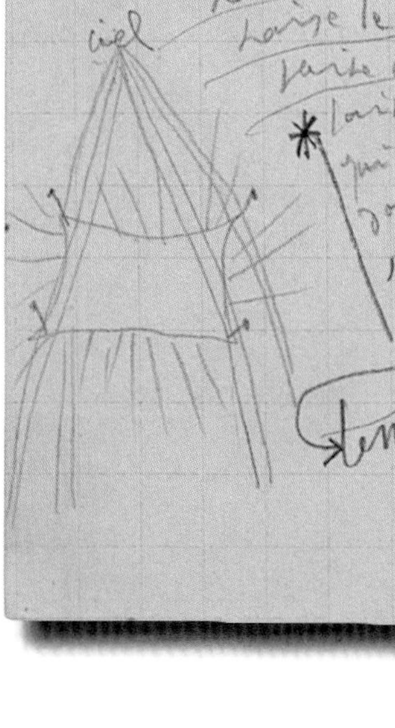

laise au printemps arrivant à pas de loups le soin de beurrer l'amour
qui suinte de ses yeux autour du froid glacial qui perle sur le
dos du soleil [illegible] aux gros madriers
soutenant le ciel qui laise tomber son poing sur le
tambour qu
tenu suspendu par ses quatre coins cloués

dodeline miroir jaspe corneille

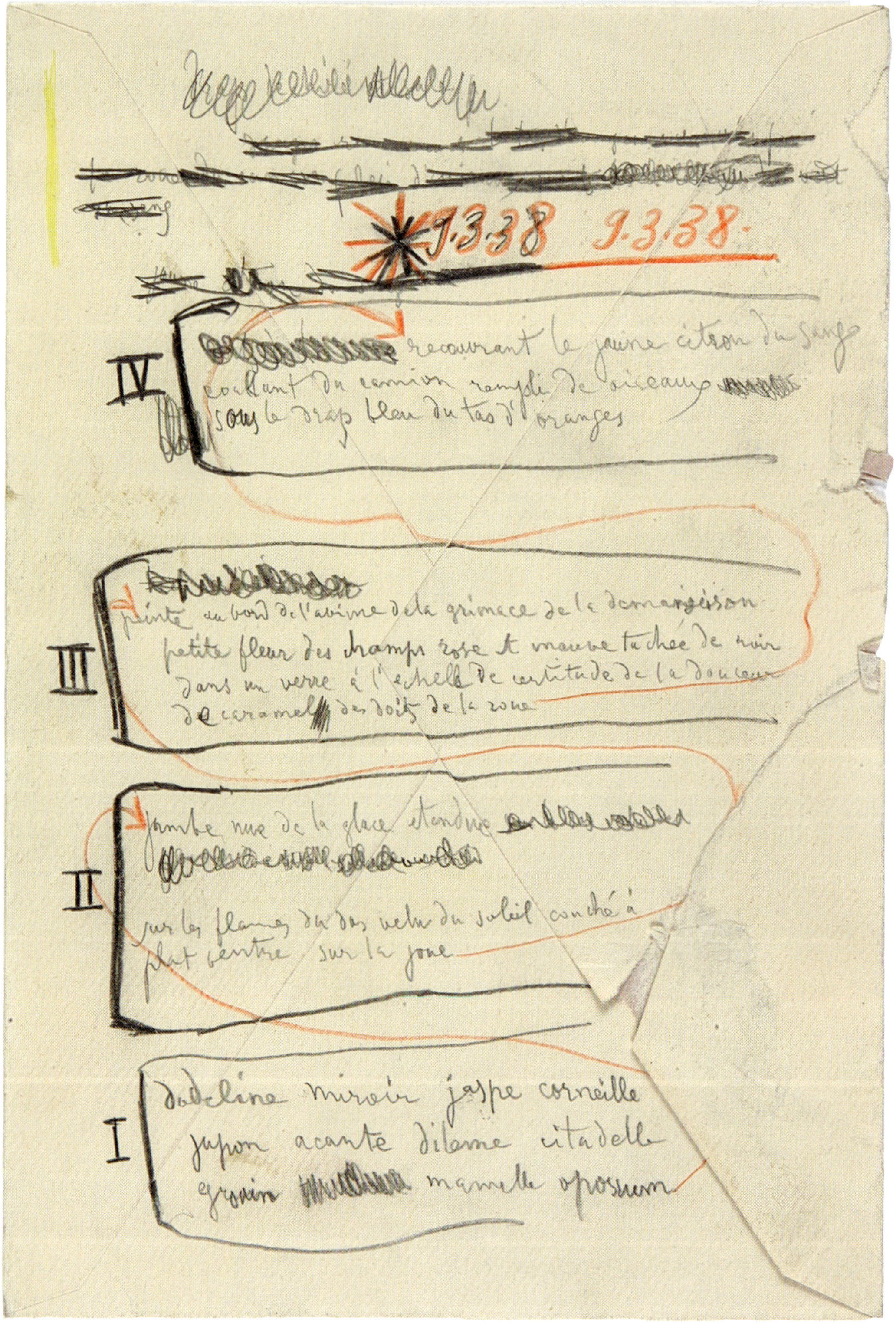

9.3.38 9.3.38.

IV
recouvrant le jaune citron du sang
coulant du camion rempli de oiseaux
sous le drap bleu du tas d'oranges

III
peinte au bord de l'abîme de la grimace de la démangeaison
petite fleur des champs rose et mauve tachée de noir
dans un verre à l'échelle de certitude de la douceur
de caramel des doigts de la zone

II
jambe nue de la glace étendue
sur les flammes du dos velu du soleil couché à plat ventre sur la joue

I
dodeline miroir jaspe corneille
jupon acante dilemme citadelle
groin mamelle oposum

31. Poème du 9 mars 1938

Ce poème très court commence avec une juxtaposition de mots – noms communs sans aucune liaison. On remarque les soulignements, flèches, dates et numérotation des strophes-paragraphes, de I à IV en commençant par la fin, qui sont autant de repères pour la mise en espace du texte.

poisson chat

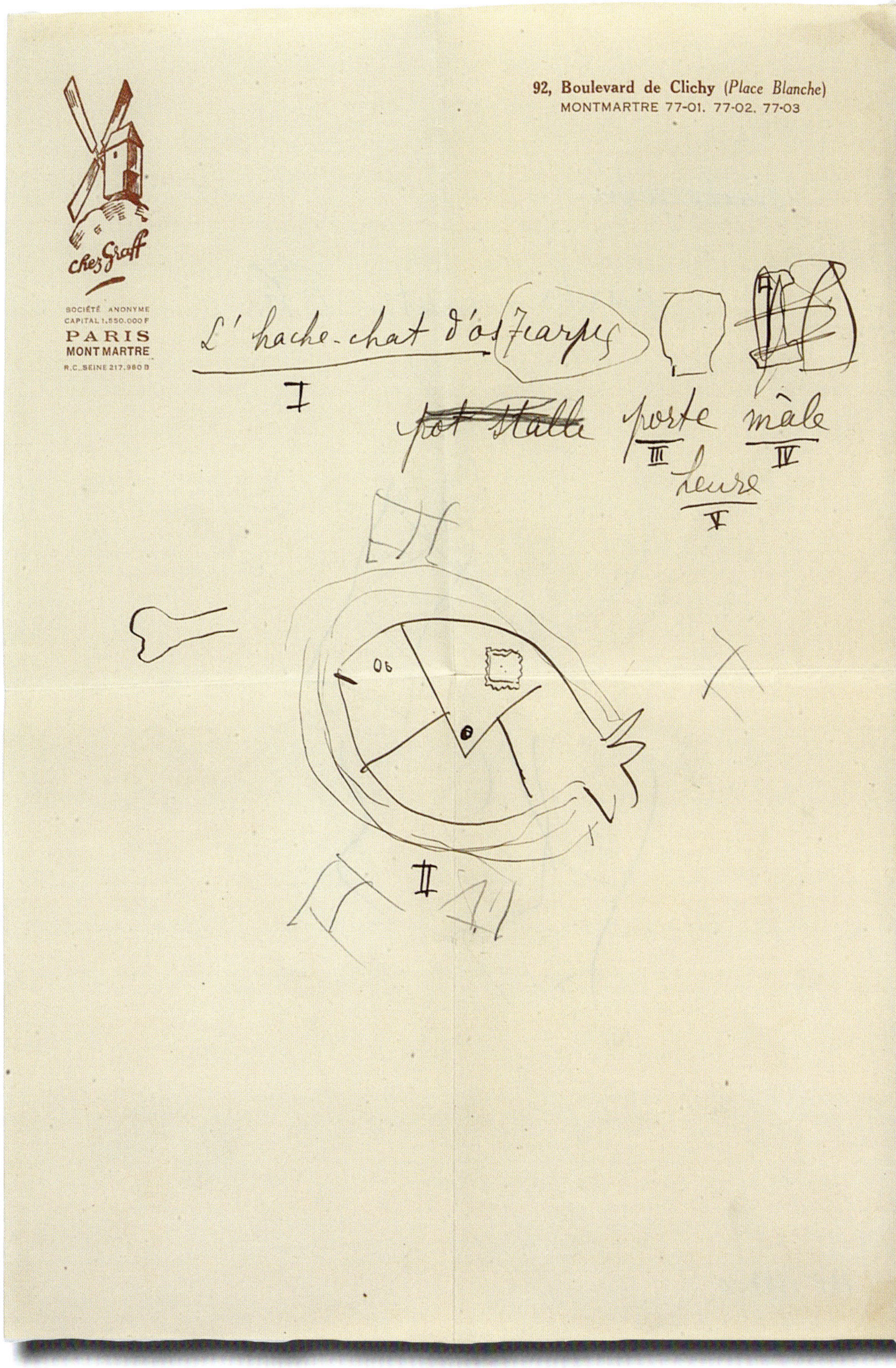

32. Poisson chat poème rébus

Ce dessin-rébus, d'une recherche et d'une complexité étonnantes, est d'autant plus intéressant qu'il nous livre en trois états tout le processus de la mise en place de la genèse et tout l'humour qui caractérise le travail de Picasso. Ci-dessus, la première des trois esquisses de ce poème-rébus le « poisson-chat : l'hache-chat d'os 7 carpes postales porte mâle heures » : « L'achat de cette carte postale porte malheur » et, page suivante, dessin-rébus « poisson-chat » non daté.

Les Quatre Petites Filles

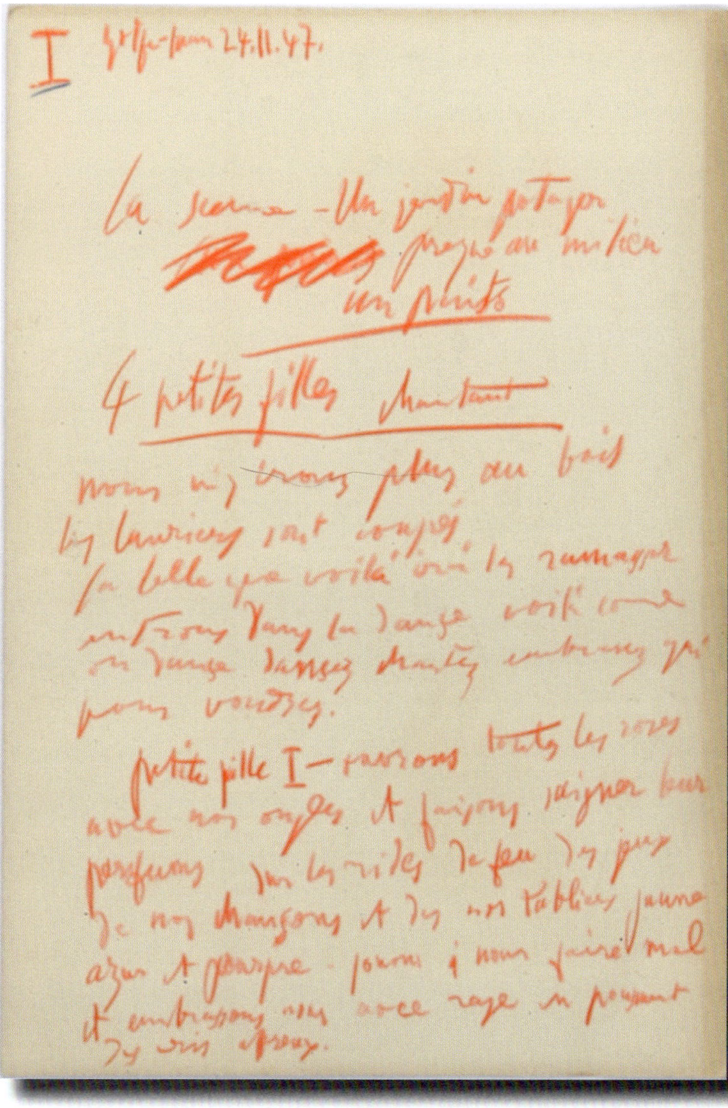

I Golfe-Juan 24.11.47.

La scène — Un jardin potager [illegible] au milieu un puits

4 petites filles chantant

nous n'irons plus au bois
les lauriers sont coupés
la belle que voilà ira les ramasser
entrons dans la danse voyez comme
on danse dansez chantez embrassez qui
vous voudrez.

petite fille I — rasons toutes les roses
avec nos ongles et faisons saigner leurs
parfums sur les ailes de feu des jeux
de nos chansons et des nos tabliers jaune
azur et pourpre pour nous faire mal
et embrassons nous avec rage en poussant
des cris aigus.

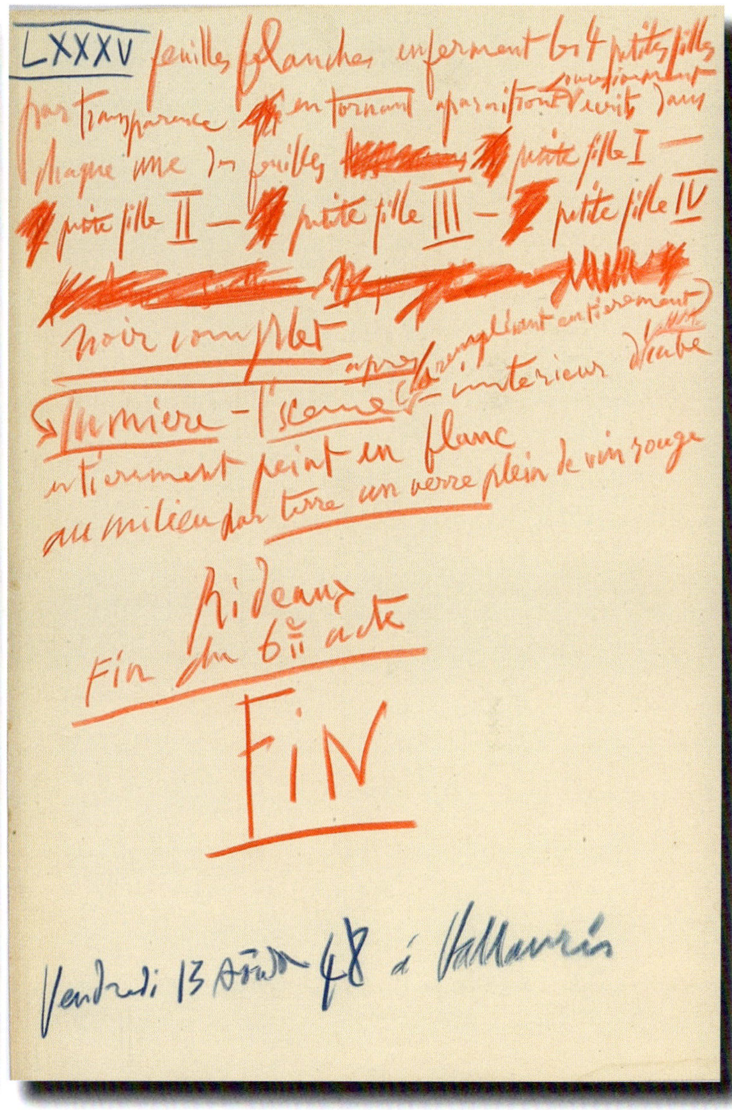

LXXXV feuilles blanches enfermant les 4 petites filles
par transparence en tournant apparitions écrits dans
chaque une des feuilles petite fille I —
petite fille II — petite fille III — petite fille IV

noir complet

lumière — la scène [illegible] intérieur [illegible]
entièrement peint en blanc
au milieu par terre un verre plein de vin rouge

Rideau
Fin du 6e acte

FIN

Vendredi 13 Août 48 à Vallauris

34. Les Quatre Petites Filles, 1re page : 24 novembre 1947 et dernière page : 13 août 1948

Voici deux pages de la pièce de théâtre *Les Quatre Petites Filles*, dont la durée de l'écriture est particulièrement longue (près de neuf mois). Pourtant, Picasso utilise les mêmes crayons colorés rouge et bleu (uniquement pour les indications de scènes) du début à la fin. Si la couleur est rare chez Picasso poète, ici elle prend une valeur particulière car elle est utilisée pour l'écriture même ce qui la dote d'un aspect visuel inhabituel saisissant.

des poils sur les jambes

35. Poèmes et lithographies

Ces poèmes sont écrits en 1941 et ce n'est que plusieurs années plus tard en 1954, que Picasso les lithographie pour le présenter en un album publié par la galerie Louise Leiris. *Poèmes et lithographies* rapprochent texte et dessin et font même figurer une page de « mots inconnus », 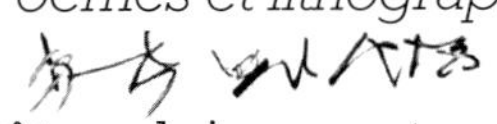 expérimentation sur la notion d'écriture qui n'a pas besoin d'être lue pour être pleinement une écriture.

LÉGENDES DES ÉCRITS REPRODUITS DANS CE CAHIER

Sauf indication contraire les manuscrits de Picasso se trouvent au musée Picasso à Paris

1. Il neige au soleil
Plume et encre de Chine sur papier d'Arches
26,4 x 32,6 cm chacune

2. 18 avril 1935
À l'encre de Chine sur papier d'Arches
25,5 x 35 cm pliée en deux

3. 21 octobre 1935
À l'encre de Chine sur feuille de papier d'Arches
25,5 x 35 cm pliée en deux

4. 1er novembre 1935
Au crayon noir
Page 9 du « Carnet bleu, 1935-1936 »
13,5 x 9 cm

5. 7 novembre 1935
À l'encre de Chine sur papier d'Arches
25,5 x 35 cm pliée en deux

6. 8-9 novembre 1935
À l'encre de Chine sur feuille de papier d'Arches
25,5 x 35 cm pliée en deux

7. 12 novembre 1935
Au crayon noir
Page 33 du « Carnet bleu, 1935-1936 »
13,5 x 9 cm

8. 20 novembre 1935
À l'encre de Chine sur papier d'Arches
25,5 x 35 cm pliée en deux

9. 9 décembre 1935
À l'encre de Chine sur feuille de papier d'Arches
25,5 x 35 cm pliée en deux

10. 14 décembre 1935
À l'encre de Chine et aux crayons de couleur sur feuille de papier d'Arches simple
25,5 x 17,5 cm

11. 15 décembre 1935
À l'encre de Chine sur papier d'Arches
25,5 x 35 cm pliée en deux

12. 16 décembre 1935
À l'encre de Chine sur papier d'Arches
25,5 x 35 cm pliée en deux

13. 16 décembre 1935
À l'encre de Chine sur papier d'Arches
25,5 x 35 cm pliée en deux

14. 30 décembre 1935
Au crayon noir sur quatre feuilles de papier à lettres gris
21 x 13,5 cm chacune

15. 3 janvier 1936
À l'encre de Chine sur papier d'Arches
25,5 x 35 cm pliée en deux

16. 5-6 janvier 1936
À droite : 6 janvier 1936
Au crayon noir au dos d'une enveloppe adressée à Mr et Mme Picasso, 23, rue la Boétie

À gauche :
Au crayon noir au dos d'un carton d'invitation

Et page suivante :
5-6 janvier 1936
À l'encre de Chine sur feuille de papier d'Arches
25,5 x 35 cm pliée en deux

17. 16-18 et 20 mai 1936
4e état du poème recopié dans une gravure rehaussée d'un dessin

18. 29 février 1936
À droite : 1er état manuscrit
Au crayon noir, au verso d'une enveloppe
À gauche : 2e état manuscrit
À l'encre de Chine sur feuille de papier d'Arches
25,5 x 17,5 cm

19. 22 et 24 mars 1936
À l'encre de Chine sur feuille de papier d'Arches
25,5 x 35 cm pliée en deux

20. 29 mars 1936
À l'encre de Chine sur feuille de papier d'Arches
25,5 x 35 cm pliée en deux

21. 4 avril 1936
Plume et encre de Chine sur papier à dessin vergé
25,7 x 35 cm pliée en deux
Plume et encre de Chine sur traits au crayon graphite sur papier vergé

22. 10 avril 1936
Plume et encre de Chine sur papier
25,5 x 35 cm pliée en deux,

23. 24 avril 1936
À l'encre de Chine sur feuille de papier d'Arches
25,5 x 35 cm pliée en deux

24. 29 avril 1936
À l'encre de Chine sur feuille de papier d'Arches
25,5 x 35 cm pliée en deux

25. 3 mai 1936
À l'encre de Chine sur feuille de papier d'Arches
25,5 x 35 cm pliée en deux

26. 7 juin 1936
À l'encre de Chine sur feuille de papier d'Arches
33 x 17 cm

27. 3 et 10 octobre 1936
3 octobre 1936
À l'encre de Chine sur papier bleu
27 x 21 cm

Page suivante : 3-10 octobre 1936,
À l'encre de Chine sur feuille de papier d'Arches
25,5 x 17,5 cm

28. 4, 11 et 12 novembre 1936
À l'encre de Chine sur feuille de papier d'Arches
25,5 x 35 cm pliée en deux

29. 25 janvier-25 février 1937
À l'encre de Chine sur feuille de papier d'Arches
25,5 x 35 cm pliée en deux

30. 10 janvier 1938
Au crayon noir sur papier quadrillé
27 x 21 cm chacune

31. 9 mars 1938
Au crayon noir daté aux crayons rouge et noir
Au dos d'une enveloppe de la « Direction des Beaux-arts de la Ville de Paris »
adressée à Monsieur Pablo Picasso

32. Poisson chat (deux manuscrits)
À l'encre de Chine sur feuille de papier à en-tête « Chez Graff »
suivi d'un dessin-rébus

33. Un dessin-rébus Poisson-chat à l'encre de Chine, au verso d'une carte postale adressée à « Mademoiselle Dora Maar »
9,1 x 14,3 cm
Musée des Beaux-Arts d'Orléans

34. Les Quatre Petites Filles
Aux crayons de couleur rouge et bleu
sur feuilles doubles de papier
35,5 x 26,5 cm

35. Poèmes et lithographies
Lithographie
67 x 51cm

Les écrits de Picasso

Il a été pris le parti de ne retransrire que certains textes de Picasso, et pour une compréhension plus aisée, de privilégier les textes rédigés en français par l'artiste.

1935

21 OCTOBRE XXXV

[II]
coups si peu ressemblants à l'original modèle, des vagues accroché aux nuages touchant presque du bout du pied de son sourire la mer plutôt suspendu plus par son regard que par son poing à l'éclair la voyant à deux signes du doigt et ne pouvant la faire changer de place avec le ciel brisé en cent morceaux et vraiment pas raccommodable avec son couteau coupe le fil qui attache sans aucun respect les idées que se fait la lumière quand elle fait le nettoyage de chaque objet bien manufacturé par son immaculée conception des choses change leur figure de cire et fait colombe l'assiette et perdrix le compotier et feuille de vignes le fromage et épée la cuiller et languide désir d'amour la tasse où le morceau de sucre fond de bonheur au baiser du pirate brun et chaque chose se remet à sa place la main à la gorge presse l'angoisse (pas trouvé fin du passage..)

28 OCTOBRE XXXV

si je pense dans une langue et j'écris « le chien court derrière le lièvre dans le bois » et veux le traduire dans une autre je dois dire « la table en bois enfonce ses pattes dans le sable et meurt presque de peur de se savoir si [sotte] »

31 OCTOBRE XXXV

dans la chambre nuptiale mise avec précaution au bord de la fenêtre parmi le panier de légumes la bouteille d'eau de javel et la branche de persil la main qui arrache à chaque miette de pain une larme se brûle les lèvres au feu du pinceau qui efface la couleur qui s'accroche aux objets que la nuit tue à chaque coup de dent et poursuit son chemin entre les cris et les aboiements de chaque coin de la cuisine qui ne veut être reconnue malgré l'envie que chaque soir apporte à l'ombre que malgré l'opinion de l'orange qui en se déshabillant montre le fond de sa pensée rien qu'à la voir remuer sa croupe retroussant la lèvre et fixant aux quatre coins l'affiche de *los toros* déterre de ses mains 2 et 2 font envie de ne jamais plus rien dire et laver la vaisselle faire la souris qui neige et frire la parole qui s'échappe en dormant camisole de force nid de comptes tenus par la parisienne compagnie du gaz d'éclairage et caetera assise au coin de la table en bois blanc dans son costume bleu le saumon impose sa volonté aux œillets que tapant du pied de son rouge dictateur sans réflexion s'agite et n'a pas de comptes à rendre à personne malgré son air timide abritant son cou de sa main dans la couleur lilas bien connue détache au bord de ses seins la blancheur de sa chemise qui cache ses doigts parmi la foule des choses qui depuis quelques mois font leur nid à la lumière du soleil que les carreaux de la fenêtre en face dans la cour reflètent avec tant de politesse mais malgré tout si la félicité que me donne l'odeur du poireau et le peu de chou-fleur qui traîne parmi les plis de sa robe et sous les pattes de la chaise ne vaut-il mieux souffrir ses caressants regards que monter peu à peu le fragile échafaudage de tant de petits pains droits comme des *i* et si mouillés de larmes toute la littérature qui se promène au long du fil qui traîne par terre fait monter de la source lointaine un chant de flûte qui arrose par chaque trou une parole vivante mais dormant étendue sur la table et que le moindre bruit sans que l'air déborde la coupe son ordre et sa mesure un seul mot pourrait les réveiller mais que derrière la porte et tenu par son serment qui l'enchaîne chante le coq son aile ses cuisses son croupion et l'amour de ses belles malgré tout ce qui n'est pas si triste je trouve plutôt drôle cette histoire la seule chose qui dans ce moment me chagrine c'est de ne pouvoir être avec elle et ne pouvoir lui dire sortons nous promener au jardin comme ce matin et allons acheter du fromage et du pain et allons les manger assis sur ce banc qui est en face du grand arbre

3 NOVEMBRE XXXV

le dimanche piétine tout son courage mord la pointe de la nappe avec rage et siffle dans l'oreille que chauffe — un peu du soleil qui lui reste au fond de l'escalier — qui se sauve en courant — ne peux crier — ni pleurer de tant rire — ni découper le profil de l'odeur qui remplit la chambre — autrement que pliant en quarante-six morceaux — l'espoir qui ne le quitte — de danser et chanter — nager nu au soleil — à midi — et faire un gros cheval ailé d'un grand bruit de mille tonnerres — toutefois qu'assis — écrivant sur son petit carnet — les coudes débordant un peu plus l'un que l'autre la ligne de la table — la main gauche tenant la feuille déjà écrite et l'autre sur le papier — la pointe du crayon ici — où je l'appuie — feston qu'énervent les piqûres des poux — qui m'indiquent le temps qui passe — et font semblant de lire — et ne pensent à autre chose — qu'à jouer entre eux et à se jouer de moi — qui suis un voile — ce soir à 5 HS moins dix — qui se pose avec tant de précaution sur tous les meubles — et va d'une chaise à l'autre et les embrasse et leur essuie les larmes et leur dit des mots doux et caressants et baisse les pattes à la table et lèche le buffet — mais la lampe que son orgueil exaspère au son de la mesure que le réveil lui indique — ne fond d'amour — que si l'heure — peut se retenir encore un tout petit moment — et faire la pirouette par-dessus la fenêtre — et se poser sur mon épaule — car la façon si cavalière — de présenter son corps — nu de tout effet voulu d'éclairage — ne supporterait plus longtemps l'inquisition — de faire de l'ombre portée de son profil — la victime expiatoire de son autoritaire désir — pour changer la position — de l'angle — que brûle la circonférence — vue dans le fond de l'eau du vase — où les fleurs des tubéreuses se fanent — et les feuilles de la branche de   [1] ont séché — leurs petits poings serrés — si malheureuses — et des violettes n'en parlons pas car les pauvres ont tout donné et sont dans la misère — et l'odeur — qui vient à cheval de la cuisine — ne fait qu'augmenter leur géhenne — dans la manière de cacher les trous de leur robe — en plus si chiffonnée — mais que ne doit-on dire à cette heure — pour cacher — mon véritable pont-levis dans la poitrine — et secouer comme un drapeau toute cette après-midi — pour que la tempête — la déchire — et pouvoir faire un jeu de cartes — où à chaque coup l'on perd la vie — sans avoir réglé la note — ni dire son secret à personne — qui ne soit pas — persona grata — je sais bien que tout ça n'est l'affaire de personne — mais que voulez-vous — moi — je m'amuse — et joue à tout franc jeu défendu — jusques avec la mort et suis tellement content d'être à toi si bien à toi — que j'aime tant — mon amie

1. L'espace correspond à un blanc dans le manuscrit.

5 NOVEMBRE XXXV

mais l'esprit de sel ne compte ses blessures sur le dos de l'amande qui se rit des regards courroucés de la foule et ne tient sa raison à la chaîne que pour mieux se moquer devant sa glace de la poche d'argent que dans sa main fait la monnaie rendue à l'ennemi et que son long voyage autour des sauts de carpe que le beurre applaudit dans la poêle connais le chemin de la tour tronquée et couverte d'affiches ne faisant aucun cas ni des cris ni des pleurs mais toujours si câline et si douce aux lèvres ne prononçant un mot que pour le caresser et le serrer contre son cœur ne regardant le ciel que couchée sur le lit laissant traîner ses bras au gré du chant que brise la goutte de pluie que pour suivre la fuite de la mouche qui seule dans le monde ne connaît pas son nom ni de ses péchés s'embarrasse jette un grand cri et lève le rideau et mastique l'heure que mathématiquement abolira l'escalier qui se casse l'échine tant que sa position extraordinairement périlleuse ne pourra pas changer la place que sa main imprime sur le bord de la fenêtre l'odeur des bois si blessé et mourant qu'il arrive ce soir ne changera jamais la douceur qui à cette heure frappe aux persiennes et rentre et s'assied à côté d'un amour sans pareil frais comme une rose au rosier attachée souriant au soleil

7 NOVEMBRE XXXV

tant que la chaise ne vienne me taper comme toujours si familièrement sur l'épaule et que la table de la cuisine ne se blottisse dans mes bras et que la bouillotte ne m'embrasse sur les les lèvres et me chuchote à l'oreille en souriant et en riant mille choses que je comprends à peine et que la serviette et les torchons ne se mettent à applaudir et à se taper la tête contre la ligne qui sépare le peu de soleil qui rentre par la fenêtre et la moue renfrognée du marbre malgré les mille rubans de couleurs différentes qui l'ornent rien qu'à les voir danser sur l'assiette endormie dans un coin les petits pois s'égaient car le dialogue du *toro* et du cheval malgré l'évidence du drame qui se joue et se répète de mille façons différentes et qu'il me faudra aller arracher au fond du regard de chacun des spectateurs avec la plus fine de mes aiguilles je préférerais cependant les laisser s'amuser à leur aise et ne couper le fil qu'à la fin de la course et ne les réveiller qu'une fois morts et traînés par les mules laissant tout le sang répandu à d'autres et ne radiographiant mon portrait la plaque préparée de cent onguents sorciers m'enveloppant entièrement et l'appareil à l'intérieur au centre le plus profond de mon corps préparé à toutes les surprises les plus désagréables et capables de vous faire mourir de rire du plus grand des bonheurs car dans l'œil du toro tout s'explique par chiffres et rien n'est clair au fond du lac taurin et seule l'odeur que chante la blessure peut mathématiquement dire le chemin parcouru que serpentine l'épée du coup plus chagrinée de voir éclater en soupirs la chaleur qui se cache sous les jupes que de voir imprimer la douleur en lettres capitales tout autour de l'arène sentant fuir goute à goutte malgré l'idée toute faite d'espace et de durée et enveloppant chaque intention dans le jardin sans enfants jouant les uns au cerceau les autres les petites filles jouant à la marelle répandant l'odeur la puanteur et l'horreur des tripes crevées parmi les mains de sang assassines déborde le ventre du cheval et commence la messe de la course et chaque cri cloue son œillet dans le vase et chaque bouche chante coupée en quatre morceaux divisés par deux glaces doubles mises en croix et attachées par un fil tenu par un bout par les cœurs enflammés de trente mille hommes et femmes ne faisant qu'un drapeau continuellement criblé de balles que le moment précis forge de son poing attaché au manche incandescent tenu par les désirs d'amour de la communauté de tout un peuple qui fouille dans les entrailles et cherche de ses mains le cœur qui s'échappe avec la vie du *toro* à qui le cheval de ses sabots ferme les yeux pleurant de toutes ses larmes recueillant des aumônes pour la fin de cette après-midi qui touche déjà à la limite de l'âge prévu pour enfourcher ses ailes — bondit dehors en brisant les persiennes et sonne toutes les cloches à son oreille et apporte la couleur du voile au lilas qui fleurit sous son armure blanche qui déchire par terre le trou du mousqueton du pelage du *toro* que déjà tranche napolitaine répand par l'arène un froid amer de déjà vu et tenu dans sa poitrine que la musique exaspère de son silence et qu'accentue le cri du martinet déchirant le baldaquin à qui l'odeur des sardines grillées n'arrive pas à faire perdre complètement ses illusions ni d'avoir le temps matériel de s'asseoir à côté du mensonge qui brutalement explique sa vérité aux lignes de la main les numérote et les jette par-dessus bord dans le cloaque et à chacun son destin

8 NOVEMBRE XXXV

pas de mensonges et mains levées ne faut-il pas plus autre chose dire à ce moment précis et solennel plutôt comique quand la table se met debout et présente sa poitrine lardée à l'ennemi vaincu de tellement rire et frappe d'étonnement la bibine par son sang de bon sang de navets et de carottes froid et content devant tous les dangers des couteaux qui s'échappent et qui la guettent sans même y penser fait faire demi-tour aux larmes si douces des oignons et ne tient compte ni des supplications ni des prières de toute une foule de raisons qui vont se casser le nez aveuglées par la tache de soleil déjà si fatiguée que cuit sa soupe quand la nappe éclatante répand son jaune marchant au pas qui marque le bleu des assiettes et ne s'enfonce dans le vert des ramures que pour faire à l'horloger des niches et au chien qui lèche de sa lame la plaie mordante qui dans le feu à ce moment déjà comme une image apparaît dans l'air la casserole et découvrent la parole qui vient boire dans la main l'eau fraîche qui coule et descend et va s'étendre pour écrire son histoire sur la crête des vagues

12 NOVEMBRE XXXV

jeune fille correctement vêtue d'un manteau beige à parements violets 150.000 — 300 — 22 — 95 centimes combinaison madapolam corrigée et revue par allusion de fourrure d'hermine 143 — 60 — 32 un soutien gorge ouverte les bords de la plaie retenus écartés par des poulies à main faisant le signe de la croix parfumées au fromage (du reblochon) 1300 — 75 — 03 — 49 — 317.000 — 25 centimes ouvertures à jour ajoutées un jour sur deux incrustées sur la peau par des frissons tenus en éveil par le silence mortel de la couleur appât genre Lola de Valence 103 plus les regards langoureux 310 — 313 plus 3.000.000 — 80 francs — 15 centimes pour un coup d'œil oublié sur la commode — pénalités encourues au cours du match — lancement du disque entre les jambes par une succession de faits qui sans aucune raison arrivaient à se faire un nid et à se transformer dans certains cas en l'image raisonnée de la coupe 380 — 11 plus les frais mais le dessin si [académique[2]] gabarit de toute l'histoire depuis sa naissance à ce matin ne crie même si l'on marche sur le doigt qui montre la sortie mais crache son bouquet avec le verre à boire que l'odeur formée par régiments et défilant drapeau en tête de ligne que si le chatouillement du désir ne découvre l'endroit propice pour transformer la sardine en requin la liste des achats ne s'allonge qu'à partir de ce moment sans l'inévitable arrêt à table à l'heure du déjeuner pour pouvoir écrire assis au milieu de tant d'hyperboles mêlées avec le fromage et la tomate

2. *adémique* dans le manuscrit.

20 NOVEMBRE XXXV [I] [II]

[I] quelle rage vous salue si correctement à cheval sur sa haine sinon la fleur qui brûle sa langueur étendue sur la barque qui glisse par ces veines et soudainement ouvre la fenêtre de sa joue et jette pour s'amuser dans la rue des graines aux parfums.
[I] Fleur plus douce que le miel MT tu es mon feu de joie

9 DÉCEMBRE XXXV

l'aile ronde du plus petit aumône la couleur se contente la main qui ronge ne jouons pas alors la fleur qui crie je ne veux pas je ne veux pas l'odeur désespérante ne voulez pas si vous sa raison s'épouillant mais pas longtemps flotte la lumière elle a sa cachette au soleil deux mètres de plus avec dépasse d'une tête le bord de la fenêtre est faux archifaux il mais si le courage lui manque la couleur se contente il est faux archifaux alors dépasse d'une tête avec deux mètres de plus si vous la lumière elle flotte mais pas longtemps flotte sa raison s'épouillant si vous ne voulez pas avec l'odeur désespérante je ne veux pas il la fleur qui crie alors ne jouons pas mais si le courage la main qui ronge la couleur se contente du plus petit aumône dépasse d'une tête l'aile ronde

14 DÉCEMBRE XXXV [II]

sur le dos de l'immense tranche
de melon ardent
arbre morceau de fleuve
table à rire
sous la menace de l'aile qui
serre pour le plaisir de voir
expirer entre ses dents
distraite de son ennui
un brin d'herbe
les deux petits boutons de prunus
tombés si bas
s'embrassent depuis deux ou trois jours
énervés pas les pleurs
de la petite fille

15 DÉCEMBRE XXXV

la lame du couteau brûle la plaie que le soupir de cette après-midi tricoteuse écharpe de ses gouttes — l'odeur de la souris prise au piège — beurre fondu de l'horloge — que la mer — fil à plomb attaché au soleil — pendue au cou de la journée — la terre — réveille la tentation couleur de tourterelle et déchire en mille morceaux le bout de l'éventail — S.O.S. de l'ombre posée au milieu de la table par le pauvre malheureux petit palmier — offert comme prime à Pâques par l'aimable fleuriste — mais si le moindre silence un peu plus chaque jour s'accroche déchiré au voile que l'heure traîne — coud ces lèvres avec un cheveux blond attaché à l'aiguille de son œil

16 DÉCEMBRE XXXV [I]

[I] rien que la couleur
l'abeille ronge son mors
rien que l'odeur
l'oiseau trait sa faucille
rien que de les voir se tordre sur l'oreiller
l'amour fond le métal du rail de l'hirondelle
rien qu'un cheveu

30 DÉCEMBRE XXXV

la nuit
dans la fontaine

le rêve tord son bec
au coup donné
contre l'air

arraché
aux boyaux
de la couleur

cachée
dans la guitare

sa joie
enivrée
par le chant
de la douleur

tirant
les fils
qui soutiennent
le plateau
de la scène

déverse
l'eau
du lustre
le long de l'escalier

que
la main noire
parapluie

à l'oreille bleue
résonne
la bulle de savon
qui s'échappe

et emporte prisonnière
l'aube naissante

1936

5 JANVIER XXXVI

mas que de la miel el dejo si su mirada dispara el perfume de si caricia y monta y canta su paseo de delicias no otra cosa recuerda el color que abanica su sien cuando la flor aprieta sus labios contra el borde de la copa

6 JANVIER XXXVI

elle et moi
de notre cœur
la finesse de son ouïe est telle
qu'aux œil qu'ouvre son ailes
apeuré
le pigeon dans la cage
évente le cheval de plumes étendu sur son coudrier
fouille dans la vermine
les bouts des fils

4 JANVIER XXXVI

les tableaux sont des folles
piqués au cœur
des bulles rayonnantes
serrées par les yeux à la gorge
du coup de fouet carambolique
battant des ailes
autour du carré de son désir

29 FÉVRIER XXXVI

le radeau de la méduse se détache de la mer pour prendre dans ses bras
le sillage de la glace de poche de l'oiseau
si le radeau de la méduse enfin détaché de ses chaînes vole dans le noir
son front accroche le sillage de la glace de poche

si le radeau de la méduse déshabille son corps de ses chaînes et laisse flotter accroché par les bouts des doigts des lambeaux de vagues son front moud sa caresse sur la pierre du sillage de l'aile détachée de la glace de poche

si mon radeau de la méduse déshabille son corps de ses chaînes et ne laisse flotter accroché par les bouts des doigts que des lambeaux de vagues son front moud sa caresse sur la pierre du sillage creusé par

l'aile détachée du tendre oiseau blessé qui chante posé sur la pointe
de la corne du grand buffle amoureux

8 MARS XXXVI

à coup de cloche couvre l'ennui sa matelote d'anguilles dévorantes et frotte son piment sur frange de larmes à la lunette d'approche de la fusée soudainement arrêtée dans sa course ouvrant toute grande son oreille aux souris du pavillon battant tambour battant le verre à boire rempli d'eau claire jusques au bord du presque absolument nécessaire besoin d'illuminer la nuit de son printemps de têtes d'épingles laisse tomber sa main et caresse distrait le fil aiguisé sur son front de la lame du couteau planté sur ses deux pattes au milieu du désert cette aube du jour huit du mois de mars respire dans la persienne le ton de la chanson du plumeau découvrant la face du secret roulé en boule puante jetée au fin fond de l'oubli fleur fifre à l'odeur du point final

22 MARS XXXVI

miette de pain posée si gentiment par ses doigts sur le bord du ciel autant bleu soupirant que le coquillage enchaîné joueur de flûte battant des ailes à chaque goutte fleurit au printemps à l'accroc que fait dans sa robe fenêtre qui se gonfle et remplit la pièce et l'emporte flottant au vent ses longs cheveux

24 MARS XXXVI

pot
scie
ma lady
gai
rit sable

JUAN-LES-PINS 29 MARS XXXVI

personnages salariés du drame qui se joue à lui-même cette comédie les uns par-dessus les autres infestant la scène de leurs répliques imposés par une logique puante esclave en décomposition enchaînée et gluante poissant la langue si un cri véritable la fleurit et qu'on détache les chemins qui rongent les ailes de ses mains la parole non immédiatement dite sèche sur la branche du corail liquide et tarit le lait dans la mamelle des aurores boréales couvant dans leurs nids les petits arcs-en-ciel impose la liste des acteurs à l'échelle tressée avec l'écheveau de ses cheveux bruns l'amour les raisons mendiantes la main brandissant un fleuve tenu par le milieu et flambant à chaque bout — la gerbe des légumes brisés de fatigue d'avoir couru deux lièvres à la fois sur le lac claquant au vent attaché aux racines — le roi — la reine — les valets — les numéros perdants de toutes les loteries nationales — les hommes de peine et les filles de joie — des grosses écrevisses traînant dans les plus mauvais lieux Ophélie riant comme une folle — six paires de rideaux en guipure cousus au marbre de la table de dissection du vol de la première hirondelle vue ce printemps et les pleurs d'une petite fille coquillage — les persiennes que l'on ferme au nez du soir venant manger sa soupe — l'ennui l'ennui l'ennui le terrible ennui et le bouquet de fleurs accroché à l'archet du cou du pigeon tombant du plafond à pic au centre de la roue de la roulette — le tout moulu trituré poussière écrasée dans le vert si las accroché à la pointe du couteau de la palme pincé de nuage rose-doré étalé par son doigt sur l'œil bleu cloche orpheline des heures tendant sa main au caprice de l'aumône distrait

29 MARS XXXVI

au centre de la roue de la roulette – le tout moulu trituré poussière écrasée dans le vert si las accroché à la pointe du couteau de la palme pincé de nuage rose-doré étalé par son doigt sur l'œil bleu cloche orpheline des heures tendant sa main au caprice de l'aumône distrait

JUAN-LES PINS 4 AVRIL XXXVI [I] [II]

[I] * portrait de jeune fille * sur une vieille boîte de conserves écrasée par un camion * attacher un morceau de verre brisé et lui peindre le profil d'une face de femme * accrocher au bas une paire de petits gants de poupée * sur le haut planter quelques plumes * piquer l'ensemble sur une orange amère * faire sur le couvercle de la boîte un trou *

[II] sapajou couleur lilas extrêmement cérémonieux devant les circonstances — à genoux sur des pois chiches trait le pis mensonger de la lune un reflet de la tour sur sa main — écoute l'odeur de chaque coup que l'emballeur frappe sur la boîte que bien entendu le nom du gendarme lui suggère et rit enveloppé d'écharpes exotiques à la bille qui se rit des grimaces que lui font les cris des enfants à l'école — retrousse le pan de la vague et s'assied sur le son de la cloche qui nage sur le drap chiffonné des nuages et colle son œil sur l'enveloppe du vert amande de l'arbre en fleurs si le gris de la grille fond sa tendresse à l'appel si pressant du géranium — mais si la rose dévêtue de ses linges fait sa toilette et cherche des puces la trompette du chiffonnier étrangle l'air de la flûte qui mijote dans la cuisine sur le feu et dit sa vérité à l'affiche rompue au jeu de toutes les vérités apprises et oubliées aux hasards des rencontres — miracle chaux vive et vif argent 1 main privée de ses lignes yeux faits à coups de cravache voile solitaire au milieu de la mer détachée de sa barque le civet de lapin court sa chance parmi le thym de la musique accrochée à l'orgue des odeurs de la fontaine de jouvence

8 AVRIL XXXVI

(I)
binocle cloué par les flèches de l'amour dans sa cellule individuelle de danse — friture le corsage des rougets œufs et tomates dans ses cheveux les seins hampe de son drapeau à l'huile son odeur de thym me transperce — fixe l'heure et défait dans l'écheveau de l'aile du corbeau des longues gouttes de pluie — et pique de son ongle la machine infernale cousue aux fleurs de la corbeille l'ourlet du cri désespéré de sa robe

(II)
chaque ail cloué par les flèches de l'amour en auréole autour du feu de joie de la friture de rougets et des œufs frits à la tomate danse drapeau du thym fuyant écheveau des longues gouttes de pluie dans l'aile du corbeau transpercé par l'odeur de l'heure fixée par le cri de son ongle piqué à la corbeille de fleurs par l'ourlet infernal de la machine

(III)
ongle ail flèche d'amour du thym l'écheveau drapeau longues gouttes de pluie danse dans sa cellule individuelle l'auréole des rougets corbeau fixe l'heure et pique au centre ses ongles

(IV)
écheveau des rougets du thym danse l'auréole des corbeaux longues gouttes de pluie et pique au centre ces ongles l'heure
(V)
l'heure danse en auréole — l'écheveau des corbeaux au centre des longues gouttes de pluie ces ongles

(VI)
longues heures écheveau de longues gouttes de pluie pique cheval au centre l'auréole de l'ongle

9 AVRIL XXXVI

(I)
c'est le ton vert amande mer à boire rire giroflée coquille fève vitre nègre silence ardoise corollaire nèfle pitre

(II)
c'est à mer rire coquille à boire giroflée ton amande nègre fève vitre ,silence ardoise le vert pitre corollaire

(III)
vitre nègre silence mer ardoise vert fève à rire c'est le giroflée coquille ,pitre ton corollaire

(IV)
nègre fève silence vert coquille ardoise ton amande mer giroflée le vitre corollaire c'est à rire

(V)
corollaire c'est ton rire coquille mer giroflée ardoise le vert nègre silence vitre amande

20 MAI XXXVI

ah si l'oiseau fait des guirlandes des heures endormies dans le ventre de l'araignée de bronze pouvait faire sa friture d'étoiles au fond de l'air, de la mer des chiffres aux coups en colère des boucs vêtus de plumes et chanter sur le fil télégraphique rose de l'œil de l'œuf bleu de l'écharpe ,attachée au clou ardent planté exactement au milieu du front entre les cornes de la tête du toro quel silence.

28 AVRIL XXXVI

Vénus sortie de chez elle pour acheter à l'épicier des sardines à l'huile frappée d'insolation devient un coquillage feuille de papier de soie mauve espèce de Vénus sortie par hasard de chez elle le matin dans sa petite robe de tous les jours pieds nus dans ses savates dépeignée tachée de graisse aux manches achète chez l'épicier des sardines à l'huile air de flûte sur la chaise électrique oubliée aux persiennes secouant son corps au son de ces gros mots devient vue à la loupe une sorte de coquillage si le ton que la mer donne au cri vitrier emporte de sa langue l'amertume de la feuille de l'artichaut et frappe de son pied à l'oreille le rideau de guimauve qui colle sa bouche à la vitre brisée par la goutte d'huile et de son aile voit le songe de sa blessure géométrique pour et contre angle aigu du cristal enfermé dans le mathématiquement illusoire parfum piqué au rayon de soleil aveugle tendant ses mains pour attraper le plat fumant des pommes de terre sur la table mise à cheval sur le fil bleu volant parmi les fleurs du jardin dans cette après-midi 28 du mois d'avril de cette année XXXVI où un grand bonheur en hérisson sert de balle à jouer et à peindre à neuf l'arc-en-ciel enfermé dans le verre d'eau au coup d'espoir donné à l'avalanche des yeux filant à toute allure sur le bord dentelé du monceau de sel établi au fond du nuage des fleurs des orangers arrivant au pas de la pluie mordant les lèvres du bal masqué fixé au mur de granit par les piquants des roses figures de cire leurs faces couvertes de crachats

23 AVRIL XXXVI

(I)
sonnerie militaire de l'harpe embourbée au beau milieu de la route sans issue poulpe accroché au cœur de la boule chaude source du fleuve de plumes de terre [soudait] la tête pendante

(II)
délayé dans les flocons cœur enfoncé sans issue au poulpe accroché à la route dans le fleuve des plumes bout dans la source la tête pendante de la terre

(III)
* au casque mis au cœur * poulpe enfoncé dans la harpe * la route * boule chaude du fleuve de plumes * accroche la terre la tête pendante *

24 AVRIL XXXVI

jambes en l'air l'arc-en-ciel au milieu de la nuit étoilée tordant son linge berceau aux yeux étonnés pur chardonneret du hamac clignotant des jeux ronde des clous enfoncés dans le feu à la gorge du prisme corde tenue par les bouts aux brûlures de la roue embourbée dans la mare mordant avec rage l'œil du taureau expirant.

10 AVRIL XXXVI

seul soleil rage de dents double la mise et peint dorade sur la plume du regard fixe le point de chute et délaie ses ongles à la danse

28 AVRIL XXXVI

Vénus sortie de chez elle pour acheter à l'épicier des sardines à l'huile frappée d'insolation devient un coquillage feuille de papier de soie mauve espèce de Vénus sortie par hasard de chez elle le matin dans sa petite robe de tous les jours pieds nus dans ses savates dépeignée tachée de graisse aux manches achète chez l'épicier des sardines à l'huile air de flûte sur la chaise électrique oubliée aux persiennes secouant son corps au son de ces gros mots devient vue à la loupe une sorte de coquillage si le ton que la mer donne au cri vitrier emporte de sa langue l'amertume de la feuille de l'artichaut et frappe de son pied à l'oreille le rideau de guimauve qui colle sa bouche à la vitre brisée par la goutte d'huile et de son aile voit le songe de sa blessure géométrique pour et contre angle aigu du cristal enfermé dans le mathématiquement illusoire parfum piqué au rayon de soleil aveugle tendant ses mains pour attraper le plat fumant des pommes de terre sur la table mise à cheval sur le fil bleu volant parmi les fleurs du jardin dans cette après-midi 28 du mois d'avril de cette année XXXVI où un grand bonheur en hérisson sert de balle à jouer et à peindre à neuf l'arc-en-ciel enfermé dans le verre d'eau au coup d'espoir donné à l'avalanche des yeux filant à toute allure sur le bord dentelé du monceau de sel établi au fond du nuage des fleurs des orangers arrivant au pas de la pluie mordant les lèvres du bal masqué fixé au mur de granit par les piquants des roses figures de cire leurs faces couvertes de crachats

29 avril XXXVI

toutes lignes enlevées du tableau qui représente l'image de cette tête de jeune fille apparaît flottant autour blanc arôme des coups donnés à l'épaule du ciel orgueil blanc fromage coquelicots vin blanc frit aux tirs aux pigeons du fifre blanc cris jaune des fouets réfléchis par le vol d'une hirondelle sur l'œil du lait mauve ortie cheval ailé au bout de l'écume jaune au blanc corsage de la pique mauve raie du crayon aux sauts de cabri blanche étoile mauve jaune étendu au coupant de la lune plat de flageolets mauve arc tendu à l'iris jaune bleu cobalt bleu indigo dans les filets mauves du jaune ardoise au blanc plumage bleu pris corde au cou mauve jaune colombe au pis bleu décapité mord à la main mauve lac jaune au lèvre blanc (*sic*) [lèvre blanche] faux col bleu rat dévorant l'épi mauve jaune bleu mauve jaune bleu bleu bleu bleu ligne enroulant son (*sic*) [sa] spirale le pont s'étire arrivant premier à bout de souffle au centre de la cible

3 mai XXXVI

do 3 ré 1 mi 0 fa 2 sol 8 la 3 si 7 do 3
do 22 si 9 la 12 sol 5 fa 30 mi 6 ré 11 1/2 do 1
do 333 si 150 la 1/4 sol 17 fa 303 ré 1 mi 106 si 33.333.333
mi 10 si 44 la 9 sol 22 fa 43 mi 0 – 95
la main fait l'ombre portée que la lumière lui laissait faire et bourre de silence la somme des chiffres 3-5-10-15-21-2-75- et l'écharpe qui flotte emportée par les griffes du cheveu ses ailes déployées tournoyant ivre de liberté dans le bleu des raies du corsage à ciel ouvert de l'infini

Paris 16 mai XXXVI

Non plus frappe l'arôme de la saveur du jaune sur le son du vert charme soupirant au toucher du rose aux éclats de rire le regard du parfum évanoui du bleu du vide modèle la colombe liquide du chant évaporé de la lumière aveuglée par le cri de la chaleur mirant son corps dans l'air frais sonne le tocsin si doux de l'absence des heures arrachées du silence

18 mai XXXVI

l'arôme des fleurs de la branche arrachée au citronnier pétrifie sa forme dans le creux de la main appuyée à la tempe à la chaleur du mauve caché dans la joue et pointe son dard dans la narine gauche de la jeune au loin sur son rêve

20 mai XXXVI

ah si l'oiseau fait des guirlandes des heures endormies dans le ventre de l'araignée de bronze pouvait faire sa friture d'étoiles au fond de l'air, de la mer des chiffres aux coups en colère des boucs vêtus de plumes et chanter sur le fil télégraphique rose de l'œil de l'œuf bleu de l'écharpe, attachée au clou ardent planté exactement au milieu du front entre les cornes de la tête du *toro* quel silence.

6 juin XXXVI

dans la coupe serrée au cou par le nœud fait avec les manches du costume de l'arlequin la tête du *toro* expire embourbée dans l'odeur de la verveine les feux des veilleuses posées sur le tambour tenu en équilibre au bout de la faux balbutiée par le prisme

7 juin XXXVI

au rideau détaché des mains volantes par les cheveux du large l'échelle du parfum des feuilles de la verveine fixé par les cris des hirondelles aux vols géométriques du désir le pot-au-feu du grand galop du prisme fleur arme enfoncée au cœur expire son indifférence son costume poudre la coupe faite en forme de tête d'aigle des neiges de la musique des flèches de l'arlequin la faux moissonneuse d'étoiles les bras sous le plumetis des manches du corsage défait le nœud de vipères de l'arbre des veilleuses endormies sur les feux doux coupant l'odeur du silence pendu aux lames de la persienne sorte de tambour battant le rappel au point mathématique de son amour dans l'œil étonné du toro ailes déployées nageant nu dans l'odeur du bleu serré au cou du soleil en poussière caché sous le lit grelottant embourbé dans l'ombre du coup de fouet balbutié par le vert exsangue blotti dans la boulette de souvenirs jetée dans la cendre à l'instant où la roue équilibre sa chance

15 juin XXXVI

rit l'ail de sa couleur d'étoile feuille morte
rit de son air moqueur à la rose le poignard que sa couleur enfonce
  l'ail de l'étoile en feuille morte
rit de son air malin au poignard des roses l'odeur de l'étoile tombant
  en feuille morte

l'ail de l'aile

3 octobre XXXVI

misérable peau de chagrin serrant le corps déchiré de l'amour qui saigne si à l'étroit dans la couronne de son nid de ronces misérable souvenir de l'odeur des jasmins cloué au fond de son œil sonnant le tocsin à toutes ses cloches mordant au cou de l'arc-en-ciel la tempête prise au piège peigne miroir lettre de l'alphabet comique régalade main distance couleur effacée de la liste des mortels si la vie cuit dans la grande salle des fêtes de l'odeur des choux son pot-au-feu d'espérances et sourit sous la table au mensonge, toutes les chaises assises autour se lèvent et vont se clouer aux murs de la salle de direction en attendant que la roussette finisse de lécher les heures qui poissent les voiles de son beau parapluie et entendre le craquement que fait en se cassant dans ma poitrine la baguette du timbre d'alarme de son regard à l'arôme électrique d'étoiles qu'on écrase sous le talon

10 octobre XXXVI

(I)
chair en décomposition dans sa misérable peau de chagrin accordéon serrant le corps déchiré de l'amour filant à toute allure la laine qui saigne si à l'étroit désespérée dans la couronne d'épines de son nid de ronces au son du tambourin réveillée par le misérable souvenir laissé par les vomissements de l'odeur des jasmins cloué au fond de son œil portant les tables du café comme des écharpes attachées au cou sonnant le tocsin sur toutes les glaces reproduisant son image à toutes les gifles données aux joues de ses cloches la faridondon des faridondelles mordant au cou de l'arc-en-ciel le soutien-gorge de la tempête prise au piège siffle entre les dents du peigne et tord entre ses mains le miroir qui dort sur sa poitrine abandonné à sa chance

(II)
lettre de l'alphabet comique piqué sur le charbon ardent bu à la régalade main distance couleur effacée de la liste des mortels enfonçant ses clous dans le cuivre du salut de son front contre la pierre si la vie cuit dans la grande salle des fêtes de l'odeur des choux à genoux dans un coin son pot-au-feu d'espérances chante chante Carmen et toi Cléopâtre et souris aux grands corps des pêcheurs à la ligne assis au bord du canal sous la table ouverte au mensonge toutes les chaises assises autour se lèvent et vont se clouer aux murs de la salle de direction de la jeune villa Marie-Rose en attendant que la roussette finisse de lécher les heures qui poissent les voiles de son beau parapluie et si le temps est clair entendre le craquement que fait en se cassant dans ma poitrine le parfum de la baguette de la flèche peinte sur l'éventail jeté sur le lit du timbre d'alarme de la panthère lumineuse de son regard à l'arôme électrique bruit très désagréable répandant une odeur épouvantable d'étoiles qu'on écrase sous le talon

1937

[25 janvier-25 février XXXVII]

25 janvier XXXVII
bruit des pas illuminés des fleurs échantillons des regards sapajous à travers les persiennes closes des mains posées à l'ombre de ses joues si colorées de force par la musique délayée dans la fontaine lumineuse suspendue entre ciel et terre au balcon accroché aux nuages de poussière réfléchis aux quatre coins de la carte sombrant corps et biens sous les pétales de l'œillet piqué à la machine à hacher la chair tout ça pour dire et souhaiter un bonsoir avant de me coucher à son corsage bleu acheté 35 francs aux puces toujours pensant à elle ce soir exactement à 1 H. et 8 m. du 25 janvier de cette année 37

26 janvier XXXVII
garde-robe de fleur d'oranger et jasmins parfumée à l'odeur des pins morceau de sucre de canne placé en sentinelle sur la pointe de la baïonnette de son regard saignant du miel de ses doigts sur les ailes de la colombe qui se brûle au fond du lac de la poêle de ses yeux horloge arrivant juste à l'heure de la joie avec ses aiguilles de fleurs et toucher de sa pique le mufle de la mer taureau bleu ailé incandescent étendu au bord de la plage

1er février XXXVII
l'escarole si l'oubli et les mille reflets du silence caché à l'ombre de ses griffes et le chant entremetteur fondu dans ses feuilles rompt la monotonie du barbouillage de sa couleur et emprunte à l'inquiétude étendue à sécher sur les fils barbelés oubliés par l'ennemi de son bonheur tout le long du claquement du soleil passant son archet sur la persienne les cris de son dessin réveillés en sursaut s'attendrissent en se frottant les yeux aux oignons debout sur leurs ergots à côté de la poêle à frire

2 février XXXVII
quand la lumière arrive comptant ses pas si fatiguée et chargée de tant de rides à introduire son nez dans la serrure du grand coffre plein des accessoires de cotillon du grand bal intérieur des objets ménagers enveloppés des bandelettes du chaud et froid dans ses regards mais les coups de fouet donnés à ses épaules au reflet du plat de lentilles à côté de l'ombre des pommes de terre n'enlève un grain d'amour à la sollicitude du désir étendu dans les plis du torchon

4 février XXXVII
car si loin que le son de l'heure accroche à son bec les ailes des couleurs oubliées parmi le désordre la flûte de pain étend sa main et blesse de son irrégularité le parfum qui flotte sous les navets pissant leur rage à travers le diamant du soleil mis au feu sur le recoin le plus noir du sucre plus tant et tant blanc si clair

5 février XXXVII
n'oubliant pas le drapeau rose qui s'agite de plaisir dans le drap bleu du feu et allume le vert amande traînant ses guenilles sur les clous laissant des lambeaux de sa robe aux piquants de chaque coup de baguette reçu sur l'eau qui bout redouble son envie chantant à tire-d'aile de cacher sa véritable image derrière le voile mordoré secouant sa chevelure dépeignée par les mains d'un bleu si tendre mourant au fond du bol de lait accoudé au triangle coupant la scène en deux et sonnant le rappel à pleine bouche aux angles découpant les cercles enchantés traînant leur misère à la porte de chaque objet la pluie frappe les vitres domestique les fauves casseroles assiettes pot à eau fourchettes et cuillers à soupe ménagère de cristal de roche à l'odeur de violettes hachis d'arômes colorés à la pointe du couteau passés goutte à goutte par le filtre de la grande jarre pleine de soleils égorge le blanc du torchon qui tend la perche à la brassée de noir jetée par la porte ouverte du couloir avec tant d'amour tant de peines caramel mou mis en croix fil à plomb et céleri rave bout de journal et os de chien crevé de rage noms de rats de mangoustes de loup de carpe de pendaisons de crémaillères pyrotechnie feston de la si do do la ré mi doublement reconnaissants doublement enchanté doublement triste et si las le peu de couleur que le lilas apporte caresse le front et lisse les cheveux du peu de lumière qui bâille en se levant de l'anse de la tasse écrasée par le coup de massue de l'ombre portée du passage d'une main mais à tort et à travers la lumière s'insinue sur la pièce et fait son nid dans les poutres et sans un cri agonise et meurt et pourrit dans les dessins de la glace sans plus les reconnaître fameux festin fête choquante des objets prisonniers et des légumes illettrés les balles qui les frappent au cœur éclatent de rire en arrivant au but et dommage dommage mille fois dommage le portrait menaçant du drame se joue entre les lignes si la tête en tombant de six lieues à la ronde les raisons d'être surveillent

au plafond et bâtissent tout un système de défense caprice de roi de pape et de cochon mille bougies allumées et mille torches et la robe claire de ce matin tirant son filet de la mer à boire de tant de chagrins rompus à tous jeux de hasard et de chance numérotés par ordre alphabétique tordus moulus hachés pressés réduits en poussière infailliblement disparus effacés du monde des apparences enveloppées dans l'ouate noire rien que l'odeur et pas un geste plus dur que la pierre le bleu immobilise son clairon sur le bord de l'abîme simulé en rocailles par le torchon pleurant toutes les larmes de ses yeux dans la gaieté folle de ses danses et ses sauts mortels claire étendue pâle postée aux créneaux gracieux sourire immobile emporté endormi dans ses bras facilement reconnaissable aux ailes des pommes de terre épluchées tombant à pic au milieu des discussions et disputes enflammées fraîcheur des gouttes de la pluie au front air des montagnes

6 février XXXVII

nid de vipères soutien-gorge coquelicot pitié camouflage corsage ordure doré tomate piqûre centre de la circonférence saveur amère qu'importe si nécessairement le jour sait trouver sa place préférée sous l'oreiller et faire ses besoins parfumés à la rose mathématique irrésistiblement agressive méchante et plus noire que l'orange la musique chiffonnée de l'odeur de moutarde dans ses yeux la parole dernière de la chanson avive le pan de mur à droite de la fenêtre du peu d'orgueil fixé par deux clous à la place où le soleil frappe à bras raccourcis le lever du rideau par le vent pendu à la fenêtre quelle clarté quel bonheur lève la jupe et montre le ventre de la lumière beurre fondu des cloches à dix heures trempant sa plume dans l'encrier l'ombre de la feuille s'agitant sur le bleu du papier imaginé par le tas de cendres

10 février XXXVII

sel fin eau de vie drogue fameuse du crésol du kaléidoscope criant agressif napperon aire jupon nègre charpie coton nez camomille fauteuil épervier nageoire [cale] fil tordu copeau sable braguette flèche sifflet puis modèle concombre urine chapeau roche doit-on le dire cache gorille tondre miroir terre si la lumière si la nuit si le bleu balayé sur sa face si l'ennui grelottant à la porte si tout l'or et l'argent si tout le reste et tout et tout et tout ma chère caresse et crache et fume et grince et suinte et pue et éclaire et empeste et dans sa boîte grouille les festons de la soupe et écrase et émiette et ronfle copra la faridondon des faridondelles l'assiette écrasée par son poids par les nœuds de ses doigts tapant à la porte lèche la ruche qui se défait dans sa bouche des piqûres sautant à pieds joints par-dessus la corde du plomb fondu ficelé par cet après-midi d'hiver et reçoit la confirmation écrite quand sonne le marteau de soie sur sa joue la retraite du cochonnet peint sur le bord du fil du couteau d'*una furtiva lacrima* après tout et avec ça madame merci suis enchanté et si fier et si polie et si tendre et si mise sur son grand tra la la et peinte à quatre épingles caracolant à droite pythonisse défaite au fond de la tasse bien roulée dans les mailles de son corset de cacahuètes sentant bon la verveine et le musc et la paille sèche sans une critique sans une haleine apprise sans un soupir de mi-carême et si droite au milieu du plat de crachats des hommages les plus sincères offerts avec tant de distinction et empressement sortant tout chauds du four comment dire et bien vous expliquer en deux mots du bout des doigts la fin fin de l'éclairage cacheté par-dessus la jambe *sin* ordre ni raison vraiment indifférent aux visites intéressées de la couleur sur le sujet du fond du cœur de l'histoire qui nous tient à la gorge ni plus ni moins la tentation que photographie l'intérieur de l'encrier soupèse les raisons et enfonce son [olfat] entre cuir et chair du morceau de saucisse préparé aux choux remuant son cul et mille coquetteries devant la tyrannie de la saveur de cette couleur coquelicot affichée au milieu de la pièce bonjour le canari vous voici arrivé enfin couvert de poussière les pieds si noirs dis-moi cochon ne t'es-tu pas par hasard roulé tout nu dans le charbon tu me fais rire veux-tu aller de suite te laver dans l'évier des menstruations itinéraires aux franges rouges jaunes et vertes du cadran tirant ses heures du plumeau et hop saute sur les genoux blancs l'envie du coup de marteau parmi les marches du bleu du ciel essuyant ses sabots aux lèvres des racontars faisant briller de son ignominie le franc-parler des astres à peine cuits orduriers de langage laids et fourbes ne sachant dire un mot de vérité et si ridiculeusement habillés courtisans vils bossus et borgnes hypocrites et niais pelés ouvreurs de portières enveloppés d'une odeur épouvantable pleins de poux et de punaises et si cons

11 février XXXVII
trente mille chandelles choux choux-fleurs et olives noires et vertes ocre terre de sienne brûlée et naturelle vermillon et terre d'ombre brûlée citron orange nouille *motor oil* quelques gouttes et remuant silence qu'enveloppe en passant sur le moment présent la pièce qui se joue opposée aux angles obtus de la triste vérité réduite en poussière et collée aux toiles d'araignée de la raison poisseuse qui s'insinue sous les aisselles du plat de merde cueilli à l'instant sur l'arbre du bien et du mal planté dans le cœur la saison dernière fière barque toute en marbre mille tonnerres se présentant n'importe comment sans histoires en toilette négligée ce soir à cinq heures trente minutes exacte au rendez-vous des mains sur les yeux du bois fendu en quatre accroché à la plus haute branche du coton dans les oreilles du mal peigné ennui farfadet crasseux toujours entre les pattes des chaises et les pieds de la table et quel courage ne faut-il à la misérable lampe pour sucer l'interminable lie du tableau noir en toile cirée décloué de son châssis enveloppant le drame sous ses plis

12 février XXXVII
et quelle force cachée dans l'eau du marbre liquide de ses gestes alimente la source de tant de rires foin coupé fraîchement haleine parfumée du grand pan de mur frappé à mort expirant sa couleur dans la pile d'assiettes enfouies dans l'ombre tenue à bras le corps par le choc du rouge des briques étalé à moitié sur la table coulant à pic sur la flaque du bout de journal brisé en mille morceaux *costa rica* feu de joie balance fixe au juste point du poids exact du prisme et du ton détaché de toutes choses de la robe de tous les jours des personnages s'agitant si maladroitement au milieu des embûches et tant de contrariétés rangées en rang d'oignons par-dessus les moulins à prière percées à jour découvertes nues retournées comme un bas mendiantes et fières soupe au lait secouant ses draps à la fenêtre œil de bœuf mourant de lassitude de sa belle mort aux sons des flageolets des fèves des pois chiches haricots blancs et choux-raves somnambules au milieu des rires et lazzi du dessin fouettant l'ordre établi peureusement par la loi en équilibre sur la corde raide du puits attaché à la coupe sympathique des champs piqué au beau langage des ordures dans leur cadre doré assassinées au mur de l'amour couché sous l'évier douce guimauve dans son nid couvant ses mots

15 février XXXVII
antipathique champ de tir morpion d'azur et choux-raves cantique phantôme de bronze rivé au granit des nuages merde et merde plus merde égale à toutes merdes multipliées par merde glaires de gloses haleine pestilentielle de la rose des vents de son anus double crème cocon filé par le parfait amour accroché à ses pustules mijotant sur le feu si doux de ses yeux horreur et désespoir morceau de boudin posé sur du coton l'opération ayant réussi à merveille détourné de la vue de toute chose tenant par les naseaux l'amas de tensions et le reste des restes quel délice quel bonheur et quel tour de cochon ne tourne-t-il pas la manivelle grinçant aux articulations du franc-parler de son ventre farci de vieux journaux de sales et dégoûtants vieux oreillers crachant la peur et puant la morve et la dent de sagesse gâtée quelle fête et quel festin dans les tripes du ciel tombé à genoux par terre et quel rire ne secoue sa panse en traversant le cœur la corne d'abondance de la bête du coup muette d'amour et glacée de bonheur mordant aux lèvres du bouquet en folie l'étendue immense du suaire disparaissant sous la neige fondue de la glace brisée en poussière plus quatre chaises une table une armoire deux étagères un placard peint en blanc escalier à gauche le tout prix global tant francs 90 centimes plus les frais de transport et le pourboire à donner

18 février XXXVII

mais quel cheval traîne ses tripes avec tant de grâce envoyant tant de baisers et sourires et tant d'œillades incendières et tant de ventositées si odorantes et parfumées de tant d'arômes au moment de la mort que le bord du torchon si inquiet mais si sage ne déroule dans l'histoire qui nous occupe en ce moment quand le soir arrive cachant ses intentions colle son œil à l'oreille de tant de musiques étouffées sous le coton hydrophile de la couleur qui promène à son bras et quelle fessée ne donne à la crème d'huile du ciel qui étend sa tache sur la robe de tous les jours de la cuisine l'allumette ouvrant son bec à son cœur par les racines bien au chaud peigné bien lavé bien chaussé les ongles faits prêt à la danse déguisé en maison publique au gros numéro de la date de ce jour à l'odeur d'huile rance que l'on frit dans le bruit des morsures de fourmis rongeant le papier de soie enveloppant la scène qu'on est en train de chanter sur l'enclume du bouquet de roses les crachats des lys et des brioches macarons petits pains de seigle confiture d'oranges grandes comme l'ongle du pouce corbeille d'argent et d'or de diamants et de perles et saphirs d'améthystes de choux de choux-fleurs et carottes beurre fondu sel et la mesure exacte du tour de passe-passe du coup d'aile à donner sur le feu pour allumer la torche d'eau froide coupée en ronds de saucisson diablement séduisante dans son déguisement de larmes et chapeautée à merveille par les coups du destin andouille détrousseur de torts et parfait chevalier suant la peur s'oubliant dans les nuages et pas piqué des vers pour un sou sous son costume de cristal mis à sécher sous la douche des cercles excentriques des mille et une raisons de tout repos et des autres

20 février XXXVII

rage de dents aux yeux du soleil pique — pique rage du soleil de dents aux yeux — yeux aux dents pique du soleil de rage du soleil pique yeux aux dents de rage aux dents — du soleil pique de rage yeux fleur passée par le filtre d'air clair de la chanson de fer rouge contenue dans la bouteille rivée au plâtre que saupoudre la lourdeur de l'atmosphère clouée aux gros madriers tenus par un fil à l'étoffe écossaise on ne sait pas comment tombée dans la soupe des cheveux emmêlés du récit balayant la lumière qui se cache sous les dessins affectant l'indifférence aux mots propres désignant la gueule ouverte des choses se montrant dans toute leur colère en pleine crise de rage et plus joli que voir une femme dans une glace mettant du rouge sur ses lèvres que si le peu d'attention que l'oignon qui cuit sur le feu et l'odeur des choux des navets des carottes des pommes de terre la table les chaises autrement entreprenants autrement adroits dans ses caresses et si réservés vous prenant à la gorge par la douceur dans leurs pattes de velours les couleurs numérotées par ordre hiérarchique vont mourant une à une en touchant à la réalité des objets qui les désignent comme la compagne destinée à démêler les fils du dessin emprisonnant les images des phantômes durcis sur le feu de la lumière avec quel empressement et quelle joie et quels cris de plaisir et bonheur ne sachant où donner de la tête mettant son cul au vent et les voiles sur les yeux de chacune se laissant tomber du plafond au sol sur les seins rebondissant sur les vitres de la fenêtre les brisant se blessant se coupant tachant de leur sang les murs le parquet le plafond le feu de la cuisine la coupant en morceaux l'hachant menu la pressant de leurs poids l'étalant de ses mains dans le désordre et pour un peu devenues folles et tout d'un coup se cachant dans leur ombre devenues peureuses tremblantes et puant les excréments chauds chante Carmen dans sa poêle à rire danse et pleure la pourriture du *chi lo sa* fandago court le furet et vole la pie dans son nid de ronces et l'emporte dans sa cage ailes au front vieilles godasses aux pieds manteau de drap de lune chemise de charbon d'eau de roses de piments d'artichauts de fraises de poils de plumes d'organdi de nez de fromage et d'échelles de cordes des mots d'amour de larmes et de gras-double de rhum de fèves et signes incompréhensibles de terre grasse de coton des morceaux de pain rassi et de vent et de pluie plus tous les comptes arriérés et tenus à jour sur les doigts bien au chaud sur l'évier de ses rêves sentant l'égout gras et luisant heureux de vivre à cheval sur les quatre épingles de son grand tralalala drapé dans le beau manteau de cour de sa merde enveloppé d'odeurs fils des odeurs les plus infâmes le bal masqué de fil blanc et de pets déroule son cortège et étale ses puces du jour la nuit du samedi à dimanche faisant ses grâces au parterre et saluant bien bas aux entrailles pendues en guirlandes aux clous enfoncés dans le cœur de cette histoire aux drapeaux déchirés par les balles cris étouffés des fourchettes et cuillers dans l'affolement du sauve-qui-peut du fait concret des lignes tirées à la règle de l'équerre du fil à plomb et du compas jeu de paraboles amusement des hyperboles huile pure d'olive garantie sans mélange mandarines oranges poires gris bleu ceruleum vert pomme vert wagon jaune clair tirés au sort et gagnants à ce jeu de dupe seul un moment de la tunique prise par la fenêtre au piège souffre autant que le bras tordu de bleu par la tenaille du centre du bouquet

25 février XXXVII
extrêmement attaché aux convenances dindonnet ovale passé au crible du lac cloué au vert pomme sentant si bon la main du sage reflétée sur le goulot brisé des couleurs en flammes suspendues par les pieds au fond de l'eau fondue tond par ses cris arrachés au poil de la bête la farandole des osselets et les stupéfie rimant les chants des oiseaux — alors crible cloué sentant si bon le reflet brisé par les couleurs des cris de la bête et l'eau des chants des oiseaux ramant les flammes oubliées par la main détachée de la tête par le bruit de la porte qu'on ouvre brusquement voir étendre ses ramages à l'arbre à poux sur les flots de rubans agités par le vent secoué par les ailes de l'eau posée sur le bord martyrise l'approche du bon samaritain de sa samaritaine et gonfle le ballon du souffle du cocon vide des sens de la passion pyrogravée fondant ses dessins sur les 2 les 3 et les 7 inscrits sur la liste noire se regardant rire sous le papier crasseux mis de toute évidence volontairement là à droite de la tasse à moitié pleine de lait sous la domination de la force contenue dans l'ombre qui la coupe froidement en tranches du bras enfoncé dans le liquide innommable de la table coagulé sur le sol faisant le singe aux solives et comme je suis content mon amie de vous voir comme vous êtes belle plus belle que jamais vous sentez si bon mais il fallait le dire écrivez-moi vous êtes charmante je n'aime tant que vous entendre rire si si asseyez-vous restez un moment j'ai tant de choses à vous dire figurez-vous qu'hier quel soleil dodu gras quelles couleurs je suis je reste votre plus grand admirateur et recevez madame je vous prie la plus belle des fessées données à si beau cul et je note sur mon carnet un sac de pommes de terre de trois livres tant un quart de beurre de sel de cuisine du coton café 10 plus des draps des cuillers du fromage du fil à repriser 390 total 3.000.000 plus 3 plus 9 égal à zéro zéro 10 tout comme fait j'y gagne

[11-17 MARS XXXVII]

11.3.37
coquetier de velours bourgeonnant de la mer les kystes de nacre entre ses lèvres cache derrière ses barreaux le désir si à l'étroit dans sa prison éclatant en fanfare éclairé par les cierges

éclairé par les cierges derrière les barreaux coquetier de velours bourgeonnant les kystes de nacre de la mer entre ses lèvres cache le désir si à l'étroit dans sa prison éclatant en fanfare

coquetier de velours éclairé par les cierges derrière les barreaux bourgeonnant les kystes de nacre de la mer entre ses lèvres cache le désir si à l'étroit dans sa prison éclatant en fanfare

cierge éclairant la nacre bourgeonnant les kystes de la mer entre ses lèvres derrière les barreaux de sa prison si à l'étroit le désir éclatant en fanfare cache

cierges éclairant les kystes de la mer bourgeonnant la nacre de sa prison entre ses lèvres derrière les barreaux cache le désir si à l'étroit coquetier de velours éclatant en fanfare cache éclairant de la mer la nacre de sa prison si à l'étroit le désir

la mer si à l'étroit dans la nacre de sa prison cache sous son bras le désir
si à l'étroit dans la prison sous les barreaux de la mer éclate en fanfare le désir
prisonnier si à l'étroit
sous les barreaux recouvrant la mer
prisonnier
éclate la fanfare du désir
éclate la mer

le désir fait éclater la mer qui si à l'étroit l'emprisonne et allume les barreaux

la longue procession des barreaux allume de sa prison où si à l'étroit dans la mer le désir se cache sonne le tocsin au coquetier de velours

17.3.37
le désir si à l'étroit dans sa prison fait éclater la coquille de la mer et allume les barreaux qui l'enferment sonnant le tocsin au coquetier de velours

19.3.37 [I] [II]
[I] l'hache-chat d'os 7 carpes postales porte mâle heures

[II] archives de pets pourris dans son cœur morue pleine de vers sur sa langue prisonnière à l'intérieur de sa bouche remplie de poils marmite grillant l'encre des calmars

1938

1er mars XXXVIII

rai noir du soleil tapant à la porte dessinant sur sa main tendue l'œillet du troupeau des plis de l'ombre tendue au contact du bruit de l'éventail caché dans le linon du pot de miel de la poudre de sucre brûlant sur le bout du bleu céleste le lait d'amandes douces du vol de pigeons essuyant le miroir pris dans l'étau du clavier des couteaux vibrants plantés sur le dos du soleil qui suinte dans la persienne fermée la crasse céruléenne du cobalt marin

9 mars XXXVIII

I
dodeline miroir jaspe corneille
jupon acanthe dilemme citadelle
groin mamelle opossum

II
jambe nue de la glace étendue
sur les flammes du dos velu du soleil couché à
plat ventre sur la joue

III
peinte au bord de l'abîme de la grimace de la démangeaison
petite fleur des champs rose et mauve tachée de noir
dans un verre à l'échelle de certitude de la douceur
de caramel des doigts de la roue

IV
recouvrant le jaune citron du sang
coulant du camion rempli d'oiseaux
sous le drap bleu du tas d'oranges

2 avril XXXVIII

à ce moment la cloque qui fait la porte de la pièce sur le ciel crève et répand sur les murs et le plafond son jus de musiques militaires sur les deux battants des chaînes dans le verre attachées aux conséquences du blanc couvrant le suaire des fleurs de ses larmes l'heure sonnant en retard le déjeuner servi rôti du col marin du costume tout neuf entouré des légumes d'acier cuits dans leur sauce le saule pleureur intéressant les parties crues des muscles aloès sagement les mains jointes aux aguets déterminant les limites du champ clos résorbe la différence et suce les dessins traînant sur les jeux de lumière fouettant les couleurs se cachant sous les aspects les plus étranges dans les rigoles du sujet du fin fin de l'histoire porte ouverte à tous les rires venant en formation serrée prendre place à califourchon sur les deux misérables personnages accrochés au gibet de leurs ombres chaises sautant à la gorge de l'armoire déguisée en Ophélie linges retroussés perdant à flots ses dentelles sonnant le réveil à toute volée aux poules couvant à l'intérieur la glace déchirant ses ongles sur l'huile des images dégoulinant des objets cherchant leurs nids plis aux ventres des étoiles enfermées dans le morceau du gros pain rides dans la flaque du soleil soutenant l'édifice mouillant son coton dans la bouche du carré lilas que l'inattendu de l'heure barbouille dans le drap déplié accroché par un bout à la clef beurre frais sardines radis anchois drap violet de coton bleu d'azur de l'orange baisers écrasés par le talon un vase éclate de bonheur dans les mains des raies vert amande et rose pâle du papier du mur qui le serre piqué par mille et mille fleurs de pommier il défaille il meut et chante en s'enroulant autour des poutres venant de la fenêtre pour traverser la table et tomber sur le parquet mortes la machine mise en marche tourne autour du sujet le pousse en avant par ses cris l'excite fait l'inventaire du moindre regard resté collé à chaque objet et le classe plie et attache chaque couleur traînant dans l'air lui donne un nom un numéro et une place bien déterminée allume aux coins des meubles de petites flammes et borde de myosotis les angles du buffet et jette plusieurs seaux d'encre bleue n'importe comment du haut en bas par terre sur un coin de la pièce qui réveillée en sursaut saute en avant et se cogne aux nuages traînant dans la rue déserte le reste de la pièce prenant feu les meubles criant au milieu des flammes couverts de la rosée du printemps déchirant le bois les habillant de branches et de fleurs les laissant nus pelés tondus ni plus ni moins déchirés à belles dents par la cendre des cigarettes se levant du plancher de la page écrite

9 décembre XXXVIII [I] [II]

[I] torche chaise laissée étendue au soleil de décembre un soir du mois d'azur rire coquette villa à vendre tout confort ivre morte de peur à [1] -10 feu de joie affiché au mur de la prison ocre du bleu d'azur dormant au creux de son regard foire aux puces des flammes à l'intérieur du château des palmes du saut de la roue opaline au galop des cordes pendues au cou du cliquetis des épées orange désir corps à corps des [1] entremêlant ses flèches néon a. b. c. 3.4 radio 1 x 3 à la botte à ce jour siffle au loin les doigts du jour qui s'endort corde détachée tombant au fond des puits carmin cage pleine d'eau brûlant à la fenêtre pendue aux persiennes lune odeur de l'ombre piquée par des milliers d'essaims de guêpes otage fleur des grains de café répandus sur le plancher de l'écharpe mauve accrochée aux piques désir mille puces dévorant le squelette du pont suspendu aux deux rives de la nuit triangle champs couverts de la rosée des sifflets des trains sirène jeu de lèvres pour la soif et que gentiment je vous donne entre cent mille à boire

[II] ciel ciel ciel ciel ciel ciel ciel ciel ciel violet violet ciel ciel ciel violet violet violet ciel ciel ciel violet violet violet ciel ciel ciel ciel violet violet violet violet ciel ciel ciel ciel violet violet violet violet ciel ciel ciel ciel violet violet violet ciel ciel ciel violet vert ciel ciel ciel ciel vert vert ciel ciel ciel ciel noir vert vert ciel marron ciel ciel ciel noir noir noir noir noir blanc blanc noir vert marron ciel ciel

cache dans ses poches ses mains la nuit ciel aloès fleur ciel cobalt de corde livre de chevet ciel cœur éventail violet ciel robe de soir bouquet de violettes violet violet ciel pierre de lune ciel noir vert ciel marron roue de feu d'artifice perle ciel noir jaune vert citronnier noir ciseaux ombre jaune neige vert marron crème remplie d'eau-de-vie un vol de canaris bleu vert noir loup ciel ciel ciel jaune linge brodé vert nuit ciel soufre blanc plat d'argent terre labourée ciel ciel blanc ciel ciel ciel blanc ciel ciel ciel ciel blanc blanc ciel bleu bleu bleu bleu

1. L'espace correspond à un blanc dans le dactylogramme.

1939-1940

[24 DÉCEMBRE 1939-19 SEPTEMBRE 1940]

[*Carnet Royan*]

24.12.39

I
la boîte à ordures se vide de tout son corps dans l'azur si pur du pâté d'excréments posé sur le ciel de la nuit et allume une à une les lanternes posées aux nez des branches par les trous de souris des angles décorant la façade du coq qui chante dans son œil si l'ardoise qui épluche sa robe de mariée ne griffonne de son ongle l'onguent qui la coiffe de ses rires et caresse de ses lèvres les bords du manteau de lentilles qui l'enveloppe et la glace de sa barbe de bouc

II
la nuit se vide de tout son corps dans l'azur du pâté d'excréments du ciel allumé par les lanternes posées aux nez des souris des angles décorant le chant du coq de l'ardoise qui

épluche sa robe de mariée et griffonne de ses rires l'onguent qui la caresse de ses ongles et la lèche de sa barbe de bouc si des bords du manteau le plat de lentilles qui l'enveloppe ne glace son regard

III

nuit vide de tout son corps pâtée d'excréments du ciel allumé par les angles des cris du coq griffonnés sur l'ardoise par l'ongle de l'onguent décorant la façade de ses rires de ses caresses épluchant la barbe de bouc de la robe de mariée enfonçant ses ongles sur les lèvre du bord du manteau de lentilles des aigles le regard pris dans les glaces

IV

l'onguent décorant le vide du ciel de ses angles allumés par l'ongle enfonçant ses lèvres dans la pâtée des cris du coq dévorant ses rires ses caresses griffonnant l'ardoise la façade restée debout par miracle épluchant sa barbe aux bords du voile de dentelle de la voile du regard pris dans les glaces des aigles détachées du lac qui claque à la fenêtre

V

lanternes allumées dans le vide du ciel enfonçant ses ongles aux rires des caresses griffonnant l'ardoise de la peau de la maison restée debout par miracle les dentelles de la salive des aigles inscrits au dossier 39 portent écrit en lettres majuscules la mention saucisson d'aigle

VI

ciel aux rire inscrit au dossier 39 la peau de la maison recouvrant la nuit de sa salive les aigles charcutiers couverts de poussière de charbon portant sur le dos la persienne qui claque au vent

VII

boule de cire au toucher du vide de la nuit du ciel vide de caresses
et de rires la peau déchirée de la maison ronronne sa puanteur dans
un coin la poussière de charbon plie ses draps la persienne détachée
de la fenêtre fait l'aigle à s'y méprendre

VIII

écheveau d'abeilles du vide de la nuit du ciel vide de caresses et de
rires * la peau déchirée de la maison ronronne sa puanteur dans un
coin * la poussière de charbon plie ses draps * la persienne détachée
de la fenêtre fait l'aigle à s'y méprendre

IX

écheveau défait des abeilles de vire de la flamme glacée du vide du ciel
vide de caresses et de rires la peau déchirée de la maison ronronne dans
un coin sa puanteur la poussière de charbon plie ses draps la persienne
détachée de la fenêtre fait l'aigle à s'y méprendre

1940

26.7.40

IV
langue de bœuf du métal frissonnant dans le cristal enveloppant la tête blessée du bouquet de fleurs avec tant de tendresse

V
bœufs labourant le métal des flammes des champs de cristal de la tête blessée du bouquet des fleurs

VI
éventail ouvert à tous les vents bourrasques des plumes de l'arc-en-ciel des bœufs labourant le métal des flammes du champ de cristal de la tête blessée du bouquet de fleurs

VII
arc-en-ciel des bœufs labourant le métal des flammes de la bourrasque de plumes du cristal blessée du bouquet de fleurs des cris des cloches des parfums écrasés

VIII
arc-en-ciel des plumes des bœufs labourant le cristal des flammes

IX
plumes de l'arc-en-ciel des bœufs labourant cristal des parfums des cris des cloches les flammes

X
cris de cloche du cristal des parfums labourés par la bourrasque des plumes de l'arc-en-ciel en flammes

XI
bourrasque de plumes des cris du cristal de l'arc-en-ciel des bœufs labourant les flammes du bouquet

XII
bourrasque des plumes des hauts cris du cristal de l'arc-en-ciel des bœufs labourant le parfum des flammes du bouquet

XIII
bourrasque de plumes des hauts cris de l'arc-en-ciel labourant le cristal des flammes du bouquet

XIV
hauts cris l'arc-en-ciel des plumes labourant le cristal de la bourrasque des flammes

1941

14.2.41

d'abord il y a l'invention des jeux d'adresse savants de la composition artistique hélas et des arrangements des quelques bouts de voiles arrachés aux rêves réalisés avec des matériaux éprouvés et sus par cœur cueillis sur le bord des routes à l'aveuglette attachés aux fils des lampes de la réalité alors apparue subitement secouée dans son sommeil et réveillée en sursaut au creux des ronces de la lumière noire de la glace qui la reflète dans ses déformations continues et passagères sur l'incendie mathématique des vagues de parfums et la levée d'épées des cercles magiques en furie forçant la porte de ses dents huilées et laissant faire les perles de la chance sur le champ de blé du rose des nuages soleil pris au cou éclaboussant de sang sa gorge ouverte remplissant de sable le trou fait par l'arme sonnant aux bouches mortes des fleurs grimpantes l'odeur des choux corrodant la douceur mitoyenne du matin étendu sur la fenêtre pendue à la corde corps et biens – et qu'apparaisse le miel plus ou moins l'heure fixée au milieu des ogives du fiel naissant corps velu vêtu de neuf parfumé et propre souriant couvert de larmes la casaque de planches et le son de son lit et sa main posée sur la poignée grouillante déroule les sons des clochettes attachées aux cercles enchantés à mille lieues à la ronde et ses cris enfermés dans l'assiette bouillante de tout son bleu aux feuilles chenues de ses bras sangle ventre creux de la robe d'apparat et des bijoux éternisés dans l'étang d'ocre piétiné par les sabots du jour inclus dans l'ordre et les mesures prises sur le fait a priori rempli de précautions – flûtes de Pan odorantes et toutes chaudes peignant du caramel de ses cheveux l'heure qui fond goutte à goutte sur les épaules nues des longues tresses emmêlées remplissant le vase plein de fleurs tapant des poings sur la pierre du miroir léchant le sang figé reflété en signes convenus sur l'ardoise accaparant le scène de ses baisers

NOTE

1. Les paragraphes I, II, III sont barrés dans le manuscrit.

1947

[24 NOVEMBRE 1947-13 AOÛT 1948]

Les Quatre Petites Filles

[*Première page*]

Golfe Juan 24.11.47

La scène – un jardin potager presque au milieu un puits

QUATRE PETITES FILLES *chantant* – nous n'irons plus au bois les lauriers sont coupés la belle que voilà ira les ramasser entrons dans la danse voilà comme on danse dansez chantez embrassez qui vous voudrez.

PETITE FILLE I – ouvrons toutes les roses avec nos ongles et faisons saigner leurs parfums sur les rides de feu des jeux de nos chansons et de nos tabliers jaune azur et pourpre. Jouons à nous faire mal et embrassons-nous avec rage en poussant des cris affreux.

* * *

[*Fin de la pièce, dernière page*]

feuilles blanches enferment les quatre petites filles par transparence en tournant apparaîtront successivement écrit dans chacune des feuilles PETITE FILLE I – PETITE FILLE II – PETITE FILLE III – PETITE FILLE IV

noir complet
après lumière – la scène – (la remplissant entièrement) intérieur d'un cube entièrement peint en blanc au milieu par terre un verre plein de vin rouge

Rideau
Fin du 6e acte.

FIN

Vendredi 13 août 48 à Vallauris

1951

1ER JANVIER-7 JUIN LI

Album de Françoise

Vallauris 1er janvier LI

Yan[1] minou et les autres et la tortue et les colombes et le feu du poêle qui marche bien et *las torrijas*[2] apportées ce matin par Arias[3] et les noisettes et les raisins qu'Agard[4] nous a apportés avant d'aller déjeuner chez son beau-frère et les monsieur et madame Ramié avec sa boîte de gâteaux de chez Rohr de Cannes si bien venus et le mari de la dentiste de Vallauris avec ses souhaits et son invitation d'aller prendre le café chez lui et la fausse sortie pour aller travailler en usine et rentrer avant d'avoir pris le pied sur la route préférant rester à la maison avec mes trois gros amours

P.S. j'avais oublié la visite après déjeuner faite par Tonin[5] nous
apportant comme cadeau une bouteille de vin de nos raisins de la Galloise
et gratté avec mon opinel le bronze raté de Valsuani[6] le jour premier
de l'an 1951 ici à Vallauris

Vallauris le jeudi 7 juin LI

on est au soleil
j'entends les pleurs de Paloma dans le jardin
je vois le bout de mon pied couché sur le lit et la cheminée la petite
radio les livres les journaux les lettres les portraits de Rousseau de sa
femme et de lui l'après-midi à 4 Hs vingt minutes
et je vois le fauteuil et le tricot blanc que je mets la nuit et le tricot
bleu acheté chez Old England à Paris et au mur la gravure de Goya :
lluvia de toros (pluie de taureaux)
et dans la glace le monde à l'envers du paysage et de la chambre
et sur le lit la planche de contreplaqué le carnet à dessins le roman de
Zola la faute de l'abbé Mouret la boîte de crayons de couleurs la reliure
démontable avec son crayon du livre de Françoise sur lequel je dessine
et l'épée en miniature offerte par A. Castel[7] l'année passée à Nîmes
un jour de courses
et le soleil rentrant déjà plus fatigué appuyé sur la porte tendant ses
jambes vers la cheminée
la voix de Paloma très douce et le bruit des jouets en bois sur le
sable meurtrissant les roues un cri de qui ? déchirant la toile tendue
de l'écran et celui-là8 le même jour à 10 Hs et ¼ le soir pour qui ?

Poème

Des poils sur les jambes sur les bras sur le cul et le con des veines du sang des pets de l'urine de la viande de la graisse des tendons et le ventre plein d'os – sa mère sa maman elle regardait l'enfant de l'i (?) et l'autre elle l'aimait lui donnait lui donnait la soupe de ses seins le lavait le matin et le soir le peignait et lui cousait ses robes allait avec lui au cinéma au théâtre a la mer et lui donnait des gifles maman maman j'ai fini maman donne-moi a boire maman j'ai soif maman j'ai faim maman j'ai sommeil veux-tu que je te mouche as-tu chaud as-tu froid dodo pipi caca ah que les ailes du cheval sont lourdes a porter dit l'i déposant le paquet sur l'évier – ni la pluie ni le vent ni le beau temps ni la neige et encore vignes à l'automne

1. Le chien de Picasso.
2. Pain perdu.
3. Le coiffeur de Picasso.
4. Tourneur à la poterie Madoura.
5. M. Michel, le jardinier.
6. Fondeur de Picasso ; il s'agit du bronze : *Femme aux bras croisés* (Françoise), Spies, n° 351.
7. Organisateur de corridas.

La poésie de Picasso : une suite de coq-à-l'âne mais qui se suivent

Androula Michael

Picasso disait pour sa peinture : « Je mets dans mes tableaux tout ce que j'aime ; tant pis pour les choses, elles n'ont qu'à s'arranger toutes seules. » Il en est de même dans son espace poétique où tout se bouscule sans ordre et sans aucune hiérarchie de valeur :

> « dans son nid de ronces et l'emporte dans sa cage ailes au front vielles godasses aux pieds manteau de drap de lune chemise de charbon d'eau de roses de piments d'artichauds de fraises de poils de plumes d'organdi de nez de fromage et d'échelles de cordes des mots d'amour de larmes et de gras-double de rhum de fèves et signes incompréhensibles de terre grasse de coton des morceaux de pain rassi et de vent de pluie plus tous les comptes arriérés et tenus à jour sur les doigts bien au chaud sur l'évier de ses rêves sentant l'égout gras[1] »

Or la discontinuité de ce « bric-à-brac » apparent trouve une continuité dans l'écriture, qui à l'instar de celle de Gertrude Stein, « en complète synchronisation avec son propre temps de composition », constitue le thème central du travail poétique de Picasso. Devenue lieu où entrent et gravitent plusieurs thèmes, elle condense en un présent élargi tous les temps[2] : le temps du calendrier, le temps vécu, le temps qu'il fait, le temps où « l'œuvre achève de se concevoir dans les opérations qui la réalisent[3] ».

C'est bien pour cela que Picasso note scrupuleusement le temps propre de l'écriture. Non seulement il date tous les manuscrits mais il répète souvent la date et l'heure à l'intérieur du texte ; parfois il l'appose à la fin du manuscrit comme une chute ou la signature du temps de l'écriture même qui s'achève. Et il insiste sur le fait que le « maintenant » dont il parle n'est pas un « maintenant » quelconque mais un référent unique dans le temps du calendrier : « maintenant que déjà près d'arriver à une heure de la nuit aujourd'hui qui est déjà le 19 de ce mois de novembre de l'année XXXV je vais éteindre la misérable ampoule qui est prise par les dents à mon lit[4]. » Picasso fait de la scène de l'écriture l'espace de l'apparition de son activité en train de se produire à un moment précis qui ne se confond avec aucun autre. Dans le poème du 3 novembre 1935, véritable brouillon, Picasso exprime une sensation vécue dans le présent et évoque l'importance de la scène de l'écriture dans laquelle il se trouve physiquement avec son corps. Aussi, la lecture du manuscrit saisit-elle le lecteur d'une grande émotion au moment imprévisible où il se surprend à refaire exactement et en une illusion de simultanéité, le geste fait par l'auteur. Ce dernier, telle une apparition fantomatique assiste à l'action du lecteur qui lit en même temps qu'il réitère le geste initial de l'auteur : « — toutefois qu'assis — écrivant sur son petit carnet — les coudes débordant un peu plus l'un que l'autre la ligne de la table — la main gauche tenant la feuille déjà écrite et l'autre sur le papier — la pointe du crayon ici où je l'appuie ».

La contemporanéité de l'écriture avec son propre temps de composition et d'énonciation est renforcée chez Picasso par la mention répétée du temps présent « aujourd'hui » et « maintenant ». Dans le seul poème du 18 avril 1935, il y a un nombre impressionnant d'« aujourd'hui » : « aujourd'hui c'est jeudi et tout est fermé[5] », « sans faire cas de l'assistance du jour aujourd'hui », « au matin aveugle du puits d'aujourd'hui »... L'insistance sur le « maintenant », dont il parle et qui coïncide avec celui de l'écriture, renforce l'impression d'immédiateté : « maintenant et toujours au mur qui n'imite en rien le relief de son ombre le fleuve qui le sépare et maintenant brioches de vin miel de prunes et marinades de chorizos », « et maintenant se produit l'imbroglio », « c'est bien maintenant le passé n'est plus que la fraîcheur de la soirée d'un été » « et chante maintenant dans sa jolie langue », « et dis-moi toi maintenant » « quand la fille sort maintenant du nid ce ne sont que des souvenirs jetés dans la saumure », « et maintenant que j'ai de la chance à la loterie », « au moment du moment présent pleurniche la bicyclette » « et ensuite et plus tard et maintenant et pas demain[6] ». Tout ne vit et ne s'anime que dans le présent de l'écriture « maintenant dans l'après-midi à six heures je n'en peux plus de ce miracle qui est de ne rien savoir dans ce monde et de n'avoir rien appris qu'à aimer les choses et les manger vivantes[7] ».

La datation minutieuse et l'évocation d'éléments biographiques simultanés à l'écriture même, peuvent donner l'impression d'être en présence d'un journal intime – bien que tout particulier – comme le disait Breton. Or, il ne s'agit point d'un journal intime, ni d'un récit autobiographique. Sensations présentes ou passées se donnent sur le mode du présent, du présent de l'écriture même. Les dates apposées au début de la page comme une signature pourraient faire office de « titre » particulier ; ni descriptif, ni narratif, il s'agit bien d'une indication certes cryptée mais suffisamment claire. Il s'agit bien du sujet central de cette poésie qui n'est rien d'autre que l'écriture dans le temps pendant que l'auteur prend conscience des mécanismes qui la font naître et il en joue. Et parfois il finit même les poèmes avec la même insistance sur la temporalité : « assis sous l'olivier du rideau blanc du soir de ce mardi 5 du mois de mai de cette année à 7 Hs moins 5 ».

Et Picasso ne sait pas pourquoi telle ou telle chose surgit sous sa plume si ce n'est que « la broderie apparente », un prétexte pour la mise en marche de l'écriture qui réunit en un tout des choses disparates, présentes ou passées mais vécus directement dans le présent de l'écriture :

> « le baba fait d'eau de vie farine anis sucre et huile d'olive la pâte longuement travaillée coupée en morceaux carrés et pliés deux fois frite dans l'huile bien chaude bouillante et quand on voit qu'ils sont bien dorés bruns on les sort et laisse refroidir et on prépare le miel qu'on fait fondre et chaud on les roule dedans en les égouttant bien et ensuite quand ils sont presque froids on met dessus des petits grains d'anis de toutes les couleurs peints devant le miroir des souvenirs de famille qui ont pour moi ce goût et que ma mère souvent m'a envoyés sachant combien me plaisaient ces choses quand j'étais encore enfant ça fait tant de temps et dont maintenant à une heure huit minutes de cette nuit du vingt janvier XXXVI couché dans le lit de ma chambre qui donne sur le jardin rue La Boétie numéro 23 à Paris je ne sais pourquoi je me souviens de tout cela qui n'a rien à voir avec ce que j'écris ou qui peut-être est seulement la broderie apparente des fils qui courent fous de joie de flotter librement sans se laisser dompter par le dessin que lui font les chatouilles du valet de corrida[8] »

Aussi, ce qui entre dans l'espace et le temps de l'écriture devient-il indépendant de son référent extérieur pour se transformer, en une réalité tout autre, en « problèmes » d'une autre sorte. Picasso l'exprime très clairement dans les propos suivants se référant à la peinture, valables aussi pour l'ensemble de son travail.

> « Croyez-vous que cela m'intéresse que ce tableau représente deux personnages ? » dit, Picasso. « Ces deux personnages ont existé, ils n'existent plus. Leur vision m'a donné une émotion initiale, petit à petit leur présence réelle s'est estompée, ils sont devenus pour moi une fiction, puis ils ont disparu, ou plutôt, ont été transformés en problèmes de toute sorte. Ce ne sont plus pour moi deux personnages, mais des

> formes et des couleurs, entendons-nous, des formes et des couleurs qui résument cependant l'idée des deux personnages et conservent la vibration de leur vie[9]. »

Le sujet véritable est au fond l'écriture même. Les autres sujets particuliers se plient au processus poétique de l'écriture qui se personnifie et enfle pour prendre les dimensions aussi bien de la pièce « plancher de la page écrite » que celles de l'espace : « et se cogne aux nuages traînant dans la rue déserte le reste de la pièce ». La scène de l'écriture, bien vivante, allume le feu à son passage…

> « la machine mise en marche tourne autour du sujet le pousse en avant par ses cris l'excite fait l'inventaire du moindre regard resté collé à chaque objet et le classe plie et attache chaque couleur traînant dans l'air lui donne un nom un numéro et une place bien déterminée allume aux coins des meubles de petites flammes et borde de myosotis les angles du buffet et jette plusieurs seaux d'encre bleue n'importe comment du haut en bas par terre sur un coin de la pièce qui réveillée en sursaut saute en avant et se cogne aux nuages traînant dans la rue déserte le reste de la pièce prenant feu les meubles criant au milieu des flammes couverts de la rosée du printemps déchirant le bois les habillant de branches et de fleurs les laissant nus pelés tondus ni plus ni moins déchirés à belles dents par la cendre ses cigarettes se levant du plancher de la page écrite[10] ».

Dans ce contexte, toutes sortes de choses, personnes, animaux, sensations, se dotent d'un mouvement propre et se mettent à se raconter elles-mêmes. Se réduisant à des sujets grammaticaux continuellement permutables, elles deviennent, comme chez Proust, actives. « Dans ces grandes phrases », dit l'auteur de la Recherche, « les choses existent non pas comme l'accessoire d'une histoire, mais dans la réalité de leur apparition[11] ». L'effet de « labilité de la catégorie de la personne » crée l'espace indéfini du texte où, autour d'un sujet réel qui énonce, ici et maintenant, gravite une pléiade de sujets qui parlent d'eux-mêmes, dans un monde où réel et fictif se croisent dans le présent de l'écriture[12]. En émane un certain anthropomorphisme qui affecte les choses dans la poésie de Picasso. Or, cela ne relève pas d'un caractère magique ou fantastique mais bien au contraire des mots eux-mêmes, pris comme des choses vivantes, avec leur pouvoir tactile – « les mots les plus doux et caressants », leur épaisseur : « parois épais de mots », leur force d'animer les objets[13] :

> « tant que la chaise ne vienne me taper comme toujours si familièrement sur l'épaule et que la table de la cuisine ne se blottisse dans mes bras et que la bouillotte ne m'embrasse sur les lèvres et me chuchote à l'oreille en souriant et en riant mille choses que je comprends à peine que la serviette et les torchons ne se mettent à applaudir et à se taper la tête contre la ligne qui sépare le peu de soleil qui rentre par la fenêtre »

Aussi, les mots qui entrent dans l'espace de l'écriture sont-ils pris dans un tourbillon. Ivres de joie, libres de liens syntaxiques et grammaticaux, ils s'animent et s'étendent aux dimensions de l'espace. Leurs « aventures » comptent alors davantage que les choses auxquelles ils se réfèrent pour revendiquer leur réalité d'énoncés linguistiques pris comme des choses concrètes.

> « voici le bouquet — fait de toutes les paroles de toutes les langues — et folles de joies et ivres d'allégresse — libérées — volant — en liberté — rapides — se croisant entre elles dans toutes les directions — s'embrassant chaque fois qu'elles se heurtent en leur vol hâtif — de leur respiration de soufflet — que l'amour de ses feux enflamme — mais ce n'est rien — et les ailes — amour — bouquet — cheval — langues — allégresse — libérées — content — paroles — folles — rapides — liberté — se heurtent — vol — respiration de soufflet — en toutes directions — de leurs feux — enflamme — bouquet — joie — paroles — rapide — vol — respiration — ailes — folles — se heurtent — langues — amour — cheval — et plus et cent qui tomberont en gouttes de mercure dans le mètre et la mesure une fois mortes — le bal commence alors[14] »

Or, malgré l'absence de « ciment », de conjonctions et de « jointures » dans les phrases de Picasso, tout est si indissociablement lié que le texte se donne comme un bloc indivisible, dont le rythme est impossible à rompre. D'où l'abondance des verbes qui suggèrent le mouvement, la métamorphose, le passage d'un état à l'autre, avec une prédilection pour l'élément liquide présent dans tous ses états et décliné à foison dans la poésie de Picasso : l'eau, la mer, la pluie, le fleuve, la vapeur, les liquides du corps, les larmes, le sperme, le sang, l'urine, la salive, la sueur, le vomi. Mais aussi la liquidité de la nourriture, de la peinture, de l'encre : « sauce de l'encre répandue dans les gouttes de sang qui le fusillent » (15-18 juin 1937). Cette prédominance de l'élément liquide ne pourrait-elle s'expliquer par le fait qu'elle condense trois thèmes fondamentaux chez Picasso, la nourriture, le corps et la peinture[15] ? Du mouillé de la peinture, « botte de larmes mise à sécher » (13 avril 1937) il n'y a qu'un pas vers le mouillé de la jouissance du corps : « la jouissance qui mouille l'après-midi sur ses lèvres » (6 février1936).

Il y a chez Picasso une « tendance de la matière à déborder l'espace, à se concilier avec le fluide[16] ». La matière se fluidifie et le solide fond pour « épouser la forme toujours en courbe du liquide[17] » ; dans un mouvement inverse le liquide se voit également solidifié : « chaud et frais comme la statue de sperme que tu vois ici au milieu de la place[18] ».

La liquidité « douce architecture fondue goutte à goutte des mains » (7 novembre 1940) devient alors une métaphore de ce qui délie les choses, défait les hiérarchies. Elle trouve parfaitement son équivalence formelle dans la continuité mouvante de la phrase-pli particulière de Picasso, impossible à ponctuer[19] et à contenir en un espace syntaxique clôt. Cela marque en même temps le basculement vers l'informe, dans le sens de ce qui ne se laisse pas emprisonner dans une forme de pensée rigide et qui repousse « la redingote mathématique » dont parlait Bataille[20]. Si Picasso « avec son couteau coupe le fil qui attache sans aucun respect les idées » (21 octobre 1935), il crée néanmoins un autre fil fictif, celui qui fait de la discontinuité des choses la continuité de l'écriture.

Pour reprendre l'expression de Valéry à propos de Mallarmé, Picasso combine « entre eux les mots du langage à froid[21] ». D'où parfois une certaine étrangeté dans le mélange des registres et des thèmes qui n'ont en apparence aucune relation entre eux[22]. Car Picasso joue avec les mots comme il le fait souvent avec les nombres – dont il change la succession et l'ordre les utilisant comme des éléments à la fois indépendants mais qui font sens dans l'ensemble de la série. Dans ce registre 2 et 2 ne font plus 4 mais « 2 et 2 font six et trois réaux de plus et 2 font 10 et six 498678[23] ». Et quelles que soient la succession des éléments ou les opérations, le résultat est bien fait et « tout compte fait », dit Picasso, il gagne :

> « et recevez madame je vous prie la plus belle des fessées données à si beau cul et je note sur mon carnet un sac de pommes de terre de trois livres tant un quart de beurre du sel de cuisine du coton café 10 plus des draps des cuillers du fromage du fil à repriser 390 total 3.000.000 plus 3 plus 9 égal à zéro zéro 10 tout compte fait j'y gagne[24] ».

Picasso saisit intuitivement ce qui préside dans les mathématiques contemporaines : l'importance donnée aux relations, tout comme dans le langage – des relations de mots et de choses dont il change continuellement les combinaisons et l'ordre de succession[25]. Aussi, les références constantes aux nombres et au langage mathématique, « jeu de paraboles, amusement des hyperboles », qui peuvent surprendre au premier abord, prennent chez Picasso tout leur sens. Ils sont alors une belle métaphore du processus créatif dans l'écriture tel qu'il est conçu à plusieurs niveaux par Picasso[26].

On y décèle comme chez Stein une certaine « arithmétique du plaisir » « où les nombres seraient en partie, libérés de leur cadre réglementaire. Elle leur donnerait des visas combinatoires ressemblant à ceux des mots ; alors que les mots se comporteraient, en partie, comme ces nombres positionnés en séquences permutatives[27] ». Opérations mathématiques et opérations linguistiques convergent également chez Picasso pour trouver un terrain commun là où émergent le désir et le plaisir : « blanc étendu jambes écartées sur le milieu du chiffre secret » (12 avril 1936), dans la répétition.

La répétition, comme dans les comptines enfantines ou l'incantation des nombres, joue sur le désir de s'approprier le langage, de le savourer dans sa réalité nue au moment même où il arrive… « évanoui d'admiration devant la beauté des couleurs secouées au fond des pensées » (5-23 Juillet 1937) : « le bleu le bleu l'azur le bleu le bleu du blanc le bleu du rose le bleu lilas le bleu du jaune le bleu du rouge le bleu citron le bleu orange le bleu qui suinte du bleu et le bleu blanc et le bleu rouge et le bleu des palmes du bleu citron des palombes blanches aux jasmins en champs d'avoine en grands chants vert amande émeraude[28] ». On ne saurait assez insister sur l'idée que la répétition soit un élément constitutif de la poétique du langage chez Picasso. Sans être une opération extérieure au langage, la répétition constitue le fondement de son élaboration. Aussi, répétition et arithmétique, temps et écriture, pris en un tout, forment le cœur même du processus créatif de Picasso en son entier. L'insistance qui préside dans les expressions qu'il utilise fréquemment *grain à grain* et *goutte à goutte*, rythme le temps et ralentit ou accélère son cours. C'est ainsi qu'« à travers le nombre, le moment de la création est rythmé, noté selon ce temps qui s'écoule et que raconte le poème, ce temps transcrit en poème[29] ».

Aussi, le temps et toutes ses représentations n'est-il pas juste un thème parmi d'autres, mais il est à considérer comme un dispositif à l'intérieur duquel émerge l'acte de l'écriture même. D'où la personnification du temps, de l'horloge, de l'heure. Pas n'importe laquelle, mais celle qu'il lui faut : « veux-tu me dire l'heure et l'heure qu'il me faut et pas une autre une heure claire limpide transparente et fraîche glacée sortant toute sèche de la source » (3 mai 1941). Devenu maître de son temps, l'artiste instaure un temps personnel en arrêtant la montre : « mettant chaque chose à sa place de nouveau à la mesure des coups de son pouls dans le silence de l'alcôve » (18 avril 1935 en espagnol) et « immobilise son silence et stoppe un moment l'horloge qui devient jaune si pâle s'évanouit et saigne ses heures de la tristesse maladive […] et s'éveille œuf soleil plus brillant que le soleil devenu un homme taureau » (6 janvier-2 février/ 19 janvier 1936).

L'espace, les géométries variables, les perspectives et le jeu d'ombres et de lumières font de l'écriture une scène plurielle où se croisent les préoccupations de peintre : « bien que je vienne de loin je suis un enfant et j'ai envie de manger et de nager dans l'eau salée sur le tableau » (18 avril1935). De multiples expressions telles que « le corps nu de la fille étendue à sécher sous le drap mauve de son image[30] » (10 janvier 1938) trahissent des images peintes réelles ou fictives : « l'aurore boréale étendue à sécher sur la fleur évanouie de l'étoffe » (8 juillet 1937). Elles inscrivent les poèmes de Picasso en continuité avec l'imaginaire de la peinture « battant des ailes autour du carré de son désir » (4 janvier 1936).

La présence de la vie, celle de son environnement et des choses liées à son quotidien le plus immédiat croisent chez Picasso ses préoccupations de créateur qui n'a de cesse de répéter l'importance des choses ordinaires : « Les tableaux on les fait toujours comme les princes font leurs enfants : avec des bergères. On ne fait jamais le portrait du Parthénon ; on ne peint jamais un fauteuil Louis XV. On fait des tableaux avec une bicoque du Midi, avec un paquet de tabac, avec une vieille chaise[31]. » Cela se retrouve d'une façon encore plus éclatante dans ses écrits. Ce sont alors : tables, chaises, torchons et vieux chiffons, fleurs et animaux, rideaux et persiennes, poêles et casseroles, fourchettes et couteaux, délayés ponctuellement par des choses inhabituelles comme la mandragore ou le liquide de mercure, ou alors des personnages particuliers telle une « pétomane pythonisse » (12 avril 1936) ou « Ophélie riant comme une folle » ; ou encore « Venus sortie de chez elle pour acheter des sardines à l'huile frappée d'insolation devient un coquillage » (12 avril 1936). Pourquoi en effet, se demande Picasso, « aller chercher si loin au fond de la mine ce que le ruisseau chante encore dans la main de la fleur[32] » ?

Des éléments biographiques réels, « les pleurs de Paloma » ou fonctionnalisés, entrent également en scène : « voici l'histoire je suis née d'un père blanc et d'un petit verre d'eau de vie andalouse je suis née d'une mère fille d'une fille de quinze ans née à Malaga dans les *percheles* le beau toro qui m'engendra le front couronnée de jasmins » (4 mai 1936). C'est souvent des histoires de « vieux chiffons jetés dans un coin de la cuisine habits puants de crasse et de silence » (13 août 1940) qu'on est néanmoins obligé de garder : « mais que faire c'est ainsi et il faut laisser chacun traîner un peu plus haut le vieux chiffon que nous héritons de tant de frictions [...] nettoyant des casseroles graisseuses[33] ».

Aux moments heureux qui accélèrent le mouvement de l'horloge « arrivant juste à l'heure de la joie avec ses aiguilles de fleurs[34] » « pleine d'abeilles îlot de miel » succèdent l'ennui « l'ennui, l'ennui, le terrible ennui » ou tristesse et mélancolie lors d'un dimanche pluvieux, un dimanche sans course de taureaux : « caramel d'après-midi de dimanche enfermé dans la chambre sans courses de taureaux[35] » ; « allez et enragez – c'est dimanche aujourd'hui et ici il n'y a pas de corrida – et la musique est de plomb[36] », qui renvoie nostalgiquement à l'Espagne. Faut-il rappeler que Picasso ne retournera plus en Espagne après 1933 ? Son pays natal devient alors une machine à réactiver les souvenirs : « à la poche où il range son été de Barcelone la belle et l'intelligente où j'ai laissé tant de choses suspendues à l'autel de la joie que maintenant je mélange d'un peu de la couleur du cou du pigeon de la mélancolie[37] ». Aussi, la corrida, les danses et les chansons populaires surgissent « avec ses souvenirs étendus sur les cordes cloués avec raison cœur de raisins secs de Malaga et huile d'olive » (19 décembre 1935) où les aliments jouent un rôle primordial.

La nourriture constitue en effet un thème central, investi à des multiples niveaux par Picasso[38]. Légumes et fruits, épices et aromates, jambon d'Estrémadure et chorizos ou beignets, que lui préparait sa mère quand il était petit et dont il livre la recette[39], sont aussi bien réels que prétextes à métaphores qui rendent l'univers picassien palpable et désirable tel un « ciel meringue de fraises » « crème de la nuit » (10 août 1940), « lit en fer bourré de sirop » (7 novembre 1940), « jus des étoiles » (21 juillet 1940).

Les aliments appétissants sont liés à des moments heureux alors que l'effroi s'exprime à travers des aliments immangeables qui donnent plutôt envie de vomir. C'est indirectement par des aliments dégoûtants que Picasso évoque avec horreur Franco : « légumes d'acier cuits dans leur sauce », « sorbet de morue frite » :

> « fandago de chouettes marinade d'épées de poulpes de mauvais augure lavette de poils de tonsures debout au milieu de la poêle à poils sur les oublies du sorbet de morue frite dans la gale de son cœur de bœuf – la bouche pleine de la gelée de punaises de ses paroles[40] ».

Les horreurs du conflit civil en Espagne et de la guerre menaçante ainsi que le spectre de la mort trouvent leur écho notamment dans les écrits situés entre 1937 et 1944. Oiseaux morts, cris de femmes et d'enfants, soleil noir, pourriture, et chairs déchiquetées, sont autant d'images qui suggèrent sa présence. Image d'épouvante et de dégoût que celle où « la cloche du premier service porta la mort rôtie et truffée à la bouche en cul de poule de canon de fusil les mains gelées collées aux pierres et le nez fouillant la poussière sous les meubles grelottant d'angoisse posée sur les rideaux » (6 juillet 1937). La guerre qui approche et l'image de « l'aigle pris dans les glaces [qui] vomit ses ailes dans le ciel le drap noir » (25 décembre 1939), la faim et le froid rappellent les conditions difficiles de l'Occupation et ancrent directement les écrits dans la réalité vécue.

La mort dans l'arène au cours d'une corrida est « un rite sacrificiel » d'un ordre tout à fait différent : c'est tantôt un « festin fin et délicat » (20 janvier 1936) lié au rituel tantôt la métaphore d'une boucherie sauvage : chevaux étripés, entrailles qui pourrissent... « peau éventrée de la jument », autant d'images qui évoquent le drame, le sentiment tragique de la vie où la corrida en une permutation est associée à la crucifixion.

Échapper à la mort à tout moment et glorifier la vie, c'est la lutte constante à laquelle Picasso se livre. La création et l'amour sont ses deux armes pour lutter : « l'amour à la mort la mort à la vie la vie à l'amour la vie à la mort la vie la mort l'amour toute la vie » et la litanie continue :

> « la vie de vie à vie de vie si vie la vie à vie de vie de vie si vie de vie la vie la mort à mort si mort la mort à mort de vie à mort si vie si mort la vie la mort à vie de vie aromatique échelle pointée aux flots d'azur en carrés lumineux[41] »

Picasso ne disait-il pas qu'« au fond il n'y a que l'amour » ? Ce dernier traverse en filigrane ses écrits et devient moteur essentiel de bonheur et de régénérescence. Picasso lui consacre des passages savoureux : « l'odeur des bois si blessé et mourant qu'il arrive ce soir ne changera jamais la douceur qui à cette heure frappe aux persiennes et rentre et s'assied à côté et lit par dessus l'épaule l'histoire véritable et concrète d'un amour sans pareil frais comme une rose au rosier attachée souriant au soleil » (5 novembre 1935).

L'amour, il faudrait aussi l'imaginer chez Picasso dans la simplicité la plus totale et la plus triviale : « l'amour assis dans un coin de la cuisine s'amuse en se coupant les ongles » (7 décembre 1935). La femme aimée est toujours évoquée avec douceur et l'amour qu'il lui porte a la capacité de faire fondre le métal : « mais si chante sur l'eau le reflet "nuit tendre" "cheveux blonds" rien qu'à voir l'image de son bras se tordre sur l'oreiller et rire l'amour fond le métal du rail de l'hirondelle » (16 décembre 1935 II). Picasso est amoureux d'une femme réelle, « chaumière miteuse de l'infini son corps aimé » et l'inscrit dans sa poésie « fleur plus douche que le miel MT tu es mon feu de joie[42] » (20 octobre 1935 II) : « et il se mit à chanter donne-moi l'amour la fraîcheur du feu de l'amour donne-moi du feu qui allume la fraîcheur de l'amour donne-moi la lumière qui éclaire la fraîcheur du feu de l'amour donne-moi l'amour de la fraîcheur du feu puis mirant son corps nu dans une glace de poche » (30 avril 1939).

Mais ne devrait-on pas aller plus loin et affirmer que le désir dans son sens le plus large devient le moteur essentiel des écrits de Picasso ? Le désir, par excellence ailé chez Picasso, « ailes ouvertes à la folie[43] », « orgasme d'ailes[44] », qui anime les mots, les choses et les corps est synonyme du mouvement ascensionnel. « Le mouvement vers le haut comme direction dans l'espace physique et celui du désir vers son but sont symboliques l'un de l'autre » tel qu'on le voit dans de nombreuses expressions tout au long des écrits de Picasso : « le désir se tordant dans le clairon c'est un fou qui de ses notes fait monter la fusée de son amour jusqu'en haut des jupes du balcon entre les jambes de sa loge[45] » et « caresse les ailes du cœur qui s'élève en volant de la plus haute cime de l'arbre du jardin lourd de fruits ».

Une poétique des éléments relevés d'une façon plus systématique ferait découvrir toute la richesse de ses écrits truffés de mille détails[46] dont le déploiement constitue au fond ce qui reste du sens quand le plaisir des mots l'emporte : le plaisir des mots devenus rythme, énoncés avant tout pour le plaisir de l'énoncé : « à ce moment déjà comme une image apparaît deux espèces d'ailes de colombe de la couleur des lilas qui soulèvent dans l'air la casserole et découvrent la parole qui vient boire dans la main l'eau fraîche qui coule et descend et va s'étendre pour écrire son histoire sur la crête des vagues » (8 novembre 1935).

NOTES

1. Poème du 25 janvier-25 février 1937.
2. Pour une analyse plus détaillée de la thématique du temps et de l'espace dans les écrits de Picasso, voir Androula Michael, *Picasso poète*, Éditions de ensb-a de Paris, 2008.
3. Jean Rousset, *Forme et signification, essai sur les structures littéraires de Corneille à Claudel*, « Madame Bovary », José Corti, p. 133. Même si l'auteur se réfère ici à Flaubert, cela est d'autant plus vrai pour Picasso qui avance, combine et compose au sein d'une même opération de l'écriture dans le temps en train de se faire.
4. Poème en espagnol du 18 novembre 1935.

5. Poème en espagnol du 18 avril 1935.
6. *Ibid.*
7. *Ibid.*
8. Poème en espagnol du 6 janvier-2 février 1936.
9. Zervos, Christian, « Conversation avec Picasso », in *Cahiers d'art,* numéro spécial, 1935, p. 173-178.
10. Poème du 2 avril 1938.
11. Voir Proust cahier 29 (f° 43 r°) cité par Almuth Grésillon, Jean-Louis Lebrave, Catherine Viollet, *Proust à la lettre, les intermittences de l'écriture,* éd. Du Lérot, Tusson (Charente), 1990, p. 135.
12. *Ibid.*, p. 130.
13. Poème du 7 novembre 1935.
14. Poème en espagnol du 10 août 1935.
15. Voir Marie-Laure Bernadac, « La peinture à l'estomac : le thème de la nourriture dans les écrits de Picasso », in *Picasso et les choses,* Grand Palais-RMN, 1992, p. 22-29.
16. Gilles Deleuze, *Le Pli, op. cit.,* p. 7.
17. *Ibid.*
18. Poème du 28 avril – 1er mai/28, 29 avril 1938.
19. Les écrits de Picasso ne sont pas ponctués – la plupart sont impossibles à ponctuer en l'absence de majuscules. Quand Picasso use, en de très rares occasions, de quelques signes de ponctuation ou de majuscules, c'est de façon non seulement sporadique mais complètement aléatoire. Quelques signes de ponctuation se trouvent dans les textes des années 1950.
20. Georges Bataille, entrée du Dictionnaire sur l'« Informe », *Documents,* n° 7, décembre 1929, p. 382.
21. Paul Valéry, « Essai sur Stéphane Mallarmé », *Cahiers 1894-1914,* II, Gallimard, NRF, 1988, p. 276.
22. D'aucuns pourraient voir dans cette coexistence de choses disparates une dimension surréaliste – mais cela ne suffit pas pour caractériser l'œuvre de Picasso de surréaliste.
23. Poème en espagnol du 6 janvier-2 février 1936.
24. Poème du 25 janvier-25 février 1937.
25. Sur les mathématiques dans l'œuvre de Picasso voir Marc Guastavino et Androula Michael, « Les nombres chez Picasso : une tentative d'appropriation du langage », *Histoire de l'art,* n° 44, juin 1999, p. 83. « On peut remarquer que l'approche de Picasso, qui préfère les relations entre les nombres aux nombres eux-mêmes, est très proche de préoccupations mathématiques modernes. [...] Il est alors surprenant de voir Picasso, poursuivant un but essentiellement poétique, avoir comme le mathématicien l'intuition de mécanismes essentiels qui régissent les opérations. »
26. Il ne s'agit pas pour autant d'un intérêt pour la symbolique des nombres qui lui est plutôt étrangère.
27. Joan Retallack, « Arithmétique du langage et du plaisir : Stein Stein Stein Stein Stein », *Contemporanéités de Gertrude Stein,* Éditions des archives contemporaines, J.-F. Chassay et E. Giraud (dir.), 2011, p. 96.
28. Picasso, *Les Quatre Petites Filles.*
29. Marc Guastavino et Androula Michael, « Les nombres chez Picasso : une tentative d'appropriation du langage », *op. cit.,* p. 84.
30. Voir aussi : « soleil ivre étendu à sécher » (5-24 juillet/5 juillet 1937), le « mouchoir de ce ciel étendu à sécher sur les nuages » (12-19 février/19 février 1938) et « des nuages mis la nuit à sécher à la fenêtre avec les cordons délacés » (7 novembre 1940).
31. Efstratios Tériade, « En causant avec Picasso », in *L'Intransigeant,* 15 juin 1932.
32. Poème en espagnol du 6 janvier-2 février 1936.
33. *Ibid.*
34. Poème du 25 janvier-25 février 1937.
35. Poème de mai-juin 1935.
36. Paris, poème en espagnol 28 juillet 1935.
37. Poème du 6 janvier-6 février 1936.
38. Marie-Laure Bernadac, « La peinture à l'estomac : le thème de la nourriture dans les écrits de Picasso », in *Picasso et les choses,* Grand Palais-RMN, 1992, p. 22-29.
39. Poème en espagnol du 6 janvier-2 février 1936 : « le baba fait d'eau de vie farine anis sucre et huile d'olive la pâte longuement travaillée coupée en morceaux carrés et pliés deux fois frite dans l'huile bien chaude bouillante et quand on voit qu'ils sont bien dorés bruns on les sort et laisse refroidir et on prépare le miel qu'on fait fondre et chaud on les roule dedans en les égouttant bien et ensuite quand ils sont presque froids on met dessus des petites grains d'anis de toutes les couleurs peints devant le miroir des souvenirs de famille qui ont pour moi ce goût et que ma mère souvent m'a envoyés sachant combien me plaisaient ces choses quand j'étais encore enfant ça fait tant de temps »
40. *Songe et mensonge de Franco* (15-17 juin 1937), texte en espagnol.
41. *Les Quatre Petites Filles,* p. 319.
42. MT se réfère à Marie-Thérèse Walter.
43. *Les Quatre Petites Filles.*
44. *Ibid.*
45. Poème en espagnol du 6 janvier-2 février/6 janvier 1936.
46. Ces détails peuvent sembler parfois insignifiants et susciter chez certains lecteurs de l'ennui.

Picasso et les écrits

Marie-Laure Bernadac

Lorsque je fus nommée, en 1980, conservateur à la préfiguration du Musée Picasso dont les bureaux se trouvaient alors dans la bibliothèque de l'ancien Musée national d'art moderne, Palais de Tokyo, je fus d'emblée affectée à la conservation de la documentation et des archives. Avant même de commencer ce long travail du classement[1] des centaines de milliers de documents : lettres, photos, cartons, comptes, carnets, objets personnels, cartes de vœux, papiers bancaires et administratifs qui étaient rangés dans des cartons *grosso modo* par année, j'ai été attirée par une boîte à part contenant soigneusement rangés les poèmes manuscrits de Picasso. Principalement des feuilles de papier d'Arches pliées en deux et recouvertes d'une belle écriture à l'encre de Chine et de nombreux dessins, accompagnées des tapuscrits. L'idée de publier ces textes m'est apparue alors comme une tâche essentielle. Je demandai donc à Christine Piot (que j'avais rencontrée au colloque Picasso de l'Unesco en octobre 1981, et à la soutenance de sa thèse) de collaborer à cette vaste entreprise, et nous fûmes, dans un premier temps, en quête d'un éditeur. Le choix de Gallimard qui avait déjà édité les pièces de théâtre de Picasso : *Les Quatre Petites Filles*, 1968 puis, à titre posthume, le *Désir attrapé par la queue,* 1945-1973, et *L'Enterrement du comte d'Orgaz*, 1978, s'est imposé. Nous prîmes donc rendez-vous avec Hector Bianciotti, pour lui parler de ce projet. Et je demandai également conseil à Michel Leiris, qui s'était occupé de l'édition des *Quatre Petites Filles* ; il nous rapporta ce détail déjà connu : Picasso au sommet de sa gloire, « se réjouissait plaisamment de voir *Les Quatre Petites Filles* publiées dans la série blanche des éditions Gallimard, car cela lui semblait le consacrer écrivain à part entière[2]. »

Dans un deuxième temps se posa le choix des textes à publier et la forme. Certains textes en effet étaient déjà publiés soit dans des revues (*Cahiers d'art*) soit dans différents ouvrages. Fallait-il publier à nouveau ces textes afin de rassembler l'ensemble des écrits de Picasso : poèmes, pièces de théâtre, textes des gravures et dessins, notes des carnets, etc. ? Ou bien ne se concentrer que sur les inédits ? Après diverses discussions avec l'éditeur, et aussi pour être fidèles à la pensée de l'artiste, dont l'écriture est continue et échappe aux catégories de genre, mêlant prose et poésie, nous décidâmes que l'ouvrage devait tout contenir. Non seulement les poèmes de 1935 à 1959, les pièces de théâtre, mais aussi les textes écrits sur les gravures, dans les dessins, dans les carnets, ainsi que sur les nombreux petits bouts de papier que nous trouvions au fur et à mesure du classement des archives.

Cette décision fut confirmée par le fait qu'à la lecture des manuscrits originaux, notamment celui des *Quatre Petites Filles*, nous nous aperçûmes que l'édition imprimée était légèrement différente. Cet ouvrage serait donc l'occasion de publier une version plus fidèle à l'original.

La question suivante fut celle de la langue et de la traduction. De nombreux textes étaient en espagnol, d'autres en français. La langue maternelle de Picasso étant l'espagnol, il nous parut indispensable de faire une édition bilingue ; en privilégiant le français pour le texte principal, et en faisant figurer sur la même page en colonne, le texte original en espagnol. En concertation avec Gallimard nous nous sommes donc adressés à un traducteur, Albert Bensoussan, qui nous semblait susceptible de comprendre la complexité du langage de Picasso et de suivre fidèlement le rythme effréné de cette écriture baroque et intempestive.

Puis surgit alors la difficulté majeure, qui fit l'objet de longues et nombreuses discussions avec divers spécialistes de la littérature surréaliste ou de l'analyse génétique (Pierre-Marc de Biasi, Marguerite Bonnet, Étienne-Alain Hubert). En effet, nous nous sommes vite aperçues que la plupart des textes avaient plusieurs versions, plusieurs états retravaillés par l'artiste, du carnet jusqu'à la feuille d'Arches, sans compter les nombreux tapuscrits réalisés à l'époque par son secrétaire Jaime Sabartés, ou certaines transcriptions manuscrites, faites dans les années 1940, par Dora Maar.

Un autre choix devait alors se faire entre une édition génétique de l'ensemble des versions, et une édition qui privilégierait la version dite « finale », ou qui nous apparaissait comme la plus aboutie. Tout en renvoyant en note aux versions antérieures, afin que le lecteur puisse avoir une idée plus précise du travail de Picasso écrivain et suivre les diverses étapes de l'écriture, les corrections, les ajouts, les différences, etc.

L'aspect calligraphique, visuel de ces textes étant également un élément essentiel du travail de Picasso poète, nous nous orientâmes donc vers un format d'ouvrage permettant de reproduire en fac-similé les plus beaux manuscrits. L'ouvrage devenait donc de plus en plus énorme, répondant ainsi aux souhaits de l'artiste : « Je vais vraiment écrire un livre, un livre épais comme ça, et j'offrirai une douzaine de bouteilles de champagne à celui qui pourra en lire plus de trois lignes[3]. »

Puis commencèrent nos séances régulières de travail avec Christine Piot, d'abord au Palais de Tokyo, puis après une interruption due à l'ouverture du musée en 1985, dans la bibliothèque de l'Hôtel Salé, où étaient conservées les archives.

Avec maintenant plus de vingt ans de recul, je garde toujours un souvenir exaltant, stimulant de cette plongée dans les méandres de l'écriture labyrinthique de Picasso, dans la recherche de textes inédits, dans la découverte de petites notes de carnet qui servaient de brouillons à l'artiste. Puis au fur et à mesure, ce lent travail de déchiffrage des textes, de transcription manuscrite puis de frappe par Véronique Ballu, la secrétaire du musée qui, disait-elle, se distrayait de son travail ordinaire, en tapant[4] ces textes étranges de Picasso, devint une sorte d'addiction, un vertige sans fin car chaque texte était source de multiples questionnements. Non seulement le contenu de ces textes se révélait petit à petit, grâce aux répétitions de certains mots, de certains thèmes obsessionnels, grâce aussi aux allusions picturales ou biographiques qui nous apparaissaient comme des pépites cachées dans un maillage dense et touffu, mais aussi nous découvrions l'extraordinaire invention formelle et littéraire de Picasso qui triturait le texte dans tous les sens comme une pâte verbale, en coupant, collant, ajoutant, retournant ses phrases comme s'il s'agissait d'un véritable matériau plastique. Je me souviens de notre émerveillement lorsque nous nous apercevions qu'un texte, le fameux texte rhizomatique du 24-28 novembre, 5-6 décembre 1935, n'en finissait pas de resurgir, de se développer dans diverses directions, à partir d'une matrice sans cesse retravaillée (*cf.* Androula Michael qui a étudié très précisément la genèse de ce texte[5]). Enfin nos lectures à haute voix, émues lorsqu'on était saisies par la force lyrique, la beauté d'un poème, sa violence ou sa tendresse.

Une de nos surprises aussi, fut l'apparente facilité (car cela nous a pris souvent beaucoup de temps) avec laquelle finalement nous arrivions à déchiffrer l'écriture de Picasso qui passait de l'infiniment petit à une graphie majestueuse. Malgré les ratures, biffures, flèches, et l'extraordinaire foisonnement du texte du carnet Parchemin de 1940, la plupart des mots, avec un peu d'expérience, pouvaient se comprendre. Très peu sont apparus comme illisibles.

Je n'aborderais pas ici les multiples problèmes d'orthographe, de ponctuation qui se sont posés car ce fut le sujet de la belle introduction de Christine Piot dans l'ouvrage, pour me concentrer sur ce qui est apparu très vite comme une division naturelle dans notre collaboration, avec toutes sortes d'exceptions à la règle. Christine Piot était plus attentive et concentrée sur la forme du texte, et moi, je m'intéressais plus au contenu, à la tentative de déchiffrage du sens ou des multiples sens de ces textes. Tentant de les confronter à la vie, à l'œuvre de l'artiste.

Quel est mon regard aujourd'hui, plus de vingt ans après, sur cet ouvrage et que m'a-t-il apporté ?

Malgré son format imposant et son prix élevé, je considère que pour une première publication des textes de Picasso, notre choix était le bon. La lecture des textes y est en effet aisée et les nombreuses illustrations permettent de comprendre le double enjeu graphique et littéraire de ces écrits. La quasi-exhaustivité était d'autre part une mine d'informations sur l'artiste, et sur sa pratique de l'écriture.

Sur le plan personnel, car tout travail dit « scientifique » n'a de sens que s'il trouve un écho dans son propre univers, j'ai un peu appris l'espagnol, à force de lire et relire version française et texte espagnol ; je suis devenue complètement *aficionada*, et imbattable sur le vocabulaire de la tauromachie[6], et j'ai pris des cours de flamenco, afin de mieux sentir les rythmes du *cante jondo*, et les termes de danse et de musique qui reviennent de façon récurrente dans presque tous les textes. J'ai pu ainsi passer du côté sombre des *soleares*, à l'*allegria* des *bulerias*, tout en m'exerçant patiemment au *taconeo*. J'ai pu sonder enfin, dans ce journal intime, dans cette mise à nu du poète, dans cette descente aux enfers qu'il traverse parfois – qu'il s'agisse de la dure période de 1935, lorsqu'il arrête de peindre pour se mettre à écrire, ou pendant la guerre d'Espagne, et les années de guerre – l'abîme de sa pensée magique, la fulgurance de ses visions apocalyptiques, l'attachement indéracinable à l'Espagne, à l'enfance, l'érotisme, la tendresse de ses relations amoureuses, l'humour, le sens du grotesque. Tous ces traits de sa personnalité qui apparaissent certes dans l'œuvre plastique, mais qui sont vraiment le cœur des écrits poétiques.

Je dois également rendre hommage à une personne qui a beaucoup compté pour moi dans la lecture des poèmes, et dans l'interprétation possible de certains textes ; il s'agit de l'historienne Lydia Gassman, qui avait publié une thèse essentielle, sur Picasso : *Mystery and magic and love in Picasso, 1925-1937*[7]... En effet ses analyses pertinentes bien que controversées, sur la signification des diagrammes du carnet de Royan, restent toujours d'actualité.

Il nous faut aussi évoquer la fortune critique de cette publication qui donna tout d'abord naissance à une belle exposition au Musée Picasso, *Picasso poète, Le crayon qui parle* (8 novembre 1989 – 29 janvier 1990), à l'occasion de la parution de l'ouvrage en 1989 ; exposition qui permettait pour la première fois de présenter, les carnets, les manuscrits, les notes et les journaux, ainsi que les peintures et gravures comportant des textes. Cet événement fut accompagné d'un colloque, réunissant : Marguerite Bonnet, Denis Hollier, Louis Marin, Lydia Gassman, Antonio Jimenez-Millan, Claude Esteban, Marie-Laure Bernadac, Christine Piot. À cette occasion, Philippe Sollers fut invité à lire certains textes de Picasso, ce qu'il fit fort bien. Enfin la parution de cet ouvrage donna naissance à deux thèses universitaires : Androula Michael : *Le temps et l'espace dans les écrits de Picasso*, sous la direction de Gilbert Lascault, Paris-I et Kathy Brunner, *Picasso rewriting Picasso : poetry and plays 1935-1959*, Phd Courtauld Institute, 1997.

Je n'ai pu écrire hélas que quelques textes sur les thèmes de la corrida, de la Crucifixion, et de la nourriture, dans les écrits[8] de Picasso, et je regrette que cette publication n'ait pas favorisé plus d'études universitaires. Il me semble en effet que tout travail sur Picasso doit se faire à la lumière de ces textes, qui sont le laboratoire de la pensée de l'artiste. Espérons que la récente réédition d'un certain nombre de textes aux Éditions des beaux-arts, dans un format plus maniable et accessible favorise une meilleure connaissance de cet aspect encore trop méconnu de Picasso. Mais l'idéal serait bien sûr de rééditer l'intégralité de cet ouvrage, aujourd'hui épuisé, en y ajoutant les quelques textes retrouvés depuis, et de refaire une exposition confrontant textes, dessins, peintures.

NOTES

1. Avec l'aide d'une archiviste Odile Krakovitch et d'une documentaliste Laurence Berthon. Travail qui dura presque dix ans.
2. Michel Leiris, « Picasso écrivain, ou la poésie hors de ses gonds », préface de *Picasso Écrits*, RMN-Gallimard, 1989.
3. Conversation avec Picasso par Angel Ferran, *La Publicitat*, 19 octobre 1926 in *Picasso, propos sur l'art*, Gallimard, 2000.
4. Rappelons qu'à l'époque nous n'avions pas d'ordinateur et que nous écrivions nous-mêmes les transcriptions des manuscrits pour donner ensuite à l'éditeur les feuillets dactylographiés.
5. Androula Michael, « Dans le laboratoire de l'écriture de Picasso, présentation d'un dossier génétique », in *Genesis*, 15, 2000, Jean-Michel Place (éd.).
6. Je me souviens d'une discussion avec Michel Leiris et le traducteur qui ne savaient pas ce qu'étaient *las mullilas,* un terme qui revient souvent dans les poèmes et qui désigne les petites mules qui traînent le taureau mort dans l'arène.
7. Lydia Gasman, *War and the Cosmos in Picasso's Texts, 1936-1940*, iUniverse, 2007.
8. « La quadrature du cercle » in *Picasso, toros y toreros*, Musée Picasso, 1993. « Le christ dans l'arène espagnole » in *Cahiers du Musée national d'art moderne*, 1991 ; Marie-Laure Bernadac, « La peinture à l'estomac », in *Picasso et les choses*, Grand Palais-RMN, 1992.

Voir, lire Picasso hier, aujourd'hui

Christine Piot

À l'aube du lundi 5 janvier 1975, un poète, Jean-Christophe Bailly, alors que j'embarquais de Paris pour Nice, me fit cette dédicace prémonitoire : « Pour Christine, cet "intérieur de la maison des ombres" dans l'espace d'un départ vers le sud, son ami, Jean-Christophe, Orly ouest, le 5.1.75[1] ».

C'est ainsi que je me retrouvai chez Picasso, à la villa Notre-Dame-de-Vie, à Mougins, en compagnie de François Bellet, bientôt rejoints par Brigitte Baer. Nous y restâmes tout le mois de janvier 1975, et nous y revînmes plusieurs fois au cours des années suivantes. Dans la maison, où partout ses œuvres nous rendaient la présence du peintre encore palpable, vivait sa veuve, Jacqueline, aux apparitions spectrales, aidée par son secrétaire, Miguel Mariano (ancien républicain espagnol). Il y régnait une ambiance de tragédie espagnole et funèbre, avec ce grand tableau dressé dans la pièce centrale, à l'inscription bien visible : « Aux Espagnols morts pour la France » (1945-1947), maintenant à Madrid. Nous étions chargés par Maurice Rheims, l'expert de la Succession Picasso, de faire avec diligence un inventaire des œuvres sur place, avant que la plupart d'entre elles ne soient transportées à Paris, dans des coffres-forts de banque et dans des cases de garde-meubles. Dans les cartons à dessins, dont nous recensions tout le contenu avant embarquement, je n'avais pas tardé à remarquer, mêlés aux dessins, aux photographies en noir et blanc, aux correspondances des amis poètes, des manuscrits à l'encre de Chine qui faisaient penser à de l'écriture automatique (étudiante en lettres, j'étais passionnée par le surréalisme, sa poésie et sa peinture, et j'avais soutenu un mémoire sur Julien Gracq, qui écrivit le premier livre sur André Breton).

À Paris, à l'aide des catalogues de référence existants (notre documentation provenant de chez Picasso), nous avons constitué des fichiers, pour chaque catégorie d'œuvres (peintures, dessins, etc.), en les classant par ordre chronologique, pour que Maurice Rheims puisse procéder aux estimations. Pour les peintures, les dessins et les carnets de dessins, notre principale source était les 33 volumes sur Picasso de Christian Zervos publiés aux *Cahiers d'art* entre 1932 et 1978. Pour les gravures et les lithographies, les catalogues de Bernhard Geiser, de Georges Bloch et de Fernand Mourlot. Pour les sculptures, le catalogue de Werner Spies. Pour les céramiques, celui de Georges Ramié. Mais tous les nombreux livres reproduisant des œuvres de Picasso, étaient des sources d'informations précieuses, car les œuvres datées et répertoriées (dites « divulguées), nous aidaient à classer les œuvres non datées et non répertoriées (dites « non divulguées »). En consultant ainsi les *Cahiers d'art* de 1936, je découvris le texte décisif d'André Breton qui accompagnait la première publication des poèmes de Picasso.

Les dessins qui comportaient des notations manuscrites restèrent avec les autres dessins dans un coffre de la banque. Les pages manuscrites, et parfois des pages dactylographiées, sans réelle valeur pour Maurice Rheims, allèrent au garde-meubles Odoul, dans le XXe arrondissement (aujourd'hui détruit). Au fur et à mesure des déballages de caisses, de cartons, je pris l'habitude de ranger les manuscrits dans des boîtes d'archives, à côté du premier livre édité de et par Picasso : *Sueño y mentira de Franco*, en juin 1937 (avec texte original en espagnol, traductions en français et en anglais). À côté de ses deux pièces de théâtre, publiées chez Gallimard : *Le Désir attrapé par la queue* en 1945, *Les Quatre Petites Filles* en 1968, ainsi que *L'Enterrement du comte d'Orgaz*, publication posthume en 1978 de *El Entierro del Conde de Orgaz* (édité en 1969 et 1971 à Barcelone par Gustavo Gili). Les manuscrits de Picasso côtoyaient ceux d'*Ubu cocu* d'Alfred Jarry et de *L'Immaculée Conception* de Breton et Éluard (publié en 1930 aux Éditions Surréalistes*)*. Dans la même case, nous avions rassemblé les photographies, les correspondances, des livres, la vaste catégorie des « œuvres de tiers », que nous n'avions pas le temps de classer. Au même étage, plusieurs cases voisines, identiques, à l'éclairage blafard, aux portes métalliques grises numérotées, quasi cellulaires, contenaient les sculptures et les céramiques, chacune donnant lieu à une fiche d'identité (je remarquai combien les céramiques avaient perdu de leur éclat, loin de la lumière méditerranéenne). Un jour, en ouvrant une grande et vieille panière noire de poussière, apparemment intacte depuis le déménagement de l'atelier de la rue des Grands-Augustins, je trouvai plusieurs manuscrits de Picasso et des dessins de décembre 1922, dont un *Cirque forain* et un *Portrait d'adolescent en pierrot*, non répertoriés dans les catalogues de Zervos, inédits (désormais au Musée Picasso).

Quand Dominique Bozo, chargé de la préfiguration du Musée Picasso, avec Michèle Richet, vint au garde-meubles pour voir les sculptures et les céramiques, éventuellement d'autres choses, je lui montrai les boîtes de manuscrits. Dominique, également intéressé par l'art et la poésie, décida (à mon grand soulagement), en accord avec les héritiers de Picasso, que les manuscrits (de Picasso, Jarry, Breton et Éluard) accompagneraient les œuvres de Picasso sélectionnées pour le Musée. Un vaste choix représentatif de ces œuvres fut montré au Grand Palais, du 11 octobre 1979 au 7 janvier 1980, avant l'ouverture du Musée Picasso six ans plus tard[2].

Octobre 1981 marquait le centenaire de la naissance de Picasso. C'est à cette date privilégiée que *Guernica,* événement historique, s'envola définitivement de New York à Madrid. Au colloque sur Picasso à l'Unesco, où s'exprimèrent Wilfredo Lam et Roberto Matta, je rencontrai Marie-Laure Bernadac et Hélène Seckel (aujourd'hui Klein), qui avaient rejoint l'équipe de Dominique Bozo et Michèle Richet. Le lendemain, je soutenai ma thèse à la Sorbonne : « Décrire Picasso, essai sur les formes et les figures dans l'œuvre de Picasso » (où j'essayais de faire une synthèse des œuvres que j'avais vu défiler, jour après jour, depuis sept ans). À partir de là, le projet commun d'éditer les textes de Picasso s'imposa progressivement, pour Marie-Laure Bernadac et moi.

Dans les réserves du Palais de Tokyo, où se tenaient aussi les bureaux de la préfiguration du Musée Picasso, rue de la Manutention, je fis, en décembre 1982, une première liste chronologique des textes de Picasso, manuscrits et transcriptions dactylographiques (faites par Jaime Sabartés), datés de 1935 à 1939, contenus dans deux boîtes d'archives. Mais il fallut attendre l'ouverture du Musée Picasso à l'Hôtel Salé, en octobre 1985, pour pouvoir établir l'ensemble du corpus des textes, allant jusqu'à 1959. L'entreprise s'avéra plus longue et plus complexe qu'on ne l'avait pensé au départ. Se succédèrent alors de longs après-midi, pour Marie-Laure Bernadac et moi, dans la bibliothèque du Musée, à déchiffrer les manuscrits, parfois abscons (tel celui du 7 novembre 1940, à l'encre de Chine, où le texte saturant la page, tantôt vertical, tantôt horizontal, est criblé de flèches telles des fusées, des lianes, ajoutant du texte au texte, des mots ou pavés de mots, d'autres mots étant rayés, raturés, maculés de noir : une jungle verbale). À rechercher des textes inclus dans une dizaine de carnets, où, le plus souvent, textes et dessins se suivent ou se combinent. À repérer des parutions confidentielles (les mêmes textes étant souvent repris de *Cahiers d'art*) ici et là, comme aux Canaries, à Santa Cruz de Tenerife, à Londres, à New York, à San Francisco, à Mexico, à Madrid, à Malaga, à Turin, à Zurich ou à Cologne…

Surnagent, des souvenirs de fous rires dus à la loufoquerie de certains textes, mais aussi de discussions passionnées entre nous.

Étant hispanisante depuis l'école secondaire, je déchiffrais les textes en espagnol et en établissais la transcription quand elle n'existait pas. Quand Picasso ne donnait pas de version française de son texte en espagnol (ce qui est le cas du long premier texte du 18 avril 1935), la nécessité de recourir à un traducteur s'imposait. Gallimard ayant publié trois textes de Picasso, avait déjà eu l'intention de publier ses poèmes. Un détail le révèle. Après la mort de Picasso (le 8 avril 1973), l'éditeur avait réimprimé en août 1973 *Le Désir attrapé par la queue*, avec une page finale surprenante, où il indiquait : « Du même auteur : *Les Quatre Petites Filles* » et, (ligne suivante) : « *Poèmes* » (comme s'ils étaient déjà publiés). Cette intention est confirmée dans une note de Roger Grenier, de chez Gallimard, où celui-ci évoque le projet de Picasso, dès 1969, de publier ses textes en français, après l'édition italienne de *Scritti di Picasso*, en 1964[3]. Le projet reprend les textes de l'édition italienne, en en ajoutant deux, déjà publiés en espagnol : *El Entierro del Conde de Orgaz* et *Trozo de piel*, du carnet « Dibujos y escritos » de 1959 (publié à Palma de Majorque en 1960). Finalement, seul *L'Enterrement du comte d'Orgaz* paraîtra en février 1978 chez Gallimard. À propos de ce dernier texte, Roger Grenier indique que Picasso a récusé la traduction de Guy Levis-Mano, et a retenu Alejo Carpentier comme nouveau traducteur. Picasso était donc attentif à la question de la traduction, comme à tout.

C'est Gallimard qui proposa Albert Bensoussan, traducteur de Mario Vargas Llosa, pour les textes de Picasso non traduits. À la parution de *Picasso Écrits*, Albert Bensoussan reconnaît la difficulté de l'exercice : « Peut-on traduire Picasso ? L'interpréter, le dévoyer de son imperturbable chemin ? Dans ce cas, le littéralisme a force de loi, encore que la syntaxe très libre de Picasso, en particulier dans le jeu des *que* espagnols – qui sont *qui* et *que* –, a forcé le traducteur au choix d'un sens et orienté son "interprétation". La tonalité délibérément prosaïque des textes a interdit les tournures trop littéraires et l'enjolivure[4]. »

Chez Gallimard notre interlocutrice était Jeanine Fricker, une femme au turban, plus âgée que nous, imposante, avec qui nous décidions des choix d'édition. Notre volonté était de faire l'édition la plus complète possible des textes de Picasso, puisqu'elle n'existait pas. Au bout d'un travail minutieux, nous avions réuni plus de 340 textes, entre 1935 et 1959, au trois quarts inédits (sans compter les variantes de nombreux textes, dont il est rendu compte dans les notices finales). Nous tenions à la reproduction des manuscrits les plus beaux d'un point de vue graphique, ou les plus intéressants, à plus d'un titre, avec le texte original, en français ou en espagnol, et sa traduction en français[5]. En restant fidèle au manuscrit tel qu'il se présentait, avec cette écriture sans ponctuation classique (des tirets intervenant parfois) et la plupart du temps sans majuscule. Souhaitant les resituer dans leur contexte d'écriture et leur contexte chronologique, nous avons inclus les trois textes déjà publiés par Gallimard. Une raison supplémentaire nous y a poussé. *Le Désir attrapé par la queue* avait été publié en 1945 avec une ponctuation qui n'existait pas dans le manuscrit original. Michel Leiris, qui fit souvent le lien entre Picasso et les éditions Gallimard, nous expliqua que ce fut, à l'époque, pour en faciliter la lecture. Curieusement, là, Picasso rejoint Shakespeare. Les manuscrits de Shakespeare ne présentent pas de ponctuation, ce sont les éditeurs-imprimeurs qui ont rajouté la ponctuation à ses textes, dans le même but : faciliter la lecture et aider le travail des comédiens. Il était donc inédit de republier *Le Désir* dans sa version originale, fidèle au manuscrit. Cependant, à notre tour, nous avons fait une concession « aux lecteurs ». En accord avec l'éditeur, estimant que la lecture des textes de Picasso, en l'absence de ponctuation, était déjà assez difficile (où reprendre son souffle ? où faire des pauses ?), nous avons choisi de rectifier les fautes d'orthographe et de grammaire dans la langue française écrite par Picasso, comme nous l'indiquons dans notre Avertissement (p. XXXVI) : « Pour ne pas gêner la lecture, les fautes d'orthographe, quand elles ne présentent pas d'ambiguïté de sens, et les fautes d'accord, ont été corrigées, sauf dans l'annexe ». Et nous citons là, en pleine connaissance de cause, mais en note, un propos de Picasso rapporté par Jaime Sabartés[6] : « Si je me mets à corriger les fautes dont tu parles selon des règles sans rapport avec moi, ce qui est ma note propre se perdra dans la grammaire que je n'ai pas assimilée. Plutôt en faire une moi-même à ma fantaisie que plier mes mots à des règles qui ne m'appartiennent pas. » Voilà qui est clair...

Avec le recul, aujourd'hui, je regrette le choix que nous avons fait à l'époque, il y a plus de vingt-trois ans. Mieux valait citer Picasso dans le français qu'il écrivait et parlait. Sans doute, cela aurait donné à Philippe Bernier, correcteur chez Gallimard (qui assista Marguerite Bonnet dans l'édition d'André Breton dans la Pléiade), encore plus de travail : il fut chargé de relire notre volumineux ouvrage et le fit avec toute l'érudition, le dévouement et la finesse qui le caractérisent. Mais on le sait, une édition n'est jamais parfaite, elle reste toujours à refaire...

Octobre 1989. Enfin, *Picasso Écrits* (illustré de 279 planches dont 24 en couleurs) accouche de 454 pages et pèse plus de 3 kg[7]. Cet ouvrage atypique, mêlant l'art à la littérature, séduisit certains lecteurs enthousiastes (tels Tzvetan Todorov et Gérard Genette) et la presse se montra élogieuse.

Le Monde prépublie (le 29 septembre 1989) la préface de Michel Leiris, sous le titre : « Picasso écrivain ». Le 4 octobre, dans *Le Quotidien de Paris*, Pierre Daix commence son article par ces mots : « C'est une entreprise ambitieuse qui a été somptueusement menée à bien de réunir et de publier les *Écrits* de Picasso. » Relevons quelques articles aux titres évocateurs : « Autoportrait de l'artiste en calligraphe », d'Hervé Gauville, dans *Libération* (5 octobre), « Les écrits de l'irraison », de Maurice Rheims, dans *Le Figaro* (9 octobre), « L'heure espagnole » de Pascal Bonafoux, dans *Le Magazine littéraire* d'octobre, « Picassogrammes » de Pierre Schneider dans *L'Express* (6 décembre), « Picasso mis à nu par ses écrits » de Guy Scarpetta, dans *Art Press* de décembre. Alain Jouffroy fait un compte rendu chaleureux dans *Le Monde diplomatique* de juin 1990. Finalement, la revue *Lire* (d'octobre 1989) résume bien la singularité de l'objet, en évoquant « un imposant "beau livre", alors qu'il s'agit de textes pour l'essentiel ». En effet, Gallimard fait figurer l'ouvrage dans sa plaquette « Beaux livres » de fin d'année. En mai 1990, *Picasso Écrits* reçoit le prix Vasari de l'édition d'art française, décerné aux coéditeurs : La Réunion des Musées nationaux et Gallimard, saluant cette fructueuse et originale collaboration. Le livre connut des éditions (partiellement) bilingues : en anglais, *Picasso, Collected writings*, et en allemand, *Picasso, Poetische Schriften*[8]. Réussite éditoriale, donc ?

Beau livre, certes, mais au coût très élevé : prix de lancement de 790 francs jusqu'au 31 décembre 1989 ; 860 francs ensuite. Le bel ouvrage, s'il fait référence, se vendit mal. À cause du prix, certainement. Mais aussi, entre autres, parce que la lecture de textes sans ponctuation n'est pas évidente Une édition de poche, avec un choix de textes, était d'ores et déjà envisagée chez les mêmes coéditeurs, elle ne vit pas le jour. En octobre 2008, ce fut Androula Michael, qui publia, dans une collection de poche illustrée, un choix de poèmes, sous le titre emprunté à l'article d'André Breton dans *Cahiers d'art* de 1936 : *Picasso poète*[9].

Mais au fait, pourquoi ce titre : *Picasso Écrits* (avec ou sans virgule) ? Il permettait d'englober tous les textes de Picasso, les poèmes, les longs textes, les pièces de théâtre et toutes ses formes d'écriture, manuscrite, gravée, lithographiée, peinte en lettres majuscules (sur deux tableaux : *Femme jetant une pièce*, de 1937, et *Portrait de Marie-Thérèse*, du 2 juillet 1938). Mais aussi pour des raisons plus souterraines, mêlées. Il faisait implicitement allusion à *Scritti di Picasso*, l'édition italienne de 1964. Il faisait aussi songer à *dibujos y escritos* (dessins et écrits), mention manuscrite sur la page de couverture de ce carnet de janvier 1959. Cette mention elle-même faisant écho à *Poèmes et lithographies*, publié en volume en 1954 par la galerie Louise Leiris. Comme si, le plus souvent, textes et dessins, ne pouvaient aller l'un sans l'autre, s'accompagnant, se donnant la main Et comme si, dans ce titre, resurgissait malicieusement l'ambiguïté d'une faute d'orthographe : écrits ou écrit ? Ainsi, un article dans *La Presse* tunisienne du 10 octobre 1990 s'intitule : « Picasso écrit ». Écrits ou écrits ? Comme pose malicieusement la question de ce livre de Picasso et Michel Leiris : *Balzacs en bas-de-casse et picassos sans majuscule*, publié en 1957. Car Picasso joue aussi, dans son écriture, avec minuscules et majuscules. Et si l'on ferme les yeux, dans écrits, résonne le *cri* central, le cri guttural, primitif, abyssal et torrentiel, de la « bouche d'ombre », bouche à jamais ouverte, aux lèvres carminées, comme celle de ce *Buste d'Homme* de 1908, semblant échappé de la Rue-des-Bois[10]...

NOTES

1. *Jean-Pierre Duprey*, par Jean-Christophe Bailly, 1973, Seghers, coll. « Poètes d'aujourd'hui » ; incipit du poème : « La lande des au-delà », p. 137 : « J'habite l'intérieur de la maison des ombres »...
2. Le catalogue de l'exposition est intitulé : *Picasso, Œuvres reçues en paiement des droits de succession.* Ces œuvres seront intégrées à une exposition amplifiée au MoMA de New York, du 22 mai au 16 septembre 1980, avec un catalogue : *Pablo Picasso : A retrospective.*
3. Mario de Micheli, *Scritti di Picasso*, 1964, Milan, Feltrinelli, avec les textes publiés dans *Cahiers d'art* en 1936, 1938, 1948, in *Verve* en 1948, les textes publiés par Jaime Sabartés dans *Portraits et Souvenirs* en 1946, *Songe et mensonge de Franco* en 1937, et *Poèmes et lithographies* en 1954.
4. Albert Bensoussan, « Picasso poète et écrivain », *in* bulletin de *R2 Actualité de l'Université de Rennes 2 Haute Bretagne*, n° 66, 15 octobre 1989, p. 1-2.
5. Quant à la mise en page, l'édition par Douglas Cooper de *Paul Gauguin : 45 lettres à Vincent, Théo et Jo Van Gogh*, en 1983, à La Bibliothèque des Arts, Lausanne, fut pour moi une source d'inspiration par la présentation en vis-à-vis des lettres reproduites et du texte imprimé.
6. Jaime Sabartés, *Picasso, Portraits et Souvenirs*, Louis Carré et Maximilien Vox, 1946, p. 127.
7. *Picasso Écrits*, préface de Michel Leiris, textes établis, présentés et annotés par Marie-Laure Bernadac et Christine Piot, textes en espagnol traduits par Albert Bensoussan, 1989, RMN-Gallimard.
8. *Picasso, Collected writings*, Abbeville Press, New York, 1989 ; *Picasso, Poetische Schriften* (1935-1959), Schirmer/Mosel, Munich, 1989.
9. Androula Michael, *Picasso poète*, édition établie par Pascale Le Thorel, ensb-a de Paris, 2008.
10. N° 136, p. 317, du catalogue de l'exposition *Matisse, Cézanne, Picasso... L'aventure des Stein*, Paris, Grand Palais, du 5 octobre 2011 au 16 janvier 2012. Voir aussi l'article d'Hélène Klein, « Gertrude Stein et Pablo Picasso, À travers les mots », p. 326-333.

Picasso : les écrits de l'irraison

Maurice Rheims

Historien d'art et romancier, Maurice Rheims (1910-2003) avait été commissaire-priseur de 1935 à 1972, procédant à de grandes ventes des collections françaises et internationales. En 1973, il fut appelé à expertiser la succession de Picasso, contribuant à organiser la dation qui donnera naissance au musée. Il fut élu à l'Académie française en 1976.

La Réunion des musées nationaux et Gallimard éditent, en 450 pages, les *Écrits*, de Picasso, rédigés entre 1935 et 1959 : deux pièces de théâtre, des poèmes.

L'intérêt de l'entreprise se révèle au fur et à mesure que les curieux tournent les feuillets : les textes, reproduits en fac-similé, sont là, tels qu'ils sont sortis sous la plume du peintre. Au contraire de toute autre œuvre littéraire, *Les Fleurs du mal* ou *La Légende des siècles*, une présentation imprimée n'aurait pas eu de sens, car ici, jamais le peintre ne cède la place au poète. Les deux sont indissolublement associés, tout d'abord par l'écriture, sortant des sentiers habituels, au tracé de calligraphe.

Voilà qui n'est pas sans rappeler les jeux graphiques et colorés d'un Barbey d'Aurevilly, pas si éloigné non plus de ceux d'un Apollinaire, lorsqu'il dispersait dans les marges de *Calligrammes* des signes surprenants qui feront dire au gros Guillaume : et moi aussi, je suis peintre ! Pour Picasso, ces étonnantes façons de tordre les signes, ses alphabets font plutôt penser à ces personnages contorsionnés, qui tous semblent atteints de sclérose de la hanche, courant sous la plume de Francesco Guardi.

« Écriture de sismographe », comme le définit joliment Christine Piot dans la préface. Aussi protéiforme dans sa graphie qu'il le fut en bien d'autres domaines, Picasso, pour rédiger ses poèmes, mêle à la cursive, sans crier gare, la vraie et puis la fausse majuscule, jusqu'à ce que la tarentule le pic à la hauteur de la table de multiplication : nous voilà alors embarqués avec Pythagore. Ces lettres, ces chiffres, ces arabesques, Picasso s'en joue à la manière des plus grands calligraphes du passé.

A-t-il vu les fantaisies de l'Italien Alunio qui, vers 1520, sous prétexte de fredonner les vertus des mathématiciens de son temps, mêlait, lui aussi, et ravissamment, sur des feuillets de vélin minces comme des nuisettes de courtisane, chiffres, lettres, coques de caravelles, escargots et diablotins ?

À l'égal de l'« Ancien », ne pourrait-on pas appliquer, à Picasso, le mot de l'Arétin, ce joli gredin qui, émerveillé par les travaux de son petit copain Alunio, disait à propos de ses œuvres qu'« avec lui, les imprimés sont écrits à la main, et les manuscrits imprimés ».

Picasso use, là encore, de plus de trucs : n'oublions pas que lorsqu'il se livre à ses jeux nous sommes au cœur du surréalisme. Ainsi ses rimes courent, les phrases s'attachent et se chevauchent : la tête peut d'autant plus vite vous tourner que la ponctuation est demeurée au fond du godet noir de l'encre de Chine. Pas la moindre virgule, pas la trace d'un point ! Mais met-on des apostrophes à de la musique ? Car, à regarder ces lignes, on attend soudain la mélodie. Notre diable de Catalan, quand d'aventure il aurait éprouvé le besoin d'effectuer des corrections sur ses textes, les cache sous des flaques d'encre ; celles-ci, éparses sur les lignes tracées à la parfaite horizontale, donnent l'impression de portées musicales.

Ce qui ressort de ces *Écrits* – du moins pour moi, libre à chacun de les lire à sa façon – est encore une fois l'étonnante sensualité du peintre, la constante lascivité d'un homme qui n'« aima » jamais vraiment une dame, mais courut de l'une à l'autre, comme, certains jours, il faisait avec ses toiles dispersées dans son atelier : grimpé sur les chevalets, à chacune il faisait l'amour.

Cet album est si réussi, en même temps si révélateur de l'immense génie, de l'intarissable curiosité du personnage, qu'il reste aux auteurs à chercher, à retrouver, à publier lettres et notes que Picasso a griffonnées tout au long de sa vie. Souvent précieux, comme ce « petit bleu » qu'il expédia à l'époque « bleue » à son ami Gargallo, le sculpteur. Surplombant quelques vacheries à l'endroit de Max Jacob, il avait aquarellé un cul-de-lampe, où il s'était représenté attablé à boire un verre de vin, pendant que tourne autour de lui le guitariste, au son d'une jota.

Aux temps très anciens, on parlait volontiers de « livre de raison ». L'éblouissante réussite de ces *Écrits*, c'est qu'ils sont faits entièrement d'« irraison ».

Le magicien Jaime Sabartés, qui demeurera avec Kahnweiler, tout au long de la vie du peintre, son plus fidèle compagnon, désintéressé à l'image de la touffe de mousse qui a choisi de vivre à l'ombre du hêtre, disait : « Le livre que voudrait faire Picasso serait le reflet le plus exact de sa personnalité et son portrait le plus fidèle... Chaque page serait un vrai "pot-pourri", sans la moindre trace d'arrangement ou de composition. Il y aurait des lettres et des nombres, alignés ou non, parfois en parallèles fidèles, parfois ascendant ou descendant... Il y aurait des renvois, des ratures et des taches, des figures et des objets. Simplicité et complexité s'allieraient, comme dans une pièce de son appartement ou de son atelier, comme en lui-même. »

Écrits répond fidèlement à ce projet.

Article publié dans Le Figaro, *8 octobre 1989.*

Picasso, poète et écrivain

Albert Bensoussan

Lorsque Picasso ne peignait pas, il dessinait des caractères alphabétiques et des chiffres sur n'importe quel bout de papier, il se fabriquait des carnets, il s'entourait de mots touffus et drus comme une broussaille de paroles, il inventait des labyrinthes où son esprit s'égarait – en apparence – pour mieux réaffirmer cet art impérial de la figuration qui en fait l'un des plus grands visionnaires du XXe siècle. D'avril 1935 à août 1959, il a laissé trace de ces fulgurances verbales que Marie-Laure Bernadac, conservateur du Musée Picasso à Paris, a pieusement rassemblées en un livre somptueux qu'elle a baptisé simplement *Écrits.* Il y a, donc, une écriture picassienne, comme il y a une peinture, un dessin, une sculpture, une poterie, que sais-je ? de l'immense artiste. Non pas une écriture fortuite, désinvolte, des traces d'encre comme en passant, mais une véritable nécessité d'expression. Picasso se met à écrire en 1935 parce qu'il ralentit sa production artistique plastique. Sa vie traverse l'œil du cyclone : il va rompre avec son épouse légitime et sa maîtresse attend un enfant.

Cette crise va durer cinq ans : sur les 340 textes recueillis, 280 sont écrits, sont rageusement jetés sur la feuille, de 1935 à 1940. Il les écrit au début en espagnol de préférence, avant de renoncer temporairement à cette langue après 1941. Quelquefois il lui arrive de traduire en français ses propres textes espagnols, mais, bien sûr, en les modifiant radicalement. Fondamentalement, ils puisent aux sources espagnoles et traduisent les fantasmes et les goûts d'un homme exilé qui n'a jamais cessé de s'enraciner au territoire initial. Tandis que le ciel froid bruine sur sa fenêtre de Boisgeloup, il déchaîne les fauves dans l'arène de son cerveau en feu, ses narines s'enflent du fumet des marinades, poivrons et friture le transportent sur l'autre rive malaguène : alors « les tuiles rient de joie », « il y a le blé dans la main » et les « vagues s'attendrissent et crient », alors naît le « sourire perdu dans le tribut du rosier qui se tue dans le gris du ciel ».

Écriture automatique, dans le sillage du surréalisme authentique ou du dadaïsme, la voix de Picasso nous enveloppe et nous transporte vers la Jérusalem céleste qui fourmille de visions et souffle les flammes d'un verbe tourmenté, ardent : « frémissant son visage zébré dans l'azur qu'apporte le reflet que foulent ses paroles orgeat valencien dans la cloche cachée entre les feuilles qui brûlent dans le livre féroce de ce jour ». Que dire de la traduction ? Peut-on traduire Picasso ? l'interpréter, le dévoyer de son imperturbable chemin ? Dans ce cas le littéralisme a force de loi, encore que… La syntaxe très libre de Picasso, en particulier dans le jeu des *que* espagnols – qui sont qui et que – a forcé le traducteur au choix d'un sens et orienté son « interprétation ». La tonalité délibérément prosaïque des textes a interdit les tournures trop littéraires et l'enjolivure. Texte brut, violent, féroce, d'une jungle de mots servis tels qu'en eux-mêmes l'éternité de l'écriture les change, parole de démiurge devenu sacrée et dont on ne peut s'approcher sans trembler : ainsi devait être le premier traducteur balbutiant le déchiffrement de l'univers.

Albert Bensoussan a traduit les textes en espagnol parus dans Picasso Écrits, *textes établis, présentés et annotés par Marie-Laure Bernadac et Christine Piot, RMN-Gallimard, 496 pages et nombreuses illustrations, 1989.*

V

Picasso inventeur de l'écriture « lierre »

L'écriture des peintres

Gerhard Wild

I –

On trouve des textes d'artistes plasticiens dans presque toutes les littératures occidentales, et ils concernent la totalité des genres. La plupart d'entre eux ont été écrits aux XIXe et XXe siècles, mais on trouve déjà à des périodes antérieures des « textes fondateurs » qui sont, dans le sens où l'entendait Foucault, à classer comme « fondateurs de discursivité ». La production commence vers 1500 avec l'œuvre narratif de Léonard de Vinci et atteint un premier point culminant avec les près de 300 poèmes de Michel-Ange, l'autobiographie de Benvenuto Cellini et le journal de Jacopo da Pontormo. La peinture et la littérature, en quête du lien interne entre le représentant et le représenté, élargissent un domaine qui a été ouvert par le perfectionnement de la technique picturale autant que par le parachèvement humaniste des langues populaires. Manifestement, peintres et sculpteurs se tournent vers l'écriture au moment où la peinture entre, avec le genre nouveau qu'est l'autoportrait, dans le champ de tension entre la confirmation de soi et l'exploration de l'humain, et où la perspective s'élève au niveau de la « forme symbolique » (Panofsky), c'est-à-dire d'objet de la détermination subjective du lieu. Mais lorsque le sujet tente de se penser lui-même, il est contraint de se confronter à un élément non représentable. De Léonard à Picasso court ainsi la piste d'un paradoxe épistémologique qui, à l'avenir, unira la peinture et l'écriture : la question de savoir dans quelle mesure l'homme peut se penser lui-même. Depuis, il s'agit, pour le peintre écrivant, de saisir par le langage la vision du monde considérée comme un vécu individuel.

Ce qui frappe, c'est que l'étude de la relation entre le sujet et la réalité qu'il trouve à son arrivée exige que l'on se libère de la formation régulée qu'apporte l'artisanat au profit de la « nostalgie de l'obligation de trouver » : « L'unique forme, face au professionnalisme, c'est le dilettantisme. Le reconnaître, le cultiver, c'est ne pas perdre l'art[1]. » Giorgio Vasari, peintre et biographe précoce des artistes italiens de la Renaissance, subodore déjà que cette activité de dilettante, alternance entre un temps passé dans la maîtrise et la virtuosité et un temps éprouvé comme un jeu (*per dilettazione e passar tempo*), est un signe de la force créative individuelle d'artistes d'exception, comme Michel-Ange ou Léonard. Avec le phénomène du dilettantisme, on touche cependant aussi la question de la conscience médiale ainsi qu'à celle du statut que l'on attribue à l'art et à la poésie dans le cadre de la théorie esthétique de l'époque : seule l'évolution qui marque au XVIIe siècle le prestige lié à la peinture, conduit, dans la théorie esthétique de Charles Batteux *Les Beaux-Arts réduits à un même principe* (1741), à établir entre la peinture et la poésie une égalité de rang qui aura d'importantes conséquences.

II –

L'heure de naissance de l'esthétique anticlassique est la publication de la *Préface de Cromwell* (1827) du poète peintre Victor Hugo. Au fur et à mesure que des poètes s'engagent dans des expériences dépassant le canon et les appareils de règles classiques, rompant ainsi, dans le sillage des théories esthétiques de Friedrich Schlegel, un système des arts établi au fil de trois siècles, les artistes plasticiens pénètrent sur le champ de l'art du langage. Dans les textes autobiographiques de Delacroix, la succession contingente de la description de situation, de la réflexion sur soi-même, de pensées esthétiques ou portant sur la technique picturale, et de pur calendrier, suscite une impression de disparité et d'hétérogénéité. De Léonard de Vinci à Picabia et Picasso en passant par Delacroix, ce fragmentarisme revendiqué deviendra caractéristique des activités scripturales des artistes plasticiens ; il convient en outre de le mettre en relation avec la triade composée par la diversité extérieure, la perception de soi et le passage au média d'expression qu'est le langage.

Dans ce contexte, les albums consacrés au Maroc et tout récemment publiés constituent un festival de l'irrégularité[2]. Certes, le voyageur Delacroix voit avec les yeux du peintre et accompagne ses notes écrites de dessins dont le degré de réalisation va du graffiti à l'aquarelle élaborée. Ce sont précisément ces cahiers de notes et ces carnets de croquis qui constituent, avec de nombreuses aquarelles séparées, mais réalisées en même temps, une alternance multimédiatique complexe qui relie le langage et l'image pour composer des moments de perception exacerbée. Dans la combinaison arbitraire, les moments d'intensité ainsi documentés sont les générateurs d'une créativité poétique qui, dans sa volonté artistique, dépasse le caractère documentaire de la simple littérature de voyage : à l'époque de la première photographie, les albums consacrés au Maroc et le matériau qui les entoure deviennent, dans l'esprit de l'observateur qui lit et qui déchiffre les graffitis, le cinéma fictif de l'aventure nord-africaine de Delacroix.

Après 1880, ces tendances à l'abolition des frontières entre genres et médias se font sentir avec une véhémence croissante. Certes, dans un premier temps, règne un subjectivisme qui ne s'exprime pas seulement dans le choix d'un genre privilégié, celui de la poésie, du récit de voyage et du journal (Gauguin), mais façonne aussi des romans et des récits pour en faire des surfaces de reproduction autobiographiques, comme le montre l'abondante œuvre littéraire d'Émile Bernard. À la fois précis et ironique, Maurice de Vlaminck s'attache encore à la prétendue authenticité d'une telle position de soi : « J'écris pour que, lorsque je ne serai plus là, on ne me fasse pas dire ce que je ne pense pas[3]. »

Dans le même temps, au début du siècle, le dialogue intense entre peintres et gens de lettres débouche sur un perfectionnement des procédés littéraires. Ce gain esthétique est décelable dans les trois romans, écrits à dix ans d'intervalle, que comporte l'œuvre littéraire abondant de Félix Vallotton. Une prise de distance ironique, une mise en perspective du monde représenté, clairement inspirée par Flaubert, et pour finir un schéma narratif à tiroirs et produisant un flou volontaire, coïncident avec les étapes de son œuvre pictural, qu'il s'agit de « dégager de toute image directe de la nature ». Les scénarios de boulevard, présentés avec un recul toujours plus subtil, qui forment les romans de Vallotton, sont donc les pendants linguistiques d'une peinture qui répond au sensualisme des impressionnistes par la sobriété géométrique.

Une convergence d'une tout autre nature entre le langage et l'image apparaît à la même époque lorsque deux peintres expérimentent des formes intermédiatiques d'écriture par recouvrement des œuvres, issues des réflexions synesthétiques du symbolisme : Gustave Moreau et Odilon Redon génèrent, dans leurs recueils de textes posthumes, des visualisations médiatisées d'œuvres d'art. Dans les carnets de Moreau, qui ont été publiés seulement quatre-vingt-dix années après sa mort[4], c'est son propre œuvre pictural qui est paraphrasé et commenté dans de brefs passages à la forme le plus souvent aphoristique. Le recueil de textes de Redon[5], en revanche, se conçoit comme l'histoire largement autobiographique de l'expérience esthétique, dans la lignée des *Phares* de Baudelaire – comme la lecture subjective des « grands » de l'histoire de l'art – Hals, Rubens, Rembrandt, Vélasquez –, mais pratiquement pas, si ce n'est avec une aversion perceptible, de contemporains comme Degas ou Bonnard. Par volonté de se découvrir eux-mêmes, Moreau et Redon animent la description de tableaux à l'aide de motifs textuels qui renvoient à une tradition égocentrique allant de Stendhal à Amiel.

En 1900, la littérature des artistes plasticiens se situe donc dans un champ de tension entre le moi et le monde – que ce soit dans le regard improvisateur et onirique sur leur art et ceux des autres (Redon, Moreau), ou dans une quête de la réalité constructive, artisanale, orientée sur le réel, qui, en tant qu'héritière de l'impressionnisme, entre dans une concurrence subversive avec la photographie (Gauguin, Vallotton). Dans tous les cas, l'arsenal des moyens linguistiques et techniques est conçu comme une alternative à la peinture et étudié comme un média de la confirmation emphatique de soi-même. Pour notre questionnement – l'existence d'un dilettantisme productif postulé de manière véhémente –, il est essentiel de savoir qu'au commencement des avant-gardes, la poéticité des textes de peintres écrivant découle de la sur-écriture de contenus d'images stockés dans la conscience artistique.

III –

Parallèlement à la volonté de forcer l'intention expressive dans la première avant-garde classique – c'est le propos des expressionnistes allemands (Barlach, Kandinsky, Klee, Kokoschka, Kubin, Schönberg) –, on pratique, en France, la dévalorisation de cette mythologie artistique occidentale qui, depuis l'Antiquité, établit une distinction entre le travail bâclé et l'artisanat. Partant de la sentence de Lautréamont « La poésie doit être faite par tous. Non par un[6] », Dada et le surréalisme, notamment, investissent le problème du dilettantisme que les peintres, jusqu'alors, maîtrisent en intégrant les moyens littéraires dont chacun d'entre eux dispose. Delacroix et les peintres fin-de-siècle se contentèrent toutefois d'exploiter jusqu'au plagiat les techniques traditionnelles. Dans le dialogue, une fois encore, avec les gens de lettres, et dans l'échange avec leur propre production picturale et plastique, les avant-gardes s'appliquent à explorer de nouveaux modèles esthétiques. L'élément de l'imprévisible, qui occupe une position toujours plus centrale, renvoie derechef au problème du dilettantisme, désormais inversé : en 1935, dans un bref article intitulé « Où va la peinture », Max Ernst compare la fabrication de l'art à l'activité d'un plongeur sous-marin qui ne peut jamais savoir à l'avance ce qu'il trouvera dans les profondeurs de l'océan. Il mise plus sur l'inconscient que sur un procédé « académique »[7]. Nous nous rappelons le refus empathique de la routine professionnaliste exprimé par Markus Lüppertz.

Les quarante années qui suivent, au moins, sont placées sous le signe d'une créativité libérée des entraves liées aux conceptions académiques de l'artisanat. Dans cette recherche esthétique, l'abolition des frontières de l'art de l'image, telles qu'elles étaient définies jusqu'ici, devient un programme. Dans le domaine pictural, on incorpore des éléments de langage qui non seulement traitent par l'ironie les anciens principes de l'imitation, notamment le trompe-l'œil, mais problématisent, par un fragmentarisme prononcé, à l'aide d'ambivalences linguistiques, le conventionnalisme de nos signes traditionnels. Citons à titre d'exemple de ce phénomène une nature morte du cubisme classique telle que l'*Hommage à Bach* de Georges Braque (1912) et plus encore la *Bouteille de Bordeaux* de Juan Gris (1915). D'autant plus que la toile de Gris soumet la relation entre le Moi et le monde à une spéculation « lettriste » qui explore les entités intralinguistiques au-delà de la graphie et de l'étymologie pour découvrir dans le fragment de nouvelles unités de sens.

D'autre part, les frontières entre l'image et le langage deviennent fugitives lorsqu'une œuvre du langage reçoit, par le biais d'éléments visuels, un niveau sémiotique supplémentaire. Les exemples en sont les poèmes illustrés *Calligrammes* d'Apollinaire, écrits un peu partout depuis 1915 ; un calligramme créé en 1923 par Salvador Dalí (qui a qualifié à l'époque ses textes de « machines à penser ») reproduit visuellement la pluie sur les toits d'une ville par la disposition typographique des successions de lettres qui, lorsqu'on récite à voix haute le texte catalan, illustrent simultanément sous forme d'onomatopées la perception acoustique du clapotement et des gouttes. En détournant un propos provocateur d'André Breton[8], on pourrait dire qu'ici, le langage et l'image célèbrent une union charnelle médiatique. La plus-value esthétique de ce genre de travaux de peintres écrivant tient au chargement synesthétique du média qu'est l'image par des éléments de son et de mouvement, chargement dont seule la perception synchrone des structures textuelles au niveau optique et acoustique permet la compréhension[9]. On ôte cependant désormais au lecteur et à l'observateur la sécurité des médias, des genres, des techniques, et même des langages censés être conventionnels, c'est-à-dire réputés univoques.

Par la suite, de nombreux artistes à succès de l'avant-garde – du *modernismo* portugais, de dada et du surréalisme – investissent, sur un large front, presque tous les champs conventionnels de la littérature : poésie, drame, prose narrative. Ce faisant, ils rapprochent aussi du texte esthétique la production théorique et les manifestes et traités supposés. Le mouvement est lancé, vers 1912, par le Cap-Verdien José de Almada-Negreiros, par Giorgio De Chirico, natif de Thessalie, formé à Munich et Paris, et par Francis Picabia, un Français formé à Munich et Paris, et originaire de Cuba. Les déplacements biographiques auxquels il est fait allusion ici sont exemplaires et, dans le même temps, productifs pour la forme linguistique de leurs textes. De la même manière que l'empilement hybride des genres picturaux et textuels devient une caractéristique visuelle de l'avant-garde, l'écriture de textes hors de la langue maternelle devient une caractéristique linguistique, s'accompagnant d'un passage médiatique de l'image au mot. Picasso est loin d'être le premier à expérimenter les possibilités d'un idiome étranger : dès 1913, Chirico écrit des poèmes en français, adoptant dans un premier temps les techniques de sur-écriture intermédiales du XIXe siècle – l'adaptation créative d'une œuvre étrangère, à la manière de Redon et Moreau. Dans les années 1920, Chirico découvre le roman comme média de confirmation esthétique de soi-même. L'Italien a, d'emblée, conçu en français son ample roman autobiographique *Hebdomeros*, que Breton publiera en 1929, dans *Bifur*, comme un roman surréaliste exemplaire ; il a également conçu en français la plus grande partie de son roman ultérieur *Monsieur Dudron* (1940/2003), alors qu'il choisissait sa langue maternelle pour ses textes théoriques et son autobiographie tardive, *La mia vita*.

Lui succèdent, entre autres, Joan Miró, Max Ernst, Salvador Dalí, António Pedro, Hans Bellmer, Alberto Giacometti, Hans Arp, Oscar Domínguez, Leonora Carrington, Leonor Fini et même Man Ray, qui rédigent en français des textes littéraires.

Le bi- ou multilinguisme de ces textes s'explique en bonne partie par l'adaptation des peintres à la domination du français dans le contexte avant-gardiste qui marquait leur patrie parisienne d'élection – c'est par exemple le cas du frère de Chirico, le peintre, compositeur et poète italien Alberto Savinio, qui ne rédigea qu'un seul texte hors de sa langue maternelle, à savoir l'*Introduction à une vie de Mercure*, écrit en 1929, exclusivement en langue française, pour la revue de Breton *Bifur*. Mais on trouve aussi dans le corpus des peintres écrivant les récits de l'Argentine Leonor Fini qui, bien que destinés à la publication, ne furent pourtant pas rédigés dans sa langue maternelle. Dans chaque cas, un élément biographique antérieur fournit l'expérience exacerbée de l'altérité à laquelle des artistes comme Chirico, Miró, Picasso, Dalí, Arp et Giacometti ont été confrontés dans leur contexte polyglotte d'origine (Thessalie, Catalogne, Alsace, Suisse).

Par ailleurs, l'hétéroglossie ou la polyglossie se situent dans ce champ expérimental propre à la modernité qui, depuis Guillaume Apollinaire, oppose au neuf une notion conventionnelle du beau, comme condition d'une organisation de nos sens. Ce nouveau matériau touche au matériau, au procédé et à la médialité de l'œuvre. Et dans le même temps, le moment du dépassement de soi est inscrit dans l'œuvre, raison pour laquelle on découvre précisément à ce moment-là, dans l'écrit et le langage, des possibilités qui n'étaient pas accessibles aux beaux-arts. Le langage devient un objet de spéculation dont le capital symbolique est attribué à un concept de l'art clairement lié à la forme, mais dans le même temps orienté vers le futur, et l'expérience esthétique à un élément de surprise. On n'est pas surpris, au bout du compte, d'apprendre que Marcel Duchamp, qui a été le premier à expérimenter le potentiel des objets trouvés dans le readymade, a travaillé à des bricolages linguistiques que nous trouverons aussi par la suite – quoique de manière moins systématique – chez Ernst et Picasso. Ces textes, qui ne contiennent parfois qu'un petit nombre de mots, produisent de nouveaux espaces sémantiques par le biais d'interférences graphiques qui n'atteignent les effets visés que sur le plan phonétique ou typographique, et reprennent ainsi le lettrisme de la *Bouteille de Bordeaux* de Gris :

« Et Qui Libre ?
Église, exile
M.E.T.R.O. : Aimer tes héros » (Marcel Duchamp)

Une autre conquête est la mise en miroir de chaîne sémantiques : « Anemic cinema » (Marcel Duchamp). Picabia, pour finir, mêle sans transition, dans son épopée de la grande ville, *Unique Eunuque* (1920), des phrases correctes et des séquences notées en sens inverse :

« Nouveau de suivit cabriolet le
D'inquiétude sorte une
Demoiselle une même
Pianos le sur
Tombée chez païen
Entr'ouvre un canapé. »

De telles ruptures sont inspirées en premier lieu par une contemplation de tableaux, sans lien avec une orientation de lecture déterminée, et en second lieu par les possibilités du montage à rebours, découvertes dans le cinéma d'avant-garde. On expérimente en outre à cette époque les formations symétriques, l'inversion de phrases et de propositions, dans la musique d'avant-garde et dans la peinture informelle.

D'autres poètes de la peinture créent des déplacements sémantiques en appelant, sur un espace extrêmement étroit, les différentes significations d'un mot. Dans l'exemple qui suit, Miró utilise l'échange subversif de mots analogues ou étymologiquement parents : « Les points rouges de ma cravate/Piquaient le ciel. »

Un procédé utilisé par Max Ernst rappelle les argumentations absurdes d'*Alice au pays des merveilles.* Si le « Dada-Max », en employant de nouveaux matériaux et des techniques de reproduction non académiques (décalcomanie, frottage, grattage, collage), a considérablement élargi le champ d'action des procédés artisanaux dans le domaine pictural, le poète Max Ernst stimule notre connaissance de l'univers quotidien en pratiquant le décalage sémantico-logique :

« LA CLEF DES CHANTS
Pourtant
Personne n'a jamais vu
Un oiseau tenir
Une plume en main. »

Ici aussi, on discrédite une prétendue unité du langage et du monde. Si Dada et le surréalisme représentent la tentative, menée avec véhémence, de remettre en cause les ordres conventionnels de perception, au point que nous ne croyions plus nos yeux, tous les exemples poétiques peuvent eux aussi se classer dans une visualité dont l'étrangeté est déclenchée par la rupture typographique ou syntaxique avec les modes habituels de la lecture et de la parole.

Le surréaliste portugais António Pedro parvient à démultiplier cette technique en 1942 dans son bref roman *Apenas uma narrativa*[10], lorsqu'il confronte les images conventionalisées du langage à leur réalité visuelle. Il illustre la phrase « Loulou descendit la rue, et les yeux de tous étaient rivés aux différentes parties de son corps ferme » par un dessin de la protagoniste sur le corps de laquelle sont peints les yeux de ses admirateurs lubriques. Les clichés quotidiens du langage, qui nous permettent de nous assurer du monde, sont remis en cause par la combinaison du langage et de l'image.

La prestation poétique des poètes-peintres dilettantes consiste, en l'occurrence, dans la découverte d'épaves échouées du langage quotidien et dans la capacité de détourner, plus ou moins légèrement, ces objets trouvés par la confrontation avec un nouvel environnement. Il s'agit du principe pour lequel les surréalistes ont inventé ultérieurement le concept de « dépaysement ».

On en trouve des exemples à partir de 1915 chez Almada-Negreiros, Picabia et Duchamp, après 1930 chez Giacometti, Miró, Ernst, et un peu plus tard chez Picasso. Beaucoup des effets de surprise ainsi engendrés reposent, du point de vue du langage, sur l'exploitation de trucs rhétoriques traditionnels, de préférence des figures sonores comme l'allitération, la rime intérieure, le polyptoton, la paronomase – tous ces phénomènes relevant de la surface du langage, que Sigmund Freud analyse à l'époque, dans sa « théorie des lapsus », comme des expressions de désir codées en provenance de l'inconscient. Pour ce qui concerne la question du dilettantisme poétique, cela signifie que le prétexte et le point de départ de ce bricolage linguistique est l'éveil d'une créativité du sujet jusqu'ici freinée par la convention artisanale : « L'enthousiasme était déclenché par notre propre MOI qui, libre de la faute et de l'expiation, trouvait en soi-même ses lois, sa forme et sa confirmation[11]. »

Mais ces exemples montrent aussi que les peintres de l'avant-garde s'efforcent, plus nettement que dans les époques passées, de développer dans leur travail sur le langage « une plus grande polysémie, en confrontant des éléments, des choses et des perspectives issus de contextes différents, et que s'ouvre, dans le domaine de l'esthétique de la réception, un champ de références "mobiles"[12] » – en d'autres termes, la production littéraire (et picturale) est soumise au jeu. Si celui-ci représente « une attitude à l'égard du monde qui n'est pas définie par l'appropriation et la disposition, mais conserve la distance et compte sur l'irruption de ce qui est constamment indisponible, le hasard[13] », on voit s'esquisser une impossibilité du sujet artistique à conserver, dans une existence d'une plénitude exacerbée, les anciennes intentions scripturales visant à s'assurer de soi-même. Au terme de cette évolution, on trouve justement ces textes de Picasso oscillant entre journal et poésie, et dont la tendance à former des variantes renvoie à la dichotomie du créateur, qui, face à la contingence externe, a perdu la capacité de choisir entre la position tectonique et la poursuite du tissage par l'improvisation.

Ce qui, dans la compétition prémoderne entre la peinture et la poésie, passait jusqu'alors pour un inconvénient de la littérature, à savoir l'impossibilité d'avoir d'un texte la perception « simultanée » que l'on peut avoir d'un tableau, ou encore de retenir des événements simultanés dans la même image, sera, à l'avenir, sapé par la littérature des peintres écrivant. Ce n'est pas du tout, en l'espèce, la compacité des textes lyriques qui assure la simultanéité ; après tout, les poèmes de Picabia, tout comme ceux de Picasso, couvrent parfois plusieurs pages. Du reste, la poésie simultanée ne reste pas limitée aux vers lyriques. Car dès 1916, Almada-Negreiros publie dans la revue scandaleuse *Portugal Futurista* le texte en prose « Bateleurs », avec un terme éloquent pour désigner le genre : « Contrastes simultanés ». Un an plus tard, il esquisse son œuvre scandaleuse *K 4, le Carré bleu*. Les deux récits ne reflètent pas seulement le regard toujours plus abstrait du peintre sur une réalité qui s'effrange, mais désignent, au-delà de leur articulation formelle, le problème supérieur de la plénitude irrattrapable de la réalité. Un lecteur idéal devrait réaliser *K4* en collant sur un dé le texte de toute façon déjà fragmenté, et en lisant simultanément les pages, ou en laissant les blocs de textes courir sur plusieurs magnétophones.

Une telle lecture est également une possibilité pour le texte, déjà mentionné, de Picabia, et son effet peut encore être accru par la possibilité d'une lecture inverse ou même d'une succession aléatoire des vers.

Certains des textes de Picasso semblent eux aussi viser un tel simultanéisme en restituant moins d'événements mais en transformant des actes en situations – de préférence au présent et en accumulant les participes. Ainsi, pour la note du 7 juin 1936, on serait plutôt enclin à pratiquer une « lecture simultanée » des différentes parties. Plaiderait en faveur d'une telle lecture du poème en prose le fait que de toute évidence, Picasso a fait basculer la narrativité du texte depuis la succession horizontale vers une simultanéité verticale. Cela devient clair lorsqu'on a recours aux fac-similés mis à disposition par Enrique Mallén dans son projet Picasso, et que l'on compare ainsi la réalisation des trois états textuels. On voit apparaître clairement la métamorphose de plus en plus accentuée, depuis l'ivresse chaotique du premier noyau jusqu'à une structure, qui suggère pratiquement une simultanéité, en passant par une version intermédiaire horizontale nettement mieux coordonnée. Cela pourrait ne pas être un hasard formel si Picasso s'approche ici d'un système de notation qui présente, par rapport à la typographie littéraire, l'avantage d'illustrer la simultanéité dans une indication de jeu exacte : le procédé de notation de la partition musicale.

L'état textuel 3 de Picasso partage la disposition de ce système de notation, un parallèle suggéré et renforcé par la typographie musicale : une large barre arrondie sur la marge gauche, qui semble vouloir imposer une simultanéité des vers, et dans la partie droite des différents vers ces traits qui n'empêchent pas seulement une poursuite de l'écriture du texte, mais suggèrent peut-être même l'itération des actes décrits. Nous pensons, rétroactivement, à cette nostalgie de la totalité qu'a produite chez Almada-Negreiros le texte tridimensionnel *K4*. Les peintres d'avant-garde se confrontent donc à la diversité de l'expérience subjective du monde, ou bien par une exploration ludique du rapport entre le langage et le mode, ou bien par le transfert de l'élément de simultanéité propre à la peinture.

IV –

Un regard sur les évolutions ultérieures des textes écrits par des artistes plasticiens montre que les phénomènes du xénoglottisme ou du polyglottisme passent au deuxième plan, mais pas l'élément subversif et ludique. La tension entre la totalité et la subjectivité, d'où était déjà issu le premier texte fictif de Léonard, justifie encore l'activité littéraire de Dubuffet, Yves Klein, Antóni Tàpies, Joan Brossa, Perejaume et Dorothea Tanning, autant que le mélange des genres. Le travail sur l'œuvre littéraire de Picasso pourrait par conséquent représenter le début d'une exploration de ce continent inconnu que constituent les textes des peintres écrivant.

Traduit de l'allemand par Olivier Mannoni.

Cette contribution a été lue à l'occasion du « Congrès international organisé par le Séminaire de romanistique de l'Université de Zurich en collaboration avec le Kunsthaus Zürich les 14-15 janvier 2011 : Par le mot, par l'image : l'œuvre littéraire de Picasso. »

NOTES

1. Markus Lüpertz, « Hommage à Prévost, Berthe Morisot und Trouillebert », cité d'après Armin Zweite (éd.), Markus Lüpertz. *Belebte Formen und kalte Malerei*, Munich, Prestel, 1986, p. 26.
2. *Souvenirs d'un voyage dans le Maroc (1832)*, Laure Beaumont-Maillet, Barthélémy Jobert et Sophie Join-Lambert (éd.), Gallimard, 1999.
3. *Histoires et poèmes de mon époque*, Versailles, SVO Art éditions, 2008, p. 5.
4. *L'Assembleur de rêves*, in *Écrits complets*, Saint-Clément, Fata Morgana, 1984.
5. *À soi-même. Journal, 1867-1915, notes sur la vie, l'art et les artistes*, Corti, 1922.
6. Lautréamont, *Poésies*, II, 1870 in *Œuvres complètes*, I, II, Maurice Saillet (éd.), Livre de Poche, p. 409.
7. Max Ernst, « Où va la peinture », in *Écritures*, Gallimard, 1970, p. 401.
8. Breton, « Les mots sans rides », in *Œuvres*, I, p. 284-286 (première parution *Littérature* 7, 1er décembre 1922, p. 32).
9. *Cf.* G. Wild, « Ideen-Maschinen, Klang-Figuren, Bewegungs-Bilder, Sprach-Barrieren », *in* Gerhard Wild et Scarlett Winter (éd.), *Poetes-pintors – Maler-Dichter in Katalonien. Zeitschrift für Katalanistik*, 2008, p. 39-75.
10. *À peine un récit*, Cent pages, 1987.
11. Hans Richter, *Dada – Kunst und Antikunst*, Cologne, duMont, 1976, p. 115.
12. Tanja Wetzel, « Spiel », *Ästhetische Grundbegriffe* 5, Stuttgart, Metzler, 2003, p. 618.
13. *Ibid.*, p. 617.

Du surréalisme et du baroque dans l'écriture de Picasso

Henri Béhar

« Picasso chasse dans les environs » déclare André Breton dans le *Manifeste du surréalisme*. C'est très logiquement que les surréalistes eux-mêmes ont cherché à évaluer la part de surréalisme dans les écrits comme dans la peinture de Picasso, à commencer par le très éloquent article du même Breton « Picasso dans son élément », publié dans *Minotaure* (n° 1-2, 1er juin 1933[1]), avec les photographies prises de nuit par Brassaï. Ensuite par un essai chaleureux et très documenté de Tristan Tzara, « Picasso et la poésie » (*Commentari*, Rome, 1953).

À peine constitué, le groupe surréaliste se manifeste par un « Hommage à Pablo Picasso » à l'occasion du ballet *Mercure* : « Nous tenons à témoigner de notre profonde et totale admiration pour Picasso qui, au mépris des consécrations, n'a jamais cessé de créer l'inquiétude moderne et d'en fournir toujours l'expression la plus haute. »

Outre leurs constants compliments, il y a dans leurs écrits une parfaite reconnaissance de son apport en matière esthétique. C'est d'abord Tzara qui reconnaît : « Les papiers collés de Picasso, que j'ai appelés des proverbes en peinture, peuvent être mis en parallèle avec l'emploi en poésie des lieux communs et des phrases toutes faites. Cendrars, Max Jacob, Reverdy, en ont usé et, après eux, la jeune génération de *Littérature*, Aragon, Soupault, Breton, Éluard et moi-même. »

Au moment où André Breton semble avoir désespéré de l'écriture automatique, voilà qu'un nouveau venu à l'écriture s'en empare, en fait son bien propre, comme si elle lui avait toujours été consubstantielle, et lui donne de nouvelles couleurs. Tristan Tzara la qualifiera ainsi : « C'est un flot verbal où son imagination torrentielle s'accroche à des sensations vécues et sa valeur documentaire l'apparente aux textes surréalistes. C'est la matière brute de la poésie que Picasso a exposée à l'état naissant, sans se préoccuper d'une quelconque conclusion. Picasso a senti la nécessité d'exprimer à l'aide de mots la poésie intense qui est un état préparatoire de la poésie de ses tableaux[2]. » Car l'écriture automatique ne saurait se réduire au modèle canonique produit par les auteurs des *Champs magnétiques*. Certes, il y a chez Picasso, comme chez Breton et Soupault, une coulée verbale, la transcription de la pensée comme elle vient, à une vitesse plus ou moins accélérée, charriant dans ses tourbillons les trouvailles, les concrétions les plus inattendues, ouvrant en même temps la porte aux souvenirs d'enfance les plus enfouis : « … les bouts de langouste et la feuille de laitue le pain frais et le vin et l'air qui promène sa grâce en jouant des baguettes cabines qui sur les plages élèvent leurs crins et lui apprennent des malices qu'ils raconteront ensuite dans l'ombre à la tourterelle[3]… » évoquant, selon Sabartés, ses premiers émois sexuels suscités par la vue d'une femme nue dans une cabine de bains sur la plage de La Corogne.

Mais, il y a aussi une autre forme d'automatisme, moins soumise aux associations phoniques, plus proche du rêve éveillé, que Tzara nommait le « rêve expérimental », dont ses *Grains et issues* sont le meilleur exemple[4]. On y voit le scripteur dans son contexte d'énonciation, partant des circonstances, des objets familiers, des outils qui l'entourent, des tableaux qu'il vient d'achever, gagné peu à peu par ses visions oniriques, qu'il récrit, reprend, transforme indéfiniment, jusqu'à leur donner la forme parfaite qu'il leur destinait, théâtre ou poème. Tzara part d'une vision hypnagogique ou d'une phrase perçue dans le demi-sommeil et, très lucidement, en déploie toutes les possibilités. Picasso ne me semble pas agir autrement lorsqu'il écrit, de premier jet, le 2 février 1938 :

> pendu au cou de la corde
> câline
> silencieuse
> fleurant bon la verveine [...]

et qu'il reprend ces mots-images quelques jours plus tard, en insérant un commentaire, d'ordre pictural, entre parenthèses :

> pendu au cou de la corde (pendu car ses doigts sont des rais de lumière bleue jaune verte mauve) câline (car le dessin sinueux enroule le doigt et le mord jusques au sang de ses gencives sans dents) silencieuse (puisque la corde au bout de laquelle elle se tient en équilibre lui fouette les cuisses et chatouille entre les doigts de ses pieds la cendre du cadran de l'horloge suspendu à la flamme de la bougie) [...]. (p. 179-180)

Entre ces deux pôles majeurs de l'automatisme, Picasso en expérimente un troisième, qu'il pratiquait vingt ans auparavant avec ses papiers découpés : le collage, l'assemblage du matériau verbal préétabli, le hasard jouant le rôle du créateur, lui ouvrant de nouveaux espaces, de nouvelles combinaisons. C'est peut-être ce qui justifie le sentiment de Michel Leiris, dans sa préface, rapportant globalement les *Écrits* de Picasso à la veine dada plus que surréaliste. On trouve ainsi le collage de fragments du *Journal* du 8 décembre 1935 dans le texte du 14 du même mois, à l'instar de nombreux poèmes publiés naguère dans les revues *Dada*, *391*, etc. De la même façon, l'artiste fait ses gammes, au sens concret de l'expression, comme pour se dégourdir la main, enclencher le mécanisme de l'expression spontanée : « do 3 ré 1 mi 0 fa 2 sol 8 la 3 si 7 do 3 [...] » (3 mai XXXVI, p. 128). On pourrait prendre Picasso pour un pythagoricien, tant il a le goût des chiffres, disposés dans le plus grand désordre, comme autant de passes magiques.

* * *

André Breton est le premier, semble-t-il, à présenter la poésie de Picasso, en la citant et l'analysant longuement, dans son article « Picasso poète » (*Cahiers d'art*, n° 7-10, 1936). Très proche du peintre à cette époque, il précise qu'il ne s'agit pas là d'un simple violon d'Ingres, ni d'un substitut à la peinture lors d'une période dépressive (ce qui se discute), mais bien de l'appropriation d'un nouveau langage, résultant d'un besoin d'expression totale. Il observe que le poète en question part toujours d'une réalité immédiate (Tzara parlera de la circonstance), décrit son manuscrit enluminé et le qualifie de « journal intime sensoriel et sentimental ». C'est parce qu'il l'a vu composer, et combler un certain vide, qu'il ne qualifie pas son travail, souvent remis sur le chantier, d'écriture automatique. Quelque temps après, Picasso figure dans l'*Anthologie de l'humour noir*, toujours pour ses poésies.

L'article de Tristan Tzara, « Picasso et la poésie », est plus tardif, mais il n'en relève pas moins l'originalité de cette œuvre généralement méconnue, en tout cas inédite à l'époque, si ce n'est sous la forme de fragments. « Vers 1936, Picasso a écrit lui-même des poèmes. C'est un flot verbal où son imagination torrentielle s'accroche à des sensations vécues et sa valeur documentaire l'apparente aux textes surréalistes », écrit-il, en signalant que Picasso fournit ici la matière brute de la poésie, sans aucun objectif littéraire. Après un vaste panorama des rapports de la poésie et de la peinture en France depuis Baudelaire, Tzara constate que l'artiste vise à la démystification de l'art, et le poète à la spontanéité du sentiment, à la liberté, par l'humour.

Picasso est bien présent dans tous les états de ses *Écrits*, parce qu'il y inclut tous les éléments de son univers, où il se représente à l'occasion. Si l'on accepte d'identifier le « je » narratif au scripteur, on perçoit, ici et là, un aveu personnel :

> je ne peindrai plus la flèche
> qui se mire dans la goutte d'eau
> qui tremble au matin
> quand siffle dans le vent
> l'heure écrite
> que la balançoire emporte
> avec son rire
> Écrit dans le train en allant à Dieppe
> le 14 août MCMXXXV (p. 23)

Notation banale dans le carnet d'un artiste, dira-t-on, exprimant ses instants de doute et de découragement. Mais il y a bien autre chose : l'image renouvelée de la fuite du temps. Ailleurs, ce sont les mots brûlants dépeignant l'égarement passionnel du créateur, dont certaines images obsédantes se retrouveront dans des écrits plus concertés :

> je donne arrache tords et tue je traverse incendie et brûle – je caresse lèche embrasse et regarde – je fais sonner à toute volée les cloches jusqu'à ce qu'elles saignent – j'effraie les pigeons et je les fais voler autour du colombier jusqu'à ce qu'ils tombent par terre déjà morts de fatigue – je boucherai toutes les fenêtres et les portes avec de la terre – et avec tes cheveux je pendrai tous les oiseaux qui chantent – et je couperai toutes les fleurs – je bercerai dans mes bras l'agneau et je lui donnerai à dévorer ma poitrine – je le laverai avec mes larmes de plaisir et de peine [...]. (p. 27)

Au vrai, l'espace poétique de Picasso est illimité, à l'image de son espace pictural, avec lequel il entretient des liens évidents, ne serait-ce que par le graphisme, l'occupation de la page blanche. L'univers verbal apparaît plus riche, plus dense encore par l'interpénétration des règnes de la nature, par la dynamique des quatre éléments, rapportés à diverses strates de la vie psychique. En voici un exemple suffisamment complexe, bien qu'il faille, je le regrette, couper dans la masse textuelle :

> 24 décembre XXXV
> jamais on n'a vu langue plus mauvaise que si l'ami câlin lèche la petite chienne de laine tortillée par la palette du peintre cendré vêtu de couleur d'œuf dur et armé de l'écume qui lui fait dans son lit mille singeries quand la tomate ne le réchauffe plus peu lui importe que la rosée qui ignore le numéro gagnant de la loterie que l'œillet frappe à la jument faisant que son riz au poulet dans la poêle lui dise la vérité et le sorte de la gêne lui chante la zambomba et organise dans l'amour charnel la nuit avec ses gants de rire mais si à l'entour du tableau à moitié fait de la ligne sans honte fils de putain insatiable de lécher et de manger les couilles du mort la banderille de feu posée à la mort [...]. (p. 76)

Qui ne voit là le commentaire, la contrepartie poétique des *Minotauromachies* peintes à la même période, resituées dans leur contexte personnel et cosmique ? Un système métaphorique constant et clos s'en dégage, fort élégamment mis en évidence par Marie-Laure Bernadac sous forme de dictionnaire. On y relève une thématique obsessionnelle, où reviennent en permanence les souvenirs d'enfance, les images de la corrida, le cheval aux tripes percées ; les mots de la cuisine, de la nourriture, des odeurs, de la peinture. Picasso a plaisir à nommer, à qualifier les couleurs et à les animer :

goutte à
goutte
vivace
meurt le
bleu pâle
entre les
griffes du
vert amande
à l'échelle
du rose (p. 196)

À d'autres moments, un tableau qu'on ne verra jamais surgit sur la toile des rêves :

> 29 avril XXXVI
> toutes lignes enlevées du tableau qui représente l'image de cette tête de jeune fille apparaît flottant autour blanc arôme des coups donnés à l'épaule du ciel orgueil blanc fromage coquelicots vin blanc frit au tir aux pigeons du fifre blanc cri jaune des fouets [...]. (p. 128)

Il apparaît que sa poésie exprime, de manière univoque (par exemple avec le motif du couteau), le désir qui le point :

> 28 novembre 38
> enfonçant ses dents dans la plaie l'architecture du désir déploie ses ailes oriflamme livide l'amour qui siège au coin le plus noir du tuyau de vidange de l'évier auréole de l'arc-en-ciel du feu d'artifice de son regard [...]. (p. 196)

Très personnel est le mélange de violence et de tendresse, de scatologie et d'érotisme, tel ce fragment du 15 février 1937 :

> antipathique champ de tir morpion d'azur et choux-raves cantique phantôme de bronze rivé au granit des nuages merde et merde plus merde égale à toutes merdes multipliées par merde glaire de gloses haleine pestilentielle de la rose des vents de son anus double crème cocon filé par le parfait amour [...]. (p. 135)

En somme, ces textes que Breton qualifiait de semi-automatiques signifient davantage par ce qu'ils laissent entendre de l'angoisse et de l'inquiétude, du désir et de la joie de vivre, que par ce qu'ils énoncent clairement. On sait, avec l'Aragon du *Traité du style* que la qualité de l'écriture automatique dépend de celle du sujet. Sur ce plan, la richesse intérieure de Picasso, sa complexité, ne sont pas à démontrer. Cela explique pourquoi, novice dans l'art d'écrire, ne prenant la plume qu'à défaut du pinceau, celui-ci ait atteint, d'emblée, les plus hauts sommets.

On peut s'inquiéter du silence fait par les surréalistes au sujet des deux pièces de théâtre composées par Picasso, *Le Désir attrapé par la queue* en 1941, *Les Quatre Petites Filles* en 1947. Il est vrai qu'à cette époque, l'artiste n'était plus en contact avec les membres du mouvement et, pour ce qui concerne la littérature, il était plus proche du noyau constitutif des *Temps modernes.* À l'exception de Michel Leiris (lequel, au demeurant, s'en était éloigné depuis longtemps), le surréalisme ne semble pas avoir particulièrement soutenu ces deux œuvres, ni considéré qu'elles faisaient partie intégrante de son patrimoine, si l'on peut dire. Il est vrai que le genre dramatique semblait exclu de son champ, condamné pour des raisons économiques et morales voisines de celles que Jean-Jacques Rousseau alignait dans sa *Lettre sur les spectacles.* C'est pourquoi il nous avait paru nécessaire, dans le premier essai consacré à la question du théâtre surréaliste[5], d'intégrer l'artiste total qu'était Picasso à la petite cohorte des dramaturges surréalistes. Tout en lui attribuant l'étiquette de « surréaliste baroque », qui semblait lui conférer un statut spécial, peut-être n'avions-nous pas suffisamment précisé le caractère baroque de ces œuvres.

De longues heures passées à traduire en français les *Solitudes* de Góngora ou la fable de *Polyphème et Galatée* nous avaient conduit à faire référence à ce concept toujours controversé depuis qu'il avait été introduit dans la critique artistique et littéraire par Eugenio d'Ors. Il était évidemment utilisé dans son sens intemporel. Notre démarche nous semblait si naturelle que nous n'avons pas été surpris d'apprendre que Picasso avait lui-même illustré les poèmes de son compatriote andalou du XVIe siècle[6]. Ses propres textes, publiés par la suite en français, ne firent que confirmer notre sentiment de lecteur. De sorte que nous persisterons aujourd'hui à traiter des images baroques dans son théâtre.

De même qu'il y a un surréalisme historique et un surréalisme éternel, le baroque est, lui aussi, éternel. Pour s'en tenir à une définition sommaire et un peu passe-partout, nous dirons que, par opposition au classicisme, le baroque de toutes les époques se définit par la confusion des règnes de la nature, l'inversion du haut et du bas, l'assimilation des contraires, le jeu des illusions, une dynamique perpétuelle, une constante métamorphose, un jeu de lumières permanent et la prédominance des figures d'Éros et de Thanatos. À dire le vrai, le baroque est appétit de vie.

Le baroque s'est particulièrement illustré au théâtre, où il joue sur l'illusion comique, le théâtre dans le théâtre, la monstration, si l'on peut dire, à l'opposé de la démonstration. Aussi dynamique que soit la scénographie d'un tableau, elle n'atteindra jamais les possibilités qu'offre le théâtre. D'où ces tableaux muets que Picasso se plaît à imaginer dans ses pièces, et dont il attend la réalisation concrète, non sans procéder, parfois, par la réécriture d'œuvres classiques, avant *Les Ménines.* Ici, La Tarte « toute nue mais avec des bas » sort d'une baignoire tandis que des messieurs habillés préparent un célèbre déjeuner sur l'herbe ; là « Dans le jardin potager, sous une grande table, les quatre petites filles. Sur la table, un énorme bouquet de fleurs et des fruits sur un plat, quelques verres et une jarre, du pain et un couteau. Un grand serpent s'enroule à une des pattes de la table et monte manger les fruits, mord aux fleurs, au pain et boit dans la jarre. »

S'est-on posé, dans ce cas précis, le problème de la mise en scène ? Évidemment non, pas plus que des règles dramaturgiques ni de l'adaptation aux circonstances. Mais n'est-ce pas le plus sûr moyen de faire progresser un art ?

Pourtant le plaisir du théâtre ne consiste pas seulement à concevoir des tableaux animés : il s'agit d'insuffler la vie à des êtres de papier, une suite de signifiants. Ceux de Picasso, pas plus que ceux d'Apollinaire, n'ont une présence inoubliable. Mais on sent en eux la vitalité de leur auteur et dès la lecture Le Gros Pied, les deux Angoisses, les quatre Petites Filles se mettent à vivre devant nos yeux, aussi indifférenciés paraissent-ils, sans parler des Rideaux immobilisant « leur dépit derrière l'étendue de l'étoffe déployée. » C'est là un principe de la dramaturgie contemporaine : moins les caractères sont définis, plus les personnages sont investis par les spectateurs. La psychologie plane a fait son temps. Comme Vitrac, Picasso préfère suggérer par des comportements les motivations profondes, les rapports ambigus des êtres.

Commentant l'œuvre plastique de Picasso, Tristan Tzara a cru pouvoir avancer que chez lui « la pensée se fait sous la main. » Mais la propension du peintre à écrire des poèmes, à différentes phases de son existence, et des poèmes conçus pour une énonciation en public par des comédiens variés – le théâtre pour tout dire – nous laisse croire qu'une telle spontanéité d'expression ne le satisfaisait pas totalement, qu'il y fallait ajouter le langage articulé. De sorte que la formule dadaïste se trouve avec lui confirmée : « La pensée se fait dans la bouche » ; mieux : elle est le corps, dans sa totalité. Le corps d'un peintre tout d'abord, qui chante la litanie des couleurs, leurs combats légendaires : « Un grand ovale jaune lutte en silence entre les deux points bleus de toutes ses griffes retouchées dans la chute d'Icare de l'écheveau des lignes du piège du losange vert olive étranglé des deux mains par le violet si tendre du carré de l'arc vermillon lancé de si loin par l'orange. »

Mais aussi le corps d'un homme qui aime chantonner, dont les paroles ivres s'entraînent les unes les autres par association phonique : « La chemise relevée de la beauté, son charme chamarré, amarré à son corsage, et la force des marées de ses grâces secouent la poudre d'or de son regard sur les coins et les recoins de l'évier quand des linges étendus à sécher à la fenêtre de son regard aiguisé sur la pierre à couteau de sa chevelure emmêlée. »

Automatisme verbal où s'agglutinent les locutions figées, les proverbes et dictons, comme autant de papiers collés, où les propositions se raccordent et se relancent par la fausse coordination, l'accumulation des participes, où l'expression imagée prend la forme du complément de nom.

C'est ce qu'un autre poète, Rafael Alberti, parlant des textes poétiques où Picasso revenait à sa langue maternelle, a nommé une « poésie liane ». La phrase pousse ses rejetons et ses volutes pour enserrer la réalité, prendre appui sur elle et peut-être l'étouffer, en tout cas la transformer.

L'agent de transformation, comme dans nombre de textes surréalistes, n'est rien moins que l'humour. Un humour à bride abattue, engendré par la confusion des règnes, par la déformation des clichés, par la littéralité – ce processus qui, au théâtre, montre sur scène l'expression abstraite, la plante toute nue – par la contradiction simultanée, par le plaisir pervers de nommer : Le Gros Pied, Le Bout rond, le Désir attrapé par la queue !

Mais ce langage, aussi brillant soit-il, resterait poésie de théâtre, comme disait Cocteau, et non théâtre en soi, s'il n'était l'objet d'un investissement rituel et symbolique.

Symbolique au sens freudien du terme ; c'est-à-dire que l'expression du désir y est masquée – comme on doit l'être au théâtre, par définition. Entendons-nous : les deux pièces de Picasso ne doivent pas être le matériau privilégié pour une psychanalyse du peintre dont nous n'avons que faire, mais elles doivent être regardées comme une des rares créations dramatiques prenant en compte, pour les personnages, le travail de l'inconscient. Non que l'expression du désir dans la pièce du même nom, ou de la perversité polymorphe dans *Les Quatre Petites Filles*, soit difficile à mettre au jour, mais parce qu'elle revêt tous les travestissements habituels de la libido sous une forme dramatique. Ainsi lorsque les femmes amoureuses commencent à scalper Le Gros Pied, tel Endymion endormi, les fouets du soleil les battent jusqu'au sang. Ainsi encore lorsque l'une des petites filles voit son monologue interrompu par une vision d'apocalypse, l'entrée d'un énorme cheval blanc ailé traînant ses tripes, entouré d'aigles, un hibou posé sur la tête.

Ces deux exemples mythiques nous introduisent d'emblée dans le rituel qu'est toute fête théâtrale, et que Picasso a voulu tel, aussi bien par les objets scéniques indiqués, par les feux d'artifice et les jeux d'arc-en-ciel et d'éclairs que par le cérémonial. On n'en voit pas d'image plus émouvante que celle-ci : après l'avoir tendrement caressée, une petite fille sacrifie une chèvre tandis que l'autre lui arrache le cœur encore palpitant. Il va de soi qu'ici on ne saurait se satisfaire d'un simulacre. Comme la corrida chère à Picasso, d'ailleurs évoquée au cours de la pièce, le théâtre est un culte, l'hommage de l'ombre à la lumière, aux divinités solaires. Dionysos s'incline devant Apollon, non sans permettre aux jeunes héroïnes d'apprendre de la vie et de la mort tout ce qu'un passant en peut connaître.

Ne nous y trompons pas : Picasso ne fait pas du théâtre une grande liturgie symbolarde et laïque. L'idée qu'il se fait de cet art total est bien plus complexe et représentative de sa philosophie. Si le théâtre re-présente les images obsédantes de l'humanité, le désir, l'amour, la mort, la faim, la soif de connaître, il témoigne aussi de l'unité de l'individu et particulièrement des trois âmes qu'après Platon, Jarry voulait réconcilier. Picasso ne se contente pas de parler de la matière, de la mettre en scène brutalement (La Tarte « s'accroupit devant le trou du souffleur et, face à la salle, pisse et chaude-pisse pendant dix bonnes minutes »), il la réunifie avec le corps et l'âme. Ainsi le discours contrasté, lyrique et vulgaire, n'est-il pas simple fantaisie d'artiste jouisseur de mots, il manifeste cette volonté de synthèse du bas et du sublime qu'est l'humanisme bien compris. Ne voyons pas d'autre raison aux injures proprement obscènes (*i.e.* hors de la scène) des petites filles, usant de toute la gamme discursive. J'en veux pour preuve le fait suivant : en 1947, quand s'écrivent *Les Quatre Petites Filles*, les problèmes d'approvisionnement, la faim, ne sont plus à l'ordre du jour, comme durant le pénible hiver 1941. Or la nourriture y est aussi présente que dans la première pièce. Ce n'est donc pas seulement une question de circonstances mais un thème profond, une volonté d'ancrer les angoisses, les obsessions et les désirs dans une réalité humaine permanente. Ceci explique que chacune des deux pièces contienne obstinément une référence aux conditions ambiantes, aux circonstances de l'énonciation comme on dit aujourd'hui, et qu'elles soient si précisément datées. L'attachement au monde extérieur (de l'objet) dont Breton faisait grief à Picasso, l'évocation concrète des nourritures terrestres, du bouquet provençal n'est que rappel du jardin des délices, aspiration à un univers où l'homme, réconcilié avec lui-même et avec la nature, connaîtra enfin l'harmonie.

Pour finir avec Jarry, qui est incontestablement l'un des initiateurs du théâtre de Picasso, rappelons les notes inédites que ce dernier prit du cours de Bergson en 1882 au lycée Henri-IV. Les traits essentiels du génie étaient selon lui : la fécondité, la variété, la profondeur. « Pour ces trois caractères les productions du génie se rapprochent de celles de la nature. Comme le génie, la nature produit avec une fécondité inépuisable. Comme celles du génie, ses œuvres sont infiniment variées, et chacune d'elles vit d'une vie indépendante... » Le philosophe n'augurait pas si mal d'un génie de notre siècle.

Cette contribution a été lue à l'occasion du « Congrès international organisé par le Séminaire de romanistique de l'Université de Zurich en collaboration avec le Kunsthaus Zürich les 14-15 janvier 2011 : Par le mot, par l'image : l'œuvre littéraire de Picasso. »

NOTES

1. Reproduit *in* André Breton, *Le Surréalisme et la peinture*, Gallimard, 1965, p. 104 *sq.*
2. Tristan Tzara, « Picasso et la poésie », *OC,* IV, Flammarion, p. 402-403.
3. Marie-Laure Bernadac et Christine Piot (éd.), *Picasso Écrits*, préface de Michel Leiris, textes en espagnol traduits par Albert Bensoussan, RMN-Gallimard, 1989, p. 14.
4. Tristan Tzara, *Grains et Issues*, Denoël et Steele, 1935, réédité dans les *OC,* III, Flammarion, 1979, et dans la collection GF, n° 354.
5. Henri Béhar, *Essai sur le théâtre dada surréaliste*, Gallimard, coll. « Les Essais », n° CXXXI, 1967.
6. Pablo Picasso, *Góngora – Poèmes de Luis de Góngora y Argote*, éditions Anthèse, vers 1985 (édition originale : *Les Grands Peintres modernes et le Livre,* Paris, 1948). Textes en espagnol suivis de la traduction française.

Portraits par Pablo Picasso

RAYMOND RADIGUET – 1920

Portrait paru dans Raymond Radiguet, *Les Joues en feu*, Paris, Bernard Grasset éditeur, 1925.

Inv. BIB4536. Musée national Picasso - Paris.

PIERRE REVERDY – 1922

Portrait paru dans Pierre Reverdy, *Cravates de chanvre*, éditions Nord-Sud, Paris, 1922.

Inv. BIB1434. Musée national Picasso - Paris.

Ubu enchaîné

Pablo Picasso

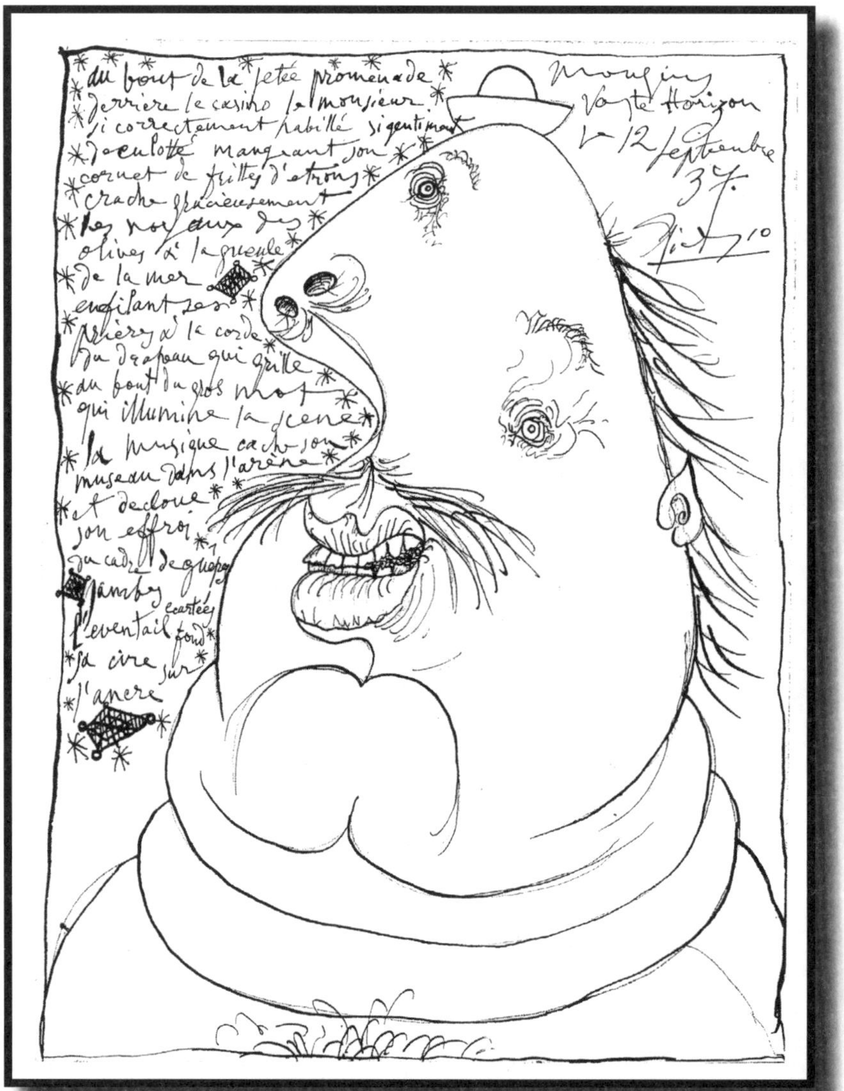

Dessin avec texte pour le « programme » d'*Ubu enchaîné* d'Alfred Jarry, joué à la Comédie des Champs-Élysées, du 22 au 26 septembre 1937.

Picasso poète

André Breton

Que Picasso depuis quelques mois ait choisi pour s'exprimer, lui qui s'est toujours exprimé poétiquement, le langage écrit à l'exclusion de tout autre contrariera, j'espère, ceux qui, à pareil propos, ne seraient pas fâchés de parler de *violon d'Ingres*. Il s'agit ici – peu importe en raison de quelles circonstances – d'une option brusque, très nette, de la part d'un homme qui s'est approprié un domaine immense auquel il a fait rendre mille fois plus qu'il n'avait jamais promis, où il ne tient qu'à lui de continuer à promener, aujourd'hui pour l'émerveillement de quelques-uns, demain pour celui de tous, la baguette divinatoire, d'une option, dis-je, en faveur d'un autre domaine au seuil duquel on pourrait supposer que son don exceptionnel cesse de s'exercer, la plus grande puissance de figuration plastique étant loin d'impliquer en général aucune faculté équivalente sur le plan verbal. Ce congé pris de tout ce qui, depuis près de quarante ans, semble n'avoir eu rien de plus pressé que de répondre à son bon plaisir, ce recours à l'assistance d'une tout autre sorte de génies que la jeunesse seule passe pour se soumettre, ont quelque chose de si téméraire qu'ils ne peuvent passer que pour le fait d'une personnalité *héroïque*. Il faut à pareille entreprise toutes les ressources d'une passion qui se suffise à elle-même, qui dispose des mille langues du feu. Brûler et adorer en un seul temps, tel me paraît bien être le propre de cet esprit dont la démarche a subjugué d'autant mieux qu'elle a paru obéir à une suite d'impulsions irrésistibles et contradictoires, comme la terre. Que, je l'ai déjà souligné, il a fallu pour en rendre compte très imparfaitement pratiquer des coupes à travers l'œuvre de Picasso, y distinguer des « époques » conçues sur le modèle des ères géologiques sans trop se soucier du désistement critique que cela entraîne. Ainsi a-t-on pu se donner licence de considérer un homme comme s'il était plusieurs, et de préférer celui-ci à celui-là. On imagine aisément quelle prise offre à la restriction cette volonté de dissocier au lieu d'unir, en quoi me paraît consister le vice radical de la pensée d'aujourd'hui. Ce vice, je tiens d'autant plus à le dénoncer que, mis en présence de quelques fragments de l'œuvre poétique proprement dite qui nous occupe, il est fatal que beaucoup ne songent qu'à la confronter à l'œuvre plastique qu'en réalité elle prolonge, afin de pouvoir ensuite la sous-estimer par rapport à elle, selon le bien connu mécanisme masochiste du regret. Si l'on a tendance à en user de la sorte avec Picasso plus qu'avec aucun autre artiste vivant, c'est, il faut le dire, qu'un nuage conjuratoire, produit de l'inquiétude de tout ce que la mer peut contenir de seiches, est ce dont ses contemporains savent le mieux envelopper un homme qui les domine, c'est aussi que cet homme, comme Kant dans la manière de penser, comme Lénine dans la manière d'agir, a opéré une révolution totale qui ne peut être tenue humainement pour moindre que les précédentes et contre laquelle se ligueront d'autant plus longtemps, d'autant plus sournoisement les forces de ténèbres que cette révolution, c'est la révolution dans la manière de *voir*.

La misérable idée de délassement *à côté* qui passe dans les mots « violon d'Ingres », aussi étrangère à Picasso qu'à tous ceux à travers qui s'accomplit le mythe prométhéen éternel, a du moins par association l'avantage de m'aider à me le représenter, en tant que victime de la tempête même qu'il a soulevée, rejeté sur le rivage du chant. D'un article admirable, enseveli malheureusement dans une publication confidentielle[1], article que du point de vue matérialiste historique je souhaiterais dans son ensemble de voir pris en grande considération par tous ceux qui se posent le problème de la nécessité et de la suffisance de l'activité surréaliste par rapport au temps où elle se poursuit : *L'Erreur des*

Antagonismes, essai méthodologique, par M. E. Techoueyres, professeur à l'École de Médecine de Reims, j'extrais en effet les lignes suivantes : « Quand après 100 ans d'usage on ouvre la boîte d'un violon on trouve une multitude de petites parcelles de bois qui y ont été rejetées. Tout ce qui ne participe pas aux vibrations communes, tout ce qui peut nuire à la plénitude harmonieuse des sons, l'instrument le rejette, mécaniquement. Cette intelligence inconsciente du violon est merveilleuse : « *Hinaus was nicht klingen will* » (Lenau). Le « beaucoup de bruit pour rien » dont nous souffrons se tempère ici du juste assez de bruit (et de bois) pour quelque chose. C'est que, pour reprendre la classification d'Isidore Ducasse dans *Poésies*, avec Picasso nous avons affaire entre toutes à une « intelligence de premier ordre ». Nous ne sommes pas « en présence du déraillement d'une locomotive surmenée ». Nous sommes en présence du violon qui s'est parfait lui-même au moyen de doigts intérieurs. Pour qui, vraiment épris de ce que l'œuvre picturale de Picasso nous propose comme revalorisation constante du concret, pourrait craindre qu'il ne sacrifiât à la poésie la part magnifique de ce concret même dont il dispose – la poésie, qui a d'autres pouvoirs, n'a pas celui de mettre l'objet sous nos yeux – je me hâterai de citer une anecdote. Elle m'a instruit tout le premier de la situation des poèmes de Picasso *dans l'espace* où j'ai besoin, comme quiconque, de les voir s'inscrire parce qu'il m'a accoutumé à cette forme de reconnaissance particulière envers les créations qui sont les siennes. J'ai vu, il y a quelques jours, Picasso apporter en présent à une dame qui venait d'accoucher une petite « guitare d'accompagnement » puis, seulement ensuite, projeter d'écrire un poème qu'il pût épingler sur cette guitare. Ainsi en allait-il pour lui, à cet instant, d'un tel poème avant qu'il n'eût pris forme : l'important est qu'il le concevait comme devant très précisément s'insérer entre ce qui n'avait que l'apparence d'un jouet et ce qui était le commencement de la vie. Le frêle instrument, que j'ai tenu sans songer à le faire résonner, m'a paru muet de l'attente de ce poème même, comme inversement il me semble que j'aurais moins bien compris, sans ce que le peintre disposait jadis auprès d'eux, tout ce qui peut s'attacher de valeur émotionnelle à la reproduction d'un titre de journal ou d'un bout de chanson des rues. Cette guitare prenait figure de support idéal en la circonstance : c'était bien le même que celui de tant de tableaux, de sculptures. Le poème en puissance se déroulait contre cette guitare à la façon de la banderole-oriflamme qui, dans un portrait ancien, met – comme le rossignol dans la romance française du romarin – un brouillard de mots latins sur les lèvres fermées de Raymond Lulle. Et cette guitare avait au-dessus d'elle toute la hauteur des balcons espagnols d'où l'on écoute, des fenêtres croulantes de géraniums et de capucines, que l'on entr'ouvre dans la nuit et par lesquelles se concluent les seuls marchés de la vie qui en vaillent la peine. Ces fenêtres, j'ai compris que, quoi qu'il fasse, c'est vers elles que, non seulement pour tout un pays mais pour tout un monde, Picasso lève les yeux, c'est vers elles que, du départ au dernier retour, il usera à l'envi tous les artifices de la séduction.

Oui, c'est bien vers elles, j'y songe, comme aussi c'est aux loges sombres et constellées de l'arène, aux loges ruisselantes de charmes que monte le regard du triomphateur tout brodé de soleil et de lune, qui salue de la petite toque noire garnie de chenille. Il est frappant que Picasso qui, dans son œuvre plastique, s'est montré si particulièrement avide de la représentation de tout ce qui touche à la musique, semble poursuivre électivement à travers sa poésie les magnifiques lueurs qui parcourent comme rien autre la grande enceinte incendiée. On saisit par là le besoin d'expression totale qui le possède et lui impose de remédier de la sorte à l'insuffisance relative d'un art par rapport à l'autre. On saisit ce que ses deux démarches à première vue si distinctes peuvent présenter de complémentaire et de finalement unifiable : cette poésie ne pourra manquer d'être plastique au même degré que cette peinture est poétique. Qu'on en juge, du reste, par le choix sans doute involontaire mais si révélateur de ce que je viens de désigner pour son leitmotiv :

> miracle que le torero frit dans la place du poivron la précision du vol à travers la nue que le cristal brise de sa cape
>
> *
>
> passe l'été tranche de melon que la cigale allume et traîne dans sa blessure la cape de l'espada

*

au torero avec l'aiguille la plus fine que la brume inventa coud son costume d'ampoules électriques le taureau

Le secret du développement de telles images est absolument réductible à ce que nous savons déjà de la genèse de tant d'admirables natures mortes. Rien ne serait plus faux et ne pourrait être tenu pour plus désobligeant par leur auteur que de penser que *parce que poétiques* elles ne prennent pas pour point de départ la réalité immédiate. C'est comme toujours de celle-ci et même systématiquement de celle-ci en ce qu'elle a de plus humble que Picasso s'entendra à faire jaillir les plus brillantes étincelles. La haute fusée suivante a, par exemple, pour origine la fixation du regard sur les débris de cigarettes abandonnés dans un cendrier :

le tabac enveloppé en son suaire à côté des deux banderilles roses expire ses dessins modernistes sur le cadavre du cheval sur la cendre écrit sa dernière volonté au feu de son œil

Il était à prévoir qu'un homme qui a tant fait pour parer à ce qu'il y eut jusqu'à lui de décevant dans les mirages de la couleur, lorsqu'il passerait à une activité qui ne nécessite plus le recours physique à cette couleur, ne serait pas quitte avec elle à si bon compte. Picasso ne laisse pas en effet, surtout dans ses premiers poèmes, d'être obsédé par elle, comme en témoignerait à lui seul l'aspect de ses manuscrits où des mots, des membres de phrases, voire des pages entières se bariolent au gré des crayons changeants comme un plumage de perroquet. Mais la couleur ne s'en tient pas là, il lui arrive aussi de porter beaucoup plus avant ses revendications, de s'incorporer à toute force au poème, faute de mieux de jeter à tous les échos son nom :

dans l'angle une épée violette les cloches les plis du papier un mouton de métal la vie allongeant la page un coup de fusil le papier chante les canaris dans l'ombre blanche presque rose, un fleuve dans le blanc vide dans l'ombre bleu clair des couleurs lilas une main au bord de l'ombre fait de l'ombre à la main une sauterelle très couleur de rose une racine lève la tête un clou le noir des arbres sans rien un poisson un nid la chaleur en pleine lumière regarde une ombrelle lumière les doigts dans la lumière le blanc du papier le soleil lumière dans le blanc découpe un loup étincelant le soleil sa lumière le soleil très blanc le soleil intensément blanc

*

écoute dans ton enfance l'heure que blanc dans le souvenir bleu borde blanc dans ses yeux très bleu et morceau d'indigo de ciel d'argent les regards blanc traversent cobalt le papier blanc que l'encre bleu arrache bleuâtre son outremer descend que blanc jouit du repos bleu agité dans le vert foncé mur vert qu'écrit son plaisir pluie vert clair que nage vert jaune dans l'oubli clair au bord de son pied vert le sable terre chanson sable de la terre après midi sable terre

Les jeux de l'ombre et de la lumière qui n'ont jamais été observés d'une manière plus tendre, Interprétés d'une manière plus lucide et plus subtile, imposent au poème de ne pas déborder le cadre de l'instant, de ce que l'instant au sens le plus fugitif du mot peut retenir en lui de soupçon de l'éternité. Rien n'est plus caractéristique à cet égard que le souci qu'a pris Picasso d'indiquer à l'intérieur même d'un grand nombre de ces pièces en vers ou en prose le lieu, le jour et l'heure où elles ont été composées. On a par là l'impression de se trouver en présence d'un journal intime à la fois sensoriel et sentimental tel qu'il n'en a jamais été tenu et cette impression est si vive, si troublante que ce n'est sans doute pas par hasard que j'ai omis de prendre copie d'un poème typique, ainsi étiqueté. Mais je n'insisterai jamais trop sur ce qu'aussi bien tout, autre offre de non débattu, de saisi au vol. Quelques secondes plus tard, il se présenterait différemment comme

Picasso s'est appliqué à le mettre en évidence en le faisant en quelque sorte pivoter sur lui-même, comme on joue distraitement à tourner une tasse (ne perdons ici jamais de vue l'objet inducteur, à portée de la main)[2] :

> l'aile tord corrompt et éternise la tasse de café dont l'harmonium de sa timidité caresse la blancheur la fenêtre couvre l'épaule de la chambre des coups de chardonnerets, qui meurent dans l'air qui embrasse dans ses veines l'arôme qui à l'oreille ne sonne pas et court chante rit dans ses traîneaux les petits grains de sable
>
> *
>
> persienne que l'air secoue tue chardonnerets qui volent les coups tachent de sang l'épaule de la chambre écoute passer blancheur du silence la mort porte dans la bouche arôme d'harmonium son aile tire du puits la corde
>
> *
>
> la persienne que l'air secoue tue des chardonnerets qui volent les envoie frapper et tacher de sang l'épaule de la chambre écoute passer la blancheur du silence que la mort emporte dans sa bouche arôme d'harmonium et son aile tire du puits la corde
>
> *
>
> les chardonnerets sont l'arôme qui frappe de son aile le café qui reflète la persienne dans le fond du puits et écoute passer l'air dans le silence de la blancheur de la tasse
>
> *
>
> l'arôme écoute passer les reflets que le chardonneret frappe dans le puits et efface dans le silence du café la blancheur de l'aile

Je ferai remarquer en passant que si certains des poèmes qui précèdent ou qui suivent ont été écrits directement en français, il en est d'autres que j'ai notés tandis que Picasso me les traduisait mot à mot de l'espagnol. Vu le genre d'intérêt extra-littéraire qu'ils présentent, il n'a pas paru utile d'obvier aux quelques inconvénients d'une telle traduction. On s'est même cru autorisé à violenter la syntaxe française chaque fois qu'elle se refusait à suivre l'espagnole plutôt que de se priver d'un tour expressif et de compromettre par là le mouvement de la pensée :

> en secret
> tais-toi ne dis rien
> que si la rue est pleine d'étoiles
> et que les prisonniers mangent des colombes et les colombes du fromage
> et le fromage des paroles et les paroles des ponts
> et les ponts des regards
> et les regards des coupes pleines de baisers dans
> l'orchata
> que tout cache de ses ailes le papillon la nuit
> dans un café l'été dernier à Barcelone

Nous nous attendions bien à ce que surgît de cette atmosphère orageuse, qui fut si souvent celle des toiles de Picasso, une figure féminine qui viendrait brusquement occuper tout le champ et dans laquelle nous retrouverions les traits de ses créatures bleues, roses, noires, grises ou autres. Nous nous préparions à la voir apparaître, nous étions aussi quelque peu instruits de la réception qu'on lui ménagerait : elle serait belle et désespérante et brisante et trop calme et il faudrait malgré tout la combattre, ne fût-ce que parce qu'elle ne doit pas être la fin de l'activité de l'homme, il faudrait l'aimer sans perdre le moyen de diriger contre elle, en temps voulu, l'arme à double tranchant de l'humour :

> la femme qui accouche crie comme les vitriers

La jeune fille surtout tend à revenir ici dans le rêve du poète. Elle joue l'hermaphrodite :

> jeune fille beau menuisier qui cloues les planches avec les épines des roses ne pleure pas une larme de voir saigner le bois

ou elle est vraiment la fille-fleur :

> Ophélie qui tombe dans un verre d'eau et se noie

Dans le lointain, seulement dans le lointain – je dis cela pour ceux qui pensent que la poésie doit être haine et non amour – s'exhalent de puissants souffles de fureur, qui attestent que le grand mal social actuel est subi et font valoir qu'il est plus que temps de rééduquer l'homme pour le bonheur :

> qu'ils fassent les rats leur festin où ils veulent mais qu'ils ne mangent pas les pigeons dans le nid qu'ils ne mettent pas des drapeaux et des petits lampions dans les plaies et qu'après au matin tout ne soit que des pleurs que ce qu'il faut faire c'est lâcher les chiens qu'ils les tuent et qu'à l'heure qu'il est acheter des meubles n'est rien si la gaîté n'est pas en même, temps qu'on enveloppe des castagnettes dans des rires et des couleurs de fête dans des airs de guitare et que ce qu'il faut c'est se couronner de roses et être content de voir les choses laides si jolies, qu'elles sont les habiller de piropos et leur jeter la cape et amener la table déjà mise avec des fleurs et chanter et crier qu'il arrive et préparer le lit qui entre ses draps cache l'arc-en-ciel

Par-dessus tout – souvenirs, projets, joies et peines – s'inscrivent en lettres de feu, dans leur non-mesure humaine admirable, les lignes suivantes, à travers lesquelles se trace le programme le plus follement orgueilleux qui fut jamais, programme dès longtemps mis à exécution et qui prend aujourd'hui figure d'engagement rempli. Il me semble voir se peindre sous mes yeux ce que l'avenir retiendra pour les armoiries de Picasso :

> donne arrache tords et tue je traverse allume et brûle caresse et lèche embrasse et regarde je sonne à toute volée les cloches jusqu'à ce qu'elles saignent épouvante les pigeons et les fais voler autour du colombier jusqu'à ce qu'ils tombent par terre déjà morts de fatigue je boucherai toutes les fenêtres et les portes avec de la terre et avec tes cheveux je pendrai tous les oiseaux qui chantent et couperai toutes les fleurs je bercerai dans mes bras l'agneau et je lui donnerai à dévorer ma poitrine je le laverai avec mes larmes de plaisir et de peine et je l'endormirai avec le chant de ma solitude par Soleares et graverai à l'eau-forte les champs de blé et d'avoine et les verrai mourir couchés face au soleil et j'envelopperai les fleurs dans du papier de journal et je les jetterai par la fenêtre au ruisseau qui se repent avec tous ses péchés sur le dos s'en va content et riant malgré tout faire son nid dans le cloaque je briserai la musique du bois contre les roches des vagues de la mer et je mordrai le lion à la joue et je ferai pleurer le loup de tendresse devant un portrait de l'eau qui dans la baignoire laisse tomber son bras

Cette poésie en est encore, par bonheur, à ignorer pour une part l'étendue de ses moyens. Son destin, durant la très courte période – de ses origines à ce jour – où nous avons pu la considérer, a été de parcourir à une vitesse vertigineuse la distance qui sépare la transposition pure et simple du graphique au verbal et les formes d'expression poétique les plus autonomes, c'est-à-dire les plus évoluées. Il suffira, pour mesurer cette distance, de mettre en parallèle une image du début, qui n'évite pas encore de commentaire du dessin :

> le cygne sur le lac fait le scorpion à sa manière

et celle, plus récente et si parfaitement dépouillée de tout ce qui n'est pas elle-même, que tous ne découvriront pas en examinant la page 181 reproduite en fac-similé.

Cette poésie, je dis que par définition rien ne permet de lui assigner un terme connu et cela parce qu'elle est le fait d'un homme en proie à une soif de prospection qui s'est avérée inassouvissable, du contempteur-né de tous les poncifs, de celui qui par excellence peut parler de « prendre ses ailes à son cou ». Dans l'obligation où je suis de limiter le nombre des citations, je m'en tiendrai à celle d'un dernier poème, daté du 12 novembre 1935. Ce poème, je l'ai gardé pour la fin, un peu parce que je l'ai vu sortir il me semble tout lustré du petit carnet où Picasso l'avait consigné le matin même, surtout parce qu'il condense, à la façon de « Rêve » de Rimbaud, tout ce qu'il y a de plus spécifiquement actuel dans la manière de ressentir, parce qu'il ouvre une brèche parfonde dans le roc de ce à quoi nous sommes le plus intimement mêlés, de ce en quoi nous nous débattons trop au sens physique pour y voir – brèche aussitôt parcourue par les grandes lueurs de l'amour sexuel qui frôlent ici, nous l'avons vu, la rivière glacée d'une sorte de gouaillerie sombre. Nous nous trouvons d'ailleurs encore une fois devant un portrait de jeune fille, la plus « fin 1935 » qui se puisse, et – rien de moins indifférent que ce détail anecdotique – le modèle sourit même à la cantonade tout en essayant une « gaine » noire et en jouant à en faire jaillir un de ses seins :

> jeune fille correctement vêtue d'un manteau beige à parements violents 150.500 – 300 – 22 – 95 centimes combinaison madapolam corrigée et revue par allusion de fourrure d'hermine 143 60 – 32 un soutien-gorge ouvert les bords de la plaie retenus écartés par des poulies à main faisant le signe de la croix parfumées au fromage reblochon 1300 – 75 – 03 – 49 – 317 000 – 25 centimes ouvertures à jour ajoutées un jour sur deux incrustées sur la peau par des frissons tenus en éveil par le silence mortel de la couleur appât genre Lola de Valence 103 plus les regards langoureux 310 – 313 plus 3 000 000 – 80 francs – 15 centimes pour un coup d'œil oublié sur la commode – pénalités encourues au cours du match – lancement du disque entre les jambes par une succession de faits qui sans aucune raison arrivent à se faire un nid et à se transformer dans certains cas en l'image raisonnée de la coupe 380 – 11 plus les frais mais le dessin si académique gabarit de toute l'histoire depuis sa naissance à ce matin n'écrit même pas si l'on marche sur les doigts qui montrent la sortie mais crache son bouquet avec le verre à boire que l'odeur formée par régiments et défilant drapeau en tête de ligne que si les chatouillements du désir ne découvrent l'endroit propice pour transformer, la sardine en requin la liste des achats ne s'allonge qu'à partir de ce moment sans l'inévitable arrêt à table à l'heure du déjeuner pour pouvoir, écrire assis au milieu de tant d'hyperboles mêlées avec le fromage et la tomate

Dans cette poésie, qui a pour fond éternel l'immensité de ce que Picasso a vu, lui qui a vu non moins que Rimbaud « ce que l'homme a cru voir », c'est merveille que se joue ainsi en toute nouveauté tout le drame du cœur. Pour ce qui peut s'y dérouler *à la fois* de fabuleux et de réel comme tour à tour de plaisant et de pathétique et cela dans un cadre dont toute l'activité antérieure de Picasso a fait le cadre même de l'illusion, cette poésie, comme il n'en existait pas encore, est un théâtre dans une boucle d'oreille.

NOTES D'ANDRÉ BRETON

1. *Biologie médicale*, décembre 1935. J'adresse ici mes plus affectueux remerciements au Dr Pierre Mabille à qui je dois la communication de ce texte sensationnel.
2. La volonté de simplification, d'épuration croissantes et comme de décantation qui paraît présider à la succession des cinq états du poème qui suit ne doit pas en imposer pour un mode général de composition poétique qui pourrait être donné à la hâte pour celui de Picasso et permettrait à la critique d'esprit dit « classique » de manifester intempestivement sa joie. Il semble que ce soit l'idée persistante de parfum – et elle seule – qui justifie ici la réduction quantitative des mots au bénéfice d'une certaine qualité d'expression et qui autorise les plus brusques ellipses. Il en va tout autrement, par exemple, de ces

poèmes faits de mots qui donnent l'impression d'avoir été jetés sur la page sans relation préconçue et que Picasso s'est plu à relier, en rouge, en jaune, en bleu, par divers tracés conducteurs de manière à ce qu'ils pussent être lus dans plusieurs sens et à ce que la page manuscrite se présentât comme au premier rayon de soleil une toile d'araignée chargée de rosée. N'est-ce pas ainsi que nous interrogeons le ciel à partir de n'importe quelle constellation et, si nous avons le temps, la destinée humaine à travers les astres ? J'insiste surtout sur le fait qu'il en va *contradictoirement* de tous ceux de ces poèmes qui se parfont au jour le jour dans le sens de l'abondance, de la profusion même et dont chaque version par rapport à la suivante prend figure de trame sur laquelle sont appelées à venir s'empreindre indéfiniment les nouvelles émotions de l'auteur. À l'aspect du poème qui se développe de la page 233 à la page 238, au gré d'un des plus grands vents intellectuels qui furent jamais, on évoquera peut-être la voile toute visuelle qui vire aveuglante dans le plus beau poème de Mallarmé : *Un coup de dés jamais n'abolira le hasard*, la voile tour à tour gonflée de sens comme d'intentions au-delà du sens et que en pleine fonte de profil, mais cette voile alors ne sera plus la voile blanche, ce sera vraiment celle du bateau-pirate – pour compléter l'illusion il bat ici, indifféremment, pavillon français et espagnol –, ce ne sera plus celle qui se prend pour une *fin*, qui s'éprend de son propre reflet, mais celle qui se rit de la tornade et se porte, dans la nuit profonde et magnifique de notre âge au-devant de tout ce qui reste à conquérir.

Texte publié dans Cahiers d'art, *10e année, 1935. Repris dans André Breton,* Œuvres complètes, *Gallimard, 1988*

Picasso et la poésie

Tristan Tzara

L'œuvre de Pablo Picasso se présente à nous sous de multiples facettes. C'est un scintillement extrêmement varié qui nous éblouit et nous fait réfléchir, qui nous surprend ou nous enchante, mais dont le caractère imprévu suscite toujours une foule de questions. Que ces questions se rapportent aux problèmes essentiels de la création artistique ou de l'esprit en général et, à travers eux, à ceux du devenir même de l'homme, le mérite de Picasso est d'avoir su prendre la vie par les cornes, si je puis m'exprimer ainsi, c'est-à-dire de s'être jeté sans détours dans la bataille que représente pour l'esprit humain la conquête de la conscience sur la matière brute. Conquête, voilà le mot qui exprime mieux que tout autre la position spirituelle de Picasso. Conquête sur l'obscurité, conquête sur le domaine mystérieux où la nuit de la création s'éclaire soudainement par des solutions humaines à des problèmes qui trop souvent ont été du royaume des chimères. Mais, en même temps, cet esprit jamais en repos brûle telle une flamme, dévorant ce qui est derrière lui et illuminant le présent pour mieux mettre en lumière l'avenir qui se prépare.

Ce n'est pas étonnant que l'unité de l'œuvre de Picasso n'apparaisse pas d'un seul coup à celui qui l'aborde par la voie de l'esthétique traditionnelle. Sa diversité même est une des conditions de son accomplissement. Mais, à l'analyse, on s'aperçoit que chaque stade de son œuvre résulte de l'approfondissement d'un stade antérieur et que tous s'enchaînent harmonieusement en vue de l'édification de cette œuvre considérable qui, plus intensément que toute autre, exprime notre époque, en lui donnant, à son tour, sa couleur particulière. L'art de Picasso, s'il est lié à de multiples aspects de l'esprit actuel, constitue également un chaînon indispensable à la compréhension de la peinture telle que, depuis une centaine d'années, elle change, tout en changeant l'optique de l'époque. La logique de cette évolution, ou plutôt la clarté de ce mouvement tendu vers la connaissance, est, depuis Ingres et Delacroix, à travers les impressionnistes, une des marques de la grandeur de notre époque. Il faudra peut-être quelques siècles pour s'apercevoir que c'est une véritable nouvelle Renaissance que l'histoire aura à enregistrer. Et c'est Michel-Ange, que Picasso nous rappelle, tant l'art de faire, chez lui, a dépassé les limites du beau pour se révéler comme un acte du penser, pour agir en tant que tel et pour devenir, dans les perspectives de notre histoire, un des points culminants de la conscience universelle. Picasso se situe résolument dans la lignée de ceux qui ont forgé la pensée révolutionnaire et plus spécialement de ceux qui, à chaque époque, ont rompu avec le passé de la peinture, de la poésie ou de la science. C'est au terme d'un long processus que le courant révolutionnaire en art a rejoint le courant révolutionnaire idéologique. Et on peut affirmer que Dada et le surréalisme ont fait avancer ce mouvement conciliateur (en le plaçant sur le terrain même de la pratique révolutionnaire). Dans la mesure où l'art se met résolument au service de l'homme, il devient force agissante. Il reflète la vie, mais il la façonne aussi, il l'élève à un niveau où l'épanouissement des facultés humaines redevient souhaitable, possible, sinon certain. Il n'y a plus de rêve d'une humanité future dont on puisse dire qu'il n'est pas réalisable. C'est en partant des besoins et des désirs de l'homme réel, de l'homme au centre de toutes les préoccupations de l'artiste, que le but de l'art est de rendre accessible à l'homme le domaine de ses aspirations.

C'est vers une conciliation entre le rêve et l'action que s'achemine l'art. Depuis Baudelaire, qui a reconnu leur existence contradictoire, la poésie moderne, à travers Rimbaud, Lautréamont, Apollinaire et les surréalistes, s'applique à réduire l'antinomie entre le rêve et l'action.

La démarche de Picasso en ce sens s'apparente à celle des poètes et ce n'est pas d'une manière fortuite que l'art de Picasso rejoint l'évolution de la poésie. [...]

Parallèlement à Dada, avant que celui-ci ne prenne son essor à Paris, vers 1920, la revue *Nord-Sud* a paru en 1917 sous la direction de Pierre Reverdy. Celui-ci, depuis 1915, avait publié des poèmes dont la structure s'était à tel point assimilée aux œuvres de Picasso et de Braque qu'on a pu dire de lui qu'il avait créé la poésie cubiste.

Voici un de ses poèmes où les lambeaux d'une réalité sentie, mais fragmentée, se recomposent en une unité que l'on pourrait appeler plastique.

« La neige tombe
Et le ciel gris
Sur ma tête où le toit est pris
La nuit
Où ira l'ombre qui me suit
à qui est-elle ?
Une étoile ou une hirondelle
        au coin de la fenêtre
La lune et une femme brune
        C'est là
Quelqu'un passe et ne me voit pas
Je regarde tourner la grille
Et le feu presque éteint qui brille
        pour moi seul
Mais là où je m'en vais il fait un froid mortel »

Nord-Sud était devenu l'organe de ce cubisme littéraire – terme que Reverdy n'acceptait pas –, et parmi ses collaborateurs, à côté d'Apollinaire et de Max Jacob, quelques noms nouveaux font leur apparition, ceux de Breton, d'Aragon, de Soupault et de moi-même. Certes, Picasso poursuit son évolution indépendamment de la marche de la poésie. Son cubisme s'affermit et les éléments poétiques qu'il contient se cristallisent, on dirait à la manière d'une mythologie : la guitare, le paquet de tabac, les cartes de jeu, la page de musique sont les éléments primitifs sur lesquels se fixe son lyrisme évocateur. Ce sont des lieux communs qui prennent une nouvelle signification à la manière dont Éluard entendait, dans sa revue *Proverbe*, en 1920, lier le langage populaire au langage poétique, la poésie tendant elle-même à créer de nouveaux lieux communs. La multiplicité de l'œuvre de Picasso, son développement prodigieusement vivant et varié, trouvent dans chaque courant de la poésie d'avant-garde un écho ou une correspondance. Dada lui doit la révélation de l'emploi de matières différentes, et le surréalisme a décelé dans son œuvre des facteurs de base pour édifier ses théories. Ce fut un des mérites du surréalisme que d'avoir posé le problème de la création artistique en des termes objectifs et d'avoir élucidé le déterminisme des rapports qui régit l'œuvre d'art et le moment historique qui lui a donné naissance. Le surréalisme a mis le rêve au premier plan des activités imaginatives et a lié la poésie au fonctionnement de la pensée. L'écriture automatique devait servir à étudier le processus de la création, elle n'était pas un but, mais un moyen de libérer le mécanisme mental du contrôle de la raison, de la morale ou de l'éducation. Mais son grand mérite fut de donner au mot de révolution son sens réel, celui de la révolution prolétarienne conforme aux principes du matérialisme dialectique. C'est ainsi que leur revue *La Révolution surréaliste* devint *Le Surréalisme au service de la Révolution.* L'idéologie marxiste-léniniste fut pour la première fois prise en considération pour expliquer les phénomènes d'ordre intellectuel. Ce n'est pas sans heurts que cela se produisit et, dès 1932, Aragon se sépara des surréalistes. Pour des raisons également idéologiques, Crevel et moi-même, nous quittâmes les surréalistes en 1934, et Éluard en 1940.

Picasso n'a pas pris part directement à l'activité des surréalistes, mais l'intérêt qu'il lui a témoigné est évident. Sa peinture entre 1928 et 1936 en est l'illustration. On comprendrait mal certaines exagérations ou même les distorsions auxquelles Picasso soumet sa vision des choses et des êtres, si on ne prenait en considération l'humour, en partie dérivé d'Alfred Jarry, en partie dû à la tradition espagnole de Goya. Cet humour grinçant, qui ne se propose pas de faire rire, est le terme dialectique auquel aboutit l'absurdité de certaines formes de vie face à la nature profonde de l'homme. Il faudrait étudier la pièce de théâtre de Picasso *Le Désir attrapé par la queue* pour comprendre comment la tradition d'*Ubu roi*, à travers Dada et le surréalisme, a gardé sa fraîcheur polémique et acide. Ubu est encore capable de fustiger le dogmatisme prétentieux et inhumain par lequel se manifeste la bêtise devenue une institution, mais, avant tout, son humour est poésie, mouvement imaginatif intégré au pouvoir de l'image. Vers 1936, Picasso a écrit lui-même des poèmes. C'est un flot verbal où son imagination torrentielle s'accroche à des sensations vécues et sa valeur documentaire l'apparente aux textes surréalistes. C'est la matière brute de la poésie que Picasso a exposée à l'état naissant, sans se préoccuper d'une quelconque conclusion. Picasso a senti la nécessité d'exprimer à l'aide de mots la poésie intense qui est un état préparatoire de la poésie de ses tableaux. En voici un fragment :

> « dans l'angle une épée violette les cloches
> les plis du papier un mouton de métal
> la vie allongeant la page un coup de
> fusil le papier chante les canaris
> dans l'ombre blanche presque rose un fleuve dans
> le blanc vide dans l'ombre bleu clair des
> couleurs lilas une main au bord de l'ombre
> fait de l'ombre à la main une sauterelle
> très couleur de rose une racine lève
> la tête un clou le noir des arbres sans rien
> un poisson un nid la chaleur en pleine
> lumière regarde une ombrelle lumière les
> doigts dans la lumière le blanc du papier
> le soleil lumière dans le blanc découpe un loup étincelant
> le soleil sa lumière le soleil très blanc, le soleil intensément blanc »

Picasso n'a pas pris part aux luttes intestines des surréalistes. Mais il faut dire que la guerre d'Espagne nous trouva tous solidaires des républicains, combattant déjà contre le danger de guerre et contre les forces oppressives du nazisme et du fascisme menaçants. Ce fut pour beaucoup d'entre nous le signal qui éveilla la conscience politique, c'est-à-dire la transposition sur le terrain pratique de la lutte pour les revendications humaines.

Songes et mensonge de Franco, gravé dans la pure tradition de Goya, et son tableau *Guernica* marquèrent un nouveau tournant dans l'œuvre de Picasso. *Guernica*, ce cri d'horreur et d'indignation, ce cri humain où transparaît l'évidence de l'amour bafoué en face du mensonge devenu meurtrier, ce chef-d'œuvre de Picasso, c'est à travers lui que s'est exprimée la passion de très nombreux intellectuels qui ont compris que, dans le monde moderne, il n'était plus possible de détacher leurs activités spirituelles de la lutte pour l'avènement de la justice et de la paix.

Paul Éluard a écrit son célèbre poème *Guernica* comme un accompagnement au tableau de Picasso. Ce grand poète, parmi les plus grands, a été l'ami de Picasso. Il lui a consacré de nombreux poèmes et Picasso a illustré plusieurs de ses livres. Mais ils ont surtout été liés par une évolution commune qui – de même que celle d'Aragon et de moi-même – a trouvé l'aboutissement de leur révolte individuelle dans l'appui des larges masses et leur lutte pour la justice et le progrès. [...]

C'est pendant la guerre d'Espagne que la poésie a pris un essor nouveau ; elle devint pour beaucoup d'entre nous une arme de combat et on n'a qu'à penser à l'assassinat de Garcia Lorca pour se rendre compte que la poésie avait cessé d'être un jeu innocent. Cette nouvelle poésie de circonstance, que j'appellerai plus volontiers poésie de *la* circonstance de même que le tableau *Guernica*, fournit la démonstration que les valeurs universelles de l'art peuvent prendre leur source dans les faits temporels. C'est à partir de *Guernica* que Picasso, dont la nature généreuse s'est, d'instinct, prononcée pour la pureté et la justice, a suivi un chemin parallèle à tous ces poètes qui, pendant la Résistance, n'ont pas hésité à animer leur poésie du sentiment de mépris pour l'occupant et de l'exaltation des forces de libération. À la poésie planant dans des sphères éthérées, à la poésie passive, uniquement instrument de jouissance intellectuelle, s'oppose dorénavant la poésie vivante qui tire ses racines du sol imprégné de la sueur et de la misère humaine, la poésie de l'espoir en un avenir plus juste et plus beau. À la poésie dédiée à la mort, conçue dans la détresse irrémédiable, qui, par son silence métaphysique, justifie l'état actuel des choses, Picasso oppose, ensemble avec une large fraction de la poésie française contemporaine, une pensée humaine, reflet des aspirations de larges masses au bien-être et à la paix. Après *Les Massacres en Corée*, les admirables fresques de *La Guerre* et *la Paix* apportent une contribution de premier ordre aux problèmes actuels de l'art. Elles prouvent que seul un contenu idéologique d'intérêt largement humain est capable de sortir l'art du bourbier où l'ont conduit les spéculations byzantines de notre civilisation anachronique. L'art ne retrouvera sa jeunesse qu'au prix d'un nouvel enthousiasme, à la lumière d'un idéal fervent, commun à l'humanité d'aujourd'hui. L'élaboration poétique de ce tableau a trouvé l'expression de son langage spécifique dans un état d'équilibre parfaitement ordonné. Ce n'est plus à travers des métaphores que s'exprime la poésie de Picasso. L'image poétique telle que les poètes d'aujourd'hui en ont élargi le domaine, où le visuel et le concept se confondent en une harmonie particulière, est devenue chez Picasso le levier qui a renouvelé entièrement l'expression picturale. Ce continuateur de la Renaissance est le premier qui, depuis Courbet, dans des œuvres qui sont des monuments, a fait revivre la peinture d'idées, et non plus à la manière allégorique qui était une application mécanique des symboles au sujet représentatif mais à l'aide, plastiquement conçues, des images poétiques intégrées à la surface du tableau.

En faisant nager des oiseaux dans un aquarium et voler des poissons dans la cage, Picasso n'a pas voulu dire que tous les rêves pourraient être réalisés, car c'est l'évidence même que les lois de la nature ne sont pas réversibles. Il serait trop facile également de soutenir que le renversement des valeurs dans un monde nouveau s'effectuera grâce à un équilibre délicat figuré dans le panneau de la Paix par le sablier du temps et la sagesse de l'enfant qui sont les contrepoids de l'éternel renouvellement. Une image poétique, comme une locution proverbiale, prise à la lettre, paraîtrait absurde. C'est le même ordre de transposition que Picasso réclame pour la compréhension de son proverbe imagé. Il prend sa signification dans le symbole central qui se résume dans le mythe du Pégase labourant le champ dans la joie, la lutte pour la vie étant transformée en la rayonnante joie de vivre. Et tout cela, cependant, n'a de valeur véritable que par antithèse, face à la hideuse stupidité de la guerre. Là, seules les deux mains suppliantes, sorties du trou d'un égout, représentent l'élément humain où tremblent toutes les larmes de la terre.

Le souffle épique de cette parabole réside dans la grandiose hardiesse dialectique de la pensée de Picasso. Au terme de l'opposition entre la vie et la mort, l'enseignement de Picasso s'appelle courage, lutte, sérénité.

La poésie elle-même n'est, en fin de compte, qu'un mode de penser. Picasso nous apprend ainsi que la peinture est non seulement un métier, mais une manière de vivre, de sentir et de réagir.

Dans le monde déchiré d'aujourd'hui, l'œuvre de Picasso est une porte ouverte sur un avenir sans tache, sur un monde de clarté et de beauté. Elle est un constant appel, et combien passionné, à la secrète ambition de l'homme, de vivre selon sa nature et non pas selon les conditions qui lui sont imposées. Cette œuvre exprime un effort tendu et violent vers la conscience, elle est une prise de conscience de la dignité humaine, elle met les rêves des hommes à portée de leurs mains, et si des tourments la marquent parfois, c'est là encore contradiction entre le rêve et l'action, contradiction dont il serait présomptueux d'affirmer que nous l'ayons définitivement réduite parce que nos efforts tendent à cela. À chaque stade du développement de l'histoire, la lutte pour la conquête de nouvelles vérités est la condition même de la vie. Et il en sera ainsi, car rien n'est définitivement acquis et tout est sujet à continuelle transformation. Aujourd'hui, rien n'est plus urgent que de prendre parti pour la sauvegarde des valeurs culturelles, de ces valeurs humaines qu'il s'agit de défendre contre les forces de destruction. Je le dis aujourd'hui, à ce moment sensible de notre monde occidental, où il fait bon penser à tant de beauté, à tant d'intelligence et d'esprit réunis pour que tous les espoirs soient promis à l'éclatante floraison du présent et des printemps à venir. Rien n'est plus urgent que de nous dresser avec toute la force multipliée des foules innombrables contre les fabricants de mort massive et les pourvoyeurs de cimetières, et de proclamer notre droit de labourer le champ de la poésie, même si ce champ est fait des vagues de la mer, sous la seule responsabilité de nos rêves qui déjà sont en train de prendre corps en pleine vie, au cœur même de la réalité de ce monde.

Extraits parus dans Commentari, *Rome, De Luca, IVe année, 1953, n° 3, p. 181-203 et publiés dans Tristan Tzara,* Œuvres complètes, *IV, Flammarion, p. 384 et sq.*

TRISTAN TZARA À PICASSO/Envoi sur jeu d'épreuves de l'ouvrage *DE MÉMOIRE D'HOMME*

DE MÉMOIRE D'HOMME

À Pablo Picasso
À qui je dois beaucoup
Les premières épreuves de ce livre
Avec l'affectueuse admiration de Tristan Tzara
21 déc. 50

Inv. 515AP/C/classeur169/APcs1. Archives Picasso, Musée national Picasso-Paris.

Picasso et Robert Desnos, 1923 à 1945 : « une exigence de liberté »

Peter Read

En avril 1944, Picasso informe Brassaï que leur ami Robert Desnos, poète et résistant, arrêté par la Gestapo et incarcéré à Fresnes quelques semaines auparavant, se trouve maintenant dans un camp de déportés à Compiègne. Selon Brassaï, les deux hommes continuent de parler longuement du poète : « Picasso l'aime beaucoup. [...] Il était l'amitié, la fraternité, la générosité même... [1] » Au moment de son arrestation, Desnos préparait la publication de *Contrée*, un recueil de poèmes ostensiblement pastoraux, mais dans lesquels circulent, à peine voilés, un appel à l'insoumission et des menaces de rétribution. L'ouvrage devait bénéficier d'un frontispice de Picasso, mais peu de temps après sa conversation avec Brassaï, l'artiste informe l'éditeur du recueil qu'il pense annuler sa participation. La correspondance reçue par Picasso de Robert Desnos et de sa compagne Youki nous permettra d'explorer ici les rapports entre le poète et l'artiste ainsi que l'implication de Picasso dans *Contrée*, ouvrage de haute valeur artistique, historique et littéraire, qui sera finalement édité en mai 1944.

Picasso se trouve au centre des préoccupations de Desnos bien avant leur première rencontre, comme le témoigne un reportage signé par le poète et publié dans *Paris-Journal* du 13 mai 1923. Il concerne la dernière des ventes Kahnweiler, qui dispersent aux enchères les biens du marchand d'art, saisis pendant la Grande Guerre par les autorités françaises. Desnos s'indigne de la désinvolture du commissaire-priseur, condamne la « monotonie » et « l'esprit vulgaire » des œuvres de Vlaminck, admire les papiers collés et les toiles de Braque, « peintre grave et respectueux des mystères », et souligne l'importance des œuvres cubistes de Picasso, qualifiant cette production d'« admirable de scandale et de liberté d'esprit » : déjà s'affirment les thèmes et le vocabulaire qui se retrouveront dans ses meilleurs écrits sur l'artiste. Desnos s'achète à cette occasion, pour 37 francs, un fusain non signé, attribué à Braque, mais dans lequel il pense reconnaître la main de Picasso. Son intuition s'avère fondée : sortant le dessin de son cadre, il découvre qu'il repose sur les pages d'un journal de 1913 et porte au dos la signature de Picasso[2].

La vente Kahnweiler succède de près à l'époque des « sommeils hypnotiques » où Desnos, dans un état second, enchaînait aphorismes lapidaires et étonnantes écritures automatiques. La résonance de ses formulations oraculaires incitera André Breton à déclarer en juillet 1924 : « À notre époque, dans le domaine intellectuel seul, il existe à ma connaissance trois fanatiques de première grandeur : Picasso, Freud et Desnos. [...] Le SURRÉALISME est l'ordre du jour et Desnos est son prophète[3]. »

Le premier contact entre Desnos et Picasso sera épistolaire et leur correspondance commence par un envoi de la part du poète, daté du 15 mars 1924, sur un papier à en-tête du quotidien *Paris-Soir*. Dans un registre formel et respectueux, le poète signale ses liens avec André Breton et assure Picasso de son admiration, tout en soulignant le mépris que lui inspire Jean Cocteau. Il contribue ainsi à la campagne de séduction menée par les surréalistes envers Picasso, ainsi qu'à leur campagne de dénigrement de l'auteur de *Thomas l'imposteur*. La lettre évoque aussi une « mystification », dont Cocteau tiendrait Desnos responsable. Ce dernier nie toutefois, de façon ambivalente, son implication en informant Picasso que « Quand je me mêle d'en faire, je fais mieux que cela[4]. »

De quelle « mystification » s'agit-il ? Desnos fait référence sans doute à un article intitulé « Le génie sans miroir », signé Paul Éluard et récemment paru dans la revue *Les Feuilles libres*. L'article est un éloge de la folie consacré aux œuvres graphiques et littéraires créées par des patients retenus dans des hôpitaux psychiatriques, et notamment les poèmes et les dessins d'une certaine Joanna Tucce, Polonaise de 39 ans. Selon l'article, « Elle est folle depuis quinze ans. Les écrits mystiques alternent chez elle avec les idées de grandeur. Elle se croit tour à tour Isabeau de Bavière et la princesse Mathilde. » Mlle Tucce réalise parfois des dessins en association avec deux autres patientes : « Vieilles petites filles qui rêvez d'amoureux à longues moustaches et qui tracez leur effigie en collaboration. » Un dessin qui représente, en effet, un personnage aux moustaches démesurées, est reproduit à la fin de l'article. Or « Le génie sans miroir », attribué à Paul Éluard, est dû en fait à Robert Desnos, tout comme les dessins qui illustrent l'article. En outre, les noms propres qui y figurent sont des anagrammes qui tournent en dérision *Les Feuilles libres* et ses collaborateurs. « Joanna Tucce », notamment, est une anagramme de Jean Cocteau, tandis que « Mona Dreigner » et « Maria Delwyn », les amies qui dessinent avec lui, représentent Raymond Radiguet et Wieland Mayr, directeur des *Feuilles libres*[5]. La supercherie a été provoquée par le numéro précédent de la revue, daté novembre-décembre 1923, qui est orné de sept dessins récents de Picasso, de style figuratif et néo-classique, accompagnés d'une étude substantielle, intitulée « Picasso », par Cocteau. « Le génie sans miroir » constitue une riposte satirique à une telle association entre l'artiste et le poète et une protestation contre tout ce qui tend à rapprocher ou, comme le dit la lettre de Desnos, à « faire voisiner » Picasso et Cocteau. En niant sa responsabilité dans cette affaire, Desnos ne fait que prolonger la « mystification ».

Selon toute probabilité, Picasso et Desnos se rencontrent en novembre 1925 lors de l'exposition de *Peinture surréaliste* à la galerie Pierre, rue Bonaparte. Desnos, seul poète à y participer, expose ses dessins aux côtés d'œuvres d'Arp, Chirico, Ernst, Klee, Masson, Miró, Roy et Picasso. Après cet événement, et jusqu'en 1930, quand Desnos s'exprime au sujet de Picasso, il l'associe toujours au mouvement surréaliste et lui applique notamment un vocabulaire en rapport avec les sciences occultes. Son article « Surréalisme » de 1926, par exemple, sacre Picasso découvreur de la pierre philosophale, « alchimiste dont le rire est adéquat à la peinture même », et affirme que « Raymond Lulle déchiffrerait sans effort les mystères fondamentaux que vous formulez sur vos toiles[6]. » Dans « Peinture surréaliste », texte de 1929, il souligne la force dominante de Picasso, artiste qui démolit la réputation d'individus de second ordre et qui, tel un fauve ou le feu, dévore ceux qui le suivent et l'entourent. Aux yeux de Desnos, il s'agit d'une œuvre visionnaire et il attribue à la seule signature de Picasso « des vertus accordées jadis aux pentacles de sorcellerie[7] ».

En 1930, cependant, après le *Second Manifeste du surréalisme*, une rupture fracassante sépare Breton et Desnos. Ce dernier participe alors à un hommage collectif à Picasso lancé par le groupe de Georges Bataille et Michel Leiris : dans le numéro 3 de leur revue *Documents*, la place d'ouverture est allouée au « Bonjour, Monsieur Picasso » de Desnos. Si l'article affirme la cordialité de ses rapports avec « l'extrêmement sympathique » Picasso, le poète y déclare aussi son opposition aux « génuflexions en groupe » et au culte de la personnalité voué à l'artiste, prise de position qui implique, dès le départ, une certaine réserve par rapport à la publication dans laquelle il écrit. Il accorde à nouveau beaucoup d'importance à la signature de Picasso, qualifiée de « graphie magique » qui rend « merveilleux » des tableaux qui autrement seraient « indéfendables », mais sa pensée bifurque rapidement vers des digressions concernant les agréments du quartier de la gare Saint-Lazare. Celui-ci abrite, il est vrai, des bistrots de style anglais, tels Le Criterion et l'Austin's Fox de la rue d'Amsterdam, décrits par Huysmans dans *À Rebours* et fréquentés autrefois par

Apollinaire et Jarry, Braque, Matisse et Picasso. Le café Certà aussi, ancien QG des dadaïstes, passage de l'Opéra, occupe alors depuis cinq ans les locaux de l'ancien London Bar, rue de l'Isly, près de la gare. Desnos avoue qu'il aime prendre un apéritif dans le quartier et parfois y croiser Picasso. En hommage au *Paysan de Paris*, il ajoute qu'il aime aussi rencontrer l'artiste dans le passage Jouffroy, ce qui laisse entendre qu'il se souvient d'une formule énoncée par André Breton en 1924 : « Aragon (le Picasso du passage Jouffroy)[8] ». Desnos se lance enfin dans des considérations concernant la belette et le poisson-scie, fantaisie qui l'éloigne de tout engagement analytique avec l'œuvre de Picasso, tout en confirmant l'autonomie qu'il entend conserver par rapport aux motivations du groupe de *Documents*[9].

À partir de la rupture avec Breton, Desnos diversifie ses activités et s'impose surtout comme pionnier de la radio, pour laquelle il produit en 1933 une adaptation de *Fantômas*, avec Artaud dans le rôle principal. Le succès de ses activités radiophoniques et dans d'autres domaines – chansons, cinéma, publicité, etc. – lui permet d'emménager un appartement au 19 rue Mazarine, « Ce foyer de l'amour et de l'amitié[10] », rempli de livres et de disques, tapissé d'œuvres de Foujita (l'ancien époux de Youki), de Kandinsky, Tanguy, Ernst et d'autres encore. Le samedi Robert et Youki tiennent table ouverte autour d'« un énorme plat de viande au curry » et leurs soirées sont fréquentées par de nombreux invités de marque, dont Picasso fait parfois partie[11]. Desnos se rend à La Havane en 1928, à Madrid et à Malaga en 1932 et retourne à Madrid en 1935, où il rencontre Neruda et Garcia Lorca[12]. L'intérêt qu'il porte à l'Espagne et son engagement antifranquiste resserrent davantage ses liens avec Picasso. Ce sera, toutefois, pendant l'Occupation qu'il aura l'occasion de consacrer à l'artiste de nouveaux textes consistants, dont le contenu sera orienté par un regard aiguisé et de nouveaux engagements impérieux.

Mobilisé en septembre 1939, démobilisé une année plus tard, Desnos se retrouve alors à Paris, sans ressources, résolu à combattre le nazisme. Il rejoint le quotidien *Aujourd'hui*, fondé en septembre 1940, dont le rédacteur en chef est un ami de longue date, Henri Jeanson, pacifiste libertaire, coscénariste d'*Hôtel du Nord* de Marcel Carné. Parmi les chroniques que signe alors Desnos figure, par exemple, un compte rendu du *Paysan de Paris* : « Lisez-le. Vous verrez de quel côté se trouvent le talent, l'honnêteté de pensée et le génie français[13]. » Dès le mois de novembre, cependant, Jeanson est renvoyé et le journal tombe sous l'autorité de l'occupant. Desnos prend néanmoins la décision de rester en place et joue dorénavant un double jeu : démis de son poste de Directeur des informations, il subit une baisse de salaire, mais continue de signer des chroniques, tout en obtenant des renseignements et subtilisant des documents confidentiels, qu'il fait photographier la nuit chez lui, afin de les transmettre à la Résistance. Il abrite aussi chez lui pendant huit mois Alain Brieux, qui se soustrait au Service du travail obligatoire et qui réalise auprès de Desnos les photographies illicites[14]. En outre, il fait paraître de nombreux poèmes, signés soit de son nom, soit d'un pseudonyme, dans des publications clandestines, telles *Poésie 42* ou *L'Honneur des poètes*[15]. En avril 1942, Desnos s'engage formellement dans les Forces françaises combattantes, et devient l'« Agent P2 » dans le réseau « AGIR ». Il continue de transmettre des informations, fabrique des faux papiers et participe, probablement, à la préparation d'actes de sabotage, aux côtés d'André Verdet, rencontré en mai 1943[16]. À partir de septembre 1942, Desnos ne publie dans *Aujourd'hui* que des articles de critique musicale, mais il continue de défendre ses valeurs, soulignant par exemple que les musiciens et les amateurs de jazz ne sont nullement « des dégénérés et des analphabètes. L'affirmer est au contraire une preuve d'ignorance majeure[17]. »

Les échanges d'alors entre Desnos et Picasso sont facilités par la proximité de leurs domiciles, à une époque où Picasso ne quitte guère son quartier. Desnos rédige à cette époque un texte, malheureusement inachevé, « Peintures de Picasso 1939-1940 », dans lequel il exprime l'émotion qu'il ressent à la vue de Picasso à l'œuvre dans son atelier, forgeron et « démiurge », « disloqueur forcené » et « prodigieux "reconstructeur" de formes », créateur des « êtres magiques d'une mythologie nouvelle ». Affranchi de toutes les formules et de toutes les conventions, « Picasso se meut avec aisance dans un monde merveilleux qu'il ne cesse d'enfanter de ses mains[18] ».

Une carte de visite nous laisse la trace d'un autre passage du poète, rue des Grands-Augustins. Elle porte l'inscription :

ROBERT DESNOS
Venu féliciter Picasso de l'ignoble article de ce con de Vlaminck

Desnos réagit ici à l'article de Maurice de Vlaminck, « Opinions libres... sur la peinture », en première page de l'hebdomadaire *Comœdia* du 6 juin 1942, qui accuse Picasso de plagiat et d'avoir conduit l'art moderne « à la négativité, à l'impuissance, à la mort ». Vlaminck s'en prend particulièrement au cubisme, qualifié de « Perversité de l'esprit, insuffisance, amoralisme, aussi éloigné de la peinture que la pédérastie de l'amour », art dont les qualités conceptuelles ne seraient qu'une « duperie », comparable à « l'absurdité métaphysique d'une Kabale ou d'un Talmud ».

Desnos rend régulièrement visite à Picasso le samedi, comme le témoigne une lettre datée du 13 octobre 1944, où Youki propose de passer voir l'artiste, « Peut-être samedi, suivant la tradition de Desnos ». Le journal de Desnos indique que Picasso et Sartre dînent chez lui le 14 décembre 1943, et Alain Brieux rappelle une soirée qui y réunit Picasso et Dora Maar, Sartre et Simone de Beauvoir, Henri Jeanson, Jacques Prévert et peut-être André Verdet[19]. Picasso connaît certainement les opinions de Desnos, mais ignore nécessairement l'étendue de ses activités clandestines. À Françoise Gilot, qui rencontre Picasso en mai 1943, l'artiste aurait confié, « Je ne comprends pas pourquoi il écrit dans un journal collaborateur. Pour lui, c'est particulièrement dangereux[20] ! » Gilot se souvient aussi d'une soirée chez Desnos passée à écouter des disques de jazz, où Picasso tente de persuader le poète de quitter *Aujourd'hui*. Picasso aurait ensuite déclaré à Gilot qu'il tenait les habitudes dépensières de Youki responsables des difficultés matérielles qui empêchaient Desnos de renoncer au journal[21]. Youki avait en effet une réputation d'hédoniste, dépensant sans compter lorsqu'elle était en fonds[22]. Sur une carte postale amicale qu'elle adresse à Picasso en août 1943, lors de vacances passées près de Pierrefonds dans l'Oise, Youki l'informe qu'elle renonce temporairement à l'alcool et lui offre une belle description de Robert Desnos, « hardi pionnier », qui parcourt la forêt de Compiègne, à la recherche de cèpes, escargots et autres délices.

Afin de fournir une aide matérielle à Desnos, Picasso impose celui-ci comme préfacier d'un album de ses œuvres récentes, édité en décembre 1943 par les Éditions du Chêne[23]. Imprimées sur un stock de papier contrebande[24], *Seize Peintures 1939-1943* présente huit portraits de Dora Maar, parmi lesquels la sombre planche d'ouverture qui la représente toute de noir vêtue, et huit natures mortes, parmi lesquelles deux compositions au crâne de bœuf et une autre à l'oiseau mort. L'Introduction de Desnos affirme, néanmoins, avec une intensité admirable, que les œuvres de Picasso s'approprient les forces qui animent « un univers en perpétuelle expansion et contraction », à l'instar d'un cœur vivant : « Cet univers de Picasso, il est avant toute chose Vie. Jamais l'espèce humaine ne poussa, contre la mort, cri plus triomphal et plus sonore. » Picasso propose non pas une fenêtre ouverte sur le monde, mais plutôt une captation simultanée de la vie entière, qui communique à la fois une joie « extrême » et un tragique « convulsif », voire une « horreur cosmique ». « Peintre responsable », il refuse le règne des apparences, s'empare du monde et le remodèle, selon sa volonté, car son œuvre se fonde sur « une exigence de liberté qui ne saurait tromper ». L'approche critique de Desnos implique ainsi une imbrication de l'éthique et de l'esthétique car, à ses yeux, l'art agissant et volontaire de Picasso, ainsi que la publication en pleines couleurs de ses œuvres récentes, offrent une riposte superbe aux promoteurs d'un esprit de soumission mortifère. L'Introduction, qui rapporte à Desnos des honoraires de 300 francs et des exemplaires de l'ouvrage, lui permet surtout d'associer l'art de Picasso à certains mots et formules, inscrits dans le texte, soulignés par des cadences de répétition, chargés de connotations essentielles, telles que

« liberté », « complicité », « vision active », « témoignage viril », « dignité faite d'audace » et l'annonce d'« une ère nouvelle » : la peinture de Picasso se transforme en étendard, digne de flotter au-dessus d'une armée d'insoumis, assoiffés d'avenir.

À cette époque, Desnos retrouve souvent Picasso dans un restaurant de la rue des Grands-Augustins dont le patron est un Catalan français, où l'artiste déjeune en la compagnie de camarades tels que Michel Leiris et Georges Hugnet, auteur en 1940 de *Non vouloir*, premier poème de résistance publié en France[25]. Dans l'Introduction de *Seize Peintures*, afin d'illustrer l'emprise absolue qu'exerce le pinceau de Picasso, Desnos cite l'exemple du buffet qui avait littéralement disparu du restaurant le jour où Picasso avait décidé de le représenter dans deux tableaux. Picasso aurait alors remarqué : « J'avais dû le prendre sans m'en apercevoir en le peignant. » Par la suite, Desnos revient à ces deux peintures dans « Les sources de la création. Le Buffet du Catalan », article destiné à la revue *Confluences*, où il déclare que pour apprécier les œuvres de Picasso, « il faut d'abord aimer la peinture en soi ». Il s'agit d'admettre « une joie purement picturale », qui incite à exclamer « Quel bonheur ! et non pas quelle beauté[26] ! »

Dans son *Journal*, à la page du 3 février 1944, Desnos note qu'écrire « ces quelques pages sur Picasso » lui donne l'espoir de « fixer une attitude devant la peinture et les Beaux-Arts. » Il ajoute, « Oui. Il s'agit bien pour moi de "quel bonheur !" et non de "quelle beauté !" ». Sa réaction à la peinture laisse une place essentielle au frisson physique et dépend toujours de questions d'émotion et d'éthique plutôt que d'analyse et d'esthétique. Trois jours plus tard, Desnos avoue que son Introduction et son article pour *Confluences* « sont un peu confus », avant d'ajouter que « Ce ne sont que des pages préliminaires. [...] Combien Picasso me transporte sans restrictions ! » Toujours dans son *Journal*, il réaffirme l'intérêt qu'il porte aux peintres surréalistes, tout en admettant que la plupart d'entre eux, comme Magritte et Labisse par exemple, ont en commun un défaut important : « N'être pas aussi révolutionnaire dans sa technique que dans ses sujets[27]. » Reconnaissant que ses goûts et ses capacités critiques sont en pleine évolution, Desnos souhaite donner dorénavant à ses écrits sur Picasso davantage de clarté et de rigueur.

Le 23 décembre 1943, Picasso réalise une gravure qu'il offre à Desnos pour servir de frontispice à son nouveau recueil de poèmes, *Contrée*. L'ouvrage doit être publié par le jeune Robert Godet, qui produit sous l'Occupation une série de livres, dans des éditions confidentielles, marqués « Pour mes amis » et distribués sans l'autorisation de la censure. Son épouse Babette est collègue de Desnos à *Aujourd'hui*, tout en appartenant avec son mari à une cellule de résistance d'affiliation communiste.

Contrée réunit 25 poèmes, datant tous de 1942, dont certains sont déjà parus dans des publications clandestines. Attachés pour la plupart à des lieux, couronnés de titres prosaïques, tels « La rivière », « La route », « Le cimetière », ils déploient des formes classiques, marquées de variations sur des rimes et des structures traditionnelles. « En définitive, ce n'est pas la poésie qui doit être libre, c'est le poète », Desnos avait-il affirmé dans *État de veille*, recueil de 1943, édité également par Godet[28]. Il corrobore ainsi la stratégie mise en œuvre par Aragon depuis son recueil *Le Crève-Cœur* de 1941, où l'intégration de traditions prosodiques anciennes contribue à ce qu'il va nommer une *Poésie nationale*. Picasso, pour sa part, semble approuver ce nouveau rappel à l'ordre lorsqu'en septembre 1944, il suggère qu'à l'époque actuelle convient « un art plus discipliné » et que : « Pour un poète, le temps est probablement venu d'écrire des sonnets[29]. »

Dans *Contrée*, la précision prosodique et la clarté d'expression favorisent l'accessibilité : « Voici la vie réelle », est-il déclaré dans « Le Réveil ». Ce ne sont pas moins des proclamations codées de défiance à peine voilée contre l'envahisseur. Le titre *Contrée* évoque bien des paysages ainsi que des connotations de terroir et de patrie, mais elle suggère aussi, comme le remarque Marie-Claire Dumas, l'homonyme de « contrer »[30]. Les poèmes contredisent, en effet, la propagande pastorale et passive de Vichy, car ici le pays bien-aimé est infesté par la peste, enveloppé de brouillard et d'une puanteur de fumier. Insultant l'adversaire, *Contrée* le menace d'un jour de jugement imminent où de grands oiseaux de proie seront lâchés de leurs cages. Il s'agit d'un appel à l'espoir et à la révolte, notamment dans « La Voix », où un murmure insistant, rythmé comme un cœur, annonce un changement, aussi certain que le cycle des saisons, et le poète interpelle directement les lecteurs : « Ne l'entendez-vous pas ? »

La gravure offerte par Picasso pour servir de frontispice représente une femme nue, assise dans un fauteuil en osier dont le siège rectangulaire ressemble à une rangée de livres. La perspective poly-focale montre le corps simultanément de face et de dos, de l'intérieur et de l'extérieur, en passant d'une représentation des articulations, notamment vers la droite de l'image, à une vision radiographique qui comprend la partie centrale, plus tendre et charnelle, et la structure osseuse d'un bras et d'une épaule. Détendu, les jambes croisées, une main sur le genou, musclé comme un haltérophile, le personnage incarne une présence si imposante que dans une lettre de mai 1944 Youki le prend pour un chevalier au repos : « Si vous retirez ce chevalier casqué, c'est avec son épée que vous me blessez[31]. » La silhouette chevaline et le sourire grimaçant qui caractérisent la petite tête du personnage lui donnent un aspect caricatural, voire grotesque : ceci n'est ni une Marianne idéalisée, ni la Madone de la Résistance. L'ensemble du frontispice suggère néanmoins une analogie possible entre la force du corps féminin et le pouvoir des livres sur lesquels il s'appuie. Le paratexte annonce ainsi la détermination intraitable inscrite dans le texte de *Contrée.*

Selon une stratégie établie sans doute par l'éditeur, chaque poème est suivi d'un fragment de l'eau-forte, découpé en sections qui commencent par le haut et descendent à travers le personnage. La distribution du frontispice découpé, parsemé tout au long de l'ouvrage, en embellit l'attrait esthétique et réitère constamment une relation possible entre la gravure et le texte, établissant même quelques correspondances explicites. « La Cascade », poème d'ouverture, est illustrée par le haut du frontispice, qui montre la tête et les épaules du personnage. Le sonnet « La peste » commence et finit par des pas qui résonnent dans la rue : dans l'obscurité nocturne, une porte « résiste », le piéton s'éloigne et sur un mur apparaît une affiche jaune, marquée du mot « Peste ». L'illustration isole un pied, faisant ainsi écho à ces pas entendus dans le texte. Le poème ultime, « L'Épitaphe », se tourne vers l'avenir, au-delà de la guerre, et interroge les générations futures sur leur usage de l'héritage qu'on leur a légué. Le poète, quant à lui, ne revendique aucune reconnaissance posthume :

> Vivants, ne craignez rien de moi, car je suis mort.
> Rien ne survit de mon esprit ni de mon corps.

Le poème est suivi par le dernier fragment du frontispice, qui montre une main posée sur la rangée de livres. Ainsi s'impose un dialogue contradictoire qui oppose l'abnégation exprimée dans l'épitaphe aux implications de la dernière vignette, qui suggère la pérennité de la littérature et la survie durable des écrits de Desnos.

La publication du recueil n'avance pas sans difficultés. Dans un de ses poèmes de guerre, Desnos se décrit comme « Ce libertaire qui pleure et qui rit[32] » : il n'arrive guère à cacher ses sentiments et supporte mal la discrétion que lui imposent ses activités de résistant. Capable d'émettre des plaisanteries au sujet de Pétain à la terrasse d'un café, il va jusqu'à gifler publiquement, en avril 1942, Alain Laubreaux, journaliste antisémite de *Je suis partout.* Le 19 février 1944, Desnos se rend une dernière fois à l'atelier de Picasso et transcrit ensuite en huit paragraphes une série de « Propos de Picasso pendant la visite », consacrés à l'art, l'argent et la poésie[33]. Trois jours plus tard, Desnos subit les conséquences de son engagement clandestin et de sa colère mal étouffée : le 22 février, les agents de la Gestapo se présentent chez lui.

Youki tient Picasso au courant du sort de Robert, retenu et interrogé un mois à la prison de Fresnes, avant d'être transféré au camp de transit de Royallieu, à Compiègne, près de l'endroit où il avait passé ses dernières vacances. Les lettres de Youki confirment aussi que les rapports entre elle et Picasso n'étaient pas toujours des meilleurs. Une lettre d'avril 1944 évoque un malentendu qu'il fallait éclaircir, mais celle du 21 mai 1944 est autrement significative. Elle nous apprend qu'après l'arrestation de Desnos, Picasso aurait informé Godet qu'il pensait retirer la permission d'utiliser sa gravure comme frontispice pour *Contrée*. Youki admet que c'était bien à Robert que Picasso avait offert la gravure, mais se dit étonnée que Picasso fasse maintenant une différenciation entre eux deux. Craignant que Picasso ne lui reproche la relation « ouverte » qu'elle a pratiquée dans sa vie de couple, elle proteste que « tout ce que je fais est bien aux yeux de Robert [...]. Notre entente est très solide. Les détails importent peu. » Youki explique, en outre, qu'elle a emprunté de l'argent pour financer la publication de *Contrée* et que si Picasso y oppose son veto, elle se verra forcée de vendre certains livres et tableaux appartenant à Robert[34].

En menaçant de se retirer du projet de publication de *Contrée*, il est possible effectivement que Picasso ne veuille pas que Youki en tire bénéfice. Il est plus que probable que l'arrestation de Desnos lui ait donné aussi à réfléchir. Le 27 mai 1943, les Allemands avaient organisé au jardin des Tuileries un autodafé de toiles d'Ernst, Masson, Miró, Picasso et autres œuvres « dégénérées ». Le 28 février 1944, six jours après l'arrestation de Desnos, Max Jacob a été à son tour arrêté et interné à Drancy, où il a rapidement succombé d'une pneumonie. Le danger se resserre autour de Picasso. Pendant ce dernier hiver de la guerre, alors que le vent tourne en faveur des Alliés, les forces d'occupation n'en deviennent que plus imprévisibles. Picasso fait un geste public de solidarité en assistant à la messe célébrée le 21 mars en la mémoire de son filleul Max Jacob, mais il hésite à compromettre davantage sa propre sécurité en participant à *Contrée*.

Picasso va finalement décider néanmoins d'accepter le risque et tenir la parole donnée à Desnos. Il enlève son veto et donne son aval pour la publication. L'ouvrage, dédié « À Youki », paraît en mai 1944, orné du frontispice, dans une édition de 213 exemplaires, dont 13 sont signés par Picasso[35]. Desnos, pendant ce temps, est déporté à Auschwitz, puis à Buchenwald, Flossenburg et Floha, avant de subir une marche forcée vers Terezin, près de Prague, qu'il atteint le 7 mars 1945. Même dans les camps, Desnos envisage encore de nouveaux projets littéraires, dont un *Dictionnaire des présages*, pour lequel il dit souhaiter un nouveau frontispice de Picasso[36].

Dans une lettre à Picasso datée du 13 octobre 1944, Youki félicite ce dernier du scandale qu'a provoqué son exposition de 79 œuvres récentes au Salon d'automne. Nommé Salon de la Libération, cet événement suit de près l'adhésion de Picasso au Parti communiste. Youki évoque ses interventions auprès de la Croix-Rouge pour que l'on envoie tous les mois des colis à Robert et elle ajoute : « J'ai le ferme espoir quand même de le voir arriver bientôt avec son grand rire et son grand cœur. » Le 26 juin 1945, une carte postale joyeuse de Youki annonce à Picasso qu'un compagnon d'incarcération de Desnos, libéré des camps, lui a confirmé que celui-ci était en quarantaine à Terezin. Le 13 juillet, elle rédige une lettre à Desnos dans laquelle elle raconte sa participation à la Libération de Paris, en tant que secrétaire et infirmière dans un service de santé des FFI, auprès du Dr Leuret, médecin à la prison de Fresnes. Elle termine : « Je consacrerai ma vie à te faire oublier ces cauchemars, à t'aimer et à t'entourer de bonheur[37]. » Desnos s'était éteint un mois auparavant, terrassé par la dysenterie, le 8 juin 1945, quelques jours après la libération du camp.

Par l'agence de presse « Lit Tout », Picasso reçoit « Un Document sur la mort de Robert Desnos », article paru à la première page de l'hebdomadaire *Les Étoiles*, daté du 4 septembre 1945. Il s'agit d'un compte rendu des derniers jours du poète, rédigé par Joseph Stuna, étudiant en médecine tchèque qui avait lu *Nadja* et ainsi reconnu le nom de Desnos dans les registres de Terezin. Stuna raconte qu'il a fait appel à sa collègue Alena Tesarova, qui parlait français, et que Desnos leur « a affirmé que Breton et Éluard sont restés ses meilleurs amis [...]. Une fois, il nous a dit que ce sera pour lui un grand plaisir de nous envoyer son nouveau livre sur Picasso. »

Suite au rapatriement des cendres de Desnos, Picasso ne se rend pas à la cérémonie qui a lieu le 20 octobre 1945, à la légation de Tchécoslovaquie, où Éluard et Michel Hollard, chef du réseau AGIR, font chacun une allocution. Il n'assiste pas non plus aux obsèques de Desnos, poète athée et anticlérical, à l'église de Saint-Germain-des-Prés. Youki restera en contact avec Picasso et lui présentera Ladislav Matějka, un étudiant praguois, directeur culturel du quotidien *Lidove Noviny* (*Informations populaires*) et auteur du premier article consacré à la fin de vie de Robert Desnos[38]. Lorsque Youki sera nommée directrice artistique de la Galerie Fontan, sur le boulevard Saint-Germain, Picasso lui prêtera, en juin 1946, des œuvres pour son exposition inaugurale.

Seize Peintures de Picasso, avec une introduction de Desnos, et *Contrée* de Desnos, avec un frontispice de Picasso, démontrent que, sous l'Occupation, certaines productions culturelles animées d'un esprit antipétainiste sont passées à travers les mailles de la censure. Installé dans le cœur de Paris, Picasso a été protégé par sa notoriété internationale et par l'intervention de certains fonctionnaires vichystes et d'intellectuels allemands tel Ernst Jünger, voire Arno Breker[39]. Surveillé néanmoins et parfois menacé par la Gestapo, Picasso a dû rester prudent, ce qui explique pourquoi il a hésité devant le risque que représentait sa collaboration à *Contrée*. Picasso a néanmoins refusé de se laisser intimider et s'est impliqué aussi, financièrement et artistiquement, dans des publications clandestines, telles les productions du groupe *La Main à plume*. Robert Desnos, poète et résistant, a subi des brutalités inimaginables et payé de sa vie l'expression de sa juste colère et sa contribution à une Libération qu'il n'a pas vécue. Picasso, en participant à la publication de *Contrée*, a marqué sa solidarité avec Desnos et a pris le risque de s'engager dans la réalisation d'un ouvrage exceptionnel qui transmet encore aujourd'hui un message magnifique de révolte, d'amour et d'espérance.

Mars 2013

NOTES

1. Brassaï, *Conversations avec Picasso*, Gallimard, (1964) 1997, p. 168-169.
2. « La dernière vente Kahnweiler », *Paris-Journal*, 13 mai 1923, *in* Robert Desnos, *Écrits sur les peintres*, édition revue et complétée par Marie-Claire Dumas, Jacques Fraenkel et Cécile Ritzenhalter, préface de Marie-Claire Dumas, Flammarion, 2011, p. 64-67. Parmi les artistes auxquels Desnos consacre des chroniques figurent Ernst, Duchamp, Labisse, Masson, Miró, Picabia, Man Ray, Rivera. La collection de la galerie Kahnweiler est mise en vente les 13 et 14 juillet 1921, les 7 et 8 mai 1923.
3. André Breton, « Robert Desnos », *Le Journal littéraire*, 5 juillet 1924, *in* André Breton, *Œuvres complètes*, I, édition établie par Marguerite Bonnet avec la collaboration de Philippe Bernier, Étienne-Alain Hubert et José Pierre, Gallimard, coll. « Bibliothèque de la Pléiade », 1988, p. 473-474.
4. Les lettres et cartes que Robert et Youki Desnos ont adressées à Picasso sont conservées dans les Archives Picasso, Paris. Elles sont transcrites à la fin du présent article. Je remercie Mmes Anne Baldassari, Evelyne Cohen et Sylvie Fresnault du Musée Picasso, ainsi que M. Jacques Fraenkel, qui m'a accordé la permission de publier ces documents. Le texte de la lettre datée du 15 mars 1924 figure déjà dans Laurence Madeline, *Les Archives de Picasso : « On est ce que l'on garde ! »*, RMN, 2003, p. 227, note 11.
5. Paul Éluard [Robert Desnos], « Le génie sans miroir », *Les Feuilles libres*, n° 35, janvier-février 1924, p. 301-308, *in* Robert Desnos, *Œuvres*, édition établie et présentée par Marie-Claire Dumas, nouvelle édition revue et augmentée, Gallimard, coll. « Quarto », 2003, p. 222-229. La clef des anagrammes sera livrée dans un entrefilet de l'*Almanach des lettres françaises et étrangères* du 29 avril 1924.
6. « Surréalisme », *Cahiers d'art*, n° 8, 1926, *in* Robert Desnos, *Écrits sur les peintres*, *op. cit.*, p. 88-94 (p. 89).
7. « Peinture surréaliste », manuscrit dactylographié, 1929, *in* Robert Desnos, *Écrits sur les peintres*, *op. cit.*, p. 108-120 (p. 115-116).
8. André Breton, « Carnet », *Littérature*, nouvelle série, n° 13, juin 1924, p. 15-19 (p. 16), *in* André Breton, *Œuvres complètes*, I, *op. cit.*, p. 455-472 (p. 456).
9. « Bonjour Monsieur Picasso », *Documents*, 3, 1939, p. 113-118, *in* Robert Desnos, *Écrits sur les peintres*, *op. cit.*, p. 129-132.
10. Brassaï, *op. cit.*, p. 169.
11. Pour une description de l'appartement, voir Alain Brieux, « Ce que je sais de Robert Desnos », *in* Robert Desnos, *Mines de rien*, édition établie et préfacée par Marie-Claire Dumas, avant-propos par Alain Brieux, Le Temps qu'il fait, 1985, p. 13-18. Parmi les amis qui fréquentent les soirées de la rue Mazarine figurent Jean-Louis Barrault et Madeleine Renaud, Alejo Carpentier, André Derain, Gaston Ferdière, Théodore Fraenkel, Hemingway, Labisse, Leiris, Masson, Miró et Prévert.
12. Anne Egger, *Robert Desnos*, Fayard, 2007, p. 608.
13. Compte rendu du *Paysan de Paris*, *Aujourd'hui*, 23 octobre 1940, *in* Robert Desnos, *Mines de rien*, *op. cit.*, p. 42. Ce volume présente une sélection des articles de Desnos parus dans *Aujourd'hui*.

14. Alain Brieux, « Robert Desnos et son petit copain », in *Cahier Robert Desnos*, L'Herne, 1987, p. 23-32.
15. Marie-Claire Dumas, *Robert Desnos ou l'exploration des limites*, Klincksieck, 1980, p. 266-267.
16. Anne Egger, *op. cit.*, p. 924, 986-987.
17. Robert Desnos, « Vieux disques. Jazz, rumba et musique folklorique. Considérations sur une discothèque », *Aujourd'hui*, 22 février 1943 (article non repris dans *Mines de rien*).
18. « Peintures de Picasso 1939-1940 », *in* Robert Desnos, *Écrits sur les peintres*, *op. cit.*, p. 163-165.
19. Anne Egger, *op. cit.*, p. 966-967 ; Alain Brieux, « Robert Desnos et son petit copain », *op. cit.*, p. 28.
20. Françoise Gilot, cité dans Michèle Cone, « Desnos, Picasso, Girodias, trois comparses de fortune », in *Cahier Robert Desnos*, L'Herne, 1987, p. 205-211 (p. 208).
21. Anne Egger, *op. cit.*, p. 924. La conversation en question eut probablement lieu soit au début de l'été, soit au cours de l'hiver 1943, car Françoise Gilot était absente de Paris entre juillet et novembre de cette année-là.
22. Dans ses lettres à Youki de 1939 à 1940, Desnos la prie régulièrement d'être « plus que prudente en ce qui concerne la Phynance ». Voir *Robert Desnos pour l'an 2000*, Actes du colloque de Cerisy réunis par Katharine Conley et Marie-Claire Dumas, suivis de lettres inédites de Robert Desnos, Gallimard, 2000, p. 387-531 (p. 502).
23. Picasso, *Seize Peintures 1939-1943*, Introduction de Robert Desnos, Les Éditions du Chêne, 1943 (« Achevé d'imprimer en décembre 1943 »). Selon les légendes, les seize peintures datent de 1939, 1941 et 1942. Pour le texte de l'Introduction, intitulé « Picasso », voir Robert Desnos, *Écrits sur les peintres*, *op. cit.*, p. 174-180.
24. Concernant le stock de papier illicite obtenu par Maurice Girodias, fondateur des Éditions du Chêne, voir Michèle Cone, « Desnos, Picasso, Girodias, trois comparses de fortune », *op. cit.*, p. 205-211. *Seize Peintures* porte néanmoins la mention, « Visa de la Commission de Contrôle du papier n° 18073 ».
25. James Phillips, *Georges Hugnet (1906-1974)* « le pantalon de la fauvette ». *Étude et choix de textes*, Lettres modernes, 1991.
26. « Les sources de la création. Le Buffet du Catalan », *in* Desnos, *Œuvres*, *op. cit.*, p. 1177-1181 et *Écrits sur les peintres*, *op. cit.*, p. 196-202. L'article ne verra le jour qu'en 1945, dans *Les Problèmes de la peinture*, recueil édité par la revue *Confluences*.
27. Desnos, *Œuvres*, *op. cit.*, p. 1262, 1264.
28. *Ibid.*, p. 999.
29. « Very likely for the poet it is time to write sonnets », Picasso cité dans John Pudney, « Picasso – A Glimpse in Sunlight », *The New Statesman and Nation*, 16 septembre 1944, in *A Picasso Anthology : Documents, Criticism, Reminiscences*, textes réunis par Marilyn McCully, Londres, The Arts Council of Great Britain / Thames and Hudson, 1981, p. 226.
30. Desnos, *Œuvres*, *op. cit.*, p. 1156. Sur *Contrée*, voir aussi Katharine Conley, *Robert Desnos, Surrealism and the Marvellous in Everyday Life*, Lincoln and London, University of Nebraska Press, 2003, p. 123-133.
31. Marie-Claire Dumas, s'appuyant sur l'interprétation chevaleresque de Youki, présente la gravure comme le symbole d'« une lutte où le livre et le glaive sont requis » (Desnos, *Œuvres*, *op. cit.*, p. 1159). Un autre commentaire y voit « un couple enlacé » (Sébastien Goeppert, Herma Goeppert-Frank, Patrick Cramer, *Pablo Picasso Catalogue raisonné des livres illustrés*, Genève, Patrick Cramer, 1983, p. 110).
32. « Vaincre le jour, vaincre la nuit », Desnos, *Œuvres*, *op. cit.*, p. 1257.
33. Desnos, *Œuvres*, *op. cit.*, p. 1267-68.
34. Brigitte Baer fait allusion à cette lettre dans « Where do they come from – those superb paintings and horrid women of "Picasso's War" ? », in *Picasso and the War Years 1937 – 1945*, textes réunis par Steven A. Nash et Robert Rosenblum, Londres, Thames and Hudson, 1998, p. 85. La mère d'Alain Brieux faisait des travaux de couture pour Desnos et Youki : « C'est ma mère qui finança *Contrée*. Je crois que l'édition a coûté 30 000 francs, somme qui fut remboursée à ma mère par Youki bien postérieurement. » Alain Brieux, « Robert Desnos et son petit copain », *op. cit.*, p. 29.
35. Robert Desnos, *Contrée*, eau-forte de Picasso, R.-J. Godet, 1944.
36. Anne Egger, *op. cit.*, p. 1028.
37. *Ibid.*, p. 1059.
38. Ladislav Matějka (1919-2012) deviendra un éminent spécialiste de sémiotique, de linguistique et de philologie à l'Université de Michigan aux États-Unis, où il sera également responsable de la publication d'ouvrages de Milosz, Seifert, Brodsky et Vaclav Havel.
39. Voir à ce sujet, Anne Baldassari, *Picasso / Dora Maar – Il faisait tellement noir…*, Flammarion / Réunion des musées nationaux, 2006 ; Gertje R. Utley, « From Guernica to The Charnel House : The Political Radicalisation of the Artist », in *Picasso and the War Years 1937-1945*, *op. cit.*, p. 69-79.

Lettres

Robert et Youki Desnos

Lettres de Robert Desnos

[Paris, le] 15 mars [192]4

Monsieur,

Il n'est pas dans mes habitudes de poursuivre d'assiduités les hommes que j'estime. Mais André Breton m'a rapporté certains propos de Cocteau tendant à me rendre responsable de la mystification de l'autre jour. Quand je me mêle d'en faire, je fais mieux que cela. Mais ce n'est pas tant la maladresse qui me choque ici :

Je suis parfaitement capable de vous mystifier mais je suis incapable de vous faire voisiner avec Cocteau pour cette raison que je le méprise profondément tandis que je n'ai pour vous qu'estime et admiration.

très vôtre

Robert Desnos

Lettre à en-tête : PARIS-SOIR Quotidien/14, BOULEVARD MONTMARTRE/TELEPH. : GUTENBERG 67-82, 67-83
Enveloppe, cachet de la poste : Paris Place des Abbesses 15-3-24
Adressée à : Monsieur Pablo Picasso/21 ou 23 rue La Boëtie/Paris

* * *

ROBERT DESNOS
venu féliciter Picasso de l'ignoble article de ce con de Vlaminck

Carte de visite imprimée. Texte manuscrit à l'encre noire de la main de Desnos.

* * *

Mr Robert Vesnose

Feuille de carnet, texte manuscrit à l'encre bleue.
Commentaire ajouté au crayon en bas de la feuille : N'est-ce pas de Desnos ? Mot de la femme de ménage pour les coups de téléphone.

10 septembre 42

Mon cher ami,

Vous voyez qu'il y a ici beaucoup de couvertures pour votre lit. Il y a également des rôtis sur la table et autres basses matérialités – Robert vient terminer le mois avec moi – et nous rentrons à la fin de septembre

Mes amitiés et bon souvenir à vous et à Dora

Youki Desnos

Carte postale illustrée photographique : Littry-les-Mines – Le Marché aux Bestiaux
Cachet de la poste : Paris Gare Saint-Lazare 11 IX 1942
Adressée à : Monsieur Pablo Picasso,/7 rue des Grands Augustins/Paris VIème

* * *

Mon cher Pablo,

Par une chaleur magnifique, je subis avec une grande philosophie un régime sec forcé, qui ne me fait ni bien, ni mal, d'ailleurs. Robert parcourt la forêt en tous sens et revient chargé de cèpes, d'escargots et d'œufs d'oiseaux. C'est un hardi pionnier. Moi, je m'aventure moins loin. J'ai appelé une jolie biche, mais elle a bien vu que je n'étais pas Marie Laurencin, elle n'a pas voulu me suivre. Nos amitiés et bons souvenirs ainsi qu'à Dora.

Youki Desnos.

Carte postale illustrée photographique : Pierrefonds – Le Château (côté Sud-Est)
Cachet de la poste : 21 8 1943
Adressée à : Monsieur Pablo Picasso/7 rue des Grands Augustins/Paris VIème

* * *

Cher Pablo,

À tout hasard ce petit mot. Mon amie Guillemette est bien désolée du mal qu'elle a de vous voir ! Sur tout ça elle a rendez-vous avec vous vendredi matin, je crois. Autre emmerdement l'acheteur voudrait une chose de l'époque bleue, ou « dans ce genre-là ». Mais enfin, ça peut s'arranger. Je voudrais bien que Guillemette puisse faire cette affaire-là. J'ai été hier à Fresnes. J'ai eu la joie de passer 3 colis magnifiques. Je me suis bien débrouillée.

Je vous raconterai tout ça.

Amitiés à Dora. Une caresse à Kasbek.

Soignez bien votre épaule.

La pauvre Youki.

Lettre au crayon sur une page de cahier, sans enveloppe, sans date (23 février – 20 mars 1944).

* * *

15 avril 44

Mon cher Picasso

Je suis contente que ce malentendu soit dissipé. Il a suffi pour cela de vous voir. J'étais très peinée, non seulement pour l'ennui matériel, mais à cause de notre vieille amitié, de toute la tendresse respectueuse que je vous porte et qui était blessée. Les gens ne savent ni entendre, ni répéter. Des êtres comme vous, comme Dora, comme Desnos sont tellement rares qu'aucun intermédiaire ne saurait les comprendre.

Je vous embrasse fort tous les deux

Youki

Carte postale illustrée : des fleurs sauvages

Enveloppe, cachet de la poste : Paris RP Départ 18.30/16. IV. 1944

Adressée à : Monsieur Pablo Picasso/7 rue des Grands Augustins/Paris/VIème

* * *

Dimanche – 21 mai 1944

Mon cher Pablo,

Je m'excuse d'être venue vous déranger hier – j'aurais tant voulu vous voir, car Godet m'a envoyé un coup de téléphone désespéré – Il paraît que vous hésitez à donner votre gravure à tirer. Ce serait une catastrophe pour moi. Car, sur le désir de Robert, j'ai financé Godet pour que le livre paraisse, j'ai emprunté de l'argent pour cela, et si je n'ai pas votre eau-forte, je serai obligée de le rendre – donc de vendre des livres ou des tableaux de Robert – ce que je voulais justement éviter. Au contraire, si le livre paraît, il est déjà plus que entièrement souscrit. Je rembourse la personne et cela me laissera de l'argent pour vivre quelque temps, sans toucher aux affaires personnelles de Robert.

Bien sûr, je sais que ce n'est pas à moi, mais à Robert que vous avez donné cette eau-forte – seulement je ne pensais pas que vous établissiez une distinction entre nous. C'est une chose qui ne me serait même pas venue à l'idée.

Robert et moi, nous vivons sous une règle assez large qui consiste à peu près en ceci – tout ce que fait Robert est bien, à mes yeux, et tout ce que je fais, est bien aux yeux de Robert – nous nous connaissons suffisamment pour nous faire confiance – et notre entente est très solide. Les détails importent peu. J'ai vécu d'ailleurs de la même façon avec Foujita, et nous gardons l'un de l'autre le meilleur souvenir.

Je vous explique tout cela pour vous dire que, bien entendu, vous êtes libre mais si vous retirez ce chevalier casqué, c'est avec son épée que vous me blessez – Cela m'étonnerait tellement de vous !

Mon cher Picasso, je suis bien triste. De toute façon, je n'écrirai pas cela à Robert. Il est parti plein de sécurité, me voyant tranquille et courageuse, je ne veux pas le troubler à mon sujet.

Godet me dit qu'il lui faudrait une réponse mercredi, au plus tard. Lacourière tirera cela très vite, pour me faire plaisir. Décidez ce que de tout cœur vous voulez faire. Je vous envoie mon souvenir ainsi qu'à Dora.

Youki Desnos

Lettre manuscrite sur une feuille, à l'encre bleue.

Enveloppe, cachet de la poste : 21.V.44

Adressée à : Monsieur Pablo Picasso/7 rue des Grands Augustins/Paris/(VIème)

* * *

19 rue Mazarine 13 octobre 44

Mon cher Pablo

Bravo !

Depuis Cézanne et Van Gogh on n'avait pas vu ça ! – J'en suis fière et heureuse pour vous, d'autant plus que vos toiles en sont sorties intactes.

C'est beau de bouleverser ainsi les gens, avec son œuvre, avec sa création. Les foules sont tellement inertes, en général.

J'ai toujours peur de vous déranger, mais je viendrai quand même vous dire bonjour un de ces matins. Peut-être samedi, suivant la tradition de Desnos.

Pas de nouvelles de lui, naturellement.

J'ai envoyé un message par la Croix Rouge et on m'a promis de lui faire parvenir deux colis suisses par mois tout cela n'est pas sûr, mais c'est tout ce que je peux faire. J'ai le ferme espoir quand même de le voir arriver bientôt avec son grand rire et son grand cœur.

– Je vous embrasse bien affectueusement, mon cher Picasso – ainsi que Dora

Youki Desnos

PS. Un compositeur que j'aime beaucoup, Varèse – qui est en Amérique actuellement, me disait que son rêve était d'écrire une musique d'une telle force « que les femmes en fassent pipi dans leur pantalon ».

Je ne sais pas si les gens que j'ai vu[s] au vernissage faisaient pipi, mais ils écumaient. C'est une sécrétion aussi difficile à obtenir que l'autre.

Camarade, je te serre la main.

Y.D.

Lettre manuscrite à l'encre sur une feuille – Enveloppe sans timbre, sans cachet de la poste.
Adressée à : Monsieur Pablo Picasso/7 rue des Grands Augustins/Paris VIe

* * *

Cher Pablo,

J'ai eu la visite d'un camarade de captivité de Robert, celui-ci se trouve en quarantaine à Theresinne, près de Prague car il y a eu une épidémie dans la région. Je suis donc venue ici avec le Dr Leuret et son amie, car je n'en pouvais plus d'attendre et je rentrerai à Paris le 1er juillet, peut-être en même temps que Robert. Je suis heureuse, je fais du bateau toute la journée avec les pêcheurs. Je ne pense plus à rien, sauf aux grands amis tels que vous et Dora et je vous embrasse bien tous les deux.

Youki Desnos.

Carte postale illustrée photographique : Ploumanach (C.-du-N.) Oratoire de saint Guirec Patron des jeunes filles à marier. Les jeunes filles, pour se marier dans l'année, piquent une épingle dans le nez du saint. A.B.
Cachet de la poste : 26.6.45
Adressée à : Monsieur Pablo Picasso/7 rue des Grands Augustins Paris VI

* * *

Mon cher Pablo,

Je t'envoie ce jeune journaliste tchèque qui a écrit cet admirable article (le premier paru) au sujet de la mort de Robert.

Je joins l'article à mon petit billet et je vous embrasse bien fort

Youki Desnos.

Lettre sur une page de cahier. – Enveloppe, sans timbre, adressée à : Monsieur Pablo Picasso/7 rue des Grands Augustins/ou bien au Restaurant Catalan/rue des Grands Augustins (en face la Grenouille)

Lettre accompagnée du texte dactylographié d'un article de Ladislav Matějka, extrait du Svobodne Noviny *du 1er juillet 1945, traduit en français :*

Dans un des innombrables convois de la faim qui allaient sans espérance à travers l'Allemagne devenue folle, arriva ce printemps à Terezinne un poète français, Robert Desnos, « noble auteur des équations poétiques », comme le dit André Breton.

C'était un écrivain qui par son activité poétique s'élança vers des valeurs presque prophétiques. Par ses souffrances et ses privations, par le sort commun et la voyance commune, il devint l'égal de tous ceux qui l'entouraient, égal jusqu'à l'anonymat. Il se perdit dans la foule des souffrants et des mourants, il n'était plus qu'un de ceux à qui il avait parlé.

Dans un lieu inconnu de la région frontière entre la Tchécoslovaquie et l'Allemagne, s'arrêta le convoi pendant quelques jours sans ressources, sans secours. Il arriva à Terezinne à demi anéanti. Ainsi mouraient l'un après l'autre les survivants. Même après la Libération, quand les médecins tchéco-slovaques et soviétiques se mirent au travail pour sauver les malades, les gens continuaient à mourir, car la mort qui avait envahi l'Allemagne entière avait une riche moisson.

Le 8 juin à 8 heures 30 mourut ainsi Robert Desnos. Ce n'est que par un pur hasard qu'il fut découvert dans la foule anonyme par un tchèque, l'étudiant en médecine Stuna qui consultait les bulletins des malades. Le pauvre poète ne percevait plus rien à ce moment. Une destinée singulière et tragique a donné un sens concret au contenu de ses derniers vers, destinés à sa compagne.

(Journal *Svobodne Noviny* du 1.7.45.)
Ladislav Matějka

* * *

Faire part des Obsèques de Robert Desnos, Écrivain Membre du Comité National des Écrivains décédé en déportation à Thérézin (Tchéco-Slovaquie) le 8 juin 1945, à l'âge de 45 ans.

Qui auront lieu à Paris, le MERCREDI 24 OCTOBRE 1945, à ONZE HEURES en l'Église Saint-Germain-des-Prés.

Carton de faire-part imprimé.
Enveloppe bordée de noir, cachet de la poste : 21 10 45
Adressée à : Picasso/7 rue des Grands Augustins/Paris

* * *

18 septembre 45

Amitiés à vous deux et aux amis

Youki Desnos

Carte postale illustrée photographique : Vieux-Marché (Côtes-du-Nord) – ND. Intérieur de la chapelle des Sept Saints. Les Sept Saints découverts sous la chapelle.
Adressée à : Mr Pablo Picasso/7 rue des Grands Augustins/Paris [*adresse rayée*]
Adresse ajoutée d'une autre main : Villa Shady-Rock, ave des Pins/Antibes/A.M.

* * *

12 rue Castagnary Paris XV

Cher Pablo,
Je t'envoie tous mes meilleurs vœux d'anniversaire. Que tes 80 ans te soient légers légers, malgré tout ce monde qui va t'entourer ce jour-là. Comme tu vois, j'ai quitté la rue Mazarine et je suis très heureuse ici avec Henri Espinouze qui a embrassé l'étrange profession d'artiste peintre. Il y a aussi un petit chat noir et blanc, très joli. Nous t'embrassons tous, le petit chat, Henri et moi.
Ta vieille amie,

Youki Desnos

Carte postale illustrée imprimée : bouquet de violettes.
Enveloppe avec cachet de la poste : 23 10 1961
Adressée à : Monsieur Pablo Picasso/à/Vallauris/(VAR)

Picasso et la poétique de la métamorphose

Nanette Rissler-Pipka

Si l'on tente de caractériser l'œuvre de Picasso, aussi bien en peinture (en considérant tous les styles qu'il a instaurés) qu'en littérature, c'est selon nous le principe de la métamorphose qui doit être mis en avant. Comme nous l'avons déjà laissé entendre sous le titre « Picasso, Poésie et Poétique[1] », il importe d'analyser les écrits et l'œuvre plastique ensemble. En ce sens, nous voudrions esquisser ici la thèse d'une poétique de la métamorphose, en tant que processus créatif qui ne s'oriente pas vers une finalité, à savoir un chef-d'œuvre, mais qui accepte le défi d'un changement croissant. En partant de la peinture et plus précisément de l'illustration, nous en viendrons aux écrits de Picasso avec des exemples concrets.

L'histoire de l'art a déjà établi un lien entre Picasso et le principe de la métamorphose[2]. Sous la catégorie de la série viennent se ranger les illustrations pour *Les Métamorphoses* d'Ovide de 1931 ainsi que celles pour *Le Chef-d'œuvre inconnu* de Balzac, réalisées la même année. En écho à d'autres peintres (ou auteurs) qui le fascinent, Picasso reprend à son compte le principe de la série, par exemple avec la série des *Ménines* (1957) d'après Vélasquez ou les innombrables variantes du *Déjeuner sur l'herbe* (1962) d'après Manet.

Dans ce contexte, il importe de faire la différence entre « transformation » et « métamorphose ». La « transformation », c'est-à-dire la modification de la forme visible, est bien sûr le principe de l'art même. De la toile vide jusqu'au tableau achevé ou de la pierre brute jusqu'à la statue, la transformation s'établit sans cesse. Mais, dans tous les cas, cette transformation qui marque le processus créatif a pour but l'achèvement de l'œuvre. La métamorphose, en revanche, présuppose une transformation infinie – décrite déjà par Ovide comme une force aussi créative que destructive. Le mouvement de la métamorphose semble plutôt être circulaire que linéaire. Les deux pôles que sont l'acte de créer et celui de détruire se conditionnent et alternent perpétuellement. Ce mouvement circulaire se manifeste précisément dans les eaux-fortes que Picasso a réalisées pour illustrer les *Métamorphoses* d'Ovide.

Ce qui, dans les mythes des *Métamorphoses,* s'établit comme un principe de création peut se changer en cercle fatal dans le contexte du processus créateur de l'art. Dans sa célèbre nouvelle *Le Chef-d'œuvre inconnu* (1831), Balzac a illustré cette chute de l'artiste Frenhofer. Cent ans après, Vollard publie une édition de la nouvelle comportant de nombreuses illustrations de Picasso qui, aujourd'hui encore, suggèrent la controverse[3].

Autour du rapport entre la nouvelle et des artistes aussi célèbres que Picasso ou Cézanne, un mythe s'est quasiment construit, laissant supposer que les deux peintres se seraient identifiés à la figure littéraire de Frenhofer. Cependant, même s'il est vrai que Picasso a emménagé (à l'initiative de Dora Maar)[4] dans l'atelier parisien de la « Rue des Grands-Augustins » où Balzac a situé une partie de sa nouvelle, la comparaison et l'identification entre Picasso et Frenhofer semblent plus que discutables. D'une part, la volonté de s'identifier avec Frenhofer n'est ni confirmée par

Picasso ni par Cézanne[5]. D'autre part, il faut considérer le fait que Picasso ne s'installe rue des Grands-Augustins que six ans après avoir terminé les illustrations pour *Le Chef-d'œuvre inconnu*. La fascination pour la figure littéraire de Frenhofer, qui a certainement occupé les deux peintres, témoigne de l'intelligence de Balzac traitant d'une problématique essentielle de l'art. La thèse qui s'en dégage et qu'il convient à présent de valider est que, si Cézanne reste enfermé dans ce cercle fatal, Picasso par contre a pu s'en échapper.

La figure littéraire de Frenhofer a influencé l'idée de l'artiste moderne, en proie au doute face à son œuvre et à sa personne. Elle incarne le modèle d'un artiste génial, mais qui se perd au contact de la nature dans un perfectionnisme obsessif. L'impact sur la théorie de l'art et la philosophie est manifeste dans plusieurs œuvres, notamment dans l'histoire de l'art d'Hans Belting, intitulée en référence à la nouvelle de Balzac, *Das unsichtbare Meisterwerk*, ou, en France, dans les textes de Jacques Derrida, Louis Marin, Georges Didi-Huberman, Hubert Damisch[6], etc. La fin de la nouvelle, en particulier, a généré nombre de questionnements philosophiques. Au moment où Frenhofer dévoile enfin son œuvre afin de triompher de la nature, représentée par un être de chair et d'os, tout ce qui ressort du chaos des couleurs semble être un pied parfait et quasi vivant :

> un pied nu qui sortait de ce chaos de couleurs, de tons, de nuances indécises, espèce de brouillard sans forme ; mais un pied délicieux, un pied vivant[7] !

Le fragment du corps féminin renvoie chez Balzac au *pars-pro-toto* de la tradition pétrarquienne, à savoir que le pied suffit à provoquer l'exclamation des spectateurs : « Il y a une femme là-dessous[8] ! »

Cette identification entre pied et femme, nous amène à souligner que, hormis ce témoignage incertain des spectateurs, nous n'avons aucune indication de l'existence d'une femme peinte avant la présentation par Frenhofer de ce « chaos de couleurs ». Balzac condamne ici le mouvement circulaire de la métamorphose, qui suppose l'existence d'une figure de femme parfaite antérieure au « brouillard sans forme » créé par le peintre. Picasso, en revanche, érige la métamorphose en principe de son art et en poétique de ses écrits.

Sous le terme de métamorphose, il convient d'évoquer également les notions de « destruction créative » ou de « création destructive ». Balzac lui-même a initié une telle interprétation de sa nouvelle, qui sera accentuée par Picasso (en collaboration avec Vollard) dans les illustrations du texte. En parlant des illustrations, nous nous limitons dans ce contexte aux eaux-fortes que Picasso lui-même a regroupées dans la page de la « Table des eaux-fortes[9] ».

Cette page est structurée comme une bande dessinée, mais rend également hommage à l'imprimerie ancienne avec sa bordure décorative. En somme, Picasso mêle peinture et littérature en créant une table des illustrations tout comme l'auteur établit une table des chapitres. Il se place ainsi au niveau de Balzac, se comparant plutôt à l'auteur qu'au peintre Frenhofer. De fait, la table des eaux-fortes prend la même place dans le livre que la table des chapitres de la nouvelle de Balzac (ce qui est d'autant plus marquant que *Le Chef-d'œuvre inconnu* est l'une des rares nouvelles à proposer une table des chapitres).

Aussi l'affirmation de Picasso, reprise à l'ouverture du colloque de Zurich « au fond je suis un poète qui a mal tourné[10] », trouve son équivalent dans la nouvelle de Balzac lorsque Porbus parle de Frenhofer : « Il est encore plus poète que peintre[11]. » Les deux commentaires sont presque l'inverse l'un de l'autre : chez Picasso, il semble que le peintre soit une « mauvaise version » du poète alors que, chez Balzac, c'est le peu de talent du poète qui est responsable de l'échec du peintre. Le médium positivé est celui qu'ils n'ont pas choisi, Picasso en tant que peintre (principalement) et Balzac en tant que poète. Tous les deux reconnaissent dès lors que les deux médias, la littérature et la peinture, ne sont pas séparables.

La « Table des eaux-fortes » de Picasso est, en comparaison avec les eaux-fortes originelles du livre, réduite à quelques traits. Réduction de la forme et du contenu, cette page aux toutes petites lignes se rapproche du style pictographique, qui se situe lui-même entre le mot écrit et le dessin.

L'examen du détail de ces eaux-fortes met en exergue un thème crucial que Picasso ne cessera d'exploiter jusque dans son grand âge, à savoir la relation entre le peintre et son modèle qu'il a aussi traitée dans la *Suite Vollard* des années 1930. Par ailleurs, la ressemblance de style entre les eaux-fortes pour *Le Chef-d'œuvre inconnu* et celles pour les *Métamorphoses* d'Ovide est visible au premier coup d'œil.

Contrairement à Frenhofer dans la nouvelle de Balzac, Picasso mène l'hypothétique lutte entre le peintre, le modèle et la toile plutôt à la manière d'un dialogue aux variantes toujours plus ludiques. Pour chaque variante ou esquisse, il prend une nouvelle page au lieu d'utiliser encore et toujours la même toile pour effectuer de prétendues corrections, comme Frenhofer dans *Le Chef-d'œuvre inconnu*. Certes, ratures et reprises se retrouvent chez Picasso, mais même dans les parties caractérisées par de nombreux traits sombres, une forme ou une ombre visible demeure.

Le dialogue posé entre les figures ne peut cacher la lutte principale telle qu'elle se révèle avec force dans la troisième eau-forte de la « Table des eaux-fortes » : il s'agit de la scène de *corrida* qui usurpe la place du peintre et de son modèle. Cette scène, typique dans l'œuvre de Picasso, montre un cheval victime du taureau – le cheval symbolisant ici la part féminine et le taureau la part masculine[12]. Toutefois, les rôles ne sont pas aussi fixés dans l'œuvre complète de Picasso. Le taureau change parfois de caractère ; une fois bourreau, l'autre fois offert en sacrifice, ou encore agresseur et défenseur en même temps (par exemple dans *Sueño y mentira de Franco*). Ce changement des attributions ne permet pas une interprétation univalente et va dans le sens du principe de la métamorphose. Car les figures du taureau et du cheval se réfèrent aussi aux mythes et aux métamorphoses. D'une part, le taureau est présent dans les *Métamorphoses* d'Ovide plusieurs fois (par exemple le mythe du Minotaure). D'autre part, ce sont les rituels de sacrifice mythiques que Picasso transpose, dans la lignée de Balzac, à l'art et finalement aussi à la littérature. Dans la nouvelle de Balzac, la création du chef-d'œuvre exige le sacrifice symbolique du modèle, Gillette. Chez Picasso, le rituel du sacrifice est anticipé par la corrida[13].

La relation entre peintre et modèle, qui représente aussi la relation entre les sexes, est traitée avec ironie par Picasso, tandis que Balzac l'aborde comme un problème existentiel. Le cinquième exemple de la « Table des eaux-fortes » de Picasso révèle bien ce traitement sarcastique.

Le peintre semble présenter à son modèle féminin ainsi qu'à la femme peinte sur la toile un petit mannequin de carton qui a tout l'air d'être masculin. La scène suppose que le peintre demande l'avis des deux spectatrices (le modèle et la femme peinte) face à son œuvre plastique (le mannequin de carton). On voit à l'extrémité gauche de l'image le peintre portant une barbe qui tient la figure de carton. Depuis la toile qui représente une image *dans* l'image, la femme peinte regarde le mannequin masculin. Et à l'extrémité droite de l'image, une figure non définie sexuellement, mais qui semble plutôt féminine et qui pourrait être le modèle du peintre, regarde toute la scène. Même si nous ne savons pas de quel sujet discutent les trois ou quatre personnages, la communication est évidente. Les regards ouverts qui sont échangés entre les personnages attestent de cette thèse. En outre, le regard du peintre prend un caractère plutôt dubitatif et interrogateur. Dans les autres eaux-fortes également, le peintre semble être davantage au bord de la détresse que le modèle, mais reste en communication avec lui. Ce peintre proposé par Picasso représente exactement le contraire de Frenhofer, qui ne communique qu'avec lui-même, se disputant seul avec son œuvre muette, se perdant dans des monologues infinis et ne reconnaissant que tout à la fin le « vide » de sa toile. Du fait du dialogue entre peintre et modèle chez Picasso, la série des eaux-fortes s'achève en métamorphose infinie et non en chef-d'œuvre détruit et brûlé. La dernière image de la « Table des eaux-fortes » montre le peintre encore au travail – et aucun signe de désespoir.

En dépit de cette fin ouverte, les illustrations de Picasso de l'année 1931, tant pour Balzac que pour Ovide, semblent assez complètes et clôturées. En effet, la page de la « Table des eaux-fortes » relativise l'effet de la métamorphose infinie par un cadre, emprunté à l'art de l'imprimerie. Cette forme est également utilisée par Picasso pour illustrer ses propres écrits. Les figures féminines du cadre, inspirées par les nus classiques, font également contrepoids à l'effet incomplet et inquiétant de la série d'images du milieu de la page.

Dans les illustrations pour les *Métamorphoses* d'Ovide, la correspondance entre le texte et l'illustration est frappante. Il s'agit davantage de scènes de combat ou/et de dialogue, très proches du style des illustrations pour *Le Chef-d'œuvre inconnu*. L'impression visuelle de clôture est contrecarrée par Picasso, dans la mesure où le spectateur n'arrive pas à « lire » la série des images comme une bande dessinée ou même une histoire illustrée. De fait, Picasso en tant que peintre renonce à la narration au profit des auteurs pour lesquels il réalise ces illustrations. Plus encore, dans ses propres écrits, il invente une nouvelle forme de narration qui s'apparente plutôt à une négation de celle-ci. Le résultat est une métamorphose des mots ou des fragments d'une phrase, qui semblent mis côte à côte sans intention ou sens. En écrivant, Picasso refuse la narration. Il ne raconte pas des histoires ayant un début et une fin, mais nous présente bien davantage les fragments d'un tableau : des couleurs isolées, quelques odeurs particulières, des objets quotidiens et surtout une cuisine espagnole mêlée d'obscénités, tous ces éléments se transformant continuellement à tour de rôle sans connexions grammaticales. Il faut souligner ici que ce sont des fragments d'un tableau et non pas le tableau intégral que Picasso « peint » sur le champ littéraire. C'est d'ailleurs pourquoi il s'avère difficile de dire de Picasso qu'il est un peintre dans ses écrits, ou même qu'il est un écrivain – au sens classique de narrateur. Il s'avère plutôt être un innovateur en littérature (comme en peinture). On trouve d'ailleurs plus des tableaux narratifs (ou anecdotique) que d'écrits narratifs de Picasso. Il faut alors distinguer entre le peintre et l'écrivain, même si Picasso a exploré le principe de la métamorphose initialement dans sa peinture pour l'utiliser ensuite comme poétique dans ses textes. Les deux médias, l'image et le texte, affichent leurs caractéristiques propres lorsque le processus créateur les associe et les met en dialogue. Picasso ne cesse d'utiliser un médium dans l'autre pour élargir les limites de l'expression.

L'analyse d'un court extrait d'un texte de Picasso permet d'envisager le principe de la métamorphose tant comme thème que comme poétique et mise en relation des médias. Le début de la lecture de n'importe quel texte de Picasso s'apparente à l'entrée dans le labyrinthe sans issue du Minotaure. Perdu dans ce dédale tournant, même le fil d'Ariane ne permettrait pas au lecteur de (re)trouver l'entrée ou la sortie. Picasso se transforme en son *alter ego*, le Minotaure, et construit son propre labyrinthe avec des mots, limités en nombre, mais qui changent de place comme les pions sur un jeu. Si le mot « Minotaure » n'est jamais pas utilisé par Picasso, il n'en reste pas moins très présent dans ses écrits comme Marie-Laure Bernadac le confirme dans son « Dictionnaire abrégé[14] ». L'un des rares passages dans lequel Picasso parle de lui-même, suppose la métamorphose de l'auteur en Minotaure :

> … voici l'histoire je suis née [*sic* !] d'un père blanc et d'un petit verre d'eau de vie andalouse je suis née d'une mère fille d'une fille de quinze ans née à Malaga dans les *percheles* le beau *toro* qui m'engendra le front couronné de jasmin avec les dents avait arraché de ses mains les lignes de la cage qui emprisonnait le peuple des oiseaux de proie déchirant des griffes et du bec l'épaule nue de la fleur du citronnier fille morte de peur… (4 mai1936)[15]

Le passage est tiré du milieu d'un poème en prose du 4 mai 1936, qui pourrait être commencé ou poursuivi de la même manière, sans qu'un début ou une fin soient identifiables. Picasso glisse au passage l'indication « voici l'histoire », indiquant une histoire que le lecteur serait en droit d'attendre par la suite. Bien entendu, l'auteur le déroute et utilise l'expression dans un sens ironique pour rompre, dans l'esprit de l'avant-garde, avec les lois du texte littéraire. Les rares faits biographiques indiqués, tels que le lieu de naissance « Malaga », sont cachés dans un labyrinthe de mots et de rapports sémantiques. En déconstruisant la forme narrative et en se refusant à raconter une histoire, Picasso surmonte aussi le mythe, qui ne signifie pas davantage que l'histoire. Ou bien s'agit-il d'un renouvellement du mythe – au sens des « nouveaux mythes » et de la « mythologie moderne » des surréalistes ? Ces nouveaux mythes, au sens surréaliste, sont nés du hasard et du quotidien. Même s'ils n'obéissent à aucune linéarité dans leur récit, ils restent fidèles à la définition du mythe donnée par Hans Blumenberg. Ils ont en effet un « cœur »/« grain » constant qui n'est pas forcément narratif, mais constitué simplement par un motif, une pensée, un morceau de mémoire ou d'image et sont soumis en même temps à une capacité de variations marquée. Comparons les définitions de Blumenberg et d'Aragon :

> Mythen sind Geschichten von hochgradiger Beständigkeit ihres narrativen Kerns und ebenso ausgeprägter marginaler Variationsfähigkeit. Diese beiden Eigenschaften machen Mythen traditionsgängig : ihre Beständigkeit ergibt den Reiz, sie auch in bildnerischer oder ritueller Darstellung wiederzuerkennen, ihre Veränderbarkeit den Reiz der Erprobung neuer und eigener Mittel der Darbietung[16].

> Des mythes nouveaux naissent sous chacun de nos pas. Là où l'homme a vécu commence la légende, là où il vit. Je ne veux plus occuper ma pensée que de ces transformations méprisées. Chaque jour se modifie le sentiment moderne de l'existence. Une mythologie se noue et se dénoue[17].

La relation entre le mythe et les métamorphoses dans le passage cité de Picasso se manifeste de plusieurs façons. Tout d'abord, se retrouve le motif concret, le Minotaure, tiré de la mythologie antique et dissimulé ici derrière le taureau qui engendre le moi lyrique : « Le beau *toro* qui m'engendra » (*loc. cit.*). Ensuite, est donnée l'indication d'une histoire qui n'existe pas, ou qui n'est pas racontée, mais qui suscite la curiosité du lecteur, déçu à dessein par l'auteur : « Voici l'histoire » (*loc. cit.*). Enfin, point crucial d'une poétique de la métamorphose, il convient de mentionner l'écriture comme s'apparentant elle-même à une métamorphose : en effet, Picasso n'utilise ni conjonctions ni ponctuation, les éléments se transformant l'un l'autre. Le « père blanc » devient le « beau toro[18] » ; la mère est identifiée d'abord comme le « petit verre d'eau de vie andalouse », puis comme la « mère fille d'une fille de quinze ans » – dans une relation familiale cryptique peu probable (la mère peut-elle être la fille d'une fille de 15 ans ?). Dans d'autres écrits, Picasso se plaît à inventer des relations familiales cryptiques ou impossibles. On retrouve également dans la *Métamorphose* d'Ovide des relations familiales étonnantes, voire irrationnelles (par exemple le Minotaure, le fils d'une déesse [Pasiphaé] et d'un taureau blanc).

Par la suite, l'image du taureau (*toro*) connaît une première variation avec une couronne de jasmin que le lecteur imagine sur sa tête – même si elle contraste étonnamment avec le caractère sauvage de l'animal. En exagérant cet effet de style dans la suite du texte, Picasso ajoute plus de détails à l'image du taureau – le résultat (qui n'est pas vraiment un résultat, mais un effet temporel) est une image que l'on ne peut plus recomposer ou lire : le lecteur tente de trouver des relais porteurs de sens, mais ne parvient pas à clarifier définitivement si les termes « avait arraché » et « de ses mains » font référence ou non au taureau. Et comment peut-on « arracher de ses mains les lignes de la cage » (*cf. loc. cit.*) ?

« Les lignes » indiquent une référence au dessin ou à la peinture, rappelant que la technique littéraire utilisée par Picasso est comparable à celle du peintre Frenhofer qui ne pouvait cesser d'ajouter des coups de pinceau à sa toile. Rapportée au champ littéraire de Picasso, cette méthode découle d'un principe intentionnel de chaos et de perte du lecteur dans le labyrinthe des mots. L'auteur se positionne dans la tradition des avant-gardes en privant le lecteur de tout sens du texte. Les techniques dans la peinture et la littérature sont apparentées, comme le laisse entendre Picasso lorsqu'il évoque les « lignes de la cage ». Tout comme le peintre qui est en train de dessiner une cage peut changer la forme des lignes et produire quelque chose de complètement différent, l'auteur change ici la direction du cheminement dans le labyrinthe des mots. Décider si le résultat est un « chaos de couleurs » ou « un pied » parfait au sens de chef-d'œuvre est l'affaire du lecteur/spectateur aussi bien dans la poésie de Picasso que dans la nouvelle de Balzac.

Après avoir perdu le sens et le chemin dans le labyrinthe de Picasso, que reste-t-il au lecteur ? Les associations de fragments du poème restent évocatrices : par exemple, « l'eau de vie andalouse » et « Malaga » évoquant la ville de naissance de Picasso ; le « taureau qui m'engendra » rappelant le Minotaure ; les « lignes de la cage » renvoyant à un dessin ou une eau-forte de Picasso. L'odeur du jasmin enchante pendant la lecture et l'image des griffes et du bec déchiré inquiète – *mais* le lecteur n'a pas la vision d'un tableau intégral qu'il pourrait apprécier. Dans son esprit, aucun tableau abstrait ne prend forme, aucun sens n'apparaît au plan narratif.

Au lieu de former un ensemble sémantique, les fragments de phrase restent *en mouvement* comme des instants de mémoire (l'enfance du peintre, une lecture, la contemplation d'un tableau, un goût, etc.). La série des éléments poétiques semble arbitraire, le poème pourrait être réécrit d'une nouvelle manière dans un ordre différent – ce qui caractérise la méthode de travail de Picasso : il recombine infiniment les éléments dans des séries d'images ou de textes.

Ce que nous avons essayé de démontrer pour ce court extrait de texte, peut être généralisé aux autres écrits de l'auteur. Picasso utilise des mots-clés comme « jasmin », « *toro* », « petites filles » (ces dernières souvent en combinaison avec le citron comme dans le passage cité), « oiseaux », qu'il combine et recombine avec ses verbes préférés comme par exemple « arracher », « déchirer », « mourir de peur » ou en espagnol « *hay que* ». La recombinaison devient encore plus facile au fur et à mesure que Picasso abandonne les conjonctions grammaticales, livrant ainsi son texte au « délire d'interprétation » du lecteur. Il soumet les mots qu'il recombine à une métamorphose infinie et, ce faisant, re-écrit le mythe dans le sens d'un nouveau mythe.

Finalement, nous ne trouvons qu'un seul point commun entre Picasso et Frenhofer. Non pas une fin tragique, mais bel et bien un danger que Balzac a lui aussi probablement pressenti : celui de l'obsession de l'artiste – qu'il soit poète ou peintre. Balzac s'efforce de donner une représentation complète de la société de son époque et ne parviendra pas à l'achever avant sa mort. Picasso, lui, prend le chemin d'une métamorphose infinie qui n'a pas de but en soi. Les écrits de Picasso qui comprennent plus de 300 poèmes et deux pièces de théâtre sont si vastes que l'on reste perplexe face à cette œuvre constituée d'infinies combinaisons d'un arsenal de mots et d'images relativement figé et complet.

Cette contribution a été lue à l'occasion du « Congrès international organisé par le Séminaire de romanistique de l'Université de Zurich en collaboration avec le Kunsthaus Zürich les 14-15 janvier 2011 : Par le mot, par l'image : l'œuvre littéraire de Picasso ».

NOTES

1. *Cf.* le colloque qui a eu lieu à l'Université de Siegen en avril 2010 dont les actes ont été publiés : Nanette Rissler-Pipka/Gerhard Wild (éd.), *Picasso, his Poetry and Poetics*, Beiheft zur *Zeitschrift für Katalanistik*, Aix-la-Chapelle, Shaker, 2012.
2. *Cf.* Liz Florman, *Myth and Metamorphosis: Picasso's Prints of the 1930s*, Cambridge, Mass., MIT Press, 2000 ; Steingrim Laursen/Ortrud Westheider/Anne Baldassari *et al.* (éd.), *Picasso und die Mythen*, Hambourg, 2002 ; Markus Müller (éd.), *Pablo Picasso – im Atelier des Künstlers*, Munich, Hirmer, 2010.
3. *Cf.* le résumé de la discussion scientifique menée par Angelica Rieger, « Picasso ou le malentendu Balzac », *in* Nanette Rissler-Pipka/Gerhard Wild (éd.), *Picasso, his Poetry and Poetics*, Beiheft zur *Zeitschrift für Katalanistik*, Aix-la-Chapelle, Shaker, 2012, p. 217-245.
4. *Cf.* Mary Ann Caws, « The surrealist impulse », in *Picasso and the Allure of Language*, Susan Greenberg Fisher (éd.), New Haven, Yale University Press, 2009, p. 99.

5. *Cf.* Nikola Roemer, *Picasso – Balzac : Le Chef-d'œuvre inconnu*, Sarrebrück, 2007, p. 23-27.
6. *Cf.* Hans Belting, *Das unsichtbare Meisterwerk*, Munich, Beck, 1998 ; Jacques Derrida, *La Vérité en peinture*, Flammarion, 1978 ; Hubert Damisch, *Fenêtre jaune cadmium, ou les dessous de la peinture*, Éditions du Seuil, 1984 ; Georges Didi-Huberman, *La Peinture incarnée*, Minuit, 1985 ; Louis Marin, « Des noms et des corps dans la peinture », in *Autour du Chef-d'œuvre inconnu* (éd.), École nationale supérieure des Arts décoratifs de Paris, 1985.
7. Balzac, *Le Chef-d'œuvre inconnu*, GF-Flammarion, 1981, p. 69.
8. *Cf. ibid.*, p. 70.
9. La controverse à propos des grandes différences de style entre les illustrations de Picasso dans l'édition de Vollard n'affecte pas ici notre sujet. De même que le fait que Vollard ait modifié le regroupement de la « Table des eaux-fortes » fixé par Picasso, n'est pas un point crucial pour l'analyse de la question de la métamorphose chez Picasso et Balzac.
10. Cité par le programme du colloque international « Par le mot, par l'image : l'œuvre littéraire de Picasso », organisé par l'Université de Zurich en partenariat avec le Kunsthaus Zurich, janvier 2011.
11. Balzac, *Le Chef-d'œuvre inconnu*, *op. cit.*, p. 70.
12. Cette interprétation se retrouve souvent dans la critique picassienne, par exemple chez Marie-Laure Bernadac, « Le Gazpacho de la Corrida », in *Picasso : toros y toreros*, catalogue, Musée Picasso, RMN-Seuil, 1993, S. 47-59, *cf.* ici p. 52.
13. *Cf.* Nanette Rissler-Pipka, *Das Frauenopfer in der Kunst*, Munich, Fink, 2005.
14. *Cf.* Marie-Laure Bernadac, « Dictionnaire abrégé », in *Picasso Écrits*, RMN-Gallimard, 1989, p. XV-XXV, *cf.* ici p. XXII.
15. *Picasso Écrits*, Christine Piot, Marie-Laure Bernadac (éd.), RMN-Gallimard, 1989, p. 128.
16. Hans Blumenberg, *Arbeit am Mythos*, Francfort, Suhrkamp, 1979, p. 40. « Les mythes sont des histoires au noyau narratif stable et à la capacité marginale de variation bien marquée. Ces deux caractéristiques font que les mythes s'intègrent dans une tradition : leur stabilité engendre le plaisir de les reconnaître aussi dans une représentation picturale ou rituelle, leur variabilité, celui d'essayer des pistes nouvelles et personnelles de la représentation. »
17. Louis Aragon, *Le Paysan de Paris* [1926], Gallimard, 1953, p. 15.
18. Il s'agit d'une transformation encore logique parce que basée sur le mythe : le taureau, père du Minotaure était un taureau blanc.

Notes sur le théâtre surréaliste de Picasso

Volker Roloff

On peut prendre le concept de théâtre au sens strict, c'est-à-dire le limiter aux seuls textes de théâtre concrets et autres représentations théâtrales – ou bien l'étendre, en se rattachant aux sciences théâtrales modernes qui définissent le théâtre comme un processus susceptible de se dérouler dans le cadre et à l'extérieur du théâtre scénique, partout où se rencontrent comédiens et spectateurs[1]. Au-delà, on peut souligner l'intermédialité du théâtre, comprendre le théâtre comme un lieu et un média du plaisir de voir et de parler, comme une interaction entre plusieurs sens, plusieurs arts visuels, linguistiques et musicaux, et, à partir de là, accroître encore le spectre, par exemple intégrer les spectacles et rituels publics, les mises en scène traditionnelles, politiques ou religieuses, jusqu'aux événements sportifs organisés par les médias de divertissement. De l'autre côté, on trouve le théâtre intérieur, imaginaire, qui se joue dans la conscience des acteurs et des spectateurs, dans un espace mental, subjectif, ou aussi « non-lieu[2] » entre le rêve, l'imagination et la réalité, dans lequel – selon Helga Finter – naissent par exemple les projets surréalistes de Jarry, Roussel, Cocteau, Apollinaire ou Artaud[3].

On peut trouver tous ces aspects dans l'œuvre de Picasso : depuis les nombreux tableaux et décors qui représentent des scènes théâtrales, les cycles de tableaux mis en forme théâtrale, les scènes de tauromachie et de Minotaure, jusqu'au « psychodrame d'atelier[4] », les variations du complexe « Peintre et modèle », les scènes de voyeur dans *Raphaël et la Fornarina*, les illustrations pour *Celestina* ou pour *Le Chef-d'œuvre inconnu* de Balzac. L'art de la métamorphose n'est pas seulement l'origine du théâtre proprement dit, mais constitue pour Picasso, comme l'exprime Hans Belting, « l'unique loi de l'art[5] ».

L'extension du concept du théâtre est un produit des avant-gardes du XXᵉ siècle, elle est avant tout reprise et pratiquée par les surréalistes, dans leurs pièces de théâtre autant que dans leurs premiers films, dans les textes littéraires autant que dans la peinture, la musique et la danse. On est frappé, ici, par l'intérêt porté aux combinaisons et aux expériences intermédiales, par exemple – avant même Breton – chez Jarry, Apollinaire, Cocteau, au Cabaret Voltaire zurichois ainsi que dans les mises en scène parisiennes des Ballets russes. Les premières avant-gardes catalanes et espagnoles jouent elles aussi un rôle sur ce plan, avec Valle-Inclán, Lorca, Buñuel, Dalí, mais aussi et surtout Picasso[6].

Le pendant de ce phénomène est une esthétique du surréel qui commence avant même le *Manifeste du surréalisme* de Breton, lequel ne peut être circonscrit dans des limites historiques et culturelles et – en dépit de toutes les modifications – continue à agir jusqu'à nos jours, tout comme la fascination durable qu'exercent les grandes expositions consacrées à Picasso, Dalí, Max Ernst, Magritte, etc. Cette esthétique du surréel marque toute l'œuvre de Picasso, depuis ses débuts jusqu'aux *comics* surréels de la phase tardive, par exemple *Raphaël et la Fornarina*[7]. L'examen de l'œuvre littéraire de Picasso relativise notamment, selon moi, les tentatives visant à délimiter les époques et à introduire une démarcation claire entre les différents courants stylistiques et phases de création de Picasso. Sa prétendue phase surréaliste, qui avait déjà commencé à une date précoce, dans une collaboration étroite avec Apollinaire[8], ne s'achève pas dans les années 1930, comme on le suppose souvent : Picasso la prolonge par la suite, le fait même dans un cadre élargi et plus intense, avec ses propres textes, poèmes, combinaisons images-textes surréalistes, dans un travail au cours duquel il est très proche de Cocteau, Éluard, Desnos, Reverdy, Crevel, Prévert, Artaud et beaucoup d'autres[9]. On trouve aussi dans cette catégorie les deux pièces de théâtre que Picasso a écrites en 1941 et 1944 : *Le Désir attrapé par la queue* et *Les Quatre Petites Filles*[10]. Le lien qui rattache le théâtre de Picasso et la théâtralité de ses tableaux, textes et décors, est un grand thème, inépuisable, presque insaisissable, que l'on n'a jusqu'ici traité que sous forme d'approche – et, à chaque fois, sous des aspects et problématiques particuliers – entre autres dans les études de Cooper, Spies et Vogel[11]. Je me concentrerai sur les deux pièces de théâtre.

On a eu de bonnes raisons de qualifier les pièces de Picasso de textes surréalistes et de les interpréter comme tels – ce qu'ont fait, par exemple, Leiris, qui souligne le goût qu'avait Picasso pour les mascarades et les métamorphoses, son comique de carnaval, ou encore Béhar, qui parle d'un « surréalisme baroque » et Rissler-Pipka, qui insiste sur « l'esthétique surréaliste du rêve » et fait une comparaison avec le topos du *theatrum mundi* du *Siglo de Oro*, qui est « partout présent dans les pièces de théâtre de Picasso, dans ses tableaux sur le théâtre mais aussi dans sa peinture[12] ». En me fondant sur ce point, j'aimerais surtout souligner un aspect auquel on a encore trop peu prêté attention jusqu'ici : l'actualisation du genre traditionnel de la farce, typique du surréalisme – depuis Jarry et Apollinaire. À cette tradition de la farce correspondent aussi les aspects intermédiaux auxquels nous avons fait allusion, la comédie imaginaire des sens et des synesthésies, du voyeurisme et de l'érotisme[13].

En soulignant ainsi la sensualité et le plaisir des sens, *Le Désir attrapé par la queue* semble se placer « en contradiction avec la réalité qui menace l'existence », celle de l'actualité de l'époque à Paris, celle de l'Occupation et de la guerre[14]. Le goût qu'a Picasso pour le genre dramatique de la farce y est lui aussi lié ; la farce est manifestement une forme de résistance et de révolte contre les piètres conditions qui sont celles de son époque. Picasso fait directement allusion à la signification culinaire du terme « farce » : « Le dîner est servi [...] allons, découpe la dinde et sers-toi convenablement de la farce[15] » et on la décline d'une manière ambiguë dans toute la pièce, dans laquelle il est avant tout question de la préparation du repas.

Le terme de « farce », dérivé du latin *farcire,* désigne depuis le XIVe siècle une forme d'œuvre dramatique courte, un intermède comique et divertissant qui apparaît d'abord dans le cadre des grands jeux de la Passion, mais aussi, plus tard, dans celui de programmes théâtraux le plus souvent profanes et rattachés à certains jours de fête, par exemple le carnaval ou les noces[16]. Le mot laisse entendre que, comme dans le cas de la préparation des mets, on emploie différents ingrédients susceptibles de troubler et de faire illusion, par exemple de méchants jeux de langage semant la confusion, comme dans la fameuse *Farce de Maître Pathelin.* Dans les farces de la fin du Moyen Âge il est souvent déjà question de nourriture, par exemple dans celle intitulée *Le Pâté et la Tarte,* où deux pauvres filous affamés tentent de prendre une femme de traiteur par la ruse afin de lui soutirer (en prétendant venir à la demande de son mari) un pâté et une tarte. L'envie de « tarte », qui joue aussi un rôle chez Picasso, est ici ambiguë[17].

Le sel et le poivre de la farce vont aussi de pair, comme dans les farces médiévales, avec « l'âcre saveur érotique[18] », la joie des tournures obscènes, et aussi, fréquemment, scatologiques, le lien grotesque et souvent cruel entre la violence, la sexualité, le sadisme, la mort et la renaissance. Des découpages font naître de nouvelles formes et personnages. Dans *Le Désir attrapé par la queue,* l'objet du désir, c'est-à-dire celui des plaisirs culinaires, est La Tarte, que son amant Le Gros Pied décrit en ces termes, dans une sorte de parodie du blason érotique traditionnel : « Tu as la jambe bien faite et le nombril bien tourné, la taille fine [...] et ta bouche est un nid de fleurs, tes hanches un sofa [...], tes fesses un plat de cassoulet et tes bras une soupe d'ailerons de requins » (p. 22). L'élément culinaire, l'érotisme et la cruauté sont très proches les uns des autres ; dans *Les Quatre Petites Filles* aussi, par exemple, une petite fille commence par prendre tendrement une chèvre dans ses bras avant de la tuer. La deuxième « rentre son petit bras entièrement dans la plaie de la chèvre égorgée et retire le cœur...[19] », puis glisse le cœur encore battant dans la bouche d'une poupée. De telles scènes se trouvent déjà dans les farces du Moyen Âge, ce sont des éléments d'un comique qui, comme l'a montré Bakhtine, constitue jusqu'au XVIe siècle une expression du caractère libre et subversif du carnaval, et dans lequel on avait aussi le droit de ridiculiser les représentants de l'Église et de l'aristocratie. La série tardive de Picasso *Raphaël et la Fornarina* (1968), qui montre le pape sous les traits d'un voyeur, d'un spectateur de scénarios de plus en plus obscènes, correspond, *mutatis mutandis*, à cette tradition.

Les personnages du *Désir attrapé par la queue*, Le Gros Pied, L'Oignon, La Tarte, Tonton, Le Silence, L'Angoisse grasse et maigre, Les Rideaux, etc., correspondent au comique traditionnel de la farce dans la mesure où, ici, ce ne sont pas des individus qui apparaissent mais, dans une curieuse combinaison, des figures abstraites, des objets, des animaux. Dans ce que l'on appelle les « sermons facétieux » du Moyen Âge, parodies bouffonnes de la vie religieuse, on trouve des personnages comme « saint Oignon », « saint Hareng », « sainte Andouille », « saint Frappe-culz »[20]. Il existe toutefois chez Picasso une différence avec l'ancienne farce, celle du Moyen Âge tardif, dans laquelle apparaissent souvent des personnages allégoriques ou encore, comme plus tard dans la *commedia dell'arte*, des types, des masques, que les spectateurs connaissent par avance et peuvent identifier : Picasso invente de nouveaux personnages et de nouvelles constellations surréelles. L'esthétique intermédiale de Picasso, repose, comme le montrent ses tableaux mais aussi ses pièces de théâtre, sur une combinaison entre l'abstraction et la sensualité ; c'est un jeu avec, d'une part, le langage, et d'autre part différentes parties du corps et formes grotesques, qui créent de nouveaux personnages entre l'homme, l'animal, la matière et la machine. Outre la farce traditionnelle, le principal modèle de Picasso est un comique de farce actualisé qui a été développé par Jarry, Apollinaire, Cocteau, Valle-Inclán, Lorca, mais aussi, plus tard, Vitrac, à savoir la farce *surréaliste*, qui reprend des traditions plus anciennes de la farce, du théâtre de marionnette et de la commedia dell'arte tout en créant des personnages entièrement nouveaux, comme Ubu et sa balayette à toilettes, avant tout des personnages et des formes de jeu qui ne permettent plus le rire libérateur. Un exemple typique de la farce surréaliste moderne est *Parade* de Cocteau, une mise en scène des Ballets russes (1917) dans laquelle Picasso, avec son décor de scène et les costumes grotesques qu'il dessine pour les managers tournés en ridicule, accentue encore, à sa manière, le comique de la farce. La farce surréaliste devient ainsi le vecteur d'une satire radicale et d'une critique de la société ; elle offre des espaces de jeu pour un comique grotesque qui exprime presque toujours aussi diverses formes d'une révolte ouverte ou dissimulée, par exemple contre la bourgeoisie, contre les dictatures ou contre le fascisme.

On peut discuter sur le point de savoir dans quelle mesure Picasso y parvient dans ses deux farces surréalistes en reprenant, d'une part, des motifs et des structures du comique de la farce, mais en menant d'autre part les jeux et les fantasmes linguistiques jusqu'au point où l'on franchit les frontières du compréhensible et de la logique. Le langage devient un instrument de la production de non-sens. Jarry, Apollinaire, Valle-Inclán, Cocteau et Vitrac louvoient déjà à cette frontière entre le sens et l'absurdité, mais n'en tentent pas moins de mieux tenir compte de la structure dramatique du comique de la farce, entre autres pour favoriser la possibilité de jouer les pièces.

Il reste à noter que depuis Jarry, la farce surréaliste se distingue aussi de l'ancien comique de farce par le fait qu'elle contient des éléments autoréflexifs et automédiaux, qu'elle laisse les formes simples, grossières, du comique de farce basculer dans le surréel, qu'elle les surréalise, en quelque sorte, et mène ainsi une réflexion sur le genre proprement dit. Dans *Parade* de Cocteau, on approche déjà, en tâtonnant, différentes possibilités de reflet du théâtre sur le théâtre ; c'est aussi le cas dans les pièces de Picasso. Dans *Le Désir attrapé par la queue,* avec le personnage de Gros Pied qui rappelle l'auteur Picasso par les allusions à son « studio artistique » et aux *Demoiselles d'Avignon*, mais aussi et particulièrement dans les scènes des *Quatre Petites Filles* dans lesquelles la mise en abyme est explicite : « Jouons un drame. Arrangeons la scène devant les puits et déguisons les arbres en vagues. Toi, tu seras le naufrage, toi la foudre et moi la lune » (p. 25-26). On cite alors, en les mettant en scène d'une nouvelle manière, les formes les plus anciennes du théâtre carnavalesque, tout comme dans les tableaux de Picasso pour le théâtre : « Une troupe de fossoyeurs arrive portant un cercueil. Ils sont déguisés en satyres, en centaures et bacchantes. Ils arrivent ivres, posent le cercueil sur des tréteaux [...] et, en buvant, dansent autour des amphores posées debout sur le cercueil » (p. 44-45). La scène finale du *Désir attrapé par la queue* montre en outre fort bien comme Picasso transforme le comique de la farce en image et, en quelque sorte, le fige : « Tous les personnages s'immobilisent d'un côté et autre de la scène. » Une « grosse boule d'or » apparaît, les figures se désignent les uns les autres et se crient mutuellement dessus. « Sur la grosse boule d'or apparaissent les lettres du mot *personne*[21]. » (p. 67). Le jeu apparemment léger et gai de la farce bascule dans le mutisme, son élément inquiétant de la farce devient manifeste et c'est ainsi, comme le résume Nanette Rissler-Pipka, que « les maisons sont bombardées par la guerre, que les boulets de canon font irruption dans la beauté des images, et qu'à la question de l'identité, on répond, sur le plan existentialiste, par "personne"[22] ». La pièce fit l'objet d'une lecture secrète dans l'appartement de Leiris. Le metteur en scène était Camus, Sartre jouait Le Bout rond, les autres comédiens étaient Simone de Beauvoir, Queneau, Dora Maar ; parmi les invités, on trouvait entre autres Braque, Lacan, Bost, Jean-Louis Barrault, etc. « Après la lecture, Picasso invita acteurs et public dans son atelier, et leur montra le manuscrit original d'*Ubu cocu* d'Alfred Jarry[23]. » La chute de la pièce, avec le mot « personne », recèle aussi une allusion à l'interprétation sartrienne de *persona* comme masque et comme rôle, interprétation qui se rattache au théâtre antique. Il serait donc tentant d'étudier plus avant les relations entre Picasso et le théâtre existentialiste, d'autant plus que chez Sartre et chez Camus, notamment dans les pièces écrites sous l'Occupation, le comique de farce et le rapport entre le mythe et la farce jouent un rôle important, par exemple dans *Huis clos* et *Les Mouches,* ou dans *Le Malentendu* de Camus[24]. Mais les différences sont elles aussi manifestes, notamment dans le lien avec le langage qui, chez Sartre et Camus, contrairement à ce qui se passe chez Picasso, ne se rapproche pas d'un jeu dénué de signification.

J'aimerais, pour finir, revenir une fois encore sur la question de la dramaturgie de la peinture proprement dite. Le « psychodrame dans l'atelier », comme l'appelle Spies, est sans aucun doute plus spectaculaire que les deux pièces de théâtre de Picasso : une série de tableaux et de dessins qui remodèlent constamment l'interaction complexe entre la sensualité et la pensée, le jeu et la réflexion, le dévoilement et le masque[25]. Tout comme le *theatrum mundi*, la peinture devient « une scène sur laquelle, en apparence, se rencontrent le sérieux et le comique[26]. » Cela donne le jour à un théâtre de tableaux qui englobe les différents genres du théâtre dans d'autres médias, les transforme et les convertit en jeux de rôles figurés. La succession dramatique des scènes apparaît dans la sensualité du tableau et des cycles de tableaux : des constellations dramatiques avec des figures qui reviennent souvent, par exemple le peintre, l'artiste, le bateleur, le clown, le Minotaure, les modèles de nu, le voyeur, les scénarios mettant en scène bourreaux et victimes, tous constamment déformés et poussés vers le grotesque par des métamorphoses toujours renouvelées. Dans un tel théâtre, que l'artiste met en scène et qui, en fin de compte, se déroule dans la tête des spectateurs, la farce est une fois de plus un genre privilégié, en raison de son caractère sensuel et érotique, du malin plaisir, du comique grotesque, carnavalesque, et de sa subversivité, qui va de la caricature politique au blasphème : depuis le cycle *Songe et mensonge de Franco* (la protestation de Picasso, en 1937, contre le coup d'État de Franco), dans laquelle Picasso apparaît lui-même comme un personnage grotesque de bande dessinée, jusqu'à la série *Raphaël et la Fornarina,* en 1968, qui ridiculise le pape et les cardinaux en les présentant comme des voyeurs[27], mais montre aussi le voyeurisme obscène et les fantasmes théâtraux du peintre lui-même, et inclut de cette manière le voyeurisme de l'observateur.

Traduit de l'allemand par Olivier Mannoni.

Cette contribution a été lue à l'occasion du « Congrès international organisé par le Séminaire de romanistique de l'Université de Zurich en collaboration avec le Kunsthaus Zürich les 14-15 janvier 2011 : Par le mot, par l'image : l'œuvre littéraire de Picasso ».

NOTES

1. *Cf.* Erika Fischer-Lichte, « Theatralität und Inszenierung », *in* Erika Fischer-Lichte et Isabel Pflug (éd.). *Inszenierung und Authentizität,* Bâle, 2000, p. 11-27, ici p. 19.
2. En français dans le texte (NdT).
3. Helga Finter, *Der subjektive Raum,* 2 vol., Tübingen, t. 1, p. 13 *sq.*
4. Werner Spies, *Kontinent Picasso. Ausgewählte Studien aus zwei Jahrzehnten,* Berlin, 2008, p. 270 *sq.*
5. Hans Belting, *Das unsichtbare Meisterwerk,* Munich, 1998, p. 406. (Traduit sous le titre *Le Chef-d'œuvre invisible,* Nîmes, Jacqueline Chambon, 2003).
6. Sur les avant-gardes espagnoles, *cf.* Uta Felten et Volker Roloff (éd.), *Spielformen der Intermedialität im spanischen und lateinamerikanischen Surrealismus,* Bielefeld, 2004.
7. *Cf.* Ulrich Weisner (éd), *Picassos Surrealismus. Ausstellungskatalog,* Stuttgart, 1991.
8. *Cf.* Peter Read, *Picasso and Apollinaire,* University of California, 2008.
9. On trouve de nombreuses illustrations de cette coopération dans l'exposition *Picassos Künstlerbücher* [les livres d'artiste de Picasso], Munich et Dresde, 2010-2011 ; *cf.* Nina Schleif et Armin Zweite (éd.), *Picassos Künstlerbücher,* Munich, 2010.
10. Pablo Picasso, *Le Désir attrapé par la queue,* Gallimard, 1998 ; *Les Quatre Petites Filles.* Pièce en six actes, Gallimard, 1969.
11. Douglas Cooper, Picasso's Theatre, Londres, 1968 ; Werner Spies, *op. cit.* ; Sabine Vogel, *Pablo Picasso als Bühnenbild- und Kostümentwerfer für die Ballets russes,* thèse, Cologne, 1983. *Cf.* aussi Oliver Bergrüen et Max Hollein (éd.), *Picasso und das Theater,* Kunsthalle Frankfurt, Francfort-sur-le-Main, 2007 ; sur les travaux spécifiques d'Henri Béhar et Nanette Rissler-Pipka, *cf.* ci-dessous, note 12.
12. Michel Leiris, « Picasso et la comédie humaine ou les avatars de Gros Pied », in *id., Brisées,* Mercure de France, 1966, p. 83-197 ; Henri Béhar, « Picasso, surréaliste baroque », in *id., Le Théâtre Dada et surréaliste,* Gallimard, 1979, p. 53-364 ; Nanette Rissler-Pipka, « Picassos surrealistisches Theater » *in* Michael Lommel *et al.* (éd.), *Französische Theaterfilme zwischen Surrealismus und Existentialismus,* Bielefeld, 2004, p. 65-84.
13. La mise en scène zurichoise du théâtre « sugar » (2010) a souligné à juste titre ces aspects, les sons, les associations d'idées, les jeux de mots, avec une musique allant de Saint-Saëns à Cage.
14. Nanette Rissler-Pipka, *op. cit.*, p. 67.
15. Pablo Picasso, *Le Désir attrapé par la queue, op. cit.*, p. 62.
16 Jean-Claude Aubailly, *Le Théâtre médiéval profane et comique,* Larousse, 1975, p. 111 *sq.*
17. Konrad Schoell, *Das komische Theater des französischen Mittelalters,* Munich, W. Fink, 1975, p. 194-195.
18. Picasso, *Le Désir attrapé par la queue, op. cit.*, p. 62.
19. *Id., Les Quatre Petites Filles,* p. 39.
20. Aubailly, *op. cit.*, p. 62-63.
21. *Le Désir attrapé par la queue, op. cit.*, p. 67.
22. Rissler-Pipka, *op. cit.*, p. 68.
23. Carsten-Peter Warnke, *Pablo Picasso 1881-1973,* Ingo F. Walther (éd.), 2 vol., Cologne, 2007, t. II, p. 454.
24. Rissler-Pipka, *op. cit.*, p. 68, 81 ; sur Sartre et Camus, *cf.* Volker Roloff, « Zur Ambiguität des Mythos in Theaterstücken der Okkupationszeit », *in* Wolfgang Drost *et al.* (éd.), *Paris sous l'Occupation,* Heidelberg, 1995, p. 94-106.
25. Spies, *op. cit.*, p. 78-79, 364 *sq.*
26. Rissler-Pipka, *op. cit.*, p. 66.
27. *Cf.* Jean Clair (éd.), *Picasso érotique,* Zurich, 2001, et en particulier la contribution de Dominique Dupuis-Labbé, p. 119 *sq.*

La lecture du *Désir attrapé par la queue* chez Leiris

Simone de Beauvoir

À peu de temps de là, nous participâmes à une autre manifestation littéraire. Picasso venait d'écrire une pièce, *Le Désir attrapé par la queue*, qui évoquait les œuvres d'avant-garde des années vingt ; c'était un lointain et tardif reflet des *Mamelles de Tirésias* ; Leiris proposa d'en faire une lecture publique et nous acquiesçâmes ; Camus se chargea de mener le jeu ; il tenait entre ses mains une grosse canne dont il frappait le sol pour indiquer les changements de tableaux ; il décrivait les décors et présentait les personnages ; il dirigea les interprètes, choisis par Leiris, et qui s'exercèrent pendant plusieurs après-midi : Leiris avait le principal rôle ; il disait avec ferveur les monologues de *Gros Pied* ; Sartre était *Le Bout rond*, Dora Maar *L'Angoisse grasse*, la femme du poète Hugnet *L'Angoisse maigre*. La très jolie Zanie Campan – femme de l'éditeur Jean Aubier, et qui souhaitait faire du théâtre – incarnait *La Tarte* et moi je jouais *la Cousine*.

La lecture eut lieu, vers sept heures du soir ; dans le salon des Leiris ; on y avait disposé quelques rangées de chaises, mais il vint tant de monde qu'un grand nombre d'auditeurs restèrent debout au fond de la pièce et dans l'antichambre. Nous étions groupés, le dos à la fenêtre, face à l'assistance qui nous écouta et nous applaudit religieusement ; pour Sartre, pour Camus, pour moi, il ne s'agissait que d'une amusette, mais dans ce milieu, on prenait au sérieux – du moins en apparence – tous les faits et gestes de Picasso. Il était présent et chacun le congratula ; je reconnus Barrault ; on me désigna le beau visage de Braque. Une partie du public prit congé, et nous passâmes à la salle à manger où l'ingéniosité de Zette et de généreuses contributions avaient ressuscité l'avant-guerre ; des milliardaires argentins, qui faisaient décorer leur appartement par les plus grands artistes de Paris, et pour qui Picasso avait peint une porte, avaient apporté un énorme gâteau au chocolat. C'est alors, je crois, que j'approchais pour la première fois Lucienne et Armand Salacrou, Georges Bataille, Georges Limbour, Sylvia Bataille, Lacan ; des comédies, des livres, une belle image devenaient des gens de chair et d'os, et moi aussi j'existais un peu pour eux : comme le monde s'était élargi et enrichi, en quelques mois ! Et que j'avais plaisir à me sentir vivre ! Je m'étais mise en frais de toilette ; Olga m'avait prêté un pull-over en angora d'un beau rouge ; Wanda, un collier de grosses perles bleues : Picasso me ravit en me félicitant de cet accord. Je souriais, on me souriait, j'étais contente des autres et de moi, ma vanité s'ébrouait agréablement, l'amitié me tournait la tête. Plaisanteries, balivernes, politesses et effusions, quelque chose sauvait de la fadeur toutes ces mondanités : elles avaient un arrière-goût secret et violent ; un an plus tôt, nous n'aurions pas imaginé de nous réunir pour passer des heures si bruyantes et si étourdies ; d'avance, et contre toutes les menaces qui pesaient sur beaucoup d'entre nous, nous célébrions la victoire.

Vers onze heures du soir, la plupart des invités s'en allèrent. Les Leiris retinrent les interprètes de la pièce et quelques intimes ; pourquoi ne pas prolonger la fête jusqu'à cinq heures du matin ? [...]

Cette soirée se prolongea pour nous par quelques relations nouvelles. Un ou deux ans plus tôt, nous avions dîné chez les Desnos avec Dora Maar et Picasso ; la conversation avait piétiné. Nous le revîmes pendant les répétitions de sa pièce et le jour de la lecture ; il nous invita à déjeuner au restaurant des Catalans[1], où il prenait tous ses repas en compagnie de Dora Maar, et il nous reçut plusieurs fois dans son atelier. Nous y allions d'ordinaire le matin, avec les Leiris. Il habitait rue des Grands-Augustins, il dormait dans une chambre nue comme un cachot ; il n'y avait guère non plus de meubles dans le vaste grenier où il travaillait : seulement un poêle, dont les tuyaux couraient partout, des chevalets et des tableaux, les uns tournés face au mur, les autres visibles. Je connaissais, par diverses expositions, la manière dont il transformait un thème d'une toile à l'autre ; il peignait, à l'époque, le chevet de Notre-Dame, un bougeoir, un bouquet de cerises, et on saisissait clairement, à travers les diverses versions, les jeux de son invention, ses progrès, ses poses, ses caprices. Comparées à ses œuvres passées, celles-ci étaient plus parfaites que neuves ; mais cette perfection avait son prix et j'aimais découvrir ces toiles sur le lieu, au moment même de leur création. Picasso nous accueillait toujours avec une vivacité sémillante ; sa conversation avait de la gaieté et du brillant, mais on ne causait pas avec lui ; plutôt, il se livrait à des monologues, qu'il gâtait par un excès de paradoxes défraîchis ; je me plaisais surtout à son visage, à ses mimiques, à ses yeux prestes. Il dîna une fois dans ma chambre, avec Dora et les Leiris ; j'avais fait des prodiges. Un grand saladier rempli d'airelles et de groseilles me valut un concert d'éloges. [...]

Un des attraits de ce cercle dans lequel nous entrâmes, c'est que les membres en étaient presque tous d'anciens surréalistes dont la dissidence remontait à des temps plus ou moins lointains ; notre âge, notre formation universitaire, nous avaient tenus, Sartre et moi, à l'écart de ce mouvement qui indirectement avait pourtant beaucoup compté pour nous ; nous avions hérité de ses apports, de ses échecs ; quand Limbour nous racontait des séances d'écriture automatique, quand Leiris et Queneau évoquaient les excommunications prononcées par Breton, ses diktats, ses colères, leurs récits, bien plus détaillés, plus vivants, plus vrais qu'aucun livre, nous mettaient en possession de notre préhistoire. Un jour, au premier étage du Flore, Sartre demanda à Queneau ce qui lui restait du surréalisme : « L'impression d'avoir eu une jeunesse », nous dit-il. Sa réponse nous frappa, et nous l'enviâmes. [...]

Extraits tirés de Simone de Beauvoir, La Force de l'âge, *Gallimard, 1960 ; coll. « Folio », 2012, p. 736-740.*

NOTE

1. Il n'occupait pas le même emplacement qu'aujourd'hui ; il était situé aussi rue des Grands-Augustins, mais sur le trottoir d'en face. [*Note de Simone de Beauvoir*]

Le Désir attrapé par la queue Portrait de l'auteur

Pablo Picasso

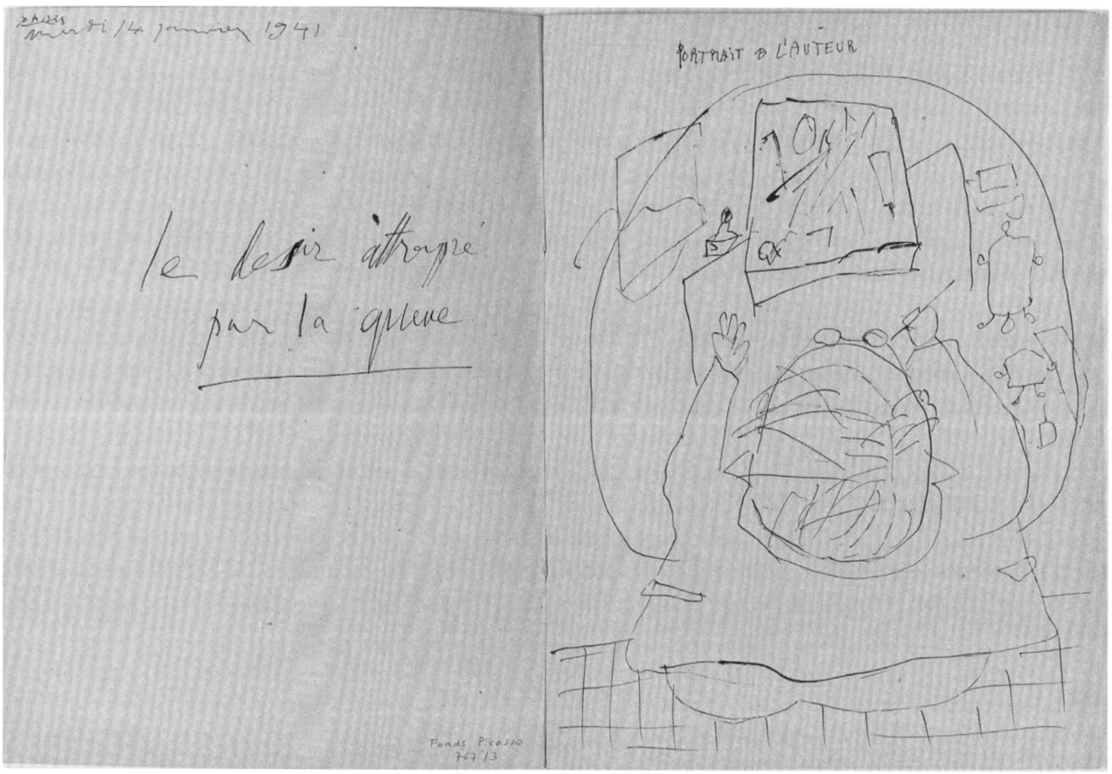

Le Désir attrapé par la queue est une pièce de théâtre en six actes. La deuxième de couverture est datée Paris, mardi 14 janvier 1941. Sur la page 1 figure le Portrait de l'auteur dessiné. La lecture de la pièce eut lieu chez L. et M. Leiris le 19 mars 1944, avec J. Aubier (Les Rideaux), S. de Beauvoir (La Cousine), J. L. Bost (Le Silence), Z. de Campan-Aubier (La Tarte), Germaine Hugnet (L'Angoisse grasse), L. Leiris (Les deux Toutous), M. Leiris (Le Gros Pied), D. Maar (L'Angoisse maigre), R. Queneau (L'Oignon), J.-P. Sartre (Le Bout rond), dans une mise en scène d'A. Camus avec un accompagnement musical de Georges Hugnet.

Dimension méta-théâtrale du rideau dans les écrits de Picasso

Fabienne Douls Eicher

Voir derrière le rideau

C'est une idée communément répandue que les meilleurs peintres sont ceux qui sont capables de peindre des drapés. La réputation de cet exercice difficile remonte au défi légendaire que se lancèrent deux artistes de l'Antiquité, tel que le relate Pline l'Ancien :

> [Parrhasius], dit-on, offrit le combat à Zeuxis. Celui-ci apporta des raisins peints avec tant de vérité, que des oiseaux vinrent les becqueter ; l'autre apporta un rideau si naturellement représenté, que Zeuxis, tout fier de la sentence des oiseaux, demanda qu'on tirât enfin le rideau pour faire voir le tableau. Alors, reconnaissant son illusion, il s'avoua vaincu avec une franchise modeste, attendu que lui n'avait trompé que des oiseaux, mais que Parrhasius avait trompé un artiste, qui était Zeuxis[1].

Le rideau de Parrhasius engage une réflexion qui jalonnera toute l'histoire de l'art occidental : la peinture ne doit pas chercher à imiter, mais à désigner l'infigurable qu'elle ne peut contenir. Se référant à cette légende, Jacques Lacan rendra compte de la pertinence du motif en soulignant sa portée psychanalytique : « L'exemple de Parrhasius rend clair qu'à vouloir tromper un homme, ce qu'on lui présente c'est la peinture d'un voile, c'est-à-dire de quelque chose au-delà de quoi il demande à voir[2]. »

La littérature, pour sa part, n'a cessé de vouloir *lever le voile.* Dans son essai sur l'histoire du roman intitulé *Le Rideau,* Milan Kundera compare le rideau à un voile de préinterprétations jeté sur le monde. Selon lui, l'art du roman inventé par Cervantès n'a d'autre fonction que de percer un tissu mensonger et de révéler la réalité :

> Le rideau déchiré. Un rideau magique, tissé de légendes, était suspendu devant le monde. Cervantès envoya Don Quichotte en voyage et déchira le rideau. Le monde s'ouvrit devant le chevalier errant dans toute la nudité cosmique de sa prose. [...] C'est en déchirant le rideau de la préinterprétation que Cervantès a mis en route cet art nouveau [...][3].

Il nous intéresse dès lors d'observer dans quelle mesure la tension entre matérialité et symbolisme, entre visible et invisible, entre illusion et dévoilement structure les écrits français de Picasso à travers le motif du rideau. Nous nous proposons de montrer également comment le rideau devient, tant dans ses textes que dans ses tableaux, *symbole du mensonge de l'art* lorsqu'il apparaît sous la forme spécifique d'un rideau de théâtre.

Le rideau, entre illusion et dévoilement

Dans les textes de Pablo Picasso, les deux fonctions, séparative et transgressive, du rideau sont réconciliées. Le rideau picassien, tel qu'il apparaît dans plusieurs fragments de poèmes, se prête à une double évocation, à la fois dans sa matérialité et comme objet symbolique établissant un passage entre visible et invisible.

Le rideau-objet est évoqué dans sa fonction décorative : « franges du rideau couvert de punaises le décorant » (16 septembre 1941)[4], « rubans cramoisis des lourds rideaux de laine » (10 mars 1943), les mots se laissant parfois aller jusqu'à explorer sa dimension plastique : « les notes de la musique accrochées aux rideaux suspendus par les verts » (11 octobre 1936), « sur les rideaux du bleu de ses cheveux » (20 mai 1940). Cette fonction ornementale est associée à l'origine italienne du rideau au XVIe siècle et coïncide avec la diffusion de la perspective qui fait du spectacle un tableau scénique, le décor devenant œuvre d'art.

À l'opposé, le rideau picassien se fait aussi léger, laissant alors transparaître les sentiments : « le rideau transparent des sensations inaperçues » (7 janvier 1940), « les rideaux de tulle déchirant le cœur » (31 décembre 1949). Il ouvre parfois à la spiritualité par l'évocation religieuse : « assis sous l'olivier du rideau blanc du soir » (5 mai 1936), « aux épines des rideaux brûlent l'encens, la myrrhe et le benjoin » (13 mars 1941).

Mais comme dans la plupart des textes littéraires, la dimension symbolique du rideau est avant tout celle du dévoilement. Un dévoilement ambivalent chez Picasso.

Celui-ci est induit par un *soulèvement* : « relevant les pans rouges du rideau » (9 mars 1951), « la mesure démesurée des rideaux soulevés » (10 mars 1943). Un soulèvement qui est souvent proche de l'envolement : « gonflant les ailes mauves des rideaux » (20 septembre 1951), « au rideau détaché des mains volantes » (7 juin 1936). L'image des mains volantes pose alors la possible interprétation d'une force supérieure levant le voile.

En forte contradiction, il s'établit un dévoilement par *déchirure, arrachement* : « souleva le coin déchiré du rideau » (21 octobre 1951), « moins émus que le rideau déchiré par la tenaille » (14 janvier 1938), « persiennes closes aux déchirures des rideaux » (26 mars 1938), « les perles du rideau arraché d'un seul coup » (16 mars 1951). Le dévoilement s'apparente dès lors à un effort destructeur. Picasso écrit : « Le rideau soufre », en jouant sur la polysémie de l'élément chimique, de la couleur rouge et du verbe souffrir, en même temps que sur la proximité sonore avec « s'ouvre » (28 novembre 1938) ; ou encore « tord le rideau » (6 décembre 1935) ; « dévorant la chaux vive du rideau endormi sur l'échelle » (14 janvier 1941) ; « les ongles enfoncés dans les rideaux de suée » (27 juillet 1947). Il s'agit bien de dépasser avec force l'obstacle matérialisé, voire personnifié, que constitue le rideau pour accéder à ce qu'il cache : « aux couleurs cachées derrière les rideaux » (14 mai 1941), écrit le peintre.

Au-delà du soulèvement et de la déchirure, le dévoilement s'opère sous une troisième forme, celle d'un *lever de rideau de théâtre*. La double fonction matérielle et intermédiaire du rideau vient s'enrichir d'une autre valeur référentielle, celle de sa fonction dramatique. Assurant le passage du réel vers la fiction, le lever de rideau crée un effet de surprise, d'émerveillement. Picasso donne une importance particulière au temps d'attente qui précède ce dévoilement. Les trois coups sont frappés : « À chaque coup frappé le rideau se lève et le tire-larigot montre ses dents au public d'en face » (19 octobre 1954), ou encore « Les cent coups annonçant le lever du rideau » (17 mars 1936). Le moment du lever de rideau est dramatisé : « jette un grand cri et lève le rideau » (5 novembre 1935), « l'annonce du lever de rideau fait fondre les poutres et immobilise les vagues » (6 juillet 1937). Il est également renforcé au niveau visuel par l'évocation de sa couleur rouge, ainsi que par la convocation d'images qui accentuent le mouvement d'ensemble vertical : « le lever de rideau par le vent pendu à la fenêtre » (6 février 1937), « le rire relève ses voiles et se cache derrière le rideau d'huile » (13 février 1941), ou encore « derrière les rideaux pendus au gibet » (20 mai 1940).

Le rideau théâtralisé

Dans le poème *au rideau détaché* (7 juin 1936)[5], le rideau inscrit l'intégralité du poème dans une perspective dramaturgique.

Transcription du manuscrit original[6] :

7 juin XXXVI

au rideau détaché des mains volantes par les cheveux du large
l'échelle du parfum des feuilles de la verveine
fixé par les cris des hirondelles aux vols géométriques du désir
le pot-au-feu du grand galop du prisme
fleur arme enfoncée au cœur
expire son indifférence
son costume poudre la coupe faite en forme de tête d'aigle
des neiges de la musique des flèches de l'arlequin
la faux moissonneuse d'étoiles
les bras sous le plumetis des manches du corsage
défait le nœud de vipères de l'arbre des veilleuses endormies
sur les feux doux coupant l'odeur du silence
pendu aux lames de la persienne
sorte de tambour battant le rappel au point mathématique de son amour
dans l'œil étonné du toro ailes déployées
nageant nu dans l'odeur du bleu serré au cou du soleil en poussière
caché sous le lit grelottant
embourbé dans l'ombre du coup de fouet balbutié par le vert exsangue
blotti dans la boulette de souvenirs jetée dans la cendre
à l'instant où la roue équilibre sa chance

C'est un véritable inventaire théâtral qui se déroule : le rideau, le décor (« échelle », « fixé »), le costume (« costume », « en forme de tête d'aigle »), la musique, l'arlequin, l'éclairage (« feux doux »), le silence, les trois coups (« sorte de tambour »), le rappel (« battant le rappel »), l'étonnement (« l'œil étonné »), l'appréhension de l'acteur (« caché grelottant », « embourbé dans l'ombre », « balbutiant », « blotti »). Toutes ces composantes créent, sans équivoque, l'illusion d'un espace scénique. Sur le manuscrit, le graphisme en marge s'apparente lui-même à un rideau et l'alignement des tirets semble reconstruire l'espace de la scène, le poème constituant dès lors une totalité texte/graphisme comme c'est le cas pour tous les poèmes illustrés de Picasso.

L'isotopie théâtrale se voit doublée d'une isotopie de la corrida qui ancre à son tour le poème dans le registre du drame : « grand galop », « arme enfoncée au cœur », « toro » (en espagnol, en référence à l'animal de combat de la culture populaire espagnole), « odeur », « cou », « poussière », « coup de fouet » (cravache pour cheval), « tambour » (qui retentit lorsque le premier taureau sort) et on peut tenter un rapprochement avec les deux couleurs du poème : le vert – couleur du mouchoir de l'organisateur qui souhaite le remplacement d'un taureau – et le bleu – couleur du mouchoir qui octroie un tour de piste à la dépouille de l'animal courageux.

La superposition des deux isotopies établit la structure d'une trame dramatique autour de ce que l'on peut construire comme les trois « actes » du poème.

Acte I : le récit s'ouvre sur l'image du « rideau détaché des mains volantes », qui réunit d'emblée l'isotopie théâtrale et celle de la corrida, l'image pouvant s'interpréter comme la *muleta* rouge virevolant dans les mains du matador. Ce premier acte met en scène les trois temps de la corrida : au « grand galop » annonce l'entrée des picadors sur leurs chevaux, puis « fleur-arme » celle des banderillos avec leurs lances habillées de papillotes de couleur, avant l'estocade : « enfoncée au cœur expire son indifférence ».

Acte II : les protagonistes apparaissent : « costume en forme de tête d'aigle », « arlequin », « toro ailes déployées » et révèlent le drame qui se joue, qui pourrait bien être celui d'une démultiplication des personnalités de l'auteur. Or, dans ce poème, la situation d'énonciation offre très peu d'indices permettant de repérer sa présence ; celui-ci semble vouloir se mettre à distance du récit. Il est donc d'autant plus important de considérer les trois occurrences du déterminant « son » et de tenter d'éclairer le rapport de possession. Les syntagmes « son indifférence », « son costume », « son amour » ne peuvent pas renvoyer au taureau sur le plan sémantique et nous amènent à considérer la possibilité d'une dissociation entre le narrateur et l'auteur. « Leur dissociation définit la fiction, c'est-à-dire un type de récit dont l'auteur n'assume pas sérieusement la véracité », précise Gérard Genette[7]. L'auteur du poème laisse toute autonomie au narrateur, qui le convie en retour comme personnage du récit en le désignant à la troisième personne.

Pour appuyer cette interprétation, considérons le rideau de scène du théâtre du Peuple, intitulé « La dépouille du Minotaure en costume d'arlequin[8] ». Pour sa réalisation et par manque de temps, Picasso choisira d'agrandir une petite gouache rehaussée d'encre de Chine, peinte le 28 mai 1936, donc quelques jours avant l'écriture du poème.

Celui-ci représente un adolescent sur le dos d'un homme barbu, s'opposant à deux monstres que sont le Minotaure mort, en habit d'arlequin, et le géant ailé à tête d'aigle. Ces quatre personnages – dont l'homme à tête d'aigle et l'homme-taureau qui apparaissent dans le poème – peuvent être considérés comme autant de rôles tenus par l'auteur lui-même. S'il y a consensus autour du fait que Picasso s'identifie tant à l'Arlequin vers 1905 qu'au Minautore vers 1930, la figure du géant à tête d'oiseau a été débattue. L'évocation qui a été faite du dieu Horus est, à notre sens, discutable, le dieu égyptien n'étant pas ailé[9]. Nous y verrons davantage la reprise par Picasso du principe d'un *alter ego* inspiré par Loplop, le double-oiseau de Max Ernst[10]. Inscrivant ainsi le poème dans l'imaginaire de la minotauromachie, le narrateur transpose une phase de corrida dans laquelle l'auteur, devenu personnage, aspire à triompher du Minotaure qui l'habite, à la fois indifférent et amoureux (« son indifférence », « son amour ») parce que partagé entre deux femmes.

Acte III : la résolution du nœud dramatique qui va modifier le cours de la situation s'établit au début du vers « défait le nœud de vipères » et marque symboliquement un resserrement spatial. Le poème débute dans l'immensité : « volantes », « au large », « vols », « grand galop », « neiges », « étoiles », pour se recentrer sur l'espace domestique de la chambre : « persienne », « lit », « boulette de souvenirs jetée dans la cendre ». Cet effet de zoom se double d'un repli physique : « caché », « embourbé », « blotti », qui évoque l'enfermement du moi lié au retour à la raison face au drame amoureux : « sorte de tambour battant le rappel au point mathématique de son amour ». L'image du « nœud de vipères » peut être interprétée comme une référence de Picasso au roman de

François Mauriac paru en 1932. Le thème de l'héritage disputé correspond au vécu de l'artiste à l'heure de son divorce et du partage de ses œuvres avec sa femme Olga.

Le poème se clôt[11] sur un alexandrin classique « à l'instant où la roue équilibre sa chance », évocation d'un destin qui n'est pas celui de la tragédie. Rappelons que Picasso avait une grande connaissance du tarot, dont le dixième atout, la Roue de Fortune, symboliserait le grand cycle de la vie et la transformation constante de la réalité. Pourtant dans ce poème, Picasso oppose aux arts divinatoires deux véritables équations poétiques aux accents nietzschéens : « vols géométriques du désir » et « au point mathématique de son amour ». Cette rationalisation scientifique se prolonge dans le concept physique d'« équilibre » où les forces en présence, la « roue » et la « chance », sont équivalentes. Après le désir, puis l'amour, la chance est elle-même mise en équation, comme si le poète voulait situer avec précision l'instant où le taureau sera peut-être épargné, l'instant où l'homme sera peut être à nouveau heureux. Ce poème n'est pas sans évoquer le propos de Friedrich Nietzsche remettant en cause le libre arbitre de l'homme :

> Si à un instant la roue du monde s'arrêtait et qu'il y eût là une intelligence calculatrice omnisciente pour mettre à profit cette pause, elle pourrait continuer à calculer l'avenir de chaque être jusqu'aux temps les plus éloignés et marquer chaque trace où cette roue passera désormais[12].

Le rideau, symbole du mensonge de l'art

Les écrits de Picasso mettent au jour une réflexion profonde autour de l'opposition dialectique entre libre arbitre et déterminisme et, toujours dans la lignée de Nietzsche, autour du rapport entre mensonge et vérité. En 1923, lors d'un entretien accordé au galeriste mexicain Marius de Zayas, Picasso confia[13] :

> Nous savons tous que l'art n'est pas la vérité. L'art est un mensonge qui nous fait comprendre la vérité, du moins la vérité qui nous est donnée de pouvoir comprendre. L'artiste doit connaître le moyen de convaincre les autres de la véracité de ses mensonges.

Si pour Nietzsche l'art est vrai parce qu'il révèle la vérité des apparences[14], pour Picasso, l'art ne peut atteindre à une forme de vérité que dans la mesure où il révèle son propre caractère mensonger[15]. Le poète écrit : « Une goutte de bleu étale publiquement le mensonge » (26 mars 1938) et fait dire à l'une des quatre petites filles de sa pièce de théâtre du même nom : « Ne me dis pas la vérité mais des gros mensonges, je veux voir de mes mains, fouiller dans le gros matelas d'étoiles[16]. » Alors que Nietzsche voit la nécessité pour les hommes d'entretenir des illusions[17], Picasso affirme, quant à lui, la nécessité du mensonge.

Dans ses écrits, le rapport de la vérité et du mensonge se superpose souvent à celui du visible et de l'invisible avec pour dénominateur commun le théâtre. La collaboration intense de Picasso avec les Ballets russes entre 1917 et 1923[18] explique sans doute l'influence du décor de scène sur son œuvre. Le motif du rideau de théâtre, en particulier, peut être interprété chez Picasso comme *icône métaphorique du mensonge de l'art.* Les textes l'évoquent en ces termes : « allusions mensongères aux rideaux cachés à la cantonade », « se mêlant aux fils du rideau de théâtre, alors l'illusion de ce drame a lieu » (24 novembre 1947), « tire le rideau et éteint les millions mal comptés de lampions » (6 décembre 1935).

Certains tableaux l'illustrent comme par exemple *Polichinelle avec guitare avant le lever de rideau*[19] peint en 1919. L'évidence du mensonge est établie par le déploiement remarquable du rideau et sa proximité avec Polichinelle… et son fameux secret. Selon l'expression figée, un « secret de Polichinelle » est un secret que tous connaissent. Le rideau peut alors laisser transparaître dans ses plis un autre plan, celui de la vérité.

Le rideau, envers du réel

La présence théâtralisée du rideau permet également d'isoler et de marquer cet instant où l'essentiel se joue. L'unité de temps, de lieu et d'action disparaît au profit de la magie de l'instant de perception. Parlant de sa peinture, Picasso aura cette réflexion : « Pour moi, peindre un tableau, c'est engager une action dramatique au cours de laquelle la réalité se trouve déchirée, ce qui compte, c'est le drame de l'acte lui-même, le moment où l'univers s'échappe pour rencontrer sa propre destruction[20]. » L'effet de dévoilement instantané qui s'opère à l'ouverture du rideau est équivalent pour lui à celui du regard porté sur une peinture.

La composition du tableau *Les Demoiselles d'Avignon*[21] est à ce titre éclairante, notamment lorsqu'on la compare au *Bain turc* d'Ingres, dont Picasso s'est inspiré[22].

On constate que le rideau est l'élément rapporté, un ajout essentiel d'un tableau à l'autre, à propos duquel les historiens d'art restent muets[23]. Il y a par contre consensus pour dire que Picasso met ici en scène cinq prostituées devant un rideau de théâtre. Alors, qu'induit la représentation du rideau dans la perception du tableau ?

La modernité de l'œuvre réside dans le sentiment de voyeurisme qu'elle provoque. Trois femmes regardent le spectateur depuis l'œuvre, deux autres le forcent à voir en retenant les rideaux. Celle de gauche tient le rideau de premier plan, celle qui se trouve en haut à droite lève les bras pour écarter les rideaux de fond. Le dédoublement du rideau attire l'attention sur l'espace intermédiaire dans lequel opère l'effet de surprise qu'est l'apparition de la femme au masque africain, la femme au faux visage. L'essentiel n'est plus ce qui se cache derrière le rideau, même ce qui apparaît et qui va prendre sens entre les rideaux ; à savoir la réalité brutale d'une maison close telle que perçue par le peintre.

La réflexion de Picasso autour du dédoublement du rideau se poursuivra avec son travail sur les rideaux de fond de scène, qui sont des rideaux peints, à la différence des rideaux d'avant-scène. Dans la pièce de théâtre *Les Quatre Petites Filles*, une didascalie l'illustre : « Le rideau tombe pour quelques instants – changement de décor – la scène est peinte en blanc rideau de fond coulisses herses sont couverts de toutes les lettres de l'alphabet et de chiffres en gros caractères peints de toutes les couleurs le sol est aussi peint de la même façon[24]. »

Le rideau d'avant-scène, qui fait face à la salle, établit le mensonge. Il est le lieu de projection d'ombres irréelles et s'apparente dans plusieurs textes de Picasso au mythe platonicien de la Caverne. « La corne du taureau ouvre la gourde de vieux vin de l'estomac du cheval et la caverne qui allume l'huile de son sang éclabousse les rideaux avec ses entrailles se mêlant aux fils du rideau de théâtre alors l'illusion de ce drame a lieu » (2 février 1936) ou encore « et au premier choc du taureau contre le cheval le rideau se lève […] la panse de la jument soulève les rideaux et découvre le banquet arrange la table et les chaises […] son œil ramassant les restes à l'intérieur des détails découvre le fond de la grotte au fond le plus profond intérieur collé au plafond […][25] » (20 janvier 1936). Dans un autre poème, le rideau de scène noir devient tableau qui ne sera jamais vu : « L'interminable lie du tableau noir en toile cirée décloué de son châssis enveloppant le drame sous ses plis » (11 février 1937).

Le rideau de fond de scène se présente, lui, comme l'envers de l'espace du réel. L'analyse du rideau de fond du ballet *Parade*[26] montre à quel point Picasso se rapproche alors de la vision surréaliste[27]. Le rideau rouge représenté à gauche s'ouvre face à un espace qui n'est plus celui de la salle, mais un espace extérieur de campagne avec ciel bleu. Toute la poésie surréelle de la vie de ces saltimbanques s'apparente à une figuration de l'envers du réel. Précisons que ces draperies reliées par une frise sont la représentation de ce qui s'appelle en langage scénographique un manteau d'Arlequin. Situé après le rideau d'avant-scène, il s'agit d'un système mobile qui permet d'augmenter ou de diminuer la taille de la scène visible[28]. Il pourrait signifier que l'espace inversé de la vérité est à géométrie variable, qu'il est lui aussi l'objet d'un cadrage, d'un autre mensonge qui serait celui de l'artiste. Ce qui nous ramène à la pensée de Picasso déjà citée : « L'artiste doit connaître le moyen de convaincre les autres de la véracité de ses mensonges. »

Le rideau générateur d'hétérotopie

Dans son article « Picassos surrealistisches Theater[29] », Nanette Rissler-Pipka a identifié la scène du théâtre surréaliste comme une vraie hétérotopie au sens où l'entend le philosophe Michel Foucault, à savoir la juxtaposition en un lieu réel unique de plusieurs espaces incompatibles[30]. Elle cite justement pour exemple l'espace concret de la scène et l'espace imaginaire que figure le rideau de *Parade.*

Une considération similaire pourrait s'appliquer aux pièces de théâtre écrites par Picasso. Nous constatons que le principe hétérotopique opère également dans l'espace réel de la page, où un décalage s'établit entre au moins deux espaces d'écriture : celui du dialogue et celui des didascalies. L'espace de la page peut à ce titre être caractérisé comme une hétérotopie textuelle.

L'analyse de la scène II de l'acte I du *Désir attrapé par la queue*[31] – court monologue d'un personnage baptisé Les Rideaux – nous mène plus loin encore, en faisant entrer dans le champ de l'hétérotopie textuelle deux espaces sonores.

> *(Changement de lumière : lumière d'orage)*
>
> LES RIDEAUX *s'agitant*
> Quel orage ! Quelle nuit ! Une véritable certainement nuit câline,
> une nuit de Chine, une nuit pestilentielle en porcelaine de Chine.
> Nuit de tonnerre dans mon ventre incongru *(Riant et pétant)*
> (*Musique de Saint-Saëns : « La Danse macabre ». Des pieds, la pluie commence à tomber sur le plancher et des feux follets courent sur la scène.)*
>
> Rideau
>
> *Les Rideaux, ouvrant leurs plis devant cette désastreuse scène, immobilisent leur dépit derrière l'étendue de l'étoffe déployée.*

Le monologue du personnage-rideaux est l'évocation d'une nuit d'orage, d'une « nuit de Chine ». Les mots utilisés sont en fait la reprise des paroles d'une chanson bien connue à l'époque de Luis Lynel : « Nuits de Chine – Nuits câlines – Nuits d'amour – Nuits d'ivresse, de tendresses – Où l'on croit rêver jusqu'au lever du jour[32]… » Entre ainsi dans le champ de l'hétérotopie textuelle, la dimension d'un espace encore autre, qui est un espace sonore de fêtes. Puis à celui-ci vient s'ajouter l'autre espace sonore de *La Danse macabre* instauré par la didascalie. Notons que le drame véritable qu'est l'instant de « dépit » face à la « désastreuse scène » se joue dans la didascalie. Il est mis en évidence par la fermeture du rideau de scène et l'ouverture simultanée des « plis » du personnage-rideaux. Michel Foucault précise : « Les hétérotopies supposent toujours un système d'ouverture et de fermeture qui, à la fois, les isole et les rend pénétrables[33]. » Chez Picasso, le rideau est donc constitutif tant de l'hétérotopie de la scène que de l'hétérotopie textuelle.

La multiplication des espaces se poursuit avec l'illustration de la scène suivante du *Désir attrapé par la queue*, scène I de l'acte II[34].

> Alors que la didascalie « les ombres dansantes de cinq singes » fait écho à l'espace sonore, la scène inclut également dans le champ de l'hétérotopie textuelle un espace d'illustration. Cinq paires de pieds sont alignées devant autant de portes blanches. Portes ou rideaux ? À l'évocation première de chaussures-pieds[35], nous ajoutons l'interprétation d'un mouvement descendant du rideau de théâtre telle que suggérée par Bertold Brecht :
>
> Le traditionnel lourd rideau de velours [...] achève trop la scène et découpe la pièce tel le couperet d'une guillotine. [...] Le rideau fait disparaître en premier les têtes, en dernier les pieds c'est-à-dire que les personnages sur le plateau en quelque sorte se rabougrissent[36].

Les cinq portes de chambres, telles qu'illustrées par Picasso, s'apparentent à autant de rideaux, comme le laisse penser la dernière didascalie de la scène « les portes transparentes s'allument ».

Ainsi l'hétérotopie picassienne juxtaposant sur la page plusieurs espaces textuels, sonores et graphiques, répond à l'une des fonctions attribuées par Michel Foucault aux hétérotopies, certaines ayant « pour rôle de créer un espace d'illusion qui dénonce comme plus illusoire encore tout l'espace réel[37] ».

Effet de rideau, effet de chiasme

Au croisement des espaces virtuels du visible et de l'invisible et des espaces hétérotopiques réels, le rideau de théâtre est porteur d'une pluralité de sens et vient s'inscrire dans une *poétique du chiasme* : chiasme des contraires qui s'attirent, au sens où l'entend Maurice Merleau-Ponty lorsqu'il évoque la complexité de la vision qui ne peut se dissocier de l'expérience vécue[38].

L'effet de chiasme, qui parcourt sémantiquement les textes, accentue la cohérence et l'originalité de la vision picassienne. Considérons en ce sens le poème du 17 mars 1936, intitulé *La Râpe et la Tenaille*, dans lequel figure un « lever du rideau de feu ».

> 17 mars XXXVI (au café de la Régence)[39]
>
> la râpe la tenaille le poing qui enfonce le couteau la bouche des chaînes qui brûle le doigt de sa *main appuyée* à sa tempe le froid qui déchire *l'éclair* en *lambeaux* et l'odeur de créosote l'archet de l'heure gonflée *d'épines* qui caresse le morceau *d'étoffe* qui enveloppe son *corps* étendu la balançoire pendue au *gibet* du son *accroché* au parfum qui frappe les *cent coups* annonçant le **lever du rideau de feu** dans la glace de poche si l'éclat crie sa *détresse* et roule en boule son dessin et le *cloue* au silence

Le texte s'établit selon le schéma complexe d'une hyperphrase, rythmée par la répétition du pronom « qui », assurant le croisement de deux isotopies : celle de l'ouvrier (soulignée) avec l'emploi d'un langage technique ; « râpe, tenaille, couteau... » et celle de la crucifixion (soulignée et en italique) : « main, éclair, épine, cloue... »

Pour tenter d'interpréter ce chiasme, revenons à l'indication de date et de lieu : *17 mars 36, au café de la Régence*.

Cette localisation appelle un éclairage historique : le café de la Régence à Paris fut le lieu légendaire où Marx et Engels se sont rencontrés. Son évocation pour l'homme engagé qu'est Picasso rappelle que le Front populaire triomphe en Espagne en février 1936 et en France en avril 1936. L'isotopie de l'ouvrier devient signifiante, de même que l'image de « la bouche des chaînes » qui renvoie au célèbre appel de Marx et Engels : « Les prolétaires n'y ont à perdre que leurs chaînes [...][40]. »

Parallèlement l'isotopie de la Crucifixion se construit à partir du motif de la croix dont les lignes verticale et horizontale se retrouvent dans l'image de l'« archet » ou de la « balançoire pendue au gibet » ; à partir des images du couteau et du clou dans l'évocation de la Passion, de la couronne d'épines, du linge. On sait que Picasso s'identifie au Christ crucifié lorsque ses relations avec les femmes se dégradent[41] ; or en ce mois de mars 1936, il est partagé entre trois d'entre elles, peut-être évoquées par les mots « caresse », « parfum » et « glace de poche ».

La narration se fige avec le participe présent « annonçant » qui introduit et souligne le temps fort qu'est le « lever du rideau de feu[42] ». L'évocation immédiate est celle du rideau rouge du théâtre. Rapporté à l'isotopie de la Crucifixion, le rideau de feu s'apparente également au Buisson ardent, qui correspond à la Révélation de Dieu à Moïse. Relevons qu'il s'agit d'une pure vision, d'une manifestation théophanique du divin. Très proche en soi du concept de mensonge de l'art.

Ce chiasme sémantique soutient la vision unitaire de Picasso qui relie l'engagement politique[43] à la réflexion religieuse. Avec le Front populaire en France, la guerre civile et le bombardement de Guernica en Espagne, les années 1936-1937 voient effectivement Picasso revenir à la peinture pour en radicaliser la portée dans une perspective propagandiste et messianique, où l'artiste dénonce, souffre et sauve à la fois.

La figure de l'antithèse dans le rapprochement « rideau de feu dans glace de poche » vient étendre le champ sémantique de l'illusion. Avec le miroir de poche s'ouvre un registre propre au surréalisme[44], qui nous ramène à la réflexion engagée autour du concept merleau-pontien de chiasme, respectivement autour de la notion d'hétérotopie propre à Foucault.

André Breton rapporte cette anecdote vécue dans un café :

> Louis Aragon se souvient comme moi du passage dans ce café où nous étions un soir avec Chirico, place Pigalle, d'un enfant qui venait vendre des fleurs. Chirico, le dos tourné à la porte, ne l'avait pas vu entrer et c'est Aragon qui, frappé de l'allure bizarre de l'arrivant, demanda si ce n'était pas un fantôme. Sans se retourner Chirico sortit une petite glace de sa poche et après y avoir longuement dévisagé le jeune garçon, répondit qu'en effet c'en était un[45].

À l'inverse du rideau de l'illusion, le miroir ne peut être soupçonné d'aucun mensonge. Par effet de double sens du mot glace, l'antithèse feu-glace à effet de chiasme vient souligner l'union des termes et renforce leur opposition par la permutation syntaxique.

Néanmoins, au niveau interprétatif, le fait que le rideau de feu – manifestation d'une révélation, telle celle du fantôme du garçon de Chirico – se reflète dans la glace de poche est une preuve de réalité. La glace devient l'espace de perspective de la vérité et nous ramène à la réflexion de Foucault :

> Le miroir fonctionne comme une hétérotopie en ce sens qu'il rend cette place que j'occupe au moment où je me regarde dans la glace, à la fois absolument réelle, en liaison avec tout l'espace qui l'entoure et absolument irréelle, puisqu'elle est obligée, pour être perçue, de passer par ce point virtuel qui est là-bas[46].

Ainsi, l'analyse littéraire révèle la vision picassienne d'un redéploiement continuel du réel, servi par un processus d'écriture générant des espaces hétérogènes et multiples et croisant les plans isotopiques. Au cœur de l'acte poétique, le rapport fondamental entre déploiement du réel et compréhension de la vérité s'établit notamment grâce au motif du rideau de théâtre.

Dépassant son statut d'élément constitutif de la représentation, il est investi par le poète d'une fonction *méta-théâtrale :* il interpelle sur la nature de l'illusion dramatique et devient le faire-valoir du mensonge de l'art revendiqué par le peintre. Un mensonge distinctement établi qui seul permet d'atteindre la vérité, « du moins la vérité qu'il nous est donné de pouvoir comprendre[47] », précise Picasso. La vérité serait, comme le réel, en perpétuel redéploiement, y compris pour l'artiste comme le laisse entendre le « nous » inclusif. Le sculpteur et poète Alberto Giacometti ne dira pas autre chose en affirmant :

> C'est comme si la réalité était continuellement derrière les rideaux qu'on arrache... il y en a encore une autre... toujours une autre[48].

Cette contribution a été lue à l'occasion du « Congrès international organisé par le Séminaire de romanistique de l'Université de Zurich en collaboration avec le Kunsthaus Zürich les 14-15 janvier 2011 : Par le mot, par l'image : l'œuvre littéraire de Picasso ».

NOTES

1. Pline l'Ancien, *Histoires naturelles,* Livre XXXV, trad. et annoté par É. Littré, Éditions Dubochet, 1848-1850, t. 2, p. 472-473.
2. Jacques Lacan, *Séminaire,* t. XI, *Les Quatre Concepts fondamentaux de la psychanalyse,* Éditions du Seuil, coll. « Points essais », 1973, p. 118.
3. Milan Kundera, *Le Rideau,* essai en sept parties, Gallimard, coll. « Folio », 2005, p. 114.
4. Picasso n'ayant pas donné de titres à ses poèmes mais les ayant tous datés, nous reprenons la classification chronologique de ses textes telle qu'établie dans l'ouvrage de référence : Marie-Laure Bernadac et Christine Piot (éd.), *Picasso Écrits,* préface de Michel Leiris, textes en espagnol traduits par Albert Bensoussan, RMN-Gallimard, 1989.
5. Pablo Picasso, poème « au rideau détaché ». Texte en français. Trois états manuscrits. 3e état. À l'encre de Chine sur une feuille de papier d'Arches (33 X 17), daté : *7 juin XXXVI.*
6. Tous les manuscrits sont conservés au Musée Picasso à Paris. L'absence de majuscules et de ponctuation est respectée, de même que l'orthographe du mot « toro » au vers 15.
7. Gérard Genette, *Fiction et Diction,* Éditions du Seuil, coll. « Poétique », 1991, p. 80.
8. *La Dépouille du Minotaure en costume d'arlequin,* 1936, rideau de scène pour le Théâtre du Peuple dit « Rideau de scène pour *Le Quatorze-Juillet* de Romain Rolland », détrempe à la colle sur toile de coton écru, 830 x 1325 cm, collection des Abattoirs, Toulouse.
9. *L'Incontournable Picasso - La Dépouille du Minotaure en costume d'Arlequin.* Dossier pédagogique enseignants. Les Abattoirs, service éducatif, série À la croisée des chemins, 2008, p.13.
10. La sensibilité surréaliste des deux peintres et leur retranscription du monde des rêves et de l'inconscient apparaissent très proches lorsque l'on met en regard *La Dépouille du Minotaure en costume d'arlequin* peint par Picasso en 1936 et *L'Ange du foyer ou le Triomphe du surréalisme* peint par Max Ernst en 1937.
11. Notons que dans les textes de Picasso, le rideau ne se ferme pas. Il « tombe » tout au plus et seulement dans les didascalies de ses pièces de théâtre – changement de décor oblige (Pablo Picasso, *Les Quatre Petites Filles,* Gallimard, 1968, p. 69, entre autres).
12. Friedrich Nietzsche, *Humain, trop humain,* Gallimard, coll. « Folio essais », 1987, partie 1, p. 367.
13. Marius de Zayas, « Picasso speaks », interview de Picasso publiée in *The Arts* (New York), vol. III, n° 5, mai 1923, p. 315-326 (traduit de l'anglais par Dennis Collins) ; repris *in* Picasso, *Propos sur l'art,* par Marie-Laure Bernadac et Androula Michael, Gallimard, coll. « Art et artistes », 1998, p. 17.
14. « L'art et rien que l'art, nous avons l'art pour ne point mourir de la vérité ». Friedrich Nietzsche, *Ainsi parlait Zarathoustra - Also sprach Zarathustra* [1883-1885], 2 vol., éd. Kröner, trad. G. Blanquis, éd. bilingue, coll. « Aubier-Flammarion bilingue », 1969. Voir aussi l'ouvrage de Jean Granier, *Le Problème de la vérité dans la philosophie de Nietzsche,* Éditions du Seuil, 1966.
15. En 1927, Jean Cocteau appliquera cette même pensée au mythe dans sa célèbre phrase : « Je suis un mensonge qui dit toujours la vérité », signifiant que le mythe est extérieurement un mensonge, mais s'avère vrai à travers son symbolisme. Jean Cocteau, « Le paquet rouge », in *Opéra,* 1927, Gallimard, coll. « Bibliothèque de la Pléiade », 1999.
16. Pablo Picasso, *Les Quatre Petites Filles,* Gallimard, 1968, p. 27.
17. « La vie a besoin d'illusions, c'est-à-dire de non-vérités tenues pour des vérités. », Friedrich Nietzsche, *Le Livre du philosophe,* Garnier-Flammarion, 1991, p. 123.
18. Selon le décompte statistique effectué par le site *On-Line Picasso Project* (https://picasso.shsu.edu), le mot « rideau » au singulier apparaît 68 fois dans les textes de Picasso, le mot « rideaux » au pluriel 39 fois, confirmant la prévalence du rideau de fond unique. La statistique montre que la fréquence du motif est inversement proportionnelle à la langue utilisée. Le motif du rideau est donc clairement mis en relation avec le vécu français de l'artiste et ses expériences théâtrales. On ne peut que rappeler en toute logique que les 15 rideaux de théâtres créés par Picasso l'ont été pour des représentations parisiennes.
19. *Polichinelle avec guitare avant le lever de rideau,* Pablo Picasso, 1919. Collection privée.
20. Marie-Laure Bernadac, Androula Michael, *Picasso, propos sur l'art,* Gallimard, coll. « Arts et artistes », 1998, p. 32.

21. *Les Demoiselles d'Avignon,* Pablo Picasso, 1907, huile sur toile 243,9 x 233,7 cm. MoMA, New York.
22. *Le Bain turc,* Jean-Auguste-Dominique Ingres, 1863, huile sur toile, 108 x 110 cm. Musée du Louvre, Paris. En 1905, une grande rétrospective de l'œuvre d'Ingres a lieu au Grand Palais. Picasso est alors fasciné par *Le Bain turc.* Durant l'année 1906, il entreprend des études, dont une qu'il intitule *Le Harem* pour un tableau qu'il achève en 1907 : *Les Demoiselles d'Avignon.*
23. Voir notamment l'ouvrage de référence de Dominique Dupuis-Labbé, *Les Demoiselles d'Avignon,* Bartillat, 2007.
24. Pablo Picasso, *Les Quatre Petites Filles,* Gallimard, 1968, p. 68.
25. Relevons cette évocation simultanée de la Caverne et du banquet. L'allégorie de la Caverne qui expose la pénible accession des hommes à la connaissance de la réalité est exposée par Platon dans *La République.* Picasso semble avoir voulu rattacher cette allégorie à l'éloge de l'amour faite dans *Le Banquet.*
26. Rideau pour le ballet *Parade.* 1917. Peinture à la colle sur toile. 10,5 x 16,4 m. Centre Pompidou, Paris.
Picasso a conçu les décors, les costumes et le rideau de scène de la production, dont la première a eu lieu le 18 mai 1917 à Paris.
27. « Le surréalisme est envisagé par ses fondateurs non comme une nouvelle école artistique, mais comme un moyen de connaissance, en particulier de continents qui n'avaient pas été systématiquement explorés : l'inconscient, le merveilleux, le rêve, la folie, les états hallucinatoires, en bref, l'envers du décor logique. » Maurice Nadeau, *Histoire du surréalisme,* Éditions du Seuil, 1964, p. 43.
28. En peinture, ce procédé de trompe-l'œil est aussi utilisé pour enserrer le tableau.
29. Nanette Rissler-Pipka, « Picassos surrealistisches Theater », *in* Michael Lommel/Isabel Maurer Queipo/Nanette Rissler-Pipka/Volker Roloff (Hrsg.), *Französische Theaterfilme zwischen Surrealismus und Existentialismus,* Bielefeld, Transcript Verlag, 2004, p. 70 *sq.*
30. Voir Michel Foucault, *Dits et écrits,* 1984, « Des espaces autres » (conférence au Cercle d'études architecturales, 14 mars 1967), in *Architecture, Mouvement, Continuité,* n° 5, octobre 1984, p. 46-49.
31. Pablo Picasso, *Le Désir attrapé par la queue,* Gallimard, 1989, p. 16.
32. *Nuits de Chine,* paroles de E. Dumont, musique de F. L. Benech, chantée par Luis Lynel en 1922. Les paroles de chansons sont souvent reprises dans l'œuvre écrite de Picasso. Rappellons également que le célèbre tableau *Ma Jolie* renvoie au refrain de *La Dernière Chanson,* fredonnée à Paris en 1911.
33. Michel Foucault, *Des espaces autres, op. cit.*
34. *Le Désir attrapé par la queue.* Texte en français. Pièce de théâtre en six actes. Un état manuscrit à l'encre de Chine avec croquis de mise en scène intégrés au texte dans un cahier de 24 pages daté 1941.
L'illustration de la scène I de l'acte II est mal placée par rapport à l'enchaînement des scènes, qui a été corrigé par Picasso comme le révèle le manuscrit. Elle a donc été dessinée avant l'écriture du monologue des rideaux (scène II de l'acte I).
35. Nous ne retenons pas ici une autre interprétation qui rejoint celle du tableau *Le Modèle rouge* peint par Magritte en 1935 (qui représente deux pieds, mi-chaussures mi-orteils) et pose le problème du hors champ : où est le possesseur des pieds/chaussures ?
36. Bertold Brecht, « *L'Architecture de la scène* » (1951), in *Écrits sur le théâtre,* Gallimard, coll. « Bibliothèque de la Pléiade », 2000, p. 768-769.
37. Michel Foucault, *Des espaces autres, op. cit.*
38. Voir notamment Maurice Merleau-Ponty, *Le Visible et l'invisible,* texte établi par Claude Lefort, Gallimard, coll. « Tel », 1979.
39. L'italique, le souligné et le gras sont ajoutés pour mettre en évidence certains mots.
40. Karl Marx, Friedrich Engels, *Manifeste du Parti communiste,* Flammarion, 1998.
Le Manifeste se termine sur cet appel : « Les prolétaires n'y ont rien à perdre que leurs chaînes. Ils ont un monde à y gagner. Prolétaires de tous les pays, unissez-vous ! »
41. Selon les interprétations qui se rejoignent du tableau de Picasso *La Crucifixion* peint en 1930 : le personnage central, le Christ, et les deux femmes de chaque côté, Marie-Madeleine et la Vierge Marie, sont vus comme la traduction des souffrances d'un Picasso alors en pleine crise existentielle, tiraillé entre deux femmes : Olga Khokhlava et Marie-Thérèse Walter.
42. On relève d'autres présences du « rideau de feu » dans les poèmes de Picasso : « la ratatouille tragique du ballet des mouches dans le rideau de flammes qui bout sur le bord de la fenêtre » (1er septembre 1936) ; « l'annonce du lever de rideau fait fondre les poutres » (6 juillet 1937).
43. L'isotopie ouvrière et la proximité graphique ne vont pas sans évoquer pour le lecteur un rapprochement entre rideau de feu et rideau de fer. Rappelons à ce sujet que le terme de « rideau de fer » a été emprunté au théâtre. A l'origine, c'était un écran métallique destiné à protéger la salle contre les incendies. L'expression est popularisée après guerre par Winston Churchill, comme symbole de la division de l'Europe. Il n'est donc pas anachronique de convier cette métaphore métallique en écho à « couteau », « chaîne », ce d'autant plus si l'on revient sur l'ambivalence permanente de la position politique de Picasso en dépit de son adhésion au Parti communiste en 1944. Lire à ce propos l'article de Serge Guilbaut, « Picasso – picassiette : les tribulations d'un agent double au temps de la guerre froide », mis en ligne par la Picasso Administration sous http://www.picasso.fr/fr/journal/agent-double/texte_article.php (consulté le 20/05/2013).
44. Relevons une autre apparition du miroir de poche dans les écrits de Picasso afin de préciser cette marque surréaliste : « mirant son corps nu dans une glace de poche le trouvant au complet et sentant la glace le portrait en pied sortant de sa boîte » (30 avril 1939). Une phrase qui pourrait être la parfaite légende du tableau *Femme au miroir* peint par Paul Delvaux en 1945.
45. A. Breton, « Le surréalisme et la peinture », *La Révolution surréaliste,* n° 7, 15 juin 1926, p. 5.
46. Michel Foucault, *Des espaces autres, op. cit.*
47. Marius de Zayas, « *Picasso speaks* », art. cit.
48. Alberto Giacometti, entretien avec André Parinaud, « Pourquoi je suis sculpteur », *Arts,* n° 873, juin 1962, p. 5.

Picasso et la visualité réinventée

Javier Gutiérrez-Rexach

Le changement de siècle a apporté avec lui une réévaluation de l'apport à l'art et à la culture mondiale de Pablo Picasso, *Malagueño* universel. Ses contributions à l'histoire de la peinture, à l'essor des avant-gardes, au cubisme et au surréalisme, entre autres, ont été suffisamment et abondamment commentées dans de nombreux articles et monographies. Il reste cependant certaines lacunes et des points plus ou moins obscurs, qui n'ont commencé à attirer l'attention des experts et des chercheurs dans différents domaines de la connaissance, qu'à une époque récente. Parmi eux se détache, à mon avis, la juste évaluation de l'œuvre littéraire du peintre, communément reléguée au second plan, et envisagée comme une pratique moins significative ou moins marquante pour l'évaluation de la personnalité artistique de Picasso.

Récemment, plusieurs chercheurs ont avancé que la meilleure façon de comprendre la poésie de Picasso était de l'aborder comme une manifestation supplémentaire d'une personnalité artistique uniforme. Dans cette perspective, on pourrait dire que Picasso peint avec la plume, c'est-à-dire qu'il utilise l'écriture comme une continuation de la peinture, sans une intention avouée de rupture ou de discontinuité. Je développerai dans ce travail certains aspects en rapport avec cette idée, en les reliant à un panorama plus général. Il existe cependant un second domaine qui s'avère particulièrement intéressant et qui, je crois, a plus de rapport avec le précédent qu'il n'y paraît à première vue. Il s'agit du rapport de l'art « picassien » avec la tradition hispanique et avec la pensée philosophique sur l'art, telle qu'elle s'est développée dans la première moitié du siècle passé. Je crois que cette approche est importante parce qu'elle nous permet d'évaluer jusqu'à quel point Picasso représente une rupture avec une certaine tradition espagnole, et jusqu'à quel point ses prises de position sont révolutionnaires et en rupture, ou peuvent s'intégrer à un continuum marqué par la dialectique entre la vision héritée et les nouvelles tendances instaurées par le XXe siècle. La poétique visuelle de Picasso prend ainsi un nouveau sens, en tant que tentative, non pas de rompre avec le passé ou de revenir sur ses pas, mais au contraire de le transcender, de le réinventer, de créer une nouvelle réalité visuelle.

On sait que le début du XXe siècle, depuis les premières années jusqu'à la Seconde Guerre mondiale, marque une période de créativité sans égale dans l'art européen et par conséquent dans l'art espagnol. Les contributions de Faulkner ou de Joyce en littérature, le développement de l'art abstrait, cubiste ou surréaliste en peinture, l'invention du cinématographe et les avancées dans cet art (l'esthétique du montage chez Griffith ou Eisenstein), etc., ont produit un environnement créatif survolté, ainsi qu'un certain désarroi chez les élites intellectuelles ou dans le grand public, qui ne savaient comment aborder voire même comment comprendre ces innovations artistiques. On entre donc dans une ère de changement, voire de révolution, de rupture avec le passé, qu'on ne cesse cependant de regarder. On conçoit de nouvelles façons, non plus de refléter la réalité mais de la transcender, de la sublimer et même de la transformer et de la distordre.

L'illustre penseur José Ortega y Gasset fut un analyste subtil de la création artistique, en plus d'être une des plus éminentes intelligences philosophiques du siècle passé dans le domaine de la pensée hispanique. Ortega reflète cette tension véhiculée par le nouvel art d'un temps nouveau, et il y revient dans plusieurs de ses écrits. De manière encore plus significative, Ortega reporte cette tension sur la peinture classique la plus paradigmatique du Siècle d'Or espagnol. Dans son travail introductif sur Vélasquez, il fait la remarque suivante : « Il est clair que dans l'art il s'agit toujours d'escamoter la réalité, qui, à l'excès, fatigue, opprime et ennuie l'homme en dehors de l'art, qui est prestidigitation et transformisme. Mais les modes de cette déréalisation, consubstantielle à l'art, sont innombrables et même opposés » (Ortega y Gasset, 1959).

On a souvent prétendu que Vélasquez était le représentant le plus paradigmatique du réalisme pictural espagnol, un réalisme qui correspond à la tradition créative espagnole et qui va de la poésie épique, de *La Célestine*, du roman picaresque ou de Cervantes, jusqu'à Galdós, Clarín ou Pío Baroja (*cf.* Villanueva, 2004). C'est une constante que des philologues comme Menéndez y Pelayo et, surtout, Ramón Menéndez Pidal avaient déjà repérée. Dans le cas de ce dernier auteur, par exemple, quand il compare la poésie épique espagnole à la française, il décèle et souligne sans ambages son fondement réaliste.

Dans le domaine de la peinture, les réalistes sont légion, de Vélasquez, Zurbarán et Valdés Leal jusqu'à, dans une certaine mesure, Goya ou Sorolla. Vélasquez, en tant créateur de la perspective aérienne, contribue avec Rembrandt et Le Titien à doter de réalité visuelle le fait pictural. Faire en sorte que les objets au premier plan et ceux qui apparaissent au second ou au troisième plan ne peuvent pas avoir la même définition ni être situés dans le même champ part d'un principe cognitif, autrement dit d'une caractéristique universelle de la perception visuelle : l'être humain perçoit et intègre les objets sur différents plans ou distances, comme le remarque pertinemment Hollander (1989). On dépasse ainsi le réalisme attentif aux moindres détails de la peinture flamande, qui représente un réalisme objectif, indépendant des mécanismes de cognition qui filtrent la réalité à travers la perception. Cependant, comme le note doctement Ortega, dans la représentation de cette propriété cognitive ou perceptive il y a nécessairement un certain « transformisme », une certaine « déréalisation ». Dans *Du réalisme en peinture* (1912), Ortega nuance : « Si Vélasquez avait principalement accordé de l'importance aux choses, à la *res* ou à la Nature, il aurait été un disciple des Flamands. » Cependant, pour Vélasquez ce qui compte, ce sont uniquement « les images fugaces que dans la vibration des paupières les choses envoient à sa rétine ». Autrement dit, Vélasquez privilégie le principe cognitif de perception par rapport au principe matériel de représentation exacte de la réalité. Vélasquez, donc, ne peut pas être considéré comme un peintre réaliste.

Si l'on suit la pensée d'Ortega, dans son ouvrage fondamental sur la question, *La Déshumanisation de l'art*, publié en 1925, dix ans avant que Picasso n'entame sa démarche picturale, le célèbre penseur défend un art déshumanisé, notion que l'on ne doit pas prendre dans un sens négatif mais au contraire comme celle d'un art non sentimental, fait pour une minorité choisie qui saura l'apprécier. Cet art contraste avec l'art humanisé, pétri de sentiments et de passions, du XIXe siècle, valable pour tout le monde et par conséquent imparfait. L'art déshumanisé prend ses distances par rapport aux minuties et aux concrétions de la réalité vécue et poursuit une élaboration formelle ou conceptuelle plus achevée. L'art humanisé, au contraire, se restreint à représenter fidèlement la réalité humaine, ses sentiments et ses passions. L'art déshumanisé est, selon Ortega, plus méritoire que l'art humanisé qui a régné en maître jusqu'à la fin du XIXe siècle.

Ortega défend une dichotomie entre la réalité vécue et la réalité artistique, qui dans son esprit sont incompatibles. Le réalisme objectal ou sentimental se laisse porter par la tendance à considérer que les idées sont la réalité et il manque de distance dans sa représentation des unes et de l'autre. D'après Ortega, l'art d'avant-garde, et surtout le cubisme, part d'une prémisse différente et tend à « peindre les idées », autrement dit à peindre la façon dont on voit la réalité plutôt que la réalité elle-même. Cet art non réaliste ou « déshumanisé » est un art « intranscendant », non pas dans un sens péjoratif mais dans le sens étymologique du terme, c'est-à-dire un art moins prétentieux, conscient de ses propres limites, dépourvu de toute intention de transcender ou de changer la réalité. C'est un art qui a opté pour la stylisation, la déréalisation ou déformation de la réalité. C'est un art qui évite les formes vivantes, qui n'aspire pas à dépasser sa modeste condition d'œuvre d'art et qui possède d'énormes vertus ludiques. Ortega résume cette posture dans une belle formule : « S'il convient de dire que l'art sauve l'homme, c'est uniquement parce qu'il le sauve du sérieux de la vie. »

Cet art déshumanisé et intranscendant divise le public entre « ceux qui ne comprennent pas et ceux qui comprennent », ce qui en fait un « art du privilège, de la noblesse des réactions nerveuses, de l'aristocratie instinctive ». Les idées d'Ortega n'ont pas toujours été bien comprises, surtout en raison d'une interprétation tendancieuse de la dichotomie entre les élites et les masses. Le fait que l'art d'avant-garde et l'art de Picasso comme le représentant par excellence de cette tendance soient un art d'élites, ne veut pas dire qu'il s'agit d'un art élitiste. Picasso n'a pas pour objectif d'interdire l'accès de son œuvre au public. Cependant, sa prise de position radicale au sein de l'art déshumanisé fait qu'il est plus difficile d'y accéder ou de le comprendre, et qu'il requiert un plus grand effort. C'est un art qui implique un défi intellectuel et par conséquent il se restreint à ceux qui sont disposés à faire un tel effort. Le lecteur ou le spectateur doivent être partie prenante dans la création de cette nouvelle réalité à laquelle aspire Picasso.

Je crois que les idées d'Ortega sur l'art déshumanisé et son rapport à la réalité s'avèrent très significatives à l'heure de comprendre la poétique de Picasso et son œuvre écrite en règle générale. En premier lieu, l'œuvre poétique de Picasso apparaît comme « intranscendante » à un double niveau. D'un côté, Picasso n'a jamais accordé une importance excessive à son œuvre poétique et il l'a considérée comme un laboratoire où il pouvait expérimenter et s'exprimer librement. La tradition critique a tendu à interpréter sa poésie comme le produit d'une parenthèse dans sa créativité picturale provoquée par la confrontation à un environnement personnel particulièrement pénible : la fin de sa relation avec Olga Khokhlova et le début de son intérêt pour Dora Maar, entre autres avatars existentiels au milieu des années 1930. Cependant, ni la configuration thématique de la poésie de Picasso ni son extension dans le temps ne cautionnent cette interprétation d'une simple manifestation en rapport avec des circonstances personnelles, c'est-à-dire d'une poésie humanisée ou réaliste.

La poésie de Picasso se prolonge au-delà de ces dates du milieu des années 1930 et, plus important encore, il n'y a presque rien dans sa configuration thématique qui lui confère une veine réaliste ou sentimentale. Si on examine la période de la décennie des années 1930 où sa productivité a été la plus grande (en 1935, par exemple), on ne trouve pas de corrélation claire avec les événements de la vie du peintre. Il ne s'agit pas d'une poésie de l'amour ou du désamour, du désarroi, de la solitude. C'est quelque chose de totalement différent. Par conséquent, je crois qu'il faut détacher la poésie de Picasso de toute tentative destinée à exprimer des sentiments, des passions, ou la réalité concrète de l'auteur au cours des années 1930, et ne pas l'interpréter comme une poésie humanisée ou réaliste, comme le reflet de la réalité personnelle de son auteur.

Pour toutes ces raisons, je trouve défendable et même prometteuse l'hypothèse selon laquelle la poétique « picassienne » doit en revanche être considérée comme « intranscendante », au sens le plus technique du mot, c'est-à-dire dans ce qu'elle a de *animus iocandi*, de jeu pur avec les mots et à travers les mots, d'expérimentation tantôt intuitive tantôt réflexive. Picasso se sent suffisamment libre pour expérimenter avec la poésie et la poétique, parce qu'il ne se considère pas nécessairement comme le produit d'une tradition littéraire devant l'amener à réagir. Au niveau purement pictural, Picasso sait qu'il est le produit d'une tradition, qu'il assimile et face à laquelle il réagit. Dans sa version des *Ménines* (1957), Picasso n'imite pas l'original, mais il veut l'absorber et le transcender, le faire sien. Comme il l'expliqua à Sabartés (*Dans l'atelier de Picasso*, 1952), s'il décidait de copier *Les Ménines*, « je le ferais à ma façon, en oubliant Vélasquez », « le résultat semblerait détestable à un simple copiste [...], mais ce serait mes *Ménines* ». Plus qu'imiter ou développer une tradition artistique, Picasso la déglutit et la fait sienne, aboutissant parfois à des résultats diamétralement opposés à l'original. Il ne s'agit pas de vénérer les classiques, mais de jouer avec eux et d'en explorer les limites, et même au-delà, comment le démontrent clairement *Les Ménines* version « picassienne ».

Dans le domaine de la poésie, Picasso se sent encore plus libre, et non pas comme le produit d'une tradition qu'il faut respecter ou défier, ce qui ne veut pas dire pour autant qu'il n'est pas possible de situer sa production littéraire à l'intérieur du mouvement d'avant-garde en général et dans la production poétique hispanique de son époque en particulier. Il y a de nombreuses et évidentes connexions entre la poésie de Picasso et la poésie surréaliste de Breton, le dadaïsme, l'écriture automatique, etc. Elle peut aussi être reliée à certains aspects de la poésie de la génération de 1927, depuis les tentatives plus ludiques d'Alberti ou de Lorca jusqu'à l'abstraction plus dépouillée de Jorge Guillén et Vicente Aleixandre. On y trouve également des échos de la poésie moderniste, des jeux synesthésiques et phonétiques introduits par Rubén Darío. Y résonnent enfin les échos d'un certain classicisme, à cheval entre les torsions formelles et cultistes d'un Góngora et l'abstraction paradoxale truffée de calembours d'un Quevedo.

Revenons pour le moment à notre interprétation de la poésie de Picasso comme « intranscendante », au sens ortéguien du terme. Cette poésie est aussi intranscendante dans la mesure où elle semble être dépourvue d'une motivation idéologique forte, unique ou déterminante. Pour le dire avec les mots d'Ortega, ses sujets ne ressortissent pas à la « réalité vécue », que ce soit en tant que réflexion romantique ou sentimentale, en tant que représentation autobiographique ou que dérive idéologique. Les thèmes « picassiens » résistent à une corrélation avec la réalité objective, qu'elle relève de la *res* ou de la nature. À la manière cubiste, Picasso réunit des images apparemment indépendantes les unes des autres à l'intérieur d'un même poème : le taureau, la guitare, le couteau, le sang, l'oiseau, le soir, etc. Il enchaîne ou superpose ces images dans un ensemble qui ne prétend nullement refléter une réalité objective externe. Il aspire à obtenir plutôt un effet kaléidoscopique, très semblable aux effets de distorsion du surréalisme et du cubisme. Ce sont des images plus propres à la réalité des songes, pleines de déplacements et de condensations, telles que les aurait vues Sigmund Freud.

On note parfois chez Picasso des traces de cette littérature attentive à la couleur locale andalouse dans la manière d'un García Lorca, mais il en fait un usage limité. Comme nous l'avons mentionné, on y trouve aussi des échos de la caricature ou de la satire féroce de Quevedo ou de Góngora, sans toutefois que l'auteur procède à une imitation directe. Comme dans le cas de sa réinvention des *Ménines*, Picasso est plus intéressé par un clin d'œil aux classiques que par une imitation directe. Il donne également plus d'importance au jeu qu'engendre la superposition d'images qu'à une réflexion sociale, politique ou en rapport avec la couleur locale. L'image du couteau n'est pas tant la métaphore terrifiante de la violence, que la représentation de l'impact visuel ou cognitif d'un objet : la lame du couteau.

Dans cette perspective, comme je l'ai déjà signalé dans des travaux antérieurs (Gutiérrez-Reixach, 2011), ce qui intéresse Picasso c'est créer une nouvelle réalité non référentielle, une réalité autonome où les associations sont libres, à la manière surréaliste. Mais cette connexion possible est elle-même refusée au lecteur, puisque parfois ne semble même pas exister la logique freudienne ou lacanienne du rêve (Lacan, 1966). C'est plutôt la logique grammaticale qui préside à ces associations arbitraires. Une logique plus abstraite mais aussi plus attachée à la forme, encore plus « déréalisée », si tant est que ce soit possible.

Le devenir pictural de Picasso montre clairement le passage de la réalité vécue à la réalité artistique, à travers le glissement des phases réalistes ou humanisées bleue et rose aux phases non réalistes de l'art cubiste. Les phases bleue et rose renvoient plus à un réalisme des sentiments, à la solitude, au désespoir, etc. Cependant, cette transition n'est pas détectable dans le développement de sa poétique. Quand Picasso commence à écrire, on pourrait dire qu'il a déjà atteint le stade de la réalité artistique. Par conséquent, on ne doit pas s'étonner de ne jamais y trouver une composition dotée d'un référent clair, objectal ou conceptuel. Picasso ne composera presque jamais de poèmes relatifs à des objets, des personnes ou des événements uniques et identifiables, c'est-à-dire en version plus réaliste ou objective. On ne peut non plus y trouver des réalités émotionnelles précises : tristesse, désespoir, amour/désamour, etc. Ce qu'on y trouve, c'est une expression de la réalité artistique, véhiculée par des techniques comme le collage, la superposition, la transposition d'éléments picturaux dans le texte, etc.

La réalité artistique que défend Picasso est celle d'une réalité inventée, presque opaque et par conséquent beaucoup plus difficile d'accès. Ce qui convertit la poésie « picassienne » en une poésie éminemment abstraite, sans accroches possibles dont pourrait se saisir le lecteur. Ce n'est pas une poésie facile, qu'on retient, dont on peut mémoriser des passages. Picasso a recours à la rime arbitraire, à l'allitération, au décalage, à la rupture, de même qu'à des éléments de distanciation, pour éviter de faciliter la mémorisation ou l'accès immédiat et de tomber définitivement dans certains travers auxquels ont succombé des poètes comme Lorca, Alberti ou Juan Ramón Jiménez. Comme nous l'avons insinué plus haut, on se rapproche plutôt ici de certains aspects de l'œuvre d'un autre poète de la génération de 1927, Jorge Guillén : une poésie plus intellectuelle, plus dense, plus abstraite, où est implicite la création d'un monde personnel et irremplaçable.

La posture concernant la représentation ou plutôt l'antireprésentation de Picasso est donc fondamentalement radicale, elle rejette les cendres ou les vestiges de la réalité. Il est intéressant de s'attarder ici sur la connexion entre l'image visuelle et la parole écrite de Picasso avec celle de deux grands « visualistes » littéraires du XXe siècle, originaires du Levante, Gabriel Miró et Antonio Azorín, connexion à laquelle on n'a pas véritablement prêté attention jusqu'à aujourd'hui. Aussi bien Miró qu'Azorín sont maîtres dans l'habileté à capter le visuel à travers le mot. Et chez ces deux auteurs la réalité en tant que représentation visuelle prend une teinte abstraite. Cependant, et surtout dans le cas d'Azorín, cette abstraction s'obtient à travers le gel du temps : la description minutieuse de tableaux statiques acquiert une coloration irréelle en se coupant de l'axe temporel, en se privant de toute fluctuation. Cependant, chez Picasso, l'absence de fluctuation ne provient pas de la congélation temporelle moyennant l'invasion descriptive de l'espace. Le temporel disparaît quand s'y incorpore une foule d'images, d'associations tantôt libres tantôt subtilement motivées. Picasso prend encore un peu plus ses distances vis-à-vis de la réalité, aussi bien sur le plan simplement spatial que sur le plan strictement temporel.

De même, cette narrativité est violemment remise en question quand Picasso viole délibérément les règles grammaticales. Il accomplit cette destruction dans ses poèmes en faisant usage de diverses stratégies. D'un côté, il insère des éléments syntactiquement arbitraires et bafoue les règles de la syntaxe ordinaire, ou bien il laisse des fragments de phrases inachevés ou ouverts. De même Picasso utilise de façon réitérée certaines conjonctions afin de relier entre eux des fragments dispersés, ou pour sortir ces conjonctions de leur usage habituel, ou bien il bouscule la grammaire en mélangeant délibérément les temps verbaux : le présent avec le passé, différentes valeurs aspectuelles, etc.

L'effet conjoint de toutes ces stratégies est de priver le lecteur de repères grammaticaux pour parvenir à comprendre ce qui se déroule dans le poème. Le lecteur se voit ainsi obligé d'accéder à la réalité artistique non référentielle et non réaliste instaurée par le poète sans l'aide des règles et des conventions standard du langage. Picasso impose une exigence extrême, dans son face-à-face avec le lecteur. Il le contraint de se situer à un stade de suspension de la rationalité afin de le faire accéder à la réalité poétique. Picasso propose donc une poésie pour minorités, une poésie qui exige la participation active du lecteur, qui doit créer sa propre réalité à partir de ce qui est exposé par l'auteur.

En résumé, on voit que la poésie de Picasso instaure et exemplifie à la perfection le prototype d'art déshumanisé ou d'avant-garde défendu par Ortega, presque autant ou plus que sa peinture. L'art de Picasso cherche à inventer une nouvelle réalité à partir des cendres du réel matériel ou idéal, et à travers une nouvelle logique intemporelle. Ainsi le cercle se referme et Picasso s'avère être, si on suit l'analyse d'Ortega, le plus « vélasquien » de ses contemporains, une comparaison qui rend justice à la stature artistique d'un des génies les plus marquants du XXe siècle. Tradition et révolution fraternisent de façon beaucoup plus intense que l'on pouvait le prévoir en principe. Picasso, en tant qu'inventeur d'une nouvelle réalité visuelle et d'une nouvelle réalité poétique, doit trouver sa place parmi les classiques non seulement de la peinture mais aussi de la création poétique hispanique.

Traduit de l'espagnol par Claude Fell.

Cette contribution a été lue à l'occasion du « Congrès international organisé par le Séminaire de romanistique de l'Université de Zurich en collaboration avec le Kunsthaus Zürich les 14-15 janvier 2011 : Par le mot, par l'image : l'œuvre littéraire de Picasso ».

Bibliographie

Javier Gutiérrez-Rexach, « A Linguistic Approach to the Poetry of Pablo Picasso », *Journal of Catalan Studies (Zeitschrift für Katalanistik)* 24, 2011.
Ann Hollander, *Moving pictures*, New York, Knopf, 1989.
Jacques Lacan, *Écrits*, Éditions du Seuil, 1966.
José Ortega y Gasset, « Del realismo en pintura », *El Imparcial*, 21 juin 1912.
Id., *La deshumanización del arte*, 1925, in *Revista de Occidente*, Madrid, 1976.
Id., *Vélasquez*, 1959, in *Vélasquez*, Madrid, Espasa Calpe, 1999 (rééd.).
Jaime Sabartés, *Dans l'atelier de Picasso*, Fernand Mourlot, 1952.
Darío Villanueva, *Teorías del realismo literario*, Madrid, Biblioteca Nueva, 2004.

Toutes portes ouvertes

Alejo Carpentier

Entrez avec confiance, car là aussi les dieux sont présents.
Héraclite.

L'Enterrement du comte d'Orgaz – El Entierro del Conde de Orgaz, *paru en Espagne en 1969 – fut traduit par Alejo Carpentier et publié en 1978. Carpentier rédigea en français ce texte inspiré. Si Cocteau rêvait « d'entendre la mélodie des guitares de Picasso », Carpentier, habité par l'œuvre picturale de l'artiste, est aussi entré dans le mystère de la langue « hors d'haleine » de Picasso, « dans cette invention sans pareil ou un récit-lierre solitaire en sa langue castillane », comme le disait le poète Rafael Alberti.*

Au labyrinthe de la crête – crête de coq et chemin de ronde de l'arène – le minotaure devant la thèse ; thésée matador, et le cheval du rapt des sabines, cheval de picador, qui est aussi le cheval éventré, hurlant, transpercé, au ventre déchiré par le taureau qui affûtait ses cornes sur l'écorce de l'arbre de Guernica – et la femme aux mains de trèfle qui crie dans la nuit, et la fille au profil de lampe très ancienne qui, levant un quinquet à pétrole acheté dans un bazar de l'Euskadi, se penche à la fenêtre pour dénombrer ses morts ; le soleil safran qui s'allume, sous la soupe au basilic et au fenouil, au fond du plat de céramique ; le rouge de murex, le rose d'abîmes parés de coquillages, le vert des verres polis par les vagues, le bleu d'aniline, la pelouse d'épais gazon, d'où naissent, crevant le décor, un satyre, un joueur de pipeau, les hamadryades éméchées, le gai vieillard couronné de feuillage, de grands déjeuners sur l'herbe, dans la joie de vivre, le chant, les ébats, de belles filles bien fessues, montées sur la croupe de centaures, de dresseurs, de belluaires, de picadors, conduits à pas d'amble ou de galop au rendez-vous de la mort pour lui faire l'appel du pied, la narguer, la défier, s'abattre sur elle, envoyant la bête solaire, étourdie, défaite, éborgnée de ses cornes, sur les planches du *burladero*, écran de l'effroi, miroir panique, où le soleil, pour le minotaure qui fonce fait disparaître les arlequins rouge et or aux estocs cachés sous les pourpres du sang, ainsi que la foudre endimanchée, lacée de rubans et de cocardes, des banderilles ; la bouillabaisse, et ses rascasses, et ses lamproies, et ses dauphins s'ébrouant dans la mosaïque romaine, et les galoubets de la sardane et le refrain très antique de l'homme à l'agneau ; les géantes impassibles au bord de l'eau, les demoiselles géantes dansant au bord de l'eau, menant leurs énormes trains d'enfer, leurs jambes lourdes d'été, leurs ventres de vénus antérieures aux vénus des histoires écrites, dansant, tournoyant, faisant claquer au vent leurs voiles de grosse bâche au-dessus des squelettes férocement étalés au soleil – le soleil, toujours – comme des débris d'animaux ancêtres de l'homme, qui auraient crevé au soleil à force d'aimer le soleil, laissant leurs carcasses pétrifiées près des colonnades, mortes de soleil, du temple de Paestum ; et, tout à coup – avant, après, qu'importe pour qui le temps s'appelle hier, demain, aujourd'hui ; tu te souviendras de demain, tu évoqueras l'avenir, tu pressentiras le passé, tu seras l'inventeur de tes aïeuls, tu te trouveras des annonciateurs dans la nuit des siècles – le journal, *Le Journal*, ouvert à la chandelle du petit jour, près du compotier de Cézanne et la pipe de Chardin, la clarinette du scythe qui découvrit les tarentelles et les poissardes de Pergolèse ; la mandoline et le papier peint, le triolet en clef de sol, le masque, le loup, le buste de craie montré – noir comme loup – en négatif ; la guitare du chant profond, sorti des entrailles – *cante jondo* – de la Niña de los Peines ou du Grand Boiteux de Malaga, hurlant leurs vraies douleurs et leurs feintes douleurs, les sept douleurs, les sept poignards de la vierge-mère, le dard flamboyant de saint Jean enfoncé dans la nuit obscure de la nonne pâmée, avec le plain-chant, hennissement de désespoir, melismes, hoquets, du cheval de Guernica ; les ménines d'en haut, de ce plateau de pierrailles où l'Escurial dresse ses funèbres géométries sur les tombes d'infants mort-nés, trop petits pour avoir mérité autre chose que des gâteaux de marbre, dans leur charnier – *pudridero*, pourrissoir – de basalte rouge ; les forains d'en bas, de la côte, dont la misère rose, la faim bleue, le ventre de la femme enceinte, rejoindraient, au-delà des époques, les croupes harnachées, les somptueux vertugadins, des infantes de Velasquez ; les sables et l'argile, les casseroles et les amphores, les vases et les plats qui se chauffent le cul aux braises de l'ivresse d'Elpénor ; et, venant des blés du Toboso – là où les villages s'appellent « ruche d'oreille », « œil de source », « font-aux-cabres » – les quichottes à l'encre noire sur blanc, les soleils blancs cernés de noir, arrivant au fil de l'eau, du pinceau, de la plume, vers la Barcelone des Quatre Gats que le grand manchot de la bataille navale avait vus comme une fête de drapeaux et d'oriflammes – *flàmulas y gallardetes* – pour assister au départ d'un inventeur d'images qui, longeant la mer, montant vers le nord, arriverait à une maison au nom de bateau, ornée d'un cornet à dés et d'un soleil cou coupé, d'où, malgré les horreurs de la guerre et les inquisitions qu'il aurait à connaître à l'égal de Goya, invité non invité, presque indésirable à force de mauvaises fréquentations de masques d'Afrique et de demoiselles d'Avignon, ferait sortir le scandale de ses besaces de muletier d'auberge espagnole – d'auberge espagnole où l'on mange ce que l'on apporte mais où l'on trouve aussi de quoi se nourrir pour des années à venir – avec les verts, et les gris des terres à cigales, le soufre et le poivron, qu'un grec avait amenés, faute de flambeaux, à l'enterrement du comte d'Orgaz, enterrement dont l'homme à l'agneau nous offre maintenant une chronique – chronique avec orgue de barbarie, trompettes de mise à mort, coblas catalanes et soupes froides de moissonneurs castillans – qui est surtout celle d'une méditerranée, mère de toute son œuvre, mouvante, changeante, miroitante, somptueuse, dont l'eau, toujours nouvelle bien que semblable à elle-même, est, éternellement, l'eau d'Héraclite – unité profonde de l'universel génie de Pablo Picasso.

Texte publié dans Pablo Picasso, L'Enterrement du comte d'Orgaz, *Gallimard, 1978, p. 33-36.*

VI
Finale

1. Pique III, 13 octobre 1959, Cannes

52,8 x 64 cm

Linogravure. Gravure à la gouge et au canif en deux couleurs sur un linoléum

Toutes les gravures présentes dans ce cahier iconographique appartiennent à des collections particulières

2. Portrait d'homme à la fraise (Variation d'après el Greco)
9 avril 1962, Mougins
34,8 x 26,8 cm
Linogravure. Gravure à la gouge en cinq couleurs et 6 passages sur deux linoléums
(avec plateau rapporté pour le cadre brun)

3. Portrait d'homme à la fraise (Variation d'après el Greco)
9 avril 1962, Mougins
53 x 40 cm
Linogravure. Gravure à la gouge en cinq couleurs et 6 passages sur deux linoléums

4. L'Étreinte I
15 octobre 1963, Mougins
53 x 63,8 cm
Linogravure. Gravure à la gouge fine, ou au canif, sur linoléum

5. L'Étreinte I
15 octobre 1963, Mougins
53 x 63,8 cm
Linogravure. Gravure à la gouge fine, ou au canif, sur linoléum

6. L'Étreinte
20 octobre 1963
34,2 x 42 cm ; 50 x 60,5 cm (papier) 60 x 66,5 x 4 cm
Pointe sèche et burin sur cuivre

7. Couple regardant une toile où figurent les trois Grâces
16 décembre 1966
22,4 x 32,2 cm ; 28 x 38 cm (papier) 44,5 x 54 x 4 cm
Eau-forte sur cuivre

8. Cavalier et son valet, et jeune fille vêtue d'une mante
16 mai 1968
8,9 x 12,4 cm ; 35,5 x 38 x 4 cm
Eau-forte sur cuivre

9. Cavalier et son valet, Celestine et Maja
7 juin 1968
5,9 x 8,4 cm ; 37 x 38 x 4 cm
Aquatinte sur cuivre

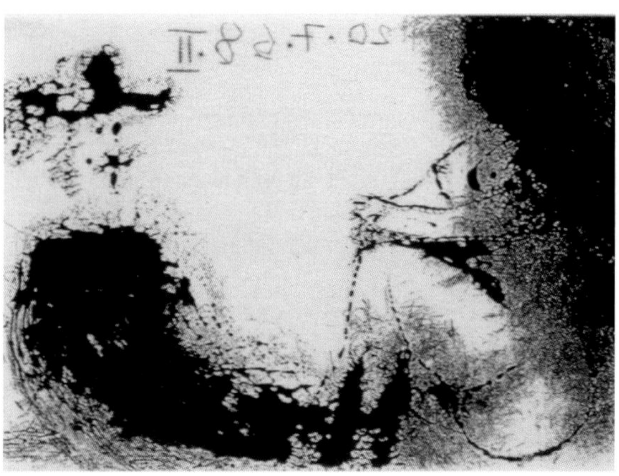

10. Conversation
20 juillet 1968
5,9 x 8,4 cm ; 37 x 38 x 4 cm
Aquatinte sur cuivre

11. La Celestine présentant ses deux pensionnaires à deux clients

21 mai 1968

8,9 x 12,4 cm ; 35,5 x 38 x 4 cm

Eau-forte et grattoir sur cuivre

12. Femme à sa toilette et
homme au chapeau rembranesque
8 août 1968
20,9 x 15,4 cm ; 44 x 37,5 x 4 cm
Eau-forte sur cuivre

13. Arbre dans la tempête
avec fuite vers une église
15 août 1968
19,9 x 32,5 cm ; 44,5 x 56 x 4 cm
Aquatinte et pointe sèche sur cuivre

14. Peintres aux champs :
autour du XIXe siècle et de Courbet
20 septembre 1968
20,8 x 26,6 cm ; 45 x 50 x 4 cm
Aquatinte sur cuivre

15. Le peintre et son chevalet
30 mars 1965
91 x 65 cm
Huile sur toile. Zervos XXV, 84

16. Portrait d'homme du XVIIe siècle aux cheveux bruns
6 avril 1967
65 x 54 cm ; 83,5 x 73 x 6,5 cm
Huile sur toile. Zervos XXV, 329

17. Tête d'homme
25 juillet 1971
100 x 81 cm
Huile sur toile. Zervos XXXIII, 116

Le scandale du dernier Picasso

Laurent Wolf

Le 19 novembre 1966, le ministre de la Culture, André Malraux, inaugure une gigantesque exposition Picasso qui occupe les galeries du Grand et du Petit Palais à Paris. C'est l'hommage de l'État au peintre de 85 ans qui ne se déplace pas pour l'occasion et qui refusera la Légion d'honneur un an plus tard ; le bilan presque posthume, aux yeux de tous sauf de l'artiste, d'une œuvre commencée à la fin du XIXe siècle. Un point final ? Picasso n'en a cure. Il recommence. Et ce qu'il va montrer jusqu'à l'année de sa disparition provoque des réactions parfois horrifiées, y compris dans les rangs de ses admirateurs.

Entre le 16 mars et le 5 octobre il réalise 347 estampes qui sont présentées peu après à la galerie Louise Leiris de Paris. Yvonne et Christian Zervos organisent une exposition de 167 peintures et de 45 dessins récents au Palais des Papes d'Avignon de mai à septembre 1970. En 1971, la galerie Leiris réunit les 194 dessins exécutés entre le 15 décembre 1969 et le 12 janvier 1971. En 1973, elle en présentera encore 172 autres, puis 156 estampes. Et du 23 mai au 23 septembre, c'est la deuxième exposition d'Avignon, avec 201 peintures accrochées sur plusieurs rangs superposés dans la chapelle du Palais des Papes.

Ces chiffres sont prodigieux. De la rétrospective officielle, croyait-on définitive, à sa mort le 8 avril 1973, des centaines d'œuvres. Picasso reprend frénétiquement tous les thèmes qu'il a abordés au cours de son existence. Il rend visite à ses proches dans l'art, à Rembrandt en particulier, à la sagesse et à la tragédie de l'âge, au corps qui échappe, qui s'en va, qui se soustrait à la vie sans que le désir de vivre n'ait rien perdu de sa puissance. Il dessine, il grave, il peint à toute allure. Pas de temps à perdre.

Il est difficile d'imaginer aujourd'hui comment furent accueillies les expositions de ce nouveau Picasso, indifférent à l'image qu'il avait patiemment construite. Il est difficile de savoir si ce fut cette indifférence ou la liberté du vieillard qui irrita autant le public. Les estampes et les dessins, passe encore. On y retrouvait l'abondance et la virtuosité qui retenaient les critiques. Mais la peinture ! Faite à la hâte, c'est visible. Trop vite, enfin on peut le dire ; ça dégouline, ça va dans tous les sens ; ça désobéit à toutes les règles de l'esthétique. Sénile ? À oublier sur le champ pour se rappeler du vrai Picasso, celui d'avant, qu'on avait mis du temps à accepter mais qui faisait maintenant l'unanimité ?

Picasso, encore, était en avance. Jusqu'alors, il avait mené ses batailles à l'intérieur de modes d'expression qui paraissaient éternels, la peinture et la sculpture. Mais depuis la fin des années 1950, ces modes d'expression sont mis en cause par de jeunes artistes qui pratiquent la performance, inventent les installations, œuvrent à l'électricité, utilisent les nouvelles technologies, du Super 8 à la vidéo et semblent tourner le dos au passé pour un avenir incertain. La démolition, Picasso connaît. Il ne s'en est pas privé. Démolir pour reconstruire. Cette fois il comprend que la bataille n'est plus dans la peinture, mais pour la peinture contre ce qui pourrait la perdre.

Entre l'avenir incertain de l'art qui est le fond de son existence et la certitude de la mort prochaine, il y a urgence. Le vieil homme s'en saisit à bras-le-corps. Il peint, il dessine sans relâche. Une fois de plus, ce qu'il fait est sans précédent. La précision du geste des dessins et des gravures ; la capacité de faire entrer tant d'images en une seule. Le lâcher-prise rendu visible dans ses tableaux. Il se fait confiance. Il fait confiance à la peinture. Il esquisse un avenir. Un brouillon peut-être, justement. C'est ce qu'il faut, s'engager sur une terre inconnue et la fouler avant les autres. Le « dernier Picasso » a légué cette confiance en l'art et la preuve qu'elle n'est pas vaine.

Biographie

ENFANCE

1881 **25 octobre :** Naissance de Pablo Ruiz Blasco à Malaga, fils de Don José Ruiz Blasco (1838-1913) et de Doña Maria Picasso y Lopez (1855-1939)

1884 Naissance de sa seconde sœur Dolorès (Lola) (1884-1958)

1887 Naissance de sa sœur Concepcion (Conchita) (1887-1895)

1889 Picasso peint son premier tableau à l'huile *Le Petit Picador*. Il a 8 ans

1891 Départ par mer de toute la famille pour La Corogne dans le nord de l'Espagne où le père est professeur à L'instituto da Guarda

1892 Pablo étudie à la Guarda

1893 Écrit et dessine une petite revue : *Azul y Blanco*

1894 Dessine des portraits et des caricatures dans la revue *La Coruña*
Premiers portraits à l'huile de ses parents et de son entourage

1895 Décès de sa sœur Conchita
Il découvre le Musée du Prado à Madrid pendant les vacances
À la rentrée la famille s'installe à Barcelone, 3, rue Cristina
Picasso suit les cours de l'Académie d'art La Lonja et y rencontre Manuel Pallarés

1896 *La Première Communion* est montrée à l'exposition des Beaux-Arts et de l'Industrie à Barcelone
Picasso s'installe dans son premier atelier, rue de la Plata à Barcelone

1897 *Science et Charité* reçoit une mention d'honneur à l'exposition générale des Beaux-Arts de Madrid puis une médaille d'or à l'exposition provinciale à Malaga
Installation à Madrid, 5, rue San Pedro Martir pour un bref passage à l'Académie San Fernando

1898 Retour à Barcelone
Picasso découvre Horta, village de son ami Pallarès

1899 Installation à Barcelone dans l'atelier 2 rue des Escudillers blancs
Fréquente le café Els 4 Gats où il rencontre Jaime Sabartés et Casagemas
Première eau-forte : *Le Picador (Le Gaucher)*

1900 Atelier avec Casagemas, 17, Riera de San Juan
Première exposition de 150 portraits de ses amis au café Els 4 Gats à Barcelone
Les Derniers Moments (œuvre qui sera recouverte en 1903 par le tableau *La Vie*) sont présentés à l'Exposition Universelle de Paris
Picasso part pour Paris avec son ami Casagemas
Atelier, 49, rue Gabrielle à Montmartre
La marchande d'art Berthe Weill lui achète trois pastels
Il rencontre le marchand Pedro Manach qui lui offre 150 F par mois contre quelques œuvres
Peint *Le Moulin de la Galette*, probablement son premier tableau parisien
Picasso rentre en Espagne à la fin de l'année et s'installe à Madrid. Casagemas reste à Paris

PICASSO A 20 ANS

1901 Casagemas se suicide à Paris à la suite d'une déception amoureuse
De retour à Paris, Picasso s'installe dans l'ancien atelier de Casagemas, 130, boulevard de Clichy
Il commence à signer ses tableaux du nom de sa mère : Picasso, mais signe également P. Ruiz Picasso ou P.R. Picasso
Rencontre Max Jacob lors d'une exposition à la galerie Vollard
À l'automne, début de la période bleue

Première exposition à la galerie Ambroise Vollard avec Iturtino. Il présente notamment l'autoportrait *Yo Picasso* et vend de nombreux tableaux

1902 Rupture du contrat avec Manach, il retourne à Barcelone, où il prend un atelier, 6, rue Nueva (rue Conde del Asalto)

Première sculpture, *Femme assise*

Exposition à la galerie Berthe Weill à Paris

Il rencontre Julio Gonzales avec qui il réalisera les sculptures en métal à la fin des années 1920 et au début des années 1930

De retour à Paris, il partage la chambre de Max Jacob, boulevard Voltaire

1903 Nouveau retour vers Barcelone où il reste pratiquement toute l'année. Ateliers Riera de San Juan puis 28 rue del Comercio

Peint *La Vie* et *Celestina*, l'entremetteuse borgne du roman de Fernando de Rojas (1465-1541)

1904 Picasso s'installe définitivement à Paris au Bateau-Lavoir, 13 rue de Ravignan à Montmartre

Il retrouve dans le café parisien Le lapin agile à Montmartre l'atmosphère des 4 Gats. Il y fréquente les poètes Apollinaire et Salmon, et le marchand Uhde

Découvre le cirque Medrano et son monde marginal

Brève liaison avec un modèle, Madeleine

Rencontre Fernande Olivier, modèle également, qui s'installe avec lui à Montmartre

Dernière exposition chez Berthe Weill

Début de la période rose

1905 Premier texte critique d'Apollinaire sur Picasso dans la revue *La Plume*

Nouveau café, nouvelles rencontres : la Closerie des Lilas à Montparnasse

Séjour en Hollande à Schoorl au début de l'été chez l'écrivain Tom Schilperoort

Premières gravures

Découvre la rétrospective Ingres au Salon d'automne où les « fauves » font scandale

Rencontre à l'automne les collectionneurs américains Gertrude et Leo Stein, et le Russe Chtchoukine

Il visite l'exposition de sculptures ibériques préromanes d'Osuna et de Cerro de los Santos au Louvre

1906 Picasso fait la connaissance de Matisse et Derain

Première importante vente de toiles au marchand Ambroise Vollard pour 2000 francs-or

Voyage à Barcelone puis à Gosol avec Fernande durant l'été

Fin août, Picasso termine le portrait de Gertrude Stein interrompu depuis le printemps, amorce du cubisme

Octobre, mort de Cézanne dont on expose des huiles au Salon d'automne

1907 Achat de deux têtes ibériques en pierre grâce à Apollinaire

Il découvre les collections d'art africain au Musée du Trocadéro et réalise quelques sculptures en bois qui s'en inspirent

Apollinaire lui présente Braque

Picasso peint *Les Demoiselles d'Avignon* précédées de nombreuses études : le cubisme est né. Picasso a 26 ans

Le marchand Kahnweiler devient son marchand et ami

Rétrospective *Cézanne* au Salon d'automne

1908 Séjour à La-Rue-des-Bois, au nord de Paris, avec Fernande

Le mot « cubisme » est lancé par le critique Louis Vauxcelles dans la revue *Gil Blas* en commentaire d'une Exposition Braque à la galerie Kahnweiler

À l'automne, Picasso donne un banquet en l'honneur du Douanier Rousseau au Bateau-Lavoir

En hiver, début d'une collaboration intense et d'une étroite amitié avec Braque d'où va émerger le cubisme analytique puis synthétique

1909 Peint le tableau *Pain et compotier aux fruits sur une table*

Séjourne l'été à Barcelone puis retourne à Horta de Ebro (aujourd'hui Horta de San Juan) avec Fernande chez son ami Pallarés

À la rentrée, déménagement dans un nouvel atelier, 11, boulevard de Clichy. Il conserve le Bateau-Lavoir

1910 Portraits cubistes des marchands Vollard, Kahnweiler et Uhde
Été à Barcelone puis à Cadaqués avec les Derain
Picasso illustre *Saint Matorel* de Max Jacob
Exposition chez Vollard pendant l'hiver

PICASSO A 30 ANS

1911 Exposition à la galerie Stieglitz de New York
Scandale au Salon des Indépendants : les cubistes choquent. Pourtant, Picasso et Braque n'y participent pas
Passe l'été à Céret avec Fernande et Braque
Le peintre, critique et poète Soffici écrit le premier article en italien sur le cubisme. Les futuristes Boccioni, Severini, et Carra visitent Picasso
Scandale des vols du Louvre. Picasso rend les deux têtes ibériques achetées en 1907
Rencontre Eva Gouel (Marcelle Humbert) qui apparaît dans le tableau *Ma Jolie*

1912 Présente des œuvres aux expositions de la Sécession berlinoise et du Blaue Reiter de Munich
Séjourne au printemps à Céret avec Eva. Ils passent l'été à Sorgues (près d'Avignon) dans la villa Les Clochettes en compagnie de Braque et sa femme
Premier collage, *Nature morte à la chaise cannée*
Sculptures en carton ou en bois reprenant en trois dimensions les recherches des papiers collés
À la rentrée, il quitte ses deux ateliers du boulevard de Clichy et du Bateau-Lavoir. Il s'installe à Montparnasse, 242, boulevard Raspail avec Eva
Contrat exclusif de trois ans avec Kahnweiler

1913 Huit œuvres sont exposées à l'Armory Show de New York (dont une *Tête de Fernande* en bronze)
La galerie Thannhaüser de Munich lui organise sa première rétrospective en Allemagne
Mort de son père le 3 mai
Après quelques mois à Céret avec Eva et Max Jacob, Picasso déménage dans un appartement avec atelier au 5 bis, rue Schoelcher à Paris
Petites natures mortes en trois dimensions, en bois ou en métal

1914 Sculpture *Le Verre d'absinthe*, tirée à six exemplaires en bronze peint
Picasso et Eva passent tout l'été à Avignon où ils retrouvent Braque et Derain. Mais la Première Guerre mondiale est déclarée et ces derniers, comme Apollinaire, sont mobilisés en août
Kahnweiler, de nationalité allemande, est contraint à l'exil en Italie. Sa galerie est mise sous séquestre
Exposition Braque-Picasso à la galerie 291 de New York

1915 Portraits réalistes au crayon de Max Jacob et Ambroise Vollard
Violon, en tôle et en fil de fer
Picasso rencontre Cocteau
Gravement malade, Eva meurt le 14 décembre

1916 Cocteau lui présente le directeur des Ballets russes Diaghilev. Ils lancent le projet de *Parade* dont Cocteau écrira le livret et Satie la musique. Picasso concevra les décors et les costumes
Les Demoiselles d'Avignon sont exposées pour la première fois sous ce nom lors d'une exposition sur l'*Art moderne en France* chez Paul Poiret au Salon d'Antin organisée par André Salmon
Homme accoudé sur une table mélange les techniques du collage et de la peinture
Nouvelle petite maison à Montrouge en banlieue parisienne, 22, rue Victor-Hugo
Picasso devient « L'Oiseau du Bénin » dans *Le Poète assassiné* d'Apollinaire

1917 Voyage en Italie avec les Ballets russes. Il visite Pompéi, Herculanum et les musées de Naples en compagnie d'Igor Stravinski et de Léonide Massine, puis Florence et Milan. Il trouve un atelier à Rome, via Margutta, où il réalise les décors de *Parade*
Il rencontre Olga Kokhlova, danseuse russe dans la troupe de Diaghilev
Au Théâtre du Châtelet à Paris, première de *Parade* qui fait scandale
Il suit la tournée de *Parade* à Barcelone où il retrouve sa famille après cinq ans d'absence
Les Ballets russes partent en tournée en Amérique du Sud. Olga reste avec Picasso. Ils s'installent à Montrouge
Portrait d'Olga dans un fauteuil marque le début d'une nouvelle période où cohabiteront le style néoclassique et la poursuite des expériences cubistes

1918 Exposition de Picasso et Matisse, galerie Paul Guillaume à Paris
Picasso déménage à l'hôtel Lutetia de Paris avec Olga
En mai, Apollinaire épouse Jacqueline Kolb, Picasso et Vollard sont les témoins
Picasso épouse Olga le 12 juillet à l'église russe de la rue Daru. Cocteau, Max Jacob et Apollinaire sont ses témoins.
Le couple part ensuite pour Biarritz chez Eugenia Errazuriz, villa La Mimoseraie
De retour à Paris, il rencontre André Breton. Paul Rosenberg devient son marchand
Apollinaire meurt terrassé par la grippe espagnole
Olga et Picasso s'installent 23 bis, rue de la Boétie à Paris

1919 Il rencontre le peintre catalan Joan Miró à Paris
S'installe à Londres pendant trois mois pour peindre le rideau de scène du *Tricorne* (musique de De Falla, chorégraphie de Massine, décors de Picasso)
Séjour d'été à Saint-Raphaël avec Olga
Expose chez Rosenberg à Paris
Cocteau publie *Ode à Picasso*
Première donation par Picasso à Barcelone : *L'Arlequin* (huile sur toile, 1917)
Premières lithographies

1920 *Pulcinella* à l'Opéra de Paris (musique de Jean-Baptiste Pergolèse arrangée par Igor Stravinski, chorégraphie de Leonide Massine, décors de Picasso)
Nouvel été à Saint-Raphaël puis Juan-les-Pins
Kahnweiler ouvre sa nouvelle galerie sous le nom de son associé André Simon

Picasso a 40 ans

1921 Naissance de son premier fils, Paul
Représentations de *Cuadro Flamenco* (musique de Manuel de Falla, décors et costumes de Picasso)
Les collections de Wilhelm Uhde et de Daniel-Henry Kahnweiler, saisies pendant la guerre, sont mises en vente
Passe l'été à Fontainebleau avec Olga et Paul
Exposition à Londres et à Paris

1922 Première monographie sur Picasso par Maurice Raynal
Vacances d'été à Dinard avec Olga et Paul
Décors pour *Antigone* de Cocteau d'après Sophocle

1923 Grande interview de Picasso dans la revue *The Arts* de New York
Été familial au cap d'Antibes

1924 Le collectionneur Jacques Doucet achète *Les Demoiselles d'Avignon* sur les conseils d'André Breton
Première de *Mercure* (musique de Satie, chorégraphie de Massine, décors et costumes de Picasso). Les dadaïstes traitent Picasso de « vieux pompier ». Aragon, Breton, Desnos, Ernst et Poulenc le défendent dans *Paris-Journal*
Première du *Train bleu* (musique de Darius Milhaud, livret de Cocteau, décors de Laurens, costumes de Chanel, chorégraphie de Nijinski, rideau de scène d'après une peinture de Picasso, *Deux Femmes courant sur la plage*)
Été à Juan-Les-Pins

1925 Séjourne à Monte Carlo avec les Ballets russes
Participe à la première exposition surréaliste, galerie Pierre à Paris, avec Arp, De Chirico, Max Ernst, Paul Klee, André Masson et Joan Miro
Le Baiser et *La Danse* marquent un nouveau changement de style et la fin du néoclassicisme
1926 Début de son amitié avec l'éditeur Christian Zervos qui fonde la revue *Cahiers d'art*
Peint l'*Atelier de la modiste* en grisaille
Assemblages d'objets – clous, serpillières, chemises, ficelles, etc. – connus sous le nom de « Guitares »
Été à Juan-Les-Pins et Antibes
À l'automne, voyage à Barcelone avec Olga
1927 Rencontre Marie-Thérèse Walter dans la rue
Été à Cannes avec Olga et Paul
Dessine à l'encre de Chine des baigneuses intitulées *Métamorphoses*
Premières planches du *Chef-d'œuvre inconnu*, ensemble de gravures édité par Vollard en 1931
1928 Première apparition dans son œuvre de son plus fameux *alter ego*, le Minotaure
Collaboration avec son ami espagnol Julio Gonzales sur des constructions-sculptures en fil de fer, notamment le projet pour un monument à Apollinaire
Vacances à Dinard avec Olga, Paul et (secrètement) Marie-Thérèse
Carnet de Dinard, dessins d'éléments corporels combinés de diverses manières
1929 Travaille encore avec Julio Gonzalez
Portraits de femme très agressifs dont *Grand Nu au fauteuil rouge*
Rencontre Salvador Dalí
Nouvel été à Dinard
1930 La revue *Documents* publie un numéro spécial sur Picasso
Nouvel atelier à Boisgeloup, au nord-ouest de Paris, idéal pour la sculpture à laquelle il se consacre activement
Été à Juan-les-Pins
Marie-Thérèse emménage au 44, rue de la Boétie
Il reçoit le prix Carnegie pour le *Portrait d'Olga de profil*

Picasso a 50 ans

1931 Édition du *Chef-d'œuvre inconnu* de Balzac illustré par des gravures de Picasso ainsi que des *Métamorphoses d'Ovide*
Importante activité de sculpture à Boisgeloup où le visage de Marie-Thérèse est omniprésent
Été à Juan-les-Pins
Commence les gravures qui constitueront la *Suite Vollard*
Expositions à New York (*Picasso's abstractions)* puis à Londres (*Thirty years of Pablo Picasso*)
1932 Première rencontre avec Brassaï rue de la Boétie
Première rétrospective de 236 œuvres choisies par Picasso à la galerie Petit à Paris. Cette exposition sera reprise en Suisse au Kunsthaus de Zurich pour sa première rétrospective dans un musée
Été à Boisgeloup
Variations d'après la *Crucifixion* de Matthias Grünewald, dessins
Parution du premier tome du catalogue raisonné de Picasso par Christian Zervos
1933 Continue les gravures de la *Suite Vollard*
Début du thème du Minotaure (qui occupe Picasso toute l'année). Des gravures sont publiées dans la nouvelle revue du même nom éditée par Skira et Tériade. La couverture du premier numéro est illustrée par le collage *Minotaure*
Dans cette même revue, Brassaï publie des photos de la sculpture de Picasso à Boisgeloup accompagnées d'un texte de Breton

1934 Voyage en Espagne : Madrid, Tolède, Saragosse, Barcelone avec Olga et Paul
Fernande Olivier publie ses mémoires *Picasso et ses amis*
Parution du premier tome du catalogue raisonné de Bernhard Geiser sur les gravures et la lithographie

1935 *La Minotauromachie*, gravure autobiographique, symbolise une période difficile pour Picasso : il cesse bientôt de peindre pour se consacrer à l'écriture poétique que publie la revue *Cahiers d'art*
Séparation de Picasso et Olga
Été à Boisgeloup et Paris
Naissance de Maria de la Concepcion appelée Maya, fille de Marie-Thérèse et Picasso
Jaime Sabartés devient son secrétaire particulier

1936 Début de l'amitié entre Picasso et le poète Paul Éluard
Rencontre Dora Maar
Début de la guerre civile en Espagne
La République espagnole le nomme symboliquement directeur du Prado
Premier séjour à Mougins dans le sud de la France en compagnie des Zervos, des Éluard, Man Ray et René Char. Dora Maar les rejoint. Il va à Vallauris pour la première fois
Il quitte l'atelier de Boisgeloup. Vollard lui prête une maison à Tremblay-sur-Mauldre
Rideau de scène pour la pièce de Romain Rolland *Le 14 juillet*

1937 Picasso dénonce le franquisme à travers *Songe et mensonge de Franco*, deux planches gravées à l'eau-forte qu'il vend au profit des républicains espagnols
Nouvel atelier au 7, rue des Grands-Augustins (où Balzac situe plus ou moins l'action du *Chef-d'œuvre inconnu*), trouvé par Dora Maar
Le 26 avril, les Allemands bombardent la ville espagnole de Guernica. Le monde entier est sous le choc. Picasso a trouvé le sujet du tableau commandé pour le pavillon espagnol de l'Exposition internationale de Paris
Guernica est exposée au pavillon espagnol à partir du 12 juillet avec deux sculptures de Picasso
Été à Mougins avec Dora Maar
Rend visite à Paul Klee à Berne (Suisse)
Les Demoiselles d'Avignon quittent la France, acquises par le MoMA de New York
Nombreux portraits de Dora Maar et de Marie-Thérèse, chacune dans une gamme de couleurs et selon des codes de représentation fidèles à leurs personnalités

1938 Portraits de sa fille : *Maya avec sa poupée*, *Maya au bateau*
Guernica et quelques études sont montrés à Londres, ailleurs en Europe et aux États-Unis entre 1938 et 1939
Été à Mougins avec Dora Maar
Gertrude Stein publie *Picasso*

1939 Début de la Seconde Guerre mondiale
Mort de sa mère le 13 janvier à Barcelone et du marchand Ambroise Vollard le 22 juillet à Versailles
Allers-retours entre Paris et Royan
Grande rétrospective itinérante aux États-Unis, première étape au MoMA de New York, *Picasso, Fourty years of his art*, 344 œuvres choisies par Picasso dans sa propre collection dont *Guernica* et ses études
La maison de Boisgeloup est réquisitionnée par les troupes françaises

1940 Séjours à Royan avec Dora Maar, natures mortes du marché, *Café à Royan*
Picasso abandonne la rue de La Boétie et s'installe rue des Grands-Augustins, Rosenberg s'exile aux États-Unis et Kahnweiler part en zone libre

PICASSO A 60 ANS

1941 Picasso écrit une pièce de théâtre *Le Désir attrapé par la queue*
Marie-Thérèse s'installe au 1, boulevard Henri-IV à Paris avec Maya

Sculpture *Tête de Dora Maar* en bronze qui sera placée en 1959 dans le square Saint-Germain-des-Prés

1942 Mort de son ami sculpteur Julio Gonzales le 27 mars
Peint *Nature morte au crâne de bœuf*
Vlaminck écrit un article virulent dans *Comœdia* contre Picasso qui est soutenu par les jeunes peintres et les résistants

1943 Plâtre de *Tête de mort*, qui sera coulé en bronze
Dessins pour *L'Homme au mouton*
Il rencontre Françoise Gilot

1944 Mort de Max Jacob au camp de Drancy le 5 mars
Camus, Sartre, Beauvoir, Dora Maar et les Leiris mettent en scène *Le Désir attrapé par la queue*
Libération de Paris le 25 août. Picasso reçoit de nombreux soldats américains et anglais dans son atelier de la rue des Grands-Augustins
Il adhère au Parti communiste français
Il présente pour la première fois au Salon d'automne 74 peintures et 5 sculptures

1945 Mort de Robert Desnos au camp de concentration de Theresienstadt le 8 juin
Retour à la lithographie à l'atelier Mourlot avec la *Tête de Françoise*
Exposition commune Picasso/Matisse à Londres au Victoria & Albert Museum
Poèmes d'Éluard, *À Pablo Picasso*, de René Char, *Le Marteau sans maître* et de Valéry, *Jours de gloire*, avec des œuvres graphiques de Picasso
Rideau de scène pour *Rendez-Vous*, ballet de Roland Petit d'après Prévert

1946 Grande rétrospective au MoMA de New York
Françoise Gilot devient *La Femme-fleur*
Ils passent l'été à Ménerbes puis Antibes et Golfe-Juan
À la rentrée, le château Grimaldi d'Antibes devient son atelier
Il y travaille sur des plaques de fibro-ciment et contreplaqué
Ce nouvel environnement lui inspire des sujets méditerranéens et mythologiques. Il peint *La Joie de vivre*
Gertrude Stein, l'un de ses premiers collectionneurs et marchands, meurt le 27 juillet
Il participe à l'exposition *Art et résistance* au Musée national d'art moderne à Paris
Publication de *Portraits et souvenirs* de Sabartés
À la suite d'une première visite à la poterie Madoura, il réalise de nombreux dessins de céramiques qu'il tentera d'exécuter en terre cuite dès l'année suivante

1947 Naissance de Claude, son second fils
Il s'installe à la poterie Madoura à Vallauris et commence une nouvelle activité de céramiste
Mort du marchand Léonce Rosenberg le 31 juillet
Décor du spectacle *Œdipe Rex* de Sophocle, au théâtre des Champs-Élysées

1948 Le film *Visite à Picasso* est tourné par Paul Haesaerts à Vallauris et Antibes
Il illustre *Le Chant des morts* de Reverdy
Pablo, Françoise et Claude s'installent dans la villa La Galloise à Vallauris
Picasso se rend au Congrès des intellectuels pour la Paix en Pologne à Wroclaw. Il voit Cracovie, Varsovie, Auschwitz. Il milite pour la liberté de Pablo Neruda, persécuté au Chili
Une première grande exposition de ses céramiques est organisée à la Maison de la Pensée française à Paris
Parution de *Vingt Poèmes* de Gongora, illustrés par Picasso. Françoise est présente à chaque page

1949 Parution de *Les Sculptures de Picasso*, par Daniel-Henry Kahnweiler
La lithographie *La Colombe* devient l'affiche du Congrès pour la Paix à Paris
Naissance de Paloma, sa seconde fille
Naissance de son premier petit-fils, Pablito, fils de Paul
Importante activité de sculpture dans son nouvel atelier du Fournas à Vallauris

1950 La sculpture *L'Homme au mouton* de Picasso est installée sur la place du village de Vallauris qui nomme l'artiste citoyen d'honneur

Les Demoiselles des bords de la Seine d'après Courbet
Il se rend à Sheffield en Angleterre à la deuxième conférence de la Paix
Il reçoit le prix Lénine de la Paix
La Petite Fille à la corde, La Chèvre, et *La Femme à la poussette* illustrent l'élaboration ludique de sculptures à partir de matériaux divers
Corps perdus d'Aimé Césaire avec 32 illustrations de Picasso

PICASSO A 70 ANS

1951 Picasso et Françoise visitent Matisse dont on inaugure la chapelle à Vence
Picasso est obligé de quitter son atelier-appartement de la rue de La Boétie. Toute la famille emménage rue Gay-Lussac à Paris
Le Visage de la Paix, dernière collaboration Éluard/Picasso
Le deuxième enfant de Paul est une fille, Marina

1952 Début du projet de la chapelle de Vallauris (futur temple de la Paix) avec deux grands panneaux *La Guerre* et *La Paix*
Mort de Paul Éluard le 18 novembre
Picasso termine sa deuxième pièce de théâtre commencée en 1947, *Les Quatre Petites Filles*
Daniel-Henry Kahnweiler publie *Huit Entretiens avec Picasso* suivi un an plus tard par *Picasso et le cubisme*
Première rencontre avec Jacqueline Roque

1953 *Les Demoiselles d'Avignon* sont exposées pour la première fois depuis 1916 à Paris au Musée national d'art moderne
Scandale au Parti communiste français après la publication d'un portrait de Staline par Picasso dans *Les Lettres françaises* à l'occasion de sa mort, jugé non conforme à l'orthodoxie communiste
Séjour à Perpignan
Françoise Gilot quitte Picasso ; elle emmène Claude et Paloma à Paris
Rétrospective itinérante à Rome puis Milan
La ville de Barcelone acquiert le palais Aguilar, futur Musée Picasso

1954 Les œuvres *La Guerre* et *La Paix* sont installées à la chapelle de Vallauris
Jacqueline Roque devient sa dernière compagne
Première linogravure
Mort de Matisse le 3 novembre
Décor pour *Chant funèbre* de Garcia Lorca
Début de la série de 15 variations et deux lithographies d'après *Les Femmes d'Alger* d'Eugène Delacroix

1955 Sa femme Olga meurt le 11 février
Rétrospective au musée des Arts décoratifs de Paris où *Guernica* est présentée. L'exposition va à Munich, Cologne et Hambourg
Il achète une très grande maison, la villa Californie à Cannes, dont l'architecture va habiter de nombreux dessins et tableaux les années suivantes
Henri-Georges Clouzot tourne *Le Mystère Picasso* aux studios de Nice
Début de la collaboration avec le sculpteur norvégien Carl Nesjar en vue de la réalisation de sculptures en béton d'après des dessins de Picasso

1956 *Baigneurs sur la plage de la Garoupe,* dessins, tableau, sculptures-assemblages en bois qui seront coulés en bronze
Picasso et d'autres intellectuels signent une lettre adressée au Parti communiste contre l'intervention soviétique en Hongrie

1957 Entre le mois d'août et la fin décembre, 58 variations sur *Les Ménines* de Diego Vélasquez
Carl Nesjar réalise les premières versions en bétograve des dessins de Picasso pour un bâtiment officiel d'Oslo
Début des sculptures en tôle

1958 Le Palais de L'Unesco accueille une fresque, *La Chute d'Icare*
Nouvelle maison, nouvel atelier au château de Vauvenargues, au pied de la montagne Sainte-Victoire, emblématique de Cézanne
Sa sœur Dolorès dite Lola meurt
1959 Nouvelle exploration de la linogravure avec notamment *Le Portrait de jeune fille d'après Cranach.*
La *Tête de Dora Maar* en bronze est choisie comme monument à Apollinaire et installée square Saint-Germain-des-Prés à Paris
Début des variations sur *Le Déjeuner sur l'herbe* d'après Manet
Inauguration de la Chapelle de Vallauris décorée de *La Guerre* et *La Paix*
Collaboration au film de Cocteau *Le Testament d'Orphée*
Naissance du second fils de Paul, Bernard
1960 Reprise du thème du peintre et son modèle qui va occuper les années suivantes
Grande rétrospective à la Tate Gallery de Londres
Rideau de scène de *L'Après-Midi d'un faune* de Serge Lifar (d'après Nijinsky)

PICASSO A 80 ANS
1961 Premières esquisses pour *L'Enlèvement des Sabines* d'après Poussin
Picasso et Jacqueline se marient le 2 mars à Vallauris et s'installent à Notre-Dame-de-Vie à Mougins
Pour ses 80 ans, Picasso est fêté dans le monde entier
Mes galeries et mes peintres de Daniel-Henry Kahnweiler
Le photographe David Douglas Duncan publie *Les Picasso de Picasso*
Travaille assidûment les tôles découpées en collaboration avec Lionel Prejger qui les réalise dans son usine
1962 Le prix Lénine de la Paix est attribué pour la seconde fois à Picasso
Réalise une gouache pour le décor du ballet de Serge Lifar *Icare*
Plus d'une centaine d'œuvres graphiques, en majorité des gravures sur linoléum
Publication de la monographie de Jean Cocteau *Picasso de 1916 à 1961*
Le visage de Jacqueline domine l'ensemble de la production peinte, gravée et sculptée
1963 Ouverture au printemps du Musée Picasso de Barcelone
Picasso continue la gravure en collaboration avec les frères Crommelynck
Dessins en couleur de *Bethsabée au bain* d'après Rembrandt
Braque et Cocteau meurent les 31 août et 11 octobre
1964 Publication du livre de Françoise Gilot *Life with Picasso* (parution française en 1965)
Brassaï publie ses *Conversations avec Picasso*
Grandes rétrospectives au Canada et au Japon
1965 Suite des *Peintre et son modèle*, dont une trentaine de peintures réalisées au mois de mars
Version sculptée en béton par Carl Nesjar du *Déjeuner sur l'herbe* qui est installée au Moderna Museet de Stockholm
1966 Mort d'André Breton, le 28 septembre
Ses 85 ans sont l'objet de nombreuses célébrations : Paris organise une rétrospective de toute son œuvre aux Grand et Petit Palais où le public lui fait un triomphe.
1967 Il refuse la Légion d'honneur
N'ayant pas occupé l'appartement depuis douze ans, il est expulsé de son atelier des Grands-Augustins
Une gigantesque sculpture de métal *Tête de femme* est installée à Chicago
1968 Mort de son secrétaire et ami Jaime Sabartés le 16 février. En souvenir, Picasso donne au Musée Picasso de Barcelone les variations sur *Les Ménines* d'après Vélasquez et un portrait de son fidèle ami et secrétaire datant de la période bleue
Série des 347 gravures qui seront exposées à la galerie Louise Leiris de Paris
Installation du buste monumental de Sylvette à l'Université de New York
Parution du premier tome de *L'Œuvre gravé de Picasso* de Georges Bloch et du second tome de *Picasso. Peintre graveur* par Bernhard Geiser

1969 Parution à Barcelone de *L'Enterrement du comte d'Orgaz* (écrit en 1957-1959), avec une préface de Rafael Alberti

Après avoir été présentée à Paris la *Série 347* est exposée à Zurich, Hambourg, Cologne, Stockholm, Nagoya et Toronto

Exposition de 194 dessins à la galerie Louise Leiris

1970 Yvonne Zervos meurt le 20 janvier, bientôt suivie le 12 septembre de son mari Christian Zervos

Picasso donne au Musée Picasso de Barcelone une grande partie de ses œuvres de jeunesse

Des milliers de visiteurs découvrent les derniers Picasso au Palais des Papes à Avignon, 167 tableaux et 45 dessins où l'on retrouve les sujets du moment : Les Mousquetaires, Les Matadors, La Famille, Les Maternités, Les Étreintes

Le Bateau-Lavoir est détruit par un incendie

PICASSO A 90 ANS

1971 Picasso offre au MoMA de New York son premier assemblage en métal, *Guitare* (1912)

Picasso expose 8 toiles dans la Grande Galerie du Louvre

La Ville de Paris le nomme citoyen d'honneur

1972 Exposition de 172 dessins réalisés entre novembre 1971 et août 1972 à la galerie Louise Leiris

1973 Exposition de 156 œuvres graphiques réalisées de fin 1971 à mars 1972 à la galerie Louise Leiris

Picasso meurt dans sa maison Notre-Dame-de-Vie à Mougins le 8 avril à l'âge de 92 ans et est enterré au château de Vauvenargues

Le Palais des Papes d'Avignon accueille l'exposition posthume de 201 peintures dédiée à Yvonne Zervos comme le souhaitait Picasso

Bibliographie sélective

Jeanne-Yvette Sudour

OUVRAGES DE RÉFÉRENCE ET CATALOGUES RAISONNÉS

BAER, Brigitte, GEISER, Bernhard. Picasso peintre-graveur, 7 vol. et addendum. Berne: Kornfeld, 1986-1996

BLOCH, Georges. Pablo Picasso, catalogue de l'œuvre gravé et lithographié, tome I, 1904-1967. Berne: Kornfeld et Klipstein, 1968

BLOCH, Georges. Pablo Picasso, catalogue de l'œuvre gravé et lithographié, tome II, 1966-1969. Berne: Kornfeld et Klipstein, 1971

BLOCH, Georges. Pablo Picasso, catalogue de l'œuvre gravé céramique, tome III, 1949-1971. Berne: Kornfeld et Klipstein, 1972

BLOCH, Georges. Pablo Picasso, catalogue de l'œuvre gravé et lithographié, tome IV, 1970-1972. Berne: Kornfeld et Klipstein, 1979

CRAMER, Patrick; GOEPPERT, Sebastian; GOEPPERT-FRANK, Herma. Pablo Picasso, catalogue des livres illustrés. Genève: Patrick Cramer, 1983

CZWIKLITZER, Christophe. Les Affiches de Picasso. Bâle-Paris: Art-C.C., 1970

DAIX, Pierre; BOUDAILLE, Georges; ROSSELET, Joan. Picasso, 1900-1906, catalogue raisonné de l'œuvre peint. Neuchâtel: Ides et Calendes, 1966, 1988

DAIX, Pierre; ROSSELET, Joan. Le Cubisme de Picasso, catalogue raisonné de l'œuvre peint 1907-1916. Neuchâtel: Ides et Calendes, 1979

DUNCAN, David Douglas. Les Picasso de Picasso. Paris: Bibliothèque des arts, 1961

FAIREWEATHER, Sally. Picasso's concrete sculptures. New York: Hudson Hills Press, 1982

GEISER, Bernhard. Picasso peintre-graveur, catalogue illustré de l'œuvre gravé et lithographié, vol. I, 1899-1931. Bern: B.Geiser, 1933; vol. II, 1932-1934; Berne: Kornfeld et Klipstein, 1948

MOURLOT, Fernand. Picasso lithographe, 4 vol. Monte Carlo: André Sauret, 1949-1954

RAMIE, Georges. Céramique de Picasso. Paris: Cercle d'art, 1974

RAMIE, Alain. Picasso. Catalogue de l'œuvre céramique édité 1947-1971. [Vallauris]: Madoura, 1988

SPIES, Werner; PIOT, Christine. Picasso sculpteur. Paris: Centre Georges Pompidou, 2000

ZERVOS, Christian. Pablo Picasso, 33 vol. Paris: Éditions des Cahiers d'art, 1932-1978

MONOGRAPHIES et TÉMOIGNAGES

ALBERTI, Rafael, Picasso en Avignon. Paris: Cercle d'art, 1971

ALBERTI, Rafael. Picasso, Le Rayon Ininterrompu, Paris: Cercle d'Art, 1974

ARAGON, Louis. Écrits sur l'art moderne, préf. Jean Ristat. Paris: Flammarion, 2011

ASHTON, Dore. Picasso on Art: A Selection of Views, Londres: Thames and Hudson, 1972

AXIONOV, Ivan; Gérard CONIO (Trad.); Natalia ADASKINA (Préf.). Picasso et alentours. Paris: Infolio, 2012

BARR, Alfred Hamilton. Picasso, Fifty Years of his Art. New York: The Museum of Modem Art, 1946, 2e éd., 1966, 3e éd. 1974
BERGER, John. La réussite et l'échec de Picasso, Paris: Denoël, 1968
BERNADAC, Marie-Laure et MICHAEL, Androula. Picasso. Propos sur l'art, Paris: Gallimard, 1998
BERNADAC, Marie-Laure; DU BOUCHET, Paule, Picasso, le sage et le fou, Paris: Gallimard, 1986
BERTRAND-DORLEAC, Laurence; MICHAEL, Androula (sous la dir.). Picasso, l'objet du mythe. Paris: ENSBA, 2005
BLUNT, Anthony, POOL, Phoebe. Picasso. The Formative Years. A Study of his Sources. Londres: Studio Books, 1962
BONNEFOY, Yves. Remarques sur le regard. Picasso Giacometti, Morandi. Paris: Calmann-Lévy, 2002
BOUDAILLE, Georges; BERNADAC, Marie-Laure; GAUTHIER, Marie-Pierre. Picasso. Paris: Nouvelles Éditions Françaises, 1985
BRASSAÏ. Conversations avec Picasso. Paris: Gallimard, 1964, rééd. 1986
BRETON, André. « Picasso poète », Cahiers d'art, 1930-1935, p. 49-55
BROWN, Jonathan. Picasso and the Spanish Tradition, New Haven and Londres: Yale University Press, 1996
BUTOR, Michel. Les Ateliers de Picasso. Paris: Images modernes, 2003
CABANNE, Pierre, Le Siècle de Picasso, Paris: Denoël, 1975, 2 vol.; rééd. Paris: Gallimard, 1992
CARPENTIER, Alejo. « Toutes portes ouvertes », L'enterrement du comte d'Orgaz. Paris: Gallimard, 1978
CAWS, Mary Ann. Picasso's Weeping Woman: The Life and Art of Dora Maar. New York: Bulfinch Press, 2000
CHAR, René. Sous les vents étésiens. Paris: GLM, 1973
CHIPP, Herschel B.; TUSSELL, Javier. Picasso Guernica. Histoire, élaboration, signification. Paris: Cercle d'Art, 1992
CLAIR, Jean. Cinq repentirs de Pablo Picasso. Paris: L'Échoppe, 2000
CLAIR, Jean. Le Nu et la norme. Klimt et Picasso en 1907. Paris: Gallimard, 1988
CLAIR, Jean. Picasso et l'abîme: Eros, Nomos, Thanatos. Paris: l'Échoppe, 2001
CLAIR, Jean. Picasso, 1917-1924: le voyage d'Italie/sous la dir. de Jean Clair. Paris: Gallimard, 1998
CLAIR, Jean. Une leçon d'abîme: neuf approches de Picasso. Paris: Gallimard, 2005
COCTEAU, Jean. Picasso. Paris: Stock, 1923; repris dans Entre Picasso et Radiguet. Paris: Hermann, 1967
COOPER, Douglas. Picasso Théâtre. Paris: Cercle d'Art, 1967, rééd.1987
COWLING, Elizabeth. Visiting Picasso. The notebooks and letters of Roland Penrose. Londres: Thames & Hudson, 2006
COWLING, Elizabeth. Style and Meaning. Londres: Phaidon Press Limited, 2002
COX, Neil. Cubism. Londres; Phaidon, 2000
DAGEN, Philippe. Le Peintre, le poète, le sauvage. Paris, Flammarion, 1998
DAGEN, Philippe. Picasso. Paris: Hazan, 2008
DAIX, Pierre. Le Nouveau Dictionnaire Picasso. Paris: Robert Laffont, 2012
DAIX, Pierre. Picasso. Paris, Tallandier, 2007.
DESNOS, Robert. Picasso — Peintures 1939 - 1946. Paris: Les Éditions du Chêne, 1946
DESNOS, Robert. Picasso. Seize Peintures 1939-1943. Paris: Les Éditions du Chêne, 1943

DUNCAN, David Douglas. Goodbye Picasso. Paris: Stock, 1975.
ÉLUARD, Paul. A Pablo Picasso. Genève: Les trois collines, 1944; (Les Grandes peintres par leurs amis)
FITZGERALD, Michael C. Making Modernism: Picasso and the Creation of the Market for Twentieth-Century Art. New York: Farrar, Straus and Giroux, 1995
FITZGERALD, Michael C. and William H. Robinson. Picasso: The Artist's Studio. Hartford; New Haven; Wadsworth Atheneum Museum of Art: Yale University Press, 2001
GALASSI, Susan Grace. Picasso's Variations on the Masters. Confrontations with the Past. New York: Harry N. Abrams, 1996.
GALLWITZ, Klaus. Picasso 1945-1973, avec un essai de José Bergamin, Paris: Denoël, 1985
GASSMANN, Lydia. Mystery, Magic, and Love in Picasso: Picasso and the Surrealist Poets, 1925-1938. Ph.D. dissertation Columbia University, 1981
GASSMANN, Lydia CSATO. War and the Cosmos in Picasso's Texts, 1936-1940. Lincoln: iUniverse, Inc., 2007
GEELHAAR, Christian. Picasso Wegbereiter und Förderer seines Aufstiegs 1899-1939. Zurich: Palladion Verlag, 1993
GERVEREAU, Laurent. Guernica, autopsie d'un chef-d'œuvre. Paris: Paris-Méditerranée, 1996
GILOT, Françoise; Carlton Lake. Vivre avec Picasso. Paris: Calmann-Lévy, 1965, rééd. 10/18, 2005
GIRAUDY, Danièle. Picasso. La Mémoire du regard. Paris: Éditions Cercle d'Art, 1986
GLIMCHER, Marc; Arnold B. Glimcher. Je suis le cahier, les carnets de Picasso. Paris: Grasset, 1986
GOLDING, John. Le Cubisme. Paris: Julliard, 1962
GOMEZ DE LA SERNA, Ramon. Completa y verídica historia de Picasso y el cubismo. Turin: Chiantore, 1945
GOSSELIN, Gérard; Jean-Pierre JOUFFROY. Picasso et la presse. Un peintre dans l'histoire. Paris: L'Humanité et Cercle d'art, 2000
GREEN, Christopher. Picasso's 'Les demoiselles d'Avignon'. Cambridge: Cambridge University Press, 2001
GREEN, Christopher. Picasso: Architecture and Vertigo. New Haven; Londres: Yale University Press, 2005
GREEN, Christopher. Life And Death In Picasso. Londres: Thames and Hudson, 2009
HILTON, Timothy. Picasso. New York: Thames and Hudson, 1975, rééd. 1991
JACOB, Max. Correspondance Picasso-Max Jacob, éd. Hélène SECKEL. Paris: RMN, 1994
KAHNWEILER, Daniel- Henry. Confessions esthétiques. Paris: Gallimard, 1963
KAHNWEILER, Daniel- Henry. Mes Galeries et mes peintres. Entretiens avec Francis Crémieux. Paris: Gallimard, 1961; rééd. 1998
KARMEL, Pepe. Picasso and The Invention of Cubism. New Haven/Londres: Yale University Press, 2003
KRAMAR, Vincenc. Le Cubisme, éd. établie par Hélène Klein et Erika Abrams. Paris: École nationale supérieure des Beaux-Arts, 2002
KRAUSS. Rosalind. Les Papiers de Picasso. Paris: Macula, 2013
LAPORTE, Geneviève. « Si tard le soir, le soleil brille » Pablo Picasso, Paris: Plon, 1973
LAPORTE, Geneviève. Un amour secret de Picasso. Monaco: Éditions du Rocher, 1989
LAPORTE, Geneviève. Dans le cœur de Pablo Picasso. Monaco: Éditions du Rocher, 2008
LEAL, Brigitte, PIOT, Christine, BERNADAC, Marie-Laure. Picasso 1881-1973 La Monographie. Paris: La Martinière, 2000
LEIGHTEN, Patricia Dee. Re-ordering the Universe: Picasso and Anarchism, 1897-1914. Princeton: Princeton University Press, 1989

LEIRIS, Michel. Un Génie sans piédestal, et autres écrits sur Picasso. Paris : Fourbis, 1992
LEYMARIE, Jean, Picasso. Métamorphoses et Unité. Genève : Skira, 1971
LINARES, Serge. Picasso et les écrivains. Paris : Citadelles et Mazenod, 2013
LIPTON, Eunice. Picasso Criticism, 1901-1939 : the Making of an Artist-hero. New York : Garland, 1976
MADELINE, Laurence. Van Gogh Picasso. Paris : Éditions de La Martinière, 2006
MAILER, Norman. Portrait de Picasso en jeune homme. Paris : Denoël, 2004
MALRAUX, André. La Tête d'obsidienne. Paris : Gallimard, 1974
Mc CULLY, Marilyn. A Picasso Anthology : Documents, Criticism, Reminiscences. Londres : The Arts Council of Great Britain ; Thames and Hudson, 1981
MICHAEL, Androula. Picasso poète. Paris : Beaux-arts de Paris, 2008
MILI, Gjon. Picasso et la troisième dimension. Paris : Édition Triton, 1970
OLIVIER, Fernande. Picasso et ses amis. Paris : Stock, 1933
OLIVIER, Fernande. Souvenirs intimes. Paris : Éditions Calman-Lévy, 1988
PALAU I FABRE, Josep. Picasso vivant, enfance et première jeunesse, un démiurge 1881-1907. Paris : Albin Michel, 1981 ; rééd. Könemann, 1998
PALAU I FABRE, Josep. Picasso Cubisme 1907-1917. Paris : Albin Michel, 1990 ; rééd. Könemann, 1998
PALAU I FABRE, Josep. Picasso 1917-1926 Des Ballets au drame. Cologne : Könemann, 1999
PARMELIN, Hélène. Picasso sur la place. Paris : Julliard, 1959
PARMELIN, Hélène. Le Peintre et son modèle. Secrets d'alcôve d'un atelier. Paris : Cercle d'art, 1965
PARMELIN, Hélène. Voyage en Picasso. Paris : Laffont, 1980
PARVU, Ileana. La peinture en visite : les constructions cubistes de Picasso. Bern ; Berlin ; Bruxelles : P. Lang, 2007
PENROSE, Roland ; GOLDING, John. Picasso in retrospect. New York : Icon, 1980
PENROSE, Roland. Picasso. Paris : Flammarion, 1982. Rééd. Paris : Flammarion, 1996
PICASSO, Pablo ; Gertrude STEIN. Correspondance, éd. Laurence MADELINE. Paris : Gallimard, 2005
PICASSO, Pablo ; Guillaume APOLLINAIRE, Correspondance, éd. Pierre CAIZZERGUES et Hélène SECKEL. Paris : Gallimard ; RMN, 1992
PICASSO, Pablo. Le Désir attrapé par la queue. Paris : Gallimard, 1945
PICASSO, Pablo. Les Quatre Petites Filles : pièce en six actes. Paris : Gallimard, 1968
PICASSO, Pablo L'Enterrement du comte d'Orgaz ; Alejo CARPENTIER ; Rafael ALBERTI. Paris : Gallimard, 1978
PICASSO, Pablo. Écrits ; préface de Michel LEIRIS ; textes établis, présentés et annotés par Marie-Laure BERNADAC et Christine PIOT ; textes en espagnol traduits par Albert BENSOUSSAN. Paris : Réunion des musées nationaux, 1989
PICASSO, Pablo : Propos sur l'art ; éd. Marie-Laure BERNADAC et Androula MICHAEL. Paris : Gallimard, 1998
PLEYNET, Marcelin. « Picasso… il y a cent ans », Comme la poésie la peinture. Paris : Sandre ; Marciana, 2010
PODOKSIK, Anatoli. Picasso. La Quête perpétuelle. Paris : Cercle d'art, 1989
PONGE, Francis. Picasso évidemment, éd. Gérard FARASSE. Paris : Galilée, 2005
PREVERT, Jacques. Portraits de Picasso, photographies d'André VILLERS. Paris : Ramsay, 1981
QUINN, Edward. Picasso avec Picasso, texte et photographies, présenté par Pierre Daix. Paris : Pierre Bordas et fils, 1987
RAYNAL, Maurice. Picasso. Genève : Skira, 1953

READ, Peter. Picasso et Apollinaire. Les métamorphoses de la mémoire 1905-1973. Paris: Jean Michel Place, 1995
REVERDY, Pierre. Pablo Picasso. Paris: Nouvelle Revue Française, 1924; rééd. Paris: Mercure de France, 1999
RICHARDSON, John. Vie de Picasso, Volume. I: 1881-1906. Paris: Chêne, 1992
RICHARDSON, John. A Life of Picasso. Volume II: 1907-1917. Londres: Jonathan Cape, 1996
RICHARDSON, John. A Life of Picasso. The triumphant years 1917-1932. New York: Alfred A. Knopf, 2007
ROY, Claude. La Guerre et la Paix. Paris: Cercle d'art, 1954
RUBIN, William Stanley, Pierre DAIX and Judith COUSINS. Picasso Braque: l'invention du cubisme. New York: Museum of Modern Art, 1989; Paris, Flammarion; 1990
SABARTES, Jaime. Picasso. Documents iconographiques. Genève; Pierre Cailler, 1954
SABARTES, Jaime. Picasso. Portraits et souvenirs. Paris: Louis Carré et Maximilien Vox, 1946. Rééd avec postface de Brigitte LEAL. Paris: L'École des loisirs, 1996 (coll. L'École des lettres)
SALMON, André. Souvenirs sans fin (1903-1940). Paris: Gallimard, 2004
SALVAYRE, Lydie. Le Vif du vivant. Paris: Cercle d'art, 2001
SCHIFF, Gert (Ed.), Picasso in Perspective, Englewood Cliffs: Prentice-Hall, 1976
SOLLERS, Philippe. Picasso, le héros. Paris: Cercle d'Art, 1996; repris dans: Éloge de l'Infini. Paris: Gallimard, 2001
SPIES, Werner. Un Inventaire Du Regard; Écrits Sur L'Art Et La Littérature, dix volumes; Paris: Gallimard, 2011
STALLER, Natasha. A Sum of Destructions Picasso's Cultures and the Creation of Cubism, New Haven; Londres: Yale University Press, 2001
STEIN, Gertrude. Picasso. Paris: Floury, 1938, rééd., Paris: Christian Bourgois, 1978
STEIN, Gertrude, PICASSO, Pablo. Correspondance, éd. Laurence MADELINE. Paris: Gallimard, 2005, (Art et artistes)
STEINBERG, Leo. Other Criteria: Confrontations with Twentieth-Century Art. Chicago: University Of Chicago Press, 2007
STEPAN, Peter. Picassso's Collection of African and Oceanic Art. Masters of Metamorphosis. Munich; Berlin; Londres; New York: Prestel, 2006
TINTEROW, Gary. Master Drawings by Picasso. New York: George Braziller in Association With Fogg Art Museum, Cambridge, Mass., 1981
TINTEROW, Gary. Picasso in The Metropolitan Museum of Art. New York: Metropolitan Museum of Art; Yale University Press, 2010
TZARA, Tristan. Œuvres complètes, tome 4: 1947-1963, éd. Henri BEHAR. Paris: Flammarion, 1980
UHDE, Wilhelm. Picasso et la tradition française: Notes sur la peinture actuelle. Paris, Éditions des Quatre-Chemins, 1928
UHDE, Wilhelm. De Bismarck à Picasso, Barbara FONTAINE (Trad.). Paris: éditions du Linteau, 2002
UTLEY, Gertje R. Picasso: the Communist years. New Haven: Yale University Press, 2000
VARNEDOE, Kirk; KARMEL, Pepe. Picasso. Chefs-d'œuvre du musée d'art moderne de New York, New York/Ottawa: MOMA/Musée des beaux-arts du Canada, Ottawa, 1997
WARNCKE, Carsten-Peter; Ingo F WALTHER. Pablo Picasso 1881-1973, 2 vol. Cologne: Taschen, 1992, rééd. 2007
WEISNER, Ulrich. Picasso. Bonn: Kerber, 1997

CATALOGUES D'EXPOSITIONS ET COLLECTIONS

1979 Picasso : œuvres reçues en paiement des droits de succession : [exposition] Paris, Grand-Palais, 11 octobre 1979-7 janvier 1980/Dominique Bozo. Paris : Réunion des musées nationaux, 1979

1984 Picasso : catàleg de pintura i dibuix/Museu Picasso. Barcelona : Ed. Ajuntament de Barcelona, Museus, 1984

1985 Musée Picasso. 1, Peintures, papiers collés, tableaux-reliefs, sculptures, céramiques/ Dominique BOZO ; Marie-Laure BESNARD-BERNADAC, Michèle RICHET, Hélène SECKEL. Paris : Réunion des musées nationaux, 1985

1987 Musée Picasso. 2, Dessins, aquarelles, gouaches, pastels/Michèle RICHET. Paris : Réunion des musées nationaux, 1987

1988 Les Demoiselles d'Avignon : [exposition] Paris, Musée Picasso, 26 janvier-18 avril 1988, Barcelone, Museu Picasso, 10 mai-14 juillet 1988/Hélène SECKEL ; Paris : Réunion des musées nationaux, 1988

1988 Le Dernier Picasso : 1953-1973/Paris, Musée national d'art moderne ; Paris, Musée Picasso ; Londres Tate Gallery/Marie-Laure BERNADAC. Paris : Centre Georges Pompidou, 1988

1990 Picasso et Braque : l'invention du cubisme/William Rubin ; suivi d'une chronologie documentaire par Judith Cousins. Paris : Flammarion, 1990

1990 Picasso : une nouvelle dation : [exposition] Paris, Galeries nationales du Grand Palais, 12 septembre 1990-14 janvier 1991]/Gérard REGNIER. Paris : Réunion des musées nationaux, 1990

1992 Picasso et les choses : les natures mortes : [exposition], The Cleveland Museum of Art, 26 février-5 mai 1992, The Philadelphia Museum of Art, 4 juin-30 août 1992, Galeries nationales du Grand Palais, Paris, 29 septembre-28 décembre 1992/Jean BOGGS ; Marie-Laure BERNADAC. Paris : Réunion des musées nationaux, 1992

1992 Picasso à l'écran : 3e Biennale internationale sur l'art moderne, Paris, Musée national d'art moderne, 9-16 juin 1992/Marie-Laure BERNADAC. Gisèle BRETEAU-SKIRA. Paris : Réunion des musées nationaux : Centre Georges Pompidou, 1992

1994 Picasso photographe : 1901-1916 : [exposition] Paris, Musée Picasso, 1er juin-17 juillet 1994/Anne BALDASSARI. Paris : Réunion des musées nationaux, 1994

1994 Picasso : sculptor/painter : [exposition] Londres, Tate Gallery, 16 February-8 May 1994/ Elizabeth COWLING, John GOLDING. Londres : Tate Gallery, 1994

1994 Picasso and The Weeping Women : The Years of Marie-Thérèse Walter & Dora Maar : [exposition] Los Angeles, Los Angeles County Museum of Art, 13 February-1 May 1994 ; the Metropolitan Museum of Art, New York, 12 June-4 September 1994/Judi FREEMAN. New York : Rizzoli, 1994

1995 Picasso et la photographie : à plus grande vitesse que les images : [exposition] Paris, Musée Picasso, 3 octobre-31 décembre 1995/Anne BALDASSARI. Paris : Réunion des musées nationaux, 1995

1996 Picasso et le portrait : [exposition] New York, Museum of modern art, 28 avril-17 septembre 1996, Paris, Galeries nationales du Grand Palais, 15 octobre 1996-20 janvier 1997]/William RUBIN ; Anne BALDASSARI, Pierre DAIX, Michael C. FITZGERALD… [et al.] Paris : Flammarion : Réunion des musées nationaux, 1996

1997 Le miroir noir : Picasso, sources photographiques, 1900-1928 : [exposition] Paris, musée Picasso, 12 mars-9 juin 1997/Anne BALDASSARI. Paris : Réunion des musées nationaux, 1997

1997 Picasso : chefs-d'œuvre du Musée d'art moderne de New York : [exposition] Museum of Modern Art, New York, 3 avril – 12 juillet 1998/Kirk VARNEDOE, Pepe KARMEL. New York : Museum of Modern Art, 1997

1998 Picasso collectionneur : [éd. française du catalogue du Musée Picasso publ. à l'occasion de l'exposition Picasso und seine Sammlung, Munich, Kunsthalle der Hypo-Kulturstiftung, 30 avril-16 août 1998]/ Hélène SECKEL-KLEIN ; Emmanuelle CHEVRIERE. Paris : Réunion des Musées nationaux, 1998
1999 Picasso : peintre et sculpteur sur argile : [exposition] Picasso : painter and sculptor in clay, Londres, Royal academy of arts, 17 septembre – 16 décembre 1998 ; New York, Metropolitan Museum of Art, 1er mars – 6 juin 1999]/Marilyn McCULLY ; Denis-Armand Canal (trad). Paris : La Martinière, 1999
2000 Brassaï-Picasso : conversations avec la lumière : [exposition] Paris, musée Picasso, 1er février-1er mai 2000. Paris : Réunion des musées nationaux, 2000
2000 Picasso sculpteur : catalogue raisonné des sculptures [exposition] Paris, Centre national d'art et de culture Georges Pompidou Musée national d'art moderne, 7 juin – 25 septembre 2000/Werner, SPIES ; Christine PIOT. Paris : Centre Georges-Pompidou, 2000
2002 Matisse Picasso : [exposition Londres, Tate Modern, 11 mai – 18 août 2002, Paris, Galeries nationales du Grand Palais, 17 septembre 2002 – 6 janvier 2003, New York, The Museum of Modern Art, 13 février – 19 mai 2003/Elisabeth COWLING, Anne BALDASSARI, John GOLDING… [et al.]. Londres : Tate publishing ; Paris : Réunion des musées nationaux : Centre national d'art et de culture Georges Pompidou, 2002
2003 Les archives de Picasso : « on est ce que l'on garde ! » : Paris, Musée Picasso, 22 octobre 2003-19 janvier 2004/Laurence MADELINE. Paris : Réunion des musées nationaux, 2003
2003 Museo Picasso Málaga : colección/Carmen GIMENEZ ; Francisco CALVO SERRALLER, Jean CLAIR. Madrid : Tf Editores ; Málaga : Museo Picasso Málaga, 2003
2004 Picasso et la céramique : [exposition] Musée national des beaux-arts du Québec, 6 mai au 29 août 2004 ; Toronto, University of Toronto art centre, 28 septembre 2004 – 23 janvier 2005 ; Antibes, Musée Picasso, 12 février — 29 mai 2005/Paul BOURASSA, Léopold L. FOULEM ; Paris : Hazan, 2004
2006 Picasso-Dora Maar : il faisait tellement noir… : [exposition] Paris, Musée Picasso, 14 février – 22 mai 2006 : Melbourne, National Gallery of Victoria, 29 juin – 8 octobre 2006/ Anne BALDASSARI. Paris : Flammarion : Réunion des musées nationaux, 2006
2008 Picasso et les maîtres : [exposition] Paris, Galeries nationales du Grand Palais, 8 octobre 2008 – 2 février 2009, Musée du Louvre, 9 octobre 2008 – 2 février 2009, Musée d'Orsay, 8 octobre 2008 – 1er février 2009 ; Londres, National Gallery, 25 février 2009 – 07 juin 2009/ Anne BALDASSARI ; Marie-Laure BERNADAC. Paris : Réunion des musées nationaux, 2008
2010 Picasso in the Metropolitan Museum of Art : [exposition, New York, Metropolitan Museum of Art, Avril 27-August 1, 2010]/Gary TINTEROW ; Susan Alyson STEIN. New York : Metropolitan Museum of Art ; New Haven ; Londres : Yale University Pres, 2010
2010 Picasso : sa première exposition muséale de 1932 : [exposition] Zurich, Kunsthaus, 15 Octobre 2010 — 30 Janvier 2011]/Tobia BEZZOLA ; Simonetta FRAQUELLI. Christian GEELHAAR et Michael FITZGERALD. Zurich : Kunsthaus Zurich ; Munich ; Berlin ; Londres : Prestel, 2010
2011 Picasso's drawings, 1890-1921 : reinventing tradition : [exhibition, the Frick Collection, New York, October 4, 2011-January 8, 2012 ; National Gallery of Art, Washington, January 29-May 6, 2012]/Susan Grace GALASSI, Marilyn McCULLY. New York : Frick Collection ; Washington : National Gallery of Art ; New Haven : Yale University Press, 2011
2012 Picasso black and white : [exhibition] Solomon R. Guggenheim Museum, New York, October 5, 2012 – January 23, 2013 ; The Museum of Fine Arts, Houston, February 20 – May 28, 2013]/Carmen GIMENEZ. New York : Guggenheim Museum Publ. ; Munich ; Londres ; New York : Prestel, 2012
2013 Musée Picasso. Les Collections/Anne BALDASSARI, Isabelle LIMOUSIN, Virginie PERDRISOT… [*et al.*]. Paris : Flammarion, 2013 (à paraître)

Contributeurs

Anne Baldassari. En octobre 2005, elle est nommée à la Direction du Musée national Picasso,où elle a depuis assuré le commissariat de *Picasso/ Dora Maar, « il faisait tellement noir... »*, 2006, *Picasso/ Berggruen, une collection particulière,* 2006, *Picasso/XRAYS,* 2006, *Hommage à Guernica 1937-2007,* 2007, *Picasso Cubiste, 1906-1925,* 2007, *Laboratoire Central,* 2008, *Picasso/Carmen, Sol y Sombra,* 2008, *Daniel Buren La Coupure,* 2008-2009, *Hommage à Paul Rosenberg,* 2009, *Les Baigneurs, 1955-1956, Work in progress,* 2009. Elle a organisé ou contribué à l'organisation à l'étranger des expositions *Eros, Picasso/Rodin,* à la Fondation Beyeler, 2006, *Picasso/Dora Maar. Love and War,* à la National Gallery of Victoria à Melbourne, Australie, en 2006, *Picasso, dessins* au Musée Berggruen à Berlin, 2007, *Picasso e su collecion,* Barcelone, 2007, *Picasso and His Collection,* Brisbane, Australie, 2008. Suite à la création de l'Établissement public du Musée national Picasso – Paris en juin 2010, elle a été nommée Présidente du nouvel EPA.

Henri Béhar. Spécialiste des avant-gardes, éditeur des œuvres complètes de Roger Vitrac, de Tristan Tzara et d'Alfred Jarry, auteur d'une biographie d'André Breton, professeur émérite à la Sorbonne Nouvelle, il édite la revue *Mélusine*, et dirige la collection « Bibliothèque Mélusine » aux éditions l'Âge d'Homme. Il a créé l'équipe de recherche Hubert de Phalèse, dédiée à l'étude des textes assistée par l'informatique, et dirigé, de 1970 à 2012, le Centre de recherche sur le surréalisme. Derniers titres parus : *La Littérature et son golem,* t. II (2010) ; *Dictionnaire André Breton* (2013).

Albert Bensoussan. Il est universitaire et écrivain. Il a publié une trentaine de fictions, dont *Frimaldjezar* (prix de l'Afrique méditerranéenne, 1975) et *Dans la véranda* (prix du Grand Ouest, 2010). Traducteur, il est la voix française de Mario Vargas Llosa, auquel il a consacré un *Cahier de L'Herne* en 2003. Traducteur des *Écrits* de Picasso, en 1989, ouvrage couronné du prix Vasari, il a reçu, entre autres récompenses, le prix Cultura Latina de traduction en 1985, et le prix de Traduction 2011 de l'Académie française.

Marie-Laure Bernadac. Conservateur général du patrimoine, chargée de mission pour l'art contemporain au Musée du Louvre depuis 2003. Elle a travaillé au Musée Picasso (1980-1992) au Centre Georges Pompidou, cabinet d'art graphique (1992-1997), au Capc Musée d'art contemporain de Bordeaux (1997-2000). Elle a publié des nombreux ouvrages sur les écrits de Picasso, Louise Bourgeois, Jenny Holzer ou encore Annette Messager. Elle fut également commissaire des expositions *Féminin-masculin, le sexe de l'art,* au Centre Pompidou (1995), avec Bernard Marcadé ; *Présumés innocents, l'art contemporain et l'enfance,* à Bordeaux, en 2000, avec Stéphanie Moisdon, Jan Fabre ; *L'Ange de la Métamorphose* au Musée du Louvre et *Picasso et les Maîtres,* avec Anne Baldassari, aux Galeries nationales du Grand Palais. Elle sera commissaire de l'exposition *Désastres de la guerre* en 2014 au Louvre-Lens, aux côtés de Laurence Bertand Dorléac, et commissaire de l'exposition itinérante *Michel Leiris* pour le Centre Pompidou Metz, avec Agnès de La Baumelle.

Laure Collignon. Archiviste-paléographe et conservateur des bibliothèques, elle a rejoint le Musée national Picasso – Paris en juillet 2011. Elle y dirige le service Archives, bibliothèque, documentation. Elle a eu en charge la direction scientifique de *Concevoir et construire une bibliothèque, du projet à la réalisation* (2011) ; elle a publié de très nombreux articles dont « La réforme du concours particulier :

une évolution dynamique des textes réglementaires au profit des investissements des collectivités dans les bibliothèques territoriales », avec Christophe Séné, *Bulletin des bibliothèques de France* (2011).

Philippe Dagen. Universitaire, il enseigne à Paris-I. Il est aussi critique d'art et publie une chronique d'art dans le journal *Le Monde* depuis 1985.

Laurence Bertrand Dorléac. Elle est historienne de l'art, professeur à Sciences Po Paris, où elle dirige le séminaire et sa *Lettre* : *Arts et Sociétés.* Elle est l'auteur de *L'Art de la défaite* (1993, 2008, 2010) ; trad. en anglais au Getty Research Institute (2008) ; *L'Ordre sauvage. Violence, dépense et sacré dans l'art des années 1950-1960* (2004) ; *Après la guerre* (2010) ; *Contre-Déclins. Monet et Spengler dans les jardins de l'histoire* (2012). Elle est co-commissaire de l'exposition *L'Art en guerre en France, 1938-1947,* au Musée d'Art moderne de la Ville de Paris et au Musée Guggenheim de Bilbao (2013) ; commissaire générale de l'exposition sur *Les désastres de la guerre. 1800-2014*, Louvre-Lens (mai-octobre 2014).

Fabienne Douls Eicher. Elle gère un bureau de rédaction et exerce en tant que professeur de français. Elle prépare une thèse consacrée aux écrits poétiques de Pablo Picasso. Outre plusieurs interviews et conférences données sur ce thème, elle est à l'initiative du colloque « Par le mot, par l'image : l'œuvre littéraire de Picasso », organisé en 2011 en partenariat avec le Kunsthaus Zurich, et a notamment publié « Parcours de la métaphore picassienne », *Zeitschrift für Katalanistik* (2012).

Michel Draguet. Directeur général des Musées royaux des Beaux-Arts de Belgique et, *ad interim*, des Musées royaux d'Art et d'Histoire de Belgique. En 2009, il créé le Musée Magritte à Bruxelles. Spécialiste de l'histoire de la peinture des XIXe et XXe siècles il a été commissaire de nombreuses expositions relatives au symbolisme, à l'art belge du XXe siècle ainsi qu'à Magritte. Il est l'auteur, entre autres, de *Khnopff ou l'Ambigu poétique* (1995 - Prix Arthur Merghelynck 1996 de l'Académie royale de Belgique) ; *Chronologie de l'art du XXe siècle* (1997 ; 2003) ; *Ensor ou la fantasmagorie* (1999) ; *Le Symbolisme en Belgique* (2005) ; *Magritte Tout en papier (collages, dessins, gouaches)* (2006) ; *Alechinsky de A à Y* (2007) ou encore *Monet. Les Nymphéas grandeur nature* (2010).

Michael FitzGerald. Michael FitzGerald est commissaire de l'exposition *Post-Picasso*, consacrée à l'influence de Picasso sur l'art contemporain, et inaugurée en mars 2014 au Musée Picasso de Barcelone. C'est également à lui que l'on doit l'exposition *Picasso et l'art américain* présentée en 2006 par le Whitney Museum of American Art, le San Francisco Museum of Modern Art et le Walker Art Center. Il est notamment l'auteur de *Making Modenism: Picasso and the Creation of the Market for Twentieth-Century Art* (1995). Il enseigne l'histoire de l'art à Trinity College, Hartford, dans le Connecticut.

Fabrice Flahutez. Il enseigne l'histoire de l'art à l'Université de Paris Ouest. Cinéaste, éditeur, commissaire d'expositions et expert auprès de l'Unesco, il se consacre à l'étude des avant-gardes historiques jusque dans les années 1970. Il a publié récemment : *Nouveau Monde et Nouveau Mythe. Mutations du surréalisme de l'exil américain à l'écart absolu* (2007) ; *Le Lettrisme historique était une avant-garde* (2011) ; *Undercover Guy Debord* (2013) ; *La Fabrique du cinéma de Guy Debord* (2013).

Javier Gutiérrez-Rexach. Il est professeur d'espagnol et de linguistique, et membre du groupe de travail sur narratif à l'Ohio State University. Il a publié sept livres et plus d'une centaine d'articles dans le domaine de la linguistique, sémantique et des approches cognitives à l'art visuel, en particulier sur le cinéma et sur Picasso. Il a publié notamment : *Semantics : Critical Concepts* (2004) ; *Conceptual Structure and Social Change* (2002).

Nathalie Heinich. Elle est sociologue, directeur de recherches au CNRS, membre du Centre de recherches sur les arts et le langage à l'École des hautes études en sciences sociales. Ses nombreux articles et ouvrages, traduits en quinze langues, portent sur le statut d'artiste et d'auteur, les identités en crise, l'histoire de la sociologie, et les valeurs. Derniers ouvrages parus : *La Fabrique du patrimoine* (2009) ; *Le Bêtisier du sociologue* (2009) ; *Guerre culturelle et art contemporain* (2010) ; *Sortir des camps, sortir du silence* (2011) ; *De la visibilité* (2012) ; *Maisons perdues* (2013).

Hans-Ulrich Jost. Professeur d'histoire contemporaine à l'Université de Lausanne de 1981 à 2005. Président de la Commission pour la publication des Documents diplomatiques suisses (DDS) depuis 2005. http://home.citycable.ch/josthistoire/index.html. Il a publié notamment : *Les Avant-Gardes réactionnaires. La naissance de la nouvelle droite en Suisse, 1890-1914* (1992) ; *Le Salaire des neutres - Suisse 1938-1948* (1999) ; *À tire d'ailes. Contributions à une histoire critique de la Suisse* (2005).

Brigitte Leal. Directrice adjointe du Musée national d'art moderne/Centre Pompidou. Ancienne conservatrice du cabinet des dessins du Musée national Picasso. Auteur de nombreux catalogues, ouvrages et essais sur Picasso (*Catalogue des carnets de dessins du Musée Picasso* (1992) ; *Catalogue raisonné des papiers collés du Musée Picasso* (1998) ; *Picasso. La monographie 1881-1973* (2000) et commissaire de plusieurs expositions d'art moderne (*Jacques Lipchitz, Julio Gonzalez, Calder, Piet Mondrian, Georges Braque*).

Jacques Leenhardt. Il est directeur d'études à l'École des hautes études en sciences sociales. Il travaille sur l'art et la littérature, en particulier dans les Amériques latines. Critique d'art et organisateur d'expositions, il se consacre depuis des années au paysage. Il a publié entre autres : *Lecture politique du roman* (1973) ; *Lire la lecture* (1982) ; *Les Amériques latines en France* (1992) ; *Dans les jardins de Roberto Burle Marx* (1994) ; *Villette-Amazone* (1996) ; *Michel Corajoud paysagiste* (2000) ; *Conscience du paysage* (2002) ; *A construção francesa do Brasil* (2008) ; *Wifredo Lam, une monographie* (2009).

Jean-Claude Marcadé. Il est directeur de recherche émérite au CNRS, président de l'association « Les Amis d'Antoine Pevsner », commissaire de plusieurs expositions dans des musées : *Paris Russe – 1910-1960* (2003-2004 à Saint-Pétersbourg, Bordeaux, Wuppertal) ; *La Russie à l'avant-garde, 1900-1935* (2005-2006 à Bruxelles) ; rétrospective *Malevitch* (2006 à Barcelone et à Bilbao) ; rétrospective *Rodtchenko* (2008-2009 à Barcelone). Auteur, entre autres, de la monographie *Malevitch* (1990) ; *L'Avant-garde russe. 1907-1927* (1995 ; 2007) ; *Calder* (1996) ; *Eisenstein, Dessins secrets* (1998) ; *Anna Staritsky* (2000) ; *Tvortchestvo N.S. Leskova* [L'œuvre de Leskov] (2006) ; *Nicolas de Staël. Peintures et dessins* (2008) ; *Malevitch* (Kiev, 2013).

Eva Meyer-Hermann. Elle est commissaire d'exposition indépendant et écrivain basée à Berlin. Historienne, elle a, de puis le milieu des années 1980, publié de nombreux textes portant sur l'art moderne et contemporain. Durant vingt années elle a travaillé pour des collections et des musées nationaux et internationaux. Depuis les années 1990, elle a réalisé des études approfondies sur des artistes contemporains tels que Carl Andre, Jason Rhoades, Lawrence Weiner, Paul McCarthy, Martin Kippenberger, Allan Kaprow, Andy Warhol und Mike Kelley, et a été commissaire de rétrospectives leur étant consacrées. Actuellement elle travaille au catalogue raisonné de l'œuvre de Luc Tuymans.

Androula Michael. Elle est historienne de l'art, maître de conférences en art contemporain à l'Université de Picardie Jules Verne. Membre de l'ICA et du centre de recherches en arts et esthétique de l'UPJV elle a écrit de nombreux articles sur Picasso écrivain. Sa thèse de doctorat sur Picasso poète (1998) a été publiée aux éditions de l'École nationale des beaux-arts de Paris en 2008. Elle poursuit actuellement ses recherches sur la réception croisée de Duchamp et Picasso et prépare un livre sur les lieux communs dans l'œuvre de Picasso.

Ileana Parvu. Elle est professeur d'histoire et de théorie de l'art à la Haute École d'art et de design de Genève. Elle est l'auteur de *La Peinture en visite. Les constructions cubistes de Picasso* (2007), et de nombreux articles sur les avant-gardes des années 1910 et le dépassement des frontières entre peinture et sculpture. Ses recherches actuelles portent sur la notion d'objet dans l'art des années 1980 et 1990 et elle a dirigé l'ouvrage collectif *Objets en procès. Après la dématérialisation de l'art* (2012).

Claude Picasso. Fils de Pablo Picasso et de Françoise Gilot. Après des études en France puis en Grande-Bretagne, il vit à New York de 1967 à 1974 où il est l'assistant du photographe Richard Avedon et travaille comme photojournaliste (*Time-Life, Vogue Andy Warhol's Interview, Saturday Review* , etc). Après le décès de son père Pablo Picasso, il revient en France pour s'occuper de l'inventaire de la Succession Picasso avec l'équipe de Maître Maurice Rheims. Il a également apporté son aide pour la mise en place de la Dation (en paiement des droits de succession) afin de concrétiser la création du Musée Picasso à Paris. Claude Picasso s'investit aussi dans la protection des droits d'auteur des arts visuels en devenant le président de la Spadem (société de perception et de répartition des droits d'auteur pour les artistes d'arts visuels) de début 1976 à 1989. En 1989, il est nommé Administrateur judiciaire de l'Indivision Picasso. Puis en 1995, il crée Picasso Administration afin d'optimiser la protection et le contrôle de l'utilisation du nom, de l'image et de l'œuvre de Pablo Picasso dans les domaines de la propriété littéraire et artistique (les droits de reproduction, de représentation, droit de suite) mais aussi dans le terrain du droit des marques et des droits dérivés de la personnalité. Claude Picasso est membre du conseil d'administration du Musée National Picasso de Paris devenu établissement public en août 2010, il est aussi membre du conseil d'administration du Museo Picasso de Barcelone. Il est chevalier de la Légion d'honneur et de l'Ordre des Arts et Lettres.

Christine Piot. Elle a travaillé à l'inventaire de la Succession Picasso de 1975 à 1980. Docteur en histoire de l'art, auteur d'articles et conférences, elle a notamment publié, avec Werner Spies, *Picasso - Das Plastische Werk* (1983) et le catalogue de *Picasso sculpteur* (2000) ; *Picasso Écrits* (1989) avec Marie-Laure Bernadac et *Picasso, La monographie* (1990) avec Marie-Laure Bernadac et Brigitte Leal.

Laurence Madeline. Conservateur en chef du pôle Beaux-Arts des Musées d'art et d'histoire de Genève. Elle a été conservateur au Musée Picasso (2000-2006) où elle a réalisé l'inventaire des archives de Picasso. Elle a été commissaire des expositions « *On est ce que l'on garde* ». *Les archives de Picasso* (Paris, Musée Picasso, 2003) ; *Picasso Ingres* (Paris, Musée Picasso et Montauban, Musée Ingres, 2004), *Picasso and Africa* (Johannesburg et Cape Town, 2006), *Picasso et le Déjeuner sur l'herbe de Manet* (Paris, musée d'Orsay, 2008), *Picasso devant la télé* (Dijon, Le Consortium et Genève, Musées d'art et d'histoire 2013) et commissaire générale de l'exposition *Picasso à l'œuvre. Dans l'objectif de David Douglas Duncan* (Genève, Musées d'art et d'histoire, 2012). Elle a publié plusieurs études sur les archives et la correspondance de Picasso : « ? », *Picassos Imägineres Museum* (2001), *Les Archives de Picasso. « On est ce que l'on garde »* (2003), *Gertrude Stein/Picasso. Correspondance* (2004), *Dalí. Lettres à Picasso* (2005), « Les livres de Picasso ou l'inventaire infini », *in* Actes du colloque *Les Bibliothèques d'artistes* XIX*e*-XX*e* *siècles* (2010).

Peter Read. Il est professeur à l'Université du Kent, à Canterbury, Royaume-Uni. Parmi ses publications récentes figurent *Guillaume Apollinaire, Correspondance avec les artistes 1903-1918*, co-édition avec Laurence Campa (2009) ; *Les Dessins de Guillaume Apollinaire*, co-édition avec Claude Debon (2008) ; *Picasso and Apollinaire : The Persistence of Memory* (2008). Il a également collaboré aux catalogues des expositions *Picasso à Paris 1900-1907* (Amsterdam et Barcelone), 2011 ; *1917* et *Parade* (Centre Pompidou-Metz), 2012 et 2013.

Nanette Rissler-Pipka. Docteur en philologie, elle est enseignante chercheuse en littérature française et espagnole ; auteur et éditeur de plusieurs ouvrages sur Picasso, le surréalisme, sur les relations intermédiales « littérature-film-théâtre-peinture ». Elle a organisé le colloque « Picasso, his Poetry and Poetics » (Université de Siegen, 2010), dont les actes ont été publiés en 2012.

Volker Roloff. Il est professeur de philologie romane (littérature française et espagnole) à l'Université de Siegen. Ses recherches actuelles portent sur l'intermédialité en littérature, théâtre et cinéma, sur le surréalisme européen, Proust, Sartre, Barthes et Robbe-Grillet. Il a publié notamment : *Sartre und die Medien* (2008) ; *Surrealismus und Film* (2008), *Proust und Tausendundeine Nacht* (2009) ; *Alain Robbe-Grillet – Szenarien der Schaulust* (2011).

Jeanne-Yvette Sudour. Responsable de la bibliothèque et des livres illustrés au Musée national Picasso, elle a collaboré aux différentes publications du Musée Picasso, en particulier *Picasso et la passion du dessin*, mais aussi à des catalogues d'expositions consacrées à Picasso à l'étranger, tel que *Picasso : the Love and the Anguish - The Road to Guernica*, au National Museum of Modern Art de Kyoto.

Eduard Vallès. Commissaire indépendant et spécialiste de l'œuvre de Picasso. Il a réalisé son doctorat sur la relation entre Picasso et Santiago Rusiñol. Il a été directeur de la Fondation Palau i Fabre et conservateur du Musée Picasso de Barcelone. Actuellement il est le co-directeur du Centre Picasso de Horta (Espagne) et coordinateur de la spécialité en gestion des musées (Université Pompeu Fabra). Il a été commissaire des expositions *Pablo Picasso – Manuel Pallarés. 78 años de amistad* (2003) ; *Picasso. Amigos catalanes de juventud* (2009) ; *Picasso versus Rusiñol* (2010) et *Yo Picasso. Autorretratos* (2013).

Annette Wievorka. Elle est directrice de recherche au CNRS. Elle a publié de très nombreux ouvrages, notamment *L'Ère du témoin* (1998) ; *À l'intérieur du camp de Drancy* (2012) ; *Maurice et Jeannette. Biographie du couple Thorez* (2010). Elle reçoit le prix d'Académie en 2011. Son itinéraire intellectuel a été l'objet d'un ouvrage d'entretiens avec Séverine Nikel : *L'Heure d'exactitude. Histoire, mémoire, témoignage* (2011).

Gerhard Wild. Fellow Award du ministère des Affaires extérieures espagnol (1991), Fellow Award Alexander von Humboldt (1993). Depuis 2001, il est professeur en littératures romanes à l'Université Goethe de Francfort. Spécialisé dans les relations entre la littérature et les arts, il prépare une histoire littéraire de l'art sous le titre *Sprach = Bilder von Leonardo da Vinci bis Yves Klein.* Il a publié entre autres *Paraphrasen der Alten Welt. Interkulturelle Ästhetik im Werk von Alejo Carpentier* (2004). Il a édité *Homenatge a Antóni Tàpies* (2013) et co-édité *Esta locura por los sueños. Traumdiskurs und Intermedialität in der romanischen Literatur- und Mediengeschichte* (2006) ; *Un segle de poetes-pintors – Maler-Dichter in Katalonien : Santiago Rusiñol, Miró, Dalí, Brossa, Perejaume* (2009) ; *Picasso, his poetry and poetics* (2012).

Laurent Wolf. Il est critique d'art, journaliste, sociologue et artiste (dessinateur). Il collabore régulièrement au quotidien suisse *Le Temps* et à la revue *Études.* Il a notamment publié : *Après le tableau* (2005) ; *Vie et mort du tableau, I. Genèse d'une disparition* (2004) ; *Vie et mort du tableau, II. La peinture contre le tableau* (2004).

Mise en pages : MATT ÉDITIONS. Achevé d'imprimer dans l'Union européenne. Dépôt légal : mai 2014

Das große Kinderlexikon

DORLING KINDERSLEY

LONDON, NEW YORK,
MELBOURNE, MÜNCHEN UND DELHI

Projektleitung Bridget Giles
Redaktion Penny Smith, Lorrie Mack,
Caroline Stamps, Lee Wilson
Bildredaktion Mary Sandberg
Gestaltung Laura Roberts-Jensen, Lauren Rosier
Art Director Rachael Foster
Herstellung Siu Chan
Umschlaggestaltung Natalie Godwin,
Laura Roberts-Jensen

Für die deutsche Ausgabe:
Programmleitung Monika Schlitzer
Projektbetreuung Janna Heimberg
Herstellungsleitung Dorothee Whittaker
Herstellung Kim Weghorn

Bibliografische Information der Deutschen Bibliothek
Die Deutsche Bibliothek verzeichnet diese Publikation in der Deutschen Nationalbibliografie; detaillierte bibliografische Daten sind im Internet über http://dnb.ddb.de abrufbar.

Titel der englischen Originalausgabe: First Children's Encyclopedia

Teile dieser aktualisierten Ausgabe sind in folgenden enthalten:
Kinderatlas, Kinderlexikon, Mein Körper, Kinderlexikon Natur & Technik, Tierlexikon für Kinder, Naturlexikon für Kinder, Dinosaurier Lexikon, Weltraum Lexikon

Übersetzung Angela Obermaier, Cornelia Panzacchi, Dr. Michael Schmidt, Birgit Reit, Michael Kokoscha, Eva Sixt, Harda Kuwer
Lektorat Kerstin Wendsche, Angela Obermaier,
Elke Karl, Sandra Grimm

ISBN 978-3-8310-1940-3

Colour reproduction by MDP, UK
Printed and bound in Hongkong by Toppan

Besuchen Sie uns im Internet
www.dorlingkindersley.de

Hinweis
Die Informationen und Ratschläge in diesem Buch sind von den Autoren und vom Verlag sorgfältig erwogen und geprüft, dennoch kann eine Garantie nicht übernommen werden. Eine Haftung der Autoren bzw. des Verlags und seiner Beauftragten für Personen-, Sach- und Vermögensschäden ist ausgeschlossen.

Inhalt

Länder und Kontinente

6–7 Kontinente
8–9 Die Arktis
10–11 Kanada and Alaska
12–13 USA
14–15 Mittelamerika
16–17 Südamerika
18–19 Afrika
20–21 Skandinavien
22–23 Britische Inseln
24–25 Benelux-Staaten
26–27 Frankreich
28–29 Deutschland und die Alpenländer
30–31 Spanien und Portugal
32–33 Italien und Malta
34–35 Östliches Mitteleuropa
36–37 Osteuropa
38–39 Südosteuropa
40–41 Russland und Westasien
42–43 Naher Osten
44–45 Südasien
46–47 Südostasien
48–49 Zentral- und Ostasien
50–51 Japan
52–53 Australien
54–55 Neuseeland und der Pazifik
56–57 Die Antarktis
58–59 Die Flaggen der Welt

Menschen und Kultur

60–61 Die Menschen
62–63 Große Religionen
64–65 Leben mit Religion
66–67 Schreiben und Drucken
68–69 Kunst und Architektur
70–71 Musik
72–73 Theater und Tanz
74–75 Kleidung und Mode
76–77 Sport und Freizeit
78–79 Arbeit und Beruf

Geschichte

80–81 Weltgeschichte
82–83 Frühzeit
84–85 Das alte Ägypten
86–87 Die Griechen
88–89 Die Römer
90–91 Die Wikinger
92–93 Azteken, Inka und Maya
94–95 Ritter und Burgen
96–97 Das 20. Jahrhundert

Der menschliche Körper

98–99 Meisterwerk Mensch
100–101 Unverwechselbar
102–103 Zellen
104–105 Aufbau des Körpers
106–107 Knochen und Muskeln
108–109 Gehirn und Sinne
110–111 Atmen
112–113 Gut verpackt
114–115 Abwehrkräfte
116–117 Essen und verdauen
118–119 Ein Baby entsteht
120–121 Erstaunliche Tatsachen

Natur und Tiere

122–123 Die lebendige Welt
124–125 Die Tiere
126–127 Die Tierarten
128–129 Welt der Säugetiere
130–131 Beuteltiere
132–133 Wasserbewohner
134–135 Welt der Vögel
136–137 Welt der Reptilien
138–139 Welt der Amphibien
140–141 Welt der Insekten
142–143 Welt der Nicht-Insekten
144–145 Welt der Fische
146–147 Die Pflanzen
148–149 Was tun Pflanzen?
150–151 Pilze
152–153 Mikroben
154–155 Nahrungsketten

Lebensräume

156–157 Ökosysteme
158–159 Leben im Eis
160–161 Laubwälder
162–163 Regenwälder
164–165 Ein Meer aus Gras
166–167 Leben in der Wiese
168–169 Am Wasserloch
170–171 Wüsten
172–173 Leben in dünner Luft
174–175 Kühle Höhlen
176–177 Fließende Gewässer
178–179 Stille Gewässer
180–181 Überleben im Meer

Die Zeit der Dinosaurier

182–183 Die Zeit der Dinosaurier
184–185 Was ist ein Dinosaurier?
186–187 Das Becken
188–189 Partner finden
190–191 Eier und Nester
192–193 Sauropoden
194–195 Auffällige Kämme
196–197 Hörner und Nackenschilde
198–199 *T. Rex*
200–201 Groß und wild
202–203 Die Raptoren
204–205 Saurier aus der Tiefe
206–207 Ein Skelett versteinert
208–209 Was ist passiert?
210–211 Vögel

Forschung und Technik

212–213 Die Natur erforschen
214–217 Fortschritte
218–219 Was tun Forscher?
220–221 Forschung im Alltag
222–223 Kohlenstoff
224–225 Material-eigenschaften
226–227 Zustände ändern
228–229 Die Atome
230–231 Die Moleküle
232–233 Chemische Reaktionen
234–235 Was ist Energie?
236–237 Elektrizität
238–239 Licht
240–241 Schall
242–243 Kraft und Bewegung
244–245 Maschinen

Der Planet Erde

246–247 Unser Planet
248–249 Aufbau der Erde
250–251 Gesteine und Minerale
252–253 Das Gesicht der Erde
254–255 Der Boden
256–257 Rohstoffe in der Erde
258–259 Süß- und Salzwasser
260–261 Wasserkreislauf
262–263 Die Atmosphäre
264–265 Das Wetter
266–267 Die Energiekrise

Der Weltraum

268–269 Weltraum
270–271 Wo fängt das All an?
272–273 Hier wohnen wir
274–275 Milchstraße
276–277 Raketen
278–279 Reise zum Mond
280–281 Menschen auf dem Mond
282–283 Raumfähre
284–285 Arbeiten im All
286–287 Marsmission
288–289 Sonne
290–291 Ein Stern entsteht
292–293 Der Urknall

Zum Nachschauen

294–297 Wichtige Wörter
298–303 Register

Benutze dieses Buch

In diesem Buch kannst du neue Länder, ihre Kultur und Geschichte kennenlernen und ihre Tiere und deren Lebensräume entdecken. Erforsche auch die Welt der Naturwissenschaft und erfahre, wie die Technik funktioniert oder was im menschlichen Körper vor sich geht. Eine spannende Reise!

Dieses Buch ist nach Farben in zehn Kapitel unterteilt, sodass du gleich findet, wonach du suchst:

- Länder und Kontinente
- Menschen und Kultur
- Geschichte
- Der menschliche Körper
- Natur und Tiere
- Lebensräume
- Die Zeit der Dinosaurier
- Forschung und Technik
- Der Planet Erde
- Der Weltraum

Wegweiser durch das Buch

Was möchtest du ganz genau wissen? Auf den Seiten dieses Buches findest du besondere Elemente. Sieh genau hin und du wirst viel Interessantes erfahren.

Sieh dir die Kapitel genau an und finde die richtigen Bilder für das **Foto-Quiz.**

Mehr wissen sagt dir, wo du mehr Informationen zu einem Thema findest.

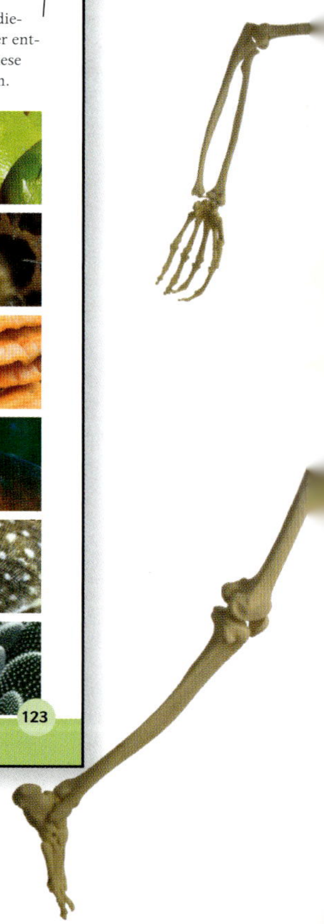

Auf dem unteren Rand jeder linken Seite steht eine Frage ...

Probier's aus!

Diese Kreise fordern dich zum Mitmachen auf.

In den **Kreisen** findest du Ideen zum Basteln und Experimentieren.

Die kleinen **Fotos** bieten dir Extra-Informationen zu besonderen Themen.

Mit den **Quizfragen** kannst du dein Wissen testen.

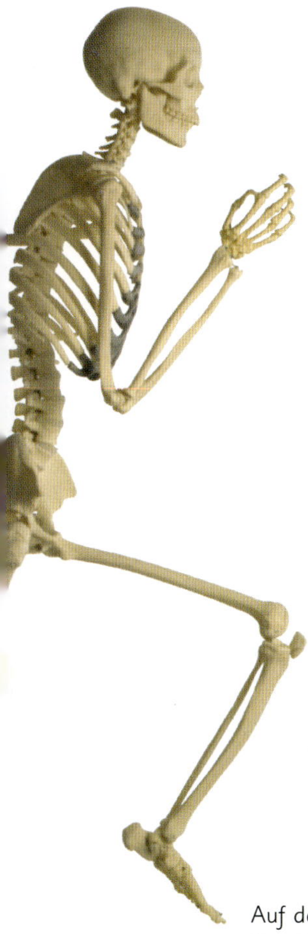

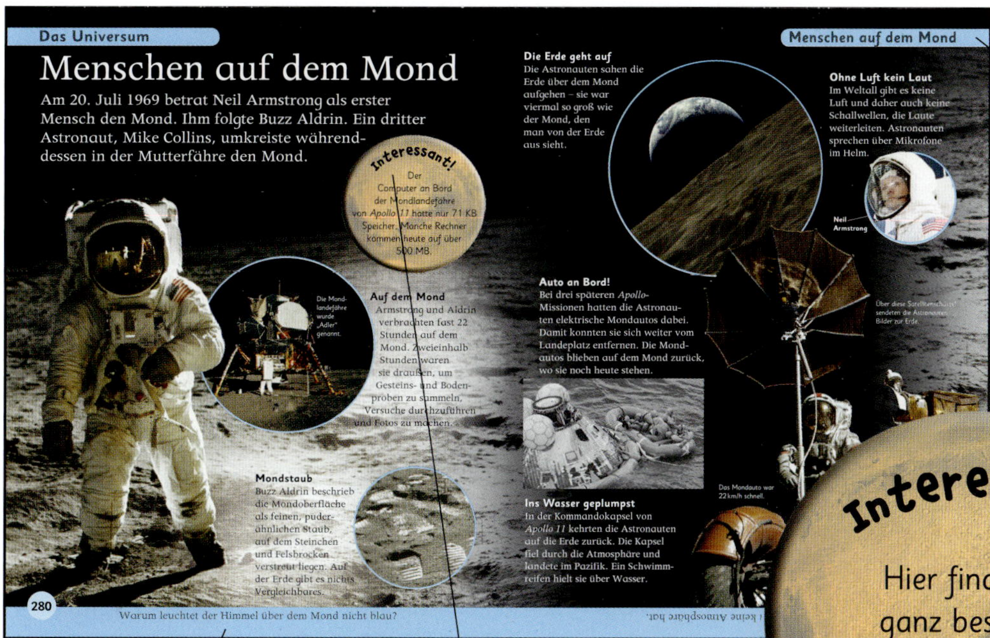

Farbige Balken auf jeder Seite zeigen das Kapitel an, zu dem sie gehören.

Interessant!

Hier findest du ganz besonders ungewöhnliche Infos.

Auf dem unteren Rand jeder linken Seite steht eine Frage.

Diese **Kreise** verraten seltsame und erstaunliche Tatsachen.

… und hier findest du die Antwort.

Kontinente

Die Erdoberfläche besteht zu einem Drittel aus Land und zu zwei Dritteln aus Wasser. Das Land liegt auf insgesamt sieben Kontinenten. Das Wasser verteilt sich hauptsächlich auf fünf Ozeane.

Im Inneren der Erde

Das Erdinnere besteht aus heißer, geschmolzener Gesteinsmasse, die sich in einem langsamen Strudel bewegt. Wir leben auf ihrer dünnen Kruste.

Siedlungen

Dieses Foto der Erde bei Nacht wurde von einem Weltraumsatelliten aufgenommen.Die hellen Punkte und Flächen sind Lichter. Sie zeigen, wo sich die großen Städte der Welt befinden.

Wie lange würde eine Fußwanderung rund um die Erde am Äquator entlang dauern?

Sieben Kontinente

Die Kontinente der Erde heißen Europa, Asien, Afrika, Australien, Nordamerika, Südamerika und Antarktis. Oft werden Europa und Asien auch Eurasien genannt.

Rekorde

Der **kleinste Kontinent** ist Australien – gleichzeitig ist es die größte Insel.

Der **am dichtesten besiedelte Kontinent** ist Asien mit 3,5 Milliarden Einwohnern.

Der **größte Ozean** ist der Pazifik. Er ist so groß wie alle anderen Meere zusammen.

Ungefähr ein Jahr – aber ohne Pause!

Die Arktis

Die Arktis ist das Gebiet rund um den Nordpol, den nördlichsten Punkt der Erde. Größtenteils ist die Arktis vom Nordpolarmeer bedeckt. Im Zentrum besteht sie aus einer riesigen Eisfläche. Am Rand der Arktis liegen die Insel Grönland und die nördlichen Spitzen der Kontinente.

Menschen in der Arktis

In den Eisregionen rund um das Nordpolarmeer wohnen nur wenige Menschen. Hier ist es zu kalt für den Anbau von Obst und Gemüse. Deshalb leben sie von der Rentierzucht, der Jagd auf Robben und dem Fisch- und Walfang.

Die Küstenseeschwalbe saust im Sturzflug auf die Wasseroberfläche zu, um Fische und Garnelen zu fangen.

Vom Nord- zum Südpol
Küstenseeschwalben verbringen viel Zeit ihres Lebens im Flug. Im Sommer brüten sie in der Arktis. Wenn der Herbst kommt, machen sie sich auf den Weg nach Süden in die Antarktis. Dort ist dann wieder Sommer!

Gut gewärmt
Die Tiere in der Arktis müssen große Kälte aushalten. Walrosse haben eine dicke Fettschicht, die sie warm hält. Ein dichtes Fell schützt Eisbären und Rentiere vor den Minustemperaturen.

Ein Amerikaner namens Robert Peary im Jahr 1909.

Kanada und Alaska

Kanada ist das zweitgrößte Land der Erde und Alaska der größte Bundesstaat der USA. Doch in diesen riesigen Gebieten leben nur wenige Menschen. Denn ein Großteil des Landes wird von undurchdringlichen Wäldern bedeckt oder es ist die meiste Zeit des Jahres eisig kalt.

Trans-Alaska-Pipeline

Das größte Erdöl-Fördergebiet der USA liegt in Alaska. Durch eine 1270 km lange überirdische Pipeline gelangt das Öl von der Prudhoe Bay zum Hafen Valdez.

Was für eine Art Tier ist die Klappmütze?

Rohstoffe

Im Norden gewinnt man einige wichtige Rohstoffe.

Holz dient als Baumaterial oder zur Herstellung von Möbeln.

Erdöl braucht man zum Heizen, als Benzin und um Plastik daraus zu machen.

Weizen wird auf den weiten Ebenen Kanadas angebaut, die man Prärien nennt.

Metalle wie Zink, Aluminium, Gold und Silber gewinnt man in Kanada.

Eine Robbe.

USA

Die Vereinigten Staaten von Amerika (USA) sind ein riesiges Land, das aus 50 Bundesstaaten zusammengesetzt ist. Hier gibt es Berge, Wüsten, Wälder und Sümpfe.

Welcher US-Bundesstaat ist nicht auf dieser Karte abgebildet?

Diese Karte zeigt nur 48 von insgesamt 50 Bundesstaaten der USA. Die beiden fehlenden Staaten sind Tausende von Kilometern entfernt. Alaska befindet sich nordwestlich von Kanada und Hawaii liegt im Pazifischen Ozean.

Alaska (siehe Seite 10–11).

Mittelamerika

Mexiko und die Länder Zentralamerikas bilden eine riesige Festlandbrücke zwischen Nord- und Südamerika. Der Norden Mexikos ist sehr trocken. Im Süden ist das Klima feuchter. Hier bedecken üppige Regenwälder die Berge und Vulkane.

Feine Früchte

Kaffee und Bananen werden in Costa Rica angebaut.

Schokolade wurde zuerst in Mexiko aus den Samen der Kakaobäume hergestellt.

Zucker gewinnt man aus Zuckerrohr in Zentralamerika und der Karibik.

Wozu benutzen die Klammeraffen ihren Schwanz?

Karibik

Das Gebiet östlich von Zentralamerika heißt Karibik. Auf den Inseln ist das ganze Jahr über schönes Wetter. Doch im Sommer wüten oft Hurrikane.

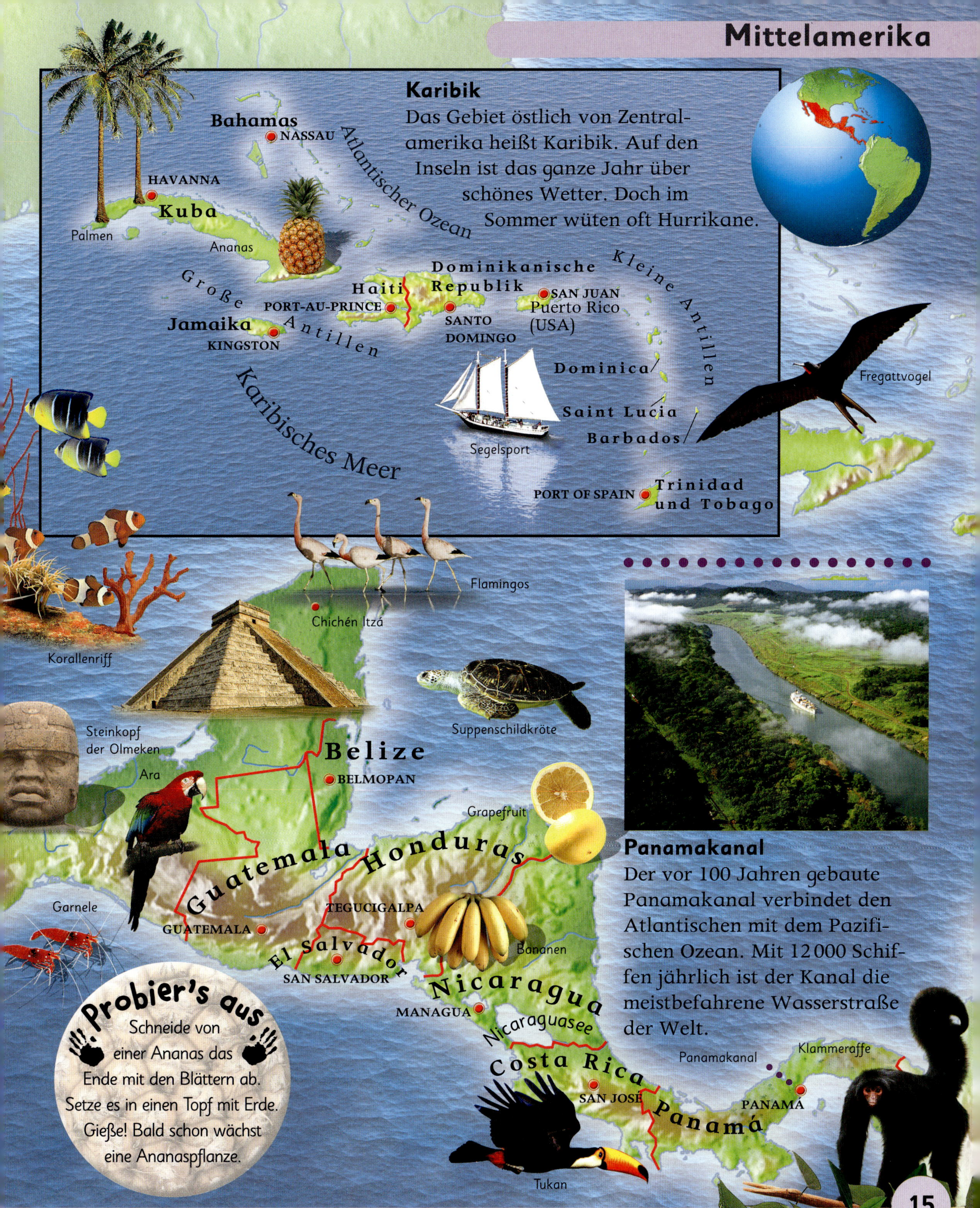

Panamakanal

Der vor 100 Jahren gebaute Panamakanal verbindet den Atlantischen mit dem Pazifischen Ozean. Mit 12 000 Schiffen jährlich ist der Kanal die meistbefahrene Wasserstraße der Welt.

Probier's aus

Schneide von einer Ananas das Ende mit den Blättern ab. Setze es in einen Topf mit Erde. Gieße! Bald schon wächst eine Ananaspflanze.

Als Haken. Sie hängen mit dem Schwanz an Ästen.

Südamerika

Eine Bergkette durchzieht Südamerika von Nord nach Süd. Im Westen liegt die trockenste Wüste der Welt. Im Norden ist der größte Regenwald.

Am Äquator entlang

Der Äquator ist eine gedachte Linie rund um die Erdmitte. Zu Fuß würde man einen ganzen Monat brauchen, nur um an dem Teil des Äquators in Südamerika entlangzulaufen.

Kap Hoorn

Die äußerste Spitze Südamerikas heißt Kap Hoorn. Das Meer ist in dieser Gegend so stürmisch, dass schon Hunderte von Schiffen Schiffbruch erlitten.

Rekorde

Die **höchstgelegene Hauptstadt** der Erde ist La Paz in Bolivien in 3632 m über dem Meer.

Die **höchsten Wasserfälle** sind die Angel-Fälle in Venezuela. Das Wasser stürzt 979 m in die Tiefe.

Die **trockenste Stadt** ist Arica in der Atacama-Wüste in Chile. Die jährliche Regenmenge beträgt Null!

Der Aconcagua mit einer Höhe von 6960 m.

Afrika

Afrika ist ein großer Kontinent mit vorwiegend warmem Klima. Im Norden und Süden gibt es heiße Wüsten. Dazwischen liegen Regenwälder und Steppen, in denen faszinierende Tiere leben.

Wie groß ist Afrikas Ausdehnung von Nord nach Süd?

Ungefähr 8000 km.

Rekorde

Der **höchste Punkt in Afrika** ist mit 5895 m Höhe der Gipfel des Kilimandscharo in Tansania.

Eine der **höchsten Dünen** ist 400 m hoch und liegt im Dünengebirge Erg Tifernine in der Sahara.

Der **heißeste Ort der Erde** ist Al' Aziziyah in Libyen. Hier wurden schon 58 °C gemessen.

Suezkanal
Der künstliche Wasserweg verbindet das Rote Meer mit dem Mittelmeer. Schiffe, die von Europa nach Asien fahren, nehmen den Suezkanal als Abkürzung.

Madagaskar
Auf den Bäumen der Insel Madagaskar sind die Lemuren zu Hause. Das sind Tiere mit Katzengesichtern und Affenkörpern.

Tiere in der Savanne
Weite Teile Afrikas bestehen aus Graslandschaften, die man Savanne nennt. Große Herden von grasenden Tieren leben hier, auch Löwen, Hyänen und Geparden.

Skandinavien

Der nördlichste Teil Europas heißt Skandinavien. Die Landschaft ist geprägt von Kiefernwäldern, schneebedeckten Bergen und zerklüfteten Küsten.

Island

Auf der Vulkaninsel Island im Nordatlantik gibt es viele heiße Springquellen, die man Geysire nennt.

Welche skandinavischen Krieger fielen in den Jahren 800 bis 1050 in Europa ein?

Färöer

Diese Inselgruppe liegt zwischen Island und Schottland, gehört aber zu Dänemark.

Tórshavn

Die Øresundbrücke

Die 16 km lange Øresundbrücke verbindet Kopenhagen in Dänemark mit Malmö in Schweden. Die Brücke besteht aus drei Teilen: einem Tunnel, einer künstlichen Insel und der eigentlichen Brücke über die Meerenge.

Britische Inseln

Das Vereinigte Königreich besteht aus England, Schottland, Wales und Nordirland. Irland dagegen ist ein eigenständiger Staat. Die meisten Menschen auf den Britischen Inseln sprechen Englisch.

Königreich

Früher regierten in England und Schottland jeweils eigene Königsfamilien. Im Jahr 1603 wurden die beiden Länder zum Vereinigten Königreich zusammengeschlossen. Das Staatsoberhaupt ist heute Königin Elisabeth II.

Wie heißt der offizielle Wohnsitz der englischen Königin in London?

Das Eden-Projekt Cornwall
Eine riesige Glaskuppel überdeckt den botanischen Garten in Cornwall mit Pflanzen aus aller Welt. Hier sieht man anschaulich, wie wichtig die Natur für die Zukunft unserer Erde ist.

Der Buckingham-Palast.

Benelux-Staaten

Belgien, die Niederlande und Luxemburg liegen im Tiefland von Flussmündungen. Der Name Benelux setzt sich aus den Anfangsbuchstaben von **Be**lgique (Belgien), **Ne**derland (Niederlande) und **Lux**embourg (Luxemburg) zusammen.

Wie nennt man den westlichen Teil der Niederlande?

Holland.

Amsterdam

Vor Hunderten von Jahren haben reiche Kaufleute die großen Häuser an den Amsterdamer Kanälen erbaut. Jedes Haus ist anders und manche sind ganz schief, weil sie auf sumpfigem Grund stehen.

Interessant!

In **Brüssel** sitzt der Rat der Europäischen Union, das wichtigste Entscheidungsorgan des Staatenbundes.

900 Windmühlen an der Küste der Niederlande helfen den Boden trocken zu halten.

Die **Holzschuhe** haben holländische Bauern schon vor 600 Jahren erfunden.

Frankreich

Frankreich ist das größte Land in Westeuropa. In der Hauptstadt Paris steht der Eiffelturm. Frankreich ist bekannt für seine herrlichen Landschaften mit malerischen Dörfern und imposanten Schlössern.

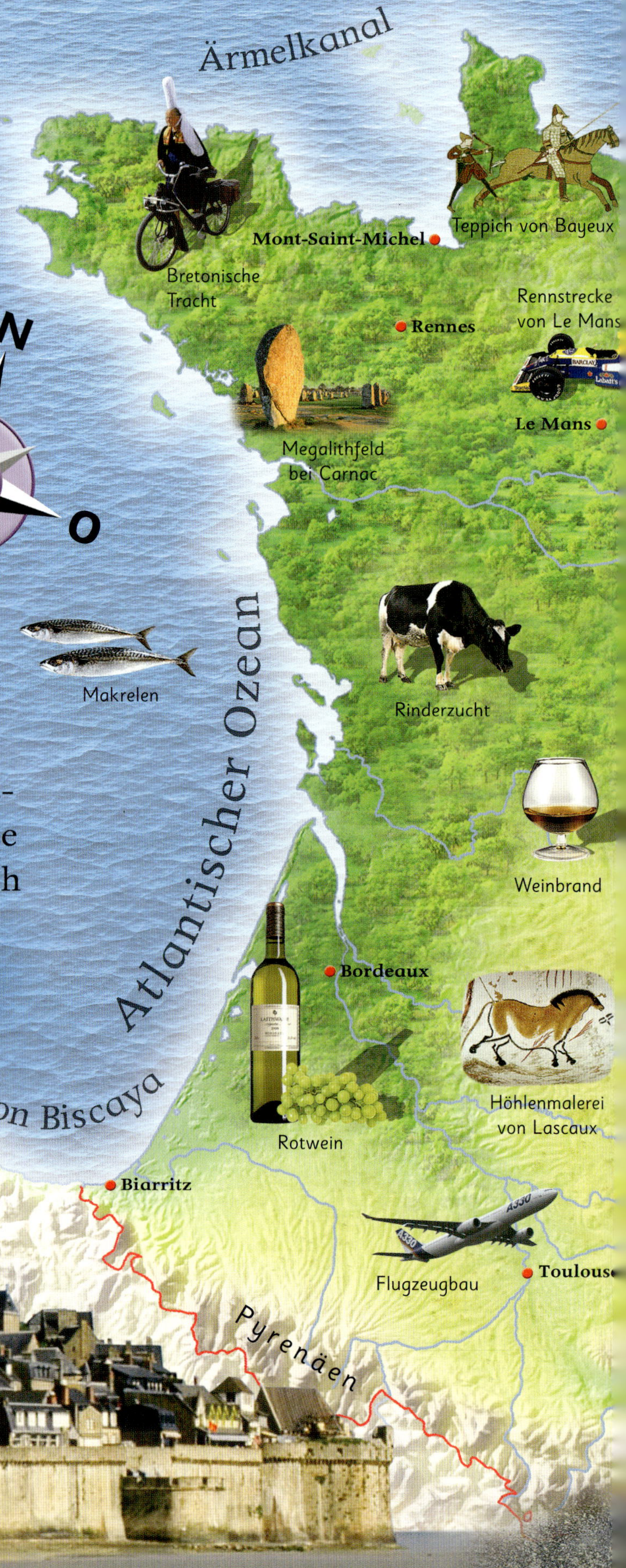

Mont-Saint-Michel

Auf einer Insel vor der Nordküste Frankreichs liegt das Kloster Mont-Saint-Michel. Bei Ebbe kann man die Insel auch zu Fuß erreichen.

Wo in Frankreich leben Wildpferde und Flamingos?

Korsika

Die französische Insel liegt im Mittelmeer in der Nähe von Italien (siehe S. 32). Sie hat herrliche Felsküsten und Strände.

In den Sumpfgebieten der Camargue.

Deutschland und die Alpenländer

Der Norden Deutschlands ist sehr flach. Nach Süden hin steigt das Land an. Österreich und die Schweiz liegen in den Alpen, dem größten Gebirge Europas.

Berliner Mauer
Eine lange Mauer trennte Berlin in eine östliche und eine westliche Hälfte. 1989 stürmten die Berliner die Mauer, nachdem die Grenze geöffnet worden war.

Welcher Komponist wurde 1756 in Salzburg geboren?

Tschechische Republik
Frankreich
Schweiz
Österreich
Liechtenstein
Thüringer Wald
Bayerische Wald
Schwäbische Alb
Schwarzwald
Bayerische Alpen
Alpen
Bodensee
Chiemsee
Neusiedler See
Donau
Main
Rhein
Rhône
Bonn
Frankfurt
Frankfurter Hochhäuser
Mannheim
Heidelberg
Wein
Mercedes
Stuttgart
Nürnberg
Freiburg
Ulm
Käse
Schloss Neuschwanstein
Oktoberfest
München
Salzburg
Mozart
Linz
WIEN
Spanische Hofreitschule
Bergsteigen
Graz
Snowboard fahren
Gämse
Innsbruck
Murmeltier
Zugspitze (2962 m)
VADUZ
Davos
Zürich
Schweizer Armeemesser
Alphorn
Schokolade
BERN
Matterhorn (4478 m)
Genf

Spanien und Portugal

Spanien und Portugal liegen auf der Iberischen Halbinsel im Südwesten Europas. Das Klima ist warm und sonnig.

Azoren

Die portugiesischen Inseln liegen im Atlantik zwischen Europa und den USA.

Madeira

Auf der portugiesischen Insel stellt man einen Süßwein her, der auch Madeira heißt.

Kanarische Inseln

Die sieben spanischen Inseln liegen vor der Westküste Afrikas.

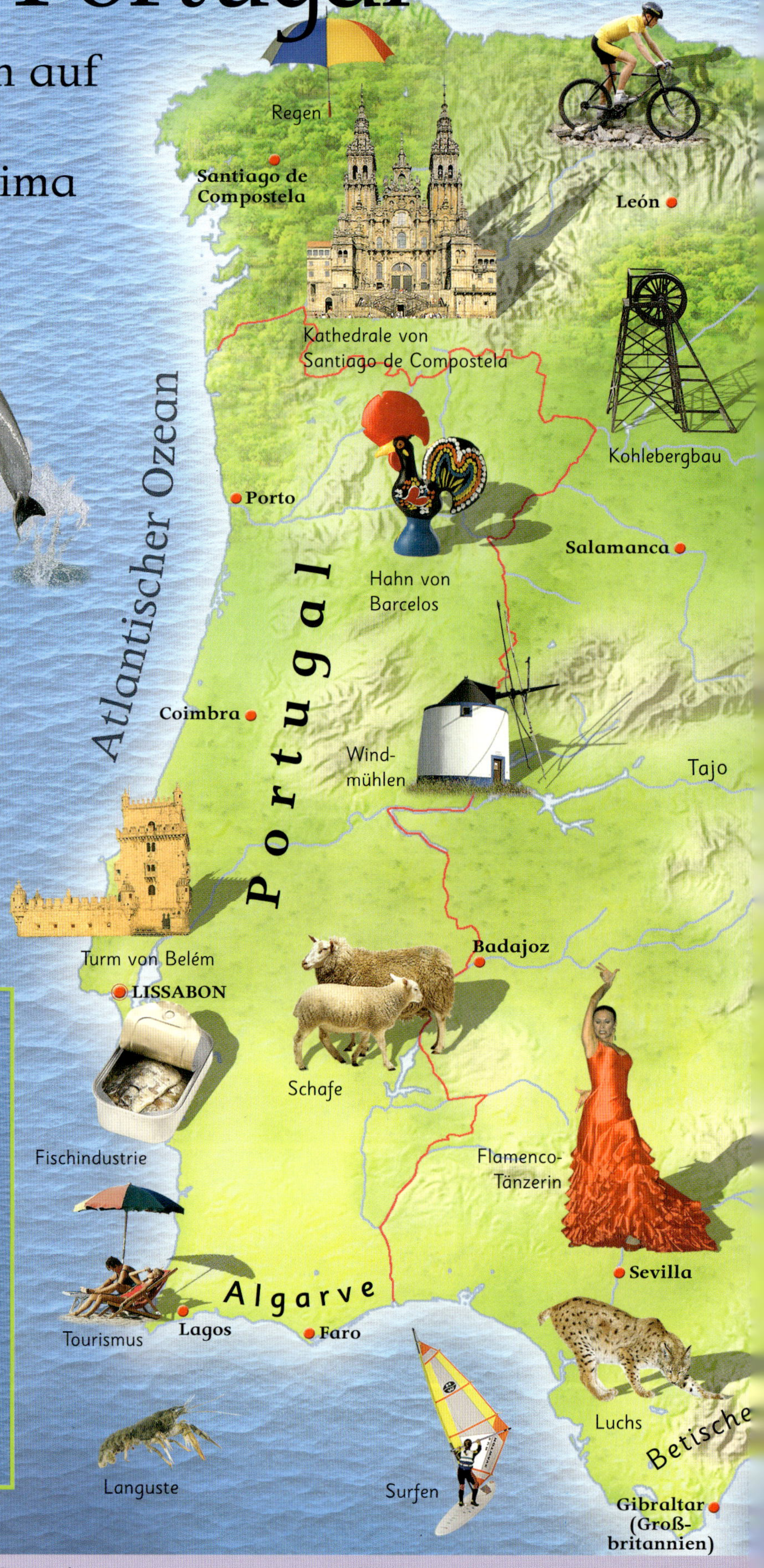

In welcher Stadt Spaniens regnet es am meisten?

Mallorca
Die spanische Insel Mallorca ist eines der Hauptreiseziele in Europa. An der zerklüfteten Küste gibt es viele schöne Sandstrände.

In Santiago de Compostela.

Italien und Malta

Italien hat die Form eines Stiefels, bei dem das obere Ende in den Alpen liegt und die Zehen im Mittelmeer schwimmen. Die Apenninen verlaufen wie ein Knochen durch das ganze Bein.

Seen

Zu den Oberitalienischen Seen im Norden des Landes gehören 23 Seen. Der Gardasee ist der größte und ein beliebtes Urlaubsziel für Wassersportler.

Rekorde

Der **Ätna** in Sizilien ist der größte und aktivste Vulkan in Europa.

Der **Schiefe Turm von Pisa** ist ein Glockenturm und der schiefste Turm der Welt.

Die **erste Pizza** backte ein neapolitanischer Bäcker im 19. Jahrhundert.

Drei: Malta, Gozo und Comino.

Östliches Mitteleuropa

Diese Länder waren im letzten Jahrhundert lange Zeit kommunistisch geprägt. Heute entwickeln sie sich zu modernen demokratischen Staaten. In ländlichen Gebieten wird immer noch viel Landwirtschaft betrieben.

Interessant!

Für ihre **Lebkuchen** ist die polnische Stadt Thorn berühmt.

Budapest ist von der Donau geteilt: Buda auf einer Seite, Pest auf der anderen.

Die weißen **Lipizzaner** werden in Slowenien gezüchtet.

Hohe Tatra
Dieser Gebirgszug liegt in Polen und der Slowakei und gehört zu den Karpaten. Der höchste Punkt ist 2655 m hoch.

Paprika.

Osteuropa

Die Länder Osteuropas liegen zwischen der Ostsee und dem Schwarzen Meer. Früher gehörten sie zur Sowjetunion, aber 1991 wurden sie unabhängig.

Hügel der Kreuze

Jedes Jahr kommen viele Pilger an diesen heiligen Ort in Litauen. Zum Zeichen ihres christlichen Glaubens setzen sie Kreuze auf den Hügel.

Aus der Natur

Mammuts lebten vor ungefähr 25 000 Jahren in der Ukraine.

Aus den Fasern von **Flachs** stellt man Leinenkleidung her. Die Pflanze wächst in Weißrussland.

Die **Pripjatsümpfe** sind mit einer Ausdehnung von 270 000 km² die größte Sumpflandschaft Europas.

Südosteuropa

Die Donau bahnt sich ihren Weg durch Südosteuropa. Sie stellt eine natürliche Grenze dar zwischen Rumänien und Bulgarien. Weiter südlich befinden sich die Denkmäler der alten griechischen Kultur.

Was wird in Griechenland am meisten geerntet?

Oliven.

Interessant!

Ein echter **Badeschwamm** besteht aus dem Skelett eines toten Meereslebewesens.

Die Bulgaren essen viel **Joghurt**. Sie glauben, dass sie dadurch länger leben.

Für **Griechischen Kaffee** kocht man das Kaffeepulver mit etwas Wasser in einem kleinen Töpfchen.

Die Insel Chios in der Ägäis

Russland und Westasien

Russland erstreckt sich über zwei Kontinente: Europa und Asien. Im Südwesten Russlands liegen acht unabhängige Staaten, die früher zur Sowjetunion gehört haben.

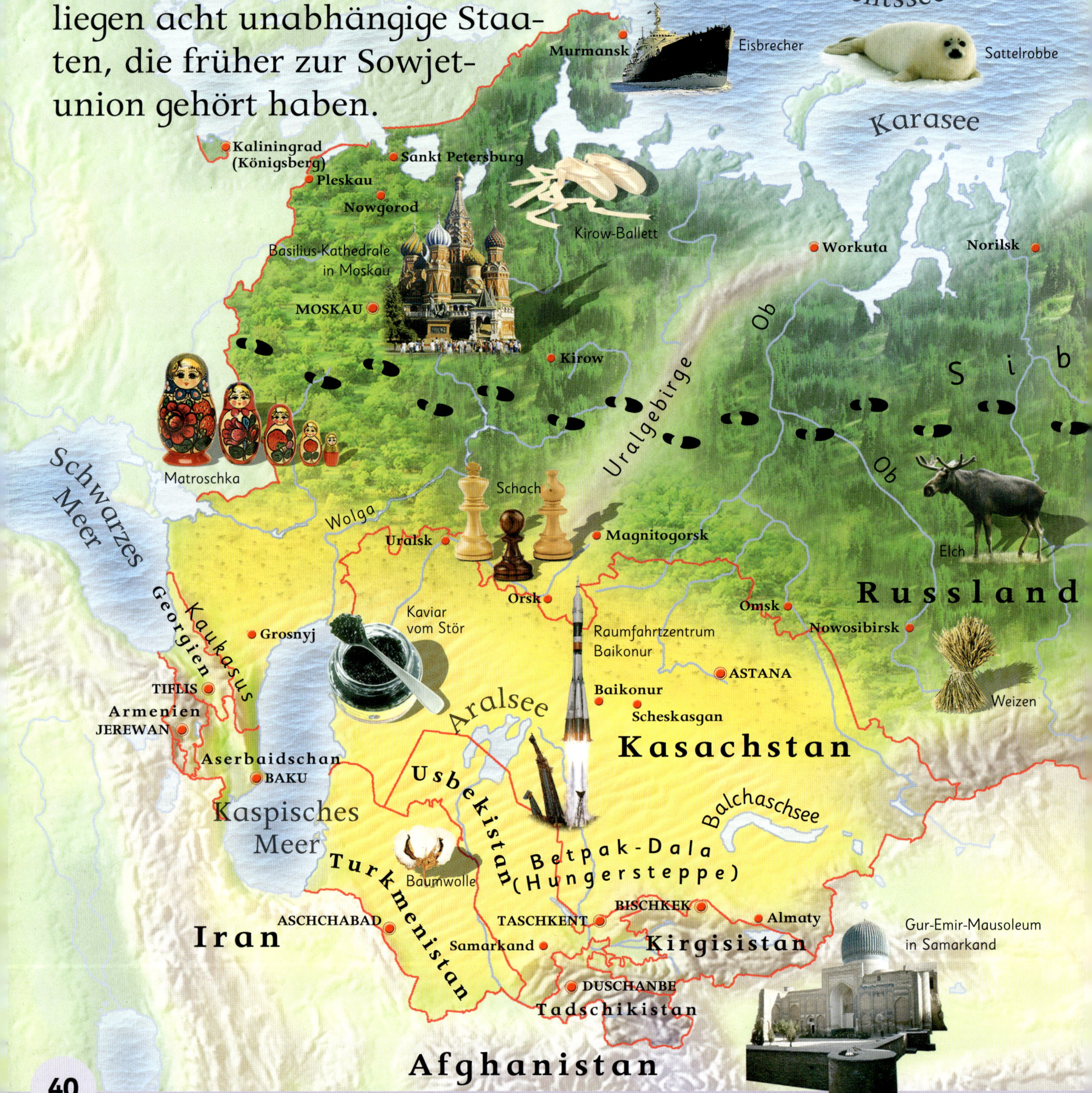

Welches Tier züchtet das Volk der Nenzen?

Wanderung
Russland ist das größte Land der Welt. Wenn man von West nach Ost wandern wollte, würde man ohne Pause mehr als zwei Monate brauchen.

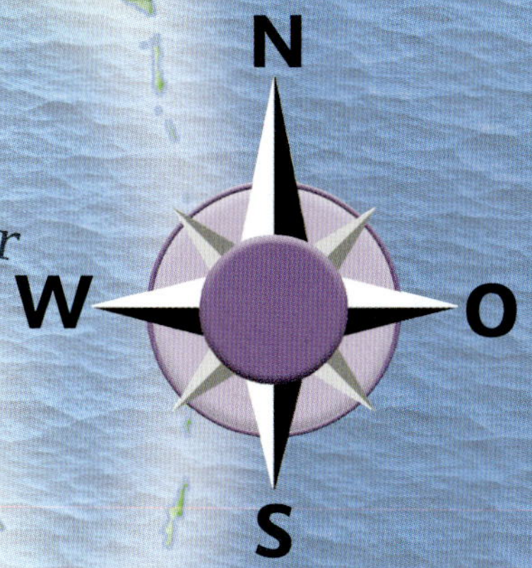

Kaum zu glauben!

Der teure **Kaviar** aus dem Kaspischen Meer heißt auch „Schwarzes Gold".

Der **Baikalsee** ist der größte und tiefste Süßwassersee der Welt.

Werchojansk ist die kälteste Stadt der Erde. Im Winter sinken die Temperaturen auf –68 °C.

Aralsee in Gefahr
Gestrandete Boote: Der Aralsee auf der Grenze zwischen Kasachstan und Usbekistan verlandet. Das Wasser wird für die usbekischen Baumwollfelder verwendet.

Die Nenzen sind traditionelle Rentierzüchter.

Naher Osten

Die Region ist heiß und trocken, es gibt große Wüsten. Drei Weltreligionen haben hier ihren Ursprung.

Mekka

Das Hauptheiligtum der Muslime ist die Kaaba in Mekka. Zum Gebet verneigen sich die Gläubigen Richtung Mekka, wohin jeder Muslim einmal im Leben eine Pilgerreise unternehmen soll.

Erste Hochhäuser

Mehrstöckige Häuser entstanden im Jemen bereits vor Tausenden von Jahren. Im Erdgeschoss werden Tiere gehalten und Vorräte gelagert. Die Menschen wohnen in den oberen Stockwerken.

Früchte der Wüste

Nur in den feuchteren Gegenden ist Landwirtschaft möglich.

Feigen sind weiche, klebrige Früchte, die man auch getrocknet isst.

Oliven werden gepresst und dann zu Olivenöl verarbeitet.

Datteln sind die Früchte von Palmen, die an Flüssen und Oasen wachsen.

Aus welchem Land kommen 65 Prozent aller Haselnüsse?

Aus der Türkei.

Südasien

Südasien ist eine dicht besiedelte Gegend mit bewegter Geschichte. Das größte Land ist Indien mit über einer Milliarde Einwohnern.

Elefantenparade

Beim Poram-Fest ziehen 101 Elefanten in einer großen Prozession durch die süd-indische Stadt Trichur.

Interessant!

Lapislazuli ist ein Schmuckstein, aus dem früher auch blaue Malfarbe hergestellt wurde.

Indische Tänzerinnen erzählen mit Bewegungen des ganzen Körpers alte Geschichten.

Die **Delfine im Ganges** sind nahezu blind. Im trüben Wasser orientieren sie sich über Geräusche.

Im Fluss Ganges.

Monsun
In Südasien ist das Wetter normalerweise heiß und trocken. Jeden Sommer fällt jedoch ein paar Wochen lang heftiger Regen. Diese Monsunperiode ist wichtig für den Reisanbau.

Südost-asien

Das Klima in Südost-asien ist das ganze Jahr über schwülwarm. Regenwald bedeckt die meisten der zahlreichen Inseln. Manche werden von großen Vulkanen überragt.

Schwimmender Markt
Viele Kanäle durchziehen Bangkok. Die Händler bieten ihre Waren auf Booten an.

Interessant!

Orang-Utans sind Menschenaffen, die auf Borneo und Sumatra vorkommen.

Der **Hirscheber** ist ein Schwein, bei dem die Zähne durch die Nase wachsen.

Die **Rafflesia** hat mit knapp einem Meter Durchmesser die größte Blüte der Welt

Reis auf der Treppe

Reis wird auf überfluteten Feldern angebaut. Manchmal liegen die Felder terrassenartig am Hang. Das feuchte Klima ist gut für eine reiche Ernte.

Der Komodo-Waran mit bis zu 3 m Länge.

Zentral- und Ostasien

Über eine Milliarde Menschen leben in China. Das ist ein Fünftel der Weltbevölkerung. Die benachbarte Mongolei ist am dünnsten besiedelt.

Terrakottaarmee

Die Figuren aus Xi'an in China entstanden vor über 2000 Jahren. Sie sollen das Grab von Chinas erstem Kaiser Qin Shi Huang Di bewachen. 1974 wurde die Terrakottaarmee wiederentdeckt.

Chinesische Oper

Die chinesische Oper besteht aus Gesang, Schauspiel und Akrobatik. Mit Schminke wird der Charakter der Figuren unterstrichen.

Erstaunlich!

Der **höchste Berg** der Erde ist mit 8850 m Höhe der Mount Everest.

Der **dicht besiedeltste Ort** der Welt ist Hongkong mit 6000 Einwohnern pro km².

Der **heißeste Ort in China** ist Turpan. Hier wurden schon 47 °C gemessen.

Welcher Berg ist der zweithöchste der Welt?

Der Godwin Austen (K2) mit 8611 m Höhe.

Japan

Zu Japan gehören vier große Inseln und mehrere Tausend kleine. Ein Großteil des Landes ist gebirgig. Die wichtigen Städte liegen in den flacheren Regionen an der Küste.

Für kalte Tage

Jedes Jahr im Februar findet in Sapporo das Eisfest statt. Aus riesigen Eisblöcken werden Tempel, Skulpturen und die Kopien von berühmten Gebäuden gemeißelt.

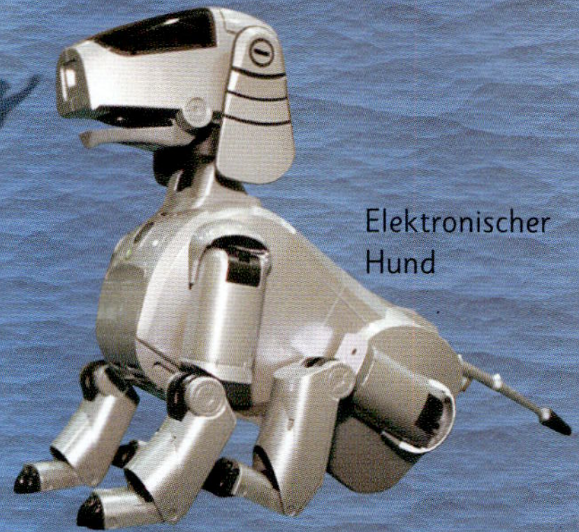

Spielzeug

Aus Japan kommt eine Menge elektronischer Geräte wie Fernseher, Spielkonsolen oder ferngesteuerte Haustiere.

Tokio

Die Hochhäuser in Japans Hauptstadt Tokio sind so gebaut, dass sie bei einem Erdbeben schwanken. Dadurch können sie nicht so leicht einstürzen.

Sakishima-Inseln

Diese kleinen tropischen Inseln liegen weitab von Japan im Süden.

Etwa 12 Millionen.

Australien

Australien ist der kleinste Kontinent, aber es ist ein großes Land. Die meisten Menschen leben an der Küste, weit entfernt von den unwirtlichen Wüstengebieten im Hinterland.

Gefährlich!

In Australien gibt es mehr giftige Tiere als in anderen Erdteilen.

Das männliche **Schnabeltier** hat einen Giftstachel am hinteren Fuß.

Das Berühren einer **Seewespe** kann zum schnellen Tod führen.

Eine halbe Stunde nach dem Biss der **Taipan-Schlange** stirbt man.

Die giftige **Seeschlange** kann ein Kind töten. Doch die Schlangen sind scheu.

Kegelschnecken sind Meeresschnecken mit einem giftigen Stachel.

Der giftige Biss einer **Trichternetzspinne** dringt auch durch einen Fingernagel.

Ein **Blaugeringter Oktopus** kann einen Menschen lähmen und sogar töten.

Woraus besteht ein Korallenriff?

Korallenriff

Das Große Barriereriff erstreckt sich über eine Länge von 2000 km entlang der Nordostküste Australiens. Hier tummeln sich viele leuchtend bunte Fische.

Neuseeland und der Pazifik

Mehrere Hundert Inseln liegen verstreut im Pazifischen Ozean. Neuseeland besteht aus zwei größeren davon.

Extremsportarten
Touristen aus aller Welt kommen nach Neuseeland zum Bungee-Jumping, Fallschirmspringen oder Wildwasserfahren.

Maori
Die meisten Neuseeländer stammen von Europäern ab. Nur einer von zehn ist ein Maori, ein Ureinwohner Neuseelands. Zu besonderen Anlässen bemalen sich die Maori das Gesicht und führen einen Kriegstanz auf, der „haka" heißt.

Haus im Gepäck
In Neuseeland kommt es oft zu Erdbeben. Viele Leute wohnen in Holzhäusern, weil die Verletzungsgefahr nicht so groß ist und man beim Umzug das Haus gleich mitnimmt.

Was ist so besonders an dem Vogel Kiwi?

Kokosnüsse
Kokospalmen wachsen überall an den Stränden der Pazifikinseln. Die Insulaner steigen auf die hohen Bäume, um die Kokosnüsse zu ernten.

Pazifische Inseln

Etwa fünf Millionen Menschen leben auf den tropischen Inseln im südpazifischen Ozean.

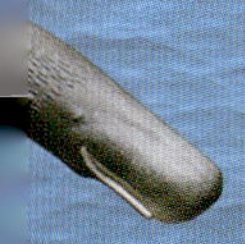

Die Inselbewohner fahren mit kleinen Holzbooten zum Fischen.

Er kann nicht fliegen.

Die Antarktis

Die Antarktis ist der kälteste Kontinent der Erde. Im Winter gefriert das Meer und der Erdteil wird doppelt so groß.

Adeliepinguine

Schräge Vögel

Die Pinguine bewegen sich an Land sehr tollpatschig, aber sie können hervorragend tauchen.

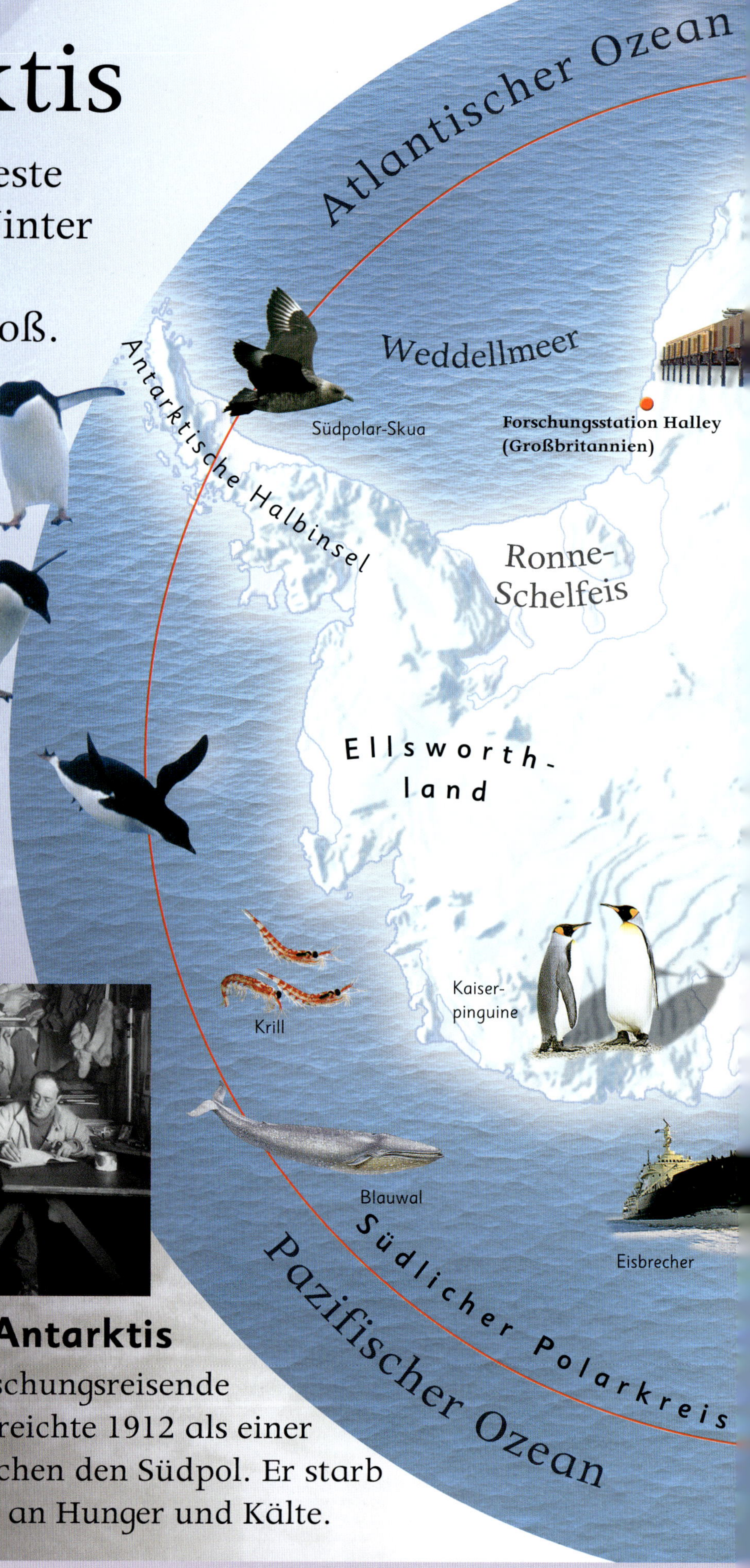

Dieser Wegweiser zeigt an, wie weit andere Orte der Welt entfernt sind.

Scott und die Antarktis

Der britische Forschungsreisende Robert F. Scott erreichte 1912 als einer der ersten Menschen den Südpol. Er starb auf dem Heimweg an Hunger und Kälte.

Wer erreichte den Südpol zuallererst?

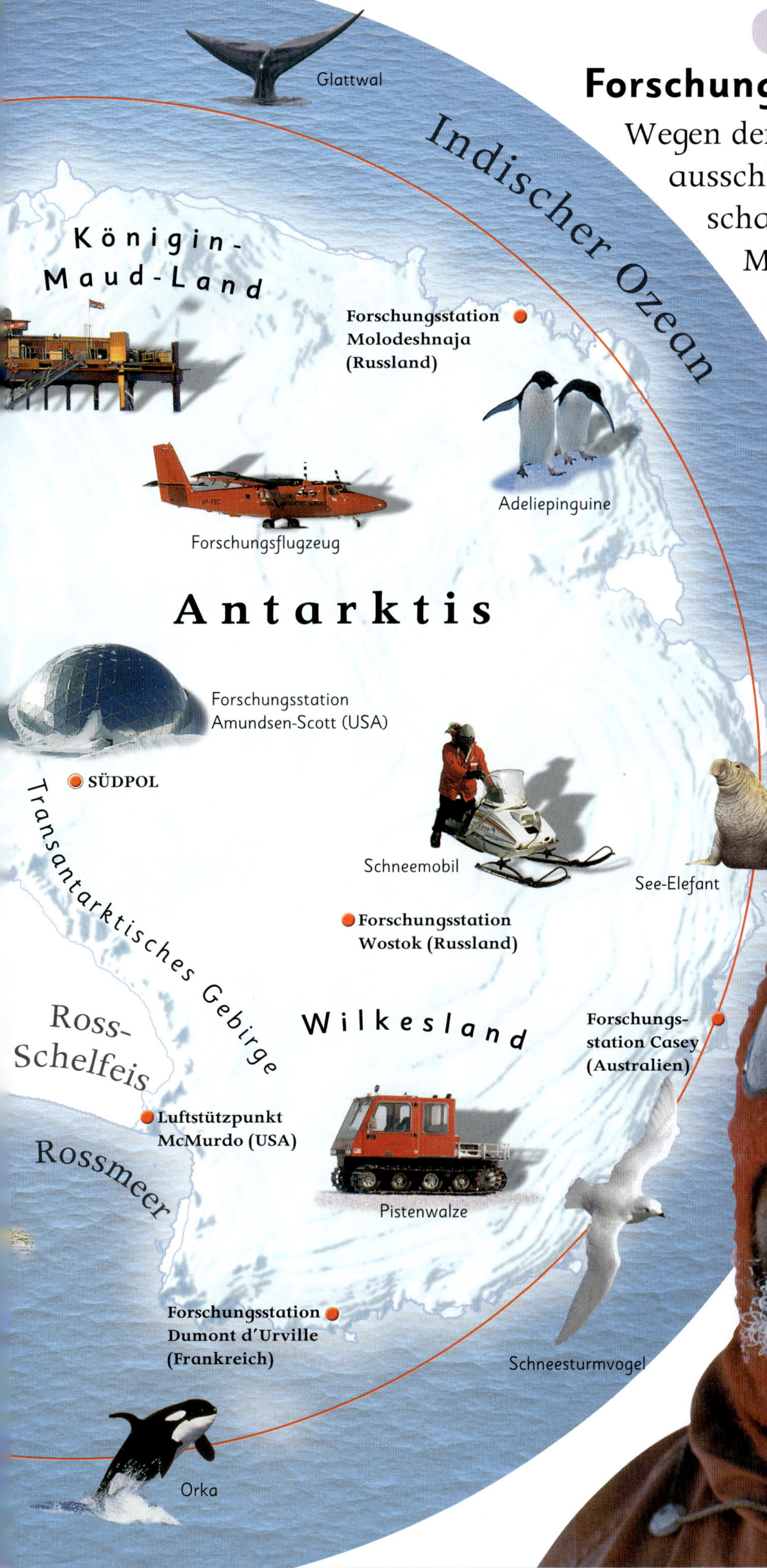

Forschung

Wegen der großen Kälte leben ausschließlich Wissenschaftler in der Antarktis. Mithilfe von Ballons untersuchen sie z.B. das Klima.

Schön frisch

In der Antarktis friert der Atem sofort im Gesicht fest. Die Menschen müssen sich durch mehrere Schichten warmer Kleidung vor der Kälte schützen.

Der norwegische Forscher Roald Amundsen im Jahr 1911.

Die Flaggen der Welt

Welches Land hat als einziges keine rechteckige Flagge?

Auf der Erde gibt es 196 Länder. Jedes hat seine eigene Flagge.

Nepal.

Die Menschen

Auf der Erde leben über sechs Milliarden Menschen. Sie haben unterschiedliche Bräuche, Traditionen, Sprachen und Religionen.

So wie dieses Mädchen feiern in Europa viele Menschen den Monat Mai.

Der erste Mai wird als Beginn des Frühlings nach dem langen, kalten Winter gefeiert.

Menschen und Sprache

In China leben die meisten Menschen der Erde. Die am meisten gesprochene Sprache ist daher auch Mandarin, eine Sprache der Chinesen.

Kultur

Kultur und Kunst sind im Leben der Menschen wichtig.

Mit der **Schrift** halten wir Wissen, Nachrichten und Geschichten fest.

Das **Theater** unterhält das Publikum mit Spiel, Tanz und Kostümen.

Durch die **Malerei** drücken Künstler Ideen und Gefühle aus.

Mode ist überall auf der Welt verschieden und verändert sich ständig.

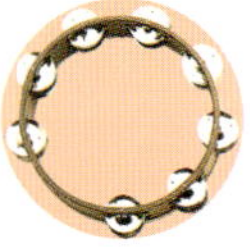

Musik ist noch vielfältiger als Sprache. Und jeder kann sie verstehen.

Welche Sprache wird am zweithäufigsten gesprochen?

Beruf
Überall arbeiten die Menschen, um ihren Lebensunterhalt zu verdienen. Was willst du werden? Astronaut oder Lehrer, Landwirt oder Programmierer?

Freizeit
Es ist wichtig, auch Freizeit zu haben. Viele Leute treiben Sport oder sehen bei Wettkämpfen zu. Kinder spielen am liebsten einfach mit ihren Freunden.

Feste und Feiern
Besondere Ereignisse im Leben der Menschen werden überall gefeiert. Ein Fest kann eine Mahlzeit mit Freunden sein oder auch eine religiöse Zeremonie.

In Indien schenkt man sich bei manchen Festen Süßigkeiten.

Foto-Quiz
Suche auf den Seiten „Menschen und Kultur“ die Fotos, aus denen diese Ausschnitte stammen.

Mehr wissen ...

über die Kontinente, Seite **6–7**

über die Weltgeschichte, Seite **80–81**

Große Religionen

Eine Religion zu haben bedeutet, an etwas zu glauben und nach festen Regeln zu leben. Wichtige Religionen sind Christentum, Islam, Judentum, Buddhismus, Hinduismus und die Sikhreligion.

Hindus beim Bad im heiligen Fluss Ganges

Hinduismus

Der Hinduismus entstand vor 4000 Jahren in Indien. Hindus glauben an Brahman, das höchste Wesen, und verehren Göttinnen und Götter, die Teil von Brahman sind.

Rosenkranz

Die Grabeskirche in Jerusalem

Heilige Symbole

Diese Zeichen haben besondere Bedeutung:

Hinduismus: Das „Aum"-Symbol steht für den ersten Laut der Schöpfung.

Judentum: Der Davidstern erinnert an den jüdischen König David.

Buddhismus: Das Rad steht für acht Grundsätze der Lehre Buddhas.

Christentum: Das Kreuz erinnert an Jesus' Tod am Kreuz.

Islam: Der Stern und die Mondsichel zieren Fahnen islamischer Länder.

Sikhreligion: Das „Khanda"-Symbol soll an Gott und seine Macht erinnern.

Christentum

Das Christentum folgt der Lehre eines Mannes namens Jesus, der vor 2000 Jahren lebte. Christen glauben, Jesus sei der Sohn Gottes, der starb, um sie von ihren Sünden zu erlösen.

Wie heißt das heilige Buch des Christentums?

Dieser buddhistische Tempel steht in Thailand.

Islam

Die Anhänger des Islam nennt man Muslime. Sie glauben an den einzigen Gott Allah, der ihr Leben bestimmt. Der Koran ist das heilige Buch des Islam und enthält die Lehre des Propheten Mohammed.

Mekka ist eine heilige Stadt für Muslime.

Buddhismus

Buddhisten folgen der Lehre Buddhas, der vor 2500 Jahren in Indien lebte und den Menschen zeigte, wie sie ein gutes und friedvolles Leben führen können.

Statuen stellen Buddha häufig bei der Meditation dar.

Die Klagemauer in Jerusalem ist für Juden ein heiliger Ort.

Judentum

Das Judentum ist die Religion der Juden. Ihr heiliges Buch ist die Thora. Sie erzählt die Geschichte des jüdischen Volkes und seiner Beziehung zu Gott.

Menora (jüdischer Leuchter)

Mehr wissen ...

über Kunst und Architektur, Seite **68–69**

über Ägypten, Seite **84–85**

Sikhreligion

Die Religion der Sikhs wurde in Indien von Guru Nanak begründet. Sikhs beten in einem Gebäude namens Gurdwara. Ihr heiliges Buch heißt Guru Granth Sahib.

Der Goldene Tempel in Amritsar in Indien ist den Sikhs heilig.

Die Bibel.

Leben mit Religion

In jeder Religion verehren die Menschen ihren Gott oder ihre Götter. Sie versammeln sich zum Beten und feiern Feste zu besonderen Ereignissen.

Statue des Buddha

In buddhistischen Ländern verbringen die Jungen einige Zeit als Mönche.

Islam
Muslime beten in vorgeschriebener Gebetshaltung fünf Mal am Tag: bei Sonnenaufgang, am Mittag, am Nachmittag, bei Sonnenuntergang und nachts.

Buddhismus
Buddhisten verehren nicht einen Gott, sie ehren das Leben und die Lehre Buddhas, der ihre Religion begründete. Im Tempel bringen sie Blüten, Kerzen und Weihrauch dar.

Was ist eine Moschee?

In einer Synagoge hören Juden bei Lesungen aus der heiligen Thora zu.

Judentum

Gläubige des Judentums versammeln sich in einem Gebäude, das Synagoge heißt, zum Gottesdienst, der vom Rabbi geleitet wird.

Sikhreligion

Sikhs schneiden ihr Haar nie. Traditionell tragen die Männer einen Turban und haben einen Holzkamm, einen kleinen Dolch und einen Armreif aus Eisen bei sich.

Dies ist der elefantenköpfige Gott Ganescha.

Hinduismus

Hindus verehren ihre Göttinnen und Götter in ihren Häusern und in Mandirs (Tempeln). Gott Ganescha soll Glück und Erfolg bringen.

Christentum

Zur Erinnerung an Jesus' Geburt feiern Christen Weihnachten. In den Kirchen finden Gottesdienste statt und die Menschen machen sich Geschenke.

Diese Kinder stellen die Geschichte der ersten Weihnacht nach.

Jesus wurde in einem Stall in Bethlehem geboren. Drei Könige besuchten ihn.

Ein Gebäude, in dem Muslime zu Allah beten.

Schreiben und Drucken

Vor ungefähr 5500 Jahren begannen Menschen zu schreiben. Davor wurden Informationen und Geschichten mündlich weitergegeben. Heute gehört Schreiben zum Alltag.

Das Alphabet

Füllfederhalter schreiben mit Tinte.

Schreibfedern in einem Tintenfass und eine Papyrusrolle

Papier und Federn

Das Papier, das wir heute benutzen, ist aus Holzfasern. Früher stellte man Papier aus Papyrus oder Tierhäuten her. Die ersten Federn waren aus Schilf.

Symbole und Zeichen

Zeichen und Symbole benutzen wir, um Buchstaben und Wörter zu schreiben.

Piktogramme sind Bildzeichen. Dieses chinesische Zeichen bedeutet „verkaufen“.

Hieroglyphen wurden im alten Ägypten verwendet. Das hier bedeutet „Küken“.

Runen waren Symbole, die Wikinger in Stein oder Holz ritzten. Hier der „M“-Laut.

Noten sind eine Musikschrift, mit der man Melodien aufschreibt.

Das **Morsealphabet** drückt Buchstaben durch kurze und lange Signale aus.

Schreibmaschinen

Die ersten Schreibmaschinen wurden vor 200 Jahren erfunden. Sie machten schnelleres Schreiben möglich. Heute verwendet man meistens Computer wie diesen Laptop.

Frühe Schreibmaschine

Laptop-Computer

Bücher drucken

In früher Zeit schrieb man Bücher mit der Hand. Das war sehr aufwändig und teuer. Die ersten Druckerpressen verwendete man vor 600 Jahren. Bücher zu drucken ging schneller und war billiger als abschreiben.

Eine alte Druckerpresse aus Holz

Die Teile der Druckerpresse wurden von Hand gefertigt.

Mehr wissen …

über das alte Ägypten, Seite **84–85**

über die Wikinger, Seite **90–91**

Diese Maschine sortiert die bedruckten Blätter.

Nachrichten drucken

In der Zeit der alten Römer schrieb man Zeitungen von Hand. Sie enthielten Neuigkeiten über Schlachten und Gladiatorenkämpfe. Heute drucken Rotationsdrucker täglich Millionen von Büchern, Zeitungen und Zeitschriften.

Täglich erfahren wir aus Zeitungen, was in der Welt passiert.

Eine Rotationspresse druckt pro Stunde über 75 000 Zeitungen.

Wissen konnte leichter verbreitet werden.

Kunst und Architektur

Seit ältester Zeit malen Menschen Bilder und machen Skulpturen aus Stein und Holz. Architekten entwerfen Gebäude.

Höhlenmalerei
Menschen aus früher Zeit malten Tiere auf Höhlenwände. Diese Höhlenmalerei stammt aus den USA.

Kirchenkunst
Der italienische Maler Michelangelo bemalte Decke und Wände der Sixtinischen Kapelle in Rom mit Bibelszenen.

Moderner Bildhauer
Der britische Künstler Henry Moore schuf ungewöhnliche Skulpturen, die interessant aussehen und die man auch anfassen kann.

Die Architektur bestimmt das Aussehen einer Stadt

Die Innenstadt von Singapur

Wann wurde das Opernhaus in Sydney eröffnet?

Architektur

Alle Gebäude werden von Architekten entworfen. Die Baustile veränderten sich im Laufe der Zeit. Gebäude können zum Wohnen, Arbeiten, Beten oder nur als Zierde gedacht sein.

Burgen schützten ihre Bewohner vor Angreifern. Diese Burg steht in Spanien.

Der Tadsch Mahal
Ein indischer Herrscher ließ den Tadsch Mahal als Grabmal für seine Frau errichten. Er ist aus weißem Marmor, verziert mit bunten Steinen.

Die modernen Wolkenkratzer von Singapur

Ein Opernhaus
Das Opernhaus von Sydney in Australien ist ein modernes Bauwerk. Die einzelnen Teile des Dachs sollen wie die Segel der Schiffe im nahen Hafen aussehen.

Bildende Kunst

Mithilfe der bildenden Kunst stellen Menschen eine Szene dar oder drücken ihre Ideen aus.

Mit einer **Bleistiftskizze** entwerfen Künstler ein Gemälde – sie kann auch selbst ein Kunstwerk sein.

Künstler malen oft mit Wasser- oder Ölfarben auf einer Leinwand.

Bildhauer geben Stein, Holz oder Metall eine neue, ausdrucksvolle Gestalt.

Die **Fotografie** kann Menschen, Orte und Landschaften genau abbilden.

Grafiken erstellen Künstler an Computern mit besonderen Programmen.

Mehr wissen ...
über die Griechen, Seite **86–87**
über die Römer, Seite **88–89**

Musik

Hast du ein Lieblingslied? Magst du klassische Musik, Jazz, Rock oder Pop? Mit einem Instrument kannst du deine eigene Musik machen.

Dirigent

Das Orchester

Eine größere Gruppe von Musikern, die gemeinsam spielen, nennt man Orchester. In einem Symphonieorchester arbeiten ungefähr 90 Musiker. Der Dirigent achtet darauf, dass sie im Takt bleiben.

Trommeln und Becken sind Schlaginstrumente.

Becken

Trommel

Musikinstrumente

In einem Orchester werden vier Arten von Instrumenten gespielt: Blechblas- und Holzblasinstrumente, Schlag- und Saiteninstrumente. Jedes Instrument hat seinen besonderen Klang, der sich mit den anderen vermischt.

Flöte

Welche Art von Instrument ist ein Xylophon?

Musik aufnehmen

In einem Aufnahmestudio werden jede Stimme und jedes Instrument einzeln aufgenommen und dann von Toningenieuren gemischt.

Mischpult

Mit den Knöpfen stellt man die Lautstärke und den Klang der Aufnahmen ein.

Musikrichtungen

Auf der Welt werden viele verschiedene Musikrichtungen gespielt.

In früher Zeit bestanden Instrumente vermutlich aus Tierknochen und Holz.

Eine **Oper** ist Musiktheater. Die Darsteller singen, anstatt zu sprechen.

Jazzmusiker denken sich die Musik beim Spielen oft neu aus.

Rockmusik hat einen harten Rhythmus und oft verrückte Texte.

„Pop“ bedeutet populäre, also beliebte Musik, zu der man gut tanzen kann.

Schallplatte

CDs

Single-CD

Kassette

Um Musik zu hören, kann man Schallplatten, CDs, Kassetten, Minidiscs oder Computerdateien abspielen.

Madonna ist eine der erfolgreichsten Popsängerinnen aller Zeiten.

Madonna

Viele Rock- und Popmusiker spielen elektrische Gitarre.

Popkonzerte
Es ist aufregend, seinen Lieblingsstar auf der Bühne zu sehen. An einem Konzert arbeiten außer den Musikern auch viele Techniker mit.

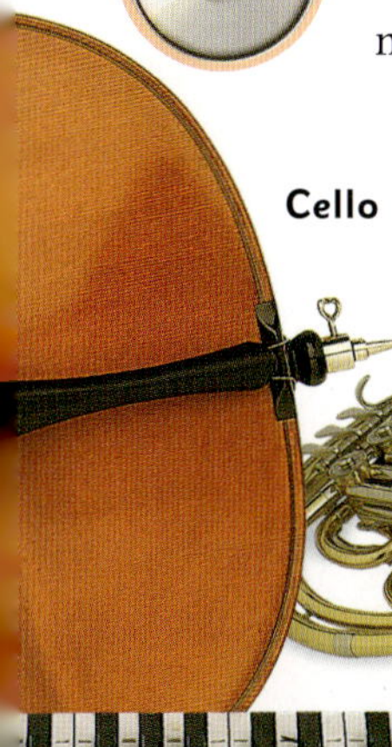

Cello

Waldhorn

Klaviertastatur

Probier's aus!

Wärst du gerne ein Popstar? Schreibe selbst einen Text und überlege dir eine Melodie dazu.

Ein Schlaginstrument.

Theater und Tanz

Theater entstand vor Tausenden von Jahren in Griechenland. Die Darsteller sollen das Publikum unterhalten oder zum Nachdenken bringen.

Schauspieler

Ein Stück aufzuführen macht viel Arbeit. Zuerst muss der Autor das Stück schreiben. Dann üben die Schauspieler ihre Rollen ein. Sie müssen sich den ganzen Text merken.

Um die Figuren des Stücks darzustellen, setzen Schauspieler Stimme und Körper ein.

Diese Schauspieler stellen Romeo und Julia dar.

An den Kostümen sieht man, wo und in welcher Zeit das Stück spielt.

Musicals

Musicals sind sehr beliebt. Sie bieten eine aufregende Mischung aus Schauspiel, Tanz und Musik. Dies ist eine Szene aus dem Musical „Oliver!“.

Wer schrieb das Stück „Romeo und Julia“?

Japanisches Theater

Diese Schauspieler führen ein Stück einer japanischen Theaterform auf, die man Kabuki nennt. Aus Schauspielerei, Musik und Tanz entsteht ein mitreißendes Spektakel.

Indischer Tanz

Beim Tanzen kann man durch Musik und Bewegung eine Geschichte erzählen oder ein Gefühl ausdrücken. Dieser indische Tanz besteht aus festgelegten Figuren.

Tanzformen

Auf der ganzen Welt entstanden viele verschiedene Arten zu tanzen.

Stepptänzer tragen Schuhe mit Metallbeschlägen, die laut klappern.

Ballett ist ein klassischer Tanz mit eleganten Bewegungen.

Volkstänze aus aller Welt sind oft sehr lebhaft und lustig.

Flamenco ist ein dramatischer spanischer Tanz mit klappernden Kastagnetten.

Jazztanz ist ein ausdrucksstarker Tanz zu Jazz oder anderer moderner Musik.

Puppentheater

Das Puppentheater ist eine sehr alte Theaterform. Kasperlepuppen sind am leichtesten zu bewegen. Schwieriger ist es bei Marionetten an Fäden oder Schattenspielpuppen an Stäben.

Kasperle

Gretel

Kasperle und Gretel sind die Stars der Puppenbühne.

Mehr wissen ...

über Musik, Seite **70–71**

über die Griechen, Seite **86–87**

Kleidung und Mode

Was hast du heute an? Ein T-Shirt? Turnschuhe? Wir tragen Kleidung, die uns gut gefällt. Sie kann auch besondere Aufgaben erfüllen.

Stoffarten

Baumwolle besteht aus Pflanzenfasern. Ihr Garn wird zu Stoff verwoben.

Seide ist ein feiner Stoff aus den Fäden der Seidenraupe.

Leder wird aus Häuten von Rindern, Ziegen und Schafen hergestellt.

Wolle ist das Fell der Schafe. Das Garn wird gestrickt oder verwoben.

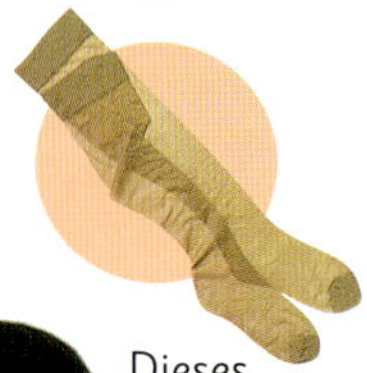

Nylon und andere Kunstfasern stellt man aus chemischen Stoffen her.

Regenmantel, Gummistiefel und ein Schirm schützen bei Regen.

Dieses Mädchen trägt eine Schuluniform.

Dieser Junge aus Vietnam trägt Freizeitkleidung.

Dieses indische Mädchen trägt einen Sari.

Was ziehst du an?

Was wir anziehen, hängt vom Wetter ab und davon, was wir vorhaben. Es gibt Kleidung für kaltes oder heißes Wetter, Kleidung zum Ausgehen und Sportkleidung.

Was ist ein Zylinder?

Modenschauen

Es gibt Leute, die neue oder ungewöhnliche Kleider entwerfen. Man nennt sie Modeschöpfer. Sie stellen ihre Modelle auf Modenschauen vor.

Gegen die Kälte

In kalten Regionen stellte man Kleidung aus Pelz und Leder her. Heute nimmt man häufig Kleidung aus Kunstfaser.

Uniformen

Manche Leute müssen bei der Arbeit besondere Kleidung tragen. Man nennt sie Berufskleidung oder Uniform. Diese Uniform schützt den Feuerwehrmann vor Hitze und Feuer.

Dieses Mädchen trägt die Tracht eines vietnamesischen Bergvolkes.

Nationaltracht

Die Kleidung, die traditionell von einem Volk getragen wurde, nennt man Tracht. Heute trägt man sie in vielen Ländern nur noch zu besonderen Gelegenheiten.

Früher trugen die Japanerinnen Kimonos wie diesen.

Dieses Massaimädchen aus Tansania trägt die bunte Tracht seines Volkes.

Kinder aus der Arktis tragen im Winter dicke pelzgefütterte Kleider.

Ein eleganter schwarzer Hut.

Sport und Freizeit

Was machst du in deiner Freizeit? Hast du einen Lieblingssport? Womit spielst du gern? Warst du schon einmal im Kino?

Snowboarder tragen warme, weite Kleidung.

Eine Plastikbindung hält das Board am Schuh.

Snowboarder vollführen akrobatische Sprünge.

Sport im Freien
Snowboarden, Klettern, Skifahren und Segeln sind Sportarten, die man im Freien betreibt und die eine besondere Ausrüstung erfordern.

Fußball ist der beliebteste Sport der Welt.

Publikumssportarten

Eine Publikumssportart ist ein Sport, bei dem Leute gerne zusehen. Fußball, Handball, Basketball und Golf gehören zum Beispiel dazu.

Mannschaftssport

Bei diesen Publikumssportarten treten zwei Mannschaften an.

Baseball: Der Ball wird weggeschlagen und muss mit dem Handschuh gefangen werden.

Basketball: Der Ball muss in den gegnerischen Korb geworfen werden, der hoch an der Wand hängt.

Fußball: Jede Mannschaft versucht den Ball in das gegnerische Tor zu schießen.

Eishockey: Die Mannschaften versuchen den Puck ins Tor der anderen zu schießen.

Rugby: Punkte gibt es, wenn der Ball über die Mallinie des Gegners getragen wird.

Bei welchem Sport spielt man den Ball mit den Händen über ein Netz?

Controllerpad einer Spielkonsole

Computerspiele

Computerspiele spielt man mit einer Spielkonsole, die an ein Fernsehgerät angeschlossen ist, oder auf einem Computer. Seine Bewegungen steuert man mit einem Lenkrad, Joystick oder Gamepad.

Ein Modellboot mit Motor

Schach spielt man mit Figuren auf einem Brett.

Spiele und Spielzeug

Kinder spielen mit Puppen, Baukästen oder Modellautos. Bei manchen Brettspielen ist Gewinnen Glückssache. Bei anderen, wie beim Schach, muss man gut überlegen.

Puppe

Spielkarten

Wettkampfsport

Bei diesen Sportarten treten einzelne Athleten gegeneinander an.

Tennis: Die Spieler spielen einander mit speziellen Schlägern einen Ball zu.

Schwimmen: Besondere Schwimmstile sind z.B. Kraulen oder Schmetterling.

Golf: Der Ball muss mit möglichst wenigen Schlägen über einen Platz geschlagen werden.

Laufen: Wettläufe finden auf der Bahn im Stadion oder auf der Straße statt.

Tischtennis: Die Spieler spielen einander den Ball über einen Tisch zu.

Ins Kino gehen

Wenn ein neuer Film gedreht worden ist, wird er zuerst in den großen Kinos gezeigt. Computeranimation und Spezialeffekte sieht man heute in vielen Filmen.

Beim Volleyball.

Arbeit und Beruf

Überall auf der Welt arbeiten Menschen in den verschiedensten Berufen. Sie müssen Geld verdienen, um Lebensmittel, Kleidung und Wohnung bezahlen zu können.

Astronauten
Astronauten arbeiten im Weltall. Einige von ihnen fliegen Raumfahrzeuge. Andere führen im All Versuche durch. Diese Astronauten arbeiten in einer Raumfähre.

Marktverkäufer
In fast jeder Stadt der Welt gibt es Märkte. Dieser Mann verkauft an seinem Marktstand in Kairo in Ägypten Obst und Gemüse.

Wie nennt man jemanden, der sein Geld verdient, indem er Bücher schreibt?

Dieser Tierarzt untersucht eine Katze.

Ein Ochse zieht den Pflug durch das Reisfeld.

Tierärzte

Ein Tierarzt behandelt Krankheiten oder versorgt Verletzungen von Tieren. Einige Tierärzte behandeln kleine Haustiere, andere arbeiten auf Bauernhöfen oder in Zoos.

Bauern

Überall auf der Welt betreiben Bauern Ackerbau. Was sie nicht selbst verbrauchen, verkaufen sie auf dem Markt. Dieser Bauer pflügt sein Reisfeld in Thailand.

Diese Lehrerin hilft den Kindern, lesen zu lernen.

Lehrer

In der Schule bringen die Lehrer den Kindern schreiben und lesen, rechnen und vieles mehr bei. Um das tun zu können, müssen Lehrer selbst viele Jahre lernen.

Diese Ingenieure bauen einen Teil eines Kraftwerks.

Ingenieure

Ingenieure sind Leute, die Autos, Flugzeuge, Maschinen oder Gebäude entwerfen und bauen. Um Ingenieur zu werden, muss man in Physik und Mathematik gut sein.

Weltgeschichte

Aus der Geschichte wissen wir, wie die Menschen früher lebten. Das, was aus ihrer Zeit noch da ist, hilft uns dabei, uns ihren Alltag und ihren Glauben vorzustellen.

Die Mumienmaske des ägyptischen Königs Tutenchamun.

Die blauen Schmucksteine heißen Lapislazuli.

Massives Gold

Frühe Menschen

Vor ungefähr 10 000 Jahren begannen Menschen sich an bestimmten Orten niederzulassen. Sie bauten Pflanzen an und hielten sich Tiere.

Frühe Bauern schnitten die Getreidehalme mit einer Sichel aus Feuerstein, die einen Holzgriff hatte.

Die Menschen lernten Pflanzen anzubauen.

Mächtige Könige

Über viele große Kulturen herrschten mächtige Könige. Im alten Ägypten nannte man die Könige Pharaonen. Ihre Untertanen verehrten sie wie Götter.

Spanische Galeone

Griechen und Römer

Vor ungefähr 2500 Jahren hatte die griechische Zivilisation ihre Blütezeit. Dann wurden die Römer sehr mächtig und eroberten Griechenland und andere Länder.

Die Akropolis in Athen in Griechenland

Entdecker

Jahrhundertelang reisten Menschen zu fremden Erdteilen. Sie suchten neues Land, Handelswaren und Abenteuer.

Diese Münzen wurden von europäischen Eroberern aus erbeutetem Gold geprägt.

Heute erkunden die Menschen das All.

Der Flug der Raumfähre *Columbia* 1981 war der erste Flug einer Raumfähre.

Das 20. Jahrhundert

Im 20. Jahrhundert gab es viele Erfindungen und Entdeckungen. Menschen flogen erstmals ins All und gingen auf dem Mond spazieren.

Foto-Quiz

Wo sind im Kapitel „Geschichte“ die Bilder, zu denen diese Ausschnitte gehören?

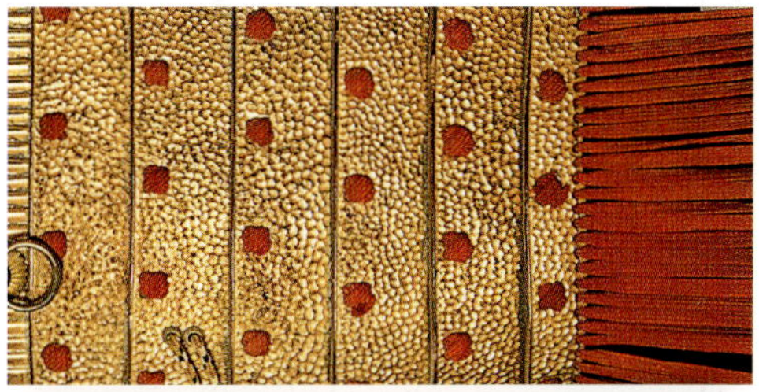

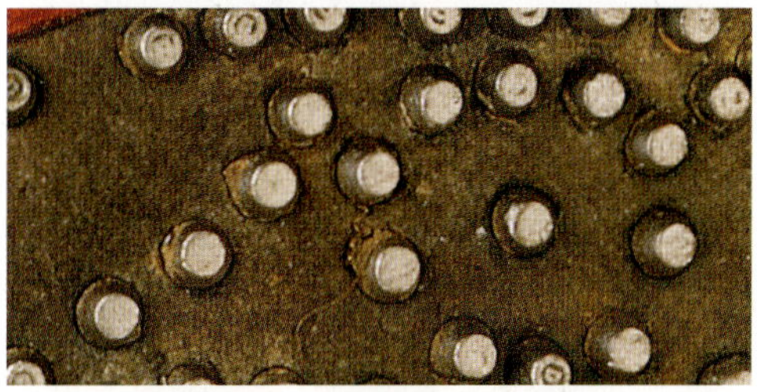

Mehr wissen …

über Schreiben und Drucken, Seite **66–67**

über Menschen auf dem Mond, Seite **280–281**

In Mittel- und Südamerika.

Frühzeit

Die ersten Menschen gab es vor ungefähr zwei Millionen Jahren. Wir wissen nicht genau, wie sie aussahen, aber wir wissen, wie sie lebten.

Vom Affen zum Menschen

Unsere ältesten Vorfahren sahen den Affen ähnlich. Mit der Zeit veränderten sie sich und liefen auf zwei Beinen.

Schädel von *Homo habilis*

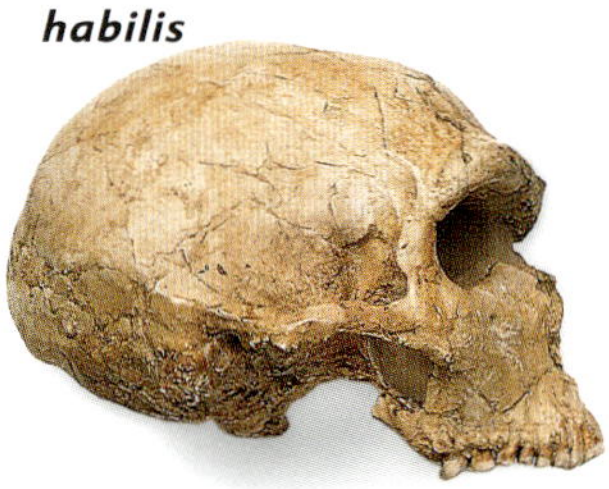

Neanderthaler-Schädel

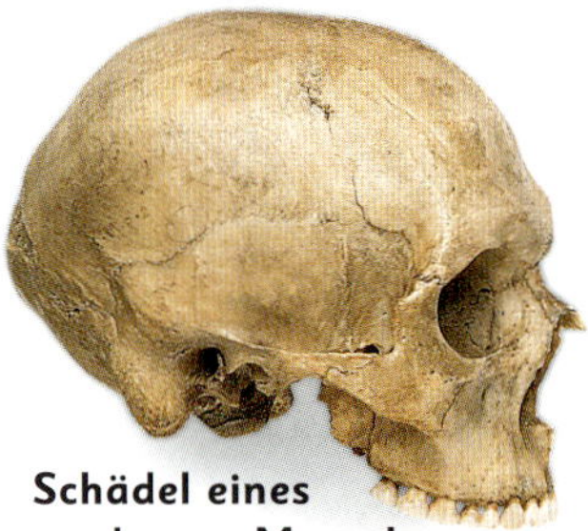

Schädel eines modernen Menschen

Höhlenleben

Die frühen Menschen nutzten oft Höhlen als Unterschlupf. Heute findet man in solchen Höhlen noch alte Höhlenmalereien, vor allem Bilder von der Jagd.

Die ersten Bauern

Bis vor 10 000 Jahren zogen die Menschen auf der Suche nach Nahrung umher. Dann ließen sie sich nieder, bauten Pflanzen an und züchteten Tiere.

Feuer

Feuerstein

Ein ägyptisches Beil aus Feuerstein

Werkzeug und Feuer

Die frühen Menschen mussten erst lernen mit Feuer umzugehen und Werkzeuge herzustellen. Die ersten Steinbeile entstanden vor etwa 60 000 Jahren.

Diese Frau zerreibt Getreide zwischen Steinen, um Mehl für Brot zu mahlen.

Wie machten die frühen Menschen Feuer?

Die ersten Städte

Als die Menschen lernten ihre Nahrung selbst zu erzeugen, brauchten sie nicht mehr umherzuziehen. Sie begannen, Häuser, Dörfer und Städte zu bauen. Eine der ersten Städte war Jericho in Jordanien.

Frühe Erfindungen

Einige Dinge gehörten schon früh zum Alltag der Menschen:

Hunde halfen schon vor etwa 10 000 Jahren den Menschen bei der Jagd.

Die ersten **Werkzeuge** aus Metall wurden vor 10 000 Jahren aus Kupfer hergestellt.

Die ersten **Wasserkrüge** aus Ton wurden vor 7000 Jahren getöpfert.

Jäger und Sammler

Die frühen Menschen jagten Mammuts, Höhlenbären, Rentiere und anderes Wild. Sie sammelten auch Früchte, Nüsse und Wurzeln und fingen Fische.

Mehr wissen ...
über Azteken, Inka und Maya, Seite **92–93**

Das Fleisch eines einzigen Mammuts reichte einen Winter lang für eine Familie.

Die Jäger töteten die Mammuts mit Holzspeeren.

Die Jagd auf Mammuts war gefährlich.

Indem sie Hölzer oder Steine gegeneinander schlugen.

Das alte Ägypten

Die alten Ägypter lebten vor etwa 3500 Jahren an den Ufern des Nil. Sie nannten ihre mächtigen Herrscher Pharaonen.

Mumie mit Grabschmuck

Die Pyramiden

Die alten Ägypter glaubten an ein Weiterleben nach dem Tod. Die Pharaonen ließen sich deshalb große Grabmäler bauen: die Pyramiden.

So wie diese Männer trug man einen Baustein im alten Ägypten.

Baukunst

Die ägyptischen Baumeister hatten keine Bagger und Kräne. Die Steinblöcke wurden gezogen oder über Baumstämme gerollt.

Mumie einer Katze

Mumien

Die Körper der Reichen wurden nach dem Tod einbalsamiert. Einige Organe wurden entfernt. Die Leiche wurde in Salz gelegt und danach mit Stoffstreifen umwickelt.

Probier's aus

Schreibe mit ägyptischen Hieroglyphen eine Nachricht. Erfinde deine eigene Bilderschrift.

Warum balsamierten die Ägypter ihre Toten ein?

Der Nil in Ägypten

Der Nil

Jedes Jahr trat der Nil über die Ufer und ließ fruchtbaren Schlamm zurück. Die Bauern legten an den Ufern Felder an und bewässerten sie mit Nilwasser.

Nilbarken waren wichtige Transportmittel.

Hieroglyphen

Die alten Ägypter verwendeten eine Bilderschrift: die Hieroglyphen. Die Symbole standen für Wörter und Buchstaben.

Hieroglyphen und Laute

Die geheimnisvolle Sphinx blickt in die Wüste hinaus.

Die große Sphinx bewacht die Pyramide eines Pharaos namens Chefren.

Die Sphinx

Die Sphinx, eine gewaltige Steinskulptur, steht bei den Pyramiden von Giseh. Sie hat den Körper eines Löwen und einen Menschenkopf mit dem Gesicht eines Pharaos.

Um ihren Körper für das Leben im Jenseits zu erhalten.

Die Griechen

Vor 2500 Jahren bestand Griechenland aus mächtigen Stadtstaaten wie Athen und Sparta. Zwischen den Stadtstaaten herrschte oft Krieg.

Griechische Bauwerke

Die alten Griechen errichteten für ihre Götter herrliche Tempel. Dieser Tempel in Athen wurde zu Ehren der Göttin Athene erbaut.

Griechisches Theater

Das Theater war im alten Griechenland sehr beliebt. Griechische Schriftsteller schrieben viele Stücke, vor allem Tragödien und Komödien, die in großen Freilufttheatern aufgeführt wurden.

Wo fanden die ersten Olympischen Spiele statt?

Der Trojanische Krieg

Während des Krieges gegen Troja schenkten die Griechen ihren Gegnern ein großes Holzpferd. Darin saßen Griechen, die nachts Troja überfielen.

Die Griechen erzählten viele Geschichten über ihre Götter und Göttinnen.

Zeus war der höchste aller Götter und wohnte auf dem Berg Olymp.

Athene war die Göttin des Krieges, der Weisheit und der Stadt Athen.

Poseidon, der Bruder von Zeus und Hades, war der Gott der Meere und Erdbeben.

Aphrodite war die Göttin der Liebe und der Schönheit. Sie liebte den Kriegsgott Ares.

Hades war der Gott der Unterwelt, in der die Toten wohnten.

Diese Fußsoldaten nannte man Hopliten.

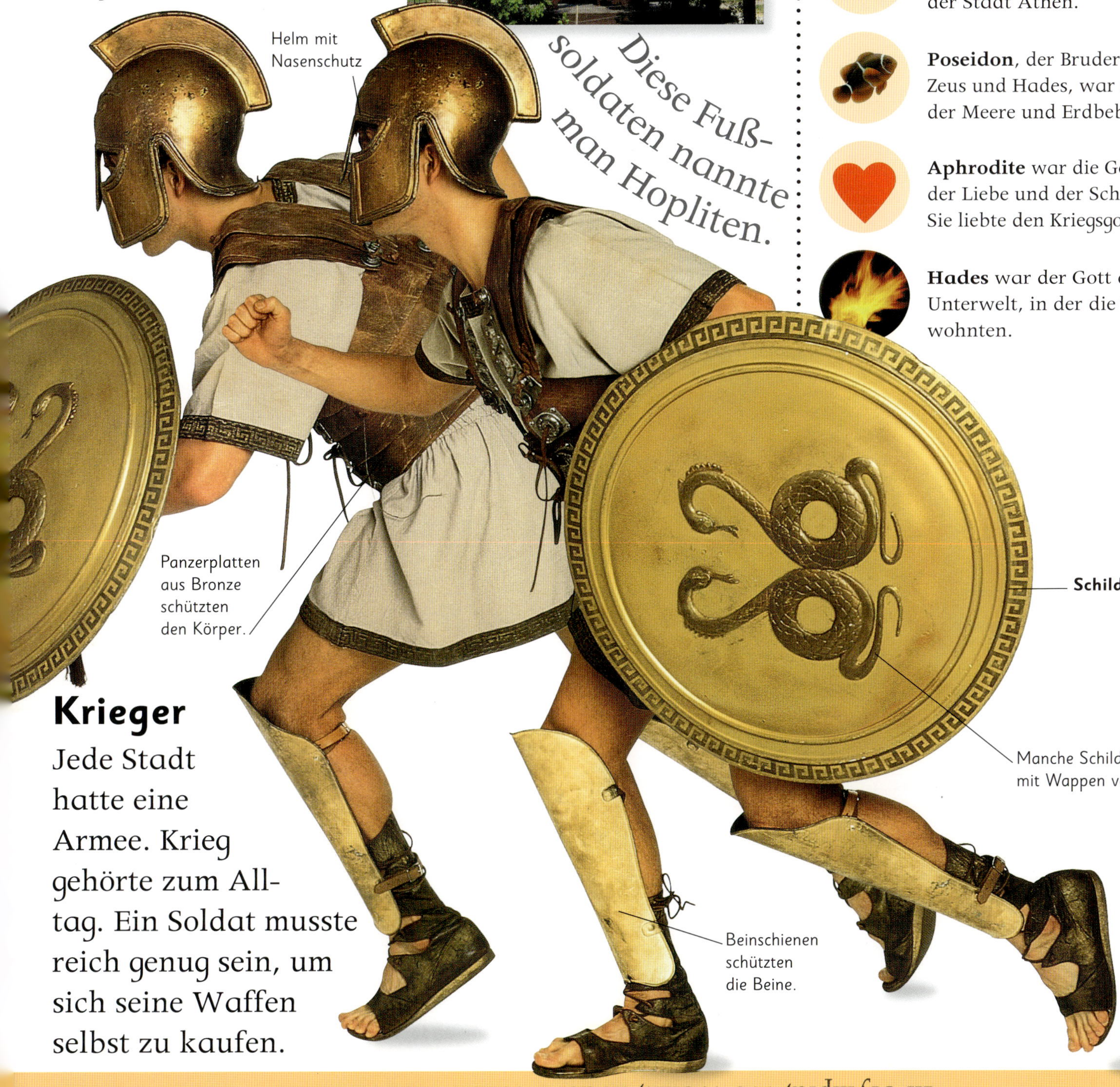

Krieger

Jede Stadt hatte eine Armee. Krieg gehörte zum Alltag. Ein Soldat musste reich genug sein, um sich seine Waffen selbst zu kaufen.

In Olympia, 776 v. Chr.; in der Neuzeit 1896 in Athen.

Die Römer

Rom war anfangs nur eine kleine Siedlung am Fluss Tiber in Italien. Später entwickelte es sich zur mächtigen Hauptstadt eines großen Reiches.

Das Forum

Gladiatoren waren mit Netzen und Speeren oder Schilden und Schwertern bewaffnet.

50 000 Zuschauer konnten den Kämpfen in der Arena zuschauen.

Die Stadt Rom

Rom ist auch heute noch eine große und lebhafte Stadt. Die Ruinen des Forums, das Kolosseum und viele andere antike Bauwerke ziehen zahlreiche Besucher an.

Gladiatoren

Das Kolosseum war ein großes Freilufttheater, in dem Kämpfe mit Gladiatoren und mit wilden Tieren stattfanden. Die Kämpfe verliefen oft tödlich.

Oft wurden wilde Tiere bei den Veranstaltungen getötet.

Was ist eine römische Villa?

Eine lateinische Inschrift

Die lateinische Sprache

Die Sprache der Römer nennt man Latein. Die römischen Kinder ritzten zum Schreibenlernen Buchstaben in Holztafeln, die mit Wachs überzogen waren.

Das Römische Reich

Die Römer eroberten große Gebiete. Zwischen Schottland und England bauten sie den Hadrianswall, eine lange Mauer, um ihr Reich zu schützen.

Das Römische Reich um 300 n.Chr. (rote Flächen auf dieser Karte)

Hadrianswall

Berühmte Römer

Hier lernst du einige der berühmtesten Römer kennen:

Spartakus war ein Sklave. Er führte ein Sklavenheer gegen die Römer an.

Julius Cäsar herrschte als Feldherr über Rom und wurde ermordet.

Augustus, der erste Kaiser Roms, wurde nach seinem Tod zum Gott erklärt.

Ovid war ein römischer Dichter. Er schrieb Gedichte über Sagen und Mythen.

Kaiser Hadrian bereiste das Reich und baute an den Grenzen Schutzwälle.

Die römische Armee

Die Römer hatten die beste Armee ihrer Zeit. Ihre Soldaten eroberten viele Länder und bewachten das Reich. Dazu mussten sie oft weite Strecken marschieren.

Eine Standarte (Armeefahne)

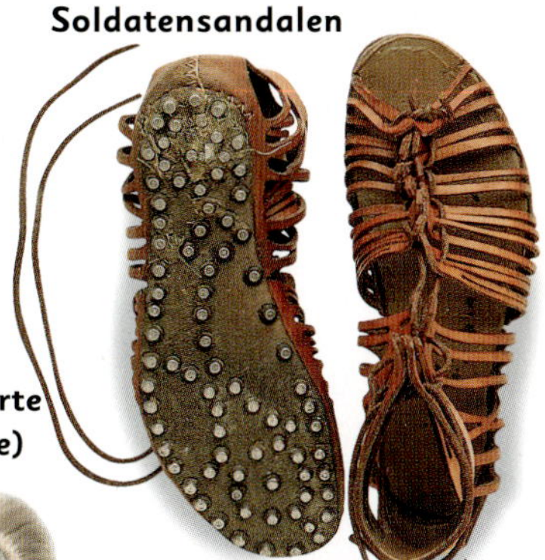

Soldatensandalen

Römische Straßen

Die römischen Soldaten mussten Straßen anlegen, die für den Schutz des Reiches und für neue Eroberungen wichtig waren. Einige dieser Straßen gibt es noch heute.

Ein großes Landhaus einer wohlhabenden Familie.

Die Wikinger

Die Wikinger lebten vor ungefähr 1000 Jahren in Skandinavien in Nordeuropa. Mit ihren Schiffen unternahmen sie weite Reisen in ferne Länder.

Drachenschiffe

Die Schiffe der Wikinger heißen Drachenschiffe. Sie waren aus Holz und sehr stabil und schnell. Ungefähr 80 Männer fuhren auf einem Schiff. Wenn kein Wind blies, mussten sie rudern.

Wikingerreisen

Die Wikinger griffen Orte an den Küsten Europas an und drangen ins Innere der Länder vor. Auf der Suche nach Handelswaren und Land für Siedlungen erreichten sie sogar Nordamerika.

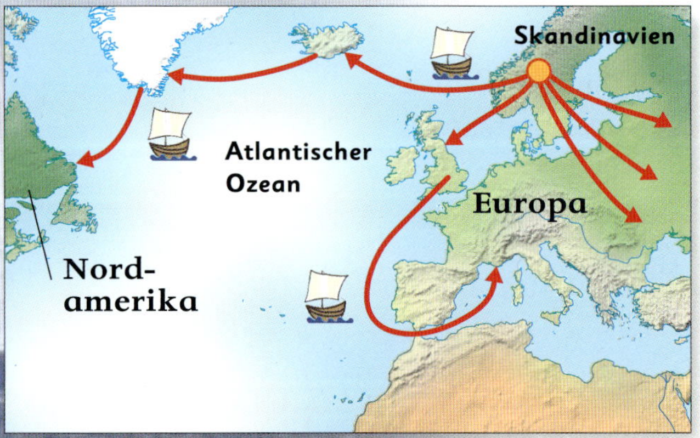

Um das Jahr 1000 n.Chr. erreichten die Wikinger Nordamerika.

Ein Drachenschiff konnte etwa 80 Wikinger transportieren.

Wie nennt man das Alphabet der Wikinger?

Kriegerehre

Für Wikinger war es wichtig, ein tapferer Krieger zu sein. Weil sie jederzeit mit Kämpfen rechneten, trugen sie immer Waffen und Rüstungen.

Wikingerhäuser

Die Familien lebten in Häusern aus Holz, Stein oder Grassoden. Der Rauch des Kochfeuers zog durch ein Loch im Dach ab. Die Leute saßen auf Hockern oder Bänken um das Feuer und schliefen auf dem Boden.

Viele Geschichten

Zur Unterhaltung erzählten sich die Wikinger gerne Sagas. Dies waren Geschichten über ihre Helden und Götter.

Eine kleine Statue des Wikingergottes Freyr

Runen

Die Buchstaben, mit denen die Wikinger Gedichte und Inschriften schrieben, nennt man Runen. Die Wikinger ritzten sie in Holz oder Stein.

Futhark.

Azteken, Inka und Maya

Bevor die Europäer nach Süd- und Mittelamerika kamen, lebten hier drei große Völker: Azteken, Maya und Inka. Sie bauten große Städte und Tempel für ihre Götter.

Wo lebten sie?
Azteken und Maya herrschten über weite Teile von Mexiko und Mittelamerika. Das Reich der Inka erstreckte sich entlang der Westküste Südamerikas.

Aztekischer Tempel

Die Tempel der Azteken waren Pyramiden aus Stufen. Oben war ein Altar. Hier töteten die Azteken Menschen und opferten deren Herzen dem Sonnengott.

Dies ist Chicomecoatl, die aztekische Maisgöttin.

Götter und Ackerbau
Die Azteken beteten zu ihren Göttern für gute Ernten. Die wichtigste Pflanze war der Mais. Er wurde zu Mehl für flache Brotfladen zermahlen.

Spanische Galeone

Die spanische Eroberung

Im 16. Jahrhundert kamen spanische Seefahrer nach Amerika. Sie eroberten die Reiche der Azteken, Maya und Inka. Viele Menschen starben und ihre Städte wurden zerstört.

Das Gold der Inka

Die Inka fertigten Gegenstände aus Gold. Die Goldgier der Spanier führte zur Zerstörung des Inkareichs.

Lamas waren die einzigen Lasttiere der Inka. Außerdem lieferten sie Wolle.

Goldarmbänder wurden vermutlich von den tapfersten Kriegern getragen.

Als **Zeichen des Respekts** vor den Göttern errichtete man ihnen goldene Statuen.

Städte der Maya

Die Maya bauten Städte mit großen Plätzen und vielen Tempeln und Palästen aus Stein. Dies ist der Tempel des Großen Jaguars in der Maya-Stadt Tikal.

Tikal liegt in Guatemala in Südamerika.

Probier's aus

Bastle einen Aztekenkopfschmuck. Schneide Federn aus Papier und klebe sie auf einen Streifen Papier, der um deinen Kopf passt.

Die Bauern der Inka

Dies ist die Inka-Stadt Machu Picchu, die hoch oben in den Anden von Peru liegt. Die Bauern legten in den Bergen flache Terrassen an, auf denen sie Mais, Bohnen und Kürbisse anbauten.

Die Ruinen von Machu Picchu können heute noch besichtigt werden.

Sie balsamierten ihre Toten ein und bestatteten sie als Mumien.

Burgen in aller Welt

Die ersten Burgen waren aus Holz. Später baute man sie aus Stein.

Französische Schlösser waren prachtvoll mit Gräben und Türmen.

Normannische Burgen waren Türme aus Stein, die von dicken Mauern umgeben waren.

Japanische Paläste wurden von Kriegsfürsten errichtet und hatten schöne Dächer.

Das **Rote Fort** in Indien war ein Palast mit 30 m hohen Steinmauern.

Ritter und Burgen

Es war immer sehr gefährlich, Burgen anzugreifen. Sie hatten dicke Mauern und ihre Bewohner verteidigten sich mit Pfeil und Bogen und anderen Waffen.

Festungsbauten

Mit ihren Burggräben und hohen Türmen waren Burgen nur schwer einzunehmen. Wenn sie auf Felsen standen, kamen die Feinde kaum an sie heran.

Probier's aus

Mach dir aus einem großen Stück Karton ein Ritterschild. Beklebe ihn mit Silberfolie oder male dein eigenes Wappen auf.

Turniere

In Friedenszeiten traten Ritter auf Turnieren gegeneinander an. Mit Lanzen aus Holz versuchten sie einander aus dem Sattel zu stoßen.

Ritter

Ritter waren Soldaten zu Pferde. Sie trugen schwere Rüstungen aus Eisenplatten und waren mit Äxten, Schwertern und Lanzen bewaffnet.

Kriegerische Samurai

In Japan hießen die Ritter Samurai. Sie kämpften für einen mächtigen Fürsten und mussten strenge Regeln befolgen. Ihre Ehre war ihnen sehr wichtig.

Panzerhemden aus ineinandergefügten Drahtringen.

Das 20. Jahrhundert

Das 20. Jahrhundert ist die Zeitspanne zwischen 1901 und 2000. In dieser Zeit gab es viele Ereignisse und Entdeckungen, die das Leben der Menschen stark veränderten.

Britisches Kampfflugzeug aus dem Zweiten Weltkrieg

Weltkriege

Im 20. Jahrhundert kam es zu zwei furchtbaren Weltkriegen. Der Erste Weltkrieg dauerte von 1914 bis 1918, der Zweite Weltkrieg von 1939 bis 1945. Millionen von Menschen starben.

Fast drei Viertel von Frankreichs Elektrizität wird von Atomkraftwerken erzeugt. Dieses steht an der Seine.

Atomkraft

Das erste Atomkraftwerk wurde 1954 eingeweiht. Heute gibt es auf der Welt 400 Atomkraftwerke. Sie erzeugen gefährlichen Abfall. Viele Leute meinen, man sollte sie schließen.

Dies ist *Sirius*, ein Schiff der Organisation Greenpeace.

Metallplatten schützen den Panzer.

Wer war der erste Mensch im Weltraum? Wann war sein Flug?

Popmusik

Die Beatles waren eine der erfolgreichsten Popgruppen aller Zeiten. Millionen von Menschen kauften ihre Schallplatten. Auftritte im Fernsehen förderten ihre Beliebtheit. Die Gruppe löste sich 1970 auf.

Die Beatles in New York – live im Fernsehen

Viele Entdeckungen und Erfindungen im 20. Jahrhundert veränderten den Alltag:

Handys und **Internet** machen es leichter, andere Menschen zu erreichen.

Fortschritte in der Medizin helfen Krankheiten zu bekämpfen.

Das **Düsentriebwerk** z.B. machte das Reisen schneller und billiger.

Sport wurde sehr beliebt und viele Sportler wurden zu Berühmtheiten.

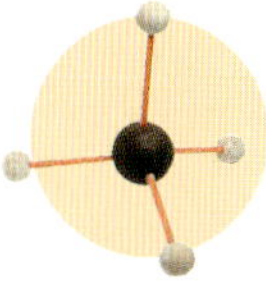

Die **Entschlüsselung des Gencodes** war ein großer Erfolg in der Forschung.

Mann auf dem Mond

1969 landeten Astronauten zum ersten Mal auf dem Mond. In aller Welt verfolgten Fernsehzuschauer ihre ersten Schritte auf der staubigen Mondoberfläche.

Buzz Aldrin war der zweite Mann auf dem Mond.

Die Umwelt

Einige Menschen begannen, sich über die Schädigung der Umwelt Gedanken zu machen. Sie gründeten Organisationen wie Greenpeace und Bund Naturschutz.

Nelson Mandela

Im Laufe des 20. Jahrhunderts änderte sich weltweit in der Politik sehr viel. Mandela kämpfte in Südafrika gegen die Unterdrückung der Farbigen. 1994 wurde er Südafrikas Präsident.

Technologie

Im 20. Jahrhundert wurden viele neue Technologien entwickelt. Um 1950 wurden Mikrochips erfunden, die man in Computer, Fernseher und andere Geräte einbaut.

Der russische Kosmonaut Juri Gagarin. Er flog 1962 ins All.

Meisterwerk Mensch

Der menschliche Körper ist wie eine großartige Maschine. Er ist noch komplizierter als jeder Computer, hält aber viele Jahrzehnte lang.

Mehr wissen …
über Knochen und Muskeln, Seite **106–107**
Essen und Verdauung, Seite **116–117**

Körperteile

Der Körper besteht aus Hunderten von Einzelteilen. Jeder kennt die Namen der Teile, die man sieht. Aber noch viel mehr Teile befinden sich im Innern des Körpers.

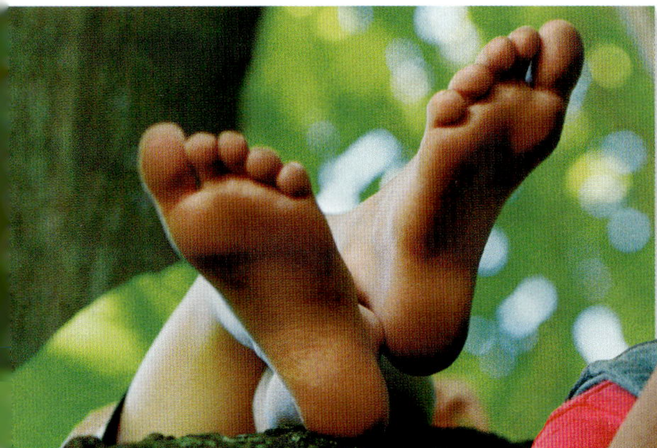

Zwei
Körperteile gibt es oft paarweise. Der Mensch hat zwei Füße, zwei Augen, zwei Ohren und so weiter. Wenn ein Teil kaputtgeht, hat man noch einen Ersatz.

Diese Röntgenaufnahme zeigt die Knochen in der Brust. Der weiße Fleck in der Mitte ist das Herz.

Innen
Ärzte können mit Spezialkameras in den Körper schauen. Röntgenkameras machen Bilder von den Knochen, Scanner erkennen die weichen Körperteile.

Wie heißt die Lehre vom menschlichen Körper?

Wasser
Jeder Mensch besteht zu etwa zwei Dritteln aus Wasser. Es ist das wichtigste Material im Körper.

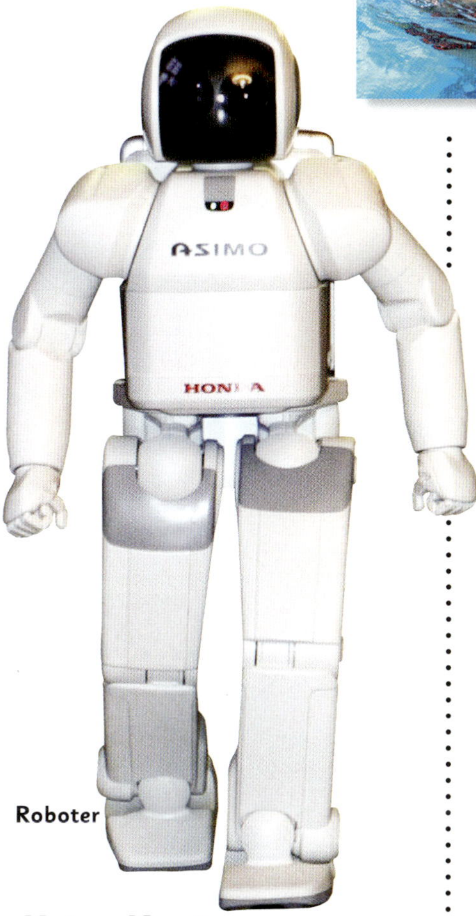

Roboter

Keine Kopie
Maschinen können unseren komplexen Körper nur nachahmen. Roboter gehen zwar fast wie wir, aber sie denken oder fühlen nicht.

Das Rezept
Der Körper besteht aus chemischen Stoffen und Wasser.

Aus **Kohlenstoff** bestehen Kohle und Diamanten sowie ein Fünftel des Körpers.

Eisen färbt das Blut rot. Ein Kind hat so viel davon wie ein kleiner Nagel.

Phosphor ist in Zündhölzern, aber auch in den Knochen und Zähnen.

Natrium und Chlor ergeben Salz. Meerwasser ist dreimal salziger als Blut.

Kalium ist in der Seife enthalten, genau wie in den Körperflüssigkeiten.

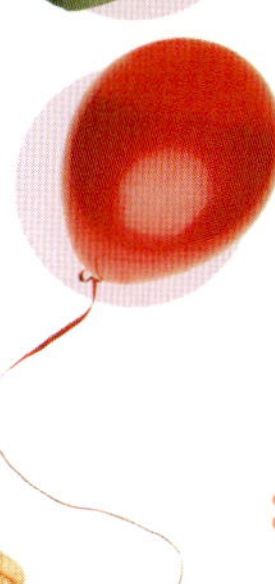
Stickstoff, das Hauptelement in Luft, ist wichtig für die Knochen.

Foto-Quiz
Entdeckst du in diesem Kapitel die Bilder, aus denen diese Ausschnitte stammen?

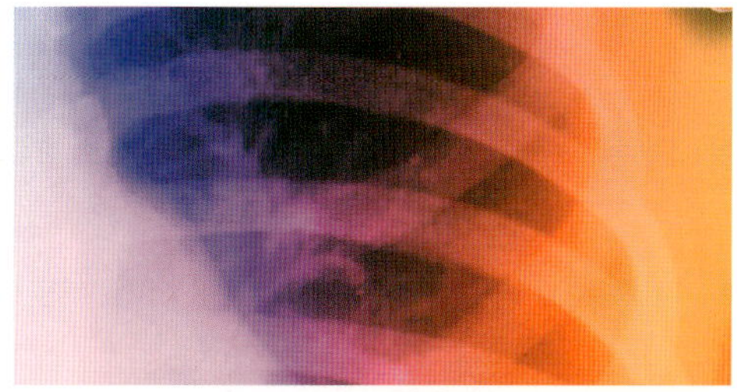

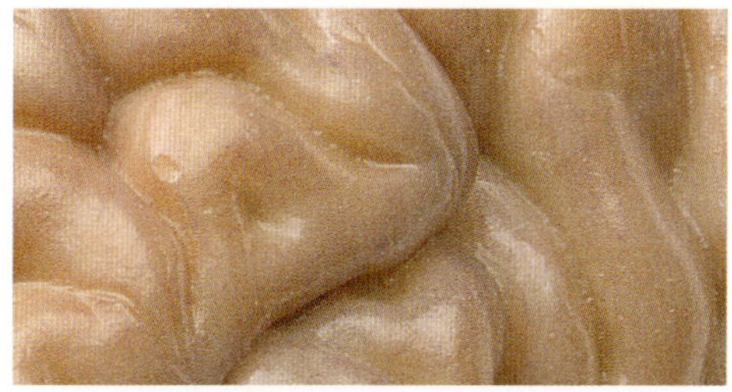

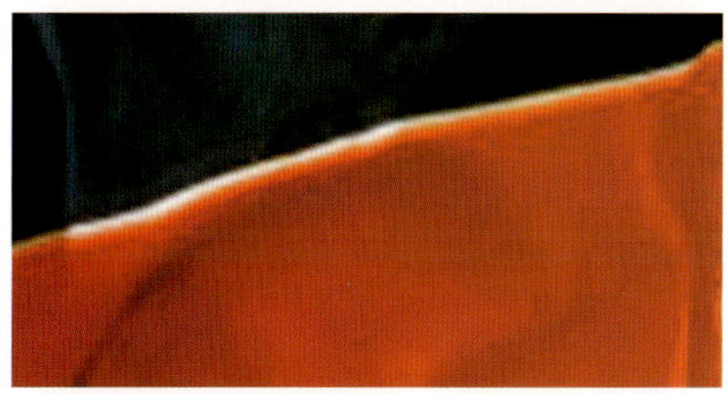

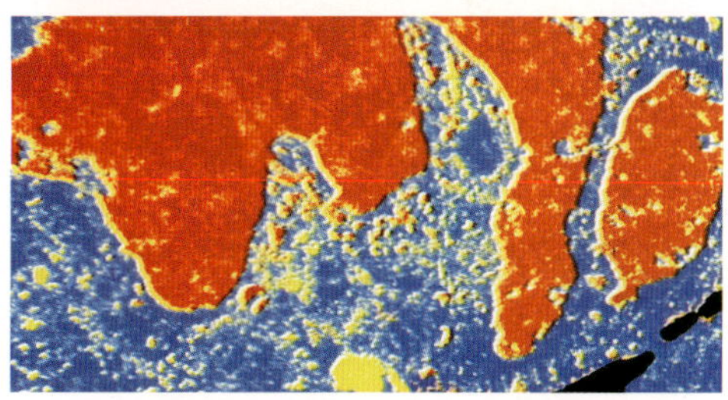

Schimpansen haben Hände wie wir.

Schimpanse

Im Unterschied zu den Schimpansen hat der Mensch nur wenige Haare.

Verwandtschaft
Wir sehen zwar anders aus als viele Tiere, doch die Körper sind ähnlich. Unsere nächsten Verwandten sind die Schimpansen.

Anatomie.

Unverwechselbar

Jeder menschliche Körper funktioniert gleich, trotzdem sind alle Menschen unterschiedlich. Niemand sieht so aus wie du. Denn deine Gene und dein ganzes Leben machen dich zu einem einzigartigen Wesen.

Das Original

Die Form deines Gesichts, deine Haarfarbe und viele andere Dinge sind einmalig. Du bist anders als alle anderen!

Wie viele Gene gibt es im menschlichen Körper?

Bauplan

Gene sind Anweisungen für den Bau und die Steuerung des Körpers. Sie bestimmen viele Merkmale des Menschen wie etwa die Augenfarbe oder die Größe.

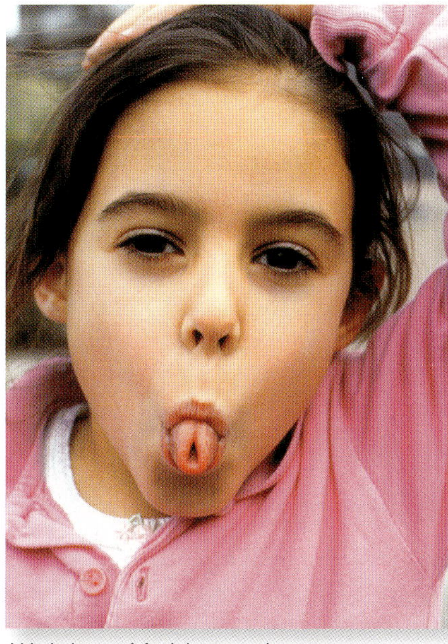

Weil dieses Mädchen ein bestimmtes Gen hat, kann es die Zunge einrollen. Der Junge hat dieses Gen nicht.

Probier's aus!

Versuche vor dem Spiegel, die Zunge einzurollen. Hilf aber nicht mit den Lippen nach. Teste auch deine Familie – wer hat das „Zungenroll-Gen"?

Deine DNA ist 800-mal so lang wie die Strecke von der Erde bis zur Sonne.

DNA kann sich teilen und kopiert werden.

DNA

Die menschlichen Gene sind in der DNA gespeichert. Die DNA sieht aus wie eine verdrehte Leiter mit vier Sprossentypen. Diese bilden ein Alphabet für die Gene, wie Buchstaben in einem Buch.

Familie

Die Gene eines Kindes kommen von seinen Eltern – je zur Hälfte von der Mutter und dem Vater. Es liegt an den Genen, dass ein Kind seinen Eltern ähnlich ist.

Lernt man Radfahren, verändern sich das Gehirn und der Körper.

Mitmachen

Gene steuern nicht alles – auch die Erfahrung beeinflusst den Menschen. Treibt man etwa viel Sport, wird der Körper kräftiger.

Etwa 30 000.

Zellen

Jeder Teil des Körpers besteht aus winzigen Bausteinen – den Zellen. Die Zellen sind so klein, dass mehrere hundert von ihnen Platz in einer Nadelspitze hätten.

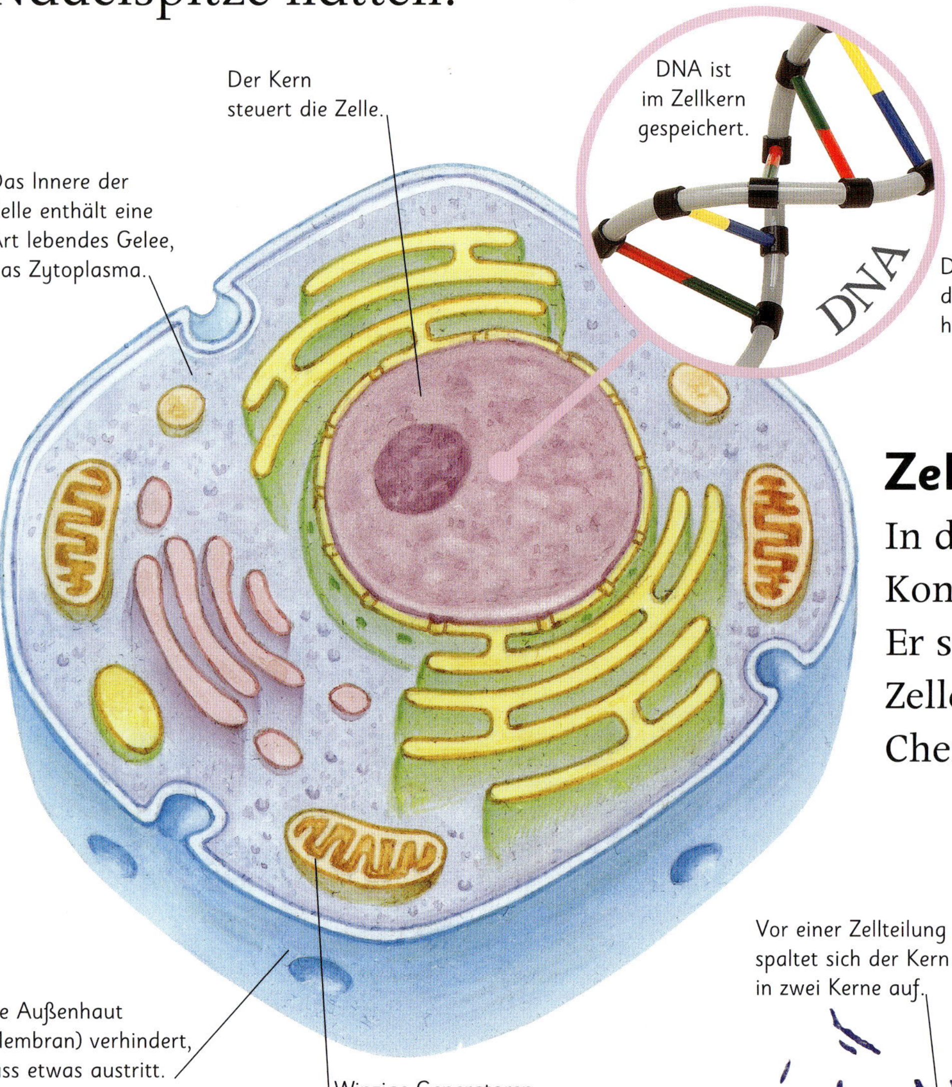

Zellkern

In der Mitte der Zelle ist das Kontrollzentrum – der Kern. Er sendet Anweisungen in die Zelle und bestimmt, welche Chemikalien gebildet werden.

Neue Zellen entstehen

Wenn sich eine Zelle teilt, entsteht eine neue Zelle. Neue Zellen sind nur halb so groß, wachsen aber bald nach. Jede Sekunde sterben Millionen von Zellen, aber Millionen andere ersetzen sie.

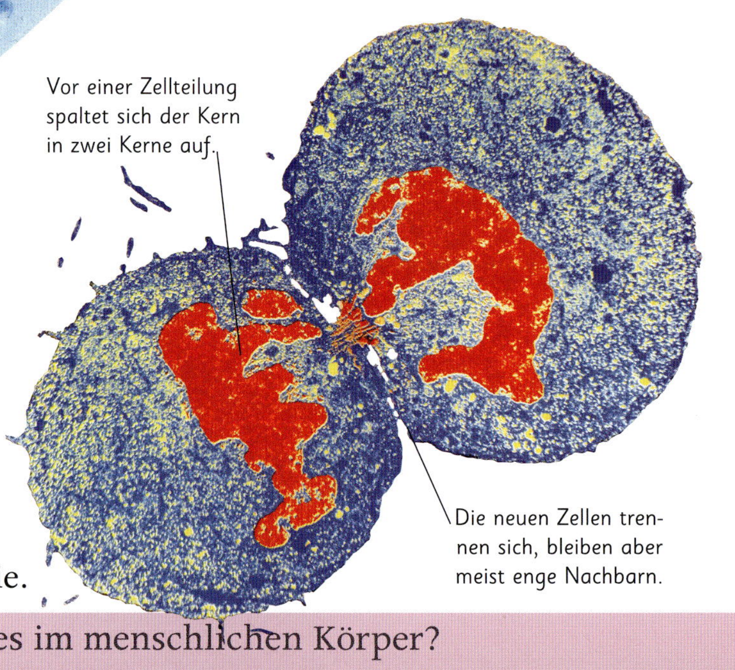

Wie viele Zellen gibt es im menschlichen Körper?

Winzig

Mit dem bloßen Auge sieht man Zellen nicht. Doch mit starken Mikroskopen kann man sie fotografieren. Hautzellen sind etwa einen hundertstel Millimeter breit.

Über 2000 tote Hautzellen fallen von dir ab, während du diesen Satz liest.

Unter dem Mikroskop sieht man die schuppigen Zellen auf den Rillen der Fingerspitze.

Die Zellen an der Oberfläche der Haut sind zäh und flach. Sie überlappen sich und bilden so eine Schutzschicht für die weicheren Zellen darunter.

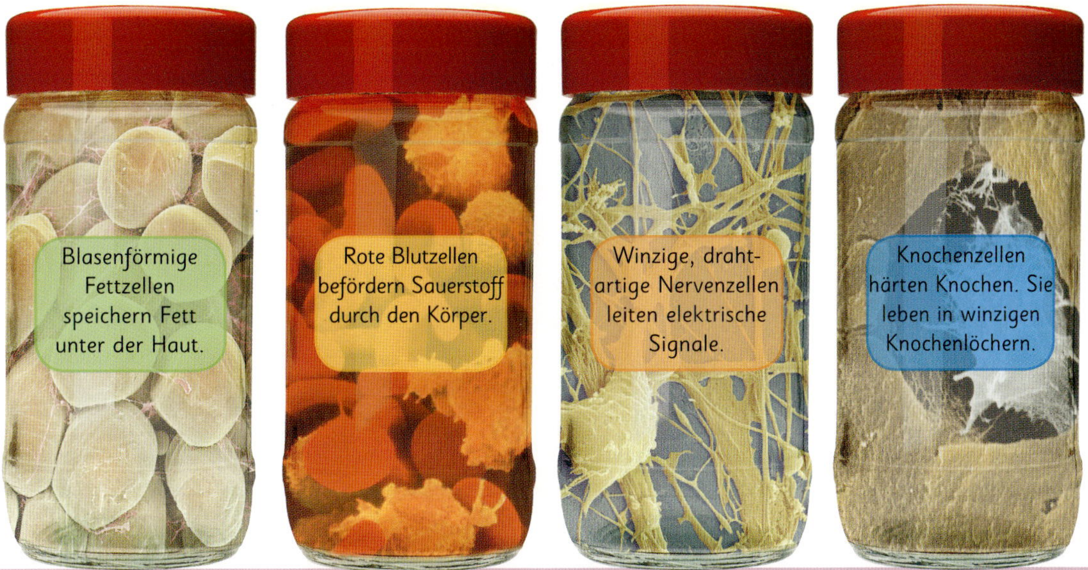

Gewebe

Der Körper enthält Hunderte von Zellarten mit verschiedenen Aufgaben. Gleichartige Zellen bilden meist ein Gewebe. Fett, Muskel, Knochen und Nerven sind Gewebearten. Blut ist ein flüssiges Gewebe.

Etwa 100 Billionen.

Aufbau des Körpers

Zellen und Gewebe bilden größere Körperteile – die Organe. Diese wiederum arbeiten in Körpersystemen zusammen.

Organe

Ein Organ ist ein Körperteil mit einer speziellen Aufgabe. Das Herz z.B. pumpt Blut. Die Nieren reinigen das Blut.

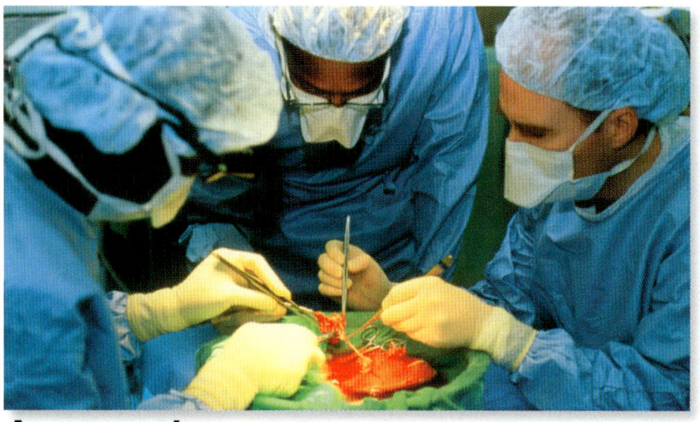

Austausch

Arbeitet ein Organ nicht mehr, ersetzen es Ärzte durch das Organ eines anderen Menschen. Dies nennt man Transplantation.

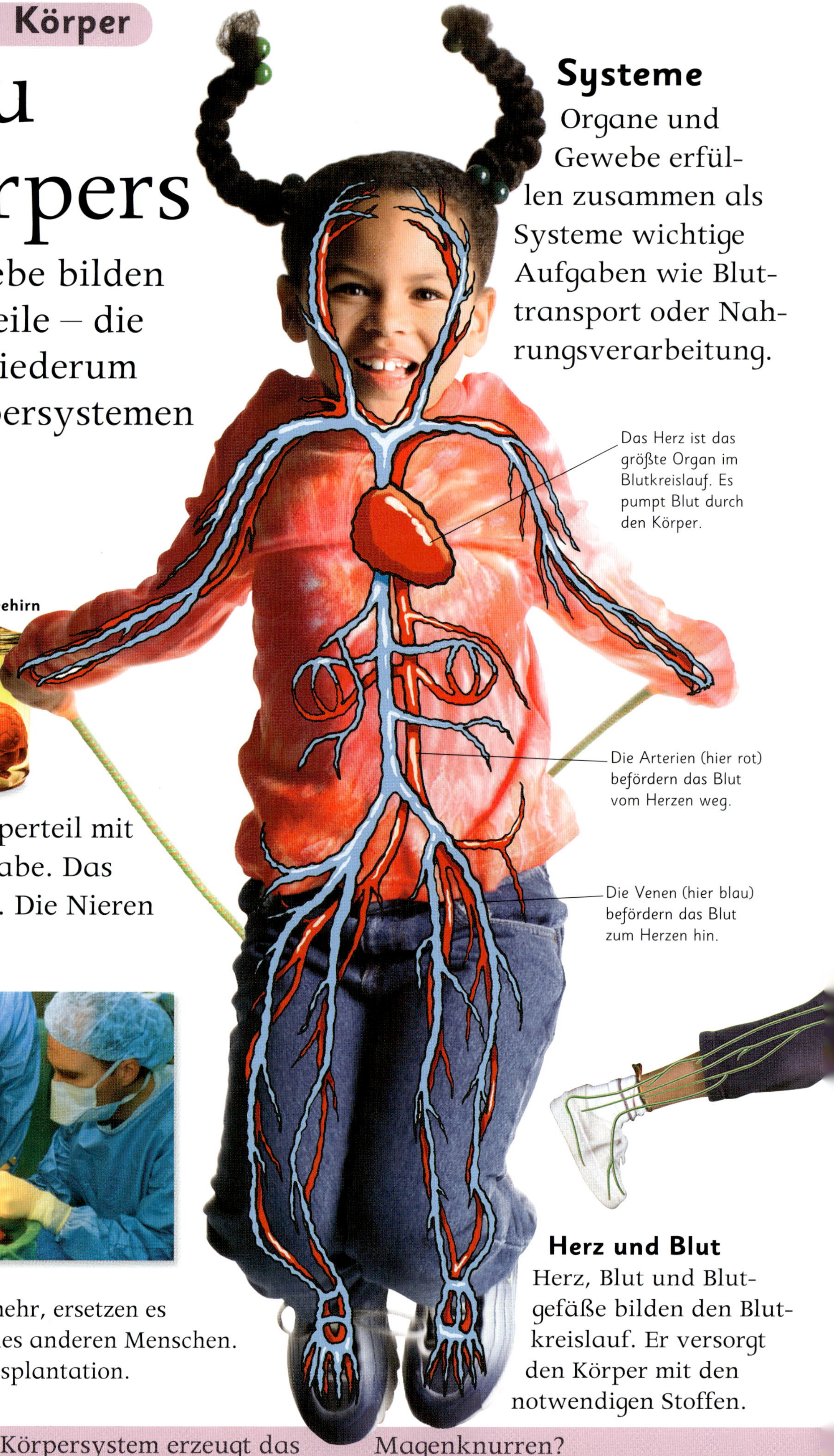

Systeme

Organe und Gewebe erfüllen zusammen als Systeme wichtige Aufgaben wie Bluttransport oder Nahrungsverarbeitung.

Herz und Blut

Herz, Blut und Blutgefäße bilden den Blutkreislauf. Er versorgt den Körper mit den notwendigen Stoffen.

Welches Körpersystem erzeugt das Magenknurren?

Muskeln

Das Muskelsystem besteht aus Geweben, die Teile des Körpers durch Ziehen oder Drücken bewegen. Die größten Muskeln ziehen an den Knochen.

Deine Finger werden von Muskeln im Arm bewegt.

Muskeln ändern die Haltung des Skeletts durch Ziehen an verschiedenen Knochen.

Die stärksten Muskeln befinden sich in den Beinen.

Lebenswichtig

Alle Körpersysteme sorgen dafür, dass es uns gut geht.

Atemsystem: Mit der Lunge nehmen wir Sauerstoff auf.

Hormonsystem: Hormone sind Stoffe, die Körper und Stimmung steuern.

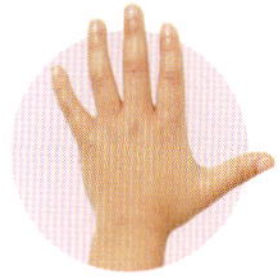

Haut, Haare und Nägel: Sie schützen den Körper.

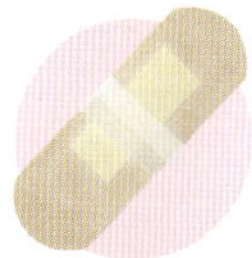

Immunsystem: Es sucht und zerstört gefährliche Keime im Körper.

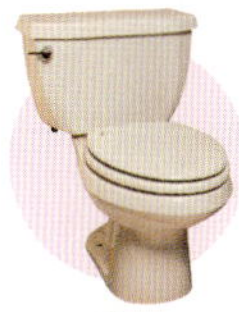

Harnsystem: Es reinig das Blut und befördert den Abfall nach draußen.

Fortpflanzungssystem: Das sind die Organe, die Babys zeugen.

Skelett

Knochen und Gelenke bilden das Skelettsystem. Es ist eine Art inneres Gerüst für den Körper.

Ein Viertel aller Knochen ist in den Füßen.

Nerven

Das Nervensystem leitet elektrische Signale durch den Körper. Dadurch kannst du sehen, hören, denken und reagieren.

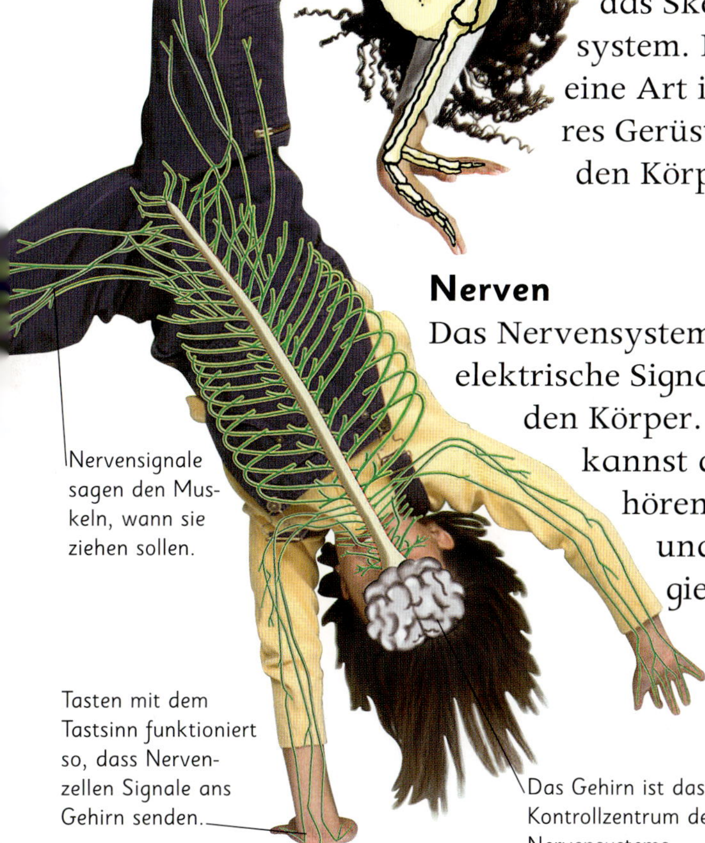

Nervensignale sagen den Muskeln, wann sie ziehen sollen.

Tasten mit dem Tastsinn funktioniert so, dass Nervenzellen Signale ans Gehirn senden.

Das Gehirn ist das Kontrollzentrum des Nervensystems.

Verdauungssystem

Es zerlegt die Nahrung und versorgt so den Körper mit Energie und Rohstoffen.

Der Mund ist der erste Teil des Verdauungssystems.

Der Darm ist ein langer, gewundener Schlauch. Er nimmt die verdaute Nahrung auf.

Das Verdauungssystem.

Knochen und Muskeln

Du wärst du nur ein Wackelpudding ohne dein Skelett – ein Knochengerüst, das dich aufrecht hält und deine inneren Organe schützt.

Wirbelsäule

Deine Wirbelsäule besteht aus 24 kleinen Knochen, den Wirbeln. Sie bewegen sich mit dir.

Durch die Wirbel in deinem Rücken bist du beweglich.

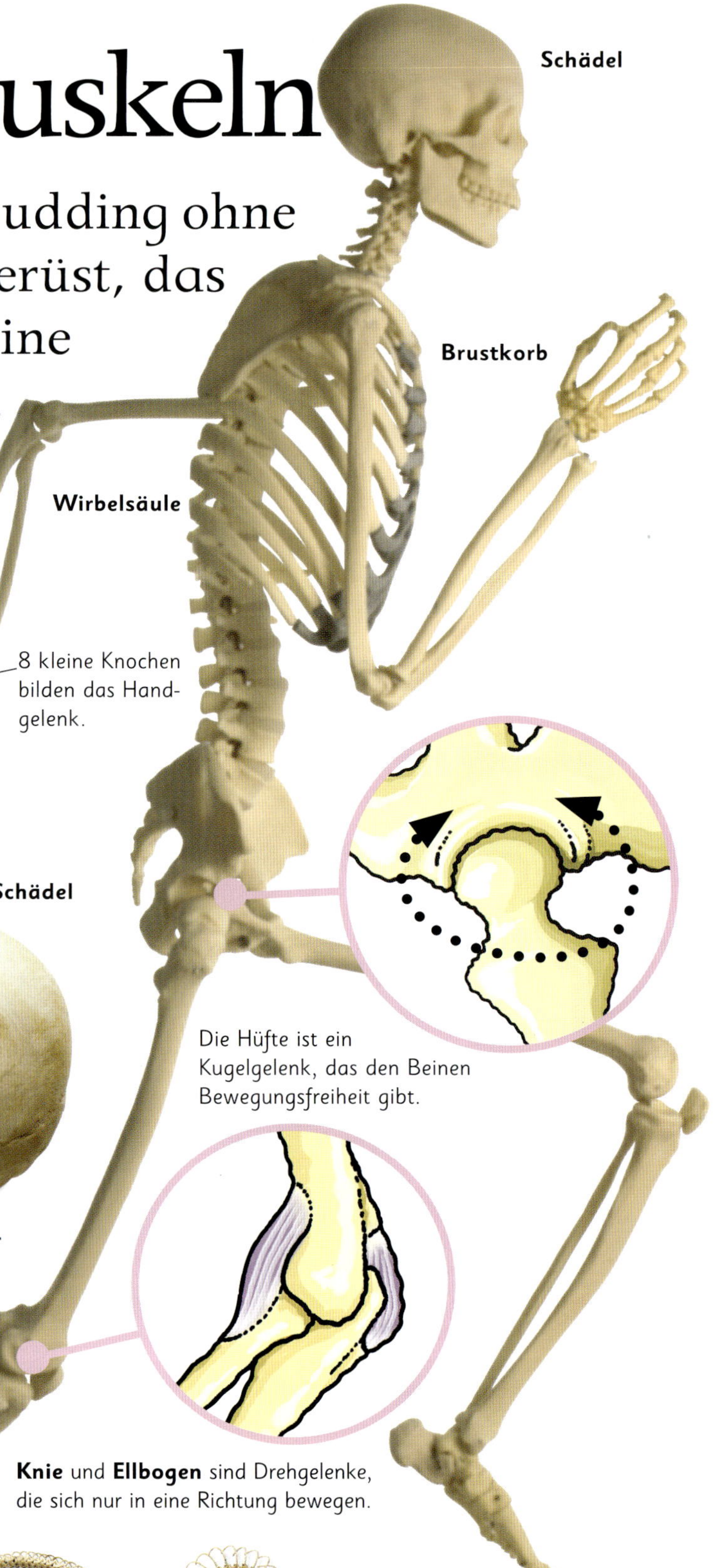

Die Hüfte ist ein Kugelgelenk, das den Beinen Bewegungsfreiheit gibt.

Knie und **Ellbogen** sind Drehgelenke, die sich nur in eine Richtung bewegen.

Kopfsache

Die Knochen in deinem Kopf fügen sich nach der Geburt zusammen. Der Kopf hat zwei Teile: Unterkiefer und Schädel. Nur der Kiefer ist beweglich.

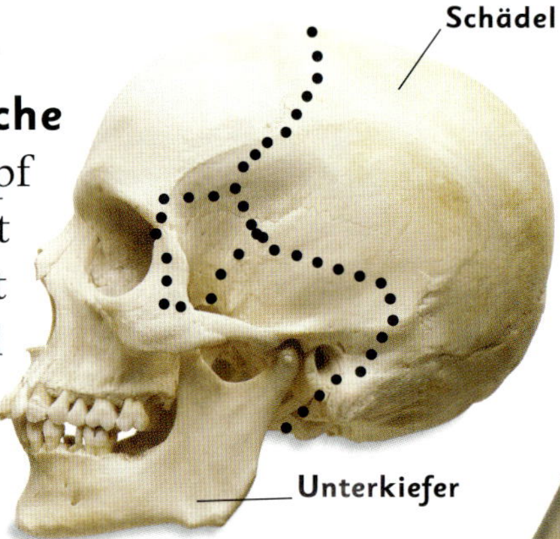

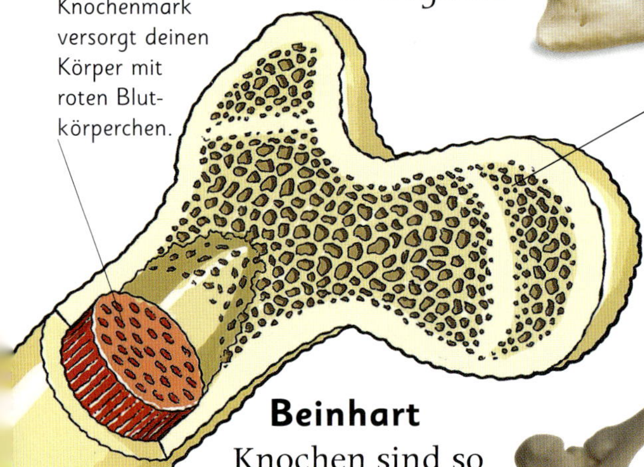

Beinhart

Knochen sind so aufgebaut, dass sie leicht, aber fest sind. Nach einem Bruch können sie von selbst heilen.

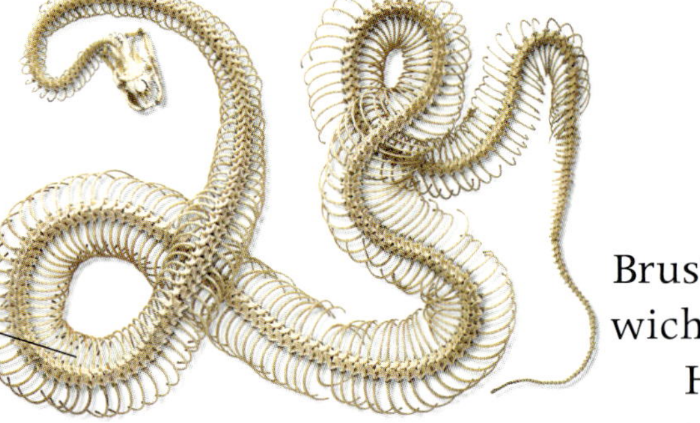

Bei Schlangen geht der Brustkorb fast durch den ganzen Körper.

Brustkorb

Die gewölbten Knochen des Brustkorbs schützen wichtige Organe wie Herz und Lunge.

Wie viele Knochen hat ein erwachsener Mensch?

Flexibel

Die verschiedenen Arten von Gelenken sind auf die Körperteile abgestimmt.

Bei **Daumen** können sich die Gelenke drehen, bei Fingern nicht.

Knöchel lassen sich auf und ab sowie seitlich bewegen.

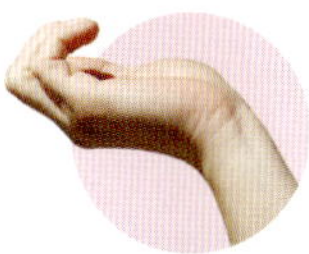

Handgelenke sind drehbar, aber nicht ganz herum.

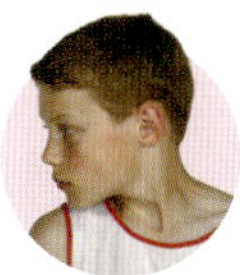

Die **Halsknochen** bilden ein Radgelenk, mit dem man den Kopf dreht.

Muskelzauber

Muskeln sind elastische Riemen. Manche von ihnen kannst du regulieren, z.B. die in deinen Armen und Beinen. Andere, wie Herz und Blase, arbeiten, ohne dass du dir darüber Gedanken machen musst.

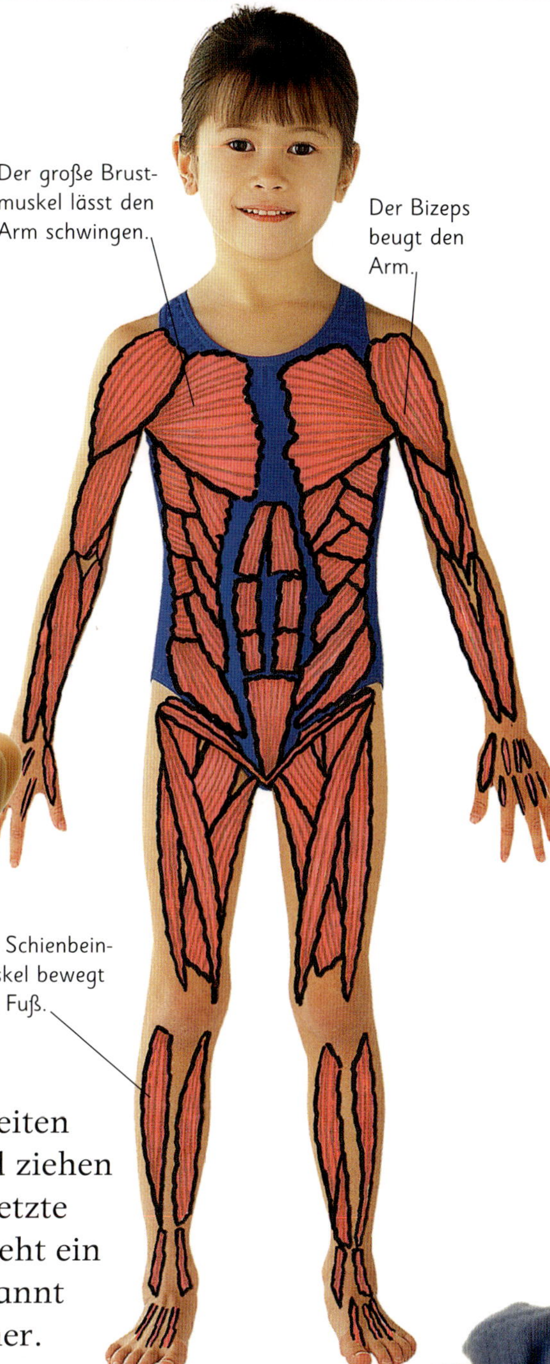

Gesichter schneiden

Gesichtsmuskeln sind mit Haut und Knochen verbunden. Sie ziehen an der Haut, wenn man den Ausdruck ändert. Zum Lächeln braucht man etwa 17 Muskeln!

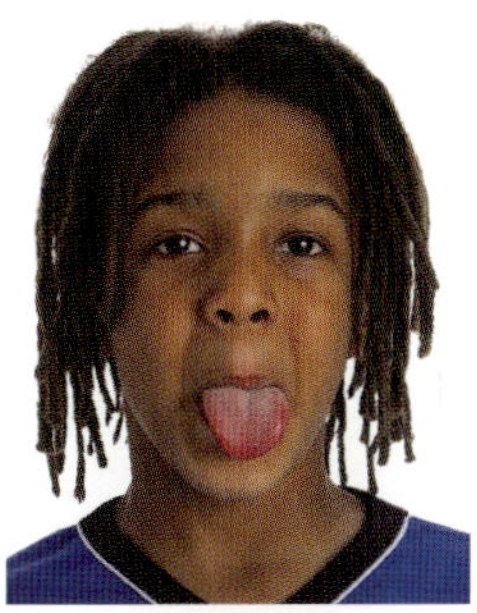

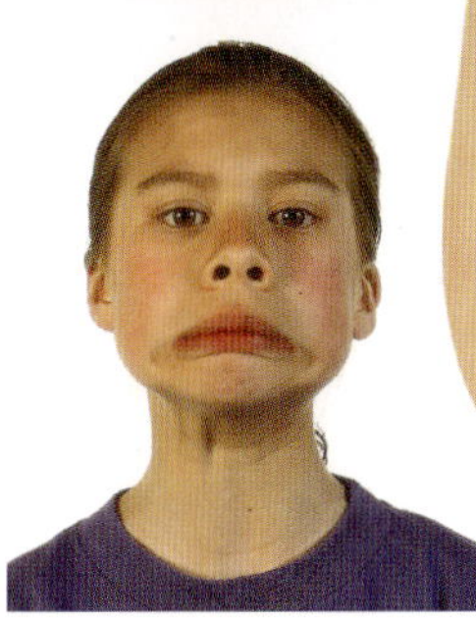

Paare

Muskeln arbeiten paarweise und ziehen in entgegengesetzte Richtungen. Zieht ein Muskel, entspannt sich sein Partner.

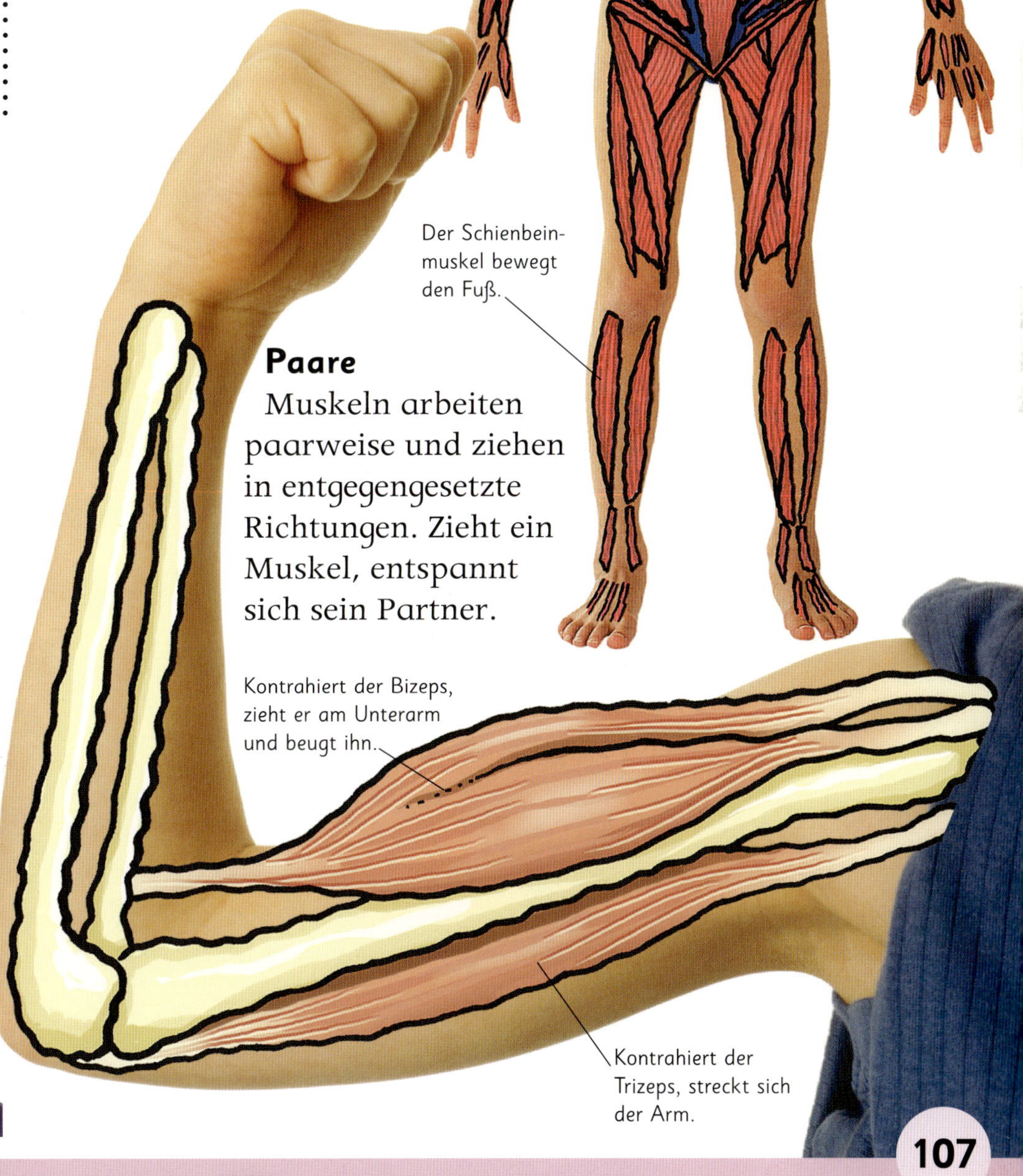

Gehirn und Sinne

Dein Gehirn lässt dich denken, fühlen und erinnern. Es sorgt dafür, dass dein restlicher Körper auch richtig funktioniert.

Mit deinem Gehirn denkst du.

Andere Bereiche …

Dein Gehirn

Dein Gehirn steckt tief in deinem Kopf. Es sieht ein bisschen so aus wie ein schrumpeliger Klumpen grau-rosa Wackelpudding.

Dein Gehirn wiegt etwa so viel wie 12 Äpfel.

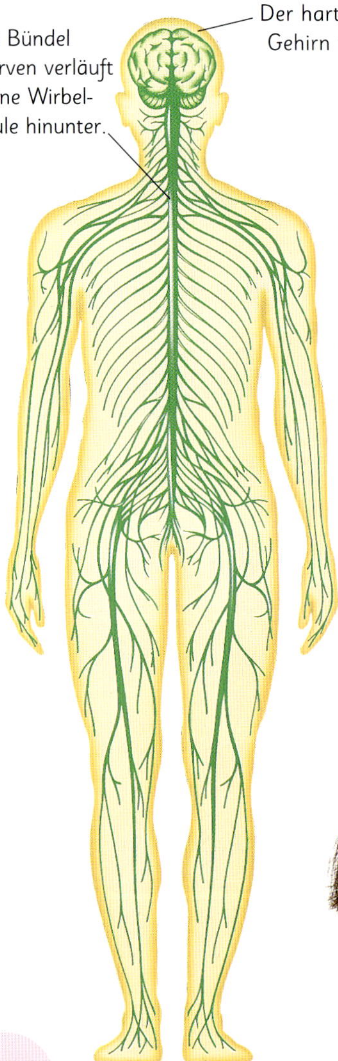

Ein Bündel Nerven verläuft deine Wirbelsäule hinunter.

Der harte Schädel schützt dein Gehirn vor Verletzungen.

Blitzschnell

Nervenzellen bilden lange Ketten. Sie leiten Botschaften vom Gehirn weiter an ihre Nachbarn und von dort wieder ans Gehirn – wie bei einem schnellen Staffellauf.

Das Mädchen zieht den Daumen rasch weg, um den Schmerz zu stoppen.

Aua!

Der Körper hat eine eigene Alarmanlage. Schmerzrezeptoren warnen uns, wenn ein Körperteil wehtut oder verletzt wird.

Haben schlaue Menschen ein größeres Gehirn?

Deine Sinne

Du weißt, was um dich herum vorgeht, indem du Dinge siehst, hörst, riechst, schmeckst und berührst. Das sind deine Sinne.

Dein Auge sieht Bilder und dein Gehirn sagt dir, was sie bedeuten.

Augen und Sehen

In deinen Augen sind spezielle Nerven, die Licht aufnehmen. Sie senden Botschaften an dein Gehirn und du erfährst, was du siehst.

Deine Ohren nehmen Geräusche auf.

... andere Aufgaben.

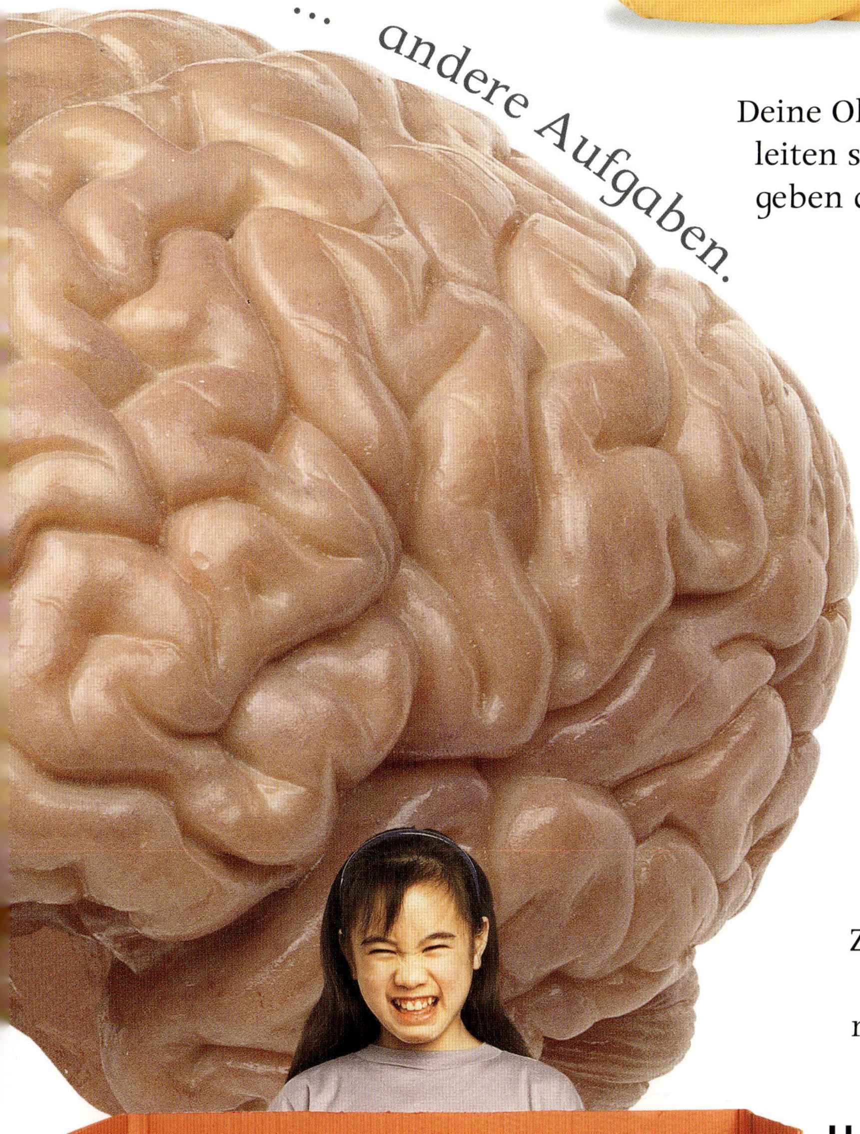

Ohren und Hören

Deine Ohren fangen Laute ein und leiten sie in deinen Kopf. Nerven geben die Botschaften an dein Gehirn weiter.

Nase und Riechen

Nerven in deiner Nase sagen dir, was du riechst. Dinge wie diese Rose riechen gut. Andere Dinge riechen scheußlich!

Zunge und Schmecken

Du schmeckst mit deiner Zunge. Sie ist übersät mit winzigen Geschmacksnerven, die dein Essen schmecken.

Haut und Tasten

Nerven in deiner Haut sagen dir, ob etwas hart, weich, heiß oder kalt ist. Sie warnen dich auch vor Gefahr. Dann tut es weh.

Kannst du sagen, was du anfasst, ohne hinzugucken?

Nein, jedes Gehirn ist ungefähr gleich groß.

Atmen

Wir atmen ein, um Sauerstoff aufzunehmen. Wir atmen aus, um Kohlendioxid abzugeben. Dazu brauchen wir die Lunge.

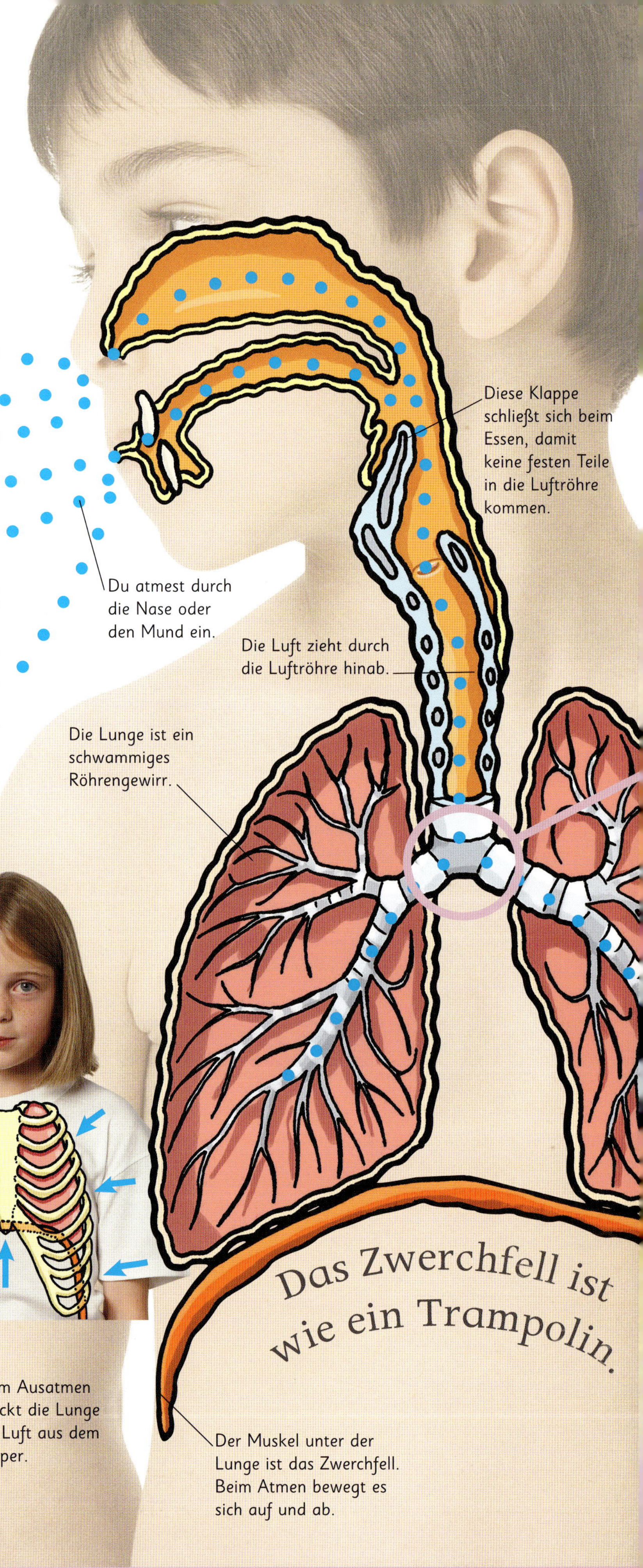

Die Reise der Luft

Bevor die Luft die Lunge erreicht, wandert sie durch Mund und Nase und wird dann durch die Luftröhre hinabgedrückt. Dabei wird sie angewärmt und angefeuchtet.

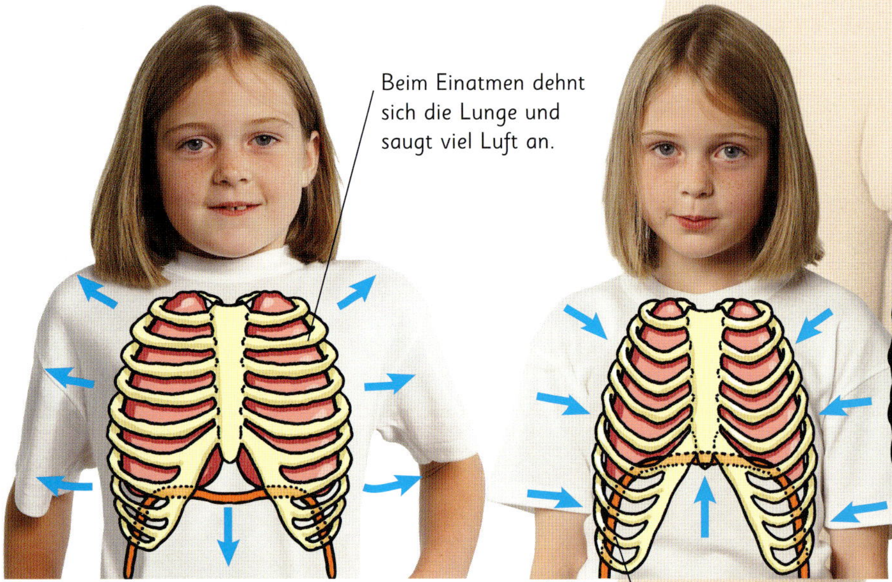

Ganz schön aufgeblasen

Rippen und Zwerchfell unterstützen das Atmen. Hebt sich der Brustkorb, füllt sich die Lunge mit Luft. Wenn sich die Lunge leert, senkt sich der Brustkorb. Der Zwerchfellmuskel hilft dabei.

Wie oft atmest du an einem Tag?

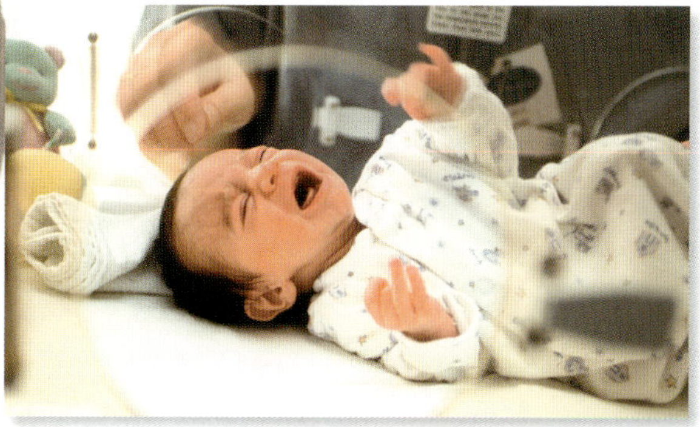

Starthilfe
Manchmal haben neugeborene Babys Atemprobleme. Sie werden in einen Brutkasten gelegt, wo sie zusätzlichen Sauerstoff bekommen.

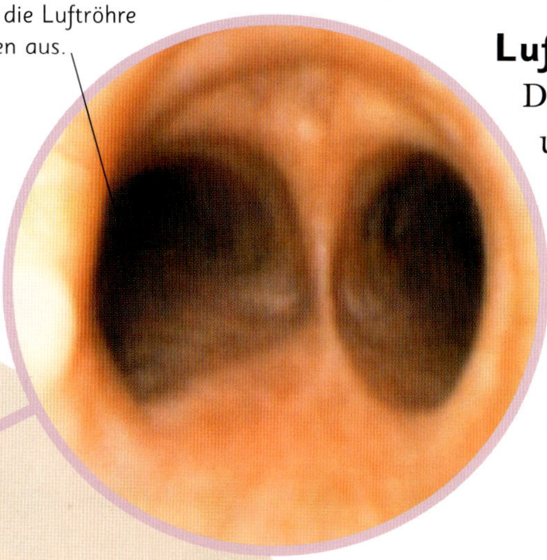

Luftröhre
Die Luft aus Mund und Nase gelangt in die Luftröhre, die durch die Kehle in die Brust führt. Dort verzweigt sie sich in die beiden Lungenflügel.

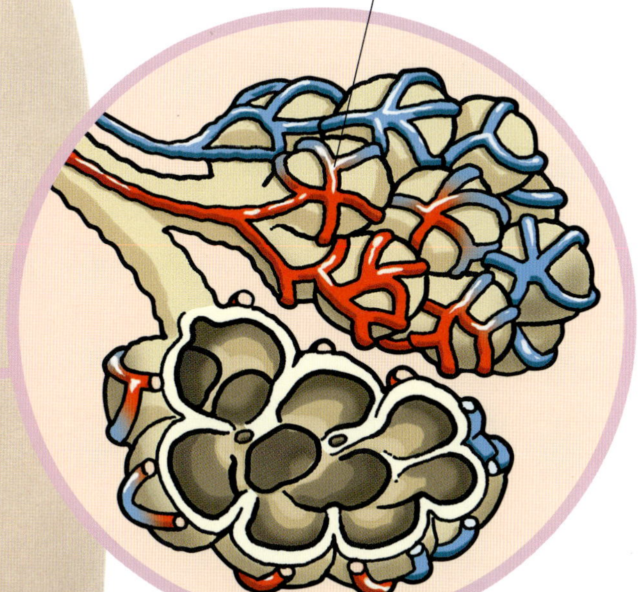

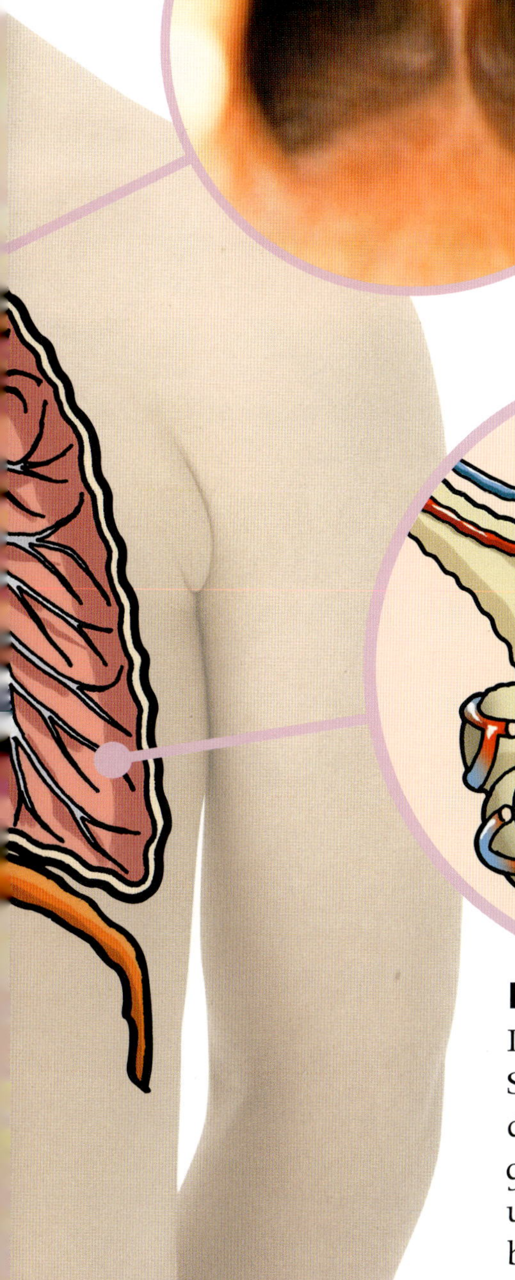

Luftbläschen
Die Lunge ist voller Röhren. Sie enden in Luftsäckchen, die Alveolen heißen. Von hier gelangt der Sauerstoff ins Blut und wird in den ganzen Körper befördert.

Keine Lunge

Nicht alle Tiere haben eine Lunge. Man kann auch anders atmen.

Frösche können Sauerstoff über die Haut aufnehmen – sogar unter Wasser.

Insekten wie Raupen atmen durch Körperöffnungen, die man Stigmen nennt.

Viele Meerestiere z.B. Haie atmen durch Kiemen.

Etwa 23 000-mal.

Gut verpackt

Die Haut bedeckt den ganzen Körper. Sie schützt uns vor Keimen, Wasser und Sonnenstrahlen. Außerdem ist sie wichtig, damit wir die richtige Temperatur behalten.

An den Augenlidern ist die Haut am dünnsten.

Doppelt hält besser

Die Haut hat zwei Hauptschichten. Die sichtbare obere heißt Epidermis. Darunter ist die Lederhaut (Corium), in der die Nerven und Blutgefäße liegen.

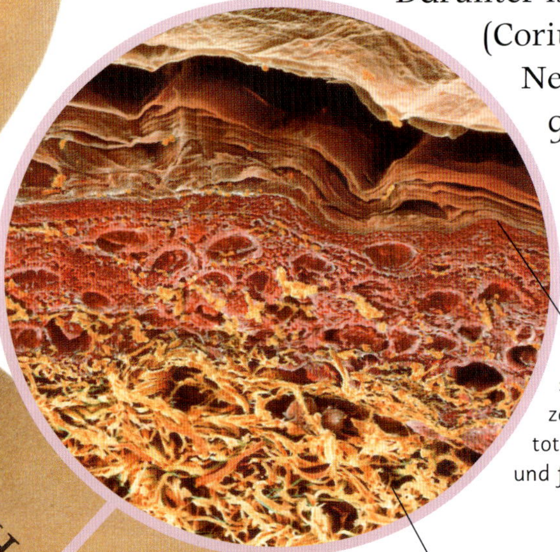

Auf der Hautoberfläche sind flache Zellen. Sie sind aus Keratin, einem zähen Material. Wenn sie tot sind, trocknen sie aus und fallen ab.

Die abgestorbenen Zellen werden durch darunterliegende ersetzt.

Wasserdicht

Wasser dringt nicht in den Körper ein, weil die Haut das verhindert. Auch von innen kann keine Flüssigkeit entweichen.

Vergrößerte Schuppen

Die Haut ist ein dehnbarer Überzug.

Gewichtig

Der schwerste Teil des Körpers ist die Haut. Sie wiegt so viel wie eine gut gefüllte Einkaufstasche.

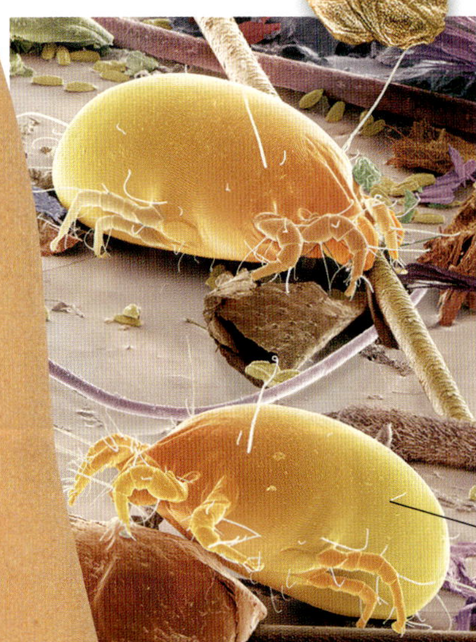

Staubmilben sind in Wirklichkeit so klein, dass man sie nicht sieht.

Staubfresser

Staub ist meist aus toter Haut. Staubmilben verzehren die leblosen Zellen. Sie wohnen in Betten, Kissen und Teppichen.

Am dicksten ist die Haut

Wie viele Schuppen fallen jeden Tag ab?

Hautfarbe

Die Hautfarbe hängt von einem Stoff ab, der Melanin heißt. Je mehr Melanin ein Mensch hat, desto dunkler ist er. Draußen an der Sonne erzeugt der Körper mehr Melanin, um die Haut zu schützen. Man wird braun.

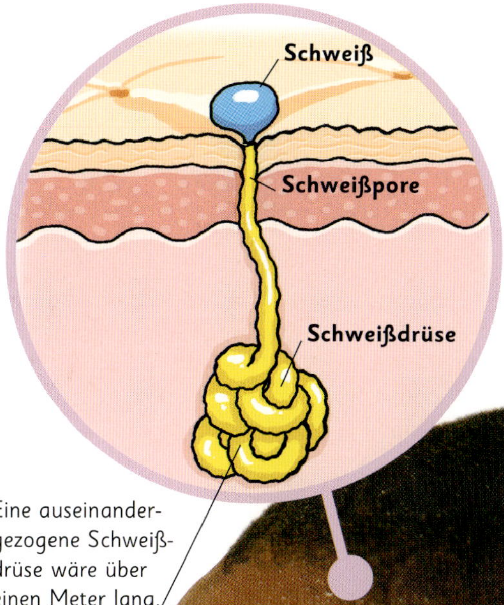

Eine auseinander-gezogene Schweiß-drüse wäre über einen Meter lang.

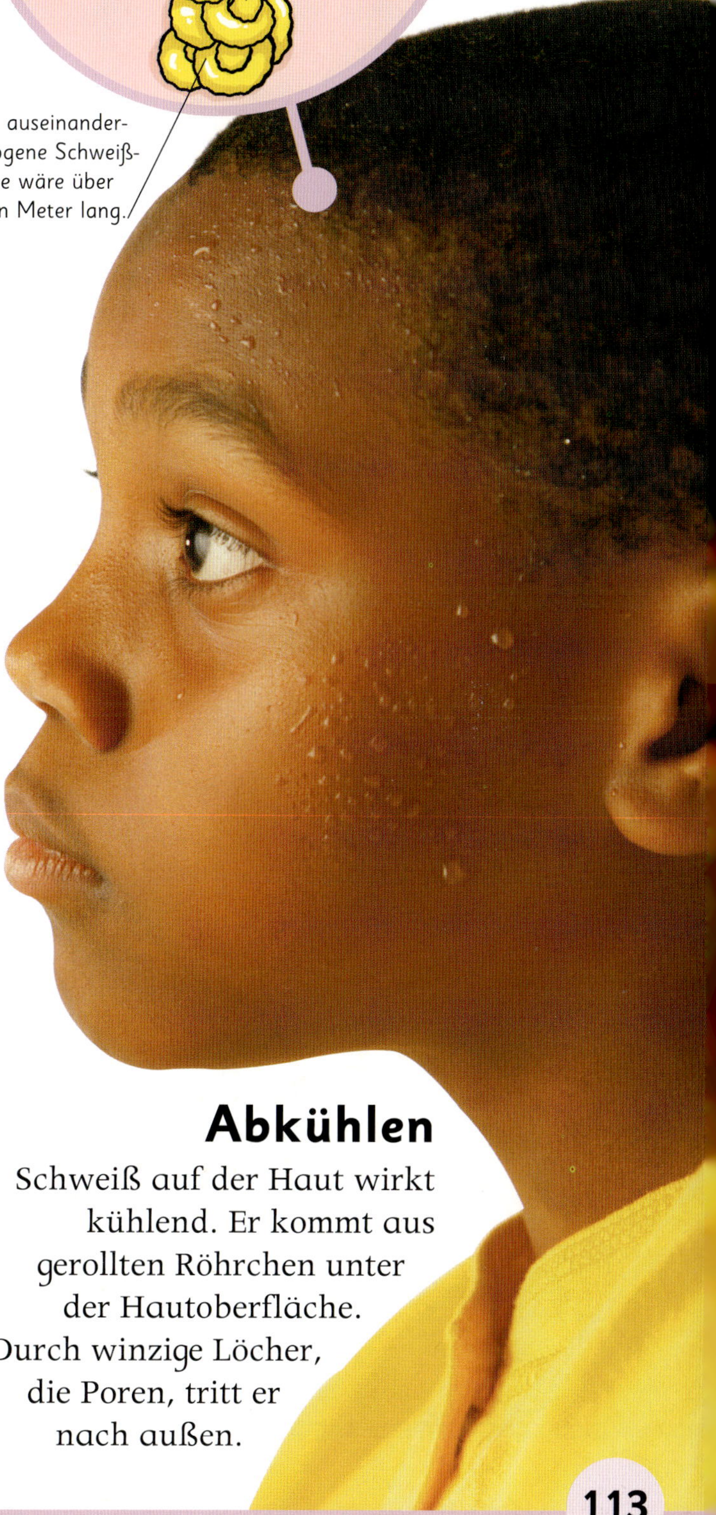

an deinen Fußsohlen.

Schrumpelhaut

Wenn man längere Zeit badet, saugt sich die oberste Hautschicht voll Wasser und wird runzlig.

Abkühlen

Schweiß auf der Haut wirkt kühlend. Er kommt aus gerollten Röhrchen unter der Hautoberfläche. Durch winzige Löcher, die Poren, tritt er nach außen.

Ungefähr zehn Millionen.

Abwehrkräfte

Keime sind zwar nicht zu sehen, aber sie landen ständig auf dem Körper und wollen hinein. Dagegen kann sich dein Körper geschickt wehren.

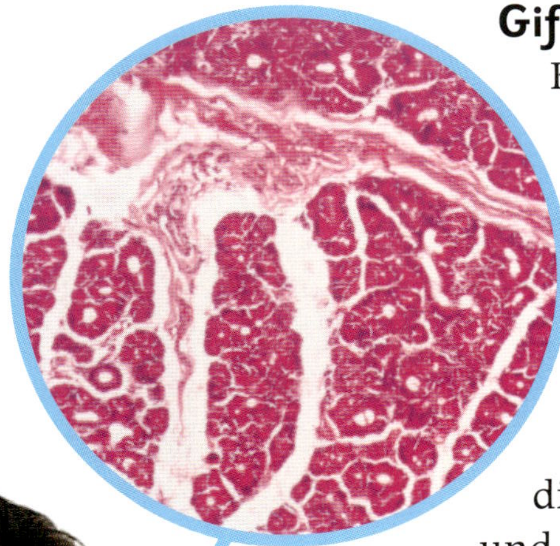

Gifttränen
Keime, die auf den Augen landen, werden von den Tränen abgewaschen. Die Tränen enthalten einen nützlichen Stoff, Lysozym. Er lässt die Bakterien platzen und tötet sie ab.

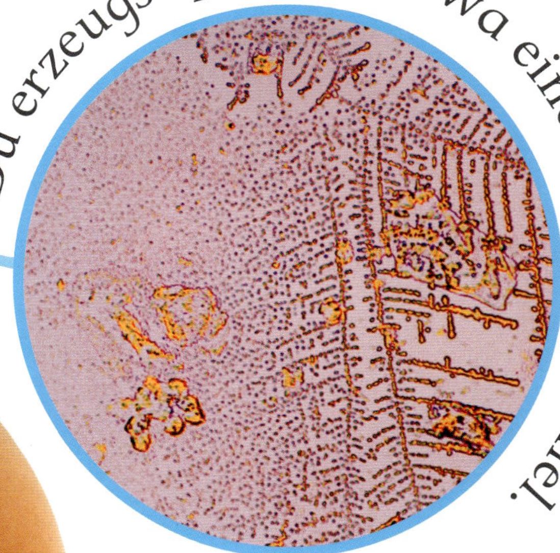

Du erzeugst pro Tag etwa einen Liter Speichel.

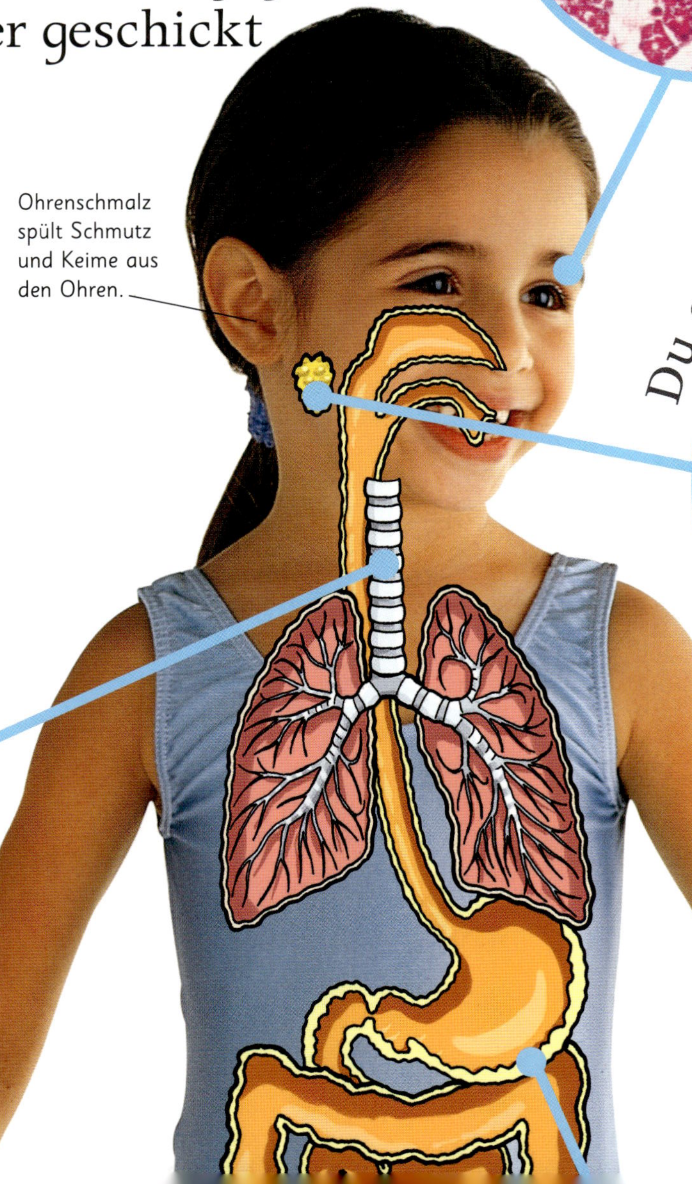

Klebrige Wachposten
Beim Einatmen werden Keime sofort in Schleim gehüllt, eine klebrige Flüssigkeit in den Atemwegen. Winzige Härchen schieben den Schleim ständig zur Kehle hoch, wo er verschluckt wird.

Clevere Spucke
Die Flüssigkeit im Mund heißt Speichel. Sie spielt eine wichtige Rolle bei der Verdauung und schützt Mund, Zunge und Zähne vor Bakterienangriffen.

Mehr wissen …
über das Atmen, Seite **110–111**
über Essen und Verdauung, Seite **116–117**

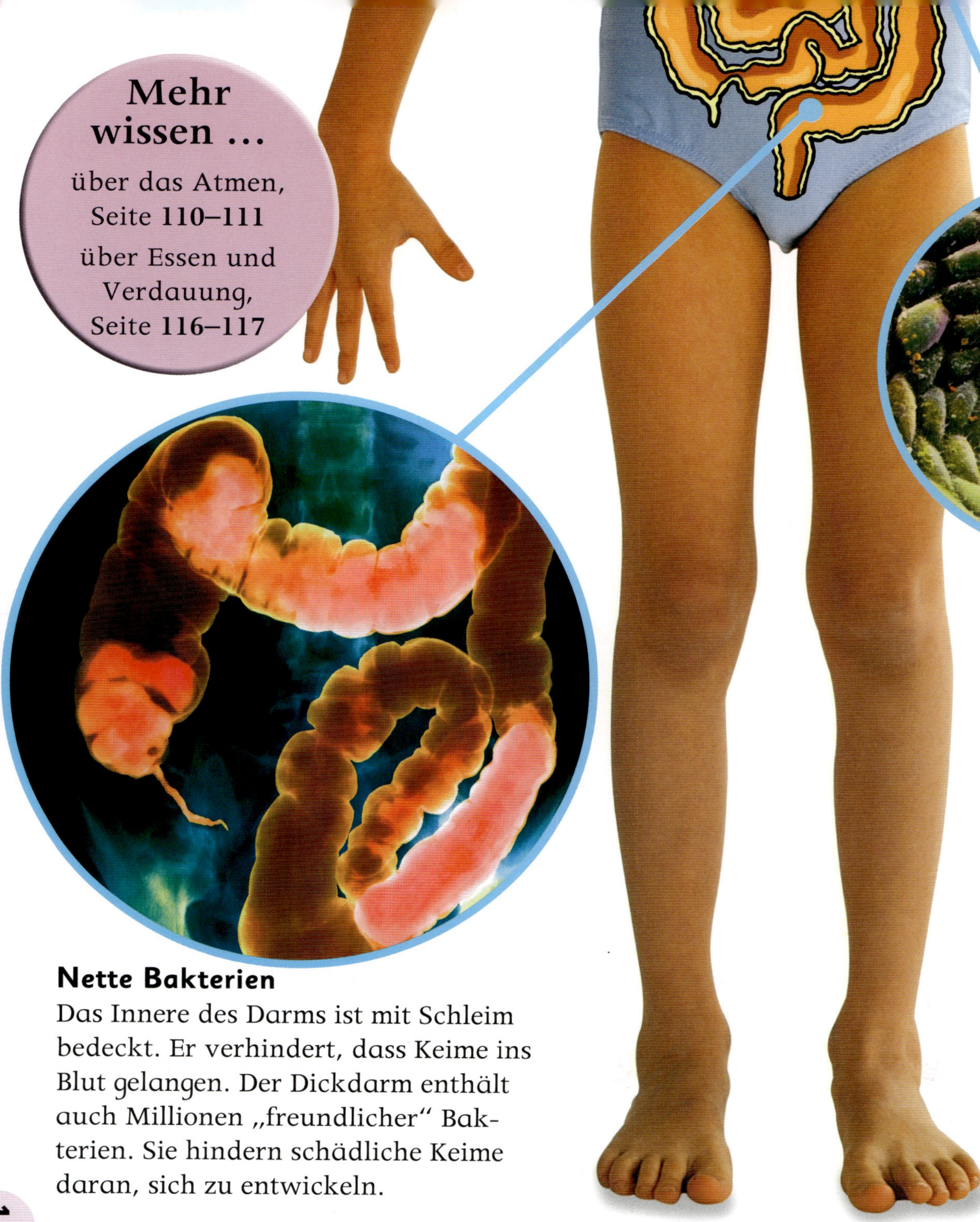

Attacke mit Säure
Drüsen im Magen erzeugen Säure, die verschluckte Keime abtötet. Dann verarbeitet das Verdauungssystem die Keime zusammen mit dem Essen.

Nette Bakterien
Das Innere des Darms ist mit Schleim bedeckt. Er verhindert, dass Keime ins Blut gelangen. Der Dickdarm enthält auch Millionen „freundlicher“ Bakterien. Sie hindern schädliche Keime daran, sich zu entwickeln.

Widerlich!
Auch der Ekel schützt uns vor schädlichen Bakterien. Alles, was scheußlich riecht oder aussieht, ist wahrscheinlich voller Keime. Der Ekel verhindert, dass man es anrührt.

Essen und Verdauung

Ohne Essen kann dein Körper nicht arbeiten. Das Essen muss er aber vorher in winzige Teile zerlegen, die in dein Blut sickern. Das nennt man Verdauung.

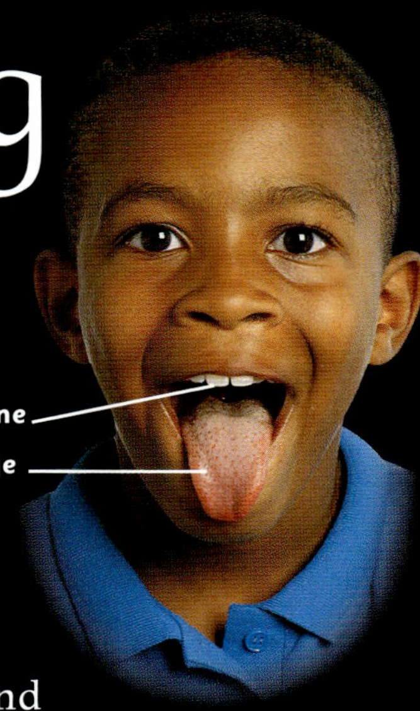

Mund
In deinem Mund zerbeißen und kauen deine Zähne dein Essen. Durch den Speichel kannst du es leichter herunterschlucken. Beim Schlucken gelangt dein Essen durch eine Röhre in deinem Hals in den Magen.

Die Röhre auf dem Bild hat nicht dieselbe Form wie die im Körper.

Dieses Foto von der Magenschleimhaut wurde mit einem Mikroskop aufgenommen.

Magen
Dein Magen ist wie eine dehnbare Tasche. Darin wird dein Essen mit Magensäften vermischt. Sie zerkleinern dein Essen zu einer dicken suppenartigen Masse.

Mehr wissen …
über Kohlenstoff, Seite **222–223**
über Energie, Seite **234–235**

Warum knurrt dein Magen?

Wegen der Luft in deinem Essen.

… von Röhren durch deinen Körper.

Der Darm

Als Nächstes kommt dein Essen in lange Röhren, deinen Darm. Es sickert durch die Wände des Darms in dein Blut. Dein Blut trägt die Nährstoffe im Essen durch deinen Körper.

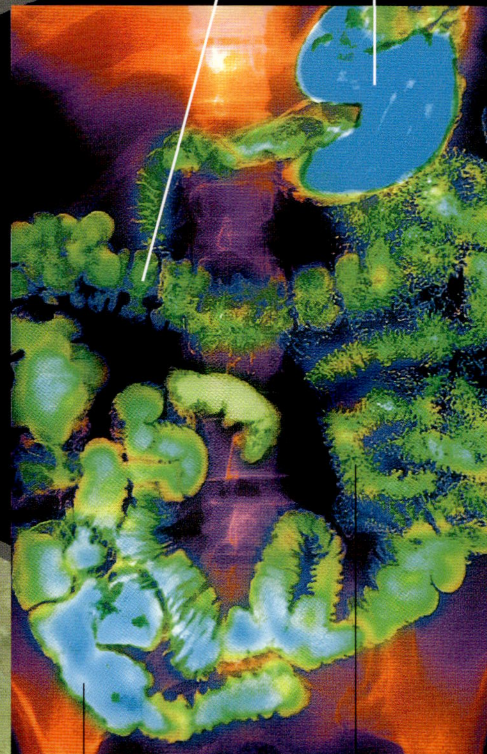

Dick- und Dünndarm schlängeln sich durch deinen Unterleib.

Eine Mahlzeit braucht ein bis drei Tage, bis sie durch das Verdauungssystem ist.

Dein Mund, Magen und Darm bilden dein Verdauungssystem.

Dünndarm

Dieser Darm heißt „Dünndarm“, weil er so eng ist. Er ist so lang wie ein Bus!

Wenn du zur Toilette gehst, wirst du deine Abfallstoffe los.

Ernährung

Um gesund zu bleiben, brauchst du eine ausgewogene Ernährung mit verschiedenen Bestandteilen.

Kohlenhydrate wie Nudeln, Reis und Brot liefern viel Energie.

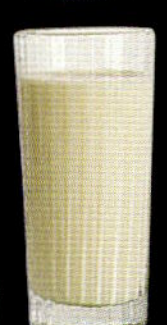

Das **Eiweiß** in der Milch lässt dich wachsen.

Vitamine in Obst und Gemüse lassen deinen Körper richtig arbeiten.

Ballaststoffe in Vollkornbrot fördern die Verdauung.

Fett in Butter und Käse gibt dir Energie. Zu viel Fett ist schädlich.

Abfallstoffe

Alle Abfallstoffe im Essen gelangen vom Dünn- in den Dickdarm. Da bleiben sie, bis du zur Toilette gehst und sie als Kot ausscheidest.

Ein Baby entsteht

Damit ein Baby entsteht, muss es einen Vater und eine Mutter geben. Nachdem sich das Sperma des Mannes mit dem Ei der Frau vereint hat, wächst das Baby im Körper der Mutter heran.

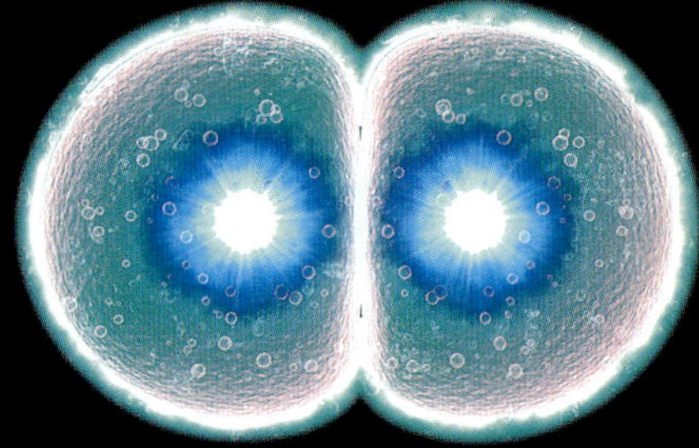

Verdoppelung
Nach 36 Stunden teilt sich die Zelle. Das sind die ersten beiden Zellen eines Babys.

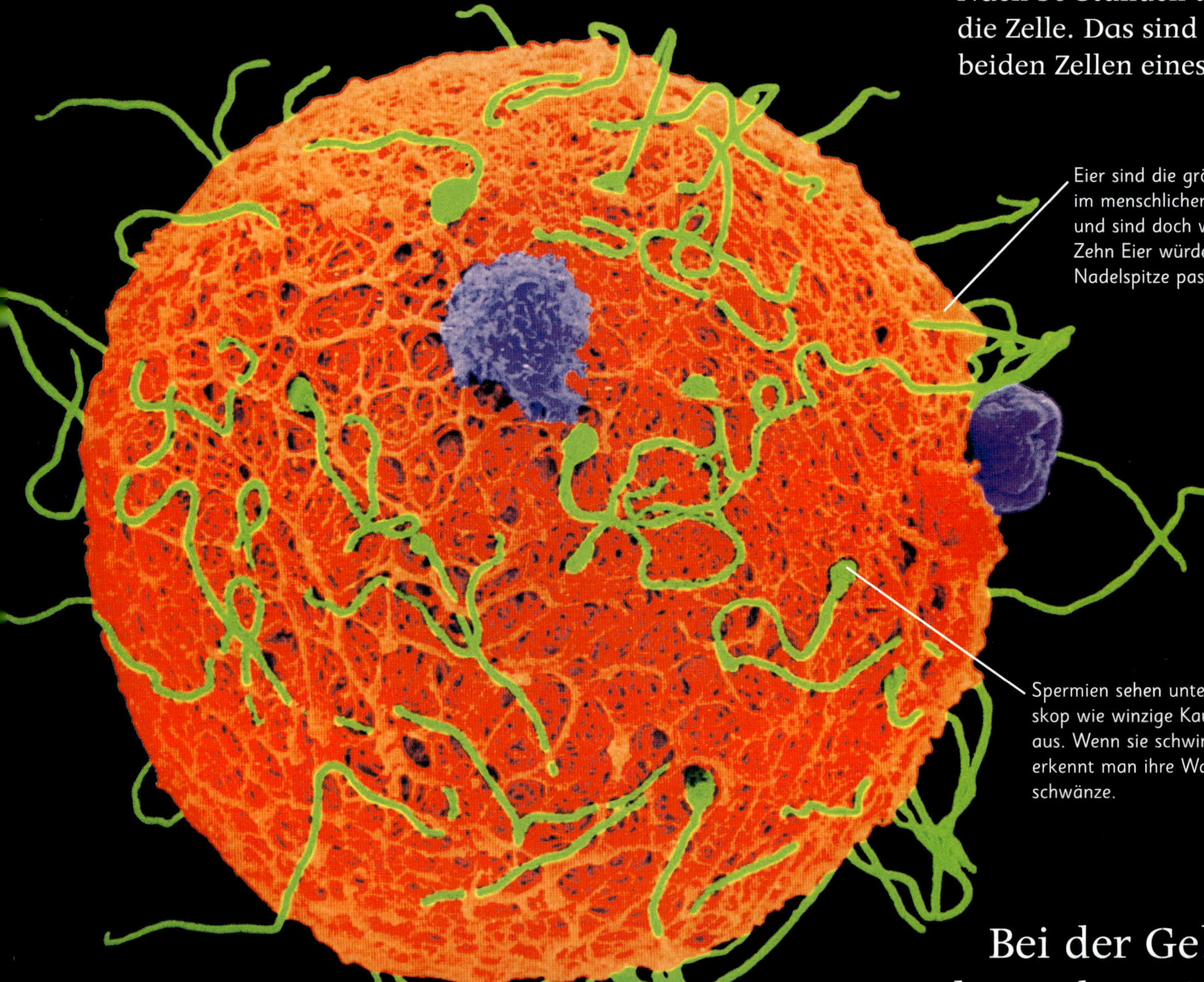

Eier sind die größten Zellen im menschlichen Körper – und sind doch winzig klein: Zehn Eier würden in eine Nadelspitze passen.

Spermien sehen unterm Mikroskop wie winzige Kaulquappen aus. Wenn sie schwimmen, erkennt man ihre Wackelschwänze.

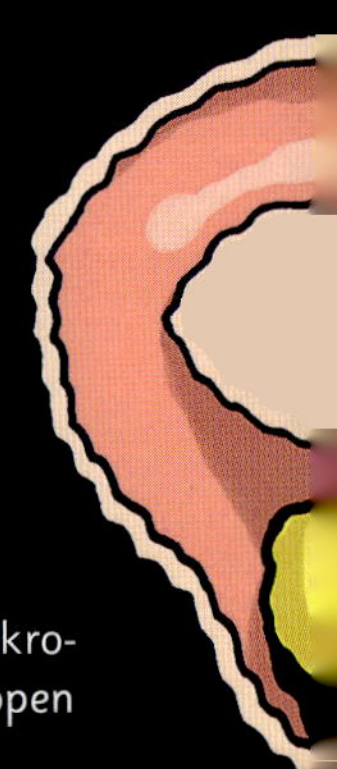

Spermienrennen
Millionen von Spermien schwimmen zur Eizelle. Ein Spermium gewinnt das Rennen. Es vereint sich mit dem Ei zu einer neuen Zelle.

Bei der Geburt des Babys sind aus einer befruchteten Zelle 100 Billionen Zellen entstanden.

Womit ist das Baby mit der Mutter verbunden?

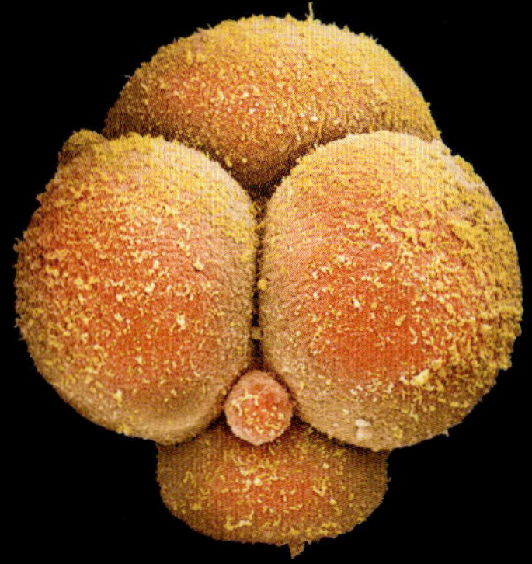

Erneute Teilung
In den ersten Tagen wächst das Baby nicht viel. Aus zwei Zellen werden vier, dann acht und so weiter.

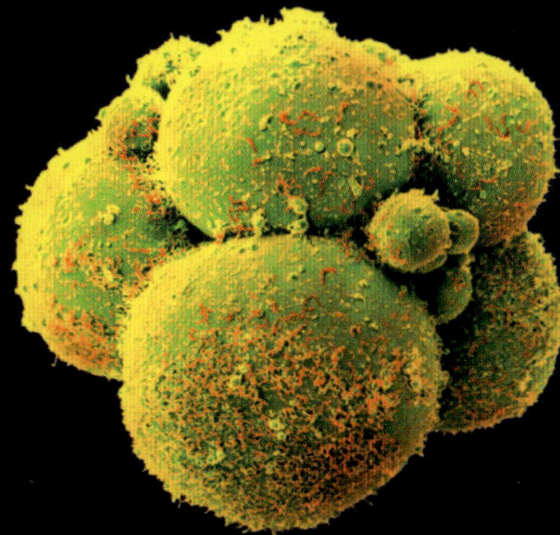

Neuer Mensch
Jede der Zellen ist einzigartig. Zellen sind voller Informationen, wie der Mensch später aussehen wird.

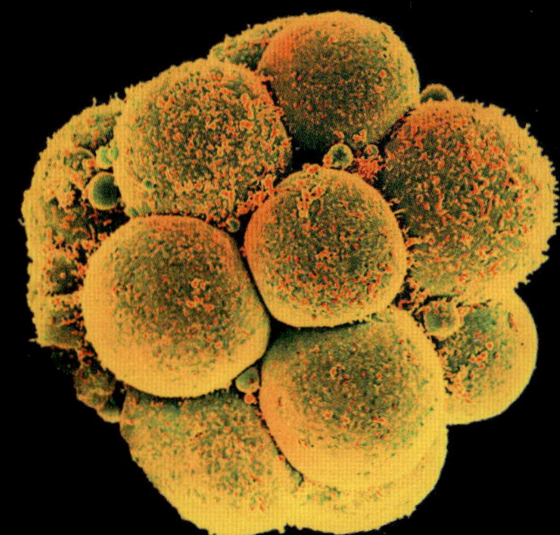

Nach drei Tagen
Die Zellen teilen sich weiter. Nun sind es 16 und sie sind fast so weit, sich in der Gebärmutter einzunisten.

Ein Baby entwickelt sich

Das Spermium befruchtet das Ei in einem Tunnel, dem Eileiter. Das befruchtete Ei bewegt sich durch den Eileiter zur Gebärmutter. Das dauert etwa fünf Tage.

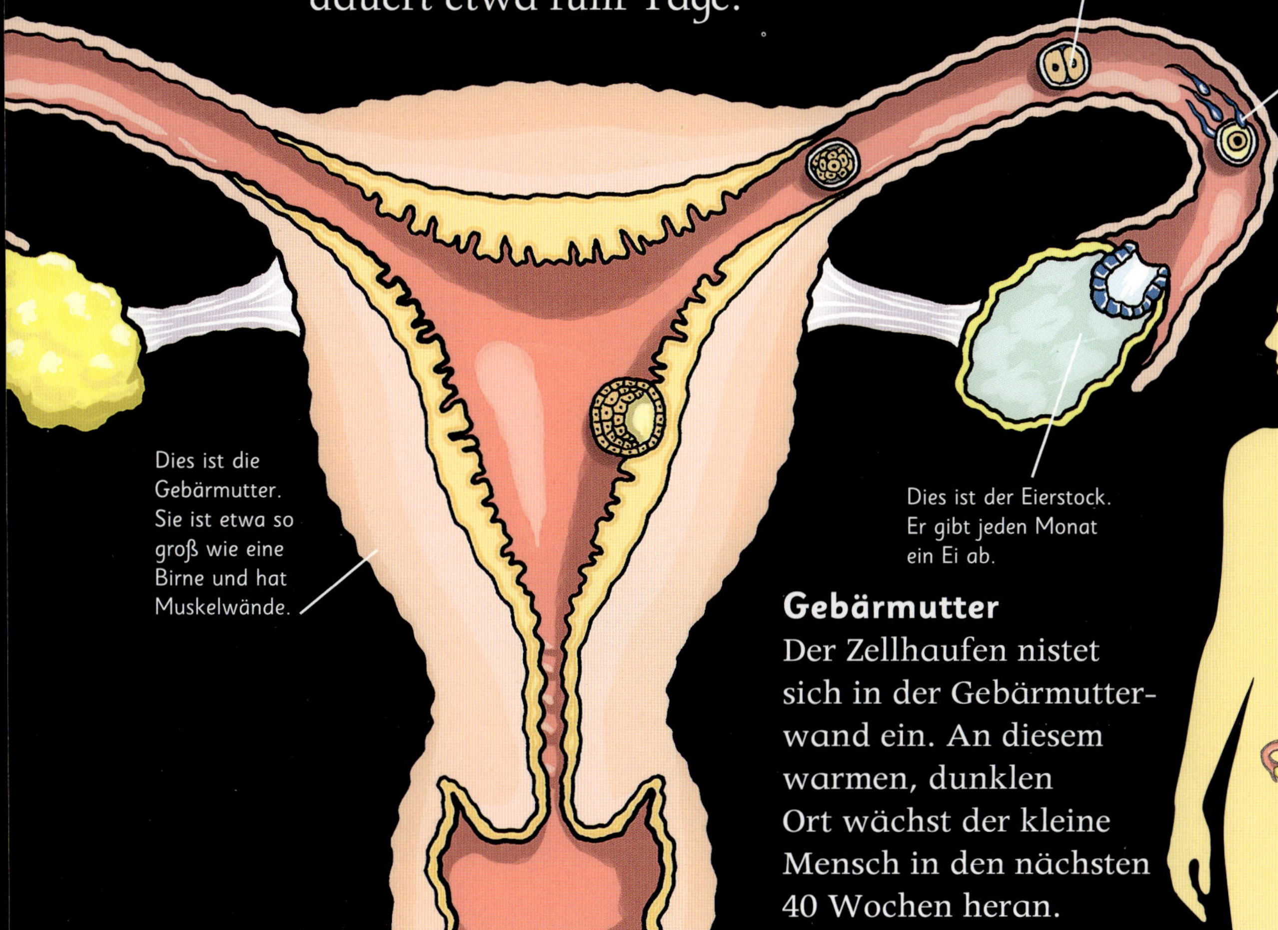

Gebärmutter
Der Zellhaufen nistet sich in der Gebärmutterwand ein. An diesem warmen, dunklen Ort wächst der kleine Mensch in den nächsten 40 Wochen heran.

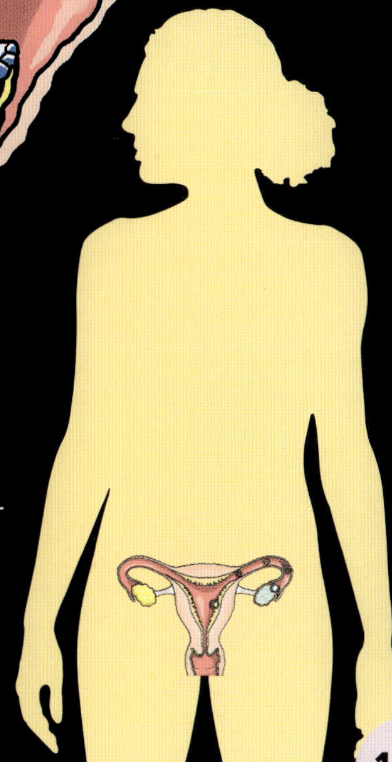

Mit der Nabelschnur.

Erstaunliche Tatsachen

Skelett und Knochen

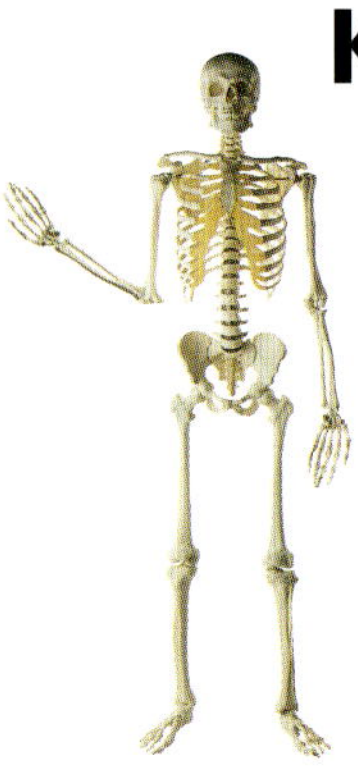

Ohne Skelett würdest du wie ein Wackelpudding auf dem Boden liegen.

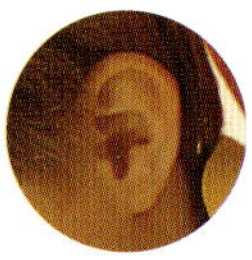

Dein kleinster Knochen ist im Ohr. Er ist etwa so groß wie ein Reiskorn.

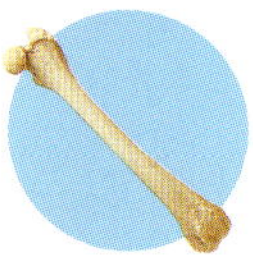

Im Verhältnis zum Gewicht sind Knochen stärker als Stahl oder Beton.

Babys haben über 300 Knochen, Erwachsene nur 206.

Muskeln und Bewegung

Ziehen Muskeln an den Knochen, bewegst du dich. Zum Gehen benutzt du Hunderte.

Jedes Körperhaar hat einen winzigen Muskel, der es aufrichten kann.

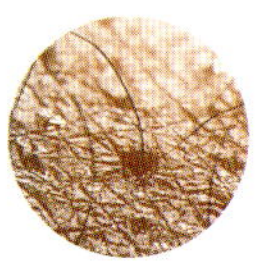

Dein stärkster Muskel ist der Kaumuskel, der den Mund schließt.

Zum Stirnrunzeln brauchst du mehr Muskeln als zum Lächeln.

Gehirn und Nerven

Dein Gehirn ist die Schaltzentrale des Körpers. Über die Nerven sausen Signale zum und vom Gehirn.

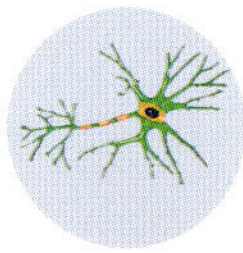

Nerven leiten Signale mit einer Geschwindigkeit von 400 km/h.

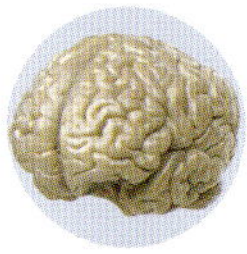

Dein Gehirn besteht aus rund 100 Milliarden winziger Nervenzellen.

Die linke Seite des Gehirns steuert die rechte Körperseite und umgekehrt.

Das Auge erkennt nachts eine 1,6 Kilometer entfernte Kerzenflamme.

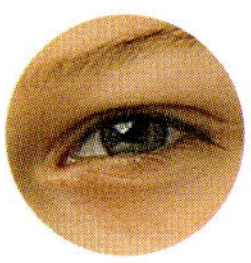

Langweilst du dich, verkleinern sich die Pupillen deiner Augen.

Herz und Blut

Das Herz pumpt ständig Blut durch den Körper, ohne zu ermüden.

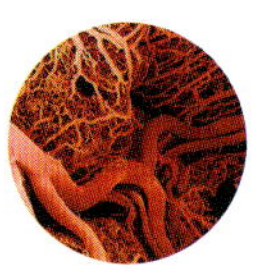

Deine kleinsten Blutgefäße sind zehnmal dünner als ein Haar.

Deine gesamten Blutgefäße könnten die Erde zweimal umwickeln.

Atmung

Die Lunge holt Luft in den Körper, damit das Blut den notwendigen Sauerstoff bekommt.

Auseinandergefaltet ist das Innere der Lunge so groß wie ein Drittel eines Tennisplatzes.

Das schnellste Niesen, das gemessen wurde, erreichte 167 km/h.

An einem Tag atmest du so viel Luft, wie in 33 000 Getränkedosen passt.

Haut, Nägel und Haare

Die Schutzschicht deines Körpers ist fast ganz tot.

Alle vier Jahre verlierst du so viele tote Hautzellen, wie du wiegst.

Du hast etwa fünf Millionen Haare, aber nur 100 000 davon auf dem Kopf.

Krankheitsbekämpfung

Keime wollen ständig in dich eindringen, aber dein Körper wehrt sich.

Lassa-Fieber ist sehr gefährlich. Etwa jeder fünfte Kranke stirbt daran.

Bakterien sind winzig – etwa 1000 passen in eine Nadelspitze.

Die häufigste Krankheit der Welt ist die Erkältung.

Bei Krebs vermehren sich die Zellen ganz unkontrolliert.

Nach einer ansteckenden Krankheit ist dein Körper immun dagegen.

Jedes Kopfhaar wächst etwa sechs bis sieben Jahre und fällt dann aus. An seiner Stelle wächst ein neues.

Verdauungssystem

Die Verdauung verwandelt Essen in Stoffe, die dein Körper für das Bilden neuer Zellen oder für Energie nutzt.

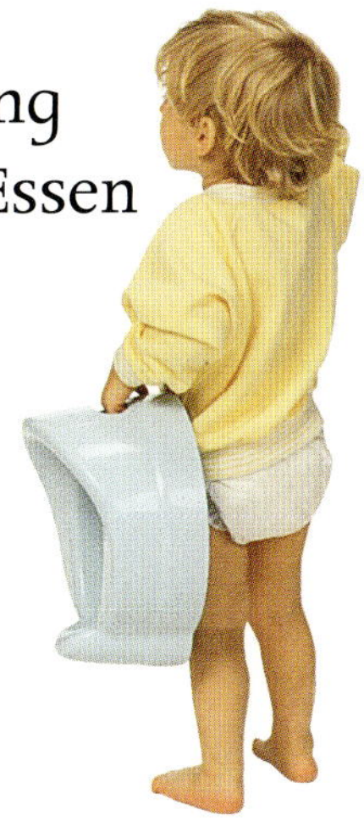

Was du in einem Jahr isst, wiegt so viel wie ein Auto.

Du erzeugst im Leben so viel Spucke, wie in zwei Swimmingpools passt.

Der Duft oder Anblick von Essen regt deine Verdauungsdrüsen an.

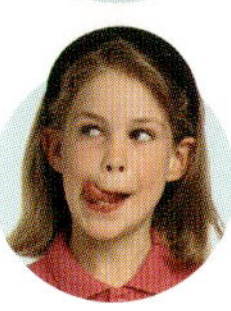

Deine Zunge unterscheidet zwischen salzig, süß, sauer, bitter und pikant.

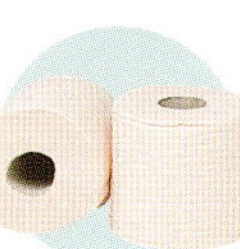

Der Geruch von Kot kommt von einem Stoff, der Skatol heißt.

Harnsystem

Urin befördert Stoffe, die dein Körper nicht braucht, nach außen.

Du erzeugst im Leben genug Urin, um 500 Badewannen zu füllen.

Von Brombeeren wird dein Urin rot.

Fortpflanzung

Bei der Fortpflanzung entsteht ein Mensch aus einem Spermium und einem Ei.

69 Babys bekam einmal eine Mutter – meist Zwillinge und Drillinge.

Die ersten Fünflinge, von denen man weiß, wurden 1934 geboren.

Wachstum

Wenn du heranwächst, wirst du langsam zu einem Erwachsenen.

Am allerschnellsten wächst bei einem Baby der Kopf.

Mädchen haben mit sieben Jahren etwa drei Viertel ihrer späteren Größe erreicht.

Jungen haben mit 9 Jahren etwa drei Viertel ihrer späteren Größe erreicht.

Die lebendige Welt

Spinne

Libelle

Es gibt Millionen Arten von Lebewesen. Manche sind so groß wie Elefanten oder Wale, andere dagegen so winzig, dass sie nur unter dem Mikroskop sichtbar sind.

Tiere

Das Tierreich gliedert sich in Tiere mit und ohne Wirbelsäule: die Wirbeltiere und die wirbellosen Tiere.

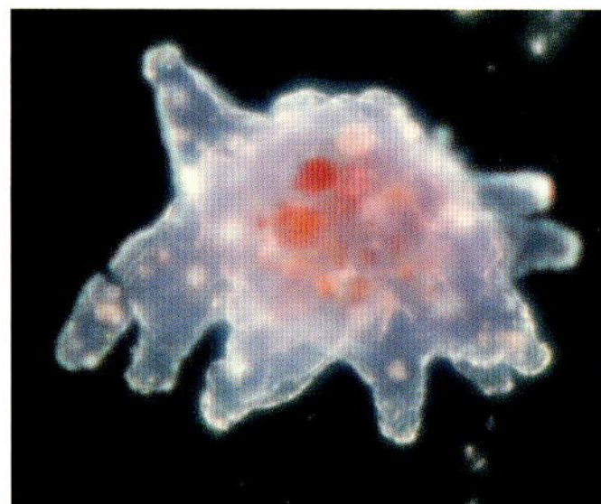

Mikroorganismen
Mikroorganismen sind winzig. Sie bestehen nur aus einer Zelle. Diese Amöbe wurde über 100-fach vergrößert.

Sonnenblume

Korallenriff

Säugetiere, Vögel, Reptilien, Amphibien und Fische sind Wirbeltiere.

Rehkitz

Welche Tiergruppe ist die größte?

Schlange

Insekten, z. B. Schmetterlinge, sind Wirbellose.

Pflanzen

Im Gegensatz zu Tieren können Pflanzen sich nicht fortbewegen. Sie müssen ihre Nahrung selbst herstellen. Die Pflanzen selbst dienen dagegen vielen Tieren und Pilzen als Nahrung.

Merkmale von Lebewesen

Lebewesen haben gemeinsame Merkmale: Sie brauchen Nahrung und Sauerstoff, sie wachsen, pflanzen sich fort und passen sich an die Umgebung an.

Pilze

Pilze (z. B. Giftpilze, Speisepilze und Schimmel) sind weder Pflanze noch Tier, haben aber mehr Ähnlichkeit mit Pflanzen.

Baumfrosch

Pilze

Foto-Quiz

Sieh nach, ob du in diesem Kapitel die Bilder entdeckst, von denen diese Ausschnitte stammen.

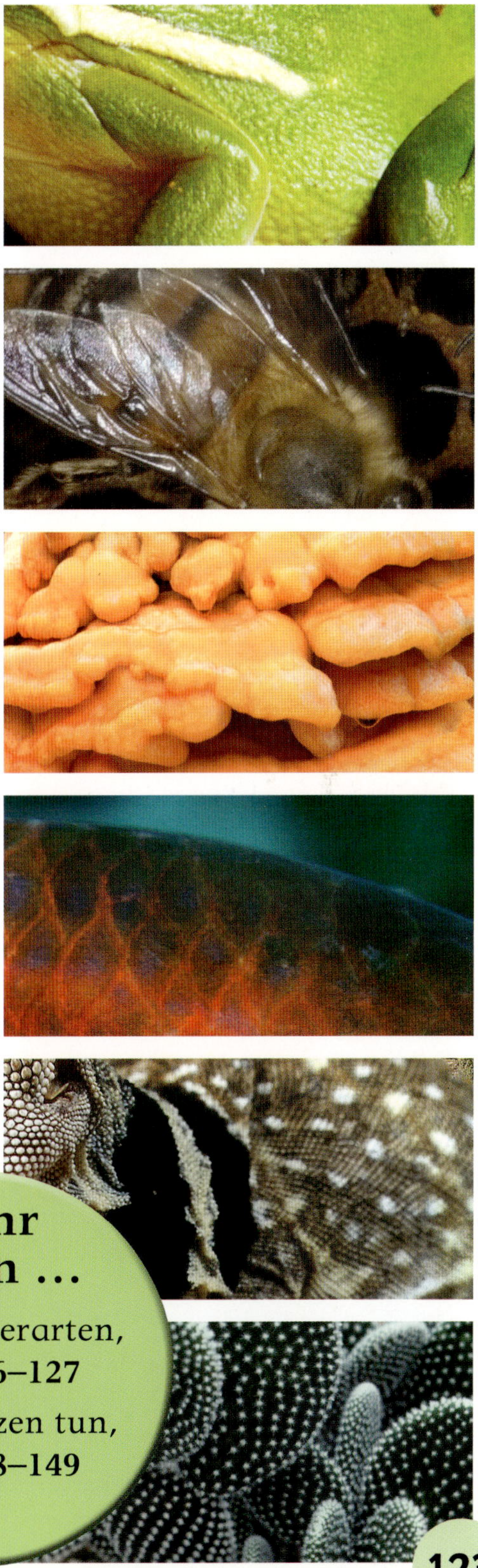

Mehr wissen …

über die Tierarten, Seite **126–127**

was Pflanzen tun, Seite **148–149**

Die Wirbellosen – zu ihnen gehören 97 Prozent aller Tierarten.

Die Tiere

Ein wichtiges Merkmal von Tieren – im Gegensatz zu Pflanzen – ist, dass sie sich fortbewegen können. Außerdem müssen Tiere andere Lebewesen fressen, um zu überleben. Hier siehst du, was Tiere alles können.

Weißkopfseeadler

Futter

Alle Tiere brauchen Futter zum Überleben. Es gibt Fleischfresser, Pflanzenfresser und Allesfresser, die sowohl Pflanzen als auch Tiere verzehren können.

Grauhörnchen fressen Samen, Nüsse, Früchte und Pilze.

Fortbewegung

Viele Tiere haben Muskeln, mit denen sie sich auf verschiedene Weise fortbewegen können.

Fliegen Vögel schlagen mit den Flügeln oder gleiten auf Luftströmungen.

Schwimmen Dazu bewegen Tiere ihre Flossen und ihren Körper.

Schlängeln Schlangen bewegen sich seitlich oder auf und ab.

Gehen und laufen Viele Tiere haben Beine zum Gehen und Rennen.

Strecken Seeanemonen strecken ihre Tentakel aus, um Beutetiere zu stechen.

Reine Nervensache

Nerven übertragen Informationen von den Sinnesorganen. Die meisten Tiere haben ein Gehirn, das diese Informationen überwacht. Die Nerven übertragen auch Befehle vom Gehirn an die Organe und Muskeln, z. B. zum Stehenbleiben, Angreifen oder Weglaufen.

Nach einer üppigen Mahlzeit brauchen Pythons oft monatelang keine Nahrung!

So entstehen Tierbabys

Bei den meisten Tieren werden die weiblichen Eier von männlichen Samen befruchtet. Manche Tiere gebären ihre Babys selbst, andere legen Eier.

Vögel legen Eier mit harter Schale. Nach der Brutzeit schlüpfen daraus Küken.

Vogelküken müssen sich selbst aus dem Ei befreien.

Können Tiere sprechen?

Viele Tiere können sich gegenseitig Botschaften senden.

Die meisten Käfer senden ihren Artgenossen „Signale“ über bestimmte Duftstoffe.

Honigbienen teilen sich laufend Neuigkeiten mit. Als Wegbeschreibung dienen bestimmte Tänze.

Giraffen haben sieben Halswirbel, wie die meisten anderen Säugetiere auch. Ihre sind nur viel länger.

Affen kreischen, um sich gegenseitig zu warnen.

Das weiß niemand so genau. Bisher wurden etwa 1,8 Millionen entdeckt.

Die Tierarten

Es gibt so viele verschiedene Arten von Tieren, dass die Forscher sie in Gruppen einteilen, damit sie den Überblick behalten. Säugetiere, Vögel, Reptilien, Amphibien und Fische sind Wirbeltiere. Alle Krabbeltiere sind Wirbellose.

Reptilien

Reptilien haben meist trockene, schuppige Haut und leben an Land. Fast alle Reptilien legen Eier.

Säugetiere

Säugetiere haben oft ein Fell. Die meisten bringen Babys zur Welt, die gleich nach der Geburt bei ihrer Mutter Milch saugen. Menschen gehören zu den Säugetieren.

Wie heißt das einzige Säugetier, das fliegen kann?

Papagei

Vögel

Alle Vögel haben Flügel und fast alle können fliegen. Sie haben Federn und einen Schnabel. Die Küken schlüpfen aus Eiern.

Strauße können zwar sehr schnell laufen, aber nicht fliegen.

Amphibien

Amphibien können im Wasser und an Land leben. Ihre Haut ist oft schleimig. Amphibienbabys schlüpfen aus geleeartigen Eiern.

Frosch

Salamander

Fische

Fische können nur im Wasser leben. Ihre Haut ist schuppig und sie atmen durch Kiemen. Fische bewegen sich mithilfe der Flossen.

Ohne Wirbelsäule

Tiere ohne Wirbelsäule werden als Wirbellose bezeichnet. Auch von ihnen gibt es viele verschiedene Arten:

Insekten, Spinnen- und Krebstiere gehören zur Gruppe der Gliederfüßer.

Schnecken bilden die Gruppe der Bauchfüßer (Gastropoden).

Würmer haben lange, weiche Körper ohne Beine. Sie lieben Feuchtigkeit.

Quallen, Seesterne und Schwämme sind wirbellose Wassertiere.

Tintenfische leben im Meer. Sie haben acht oder zehn Arme.

Schmetterling

Marienkäfer

Insekten

Die Insekten sind die artenreichste Tiergruppe. Sie können fast überall leben. Insekten haben sechs Beine und ihr Körper ist deutlich sichtbar in drei Teile gegliedert.

Fledermaus.

Welt der Säugetiere

Zu den Säugetieren gehören Tiere wie Wale oder Kängurus, aber auch der Mensch. Alle haben Haare und warmes Blut. Die Babys bekommen Milch als erste Nahrung.

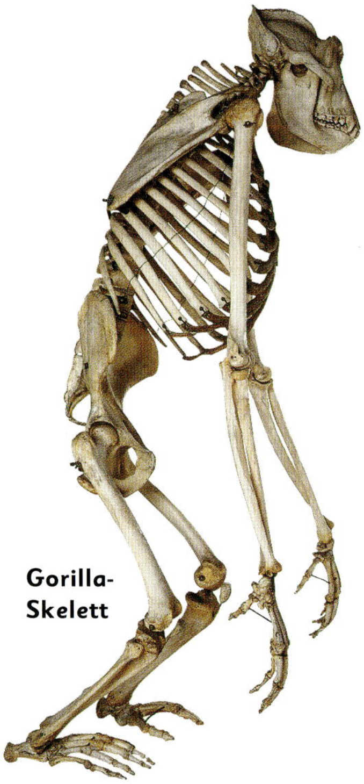

Gorilla-Skelett

Skelett

Säugetiere sehen verschieden aus, doch alle haben ein Knochengerüst – das Skelett. Wissenschaftler nennen die Lebewesen auch Wirbeltiere, weil sie eine Wirbelsäule haben.

Babys füttern

Alle Säugetier-Weibchen ernähren ihre Babys mit Milch. Das Füttern nennt man Säugen. Die Milch ist reich an Nährstoffen, sodass das Baby gut wächst.

Jungtiere

Die meisten Säugetier-Weibchen legen keine Eier, sondern gebähren lebende Junge. Das Baby wächst bis zur Geburt im Bauch der Mutter heran.

Mehr wissen ...

über Beuteltiere, Seite **130–131**

über Wasserbewohner, Seite **132–133**

Gorillas gehören zur Familie der Primaten.

Innerhalb der Säugetiere gibt es viele verschiedene Familien.

Gorilla-Baby

Wie viele Säugetier-Arten gibt es?

Elefant

Haarkleid

Alle Säugetiere haben Haare. Manche sind stärker behaart als andere. Die meisten haben ein Fell, das den ganzen Körper bedeckt.

Der Elefant sieht nicht behaart aus. Trotzdem hat er am ganzen Körper Haare.

Eisbären können in der kalten Arktis leben. Sie haben warmes Blut und ein dickes Fell.

Warmes Blut

Säugetiere sind Warmblüter. Sie heizen ihren Körper auf oder kühlen ihn ab, damit sie immer die gleiche Körpertemperatur behalten. Ein Elefant im heißen Urwald ist genauso warm wie ein Eisbär im Schnee.

Eisbär

Der Eisbär trägt einen dicken Pelz.

Fortbewegung

Der Körperbau der Säugetiere ist an die Lebensweise angepasst.

Katzen haben kräftige Beine. Sie können ziemlich schnell laufen.

Fledertiere wie Fledermäuse und Flughunde können fliegen.

Delfine schwimmen mithilfe der Flossen und des Schwanzes.

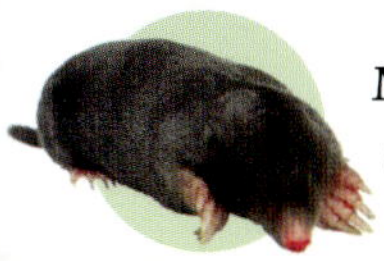

Maulwürfe haben spatenförmige Füße zum Graben.

Ausnahme

Fast alle Säugetiere bekommen lebende Junge. Es gibt aber auch Arten, die Eier legen. Die Eier des australischen Schnabeltiers sind etwa so groß wie Murmeln und haben eine weiche Schale.

Beuteltiere

Ein Beuteltier ist ein Säugetier, das seine Jungen in einer Hautfalte bei sich trägt.

Koalabär

Koalas sehen wie aus wie kleine Bären. Sie leben in Australien und sind die einzigen Säugetiere, die Eukalyptusblätter fressen. Die Pflanzen liegen so schwer im Magen, dass die Koalas 19 Stunden pro Tag schlafen und verdauen.

Wenn das Koala-Baby zu groß für den Beutel geworden ist, klammert es sich am Rücken der Mutter fest.

Verschiedene Beutler

Die meisten Beuteltiere leben in Australien oder Asien, nur wenige in Südamerika. Es gibt sehr unterschiedliche Formen.

Das **Baumkänguru** ist ein kleines Känguru, das auf Bäume klettern kann.

Numbats haben unter den Säugern die meisten Zähne, nämlich 52.

Der **Kaninchen-Nasenbeutler** gräbt Baue und hat große Ohren.

Kleiner Teufel

Der Beutelteufel ist nicht größer als ein kleiner Hund, aber sehr aggressiv. Nach dem ausgestorbenen Beutelwolf ist er der größte Fleischfresser unter den Beuteltieren. Er kann ein ganzes Tier mit Knochen verzehren!

Springbeutler

Kängurus können nicht gut laufen. Stattdessen springen sie mit den großen Hinterbeinen. So kommen sie ziemlich schnell voran.

Die Vorderpfoten werden

Mehr wissen …

über Australien, Seite **52–53**
über Säugetiere, Seite **128–129**

Welche Geschwindigkeit kann ein Känguru erreichen?

Opossums sind sehr gute Kletterer.

Supermama
Opossums leben in Amerika. Für Beuteltiere ist es ungewöhnlich, dass sie keinen Beutel haben. Stattdessen klammern sich die Babys an der Mutter fest. Manchmal hat ein Weibchen bis zu 20 Junge gleichzeitig!

Im Beutel

Die meisten Beuteltiere haben Beutel. Neugeborene Junge sind nur bohnengroß und kriechen direkt hinein. Dort wachsen sie heran und nicht wie bei anderen Säugetieren im Bauchinneren der Mutter.

Das Junge ist schon groß genug, um den Beutel zu verlassen.

Gut aufgehoben
Känguru-Babys verbringen mehrere Monate im Beutel der Mutter. Sogar wenn sie schon laufen können, suchen sie hier noch Schutz.

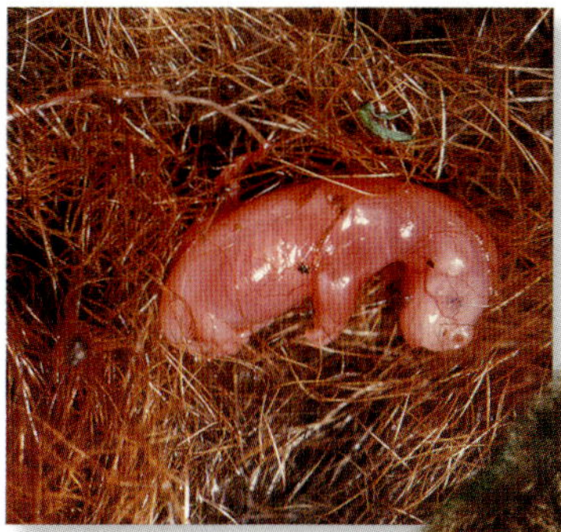

beim Springen nicht benutzt.

Mit dem großen Schwanz hält das Känguru beim Springen das Gleichgewicht.

56 Stundenkilometer.

Wasserbewohner

Manche Säugetiere leben im Wasser. Anders als Fische müssen sie jedoch an die Oberfläche kommen, um Luft zu holen.

Robben

Zu den Robben gehören die Seelöwen und Walrosse. Sie haben keine Arme und Beine, sondern Flossen. Deshalb schwimmen sie zwar gut, können aber schlecht laufen.

Seelöwen können besser als andere Robben laufen, weil ihre Flossen in verschiedene Richtungen zu bewegen sind.

Seelöwe

Nasse Vorlieben

Robben verbringen den größten Teil des Lebens im Wasser. Ihre Babys bekommen sie aber an Land. Sie haben eine dicke Speckschicht, die sie warm hält.

Seehunde sind oft sehr verspielt.

Was für Geräusche machen Robben?

Otter

Otter sind kleine Säugetiere mit Schwimmhäuten an den Füßen. Kanadische Otter leben an Flüssen, wo sie Fische fangen.

Seeotter

Der Seeotter ist das kleinste Meeres-Säugetier. Er hat einen dicken Pelz, der ihn warm hält. Nur selten kommt er an Land. Er schläft sogar im Wasser. Dabei wickelt er sich in Seetang ein, damit er nicht abgetrieben wird.

Seekühe

Ihren Namen haben die Seekühe, weil sie sehr groß sind und auf dem Grund der Gewässer grasen. Sie halten sich immer im Meer auf und bekommen dort auch ihre Babys.

Walrosse

Walrosse sind riesige Meerestiere, die unter der faltigen Haut eine dicke Fettschicht haben. Zum Ausruhen und zur Geburt der Jungen kommen sie an Land.

Kein Sonnenbrand!

Walrosse sind graubraun. Aber wenn sie ein Sonnenbad nehmen, werden sie rosa! Die Haut wird dann zur Kühlung besonders gut durchblutet.

Walrosse wühlen mit der Nase den Meeresboden auf. Sie suchen dort nach Krabben oder Seeigeln.

Walross

Sie bellen wie Hunde.

Welt der Vögel

Nur wenige Tiergruppen können fliegen, zum Beispiel die Insekten und die Fledermäuse. Die Vögel jedoch sind Meister im Fliegen.

Winzige Widerhaken halten die Feder zusammen.

Der Federkiel gibt der Feder Festigkeit, damit sie sich beim Fliegen nicht durchbiegt.

Gefiederte Freunde

Nur Vögel haben Federn. Sie können damit fliegen und sich warm halten. Manche Vögel nutzen ihre bunten Federn auch als Signal.

Vögel verbringen einen Großteil der Zeit mit dem Putzen des Gefieders. Nur so bleibt es in gutem Zustand.

Papageien können mit ihren Füßen klettern, sich an Ästen festhalten und Nahrung zum Schnabel führen.

Federn

Verschiedene Federn dienen verschiedenen Zwecken.

Schwungfeder: starke Feder für den Flug.

Konturfeder: glatte und flache Feder, die den Körper umhüllt.

Schwanzfeder: lang und dünn zur Steuerung und für das Gleichgewicht.

Körperfeder: weich, um den Vogel warm zu halten, und manchmal bunt gefärbt.

Welcher Vogel hat die längsten Federn?

Vogelflug

Ein Vogel kann fliegen, weil er Flügel und ein sehr leichtes Skelett hat. Viele der Knochen sind hohl. Vögel haben kurze und kompakte Körper, was ebenfalls günstig für den Flug ist.

Es gibt zwei Arten zu fliegen: das Schlagen mit den Flügeln und das Gleiten.

Rotschwanz-Siva

Durch das Auf- und Abschlagen der Flügel bleibt der Vogel in der Luft.

Vogelzug

Etwa ein Drittel aller Vögel verbringt den Winter in einer wärmeren Gegend. Dabei suchen die meisten Tiere jedes Jahr die gleichen Plätze auf.

Füße

Die Form der Füße hängt von der Lebensweise des Vogels ab.

Adlerfuß: Greifvögel haben scharfe Krallen, um die Beute zu töten.

Sitzfuß: Singvögel haben drei Zehen vorn und einen hinten, um Äste zu ergreifen.

Schwimmhäute: Wasservögel können mit den Füßen im Wasser paddeln.

Straußenfuß: Mit den zwei dicken Zehen kann der Strauß schnell laufen.

Schnäbel

Form und Größe des Schnabels richten sich nach der Nahrung.

Ente: breit und flach, um Nahrung aus dem Wasser zu filtern.

Specht: lang und hart, um Holz aufzuschlagen und Insekten herauszupicken.

Buchfink: kurz und kegelförmig, ideal zum Knacken von Samen.

Reiher: lang, um Fische im Wasser zu fangen.

Verständigung

Alle Vögel haben ein gutes Gehör, sodass sie auf die Laute anderer reagieren können. Manche Papageien ahmen sogar die menschliche Sprache nach.

Der Pfau. Seine Schmuckfedern sind bis zu zwei Meter lang.

Welt der Reptilien

Reptilien sind eierlegende Tiere, deren Haut von Schuppen bedeckt ist. Man findet sie an Land und im Wasser.

Gruppen

Bei den Reptilien gibt es vier Hauptgruppen:

Schildkröten: Der ganze Körper ist von einem Panzer bedeckt.

Schlangen und Echsen: Die meisten Reptilien gehören zu dieser Gruppe.

Panzerechsen: Sie sind die Riesen unter den heute lebenden Reptilien.

Brückenechsen: Die seltenen Reptilien ähneln den Eidechsen.

Reptilien können viel fressen, aber auch eine ganze Zeit hungern.

Die meisten Reptilien laufen in Schlangenbewegungen.

Reptilien häuten sich von Zeit zu Zeit.

Faltengecko

Nahrung

Reptilien sind mit Ausnahme der langsamen Landschildkröten meist Fleischfresser. Eidechsen, wie der Gecko, können in einer Nacht eine so große Menge an Insekten fressen wie die Hälfte des eigenen Gewichts.

Heiß und kalt

Reptilien verlieren wenig Wasser, weil die schuppige Haut sie vor dem Verdunsten schützt. Sie können daher in trockenen Gebieten leben. Sie sind jedoch wechselwarm, die Körpertemperatur richtet sich nach der Umgebung.

Perleidechse

Die Eidechse sonnt sich, um ihre Körpertemperatur zu erhöhen.

Reptilien-Babys

Fast alle Reptilien legen Eier, aus denen kleine Reptilien schlüpfen. Manche, wie diese Blindschleiche, gebären lebende Junge.

Wie heißt die längste Schlange?

Alter Stammbaum

Brückenechsen sind die einzigen Überlebenden einer Reptiliengruppe, die es schon zur Zeit der Dinosaurier gab. Heute kommen sie noch auf kleinen Inseln vor Neuseeland vor.

Brückenechsen wohnen in Bauen und jagen nachts. Sie können 100 Jahre alt werden.

Schuppen

Die Schuppen der Reptilien sind aus Horn wie die Fingernägel der Menschen.

Schildkröte: Der Panzer ist mit Hornplatten bedeckt.

Eidechse: Die Haut zwischen den Schuppen ist dehnbar.

Panzerechse: Die Haut ist mit Knochenplatten verstärkt.

Schlange: Die Schuppen überlappen sich. Das gibt zusätzlichen Schutz.

Verwandtschaft

Der *Tyrannosaurus rex* und der Leguan sehen sich sehr ähnlich. Die Dinosaurier sind aber näher mit den Vögeln als mit den heute lebenden Echsen verwandt.

Tyrannosaurus rex

Halsbandleguan

Mehr wissen ...

über Amphibien, Seite **138–139**

über Fische, Seite **144–145**

Netzpython. Er kann zehn Meter lang werden.

Welt der Amphibien

Feuer-salamander

Anders als die Reptilien haben die Amphibien eine glatte Haut ohne Schuppen. Die meisten schlüpfen im Wasser. Später leben sie im Wasser oder an Land.

Feuchte Wohnung

Die meisten Amphibien können wie dieser Salamander nicht nur mit den Lungen, sondern auch durch die Haut atmen. Sie muss aber immer feucht gehalten werden. Deshalb leben Amphibien in der Nähe des Wassers.

Gruppen

Zu den Amphibien gehören drei Gruppen:

Frösche und Kröten: Sie haben keinen Schwanz, aber kräftige Hinterbeine.

Molche und Salamander: Sie leben an Land oder im Wasser.

Blindwühlen: Die wurmartigen Tiere haben keine Beine.

Frosch

Frösche leben im Wasser …

Mehr wissen …

über Nicht-Insekten, Seite **142–143**

über Fische, Seite **144–145**

Farbenfroh

Gefleckt, gestreift oder einfarbig leuchtend – viele Amphibien fallen durch ihre besondere Färbung auf.

Welcher Frosch ist am giftigsten?

Paddeln und Klettern

Frösche und Kröten können an Land und im Wasser leben. Manche steigen sogar auf Bäume.

Die Frösche auf dem Land sind meist rundlicher als die im Wasser.

… oder in den Wipfeln hoher Bäume.

Unter Wasser

Manche Amphibien verbringen das ganze Leben im Wasser. Der Höhlensalamander hat keine Lungen, er atmet nur über die Haut und die Kiemen. Er ist fast vollkommen blind.

Blindwühlen

Blind- oder Schwimmwühlen sieht man selten, weil sie im Boden oder im Wasser leben. Blindwühlen haben einen spitzen Kopf, den sie als Schaufel benutzen.

Mit bunten Farben warnen Amphibien oft andere Tiere vor ihrem Gift.

Wanderung

Kröten, Molche und Frösche legen ihre Eier in Flüssen oder Teichen ab. Dafür reisen sie bis zu fünf Kilometer.

Teichmolch

Der Schreckliche Pfeilgiftfrosch.

Welt der Insekten

Unter den Insekten gibt es mehr Arten als in jeder anderen Tiergruppe. Insekten kommen auf der ganzen Welt vor. Manche sind so klein, dass man sie kaum sehen kann. Andere dagegen erreichen eine auffällige Größe.

Was ist ein Insekt?

Insekten erkennt man daran, dass die erwachsenen Tiere immer sechs Beine haben. Der Körper ist dreiteilig: Er besteht aus Kopf, Brust und Hinterleib.

Wenn in Afrika ein Haufen Kot auf dem Boden liegt, erscheinen sofort viele Pillendreher.

Müllabfuhr

Manche Leute mögen keine Insekten. Denn viele Insekten sind schädlich und übertragen Krankheiten. Doch andererseits brauchen wir sie. Diese Pillendreher zum Beispiel beseitigen auf sehr nützliche Weise den Kot.

Bienen machen Honig. Was stellen sie sonst noch her?

Nützliche Insekten

Es gibt einige Dinge, die Insekten für uns herstellen.

Lebensmittelfarbe wurde früher auch aus Schildläusen gemacht.

Seide wird von den Raupen des Seidenspinners produziert.

Den Honig stellen die Bienen für uns her.

Als Nahrung dienen Insektenlarven, z. B. bei den australischen Ureinwohnern.

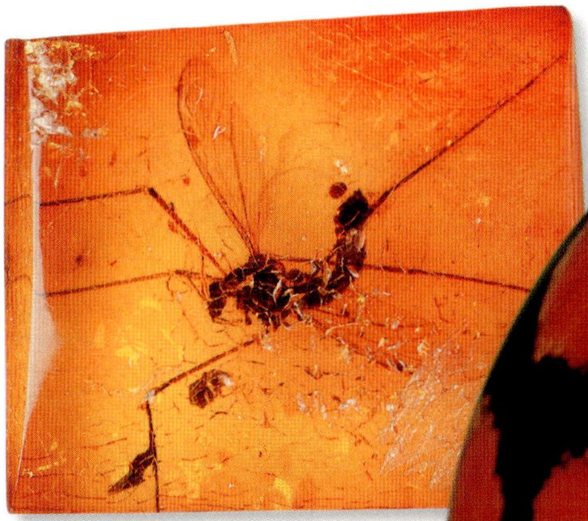

Ziemlich alt

Wir kennen Insekten, die bereits vor 40 Millionen Jahren gelebt haben. Sie wurden nämlich im Baumharz eingeschlossen. Das hart gewordene Harz nennt man Bernstein.

Schädlingsbekämpfung

Schädlinge wie Blattläuse vertilgen oft Teile der Ernte. Am besten wird man sie los, wenn andere Insekten sie auffressen. Dazu setzt man oft Marienkäfer ein.

Mehr wissen …

über Nicht-Insekten, Seite 142–143
über Mikroben, Seite 152–153

Welt der Nicht-Insekten

Viele Krabbeltiere auf unserem Planeten gehören nicht zu den Insekten. Einige davon leben an Land, andere im Süßwasser oder im Meer. Manche von ihnen sind auffällig oder seltsam geformt.

Würmer

Ringelwürmer wie der Regenwurm sind einfach gebaut. Sie haben einen Kopf, einen Schwanz und viele Körperglieder dazwischen. Sie leben an Land oder im Wasser.

Spinnentiere

Spinnen, Skorpione, Zecken und Milben sind Spinnentiere. Sie haben acht Beine und zwei Körperteile.

Vogelspinne

Obwohl sie so groß sind, sind die meisten Vogelspinnen für Menschen nicht besonders gefährlich.

Wenn sich eine Spinne bedroht fühlt, stößt sie Haare ab. Die Haare können beim Menschen Hautreizungen und Allergien verursachen.

Wie groß können Spinnen werden?

Meeresgetier

Das Meer ist die Heimat vieler interessanter Tiere.

Schwamm: Früher hat man die Tiere für Pflanzen gehalten.

Seesterne: Die meisten von ihnen haben fünf Arme.

Anemone: Die Tiere ähneln Blumen. Sie haben kein Gehirn.

Schnecken gibt es im Wasser und an Land.

Weichtiere

Schnecken, Muscheln und Tintenfische zählen zu den Weichtieren. Manche sind an Land zu Hause und andere im Wasser.

Der Krake gehört auch zu den Weichtieren. Er ist sehr intelligent.

Hundertfüßer

Hundertfüßer

Tausendfüßer

Hundertfüßer haben ein Beinpaar an jedem Körperglied, Tausendfüßer zwei.

Hundertfüßer und Tausendfüßer

Wenn ein Tier zu viele Beine hat, als dass man sie zählen könnte, ist es ein Hundertfüßer oder ein Tausendfüßer.

Krebstiere

Die meisten Krebstiere wie Hummer, Krabben oder Garnelen leben im Wasser. Nur die Asseln halten sich an Land auf. Krebstiere haben ein Außenskelett und viele von ihnen Stielaugen.

Hummer

Welt der Fische

Fische gibt es schon seit rund 400 Millionen Jahren! Sie kommen in Flüssen, Seen und Ozeanen vor, von den Polargebieten bis in die Tropen.

Fischarten

Rund 30 000 Fischarten sind bekannt. Hier sind drei wichtige Gruppen.

Knochenfische: 95 Prozent aller Fische haben ein festes Knochenskelett.

Knorpelfische: Haie und Rochen gehören zu dieser Gruppe.

Kieferlose: Die Gruppe besteht aus Schleimaalen und Neunaugen.

Kiemen

Fische brauchen Sauerstoff zum Atmen – wie wir auch. Sie nehmen Wasser ins Maul und nutzen mit den Kiemen den darin enthaltenen Sauerstoff.

Fische am Strand

Schlammspringer können sich auch außerhalb des Wassers aufhalten. Sie haben besondere Kiemen, mit denen sie im Wasser und an Land atmen. Sie stützen sich auf ihre Brustflossen.

Welche Meeresfische sind am langsamsten?

Schuppen

Fischhaut ist meist mit Hunderten von Schuppen bedeckt, die sich wie Dachziegel überlappen. Einige Fische lassen sich von anderen putzen, um kleine Parasiten loszuwerden.

Die Farben sind zur Tarnung da oder um bei der Balz einen Partner zu finden.

Farben

Fische gibt es in allen möglichen Farben. Die Arten im Süßwasser oder in kalten Gewässern sind für gewöhnlich nicht so bunt wie tropische Fische.

Aale gibt es im Süßwasser und im Meer.

Schlank

Die Form der meisten Fische ist so wie die des Kardinalbarsches auf der linken Seite. Doch Aale sehen eher Schlangen ähnlich. Sie haben aber Flossen.

Schwimmkünste

Viele Fische schwimmen, indem sie sich mit dem gesamten Körper s-förmig vorwärtsbewegen. Die Schwanzflosse sorgt dabei für den Antrieb. Die anderen Flossen dienen der Steuerung und dem Gleichgewicht.

Manche Fische können sich um die eigene Achse drehen oder auf dem Rücken schwimmen.

Schwärme

Oft bilden Fische einen Schwarm. Wenn viele kleine Fische zusammen wie ein großer Fisch aussehen, werden sie nicht so leicht angegriffen.

Die Seepferdchen schwimmen ausgesprochen langsam.

Die Pflanzen

Pflanzen erzeugen Nahrung mithilfe von Sonnenlicht, das sie mit ihren Blättern aufnehmen. Die Wurzeln holen Nährstoffe aus der Erde und verankern die Pflanze im Boden.

Seetang

Seetang sieht wie eine Pflanze aus, ist aber eine Alge. Er hat keine Wurzeln und klebt an Felsen oder treibt im Wasser.

Aufbau von Pflanzen

Es gibt viele verschiedene Pflanzen, aber fast alle bestehen aus Wurzeln, Stängel, Blättern und Blüten.

Stängel

Die Stängel stützen die Blätter und Blüten und leiten Wasser und Nährstoffe aus den Wurzeln zu den Blättern.

Blüten

Die Blüten braucht die Pflanze zur Fortpflanzung. Sie erzeugen Pollen, Samenkörner und Früchte.

Wurzeln

Die Wurzeln verankern die Pflanze. Sie reichen tief ins Erdreich, geben ihr Halt und saugen Nährstoffe aus dem Boden.

Blätter

Die Blätter sind die Kraftwerke der Pflanze. Sie fangen das Sonnenlicht auf.

Seerosen

Die flachen Blätter der Seerose treiben an der Oberfläche, doch ihre Wurzeln reichen tief in den Seegrund.

Interessant!

Die Venusfliegenfalle bezieht ihre Energie nicht nur von der Sonne. Sie lockt Insekten an und frisst sie. Lecker!

Verschiedene Arten

Wenn man sich einmal genauer umsieht, erkennt man schnell, dass nicht alle Pflanzen gleich sind.

Farnblätter rollen sich beim Wachsen aus.

Farne

Farne lieben es feucht und schattig. Sie haben gezackte Blätter und verbreiten sich durch Sporen.

Die meisten Nadelbäume sind immergrün.

Mammutbäume können höher als 100 m wachsen.

Moose

Moose lieben Feuchtigkeit und wachsen in Klumpen. Sie haben weder Wurzeln noch Blüten.

Es gibt über 12000 Moosarten.

Nadelbäume

Bei Nadelbäumen reifen die Samen in Zapfen. Ihr Name kommt von der Form ihrer Blätter.

Blütenpflanzen

Das ist die größte Pflanzengruppe. Sie haben Blüten, Früchte und Samen und entwickeln sich mit dem Lauf der Jahreszeiten.

Bäume kann man an der Blattform erkennen.

Eschenblatt

Ahornblatt

Scharlach-Eichenblatt

Eschenblatt

Regenwald
Diese feuchtwarmen Wälder beherbergen fast die Hälfte aller Pflanzenarten.

Laubabwerfend
Pflanzen, die Blätter abwerfen, sparen Energie und überleben Trockenzeiten.

Die Blätter der Raffiapalme werden bis zu 24 m lang.

Was tun Pflanzen?

Mit einem erstaunlichen System stellen Pflanzen ihre Nährstoffe selbst her.

Fotosynthese

Der grüne Blattfarbstoff Chlorophyll fängt das Sonnenlicht ein. Mit dessen Energie werden Wasser und Kohlendioxid in Zucker umgewandelt.

Wasser wird durch die Blattadern geleitet.

Gibt es außer Pflanzen noch andere Lebewesen, die Fotosynthese betreiben?

Wachsen und gedeihen

Zucker und Stärke dienen als Brennstoff. Sie werden in die Zellen transportiert und verbrannt. So entsteht Energie, mit der neue Zellen wachsen und alte repariert werden.

Welkende Blätter

Wenn Pflanzen an heißen Tagen durch ihre Blätter zu viel Wasser verdunsten, werden die Blätter schlapp, d. h. sie welken. Wenn die Pflanzen dann nicht genug Wasser bekommen, vertrocknen die Blätter und sterben ab.

Wüstenpflanzen

Pflanzen in trockenen Gebieten müssen Wasser sparen. Viele haben dicke, mit Wachs überzogene Blätter, damit kein Wasser verdunsten kann. Kakteen haben ihre Blätter in Dornen umgewandelt. In den dicken Stämmen speichern sie Wasser.

Früchte dienen als Zucker- und Wasserspeicher.

Möhren speichern Nährstoffe in der Wurzel.

Zwiebel

Nährstoffe speichern

Überschüssige Nährstoffe werden gespeichert. Hyazinthen tun dies am Blattansatz, der zu einer Zwiebel anschwillt. Die Zwiebel überlebt den Winter und treibt im Frühling neue Blätter aus.

Probier's aus!

Stelle einen Stängel Sellerie in gefärbtes Wasser (Lebensmittelfarbe!). Wenn du den Stängel nach zwei Stunden durchschneidest, erkennst du winzige Farbflecken. Dort sind die Wasserleitungen.

Ja, viele Bakterien stellen ihre Nahrung auch durch Fotosynthese her.

Pilze

Speisepilze, Giftpilze, Hefen und Schimmel sind Pilze. Sie sind weder Tier noch Pflanze. Sie ernähren sich von lebenden oder toten Tieren und Pflanzen, deren Nährstoffe sie aufnehmen.

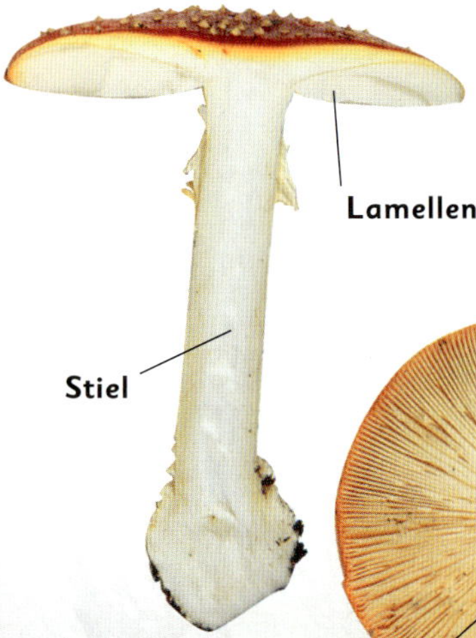

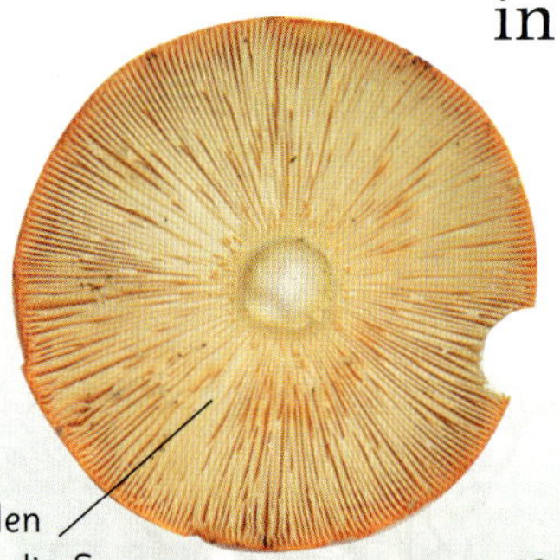

Die Lamellen verstreuen die Sporen.

Pilzkörper

Viele Pilze sind in der Erde oder in ihren Nahrungsquellen (z. B. in Bäumen) verborgen. Sichtbar werden sie erst, wenn sie einen Pilzkörper ausbilden. Dieser verstreut dann die Sporen, aus denen neue Pilze wachsen.

Schimmel

Diese winzig kleinen Pilze wachsen in langen Fäden, den Hyphen. Sie ernähren sich von toten Organismen (z. B. Lebensmittel), die dann anfangen zu faulen.

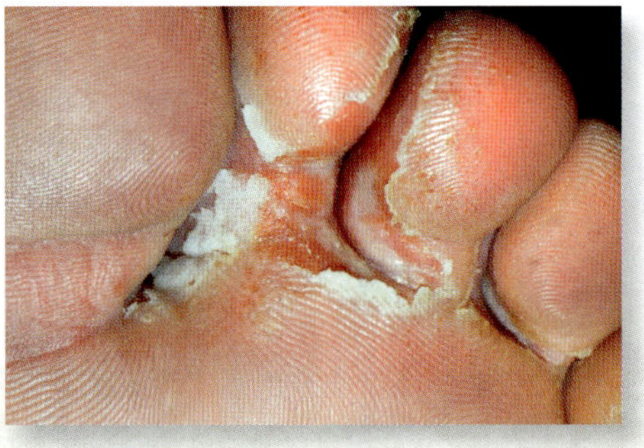

Fußpilz

Fußpilz ist eine Hautkrankheit an den Füßen, die durch einen Hautpilz verursacht wird. Die Haut zwischen den Zehen wird rot und schält sich.

Wilde Pilze sammeln

Viele wild wachsende Pilze sind sehr schmackhaft, manche sind aber auch hochgiftig! Giftpilze sind meist auffällig gefärbt. Die Farbe dient den Tieren als Warnung, sie nicht zu fressen.

Beim reifen Fliegenpilz zieht sich der Hut nach oben zusammen, sodass die Lamellen sichtbar werden.

Wo wächst der größte Pilz der Welt?

Sir Alexander Fleming (1881–1955)

Penizillin

Sir Alexander Fleming machte 1928 eine wichtige Entdeckung: Der Schimmelpilz *Penicillium notatum* erzeugt einen Stoff, der Bakterien abtötet. Dieser Stoff wird heute Penizillin genannt und dient als Medizin gegen viele Krankheiten.

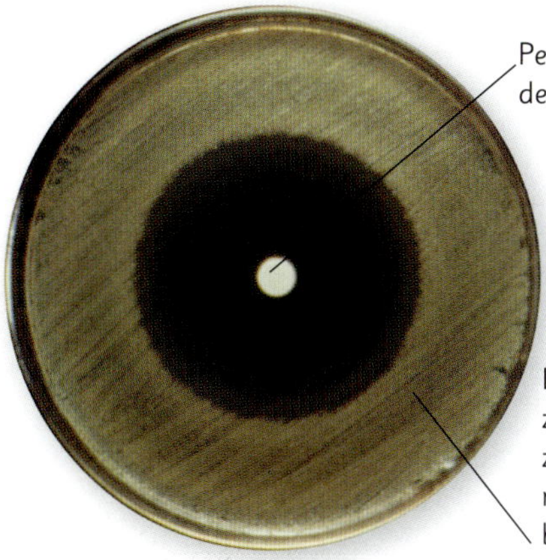

Trüffeln

Trüffeln sind stark duftende Pilze, die unter der Erde wachsen. Ihr Geschmack ist sehr beliebt. Trüffeljäger lassen sie von Schweinen und Hunden erschnüffeln.

Hefe

Hefepilze sind winzig kleine, einzellige Pilze. Bei ihrer Ernährung verwandeln sie Zucker in Kohlendioxid und Alkohol. Hefe spielt beim Brotbacken eine wichtige Rolle. Das Brot geht auf, weil die Hefe Gas freisetzt.

Verwendung

Pilze werden sehr vielseitig eingesetzt.

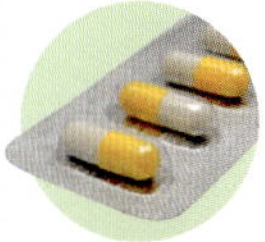

Medizin Pilze dienen als Heilmittel gegen viele Krankheiten.

Wein Hefe verwandelt Zucker in Alkohol, also z. B. Traubensaft in Wein.

Käse Blauschimmelkäse enthält den Pilz *Penicillium roquefortii*.

Sojasoße Sojabohnen und gerösteter Weizen werden mit Pilzen und Hefe versetzt.

Ungeziefer Mit Pilzen kann man Insekten oder Unkraut umweltfreundlich beseitigen.

Im Malheur National Forest (USA) – er ist 8,9 km² groß.

Mikroben

Die meisten Lebewesen bestehen aus nur einer Zelle. Sie sind für uns nicht sichtbar. Wer sie untersuchen will, braucht starke Mikroskope.

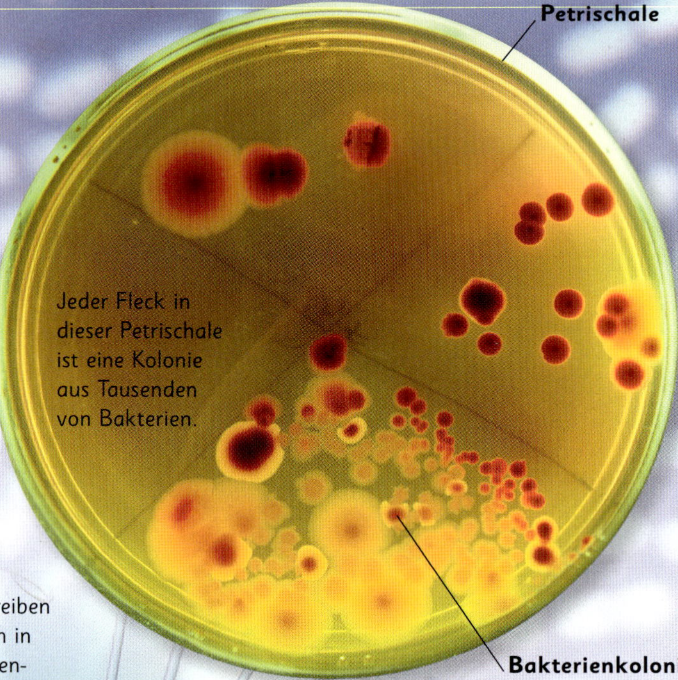

Bakterien

Bakterien sind einzellige Lebewesen. Sie kommen überall vor: im Meer, in der Luft und sogar in unserem Körper. Sie vermehren sich, indem sie sich einfach teilen. Einige Bakterien gewinnen Energie aus dem Sonnenlicht, die meisten ernähren sich aber von toten Pflanzen und Tieren.

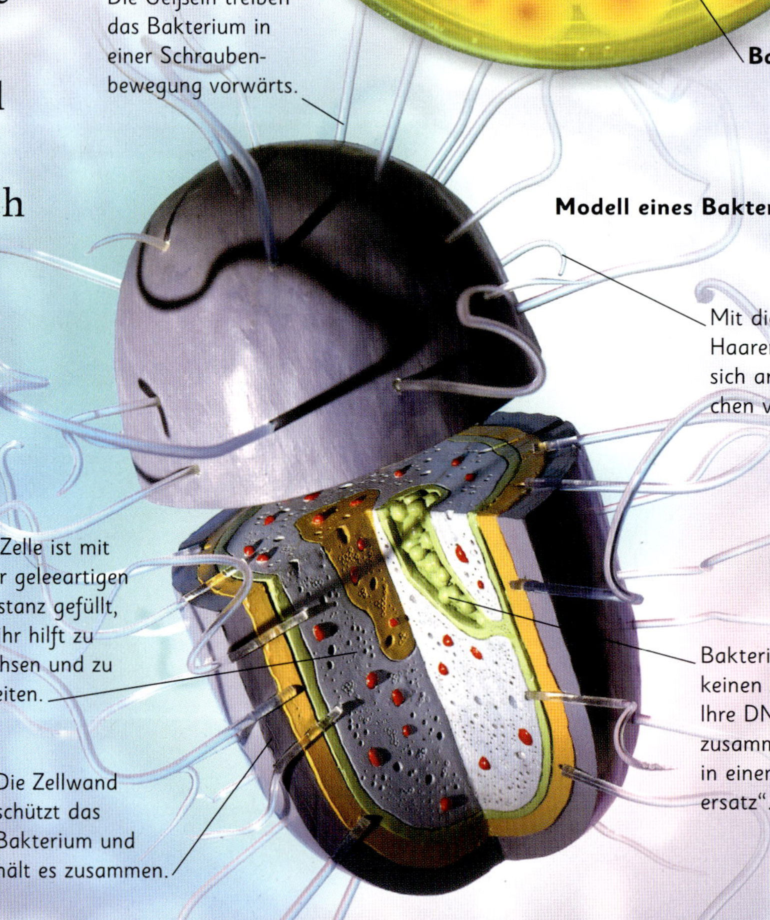

Schädliche Bakterien

Manche Bakterien verursachen schlimme Krankheiten wie Cholera. Gegen solche schädlichen Bakterien helfen Sauberkeit und spezielle Medikamente.

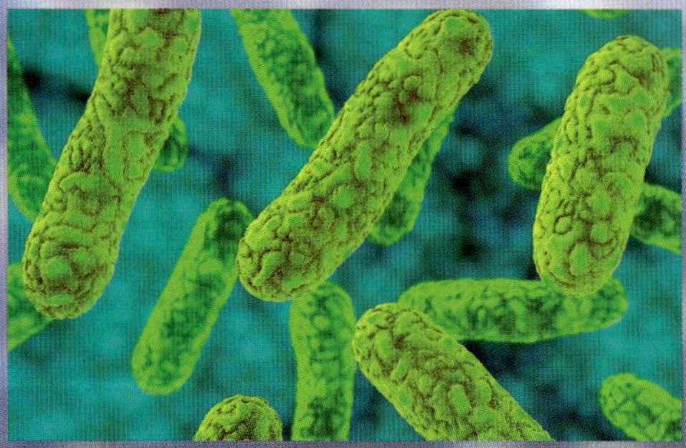

Bakterien gibt es in drei Formen: Stäbchen, Spiralen und Kugeln.

Nützliche Bakterien

Manche Bakterien sind für uns Menschen nützlich. Es gibt Darmbakterien, die uns vor Krankheiten schützen. Andere helfen bei der Herstellung von Joghurt und Käse.

Wie oft kann sich ein einziges Bakterium in 24 Stunden teilen?

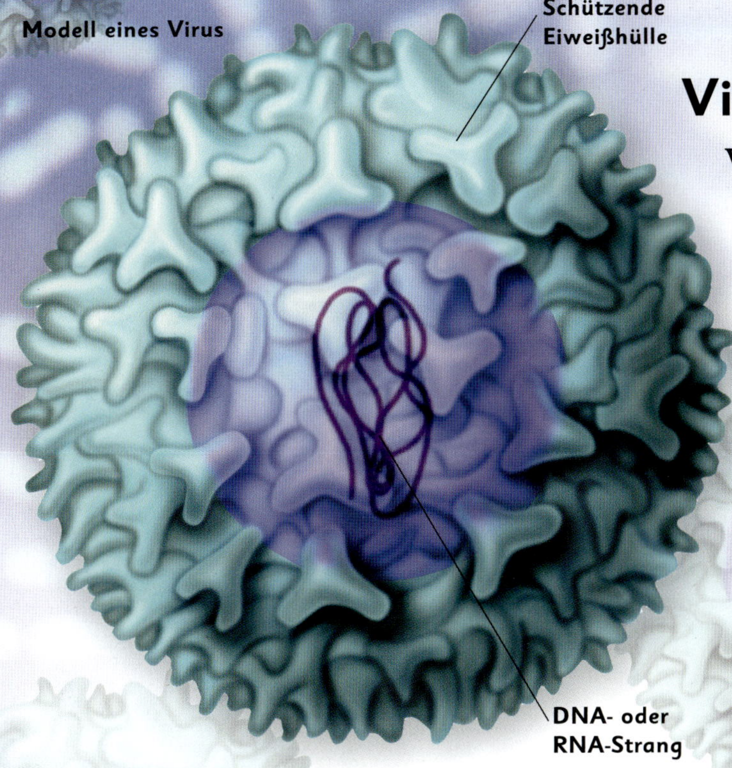

Viren

Viren sind noch viel kleiner als Bakterien und entweder kugel- oder stäbchenförmig. Viren bestehen nicht aus Zellen und sind daher eigentlich nicht lebendig. Aber wenn sie in eine Zelle eindringen, werden sie aktiv: Sie verwandeln die Zelle in eine Virenfabrik, damit sie sich vervielfältigen können.

Pflanzenviren

Pflanzenviren beeinflussen die Entwicklung der Pflanzen. Ein Virus schädigt z. B. die Pigmente in den Blütenblättern von Tulpen. An manchen Stellen wirkt das Pigment dann nicht mehr und die Tulpe sieht „gestreift“ aus.

Das Streifenmuster dieser Tulpe wird von einem Virus verursacht.

Ein Virus ist schuld an diesen hellen Flecken auf den Blättern.

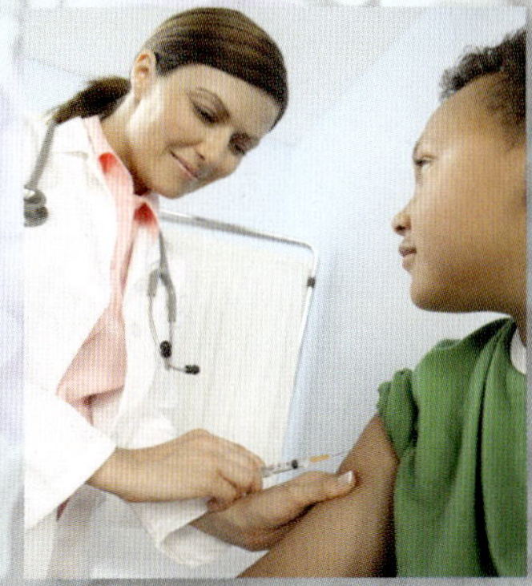

Impfungen

Impfungen schützen uns Menschen vor Krankheiten. Der Arzt spritzt die abgeschwächte Form eines Virus oder Bakteriums in den Körper und bereitet so das Immunsystem auf eine echte Infektion vor.

Schädliche Viren

Viren verursachen verschiedene Krankheiten.

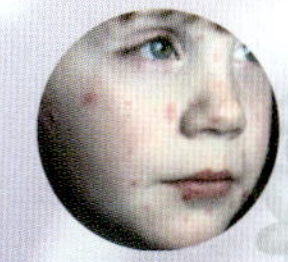

Windpocken sind sehr ansteckend. Man erkennt sie vor allem an den juckenden Flecken.

Tollwut ist ein tödliches Virus, das oft bei Tieren auftritt, auch bei Hunden.

Erkältungen mit Schnupfen, Husten und Halsweh kommen von Viren.

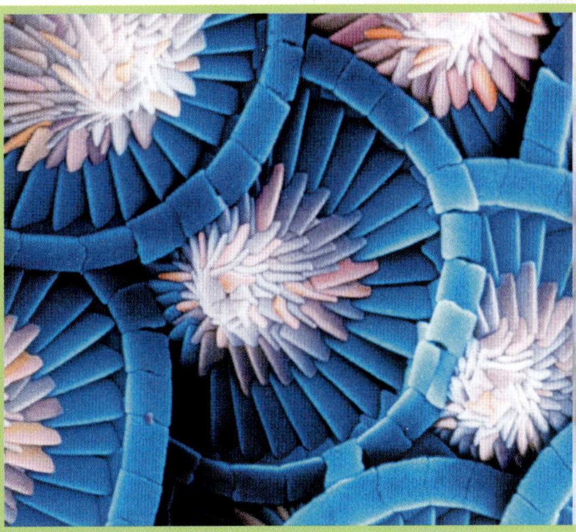

Protisten

Protisten sind ebenfalls einzellige Lebewesen. Es gibt viele verschiedene Formen. Einige ähneln Pilzen oder Tieren, andere den Pflanzen. Manche Protisten bilden Kolonien.

Es teilt sich 4 Trilliarden Mal.

Nahrungsketten

Jedes Lebewesen muss sich von etwas ernähren und wird von anderen gefressen – das nennt man Nahrungskette. Jede Art ist Teil von verschiedenen Nahrungsketten.

Zersetzer
Zersetzer wie Regenwürmer, Pilze und Mistkäfer stehen am Anfang und Ende jeder Nahrungskette. Sie zersetzen tote Tiere und Pflanzen und sorgen dafür, dass deren Nährstoffe wieder in den Boden gelangen.

Erzeuger
Pflanzen wie Akazien oder Gras nehmen Energie von der Sonne auf. Sie werden als Nährstofferzeuger bezeichnet.

Pflanzenfresser
Impala-Antilopen und Zebras fressen kein Fleisch, sondern nur Pflanzen.

Welche fleischfressende Pflanze mag gern Fliegen und Spinnen?

Aasfresser

Tote Tiere werden als Aas bezeichnet. Aas fressen z. B. Hyänen, Geier und Weißkopfseeadler. Diese Tiere töten selten selbst, sondern fressen die Reste, die andere Jäger übrig lassen, oder Tiere, die eines natürlichen Todes gestorben sind.

Fleischfresser

Sie verzehren nur Fleisch. In der afrikanischen Savanne gibt es z. B. Löwen, Leoparden und Geparden.

Nahrungsketten im Meer

Je höher ein Tier in der Nahrungskette steht, desto weniger Vertreter gibt es. Im Meer gibt es daher sehr viel Plankton, viele Fische, wenige Robben und noch weniger Eisbären.

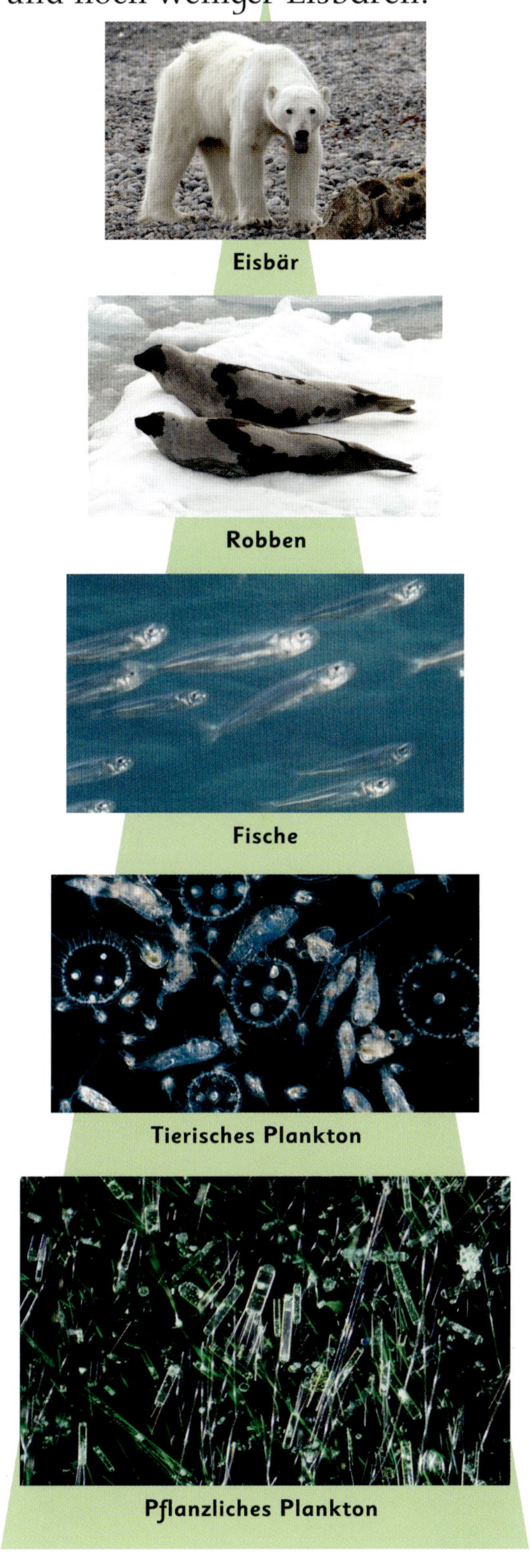

Ökosysteme

Auf der Erde gibt es verschiedene Lebensräume mit eigenem Klima und spezieller Bodenbeschaffenheit, in denen jeweils andere Tiere und Pflanzen zusammenleben. Man nennt diese Lebensräume auch Ökosysteme.

Natürliche Vielfalt

Es gibt viele verschiedene Ökosysteme auf der Erde. Die darin lebenden Pflanzen und Tiere haben sich an ihre Umwelt gut angepasst.

Wälder

Überall, wo genügend Regen fällt, wachsen Wälder. Sie bieten den Lebensraum für eine riesige Vielfalt an Pflanzen und Tieren.

Ozeane

Über 70 Prozent der Erdoberfläche sind mit Ozeanen bedeckt, in denen es ebenfalls zahlreiche verschiedene Lebensräume gibt.

Flüsse und Seen

Süßwasser-Ökosysteme gibt es in Teichen, Seen, Flüssen und Bächen fast über die gesamte Landfläche der Erde verstreut.

Polarregionen und Tundra

Die eisbedeckten Polargebiete liegen rund um den Nord- und Südpol in der Arktis und Antarktis. Am Übergang in wärmere Zonen grenzen sie an die Steppen der Tundraregionen.

Wohnräume

Ein Ökosystem umfasst viele „Habitate“. Ein Habitat ist die natürliche Heimat eines bestimmten Lebewesens. Auch Bäume oder Blätter können Habitate sein.

Bäume bieten Tieren Futter in Form von Blättern und Früchten.

Welche Wald-Ökosysteme kennst du?

Gebirge

Im Gebirge gibt es verschiedene Ökosysteme, weil sich das Klima mit zunehmender Höhe immer wieder ändert.

Meeresküsten

Diese Ökosysteme liegen halb an Land und halb unter Wasser. Sie ändern sich mit den Gezeiten.

Grassteppen

Der Mensch hat sich im Grasland Afrikas entwickelt. Heute leben dort die größten und schnellsten Landtiere.

Wüsten

Sie sind entweder heiß oder eiskalt, aber immer sehr trocken, da es selten regnet. In der Wüste leben nur wenige Tier- und Pflanzenarten.

Zusammen sind sie stark

Die Gruppe von Lebewesen in einem Habitat heißt Lebensgemeinschaft. Sie besteht aus Pflanzen, Tieren und anderen Organismen, die alle voneinander abhängig sind.

Foto-Quiz

Wo findest du in diesem Kapitel die Bilder, zu denen diese Ausschnitte gehören?

Mehr wissen ...

über Nahrungsketten, Seite 154–155

über Kohlenstoff, Seite 222–223

Laubwälder und Nadelwälder sowie Regenwälder.

Leben im Eis

An Nord- und Südpol ist es oft dunkel. Eisige Winde wehen und es fällt nur wenig Regen. Nur die Kräftigsten überleben.

Warm bleiben

Pinguine kuscheln sich aneinander, um warm zu bleiben. Die Tiere, die außen stehen, sind nicht so gut vor der Kälte geschützt. Deshalb wechseln die Vögel immer wieder die Plätze.

Eisbären haben eine dicke Speckschicht unter der Haut, die die Kälte abhält.

Eisbären

Unter ihrem weißen Fell haben Eisbären eine schwarze Haut.

Riesen an den Polen

Große Tiere kühlen langsamer aus als kleine. Deshalb sind viele der arktischen Tiere groß. Ein Eisbärenmännchen wird 2,5 Meter lang und bis zu 800 Kilo schwer.

Um eisige Stürme zu überstehen, legen sich Moschusochsen einfach hin und verbrauchen so wenig Energie wie möglich.

Moschusochsen ähneln Rindern. Sie sind aber mit den Ziegen verwandt!

Ein zotteliges Fell

Ein Moschusochse sieht aus wie ein kleiner, zotteliger Büffel. Sein Fell ist achtmal so warm wie Schafwolle und die Haare sind so lang wie dein Arm!

Welcher Bär ist der größte der Erde?

Warmes Gefieder

Viele Polartiere haben ein warmes Federkleid. Die Federn der Schneeeule sind so lang, dass sie die Beine und den Schnabel bedecken.

Mit ihren scharfen Krallen kann die Schneeeule einen Lemming packen.

Ein edler Pelz

Das prächtige Fell des Polarfuchses bedeckt sogar die Fußsohlen. Es ist im Sommer dunkel und im Winter weiß. Im Sommer hat der Fuchs viel zu tun, denn er sammelt Nahrung für den Winter und versteckt sie.

Pflanzenpolster

Nicht nur Tiere müssen sich warm einpacken – auch Pflanzen. Dieser Steinbrech hat viele kleine überlappende Blätter, die den Stängel völlig bedecken.

Der Gegenblättrige Steinbrech ist eine der ersten Pflanzen, die in der Arktis blühen, wenn der Schnee im Juni schmilzt.

Die Hälfte des Jahres ist es an Nord- und Südpol dunkel, aber viele Tiere überleben.

Mehr wissen ...

über die Arktis, Seite **8–9**
über die Antarktis, Seite **56–57**

Lemminge überstehen die Kälte, weil sie in Gängen unter dem Schnee leben. Dort nagen sie Pflanzenwurzeln ab. Wenn sie an die Oberfläche kommen, werden sie oft die Beute von Schnee-Eulen.

Laubwälder

Laubwälder brauchen ein gemäßigtes Klima mit unterschiedlichen Jahreszeiten. Im Winter werfen die Bäume die Blätter ab.

Stockwerke
Laubwälder haben zwei oder drei Stockwerke: in den Kronen der Bäume ein Blätterdach, manchmal eine Strauchschicht und eine Schicht aus niedrigen Pflanzen und Frühjahrsblumen.

Moose wachsen meistens an der Nordseite der Waldbäume.

Frühjahrserwachen

Im Winter scheint der Wald zu schlafen, aber im Frühjahr öffnen sich die Knospen und die Farnwedel entrollen sich.

Schlaraffenland
Der Waldboden ist mit abgestorbenen Blättern und Ästen bedeckt. Hier gibt es auch Nüsse und Beeren. Eichhörnchen finden hier immer genug Nahrung.

Das Grauhörnchen sammelt Eicheln und andere Samen und versteckt sie.

Warum haben Eichhörnchen einen buschigen Schwanz?

Nahrungskette

Tiere und Pflanzen sind miteinander verbunden.

Blätter nutzen das Sonnenlicht zur Herstellung von Nährstoffen.

Schmetterlingsraupen und viele andere Insekten fressen Blätter.

Vögel fangen Raupen, vor allem im Frühjahr, wenn sie ihre Jungen füttern müssen

Füchse jagen Vögel und andere kleine Tiere, um sich zu ernähren.

Ahornblatt

Ein Blatt ist eine Nährstofffabrik. Im Herbst beginnt es zu welken.

Herbstfarben

Im Sommer färbt ein Farbstoff, das Chlorophyll, die Blätter der Laubbäume grün. Im Herbst wird das Chlorophyll abgebaut. Dann werden die Blätter gelb, braun oder rot.

Spechte haben dicke Schädelknochen, damit die Stöße beim Hämmern gedämpft werden.

Specht

Ein Loch hämmern

Spechte hämmern mit dem Schnabel ins Holz,um Larven zu fangen und Nistlöcher zu schaffen. Mit der langen Zunge lecken sie Insekten heraus.

Zu Hause im Baum

Spechte brauchen zwei oder drei Wochen, um eine Nisthöhle – meist in einen abgestorbenen Baumstamm – zu hacken. Das Weibchen legt dann mehrere Eier hinein.

Ein Farnwedel entrollt sich. Seine Fiedern werden entfaltet.

Regenwälder

Sittich

In tropischen Regenwäldern ist es heiß, feucht und schattig. Hier leben viele verschiedene Pflanzen und Tiere.

Ganz schön feucht!

Oft fällt im Regenwald warmer Regen. Die Bäume nehmen viel Wasser auf. Ihre Blätter geben wieder Dampf ab, der die Luft befeuchtet.

Königin-Alexandra-Vogelfalter (Weibchen)

Vielfältig

Regenwälder bedecken sieben Prozent der Landfläche. Über die Hälfte aller Arten lebt hier.

Käfer: In einem kleinen Regenwaldgebiet fand ein Forscher 18 000 Käferarten.

Bäume: Auf einem Gebiet der Größe eines Fußballfeldes wachsen 300 Bäume.

Orchideen: Im Regenwald werden immer noch neue Orchideenarten entdeckt.

Vögel: Allein im Amazonas-Regenwald kommt ein Drittel aller Vogelarten vor.

Orang-Utan

Frauenschuh-Orchidee

Wo leben die meisten Tiere des Regenwaldes?

Stockwerke

Einen Regenwald kann man mit einem Hochhaus vergleichen, in dem in verschiedenen Stockwerken unterschiedliche Bewohner leben.

Die Kronen der Baumriesen überragen alles andere.

Die Kronenregion wird von der Mehrzahl der Bäume gebildet. Sie ist das Dach des Waldes.

Das Unterholz besteht aus niedrigen Bäumen, schattenliebenden Pflanzen und Lianen.

Am Waldboden findet man tote Blätter, Farne und die Brettwurzeln der Bäume.

Wer lebt dort?

Alle Arten von Tieren sind im Regenwald zu Hause.

Buschbaby

Buschbabys trauen sich nachts raus. Mit ihren Riesenaugen sehen sie im Dunkeln.

Nebelwald

In Gebirgsregionen können Regenwälder so hoch liegen, dass sie in Wolken eingehüllt sind. In der feuchten Umgebung wachsen die Pflanzen kräftig.

Phalaenopsis-Orchideen

Rosella-Sittich

Blauer Pfeilgiftfrosch

Diese Frösche fressen giftige Insekten und speichern das Gift in ihrer Haut. Ihre bunten Muster lassen andere Tiere wissen: Hier droht Gefahr!

Gelbgebänderter Pfeilgiftfrosch

Boas haben keine Giftzähne. Sie töten ihre Beute, indem sie sie zerquetschen.

Boa constrictor

Mehr wissen …

über Ökosysteme, Seite **156–157**

über Wälder, Seite **160–161**

Im Blätterdach.

Ein Meer aus Gras

Gras erholt sich, wenn es von Huftieren niedergetrampelt wird.

Grasbüschel

Die meisten Pflanzen wachsen an der Spitze. Gräser aber wachsen von unten her. So kann Gras nachwachsen, wenn es abgeweidet oder niedergetreten wird.

Gras verbreitet seine Samen.

Vom Wind verweht

Der Wind verbreitet die Pollen von Gräsern. Das ist der Blütenstaub, der von männlichen zu weiblichen Pflanzen transportiert wird. Auch die Samen verstreut der Wind.

Im Sommer bekommen manche Menschen Heuschnupfen von den Pollen der Gräser.

Kreislauf des Lebens

Während der Trockenzeiten ist das Gras strohfarben und stirbt ab. In der Regenzeit erwacht es wieder zum Leben.

Gepard

Wie alt werden die Affenbrotbäume in Afrika?

Nahrungsmittel

Gras bietet nicht nur Tieren Nahrung, sondern auch uns Menschen. Die meisten Grundnahrungsmittel stammen von Gräsern.

Zucker wird aus Zuckerrohr gewonnen, einem riesigen tropischen Gras.

Mais wird zu ganz verschiedenen Nahrungsmitteln verarbeitet, z. B. zu Tortillas.

Weizen wird zu Mehl für Brot, Kuchen und Nudeln gemahlen.

Reis ist in Asien das Grundnahrungsmittel – wird aber auch auf der ganzen Welt gegessen.

Roggen wird mit Weizen vermischt. Aus dem dunklen Mehl wird Brot gebacken.

Lupinen

Frühlingsblumen

Tropisches Grasland blüht zur Regenzeit, das Grasland in nördlichen Regionen im Frühjahr. Oft entsteht dann ein Meer aus bunten Blüten.

Angriff der Gräser

Wenn du durchs Gras läufst, bleiben meistens Samen an den Kleidern hängen. Das sind Kletten, die sich mit winzigen Häkchen festheften.

Kletten

Bäume im Grasland haben oft flache Kronen, weil sie von Tieren abgefressen wurden.

Akazienbaum

Giraffe

Affenbrotbäume

In Afrika überleben Affenbrotbäume Hitze und Trockenheit, weil sie in ihren dicken Stämmen Wasser speichern können.

Manche von ihnen sind schon 3000 Jahre alt.

Wildkräuter

Wildkräuter sind sehr hübsch, sie blühen in vielen verschiedenen Farben. Die meisten verbreiten sich recht schnell.

Jakobs-Greiskraut ist für Pferde, Esel und Rinder sehr giftig.

Disteln bringen Samen mit Schirmchen hervor. So werden sie vom Wind verbreitet.

Gänseblümchen wachsen dicht am Boden und blühen in kurzem Gras.

Schlüsselblumen wachsen auf Lichtungen, an Waldrändern und auf Wiesen.

Die **Moschus-Malve** hat vom Juni bis zum September hübsche Blüten.

Labkraut hat winzige, sternförmige Blüten.

Die **Wiesen-Witwenblume** hat bis zu 2000 Samen an einer Pflanze.

Klee macht den Boden fruchtbar und ist für Landwirte deshalb nützlich.

Löwenzahn hat Blütenköpfe, die sich aus winzigen Blüten zusammensetzen.

Wald-Storchschnabel ist eine Waldblume, wächst aber auch in Wiesen.

Hahnenfuß bildet sehr viele Samen – eine große Pflanze bis zu 22000 Stück!

Leben in der Wiese

Im Sommer ist eine gesunde Wiese ein kleiner Dschungel. In ihr kommen die verschiedensten Pflanzen und Tiere vor.

Gut versteckt

Oft leben Wühlmäuse in der Wiese. Die Nagetiere sind fast blind und bleiben unter der Erde.

Maulwurf

Im Untergrund

Wühlmäuse graben lange Gänge und hinterlassen dabei Erdhügel.

Vorsicht!

Krabbenspinnen sind kräftig genug, um Käfer und Schmetterlinge zu erbeuten. Sie verstecken sich zwischen den Blüten und warten auf ein Opfer.

Probier's aus

Verteile für deine eigene kleine Wiese Samen auf feuchter Erde in einem Marmeladenglas. Stelle das Glas aufs Fensterbrett und lass die Samen keimen.

Pusteblume

Löwenzahn sieht man häufig auf Wiesen, denn er verbreitet seine Samen unglaublich erfolgreich. Jeder Samen hat ein Schirmchen, mit dem er wegfliegen kann.

Löwenzahn-samen

Die Blüten werden von Insekten bestäubt.

Die Blütenblätter welken und die Schirmchen bilden sich.

Ein Windstoß trägt die Samen fort. Viele fliegen weit.

Schaum

Die Larven von Schaumzikaden geben eine klebrige Flüssigkeit ab, die Blasen bildet. Im Schaum trocknen die Larven nicht aus und sind auch vor Feinden geschützt.

Von Halm zu Halm

Zwergmäuse klettern im Gras umher wie Affen in Bäumen. Ihre Nester sind so groß wie Tennisbälle.

Zwerg-maus

Eine Zwergmaus wiegt nicht mehr als ein Stück Würfelzucker.

In der Wiese gibt es verschiedene Schlangenarten.

Langsam

Die Blindschleiche ist keine Schlange. Sie ist eine Eidechse! Aber sie hat keine Beine. Sie fängt Würmer und Schnecken.

Blind-schleiche

Sie kann über 50 Jahre alt werden.

Am Wasserloch

Ungleiche Freunde
Große Tiere erscheinen oft in Begleitung von Vögeln am Wasserloch. Madenhacker z.B. picken Schädlinge wie Zecken und Egel von der Haut der Antilopen.

Während der Trockenzeit sind in der Savanne Wasserlöcher die einzigen Stellen, wo man sicher Wasser finden kann. Dort ist meist jede Menge los.

Saubere Wäsche!
Wenn ein Warzenschwein ein Bad nimmt, ist es hinterher schmutziger als zuvor. Aber der Schlamm kühlt und vertreibt Flöhe und andere lästige Schädlinge auf der Haut.

Wasservögel

Vögel waten oft in Wasserlöchern umher und suchen nach Fischen und Fröschen. Es gibt viele verschiedene Arten.

Der Nimmersatt scheucht mit den Füßen Fische und Frösche im Wasser auf.

Sattelstörche als größte Störche haben eine Flügelspannweite von 2,70 Metern.

Kronenkraniche sind die einzigen Kraniche, die in Bäumen sitzen können.

Klunkerkraniche umgeben ihre großen Nester mit einem Kanal wie ein Burggraben

Im Schlamm vergraben

Manche Wasserlöcher trocknen in der Trockenzeit völlig aus. Der afrikanische Lungenfisch umgibt sich mit zähem Schleim und Schlamm und ruht so bis zur nächsten Regenzeit.

Ganz schön durstig

Elefanten besuchen häufig Wasserstellen, denn sie müssen etwa 200 Liter am Tag trinken.

Am Wasserloch ist es schön kühl.

Mehr wissen ...
über Nahrungsketten, Seite 154–155
über Gräser, Seite 164–165

Ein Lebewesen, das sich dadurch ernährt, dass es ein anderes Tier schädigt.

Wüsten

Wüsten sind die trockensten Gebiete der Erde. Selten fällt dort Regen. Die Tiere und Pflanzen in der Wüste haben eine Reihe von Techniken entwickelt, damit sie überleben können.

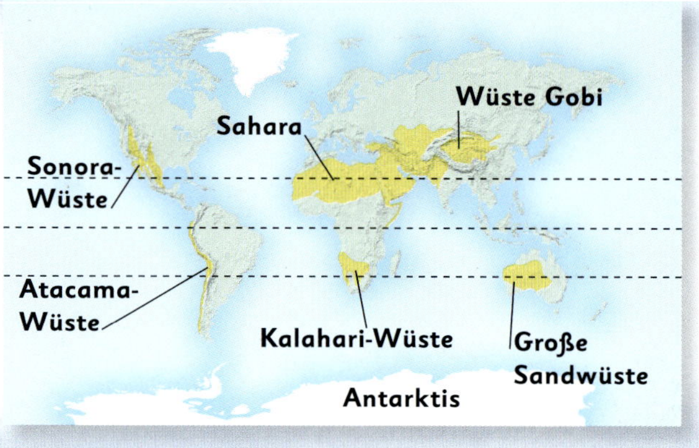

Wüsten der Erde

Ein Viertel der Landfläche auf der Erde besteht aus Wüsten. Die Sahara in Nordafrika ist die größte Wüste.

Verrücktes Wetter

Tagsüber kann es in Wüsten sehr heiß werden. Nachts wird es eisig kalt. Oft gibt es schwere Sandstürme, in manchen Wüsten sogar Schneestürme.

Graugebänderte Königsnatter

Überlebenskünstler

Nur wenige Pflanzen können in der Wüste wachsen. Deshalb sind viele Tiere Fleischfresser. In einigen Wüsten ist es so heiß, dass die meisten Tiere sich am Tag unter die Erdoberfläche zurückziehen und nur nachts jagen.

Wie hoch ist der größte Kaktus?

Wüstenrekorde

Wüsten sind extreme Lebensräume. Hier gibt es beeindruckende Rekorde.

Niederschläge: In einer Wüste regnet es im Jahr weniger als 2,5 Zentimeter.

Trockenste Wüste: Das ist die Atacama-Wüste in Südamerika.

Kälteste Wüste: Die Wüste Gobi in Asien ist die kälteste Wüste der Erde.

Heißeste Wüste: Die Sahara ist die heißeste Wüste der Welt.

Größte Wüste: Die Sahara erstreckt sich über ein Drittel Afrikas.

Wüstenpflanzen

Mit wenig Regen ist es für Pflanzen sehr schwer, zu überleben. Wenn es regnet, speichert der Kaktus Wasser. In Trockenzeiten verbraucht er es.

Wüstenregionen

Wüstentiere müssen Mittel finden, kühl zu bleiben und nicht auszutrocknen.

Im Untergrund

Manche Salamander sind gut an das Wüstenleben angepasst. Das ist ungewöhnlich, weil sie normalerweise in feuchten Gegenden leben. Sie bleiben unter der Erde und kommen nur nach Regenfällen hervor.

Kein Wasser? Kein Problem!

Ein Kamel kann drei Wochen lang ohne Wasser auskommen. Wenn es trinkt, dann riesige Mengen.

Ein Cardon-Kaktus in der Sonora-Wüste wurde 20 Meter hoch.

Leben in dünner Luft

Wenn du auf einen Berg steigst, merkst du, wie die Lebensräume sich verändern. Auch das Atmen wird schwerer, je höher man kommt.

Mehr wissen …
über Ökosysteme, Seite **156–157**
über Laubwälder, Seite **160–161**

Höhenstufen

Ein Gebirge in kühleren Regionen hat verschiedene Höhenstufen. Auf jeder von ihnen kommen bestimmte Tiere und Pflanzen vor.

Friedliche Riesen

Es gibt wahrscheinlich weniger als 380 wilde Berggorillas. Sie sehen zwar furchterregend aus, aber sie sind friedliche Vegetarier.

Berggorilla

Alpine Stufe

In kühlen Regionen der Erde bleibt auf den Berggipfeln der Schnee immer liegen. Dort oben wächst nichts mehr.

Gebirgswiesen

Im Frühjahr, wenn der Schnee schmilzt, blühen bunte Blumen auf den Wiesen. Diese Stufe ist über der Baumgrenze.

Nadelbäume

Nadelbäume sind an extreme Kälte angepasst. Sie sind kegelförmig, damit der Schnee von den Ästen abrutscht.

Laubbäume

Unterhalb der Nadelbäume, wo die Luft etwas wärmer ist, wachsen Laubbäume.

Langschläfer

Gebirgswiesen sind im Winter mit Schnee bedeckt. Murmeltiere überleben diese Zeit, weil sie in ihrem Bau Winterschlaf halten.

Murmeltier

Wie lange dauert der Winterschlaf des Murmeltiers?

Steingärten

Wenn der Schnee im Frühjahr schmilzt, entsteht auf den Wiesen im Hoch gebirge ein Meer aus Blüten.

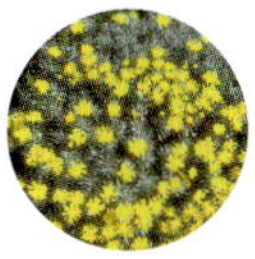

Arnika blüht auf Gebirgswiesen manchmal in großer Zahl.

Spieren bilden mit ihren cremeweißen Blüten in felsigen Gegenden dichte Matten.

Zwergthymian wächst in niedrigen, dichten und farbenfrohen Polstern.

Steinbrech ist robust und blüht in verschiedenfarbigen Arten.

Edelweiß ist in vielen Gegenden geschützt, man darf es nicht pflücken.

Alpenglöckchen beginnen im Frühjahr im Gebirge zu blühen.

Dscheladas

Im Fels daheim

Manche Affen haben lieber Felsen als Bäume. Dscheladas schlafen auf Felsen und sitzen dabei auf schmalen Vorsprüngen.

Steinbock

Bergsteiger

Steinböcke gehören zu den Ziegen. Sie erklimmen die steilsten Hänge und springen umher, ohne den Halt zu verlieren.

Alpendohle

Ausflug

Die Luft im Gebirge ist so dünn, dass Bergsteiger Sauerstoffflaschen brauchen. Vögel wie die Alpendohle haben kein Problem mit dem Atmen. Einmal begleitete eine Dohle eine Expedition bis auf den Gipfel des Mount Everest.

Von Anfang November bis Ende April: etwa sechs Monate.

Kühle Höhlen

Es dauert Jahrtausende, bis sich eine große Höhle bildet. Viele Tiere, von Insekten bis zu Fledermäusen, leben in Höhlen.

Säulen

Höhlen sind oft feucht, manchmal sogar nass. Wasser tropft von der Decke und bildet Tropfsteine, die Stalaktiten heißen.

Echo

Viele Fledermäuse sehen schlecht, haben aber ein sehr gutes Gehör. Sie geben Klicklaute von sich, die vom Körper des Beutetieres zurückgeworfen werden. So weiß die Fledermaus, wo die Beute ist.

Anschleichen

Wie Fledermäuse sehen auch Höhlenspinnen schlecht. Zum Ausgleich haben sie einen gut entwickelten Tastsinn. Damit können sie sich in der Dunkelheit bewegen und jagen.

Wie heißen Tropfsteine, die vom Höhlenboden wachsen?

Ganz in Weiß

Einige Höhlentiere wie dieser Krebs sind weiß. Sie brauchen keine Farbstoffe, die sie vor den Sonnenstrahlen schützen.

Fransenfledermaus

Schlafenszeit

Eine kühle Höhle ist für eine Fledermaus der beste Ort für den Winterschlaf.

Kleiner Imbiss

Diese Schlange aus Südostasien kriecht in Höhlen, denn dort findet sie schmackhafte Frösche, Fledermäuse und Eidechsen. Mit ihrem abgeflachten Körper gleitet sie über die Felsen.

Rotschwanznatter

Alt und bewährt

Schaben gehören zu den erfolgreichsten Tieren. Seit über 320 Millionen Jahren leben sie auf der Erde. Sie kommen in Höhlen vor, aber auch in anderen Lebensräumen.

Schabe

Stalagmiten.

Fließende Gewässer

Von tosenden Wasserfällen bis hin zu langsam und stetig fließenden Flüssen: In fließenden Gewässern sind viele Tiere und Pflanzen zu Hause.

Köcherfliegenlarve

Beginn der Nahrungskette
Wenn Blätter und tote Tiere ins Wasser fallen, vermehren sich Bakterien. Dadurch haben Larven wie die Köcherfliegenlarve mehr Nahrung.

Köcherfliege

Bescheidener Anfang
Viele große Flüsse beginnen als schnell fließende Bäche. Je breiter ein Fluss wird, desto mehr Tiere leben in ihm.

Moose wachsen oft an Felsen am Wasser und bieten vielen kleinen Krabbeltieren Schutz, die Feuchtigkeit brauchen.

Baumeister
Biber bauen Dämme. So staut sich ein See an und das Wasser fließt langsamer. Auch die Biberburgen, in denen sie wohnen, bauen die Tiere selbst.

Umgefallene Bäume sind Brücken für Tiere, die den schnell fließenden Bach überqueren können.

Biber

Welcher Fluss ist der längste der Erde?

Der Colorado

Unermüdlich

Flüsse graben Täler im Lauf von Jahrmillionen. Ein beeindruckendes Beispiel dafür ist der Colorado und der Grand Canyon in den USA.

Ein Braunbär fängt am Fluss Lachse.

Fisch im Schnabel des Eisvogels.

Fischer

Langsam fließende Flüsse sind das Jagdrevier vieler Vögel. Sie fangen kleine Fische aus dem Wasser. Der schillernde Eisvogel kommt an Flüssen in Europa vor.

Aufgepasst!

Fließendes Wasser enthält viel Sauerstoff, den die Fische brauchen, wenn sie flussaufwärts zu ihren Laichplätzen schwimmen. Aber es ist eine gefährliche Reise!

Braunbär

Der Eisvogel taucht etwa 25 Zentimeter tief, wenn er Fische fängt.

Der Nil in Afrika ist 6695 Kilometer lang.

Stille Gewässer

In einem Süßwassersee fließt das Wasser nicht. Vor allem am Seeufer kann man jede Menge Tiere und Pflanzen entdecken.

Farbenpracht

Schwimmpflanzen gedeihen am besten in stillen Gewässern. Wasserhyazinthen zum Beispiel sind schön, sie vermehren sich aber sehr schnell. Sie können dann das Leben unter einer Matte aus Blättern ersticken.

Fisch mit Bart

Welse haben Barteln, mit denen sie sich im trüben Wasser vorantasten.

Blutsauger

Wenn man in einem schlammigen See schwimmt, kann es passieren, dass man einen Egel am Fuß hat. Manche Egel saugen Blut.

Welcher ist der größte Süßwassersee der Erde?

Natürliche Seen

Seen bilden sich in Senken. Es gibt aber auch von Menschen aufgestaute Seen mit einem Damm.

Fischadler sind große Vögel mit bis zu 1,7 Metern Flügelspannweite.

Die Blüten der Rohrkolben locken Insekten an.

Angriff aus der Luft

Fischadler nisten an Seen oder Flüssen. Um Fische im Wasser zu erbeuten, stürzen sie aus der Höhe herab.

Hecht

Leben am Ufer

Rohrkolben und Schilf bilden oft einen dichten Gürtel am Seeufer. Die Pflanzen wurzeln am Grund und wachsen über die Wasseroberfläche.

Auf der Lauer

Hechte warten bewegungslos und schnellen dann hervor, um Frösche, Fische und Insekten zu fangen.

Libellen kann man häufig bei Pflanzen am Seeufer beobachten.

Schwergewicht

Die riesige Geierschildkröte ist die größte Süßwasserschildkröte der Erde. Manche Tiere wiegen mehr als 100 Kilo.

Unglaublich!

Die Vorfahren der Eistaucher lebten bereits vor 65 Millionen Jahren auf der Erde. Dieser rotäugige Vogel kann 27 Meter tief tauchen, wenn er Nahrung sucht.

Der Obere See in Nordamerika.

Ein Kugelfisch saugt Wasser ein, damit sein Körper anschwillt.

Kugelfisch

Das große Entkommen

Wenn er bedroht wird, bläst der Kugelfisch sich auf. So kann der Räuber ihn nicht verschlucken. Die meisten Raubfische meiden diesen hochgiftigen Fisch aber ohnehin.

Quallen verteidigen sich mit Nesselzellen an ihren Tentakeln. Eine Schildkröte lässt sich aber nicht abwehren.

Die Gelbe Haarqualle ist eine der größten Quallen.

Weiter Weg

Die Lederschildkröte schwimmt auf der Suche nach Quallen Tausende von Kilometern.

Mehr wissen …

über Wasserbewohner, Seite 132–133
über Fische, Seite 144–145

Überfluss

Viele Meerestiere legen Hunderte oder Tausende von Eiern, damit einige der Jungen überleben. Schildkröten legen 100 Eier auf einmal, Schwimmkrabben sogar bis zu 180 000!

Schwimmkrabbe

Welche der Tiere auf dieser Seite gibt es schon am längsten?

Überleben im Meer

Im Meer kann es gefährlich sein. Die Tiere verbessern ihre Überlebenschance auf ganz unterschiedliche Weise.

Auf der Hut

Manche Seetiere stechen oder greifen bei Bedrohung an. Die Stacheln des Feuerfisches enthalten ein Gift, das Angreifer lähmen oder töten kann.

Tarnung

Viele Meeresbewohner sind wahre Meister der Täuschung.

Steinfische haben eine gefleckte Haut, die genau wie der Meeresboden aussieht.

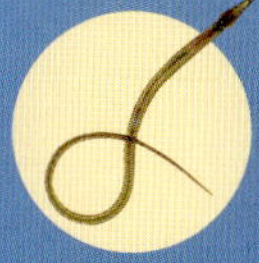

Seenadeln schwimmen aufrecht und sind zwischen Wasserpflanzen fast unsichtbar.

Leopardenhaie können sich mit ihrer gemusterten Haut gut tarnen.

Im Schwarm

Viele kleine Fische sammeln sich in riesigen Schwärmen. So wirken sie viel größer und stärker als ein einzelner Fisch. Einen Angreifer verwirrt das.

Die Zeit der Dinosaurier

Die Erde entstand vor etwa 4,6 Milliarden Jahren. Geologen haben die Zeit, die seither vergangen ist, in Abschnitte eingeteilt, die Zeitalter. Die Dinosaurier lebten im Zeitalter des Mesozoikum.

Eine Frage der Zeit

Zu verschiedenen Zeiten lebten unterschiedliche Dinosaurier, und viele der bekanntesten Dinosaurier sind sich in Wirklichkeit nie begegnet. Kein *Tyrannosaurus rex* z. B. hat jemals einen *Stegosaurus* getötet, denn *T. rex* lebte erst 80 Millionen Jahre später.

MESOZOIKUM

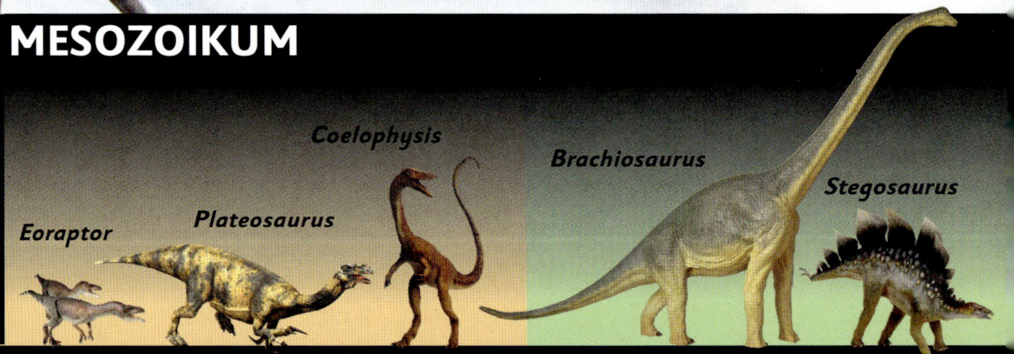

Trias: vor 248 bis 206 Millionen Jahren | Jura: vor 206 bis 144 Millionen Jahren

Albertosaurus lebte in der Kreidezeit.

Das Mesozoikum

Dieses Zeitalter umfasst drei Zeiträume:

In der **Kreidezeit** lebten viele verschiedene Dinosaurier.

Im **Jura** gab es riesige Dinosaurier, die Pflanzen fraßen.

In der **Trias** erschienen die ersten Dinosaurier auf der Erde.

Die geologische Zeit wird immer so dargestellt, dass die älteste Periode unten ist. In dieser Abfolge haben sich nämlich die Gesteinsschichten abgelagert.

Kreide: vor 144 bis 65 Millionen Jahren

Der erste Mensch (*Homo sapiens*) erschien erst sehr spät in der Erdgeschichte.

Homo sapiens

Foto-Quiz

Finde in dem Kapitel „Die Zeit der Dinosaurier" die Bilder, zu denen diese Ausschnitte gehören.

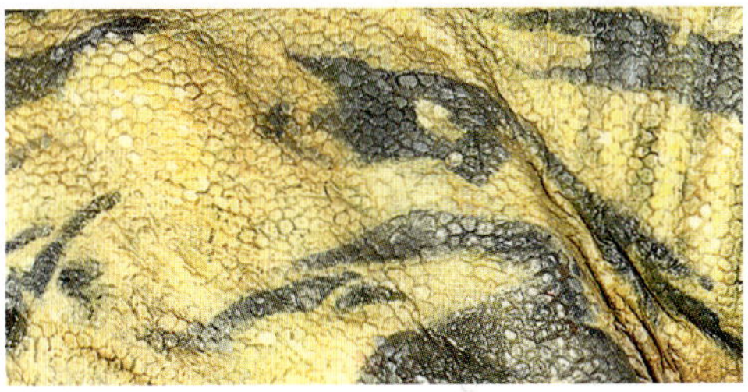

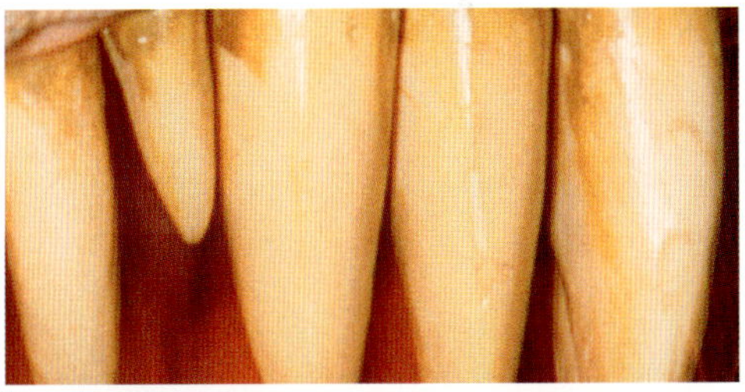

Mehr wissen ...

über Dinosaurier, Seite **184–185**

was passiert ist, Seite **208–209**

Von Fossilien wissen wir viel über die Größe und das Aussehen von Dinosauriern.

Was ist ein Dinosaurier?

Hatten sie zwei Beine oder vier? Waren sie Fleisch- oder Pflanzenfresser? Alle Dinosaurier hatten vier Gliedmaßen, viele liefen aber nur auf zweien. Einige Merkmale hatten alle Dinosaurier gemeinsam.

Lange Schwänze

Wissenschaftler glauben, dass Dinosaurier ihre Schwänze über den Boden erhoben haben, denn wo man Fußspuren gefunden hat, gab es keine Schleifspuren von Schwänzen.

Giganotosaurus

Fleischfressende Dinosaurier sind als Theropoden bekannt.

Alle Dinosaurier lebten an Land. Sie konnten weder fliegen noch schwimmen.

Schuppige Haut

Abdrücke von Dinosaurierhaut sind selten. Paläontologen haben dennoch herausgefunden, dass Dinosaurier schuppige Haut hatten wie Krokodile heute.

Kaltblütige Eidechsen müssen sich in der Sonne aufwärmen. Sie können ihre Körpertemperatur nicht kontrollieren.

Waren Dinosaurier warmblütig?

Möglicherweise waren fleischfressende Dinosaurier warmblütig (wie wir), während pflanzenfressende kaltblütig waren. Warmblütige Tiere brauchen viel Energie für diese Wärme. Sauropoden waren zu groß. Sie konnten nicht genug fressen, um warm zu bleiben.

Sind Dinosaurier Eidechsen?

Der Schädel eines *Giganotosaurus* hatte große Löcher.

Löcher im Schädel

Dinosaurierschädel hatten große Löcher oder „Fenster". So war der Schädel leichter. Das war notwendig, denn manche Schädel waren fast so lang wie ein Auto!

Fleischfresser hatten scharfe Krallen.

Pflanzenfresser hatten stumpfe Nägel.

Verräterische Krallen

Fleischfressende Dinosaurier nennt man Theropoden. Das bedeutet „Tierfüßer", denn sie hatten scharfe, gebogene Krallen an den Zehen. Pflanzenfresser hatten meist Hufe oder stumpfe Nägel.

Aufrecht laufen

Dinosaurier liefen auf ihren Zehen, die Beine waren direkt unter dem Körper.

Dinosaurier liefen auf aufrechten, säulenförmigen Beinen.

Krokodile stehen mit leicht gebeugten Knien und Ellbogen.

Eidechsen kriechen, die Knie und Ellbogen sind im rechten Winkel gebeugt.

Eier legen

Alle Dinosaurier haben Eier gelegt. Manche in Nester, genau wie die Vögel heute. Das Junge entwickelte sich im Ei, bis es schlüpfte. Bisher hat man schon schon 40 verschiedene Dinosaurier-Eier gefunden.

Nein. Sie sind zwar verwandt, aber dennoch sehr unterschiedlich.

Das Becken

Dinosaurier kann man in zwei Gruppen unterteilen, je nach Lage ihrer Beckenknochen: die Saurischier (Echsenbecken-Dinosaurier) und die Ornithischier (Vogelbecken-Dinosaurier).

Sind sich *T. rex* und *Triceratops* jemals begegnet?

Die meisten Echsenbecken-Dinosaurier hatten ein Paar Beckenknochen, das nach vorne oder unten wies.

Interessant!

Wissenschaftler glauben, dass sich die Vögel aus Echsenbecken-Dinosauriern entwickelt haben – nicht aus Vogelbecken-Dinosauriern, wie man vermuten könnte.

Saurischier

Zur Gruppe der Echsenbecken-Dinosaurier gehörten alle Fleischfresser, aber auch einige Pflanzenfresser. *T. rex* war ein Echsenbecken-Dinosaurier, wie auch der gewaltige pflanzenfressende *Diplodocus*, der dir auf S. 192 begegnet.

Ich gehöre zu dieser Gruppe!

Es gibt zwei Hauptgruppen von Saurischiern.

Theropoden, die Fleischfresser, wie *Dilophosaurus*.

Sauropodomorphe wie *Brachiosaurus*, mit kleinen Köpfen und langen Hälsen.

Triceratops

Ornithischier

Diese Dinosaurier waren Pflanzenfresser. Die nach hinten weisenden Beckenknochen boten den Verdauungsorganen mehr Platz, und der Magen lag weiter hinten, sodass manche dieser Dinosaurier bei Gefahr auf zwei Beinen fliehen konnten.

Ich gehöre zur anderen!

Es gibt drei Hauptgruppen von Ornithischiern.

Thyreophora liefen auf vier Beinen und haben Knochenplatten (z. B. *Stegosaurus*).

Marginocephalier mit Hörnern am Kopf oder Nackenschilden (z. B. *Triceratops*)

Ornithopoden liefen auf zwei Beinen (z. B. *Iguanodon*).

Ja. Es gibt Belege dafür, dass *T. rex* den *Triceratops* gejagt hat.

Partner finden

Die Männchen vieler Tierarten kämpfen um die Weibchen. Wissenschaftler glauben, dass Dinosaurier ähnlich miteinander konkurrierten, um einen Partner zu finden.

Was haben sie gemacht?

Dinosaurier haben vielleicht die Kämme auf ihren Köpfen zur Schau gestellt, so wie ein Pfau seine Schwanzfedern.

Corythosaurus

Pfau

Bei Balzritualen erkennen die Weibchen, welche Männchen kräftig sind und damit gesunden Nachwuchs zeugen können.

Pachycephalosaurus

Dieser Dinosaurier hatte Knochenstacheln an Kopf und Schnauze.

Dickkopf

Der Kopf des *Pachycephalosaurus* war 80 cm lang. Die Schädeldecke bestand aus dickem Knochen.

Schädel eines *Pachycephalosaurus*

Kämpfe ausfechten

Während der Paarungszeit haben *Pachycephalosaurus*-Männchen vielleicht mit den Köpfen gegeneinander geschlagen. Ihr Rückgrat konnte Erschütterungen abfangen.

Haben sie sich verständigt?

Keiner weiß, ob Dinosaurier Geräusche hervorbrachten. *Parasaurolophus,* ein Entenschnabeldinosaurier, konnte vielleicht Luft durch seinen Kamm blasen.

Mehr wissen …
über auffällige Kämme, Seite **194–195**

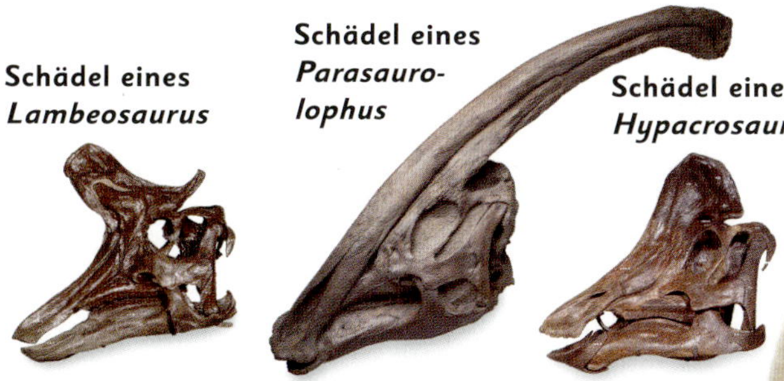

Andere Entenschnabeldinosaurier hatten andere Kämme, die vielleicht andere Geräusche erzeugten.

Quaken wie ein Frosch

Brachylophosaurus hatte einen kurzen, festen Kamm. Er hatte vielleicht eine aufblasbare Tasche daran, mit der er Geräusche machte, etwa so wie ein Frosch mit seiner Schallblase.

In den Wäldern Nordamerikas.

Eier und Nester

Wissenschaftler haben zahlreiche versteinerte Dinosaurier-Eier und sogar Nester gefunden. Es gibt sie in vielen Größen und Formen, von kleinen, runden Eiern, die in deine Hand passen, bis hin zu Eiern so groß wie Kanonenkugeln.

Das größte?
Dieses gewaltige Ei fand man in China. Es wurde vielleicht von einem Therizinosaurier gelegt. Das größte Ei, das man je fand, stammt von einem *Macroelongatoolithus*.

Dieses fossile Dinosaurier-Ei stammt aus der Mongolei.

Welche Form?
Manche Dino-Eier waren rund, andere aber länglich wie ein Brot.

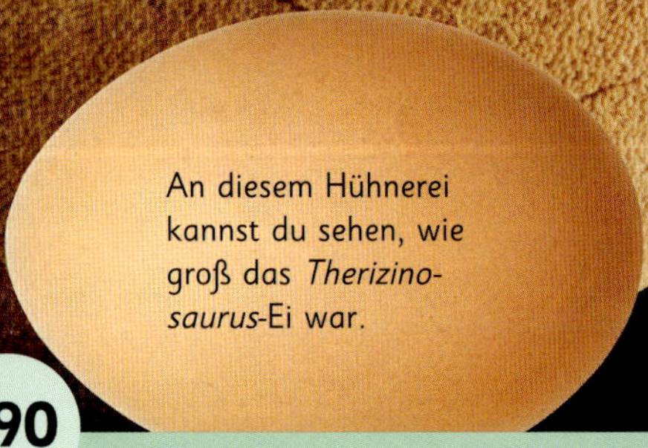

An diesem Hühnerei kannst du sehen, wie groß das *Therizinosaurus*-Ei war.

Schlammige Kinderstube
Manche Eier wurden im Schlamm gelegt, wo sie perfekt versteinerten. Dies sind *Maiasaura*-Eier aus Montana (USA).

Oviraptor-Nest aus China, in das die Eier spiralförmig gelegt wurden. Jedes Ei ist ungefähr 16 cm lang.

Waren die Eierschalen der Dinosaurier weich wie die von Schlangen?

Endlich raus da!

Ein kleiner Dinosaurier durchbricht beim Schlüpfen seine Eierschale. Manche Dinosaurier konnten nach dem Schlüpfen vielleicht gleich für sich selbst sorgen. Andere waren auf ihre Eltern angewiesen, die sie schützten und mit Nahrung versorgten.

Modell eines *Parasaurolophus*-Babys

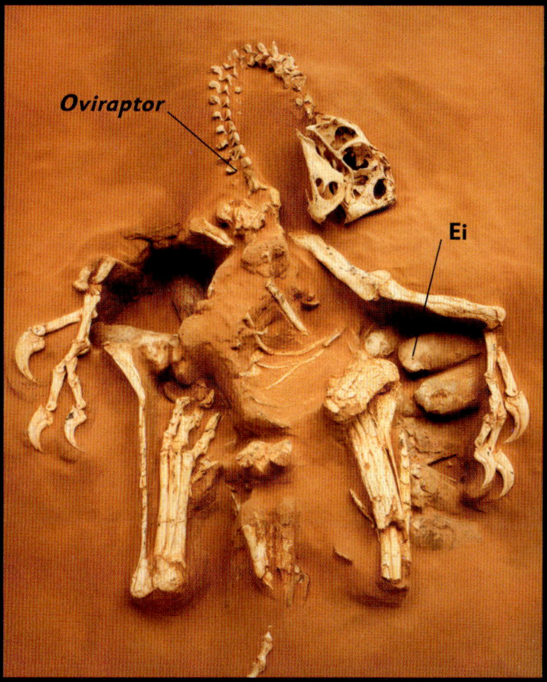

Brutpflege?

Saßen Dinosaurier auf ihren Eiern wie Vögel heute? Dieser Dinosaurier starb und versteinerte, während er vor etwa 80 Millionen Jahren auf seinen Eiern saß.

Ein Nest wurde im Sand oder Erdboden gegraben.

Mehr wissen …
über versteinerte Skelette, Seite **206–207**

Wieder zum Leben erweckt

Dieses Modell stellt den Moment der Versteinerung oben nach: Ein *Oviraptor* bewacht seine Eier. *Oviraptoren* hatten merkwürdige Schnäbel. Vielleicht haben sie die Nester anderer Dinosaurier ausgeraubt, um sich und ihre Jungen zu ernähren.

Nein. Sie hatten harte, zerbrechliche Schalen wie Vogeleier.

Sauropoden

Sauropoden waren die schwersten, längsten und größten Tiere, die je auf dem Festland gelebt haben. Sie waren Pflanzenfresser und mussten ständig weiden.

Vielfraße mit kleinen Gehirnen

Sauropoden hatten kleine Köpfe im Vergleich zu ihrem Körper. Mit ihren stiftförmigen Zähnen rupften sie Pflanzen ab.

Wo auf der Erde?

Sauropoden wurden überall auf der Erde gefunden.

Mamenchisaurus lebte im Jura in China und wurde bis zu 22 m lang.

Camarasaurus kam im Jura in Nordamerika vor und erreichte sogar 23 m Länge.

Barapasaurus wurde bis zu 18 m lang und weidete im Jura in Indien.

Vulcanodon war nur 6,5 m lang, als er im Jura durch das heutige Simbabwe streifte.

Schau, wie riesig er war!

Ein erwachsener *Diplodocus* war so groß wie ein Tennisplatz!

Hals und Schwanz von *Diplodocus* waren sehr lang.

Steine im Magen

Wie andere Sauropoden verschluckte *Diplodocus* Steine, um zähe Pflanzen zerkleinern zu können.

Wie viele Halswirbel hat *Diplodocus*?

Wie eine Giraffe

Die Vorderbeine des *Brachiosaurus* waren länger als seine Hinterbeine, deshalb war sein Rücken schräg wie bei einer Giraffe. *Brachiosaurus* konnte aber doppelt oder dreimal so hoch hinauf gelangen wie eine Giraffe.

Hoch hinauf

Brachiosaurus pflückte Blätter in den Baumkronen ab. Sein langer Hals hat sich wahrscheinlich entwickelt, damit er das fressen konnte, was andere Pflanzenfresser nicht erreichten.

Bilde mit acht Freunden eine Menschenkette, indem ihr euch mit ausgestreckten Armen an den Händen haltet. Etwa so lang war der Hals von *Brachiosaurus*.

Sauropoden hatten lange Schwänze, mit denen sie das Gleichgewicht besser halten konnten.

Fünfzehn.

Auffällige Kämme

Hadrosaurier oder Entenschnabeldinosaurier waren in der Kreidezeit in den Wäldern und Sümpfen Nordamerikas sehr verbreitet.

Alle möglichen Kämme

Die Kämme gab es in verschiedenen Formen.

Corythosaurus hatte einen plattenförmigen Kamm.

Tsintaosaurus hatte einen Kamm, der vielleicht mit leuchtend bunter Haut bedeckt war.

Lambeosaurus hatte einen helmartigen Kamm.

Entenschnabeldinosaurier hatten steife Schwänze. Es ist unwahrscheinlich, dass sie sie von einer Seite zur anderen schwingen konnten.

Männliche Entenschnabeldinosaurier hatten wahrscheinlich größere Kämme als Weibchen.

Parasaurolophus

Was für ein Anblick!

Entenschnabeldinosaurier sind dafür bekannt, dass sie merkwürdige Köpfe hatten. Viele hatten einen Kamm.

Mehr wissen ...

über Partnersuche, Seite **188–189**

über Hörner und Nackenschilde, Seite **196–197**

Kennst du ein heute lebendes Tier mit Kamm?

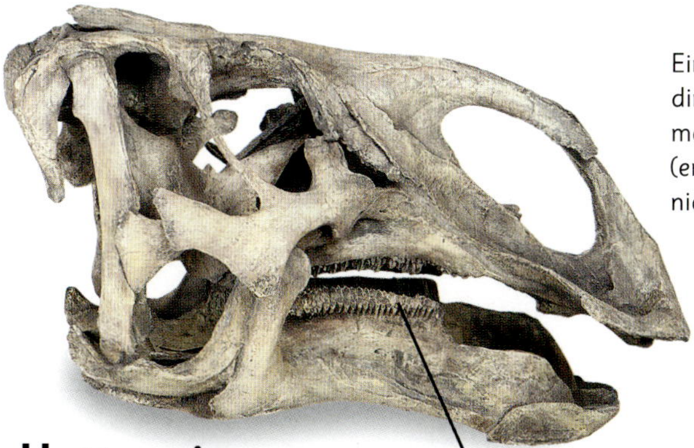

Ein Entenschnabeldinosaurier hatte mehr als 1000 Zähne (er verwendete aber nicht alle gleichzeitig).

Hatten sie Schnäbel?
Dieser entenähnliche Schnabel besaß dicht stehende Zahnreihen, mit denen das Tier Pflanzen abrupfen konnte.

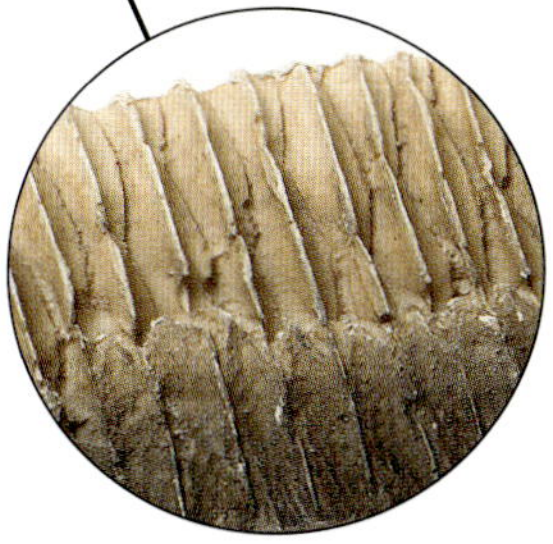

Versteinerter Entenschnabeldinosaurier-Zahn

Was haben sie gefressen?

Eine Entenschnabeldinosaurier-Versteinerung fand man mit den Überresten der letzten Mahlzeit: Rinde, Kiefernzapfen, Nadeln und Äste. Diese zähen Pflanzenteile sind besonders schwer zu verdauen.

Corythosaurus

Kauen und weiterziehen

Ein Entenschnabeldinosaurier wie *Corythosaurus* hat wahrscheinlich in Herden geweidet und Blätter, Nadeln und Farnwedel abgepflückt.

Einige Eidechsen und Vögel haben Kämme.

Hörner und Nackenschilde

Triceratops, der einen ähnlichen Körperbau hatte wie ein Nashorn, ist einer der bekanntesten Dinosaurier. Er gehört zu den Horndinosauriern oder Ceratopsiern.

Ein stattlicher Pflanzenfresser!

Gesicht mit drei Hörnern

Triceratops war einer der größten Horndinosaurier. Vollends ausgewachsen konnte er etwa 10 m lang werden.

Was bedeutet der Name *Triceratops*?

Andere Ceratopsier

Es gab verschiedene Dinosaurier mit Hörnern und Nackenschilden.

Protoceratops hatte einen Nackenschild, aber kein Horn.

Styracosaurus oder „Dornenechse“, hatte einen schicken Nackenschild und ein Horn.

Pentaceratops hatte einen enormen Nackenschild und drei lange Hörner.

In der Wüste Gobi

Protoceratops weidete in der Wüste Gobi in Asien, genau wie Schafe heute. Die Tiere waren auch etwa so groß wie Schafe.

Protoceratops hatte einen Schnabel, ähnlich wie ein Papagei.

Kein Kämpfer

Protoceratops hatte keinen Schutz. Mit seiner geringen Größe war er die ideale Beute für Fleischfresser.

Vom Baby zum ausgewachsenen Tier

Voll entwickelter Schädel

Jungtiere

Dinosaurier-Friedhof

In der Wüste Gobi fand man *Protoceratops*-Fossilien von Tieren in jedem Alter.

„Dreihorngesicht“.

T. rex

Der gewaltige *Tyrannosaurus rex* streifte während der letzten Jahrmillionen, in denen die Dinosaurier die Erde beherrschten, in Nordamerika umher.

Die Augäpfel waren so groß wie eine geballte Faust.

Wenn Zähne abbrachen, wuchsen neue nach, um sie zu ersetzen.

Gigantisch

T. rex hatte gefährlich gebogene Zähne, jeder so lang wie die Hand eines Menschen. Insgesamt besaß er 58 davon.

Jäger oder Aasfresser?

T. rex fraß Pflanzenfresser wie *Triceratops*.

Kräftige Hinterbeine

War er ein Räuber?
Wir wissen nicht wirklich, ob *T. rex* ein Jäger oder ein Aasfresser war. Er kann andere Tiere angegriffen oder auch tote und sterbende Dinosaurier gefressen haben – vielleicht auch beides.

T. rex ist die Abkürzung von *Tyrannosaurus rex*. Was bedeutet das?

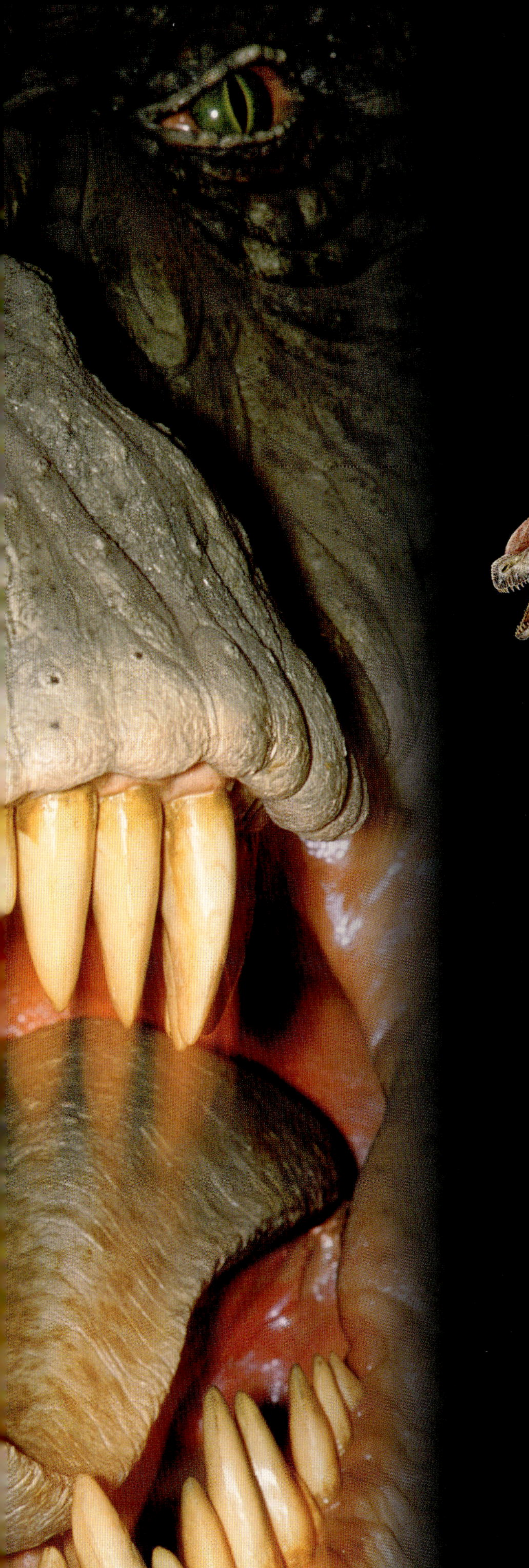

Weniger Gewicht

Mit seinem, 1,5 m langen Schädel konnte dieses gewaltige Tier kleine Dinosaurier im Ganzen verschlucken! Mit den Zwischenräumen war der Schädel leichter.

Die Zähne von *T. rex* waren gesägt. Beim Biss schnitten sie in das Fleisch des Opfers ein.

Guanlong war nur 1,1 m groß und das meiste davon waren Schwanz und Hals!

Vorfahr

Einer der ältesten Mitglieder der Familie der Tyrannosaurier wurde vor Kurzem in China gefunden. *Guanlong* lebte etwa 100 Millionen Jahre vor *T. rex*.

Was für ein Brocken!

Das ist Sue, das größte und am vollständigsten erhaltene Skelett eines *T. rex*. Sie wurde für unvorstellbare 5,3 Millionen Britische Pfund an ein Museum verkauft.

Von Schnauze zu Schwanz misst Sue 12,8 m.

Tyrannosaurus rex bedeutet „König der Tyrannenechsen".

Groß und wild

Giganotosaurus bedeutet „Südliche Riesenechse“ und dieser Dinosaurier war wirklich groß, vielleicht größer als *T. rex*. Die beiden sind sich jedoch nie begegnet, denn *Giganotosaurus* lebte 10 Millionen Jahre vor *T. rex*.

Ein neuer Fund!
Giganotosaurus-Knochen wurden in Argentinien gegen Ende des 20. Jahrhunderts zum ersten Mal gefunden. Man fand jedoch bisher kein vollständiges Skelett.

Giganotosaurus hatte wahrscheinlich einen guten Geruchssinn und hervorragende Augen.

Interessant!

Es ist schwer vorstellbar, wie groß und schwer ein ausgewachsener *Giganotosaurus* wirklich war. Man glaubt, dass er so schwer war wie 125 erwachsene Menschen!

Wo lebte *Argentinosaurus*?

Angriff!

Ein riesiger Sauropode, *Argentinosaurus*, lebte gleichzeitig mit *Giganotosaurus*. Man glaubt, dass dieser Koloss 43 m lang werden konnte. Ein 13,5 m langer *Giganotosaurus* hätte ihn nicht überwältigen können, aber diese Räuber haben vielleicht im Rudel gejagt.

Mehr wissen …

über die Zeit der Dinosaurier, Seite **182–183**

über Sauropoden, Seite **192–193**

Gefährliche Arme

Giganotosaurus hatte größere und kräftigere Arme als *Tyrannosaurus* mit drei Fingern. Wahrscheinlich packte der Dinosaurier damit seine Beute.

Das ist ein Zahn!

Giganotosaurus hatte große, gesägte Zähne, um Opfer zu packen und um das Fleisch zu zerschneiden. Die größten Zähne waren etwa 20 cm lang.

Die Raptoren

Bambiraptor

Der angriffslustige *Velociraptor* war ein hervorragender Jäger. Er lebte in der späten Kreidezeit in Asien. Obwohl er klein war, hatte er rasiermesserscharfe Zähne und fürchterliche dolchartige Krallen.

Velociraptor

Die schmalen Kiefer trugen etwa 80 Zähne.

Die Federn wärmten, sie dienten nicht zum Fliegen.

Ein gefiederter Dinosaurier?

Manche Dinosaurierfossilien wurden mit Spuren einer federähnlichen Bedeckung gefunden. Man glaubt, dass auch *Velociraptor* vielleicht Federn besaß, obwohl noch kein *Velociraptor*-Fossil mit Federn gefunden wurde.

Die Killer-Kralle

Deinonychus hatte scharfe Krallen an seinen Hinterbeinen. Er hielt sie über dem Boden, aber er konnte sein Opfer damit aufschlitzen.

Versteinerter *Deinonychus*-Fuß

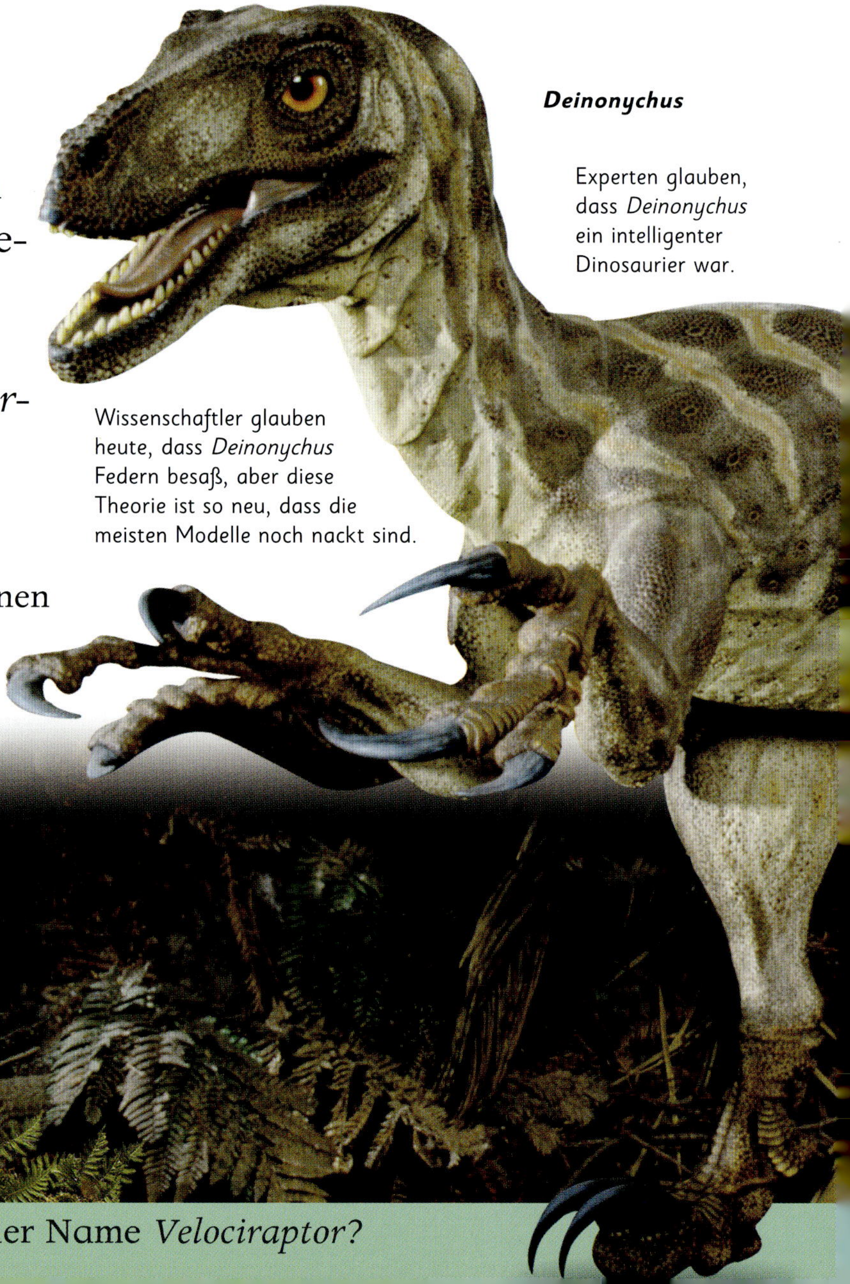

Deinonychus

Experten glauben, dass *Deinonychus* ein intelligenter Dinosaurier war.

Wissenschaftler glauben heute, dass *Deinonychus* Federn besaß, aber diese Theorie ist so neu, dass die meisten Modelle noch nackt sind.

Was bedeutet der Name *Velociraptor*?

Deinonychus

Dieses Skelett wurde so montiert, dass man erkennen kann, wie *Deinonychus* mit gezückten Krallen auf ein Opfer sprang.

Springen und fassen

Velociraptor und Verwandte wie *Deinonychus* jagten vielleicht im Rudel und sprangen ihrer Beute mit ausgestreckten Beinen auf den Rücken.

Interessant!

Velociraptor und *Deinonychus* gehören zur Gruppe der Dromaeosauriden. Wissenschaftler glauben, dass sie mit den heutigen Vögeln verwandt sind.

Deinonychus hatte einen leichten Körper und lange Hinterbeine.

Deinonychus bedeutet „Schreckenskralle".

„Schneller Räuber". Man vermutet, dass er bis zu 65 km/h schnell war.

Saurier aus der Tiefe

Es gab zwar keine Dinosaurier im Meer, aber viele gezähnte Riesenreptilien, die die Meere beherrschten, während die Saurier an Land lebten.

Ichthyosaurus hatte große Augen.

Elasmosaurus atmete Luft, genau wie die Wale heute.

Der Hals war so lang wie sein Körper.

Achtung ...
Ein *Ichthyosaurus* bewegt sich flink, damit er nicht gefressen wird. Die schwimmenden Ichthyosaurier, auch *Ichthyosaurus* selbst, waren perfekt daran angepasst, schnelle Beute wie Kalmare zu jagen. Sie selbst konnten von größeren Reptilien im Meer angegriffen werden.

... Gefahr!

Liopleurodon greift Ichthyosaurier von unten an. *Liopleurodon* war ein Plesiosaurier mit kurzem Hals und vielleicht der größte Jäger aller Zeiten im Meer.

Was hat *Liopleurodon* gefressen?

Die kenne ich!

Viele der Meeresbewohner im Mesozoikum wären dir bekannt vorgekommen.

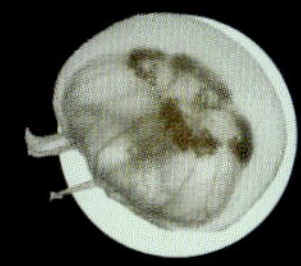

Quallen gibt es bereits seit etwa 400 Millionen Jahren.

Korallen wirken zerbrechlich, aber sie haben seit der Zeit der Saurier überlebt.

Die Vorfahren vom **Weißen Hai** lebten bereits in der Kreidezeit.

Kalmare wurden von Ichthyosauriern gefressen, wie Versteinerungen belegen.

Schnecken sind ebenfalls als Versteinerungen erhalten.

Was ist das?

Elasmosaurus war ein Plesiosaurier mit einem langen Hals. Mit seinen vier paddelförmigen Gliedmaßen glitt er gewandt durchs Wasser. Er wurde bis zu 14 m lang.

Liopleurodon wurde vielleicht 25 m lang.

Liopleurodon

Die dolchartigen Zähne sind zweimal so lang wie die eines *T. rex.*

Interessant!

Manche Leute glauben, dass das Monster von Loch Ness ein Plesiosaurier ist, der im See eingeschlossen wurde, als vor Jahrmillionen das Meer zurückging.

Alles, was er erwischte, auch Flugsaurier, die zu nahe an die Meeresoberfläche kamen.

Ein Skelett versteinert

Fossilien bilden sich, wenn Teile von Pflanzen oder Tiere bald nach dem Absterben unter Schlamm oder Sand begraben werden. Die Versteinerung dauert Jahrmillionen.

Vor 70 Millionen Jahren
Ein *T. rex* starb und wurde flussabwärts geschwemmt. Er liegt auf weichem Schlamm und wird bald vom Schlamm begraben.

Fünf Jahre später
Das Fleisch des Tieres ist langsam verwest, nur die Knochen sind übrig. Im Laufe der Zeit werden sie verstreut.

Vor 50 Millionen Jahren
Ein Meer bedeckt nun das Gebiet, durch das einst der Fluss floss. Der Druck verwandelt den Sand zu Sandstein.

Kannst du einige Dinge nennen, die zu Fossilien werden?

Ein Skelett versteinert

Vor zwei Millionen Jahren
Über Jahrmillionen haben sich Gebirge über dem versteinerten *T. rex* gebildet, die schließlich von der Witterung wieder abgetragen wurden.

Letztes Jahr
Das Gebiet um das Fossil ist heute eine Wüste. Zwei Wanderer entdecken ein Ende eines frei liegenden Knochens.

Heute
Wissenschaftler legen *T. rex* frei. Die Knochen werden sorgfältig entfernt. Das Skelett kommt schließlich ins Museum.

Knochen, Zähne, Fuß- und Hautabdrücke, Pflanzen.

Was ist passiert?

Vor 65 Millionen Jahren sind die Dinosaurier ausgestorben – mit ihnen die Flugsaurier und Plesiosaurier. Es gab ein Massensterben, aber weshalb? Viele glauben, dass ein Meteorit die Erde traf.

Wer starb aus?

Beim Massensterben verschwanden unzählige Tiere, darunter:

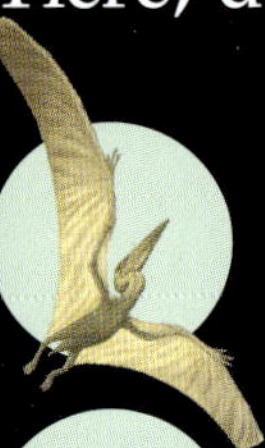

Flugsaurier, die einst akrobatisch durch die Lüfte flogen.

Dinosaurier, die sich zu einer großen Vielfalt entwickelt hatten.

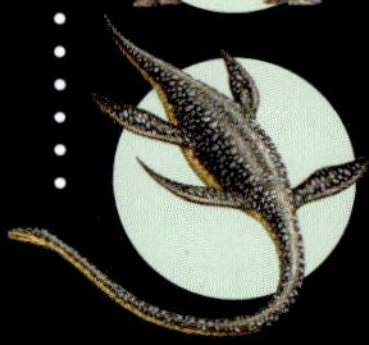

Riesige Reptilien, die aus den Meeren verschwanden.

Was veränderte sich?

Wissenschaftler glauben heute, dass ein riesiger Meteorit die Erde getroffen hat und sich eine Staubwolke mit giftigem Rauch bildete, die die Sonne verdunkelte und das Klima veränderte.

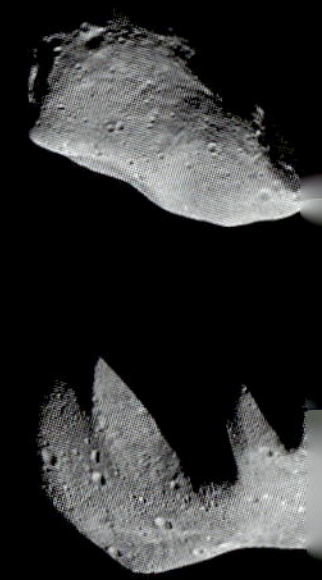

Der Gesteinsbrocken könnte die Erdkruste mit unglaublicher Kraft getroffen haben, sodass Erdbebenwellen um die gesamte Erde liefen.

Es war ein gewaltiger Meteorit!

Gegen Ende des 20. Jh. fanden Geologen die Überreste eines riesigen Kraters in Mexiko. Er hat einen Durchmesser von 180 km. Sie glauben, er entstand, als vor 65 Millionen Jahren ein riesiger Meteorit dort einschlug.

War das alles?

Der Meteorit schlug ein, als sehr viele Vulkane aktiv waren. Sie könnten Asche- und Staubwolken ausgestoßen haben, die das Sonnenlicht abschirmten – genau wie die Auswirkungen des Meteoriten. So hätten zwei gewaltige Ereignisse gleichzeitig stattgefunden.

Der Meteorit, der den Krater in Mexiko verursacht hat, hatte 10 km Durchmesser.

Meteoriten und Vulkane könnten ein Massensterben ausgelöst haben.

Ein Vulkan stößt giftige Staubwolken aus.

Kein Landtier, das größer war als ein großer Hund, überlebte.

Vögel

Du glaubst vielleicht, Reptilien sind nahe mit den Dinosauriern verwandt. Sie haben aber mehr mit Vögeln gemeinsam!

Eine unbekannte Verbindung?

Die Verbindung zwischen Dinosauriern und Vögeln ist noch ein Rätsel. *Caudipteryx* scheint eine Kreuzung gewesen zu sein.

Caudipteryx konnte nicht fliegen, denn seine Flügel waren zu klein.

Caudipteryx

Der erste Vogel?

Der erste bekannte Vogel ist *Archaeopteryx,* der im Jura erschien. Er hatte Zähne, Finger mit Krallen und den langen Knochenschwanz eines Dinosauriers, aber er hatte auch Federn.

Versteinerter *Archaeopteryx*

Archaeopteryx bedeutet „Alter Flügel".

Wie groß wurde *Archaeopteryx*?

Warum Federn?
Federn schützen Vögel vor Wasser und Temperaturveränderungen und manche Dinosaurier könnten sie aus demselben Grund entwickelt haben.

Caudipteryx war ein Tier der Kreidezeit.

Federn bieten guten Schutz vor Kälte.

Caudipteryx hatte Krallen an den Händen. Er hatte auch Zähne.

Hoatzins kommen in Teilen Südamerikas vor.

Wir haben Krallen

Manche heutigen Vögel haben Krallen an den Flügeln, z. B. Hoatzin-Küken. Erwachsene Vögel verwenden sie nicht, aber Küken klettern damit in den Bäumen umher.

Interessant!

Experten diskutieren noch immer darüber, wie Dinosaurier und Vögel miteinander verwandt sind. Es ist eher unwahrscheinlich, dass Dinosaurier fliegen konnten.

Caudipteryx war etwa so groß wie ein Truthahn.

Sinosauropteryx

Teile eines Puzzles

Mehr und mehr Dino-Vögel werden entdeckt und tragen zu unserem Verständnis bei. Dieses Modell wurde aufgrund von Fossilien aus China gebaut.

Er war klein: etwa so groß wie eine Taube.

Die Natur erforschen

Naturforscher suchen nach Wahrheit und Wissen. Sie wollen möglichst viel über das Leben und das Universum erfahren. Da aber niemand alles wissen kann, gibt es Spezialisten für verschiedene Gebiete.

Atome und Weltall

Forscher untersuchen viele Dinge, angefangen bei den winzigen Atomen, aus denen alle Dinge bestehen, bis hin zu den riesigen Weiten des Weltalls.

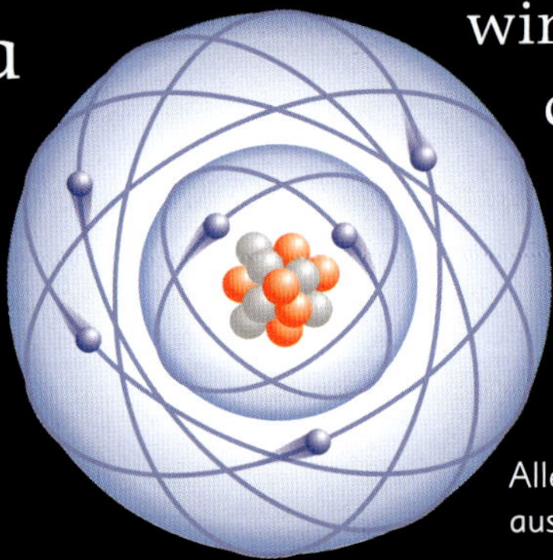

Alles, was wir sehen, besteht aus winzig kleinen Atomen.

Die Lebewesen

Wie wachsen Lebewesen, wo leben sie, wovon ernähren sie sich und wie funktioniert ihr Körper? Mit diesen Fragen beschäftigt sich die Biologie, die Wissenschaft vom Leben. Sie untersucht Bakterien, Pflanzen, Tiere – und Menschen!

Die Wissenschaft von den Pflanzen nennt man Botanik.

Die Biologie, auch Wissenschaft vom Leben genannt, untersucht die Lebewesen auf der Erde.

Kräfte und Energien

Die Wissenschaft, die sich Physik nennt, beschäftigt sich mit Kraft und Energie. Es gibt verschiedene Arten von Energie, z. B. Licht, Wärme und Schall. Kräfte bewirken, dass alle Dinge an ihrem Platz bleiben. Ohne die Schwerkraft würdest du z. B. ins Weltall davonschweben!

Wir können die Energie dorthin schicken, wo sie gebraucht wird.

Planet Erde

Wie nennt man die Wissenschaft von den Tieren?

Foto-Quiz

Wo sind im Kapitel „Forschung und Technik“ die Bilder, zu denen diese Ausschnitte gehören?

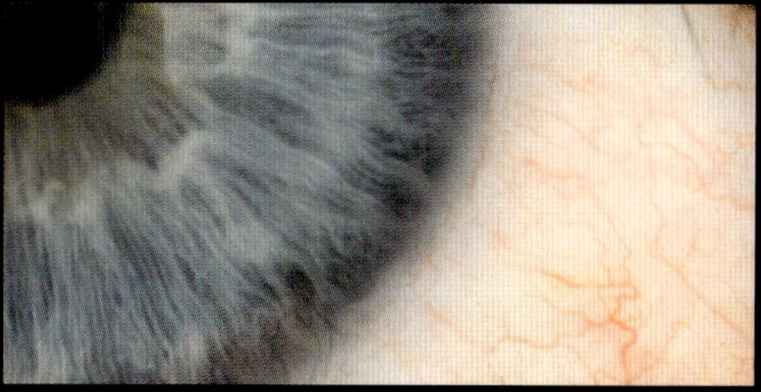

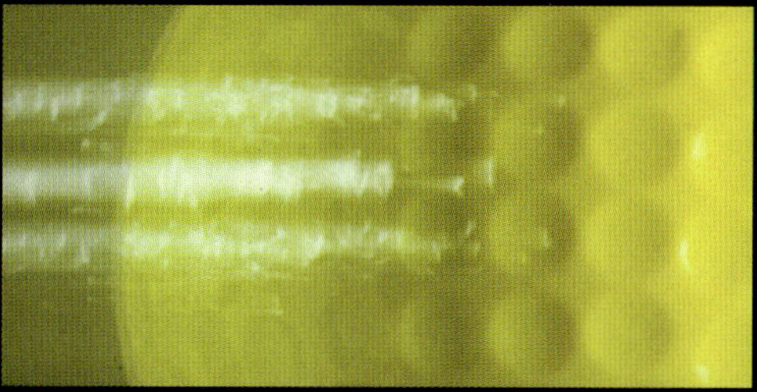

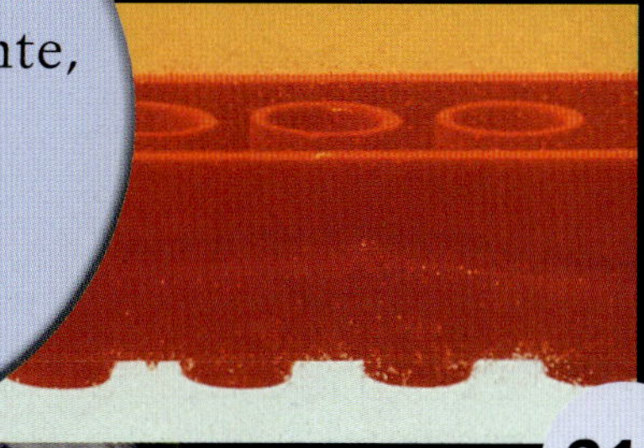

Erde und Weltraum

Die Erde ist nur ein winziger Punkt im Universum, das mit unzähligen Planeten, Monden, Sonnen und Galaxien bevölkert ist. Immerhin ist sie der einzige bekannte Ort, an dem es Leben gibt. Forscher studieren den Aufbau unseres Planeten und aller Himmelskörper im Weltraum.

Die Wissenschaft von den Vulkanen heißt Vulkanologie.

Ein Zweig der Naturwissenschaft, die Chemie, beschäftigt sich mit der Frage, wie Stoffe sich verändern.

Stoffe

Die Welt ist voller Atome und Elemente, Moleküle, Gemische und Verbindungen. Forscher untersuchen, wie sie sich verhalten, wie wir sie verwenden können und wie sie miteinander reagieren.

Durch Weltraumaufnahmen von der Erde lernen Wissenschaftler unseren Planeten genauer kennen.

Mehr wissen …

über die Kontinente, Seite **6–7**

über unseren Platz im All, Seite **272–273**

Zoologie.

Fortschritte

Alle großen Forscher wollten nur die Rätsel des Lebens lösen. Ihr Wissensdurst führte zu vielen großen Erfindungen und Entdeckungen.

Johannes Gutenberg (1400–1468)

Gutenberg entwickelte in Europa den Buchdruck mit beweglichen metallenen Lettern und die mechanische Druckerpresse. Im Vergleich zum vorher üblichen Holzdruck war seine Druckerpresse viel schneller, genauer und haltbarer.

Als erstes Buch druckte Gutenberg 1455 eine Bibel.

Newton erkannte die Schwerkraft, als ihm ein Apfel auf den Kopf fiel.

Newton entdeckte, dass weißes Licht aus sieben Farben besteht.

Isaac Newton (1642–1727)

Newton interessierte sich für Licht und Kräfte. Er erkannte, dass es eine Kraft geben muss, die die Planeten auf ihrer Umlaufbahn hält. Wir kennen sie heute als Schwerkraft. Er entdeckte außerdem, dass weißes Licht aus allen Farben des Regenbogens besteht.

1400 1500 1600

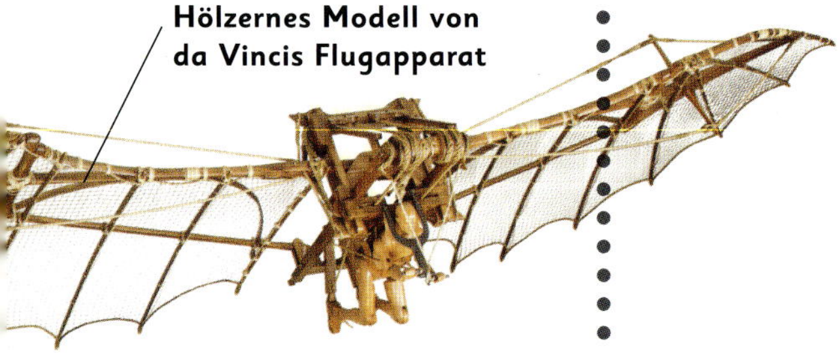

Hölzernes Modell von da Vincis Flugapparat

Leonardo da Vinci (1452–1519)

Da Vinci war ein Maler und Erfinder. Er zeichnete Pläne für Hubschrauber, Flugzeuge und Fallschirme. Leider konnte er mit den technischen Mitteln seiner Zeit keine Geräte bauen, die wirklich funktionierten.

Galileo Galilei (1564–1642)

Galilei beobachtete das Sonnensystem durch ein Teleskop und bewies, dass die Erde sich um die Sonne dreht. Einige weise Denker hatten das seit Langem vermutet, aber die meisten Menschen hielten damals die Erde für den Mittelpunkt des Universums.

Teleskop aus dem 17. Jahrhundert

Wo wurde Gutenberg geboren?

Mit einem Drachen lernte Franklin viel über Blitze und Elektrizität.

Interessant!

Schon vor über 2000 Jahren empfahl der griechische Denker Aristoteles, die Natur zu beobachten und Ideen durch Experimente zu überprüfen.

Benjamin Franklin (1706–1790)

Der Amerikaner Benjamin Franklin experimentierte mit Blitzen und Elektrizität. Seine Forschungen aus dem 18. Jh. sind die Basis für alles, was mit Elektrizität zu tun hat.

Franklin riskierte bei Gewittern oft sein Leben.

Louis Pasteur (1822–1895)

Er erfand das Verfahren der Pasteurisierung (dabei werden Bakterien, z. B. in Milch, durch Erhitzen abgetötet), Pasteur erkannte, dass Bakterien Krankheiten verursachen. Er forderte saubere Krankenhäuser, damit die Keime sich nicht ausbreiten.

Erfindungen

Erfindungen und Entdeckungen haben den Lauf der Geschichte verändert.

Rad (3500 v. Chr.) Das Rad wurde zum ersten Mal in Mesopotamien verwendet.

Papier (50 v. Chr.) Die Erfindung wurde in China lange Zeit geheim gehalten.

Kompass (1190) Chinesen erfanden den magnetischen Kompass.

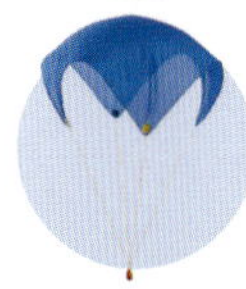

Fallschirm (1783) Nach den Plänen da Vincis dauerte es viele Jahre, bis der erste flog.

Dampfeisenbahn (1829) Der erste funktionierende Zug erreichte 48 km/h.

Farbfoto (1861) Eine Erfindung des Physikers James Clerk Maxwell.

1700

1800

Wilhelm Herschel (1738–1822)

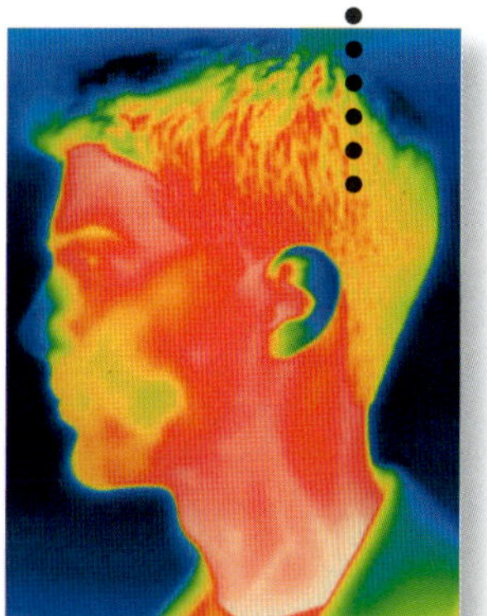

Herschel ist berühmt, weil er den Planeten Uranus entdeckte. Zudem entdeckte er die Infrarotstrahlung, die heute für drahtlose Übertragungen, bei Wettervorhersagen, in Nachtsichtgeräten und in der Astronomie eingesetzt wird.

Wilhelm Conrad Röntgen (1845–1923)

Röntgen entdeckte am 8. November 1895 die elektromagnetische Strahlung (die nach ihm benannt wurde). Dafür erhielt er im Jahr 1901 den ersten Nobelpreis für Physik.

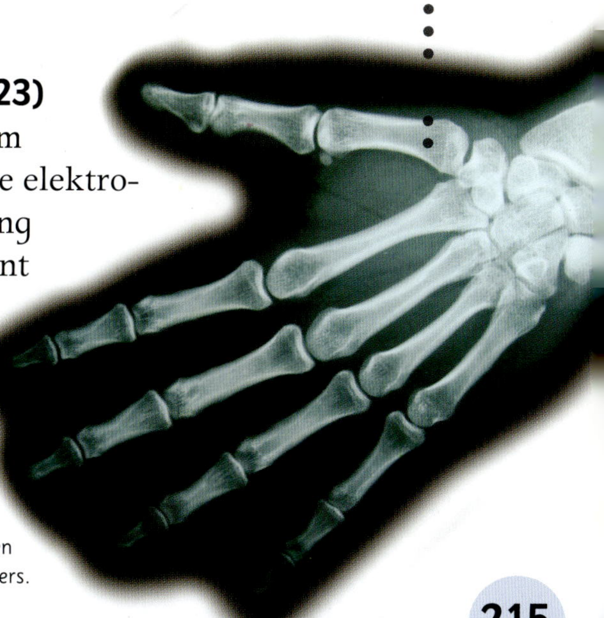

Mit Röntgenstrahlen sehen Ärzte ins Innere des Körpers.

Nach Edisons Vorarbeit wurden Filmprojektoren schnell weiterentwickelt.

Ein früher Filmprojektor

Karl Landsteiner (1868–1943)

Der in Österreich geborene Arzt entdeckte die vier Blutgruppen – A, B, AB und 0. So schuf er die Grundlage für die heutige Einteilung der Blutgruppen.

Orangensaft enhält sehr viel Vitamin C.

Albert Szent-Györgyi (1893–1986)

Der ungarische Wissenschaftler entdeckte das Vitamin C. Zudem erforschte er als einer der Ersten die Funktion der Muskeln. Im Jahr 1937 erhielt er den Nobelpreis für Physiologie und Medizin.

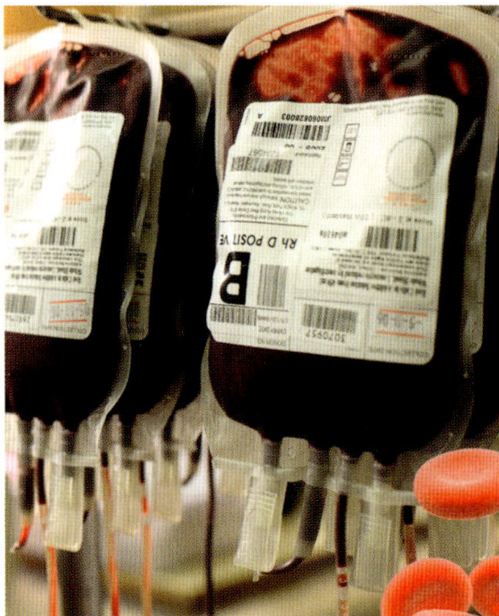

Blutübertragungen spielen in der Medizin heute eine sehr wichtige Rolle.

Die Blutgruppe erbt man von seinen Eltern.

Rote Blutkörperchen

Thomas Edison (1847–1931)

Thomas Alva Edison kann über 1000 Erfindungen vorweisen, darunter die Glühbirne, die Batterie und den Filmprojektor.

1800

1850

Albert Einstein (1879–1955)

Die berühmte Gleichung des deutschen Physikers Albert Einstein ($E=mc^2$) zeigt den Zusammenhang zwischen Energie, Masse und Zeit, der für das Verständnis des Universums sehr wichtig ist.

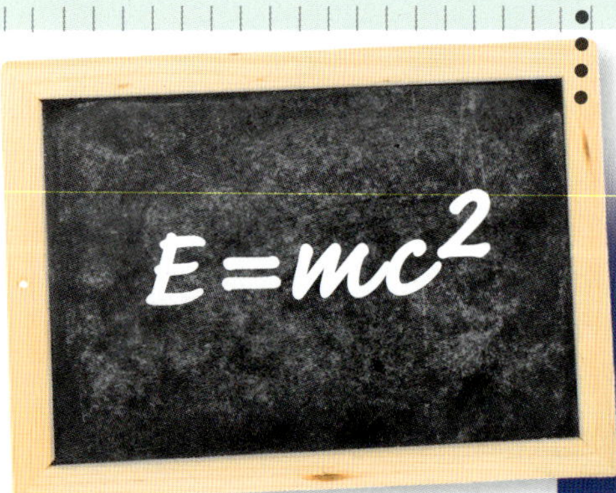

Einsteins Gleichung

Charles Richter (1900–1985)

Richter entwickelte zusammen mit seinem Kollegen Beno Gutenberg eine Skala zur Messung der Stärke von Erdbeben.

Erdbeben zerstören Wohn- und Bürogebäude.

Ein „vernichtendes" Erdbeben (8–8,9 auf der Richterskala) tritt durchschnittlich einmal pro Jahr auf.

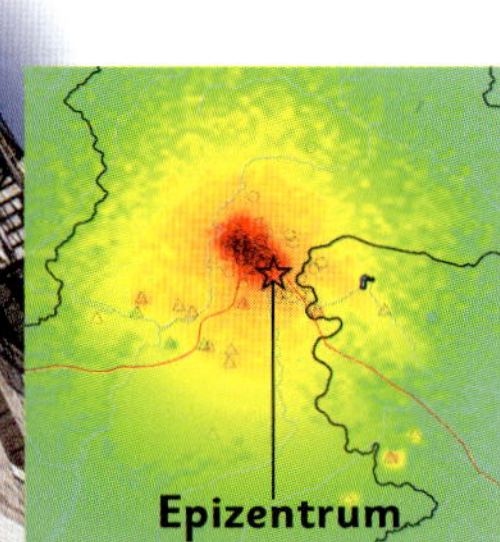

Wer erfand die Tiefkühlkost?

Alan Turing (1912–1954)
Im Zweiten Weltkrieg trug Alan Turing, ein kluger Mathematiker, zur Entwicklung von Dekodiermaschinen bei. Dies führte schließlich zur Erfindung des Computers.

Die Briten knackten im 2. Weltkrieg verschlüsselte deutsche Botschaften mit der Enigma-Maschine.

Moderne Computer sind leicht und tragbar – die ersten Computer füllten dagegen ganze Zimmer aus.

Computer (1941)
Die ersten Computer waren riesige Maschinen. Anfangs konnten sie keine komplizierten Aufgaben lösen, sondern nur eine nach der anderen.

Mobiltelefon (um 1980)
Die ersten Handys wurden aus den Funkgeräten der 40er- und 50er-Jahre entwickelt. Sie waren recht groß und wogen etwa 35 kg.

Modernes Handy

1900

DNA (1953)
Die Entdeckung der DNA (sie trägt die Erbinformationen) führte zu DNA-Tests, die der Polizei sehr helfen. Straftäter erkennt man an nur einem Tropfen Blut oder einem Haar.

Atombombe (1945)
Manche Erfindungen sind schrecklich, wie die Atombomben, die die USA im Zweiten Weltkrieg über Japan abwarfen. Sie töteten 300 000 Menschen.

Internet (um 1990)
Das Internet entstand schon um 1960, wird aber erst seit 1990 weltweit genutzt. Heute verwenden es bereits etwa 1,5 Milliarden Menschen zum Spielen und Lernen.

Bevor es DNA-Tests gab, verwendete die Polizei Fingerabdrücke zur Erkennung von Tätern.

Neue Erfindungen
Ohne diese fantastischen Erfindungen sähe die Welt heute anders aus.

Antibiotika Das erste Antibiotikum, Penizillin, wurde zufällig entdeckt.

Auto Manche der frühen Modelle hatten Kohle- oder Holzfeuer-Motoren.

Kernkraft ist sehr ergiebig, aber viele Menschen halten sie für schädlich.

Kunststoffe werden u.a. für Haushaltswaren und Spielzeug verwendet.

Compact Disks (CDs) sind leicht und klein und können viele Daten speichern.

Energiesparlampen helfen uns Energie zu sparen.

Clarence Birdseye, im Jahr 1924.

Was tun Forscher?

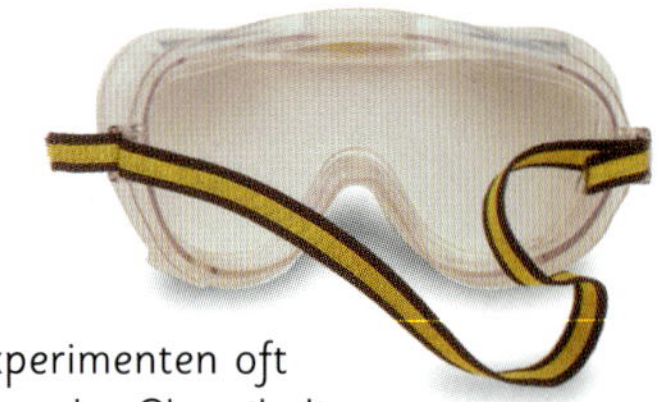

Weil bei Experimenten oft giftige Gase oder Chemikalien entstehen, tragen Forscher Schutzbrillen.

Forscher untersuchen die Welt um uns herum. Sie versuchen, Antworten auf noch offene Fragen zu finden. Dabei konzentriert sich jeder auf ein ganz bestimmtes Fachgebiet.

Testen, testen und wieder testen

Forscher überprüfen ihre Ideen mit Tests, den sogenannten Experimenten. In diesem Kapitel kannst du selbst viele Experimente durchführen – die Kreise „Probier's aus!“ beschreiben, wie's geht.

Die Mischung macht's

Experimente, bei denen Chemikalien miteinander reagieren, enden mal gut, mal weniger gut. Manche Mischungen sind gefährlich, andere dagegen genau das, wonach die Forscher gesucht haben.

Hookes Mikroskop

Genau betrachtet
Im 17. Jh. entwickelte der Niederländer Anton van Leeuwenhoek das Mikroskop und der Engländer Robert Hooke verfeinerte es. Die ersten Mikroskope zeigten kleine Organismen im Wasser. Mit heutigen Mikroskopen kann man sogar in das Innere von Zellen sehen.

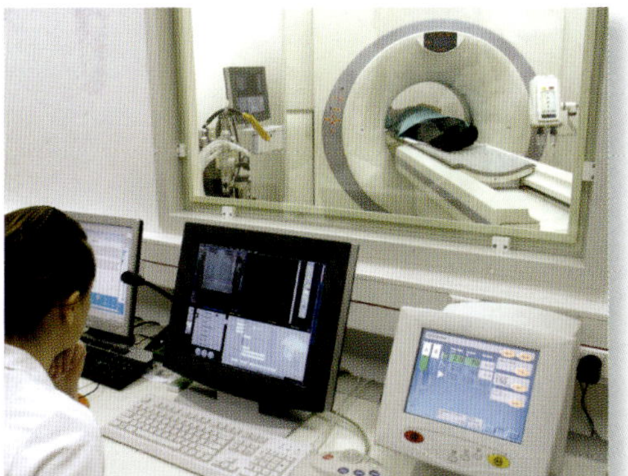

Von innen betrachtet
Mit einem Computertomografen (CT), einer riesigen Maschine, können Ärzte sehen, was im Körper vorgeht.

Probier's aus!
Fülle eine Vase mit Wasser und gib etwas Lebensmittelfarbe hinein. Schneide den Stängel einer Blume unten ein Stück ab und stelle die Blume ins Wasser.

Pflanzen ziehen Nahrung und Wasser aus dem Boden durch den Stängel nach oben. Mit Experimenten probieren Forscher aus, wie und warum etwas funktioniert.

Welche Forscher gibt es?

Für fast alle Dinge auf der Welt gibt es spezielle Wissenschaftler.

Zoologen untersuchen Tiere.

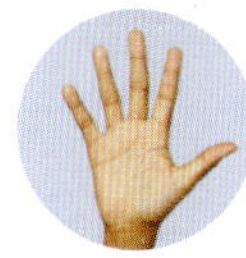

Biologen interessieren sich für Lebewesen und lebende Organismen.

Paläontologen studieren Fossilien und versuchen, aus ihnen zu lernen.

Botaniker untersuchen die verschiedenen Pflanzenarten und -gruppen.

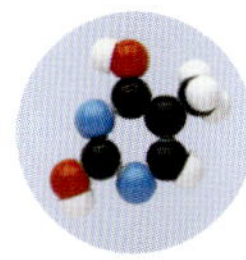

Chemiker beschäftigen sich mit den Elementen und erzeugen neue Stoffe.

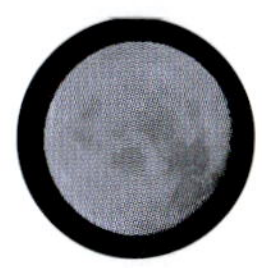

Astronomen erforschen das Weltall: die Planeten, Sterne, Galaxien usw.

Entomologen sind spezielle Zoologen, die nur Insekten erforschen.

Geologen erforschen die Erde. Dazu untersuchen sie vor allem die Gesteine.

Archäologen interessieren sich für die Überreste früherer Kulturen.

Ökologen untersuchen die Beziehungen zwischen Lebewesen und ihrer Umwelt.

Ozeanografen erforschen die Meere.

Manche Mikroskope vergrößern um das 1000-Fache!

Forschung im Alltag

Forschung wird nicht nur von Fachleuten im Labor betrieben. Viele Erfindungen begegnen uns täglich auf Schritt und Tritt, beim Zähneputzen ebenso wie beim Kochen.

Teflon

Es wurde 1938 erfunden und ist eine bestimmte Beschichtung. In Teflonpfannen brennt nichts an.

Bügeleisen

Teflonpfanne

Elektrizität

Elektrizität sorgt für gutes Licht und liefert Energie zum Kochen, Reisen, Arbeiten und für alle möglichen Aktivitäten.

Plastikbausteine

Plastik ist fantastisch!

Auch bei dir zu Hause gibt es sicher viele Dinge aus Plastik, z. B. Spielzeug. Kunststoffe sind sehr vielseitig und haltbar. Viele von ihnen lassen sich sogar wiederverwenden.

Medizinbehälter aus Plastik

Städte sind nachts hell erleuchtet.

Wie hieß der erste Weltraumsatellit?

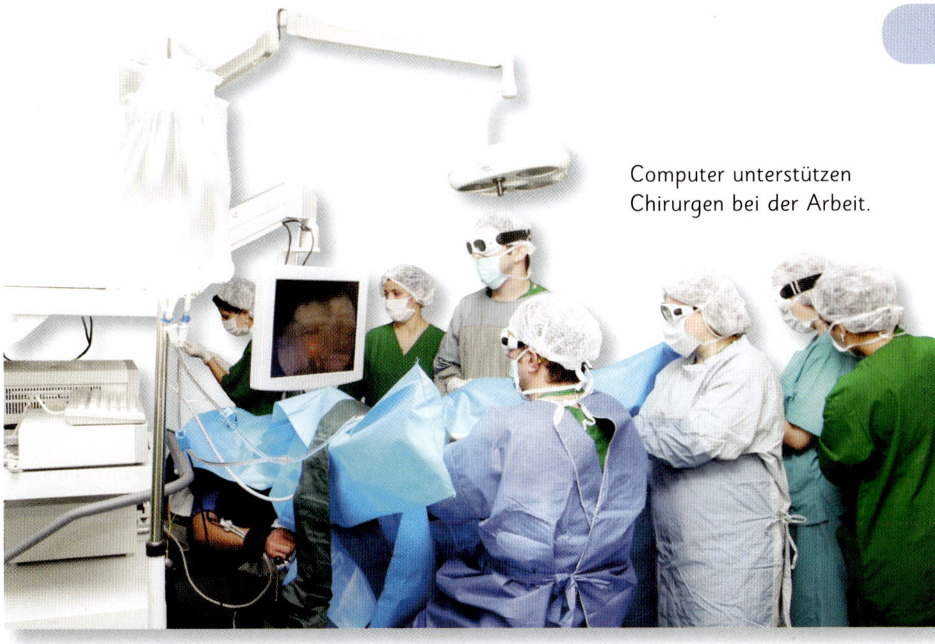

Computer unterstützen Chirurgen bei der Arbeit.

Masken, Schürzen und Handschuhe verhindern die Übertragung von Krankheitskeimen bei Operationen.

Bei bester Gesundheit

Früher waren Kräuter die einzige Medizin. Dank der modernen Wissenschaft können wir viele einstmals unheilbare Krankheiten inzwischen behandeln oder vermeiden.

Spezialkleidung

Fortschritte in der Herstellung von Sportanzügen sind im Alltag angekommen. Atmungsaktive Fasern, dehnbares Spandex und Thermounterwäsche sind aus Profisportbekleidung entstanden.

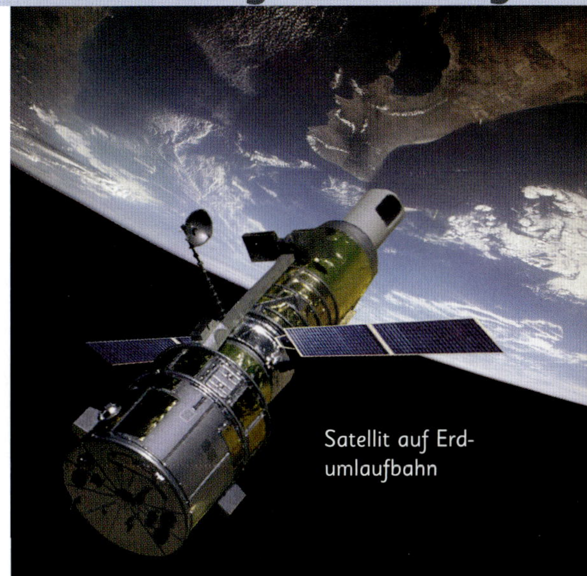

Satellit auf Erdumlaufbahn

Kommunikation

Satelliten, die die Erde umkreisen, senden uns alle möglichen Informationen, z. B. Fernsehsignale oder Wetterdaten. Sie helfen uns auch, den Weltraum zu beobachten.

Von Ort zu Ort

Wissenschaft und Technik erleichtern das Reisen. Mit Zügen, Flugzeugen und Autos können wir exotische Länder besuchen. Sie helfen uns auch, pünktlich zur Schule oder zur Arbeit zu gelangen.

So schnell wie eine Gewehrkugel ...?

Die „Bullet Trains“ (Hochgeschwindigkeitszüge) in Japan erreichen 300 km/h.

Mehr wissen ...

über Elektrizität, Seite **236–237**

über Maschinen, Seite **244–245**

Sputnik 1, er wurde 1957 von der Sowjetunion gestartet.

Kohlenstoff

Alle Lebewesen enthalten Kohlenstoff. Menschen nehmen ihn auf, wenn sie Kohlenhydrate, Fett und Eiweiß essen. Sie geben ihn beim Ausatmen als Kohlendioxid wieder ab. Auch bei der Zersetzung von toten Stoffen wird er freigesetzt – mal sehr schnell, mal erst nach Millionen von Jahren in Brennstoffen wie Kohle oder Öl.

Kohlenstoffkreislauf

Grünpflanzen nehmen das Gas Kohlendioxid aus der Luft auf und erzeugen daraus Nahrung, z. B. Kohlenhydrate. Einen Teil davon nehmen Tiere auf, wenn sie die Pflanzen fressen.

Tiere
Tiere wie diese Schafe fressen, atmen und scheiden Abfälle aus und tragen so zum Kohlenstoffkreislauf bei. Sie nehmen mit dem Futter Kohlenstoff auf und geben ihn beim Ausatmen wieder ab. Nach dem Tod produziert ihr Körper noch mehr Kohlenstoff.

Tierkot ist auch ein Teil des Kohlenstoffkreislaufs.

Diamant.

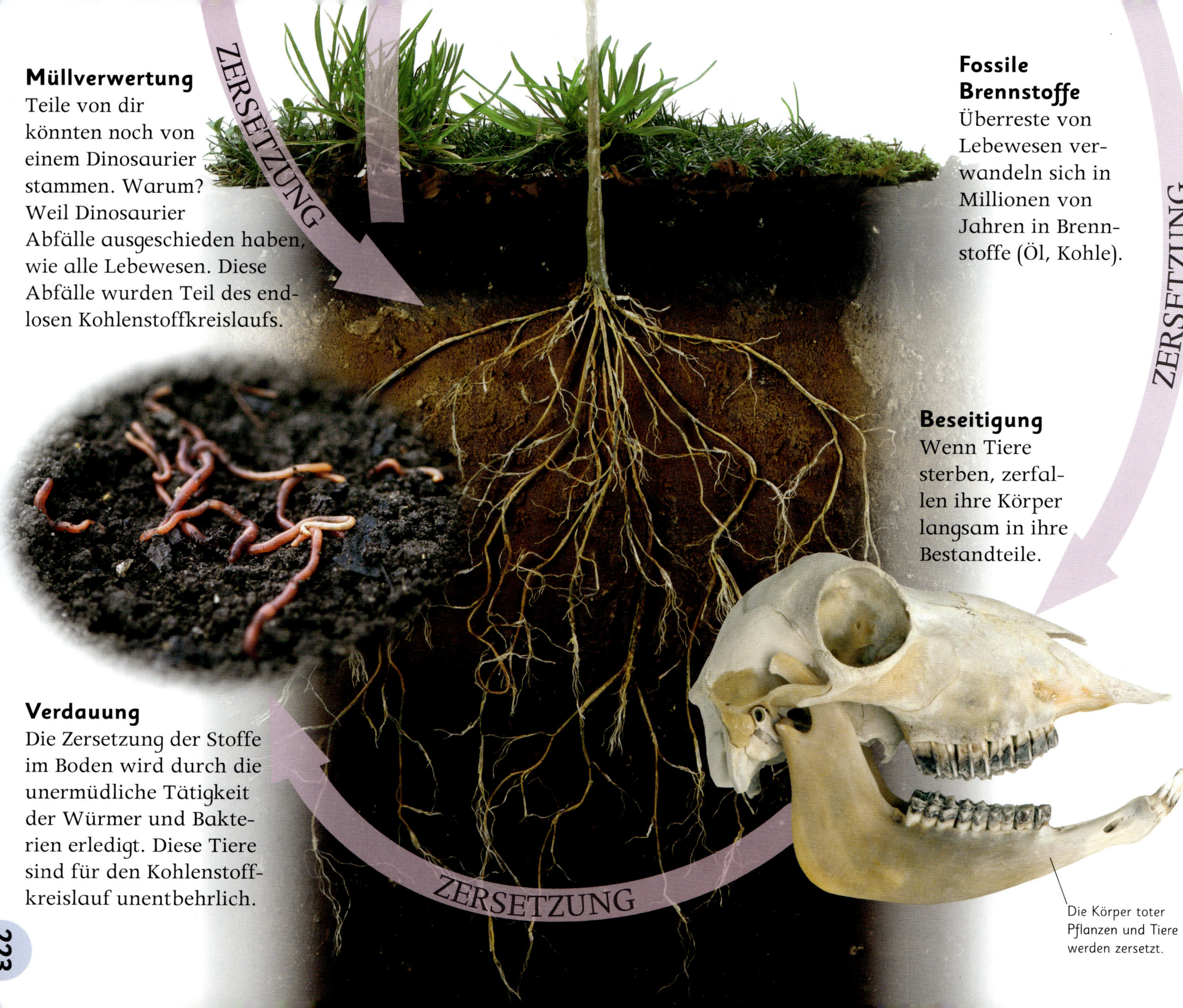

Die Körper toter Pflanzen und Tiere werden zersetzt.

Müllverwertung
Teile von dir könnten noch von einem Dinosaurier stammen. Warum? Weil Dinosaurier Abfälle ausgeschieden haben, wie alle Lebewesen. Diese Abfälle wurden Teil des endlosen Kohlenstoffkreislaufs.

Fossile Brennstoffe
Überreste von Lebewesen verwandeln sich in Millionen von Jahren in Brennstoffe (Öl, Kohle).

Beseitigung
Wenn Tiere sterben, zerfallen ihre Körper langsam in ihre Bestandteile.

Verdauung
Die Zersetzung der Stoffe im Boden wird durch die unermüdliche Tätigkeit der Würmer und Bakterien erledigt. Diese Tiere sind für den Kohlenstoffkreislauf unentbehrlich.

Materialeigenschaften

Das sind sie ...

Es gibt viele verschiedene Materialeigenschaften.

Siedepunkt ist die Temperatur, bei der eine Flüssigkeit gasförmig wird.

Gefrierpunkt ist die Temperatur, bei der eine Flüssigkeit fest wird.

Plastizität gibt an, wie gut sich ein fester Körper umformen lässt.

Leitfähigkeit gibt an, wie gut ein Material Strom oder Wärme leitet.

Schmiedbarkeit gibt an, ob ein Festkörper beim Verformen leicht bricht.

Zugfestigkeit gibt an, wie weit sich ein Material dehnt, ohne zu reißen.

Brennbarkeit gibt an, wie leicht ein Material Feuer fängt und sich entzündet.

Reflexionsvermögen gibt an, wie gut ein Material Licht reflektiert.

Transparenz gibt an, wie gut ein Material das Licht durch sich hindurchlässt.

Elastizität gibt an, wie leicht sich ein Material verbiegen lässt.

Löslichkeit gibt an, wie gut sich ein Stoff auflöst, z. B. Salz in Wasser.

Manche Materialien sind hart und zerbrechlich, andere biegsam. Einige sind bunt, andere durchsichtig. Diese verschiedenen Merkmale heißen Materialeigenschaften.

Kork schwimmt auf Öl und Öl schwimmt auf Wasser.

Ein Plastikbaustein sinkt durch Öl, schwimmt aber auf Wasser.

Eine Zwiebel sinkt durch Öl und Wasser, schwimmt aber auf Sirup. Sirup sinkt unter Wasser.

Was schwimmt?

Wie viel Materie in einen bestimmten Rauminhalt eines Körpers gepackt ist, bestimmt seine Dichte. Weniger dichte Gegenstände und Flüssigkeiten schwimmen auf dichteren Flüssigkeiten.

Gute Isolierung

Wärme kann manche Materialien kaum durchdringen. Man nennt sie Wärmeisolatoren. Aerogel z. B. hält die Hitze einer Flamme vollständig zurück. Das darfst du aber nicht zu Hause probieren!

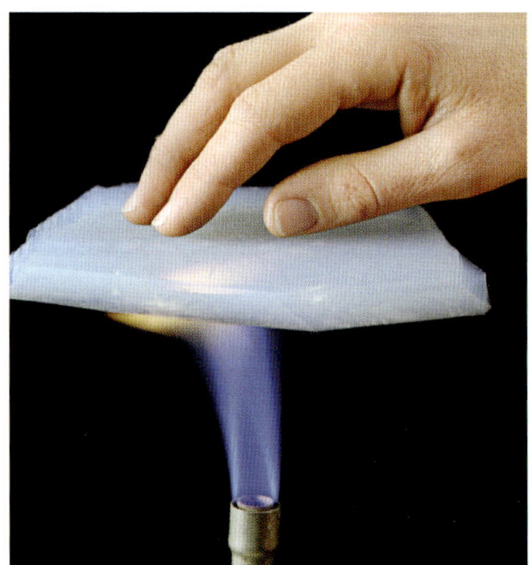

Ist Diamant härter als Quarz?

Zerbrochene Fensterscheibe

Sprödigkeit

Manche Materialien, z. B. Fensterglas, sind sehr spröde. Wenn man sie nur ein wenig biegen will, zerbrechen sie sofort.

Komprimierung

Gase lassen sich zusammenpressen (komprimieren), indem man ganz viele von ihnen in einen Raum presst, z. B. beim Aufpumpen eines Reifens.

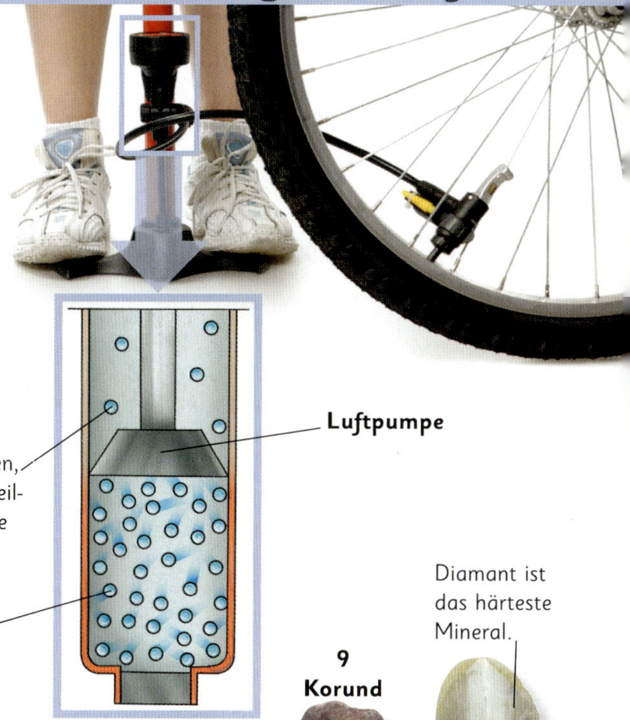

Gase lassen sich zusammenpressen, weil der Abstand zwischen den Teilchen sehr groß ist. Die Luftpumpe schiebt sie enger zusammen.

Härte

Der Wissenschaftler Friedrich Mohs arbeitete eine Skala von zehn Mineralen aus – weich bis hart. Viele Materialien werden anhand dieser Härteskala eingestuft.

Das weichste Mineral

Diamant ist das härteste Mineral.

Probier's aus!

Sammle einige Steine und ordne sie nach ihrer Härte. Mit härteren Steinen kannst du Kratzer in die weniger harten ritzen. So legte auch Mohs seine Skala fest.

Fließen

Wie schnell eine Flüssigkeit fließt, hängt von ihrem Zusammenhalt ab. Heiße Lava aus einem Vulkan fließt langsam, weil die Teilchen stark zusammenhalten.

Ja, der Diamant ist das härteste Mineral der Welt. Er kann Quarz ritzen.

Flüssiges Metall
Jeder Stoff schmilzt und kocht bei bestimmten Temperaturen (Schmelz- und Siedepunkt). Die meisten Metalle haben einen sehr hohen Schmelzpunkt und sind bei normalen Temperaturen fest. Nur Quecksilber ist bei Raumtemperatur bereits flüssig.

Kondensation
Wasserdampf, der in der Luft abkühlt, wird zu Wasser. Dieser Vorgang heißt Kondensation.

Wenn Wasserdampf mit einer kalten Flasche in Berührung kommt, kondensiert er zu winzigen Wassertröpfchen.

Zustände ändern

Festkörper, die erhitzt werden, schmelzen. Flüssigkeiten, die abgekühlt werden, gefrieren und werden fest. Alle Stoffe ändern auf diese Weise ihre Zustände bei ganz bestimmten Temperaturen.

Die drei Materiezustände des Wassers

Wasser kann fest, flüssig oder gasförmig sein und alle diese drei Zustände kannst du zu Hause beobachten. Sie heißen Eis, Wasser und Wasserdampf.

Eis ist festes Wasser. Es bildet sich, wenn die Flüssigkeit so stark abgekühlt wird, dass sie gefriert.

Wenn man Eis erwärmt, schmilzt es, wird flüssig und passt seine Form der des Behälters an.

Erhitzt man Wasser, bilden sich Bläschen aus Wasserdampf. Sie steigen an die Oberfläche und der Dampf entweicht in die Luft.

Flüssiges Eisen
Eisen muss man im Hochofen erhitzen, damit es schmilzt. Es ist dann so heiß, dass es weiß glüht. Man gießt es in eine Form und lässt es aushärten.

Warum wird Schokolade im Mund weich?

An heißen Tagen trocknet die Wäsche schneller, weil Wasser bei Hitze schneller verdunstet.

Verdunsten

Wasser verwandelt sich an der Luft langsam in Wasserdampf. Man nennt diesen Vorgang auch Verdunstung. Nasse Wäsche trocknet auf der Leine, weil das Wasser daraus verdunstet.

Schmelzende Schokolade

Gefrieren

Eiszapfen, die im Winter an Bäumen und Dachrinnen hängen, entstehen, wenn tropfendes Wasser gefriert. Je mehr Wasser beim Heruntertropfen gefriert, desto länger wird der Eiszapfen.

Schmelzen

Wenn du dein Eis nicht schnell genug isst, schmilzt es und wird flüssig. Auch Schokolade schmilzt in der Hand und verklebt die Finger. Die meisten Festkörper schmelzen, wenn sie erhitzt werden.

Mehr wissen …

über Moleküle, Seite **230–231**

über chemische Reaktionen, Seite **232–233**

Weil die Wärme im Mund sie zum Schmelzen bringt.

Die Atome

Wenn man die Dinge in immer kleinere Teile zerschlagen könnte, bis es nicht mehr kleiner geht, dann würde man am Ende bei den Atomen anlangen – den winzigen Teilchen, aus denen alles besteht.

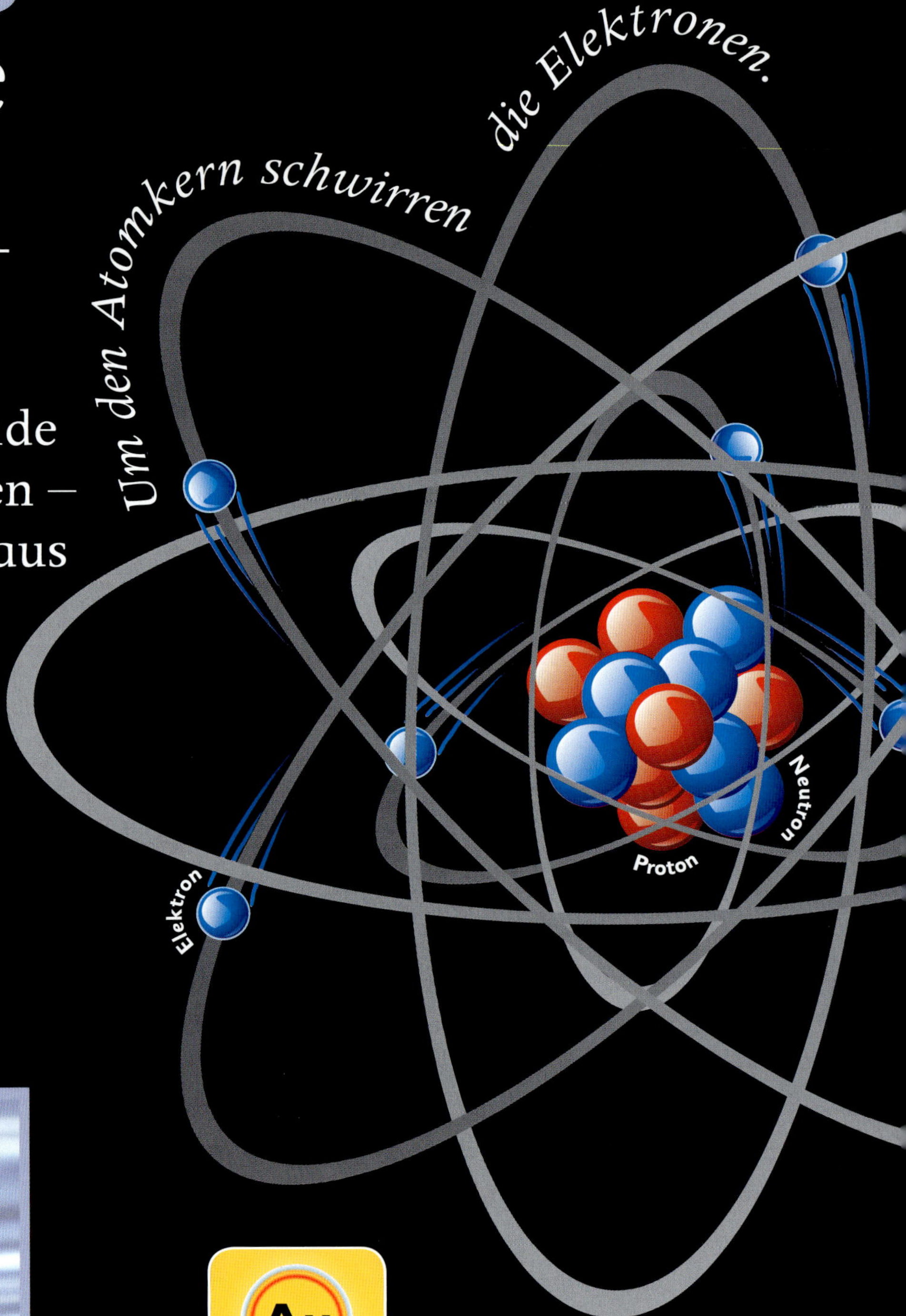

Das Innere der Atome
Ein Atom besteht aus drei Teilchen: Protonen, Neutronen und Elektronen. Protonen und Neutronen bilden den Atomkern. Die Elektronen sind außerhalb des Kerns.

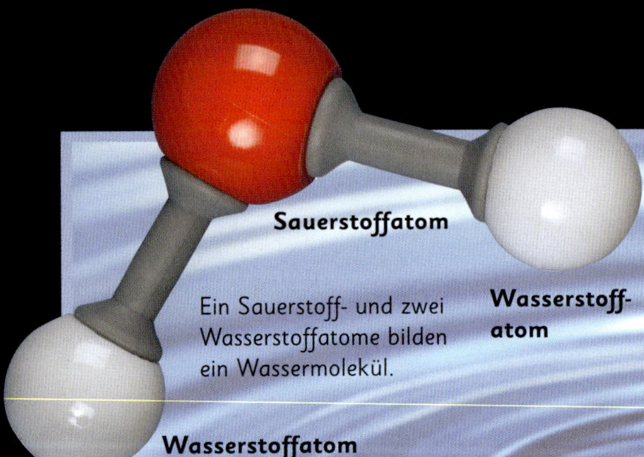

Ein Sauerstoff- und zwei Wasserstoffatome bilden ein Wassermolekül.

Moleküle

Stoffe bestehen aus kleinen Atomgruppen, die man Moleküle nennt. Wassermoleküle haben drei Atome.

Goldene Zahl
Die Anzahl der Protonen in einem Atom heißt Ordnungszahl. Gold hat die Ordnungszahl 79. Jedes Goldatom hat also 79 Protonen im Kern.

Wie viele Atome befinden sich in einem Wassertropfen?

Sonnenblumenöl wird aus den Kernen der Sonnenblume gepresst.

Riesenmoleküle

In natürlich vorkommenden Stoffen wie Pflanzenöl sind die Atome oft zu langen Kettenmolekülen verbunden. Die einzelnen Moleküle im Sonnenblumenöl enthalten jeweils 50 Atome.

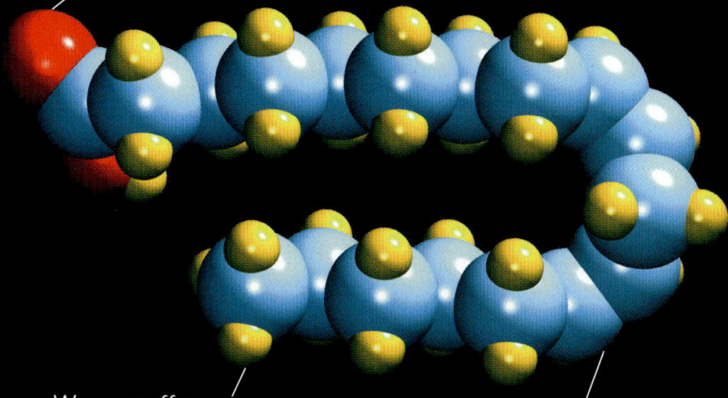

Interessant!

Atome bestehen hauptsächlich aus leerem Raum. Wäre ein Atom so groß wie ein Sportstadion, wäre der Kern in der Mitte nur so klein wie eine Murmel!

Bei der Explosion einer Atombombe entsteht eine spektakuläre Wolke, der „Atompilz“.

Die Macht der Atome

Wenn der Kern eines Atoms gespalten wird, werden Unmengen von Energie frei. Atombomben erzeugen mit dieser Art von „Kernenergie“ riesige Explosionen. Kernkraftwerke erzeugen damit Elektrizität.

Etwa 5 Sextillionen (5 000 000 000 000 000 000 000 000 000 000 000 000 000).

Die Moleküle

Meistens sind Atome in kleinen Gruppen angeordnet, den Molekülen. Die Form der Moleküle und die Art, wie sie miteinander verbunden sind, erklären die unterschiedlichen Eigenschaften von Stoffen.

Volldampf voraus!

Moleküle sind ständig in Bewegung. Je wärmer sie werden, desto schneller bewegen sie sich. Bringt man Wasser zum Kochen, bewegen sich die Moleküle so schnell, dass sie als Wasserdampf in die Luft entweichen.

Fest gefroren

Kalte Moleküle bewegen sich sehr langsam und rücken näher zusammen. In gefrierendem Wasser reihen sich die Moleküle so auf, dass sie zu Eiskristallen werden.

Schnee sieht aus wie weißes Pulver. Wenn du aber genau hinsiehst, erkennst du Tausende winziger Kristalle, die so klar wie Glas sind.

Wolken bilden sich, wenn Wasserdampf abkühlt und wieder flüssig wird. Der graue Nebel besteht aus Millionen winziger Wassertröpfchen.

Schmelzen: Erhitzt man einen Festkörper, bewegen sich die Moleküle immer schneller, bis sie sich voneinander lösen. Der Stoff wird flüssig.

Fest werden: Kühlt eine Flüssigkeit ab, verlieren die Moleküle Energie und bewegen sich langsamer, bis sie sich wieder aneinanderbinden. Der Stoff wird wieder fest.

Fest

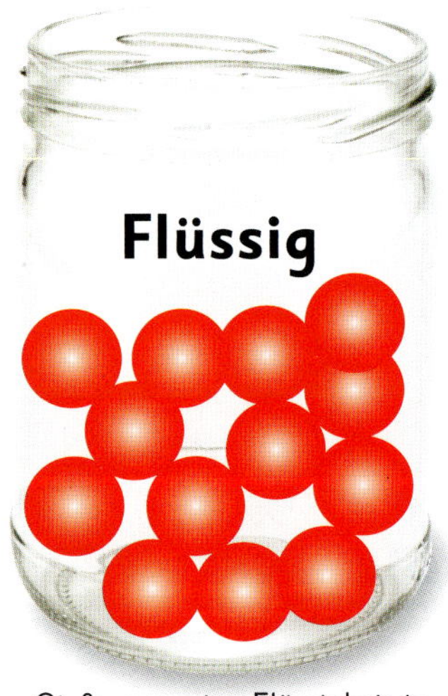

Gießt man eine Flüssigkeit in ein Glas oder eine Flasche, nimmt sie die Form des Behälters an und bleibt darin.

Diamanten werden zu Juwelen geschliffen, die fast unzerstörbar sind.

Diamantmoleküle

Diamant ist die härteste bekannte Substanz. Die Härte kommt von der Anordnung der Kohlenstoffatome. Jedes Atom hat sehr starke Bindungen zu jeweils vier Nachbaratomen.

In Diamanten bilden je fünf Atome eine Pyramide. Diese Form verleiht dem Diamant seine erstaunliche Härte.

Mehr wissen ...

über Materialeigenschaften, Seite **224–225**

über Änderungen von Zuständen, Seite **226–227**

Grafitmoleküle

Grafit besteht aus Kohlenstoffatomen, genau wie der Diamant. Aber da die Atome anders angeordnet sind, ist Grafit sehr weich.

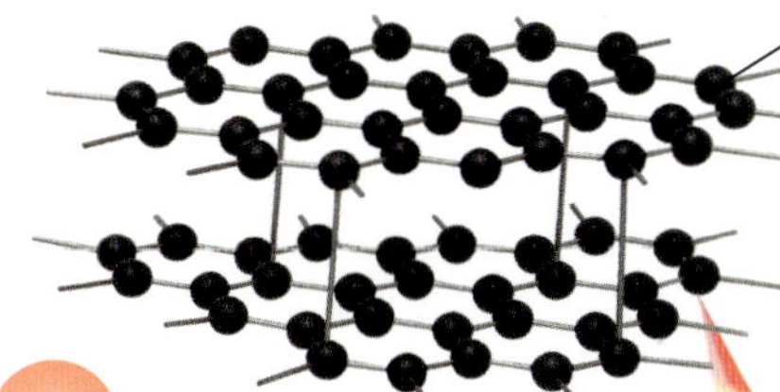

Im Grafit ist jedes Kohlenstoffatom nur mit je drei Nachbarn verbunden. Die Atome bilden Schichten, die sich gegeneinander verschieben lassen. Deshalb ist Grafit weich.

Aus Grafit werden Bleistiftminen hergestellt.

Verdampfen: Werden Flüssigkeiten erhitzt, bewegen sich die Moleküle immer schneller, bis sie als Gas in die Luft entweichen.

Kondensieren: Gasmoleküle, die Energie verlieren und langsamer werden, binden sich aneinander und werden flüssig.

Gase füllen jeden Behälter aus. Wenn der Behälter keinen dichten Deckel hat, entweichen die Gase auch in die Luft.

Chemische Reaktionen

Wenn die Atome in Molekülen neu angeordnet werden, sodass sie neue Moleküle bilden, nennt man dies eine chemische Reaktion. Dadurch verändern sich die Stoffe oft sehr stark.

Schmelzen ist keine chemische Reaktion.

Chemische Veränderung

Feuer wird durch eine chemische Reaktion verursacht. Wenn Holz brennt, bilden die Atome neue Moleküle. Bei dem Vorgang wird Energie frei, und zwar als Licht und Wärme. So entstehen die hellen Flammen.

Physikalische Veränderung

Nicht alle Veränderungen sind automatisch das Ergebnis von chemischen Reaktionen. Wenn Eis am Stiel schmilzt, bleiben die Wassermoleküle erhalten – eine physikalische Veränderung.

Verbrennen ist eine chemische Reaktion.

Energie wird frei

Chemische Reaktionen können Energie in Form von Wärme und Licht freisetzen. Wunderkerzen setzen viel Lichtenergie frei – ein sprühender Funkenregen.

Welche chemische Reaktion ist schuld, wenn Silber nicht mehr glänzt?

Reaktionen beschleunigen

Möhren werden beim Kochen weich, weil die Wärme eine chemische Reaktion in Gang setzt. Sind die Möhren in Scheiben geschnitten, läuft die Reaktion schneller ab, weil die Möhren eine größere Berührungsfläche mit dem Wasser haben.

Scheiben kochen schneller weich als ganze Möhren.

Licht im Dunkel

Leuchtstäbe leuchten wegen einer chemischen Reaktion, die Lichtenergie freisetzt. Legt man den Stab vorher in den Kühlschrank, läuft die Reaktion langsamer ab und der Stab hält länger.

Probier's aus!

Bitte einen Erwachsenen, Rotkohl zu kochen. Bewahre das farbige Wasser auf und lass es abkühlen. Füge entweder Säure (Essig) oder Lauge (Natron) dazu und schau, was passiert!

Vulkan

Lässt man Minzbonbons in ein kohlensäurehaltiges Getränk fallen, schäumt es sofort sehr stark und explodiert förmlich. Das ist keine chemische, sondern eine physikalische Reaktion. Die raue Oberfläche der Bonbons bewirkt, dass das im Getränk gelöste Gas viel schneller Blasen bildet.

Silber läuft an, wenn die Silberatome mit den Sauerstoffatomen der Luft reagieren.

Was ist Energie?

Energie treibt alles an. Dein Körper braucht Energie, um sich zu bewegen, zu wachsen und sich warm zu halten. Energie treibt auch Autos an, sorgt für Licht in den Häusern und vieles mehr.

Energiequellen

Energie stammt aus verschiedenen Quellen.

Wind dreht Windturbinen, die diese Bewegungsenergie in Elektrizität umwandeln.

Geothermische Energie ist Wärme aus dem tiefen Inneren der Erde.

Pflanzen verbrennen und liefern Licht sowie Wärme zum Kochen und Heizen.

Wellen werden zur Erzeugung kleiner Mengen von Elektrizität verwendet.

Dämme nutzen die Energie von Flüssen, um Elektrizität zu erzeugen.

Sonnenenergie wird von Sonnenkollektoren in Elektrizität umgewandelt.

Fossile Brennstoffe wie Öl treiben Fahrzeuge an und erzeugen auch Elektrizität.

Sonne

Wir erhalten die meiste Energie von der Sonne. Pflanzen nehmen ihr Licht auf und speichern die Energie in chemischer Form. Diese gelangt mit dem Essen in unseren Körper und wird in den Zellen freigesetzt. Auf diese Weise nutzen alle Tiere und Pflanzen die Sonnenenergie.

Auf der Erde kommt nur ein kleiner Bruchteil der Sonnenenergie an.

Der Bogen speichert die Energie des Spannens. Lässt man ihn los, schnellt er in seine ursprüngliche Form zurück und setzt die gespeicherte Energie frei.

Energie speichern

Ein Gegenstand kann Energie speichern und später wieder freisetzen. Beim Aufziehen einer Uhr wird die Energie in einer Feder gespeichert. Gespeicherte Energie nennt man auch potenzielle Energie, weil sie die Möglichkeit (das Potenzial) bietet, dass etwas geschieht.

Wird Energie vernichtet, wenn wir sie verbrauchen?

Bewegungsenergie
Achterbahnen starten immer hoch oben, weil sie dadurch viel potenzielle Energie speichern. Beim Abwärtsfahren verwandelt sich die potenzielle Energie in Bewegungsenergie, sodass sie immer schneller werden.

Kernenergie
Materie besteht aus winzigen Teilchen, den Atomen. Im Atomkern sind riesige Mengen von Energie gespeichert. Mit dieser Energie wird in Kernkraftwerken Elektrizität erzeugt.

Elektrische Energie
In Blitzen entlädt sich die elektrische Energie der Gewitterwolken. Elektrische Energie verwandelt sich in Wärme und Licht (Blitz) und in Schallenergie (Donner).

Energiekette

Die Schritte der Umwandlung von Energie in ihre verschiedenen Formen lassen sich zu einer Kette zusammenfügen.

Kohle enthält chemische Energie.

Brennende Kohle erzeugt Wärme, die Wasser zum Kochen bringt.

Dampf ist eine Form der Bewegungsenergie, die Turbinen antreibt.

Die Bewegungsenergie der sich drehenden Turbinen erzeugt Elektrizität.

Elektrische Energie, die von Fernsehgeräten verbraucht wird, erzeugt Licht-, Schall- und Wärmeenergie.

Energie wird nie vernichtet. Sie verwandelt sich nur in andere Energieformen.

Elektrizität

Hast du schon einmal darüber nachgedacht, woher Fernsehgeräte, Computer oder Lampen ihre Energie nehmen? Sie werden alle von elektrischem Strom gespeist.

Energieversorgung

Der elektrische Strom wandert durch lange Leitungen, die teils unter, teils über der Erde verlegt sind, bis in jedes Haus. Über der Erde tragen Strommasten die dicken, schweren Leitungskabel.

Elektrizität erzeugen

Elektrizität kann aus jeder Energiequelle gewonnen werden: Kohle, Erdgas, Erdöl, Wind oder Sonnenlicht. Windturbinen nutzen die Bewegungsenergie des Winds, um Strom zu erzeugen.

Im Alltag

Wir brauchen elektrischen Strom für viele alltägliche Dinge.

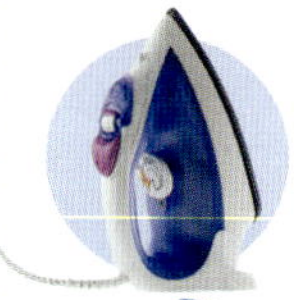

Heizen Strom erhitzt Haushaltsgeräte wie Bügeleisen und Herd.

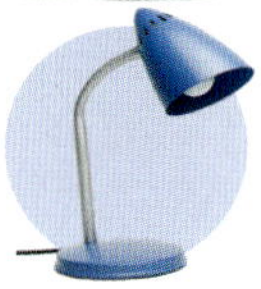

Beleuchtung Strom bringt Licht in Wohnungen, Schulen, Büros und Straßen.

Kommunikation Telefone und Computer brauchen elektrischen Strom.

Verkehr Strom treibt auch Fahrzeuge an, z. B. Züge und Straßenbahnen.

Wie heißt ein kleines Gerät, das Elektrizität speichern kann?

Der Stromkreis

Ein Stromkreis ist eine ununterbrochene Kreisstrecke, durch die Strom fließen kann. Der Strom fließt im Kreis durch die Drähte und bringt die Lampe zum Glühen.

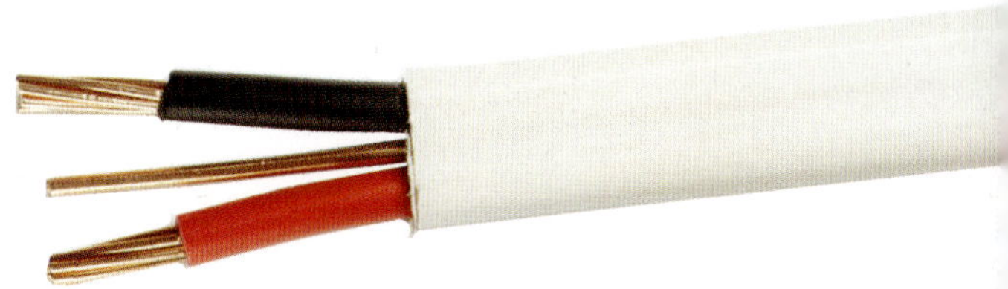

Stromkreise haben normalerweise eine Stromquelle (Batterie) und einen Verbraucher (Lampe).

Elektrische Kabel
Kabel bestehen aus Metall und Kunststoff. Der Strom fließt durch das Metall (Leiter). Der Kunststoff (Isolierung) sorgt dafür, dass der Strom im Kabel bleibt.

Blitzschlag

Elektrizität, die sich an einem Ort aufbaut, nennt man statische Elektrizität. Ein Blitz ist nichts anderes als eine riesige Entladung statischer Elektrizität am Himmel.

Hochspannung!
Elektrizität ist meist sehr gefährlich. Dieses Dreieck ist ein internationales Warnsymbol. Es heißt: „Vorsicht: Gefahr von Stromschlag“.

Die Nahrungsbatterie
Nahrung, die Wasser und eine schwache Säure enthält, leitet Strom. In dieser Nahrungsbatterie wird der elektrische Strom durch eine chemische Reaktion zwischen dem Metall und der Säure erzeugt.

Licht

Licht können wir mit den Augen wahrnehmen. Es hat alle Farben des Regenbogens, aber da sie gemischt sind, ergeben sie weißes Licht.

Leuchtkäfer
Manche Tiere können selbst Licht erzeugen. Der Schwanz von Leuchtkäfern leuchtet nachts, um Partner anzulocken.

Woher kommt das Licht?

Licht kommt aus dem Inneren von Atomen. Wenn ein Atom Energie verliert, gibt es diese als Lichtteilchen ab.

Kerzenlicht wird durch eine chemische Reaktion erzeugt, bei der die im brennenden Wachs gespeicherte Energie freigesetzt wird.

Licht und Schatten
Licht kann sich nur geradeaus bewegen. Wenn ihm etwas in die Quere kommt, entsteht ein Schatten – ein dunkler Bereich, den das Licht nicht erreicht.

Verwendung

Licht hat viele Verwendungsmöglichkeiten:

CDs und DVDs speichern digitale Informationen, die von einem Laserstrahl gelesen werden.

Kameras fangen für ein Foto einen kurzen Moment lang das Licht ein.

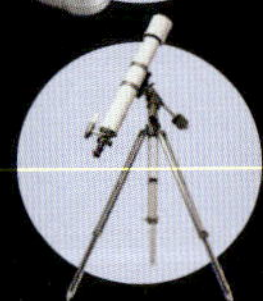

Teleskope verstärken das Licht von weit entfernten Sternen und Planeten.

Spiegel reflektieren das Licht, damit wir uns selbst betrachten können.

Periskope beugen das Licht, damit wir um die Ecke sehen können.

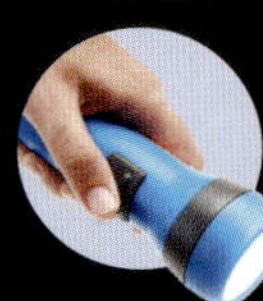

Taschenlampen leuchten, damit wir uns im Dunkeln zurechtfinden.

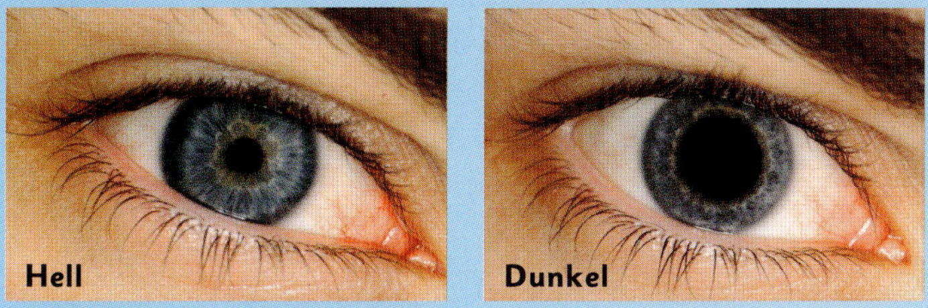

Licht dringt durch die Pupillen ins Auge ein (die schwarzen Kreise in der Mitte). Im Dunkeln werden die Pupillen weiter, um mehr Licht einzulassen. Ist es hell, ziehen sie sich zusammen, damit nicht zu viel eindringt.

So funktioniert das Auge
Menschliche Augen funktionieren wie eine Kamera. Vorne im Auge wird das Licht gebündelt und die gebündelten Lichtstrahlen erzeugen im Hintergrund ein umgekehrtes Bild.

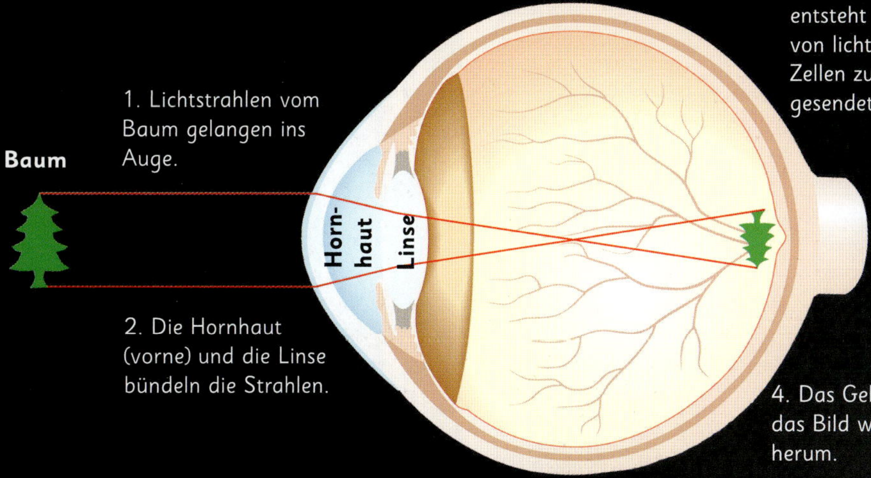

Spiegelbild

Trifft Licht auf einen Spiegel, wird es zurückgeworfen (reflektiert). Blickst du in den Spiegel, siehst du das zurückgeworfene Licht als Spiegelbild.

Konvexe Spiegel biegen sich nach außen. Die Dinge werden verkleinert, aber man sieht einen größeren Bereich.

Konkave Spiegel sind nach innen gebogen. Sie vergrößern die Dinge, zeigen aber einen kleineren Bereich.

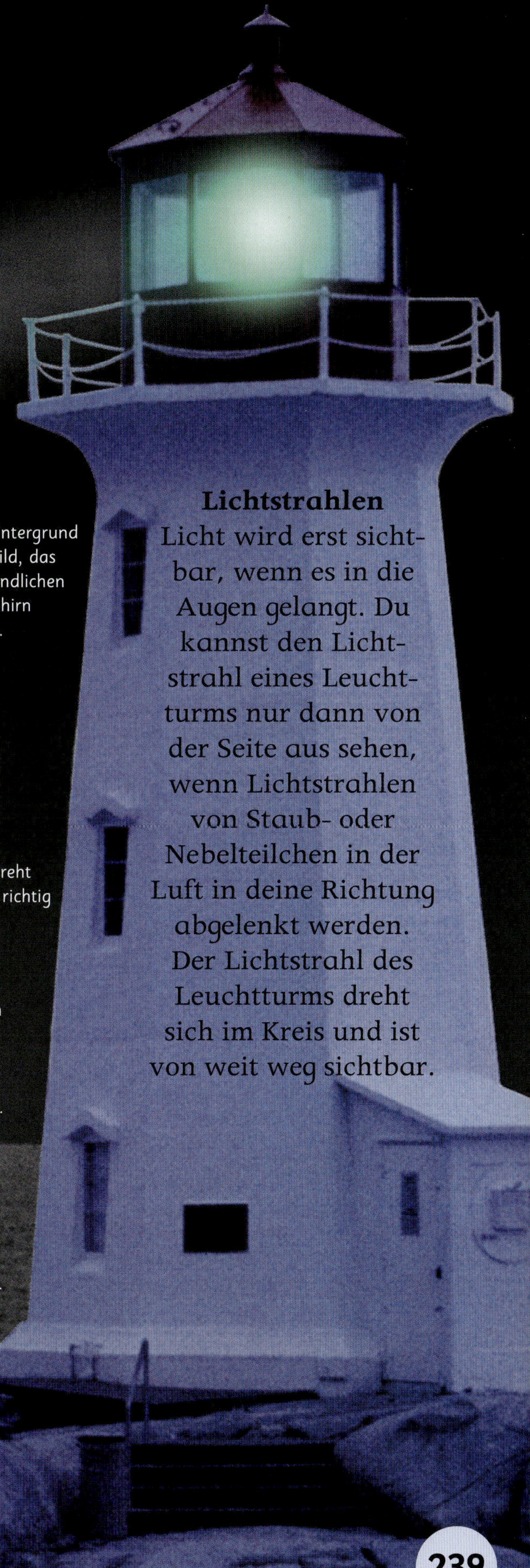

Lichtstrahlen
Licht wird erst sichtbar, wenn es in die Augen gelangt. Du kannst den Lichtstrahl eines Leuchtturms nur dann von der Seite aus sehen, wenn Lichtstrahlen von Staub- oder Nebelteilchen in der Luft in deine Richtung abgelenkt werden. Der Lichtstrahl des Leuchtturms dreht sich im Kreis und ist von weit weg sichtbar.

Es bewegt sich mit einer Geschwindigkeit von etwa 1 Milliarde km/h.

Schall

Jeder Ton beginnt mit einer Schwingung – wie bei einer Gitarrensaite. Die Schwingung verkürzt und verlängert die Luft zwischen dem schwingenden Gegenstand und dem Ohr. Das nennt man Schallwelle.

Probier's aus!

Wenn du über den Rand einer Flasche bläst, vibriert die Luft in der Flasche. Kleine Lufträume vibrieren schneller und erzeugen höhere Töne. Leere Flaschen erzeugen daher tiefere Töne als volle.

Lautlos im Weltraum

Schall kann durch Festkörper, Flüssigkeiten und Gase übertragen werden, nur nicht durch leeren Raum. Im Weltall gibt es also keine Töne.

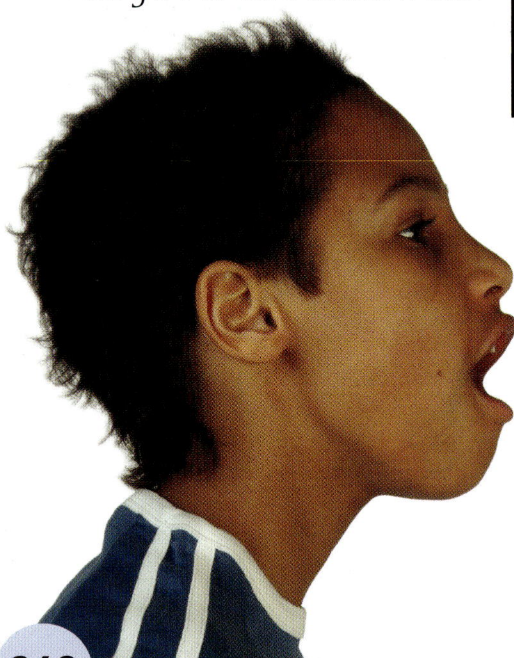

Schallwellen pflanzen sich durch die Luft fort wie eine Welle entlang einer Spiralfeder.

So funktionieren die Ohren

Erreicht ein Ton das Ohr, beginnt das Trommelfell zu schwingen. Die Schwingungen werden über winzige Knochen ins Innere des Ohrs übertragen. Dort senden Nerven Botschaften an das Gehirn, das den Ton erkennt.

Töne messen

Die Lautstärke misst man in Dezibel.

Raschelnde Blätter haben eine Lautstärke von nur 10 Dezibel.

Flüstern erreicht etwa 20 Dezibel.

Stadtverkehr ist ungefähr 85 Dezibel laut.

Ein Schlagzeug erzeugt einen Krach von etwa 105 Dezibel.

Presslufthämmer erreichen etwa 110 Dezibel.

Das Brüllen eines Löwen wurde schon einmal mit 114 Dezibel gemessen.

Feuerwerksraketen haben manchmal 120 Dezibel oder mehr.

Düsentriebwerke können bis zu 140 Dezibel erreichen.

Superschnell

Schall bewegt sich immer mit gleicher Geschwindigkeit. Durch Festkörper und Flüssigkeiten bewegt er sich aber schneller als durch Gase. Überschallflugzeuge fliegen schneller als der Schall. Du hörst sie erst, wenn sie schon vorbeigeflogen sind.

Wenn ein Überschallflugzeug die Schallgeschwindigkeit überschreitet, holt es die vor ihm herfliegenden Schallwellen ein und presst sie zusammen. Bei diesem Zusammenquetschen der Luft entsteht der sogenannte „Überschallknall".

Das Echo

Manche Tiere benutzen Töne, um zu kommunizieren oder zur Jagd. Delfine „sprechen" durch Klicken, Bellen und andere Töne. Mit Klicklauten finden sie auch ihre Beute. Sie fangen deren Echo auf und erkennen daran die Form und Position. Das nennt man Echo-Ortung.

An den Tönen, die zurückgeworfen werden, erkennt der Delfin, ob er eine leckere Beute gefunden hat oder einen anderen Delfin.

Hunde können höhere Töne hören als Menschen, Tintenfische hören gar nichts.

Kraft und Bewegung

Dinge, die durch Kraft in Bewegung gesetzt werden, bleiben erst wieder stehen, wenn andere Kräfte sie bremsen. Man braucht Kraft, um Dinge in Bewegung zu setzen, sie zu beschleunigen und sie wieder zu bremsen.

Der Fußball bleibt liegen, wenn der Spieler ihn nicht tritt.

Die Grundgesetze der Bewegung

Im Jahr 1687 arbeitete der britische Gelehrte Sir Isaac Newton drei wichtige Regeln aus, die erklären, wie Dinge durch Kräfte in Bewegung gesetzt werden. Sie gelten für Fußbälle ebenso wie für Frösche und bilden die Grundlagen der Bewegungslehre.

Newtons erstes Gesetz

Wenn ein Gegenstand nicht von einer Kraft geschoben oder gezogen wird, bleibt er entweder im Ruhezustand oder er bewegt sich mit gleichbleibender Geschwindigkeit in einer geraden Linie fort.

Zum Beschleunigen ist Kraft notwendig, in diesem Fall die Kraft der Beine des Fahrers.

Newtons zweites Gesetz

Je größer die Kraft und je leichter der Gegenstand, desto höher ist die Beschleunigung. Ein Radsportler mit einem leichten Fahrrad beschleunigt schneller als jemand, der mit einem normalen Rad fährt.

Newtons drittes Gesetz

Jede Kraft bewirkt eine gleich große Gegenkraft. Wenn der Frosch nach vorne springt, wird das Blatt nach hinten gedrückt.

Wie schnell fällt ein Fallschirmspringer zur Erde?

Geschwindigkeit

Die Geschwindigkeit ist der in einer bestimmten Zeit zurückgelegte Weg. Man teilt dazu einfach den Weg durch die Zeit. Ein schnelles Auto hat eine höhere Geschwindigkeit als ein Fahrrad.

Wenn man 80 km in zwei Stunden zurücklegt, ist die Geschwindigkeit 40 km/h.

In der Wissenschaft hat das Wort „beschleunigen“ nicht nur die Bedeutung, dass etwas schneller wird, sondern auch, dass es die Richtung ändert. Man sagt also auch „beschleunigen“, wenn etwas gebremst oder in eine neue Richtung bewegt wird.

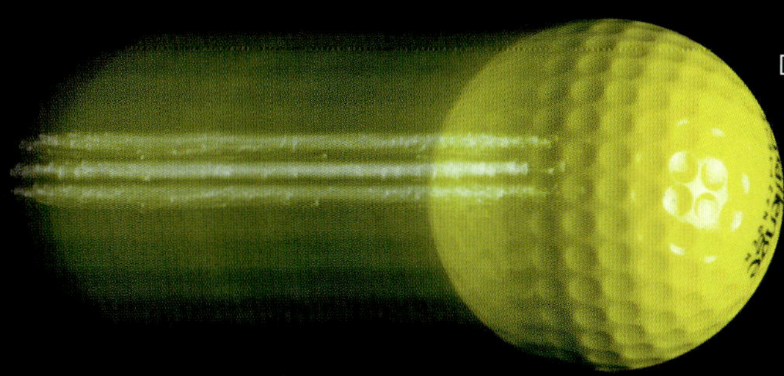

Der Golfball rollt so lange weiter, bis Reibung, Schwerkraft und Luftwiderstand ihn anhalten.

Trägheit

Dinge, die still stehen oder sich bewegen, verändern diesen Zustand nicht von selbst. Den Widerstand gegen eine Veränderung des Bewegungszustands nennt man Trägheit.

Rettungshubschrauber müssen alle Kräfte ausbalancieren, um in der Luft stehen zu bleiben.

Mehr wissen ...

über Energie, Seite **234–235**

über Maschinen, Seite **244–245**

Ausgeglichene Kräfte

Es wirken ständig Kräfte auf Gegenstände ein. Wenn aber entgegengesetzte Kräfte gleich groß sind, bewegt sich der Gegenstand trotzdem nicht.

Die maximale Geschwindigkeit, mit der man durch die Luft fällt, ist 200 km/h.

Der Hebel

Hebel erleichtern den Kraftaufwand. Sie wandeln eine kleine Kraft in eine größere um. Je weiter die Kraft vom Drehpunkt entfernt ist, desto weniger Kraft ist nötig.

Eine Hebelart funktioniert wie eine Wippe. Der Drehpunkt liegt zwischen Last und Kraftaufwand.

Bei einer anderen Art liegt die Last zwischen Drehpunkt und Kraftaufwand (Schubkarre).

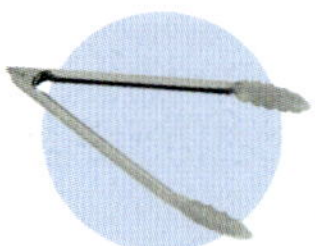

Bei der dritten Art, der Zange, wirkt der Kraftaufwand zwischen Drehpunkt und Last.

Maschinen

Maschinen helfen uns bei der Arbeit, sodass wir sie leichter oder schneller erledigen können. Es gibt verschiedene Maschinen, die entweder Lasten verteilen oder unsere Kraft verstärken.

Rad und Achse

Die Achse geht durch den Mittelpunkt eines Rads. Zusammen funktionieren sie als einfache Drehmaschine, mit der man Dinge leichter transportieren kann.

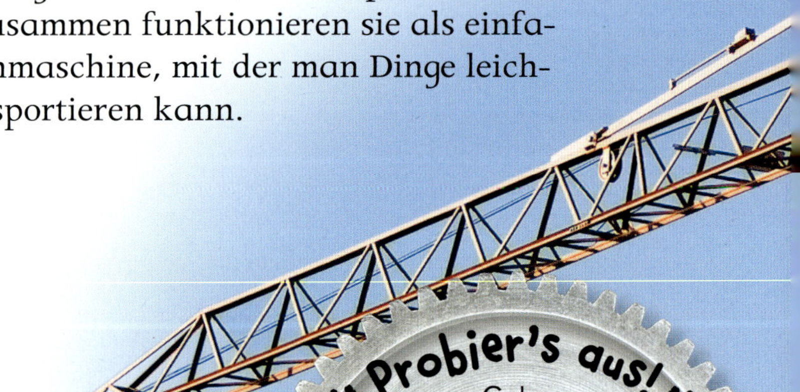

Zahnräder

Bei Zahnrädern greifen die Zähne ineinander, sodass sie sich gegenseitig antreiben. Sie verstärken entweder die Kraft oder erhöhen die Geschwindigkeit einer Drehbewegung.

Das Pedal dreht ein Zahnrad, das wiederum ein kleineres Zahnrad bewegt, das sich schneller dreht.

Probier's aus!

Gehe einen Berg hinauf, einmal geradeaus und einmal im Zickzack. Der Zickzack-Weg wirkt wie eine einfache Maschine: Er ist länger, aber du brauchst weniger Kraft.

Welche sechs einfachen Maschinen kennst du jetzt?

Der Keil

Die Klinge einer Axt ist eine einfache, aber sehr wirkungsvolle Maschine, die die Kraft verstärkt. Sie wird zwischen die Fasern des Holzstücks getrieben und zwingt sie auseinander.

Auf der schiefen Ebene kann ein Mann dieselbe Last ziehen, für die man sonst vier Männer bräuchte, um sie gerade hochzuheben.

Die schiefe Ebene

Es ist leichter, etwas eine Rampe hinaufzuziehen, als es gerade hochzuheben. Die schiefe Ebene verstärkt die Kraft. Im alten Ägypten zog man die Steine für die Pyramiden über Rampen nach oben.

Ein Kran hat ein ganzes Flaschenzugsystem, um schwere Lasten zu heben.

Die Schraube legt beim Drehen einen größeren Weg zurück als die Spitze, die gerade hineingestochen wird. Daher braucht man zum Hineindrehen des Korkenziehers weniger Kraft.

Der Flaschenzug

Mit einem Flaschenzug kann man Dinge leichter gerade hochheben. Er besteht aus einem Seil, das über ein Rad läuft. Am einen Ende des Seils hängt die Last, am anderen Ende wird gezogen. Je mehr Räder ein Flaschenzug hat, desto mehr wird die Zugkraft verstärkt.

Die Schraube

Eine Schraube, wie z. B. bei einem Korkenzieher, ist im Grunde eine gewundene schiefe Ebene. Es ist leichter, die Spitze einer Schraube in den Korken zu drehen, als eine Nadel direkt hineinzustechen.

Hebel, Rad und Achse, Zahnrad, Keil, schiefe Ebene und Flaschenzug.

Unser Planet

Die Erde ist eine riesige Kugel aus glühendem flüssigen Gestein mit einer festen Hülle: die Erdkruste. Die Erde kreist im Weltall um die Sonne.

Die Erdachse … … ist leicht geneigt.

Erdumdrehungen

Die Erde dreht sich im Laufe eines Tages einmal um sich selbst. Die Achse ihrer Drehung nennt man Erdachse. An den Enden der Achsen befinden sich die Pole.

Die Erdoberfläche

Auf der Erdoberfläche sind sieben große Landmassen. Wir nennen sie Kontinente. Sie bedecken etwa ein Drittel der Oberfläche. Ozeane und Meere bedecken den Rest.

Die Erde als Magnet

Hast du schon mal einen Kompass gesehen? Er funktioniert, weil sich die Erde wie ein Magnet verhält, der die Kompassnadel nach Norden zieht.

Welches ist der größte Ozean?

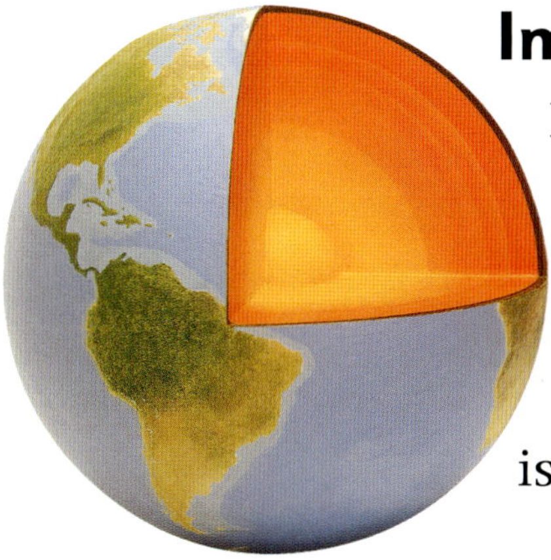

Im Inneren der Erde

Die Erdkruste ist ziemlich dünn. Darunter liegt eine Schicht heißes flüssiges Gestein, der Erdmantel. In der Mitte ist der feste Erdkern.

Die gebrochene Kruste

Die Erdkruste ist in riesige Teile zerbrochen, die man Platten nennt. Diese bewegen sich auf dem Erdmantel. Dort, wo sie zusammenstoßen oder sich aneinanderreiben, kommt es oft zu Erdbeben und Vulkanausbrüchen.

Der San-Andreas-Graben in Kalifornien liegt auf der Grenze zwischen zwei Platten.

Berge und Täler

Die meisten Berge entstanden durch Bewegungen der Erdplatten, die sich zusammenschoben und auffalteten. Wind, Flüsse und Gletscher schleifen die Berge ab und schneiden Täler ein.

Verwitterte Berge in Arizona im Südwesten der USA

Foto-Quiz

Wo findest du in diesem Kapitel die Bilder, zu denen diese Ausschnitte gehören?

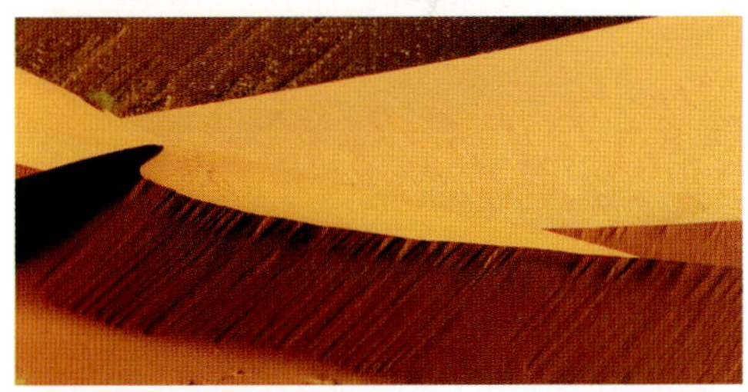

Mehr wissen ...

über die Kontinente, Seite **6–7**

über unseren Platz im All, Seite **272–273**

Der Pazifische Ozean. Er bedeckt fast die Hälfte der Erdoberfläche.

Aufbau der Erde

Die Erde konnte als einziger Planet im Sonnensystem Leben hervorbringen, weil sie genau den richtigen Abstand zur Sonne hat. Wir leben auf einer Kugel mit flüssigem Gesteinskern und harter Kruste.

Vom Weltraum aus sieht man fast nur riesige blaue Ozeane und wirbelnde Wolken.

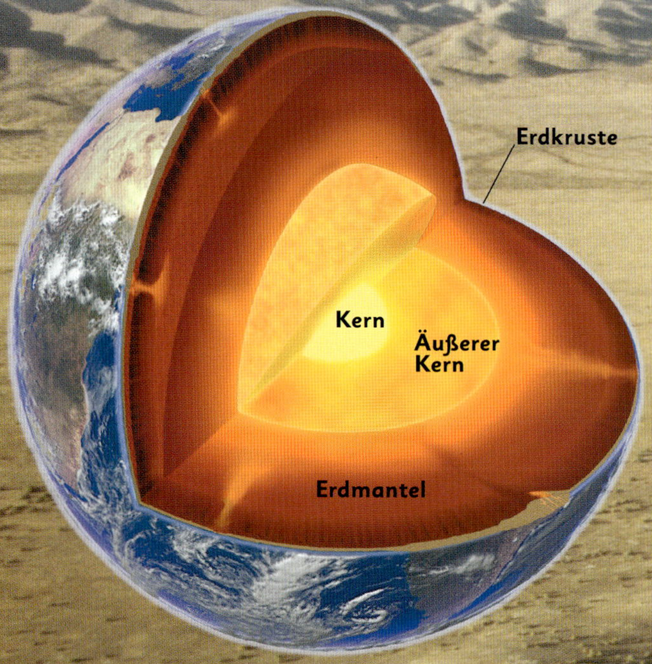

Das Erdinnere

Könnte man die Erde aufschneiden, würde man sehen, dass sie aus verschiedenen Schichten besteht. Die dünne Außenschicht, auf der wir leben, heißt Erdkruste. Darunter folgt eine Schicht aus zähflüssigem Gestein, der Erdmantel, dann der äußere Kern aus geschmolzenem (flüssigem) Eisen und Nickel. Tief innen befindet sich ein fester Eisen-Nickel-Kern.

Lebenswichtig

Für die Erhaltung des Lebens spielen die Atmosphäre und das Wasser eine wichtige Rolle. Sie sorgen für genau die richtigen Temperaturen, weil sie die Wärme der Sonne aufnehmen und über den Planeten verteilen.

Vulkane

Vulkane sind Öffnungen in der Erdkruste. Bei einem Vulkanausbruch bricht sich Magma (geschmolzenes Gestein) aus dem Erdmantel einen Weg durch diese Öffnungen. Dabei wird auch viel Asche und Staub ausgestoßen.

Gebirge entstehen

Die Bildung des Himalaja begann vor etwa 50 Millionen Jahren, als zwei Erdplatten aufeinanderstießen. Die Berge wachsen heute noch!

Am San-Andreas-Graben treten häufig Erdbeben auf.

Erdbeben

Erdbeben ereignen sich, wenn Kontinentalplatten aneinanderreiben.

Treibende Kontinente

Die Erdoberfläche verändert sich laufend. Vor Millionen von Jahren gab es nur eine riesige Landmasse. Sie brach auseinander und die Kontinente begannen sich langsam voneinander zu entfernen.

Vor 200 Millionen Jahren

Vor 135 Millionen Jahren

Vor 10 Millionen Jahren

Rissige Erdkruste

Die Erdkruste besteht aus riesigen einzelnen „Platten“, die wie bei einem Puzzle zusammenpassen, sich aber ständig bewegen. An den Schwachstellen, wo sie aneinanderreiben oder -stoßen, kommt es oft zu Vulkanausbrüchen und Erdbeben.

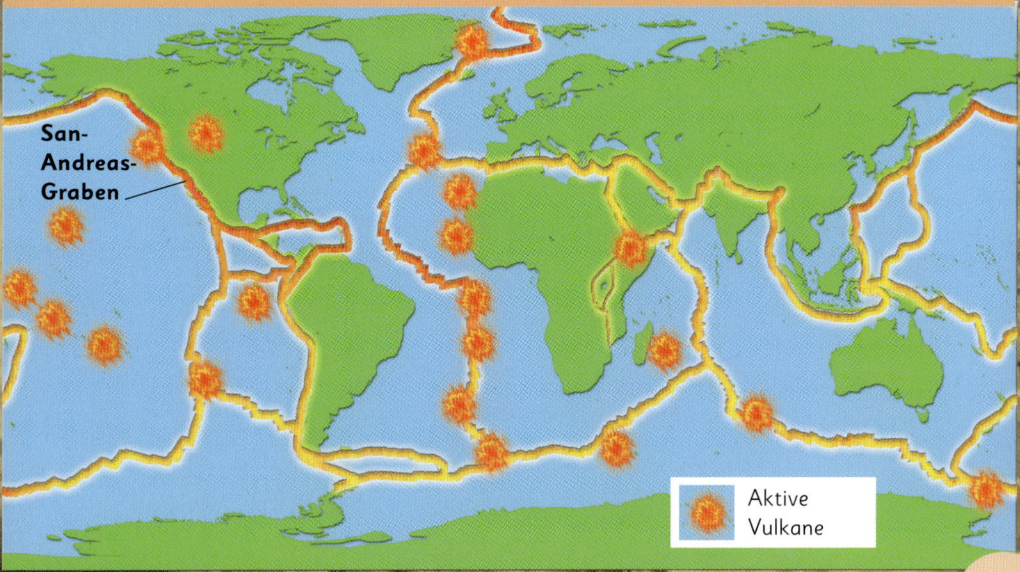

Das Himalaja-Gebirge.

Gesteine und Minerale

Die Erdkruste besteht aus Gesteinen. Manche sind hart, andere dagegen weich und brüchig. Sie entstehen auf unterschiedliche Weise.

Serpentin ist ein Mineral, aus dem Bildhauer und Steinmetze gern Kunstwerke herstellen.

Gabbro ist ein Gestein, aus dem man Küchenflächen und Fußböden herstellt.

Glimmer ist ein Mineral, das in manchen Zahncremes enthalten ist.

Was sind Gesteine?

Gesteine bestehen aus Mineralen – meist aus mehreren, manchmal auch aus nur einer Art von Mineral. Es gibt im Wesentlichen drei Arten: Vulkangesteine, Sedimentgesteine und metamorphe Gesteine.

Fossilien

Fossilien sind im Gestein erhaltene Reste oder Abdrücke von Pflanzen und Tieren, die vor Millionen von Jahren starben.

Kreislauf der Gesteine

Im Lauf der Zeit verwandeln sich die Gesteine der Erdkruste langsam. Sie werden von Wind, Wasser, Druck und Wärme umgewandelt.

Vulkangestein

Vulkangestein entsteht, wenn heißes Magma aus dem Erdinneren abkühlt und fest wird. Manche, wie Granit, härten unter der Erde aus, andere treten zuerst als Lava aus einem Vulkan aus.

Sedimentgestein

Wind und Wasser tragen die Steine langsam ab. Kleine Stücke werden ins Meer gespült. Sie bilden Schichten, die mit der Zeit zu Sedimentgesteinen wie Kalk- und Sandstein zusammengepresst werden.

Metamorphes Gestein

Unter der Erde werden Steine oft stark gepresst oder von heißem Magma versengt. So verwandeln sie sich manchmal in neues Gestein wie Marmor, Schiefer und Gneis.

Welches Gestein schwimmt auf Wasser?

Was ist ein Mineral?

Ein Mineral ist ein natürlich vorkommender Festkörper. Es ist aus lauter einzelnen Kristallen aufgebaut. Minerale sind einfach überall: Wir bauen damit Autos und Computer, düngen die Erde und putzen uns damit die Zähne.

Steinsalz ist ein Mineral, das bei Glatteis auf den Straßen als Streusalz verwendet wird. Es bringt das Eis zum Schmelzen.

Mineral-Mix

Granitgestein besteht aus verschiedenfarbigen Mineralen. Das schwarze Mineral ist Glimmer, das rosafarbene Feldspat und das graue Quarz.

Feldspat wird zum Glasieren von Keramik verwendet.

Zermahlener **Glimmer** ist oft in Farben.

Quarz kommt auch als Amethyst vor.

Minerale im Haushalt

Halit ist das Salz, mit dem wir unsere Speisen würzen.

Quarz aus Sand steckt in Siliziumchips für Computer und Taschenrechner.

Kaolin braucht man für Porzellan und zur Herstellung von Glanzpapier.

Illit ist ein Tonmineral. Es steckt in Terrakotta-Töpfen und -Steinen.

Glimmer wird für glitzernde Farben und Nagellacke verwendet.

Grafit ist das „Blei“ im Bleistift. Es steckt auch in Fahrradbremsen.

Kristalle

Kristalle haben mehrere glatte Oberflächen. Die größten Kristalle bilden sich, wenn die Minerale in Magma oder eingeschlossenen Flüssigkeiten sehr langsam abkühlen.

Quarz-Stalaktiten bilden sich in Höhlen über Jahrtausende hinweg.

Rhodochrosit ist ein rosafarbener Edelstein, der für Schmuck verwendet wird.

Das Gesicht der Erde

Die Oberfläche der Erde verändert sich ständig. Im Lauf von Jahrmillionen wird das Land von Wind, Regen und Flüssen abgetragen. Bei Überflutungen, Vulkanausbrüchen und Erdbeben wandelt es sich oft ganz plötzlich.

Die Kraft der Flüsse

Im Lauf von Millionen von Jahren hat sich der Fluss Colorado immer tiefer in die Felsen hineingegraben und so den Grand Canyon geformt.

Unter der Erde

Wenn Regen in die Erde sickert und dort weiches Gestein wie Kalk aushöhlt, bilden sich Höhlen.

Küstenformen

Starke Wellen verformen die Küstenlinien entlang der Meere.

Buchten entstehen dort, wo die Wellen weiches Gestein abtragen.

Landzungen bestehen aus hartem Gestein, das nicht abgetragen wurde.

Felsbogen entstehen, wenn Wellen Durchgänge durch Landzungen bohren.

Felssäulen sind die Überreste von eingestürzten Felsbogen.

Gletscher bei der Arbeit

Gletscher sind riesige Flüsse aus Eis, die langsam von den mit Schnee bedeckten Bergen fließen. Sie führen Felsbrocken mit sich, die den Untergrund wie Sandpapier abschleifen und ein tiefes, U-förmiges Tal formen.

Neue Inseln

Vulkane gibt es auch im Meer. Wenn sie ausbrechen, entstehen manchmal ganze Inseln, wie Surtsey bei Island (links). Surtsey erhob sich 1963 aus dem Meer.

Vor der Überflutung

Nach der Überflutung

Überflutungen

Bei starkem Regen treten manchmal Flüsse über die Ufer. Wasser hat enorme Kraft. Es zerstört Bauwerke und Straßen und formt das Land um.

Sandhügel

In der Wüste türmt der Wind den Sand zu Hügeln – den Dünen – auf. Sie erstrecken sich oft über Hunderte von Kilometern und bilden ein „Meer aus Sand".

Wind

Starker Wind wirbelt Sand vom Boden auf und bläst ihn hart gegen die Felsen, die mit der Zeit seltsame Formen annehmen.

Es ist der Mount Kilauea in Hawaii.

Der Boden

Boden heißt die dünne Schicht lockeren Materials auf der Erdoberfläche. Er enthält Minerale, Luft, Wasser und abgestorbene Lebewesen.

Humus

Humus ist dunkle, nährstoffreiche Erde aus verrottenden Tieren und Pflanzen. Pflanzen brauchen seine Nährstoffe zum Wachsen.

Bodenschichten

Die Bodenschichten entwickeln sich im Lauf vieler Jahre. Pflanzenwurzeln wachsen im Oberboden, weil er die meisten Nährstoffe enthält. Die unteren Schichten sind felsig. So tief reichen die Pflanzenwurzeln nicht.

Leben unter der Erde

Im Boden leben Tausende von Tieren wie Schnecken, Ameisen, Käfer und Spinnen. Größere Bewohner des Erdreichs wie Maulwürfe durchmischen den Humus mit Mineralen, wenn sie sich durch die Erde graben.

Wodurch entstehen kleine Erdhügel auf Wiesen?

Bodenarten

Die Bodenarten bestehen aus unterschiedlich großen Teilchen.

Sandboden enthält Teilchen mit Durchmessern von etwa 2 mm.

Tonboden hat sehr kleine Teilchen, zwischen denen sich Wasser ansammelt.

Lehmboden enthält eine Mischung aus kleinen und großen Teilchen.

Bodenerosion

Wenn man zu viel anbaut, werden die Nährstoffe knapp und der Oberboden wird weggeweht oder -gespült. Ohne nährstoffreichen Oberboden können kaum Pflanzen wachsen.

Pflügen erhält die Fruchtbarkeit.

Pflügen verhindert, dass der Boden zu hart und fest wird. So können die Pflanzen leichter wachsen.

Unentbehrliche Regenwürmer

Regenwürmer machen den Boden fruchtbar. Ihre Gänge belüften den Boden und erleichtern auch dem Wasser das Eindringen in den Boden. Zudem tragen Regenwürmer zum Abbau von Tier- und Pflanzenresten bei und setzen so wertvolle Nährstoffe frei. Sogar die Ausscheidungen von Regenwürmern sind gut für den Boden!

Probier's aus!

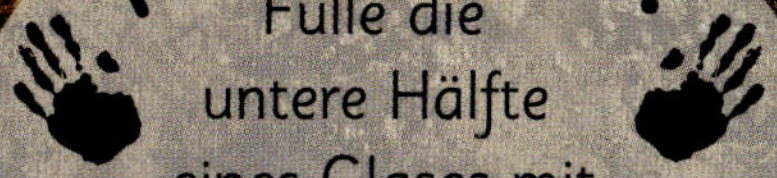

Fülle die untere Hälfte eines Glases mit Erde, die obere mit Wasser. Schraube den Deckel zu, schüttle das Glas und lass es einen Tag stehen. Der Boden bildet Schichten.

Wühlmäuse und Maulwürfe graben lange Gänge und hinterlassen dabei Erdhügel.

Rohstoffe in der Erde

Im Boden gibt es viele nützliche Dinge, von Brennstoffen wie Kohle und Erdöl bis hin zu Trinkwasser und Baumaterial. Diese Dinge heißen Rohstoffe. Wir Menschen graben und bohren seit Langem unermüdlich nach ihnen.

Menschen fördern Erdöl und Erdgas aus tiefen Löchern, die wir in den Meeresboden bohren.

Auf der Suche nach Erdöl

Erdöl und Erdgas befinden sich tief unter der Erde, manchmal auch unter dem Meeresgrund. Kohle liegt etwas näher an der Erdoberfläche.

Tiefbohrung
Ölplattformen auf See holen das flüssige Öl mit riesigen Bohrern herauf. Kohle ist fest. Man gräbt in Minen oder Gruben nach ihr.

Heißes Wasser

In der Nähe von Vulkanen wird unterirdisches Wasser oft sehr heiß. In Island wird dieses heiße Wasser zum Heizen von Häusern oder als Dampf zum Antreiben von Stromgeneratoren verwendet.

Aus welchem Rohstoff wird Kunststoff hergestellt?

Erdgas transportieren

Erdgas gibt es nur an bestimmten Stellen. Es wird oft sehr weit transportiert, entweder als Gas durch Rohre oder als Flüssigkeit auf speziellen Schiffen.

Glas herstellen

Sand, Soda und Kalk werden verschmolzen. Die glühend heiße Mischung wird entweder mundgeblasen oder von Maschinen in Form gepresst. Beim Abkühlen wird das Glas hart und durchsichtig.

Glasflaschen werden aus geschmolzenem Glas geformt.

Metalle gewinnen

Metalle lagern meist unterirdisch als Minerale im Gestein (Erz). Maschinen holen das Erz aus dem Boden. Dann wird es sehr stark erhitzt, um das Metall daraus zu gewinnen.

Metalle

Es gibt verschiedene Metalle für jeden Zweck:

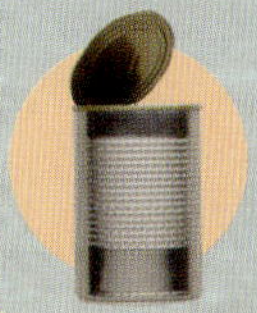

Aluminium ist weich. Es steckt in Dosen, Flugzeugen und Autokarosserien.

Gold ist selten und sehr schön. Deshalb wird es oft zu Schmuck verarbeitet.

Eisen ist hart. Man macht daraus Stahl für Schiffe, Gebäude und Strommasten.

Kupfer leitet Strom. Es wird oft für elektrische Drähte verwendet.

Beton mischen

Beton ist ein wichtiger Baustoff. Er besteht aus Sand, Kies, Zement und Wasser. All diese Materialien werden dem Boden entnommen.

Aus Erdöl.

Süß- und Salzwasser

Die Erde wird auch „blauer Planet“ genannt, weil 75 Prozent der Erdoberfläche von Wasser bedeckt sind. Nur 1 Prozent davon ist Süßwasser (Trinkwasser), alles andere ist Salzwasser in den Ozeanen.

Die Hydrosphäre

Hydrosphäre ist der Name für die Gesamtmenge des Wassers auf der Erde. Dazu gehören Meere, Flüsse und Seen sowie das gesamte Eis.

Trinkwasserquellen

Menschen holen sich Trinkwasser aus verschiedenen Quellen, z.B. aus Flüssen, Seen und Stauseen.

Flüsse fließen von den Bergen hinunter bis in die Ozeane.

Seen sind natürliche Mulden im Boden, in denen sich Wasser sammelt.

Stauseen sind von Menschen gemachte Seen, die als Wasserspeicher dienen.

Im Eis gefangen

Nur rund ein Drittel des Süßwassers steht frei zur Verfügung. Zwei Drittel sind in Gletschern und Eisbergen (unten) oder in Eisschollen am Nord- und Südpol eingefroren.

Wasser ist lebenswichtig

Kein Tier – und auch kaum ein anderes Lebewesen – kann ohne Wasser überleben. Säugetiere, also auch der Mensch, haben Wasser im Blut und in vielen Organen (Haut, Gehirn usw.). Jede einzelne Körperzelle enthält Wasser!

Wie viel Prozent des Körpers bestehen aus Wasser?

Salzige Meere

Meerwasser ist salzig, weil darin viele chemische Stoffe gelöst sind, die von den Forschern als Salze bezeichnet werden. Auch Trinkwasser enthält Salze, aber nur in sehr kleinen Mengen, die man nicht schmeckt.

Der Salzgehalt im Toten Meer ist so hoch, dass Menschen im Wasser sitzen können ohne unterzugehen.

Leben im Salzwasser

Im Wasser leben zahllose Tiere. Sie trinken nicht, sondern nehmen auf andere Weise Wasser auf. Fische holen es sich meist, wenn es durch ihre Kiemen strömt. Salzwasserfische nehmen nur sehr wenig Salz auf.

Probier's aus!

Wenn du ein Ei ins Wasser legst, sinkt es. Rühre nun so lange Salz ins Wasser, bis das Ei steigt. Irgendwann schwimmt es, weil Salzwasser dichter ist als Süßwasser.

Leben im Mündungsgebiet

Flüsse münden meist mit einem breiten Hauptarm und zahlreichen Nebenarmen ins Meer. Bei steigender Flut strömt Salzwasser flussaufwärts. Bei sinkender Flut enthält der Fluss hauptsächlich Süßwasser. Mangrovenbäume (links) haben sich an das Leben mit diesen wechselnden Wasserverhältnissen angepasst.

Der Körper besteht zu etwa 66 % (zwei Drittel) aus Wasser.

Wasserkreislauf

Wasser durchläuft einen ständigen Kreislauf zwischen Luft, Land, Flüssen und Ozeanen.

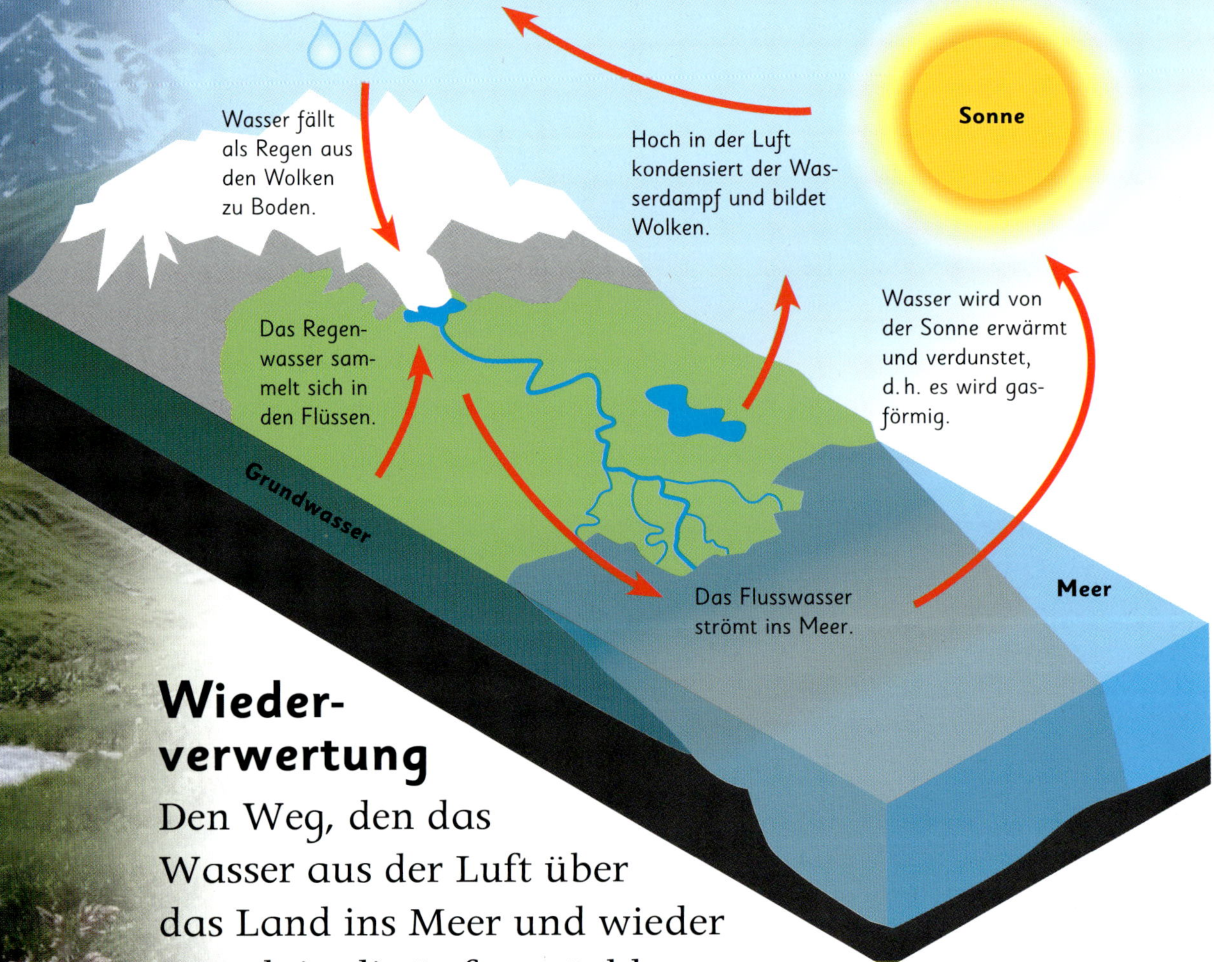

Wiederverwertung

Den Weg, den das Wasser aus der Luft über das Land ins Meer und wieder zurück in die Luft zurücklegt, nennt man Wasserkreislauf.

Die trockene Seite
Vor Gebirgsketten nahe der Küste steigt die feuchte Meeresluft auf. Sie kühlt ab und die Feuchtigkeit kondensiert zu Regen. Auf der Rückseite des Gebirges ist dann kein Regen mehr übrig – sie liegt im „Regenschatten".

Was passiert, wenn kühle, feuchte Luft kondensiert?

Grundwasser
Ein Teil des Regenwassers versickert und sammelt sich als Grundwasser im Gestein und in unterirdischen Seen. Teile davon werden an die Oberfläche gepumpt und z. B. als Trinkwasser verwendet.

Wasser verbrauchen
Süßwasser wird in Stauseen gesammelt und durch Rohre zu Haushalten und Unternehmen gepumpt. Das Wasser aus dem Wasserhahn hat einen weiten Weg hinter sich!

Nasser Untergrund
Feuchtgebiete bilden sich in Gegenden, in denen das Süßwasser nicht versickert. Sie sind Lebensraum für Wasser liebende Pflanzen, Vögel, Säugetiere und Fische.

Dürre
Wenn es lange nicht regnet, spricht man von einer Dürre. Das gibt es nicht nur in der Wüste. Wenn es in einem Gebiet viel weniger regnet als normal, erlebt es eine Dürreperiode.

Wasser sparen

Die Süßwassermenge auf der Erde ist begrenzt. Wenn jeder Mensch genug haben soll, müssen wir dringend Wasser sparen.

Drehe den Hahn zu, während du dir die Zähne putzt.

Spüle die Toilette mit möglichst wenig Wasser. Meist kann man zwischen viel und wenig Wasser wählen.

Die Geschirrspülmaschine sollte nur laufen, wenn sie voll ist.

Duschen statt baden spart sehr viel Wasser!

Es bilden sich dicke, schwere Wassertropfen.

Die Atmosphäre

Die Erde ist von einer dünnen Lufthülle, der Atmosphäre, umgeben. Ohne diese Schutzschicht aus verschiedenen Gasen gäbe es kein Leben.

Leuchtende Teilchen
Die Atmosphäre besteht zwar hauptsächlich aus Gasen, sie enthält aber auch winzige Staubteilchen, Pollen und Wassertröpfchen. Wenn die Sonne hindurchscheint, bilden die Teilchen manchmal einen schimmernden Nebel.

Gase in der Luft

Die Luft ist ein Gasgemisch aus Stickstoff, Sauerstoff und Kohlendioxid. Sauerstoff brauchen die Tiere und Pflanzen zum Atmen, Kohlendioxid ist für die Pflanzen lebenswichtig. Sie brauchen die Kohlenstoffatome zur Bildung der Blätter und Stängel.

Aus dem Weltraum betrachtet, sieht die Atmosphäre aus wie ein blauer Schleier.

Der Treibhauseffekt
Ohne Atmosphäre würden die wärmenden Sonnenstrahlen einfach von der Erde abprallen und ins Weltall verpuffen. Die Atmosphäre hält einen Teil der Wärme zurück, sodass wir überleben können.

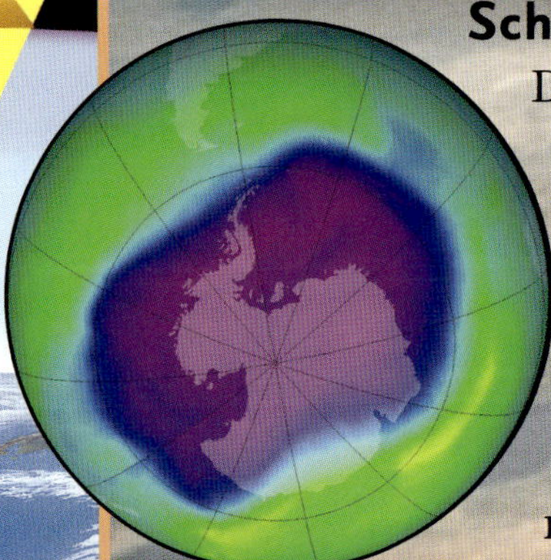

Schutzschicht
Das Gas Ozon in der Atmosphäre schützt die Erde vor schädlichen Strahlen im Sonnenlicht. Über der Antarktis ist die Ozonschicht viel dünner als überall sonst. Dieses „Ozonloch" wird durch Chemikalien verursacht, mit denen die Menschen die Luft verschmutzen.

In welchem Abstand vom Erdboden beginnt der Weltraum?

Dünne Luft
Am Boden ist die Luft dicht und leicht zu atmen – die meisten Luftmoleküle werden dort von der Schwerkraft festgehalten. In größeren Höhen wird die Luft so dünn, dass Bergsteiger Sauerstoffflaschen brauchen.

Atmosphärische Schichten
Die Atmosphäre besteht aus mehreren Schichten. Ganz unten ist die Troposphäre, in der sich die Wolken bilden und die Flugzeuge fliegen. Darüber wird die Atmosphäre immer dünner, bis sie in den Weltraum übergeht.

Lichteffekte
Wird das Sonnenlicht in der Atmosphäre durch Luft, Wasser und Staub gestreut, erzeugt es wunderschöne Lichteffekte.

Regenbogen entstehen, wenn Wassertröpfchen das Licht in seine Farben zerlegen.

Der Himmel ist an klaren Tagen blau, weil Luftmoleküle das blaue Licht am meisten streuen.

Beim Auf- und Untergang der Sonne färben Staub und Wolken den Himmel orange.

Meeresströmungen
Die Atmosphäre wirbelt ständig herum und erzeugt Winde. Die Winde schieben die Wassermassen der Ozeane an. Die kreisenden Strömungen verteilen die Wärme über die Erde.

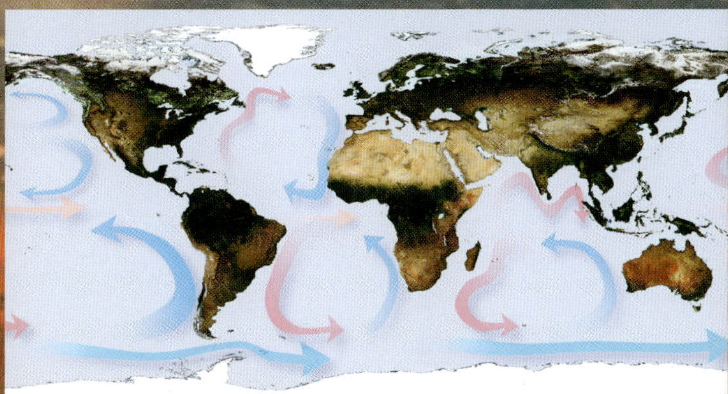

In einer Höhe von 100 km.

Das Wetter

Scheint die Sonne oder wird es regnen? Liegt bald Schnee oder braut sich ein Gewitter zusammen? Das Wetter ist wichtig für uns Menschen, weil es bestimmt, was wir tun und wie wir uns kleiden.

Drachen werden vom Wind in der Luft gehalten.

Rund ums Wetter

Einige wichtige Begriffe rund um das Wetter:

Sonnenschein gibt Wärme und Licht. Er wärmt die Luft und trocknet die Erde.

Wolken bestehen aus winzigen Tröpfchen. Dunkle Wolken bringen Regen.

Hagelkörner sind Kugeln aus Eis, die sich in Gewitterwolken bilden.

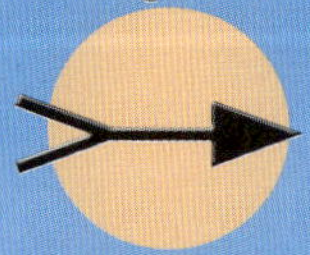

Wind ist Luft, die sich bewegt, von der sanften Brise bis zum Orkan.

Regen ist Wasser, das aus den Wolken fällt. Er ist gut für Pflanzen.

Schnee ist Regen bei sehr kaltem Wetter. Er besteht aus winzigen Eiskristallen.

Wettervorhersage

Die Meteorologen (Wetterforscher) sehen sich die Bilder der Wettersatelliten an. Mithilfe von Computern berechnen sie, wie sich das Wetter in den nächsten Tagen entwickeln wird.

Regenwetter

Regenwolken entstehen, wenn warme, feuchte Luft aufsteigt und oben wieder abkühlt. Wassertropfen verbinden sich, bis sie so schwer werden, dass sie zu Boden fallen. Regenwolken sind dunkel, weil das Sonnenlicht sie nicht durchdringt.

Was ist ein Orkan?

Flächenbrand

In Zeiten lang anhaltender Hitze und Trockenheit dörren die Pflanzen so sehr aus, dass ein Blitz sie sofort in Brand steckt. Auf diese Weise werden manchmal ganze Wälder vernichtet.

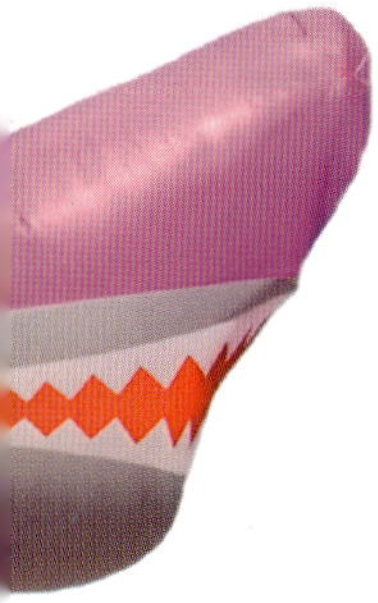

Stürmische Zeiten

Blitze entstehen, wenn die Eiskristalle in den Wolken aneinanderreiben und auf diese Weise Elektrizität erzeugen. Ein Blitz erhitzt die Umgebungsluft so schnell, dass die Luft explodiert. So entsteht der grollende Lärm, den wir Donner nennen.

Die hellsten Blitze wandern vom Boden hinauf zu den Wolken.

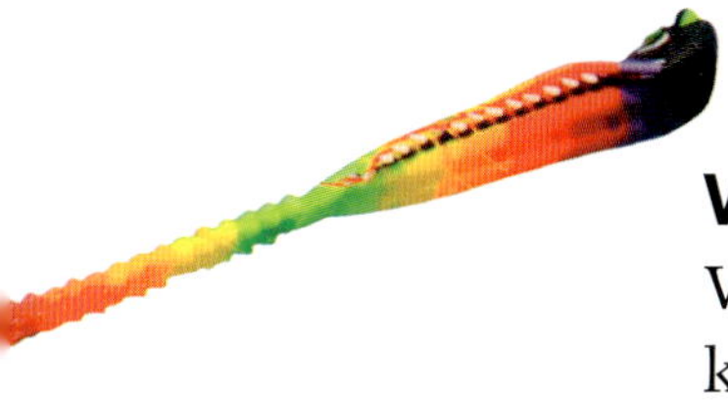

Winde

Warme Luft steigt auf, kühle Luft sinkt zu Boden. Diese Luftbewegung spüren wir als Wind.

Windhosen

Tornados sind wirbelnde Lufttrichter, die sich unterhalb von riesigen Gewitterwolken bilden. Der starke Wind richtet schlimme Schäden an und der Trichter saugt Gegenstände auf wie ein riesiger Staubsauger.

Interessant!

Unter bestimmten Umständen können Hagelkörner riesig werden. Das größte Hagelkorn wog 1 kg und hatte einen Durchmesser von über 40 cm!

Ein Orkan ist ein starker Sturm bei Windstärke 12.

Die Energiekrise

Menschen nutzen Energie für verschiedene Zwecke, z. B. zum Autofahren und Heizen. Die meiste Energie stammt aus der Verbrennung fossiler Brennstoffe wie Erdöl, Kohle und Erdgas. Diese Energieträger werden jedoch immer knapper und ihre Abgase verschmutzen die Atmosphäre.

Globale Erwärmung

Bei der Verbrennung fossiler Brennstoffe entstehen Treibhausgase, die einen Teil der Sonnenwärme in der Atmosphäre festhalten. Wenn es auf der Erde zu warm wird, schmelzen die Eisberge, der Meeresspiegel steigt und die Wüsten breiten sich aus.

Kernkraftwerke erzeugen Energie durch die Spaltung von Atomen.

Alternative Energien

Wir brauchen neue Energiequellen, die weniger Verschmutzung verursachen und nicht knapp werden. Atomkraft ist eine Möglichkeit. Andere sind Energie aus Sonnenlicht, Wind und Wellen.

Wind liefert Energie ohne Verschmutzung und in unendlicher Menge. Aber Windturbinen sind sehr groß und ihr Aufbau ist meist sehr teuer.

Saubere Autos

Autos mit Benzin- oder Dieselmotor verbrauchen Öl und erzeugen schädliche Abgase. Daher werden Alternativen entwickelt: Elektroautos geben gar keine Abgase ab. Wasserstoffmotoren verbrennen Wasserstoffgas und geben nur Wasser ab.

Ein elektrisches Auto muss immer wieder zum Aufladen an die Steckdose angeschlossen werden.

Steigender Energiebedarf

Die Weltbevölkerung wächst und braucht immer mehr Energie. Um die globale Erwärmung zu stoppen, müssen wir aber wahrscheinlich den Energieverbrauch senken.

Energiesparende Häuser

Dieses Haus erzeugt mit Sonnenkollektoren und Windturbinen selbst Energie, ohne die Umwelt zu verschmutzen. Es hat dicke Wände, sodass man weniger Energie zum Heizen braucht.

Damit auch bei der Fertigstellung Energie gespart wird, sollte man möglichst wiederverwertete Baustoffe verwenden.

Der eigene Beitrag

Es gibt viele kleine Dinge, die jeder tun kann, um Energie zu sparen.

Ziehe eigenes Gemüse und Obst, auch wenn es nur in Töpfen ist.

Bedenke bei der Urlaubsplanung, dass Züge, Schiffe und Autos weniger Energie verbrauchen als Flugzeuge.

Kaufe keine neuen Kleider, sondern tausche oder kaufe sie gebraucht.

Iss regionales Gemüse, das nicht um die halbe Welt gereist ist, denn weite Transporte verbrauchen viel Energie.

Glas, Plastik, Metall und Papier sind kein Müll. Sie werden wiederverwertet.

Nimm zum Einkaufen eigene Taschen mit und verwende keine Plastiktüten.

Schalte Fernseher und Stereoanlage ganz aus, sonst kostet es Strom.

Hänge Wäsche zum Trocknen auf. Trockner verbrauchen viel Energie.

Schlage deinen Eltern vor, das Dach isolieren zu lassen, um Heizkosten zu sparen.

Ziehe dich warm an, statt die Heizung höher zu drehen, wenn dir kalt ist.

Aus den Überresten von Pflanzen und Tieren, die vor Millionen von Jahren lebten.

Weltraum

Der Weltraum birgt viele Geheimnisse. Man kann dort wie Spaghetti in die Länge gezogen, gekocht oder stocksteif gefroren werden. Deshalb tragen Astronauten zu ihrem Schutz dicke Raumanzüge. Willkommen im unendlich faszinierenden All!

Wie ist es dort?

Beim Weltraum denkt man an:

Schwerelosigkeit – alles schwebt, weil es keine Schwerkraft gibt.

Nichts – riesige Räume im All sind völlig leer.

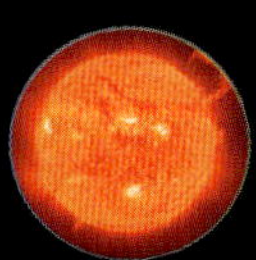

Sterne – jeder Stern ist ein glühender Gasball, auch unsere Sonne.

Astronauten – sie erkunden die Welt außerhalb der Erde.

Raketen und Satelliten – mit ihnen erforschen wir das Weltall.

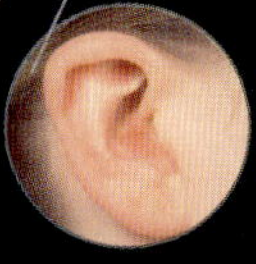

Stille – im Weltraum gibt es keine Luft, also auch kein Geräusch.

Viel Nichts

In einer wolkenlosen Nacht kann man Tausende von Sternen sehen. Das riesige Nichts zwischen Sternen und Planeten nennt man Weltraum. Außer umherfliegenden Felsen gibt es dort nur Staub und Gas.

Unvorstellbar groß

Astronomen messen die Entfernung im Weltall in Lichtjahren. Ein Lichtjahr ist die Strecke, die das Licht in einem Jahr zurücklegt – ungefähr 10 Billionen Kilometer!

Ein kosmischer Nebel ist eine riesige Wolke aus Staub und Gas im Weltall. Der Helixnebel hat sich ungefähr 700 Lichtjahre von der Erde entfernt gebildet.

Stockdunkel

Im Weltall ist es schwarz, weil nichts da ist, um das Licht zu reflektieren. Die Erde dagegen leuchtet vom Weltraum aus gesehen hell, weil Land, Meer und Atmosphäre das Sonnenlicht zurückwerfen.

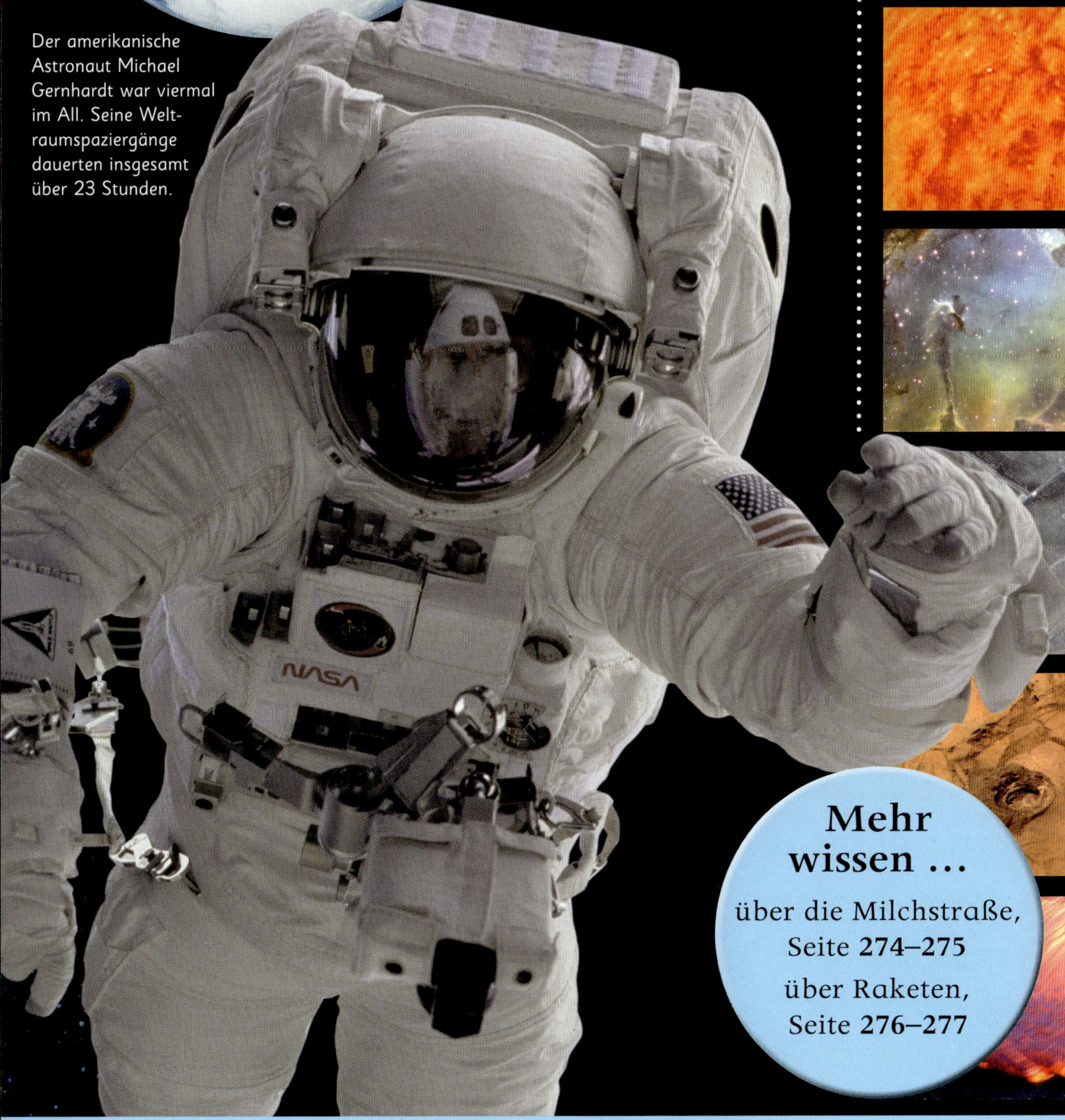

Der amerikanische Astronaut Michael Gernhardt war viermal im All. Seine Weltraumspaziergänge dauerten insgesamt über 23 Stunden.

Foto-Quiz

Wo sind im Kapitel „Universum" die Bilder, von denen diese Ausschnitte stammen?

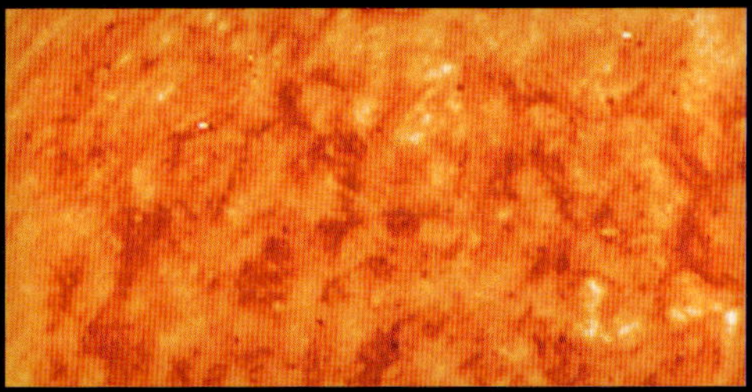

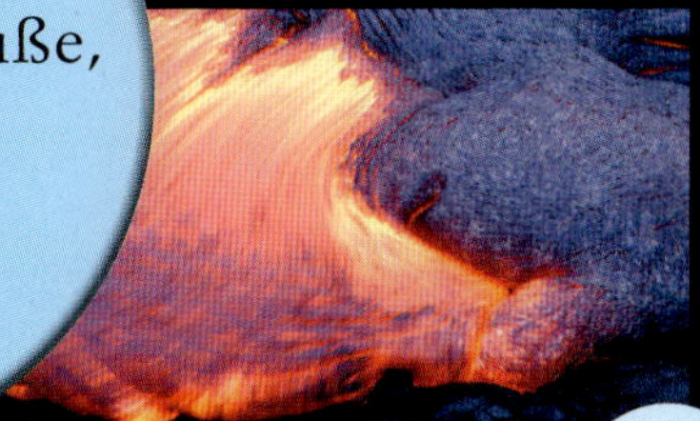

Mehr wissen …

über die Milchstraße, Seite **274–275**

über Raketen, Seite **276–277**

Es ist wahrscheinlich fast 14 Milliarden Jahre alt.

Wo fängt das All an?

Die Erde ist von Gas umgeben. Diese Hülle nennt man Atmosphäre. Jenseits davon beginnt das Weltall. Dort gibt es keine Luft zum Atmen und niemand würde dich rufen hören.

Immer weniger

Unsere Atmosphäre hört nicht plötzlich auf. Sie wird einfach immer dünner, je weiter man sich von der Erde entfernt.

Blick aus dem All

Die russische Raumstation Mir überfliegt die Erde. Das Bild wurde von der amerikanischen Raumfähre *Atlantis* gemacht.

Die **Exosphäre** ist die äußerste Schicht unserer Atmosphäre. Sie reicht bis ungefähr 10 000 Kilometer über dem Erdboden. Von hier aus entschwinden leichtere Gase in den Weltraum.

Der äußere Rand der **Thermosphäre** befindet sich über 700 Kilometer von der Erde entfernt. In dieser Schicht entstehen die Polarlichter, die im Norden auch Nordlichter und auf der Südhalbkugel Südlichter heißen.

Oberhalb von 100 Kilometer über der Erde beginnt der Weltraum. Ab hier ist unsere Darstellung der Sphären nicht mehr maßstabsgetreu.

Die **Mesosphäre** endet in 85 Kilometer Höhe. Die Luft ist hier schon ganz schön dünn. Sie reicht aber noch aus, um Meteoriten stark abzubremsen.

Die **Stratosphäre** hört in etwa 50 Kilometer Höhe auf. Wenn Flugzeuge weite Strecken zurücklegen, fliegen sie in der oberen Troposphäre oder der unteren Stratosphäre.

Die **Troposphäre** umgibt die Erde in 6–20 Kilometer Höhe. Hier spielt sich unser Wetter ab.

Wie nennt man die Gasmischung, aus der sich unsere Atmosphäre zusammensetzt?

Wo fängt das All an?

Abzeichen

Angestellte und Zivilisten, die höher als 80 Kilometer über der Erde geflogen sind, bekommen von der amerikanischen Raumfahrtbehörde NASA ein Abzeichen. Hier siehst du das Abzeichen für Zivilisten.

Könnte man mit dem Auto senkrecht nach oben fahren, käme man schon nach ungefähr einer Stunde ins Weltall.

Der europäische Satellit *Gaia* fliegt 2011 ins All.

Stromlinienförmig

Ein Raumschiff muss stromlinienförmig sein, damit es leicht durch die Luft saust. Manchmal braucht man dafür eine spezielle Verkleidung. Sie befindet sich zum Beispiel an der Spitze von Raketen.

Die Teile einer Raumfähre (Orbiter, Tank, Feststoffraketen) sind stromlinienförmig. So kann das Schwergewicht leichter abheben.

Hutförmig

Satelliten brauchen nicht stromlinienförmig zu sein, denn im All gibt es keine Luft. Deshalb haben sie unterschiedliche Formen.

Man nennt sie Luft.

Hier wohnen wir

Die Erde kommt uns riesig vor – schließlich ist schon der Weg zur Schule ganz schön lang! Dabei ist unser Planet nur ein winziges Körnchen im All. Wo genau aber gehören wir hin?

Die Erde sieht aus wie eine blaue Murmel, die im All schwebt.

Erde und Mond

Unser Heimatplanet, die Erde, hat einen natürlichen Begleiter: den Mond. Er hat ungefähr ein Viertel der Erdgröße und ist 384 000 Kilometer von uns entfernt.

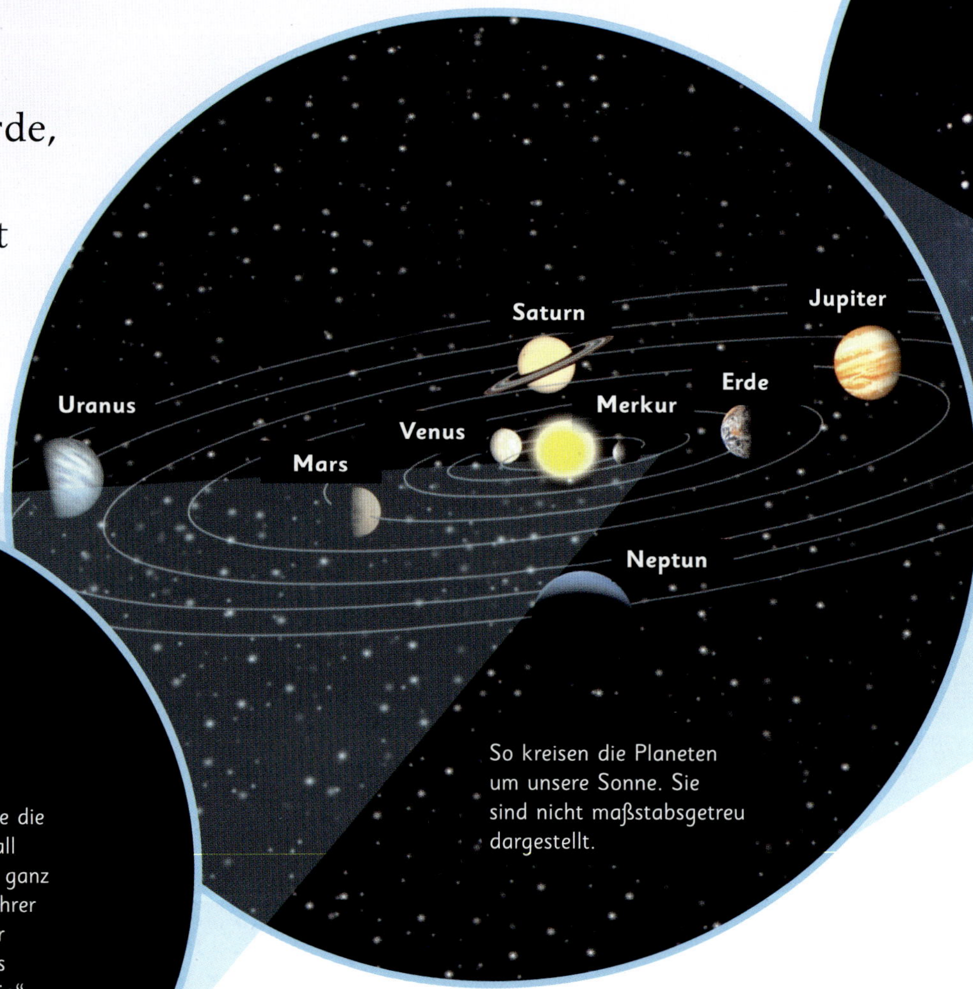

So kreisen die Planeten um unsere Sonne. Sie sind nicht maßstabsgetreu dargestellt.

Astronauten, die die Erde vom Weltall aus sehen, sind ganz begeistert von ihrer Schönheit. Einer beschrieb sie als „blauen Edelstein“.

Das Sonnensystem

Die Erde ist von der Sonne aus der dritte Planet und gerade so weit von ihr weg, dass Leben möglich ist. Acht Planeten umkreisen die Sonne. Mit Monden, Kometen, Asteroiden, Meteoren, Zwergplaneten, Staub und Gas bilden sie das Sonnensystem.

Pluto galt früher als neunter Planet. Er ist aber mittlerweile als Zwergplanet eingestuft.

Wie ein Strudel
Unsere Galaxie hat lange, gebogene Arme, die spiralförmig aus der Mitte herausragen.

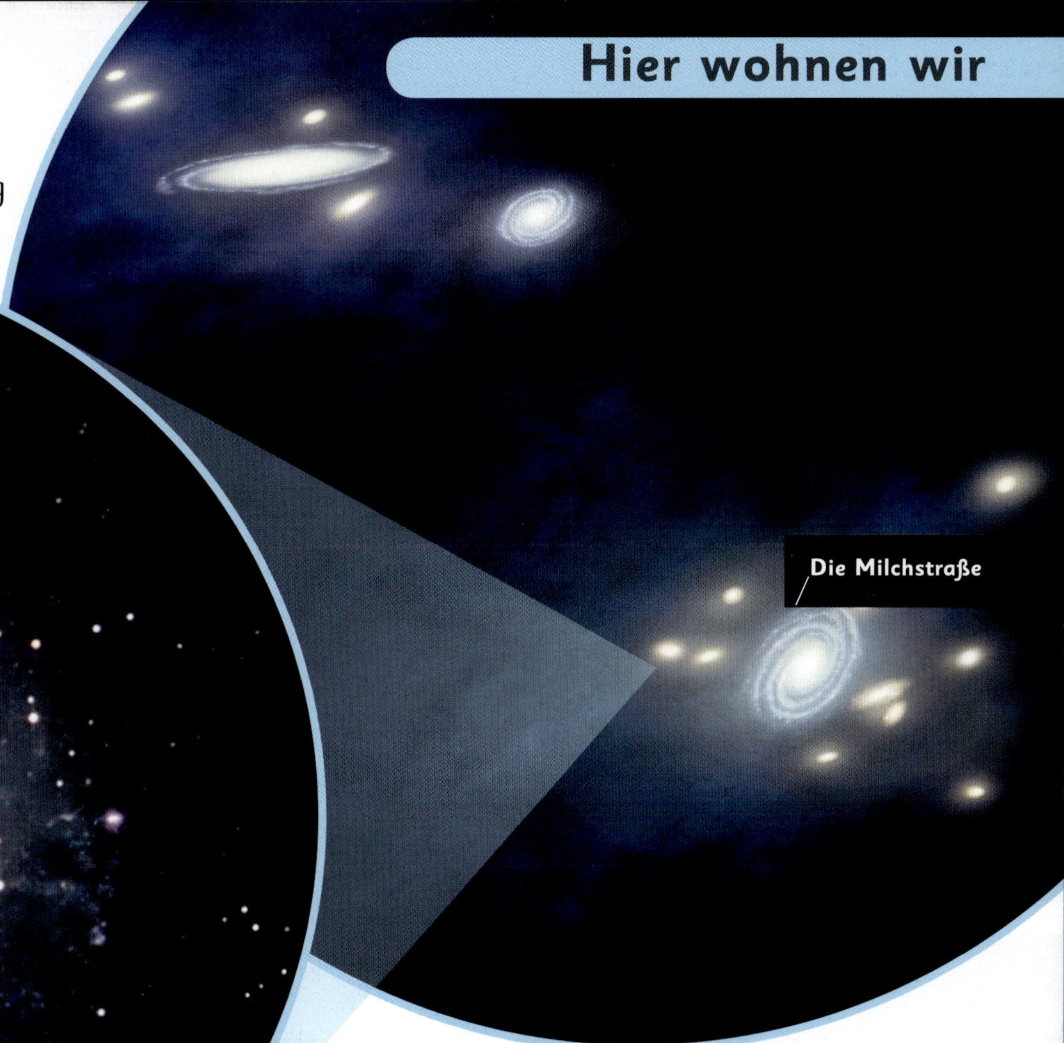

Lokale Gruppe

Die Milchstraße ist eine der größten Galaxien in einer Ansammlung, die Lokale Gruppe heißt. Das Universum besteht aus Millionen Galaxien.

Die Milchstraße

Unser Sonnensystem gehört zu einer Galaxie, die wir Milchstraße nennen. Sie besteht aus Milliarden Sternen. Die Erde befindet sich am Rand eines Spiralarms.

Auf unserem Planeten gibt es Billionen von Lebewesen.

Milchstraße

Unser Sonnensystem ist ein winziger – ganz winziger! – Teil einer gigantischen Spiralgalaxie. Sie besteht aus Milliarden Sternen, die aussehen, als wären sie wie Sand über den Nachthimmel verstreut.

Wissenschaftler schätzen, dass es in unserer Milchstraße ungefähr 100 Milliarden Sterne gibt. Es könnten aber auch viel mehr sein.

Warum „Milchstraße"?
Von der Erde aus sieht unsere Galaxie wie ein milchiges weißes Band aus, das sich über den Nachthimmel zieht. Als es noch keine Fernrohre gab, wusste man nicht, dass es sich um unzählige Sterne handelt. Die alten Griechen nannten den Streifen „Milchfluss".

Mehr wissen ...
über unseren Platz im All, Seite **272–273**
über die Entstehung eines Sterns, Seite **290–291**

Legenden

Um die Entstehung der Milchstraße ranken sich viele Legenden.

Die **Indianer** erzählen von einem Hund, der auf seinem Weg Getreide verlor.

Die **Buschmänner** in der Kalahari glauben, die Milchstraße bestehe aus Flammen.

Die **Hindu** sehen in der Milchstraße den gesprenkelten Bauch eines Delfins.

Für die **alten Ägypter** waren die Sterne ein See aus Kuhmilch.

Seitenblick
Die Milchstraße ist wie alle Galaxien flach. Sie hat einen Wulst in der Mitte und spiralig gebogene Arme.

Wo befinden sich die ältesten Sterne der Milchstraße?

Unsere Milchstraße ist nach Meinung von Astronomen eine Balkenspiralgalaxie.

Von einer Ecke der Milchstraße zur anderen ist das Licht 100 000 Jahre unterwegs.

Man findet sie um das Zentrum herum in riesigen Bällen, die Kugelsternhaufen heißen.

Raketen

Raketen befördern Satelliten und Menschen ins All. Sie verbrennen Treibstoff und werden durch den Ausstoß heißer Gase angetrieben – ähnlich wie ein Luftballon, aus dem Luft herauszischt.

Geburtsstunde der Rakete

Die erste Rakete mit Flüssigbrennstoff wurde 1926 von dem Amerikaner Robert Goddard gezündet. Sie flog 12,5 Meter hoch. Ihr Flug dauerte 2,5 Sekunden.

Raumschiff *Wostok 1*

Eine Verkleidung an der Spitze der Rakete verringert den Luftwiderstand beim Abheben.

Start der Rakete *Langer Marsch 2C* vom chinesischen Raumfahrtstützpunkt Jiuquan am 19. August 1983. Sie brachte einen Erdbeobachtungssatelliten in die Umlaufbahn.

Langer Marsch 2C war 35,1 Meter lang und 3,3 Meter breit.

Erster!

An Bord von *Wostok 1* flog am 12. April 1961 der erste Mensch in den Weltraum: der russische Kosmonaut Juri Gagarin. Sein Flug dauerte 108 Minuten.

Bei seiner Rückkehr löste Gagarin in 7000 Meter Höhe den Schleudersitz in der Landekapsel aus und landete mit dem Fallschirm sicher auf der Erde.

Wie oft musste das Triebwerk der ersten Stufe von *Ariane 5* getestet werden?

Um aus der Anziehungskraft der Erde herauszukommen, muss eine Rakete etwas mehr als 11 Kilometer in der Sekunde schnell sein. Diese Geschwindigkeit heißt Fluchtgeschwindigkeit.

Kraftpakete

Die *Saturn-5*-Raketen waren die größten und stärksten Raketen, die je gebaut wurden. Zwischen 1968 und 1972 flogen sie 13-mal ins All. Eine *Saturn 5* brachte die Menschen zum Mond.

Ariane 5

Booster-Rakete von *Ariane 5*. Der Haupttank enthält 25 Tonnen flüssigen Wasserstoff. Die beiden seitlichen Röhren sind Feststoffraketen und sorgen beim Start für eine Extraportion Schub.

Raketenarten

Es gibt verschiedene Arten von Raketen:

Raumfähren (Spaceshuttles) bringen Menschen zu den Raumstationen.

Saturn 5 war die größte Rakete, die je gebaut wurde. Mit ihr starteten die Menschen zum Mondflug.

Feuerwerksraketen werden an Silvester gezündet.

Militärraketen gibt es schon seit Hunderten von Jahren.

Forschungsraketen dienen der Erforschung von Fluggeschwindigkeit und Flughöhe.

Manche **Satelliten** werden in ihrer Erdumlaufbahn von kleinen Raketentriebwerken in die richtige Position gebracht.

Lastenträger

Heute benutzt man Raketen wie *Ariane 5*, um Satelliten in den Weltraum zu tragen. Je nachdem, ob es sich um große oder kleine Satelliten handelt, kommen große oder kleine Raketen zum Einsatz.

Etwa 300 Tests waren nötig.

Apollo 11 wurde von einer riesigen *Saturn-5*-Trägerrakete ins All befördert. Den meisten Platz nahm der für den Start nötige Treibstoff ein. In einer winzigen Kapsel an der Spitze der Rakete saßen die drei Astronauten.

Reise zum Mond

Ab 1957 begann ein Wettrennen zwischen den USA und der Sowjetunion: Jedes Land wollte als Erstes auf dem Mond sein. Mit *Apollo 11* betraten 1969 zwei Amerikaner als erste Menschen den Mond.

10 Die Servicekapsel wird vor dem Eintritt in die Erdatmophäre abgestoßen.

11 Nur die Kommandokapsel fliegt zur Erde zurück.

1 Fünf F1-Triebwerke katapultieren die *Saturn 5* vom Raumfahrtzentrum ins All.

3 Die Kommando- und Servicekapsel trennt sich ab und dreht sich um 180 Grad.

2 Die dritte Raketenstufe wird gezündet und bringt das Raumschiff auf Mondkurs.

Die Servicekapsel enthielt den Antrieb und die Lebenserhaltungssysteme.

Teile von *Apollo 11*

Apollo 11 bestand aus drei Teilen: der winzigen Kommandokapsel, der Servicekapsel und der Mondlandefähre.

Wie viele Astronauten waren schon auf dem Mond?

Mehr wissen …

über Menschen auf dem Mond, Seite **280–281**

über Raketen, Seite **276–277**

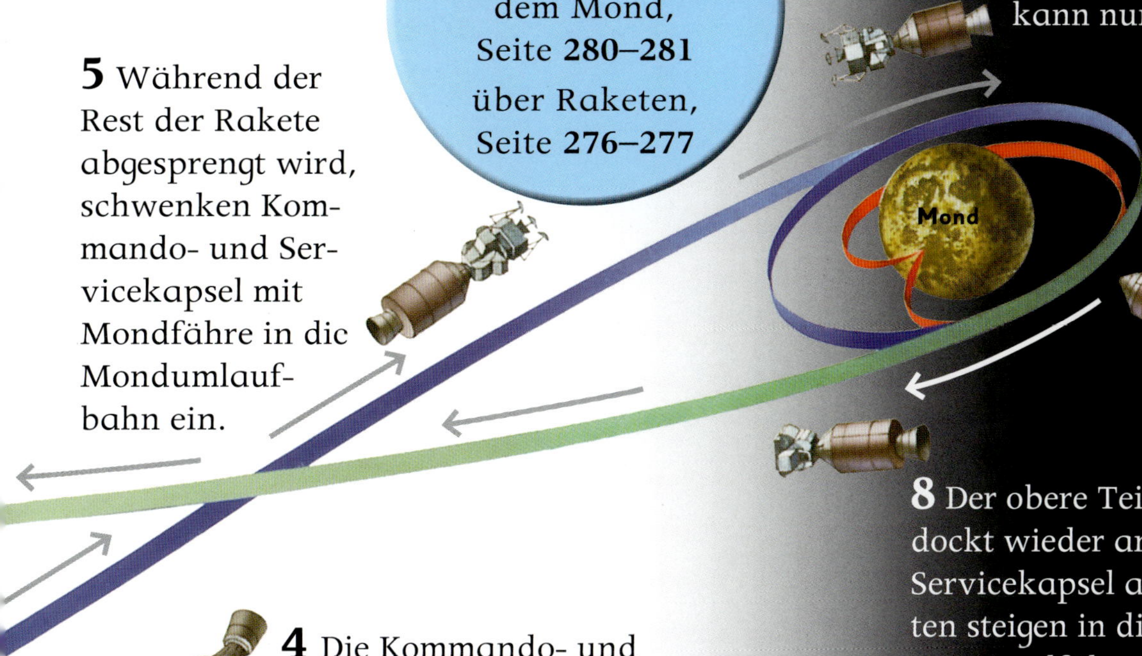

5 Während der Rest der Rakete abgesprengt wird, schwenken Kommando- und Servicekapsel mit Mondfähre in dic Mondumlaufbahn ein.

6 Der Flug dauerte 102 Stunden und 45 Minuten. Die Mondfähre kann nun landen.

7 Die Kommando- und Servicekapsel (Mutterfähre) umkreist den Mond. Ein Astronaut bleibt an Bord. Die Mondfähre setzt zur Landung an. Zwei Astronauten betreten den Mond.

8 Der obere Teil der Mondfähre dockt wieder an Kommando- und Servicekapsel an. Die Astronauten steigen in die Mutterfähre um. Die Mondfähre wird abgesprengt.

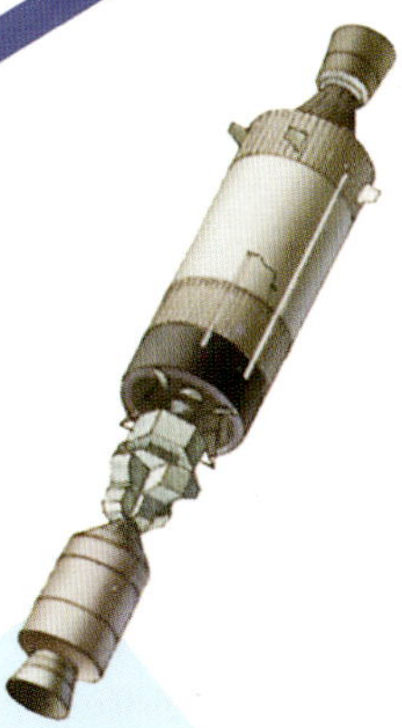

4 Die Kommando- und Servicekapsel dockt wieder an die Mondfähre an, die noch mit Stufe 3 verbunden ist.

Der Adler ist gelandet

Die Mondlandefähre – der Teil von *Apollo 11*, der auf dem Mond landete – hieß *Eagle*, auf Deutsch „Adler“. Sie setzte am 20. Juli 1969 auf dem Mond auf.

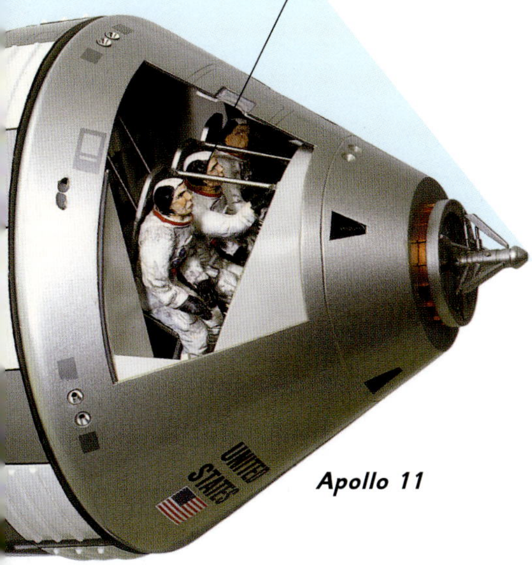

Die drei Astronauten arbeiteten und schliefen in der Kommandokapsel.

Apollo 11

Neil Armstrong suchte fieberhaft nach einem ebenen Landeplatz. Er fand ihn wenige Sekunden bevor er die Landung hätte abbrechen müssen.

Menschen auf dem Mond

Am 20. Juli 1969 betrat Neil Armstrong als erster Mensch den Mond. Ihm folgte Buzz Aldrin. Ein dritter Astronaut, Mike Collins, umkreiste währenddessen in der Mutterfähre den Mond.

Interessant!

Der Computer an Bord der Mondlandefähre von *Apollo 11* hatte nur 71 KB Speicher. Manche Rechner kommen heute auf über 500 MB.

Die Mondlandefähre wurde „Adler" genannt.

Auf dem Mond

Armstrong und Aldrin verbrachten fast 22 Stunden auf dem Mond. Zweieinhalb Stunden waren sie draußen, um Gesteins- und Bodenproben zu sammeln, Versuche durchzuführen und Fotos zu machen.

Mondstaub

Buzz Aldrin beschrieb die Mondoberfläche als feinen, puderähnlichen Staub, auf dem Steinchen und Felsbrocken verstreut liegen. Auf der Erde gibt es nichts Vergleichbares.

Warum leuchtet der Himmel über dem Mond nicht blau?

Die Erde geht auf
Die Astronauten sahen die Erde über dem Mond aufgehen – sie war viermal so groß wie der Mond, den man von der Erde aus sieht.

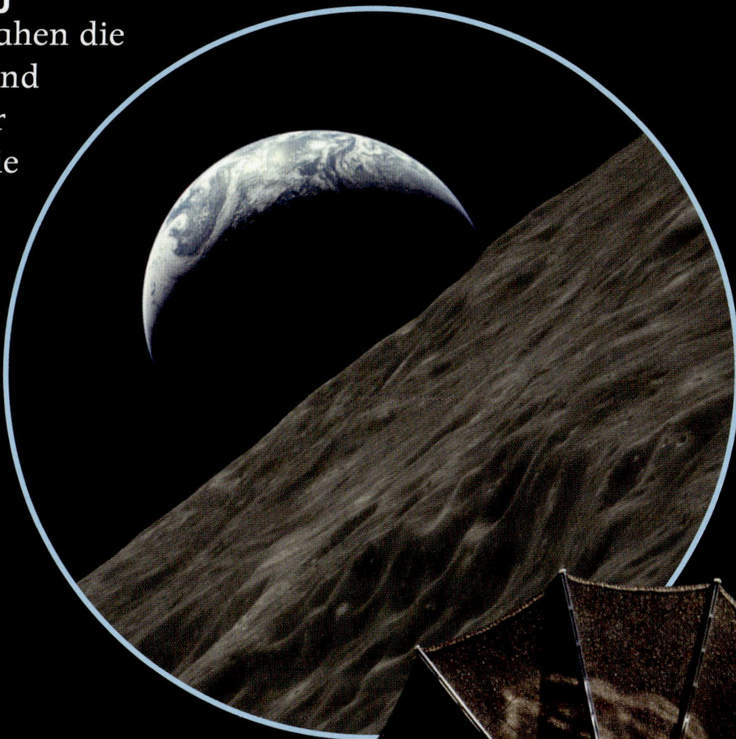

Ohne Luft kein Laut
Im Weltall gibt es keine Luft und daher auch keine Schallwellen, die Laute weiterleiten. Astronauten sprechen über Mikrofone im Helm.

Neil Armstrong

Auto an Bord!
Bei drei späteren *Apollo*-Missionen hatten die Astronauten elektrische Mondautos dabei. Damit konnten sie sich weiter vom Landeplatz entfernen. Die Mondautos blieben auf dem Mond zurück, wo sie noch heute stehen.

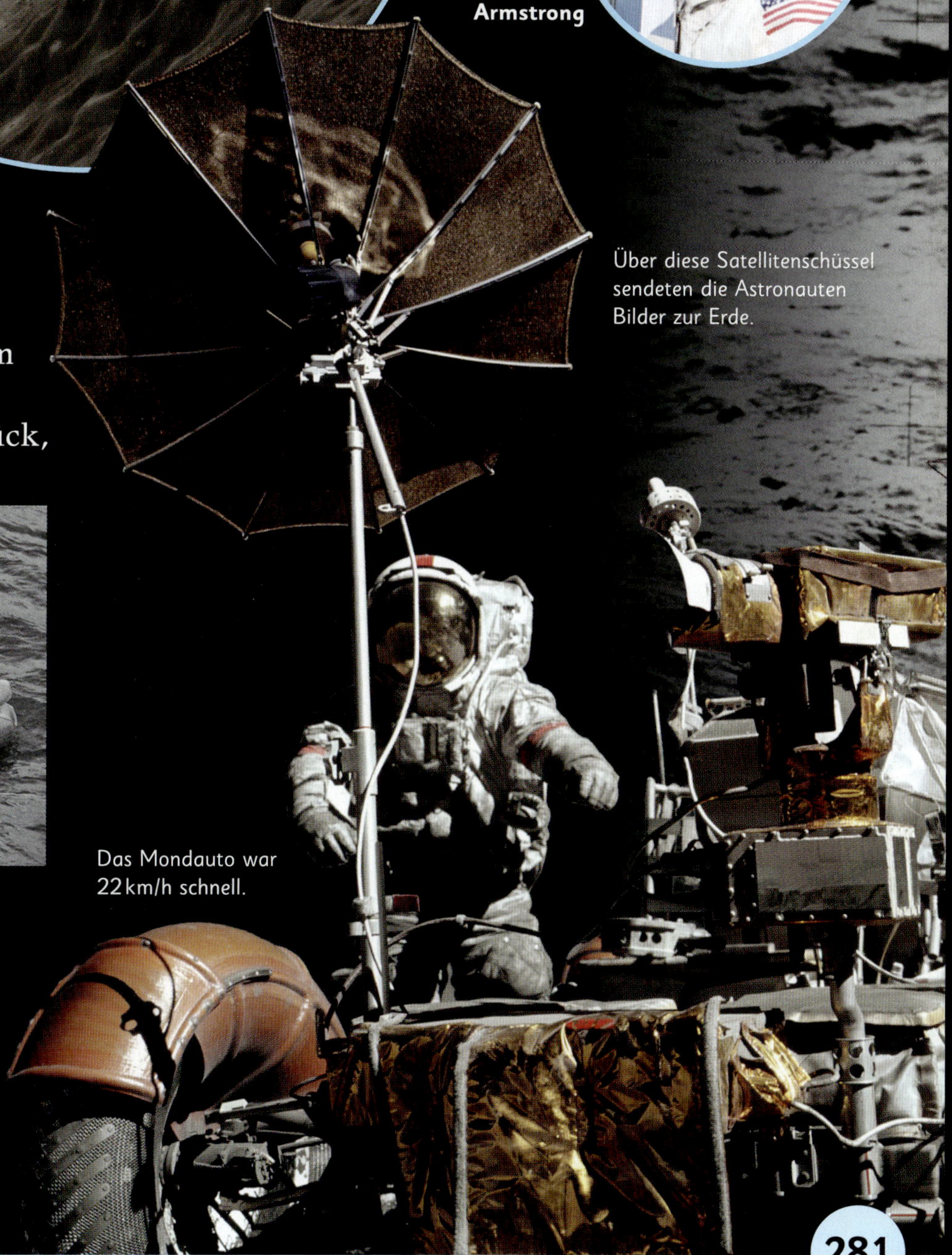

Über diese Satellitenschüssel sendeten die Astronauten Bilder zur Erde.

Das Mondauto war 22 km/h schnell.

Ins Wasser geplumpst
In der Kommandokapsel von *Apollo 11* kehrten die Astronauten auf die Erde zurück. Die Kapsel fiel durch die Atmosphäre und landete im Pazifik. Ein Schwimmreifen hielt sie über Wasser.

Weil der Mond keine Atmosphäre hat.

Raumfähre

Im April 1981 startete die erste Raumfähre. Eine Raumfähre bringt Astronauten zur Weltraumstation und kann immer wieder eingesetzt werden.

Drei Teile

Eine Raumfähre besteht aus drei Teilen: dem Orbiter (die eigentliche Raumfähre, nur sie gelangt in die Erdumlaufbahn), einem riesigen Treibstofftank und zwei Zusatztriebwerken.

Hitzeschilder

Fast 25 000 Hitzeschilder schützen den Orbiter beim Wiedereintritt in die Atmosphäre vor hohen Temperaturen.

Tanks ab!

Zwei Minuten nach dem Start werden die Zusatztriebwerke abgeworfen. Sie schweben an Fallschirmen ins Meer, werden geborgen und wiederverwendet. Acht Minuten nach dem Start wird der Außentank abgesprengt. Er zerbricht in der Atmosphäre.

Interessant!
Der Start einer Raumfähre wurde 1995 durch Spechte verzögert: Sie hatten in den Isolierschaum des Außentanks Löcher gepickt. Seither dienen Plastikeulen als Vogelscheuchen.

Wie lange dauert es, bis eine Raumfähre den Weltraum erreicht?

Rein damit!
Jeder Orbiter hat eine riesige Ladebucht – man könnte glatt einen Schulbus darin parken. In ihm werden Satelliten, Versuchsgeräte und Labore ins All transportiert.

Ist die Raumfähre auf der Umlaufbahn, öffnen sich die Ladebuchtklappen.

Raumfähren

Fünf Raumfähren hat man schon gebaut. Zwei wurden durch Unfälle zerstört.

Die ***Columbia*** hob 1981 erstmals ab. Sie zerbrach 2003 beim Wiedereintritt.

Die ***Challenger*** explodierte 1986 73 Sekunden nach dem Start.

Die 1984 erstmals eingesetzte ***Discovery*** war 2000 bei der 100. Mission dabei.

Die ***Atlantis*** flog 1985 zum ersten Mal. Sie war über 25-mal im All.

Die ***Endeavour*** ersetzte die *Challenger*. Ihren ersten Flug hatte sie 1992.

Die Raumfähre *Endeavour* landet auf dem kalifornischen Edwards-Luftwaffenstützpunkt.

Sicher gelandet

Raumfähren setzen sanft auf. Sobald sie den Boden berühren, öffnet sich ein 12 Meter großer Bremsfallschirm.

Raumfähren der Zukunft

Die NASA arbeitet gerade an den Plänen für einen Nachfolger der Raumfähren. Das *Orion*-Raumschiff soll mit einer *Ares-1*-Trägerrakete gestartet werden und bis zu sechs Astronauten auf einmal ins All befördern.

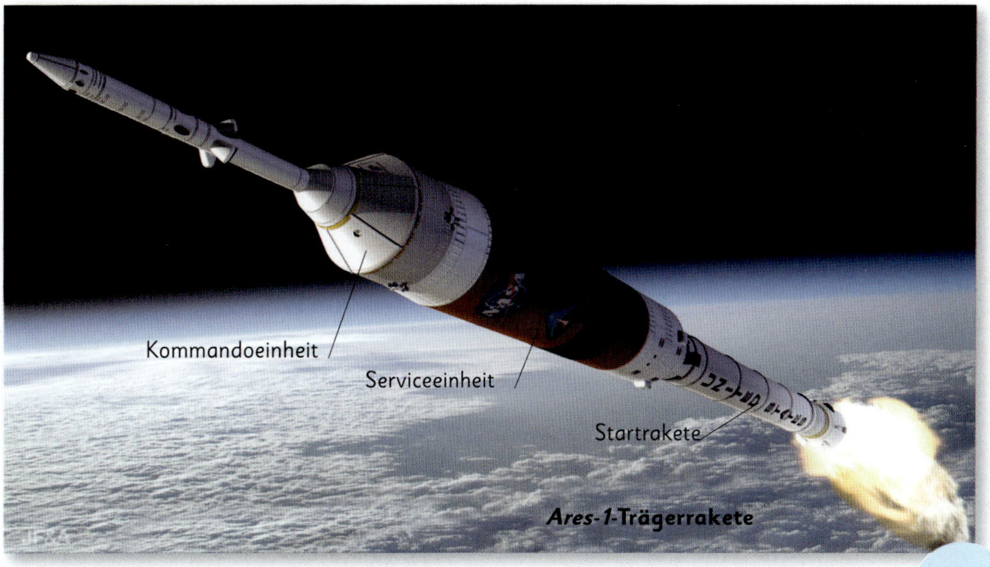

***Ares-1*-Trägerrakete**

Es dauert etwa acht Minuten.

Arbeiten im All

Wir alle haben schon Bauarbeitern auf einem Gerüst beim Hämmern und Bohren zugesehen. Stell dir so ein Baugerüst hoch oben über der Erde vor. Darauf müssen Astronauten sich bewegen, wenn sie einen Satelliten reparieren oder eine Raumstation aufbauen.

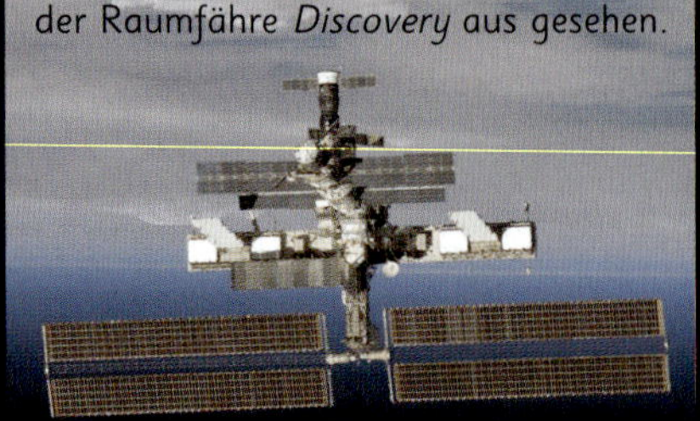

Die Internationale Raumstation, von der Raumfähre *Discovery* aus gesehen.

So sieht ein Sonnenaufgang aus dem All betrachtet aus.

Ein Astronaut kann mehrere Stunden außerhalb der Station arbeiten. Dieser ist durch einen Roboterarm mit der Raumstation verbunden.

Zwischen 1998 und 2005 haben Astronauten über 60 Weltraumspaziergänge unternommen. Jedes Mal arbeiteten zwei Astronauten auf der Internationalen Raumstation.

Ein warmer Tag

In der Erdumlaufbahn heizt die starke Sonneneinstrahlung die Astronauten auf. Seltsamerweise kann man sich im Weltraum kaum abkühlen. Deswegen enthalten Raumanzüge eine Wasserkühlung!

Probier's aus!

Astronauten berichten, dass sie ihre Hände in den Handschuhen nur schwer bewegen können. Es ist, als ob man ein Gummiband um die Finger legt und spreizt. Mach das 15-mal!

Ein Stück Geschichte

Den ersten Weltraumspaziergang unternahm der Kosmonaut Alexej Leonow am 18. März 1965. Schon ein paar Monate später, am 3. Juni 1965, machte es ihm der Amerikaner Edward White nach.

Edward White war der erste Amerikaner im All.

Alexej Leonow wurde in der damaligen Sowjetunion und auf der ganzen Welt berühmt.

Langsam, langsam

Astronauten müssen langsamer als Techniker auf der Erde arbeiten. Wenn sie eine Schraube zu schnell anziehen, kreiseln sie ins All hinaus.

Übergröße

Werkzeuge für den Weltraum sind besonders groß, damit die Astronauten sie mit ihren dicken Handschuhen halten können. Außerdem müssen sie am Astronauten festgebunden werden.

Nichts anderes als ein Weltraumspaziergang.

Marsmission

Sonden sind zum Mars geflogen, haben ihn umkreist und sind auf ihm gelandet. Irgendwann wird vielleicht sogar eine Marsbasis gebaut. Der Planet ist zwar kalt und staubtrocken, doch bietet er eine Menge Möglichkeiten.

Warum ist der Mars so interessant?
Auf dem Mars hat es früher vielleicht Leben gegeben. Obwohl er nur etwa halb so groß wie die Erde ist, gibt es auf ihm Wolken, Wetter und an den Polen Eiskappen. Einst besaß er sogar aktive Vulkane. Indem wir etwas über den Mars erfahren, lernen wir unsere Erde besser kennen.

Der Rover *Sojourner* untersuchte auf der sandigen Marsoberfläche einen Felsen, der später den Namen „Yogi" erhielt.

Auf zum Mars

Es hat schon viele Flüge zum Mars gegeben.

1971 erreichten zwei Sonden, *Mars 2* und *Mars 3*, den Planeten, aber ihre Landemodule funktionierten nicht.

1976 suchten zwei Sonden, *Viking 1* und *Viking 2*, den Mars nach Spuren von Leben ab.

1996 wurde der *Mars Global Surveyor* losgeschickt. Leider riss der Funkkontakt ab.

1997 landete die Sonde *Pathfinder* auf dem Planeten und setzte *Sojourner* ab.

1999 ging der *Mars Polar Lander* bei der Landung verloren.

Der rote Planet

Aufnahmen vom Mars zeigen, dass der Sand auf der Oberfläche rot wie rostiges Eisen auf der Erde ist.

Wie viel hat es gekostet, die Marsfahrzeuge zu bauen und auf den Mars zu schicken?

Was tut sich gerade auf dem Mars?

Seit 2004 untersuchen die beiden Marsfahrzeuge *Spirit* und *Opportunity* die Oberfläche. Sie haben eine Menge Daten zur Erde gesandt – unter anderem Beweise, dass es früher Wasser auf dem Planeten gab.

Auf diesem Bild erkennt man ein neun Millimeter großes Loch, das von *Spirit* gebohrt und fotografiert wurde.

Panoramakameras auf Masten nehmen Weitwinkelbilder von der Marsoberfläche auf.

NASA-Rover *Spirit*

Sonnenpaddel erzeugen Strom für den Antrieb.

Zukunftsmusik

Wissenschaftler haben viele Ideen, wie sie dem Mars seine Geheimnisse entlocken können. Sie wollen ein Flugzeug über ihn hinwegfliegen lassen (oben links) und Sonden in die Eiskappen schicken (oben rechts).

Um das Leben außerhalb unseres Planeten zu erproben, schlossen sich um 1990 acht Wissenschaftler für zwei Jahre in der Glaskuppel *Biosphere II* ein.

Leben auf dem Mars

Falls wir je eine Marsbasis bauen, muss sie sich selbst erhalten und die Bewohner vor der Atmosphäre und der Sonnenstrahlung schützen. Wie so eine Basis aussehen könnte, zeigt ein Künstler auf dem Bild unten.

Rund 800 Millionen US-Dollar.

Die Sonne ist weiß. Das sieht man, wenn sie sich im Wasser spiegelt. Vorsicht: Schau nie direkt in die Sonne!

Sonne

Unsere Sonne ist der Erde näher als jeder andere Stern. Wie alle Sterne ist sie ein Ball aus Gas, auf dem es ständig zu ungeheuren Explosionen kommt. Ohne unsere Sonne gäbe es kein Leben.

In den Polarregionen der Erde erhellen bunte Lichtspiele den Himmel.

Polarlichter

Die Sonne schleudert Teilchen ins All, die man Sonnenwind nennt. Wenn sie auf Teilchen aus der Atmosphäre treffen, kommt es zu einem seltsamen Leuchten.

Langes Leben

Die Sonne entstand vor knapp fünf Milliarden Jahren. Obwohl auf ihr in jeder Sekunde vier Millionen Tonnen Brennstoff verbrannt werden, hat sie noch genug Energie für weitere fünf Milliarden Jahre.

Der Sonne entgegen

Verschiedene Sonden wurden bisher gebaut, um die Sonne zu studieren.

Seit 1990 ist *Ulysses* unterwegs. Sie soll die beiden Pole der Sonne erforschen.

SOHO machte sich 1995 auf den Weg, um die Sonne zu beobachten.

TRACE verließ die Erde 1998, um die Sonnenatmosphäre zu studieren.

Heiße Flecken

Wo weiße Stellen auf der Sonne sichtbar sind, ist es heißer als anderswo. Kühlere Stellen sieht man als dunkle Sonnenflecken.

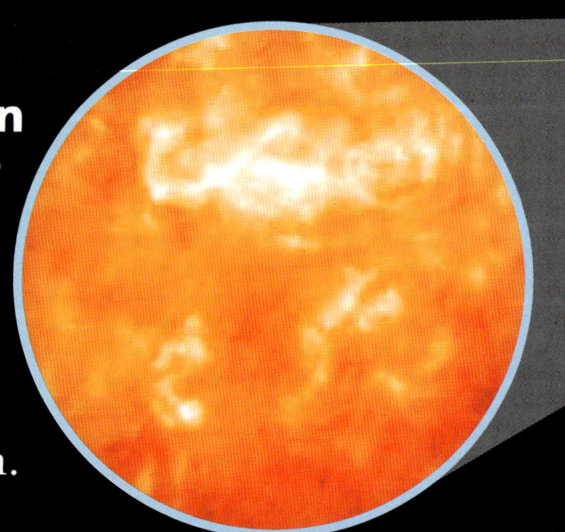

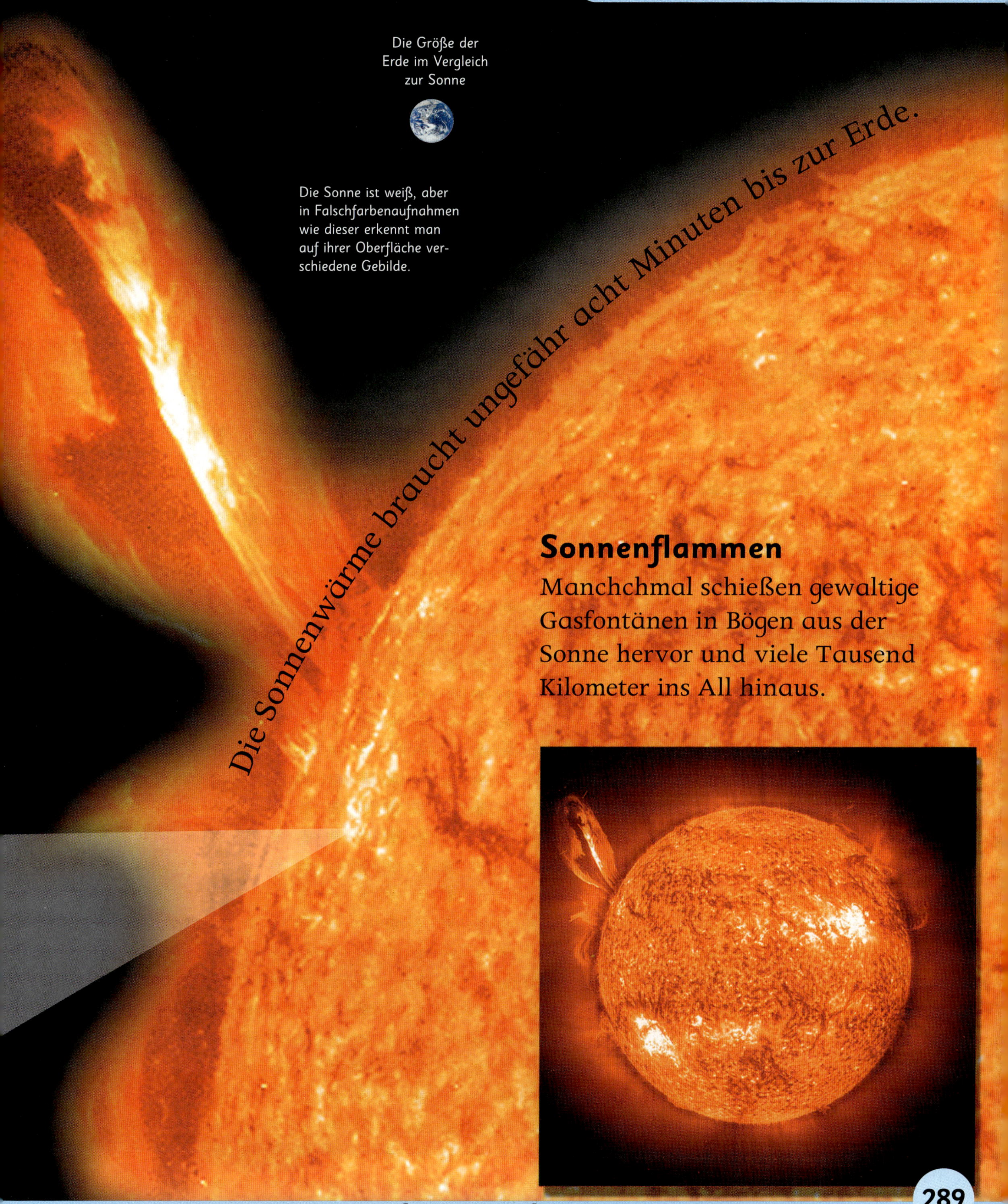

Die Größe der Erde im Vergleich zur Sonne

Die Sonne ist weiß, aber in Falschfarbenaufnahmen wie dieser erkennt man auf ihrer Oberfläche verschiedene Gebilde.

Die Sonnenwärme braucht ungefähr acht Minuten bis zur Erde.

Sonnenflammen

Manchchmal schießen gewaltige Gasfontänen in Bögen aus der Sonne hervor und viele Tausend Kilometer ins All hinaus.

Ein Stern entsteht

Wie viele Bilder aus dem All wurde auch dieses künstlich gefärbt, damit man alles klar erkennen kann.

Im Weltall werden ständig neue Sterne geboren. Sie entstehen aus Gas- und Staubwolken, die viele Tausend Mal größer als unser Sonnensystem sind. Das dauert allerdings Millionen Jahre.

Geburt in einer Wolke

Zwischen Sternen gibt es Staub- und Gaswolken. Sie saugen allmählich immer mehr Staub und Gas an und bilden riesige Nebelwolken. In ihnen beginnt Materie „zusammenzukleben".

Farbfeuerwerk

Wenn Materie immer dichter und heißer wird, bildet sich ein junger Stern, der den Nebel um sich herum erleuchtet. Ein solches Schauspiel wurde vom *Spitzer*-Raumteleskop festgehalten (rechts).

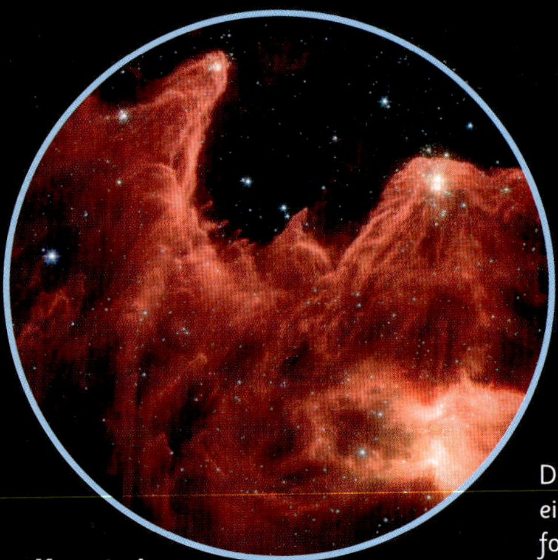

Kosmischer Nebel

Die Entstehung eines Sterns, fotografiert vom *Hubble*-Teleskop

Kernkraftwerk

Ist genug Materie vorhanden, wird der Stern immer dichter und heißer. Irgendwann verschmelzen Atomkerne wie in einem Kernkraftwerk. Dabei werden enorme Energien frei.

Auch die Temperatur von Lava kann man an ihrer Farbe erkennen: Die gelbe Lava ist heißer als die rote.

Welche Farbe siehst du?
Manche Sterne sind rot, andere gelb oder bläulich. Welche Farbe sie haben, hängt von ihrer Temperatur ab. Rote Sterne sind die kältesten, blaue die heißesten.

Unsere Sonne ist ein gelber Zwerg.

Kleine Namenskunde
Pferdekopfnebel, Lagunennebel, Adlernebel oder Katzenaugennebel – die bekanntesten Nebel sind nach ihrer Form benannt.

Katzenaugennebel

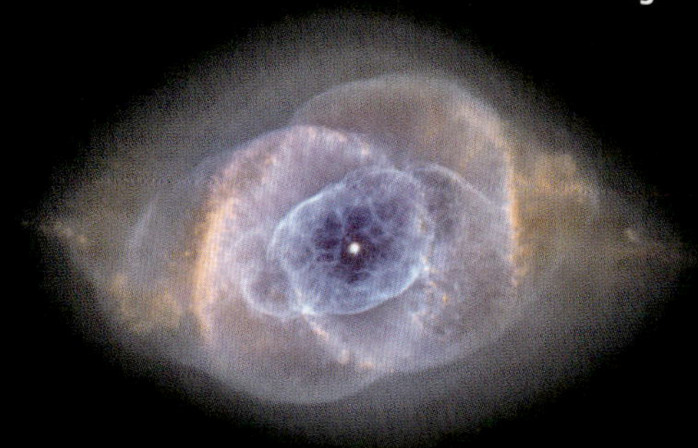

Sternarten
Sterne haben unterschiedliche Eigenschaften – je nachdem, wie viel Materie bei ihrer Geburt im Spiel war. Jeder hat eine eigene Farbe, Temperatur, Helligkeit und Lebensdauer.

Lebensdauer

Im Universum gibt es die unterschiedlichsten Sterne.

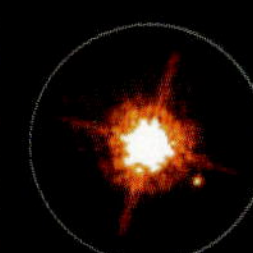

Rote Zwerge sind kleiner als die Sonne. Sie verbrennen ihre Energie langsam und leben daher lange.

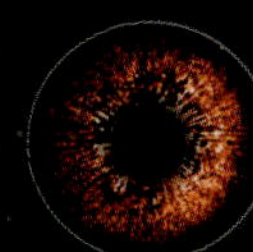

Sonnensysteme Materie, die bei der Bildung von Sternen übrig geblieben ist, kann zu Planeten werden.

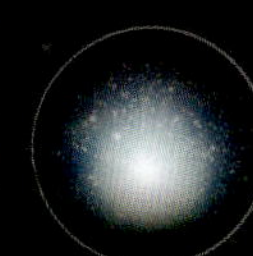

Blaue Riesen Sie gehören zu den heißesten Sternen und leben nicht einmal 100 Millionen Jahre.

Rote Überriesen sind die seltensten Sterne. Sie leben „kaum“ 50 Millionen Jahre.

Die Plejaden, auch Siebengestirn genannt. Man kann sie ohne Fernrohr sehen.

Geburt der Welt

Georges Lemaître

Georges Lemaître sprach als Erster von der Entstehung des Universums aus einem einzigen kleinen Punkt. Später wurde das Ereignis als Urknall bezeichnet. Was genau dabei passierte, weiß man bis heute nicht.

Urknall

Das Universum entstand wahrscheinlich vor über 13 Milliarden Jahren aus einem unendlich heißen kleinen Punkt. Wissenschaftler nennen das Ereignis „Urknall".

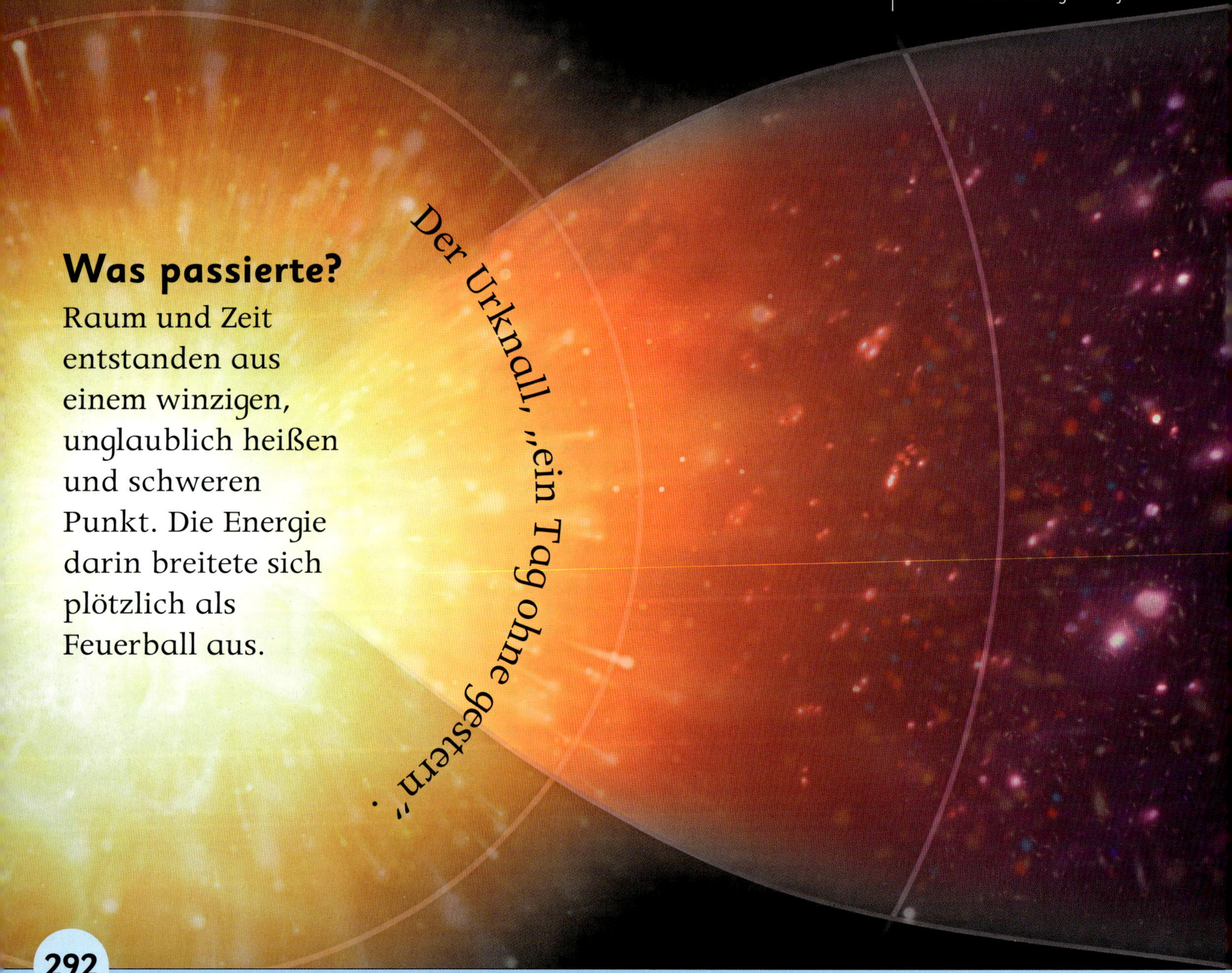

Nach 300 000 Jahren: Das Universum dehnt sich aus und wird kälter. Materie, wie wir sie heute kennen, bildet sich. Das Universum hat aber erst ein Tausendstel der heutigen Größe.

Was passierte?

Raum und Zeit entstanden aus einem winzigen, unglaublich heißen und schweren Punkt. Die Energie darin breitete sich plötzlich als Feuerball aus.

Der Urknall, „ein Tag ohne gestern".

War der Urknall eine Explosion?

Lange danach

Erst viele Hunderttausend Jahre nach dem Urknall bildete sich die erste Materie. Aus Gasen entstanden schließlich die Sterne, Planeten und Galaxien, wie wir sie heute kennen.

War da was?

Man hat ein schwaches Signal entdeckt. Es ist überall im Weltraum, egal wohin man horcht. Möglicherweise wurde es noch vom superheißen Feuerball nach dem Urknall verursacht. Es heißt kosmische Hintergrundstrahlung.

Die amerikanischen Physiker Arno Penzias und Robert Wilson entdeckten die kosmische Hintergrundstrahlung 1964.

Kein Anfang, kein Ende

Eine Alternative zur Urknalltheorie ist die Gleichgewichtstheorie. Sie besagt, dass das Universum weder Anfang noch Ende hat. Es war also schon immer da. Heute gibt es nur noch wenige Verfechter dieser Theorie.

Interessant!

Der Astronom, der dem Urknall seinen Namen gab, hielt die Theorie für falsch. Er wollte sich damit nur über sie lustig machen. Seiner Meinung nach war die Gleichgewichtstheorie richtig.

Nein. Das Weltall entstand aus dem Nichts.

Wichtige Wörter

Aasfresser Ein Tier, das sich von toten Tieren ernährt.

Allesfresser Tiere, die Fleisch und Pflanzen fressen, z. B. Bären, Schweine, Menschen.

Alveolen Winzige Luftsäckchen in der Lunge. Von hier gelangt Sauerstoff aus der Atemluft ins Blut.

Amphibien Wechselwarme Wirbeltiere wie Frösche, die sowohl im Wasser als auch an Land leben.

Äquator Der gedachte Gürtel um die Erde, der sie in die Nord- und in die Südhalbkugel teilt.

Art Eine Gruppe von Tieren oder Pflanzen, die viele Merkmale gemeinsam haben.

Astronaut Jemand, der für die Reise in einem Raumschiff ausgebildet wird.

Astronomie Die Wissenschaft von der Erforschung des Weltalls mit seinen Sternen, Planeten, Kometen und Galaxien.

Atmosphäre Die dünne Gasschicht, die unsere Erde umgibt. Sie wird zum Weltraum hin immer dünner.

Aussterben Wenn Tier- und Pflanzenarten für immer von der Erde verschwinden.

Bakterien Winzige, einzellige Lebewesen. Manche sind hilfreich, andere verursachen Krankheiten.

Befruchtung Der Vorgang, bei dem die männlichen und weiblichen Teile von Lebewesen sich zur Fortpflanzung verbinden.

Beuteltiere Säugetiere, deren Weibchen die Jungen in einem Beutel tragen, zum Beispiel Kängurus.

Bewässerung Künstliche Wasserversorgung für Pflanzen und Felder. Dafür wird oft das Süßwasser aus Flüssen und Stauseen benutzt.

Chlorophyll Der grüne Farbstoff in den Pflanzen.

Dezibel Einheit der Lautstärke von Schall.

DNA Ein Molekül, das alle Erbinformationen eines Lebewesens in sich trägt.

Erbanlagen Die Merkmale der Lebewesen, die von den Genen bestimmt werden.

Erdmantel Die Schicht der Erde, die direkt unter der Erdkruste liegt.

Erosion Abtragen von Gestein durch Wind und Wasser.

Erze Minerale, aus denen Metalle gewonnen werden.

Fleischfresser Tiere, die nur Fleisch fressen, z. B. Löwen, Haie oder Krokodile.

Fossil Die Überreste eines Tieres oder einer Pflanze, die in der Erdkruste erhalten geblieben sind.

Fossile Brennstoffe Reste toter Lebewesen, die unter der Erde lagern. Kohle, Erdöl und Erdgas sind fossile Brennstoffe.

Fotosynthese Der Prozess, bei dem die Pflanze ihre eigenen Nährstoffe (Glukose) herstellt. Sie benutzt dazu Sonnenlicht, Wasser und Kohlendioxid.

Galaxie Ein System aus Sternen, Gas, Staub und leerem Raum, das rotiert, aber von der Schwerkraft zusammengehalten wird.

Gelenk Verbindung zwischen zwei Knochen.

Gene Winzige chemische Verbindungen, die die Erbinformation in sich tragen.

Gladiator Berufskämpfer im alten Rom, die in öffentlichen Wettkämpfen gegen andere Gladiatoren antraten.

Gletscher Eine gewaltige Eismasse, die sich durch ihr eigenes Gewicht wie ein Fluss langsam bergab bewegt.

Habitat Der Ort, an dem bestimmte Pflanzen und Tiere zusammenleben, z. B. ein Park.

Hieroglyphen Form einer Bilderschrift, die im alten Ägypten benutzt wurde. Sie setzte sich aus Bildzeichen zusammen, die für Laute oder Wörter standen.

Immunsystem Gruppe von Zellen in Blut und Lymphe, die den Körper vor Krankheitserregern schützt.

Impfstoff Substanz, die zum Schutz vor Krankheiten geschluckt oder gespritzt wird.

Infrarot Eine elektromagnetische Strahlung, die von heißen Objekten erzeugt wird. Infrarotstrahlung ist wie Licht, besteht aber aus längeren Wellen.

Isolator Ein Material, das Strom oder Wärme nicht einfach passieren lässt, z.B. Holz oder Kunststoff.

Jura Geologischer Name für den Zeitraum von vor 206 bis 144 Millionen Jahren.

Keime Winzige Lebewesen, die im Körper Krankheiten auslösen können. Bakterien und Viren sind Keime.

Kohlenhydrate Eine Nährstoffgruppe, zu der z.B. Zucker und Stärke gehören. Andere Nährstoffgruppen sind Fette und Eiweiße.

Kondensation Der Vorgang, bei dem Wasserdampf aus der Luft in Flüssigkeit übergeht.

Kontinent Riesige Landmasse auf der Erde, wie Asien oder Afrika.

Kraft Ein Zug oder Druck. Die Schwerkraft zieht uns z. B. zum Erdboden.

Kreidezeit Geologischer Name für den Zeitraum von vor 144 bis 65 Millionen Jahren.

Lebensraum Ein Ort, an dem eine Gruppe von Pflanzen und Tieren lebt.

Melanin Pigment, das Augen, Haut und Haaren die Farbe verleiht.

Mesozoikum Der Abschnitt (Zeitalter) in der Erdgeschichte, in der die Dinosaurier gelebt haben. Es besteht aus den Perioden Trias, Jura und Kreidezeit.

Meteorit Ein Gesteinsbrocken, der aus dem Weltall auf die Erde fällt.

Mineral Eine Substanz der Erdkruste, die allein oder in Verbindung mit anderen Mineralien Gestein bilden kann.

Mikrochip Ein Computer auf einer winzigen Siliziumplatte, die so klein wie ein Fingernagel ist.

Mond Ein natürlicher Satellit, der um einen Planeten kreist. In unserem Sonnensystem gibt es viele Monde.

Mündung Das Gebiet, in dem ein Fluss ins Meer mündet.

Nabelschnur Verbindet das Baby vor der Geburt mit der Mutter.

Nährstoffe Bestandteile der Nahrung. Der Körper nutzt sie als Energie, zum Wachsen und zum Reparieren von Zellen.

Nebel Eine Wolke aus Gas und Staub im Weltraum. Aus ihr können Sterne entstehen.

Ornithischier Eine der beiden Dinosaurierordnungen, mit vogelartigem Becken. Dazu gehören Horndinosaurier, gepanzerte Dinosaurier und Stegosaurier. Alle waren Pflanzenfresser.

Pflanzenfresser Ein Tier, das Pflanzen frisst.

Planet Ein großer, runder Himmelskörper, der um einen Stern kreist.

Räuber Ein Tier, das andere Tiere jagt und frisst.

Reflex Eine unbewusste Reaktion. Das Atmen oder das Zwinkern, wenn sich etwas dem Auge nähert, sind Reflexe.

Reptilien Tiere mit fester, schuppiger Haut, zum Beispiel Echsen und Schlangen. Die meisten bringen keine lebenden Jungen zur Welt, sondern legen Eier.

Röntgenstrahlen Unsichtbare Strahlen, die Dinge durchdringen. Röntgenfotos zeigen das Innere des Körpers.

Runen Frühe skandinavische Buchstaben, die die Wikinger benutzten, viele davon Abwandlungen griechischer oder lateinischer Buchstaben, um sie besser geeignet für das Ritzen in Stein zu machen.

Samurai Krieger, ähnlich einem Ritter, im japanischen Kaiserreich.

Säugetier Ein warmblütiges Tier, das eine Wirbelsäule hat und seine Jungen mit Milch säugt.

Saurischier Eine der beiden Dinosaurierordnungen, mit echsenartigem Becken. Zu dieser Ordnung gehören alle Theropoden und Sauropoden.

Sauropoden Gruppe der pflanzenfressenden Dinosaurier.

Schleim Dicke Flüssigkeit in Nase, Kehle und Darm.

Schwerkraft Die Anziehung zwischen allen Dingen im Universum. Durch die Schwerkraft kreisen die Erde und die anderen Planeten um die Sonne und der Mond um die Erde.

Sonne Der Stern, der unserer Erde am nächsten ist. Er versorgt sie mit Energie.

Stern Ein glühender, hell leuchtender Gasball im Universum.

Teilchen Ein winziges Stück Materie, z. B. ein Atom oder Molekül.

Theropoden Gruppe der fleischfressenden Dinosaurier.

Transpiration Das Verdunsten von Wasser aus den Pflanzen in die Atmosphäre.

Trias Geologischer Name für den Zeitraum von vor 248 bis 206 Millionen Jahren.

Universum Alles! Die Erde, der Mond, die Sonne, die Planeten des Sonnensystems und alle Galaxien – ja sogar das, was wir noch gar nicht entdeckt haben.

Verdauung Das Zerkleinern von Nahrung, sodass der Körper sie aufnehmen und verarbeiten kann.

Verdunstung Wasser verwandelt sich durch Erwärmung in Gas und steigt dann als Dampf in die Atmosphäre auf.

Verwerfungslinie Eine Schwachstelle in der Erdkruste, meist an der Grenze zwischen zwei Platten.

Warmblütig Ein Tier, das seine Körpertemperatur aufrechterhalten kann, indem es mit Nahrung Wärme erzeugt.

Wechselwarm Bei wechselwarmen Tieren (Fische, Reptilien, Amphibien) passt sich die Körpertemperatur der Umgebung an.

Weltraum Der riesige, fast leere Raum zwischen der Atmosphäre von Sternen und Planeten. Er enthält Staub, Gase und einige Gesteinsbrocken.

Winterschlaf Der Zeitraum, den manche Tiere im Winter schlafend verbringen.

Wirbellose Tiere Tiere, die keine Wirbelsäule besitzen.

Wirbelsäule Die Knochen, die den Rücken des Körpers tragen und beweglich machen.

Wirbeltiere Tiere, die eine Wirbelsäule besitzen.

Zellen Die Grundbausteine des Körpers.

Zwerchfell Ein starker Muskel unter der Lunge. Er unterstützt die Atmung.

Register

A

Aale 145
Aasfresser 155, 297
Achterbahnen 235
Affen 14, 125, 173
Affenbrotbaum 165
Afghanistan 44, 59
Afrika 6–7, 18–19
Ägypten 18, 58, 78
Ägypter 84–85, 274
Alaska 10–11
Albanien 39, 59
Albertosaurus 182–183
Algerien 18, 58
Allah 63
Allesfresser 124, 296
alpine Stufe 172, 294
altes Ägypten 80, 84–85
altes Amerika 92–93
altes Griechenland 72, 86–87
altes Rom 88–89
Amazonas-Regenwald 16
Amöbe 122
Amphibien 127, 138–139, 294
Andorra 31, 58
Angola 19, 59
Antarktis 6–7, 56–57, 156, 170, 171, 262
Äquator 6–7, 16, 294
Äquatorial-Guinea 18, 59
Aralsee 41
Arachnoiden 142
Arbeit 61, 78–79
Archaeopteryx 210
Architektur 68–69
Argentinien 17, 58, 201
Argentinosaurus 201
Arktis 8–9, 75, 156, 158, 159
Arktischer Ozean 6–7, 8–9
arktische Tierwelt 9, 159
Aristoteles 215
Armenien 40, 58
Arterien 104
Asien 6–7
Astronauten 78, 97, 269, 278, 280, 281, 284, 285, 294
Astronomen 219, 268
Astronomie 215, 294
Atacama-Wüste 16–17, 171
Äthiopien 18, 59
Atlantischer Ozean 6–7
Atmung 105, 110–111, 120
Atmosphäre 262–263, 266, 270, 294
Atome 212, 228–229, 230, 232, 238
Atomkraft 96, 217, 229, 266
Aufnahmestudio 71
Augen 109, 114, 120, 239
Ausdünstung 227, 294
Australien 6–7, 52–53, 58, 69
Autos 217, 267
Azoren 30
Azteken 92–93

B

Bahrain 43, 58
Bakterien 115, 121, 149, 151, 152–153, 176, 223, 294
Baskenland 31
Batterien 237
Bauern 79, 80, 82, 93
Bäume 42, 160, 162
Beatles 97
Belgien 25, 59
Belize 15, 58
Benelux-Staaten 24–25
Benin 18, 59
Berge 11, 16, 19, 28, 29, 32, 35, 48, 93, 157, 172, 247, 253
Bernstein 141
Berufe 78, 79
Beschleunigung 243, 294
Beton 257
Beuteltiere 130, 296
Bhutan 48, 59
Bibel 62, 68, 214
Biber 176
Bienen 125, 141
Birma 46, 59
Blase 107
Blätter 148, 161
Blattläuse 141
Blindschleiche 136, 166, 167
Blitz 235, 237, 265
Blumen 146, 162, 164, 166, 173
Blut 103, 104, 111, 112, 117, 120, 216
Bolivien 16, 59
Bosnien und Herzegowina 38, 59
Botswana 19, 59
Brachiosaurus 193
Brahmane 62
Brasilien 16, 59
Brunei 46, 58
Brüssel 25
Brustkorb 106, 110
Bücher 67, 78
Buddha 62, 63, 64
Buddhismus 62, 63, 64
Bulgarien 38, 59
„Bullet trains“ 221
Burgen 69, 94–95
Burkina Faso 18, 58
Burundi 19, 58
Buschbabys 163

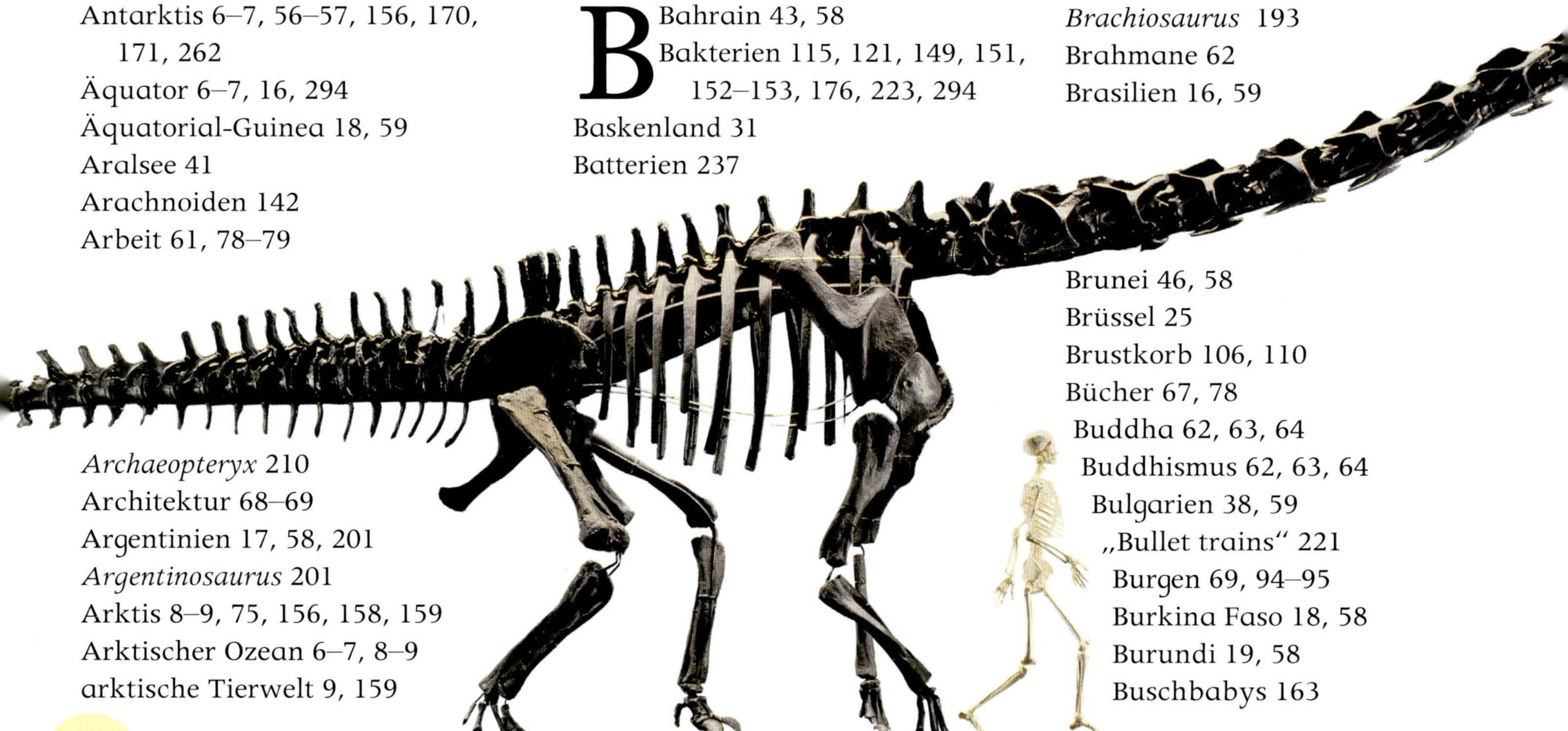

C

CDs 71, 217, 238
chemische Reaktionen 232–233
Chile 15, 59
China 48, 59, 60, 190, 199
Chlorophyll 161, 294
Christentum 36, 62, 65
Colorado (Fluss) 176
Computer 71, 77, 217
Costa Rica 15, 59

D

Dampfzug 215
Dänemark 21, 59
da Vinci, Leonardo 214
Delfine 44, 45, 129
Demokratische Republik Kongo 19, 58
Deutschland 28, 58
Dezibel 240, 294
Diamanten 224, 225, 230, 231
Dichte 224
Dinosaurier 137, 182–211, 223
DNA 101, 217, 294
Druck 66–67, 214
Drüsen 114, 121
Dürre 261
DVDs 238

E

Echoortung 241
Ecuador 16, 59
Edison, Thomas 216
Eichhörnchen 124, 160, 161
Eidechsen 47, 126, 136, 137, 184
Eier 118, 119, 125, 136, 180
Eingeweide 105, 115, 117
Einstein, Albert 216
Eis 50, 226, 227, 230, 258
Eisbären 129, 155, 158
Eisberge 258
Eisen 99, 226, 257
Eisvogel 177
Eiweiße 117, 222
El Salvador 15, 58
Elefanten 44, 129, 169
Elektrizität 215, 220, 229, 236–237, 256, 260
Elektroautos 267
Elektronen 228
Elfenbeinküste 18, 58
Energie 105, 117, 229, 232, 233, 234–235, 236, 237, 238–239, 240–241, 266
England 23
Entdecker 81, 90
Erdachse 246
Erdbeben 54, 216, 247, 249
Erdboden 223, 254–255
Erde 6–7, 213, 246–247, 248, 249, 250, 262–263, 272–273
Erdmantel 248, 296
Erfindungen 83, 97, 215, 216, 217
Eritrea 18
Erkältung 121, 153
Erosion 252–253, 255
Erz 257, 296
Estland 36, 59
Europa 6–7, 34–35, 36, 38–39
Experimente 218

F

Fallschirm 215
Federn 134, 210, 211
Festival 60–61, 64, 65, 75
Festkörper 226, 230
Fette 117, 222
Feuer 82, 232
Feuerwehrmann 75
Fingerabdrücke 103, 217
Finnland 21, 59
Fisch 127, 144–145, 155, 160, 169, 177, 178, 179, 181
Flaggen 58–59, 62
Fledermäuse 127, 129, 174, 175
Fleischfresser 124, 155, 294
Fliegender Gecko 136
Flüsse 156, 176–177, 247, 258, 260
Flüssiges Metall 226
Flüssigkeit 230
Flusskrebs 175
Fluten 253
Fortpflanzung 105, 118–119, 121, 297
fossile Brennstoffe 222, 223, 234, 266, 295
Fossilien 190, 191, 195, 206–207, 219, 250, 295
Fotosynthese 148, 296
Franklin, Benjamin 215
Frankreich 26–27, 58
Französisch-Guyana 16
Freizeit 61, 76–77
Frösche 111, 123, 138, 139, 163
Fußball 76

G

Gabun 19, 58
Galaxien 273, 274, 293, 295
Galilei, Galileo 214
Gambia 18, 59
Gänge 244
Ganges 45, 62
Gas 225, 231, 233, 256
Gebet 64, 65
Gehirn 105, 108, 120, 124
Gelenke 105, 106, 107
Gemälde 60, 68, 69
Gene 100–101, 295
Georgien 40–41, 58
Geruchssinn 109
Geschmackssinn 109
Geschwindigkeit 243
Gestein (Felsen) 219, 250–251
Gewebe 103, 104
Ghana 18, 58
Giganotosaurus 183, 184–185, 200–201
Gladiatoren 88, 295
Glas 225, 257
Gletscher 247, 252, 258, 295
globale Erwärmung 267
Glühwürmchen 238
Gold 93, 228, 257
Gorillas 128, 172
Gott 62, 64
Götter 62, 64, 65, 80, 87, 91, 92, 93
Göttinnen 62, 64, 65, 87
Grab 69, 84
Grand Canyon 177, 252
Gras 164–165
Greenpeace 96, 97
Griechenland 39, 59, 81
Grönland 8
Großbritannien 22–23, 59
Großes Barriereriff 53

Grundwasser 260, 261
Guatemala 15, 58, 93
Guinea 18, 58
Guinea Bissau 18, 58
Gurdwara 63
Guru Granth Sahib 63
Guru Nanak 63
Guyana 16, 59

H

Haare 105, 120, 121
Habitat 156, 295
Hadrianswall 89
Hadrosaurier 189, 194, 195
Hagelkörner 265
Haie 111, 181, 205
Handys 97, 217
Härteskala 225
Hausmilbe 112
Haut 102, 103, 105, 109, 112, 120, 151
Hawaii 12
Hefe 151
Helikopter 243
Herbst 161
Herschel, Wilhelm 215
Herz 104, 107, 120
Hieroglyphen 66, 85, 295
Himalaja 48, 249
Hindus 44, 62, 274
Hitze 224
Hoatzin 211
Höhlen 68, 82, 174–175, 252
Honduras 15, 58
Hongkong 48
Hormone 105
Hurrikane 264, 265
Hydrosphäre 258, 295

I

Iberische Halbinsel 30
Ichthyosaurus 204
Immunsystem 105, 153, 295
Impfung 153, 297
Indien 44, 45, 59, 62, 63
Indischer Ozean 6–7
indischer Tanz 73
Indonesien 46–47, 58
Infrarotstrahlung 215, 295
Inka 92–93
Inkubator 111
Insekten 127, 140–141, 161, 167, 219
Internet 97, 217
Iran 43, 59
Irak 43, 58
Irland 22–23, 59
Islam 62, 64
Island 20, 58, 256
Isoliermaterial 224, 237, 296
Israel 43, 59
Italien 32, 59, 68

J

Japan 50–51, 59, 75, 221
japanisches Theater 73
Jemen 43, 58
Jordan 43, 83, 59
Juden 62, 63, 65
Judentum 62, 63, 65
Jura 183, 210

K

Käfer 125, 140, 154, 162
Kakerlaken 175
Kakteen 149, 170, 171
Kambodscha 46, 58
Kamele 171
Kameras 238
Kamerun 18, 59
Kanada 10–11, 58
Kanarische Inseln 30
Kängurus 130–131
Kasachstan 40, 58
Katar 43, 58
Keime 112, 114, 115, 121, 215, 295
Kenia 19, 58
Kern (Nukleus) 102, 229, 296
Kernladungszahl 228
Kettenhemd 91, 94
Kettenreaktionen 235
Kiefer 106, 120
Kirgistan 40, 59
Klang 240–241
Kleidung 74–75
Klima 56
Knochen 103, 105, 106–107, 120
Knochenmark 106
Koalas 130
Kohle 256
Kohlenhydrate 117, 222
Kohlenstoff 99, 222, 231
Kohlenstoffkreislauf 222
Kolumbien 16, 59
Kompass 215
Kondensation 226, 294
Kongo 19, 58
Königliche Familie 22
Kontinente 6–7, 246, 249, 294
Koralle 52, 53, 122, 205
Koran 63
Körper 98–121
Kosmische Hintergrundstrahlung 293
Kosovo 38, 59
Krabben 180
Kräfte 214, 242, 245
Kraftwerk 96
Kraken 52, 127
Krankheit 121, 150, 151
Krebs 121
Krebstiere 127, 143
Kreidezeit 183, 194, 201, 202, 211
Krieger 87, 91
Kristalle 251
Kroatien 35, 58
Krokodile 136, 137, 184
Kröte 138, 139
Kunst 68–69
Künstler 68
Küste 252
Kuwait 43, 58

L

Lamas 93
Langschiffe 90
Laos 46, 59
Lappland 20
Lava 250, 291
Lebensgemeinschaft 157
Lemminge 159
Lesotho 19, 58
Leuchtturm 239
Libanon 43, 59
Liberia 18, 58
Libyen 18, 58
Licht 214, 238–239
Lichtjahr 268
Liechtenstein 29, 58

Liopleurodon 204–205
Litauen 36, 59
Loch Ness 205
Lokale Gruppe 273
Luft 110, 262
Luftröhre 110, 111
Lungen 110–111, 120
Luxemburg 25, 29

M

Machu Picchu 93
Madagaskar 19, 58
Madeira 30
Madenhacker 168
Magen 104, 116
magmatisches Gestein 250
Maifeiertag 60
Mais 92, 165
Malawi 19, 59
Malaysia 46, 58
Mali 18, 59
Malta 33, 59
Mammut 37, 83
Mandela, Nelson 97
Mandirs (Tempel) 65
Maori 54
Marienkäfer 141
Marokko 18
Mars 286–287
Massai 75
Maschinen 66, 67, 217, 244–245
Material 213, 224
Materialeigenschaften 224
Maulwürfe 128, 166, 254
Mauretanien 18, 59
Maya 92–93
Mazedonien 38, 59
Medizin 141, 151
Meer 6, 56, 133, 144, 155, 157, 180–181, 206, 256, 259, 260
Mekka 42, 63
Melanin 113, 296
Mesozoikum 182–183
Metalle 257
metamorphes Gestein 250
Meteorit 208
Mexiko 14–15, 58, 208
Michelangelo 68
Mikrochips 97, 296
Mikroorganismus 122
Mikroskop 103, 116, 118, 219
Milchstraße 273, 274–275
Mineralien 251, 296
Mittlerer Osten 42–43
Mode 60, 74–75
Mohammed 63
Moldawien 37, 58
Moleküle 228–229, 230–231, 232
Mond 81, 97, 272, 278–279, 280–281
Mongolei 49, 59
Monsun 45, 296
Montenegro 38, 59
Moore, Henry 68
Moose 147, 160, 176
Morsecode 66, 296
Moschee 64
Moschusochsen 158
Moslems 63, 64
Mosambik 19, 59
Mumie 84, 93
Mumifizierung 84, 296
Mündung 259, 294
Musicals 72
Musik 60, 66, 69, 70–71, 97
Musikinstrumente 70
Muskel 103, 105, 106–107, 120, 124

N

Nacktschnecke 127
Nadelbaum 147, 172
Nägel 105, 120
Nahrung 116–117, 121
Nahrungskette 154–155, 161
Namibia 19
NASA 271, 283
Naturwissenschaft 212–213, 220
Nebel 268, 290, 291
Nepal 48, 59
Nerven 103, 105, 108, 112, 120, 124
Neuronen 120
Neuseeland 54–55, 58, 137
Neutronen 228
Newton, Sir Isaac 214, 242
Newtons Bewegungsgesetz 242
Nicaragua 15, 58
Niederlande 24, 59
Nieren 104
Niger 18, 59
Nigeria 18, 59
Nil 84, 85
Nordamerika 6–7, 194
Nordirland 22
Nordkorea 49, 59
Nordpol 8–9, 246
Norwegen 21, 58
Nuklearbomben 217, 229

O

Ohren 109, 114, 120
Ökosystem 156–157, 294
Öl 11, 43, 256
Olympische Spiele 86
Oman 43
Oper 48, 71
Opernhaus Sydney 69
Opossum 131
Orbiter 282, 283
Orchester 70
Organe 104, 124
Österreich 29, 58
Osttimor 47, 58
Otter 133
Oviraptor 190, 191
Ozeane 6–7, 156, 181, 219, 263
Ozonschicht 262

P

Pakistan 44, 59
Panama 15, 59
Papier 66, 215
Papua-Neuguinea 47, 59
Paraguay 17, 58
Pasteurisierung 215, 296
Pasteur, Louis 215
Pazifische Inseln 55
Pazifischer Ozean 6–7
Penizillin 151, 217
Periskope 238

Perkussionsinstrumente 70, 296
Peru 16, 59
Pestizide 151
Pflanzen 123, 146–147, 148–149, 154, 159, 161, 166, 178, 219, 222, 254
Pflanzenfresser 124, 154, 192, 295
Pflügen 255
Pharao 80, 84, 85, 296
Philippinen 47, 58
Piktogramme 66
Pilze 123, 150–151, 154
Pinguine 56, 158
Planeten 272, 297
Plastik 217, 220, 256
Pluto 272
Polarregionen 158–159
Polen 34, 58
Portugal 30, 58
Protoceratops 197
Protonen 228
Pumpe 225
Puppentheater 73
Pyramiden 84–85

Q

Qualle 52, 127, 180, 205
Quarz 224, 225, 251
Quecksilber 226

R

Rabbi 65
Raketen 276–277
Raumfähre 81, 271, 282–283
Raumfahrzeug 271, 286
Raumsonde 288
Raumstation 270, 284
Reflex 108, 297
Regen 260, 264
Regenbogen 214, 238
Regenwald 147, 162–163
Regenwürmer 154, 255
Reis 47, 165
Religion 61, 62–63, 64–65, 297
Reptilien 126, 136–137, 208, 297
Ressourcen 256–257
Richterskala 216
Ritter 94–95
Robben 132, 155
Roboter 99
Römer 66, 81, 88, 89
Röntgenapparat 98, 215, 297
Ruanda 19, 58
Rumänien 38, 59
Runen 66, 91, 297
Russland 40–41, 58
Rüstung 87, 91, 95, 96

S

Sage 91
Sahara 18, 170, 171
Salamander 138, 139, 171
Samen 164, 165, 167
Sambia 19, 59
Samurai 95, 297
Sanddünen 19, 253
Satelliten 220, 221, 264, 271, 276, 277
Saudi-Arabien 43, 58
Säugetiere 126, 128–129, 130–131, 132–133, 296
Savanne 19, 168, 297
Scanner 99, 219
Schädel 82, 106, 108
Schatten 238
Schauspieler 72
Schildkröte 126, 136, 137, 179, 180
Schimmel 150
Schlammspringer 144
Schlangen 52, 125, 136, 137, 175
Schleim 114, 296
Schmetterlinge 123, 162
Schnabeltier 52, 129
Schnecken 52, 127, 143, 205
Schnee 159, 230
Schnee-Eule 159
Schottland 22
Schrift 60, 66–67
Schwämme 39, 127, 143
Schweden 20, 59
Schweiß 113
Schweiz 29, 58
Schwerkraft 212, 214, 295
Sedimentgestein 250
Seegras 146
Seekühe 133
Seelöwen 132
Seen 32, 41, 156, 178–179, 258
Seestern 127, 143
Sehen 109
Senegal 18, 59
Serbien 38, 59
Sierra Leone 18, 58
Sikhreligion 62, 65
Simbabwe 19, 59
Singapur 58, 69
Sinne 105, 108
Sixtinische Kapelle 68
Skala 136, 137, 144, 145
Skandinavien 20–21, 90
Skelett 105, 106, 120, 128, 135, 144
Skulpturen 68, 69
Slowakei 34, 58
Slowenien 35, 58
Somalia 19, 59
Sonne 288
Sonnenblumenöl 229
Sonnenlicht 263
Sonnensystem 272, 274
Sowjetunion 36, 221, 285
Spanien 30–31, 69
Spechte 135, 161
Speichel 114
Speisepilze 150
Spermien 118, 119, 125
Sphinx 85
Spiegel 238, 239
Spinnen 52, 142, 166, 174
Sport 61, 76–77
Sprache 60, 89
Sri Lanka 45, 59
Stalaktiten 174, 251
Statue 48, 63, 91, 93
Stauseen 179, 258, 259, 297
Sterne 268, 288, 290–291, 293
Stoff 74, 221
Südafrika 19, 58, 97
Sudan 18, 59
Südkorea 49, 59
Südpol 56, 246
Südsee 6–7
Suezkanal 19
Sumpfgebiet 261
Surinam 16, 59

Surtsey 253
Swasiland 19, 58
Symbol 62, 66, 85, 91
Synagoge 65
Syrien 43, 59

T

Tadschikistan 40, 59
Tadsch Mahal 69
Täler 252
Tansania 19, 75, 59
Tanz 54, 73
Tarnung 181
Taschenlampe 238
Tasmanischer Teufel 130
Tastsinn 109
Tausendfüßer 143
Teflon 220
Teleskop 214, 238
Tempel 86, 92, 93
Terrakotta-Armee 48
Thailand 46, 63, 79, 59
Theater 60, 72, 86
Theaterstück 72
Theorie des stationären Kosmos 293
Thora 63, 65
Tibet 48
Tiere 52, 122, 124–125, 126–127, 135, 138, 139, 143, 168–169, 170, 219, 222
Tintenfisch 127, 205
Togo 18, 58
Tollwut 153
Tornados 265
Totes Meer 259
Trägheit 243, 295
Trans-Alaska-Pipeline 10
Transpiration 148, 149, 297
Transplantation 104, 297
Treibhauseffekt 262
Treibhausgase 266
Trias 183
Triceratops 187, 196
Trojanischer Krieg 87
Trommeln 70, 240
Tschad 18, 59
Tschechische Republik 34, 58
Tundra 156
Turbine 296, 297
Türkei 42, 59
Turkmenistan 40, 58
Turnier 94
Tyrannosaurus Rex (T. rex) 137, 182, 183, 187, 198–199, 206–207

U

Überschallflugzeuge 241
Überschallknall 241
Uganda 19, 58
Ukraine 37, 58
Umwelt 97, 219
Ungarn 35, 58
Universum 213, 216, 238, 291, 292–293, 297
Urknall 292–293
Urogenitalsystem 105, 121
Uruguay 17, 58
USA 12–13, 58, 69
Usbekistan 40, 58

V

Velociraptor 183, 202–203
Venen 104
Venezuela 16, 58
Venusfliegenfalle 146
Verdauungssystem 105, 115, 116–117, 121
Vereinigte Arabische Emirate 43, 58
Verwerfung 247, 295
Vietnam 46, 75, 58
Viren 153, 297
Vitamine 117, 216
Vögel 55, 125, 127, 134–135, 159, 161, 162, 169, 173, 177, 179
Vulkane 33, 247, 249, 250, 253, 256

W

Wälder 156, 160–161, 162–163
Wale 23
Wallaby 131
Walross 9, 132, 133
Warzenschwein 168
Wasser 99, 224, 227, 228, 256, 258–259
Wasserdampf 226, 230
Wasserfall 17
Wasserkreislauf 260–261
Wasserloch 168–169
Weideland 157, 164
Weihnachten 65
Weihrauch 64
Weißrussland 36, 59
Weizen 11, 165
Weltkriege 96, 217
Weltraum 263, 268–269, 270–271, 284–285, 297
Weltraumspaziergang 284, 285
Westindische Inseln 15
Westsahara 18
Wetter 170, 264–265
Wiesen 166, 172
Wikinger 90–91
Wind 247, 263, 265
Windturbinen 236, 266, 267
Winterschlaf 172, 175, 295
Wirbel 106
Wirbellose 122, 296
Wirbeltiere 122, 128, 297
Wissenschaftler 212, 218–219, 287
Wolken 230, 260, 264
Wolkenkratzer 42, 51, 69
Wunderkerzen 232
Würmer 127, 142, 223
Wüsten 52, 149, 157, 170–171, 197

Z

Zeitungen 67
Zellen 102, 112, 118, 119, 122, 294
Zentralafrikanische Republik 18
Zivilisation 80, 92, 294
Zucker 14, 165
Zunge 109, 121
Zwerchfell 110, 294
Zwergmaus 167

Bildnachweis

Der Verlag dankt folgenden Personen und Institutionen für die freundliche Genehmigung zum Abdruck von Fotos:

(Abkürzungen: o = oben, go = ganz oben, u = unten, m = Mitte, l = links, r = rechts, Hg = Hintergrund)

Cover: Vorn: Dorling Kindersley: NASA/Finley Holiday Films gor; naturepl.com: Hans Christoph Kappel ul; Science Photo Library: Mark Miller ur; NASA ml; NASA / NOAA mru. Hinten: Dorling Kindersley: ESPL ur; Science Photo Library: NOAA gor. Rücken: naturepl.com: Hans Christoph Kappel (Schmetterling); Science Photo Library: NASA / NOAA o.

Action Plus: Glyn Kirk 54mru (Rugbyspieler); **Aerofilms Ltd**: 89mru; **akg-images**: 93gol; **Alamy Images**: Ablestock 105ul; Arco Images GmbH/Thielmann, G. 259gom; Blickwinkel/Baesemann 155mro; Bryan & Cherry Alexander Photography 55r; Andrew Butterton 267ul; Rosemary Calvert/ImageState 41mro; Scott Camazine 125mr, 264m; Nigel Cattlin 149mlo; Croftsphoto 257gom; Phoebe Dunn/Stock Connection Distribution 112mro; eye35.com 239ul; Clynt Garnham 235ur; Axel Hess 234u; Marc Hill 253gor; Esa Hiltula 20gor (Sauna); D. Hurst 125ur; Images of Africa Photobank/David Keith Jones 255gom; ImageState/Pictor 105gom; ImageState/Pictor International 147r, 256ul; Janine Wiedel Photolibrary 101gom; Jeff Morgan Tourism and Leisure 196u; Jon Arnold Images Ltd 37mlo; JupiterImages/Comstock Images 105mr (Toilette); JupiterImages/Goodshoot 101gor; K-Photos 123m; Paul Andrew Lawrence 265gol; Oleksiy Maksymenko 225gor; The Natural History Museum, London 153um, 153gur; Ron Niebrugge 262gor; Edward Parker 260ur; Andrew Paterson 232mru; Phototake Inc./Peter Treiber 257m; Rolf Richardson 36ur; Robert Harding Picture Library Ltd/Ken Gillham 36mlu; RubberBall Productions 104r, 105m, 105mro (Junge), 110r; Friedrich Saurer 125gol; Andy Selinger 155mu; Stock Connection Blue/Tom Brakefield 130–131; Stockfolio 555 217ul, 229ur; Jerome Tisne (RF)/JupiterImages/Pixland 113gol; Visual&Written SL/Mark Conlin/VWPics 252mu; WoodyStock/McPhoto 252–253; **Ardea**: Piers Cavendish 14mro; Francois Gohier 190ur; Stefan Meyers 176ul; Edwin Mickleburgh 57gur; Pat Morris 139mr; Valerie Taylor 155mr, 180mlu; Zdenek Tunka 177mu, 177mlo; M. Watson 13mlu; **ArenaPAL**: Fritz Curzon 72mu; **Atlantide Photo Travel**: 88mro; **Auto Express**: 35mlu; **Bryan & Cherry Alexander Photography**: 10ul, 41mo, 159mr; RV0012-13 41mlo; **Corbis**: 43mr, 49mr, 270ul, 273ur, 281ur, 281mo; Nogues Alain/Sygma 26gur; Alan Schein Photography 43mr; Paul Almasy 10mru (Baumstämme), 11gor (Baumstämme), 19gol (Boot), 38mr, 41ml, 47mo; James L. Amos 9gor; Roger Antrobus 87gom; Archivo Iconografico, SA 27m, 82mlo; Tony Arruza 12mlu, 23m; Yann Arthus-Bertrand 43mlu; Craig Aurness 43gur; Hinrich Baesemann/EPA 288ml; Roger Ball 29mlu; Anthony Bannister/Gallo Images 141r; Dave Bartruff 50um; Tom Bean 14mlo; Annebicque Bernard/Sygma 26gor; Bettmann 22mu, 56mu, 56gul, 97gom, 279mu, 281mlu, 281mro; Bettmann/Francis G. Mayer 26mru; Bettmann/ Neil Armstrong 280, 280m; Stefano Bianchetti 214ml; Christophe Boisvieux 21m; Georgina Bowater 43m; Michael Boys 254ml; Tom Brakefield 15um, 15gur, 27gul; Andrew Brown/Ecoscene 253gom; Jan Butchofsky-Houser 37mro; Car Culture 267gom; Philippe Caron/Sygma 23gur; Michelle Chaplow 30mru; L. Clarke 53mu; Lloyd Cluff 248–249; Dean Conger 46mro, 47mlo; W. Perry Conway 131gol; Richard Cummins 23mro; Barry Davies/Eye Ubiquitous 54mr; James Davis/Eye Ubiquitous 39mu, 81mr, 86mro; Tim Davis/Davis Lynn Wildlife 56mlo, 57mo; Michael DeYoung 158mo, 177mo; Carlos Dominguez 20um; Laura Doss 100; Robert Dowling 28mr; EPA 263gol; Ric Ergenbright 40gur; Douglas Faulkner 132–133m; Sandy Felsenthal 14mr; Ales Fevzer 76l; David Forman/Eye Ubiquitous 10mro (Ölförderanlage), 11gor (Ölförderanlage), 13mlu (Ölförderanlage), 43um, 44gol; Owen Franken 47mlu (Haus); D. Robert & Lorri Franz 129r; Free Agents Limited/Dallas and John Heaton 29m, 34um, 35mlo, 48ul; Michael Freeman 38gor, 44mro, 50m; Fukuhara, Inc./Richard Fukuhara 51mlo; Paul Funston/Gallo Images 140ml; Jose Fuste Raga 28um, 34mlu; Colin Garratt/Milepost 92½ 23gor, 27gol; Raymond Gehman 10–11u; Todd Gipstein 32mo; Philippe Giraud/Sygma 18–19go; Darrell Gulin 14m (Pelikan); Dan Guravich 40mro; Martin Harvey 131ur; Jason Hawkes 23mr; Lindsay Hebberd 73ml; Chris Hellier 42u, 43gol; John Holmes/Frank Lane Picture Agency 46mru, 47mla (Blume); Jeremy Horner 44gor, 48mru; Scott Houston/Sygma 51gol; Carol Hughes/Gallo Images 140–141u; Peter Johnson 54gur (Albatros), 168l, 169mlo (Kranich); Jose Luis Pelaez, Inc. 101mlu; Ray Juno 29r; Wolfgang Kaehler 28mru, 41mu, 54mru (Vögel), 57mu; Steve Kaufman 12mru (Vogel), 50mo; Layne Kennedy 198ml; Thom Lang 104ml (Gehirn); Maurizio Lanini 29mro; Alain Le Garsmeur 49mo; Danny Lehman 42gor; Charles & Josette Lenars 47ur, 89ul; Liu Liqun 49ml; Massimo Listri 28mro; Yang Liu 49ur; Craig Lovell 34ur, 35um, 51ml (Zug); Christophe Loviny 46mro; Renee Lynn 41mru; William Manning 13mlo; Dennis Marsico 55gul; Jim McDonald 37ul; Joe McDonald 129um; Sally A. Morgan/Ecoscene 27gom; Warren Morgan 54gor; Christopher J. Morris 31ml; David Muench 170m; Francesc Muntada 34gom; NASA 272gor; NASA/EPA 283mro (Discovery); NASA/Roger Ressmeyer 272mlu; Anthony Nex 19mro (Haus); Michael Nicholson 37m; Richard T. Nowitz 182–183; Diego Lezama Orezzoli 16mro; Photo B. D. V. 75gol; Michael Pole 54mr; Rick Price 57mlo; Louie Psihoyos 185ur, 190ml, 190mr, 191mr, 192–193u, 199gor, 202–203, 207go; Louie Psihoyos/Science Faction 190l, 191gol, 201ul; Carl & Ann Purcell 38mr; Steve Raymer 36mru; Carmen Redondo 18mlu, 35gol; Roger Ressmeyer 23mo, 40mu; Reuter Raymond/Sygma 25m; Reuters/Sue Ogrocki 199ur; Arthur Rothstein 38mlu; Charles E. Rotkin 256ml; Galen Rowell 15mra, 16ur, 57ml, 57mlu, 57ml, 129mr; Erik Schaffer/Ecoscene 96–97m; Shepard Sherbell/Saba 57mro; Paul A. Souders 21ul (Skulptur), 52mu, 55ml, 135mr, 164–165; David Stoecklein 29gor; Vince Streano 32gom; Keren Su 46mo, 48mlo, 49gom; Paul J. Sutton/Duomo 221m; Sygma 253gol; Liba Taylor 35ml; Roger Tidman 18mru, 56mro; David Turnley 41ul; Peter Turnley 28mlo, 43mo, 97um; Van Parys/Sygma 25mlo; Vanni Archive 39r; Brian A. Vikander 49ml; Uwe Walz 28mo; Kennan Ward 159gor; Patrick Ward 23mlo (Blackpool Tower), 54l Hg; Karl Weatherly 29gom; Chad Weckler 165gom; Robert Weight/Ecoscene 56–57gom; K.M. Westermann 18mu; Nik Wheeler 26gor, 43mlo, 43gol; Adam Woolfitt 29gol; Michael S. Yamashita 46mr, 73gol; Jim Zuckerman 26ul, 193gor; **Dorling Kindersley**: The American Museum of Natural History 189mlo (Hypacrosaurus), 189mlo (Lambeosaurus), 197ur; Bedrock Studios 182um (Plateosaurus); Board of Trustees of the Royal Armouries 81mr (Rüstung), 95gor, 95gor; Robert L. Braun - Modelle 182gur (Stegosaurus), 187mr (Dilophosaurus), 187mru (Stegosaurus), 197mlo (Styracosaurus); The British Library 60mu (Bücher), 66mro; The British Museum 44mr, 81ul, 81mru, 83mro, 84ul, 84l, 85mo, 85mro, 87mro (Buch), 89gol, 93mr, 93mro; Centaur Studios – Modelle 188gor; John Chase/The Museum of London 66um, 66mro; Conaculta-Inah-Mex/Instituto Nacional De Antropologia E Historia 14mr, 15mlu (Kopf aus Stein), 92gur; Philip Dowell 16mr; Egyptian Museum, Cairo 80gor; Franklin Park Zoo, Boston 128mo; Hasbro International Inc. 77gor; Jonathan Hateley – Modelle 210r, 211mlu; Graham High at Centaur Studios - Modelle 182ur (Brachiosaurus), 183ul (Tyrannosaurus rex), 208mro (Triceratops); Historisches Museum Der Stadt Wien 71ml (Programm); Jon Hughes/Bedrock Studios 1ml, 183gul (Gigantosaurus), 200ml; Imperial War Museum, London 217gol; Index Stock/Alamy 240mu; Michael Jackson 25mlu, 29ml (Bier); Marwell Zoological Park, Winchester 20mr; Mattel Toys 77m; Judith Miller/Elms Lesters 121gol; Museo Archeologico Nazionale di Napoli 33mlo; Museum of the Order of St John, London 94mlu; NASA 81m, 213r, 242mr, 271ul, 289gom; National Maritime Museum, London 49mru; National Trust 22mru; Natural History Museum, London 16mu, 46mr (Auster), 49mru, 51ml (Auster), 53ml (Opale), 82ml, 82gol, 134ul (alle Federn),134l, 135mlu (Krähenfuß), 162mo, 185m, 185mr, 189mlo (Parasaurolophus), 211mlo (blaue Feder), 222ur, 226gol, 231mr, 251gur; The Natural History Museum, London 14mo; Odds Farm Park, High Wycombe, Bucks 22mr; Peabody Museum of Natural History, Yale University 202ul, 203gol; Pitt Rivers Museum, University of Oxford 71mlo (Panflöte), 82ur, 82mu; Powell-Cotton Museum, Kent 63ml; Luis Rey – Modelle 183gul (Velociraptor), 202mlo, 202gol; Rough Guides 156mu (Fluss), 185gor; Royal British Columbia Museum, Victoria, Canada 37ur, 37mlu, 81mro, 83mu; Saint Bride Printing Library, London 67mlo; The Science Museum, London 2ul, 226m, 226mr, 226mr; Senckenberg Nature Museum, Frankfurt 210ul; Neil Setchfield 12mu (Hollywood); St Mungo, Glasgow Museums 63mr, 65m; Statens Historiska Museum, Stockholm 91mr; Stephen Oliver 66m, 67um; University College, London 128mlo; University Museum of Archaeology and Anthropology, Cambridge 93mro (Armschmuck); Wallace Collection 95mlo; Barrie Watts 223ml (Gras); Weymouth Sea Life Centre 21um, 52gul (Oktopus); Paul Wilkinson 217m; Jerry Young 8mru, 9m, 15ml, 38gol, 41ml, 52mro (Dingo), 156ul, 184m; **E & E Picture Library**: R. Nathwani 65gor; **ESA**: 271mru, 277mr (Satellit); **Financial Times**: 67ml, 67r; **FLPA**: Flip De Nooyer/FN/Minden 211gor, 211gor; Silvestris Fotoservice 162ul; D. P. Wilson 155mru; Konrad Wothe/Minden Pictures 173mr, 241u; **Getty Images**: 36mu (Bob), 42mlo; AFP 21gor; Altrendo Travel 68mo; Amana Images/Yoshio Otsuka 165ur; The Bridgeman Art Library/German School 214m; James Burke/Time Life Pictures 249gor; David Cannon 17mlo; Cousteau Society 145mu; Adrian Dennis/AFP 23mlo; Discovery Channel Images/Jeff Foott 250–251; Robert Frerck 14gol; Gallo Images/Daryl Balfour 164mr; Iconica/Frank Whitney 239; The Image Bank/Alvis Upitis 20gor (Papierfabrik); The Image Bank/Antonio M. Rosario 272mr; The Image Bank/Antony Edwards 22mro (Engelfigur); The Image Bank/Doug Allan 257mlo; The Image Bank/Flip Chalfant 13m (Sears-Tower); The Image Bank/Frans Lemmens 19m; The Image Bank/Jeremy Woodhouse 25r; The Image Bank/LWA 269gor, 273mlo; The Image Bank/Philippe Bourseiller 252mlo; The Image Bank/Thomas Schmitt 52m (LKW); The Image Bank/Tyler Stableford 243go; David Kjaer 11mr; National Geographic/Joel Sartore 233m; National Geographic/Klaus Nigge 200–201 Hg; National Geographic/Michael K. Nichols 172ul; National Geographic/Michael S. Quinton 179mru; Panoramic Images 169mlo (Storch); Photodisc 172mu (Herbstlandschaft); Photodisc/David De Lossy 172m (Schneetannen); Photodisc/Michael Goldman 86mru; Photographer's Choice/Georgette Douwma 122ul; Photographer's Choice/Marco Simoni 252mlu (Landzunge); Redferns/Nicky J. Sims 71mu; Riser/Edwin Remsberg 13ml; Riser/Georgette Douwma 145r; Riser/John R. Ramey 21ul; Riser/Philip and Karen Smith 248um; Riser/Sightseeing Archive 280ur; Riser/Terje Rakke 21mlu; Robert Harding World Imagery/Chris Rennie 37mru; Guido Alberto Rossi 32mr; Erik Simonsen 221gor; Stone/AEF - Yves Debay 19mu; Stone/Anthony Cassidy 53mlu; Stone/Art Wolfe 33mlu (Ätna), 33mr (Ätna); Stone/Brett Baunton 35gor; Stone/Daryl Balfour 19gol (Berg); Stone/David Sutherland 40m; Stone/Demetrio Carrasco 261gol; Stone/Frans Lemmens 24mla; Stone/Herb Schmitz 54ul; Stone/Hideo Kurihara 55mlo (Geysir); Stone/Janet Gill 23gom (Big Ben); Stone/Joe Cornish 26mro; Stone/John Chard 170–171, 294–295; Stone/Joseph Devenney 15mo; Stone/Keith Wood 256–257; Stone/Ken Fisher 16m; Stone/Martin Puddy 45r; Stone/Michael Kelley 177gol; Stone/Paul Harris 8um; Stone/Pete Turner 12mro; Stone/Siegfried Eigstler 166–167; Stone/Stephen Frink 13gur; Stone/Steven Hunt 180gol; Stone/Tim Flach 111mlo; Stone/Will & Deni McIntyre 15mr; Stephen Studd/Photographer's Choice 160mro; Taxi 31mro; Taxi/Brian Kenney 189mlu; Taxi/Doug Corrance 22mro; Taxi/Gary Bell 160l; Taxi/Getty Images 12mru, 16mru; Taxi/Jon Arnold 23mro (Royal Pavilion); Taxi/Michael Freeman 15ml (Pyramide); Taxi/Peter Adams 44mru; Taxi/Travel Pix 51ml (Fuji); The Image Bank/Jeff Rotman 180–181; V. C. L. 93u; Heinrich Van Den Berg 127mo; Zhongda Zhang/IVPP 199m; **Tory Gordon-Harris**: 92mu, 92l; **Mit der Erlaubnis der Henry Moore Foundation**: 68mro; **Simon Holland**: Simon Holland and Victoria Waddington 73um; **Hutchison Library**: Andrew Eames 40mro, 56mru; Robert Francis 94mlo (japanische Burg); Isabella Tree 9mlu; **Images of Africa Photobank**: David Keith Jones 19mlo; **Imagestate**: Kord.com/Age Fotostock 51mr; Pictor 15m (Flamingos), 33ml, 44mr, 47mro, 51gul, 52mr, 113ul; Pictor/Douglas David Seifert 14ml; Pictor/Ethel Davies 45mlu; Pictor/Randa Bishop 51ml (Geishas); **iStockphoto.com**: Kelly Cline 226ul; Esemelwe 235mru; Mark Evans 231gor; Filonmar 231ur; Sergey Galushko 236mru (Bügeleisen); Péter Gudella 239mlu; Michaelangeloboy 227ml; NSPImages 238ur (Taschenlampe); Jurga R 235mro; Stephen Strathdee 147gor; Sylvanworks 233mlu; **Morten Jensen**: 69mu; **Dr. Marcus Junkelmann**: 88ul; **Kokoro Dinosaurs**: 211ur; **Lebrecht Music and Arts**: Odile Noel 70l Hg; **Mit freundlicher Genehmigung der Lockheed Martin Aeronautics Company, Palmdale**: 241go; **Lonely Planet Images**: Rhonda Gutenberg 38mro; Craig Pershouse 36ur (Kreuze), 36gom; Tony Wheeler 39m; **NASA**: ml, mro, mru, 268u, 268ml, 268ml (Sonne), 268mlu (Astronaut), 269mlu, 270–271 Hg, 276mo, 277gor (Shuttle), 277l, 278gol, 282, 282mlu, 283ur, 283ml, 283gol, 284gor, 284–285, 285um, 285mr, 285gor, 286mr (Mars Global Surveyor), 286mr (Wikinger), 286mru (Mars Polar Lander), 286mru (Sojourner), 286gol, 286–287 Hg, 286–287u, 287ur, 287mlo, 287gor, 287gor, 288gul (Soho), 288gul (Trace), 288mlu (Ulysses), 291ur, 291mu, 296–297; ESA, H. Weaver (JHU/APL), A. Stern (SwRI), and the HST Pluto Companion Search Team 291gor; Finley Holiday Films 13mru; GRIN 97m; HQ-GRIN ur; C. Mayhew & R. Simmon (NASA/GSFC), NOAA/NGDC, DMSP Digital Archive 6ul; MSFC ur; **Natural Visions**: Richard Coomber 168mro; **The Natural History Museum, London**: 188mr, 189ml (Brachylophosaurus), 191u; **naturepl.com**: Ingo Arndt 17ur; Pete Cairns 179gom; Martin Dohrn 16–17mu; Georgette Douwma 145gol; Barry Mansell 175mlo; Vincent Munier 50mlo; T. J. Rich 41mlu; Anup Shah 19r; Lynn M. Stone 44ml; **NHPA/Photoshot**: A.N.T. Photo Library 52mlu (Schlange), 131m; Laurie Campbell 136ul; Bill Coster 41gol; Andrea Ferrari 194–195; Martin Harvey 168–169; Adrian Hepworth 162–163; Daniel Heuclin 130mro (Känguru), 138mro (Schleichenlurch), 139mru, 169gor; Hellio & Van Ingen 159ur; Burt Jones & Maurine Shimlock 52mlu (Schnecke); Gerard Lacz 133mlu; Andy Rouse 129gul (Delfin); Jonathan & Angela Scott 129gol; Norbert Wu 133gor; **Nokia**: 97gor (Handy); **Photolibrary**: Don Farrall/White 265ul; Fresh Food Images/Amanda Heywood 40mlu, 41mru; Gallo Images-Anthony Bannister/White 261ml; IFA Animals/IFA-Bilderteam GMBH 173gom; Paul Kay/OSF 146gor; Oxford Scientific (OSF)/Bert & Babs Wells 130mro (Numbat); Oxford Scientific (OSF)/David B Fleetham 52mlu (Seeschlange); Oxford Scientific (OSF)/Mike Powles 20mu; Oxford Scientific (OSF) / Roger Brown 130mro (Nasenbeutler); Oxford Scientific (OSF)/Thomas Haider 132l; Photodisc 226um; Harold Taylor / OSF 155gur; **Photoshot/World Pictures**: 20mo, 33ur; Rudi Pigneter 46ul; **Pictorial Press Ltd**: 77mru; **Pictures Colour Library**: Charles Bowman 20ur (Geysir); George Hunter 10gur (Skyline); Edmund Nagele 23gul; **Press Association Images**: Associated Press/John Rasmussen 90; Tony Marshall/Empics Sport 76gor; **PunchStock**: Digital Archive Japan 288gol; **Robert Harding Picture Library**: 17ml, 34gor, 44ur, 75mo, 118m; Mohamed Amin 63gor; Charles Bowman 24mru, 38gom; Jeremy Bright 62l; V. Englebert 92mr; Alain Evrard 60l; Robert Francis 93m; Miwako Ikeda/Int'l Stock 68–69u; D. Jacobs 53ml; Roy Rainford 89ml; Luca Tettoni 64mro; Alison Wright 44um; **Science Photo Library**: 103um, 150mr, 262–263, 292gol; Professors P. M. Motta, K. R. Porter & P. M. Andrews 115mlo; Samuel Ashfield 152gor; Julian Baum 284mr; John Bavosi 108mlu; Biophoto Associates 114mlo; Dr. Tony Brain 121mlo; BSIP/Chassenet 239gol, 239gol; BSIP/Dr T. Pichard 117mlo; Dr. Jeremy Burgess 219gol; Chris Butler 290ml; China Great Wall Industry Corporation 276 Hg; Costom Medical Stock Photo 114gom; Christian Darkin 118gor, 197gor; **David A. Hardy, Futures**: 50 Years In Space 274–275; Martin Dohrn 102mro; John Durham 151gor; Bernhard Edmaier 8ml Hg, 9mr Hg, 209, 249gol; Eye Of Science 165mr; Vaughan Fleming 251ul; Mark Garlick 273gor, 290ur, 290–291, 292–293; Adam Gault 153ml; Carlos Goldin 200gor; Steve Gschmeissner 103ur, 103ml, 103gul, 112ml, 116–117u, 148mro; Adam Hart-Davis 287mr; Gary Hincks 262ul; JPL-CalTech/STSCI/VASSAR/NASA 269gur; Edward Kinsman 233r; Ted Kinsman 215ul; Larry Landolfi 268m; G. Brad Lewis gol, 225u; David Mack 152ul; J. L. Martra, Publiphoto Diffusion 104ul; Maximilian Stock Ltd 79mru; Astrid & Hanns-Frieder Michler 120mlu (Haut), 122mo; Mark Miller 153ul, 153ur, 153mu, 153ml Hg,153mro, 153gol, 153gol; Allan Morton/Dennis Milon 274ml; Prof. P. Motta/Dept. Of Anatomy/University "La Sapienza", Rome 114ur; Dr. Gopal Murti 102ur; NASA 78mr, 208–209u, 262um, 283mr (Atlantis), 286mlu; National Cancer Institute 110mlo; Dr. Yorgos Nikas 119gom, 119gol, 119gor; NREL/US Department Of Energy 224ur; David Nunuk 269mro; Laurie O'Keefe 192mlu; David Parker 198–199; David Parker For ESA/CNES/ArianeSpace 277mru; Physics Today Collection/American Institute of Physics 293mr; Alain Pol, ISM 115um; Prof. Aaron Polliack 103ul; Philippe Psaila 217mu; Ria Novosti 276mu, 285mlo; Paul Robbens & Gus York 279ur; Royal Observatory, Edinburgh/AAO 269mru; Friedrich Saurer 280mro, 282ul, 284ul, 293um; Francoise Sauze 238mlu; Karsten Schneider 263um; Victor De Schwanberg 104ml (Herz), 104ml (Niere); Science Source 151gol; SOHO/ESA/NASA 289; Andrew Syred 103mro, 112um, 112mru; Sheila Terry 255mlo (Lehm); US Geological Survey 216gur; D. Van Ravenswaay 208mlu; Detlev Van Ravenswaay 269mr; Dr. Mark J. Winter 229mr; **Sean Hunter Photography**: 12ml, 31gol, 32mr (Pisa), 33mlu (Pisa); **Shutterstock**: Adisa 267m; Alle 126gol; Andresi 215mro (Familie); Apollofoto 261um; Matt Apps 252gul (Bogen); Andrey Armyagov 217mro (Auto), 228ul; Orkhan Aslanov 221gol; Lara Barrett 124gul (Anemone); Giovanni Benintende 213go; Claudio Bertoloni 215gur; Mircea Bezergheanu 264–2665; Murat Boylu 228um; Melissa Brandes 250mu; Karel Bro- 122ur; Buquet 111mlu; Michael Byrne 220u; William Casey 212mr; CBPix 259m; Bonita R. Cheshier 230mr; Stephen Coburn 258–259u; Sahua D 242; Digitalife 212–213u; Pichugin Dmitry 124–125, 212mlu, 224mlu (See), 253mro, 258–259go; Denis Dryashkin 151mr (Tabletten); Neo Edmund 127mru (Schmetterling); Stasys Eidiejus 242gol; Elen 226–227 Hg; Christopher Ewing 217mr (Glühlampe); ExaMedia Photography 266gor; Martin Fischer 265r; Flashon Studio 232ul; Mark Gabrenya 148–149mu; Julien Grondin 213m; Jubal Harshaw 148ur; Johann Hayman 154gor; Home Studio 230gur, 231um; Chris Howey 266l; Eric Isselée 126ur; Jhaz Photography 235ul; Gail Johnson 155gor; Kameel4u 237mlu; Sebastian Kaulitzki 216mr; Nancy Kennedy 125gor; Stephan Kerkhofs 156mu (Riff); Tan Kian Khoon 111ul; Tamara Kulikova 265mru; Liga Lauzuma 154–155; Chris LeBoutillier 244mr; Francisco Amaral Leitão 257ur; Luchschen 216mlu; Robyn Mackenzie 233gol; Blazej Maksym 217mo; Hougaard Malan 148–149go; Patricia Marroquin 213mlu; Martiin | | Fluidworkshop 238gol; Mashe 122mr; Marek Mnich 233mo; Brett Mulcahy 235gol; Ted Nad 236mro; Karl Naundorf 234mru (Ölpumpe); Cees Nooij 230l; Thomas Nord 221u; Aron Ingi Ólason 156um; Oorka 266mru; Orla 123gom; Pandapaw 126ml; Anita Patterson Peppers 238gor; Pcross 238ul; PhotoCreate 219ml; Jelena Popic 225gol; Lee Prince 237mr; Nikita Rogul 224gul (Stacheldraht); RPixs 244–245; Sandra Rugina 261ur (Geschirrspüler); Kirill Savellev 252gul (Pfeiler); Elena Schweitzer 220m; Serp 147mru (Ahorn); Elisei Shafer 259u (Korallen); Igor Smichkov 260l; Carolina K. Smith, M.D. 228ml; Snowleopard1 123mu; Elena Solodovnikova 147mr, 147gur (gelbes Blatt); Ng Soo Jiun 147gul; Specta 127ul; James Steidl 216gol; Teekaygee 124gol; Igor Terekhov 220mra; Tramper 254ur; Ultimathule 229gom; Robert Paul Van Beets 216ur; Vnlit 122mro; Li Wa 216m; Linda Webb 214mro; R. T. Wohlstadter 263mr; Jurgen Ziewe 214fur, 258ur; **Sony Computer Entertainment Europe**: 77gol; **Still Pictures**: 20mru; Biosphoto/Klein J.-L. & Hubert M.-L. 130m; John Cancalosi/Peter Arnold. Inc. 191gol; Sergio Hanquet 53r; Andreas Riedmiller 29mru; **SuperStock**: Age Fotostock 31ul, 218–219u; J. Beck 46mr; J. Silver 189u, 189r; Steve Vidler 51ml (japanische Burg); **Warren Photographic**: 196go